U0907043

中国投资年鉴

2013

CHINA INVESTMENT YEARBOOK

中国计划出版社

图书在版编目（CIP）数据

中国投资年鉴．2013 /《中国投资年鉴》编辑委员会编，—北京：中国计划出版社，2014.2
ISBN 978-7-80242-954-3

Ⅰ．①中… Ⅱ．①中… Ⅲ．①投资-中国-2013-年鉴 Ⅳ．①F832.48-54

中国版本图书馆CIP数据核字（2014）第025892号

中国投资年鉴2013
《中国投资年鉴》编辑委员会 编
中国计划出版社出版
网址：www.jhpress.com
地址：北京市西城区木樨地北里甲11号国宏大厦C座3层
邮政编码：100038 电话：（010）63906433（发行部）
新华书店北京发行所发行
北京市凯鑫彩色印刷有限公司

787×1092毫米 1/16 47.25印张 1500千字
2014年1月第1版 2014年1月第1次印刷

ISBN 978-7-80242- 954 - 3
定价：680.00元

特别支持单位

新疆五宫煤业有限公司

中国民生银行

招商银行

《中国投资年鉴》编辑委员会

李雨时　商务部国际贸易经济合作研究院副院长　李春洪　广东省发展改革委主任
李干明　深圳市发展改革局副局长兖州煤业股份有限公司总经理党委书记
李位民　兖矿集团有限公司副总经理　初　鹏　中国石油化工集团公司发展计划部副主任
陈永久　河北省发展改革委主任　陈元先　中国航空工业集团公司副总经济师
陈俐民　西安市经委主任　张东生　国家发展改革委就业和收入分配司司长
张八五　宁夏回族自治区发展改革委主任　张建东　北京市发展改革委委主任
张汉亚　中国投资协会会长　张志强　天津市发展改革委主任
张金铸　福建省经贸委副主任　张守成　青海省经委原主任
张光进　陕西省发展改革委副主任　张海东　民航局规划司副司长
张晓刚　鞍山钢铁集团公司原总经理　张韶春　安徽省发展改革委主任
沈晓钟　重庆市发展改革委副主任　沈传立　青海省发展改革委副主任
余和平　西藏自治区发展改革委副书记、副主任　余自甦　攀枝花钢铁（集团）公司总经理
杨伊波　新疆自治区发展改革委副主任　杨贵民　铁道部发展计划司司长
杨兴强　中国化工集团公司副总经理　沙先华　中国长江三峡集团公司副总经理
周建平　国家发展改革委国民经济动员办公室主任　周学文　水利部总规划师
范恒山　国家发展改革委地区经济司司长　郄建伟　国家粮食局副局长
郑栅洁　福建省发展改革委党组副书记、副主任　罗云毅　国家发展改革委投资研究所所长
赵家荣　国家发展改革委副秘书长　赵庆波　国家电网公司发展部主任
胡祖才　国家发展改革委副主任　胡成栋　哈尔滨市发展改革委副主任
姚昌恬　国家林业局发展规划与资金管理司原司长　姜　周　大连市发展改革委市长助理、主任
徐水师　中国煤炭地质总局局长　徐　莹　江苏省发展改革委副主任
秦　柯　山东省发展改革委副主任　贾　康　财政部财政科学研究所所长
隋　斌　农业部发展计划司副司长　章远新　广西自治区发展改革委主任
梁铁城　内蒙古自治区发展改革委主任　黄晓舟　厦门市发改委党组成员、副巡视员
黄春旺　中国国旅集团有限公司总经理助理　董贺义　国家发展改革委办公厅巡视员
舒　庆　环境保护部规划财务司原司长　蒋作斌　湖南省发展改革委原主任
蒋超良　中国共产党第十八届中央委员会候补委员　中国农业银行股份有限公司党委书记、董事长、执行董事
蒋为民　宝钢集团有限公司总经理助理　韩　勇　海南省工业和信息化厅副厅长
彭　林　沈阳市发展改革委主任　程晓蔚　南京市发展改革委副主任
窦　皓　中国国际工程咨询公司副总经理　裴伟东　辽宁省发展改革委副主任
蔡　勇　广东省经贸委副主任　谭成旭　辽宁省经济和信息化委员会副主任
臧秋华　甘肃省发展改革委副主任　潘建国　广州市发展改革委主任
魏国旗　国家海洋局政策法规和规划司助理巡视员　连建家　中国石油天然气集团公司规划计划部
罗　涛　中国有色矿业集团有限公司总经理

《中国投资年鉴》主办与编辑名单

主　　管： 国家发展和改革委员会

主办单位： 中国投资协会

国家发展和改革委员会投资研究所

财政部财政科学研究所

主编单位： 《中国投资》杂志社

总 编 辑： 张汉亚　刘慧勇　张长春　贾　康

总 策 划： 董景良　程北平

副总编辑： 苏　明　程　选

编辑部主任： 肖静秋

编辑人员： 武雪龚　张　梅　秦凤华　李　颜

优秀慈善家陈逢干

陈逢干，汉族，1958年2月生，浙江省天台县人。现任宁夏石嘴山市大榆树沟煤炭产销有限公司董事长，宁夏回族自治区政协常委，宁夏回族自治区工商联副主席，宁夏慈善总会副会长。陈逢干先生出身贫苦农民家庭，上不起学，没有学到基本的文化知识，对他长大成人创办事业造成一定的困难，这是他终生最大的遗憾。因此，他对帮助困难学子怀有特殊感情。当他的企业发展壮大后，始终不忘他对扶贫济困应尽的义务，始终不忘企业家对社会应尽的责任，他带着这种感情于2005年5月创办了“宁夏陈逢干大学生助学基金会”，帮助家庭贫穷的子弟上大学念书，为国家培养人才，首开了宁夏民营企业家个人创办基金会的先河，在宁夏乃至全国产生了一定的影响。2005年-2012年，8年来陈逢干个人共计出资2520万元，资助家庭经济困难大学生7000多人，加上他在其他慈善领域的投入，目前陈逢干先生资助的慈善金额已达2亿多元，其中仅在2012年共捐赠现金和实物折人民币5950万元。他的“捐资助学、扶贫济困”的美德受到了党和政府的重视和社会各界的好评，2006年以来连续八年获得“全国十大慈善家”的光荣称号，连续五年获得“中华慈善奖”的荣誉。2008年12月5日在“全国中华慈善大会”上被评为“全国慈善先进个人”，受到中共中央总书记胡锦涛同志的亲切接见和合影留念。

陈逢干先生每年给他创办的大学生助学基金会捐资的300万元，专门资助宁夏籍的家庭经济困难的大学生。按照陈逢干大学生助学基金会给各市县（区）和本区大专院校分配的资助困难大学生的名额，对当年应届录取的本科生每人一次性资助4000元，对考上大学专科的学生每人一次性资助2000元，对考上大学预科班的学生每人一次性资助1500元，对部分在校二年级以上家庭经济困难的大学生一次性资助1000元。他每年还为在北方民族大学上学的全国各民族自治区的家庭经济困难学生给予资助，体现了他对少数民族学生的关怀。陈逢干先生这种高尚的慈善精神，在其他地区和其他方面的事迹都很突出。2011年陈逢干先生在新疆建了一座年产300万吨的煤矿，为了回报新疆人民，2012年7月他又在新疆成立了“新疆陈逢干大学生助学基金会”，每年投入500万元，当年共资助了1500名新疆籍的家庭经济困难大学生。此外，他时刻不忘家乡的贫困学子，资助浙江省台州市大专院校的特困大学生30万元，帮助家乡家庭经济困难学子顺利完成学业。陈逢干先生还于2012年出资3000万元用于宁夏福利性校服制衣厂的建设，企业产生利润后继续用于支持教育事业。2011年他到中卫市去考察落实他的基金会的慈善工作情况时，看到农村一些中学基础设施还不完善，直接影响到教学质量，专门向困难较大的中卫市西园中学捐赠100万元，用于修建综合实验楼，受到学校的欢迎和赞扬。除此，他还心系孤寡，雪中送炭，十分关心孤儿和老年人的慈善事业。2007年，他在石嘴山市大武口区投资2800万元建起了8200平米的老年公寓，成立了全区第一家个人投资金额高、规模上档次的“大武口逢干老年公寓”。2012年，他又投入300万元用于改善这个老年公寓老人们的生活配套设施，使老人们的晚年生活过的更加舒适。近年来，他还向浙江省天台县慈善总会捐赠1600万元，用于支持家乡天台县慈济院（孤儿院）的建设。捐赠浙江省台州市慈善总会100万元，用于支持台州市的慈善事业。捐赠新疆生产建设兵团农业建设第十三师文学艺术界联合会20万元，用于支持建设兵团的公益文化事业。

陈逢干先生表示，要长期坚持把慈善事业做好做下去，这是他作为企业家对党和人民的一种最有意义的回报。用他的话说：“在党的富民政策的指引下我们致富了，但不能忘本，一定要看到现在还有穷人，心里要想着穷人，要为他们多办好事实事，帮助他们排忧解难，让穷苦人家都享受到改革开放的成果，过上好日子，这是我毕生最大的心愿”。

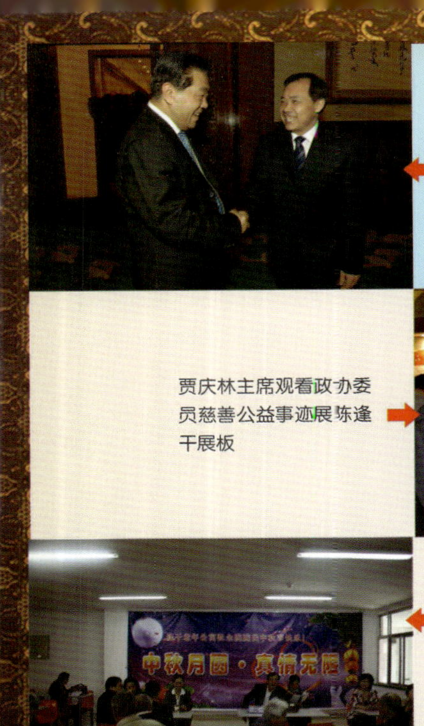

贾庆林主席接见
陈逢干先生

08年获得“宁夏首届十大
慈善家”称号

贾庆林主席观看政协委
员慈善公益事迹展陈逢
干展板

约尔古丽·加帕尔+自治
区政协副主席出席新疆陈
逢干大学生助学基金会

陈逢干先生和敬老院的老
人们一起过中秋节

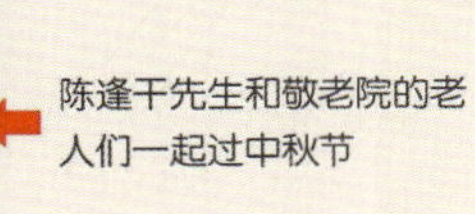

努尔·白克力+自治区党委副
书记、自治区主席出席陈逢
干大学生助学基金会

张贵亭+自治区政协原副
主席出席新疆陈逢干大学
生助学基金会

自治区党委副书记、自
治区主席努尔·白克力
（右）与陈逢干会长

陈逢干+新疆五宫煤业有限公司
董事长、新疆维吾尔自治区陈
逢干大学生助学基金会会长

个人简历
(Personal Particulars)

人生历程 （Life experiences）

★ 1966年至1970年读于天台县白鹤镇左溪小学
★ 1970年至1976年学在家中务农
★ 1976年至1980年个体经商
★ 1980年至1984年天台白鹤左溪工艺针织厂厂长
★ 1985年至1990年浙江天台振兴包装总公司总经理
★ 1991年至1996年任华美制衣总公司董事长
★ 1997年至今任华日袜业有限公司董事长
★ 2002年3月至今任石嘴山市大榆树沟煤炭产销有限公司董事长
★ 2004年11月至今任湖北荆门帅帮生物科技有限公司董事长
★ 2005年11月至今任黑龙江加格达奇三普新能源开发责任有限公司董事长
★ 2007年成立了天台县医药有限公司任董事长
★ 2008年11月至今任青铜峡新井煤业有限公司董事长
★ 2009年成立石嘴山市陈逢干制衣有限公司任董事长
★ 2010年成立宁夏大武口逢干老年公寓任董事长
★ 2010年成立宁夏青铜峡市曙源制衣有限公司任董事长
★ 2010年至今任新疆五宫煤业有限公司董事长

社会荣誉 （Honor society）

1985年至1996年被多次评为乡镇优秀企业
1994年当选天台县十一届人大代表
2003年当选天台县十三届人大代表
2004年当选浙江天台慈善总会副会长
2005年4月成立宁夏陈逢干大学生助学基金会
2006年4月18日被誉为中国十大慈善家之一
2006年6月被评为台州市十大慈善家之一
2006年9月当选宁夏石嘴山市政协委员
2006年9月当选为宁夏石嘴山市大武口政协常委
2006年11月当选宁夏石嘴山市大武口区工商总会会长
2006年11月当选为宁夏西部研究与发展促进会副会长
2006年11月当选为中国政策科学研究会副会长
2006年12月当选为天台县十六届人大代表
2007年当选为天台县第十七届人大常委
2007年被当选为全国十大慈善家
2007年当选为宁夏慈善总会副会长
2007年被誉为中国煤炭业十大社会公益人物
2007年当选为宁夏自治区政协委员
2007年当选为宁夏自治区政协常委
2007年1月当选为第三届中国企业改革十大人物
2008年被当选为全国十大慈善家
2008年1月11号被誉为宁夏首届十大慈善人物
2008年4月12日被誉为2007年度中华慈善奖提名奖
2008年9月被誉为宁夏50年影响力人物
2008年12月5日被誉为2008年度中华慈善奖最具爱心慈善捐赠个人
2009年4月24日连续第四年当选为全国十大慈善家
2009年6月荣获国际慈善名人奖
2009年7月荣获中华慈善突出贡献人物奖
2009年9月被聘请为中国肝炎防治基金会名誉副理事长
2009年11月荣获国际和平周“和平使者”称号
2010年4月荣获中华慈善突出贡献人物奖
2010年4月连续五年被当选为全国十大慈善家
2010年6月荣获国际慈善功勋人物奖
2010年11月荣获国际和平周“和平使者”称号
2011年4月16日被评为宁夏经济人物年度公益奖
2011年4月26日连续六年当选为全国十大慈善家
2011年8月15日获得中华慈善奖最具爱心捐赠个人
2011年8月15日获得中华慈善奖最具爱心捐赠个人
2011年9月22日获得浙江省道德模范奖
2011年10月29日当选为石嘴山市总商会副会长
2012年4月18日获得中华慈善奖最具爱心捐赠个人
2012年5月获得全国“十大慈善家”称号
2012年6月被评选为宁夏回族自治区工商联副主席
2012年9月获得宁夏杰出浙商企业家
2012年9月26日荣获第四届宁夏十大慈善家称号
2013年4月9日荣获“中华慈善奖”最具爱心捐赠个人
2013年4月26日被评为全国“十大慈善家”

获得宁夏经济人物奖

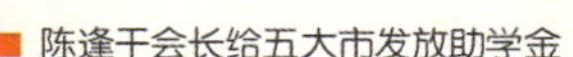

陈逢干会长给五大市发放助学金

全国政协副主席阿不来提·阿不都热西提（右）与陈逢干会长

宁夏逢干老年公寓奠基仪式

陈逢干会长在会上致辞

新诺+自治区副主席出席新疆陈逢干大学生助学基金会

阿不来提·阿不都热西提+全国政协副主席出席新疆陈逢干大学生助学基金会

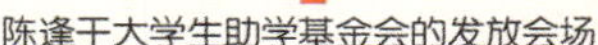

陈逢干大学生助学基金会的发放会场

全国政协副主席阿不来提·阿不都热西提（左）与自治区党委副书记、自治区主席努尔·白克力（右）

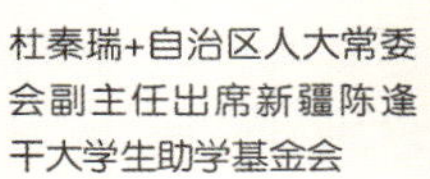

杜秦瑞+自治区人大常委会副主任出席新疆陈逢干大学生助学基金会

在新疆陈逢干大学生助学基金会成立 仪式上的讲话

自治区教育厅厅长 吐尔逊·伊不拉音

尊敬的阿不来提·阿不都热西提主席，尊敬的努尔·白克力主席，尊敬的杜秦瑞副主任，尊敬的新诺副主席、约尔古丽·加帕尔副主席，尊敬的陈逢干先生，各位来宾，同学们：

大家上午好！

今天，我们在这里隆重举行“新疆陈逢干大学生助学基金会”成立仪式。首先，我谨代表自治区教育工委、教育厅向大力支持新疆教育事业的陈逢干董事长表示衷心的感谢，向新疆五宫煤业有限公司全体员工致以亲切的问候！

国家要富强，民族要振兴，人才是关键，教育是根本。长期以来，自治区党委、人民政府始终把教育摆在优先发展的战略地位，不断加大对教育工作的经费投入和政策支持力度，全区教育事业呈现出蒸蒸日上的良好态势。自治区全面实现“两基”目标，中等职业教育规模持续扩大，高等教育质量不断提高；双语教育快速发展，各级各类人才培养质量稳步提升。为自治区经济建设和社会发展提供了强有力的人才和智力支撑。

教育公平是社会公平的基础，保障家庭经济困难学生平等接受教育的权利是实现教育公平的重要保证。为加快人才培养，促进教育公平，切实减轻家庭经济困难学生的经济负担，自2007年起，国家和自治区逐步建立了一整套教育资助政策体系，帮助家庭经济困难学生顺利完成学业。与此同时，社会各界有识之士也纷纷投身到捐资助学的善举中来，帮助各族学生实现接受教育、成长成才的理想。

“春风化雨，润物无声”，捐资助学是一项功在当代，利在千秋的社会公益事业。陈逢干先生作为一位民营企业家，白手起家，在取得事业发展成就的同时，积极回报社会，热心教育事业，心系贫困学子，以慈善助学的实际行动践行着公益慈善事业的社会责任。这种乐善好施、扶贫济困的美德和高尚品质值得发扬和学习。

“新疆陈逢干大学生助学基金会”的成立，每年将向新疆教育捐赠资金500万元，用于资助当年考入疆内外普通本专科院校的家庭经济困难新生，帮助更多的家庭经济困难大学生顺利完成学业，体现了陈逢干先生对新疆各族家庭经济困难学生的关爱。相信受助学生一定会带着感恩的心，懂得珍惜，将感激之情化为努力学习的动力，刻苦学习、奋发努力，以优异的成绩、过硬的本领回报社会各界的关爱和帮助，成为建设国家、振兴民族的有用之才。

我们教育部门将在充分尊重基金会的捐赠意向的基础上，积极做好服务工作，做好捐赠资金的发放和管理工作，确保捐助资金真正用于家庭经济困难学生，切实发挥资助资金的最大效益。

再次感谢新疆陈逢干大学生助学基金会对新疆教育事业的无私奉献和大力支持。

谢谢大家！

专注“两链” 精深见解
供应链金融 解企业资金之困
产业链金融 解实体经济之忧
中国民生银行
CHINA MINSHENG BANKING CORP.,LTD.
产业链金融®
中国民生银行产业链金融服务
为您提供贯彻物流、资金流、信息流的综合金融服务，服务涵盖采购、生产、销售等各交易环节，帮助您提高交易效率，降低交易成本，把握市场先机，实现价值增长。无论您属于产业链上核心生产商/交易平台、上游供应商、下游经销商及终端客户，我们都将为您提供个性化、专业化、网络化的金融服务。
四大产品平台
动产融资（现货抵质押、仓单质押等）
应收账款融资（订单融资、收货收据融资、保理、应收账款质押等）
预付款融资（差额回购、阶段性回购、调剂销售等）
组合类融资（购销通、海陆仓等）
五大网络融资
核心企业链网络模式、交易平台网络模式、产业集群网络模式、供应商平台网络模式、第三方机构网络模式
十六大增值链
工程通、农贸通、煤融链、绿农银、银港通、佳酿通、通讯贷、商超通、珠宝贷、纸贸通、油贸通、棉贸通、路融通、焦易通、建融通、钢贸通

专注“两链” 精深见解
供应链金融 解企业资金之困
产业链金融 解实体经济之忧
中国民生银行
CHINA MINSHENG BANKING CORP.,LTD.
产业链金融®
中国民生银行产业链金融服务
为您提供贯彻物流、资金流、信息流的综合金融服务，服务涵盖采购、生产、销售等各交易环节，帮助您提高交易效率，降低交易成本，把握市场先机，实现价值增长。无论您属于产业链上核心生产商/交易平台、上游供应商、下游经销商及终端客户，我们都将为您提供个性化、专业化、网络化的金融服务。
四大产品平台
动产融资（现货抵质押、仓单质押等）
应收账款融资（订单融资、收货收据融资、保理、应收账款质押等）
预付款融资（差额回购、阶段性回购、调剂销售等）
组合类融资（购销通、海陆仓等）
五大网络融资
核心企业链网络模式、交易平台网络模式、产业集群网络模式、供应商平台网络模式、第三方机构网络模式
十六大增值链
工程通、农贸通、煤融链、绿农银、银港通、佳酿通、通讯贷、商超通、珠宝贷、纸贸通、油贸通、棉贸通、路融通、焦易通、建融通、钢贸通

2013年《中国投资年鉴》编辑说明

一、2013年《中国投资年鉴》系统收录了全国和各行业、各省市自治区2012年投资经济领域的重要文献资料、政策法规、热点评议和统计数据，是一部如实反映中华人民共和国投资建设情况的专业性与资料性年刊。

二、本年鉴的内容包括：特载，宏观经济与投资，行业发展与投资，地区投资，利用外资与境外投资，证券与基金融资，银行信贷与金融概览，节能环保投资，投资政策法规，投融资热点问题，投资统计，附录等12个部分。由于鲜明的投资专业性，本年鉴得到国家有关部委和各地投资主管部门支持，受到商业银行、证券公司、投资公司、投资中介机构、科研机构、高等院校、企事业单位及广大投资者关注，成为了解国家投资政策与投融资社会热点演变的窗口，是进行投融资宏观与微观决策的重要参考书。

三、为了更加全面地反映我国投资领域的融资情况，尤其是上市商业银行的投融资活动，进一步关注近年开始显露巨大潜力的企业海外投资，从本卷起，增加“银行信贷与金融概览”与“利用外资与境外投资”两个部分，并相应地将“投资统计”部分扩充为“投融资统计”，增加了反映金融概况的统计数据。

四、为增强时效性，从本卷起，将“节能环保投资”、“投资政策法规”与“投融资热点问题”三个部分的资料采集时间，扩展到编辑年份的8月底。具体对本卷来说，就是截止到2013年8月31日。这样做，主要是因为上述三部分反映的实际情况，年度比较意义不是很大，对资料与数据的年度完整性要求不如其他部分高，更为重要的是时效性。

五、为了更好地反映投融资实践和相应的社会舆论动态，本卷增大了“投融资热点问题”部分的篇幅，由上年卷三个专题增加为以下六个专题：基础投资过多还是不足？西南水电开发或将走出环评困境，中国铁路动人心，城市轨道交通建设迎来高潮，热议城镇化道路，地方债有人赞许有人忧。这些专题如实记录上述投融资热点出现的原因与背景，全面扼要地反映出社会各界的关注情况与各种不同看法，有助于积累我国的投融资历史经验。

六、由于增加了反映全国金融概况的统计数据，本卷的“投融资统计”部分包括以下六方面内容：国内生产总值与全社会固定资产投资，固定资产投资（不含农户）与城市设施建设情况，住宅投资与房地产开发情况，涉外投资与环保投资，金融概况与证券投资，香港、澳门、台湾地区生产总值与投资。所载数据全部来自中华人民共和国国家统计局编2013年《中国统计年鉴》，以其中“固定资产投资”篇为主要来源，同时选取国民经济核算、对外经济贸易、价格指数、人民生活、城市概况、资源和环境、金融业以及香港、澳门、台湾地区主要社会经济指标等篇中有关投融资的数据，以便投资专业人员查阅使用。

七、从本卷开始，本年鉴取消附录部分。

《中国投资年鉴》编辑部

2013年10月

目　　录

特载

第一部分　宏观经济与投资

第二部分　行业发展与投资

农、林、水、国土资源

能源、交通、通讯

工业、电子信息

物流、科教、卫生

第三部分　地区投资

第四部分　利用外资与境外投资

第五部分　证券与基金融资

第六部分　银行信贷与金融概览

第七部分　节能环保投资

第八部分　投资政策法规

第九部分 投融资热点问题

一、基础投资过多还是不足？

二、水电开发或将走出环评困境

三、中国铁路动人心

第十部分 投资与金融统计

一、国内生产总值与全社会固定资产投资

二、固定资产投资（不含农户）与城市设施建设情况

三、住宅投资与房地产开发情况

四、涉外投资与环保投资

五、金融概况与证券投资

六、香港、澳门、台湾省生产总值与投资

优秀企业展示篇

特载

坚定不移沿着中国特色社会主义道路前进 为全面建成小康社会而奋斗

——在中国共产党第十八次全国代表大会上的报告（节选）

2012年11月8日

胡锦涛

此时此刻，我们有一个共同的感觉：经过九十多年艰苦奋斗，我们党团结带领全国各族人民，把贫穷落后的旧中国变成日益走向繁荣富强的新中国，中华民族伟大复兴展现出光明前景。我们对党和人民创造的历史伟业倍加自豪，对党和人民确立的理想信念倍加坚定，对党肩负的历史责任倍加清醒。

当前，世情、国情、党情继续发生深刻变化，我们面临的发展机遇和风险挑战前所未有。全党一定要牢记人民信任和重托，更加奋发有为、兢兢业业地工作，继续推动科学发展、促进社会和谐，继续改善人民生活、增进人民福祉，完成时代赋予的光荣而艰巨的任务。

一、过去五年的工作总结

十七大以来的五年，是我们在中国特色社会主义道路上奋勇前进的五年，是我们经受住各种困难和风险考验、夺取全面建设小康社会新胜利的五年。五年来，我们胜利完成“十一五”规划，顺利实施“十二五”规划，各方面工作都取得新的重大成就。

经济平稳较快发展。综合国力大幅提升，2011年国内生产总值达到47.3万亿元。财政收入大幅增加。农业综合生产能力提高，粮食连年增产。产业结构调整取得新进展，基础设施全面加强。城镇化水平明显提高，城乡区域发展协调性增强。创新型国家建设成效显著，载人航天、探月工程、载人深潜、超级计算机、高速铁路等实现重大突破。生态文明建设扎实展开，资源节约和环境保护全面推进。

改革开放取得重大进展。农村综合改革、集体林权制度改革、国有企业改革不断深化，非公有制经济健康发展。现代市场体系和宏观调控体系不断健全，财税、金融、价格、科技、教育、社会保障、医药卫生、事业单位等改革稳步推进。开放型经济达到新水平，进出口总额跃居世界第二位。

人民生活水平显著提高。改善民生力度不断加大，城乡就业持续扩大，居民收入较快增长，家庭财产稳定增加，衣食住行用条件明显改善，城乡最低生活保障标准和农村扶贫标准大幅提升，企业退休人员基本养老金持续提高。

民主法制建设迈出新步伐。政治体制改革继续推进。实行城乡按相同人口比例选举人大代表。基层民主不断发展。中国特色社会主义法律体系形成，社会主义法治国家建设成绩显著。爱国统一战线巩固壮大。行政体制改革深化，司法体制和工作机制改革取得新进展。

文化建设迈上新台阶。社会主义核心价值体系建设深入开展，文化体制改革全面推进，公共文化服务体系建设取得重大进展，文化产业快速发展，文化创作生产更加繁荣，人民精神文化生活更加丰富多彩。全民健身和竞技体育取得新成绩。

社会建设取得新进步。基本公共服务水平和均等化程度明显提高。教育事业迅速发展，城乡免费义务教育全面实现。社会保障体系建设成效显著，城乡基本养老保险制度全面建立，新型社会救助体系基本形成。全民医保基本实现，城乡基本医疗卫生制度初步建立。保障性住房建设加快推进。加强和创新社会管理，社会保持和谐稳定。

国防和军队建设开创新局面。中国特色军事变革取得重大成就，军队革命化现代化正规化建设协调推进、全面加强，军事斗争准备不断深化，履行新世纪新阶段历史使命能力显著增强，出色完成一系列急难险重任务。

港澳台工作进一步加强。香港、澳门保持繁荣稳定，同内地交流合作提高到新水平。推动两岸关系实现重大转折，实现两岸全面直接双向“三通”，签署实施两岸经济合作框架协议，形成两岸全方位交往格局，开创两岸关系和平发展新局面。

外交工作取得新成就。坚定维护国家利益和我国公民、法人在海外合法权益，加强同世界各国交流合作，推动全球治理机制变革，积极促进世界和平与发展，在国际事务中的代表性和话语权进一步增强，为改革发展争取了有利国际环境。

还存在许多不足，前进道路上还有不少困难和问题。主要是：发展中不平衡、不协调、不可持续问题依然突出，科技创新能力不强，产业结构不合理，农业基础依然薄弱，资源环境约束加剧，制约科学发展的体制机制障碍较多，深化改革开放和转变经济发展方式任务艰巨；城乡区域发展差距和居民收入分配差距依然较大；社会矛盾明显增多，教育、就业、社会保障、医疗、住房、生态环境、食品药品安全、安全生产、社会治安、执法司法等关系群众切身利益的问题较多，部分群众生活比较困难；一些领域存在道德失范、诚信缺失现象；一些干部领导科学发展能力不强，一些基层党组织软弱涣散，少数党员干部理想信念动摇、宗旨意识淡薄，形式主义、官僚主义问题突出，奢侈浪费现象严重；一些领域消极腐败现象易发多发，反腐败斗争形势依然严峻。对这些困难和问题，我们必须高度重视，进一步认真加以解决。

二、夺取中国特色社会主义新胜利

回首近代以来中国波澜壮阔的历史，展望中华民族充满希望的未来，我们得出一个坚定的结论：全面建成小康社会，加快推进社会主义现代化，实现中华民族伟大复兴，必须坚定不移走中国特色社会主义道路。

在改革开放三十多年一以贯之的接力探索中，我们坚定不移高举中国特色社会主义伟大旗帜，既不走封闭僵化的老路、也不走改旗易帜的邪路。中国特色社会主义道路，中国特色社会主义理论体系，中国特色社会主义制度，是党和人民九十多年奋斗、创造、积累的根本成就，必须倍加珍惜、始终坚持、不断发展。

中国特色社会主义道路，就是在中国共产党领导下，立足基本国情，以经济建设为中心，坚持四项基本原则，坚持改革开放，解放和发展社会生产力，建设社会主义市场经济、社会主义民主政治、社会主义先进文化、社会主义和谐社会、社会主义生态文明，促进人的全面发展，逐步实现全体人民共同富裕，建设富强民主文明和谐的社会主义现代化国家。中国特色社会主义理论体系，就是包括邓小平理论、“三个代表”重要思想、科学发展观在内的科学理论体系，是对马克思列宁主义、毛泽东思想的坚持和发展。中国特色社会主义制度，就是人民代表大会制度的根本政治制度，中国共产党领导的多党合作和政治协商制度、民族区域自治制度以及基层群众自治制度等基本政治制度，中国特色社会主义法律体系，公有制为主体、多种所有制经济共同发展的基本经济制度，以及建立在这些制度基础上的经济体制、政治体制、文化体制、社会体制等各项具体制度。中国特色社会主义道路是实现途径，中国特色社会主义理论体系是行动指南，中国特色社会主义制度是根本保障，三者统一于中国特色社会主义伟大实践，这是党领导人民在建设社会主义长期实践中形成的最鲜明特色。

建设中国特色社会主义，总依据是社会主义初级阶段，总布局是五位一体，总任务是实现社会主义现代化和中华民族伟大复兴。中国特色社会主义，既坚持了科学社会主义基本原则，又根据时代条件赋予其鲜明的中国特色，以全新的视野深化了对共产党执政规律、社会主义建设规律、人类社会发展规律的认识，从理论和实践结合上系统回答了在中国这样人口多底子薄的东方大国建设什么样的社会主义、怎样建设社会主义这个根本问题，使我们国家快速发展起来，使我国人民生活水平快速提高起来。实践充分证明，中国特色社会主义是当代中国发展进步的根本方向，只有中国特色社会主义才能发展中国。

发展中国特色社会主义是一项长期的艰巨的历史任务，必须准备进行具有许多新的历史特点的伟大斗争。我们一定要毫不动摇坚持、与时俱进发展中国特色社会主义，不断丰富中国特色社会主义的实践特色、理论特色、民族特色、时代特色。

在新的历史条件下夺取中国特色社会主义新胜利，必须牢牢把握以下基本要求，并使之成为全党全国各族人民的共同信念。

——*必须坚持人民主体地位。*中国特色社会主义是亿万人民自己的事业。要发挥人民主人翁精神，坚持依法治国这个党领导人民治理国家的基本方略，最广泛地动员和组织人民依法管理国家事务和社会事务、管理经济和文化事业、积极投身社会主义现代化建设，更好保障人民权益，更好保证人民当家作主。

——*必须坚持解放和发展社会生产力。*解放和发展社会生产力是中国特色社会主义的根本任务。要坚持以经济建设为中心，以科学发展为主题，全面推进经济建设、政治建设、文化建设、社会建设、生态文明建设，实现以人为本、全面协调可持续的科学发展。

——*必须坚持推进改革开放。*改革开放是坚持和发展中国特色社会主义的必由之路。要始终把改革创新精神贯彻到治国理政各个环节，坚持社会主义市场经济的改革方向，坚持对外开放的基本国策，不断推进理论创新、制度创新、科技创新、文化创新以及其他各方面创新，不断推进我国社会主义制度自我完善和发展。

——*必须坚持维护社会公平正义。*公平正义是中国特色社会主义的内在要求。要在全体人民共同奋斗、经济社会发展的基础上，加紧建设对保障社会公平正义具有重大作用的制度，逐步建立以权利公平、机会公平、规则公平为主要内容的社会公平保障体系，努力营造公平的社会环境，保证人民平等参与、平等发展权利。

——*必须坚持走共同富裕道路。*共同富裕是中国特色社会主义的根本原则。要坚持社会主义基本经济制度和分配制度，调整国民收入分配格局，加大再分配调节力度，着力解决收入分配差距较大问题，使发展成果更多更公平惠及全体人民，朝着共同富裕方向稳步前进。

——*必须坚持促进社会和谐。*社会和谐是中国特色社会主义的本质属性。要把保障和改善民生放在更加突出的位置，加强和创新社会管理，正确处理改革发展稳定关系，团结一切可以团结的力量，最大限度增加和谐因素，增强社会创造活力，确保人民安居乐业、社会安定有序、国家长治久安。

——*必须坚持和平发展。*和平发展是中国特色社会主义的必然选择。要坚持开放的发展、合作的发展、共赢的发展，通过争取和平国际环境发展自己，又以自身发展维护和促进世界和平，扩大同各方利益汇合点，推动建设持久和平、共同繁荣的和谐世界。

——*必须坚持党的领导*。中国共产党是中国特色社会主义事业的领导核心。要坚持立党为公、执政为民，加强和改善党的领导，坚持党总揽全局、协调各方的领导核心作用，保持党的先进性和纯洁性，增强党的创造力、凝聚力、战斗力，提高党科学执政、民主执政、依法执政水平。

我们必须清醒认识到，我国仍处于并将长期处于社会主义初级阶段的基本国情没有变，人民日益增长的物质文化需要同落后的社会生产之间的矛盾这一社会主要矛盾没有变，我国是世界最大发展中国家的国际地位没有变。在任何情况下都要牢牢把握社会主义初级阶段这个最大国情，推进任何方面的改革发展都要牢牢立足社会主义初级阶段这个最大实际。党的基本路线是党和国家的生命线，必须坚持把以经济建设为中心同四项基本原则、改革开放这两个基本点统一于中国特色社会主义伟大实践，既不妄自菲薄，也不妄自尊大，扎扎实实夺取中国特色社会主义新胜利。

只要我们胸怀理想、坚定信念，不动摇、不懈怠、不折腾，顽强奋斗、艰苦奋斗、不懈奋斗，就一定能在中国共产党成立一百年时全面建成小康社会，就一定能在新中国成立一百年时建成富强民主文明和谐的社会主义现代化国家。全党要坚定这样的道路自信、理论自信、制度自信!

三、全面建成小康社会和全面深化改革开放的目标

综观国际国内大势，我国发展仍处于可以大有作为的重要战略机遇期。我们要准确判断重要战略机遇期内涵和条件的变化，全面把握机遇，沉着应对挑战，赢得主动，赢得优势，赢得未来，确保到2020年实现全面建成小康社会宏伟目标。

根据我国经济社会发展实际，要在十六大、十七大确立的全面建设小康社会目标的基础上努力实现新的要求。

——*经济持续健康发展*。转变经济发展方式取得重大进展，在发展平衡性、协调性、可持续性明显增强的基础上，实现国内生产总值和城乡居民人均收入比2010年翻一番。科技进步对经济增长的贡献率大幅上升，进入创新型国家行列。工业化基本实现，信息化水平大幅提升，城镇化质量明显提高，农业现代化和社会主义新农村建设成效显著，区域协调发展机制基本形成。对外开放水平进一步提高，国际竞争力明显增强。

——*人民民主不断扩大*。民主制度更加完善，民主形式更加丰富，人民积极性、主动性、创造性进一步发挥。依法治国基本方略全面落实，法治政府基本建成，司法公信力不断提高，人权得到切实尊重和保障。

——*文化软实力显著增强*。社会主义核心价值体系深入人心，公民文明素质和社会文明程度明显提高。文化产品更加丰富，公共文化服务体系基本建成，文化产业成为国民经济支柱性产业，中华文化走出去迈出更大步伐，社会主义文化强国建设基础更加坚实。

——*人民生活水平全面提高*。基本公共服务均等化总体实现。全民受教育程度和创新人才培养水平明显提高，进入人才强国和人力资源强国行列，教育现代化基本实现。就业更加充分。收入分配差距缩小，中等收入群体持续扩大，扶贫对象大幅减少。社会保障全民覆盖，人人享有基本医疗卫生服务，住房保障体系基本形成，社会和谐稳定。

——*资源节约型、环境友好型社会建设取得重大进展*。主体功能区布局基本形成，资源循环利用体系初步建立。单位国内生产总值能源消耗和二氧化碳排放大幅下降，主要污染物排放总量显著减少。森林覆盖率提高，生态系统稳定性增强，人居环境明显改善。

全面建成小康社会，必须以更大的政治勇气和智慧，不失时机深化重要领域改革，坚决破除一切妨碍科学发展的思想观念和体制机制弊端，构建系统完备、科学规范、运行有效的制度体系，使各方面制度更加成熟更加定型。要加快完善社会主义市

场经济体制，完善公有制为主体、多种所有制经济共同发展的基本经济制度，完善按劳分配为主体、多种分配方式并存的分配制度，更大程度更广范围发挥市场在资源配置中的基础性作用，完善宏观调控体系，完善开放型经济体系，推动经济更有效率、更加公平、更可持续发展。加快推进社会主义民主政治制度化、规范化、程序化，从各层次各领域扩大公民有序政治参与，实现国家各项工作法治化。加快完善文化管理体制和文化生产经营机制，基本建立现代文化市场体系，健全国有文化资产管理体制，形成有利于创新创造的文化发展环境。加快形成科学有效的社会管理体制，完善社会保障体系，健全基层公共服务和社会管理网络，建立确保社会既充满活力又和谐有序的体制机制。加快建立生态文明制度，健全国土空间开发、资源节约、生态环境保护的体制机制，推动形成人与自然和谐发展现代化建设新格局。

如期全面建成小康社会任务十分艰巨，全党同志一定要埋头苦干、顽强拼搏。国家要加大对农村和中西部地区扶持力度，支持这些地区加快改革开放、增强发展能力、改善人民生活。鼓励有条件的地方在现代化建设中继续走在前列，为全国改革发展作出更大贡献。

四、加快完善社会主义市场经济体制和加快转变经济发展方式

以经济建设为中心是兴国之要，发展仍是解决我国所有问题的关键。只有推动经济持续健康发展，才能筑牢国家繁荣富强、人民幸福安康、社会和谐稳定的物质基础。必须坚持发展是硬道理的战略思想，决不能有丝毫动摇。

在当代中国，坚持发展是硬道理的本质要求就是坚持科学发展。以科学发展为主题，以加快转变经济发展方式为主线，是关系我国发展全局的战略抉择。要适应国内外经济形势新变化，加快形成新的经济发展方式，把推动发展的立足点转到提高质量和效益上来，着力激发各类市场主体发展新活力，着力增强创新驱动发展新动力，着力构建现代产业发展新体系，着力培育开放型经济发展新优势，使经济发展更多依靠内需特别是消费需求拉动，更多依靠现代服务业和战略性新兴产业带动，更多依靠科技进步、劳动者素质提高、管理创新驱动，更多依靠节约资源和循环经济推动，更多依靠城乡区域发展协调互动，不断增强长期发展后劲。

坚持走中国特色新型工业化、信息化、城镇化、农业现代化道路，推动信息化和工业化深度融合、工业化和城镇化良性互动、城镇化和农业现代化相互协调，促进工业化、信息化、城镇化、农业现代化同步发展。

（一）全面深化经济体制改革。深化改革是加快转变经济发展方式的关键。经济体制改革的核心问题是处理好政府和市场的关系，必须更加尊重市场规律，更好发挥政府作用。要毫不动摇巩固和发展公有制经济，推行公有制多种实现形式，深化国有企业改革，完善各类国有资产管理体制，推动国有资本更多投向关系国家安全和国民经济命脉的重要行业和关键领域，不断增强国有经济活力、控制力、影响力。毫不动摇鼓励、支持、引导非公有制经济发展，保证各种所有制经济依法平等使用生产要素、公平参与市场竞争、同等受到法律保护。健全现代市场体系，加强宏观调控目标和政策手段机制化建设。加快改革财税体制，健全中央和地方财力与事权相匹配的体制，完善促进基本公共服务均等化和主体功能区建设的公共财政体系，构建地方税体系，形成有利于结构优化、社会公平的税收制度。建立公共资源出让收益合理共享机制。深化金融体制改革，健全促进宏观经济稳定、支持实体经济发展的现代金融体系，加快发展多层次资本市场，稳步推进利率和汇率市场化改革，逐步实现人民币资本项目可兑换。加快发展民营金融机构。完善金融监管，推进金融创新，提高银行、证券、保险等行业竞争力，维护金融稳定。

（二）实施创新驱动发展战略。科技创新是提高社会生产力和综合国力的战略支撑，必须摆在国

家发展全局的核心位置。要坚持走中国特色自主创新道路，以全球视野谋划和推动创新，提高原始创新、集成创新和引进消化吸收再创新能力，更加注重协同创新。深化科技体制改革，推动科技和经济紧密结合，加快建设国家创新体系，着力构建以企业为主体、市场为导向、产学研相结合的技术创新体系。完善知识创新体系，强化基础研究、前沿技术研究、社会公益技术研究，提高科学研究水平和成果转化能力，抢占科技发展战略制高点。实施国家科技重大专项，突破重大技术瓶颈。加快新技术新产品新工艺研发应用，加强技术集成和商业模式创新。完善科技创新评价标准、激励机制、转化机制。实施知识产权战略，加强知识产权保护。促进创新资源高效配置和综合集成，把全社会智慧和力量凝聚到创新发展上来。

（三）推进经济结构战略性调整。这是加快转变经济发展方式的主攻方向。必须以改善需求结构、优化产业结构、促进区域协调发展、推进城镇化为重点，着力解决制约经济持续健康发展的重大结构性问题。要牢牢把握扩大内需这一战略基点，加快建立扩大消费需求长效机制，释放居民消费潜力，保持投资合理增长，扩大国内市场规模。牢牢把握发展实体经济这一坚实基础，实行更加有利于实体经济发展的政策措施，强化需求导向，推动战略性新兴产业、先进制造业健康发展，加快传统产业转型升级，推动服务业特别是现代服务业发展壮大，合理布局建设基础设施和基础产业。建设下一代信息基础设施，发展现代信息技术产业体系，健全信息安全保障体系，推进信息网络技术广泛运用。提高大中型企业核心竞争力，支持小微企业特别是科技型小微企业发展。继续实施区域发展总体战略，充分发挥各地区比较优势，优先推进西部大开发，全面振兴东北地区等老工业基地，大力促进中部地区崛起，积极支持东部地区率先发展。采取对口支援等多种形式，加大对革命老区、民族地区、边疆地区、贫困地区扶持力度。科学规划城市群规模和布局，增强中小城市和小城镇产业发展、公共服务、吸纳就业、人口集聚功能。加快改革户籍制度，有序推进农业转移人口市民化，努力实现城镇基本公共服务常住人口全覆盖。

（四）推动城乡发展一体化。解决好农业农村农民问题是全党工作重中之重，城乡发展一体化是解决“三农”问题的根本途径。要加大统筹城乡发展力度，增强农村发展活力，逐步缩小城乡差距，促进城乡共同繁荣。坚持工业反哺农业、城市支持农村和多予少取放活方针，加大强农惠农富农政策力度，让广大农民平等参与现代化进程、共同分享现代化成果。加快发展现代农业，增强农业综合生产能力，确保国家粮食安全和重要农产品有效供给。坚持把国家基础设施建设和社会事业发展重点放在农村，深入推进新农村建设和扶贫开发，全面改善农村生产生活条件。着力促进农民增收，保持农民收入持续较快增长。坚持和完善农村基本经营制度，依法维护农民土地承包经营权、宅基地使用权、集体收益分配权，壮大集体经济实力，发展农民专业合作和股份合作，培育新型经营主体，发展多种形式规模经营，构建集约化、专业化、组织化、社会化相结合的新型农业经营体系。改革征地制度，提高农民在土地增值收益中的分配比例。加快完善城乡发展一体化体制机制，着力在城乡规划、基础设施、公共服务等方面推进一体化，促进城乡要素平等交换和公共资源均衡配置，形成以工促农、以城带乡、工农互惠、城乡一体的新型工农、城乡关系。

（五）全面提高开放型经济水平。适应经济全球化新形势，必须实行更加积极主动的开放战略，完善互利共赢、多元平衡、安全高效的开放型经济体系。要加快转变对外经济发展方式，推动开放朝着优化结构、拓展深度、提高效益方向转变。创新开放模式，促进沿海内陆沿边开放优势互补，形成引领国际经济合作和竞争的开放区域，培育带动区域发展的开放高地。坚持出口和进口并重，强化贸易政策和产业政策协调，形成以技术、品牌、质量、服务为核心的出口竞争新优势，促进加工贸易转型升级，发展服务贸易，推动对外贸易平衡发展。提高利用外资综合优势和总体效益，推动引资、引技、引智有机结合。加快走出去步伐，增强企业国际化经营能力，培育一批世界水平的跨国公司。统筹双边、多边、区域次区域开放合作，加快实施自由贸易区战略，推动同周边国家互联互通。提高抵御国际经济风险能力。

我们一定要坚定信心，打胜全面深化经济体制改革和加快转变经济发展方式这场硬仗，把我国经济发展活力和竞争力提高到新的水平。

五、坚持走中国特色社会主义政治发展道路和推进政治体制改革

人民民主是我们党始终高扬的光辉旗帜。改革开放以来，我们总结发展社会主义民主正反两方面经验，强调人民民主是社会主义的生命，坚持国家一切权力属于人民，不断推进政治体制改革，社会主义民主政治建设取得重大进展，成功开辟和坚持了中国特色社会主义政治发展道路，为实现最广泛的人民民主确立了正确方向。

政治体制改革是我国全面改革的重要组成部分。必须继续积极稳妥推进政治体制改革，发展更加广泛、更加充分、更加健全的人民民主。必须坚持党的领导、人民当家作主、依法治国有机统一，以保证人民当家作主为根本，以增强党和国家活力、调动人民积极性为目标，扩大社会主义民主，加快建设社会主义法治国家，发展社会主义政治文明。要更加注重改进党的领导方式和执政方式，保证党领导人民有效治理国家；更加注重健全民主制度、丰富民主形式，保证人民依法实行民主选举、民主决策、民主管理、民主监督；更加注重发挥法治在国家治理和社会管理中的重要作用，维护国家法制统一、尊严、权威，保证人民依法享有广泛权利和自由。要把制度建设摆在突出位置，充分发挥我国社会主义政治制度优越性，积极借鉴人类政治文明有益成果，绝不照搬西方政治制度模式。

（一）支持和保证人民通过人民代表大会行使国家权力。人民代表大会制度是保证人民当家作主的根本政治制度。要善于使党的主张通过法定程序成为国家意志，支持人大及其常委会充分发挥国家权力机关作用，依法行使立法、监督、决定、任免等职权，加强立法工作组织协调，加强对“一府两院”的监督，加强对政府全口径预算决算的审查和监督。提高基层人大代表特别是一线工人、农民、知识分子代表比例，降低党政领导干部代表比例。在人大设立代表联络机构，完善代表联系群众制度。健全国家权力机关组织制度，优化常委会、专委会组成人员知识和年龄结构，提高专职委员比例，增强依法履职能力。

（二）健全社会主义协商民主制度。社会主义协商民主是我国人民民主的重要形式。要完善协商民主制度和工作机制，推进协商民主广泛、多层、制度化发展。通过国家政权机关、政协组织、党派团体等渠道，就经济社会发展重大问题和涉及群众切身利益的实际问题广泛协商，广纳群言、广集民智，增进共识、增强合力。坚持和完善中国共产党领导的多党合作和政治协商制度，充分发挥人民政协作为协商民主重要渠道作用，围绕团结和民主两大主题，推进政治协商、民主监督、参政议政制度建设，更好协调关系、汇聚力量、建言献策、服务大局。加强同民主党派的政治协商。把政治协商纳入决策程序，坚持协商于决策之前和决策之中，增强民主协商实效性。深入进行专题协商、对口协商、界别协商、提案办理协商。积极开展基层民主协商。

（三）完善基层民主制度。在城乡社区治理、基层公共事务和公益事业中实行群众自我管理、自我服务、自我教育、自我监督，是人民依法直接行使民主权利的重要方式。要健全基层党组织领导的充满活力的基层群众自治机制，以扩大有序参与、推进信息公开、加强议事协商、强化权力监督为重点，拓宽范围和途径，丰富内容和形式，保障人民享有更多更切实的民主权利。全心全意依靠工人阶级，健全以职工代表大会为基本形式的企事业单位

民主管理制度，保障职工参与管理和监督的民主权利。发挥基层各类组织协同作用，实现政府管理和基层民主有机结合。

（四）全面推进依法治国。法治是治国理政的基本方式。要推进科学立法、严格执法、公正司法、全民守法，坚持法律面前人人平等，保证有法必依、执法必严、违法必究。完善中国特色社会主义法律体系，加强重点领域立法，拓展人民有序参与立法途径。推进依法行政，切实做到严格规范公正文明执法。进一步深化司法体制改革，坚持和完善中国特色社会主义司法制度，确保审判机关、检察机关依法独立公正行使审判权、检察权。深入开展法制宣传教育，弘扬社会主义法治精神，树立社会主义法治理念，增强全社会学法尊法守法用法意识。提高领导干部运用法治思维和法治方式深化改革、推动发展、化解矛盾、维护稳定能力。党领导人民制定宪法和法律，党必须在宪法和法律范围内活动。任何组织或者个人都不得有超越宪法和法律的特权，绝不允许以言代法、以权压法、徇私枉法。

（五）深化行政体制改革。行政体制改革是推动上层建筑适应经济基础的必然要求。要按照建立中国特色社会主义行政体制目标，深入推进政企分开、政资分开、政事分开、政社分开，建设职能科学、结构优化、廉洁高效、人民满意的服务型政府。深化行政审批制度改革，继续简政放权，推动政府职能向创造良好发展环境、提供优质公共服务、维护社会公平正义转变。稳步推进大部门制改革，健全部门职责体系。优化行政层级和行政区划设置，有条件的地方可探索省直接管理县（市）改革，深化乡镇行政体制改革。创新行政管理方式，提高政府公信力和执行力，推进政府绩效管理。严格控制机构编制，减少领导职数，降低行政成本。推进事业单位分类改革。完善体制改革协调机制，统筹规划和协调重大改革。

（六）健全权力运行制约和监督体系。坚持用制度管权管事管人，保障人民知情权、参与权、表达权、监督权，是权力正确运行的重要保证。要确保决策权、执行权、监督权既相互制约又相互协调，确保国家机关按照法定权限和程序行使权力。坚持科学决策、民主决策、依法决策，健全决策机制和程序，发挥思想库作用，建立健全决策问责和纠错制度。凡是涉及群众切身利益的决策都要充分听取群众意见，凡是损害群众利益的做法都要坚决防止和纠正。推进权力运行公开化、规范化，完善党务公开、政务公开、司法公开和各领域办事公开制度，健全质询、问责、经济责任审计、引咎辞职、罢免等制度，加强党内监督、民主监督、法律监督、舆论监督，让人民监督权力，让权力在阳光下运行。

（七）巩固和发展最广泛的爱国统一战线。统一战线是凝聚各方面力量，促进政党关系、民族关系、宗教关系、阶层关系、海内外同胞关系的和谐，夺取中国特色社会主义新胜利的重要法宝。要高举爱国主义、社会主义旗帜，巩固统一战线的思想政治基础，正确处理一致性和多样性的关系。坚持长期共存、互相监督、肝胆相照、荣辱与共的方针，加强同民主党派和无党派人士团结合作，促进思想上同心同德、目标上同心同向、行动上同心同行，加强党外代表人士队伍建设，选拔和推荐更多优秀党外人士担任各级国家机关领导职务。全面正确贯彻落实党的民族政策，坚持和完善民族区域自治制度，牢牢把握各民族共同团结奋斗、共同繁荣发展的主题，深入开展民族团结进步教育，加快民族地区发展，保障少数民族合法权益，巩固和发展平等团结互助和谐的社会主义民族关系，促进各民族和睦相处、和衷共济、和谐发展。全面贯彻党的宗教工作基本方针，发挥宗教界人士和信教群众在促进经济社会发展中的积极作用。鼓励和引导新的社会阶层人士为中国特色社会主义事业作出更大贡献。落实党的侨务政策，支持海外侨胞、归侨侨眷关心和参与祖国现代化建设与和平统一大业。

中国特色社会主义政治发展道路是团结亿万人民共同奋斗的正确道路。我们一定要坚定不移沿着这条道路前进，使我国社会主义民主政治展现出更加旺盛的生命力。

六、扎实推进社会主义文化强国建设

文化是民族的血脉，是人民的精神家园。全面建成小康社会，实现中华民族伟大复兴，必须推动社会主义文化大发展大繁荣，兴起社会主义文化建设新高潮，提高国家文化软实力，发挥文化引领风尚、教育人民、服务社会、推动发展的作用。

建设社会主义文化强国，必须走中国特色社会主义文化发展道路，坚持为人民服务、为社会主义服务的方向，坚持百花齐放、百家争鸣的方针，坚持贴近实际、贴近生活、贴近群众的原则，推动社会主义精神文明和物质文明全面发展，建设面向现代化、面向世界、面向未来的，民族的科学的大众的社会主义文化。

建设社会主义文化强国，关键是增强全民族文化创造活力。要深化文化体制改革，解放和发展文化生产力，发扬学术民主、艺术民主，为人民提供广阔文化舞台，让一切文化创造源泉充分涌流，开创全民族文化创造活力持续迸发、社会文化生活更加丰富多彩、人民基本文化权益得到更好保障、人民思想道德素质和科学文化素质全面提高、中华文化国际影响力不断增强的新局面。

（一）加强社会主义核心价值体系建设。社会主义核心价值体系是兴国之魂，决定着中国特色社会主义发展方向。要深入开展社会主义核心价值体系学习教育，用社会主义核心价值体系引领社会思潮、凝聚社会共识。推进马克思主义中国化时代化大众化，坚持不懈用中国特色社会主义理论体系武装全党、教育人民，深入实施马克思主义理论研究和建设工程，建设哲学社会科学创新体系，推动中国特色社会主义理论体系进教材进课堂进头脑。广泛开展理想信念教育，把广大人民团结凝聚在中国特色社会主义伟大旗帜之下。大力弘扬民族精神和时代精神，深入开展爱国主义、集体主义、社会主义教育，丰富人民精神世界，增强人民精神力量。倡导富强、民主、文明、和谐，倡导自由、平等、公正、法治，倡导爱国、敬业、诚信、友善，积极培育和践行社会主义核心价值观。牢牢掌握意识形态工作领导权和主导权，坚持正确导向，提高引导能力，壮大主流思想舆论。

（二）全面提高公民道德素质。这是社会主义道德建设的基本任务。要坚持依法治国和以德治国相结合，加强社会公德、职业道德、家庭美德、个人品德教育，弘扬中华传统美德，弘扬时代新风。推进公民道德建设工程，弘扬真善美、贬斥假恶丑，引导人们自觉履行法定义务、社会责任、家庭责任，营造劳动光荣、创造伟大的社会氛围，培育知荣辱、讲正气、作奉献、促和谐的良好风尚。深入开展道德领域突出问题专项教育和治理，加强政务诚信、商务诚信、社会诚信和司法公信建设。加强和改进思想政治工作，注重人文关怀和心理疏导，培育自尊自信、理性平和、积极向上的社会心态。深化群众性精神文明创建活动，广泛开展志愿服务，推动学雷锋活动、学习宣传道德模范常态化。

（三）丰富人民精神文化生活。让人民享有健康丰富的精神文化生活，是全面建成小康社会的重要内容。要坚持以人民为中心的创作导向，提高文化产品质量，为人民提供更好更多精神食粮。坚持面向基层、服务群众，加快推进重点文化惠民工程，加大对农村和欠发达地区文化建设的帮扶力度，继续推动公共文化服务设施向社会免费开放。建设优秀传统文化传承体系，弘扬中华优秀传统文化。推广和规范使用国家通用语言文字。繁荣发展少数民族文化事业。开展群众性文化活动，引导群众在文化建设中自我表现、自我教育、自我服务。开展全民阅读活动。加强和改进网络内容建设，唱响网上主旋律。加强网络社会管理，推进网络依法规范有序运行。开展“扫黄打非”，抵制低俗现象。普及科学知识，弘扬科学精神，提高全民科学素养。广泛开展全民健身运动，促进群众体育和竞技体育全面发展。

（四）增强文化整体实力和竞争力。文化实力和竞争力是国家富强、民族振兴的重要标志。要坚持把社会效益放在首位、社会效益和经济效益相统一，推动文化事业全面繁荣、文化产业快速发展。发展哲学社会科学、新闻出版、广播影视、文学艺术事业。加强重大公共文化工程和文化项目建设，完善公共文化服务体系，提高服务效能。促进文化和科技融合，发展新型文化业态，提高文化产业规模化、集约化、专业化水平。构建和发展现代传播体系，提高传播能力。增强国有公益性文化单位活力，完善经营性文化单位法人治理结构，繁荣文化市场。扩大文化领域对外开放，积极吸收借鉴国外优秀文化成果。营造有利于高素质文化人才大量涌现、健康成长的良好环境，造就一批名家大师和民族文化代表人物，表彰有杰出贡献的文化工作者。

我们一定要坚持社会主义先进文化前进方向，树立高度的文化自觉和文化自信，向着建设社会主义文化强国宏伟目标阔步前进。

七、在改善民生和创新管理中加强社会建设

加强社会建设，是社会和谐稳定的重要保证。必须从维护最广大人民根本利益的高度，加快健全基本公共服务体系，加强和创新社会管理，推动社会主义和谐社会建设。

加强社会建设，必须以保障和改善民生为重点。提高人民物质文化生活水平，是改革开放和社会主义现代化建设的根本目的。要多谋民生之利，多解民生之忧，解决好人民最关心最直接最现实的利益问题，在学有所教、劳有所得、病有所医、老有所养、住有所居上持续取得新进展，努力让人民过上更好生活。

加强社会建设，必须加快推进社会体制改革。要围绕构建中国特色社会主义社会管理体系，加快形成党委领导、政府负责、社会协同、公众参与、法治保障的社会管理体制，加快形成政府主导、覆盖城乡、可持续的基本公共服务体系，加快形成政社分开、权责明确、依法自治的现代社会组织体制，加快形成源头治理、动态管理、应急处置相结合的社会管理机制。

（一）努力办好人民满意的教育。教育是民族振兴和社会进步的基石。要坚持教育优先发展，全面贯彻党的教育方针，坚持教育为社会主义现代化建设服务、为人民服务，把立德树人作为教育的根本任务，培养德智体美全面发展的社会主义建设者和接班人。全面实施素质教育，深化教育领域综合改革，着力提高教育质量，培养学生社会责任感、创新精神、实践能力。办好学前教育，均衡发展九年义务教育，基本普及高中阶段教育，加快发展现代职业教育，推动高等教育内涵式发展，积极发展继续教育，完善终身教育体系，建设学习型社会。大力促进教育公平，合理配置教育资源，重点向农村、边远、贫困、民族地区倾斜，支持特殊教育，提高家庭经济困难学生资助水平，积极推动农民工子女平等接受教育，让每个孩子都能成为有用之才。鼓励引导社会力量兴办教育。加强教师队伍建设，提高师德水平和业务能力，增强教师教书育人的荣誉感和责任感。

（二）推动实现更高质量的就业。就业是民生之本。要贯彻劳动者自主就业、市场调节就业、政府促进就业和鼓励创业的方针，实施就业优先战略和更加积极的就业政策。引导劳动者转变就业观念，鼓励多渠道多形式就业，促进创业带动就业，做好以高校毕业生为重点的青年就业工作和农村转移劳动力、城镇困难人员、退役军人就业工作。加强职业技能培训，提升劳动者就业创业能力，增强就业稳定性。健全人力资源市场，完善就业服务体系，增强失业保险对促进就业的作用。健全劳动标准体系和劳动关系协调机制，加强劳动保障监察和争议调解仲裁，构建和谐劳动关系。

（三）千方百计增加居民收入。实现发展成果由人民共享，必须深化收入分配制度改革，努力实现居民收入增长和经济发展同步、劳动报酬增长和劳动生产率提高同步，提高居民收入在国民收入分配中的比重，提高劳动报酬在初次分配中的比重。初

次分配和再分配都要兼顾效率和公平，再分配更加注重公平。完善劳动、资本、技术、管理等要素按贡献参与分配的初次分配机制，加快健全以税收、社会保障、转移支付为主要手段的再分配调节机制。深化企业和机关事业单位工资制度改革，推行企业工资集体协商制度，保护劳动所得。多渠道增加居民财产性收入。规范收入分配秩序，保护合法收入，增加低收入者收入，调节过高收入，取缔非法收入。

（四）统筹推进城乡社会保障体系建设。社会保障是保障人民生活、调节社会分配的一项基本制度。要坚持全覆盖、保基本、多层次、可持续方针，以增强公平性、适应流动性、保证可持续性为重点，全面建成覆盖城乡居民的社会保障体系。改革和完善企业和机关事业单位社会保险制度，整合城乡居民基本养老保险和基本医疗保险制度，逐步做实养老保险个人账户，实现基础养老金全国统筹，建立兼顾各类人员的社会保障待遇确定机制和正常调整机制。扩大社会保障基金筹资渠道，建立社会保险基金投资运营制度，确保基金安全和保值增值。完善社会救助体系，健全社会福利制度，支持发展慈善事业，做好优抚安置工作。建立市场配置和政府保障相结合的住房制度，加强保障性住房建设和管理，满足困难家庭基本需求。坚持男女平等基本国策，保障妇女儿童合法权益。积极应对人口老龄化，大力发展老龄服务事业和产业。健全残疾人社会保障和服务体系，切实保障残疾人权益。健全社会保障经办管理体制，建立更加便民快捷的服务体系。

（五）提高人民健康水平。健康是促进人的全面发展的必然要求。要坚持为人民健康服务的方向，坚持预防为主、以农村为重点、中西医并重，按照保基本、强基层、建机制要求，重点推进医疗保障、医疗服务、公共卫生、药品供应、监管体制综合改革，完善国民健康政策，为群众提供安全有效方便价廉的公共卫生和基本医疗服务。健全全民医保体系，建立重特大疾病保障和救助机制，完善突发公共卫生事件应急和重大疾病防控机制。巩固基本药物制度。健全农村三级医疗卫生服务网络和城市社区卫生服务体系，深化公立医院改革，鼓励社会办医。扶持中医药和民族医药事业发展。提高医疗卫生队伍服务能力，加强医德医风建设。改革和完善食品药品安全监管体制机制。开展爱国卫生运动，促进人民身心健康。坚持计划生育的基本国策，提高出生人口素质，逐步完善政策，促进人口长期均衡发展。

（六）加强和创新社会管理。提高社会管理科学化水平，必须加强社会管理法律、体制机制、能力、人才队伍和信息化建设。改进政府提供公共服务方式，加强基层社会管理和服务体系建设，增强城乡社区服务功能，强化企事业单位、人民团体在社会管理和服务中的职责，引导社会组织健康有序发展，充分发挥群众参与社会管理的基础作用。完善和创新流动人口和特殊人群管理服务。正确处理人民内部矛盾，建立健全党和政府主导的维护群众权益机制，完善信访制度，完善人民调解、行政调解、司法调解联动的工作体系，畅通和规范群众诉求表达、利益协调、权益保障渠道。建立健全重大决策社会稳定风险评估机制。强化公共安全体系和企业安全生产基础建设，遏制重特大安全事故。加强和改进党对政法工作的领导，加强政法队伍建设，切实肩负起中国特色社会主义事业建设者、捍卫者的职责使命。深化平安建设，完善立体化社会治安防控体系，强化司法基本保障，依法防范和惩治违法犯罪活动，保障人民生命财产安全。完善国家安全战略和工作机制，高度警惕和坚决防范敌对势力的分裂、渗透、颠覆活动，确保国家安全。

全党全国人民行动起来，就一定能开创社会和谐人人有责、和谐社会人人共享的生动局面。

八、大力推进生态文明建设

建设生态文明，是关系人民福祉、关乎民族未来的长远大计。面对资源约束趋紧、环境污染严重、生态系统退化的严峻形势，必须树立尊重自然、顺应自然、保护自然的生态文明理念，把生态文明建设放在突出地位，融入经济建设、政治建设、文化建设、社会建设各方面和全过程，努力建设美丽中国，实现中华民族永续发展。

坚持节约资源和保护环境的基本国策，坚持节约优先、保护优先、自然恢复为主的方针，着力推进绿色发展、循环发展、低碳发展，形成节约资源和保护环境的空间格局、产业结构、生产方式、生活方式，从源头上扭转生态环境恶化趋势，为人民创造良好生产生活环境，为全球生态安全作出贡献。

（一）优化国土空间开发格局。国土是生态文明建设的空间载体，必须珍惜每一寸国土。要按照人口资源环境相均衡、经济社会生态效益相统一的原则，控制开发强度，调整空间结构，促进生产空间集约高效、生活空间宜居适度、生态空间山清水秀，给自然留下更多修复空间，给农业留下更多良田，给子孙后代留下天蓝、地绿、水净的美好家园。加快实施主体功能区战略，推动各地区严格按照主体功能定位发展，构建科学合理的城市化格局、农业发展格局、生态安全格局。提高海洋资源开发能力，发展海洋经济，保护海洋生态环境，坚决维护国家海洋权益，建设海洋强国。

（二）全面促进资源节约。节约资源是保护生态环境的根本之策。要节约集约利用资源，推动资源利用方式根本转变，加强全过程节约管理，大幅降低能源、水、土地消耗强度，提高利用效率和效益。推动能源生产和消费革命，控制能源消费总量，加强节能降耗，支持节能低碳产业和新能源、可再生能源发展，确保国家能源安全。加强水源地保护和用水总量管理，推进水循环利用，建设节水型社会。严守耕地保护红线，严格土地用途管制。加强矿产资源勘查、保护、合理开发。发展循环经济，促进生产、流通、消费过程的减量化、再利用、资源化。

（三）加大自然生态系统和环境保护力度。良好生态环境是人和社会持续发展的根本基础。要实施重大生态修复工程，增强生态产品生产能力，推进荒漠化、石漠化、水土流失综合治理，扩大森林、湖泊、湿地面积，保护生物多样性。加快水利建设，增强城乡防洪抗旱排涝能力。加强防灾减灾体系建设，提高气象、地质、地震灾害防御能力。坚持预防为主、综合治理，以解决损害群众健康突出环境问题为重点，强化水、大气、土壤等污染防治。坚持共同但有区别的责任原则、公平原则、各自能力原则，同国际社会一道积极应对全球气候变化。

（四）加强生态文明制度建设。保护生态环境必须依靠制度。要把资源消耗、环境损害、生态效益纳入经济社会发展评价体系，建立体现生态文明要求的目标体系、考核办法、奖惩机制。建立国土空间开发保护制度，完善最严格的耕地保护制度、水资源管理制度、环境保护制度。深化资源性产品价格和税费改革，建立反映市场供求和资源稀缺程度、体现生态价值和代际补偿的资源有偿使用制度和生态补偿制度。积极开展节能量、碳排放权、排污权、水权交易试点。加强环境监管，健全生态环境保护责任追究制度和环境损害赔偿制度。加强生态文明宣传教育，增强全民节约意识、环保意识、生态意识，形成合理消费的社会风尚，营造爱护生态环境的良好风气。

我们一定要更加自觉地珍爱自然，更加积极地保护生态，努力走向社会主义生态文明新时代。

九、加快推进国防和军队现代化

建设与我国国际地位相称、与国家安全和发展利益相适应的巩固国防和强大军队，是我国现代化建设的战略任务。我国面临的生存安全问题和发展安全问题、传统安全威胁和非传统安全威胁相互交织，要求国防和军队现代化建设有一个大的发展。必须坚持以国家核心安全需求为导向，统筹经济建设和国防建设，按照国防和军队现代化建设“三步走”战略构想，加紧完成机械化和信息化建设双重历史任务，力争到2020年基本实现机械化，信息化建设取得重大进展。

国防和军队现代化建设，必须以毛泽东军事思想、邓小平新时期军队建设思想、江泽民国防和军队建设思想、党关于新形势下国防和军队建设思想为指导。要适应国家发展战略和安全战略新要求，着眼全面履行新世纪新阶段军队历史使命，贯彻新时期积极防御军事战略方针，与时俱进加强军事战略指导，高度关注海洋、太空、网络空间安全，积极运筹和平时期军事力量运用，不断拓展和深化军事斗争准备，提高以打赢信息化条件下局部战争能力为核心的完成多样化军事任务能力。

坚持以推动国防和军队建设科学发展为主题，以加快转变战斗力生成模式为主线，全面加强军队革命化现代化正规化建设。毫不动摇坚持党对军队的绝对领导，坚持不懈用中国特色社会主义理论体系武装全军，持续培育当代革命军人核心价值观，大力发展先进军事文化，永葆人民军队性质、本色、作风。坚定不移把信息化作为军队现代化建设发展方向，推动信息化建设加速发展。加强高新技术武器装备建设，加快全面建设现代后勤，培养大批高素质新型军事人才，深入开展信息化条件下军事训练，增强基于信息系统的体系作战能力。加大依法治军、从严治军力度，推动正规化建设向更高水平发展。

紧跟世界新军事革命加速发展的潮流，积极稳妥进行国防和军队改革，推动中国特色军事变革深入发展。坚持以创新发展军事理论为先导，着力提高国防科技工业自主创新能力，深入推进军队组织形态现代化，构建中国特色现代军事力量体系。

坚持走中国特色军民融合式发展路子，坚持富国和强军相统一，加强军民融合式发展战略规划、体制机制建设、法规建设。加快建设现代化武装警察力量。增强全民国防观念，提高国防动员和后备力量建设质量。巩固和发展军政军民团结。

中国奉行防御性的国防政策，加强国防建设的目的是维护国家主权、安全、领土完整，保障国家和平发展。中国军队始终是维护世界和平的坚定力量，将一如既往同各国加强军事合作、增进军事互信，参与地区和国际安全事务，在国际政治和安全领域发挥积极作用。

十、丰富“一国两制”实践和推进祖国统一

香港、澳门回归以来，走上了同祖国内地优势互补、共同发展的宽广道路，“一国两制”实践取得举世公认的成功。中央政府对香港、澳门实行的各项方针政策，根本宗旨是维护国家主权、安全、发展利益，保持香港、澳门长期繁荣稳定。全面准确贯彻“一国两制”、“港人治港”、“澳人治澳”、高度自治的方针，必须把坚持一国原则和尊重两制差异、维护中央权力和保障特别行政区高度自治权、发挥祖国内地坚强后盾作用和提高港澳自身竞争力有机结合起来，任何时候都不能偏废。

中央政府将严格依照基本法办事，完善与基本法实施相关的制度和机制，坚定支持特别行政区行政长官和政府依法施政，带领香港、澳门各界人士集中精力发展经济、切实有效改善民生、循序渐进推进民主、包容共济促进和谐，深化内地与香港、澳门经贸关系，推进各领域交流合作，促进香港同胞、澳门同胞在爱国爱港、爱国爱澳旗帜下的大团结，防范和遏制外部势力干预港澳事务。

我们坚信，香港同胞、澳门同胞不仅有智慧、有能力、有办法把特别行政区管理好、建设好，也一定能在国家事务中发挥积极作用，同全国各族人民一道共享做中国人的尊严和荣耀。

解决台湾问题、实现祖国完全统一，是不可阻挡的历史进程。和平统一最符合包括台湾同胞在内的中华民族的根本利益。实现和平统一首先要确保两岸关系和平发展。必须坚持“和平统一、一国两制”方针，坚持发展两岸关系、推进祖国和平统一进程的八项主张，全面贯彻两岸关系和平发展重要思想，巩固和深化两岸关系和平发展的政治、经济、文化、社会基础，为和平统一创造更充分的条件。

我们要始终坚持一个中国原则。大陆和台湾虽

然尚未统一，但两岸同属一个中国的事实从未改变，国家领土和主权从未分割、也不容分割。两岸双方应恪守反对“台独”、坚持“九二共识”的共同立场，增进维护一个中国框架的共同认知，在此基础上求同存异。对台湾任何政党，只要不主张“台独”、认同一个中国，我们都愿意同他们交往、对话、合作。

我们要持续推进两岸交流合作。深化经济合作，厚植共同利益。扩大文化交流，增强民族认同。密切人民往来，融洽同胞感情。促进平等协商，加强制度建设。希望双方共同努力，探讨国家尚未统一特殊情况下的两岸政治关系，作出合情合理安排；商谈建立两岸军事安全互信机制，稳定台海局势；协商达成两岸和平协议，开创两岸关系和平发展新前景。

我们要努力促进两岸同胞团结奋斗。两岸同胞同属中华民族，是血脉相连的命运共同体，理应相互关爱信赖，共同推进两岸关系，共同享有发展成果。凡是有利于增进两岸同胞共同福祉的事情，我们都会尽最大努力做好。我们要切实保护台湾同胞权益，团结台湾同胞维护好、建设好中华民族共同家园。

我们坚决反对“台独”分裂图谋。中国人民绝不允许任何人任何势力以任何方式把台湾从祖国分割出去。“台独”分裂行径损害两岸同胞共同利益，必然走向彻底失败。

全体中华儿女携手努力，就一定能在同心实现中华民族伟大复兴进程中完成祖国统一大业。

十一、继续促进人类和平与发展的崇高事业

当今世界正在发生深刻复杂变化，和平与发展仍然是时代主题。世界多极化、经济全球化深入发展，文化多样化、社会信息化持续推进，科技革命孕育新突破，全球合作向多层次全方位拓展，新兴市场国家和发展中国家整体实力增强，国际力量对比朝着有利于维护世界和平方向发展，保持国际形势总体稳定具备更多有利条件。

同时，世界仍然很不安宁。国际金融危机影响深远，世界经济增长不稳定不确定因素增多，全球发展不平衡加剧，霸权主义、强权政治和新干涉主义有所上升，局部动荡频繁发生，粮食安全、能源资源安全、网络安全等全球性问题更加突出。

人类只有一个地球，各国共处一个世界。历史昭示我们，弱肉强食不是人类共存之道，穷兵黩武无法带来美好世界。要和平不要战争，要发展不要贫穷，要合作不要对抗，推动建设持久和平、共同繁荣的和谐世界，是各国人民共同愿望。

我们主张，在国际关系中弘扬平等互信、包容互鉴、合作共赢的精神，共同维护国际公平正义。平等互信，就是要遵循联合国宪章宗旨和原则，坚持国家不分大小、强弱、贫富一律平等，推动国际关系民主化，尊重主权，共享安全，维护世界和平稳定。包容互鉴，就是要尊重世界文明多样性、发展道路多样化，尊重和维护各国人民自主选择社会制度和发展道路的权利，相互借鉴，取长补短，推动人类文明进步。合作共赢，就是要倡导人类命运共同体意识，在追求本国利益时兼顾他国合理关切，在谋求本国发展中促进各国共同发展，建立更加平等均衡的新型全球发展伙伴关系，同舟共济，权责共担，增进人类共同利益。

中国将继续高举和平、发展、合作、共赢的旗帜，坚定不移致力于维护世界和平、促进共同发展。

中国将始终不渝走和平发展道路，坚定奉行独立自主的和平外交政策。我们坚决维护国家主权、安全、发展利益，决不会屈服于任何外来压力。我们根据事情本身的是非曲直决定自己的立场和政策，秉持公道，伸张正义。中国主张和平解决国际争端和热点问题，反对动辄诉诸武力或以武力相威胁，反对颠覆别国合法政权，反对一切形式的恐怖主义。中国反对各种形式的霸权主义和强权政治，不干涉别国内政，永远不称霸，永远不搞扩张。中国将坚持把中国人民利益同各国人民共同利益结合起来，以更加积极的姿态参与国际事务，发挥负责

任大国作用，共同应对全球性挑战。

中国将始终不渝奉行互利共赢的开放战略，通过深化合作促进世界经济强劲、可持续、平衡增长。中国致力于缩小南北差距，支持发展中国家增强自主发展能力。中国将加强同主要经济体宏观经济政策协调，通过协商妥善解决经贸摩擦。中国坚持权利和义务相平衡，积极参与全球经济治理，推动贸易和投资自由化便利化，反对各种形式的保护主义。

中国坚持在和平共处五项原则基础上全面发展同各国的友好合作。我们将改善和发展同发达国家关系，拓宽合作领域，妥善处理分歧，推动建立长期稳定健康发展的新型大国关系。我们将坚持与邻为善、以邻为伴，巩固睦邻友好，深化互利合作，努力使自身发展更好惠及周边国家。我们将加强同广大发展中国家的团结合作，共同维护发展中国家正当权益，支持扩大发展中国家在国际事务中的代表性和发言权，永远做发展中国家的可靠朋友和真诚伙伴。我们将积极参与多边事务，支持联合国、二十国集团、上海合作组织、金砖国家等发挥积极作用，推动国际秩序和国际体系朝着公正合理的方向发展。我们将扎实推进公共外交和人文交流，维护我国海外合法权益。我们将开展同各国政党和政治组织的友好往来，加强人大、政协、地方、民间团体的对外交流，夯实国家关系发展社会基础。

中国人民热爱和平、渴望发展，愿同各国人民一道为人类和平与发展的崇高事业而不懈努力。

十二、全面提高党的建设科学化水平

我们党担负着团结带领人民全面建成小康社会、推进社会主义现代化、实现中华民族伟大复兴的重任。党坚强有力，党同人民保持血肉联系，国家就繁荣稳定，人民就幸福安康。形势的发展、事业的开拓、人民的期待，都要求我们以改革创新精神全面推进党的建设新的伟大工程，全面提高党的建设科学化水平。

全党必须牢记，只有植根人民、造福人民，党才能始终立于不败之地；只有居安思危、勇于进取，党才能始终走在时代前列。新形势下，党面临的执政考验、改革开放考验、市场经济考验、外部环境考验是长期的、复杂的、严峻的，精神懈怠危险、能力不足危险、脱离群众危险、消极腐败危险更加尖锐地摆在全党面前。不断提高党的领导水平和执政水平、提高拒腐防变和抵御风险能力，是党巩固执政地位、实现执政使命必须解决好的重大课题。全党要增强紧迫感和责任感，牢牢把握加强党的执政能力建设、先进性和纯洁性建设这条主线，坚持解放思想、改革创新，坚持党要管党、从严治党，全面加强党的思想建设、组织建设、作风建设、反腐倡廉建设、制度建设，增强自我净化、自我完善、自我革新、自我提高能力，建设学习型、服务型、创新型的马克思主义执政党，确保党始终成为中国特色社会主义事业的坚强领导核心。

（一）坚定理想信念，坚守共产党人精神追求。对马克思主义的信仰，对社会主义和共产主义的信念，是共产党人的政治灵魂，是共产党人经受住任何考验的精神支柱。要抓好思想理论建设这个根本，学习马克思列宁主义、毛泽东思想、中国特色社会主义理论体系，深入学习实践科学发展观，推进学习型党组织创建，教育引导党员、干部矢志不渝为中国特色社会主义共同理想而奋斗。抓好党性教育这个核心，学习党的历史，深刻认识党的两个历史问题决议总结的经验教训，弘扬党的优良传统和作风，教育引导党员、干部牢固树立正确的世界观、权力观、事业观，坚定政治立场，明辨大是大非。抓好道德建设这个基础，教育引导党员、干部模范践行社会主义荣辱观，讲党性、重品行、作表率，做社会主义道德的示范者、诚信风尚的引领者、公平正义的维护者，以实际行动彰显共产党人的人格力量。

（二）坚持以人为本、执政为民，始终保持党同人民群众的血肉联系。为人民服务是党的根本宗旨，以人为本、执政为民是检验党一切执政活动的最高标准。任何时候都要把人民利益放在第一位，始终与人民心连心、同呼吸、共命运，始终依靠人民推动历史前进。围绕保持党的先进性和纯洁性，在全党深入开展以为民务实清廉为主要内容的党的群众路线教育实践活动，着力解决人民群众反映强烈的突出问题，提高做好新形势下群众工作的能力。完善党员干部直接联系群众制度。坚持问政于民、问需于民、问计于民，从人民伟大实践中汲取智慧和力量。坚持实干富民、实干兴邦，敢于开拓，勇于担当，多干让人民满意的好事实事。坚持艰苦奋斗、勤俭节约，下决心改进文风会风，着力整治庸懒散奢等不良风气，坚决克服形式主义、官僚主义，以优良党风凝聚党心民心、带动政风民风。支持工会、共青团、妇联等人民团体充分发挥桥梁纽带作用，更好反映群众呼声，维护群众合法权益。

（三）积极发展党内民主，增强党的创造活力。党内民主是党的生命。要坚持民主集中制，健全党内民主制度体系，以党内民主带动人民民主。保障党员主体地位，健全党员民主权利保障制度，开展批评和自我批评，营造党内民主平等的同志关系、民主讨论的政治氛围、民主监督的制度环境，落实党员知情权、参与权、选举权、监督权。完善党的代表大会制度，提高工人、农民代表比例，落实和完善党的代表大会代表任期制，试行乡镇党代会年会制，深化县（市、区）党代会常任制试点，实行党代会代表提案制。完善党内选举制度，规范差额提名、差额选举，形成充分体现选举人意志的程序和环境。强化全委会决策和监督作用，完善常委会议事规则和决策程序，完善地方党委讨论决定重大问题和任用重要干部票决制。扩大党内基层民主，完善党员定期评议基层党组织领导班子等制度，推行党员旁听基层党委会议、党代会代表列席同级党委有关会议等做法，增强党内生活原则性和透明度。

（四）深化干部人事制度改革，建设高素质执政骨干队伍。坚持和发展中国特色社会主义，关键在于建设一支政治坚定、能力过硬、作风优良、奋发有为的执政骨干队伍。要坚持党管干部原则，坚持五湖四海、任人唯贤，坚持德才兼备、以德为先，坚持注重实绩、群众公认，深化干部人事制度改革，使各方面优秀干部充分涌现、各尽其能、才尽其用。全面准确贯彻民主、公开、竞争、择优方针，扩大干部工作民主，提高民主质量，完善竞争性选拔干部方式，提高选人用人公信度，不让老实人吃亏，不让投机钻营者得利。完善干部考核评价机制，促进领导干部树立正确政绩观。健全干部管理体制，从严管理监督干部，加强党政正职、关键岗位干部培养选拔，完善公务员制度。优化领导班子配备和干部队伍结构，注重从基层一线培养选拔干部，拓宽社会优秀人才进入党政干部队伍渠道。推进国有企业和事业单位人事制度改革。加强和改进干部教育培训，提高干部素质和能力。加大培养选拔优秀年轻干部力度，重视培养选拔女干部和少数民族干部，鼓励年轻干部到基层和艰苦地区锻炼成长。全面做好离退休干部工作。

（五）坚持党管人才原则，把各方面优秀人才集聚到党和国家事业中来。广开进贤之路，广纳天下英才，是保证党和人民事业发展的根本之举。要尊重劳动、尊重知识、尊重人才、尊重创造，加快确立人才优先发展战略布局，造就规模宏大、素质优良的人才队伍，推动我国由人才大国迈向人才强国。统筹推进各类人才队伍建设，实施重大人才工程，加大创新创业人才培养支持力度，重视实用人才培养，引导人才向科研生产一线流动。充分开发利用国内国际人才资源，积极引进和用好海外人才。加快人才发展体制机制改革和政策创新，建立国家荣誉制度，形成激发人才创造活力、具有国际竞争力的人才制度优势，开创人人皆可成才、人人尽展其才的生动局面。

（六）创新基层党建工作，夯实党执政的组织基础。党的基层组织是团结带领群众贯彻党的理论和路线方针政策、落实党的任务的战斗堡垒。要落实党建工作责任制，强化农村、城市社区党组织建设，加大非公有制经济组织、社会组织党建工作力度，全面推进各领域基层党建工作，扩大党组织和党的工作覆盖面，充分发挥推动发展、服务群众、凝聚人心、促进和谐的作用，以党的基层组织建设带动其他各类基层组织建设。健全党的基层组织体系，加强基层党组织带头人队伍建设，加强城乡基层党建资源整合，建立稳定的经费保障制度。以服务群众、做群众工作为主要任务，加强基层服务型党组织建设。以增强党性、提高素质为重点，加强和改进党员队伍教育管理，健全党员立足岗位创先争优长效机制，推动广大党员发挥先锋模范作用。严格党内组织生活，健全党员党性定期分析、民主评议等制度。改进对流动党员的教育、管理、服务。提高发展党员质量，重视从青年工人、农民、知识分子中发展党员。健全党员能进能出机制，优化党员队伍结构。

（七）坚定不移反对腐败，永葆共产党人清正廉洁的政治本色。反对腐败、建设廉洁政治，是党一贯坚持的鲜明政治立场，是人民关注的重大政治问题。这个问题解决不好，就会对党造成致命伤害，甚至亡党亡国。反腐倡廉必须常抓不懈，拒腐防变必须警钟长鸣。要坚持中国特色反腐倡廉道路，坚持标本兼治、综合治理、惩防并举、注重预防方针，全面推进惩治和预防腐败体系建设，做到干部清正、政府清廉、政治清明。加强反腐倡廉教育和廉政文化建设。各级领导干部特别是高级干部必须自觉遵守廉政准则，严格执行领导干部重大事项报告制度，既严于律己，又加强对亲属和身边工作人员的教育和约束，决不允许搞特权。严格规范权力行使，加强对领导干部特别是主要领导干部行使权力的监督。深化重点领域和关键环节改革，健全反腐败法律制度，防控廉政风险，防止利益冲突，更加科学有效地防治腐败。加强反腐败国际合作。严格执行党风廉政建设责任制。健全纪检监察体制，完善派驻机构统一管理，更好发挥巡视制度监督作用。始终保持惩治腐败高压态势，坚决查处大案要案，着力解决发生在群众身边的腐败问题。不管涉及什么人，不论权力大小、职位高低，只要触犯党纪国法，都要严惩不贷。

（八）严明党的纪律，自觉维护党的集中统一。党的集中统一是党的力量所在，是实现经济社会发展、民族团结进步、国家长治久安的根本保证。党面临的形势越复杂，肩负的任务越艰巨，就越要加强党的纪律建设，越要维护党的集中统一。各级党组织和广大党员、干部特别是主要领导干部一定要自觉遵守党章，自觉按照党的组织原则和党内政治生活准则办事，任何人都不能凌驾于组织之上。要坚决维护中央权威，在思想上政治上行动上同党中央保持高度一致，坚决贯彻党的理论和路线方针政策，保证中央政令畅通，决不允许“上有政策、下有对策”，决不允许有令不行、有禁不止。加强监督检查，严肃党的纪律特别是政治纪律，对违反纪律的行为必须认真处理，切实做到纪律面前人人平等、遵守纪律没有特权、执行纪律没有例外，形成全党上下步调一致、奋发进取的强大力量。

同志们！在中国特色社会主义道路上实现中华民族伟大复兴，寄托着无数仁人志士、革命先烈的理想和夙愿。在长期艰苦卓绝的奋斗中，我们党紧紧依靠人民，付出了最大牺牲，书写了感天动地的壮丽史诗，不可逆转地结束了近代以后中国内忧外患、积贫积弱的悲惨命运，不可逆转地开启了中华民族不断发展壮大、走向伟大复兴的历史进军，使具有五千多年文明历史的中华民族以崭新的姿态屹立于世界民族之林。在新的征程上，我们的责任更大、担子更重，必须以更加坚定的信念、更加顽强的努力，继续实现推进现代化建设、完成祖国统一、维护世界和平与促进共同发展这三大历史任务。

面对人民的信任和重托，面对新的历史条件和考验，全党必须增强忧患意识，谦虚谨慎，戒骄戒躁，始终保持清醒头脑；必须增强创新意识，坚持真理，修正错误，始终保持奋发有为的精神状态；必须增强宗旨意识，相信群众，依靠群众，始终把人民放在心中最高位置；必须增强使命意识，求真务实，艰苦奋斗，始终保持共产党人的政治本色。

中国特色社会主义事业是面向未来的事业，需要一代又一代有志青年接续奋斗。全党都要关注青年、关心青年、关爱青年，倾听青年心声，鼓励青年成长，支持青年创业。广大青年要积极响应党的号召，树立正确的世界观、人生观、价值观，永远热爱我们伟大的祖国，永远热爱我们伟大的人民，永远热爱我们伟大的中华民族，在投身中国特色社会主义伟大事业中，让青春焕发出绚丽的光彩。

中国特色社会主义事业需要全体中华儿女万众一心、团结奋斗。团结就是大局，团结就是力量。全党同志要用坚强的党性保证团结，用共同的事业促进团结，自觉维护全党的团结统一，巩固全国各族人民大团结，加强海内外中华儿女大团结，促进中国人民同世界各国人民大团结。

让我们高举中国特色社会主义伟大旗帜，更加紧密地团结在党中央周围，为全面建成小康社会而奋斗，不断夺取中国特色社会主义新胜利，共同创造中国人民和中华民族更加幸福美好的未来！

第一部分

宏观经济与投资

2012年国民经济和社会发展统计公报

2013年2月22日　中华人民共和国国家统计局

2012年，面对复杂严峻的国际经济形势和艰巨繁重的国内改革发展稳定任务，全国各族人民在党中央、国务院的正确领导下，坚持以科学发展为主题，以加快转变经济发展方式为主线，按照稳中求进的工作总基调，认真贯彻落实加强和改善宏观调控的各项政策措施，国民经济运行总体平稳，各项社会事业取得新的进步，为全面建成小康社会奠定了良好基础。

一、综合

初步核算，全年国内生产总值[2]519322亿元，比上年增长7.8%。其中，第一产业增加值52377亿元，增长4.5%；第二产业增加值235319亿元，增长8.1%；第三产业增加值231626亿元，增长8.1%。第一产业增加值占国内生产总值的比重为10.1%，第二产业增加值比重为45.3%，第三产业增加值比重为44.6%。

全年居民消费价格比上年上涨2.6%，其中食品价格上涨4.8%。固定资产投资价格上涨1.1%。工业生产者出厂价格下降1.7%。工业生产者购进价格下降1.8%。农产品生产者价格[3]上涨2.7%。

70个大中城市新建商品住宅销售价格月环比上涨的城市个数年末为54个。

年末全国就业人员76704万人，其中城镇就业人

图1 2008-2012年国内生产总值及其增长速度

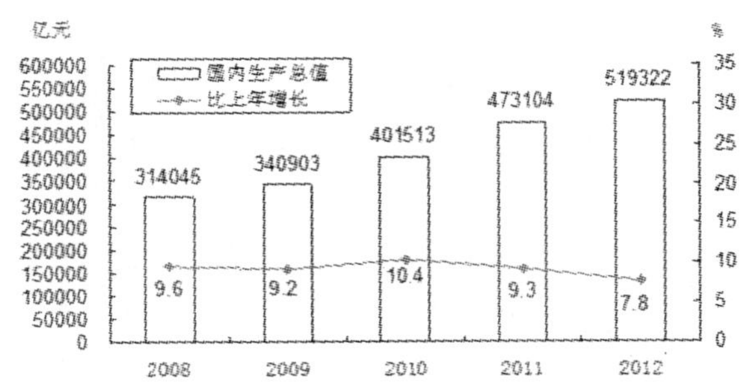

图2 2012年居民消费价格月度涨跌幅度

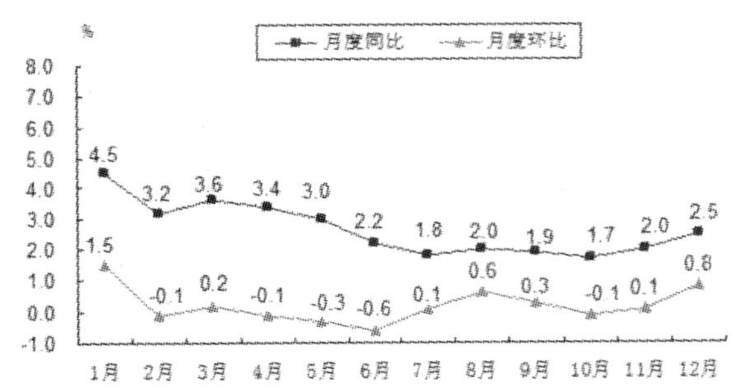

表1 2012年居民消费价格比上年涨跌幅度

单位：%

指　　标	全国	城市	农村
居民消费价格	2.6	2.7	2.5
其中：食　品	4.8	5.1	4.0
烟酒及用品	2.9	2.9	2.7
衣　着	3.1	2.9	3.8
家庭设备用品及维修服务	1.9	2.1	1.5
医疗保健和个人用品	2.0	2.0	2.1
交通和通信	−0.1	−0.3	0.6
娱乐教育文化用品及服务	0.5	0.4	1.0
居　住	2.1	2.2	1.9

图3 2012年新建商品住宅月环比价格下降、持平、上涨城市个数变化情况

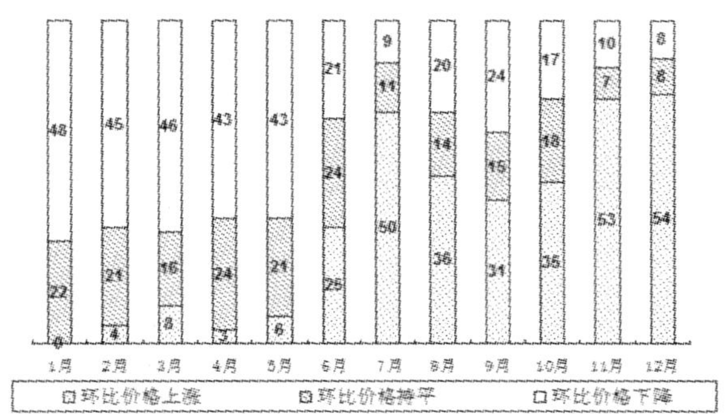

图4 2008-2012年城镇新增就业人数

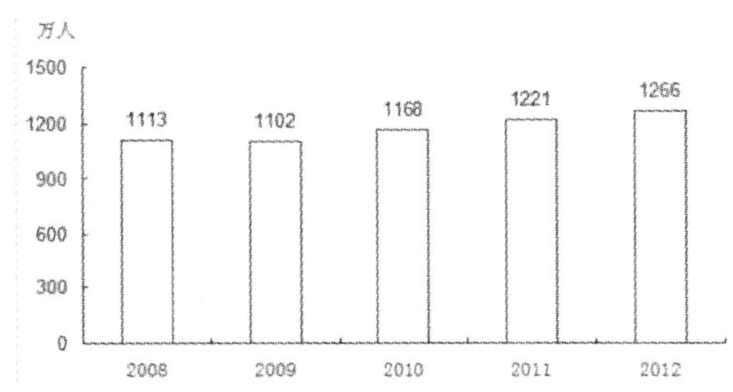

图5 2008-2012年年末国家外汇储备及其增长速度

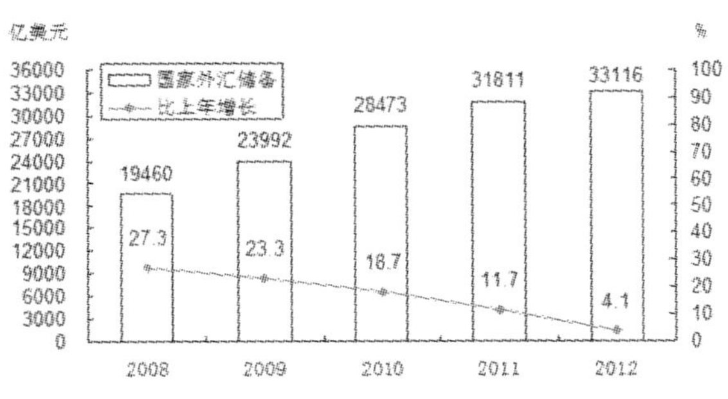

员37102万人。全年城镇新增就业1266万人。年末城镇登记失业率为4.1%，与上年末持平。全国农民工[4]总量为26261万人，比上年增长3.9%。其中，外出农民工16336万人，增长3.0%；本地农民工9925万人，增长5.4%。

年末国家外汇储备33116亿美元，比上年末增加1304亿美元。年末人民币汇率为1美元兑6.2855元人民币，比上年末升值0.25%。

全年全国公共财政收入[5]117210亿元，比上年增加13335亿元，增长12.8%；其中税收收入100601亿元，增加10862亿元，增长12.1%。

图4 2008-2012年公共财政收入及其增长速度

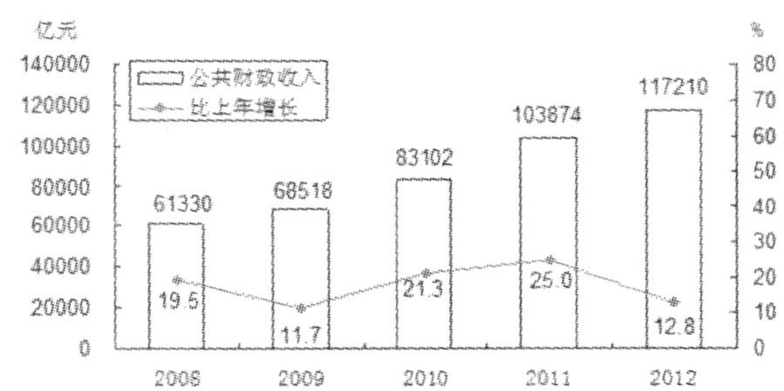

二、农业

全年粮食种植面积11127万公顷，比上年增加69万公顷；棉花种植面积470万公顷，减少34万公顷；油料种植面积1398万公顷，增加12万公顷；糖料种植面积203万公顷，增加9万公顷。

全年粮食产量58957万吨，比上年增加1836万吨，增产3.2%。其中，夏粮产量12995万吨，增产2.8%；早稻产量3329万吨，增产1.6%；秋粮产量42633万吨，增产3.5%。其中，主要粮食品种中，稻谷产量20429万吨，增产1.6%；小麦产量12058万吨，增产2.7%；玉米产量20812万吨，增产8.0%。

图7 2008-2012年粮食及其增长速度

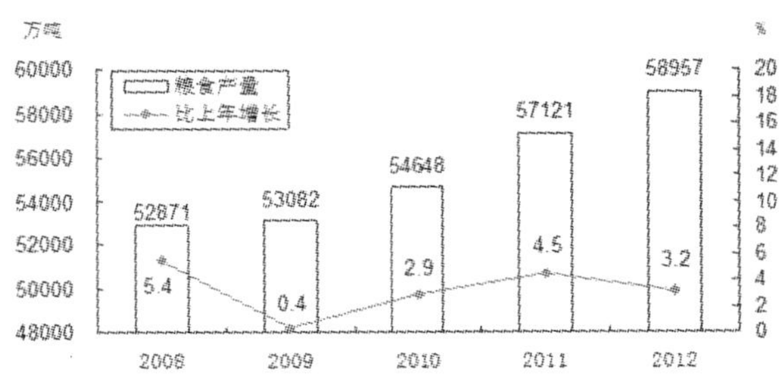

全年棉花产量684万吨，比上年增产3.8%。油料产量3476万吨，增产5.1%。糖料产量13493万吨，增产7.8%。烤烟产量320万吨，增产11.5%。茶叶产量180万吨，增产11.2%。

全年肉类总产量8384万吨，比上年增长5.4%。其中，猪肉产量5335万吨，增长5.6%；牛肉产量662万吨，增长2.3%；羊肉产量401万吨，增长2.0%；禽肉产量1823万吨，增长6.7%。年末生猪存栏47492万头，增长1.6%；生猪出栏69628万头，增长5.2%。禽蛋产量2861万吨，增长1.8%。牛奶产量3744万吨，增长2.3%。

全年水产品产量5906万吨，比上年增长5.4%。其中，养殖水产品产量4305万吨，增长7.0%；捕捞水产品产量1601万吨，增长1.3%。

全年木材产量8088万立方米，比上年下降0.7%。

全年新增有效灌溉面积172万公顷，新增节水灌溉面积235万公顷。

三、工业和建筑业

全年全部工业增加值199860亿元，比上年增长7.9%。规模以上工业增加值增长10.0%。在规模以上工业中，国有及国有控股企业增长6.4%；集体企业增长7.1%，股份制企业增长11.8%，外商及港澳台商投资企业增长6.3%；私营企业增长14.6%。轻工业增长10.1%，重工业增长9.9%。

全年规模以上工业[7]中，农副食品加工业增加值比上年增长13.6%，纺织业增长12.2%，通用设

图8 2008-2012年全部工业增加值及其增长速度

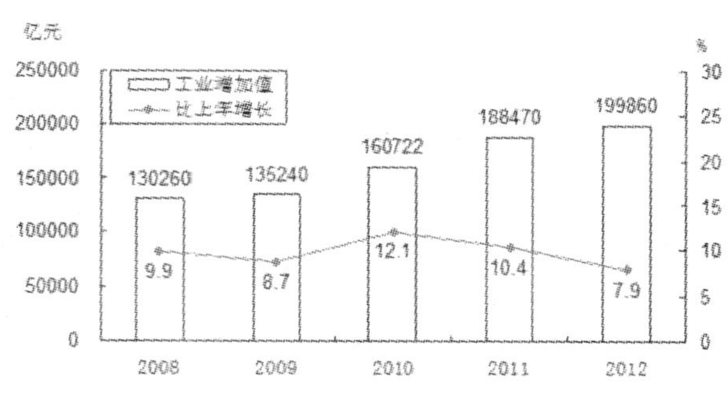

表2 2012年主要工业产品产量及其增长速度

产品名称	单位	产量	比上年增长%
纱	万吨	2984.0	9.8
布	亿米	840.8	3.3
化学纤维	万吨	3800.0	12.1
成品糖	万吨	1406.8	18.5
卷烟	亿支	25160.9	2.8
彩色电视机	万台	12823.3	4.8
其中：液晶电视机	万台	11418.3	10.9
家用电冰箱	万台	8427.0	−3.1
房间空气调节器	万台	13281.1	−4.5
一次能源生产总量	亿吨标准煤	33.3	4.8
原煤	亿吨	36.5	3.8
原油	亿吨	2.07	2.3
天然气	亿立方米	1072.2	4.4
发电量	亿千瓦小时	49377.7	4.8
其中：火电	亿千瓦小时	38554.5	0.6
水电	亿千瓦小时	8608.5	23.2
核电	亿千瓦小时	973.9	12.8
粗钢	万吨	71716.0	4.7
钢材[9]	万吨	95317.6	7.6
十种有色金属	万吨	3672.2	6.9
其中：精炼铜（电解铜）	万吨	574.0	9.5
原铝（电解铝）	万吨	1985.8	12.3
氧化铝	万吨	3769.6	10.3
水泥	亿吨	22.1	5.3
硫酸	万吨	7686.3	2.7
纯碱	万吨	2408.8	5.0
烧碱	万吨	2696.1	9.0
乙烯	万吨	1486.8	−2.7
化肥（折100%）	万吨	7296.0	10.1
发电机组（发电设备）	万千瓦	13005.6	−9.7
汽车	万辆	1927.7	4.7
其中：基本型乘用车（轿车）	万辆	1077.1	6.4
大中型拖拉机	万台	46.3	15.3
集成电路	亿块	823.1	14.4
程控交换机	万线	2826.3	−6.8
移动通信手持机	万台	118154.3	4.3
微型计算机设备	万台	35411.0	10.5

备制造业增长8.4%，专用设备制造业增长8.9%，汽车制造业增长8.4%，计算机、通信和其他电子设备制造业增长12.1%，电气机械和器材制造业增长9.7%。六大高耗能行业[8]增加值比上年增长9.5%，其中，非金属矿物制品业增长11.2%，化学原料和化学制品制造业增长11.7%，有色金属冶炼和压延加工业增长13.2%，黑色金属冶炼和压延加工业增长9.5%，电力、热力生产和供应业增长5.0%，石油加工、炼焦和核燃料加工业增长6.3%。高技术制造业增加值比上年增长12.2%。

全年规模以上工业企业实现利润55578亿元，比上年增长5.3%，其中国有及国有控股企业14163亿元，下降5.1%；集体企业819亿元，增长7.5%，股份制企业32867亿元，增长7.2%，外商及港澳台商投资企业12688亿元，下降4.1%；私营企业18172亿元，增长20.0%。

全年全社会建筑业增加值35459亿元，比上年增长9.3%。全国具有资质等级的总承包和专业承包建筑业企业实现利润4818亿元，增长15.6%，其中国有及国有控股企业1236亿元，增长21.9%。

图9 2008-2012年建筑业增加值及其增长速度

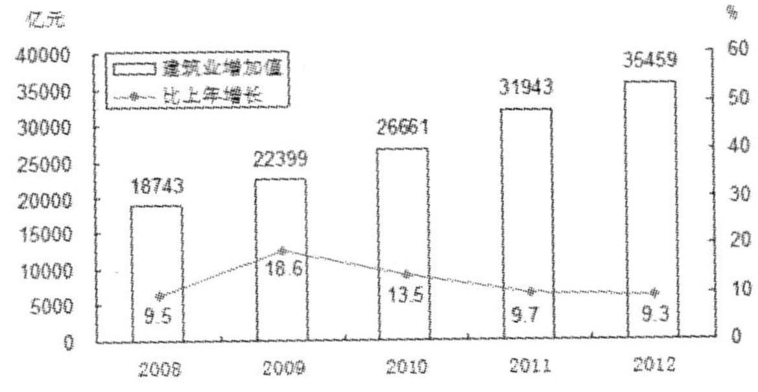

四、固定资产投资

全年全社会固定资产投资374676亿元，比上年增长20.3%，扣除价格因素，实际增长19.0%。其中，固定资产投资（不含农户）364835亿元，增长20.6%；农户投资9841亿元，增长8.3%。东部地区投资[10]151742亿元，比上年增长16.5%；中部地区投资87909亿元，增长24.1%；西部地区投资88749亿元，增长23.1%；东北地区投资41243亿元，增长26.3%。

图10 2008-2012年全社会固定资产投资及其增长速度

表3 2012年分行业固定资产投资（不含农户）及其增长速度

单位：亿元

行　　业	投资额	比上年增长%
总　　计	364835	20.6
农、林、牧、渔业	9004	32.2
采矿业	13129	11.8
制造业	124971	22.0
电力、热力、燃气及水的生产和供应业	16536	12.8
建筑业	4036	24.6
批发和零售业	9816	33.0
交通运输、仓储和邮政业	30296	9.1
住宿和餐饮业	5102	30.2
信息传输、软件和信息技术服务业	2834	30.6
金融业	932	46.2
房地产业[11]	92357	22.1
租赁和商务服务业	4645	37.4
科学研究和技术服务业	2176	27.8
水利、环境和公共设施管理业	29296	19.5
居民服务、修理和其他服务业	1718	26.0
教育	4679	20.3
卫生和社会工作	2645	23.0
文化、体育和娱乐业	4299	36.2
公共管理、社会保障和社会组织	6363	9.2

在固定资产投资（不含农户）中，第一产业投资9004亿元，比上年增长32.2%；第二产业投资158672亿元，增长20.2%；第三产业投资197159亿元，增长20.6%。

表4 2012年固定资产投资新增主要生产能力

指　　标	单　位	绝对数
新增发电机组容量	万千瓦	8020
新增220千伏及以上变电设备	万千伏安	18208
新建铁路投产里程	公里	5382
其中：高速铁路[12]	公里	2723
增建铁路复线投产里程	公里	4763
电气化铁路投产里程	公里	6054
新建公路	公里	58672
其中：高速公路	公里	9910
港口万吨级码头泊位新增吞吐能力	万吨	49522
新增光缆线路长度	万公里	267

表5 2012年房地产开发和销售主要指标完成情况及其增长速度

指　　标	单 位	绝对数	比上年增长%
投资额	亿元	71804	16.2
其中：住宅	亿元	49374	11.4
其中：90平方米及以下	亿元	16789	21.9
房屋施工面积	万平方米	573418	13.2
其中：住宅	万平方米	428964	10.6
房屋新开工面积	万平方米	177334	−7.3
其中：住宅	万平方米	130695	−11.2
房屋竣工面积	万平方米	99425	7.3
其中：住宅	万平方米	79043	6.4
商品房销售面积	万平方米	111304	1.8
其中：住宅	万平方米	98468	2.0
本年资金来源	亿元	96538	12.7
其中：国内贷款	亿元	14778	13.2
其中：个人按揭贷款	亿元	10524	21.3
本年土地购置面积	万平方米	35667	−19.5
本年土地成交价款[13]	亿元	7410	−16.7

全年房地产开发投资71804亿元，比上年增长16.2%。其中，住宅投资49374亿元，增长11.4%；办公楼投资3367亿元，增长31.6%；商业营业用房投资9312亿元，增长25.4%。

全年新开工建设城镇保障性安居工程住房781万套（户），基本建成城镇保障性安居工程住房601万套。

五、国内贸易

全年社会消费品零售总额210307亿元，比上年增长14.3%，扣除价格因素，实际增长12.1%。按经营地统计，城镇消费品零售额182414亿元，增长14.3%；乡村消费品零售额27893亿元，增长14.5%。按消费形态统计，商品零售额186859亿元，增长14.4%；餐饮收入额23448亿元，增长13.6%。

在限额以上企业商品零售额中，汽车类零售额比上年增长7.3%，粮油类增长19.9%，肉禽蛋类增长18.0%，服装类增长17.7%，日用品类增长17.5%，文化办公用品类增长17.7%，通讯器材类增长28.9%，化妆品类增长17.0%，金银珠宝类增长16.0%，中西药品类增长23.0%，家用电器和音像器材类增长7.2%，家具类增长27.0%，建筑及装潢材料类增长24.6%。

六、对外经济

全年货物进出口总额38668亿美元，比上年增长6.2%。其中，出口20489亿美元，增长7.9%；进口

图11 2008-2012年社会消费品零售总额及其增长速度

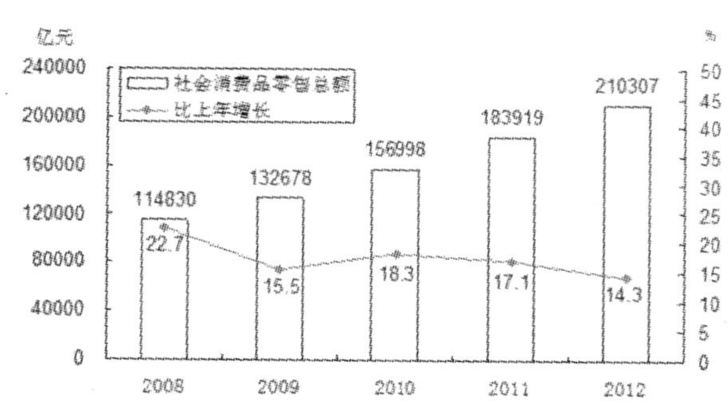

表6 2012年货物进出口总额及其增长速度

单位：亿美元

指　　标	绝对数	比上年增长%
货物进出口总额	38668	6.2
货物出口额	20489	7.9
其中：一般贸易	9880	7.7
加工贸易	8628	3.3
其中：机电产品	11794	8.7
高新技术产品	6012	9.6
其中：国有企业	2563	−4.1
外商投资企业	10227	2.8
其他企业	7699	21.1
货物进口额	18178	4.3
其中：一般贸易	10218	1.4
加工贸易	4812	2.4
其中：机电产品	7824	3.8
高新技术产品	5068	9.5
其中：国有企业	4954	0.3
外商投资企业	8712	0.8
其他企业	4512	17.2
进出口差额（出口减进口）	2311	—

表7 2012年主要商品出口数量、金额及其增长速度

商品名称	单位	数量	比上年增长%	金额（亿美元）	比上年增长%
煤（包括褐煤）	万吨	926	−36.8	16	−41.6
钢材	万吨	5573	14.0	515	0.5
纺织纱线、织物及制品	—	—	—	958	1.2
服装及衣着附件	—	—	—	1591	3.9
鞋类	—	—	—	468	12.2
家具及其零件	—	—	—	488	28.7
自动数据处理设备及其部件	万台	183275	−0.1	1853	5.1
手持或车载无线电话	万台	101447	15.9	810	29.1
集装箱	万个	248	−23.5	84	−26.1
液晶显示板	万个	316650	29.7	363	22.9
汽车（包括整套散件）	万辆	99	20.1	127	27.5

表8 2012年主要商品进口数量、金额及其增长速度

商品名称	数量（万吨）	比上年增长%	金额（亿美元）	比上年增长%
谷物及谷物粉	1398	156.7	48	134.2
大豆	5838	11.2	350	17.6
食用植物油	845	28.7	97	25.6
铁矿砂及其精矿	74355	8.4	956	−15.0
氧化铝	502	165.1	18	133.3
煤（包括褐煤）	28851	29.8	287	20.2
原油	27102	6.8	2207	12.1
成品油	3982	−1.9	330	0.6
初级形状的塑料	2370	2.9	462	−2.2
纸浆	1646	14.0	110	−7.5
钢材	1366	−12.3	178	−17.5
未锻造的铜及铜材	465	14.1	386	4.9

表9 2012年对主要国家和地区货物进出口额及其增长速度

单位：亿美元

国家和地区	出口额	比上年增长%	进口额	比上年增长%
美国	3518	8.4	1329	8.8
欧盟	3340	−6.2	2121	0.4
中国香港	3235	20.7	180	15.9
东盟	2043	20.1	1958	1.5
日本	1516	2.3	1778	−8.6
韩国	877	5.7	1686	3.7
印度	477	−5.7	188	−19.6
俄罗斯	441	13.2	441	9.2
中国台湾	368	4.8	1322	5.8

图12 2008-2012年货物进出口总额

表10 2012年非金融领域外商直接投资及其增长速度

行业	企业数（家）	比上年增长%	实际使用金额（亿美元）	比上年增长%
总计	24925	−10.1	1117.2	−3.7
其中：				
农、林、牧、渔业	882	2.0	20.6	2.7
制造业	8970	−19.3	488.7	−6.2
电力、燃气及水的生产和供应业	187	−12.6	16.4	−22.6
交通运输、仓储和邮政业	397	−3.9	34.7	8.9
信息传输、计算机服务和软件业	926	−6.8	33.6	24.4
批发和零售业	7029	−3.2	94.6	12.3
房地产业	472	1.3	241.2	−10.3
租赁和商务服务业	3229	−8.2	82.1	−2.0
居民服务和其他服务业	192	−9.4	11.6	−38.2

18178亿美元，增长4.3%。进出口差额（出口减进口）2311亿美元，比上年增加762亿美元。

全年非金融领域新批外商直接投资企业24925家，比上年下降10.1%。实际使用外商直接投资金额1117亿美元，下降3.7%。

全年非金融类对外直接投资额772亿美元，比上年增长28.6%。

全年对外承包工程业务完成营业额1166亿美元，比上年增长12.7%；对外劳务合作派出各类劳务人员51.2万人，增长13.3%。

七、交通、邮电和旅游

全年货物运输总量412亿吨，比上年增长11.5%。货物运输周转量173145亿吨公里，增长8.7%。全年规模以上港口完成货物吞吐量97.4亿吨，比上年增长6.8%，其中外贸货物吞吐量30.1亿吨，增长8.8%。规模以上港口集装箱吞吐量17651万标准箱，增长8.1%。

全年旅客运输总量379亿人次，比上年增长

表11 2012年各种运输方式完成货物运输量及其增长速度

指标	单位	绝对数	比上年增长%
货物运输总量	亿吨	412.1	11.5
铁路	亿吨	39.0	−0.7
公路	亿吨	322.1	14.2
水运	亿吨	45.6	7.0
民航	万吨	541.6	−2.0
管道	亿吨	5.3	−7.8
货物运输周转量	亿吨公里	173145.1	8.7
铁路	亿吨公里	29187.1	−0.9
公路	亿吨公里	59992.0	16.8
水运	亿吨公里	80654.5	6.9
民航	亿吨公里	162.2	−6.8
管道	亿吨公里	3149.3	9.1

表12 2012年各种运输方式完成旅客运输量及其增长速度

指标	单位	绝对数	比上年增长%
旅客运输总量	亿人次	379.0	7.6
铁路	亿人次	18.9	4.8
公路	亿人次	354.3	7.8
水运	亿人次	2.6	4.3
民航	亿人次	3.2	9.2
旅客运输周转量	亿人公里	33368.8	7.7
铁路	亿人公里	9812.3	2.1
公路	亿人公里	18468.4	10.2
水运	亿人公里	77.4	3.9
民航	亿人公里	5010.7	10.4

7.6%。旅客运输周转量33369亿人公里，增长7.7%。

年末全国民用汽车保有量达到12089万辆（包括三轮汽车和低速货车1145万辆），比上年末增长14.3%，其中私人汽车保有量9309万辆，增长18.3%。民用轿车保有量5989万辆，增长20.7%，其中私人轿车5308万辆，增长22.8%。

全年完成邮电业务总量[14]15022亿元，比上年增长13.0%。其中，邮政业务总量2037亿元，增长26.7%；电信业务总量12985亿元，增长11.1%。邮

图13 2008-2012年末电话用户数

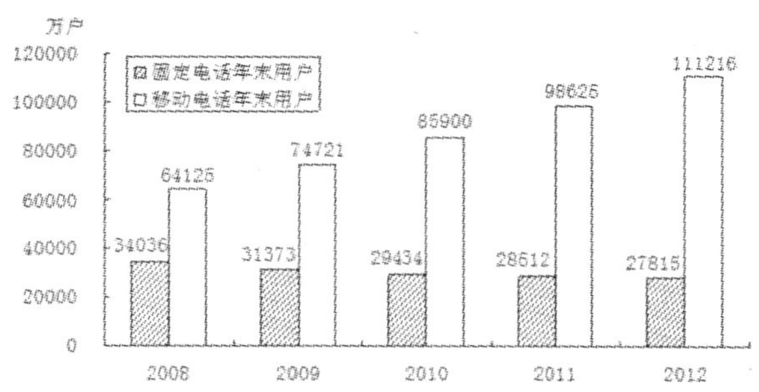

政业全年完成邮政函件业务70.74亿件，包裹业务0.69亿件，快递业务量56.85亿件。电信业全年局用交换机容量新增478万门，总容量43906万门；新增移动电话交换机容量[15]11234万户，达到182870万户。年末固定电话用户27815万户，其中，城市电话用户18893万户，农村电话用户8922万户。新增移动电话用户12590万户，年末达到111216万户，其中3G移动电话用户[16]23280万户。年末全国固定及移动电话用户总数达到139031万户，比上年末增加11896万户。电话普及率达到103.2部/百人。互联网上网人数5.64亿人，其中宽带上网人数5.30亿人。互联网普及率达到42.1%。

全年国内出游人数29.6亿人次，比上年增长12.1%；国内旅游收入22706亿元，增长17.6%。入境旅游人数13241万人次，下降2.2%。其中，外国人2719万人次，增长0.3%；香港、澳门和台湾同胞10521万人次，下降2.9%。在入境旅游者中，过夜旅游者5772万人次，增长0.3%。国际旅游外汇收入500亿美元，增长3.1%。国内居民出境人数8318万人次，增长18.4%。其中因私出境7706万人次，增长20.2%，占出境人数的92.6%。

八、金融

年末广义货币供应量（M2）余额为97.4万亿元，比上年末增长13.8%；狭义货币供应量（M1）余额为30.9万亿元，增长6.5%；流通中现金（M0）余额为5.5万亿元，增长7.7%。

年末全部金融机构本外币各项存款余额94.3万亿元，比年初增加11.6万亿元，其中人民币各项存款余额91.8万亿元，增加10.8万亿元。全部金融机构本外币各项贷款余额67.3万亿元，增加9.1万亿元，其中人民币各项贷款余额63.0万亿元，增加8.2万亿元。全年社会融资规模[17]为15.8万亿元，按可比口径计算，比上年多2.9万亿元。

表13 2012年年末全部金融机构本外币存贷款余额及其增长速度

单位：亿元

指　　标	年末数	比上年末增长%
各项存款余额	943102	14.1
其中：住户存款	410201	16.6
其中：人民币	406192	16.7
非金融企业存款	345124	9.9
各项贷款余额	672875	15.6
其中：境内短期贷款	268152	23.3
境内中长期贷款	363894	9.0

年末主要农村金融机构（农村信用社、农村合作银行、农村商业银行）人民币贷款余额78320亿元，比年初增加11544亿元。全部金融机构人民币消费贷款余额104357亿元，增加15656亿元。其中，个人短期消费贷款余额19367亿元，增加5826亿元；个人中长期消费贷款余额84990亿元，增加9830亿元。

全年上市公司通过境内市场累计筹资5841亿元，比上年减少939亿元。其中，首次公开发行A股154只，筹资1034亿元，减少1791亿元；A股再筹资（包括配股、公开增发、非公开增发[18]、认股权证）2093亿元，减少155亿元；上市公司通过发行可转债、可分离债、公司债筹资2713亿元，增加1006亿元。全年公开发行创业板股票74只，筹资351亿元。

全年发行公司信用类债券[19]3.7万亿元，比上年增加1.4万亿元。

全年保险公司原保险保费收入[20]15488亿元，

比上年增长8.0%，其中寿险业务原保险保费收入8908亿元；健康险和意外伤害险业务原保险保费收入1249亿元；财产险业务原保险保费收入5331亿元。支付各类赔款及给付4716亿元，其中寿险业务给付1505亿元；健康险和意外伤害险赔款及给付395亿元；财产险业务赔款2816亿元。

九、教育、科学技术和文化

全年研究生教育招生59.0万人，在学研究生172.0万人，毕业生48.6万人。普通高等教育本专科招生688.8万人，在校生2391.3万人，毕业生624.7万人。各类中等职业教育招生761.0万人，在校生2120.3万人，毕业生673.6万人。全国普通高中招生844.6万人，在校生2467.2万人，毕业生791.5万人。全国初中招生1570.8万人，在校生4763.1万人，毕业生1660.8万人。普通小学招生1714.7万人，在校生9695.9万人，毕业生1641.6万人。特殊教育招生6.6万人，在校生37.9万人，毕业生4.9万人。幼儿园在园幼儿3685.8万人。

图14 2008-2012年普通高等教育、中等职业教育及普通高中招生人数

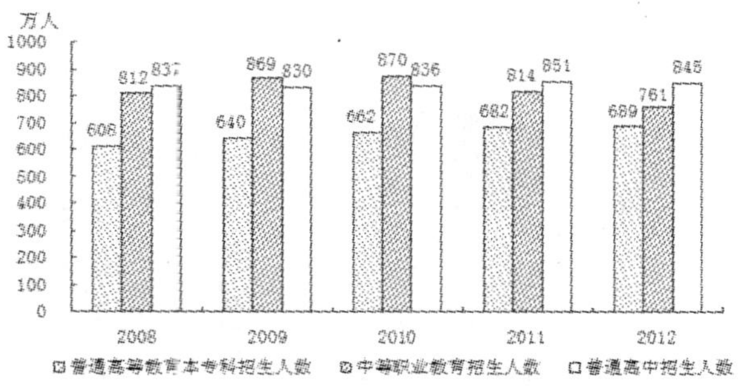

全年研究与试验发展（R&D）经费支出10240亿元，比上年增长17.9%，占国内生产总值的1.97%，其中基础研究经费498亿元。全年国家安排了1701项科技支撑计划课题，1165项“863”计划课题。累计建设国家工程研究中心130个，国家工程实验室128个。累计建设国家地方联合工程研究中心149个，国家地方联合工程实验室180个。国家认定企业技术中心达到887家。省级企业技术中心达到8137家。实施新兴产业创投计划[21]，累计支持设立102家创业投资企业，资金总规模近290亿元，投资了创业企业238家。全年受理境内外专利申请205.1万件，其中境内申请188.6万件，占91.9%。受理境内外发明专利申请65.3万件，其中境内申请52.3万件，占80.1%。全年授予专利权125.5万件，其中境内授权114.4万件，占91.1%。授予发明专利权21.7万件，其中境内授权13.7万件，占63.2%。截至年底，有效专利350.9万件，其中境内有效专利289.9万件，占82.6%；有效发明专利87.5万件，其中境内有效发明专利43.5万件，占49.7%。全年共签订技术合同28.2万项，技术合同成交金额6437.1亿元，比上年增长35.1%。全年成功发射卫星19次。神舟九号载人飞船与天宫一号目标飞行器顺利实现首次空间交会对接，北斗二号卫星导航系统完成区域组网并正式提供运行服务，“蛟龙”号载人深潜器海试成功突破7000米。

图15 2008-2012年研究与试验发展（R&D）经费支出

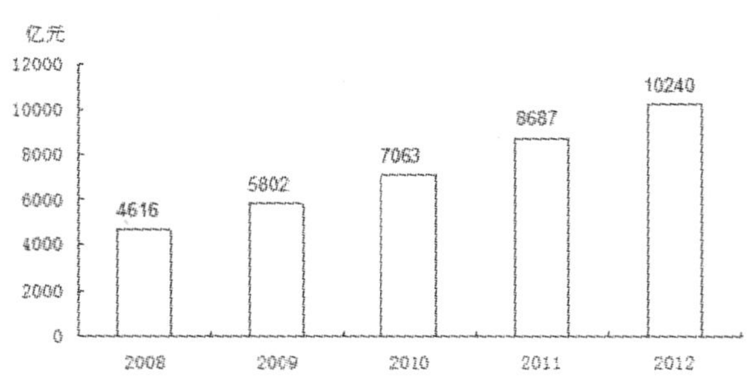

年末全国共有产品检测实验室28128个，其中国家检测中心509个。全国现有产品质量、体系认证机构173个，已累计完成对105224个企业的产品认证。全国共有法定计量技术机构3496个，全年强制检定计量器具6267万台（件）。全年制定、修订国家标准1986项，其中新制定1375项。全年中央气象台和省级气象台共发布气象预警信号5123次，警报4049

次。全国共有地震台站1687个，区域地震台网32个。全国共有海洋观测站79个。测绘地理信息部门公开出版地图1662种。

年末全国文化系统共有艺术表演团体2089个，博物馆2838个，全国共有公共图书馆2975个，文化馆3286个。各类广播电视播出机构共有2579座。有线电视用户2.14亿户，有线数字电视用户1.43亿户。年末广播节目综合人口覆盖率为97.5%；电视节目综合人口覆盖率为98.2%。全年生产电视剧506部17703集，电视动画片222838分钟。全年生产故事影片745部，科教、纪录、动画和特种影片[22]148部。出版各类报纸476亿份，各类期刊34亿册，图书81亿册（张）。年末全国共有档案馆4107个，已开放各类档案11662万卷（件）。

全年我国运动员在24个运动大项中获得107个世界冠军，共创14项世界纪录。在伦敦奥运会上，我国运动员共获得38枚金牌，奖牌总数88枚，位列奥运会金牌榜和奖牌榜第二位。在伦敦残奥会上，我国运动员共获得95枚金牌，蝉联金牌榜和奖牌榜第一位。

十、卫生和社会服务

年末全国共有医疗卫生机构961830个，其中医院23005个，乡镇卫生院37128个，社区卫生服务中心（站）33646个，诊所（卫生所、医务室）179644个，村卫生室663355个，疾病预防控制中心3506个，卫生监督所（中心）3037个。卫生技术人员650万人，其中执业医师和执业助理医师252万人，注册护士242万人。医疗卫生机构床位557万张，其中医院403万张，乡镇卫生院106万张。全年甲、乙类法定报告传染病发病人数321.7万例，报告死亡16721人；报告传染病发病率238.76/10万，死亡率1.24/10万。

图16 2008-2012年卫生技术人员人数

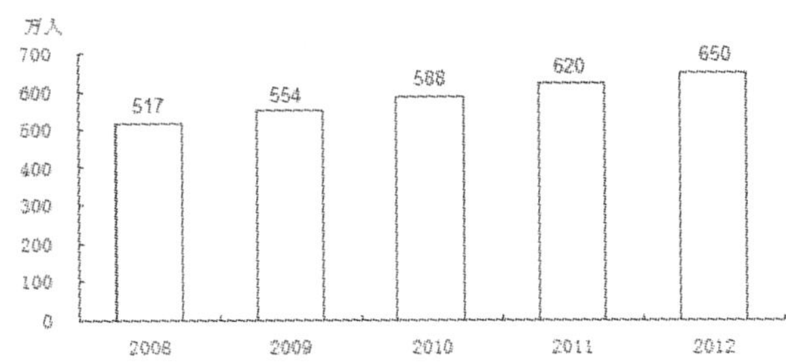

年末全国共有各类提供住宿的社会服务机构[23]4.7万个，床位429.8万张，收养救助各类人员296.7万人。其中，养老服务机构4.2万个，床位381.0万张，收养各类人员262.0万人。年末共有社区服务中心1.6万个，社区服务站7.2万个。年末全国共有2142.5万人纳入城市居民最低生活保障，5340.9万人纳入农村居民最低生活保障，545.9万人纳入农村五保供养[24]。全年救助城市医疗困难群众666.4万人次，救助农村医疗困难群众1908.4万人次；资助1158.9万城镇困难群众参加城镇医疗保险，资助3915.1万农村困难群众参加新型农村合作医疗。

十一、人口、人民生活和社会保障

年末全国大陆总人口为135404万人，比上年末增加669万人，其中城镇人口为71182万人，占总人口比重为52.6%，比上年末提高1.3个百分点。全年出生人口1635万人，出生率为12.10‰；死亡人口966万人，死亡率为7.15‰；自然增长率为4.95‰。出生人口性别比为117.70。0-14岁（含不满15周

表14 2012年年末人口数及其构成

单位：万人

指　标	年末数	比重%
全国总人口	135404	100.0
其中：城镇	71182	52.6
乡村	64222	47.4
其中：男性	69395	51.3
女性	66009	48.7
其中：0-14岁（含不满15周岁）	22287	16.5
15-59岁（含不满60周岁）	93727	69.2
60周岁及以上	19390	14.3
其中：65周岁及以上	12714	9.4

图17 2008-2012年农村居民人均纯收入及其实际增长速度

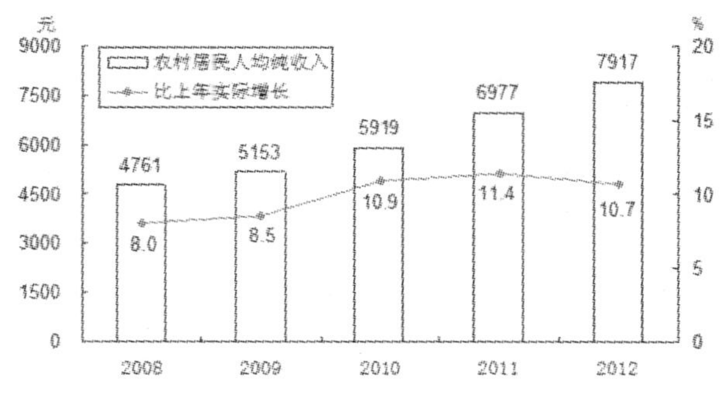

图18 2008-2012年城镇居民人均可支配收入及其实际增长速度

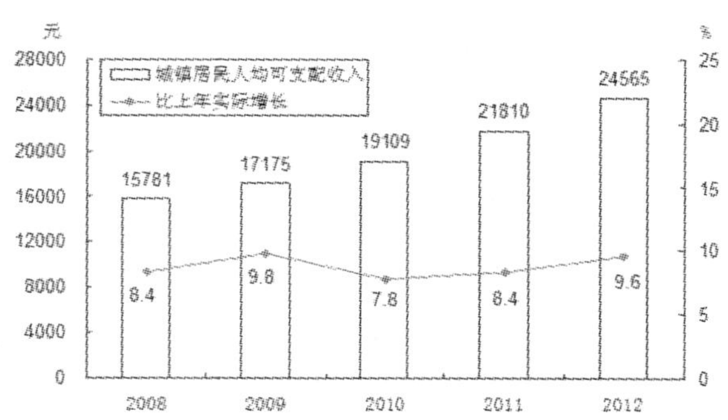

岁）人口22287万人，占总人口的16.5%，比上年末提高0.01个百分点；15—59岁（含不满60周岁）劳动年龄人口93727万人，比上年末减少345万人，占总人口的69.2%，比上年末下降0.60个百分点；60周岁及以上人口19390万人，占总人口的14.3%，比上年末提高0.59个百分点。全国人户分离的人口[25]为2.79亿人，其中流动人口[26]为2.36亿人。

全年农村居民人均纯收入7917元，比上年增长13.5%，扣除价格因素，实际增长10.7%；农村居民人均纯收入中位数[27]为7019元，增长13.3%。城镇居民人均可支配收入24565元，比上年增长12.6%，扣除价格因素，实际增长9.6%；城镇居民人均可支配收入中位数为21986元，增长15.0%。农村居民食品消费支出占消费总支出的比重为39.3%，城镇为36.2%。

年末全国参加城镇职工基本养老保险人数30379万人，比上年末增加1988万人。其中，参保职工22978万人，参保离退休人员7401万人。全国参加城乡居民社会养老保险人数48370万人，增加15187万人。其中享受待遇人数13075万人。参加城镇基本医疗保险的人数53589万人，增加6246万人。其中，参加城镇职工基本医疗保险[28]人数26467万人，参加城镇居民基本医疗保险人数27122万人。参加城镇基本医疗保险的农民工4996万人，增加355万人。参加失业保险的人数15225万人，增加908万人。年末全国领取失业保险金人数204万人。参加工伤保险的人数18993万人，增加1297万人，其中参加工伤保险的农民工7173万人，增加345万人。参加生育保险的人数15445万人，增加1553万人。年末，2566个县（市、区）开展了新型农村合作医疗工作，新型农村合作医疗参合率98.1%；1—9月新型农村合作医疗基金支出总额[29]为1717亿元，受益11.5亿人次。2012年，按照农村扶贫标准年人均纯收入2300元（2010年不变价），年末农村贫困人口为9899万人，比上年末减少2339万人。

十二、资源、环境和安全生产

全年全国国有建设用地供应总量[30]69.0万公顷，比上年增长17.5%。其中，工矿仓储用地20.3万公顷，增长5.6%；房地产用地[31]16.0万公顷，下降4.2%；基础设施等其他用地32.7万公顷，增长43.4%。

全年水资源总量28410亿立方米。全年平均降水量676毫米。年末全国422座大型水库蓄水总量2120亿立方米，比上年末多蓄水164亿立方米。全年总用水量6110亿立方米，与上年基本持平。其中，生活用水增长3.2%，工业用水下降0.8%，农业用水下降0.5%，生态补水增长7.2%。万元国内生产总值用水量[32]129立方米，比上年下降7.2%。万元工业增加值用水量76立方米，下降8.0%。人均用水量452立方米，下降0.4%。

全年完成造林面积601万公顷，其中人工造林410万公顷。林业重点工程完成造林面积274万公顷，占全部造林面积的45.6%。截至年底，自然保护区达到2640个，其中国家级自然保护区363个。新增水土流失治理面积4.2万平方公里，新增实施水土流失地区封育保护面积2.6万平方公里。截至年底，已确权集体林地面积为18000万公顷，其中发放林权证的面积为17187万公顷。

全年平均气温为9.4℃，共有7个台风登陆。

初步核算，全年能源消费总量36.2亿吨标准煤，比上年增长3.9%。煤炭消费量增长2.5%；原油消费量增长6.0%；天然气消费量增长10.2%；电力消费量增长5.5%。全国万元国内生产总值能耗下降3.6%。

七大水系的571个水质监测断面中，Ⅰ～Ⅲ类水质断面比例占63.9%，劣Ⅴ类水质断面比例占12.4%。七大水系水质总体为轻度污染，水质保持基本稳定。

近岸海域301个海水水质监测点中，达到国家一、二类海水水质标准的监测点占69.4%，三类海水占6.6%，四类、劣四类海水占23.9%。

在监测的316个城市中，城市区域声环境质量好的城市占3.5%，较好的占75.9%，轻度污染的占20.3%，中度污染的占0.3%。

年末城市污水处理厂日处理能力达11858万立方米，比上年末增长4.9%；城市污水处理率达到84.9%，提高1.3个百分点。城市集中供热面积49.2亿平方米，增长3.8%。建成区绿地率达到35.5%，提高0.2个百分点。

全年农作物受灾面积2496万公顷，下降23.1%，其中绝收183万公顷，下降36.9%。全年因洪涝地质灾害造成直接经济损失1661亿元，上升31.8%。全年因旱灾造成直接经济损失244亿元，下降73.7%。全年因低温冷冻和雪灾造成直接经济损失61亿元，下降79.0%。全年因海洋灾害造成直接经济损失155亿元，上升150%。全年大陆地区共发生5级以上地震16次，成灾11次，造成直接经济损失83亿元。全年共发生森林火灾3966起，下降28.5%。

全年各类生产安全事故共死亡71983人，比上年下降4.7%。亿元国内生产总值生产安全事故死亡人数为0.142人，下降17.9%；工矿商贸企业就业人员10万人生产安全事故死亡人数为1.64人，下降12.8%；道路交通万车死亡人数为2.5人，下降10.7%；煤矿百万吨死亡人数为0.374人，下降33.7%。

注释与资料来源（略）

2012年国民经济和社会发展计划执行情况

——《关于2012年国民经济和社会发展计划执行情况与2013年国民经济和社会发展计划草案的报告》节选

国家发展和改革委员会 2013年3月5日

过去的一年，面对严峻复杂的国际经济形势和国内改革发展稳定的繁重任务，各地区、各部门按照党中央、国务院的决策部署，坚持以科学发展为主题，以加快转变经济发展方式为主线，按照稳中求进的工作总基调，依据十一届全国人大五次会议审议批准的国民经济和社会发展计划，认真落实中央宏观调控各项决策，保持了经济社会发展的良好态势，计划执行情况总体是好的。

（一）经济运行总体平稳。2012年初，国内经济下行压力明显加大，中央审时度势，把稳增长放在更加重要的位置，实施一系列有针对性的措施，取得了预期效果。初步核算，国内生产总值519322亿元，增长7.8%，超过预期目标0.3个百分点。实施积极的财政政策，结构性减税力度加大，民生等重点支出得到有力保障，全国公共财政收入117210亿元，增长12.8%，财政赤字8000亿元；实施稳健的货币政策，货币信贷平稳适度增长，重点领域和薄弱环节得到较好支持，全年新增人民币贷款8.2万亿元，比上年多增7320亿元，年末广义货币供应量M2余额增长13.8%。经济运行调节继续加强，煤电油气运稳定有序供应。企业经济效益逐步好转，规模以上工业企业实现利润55578亿元，比上年增长5.3%。

内需在稳增长中发挥了支撑作用。进一步提高居民消费能力，培育消费热点，改善消费环境，消费成为拉动经济增长的主要动力，社会消费品零售总额210307亿元，增长14.3%，超过预期目标0.3个百分点。投资稳定增长、结构继续优化，一批“十二五”规划重点项目启动实施，关系民生的基础设施建设加快，全社会固定资产投资374676亿元，增长20.3%，超过预期目标4.3个百分点，其中民间投资增长24.8%，所占比重达到61.4%，比上年提高2个百分点。最终消费、资本形成对经济增长的贡献率分别达到51.8%、50.4%。

（二）物价涨幅稳步回落。坚持把保持物价总水平基本稳定作为宏观调控的重要任务，加强价格综合调控监管，全年居民消费价格上涨2.6%，回落2.8个百分点，控制在目标范围内。市场供应有效保障。重要商品产运销衔接及储备吞吐、进出口调节加强，全年投放政策性粮食1850万吨。生猪市场价格调控预案得到较好落实，北方大城市冬春蔬菜储备制度不断完善，基本蔬菜品种政策性保险试点有序开展。加强市场价格和收费监管，规范学前教育收费和中小学教材、教辅材料价格，降低部分药品价格，清理整顿违规及不合理公路收费和涉企收费，有效减轻了消费者和企业负担。开展商品房明码标价、商业银行收费、涉农收费、电信资费、进出口环节收费等专项检查，推进反价格垄断执法，全年共查处价格违法案件3.78万件，实施经济制裁21.22亿元。

（三）**农业基础地位进一步稳固**。强农惠农富农政策力度继续加大。中央财政用于“三农”的支出增长18%，中央预算内投资用于“三农”建设的比重提高到50.5%，涉农信贷增长20.7%。落实最严格的耕地保护制度，耕地保有量保持在18.2亿亩以上。全国新增千亿斤粮食生产能力规划全面实施，基层农技推广服务体系建设项目基本覆盖全部乡镇。大江大河大湖治理和骨干水源工程建设全面加快，大中型灌区改造与建设、大型灌排泵站更新改造、小型农田水利建设和中小河流治理加强，海洋渔船更新改造力度加大，生猪和奶牛标准化规模养殖场建设积极推进。提高小麦、稻谷最低收购价和玉米、大豆、油菜籽临时收储价格，加大棉花、食糖临时收储力度。全年粮食总产量5896亿公斤，增长3.2%，实现连续9年增产，经济作物产量稳中有增。农村生产生活条件继续改善，农村安全饮水普及率达到81%，新建和改造农村电网线路31.76万公里，新建改建农村公路19.4万公里，新增农村沼气用户180万户，改造农村危房560万户。支持建设粮食收储仓容422万吨、农产品批发市场105个和冷链物流配送能力800万吨。万村千乡市场工程继续实施，标准化农家店覆盖75%的行政村。

（四）**经济结构调整加快**。科技创新和高技术产业发展取得新成绩，出台深化科技体制改革加快国家创新体系建设的意见，颁布实施“十二五”国家战略性新兴产业发展规划，研究与试验发展经费支出占国内生产总值比例达到1.97%。生物医药、互联网信息服务、海洋工程装备等新的增长点加速成长，高技术制造业增加值增长12.2%，高出规模以上工业增加值2.2个百分点。传统产业转型升级迈出新步伐，部分重大沿海钢铁基地和城市钢厂搬迁项目启动实施，新型干法水泥比重超过90%，企业兼并重组积极推进，淘汰落后产能工作取得新成效。服务业发展有了新进展，各类生产性和生活性服务业发展迅速，服务业增加值增长8.1%，超过预期目标0.2个百分点，继续成为吸纳就业的第一主体。基础保障能力继续增强。新建铁路投产里程5382公里，其中高速铁路2723公里；新建公路58672公里，其中高速公路9910公里；建成沿海港口万吨级以上泊位96个；新建成民用运输机场2个。大型能源基地建设继续推进，绿色矿山建设、燃煤电厂综合升级改造加快，风电、光伏发电并网装机容量分别新增1500万千瓦、300万千瓦，原煤、原油、天然气产量分别增长3.8%、2.3%、4.4%，发电量增长4.8%。

区域发展协调性进一步增强。西部大开发新开工重点工程22项，投资总规模5778亿元，对口支援新疆、西藏和四省藏区工作深入开展，内陆和沿边开放继续扩大，玉树灾后恢复重建稳步推进，舟曲灾后恢复重建胜利完成。东北地区对外开放不断扩大，林区生态保护与经济转型成效显著，全国老工业基地调整改造、资源型城市与独立工矿区可持续发展统筹推进。促进中部地区崛起战略若干意见出台，“三基地、一枢纽”建设取得重大进展。中西部地区承接产业转移势头强劲。东部地区率先发展、率先转型加快，京津冀、长三角、珠三角地区发展质量明显提升，海洋经济发展试点进展顺利。主体功能区战略深入实施，中央财政对国家重点生态功能区转移支付规模增长23.7%，省级规划衔接协调工作基本完成。对革命老区、民族地区和边疆地区支持力度加大，集中连片特殊困难地区扶贫开发积极推进，易地搬迁农村贫困人口195万人，超过计划目标90万人。城镇化率达到52.57%，比预期目标高0.5个百分点。

（五）**节能减排和环境保护积极推进**。单位国内生产总值能耗下降3.6%，降幅比上年扩大1.59个百分点，实现计划目标。节能产品惠民工程继续实施，工业、建筑、交通运输、公共机构等重点领域节能减排全面强化。鼓励循环经济发展的政策进一步完善，“城市矿产”、园区循环化改造、再制造产品推广、资源综合利用等示范试点建设加强，支持了489个循环经济和资源节约重大示范项目，建成后可形成年节水能力2.6亿吨、废物循环利用量6900多万吨。继续推进天然林资源保护、退耕还林、退牧还草、防护林体系建设、京津风沙源治理、石漠化综合治理等重点生态工程建设，全年完成造林面积601万公顷，治理退化草原582.7万公顷。修订环境空气质量标准，增加PM2.5等监测指标，并在部分地区、城市开展监测和信息发布。加快城镇污水垃圾处理设施及污水管网工程建设，新增污水日处理能力1106万吨、中水日回用能力221万吨、垃圾日处理能力9.3万吨。二氧化硫、化学需氧量、氨氮、氮氧化物排放量分别下降4.52%、3.05%、2.62%、2.77%，万元工业增加值用水量下降8%，城市污水处理率和城市生活垃圾无害化处理率分别达到84.9%和81%，均实现计划目标。应对气候变化工作扎实推进，单位国内生产总值二氧化碳排放量下降5.02%，超过计划目标1.52个百分点。积极推进应对气候变化南南合作，建设性地参与国际谈判，为推动联合国气候变化多哈会议取得积极成果作出了重要贡献。

（注：M2为M右下角加2，PM2.5为PM右下角加2.5）

（六）改革开放继续深化。深入推进重点领域和关键环节改革。国务院部门第六批取消和调整行政审批事项314项，六批累计取消和调整行政审批事项2497项，占原来总数的69.3%。坚持和完善基本经济制度，国有企业改革重组稳步展开，9家中央企业控股公司在境内外上市，建设规范董事会试点企业扩大到51家；进一步支持小型微型企业健康发展的意见发布实施，42项鼓励和引导民间投资健康发展的实施细则全部出台。加大资源性产品价格改革力度，居民阶梯电价制度、天然气价格形成机制改革试点顺利实施，可再生能源价格和水电、核电价格形成机制进一步完善。财税金融改革步伐加快，营业税改征增值税试点地区扩大到9个省（直辖市）和3个计划单列市；金融综合改革试验区设立，农村金融改革继续推进，人民币存贷款利率浮动区间增大，汇率弹性增强，在跨境贸易和投资中的使用稳步扩大。农村综合改革和集体林权制度改革取得新进展，国有林场改革试点有序推进。医药卫生体制改革成效明显，“十二五”医改规划启动实施，基本药物制度得到巩固，基层医疗卫生机构综合改革和县级公立医院改革试点积极推进，三项基本医保制度覆盖95%以上的城乡居民。文化体制机制改革创新实现新突破，全国文化系统国有文艺院团基本完成转企改制、撤销或划转任务。

对外经济稳定发展。针对世界经济低迷、外需不振，及时出台稳定外贸增长的政策措施，外贸进出口总额增长6.2%，在国际贸易中的市场份额稳中有升。出口增长7.9%，进口增长4.3%，进出口差额2311亿美元。新的外商投资产业指导目录施行，外商投资向服务业转移的趋势更加明显。全年非金融领域实际利用外商直接投资1117亿美元，下降3.7%。企业走出去步伐加快，全年非金融类境外直接投资772亿美元，增长28.6%；对外承包工程业务完成营业额1166亿美元，增长12.7%。

（七）保障和改善民生取得新成效。就业形势总体稳定，城镇新增就业1266万人，超过预期目标366万人，年末城镇登记失业率4.1%，控制在预期目标以内。居民收入较快增长，城镇居民人均可支配收入和农村居民人均纯收入分别达到24565元和7917元，剔除价格因素，实际增长9.6%和10.7%，均快于经济增速。社会保障水平进一步提高，新型农村社会养老保险和城镇居民社会养老保险制度实现全覆盖，城乡居民大病保险试点启动，新型农村合作医疗和城镇居民基本医疗保险的政府补助标准提高到每人每年240元。年末参加城镇基本养老、基本医疗、失业、工伤、生育保险人数分别为32480万人、53589万人、15225万人、18993万人、15445万人，参加新型农村社会养老保险人数达到46269万人。城乡最低生活保障制度惠及农村5340.9万人、城市2142.5万人。在继续加强房地产市场调控的同时，进一步加大对保障性住房建设的支持力度，全年基本建成城镇保障性安居工程住房601万套，新开工781万套，均超过计划目标。

社会事业加快发展。教育改革发展稳步推进。全年国家财政性教育经费支出占国内生产总值的比例达到4%的目标。中小学校舍安全工程三年规划改造任务基本完成，边远艰苦地区农村学校教师周转宿舍建设、农村学前教育推进工程、农村义务教育学生营养改善计划试点积极推进，校车安全管理条例颁布施行，中等职业教育免学费政策覆盖所有农村学生，进城务工人员随迁子女在当地接受义务教育问题初步解决，义务教育后在当地参加升学考试的工作有序推进。九年义务教育巩固率92%，提高0.5个百分点；高中阶段教育毛人学率85%，提高1个百分点；普通高等学校招生688.8万人，研究生59万人，均实现计划目标。医疗卫生服务能力有效提升。城乡基层医疗卫生服务体系进一步健全，农村急救体系、重大疾病防治、县级卫生监督机构、儿童医疗服务体系建设加快，医疗服务、药品监管、医疗保障、公共卫生和综合管理的信息互联互通逐步实现，全科医生培养工作继续加强。每千人口医院和卫生院床位数3.73张，增长6.6%。公共文化服务体系日益完善。继续推进广播电视盲村覆盖，支持少数民族新闻出版能力、地市级公共文化服务设施以及国家文化和自然遗产保护设施建设。西新工程第五期建设方案启动实施，博物馆、图书馆、文化馆（站）全面实现免费开放。文化产业体系继续完善，整体规模和实力不断壮大。旅游基础设施建设规划和红色旅游二期建设方案颁布施行，全年旅游总收入2.59万亿元，增长15.2%。各类公共体育场地超过100万个。人口自然增长率4.95‰，实现计划目标。

一年来，党中央、国务院团结带领全国各族人民，深入贯彻落实科学发展观，加快转变经济发展方式，正确处理保持经济平稳较快发展、调整经济结构和管理通胀预期的关系，克服各种困难和不利影响，国民经济呈现增速企稳、结构优化、物价稳定、民生改善的良好态势。成绩来之不易。这是党中央、国务院统揽全局、科学决策的结果，是各地区、各部门密切配合、扎实工作的结果，是全国各族人民团结一心、奋力拼搏的结果。

与此同时，我们清醒地认识到，我国发展仍面临不少风险和挑战。国际金融危机深层次影响继续显现，世界经济增长乏力，潜在通胀压力加大，发达经济体财政金融风险居高不下，国际贸易投资保护主义进一步强化。国内发展中不平衡、不协调、不可持续问题依然突出，有些还相当尖锐。一是经济企稳回升的基础尚不稳固。消费内生增长动力不足，企业投资能力和意愿有所下降，外需短期内难有大的起色。二是部分企业生产经营还比较困难。要素成本上升和创新能力不足的问题并存，企业营利能力减弱，规模以上工业企业亏损面比上年扩大2.2个百分点，小型微型企业的困难更为严重。三是产能过剩问题突出。传统制造业产能普遍过剩，高消耗、高排放行业尤为明显，一些新兴产业也存在盲目发展现象，严重影响企业效益和行业竞争力的提升。四是稳定发展农业生产和促进农民增收难度加大。耕地、淡水等资源支撑绷得较紧，农业基础设施薄弱，农民务农务工收入增速都可能有所放慢。此外，经济增速放缓和企业困难对就业的滞后影响可能陆续显现，财政收支矛盾突出，金融领域存在潜在风险，生态环境形势严峻，部分城市房价面临反弹压力，各种浪费现象相当严重，在征地拆迁、安全生产、食品安全、收入分配等方面也存在不少影响社会和谐稳定的因素。对上述问题我们一定高度重视，切实采取措施，认真加以解决。

2012年中央和地方预算执行情况

——《关于2012年中央和地方预算执行情况与2013年中央和地方预算草案的报告》节选

财政部　2013年3月5日

2012年，在中国共产党的坚强领导下，全国各族人民团结奋进、顽强拼搏，经济社会发展呈现稳中有进的良好态势。在此基础上，财政发展改革取得新进展，预算完成情况较好。

（一）公共财政预算执行情况。

全国财政收入117209.75亿元，比2011年（下同）增长12.8%。加上从中央预算稳定调节基金调入2700亿元，使用的收入总量为119909.75亿元。全国财政支出125712.25亿元，增长15.1%。加上中央财政用超收收入补充中央预算稳定调节基金184.15亿元，以及地方政府债券还本支出2000亿元和地方财政结转下年支出13.35亿元，支出总量为127909.75亿元。全国财政收支总量相抵，差额8000亿元。

其中：中央财政收入56132.42亿元，完成预算的100.4%，增长9.4%。加上从中央预算稳定调节基金调入2700亿元，使用的收入总量为58832.42亿元。中央财政支出64148.27亿元，完成预算的100%，增长13.7%。其中：中央本级支出18764.8亿元，增长13.6%；中央对地方税收返还和转移支付45383.47亿元，增长13.7%。加上用超收收入补充中央预算稳定调节基金184.15亿元，支出总量为64332.42亿元。收支总量相抵，中央财政赤字5500亿元，与预算持平。2012年末中央财政国债余额77565.7亿元，控制在年度预算限额82708.35亿元以内。

图1 2012年中央财政平衡关系　　新华社发

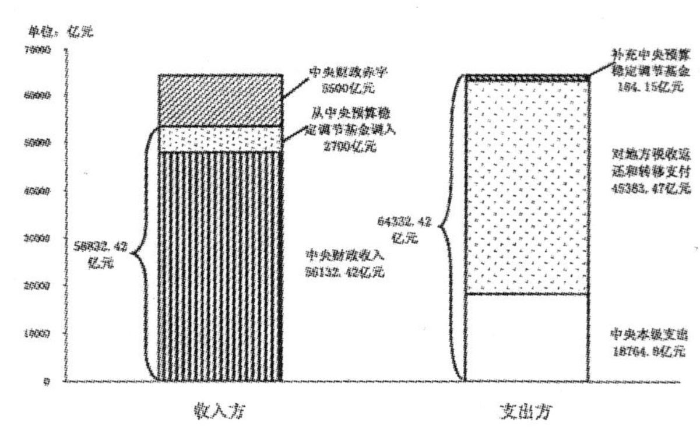

地方本级收入61077.33亿元，增长16.2%。加上中央对地方税收返还和转移支付收入45383.47亿元，地方财政收入总量106460.8亿元。地方财政支出106947.45亿元，增长15.3%，加上地方政府债券还本支出2000亿元和结转下年支出13.35亿元，支出总量为108960.8亿元。收支总量相抵，差额2500亿元。

2012年中央预算收支执行具体情况如下：

1．主要收入项目执行情况。

国内增值税19678.47亿元，完成预算的97.2%，

图2 2012年地方财政平衡关系

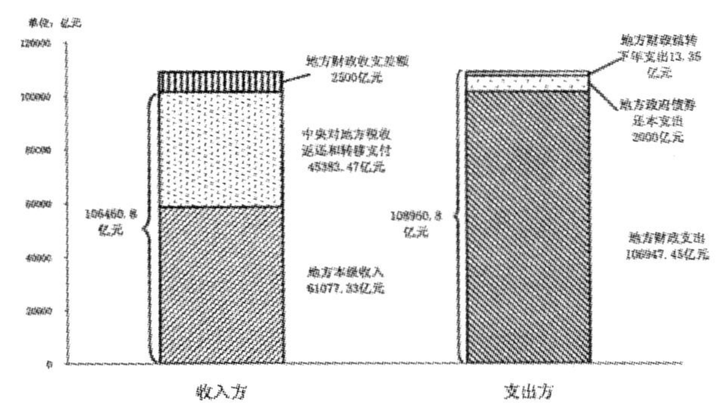

主要是工业增加值增幅和价格涨幅较低；国内消费税7872.14亿元，完成预算的102.2%；进口货物增值税、消费税14796.41亿元，完成预算的99.7%；关税2782.74亿元，完成预算的103.4%；企业所得税12082.18亿元，完成预算的108.7%，主要是汇算清缴2011年企业所得税收入超过预计；个人所得税3492.61亿元，完成预算的102.7%；出口货物退增值税、消费税10428.88亿元，完成预算的104.8%；非税收入2848.78亿元，完成预算的100.8%。

2012年中央财政收入比预算超收212.42亿元，按照有关规定，车辆购置税超收用于增加公路建设支出28.27亿元，其余184.15亿元超收收入全部用于补充中央预算稳定调节基金，留待以后年度经预算安排使用。

2．主要支出项目执行情况。

按照稳增长、调结构、促改革、惠民生的要求，预算执行中根据经济社会发展需要，在没有扩大中央财政支出（包括中央本级支出和对地方转移支付）预算规模的条件下，调整支出结构，重点增加了保障性安居工程、农业水利、节能环保等民生领域的投入。

教育支出3781.52亿元，完成预算的100%，增长15.7%。支持学前教育发展，缓解“入园难”问题。完善农村义务教育经费保障机制，加强农村中小学校舍维修改造，大幅提高对中西部地区的补助标准。对3000多万名农村义务教育学生实施营养改善计划。免除3445万名城市义务教育学生学杂费，帮助1260万名农民工随迁子女在城市接受义务教育。对中等职业学校的农村（含县镇）学生、城市涉农专业学生和家庭经济困难学生免收学费。健全对家庭经济困难学生的国家资助政策体系，约1596万名学生受益。推动实施“985工程”、“211工程”，改善高校基本办学条件，全面提高高等教育质量。

汇总中央和地方公共财政预算、政府性基金预算用于教育的支出，2012年国家财政性教育经费支出达到21994亿元，占国内生产总值的比例达到了4%。

科学技术支出2291.5亿元，完成预算的100.3%，增长12.7%。国家科技重大专项有效实施。增加对国家自然科学基金和“973计划”投入，国家重点实验室和基础科研机构的保障水平大幅提高。推动前沿技术研究、社会公益研究和重大共性关键技术研究，并取得明显进展。积极支持科技基础条件建设，推进科技资源开放、共享和高效利用。实施科技惠民计划，促进科技成果转化应用。

文化体育与传媒支出494.68亿元，完成预算的100.2%，增长18.9%。支持1804家博物馆、纪念馆和4万多家美术馆、图书馆等公益性文化设施免费开放，积极推进文化信息资源共享、农家书屋等重点文化惠民工程。加大对国家重点文物、大遗址、红色文化资源和非物质文化遗产保护力度。提升重点媒体国际传播能力，促进中华文化“走出去”。推动文化产业快速发展。

医疗卫生支出2048.2亿元，完成预算的100.6%，增长17.2%。提高新型农村合作医疗和城镇居民基本医疗保险的财政补助标准，由每人每年200元增加到240元，医疗费用报销水平进一步提高。建立对基层医疗卫生机构实施基本药物制度的长效补偿机制，在村卫生室全面实施基本药物制度。支持17个城市和311个县（市）开展了公立医院改革试点。继续实施基本公共卫生服务项目和重大公共卫生服务项目，加大城乡医疗救助力度，群众的受益面和受益程度不断提升。

社会保障和就业支出5753.73亿元，完成预算的100.1%，增长22%。实现新型农村和城镇居民社会养老保险制度的全覆盖。连续第8年提高企业退休人员基本养老金，月人均水平达到1721元。对中央财政补助地区分别按月人均15元和12元增加城乡低保补助资金。提高部分优抚对象等人员抚恤和生活补助标准。完善孤儿、残疾人、流浪乞讨人员等社会救助体系，加大对因灾困难群众的生活救助。健全促进就业的政策措施，支持城镇居民就业创业。

住房保障支出2601.6亿元，完成预算的122.9%，增长44.6%。超过预算较多主要是预算执行中增加了对城镇保障性安居工程和配套基础设施建设以及农村危房改造的补助。其中，保障性安居工程支出2253.89亿元，全年支持城镇保障性安居工程住房基本建成601万套、新开工建设781万套（户）；农村危房改造范围由中西部地区扩大到全国农村地区并提高中央财政补助标准，支持改造农村危房560万户。

农林水事务支出5995.98亿元，完成预算的109.2%，增长25.3%。超过预算较多主要是预算执行中增加了农业生产救灾、特大防汛抗旱、重大水利工程和农田水利设施建设、小型病险水库和中小河流治理等方面的投入。加强农业农村基础设施建设，推进1250个小型农田水利重点县建设，启动实施“节水增粮行动”，基本完成7000座小型病险水库除险加固和2209条中小河流2.75万公里河段治理，支持958个县开展山洪灾害防治。增加对种粮农民的补贴，拓宽政策覆盖范围。扩大农业保险保费补贴区域和品种，带动农业保险为1.83亿户次农户提供风险保障9006亿元。支持现代种业发展，推广应用旱作农业技术和耕地保护技术。改造中低产田、建设高标准农田3003万亩，新建续建中型灌区节水配套改造项目235个，新增和改善灌溉面积2607万亩。草原生态保护补助奖励政策覆盖全部国家确定的牧区半牧区县。加大财政综合扶贫投入，提高农村贫困地区和贫困人口自我发展能力。村级公益事业建设一事一议财政奖补项目完成37.42万个。

节能环保支出1998.43亿元，完成预算的113%，增长23.1%。超过预算较多主要是预算执行中增加了节能产品惠民工程、建筑节能、城镇污水处理设施配套管网建设等方面的投入。加快重点节能工程建设，完成北方采暖区居住建筑节能改造面积2亿平方米。出台实施平板电视、空调、电冰箱、洗衣机、热水器等高效节能产品推广政策，全年累计销售3274万台。支持企业调整产业结构，淘汰1917万吨焦炭、5969万吨水泥、545万千瓦小火电等落后产能。建设城镇污水处理设施配套管网1.5万公里，支持1.2万个村庄开展农村环境连片整治，加强“三河三湖”等重点流域生态环境保护。实施天然林保护等林业重点工程，巩固退耕还林、退牧还草成果。促进新能源、可再生能源发展，发展循环经济。

交通运输支出3969.22亿元，完成预算的111.3%，增长20.3%。超过预算较多主要是预算执行中增加了铁路建设投资。提高交通综合运输能力，改扩建国家和省级公路，改善内河航道，新建改建农村公路19.4万公里。对城市公交、农村客运等公益性行业给予油价补贴。对取消政府还贷二级公路收费的地方给予补助。

国防支出6506.03亿元，完成预算的100%，增长11.5%。改善部队生活和训练条件，支持军队提高信息化建设水平，加强高新技术武器装备，增强现代化军事能力。

公共安全支出1880亿元，完成预算的102.9%，增长10.9%。完善政法经费保障机制，提高基层政法部门的服务能力，重点支持中西部地区化解政法机关基础设施建设债务。

3. 中央对地方税收返还和转移支付执行情况。

中央对地方税收返还和转移支付45383.47亿元，完成预算的100.6%，增长13.7%。其中：一般性转移支付21471.18亿元，专项转移支付18791.52亿元。一般性转移支付占全部转移支付的53.3%，比2011年提高0.8个百分点。

（二）政府性基金预算执行情况。

2012年全国政府性基金收入37517.01亿元，全国政府性基金支出36069.04亿元。其中：

中央政府性基金收入3313.44亿元，完成预算的110.8%，增长5.8%。超过预算主要是为支持可再生能源发展，依法新设立可再生能源电价附加收入项目。加上2011年结转收入822.21亿元，2012年中央政府性基金收入总量为4135.65亿元。中央政府性基金支出3354.63亿元，完成预算的88.1%，增长8.1%。其中：中央本级支出2175.17亿元，对地方转移支付1179.46亿元。中央政府性基金结转下年支出781.02亿元。中央政府性基金支出比预算减少，主要是有些项目前期工作准备不够充分，当年未能实施；有些项目按“以收定支”原则相应减少支出。

地方政府性基金本级收入34203.57亿元，下降10.5%，主要是国有土地使用权出让收入减少。加上中央政府性基金对地方转移支付1179.46亿元，地方政府性基金收入为35383.03亿元。地方政府性基金支出33893.87亿元，下降10.3%，其中国有土地使用权出让收入安排的支出28418.19亿元。地方政府性基金收大于支的部分结转下年使用。

（三）国有资本经营预算执行情况。

2012年全国国有资本经营收入1572.84亿元，全国国有资本经营支出1479.66亿元。其中：

中央国有资本经营收入970.83亿元，完成预算的115%，增长26.9%，超过预算主要是提高烟草行业国有资本经营收益收取比例5个百分点，以及2011年部分行业企业经济效益较好（国有资本经营收入按上年国有企业利润的一定比例收取）。加上2011年结转收入31.07亿元，收入总量为1001.9亿元。中央国有资本经营支出929.79亿元，完成预算的106.3%，增长20.8%。其中，调入公共财政预算用于社会保障等民生支出50亿元，增长25%。中央国有资本经营预算超收收入安排用于对五大发电集团补充资本金，有关情况国务院已向全国人大常委会报告。

地方国有资本经营收入602.01亿元，地方国有资本经营支出549.87亿元。

（四）落实全国人大预算决议有关情况。

按照第十一届全国人民代表大会第五次会议有关决议，以及全国人大财政经济委员会的审查意见，努力做好并不断改进财政工作。一是扎实实施积极的财政政策。加大结构性减税力度，营改增试点由上海扩大到北京等9个省（直辖市）和3个计划单列市，有力地促进了服务业发展和产业结构优化，减轻了企业负担。提高增值税、营业税起征点，对小型微利企业减半征收企业所得税并扩大政策覆盖范围。增加财政补助规模，提高低收入群体的收入，扩大居民消费。优化财政支出结构，加大民生投入，推动教育、卫生、社保等社会事业发展。发挥财税政策的作用，推动经济结构调整和区域协调发展。二是增强基层政府履行职能的财力保障。完善县级基本财力保障机制，扩大保障范围、提高保障水平，中央财政奖补资金达到1075亿元，比2011年增加300亿元，省级政府也认真落实保障责任，基本消除了县级基本财力保障缺口，实现了基层政府“保工资、保运转、保民生”的既定政策目标。三是加强地方政府性债务管理。进一步完善制度，规范管理。认真落实偿债责任，2012年到期的地方政府债券按期偿还。清理化解基层政府性债务取得明显进展。四是深入推进预决算公开。按规定向社会公开了中央有关部门的预决算，在公开“三公经费”2011年财政拨款决算数和2012年预算数的同时，还公开了相关实物量信息，公开的内容更加细化、时间相对集中、格式基本规范。五是强化预算绩效管理。积极推动将绩效观念和绩效要求贯穿于预算管理的全过程和各环节，制定出台了预算绩效管理工作规划，扎实开展预算绩效管理工作试点。同时，狠抓预算支出执行管理，加快预算支出进度；强化财政监督，严肃财经纪律，较好保障了中央重大决策部署的落实。六是做好建议提案办理工作。2012年共承办建议提案3803件。同时加强了与代表委员沟通交流，进一步加大将建议提案转化为政策措施和实际行动的工作力度。

2012年是本届政府任期的最后一年。回顾过去的5年，我们认真贯彻落实党中央、国务院的决策部署，着力优化财政支出结构，推进财税体制改革，加强财政科学管理，积极发挥财政职能作用，既促进了经济社会持续健康发展，财政发展改革也呈现新的面貌。

财政宏观调控作用有效发挥。国际金融危机爆发以来，财政部门全面贯彻落实积极的财政政策，综合运用多种调控工具，实施了一系列针对性强的政策措施。在政策运用上，坚持统筹兼顾，注重综合平衡，既扩大国内需求特别是刺激消费需求，努力扩大出口，又增加有效供给，提高农业综合生产能力，支持企业发展生产；既着力加强短期的调控，又着眼增强发展后劲，促进了经济平稳较快发展和民生持续改善。加强财政科学管理，合理把握政策实施力度和节奏，赤字率和债务负担率控制在安全水平，强化地方政府性债务管理，有效管控风险，保持了财政稳健运行和可持续性。2008－2012年，全国公共财政收入累计约43.4万亿元，比前个5年增加26.42万亿元，年均增长18%；全国公共财政支出累计约46.37万亿元，比前个5年增加28.65万亿元，年均增长20.4%。

保障和改善民生成效显著。国家财政性教育经费支出占国内生产总值比例从2007年的3.12%提高到2012年的4%，有力地促进了教育改革发展，家庭经济困难学生就学问题在制度上基本得到解决。全国财政医疗卫生支出5年累计2.52万亿元，年均增长29.3%，医药卫生体制改革取得重大进展，全民医保基本实现。加强保障性安居工程建设，全国城镇保障性住房和棚户区改造住房5年基本建成1800多万套，覆盖面提高到12.5%；农村危房改造竣工900万户。城乡居民社会养老保险制度实现全覆盖，1.3亿60岁以上老人按月领取养老金。支持就业和创业力度不断加大，新型社会救助体系基本形成，社会救助和保障标准与物价上涨挂钩的联动机制初步形成。稳步推进公益性文化设施免费开放，公共文化服务体系建设明显加快，文化体制改革全面推进，文化事业产业健康发展。胜利完成了汶川地震、舟曲山洪泥石流灾后恢复重建任务，支持玉树地震灾后恢复重建，积极支持抗击重大自然灾害，保障了受灾群众基本生活。中央公共财政用于民生的支出5年累计16.89万亿元，年均增长21.1%，占中央公共财政支出的比重稳定在2/3以上。

推动经济结构调整和区域协调发展。大力支持科技创新，优化财政科技支出结构，重点支持基础研究、前沿和共性技术研究等，加快实施国家科技重大专项。加大强农惠农富农财税政策力度，中央财政用于“三农”的支出5年累计4.47万亿元，年均增长23.5%，比前个5年增加2.92万亿元，增强了城乡发展的协调性。积极支持实施十大重点产业调整振兴规划，推动战略性新兴产业加快发展，建立健全扶持服务业发展的财税政策体系，出台实施并不断完善促进中小企业特别是小型微型企业健康发展的财税政策。扎实推进节能减排和生态环境保护，全国财政节能环保支出5年累计1.14万亿元，年均增长24.1%。建立健全草原生态保护补助奖励机制。不断加大转移支付力度，中央对地方转移支付由2007年的1.4万亿元增加到2012年的4.03万亿元，年均增长27.1%，资金重点用于中西部地区、民族地区、革命老区、贫困地区、粮食主产区和重点生态功能区。通过中央财政转移支付实施再分配，中西部地区人均公共财政支出水平大幅提高，有力促进了地区间基本公共服务均等化。东部地区积极支持了中西部地区发展。

财税改革深入推进。构建有利于科学发展的财税体制机制取得重要进展。优化转移支付结构，一般性转移支付占转移支付总量的比重由2007年的50.8%提高到2012年的53.3%。县级基本财力保障机制全面建立，省直管县和乡财县管财政管理方式改革深入推进。政府预算体系更加完整，全面取消了预算外资金，将所有政府性收支纳入预算管理。改进超收收入使用办法，建立完善了预算稳定调节基金制度。部门预算制度改革全面推开，国库集中收付制度改革覆盖到县以上各级预算单位及有条件的乡级预算单位。增值税先转型后扩围的改革取得明显成效，消费税制度逐步完善，成品油税费改革顺利实施，房产税、资源税改革稳步推进，内外资企业税收制度实现统一，不断完善个人所得税制度，进一步规范了国家与企业和个人之间的收入分配关系。

财政管理不断加强。管理基础工作和基层建设进一步强化，财政科学化精细化管理全面推进。新的企业所得税法、车船税法颁布实施，预算法修订工作取得进展。地方预算编制的完整性明显增强，预算执行的及时性、均衡性、有效性和安全性显著提高。预算绩效管理有序推进。财政预决算公开实现常态化、机制化，“三公经费”公开取得重要进展。全面核实地方政府性债务，摸清了债务底数，出台了一系列加强地方政府融资平台公司债务管理的政策措施，积极防范财政金融风险。有序开展了经国务院核准的地方政府债券发行工作。积极化解地方政府存量债务，减轻了债务负担。覆盖所有政府性资金和财政运行全过程的监督机制逐步健全。

5年来财政工作取得的成绩，是党中央、国务院科学决策、正确领导的结果，是全国人大、政协及代表委员们加强监督、有力指导的结果，是各地区、各部门以及全国各族人民艰苦奋斗、共同努力的结果。同时，我们也清醒地认识到财政工作中存在的问题和不足：财税立法进度有待加快，税收立法级次偏低；财税政策在促进经济发展方式转变和调节收入分配等方面的职能作用需进一步发挥；财政体制改革需进一步加快，政府间事权和支出责任划分仍不够清晰，转移支付制度还不够完善，专项转移支付项目过多；税制结构不尽合理，地方税体系建设相对滞后；一些地方非税收入规模偏大，影响财政收入的稳定性；一些地方和单位财政资金使用效益不高，存在铺张浪费现象，预算绩效管理需加快推进；部分地区偿债压力较大，潜在的风险不容忽视等。我们要高度重视这些问题，并采取有效措施，努力加以解决。

2012年税收收入增长的结构性分析

税政司税源调查分析处　2013年1月　财政部网站

一、2012年税收收入增长的总体情况

2012年全国税收总收入完成100600.88亿元，同比增长12.1%。2012年税收收入增长的主要特点：一是税收总收入增速大幅回落，为近三年最低水平。2012年全国税收总收入增速分别比2011年和2010年低10.5和10.9个百分点。二是分季度来看税收收入增速呈现“前高后低、逐步回落”走势，四季度略有回升。三是主体税种收入增速明显回落。国内增值税、营业税和企业所得税同比分别增长8.9%、15.1%和17.2%，比上年增速分别回落6.1、7.5和13.4个百分点。进口货物增值税消费税和关税同比分别增长9.1%和8.7%，比上年增速分别回落20.2和17.5个百分点。四是个人所得税收入降幅较大。个人所得税同比下降3.9%，比上年增速回落29.1个百分点，其中工资薪金所得税和个体工商户生产经营所得税降幅较大，同比分别下降8%和12.5%。

2012年税收收入增速大幅回落是经济增长放缓、企业效益增速下滑、进口增长乏力以及实施结构性减税政策的综合反映。具体来看：一是经济增速回落。2012年1—11月规模以上工业增加值增长10%，

比上年增速回落3.9个百分点；社会消费品零售总额增长14.2%，比上年增速回落2.8个百分点；全国规模以上工业企业实现利润同比增长3%，比上年增速回落21.4个百分点。二是价格总水平涨幅大幅回落使得以现价计算的税收收入增速回落。1—11月全国工业生产者出厂价格和居民消费价格同比分别下降1.7%和上涨2.7%，比上年增速分别回落8.1和2.8个百分点，使得以现价计算的税收收入增速回落。三是一般贸易进口额增速大幅回落。2012年一般贸易进口额同比增长1.4%，比上年增速回落29.6个百分点。四是结构性减税政策力度较大，使一些主体税种都有不同程度减收。2012年，在继续实施和完善已经出台的减税政策的同时，国家进一步加大了结构性减税力度，如积极推进营业税改征增值税改革试点，实施小型微型企业所得税优惠政策、提高增值税和营业税起征点等支持实体经济发展的政策，促进出口增加进口、支持流通业和鲜活农产品生产流通、推动区域协调发展、鼓励技术创新等结构性减税政策。

二、主要税种收入情况

(一)国内增值税

2012年国内增值税实现收入26415.69亿元，同比增长8.9%，比上年增速回落6.1个百分点。国内增值税收入占税收总收入的比重为26.2%。

分行业看，在20个重点工业行业中，钢坯钢材和煤炭行业增值税收入下降幅度较大，同比分别下降12.3%和5.4%。

增值税的税基大体相当于工业增加值和商业增加值。

国内增值税收入增速回落的主要原因：一是工业增加值增速回落。2012年1—11月规模以上工业增加值同比增长10%，比上年增速回落3.9个百分点。二是价格水平回落使得增值税税基相应缩小。1—11月工业生产者出厂价格同比下降1.7%，比上年增速回落8.1个百分点。三是部分工业品及原材料市场持续低迷，价格普遍降低，使得相关行业增值税收入下降。11月份煤炭及炼焦工业品出厂价格同比下降12.9%；1—11月黑色金属材料类工业生产者购进价格平均同比下降6.9%。四是结构性减税政策。如提高增值税起征点，对集成电路重点项目和部分进口设备留抵税额予以退税，免征蔬菜和鲜活肉蛋产品流通环节增值税等等。这些结构性减税政策的实施使得增值税相应减收。

(二)国内消费税

2012年国内消费税实现收入7872.14亿元，同比增长13.5%，与上年增速基本持平。国内消费税收入占税收总收入的比重为7.8%。

分产品看，卷烟、酒和贵重首饰等同比分别增长17.8%、16.9%和13.2%。

国内消费税的税基是烟、酒、汽车、成品油等14类特定商品的销售额或销售量。

国内消费税收入平稳增长的主要原因：一是烟酒产品结构升级，高档产品增长较快。2012年1—11月卷烟产量同比增长2.4%，1—11月白酒产量同比增长17.7%。二是贵重首饰销售额持续增长。1—11月金银珠宝零售额同比增长15.6%。

(三)进口货物增值税、消费税

2012年进口货物增值税、消费税实现收入14796.41亿元，同比增长9.1%，比上年增速回落20.2个百分点。进口货物增值税、消费税收入占税收总收入的比重为14.7%。

进口货物增值税、消费税的税基是一般贸易进口额。

进口货物增值税、消费税增速大幅回落的主要原因是一般贸易进口额增速回落。2012年我国一般贸易进口额同比增长1.4%，比上年增速回落29.6个百分点。部分重点商品进口额增速大幅回落或负增长。如原油进口额同比增长12.1%，比上年增速回落33.2个百分点；钢材进口额同比下降17.5%，比上年增速回落24.8个百分点。

(四)出口货物退增值税、消费税

2012年出口货物退增值税、消费税10428.88亿元，同比增长13.3%。出口货物退增值税、消费税在账务上冲减税收总收入。

(五)营业税

2012年营业税实现收入15747.53亿元,同比增长15.1%,比上年同期增速回落7.5个百分点。营业税收入占税收总收入的比重为15.6%。

分行业看,除金融业外,其他行业营业税增速均有所回落。其中,租赁和商务服务业营业税下降16.5%,比上年增速回落47.7个百分点;交通运输业、建筑业和房地产业营业税同比分别增长6.7%、18.6%和11.6%,比上年增速分别回落了13.7、6.7和3.3个百分点。

营业税的税基是交通运输业、建筑业、金融保险业、邮电通信业、文化体育业、娱乐业、服务业、转让无形资产和销售不动产等9个行业取得的营业收入。

营业税收入增速回落的主要原因:一是商品房成交额萎缩、建筑业投资额增速回落,使得房地产和建筑业营业税增速回落。1—11月商品房销售额同比增长9.1%,比上年增速回落6.9个百分点;1—11月建筑业固定资产投资额同比增长18.7%,比上年增速回落20.1个百分点。二是政策性减收因素。如,自2011年11月1日起,提高营业税起征点;2012年起先后在上海等12个省市对交通运输业和部分现代服务业等行业进行营业税改征增值税试点,营业税相应减收。

(六)企业所得税

2012年企业所得税实现收入19653.56亿元,同比增长17.2%,主要是汇算清缴2011年企业所得税增加较多,比上年增速回落13.4个百分点。企业所得税收入占税收总收入的比重为19.5%。

企业所得税收入中,汇算清缴2011年企业所得税5098.38亿元,同比增长25.1%,增加1022.34亿元,占企业所得税增加额的近四成;而预缴当年企业所得税同比增长8.4%,比上年预缴企业所得税增速回落21.6个百分点。

分行业看,工业企业所得税中,半数以上行业的企业所得税收入下降,成品油、钢坯钢材和纺织品等行业企业所得税降幅较大,同比分别下降43%、25.2%和20.1%。其他行业企业所得税增速都有所回落。

企业所得税的税基是企业利润总额。

企业所得税收入增速回落的主要原因是企业利润增速放缓,影响了预缴企业所得税收入。2012年1—11月全国规模以上工业企业实现利润同比增长3%,比上年同期增速回落21.4个百分点。在41个工业大类行业中,有10个行业利润同比下降,1个行业亏损。特别是黑色金属冶炼和压延加工业利润下降47.9%,石油加工、炼焦和核燃料加工业由上年同期盈利转为亏损,影响了成品油、钢坯钢材等行业企业所得税的增长。

(七)个人所得税

2012年个人所得税实现收入5820.24亿元,同比下降3.9%,比上年增速回落29.1个百分点。个人所得税收入占税收总收入的比重为5.8%。

分项目看, 个体工商户生产经营所得税和工资薪金所得税大幅下降,同比分别下降12.5%和8%。利息股息红利所得税、劳务报酬所得税和财产转让所得税同比分别增长14.7%、10.8%和6.5%。

个人所得税的税基是个人(主要是城镇居民)收入。

个人所得税收入下降的主要原因:一是受提高个人所得税工薪所得减除费用标准,以及调整工薪所得和个体工商户经营所得的税率结构等减税政策的影响。二是二手房交易价格回调,财产转让所得税相应减收。2012年11月份70个大中城市中二手住宅价格同比下降的城市达到49个,其中,北京同比下降0.2%,杭州同比下降3.3%。

(八)房产税

2012年房产税实现收入1372.49亿元,同比增长24.5%,与上年增速基本持平。房产税收入占税收总收入的比重为1.4%。

房产税的税基是企业保有的自用房产原值总额和出租房屋的租金收入总额,它的增长速度是由纳税人房产的保有总量和房屋出租价格的增长速度决定的。

房产税收入平稳增长的主要原因:一是房屋租赁

价格上升，2012年居民消费价格中的居住类价格同比上涨2.6%。二是翘尾因素带来的增收。2011年下半年各地开始将地价计入房产计税原值，使得2012年上半年房产税翘尾增收。

（九）证券交易印花税

2012年证券交易印花税实现收入303.52亿元，同比下降30.8%，比上年降幅加深11.4个百分点。证券交易印花税收入占税收总收入的比重为0.3%。

证券交易印花税的税基是A股和B股的交易总金额。

证券交易印花税下降的主要原因是股票市场持续低迷。2012年上交所股票总成交金额同比下降30.7%，深交所股票总成交金额同比下降18.4%。

（十）城镇土地使用税

2012年城镇土地使用税实现收入1541.72亿元，同比增长26.1%，比上年增速加快4.4个百分点。城镇土地使用税收入占税收总收入的比重为1.5%。

城镇土地使用税的税基是纳税人占用的土地面积。

城镇土地使用税较快增长的主要原因：一是办公楼销售面积持续增长，2012年1—11月全国办公楼销售面积同比增长11.6%。二是部分地区调整城镇土地使用税地段等级和税额标准。

（十一）车辆购置税

2012年车辆购置税实现收入2228.27亿元，同比增长9%，比上年增速回落5.1个百分点。车辆购置税收入占税收总收入的比重为2.2%。车辆购置税的税基是应税车辆（包括汽车、摩托车、电车、挂车、农用运输车）的销售总额。

车辆购置税增速回落的主要原因是汽车零售额增速放缓，2012年全国汽车零售额同比增长7.1%，比上年增速回落了8.1个百分点。

（十二）关税

2012年关税实现收入2782.74亿元，同比增长8.7%，比上年增速回落17.5个百分点。关税收入占税收总收入的比重为2.8%。

关税的税基是一般贸易进口额。关税增速回落的主要原因：一是2012年我国一般贸易进口额增速比上年回落29.6个百分点。二是年初对730种商品下调进口关税税率。

（十三）契税

2012年契税实现收入2873.92亿元，同比增长3.9%，比上年增速回落8.3个百分点。契税收入占税收总收入的比重为2.9%。

契税的税基大体相当于土地和房产的交易总金额，土地的交易额与国土部门的用地规划密切相关，房产的交易额主要受新建住房、二手房的交易量和价格的影响。

契税收入增速回落的主要原因：一是2012年1—11月商品房销售额增速比上年回落6.9个百分点。二是房地产开发商购置土地的意愿下降。1—11月房地产开发企业土地购置费同比增长6.9%，比上年增速回落10.4个百分点。

附表：2012年税收总收入和主要税种收入表

单位：亿元

税目	收入	比上年增减额	增长率（%）
税收收入	100600.88	10862.49	12.1
其中：国内增值税	26415.69	2149.06	8.9
国内消费税	7872.14	935.93	13.5
进口货物增值税、消费税	14796.41	1235.99	9.1
出口货物退增值税、消费税	−10428.88	−1224.13	13.3
营业税	15747.53	2068.53	15.1
企业所得税	19653.56	2883.92	17.2
个人所得税	5820.24	−233.87	−3.9
房产税	1372.49	270.10	24.5
证券交易印花税	303.52	−134.93	−30.8
城镇土地使用税	1541.72	319.46	26.1
土地增值税	2718.84	656.23	31.8
车辆购置税	2228.27	183.38	9.0
关税	2782.74	223.62	8.7
契税	2873.92	108.19	3.9

注：企业所得税增长17.2%，主要是汇算清缴2011年企业所得税收入增加较多

2012年金融机构贷款投向统计报告

中国人民银行 2013年1月24日

据人民银行初步统计，2012年末，金融机构人民币各项贷款余额 62.99 万亿元，同比增长 15%，全年增加 8.2 万亿元。贷款投向呈现以下特点：

一、企业贷款增速放缓，短期贷款和票据融资增长较快

2012 年末，金融机构本外币企业及其他部门贷款余额 49.78 万亿元，同比增长 14.5%，增速比上季度末低 1.3 个百分点。全年增加6.32 万亿元，同比多增 9720 亿元。从期限看，年末金融机构本外币企业及其他部门中长期贷款余额25.82 万亿元，同比增长 6.9%，比上季度末低 1.2 个百分点，全年增加 1.63 万亿元，同比少增 5554 亿元；短期贷款及票据融资余额 23.29万亿元，同比增长 23.4%，比上季度末低 1.7 个百分点，全年增加 4.47万亿元，同比多增 1.55 万亿元。从用途看，金融机构本外币企业及其他部门固定资产贷款余额20.97 万亿元，同比增长 9.8%，比上季度末低 1.1 个百分点；经营性贷款余额 22.36 万亿元，同比增长 12.4%，比上季度末低 1.6 个百分点。

二、小微企业贷款增长快于各项贷款，年末增速有所放缓

年末，主要金融机构①及主要农村金融机构②、城市信用社和外资银行人民币小微企业贷款③余额 11.58 万亿元，同比增长16.6%，比上季度末低 4.1 个百分点，增速分别比同期大、中型企业贷款增速高 8 个和 1 个百分点，比同口径企业贷款增速高3.3 个百分点，高于各项贷款增速 1.6 个百分点。年末小微企业贷款余额占全部企业贷款的 28.6%，与上季度末持平。全年人民币企业贷款增加 4.75 万亿元，其中小微企业贷款增加 1.64 万亿元，占同期全部企业贷款增量的 34.6%，比前三季度占比低 0.4个百分点。

三、工业和服务业中长期贷款增速减缓

年末，主要金融机构本外币工业中长期贷款④余额 6.34 万亿元，同比增长 3.8%，比上季度末低 1.3 个百分点，全年增加 2350 亿元同比少增 2605 亿元。其中，轻工业中长期贷款余额 6535 亿元，同比增长 5.1%，比上季度末低 0.9 个百分点；重工业中长期贷款余额 5.69万亿元，同比增长 3.7%，比上季度末低 1.3 个百分点。年末，服务业中长期贷款余额 15.91 万亿元，同比增长 7.1%，比上季度末低 1 个百分点。其中，水利、环境和公共设施管理业中长期贷款余额同比下降 0.5%，比上季度末低 0.9 个百分点；交通运输、仓储和邮政业中长期贷款余额同比增长 13.3%，比上季度末低 3 个百分点。

四、“三农”贷款增速回落

年末，主要金融机构及主要农村金融机构、城市信用社、村镇银行、财务公司本外币农村贷款余额 14.54 万亿元，同比增长 19.7%，比上季度末低 1.3 个百分点，全年增加 2.39 万亿元，同比多增 1489亿元；农

户贷款余额 3.62 万亿元，同比增长 15.9%，比上季度末低0.5 个百分点，全年增加 4999 亿元，同比少增 19 亿元；农业贷款余额 2.73 万亿元，同比增长 11.6%，比上季度末低 1 个百分点，全年增加 3103 亿元，同比多增 648 亿元。

五、房地产贷款增速回升，其中个人购房贷款、地产开发贷款增

速继续回升年末，主要金融机构及主要农村金融机构、城市信用社、外资银行人民币房地产贷款余额 12.11 万亿元，同比增长 12.8%，比上季度末高 0.6 个百分点；全年增加 1.35 万亿元，同比多增 897 亿元，全年增量占同期各项贷款增量的 17.4%，比前三季度占比水平高 2 个百分点。

年末，地产开发贷款余额 8630 亿元，同比增长 12.4%，增速比上季度末高 5.1 个百分点。房产开发贷款余额 3 万亿元，同比增长10.7%，增速比上季度末低 1.4 个百分点。个人购房贷款余额 8.1 万亿元，同比增长 13.5%，增速比上季度末高 0.9 个百分点；全年增加9610 亿元，同比多增 23 亿元。4年末，保障性住房开发贷款⑤余额 5711 亿元，同比增长 46.6%，增速比上季度末低 15.1 个百分点，全年增加 1796 亿元，占同期房产开发贷款增量的 66.5%，比前三季度占比高 6.3 个百分点。

六、住户贷款增速回升

年末，金融机构本外币住户贷款余额 16.13 万亿元，同比增长18.6%，比上季度末高 0.8 个百分点；全年增加 2.53 万亿元，同比多增 1081 亿元。年末，金融机构本外币住户消费性贷款余额同比增长 17.6%，比上季度末高 0.8 个百分点，全年增加 1.57 万亿元，同比多增 857 亿元；住户经营性贷款余额同比增长 20.4%，比上季度末高 0.8 个百分点，全年增加 9586 亿元，同比多增 225 亿元。

注释（略）

2012年支付体系运行总体情况

中国人民银行 2013年2月20日

2012年全年支付业务统计数据显示，支付业务量持续快速增长，社会资金交易日趋活跃，资金交易规模持续扩大。支付体系的平稳高效运行，对加速社会资金流通，提高资金使用效率，推动国民经济平稳较快发展发挥了积极作用。

一、非现金支付工具

2012年，全国共办理非现金支付业务411.41亿笔，金额1286.32万亿元，分别较上年增长21.6%和16.5%，增速分别放缓0.5个百分点和5.5个百分点。非现金支付业务量呈现较快增长态势，增速有所放缓。

（一）票据

票据业务量小幅下降。2012年，全国共发生票据业务7.84亿笔，金额296.37万亿元，较上年分别下降7.4%和1.6%，日均业务214.79万笔①、金额

8119.73亿元。

支票业务量继续下降，单笔业务金额增速放缓。2012年，全国共发生支票业务7.56亿笔，金额268.79万亿元，较上年分别下降7.9%和1.8%。平均每笔支票业务金额为35.55万元，较上年增加6.6%，增速放缓5.1个百分点。

商业汇票业务保持增长态势，增速同比放缓。2012年实际结算商业汇票业务1553.33万笔，金额16.06万亿元，分别较上年增长23.7%和12.9%，增速较上年分别放缓10.4个百分点和18.3个百分点。商业汇票平均每笔金额为103.39万元，较上年下降8.7%。

电子商业汇票系统平稳高效运行。截至2012年年末，全国范围内接入电子商业汇票系统的机构共有341家。电子商业汇票系统全年共完成出票30.48万笔，金额9383.67亿元，承兑31.19万笔，金额9627.53亿元。

（二）银行卡

银行卡发卡量持续增长，信用卡累计发卡量占比略有上升。各类银行卡业务继续保持明显增长态势，增速持续回落。全年银行卡渗透率达到43.5%。

截至2012年末，全国累计发行银行卡35.34亿张，较上年末增长19.8%，增速放缓2.3个百分点。其中，借记卡累计发卡量为32.03亿张，较上年末增长20.3%，增速放缓1.6个百分点；信用卡累计发卡量为3.31亿张，较上年末增长16.0%，增速放缓8.3个百分点。借记卡累计发卡量与信用卡累计发卡量之间的比例约为9.67:1，较上年同期略有上升。截至2012年末，全国人均拥有银行卡2.64张、信用卡0.25张，较上年同期分别增长20.0%、19.0%。北京、上海信用卡人均拥有量远高于全国平均水平，分别达到1.47张、1.16张。

截至2012年年末，银行卡跨行支付系统联网商户483.27万户，联网POS机具711.78万台，ATM41.56万台，较上年末分别增加165.26万户、229.13万台和8.18万台。截至2012年末，每台ATM对应的银行卡数量为8504张，较上年减少3.7%；每台POS对应的银行卡数量为497张，较上年减少26.0%。

2012年，全国共发生银行卡业务389.14亿笔，较上年增长22.4%，增速放缓1.0个百分点；金额346.22万亿元，较上年增长6.9%，增速放缓24.3个百分点。日均10661.37万笔，金额9485.20亿元。其中，银行卡存现67.87亿笔，金额57.71万亿元，分别较上年增长23.9%和8.2%；取现161.34亿笔，金额61.37万亿元，分别较上年增长13.8%和3.4%；消费90.09亿笔，金额20.83万亿元，分别较上年增长40.5%和36.9%；转账69.84亿笔，金额206.31万亿元，分别较上年增长22.4%和5.3%。

银行卡消费持续快速增长，全年银行卡渗透率达到43.5%，比上年提高4.9个百分点。2012年，全国银行卡卡均消费金额和笔均消费金额分别为5894元和2312元，与上年相比卡均消费金额增长6.6%，笔均消费金额下降2.6%。银行卡跨行消费业务55.46亿笔，金额16.48万亿元，较上年增长21.1%和33.7%，分别占银行卡消费业务量的61.6%和79.1%。

信用卡授信总额、信用卡期末应偿信贷总额（信用卡透支余额）和信用卡逾期半年未偿信贷总额呈大幅增长态势。截至2012年末，信用卡授信总额3.49万亿元，较上年末增加8843.37亿元，增长34.0%；期末应偿信贷总额1.14万亿元，较上年末增加3257.13亿元，增长40.1%。信用卡逾期半年未偿信贷总额146.59亿元，较上年末增加36.28亿元，增长32.9%；信用卡逾期半年未偿信贷总额占期末应偿信贷总额的1.3%，占比回落0.1个百分点。

（三）汇兑等其他业务

汇兑、委托收款等其他业务持续增长，增速同比加快。2012年，汇兑、委托收款等其他业务14.43亿笔，金额643.73万亿元，分别较上年增长19.9%和34.3%，增速较上年分别加快5.3个百分点和6.1个百分点。其中，汇兑业务14.10亿笔，金额629.01万亿元，分别较上年增长20.2%和35.0%，增速分别加快5.5个百分点和6.5个百分点。

二、支付系统

支付系统②业务量继续保持快速增长态势。2012年，支付系统共处理支付业务191.12亿笔，金额2508.29万亿元，同比分别增长23.1%和25.9%，与2011年相比，笔数增速放缓6.2个百分点，金额增速加快6.2个百分点。从支付系统资金往来情况看，全国共21个省（市、自治区）的辖内资金流动量占本省（市、自治区）资金流动总量的比例超过50%。2012年，处理资金总量最大的三个地区为北京、上海、广东③，这三个地区的资金流动总量分别占全国资金流动总量的30.2%、12.8%和11.4%，三地资金流动总量占全国总量的54.4%，较上年上升1.5个百分点。

（一）大额实时支付系统

大额实时支付系统业务量继续保持快速增长。2012年，大额实时支付系统处理业务4.71亿笔，金额1771.99万亿元，分别较上年增长26.3%和30.7%，业务金额是全国GDP（51.93万亿元）总量的34.12倍；日均④处理业务188.90万笔，金额7.12万亿元。

（二）小额批量支付系统

小额批量支付系统业务笔数快速增长。2012年，小额批量支付系统办理业务7.55亿笔，金额18.55万亿元，分别较上年增长33.9%和1.0%。日均处理业务208.85万笔，金额513.79亿元⑤。

（三）网上支付跨行清算系统

网上支付跨行清算系统业务发展态势良好。截至2012年末，全国共有120家机构接入网上支付跨行清算系统。2012年，网上支付跨行清算系统共处理支付业务2.65亿笔，金额3.56万亿元。日均处理业务79.11万笔，金额106.04亿元⑥。

（四）同城票据清算系统

同城票据清算系统业务量持续下降。2012年，同城票据清算系统共处理业务3.91亿笔，金额66.52万亿元，同比分别下降6.5%和6.2%，日均处理业务157.17万笔，金额2671.42亿元⑦。

（五）境内外币支付系统

境内外币支付系统业务量快速增长。2012年，境内外币支付系统共运行249个工作日，处理支付业务111.05万笔，金额33614.79亿元（5327.37亿美元），分别较上年增长45.7%和96.5%；日均处理支付业务4460笔，金额135.00亿元（21.40亿美元）。

（六）银行业金融机构行内支付系统

银行业金融机构行内支付系统业务量持续快速增长。2012年，银行业金融机构行内支付系统共处理业务89.55亿笔，金额624.57万亿元，分别较上年增长22.8%和17.7%；日均处理业务2446.70万笔，金额1.71万亿元⑧。

（七）银行卡跨行支付系统

银行卡跨行支付系统业务量继续快速增长。2012年，银行卡跨行支付系统共处理业务82.73亿笔，金额19.74万亿元，分别较上年增长20.3%和31.5%，增速分别较上年放缓3.0个百分点和4.1个百分点。日均处理业务2260.37万笔，金额539.40亿元⑨。

三、银行结算账户

截至2012年末，全国共有银行结算账户49.10亿户⑩，较上年末增长19.5%，增速放缓2.3个百分点。其中，单位银行结算账户3169.57万户，占银行结算账户的0.6%，较上年末增长12.2%，增速放缓1.4个百分点；个人银行结算账户48.78亿户，占银行结算账户的99.4%，较上年末增长19.5%，增速放缓2.3个百分点。

（一）单位银行结算账户

单位银行结算账户数量稳步增长，基本存款账户数量在单位银行结算账户中的占比保持稳定，临时存款账户数量呈现持续下降趋势。截至2012年末，全国单位银行结算账户3169.57万户，较上年末增长12.2%。其中，基本存款账户1904.48万户，一般存款账户983.28万户，专用存款账户258.98万户，临时存款账户22.83万户，分别占单位银行结算账户的60.1%、31.0%、8.2%和0.7%，基本存款账户、一般存款账户、专用存款账户分别较上年末增长12.5%、14.4%、4.8%，临时存款账户较上年末下降6.5%。

（二）个人银行结算账户

个人银行结算账户数量延续增长态势；超六成的个人银行结算账户分布在经济大省或人口大省。截至2012年末，个人银行结算账户48.78亿户，较上年末增长19.5%。个人银行结算账户数量占比前十名的省（市）是广东⑾、山东、江苏、浙江、上海、福建、四川、河南、湖南、河北，十省（市）个人银行结算账户共计30.28亿户，全国占比合计达62.1%。

文章注解

①按365日计算，如无特别注明，下同。

②支付系统包含大额实时支付系统、小额批量支付系统、同城票据清算系统、境内外币支付系统、网上支付跨行清算系统、银行业金融机构行内支付系统、银行卡跨行支付系统。

③含深圳市。

④2012年大额实时支付系统实际运行249个工作日，此处按实际运行工作日计算。

⑤2012年小额批量支付系统实际运行361个工作日，此处按实际运行工作日计算。

⑥此处按2012年全年实际工作日336日计算。

⑦此处按2012年全年实际工作日249日计算。

⑧2012年共366个自然日，此处按2012年自然日计算。

⑨2012年共366个自然日，此处按2012年自然日计算。

⑩银行结算账户数据来源于中国人民银行人民币银行结算账户管理系统，下同。

⑾含深圳市

2012年国有及国有控股企业经济运行情况

2013年1月18日　财政部网站

2012年全年纳入本月报统计范围的全国国有及国有控股企业①（以下简称国有企业）营业总收入、实现利润和应交税费连续两个月环比增长。

一、主要经济效益指标

（一）营业总收入。1－12月，国有企业累计实现营业总收入423769.6亿元，同比增长11%，12月比11月环比增长12.6%。（1）中央企业（包括中央管理企业和部门所属企业，下同）累计实现营业总收入260558.5亿元，同比增长10.5%，12月比11月环比增长5.3%。其中，中央管理企业累计实现营业总收入223461.3亿元，同比增长9.5%，12月比11月环比增长6.1%。（2）地方国有企业累计实现营业总收入163211.1亿元，同比增长11.6%，12月比11月环比增长25.2%。

（二）实现利润。1－12月，国有企业累计实现利润总额21959.6亿元，同比下降5.8%，12月比11月环比增长22.4%。国有企业累计实现净利润16068亿元，其中归属于母公司所有者的净利润11148亿元。（1）中央企业累计实现利润总额15045.4亿元，同比下降0.4%，12月比11月环比下降1.8%。其中，中央管理企业累计实现利润总额12240.8亿元，同比下降0.6%，12月比11月环比增长2.5%。（2）地方国有企业累计实现利润总额6914.2亿元，同比下降15.8%，12月比11月环比增长75.2%。

（三）应交税费。1－12月，国有企业应交税费33496.3亿元，同比增长6.6%，12月比11月环比增长13%。（1）中央企业累计应交税费25250.7亿元，同比增长8.3%，12月比11月环比增长2.5%。其中，中央管理企业累计应交税费17607.8亿元，同比增长5.4%，12月比11月环比增长13.8%。（2）地方国有企业累计应交税费8245.6亿元，同比增长1.7%，12月比11月环比增长49.2%。

（四）盈利能力。1－12月，国有企业成本费用总额为406570.3亿元，同比增长12.3%。其中：营业成本同比增长12.3%，销售费用、管理费用、财务费用同比分别增长11.9%、10.3%和33.5%。

销售净利率为3.8%，比去年同期下降0.8个百分点。净资产收益率为5.9%，比去年同期下降1.3个百分点。成本费用利润率为5.4%，比去年同期下降1个百分点。

中央企业销售净利率、净资产收益率和成本费用利润率分别为4.2%、7.2%和6.1%，地方国有企业分别为3.2%、4.2%和4.4%。

（五）营运能力。1－12月，国有企业存货同比增长15.6%。存货周转率为3.9次，比去年同期下降0.1次。应收账款周转率为12.5次，比去年同期下降1.6次。平均总资产周转率为0.5次，与去年同期持平。

二、主要行业盈利情况

1－12月，实现利润同比增幅较大的行业为电力行业、烟草行业、邮电通信行业等。实现利润同比降幅较大的行业为化工行业、有色行业、交通行业、建材行业、煤炭行业等。

注：①本月报所称全国国有及国有控股企业，包括中央企业和36个省（自治区、直辖市、计划单列市）国有及国有控股企业。中央企业包括：中央部门所属的国有及国有控股企业及117户中央管理企业，以上均不含国有金融类企业。

2012年全国固定资产投资主要情况

国家统计局　2013年1月18日

2012年，全国固定资产投资（不含农户）364835亿元，同比名义增长20.6%（扣除价格因素实际增长19.3%），增速比1－11月份回落0.1个百分点，比2011年回落3.4个百分点。从环比看，12月份固定资产投资（不含农户）增长1.53%。

分产业看，1－12月份，第一产业投资9004亿元，同比增长32.2%，增速比1－11月份加快1.7个百分点；第二产业投资158672亿元，增长20.2%，增速回落0.9个百分点；第三产业投资197159亿元，增长20.6%，增速加快0.2个百分点。第二产业中，工业投资154636亿元，增长20%，增速比1－11月份回落1.1个百分点；其中，采矿业投资13129亿元，增长

图1 固定资产投资（不含农户）同比增速

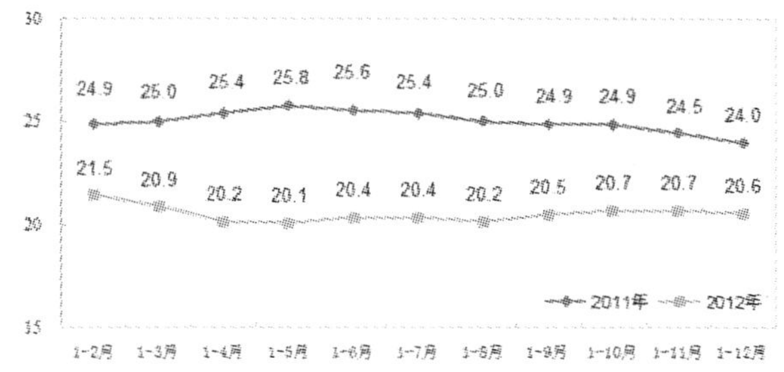

图2 分地区投资相邻两月累计同比增速

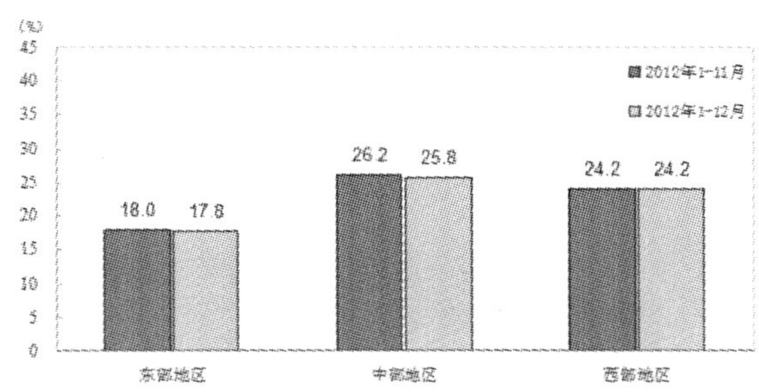

11.8%，增速回落0.4个百分点；制造业投资124971亿元，增长22%，增速回落0.8个百分点；电力、热力、燃气及水的生产和供应业投资16536亿元，增长12.8%，增速回落3.4个百分点。

分地区看，1—12月份，东部地区投资169939亿元，同比增长17.8%，增速比1—11月份回落0.2个百分点；中部地区投资103713亿元，增长25.8%，增速回落0.4个百分点；西部地区投资86150亿元，增长24.2%，增速与1—11月份持平。

分登记注册类型看，1—12月份，内资企业投资342148亿元，同比增长21.2%，增速比1—11月份回落0.2个百分点；港澳台商投资10185亿元，增长8%，增速回落0.8个百分点；外商投资10630亿元，增长14.5%，增速加快2.7个百分点。

从项目隶属关系看，1—12月份，中央项目投资21663亿元，同比增长5.9%，增速比1—11月份回落0.2个百分点；地方项目投资343172亿元，增长21.7%，增速与1—11月份持平。

从施工和新开工项目情况看，1—12月份，施工项目计划总投资742379亿元，同比增长18.1%，增速比1—11月份加快1.8个百分点；新开工项目计划总投资309083亿元，同比增长28.6%，增速回落0.2个百分点。

从到位资金情况看，1—12月份，到位资金399440亿元，同比增长18.6%，增速比1—11月份回落0.2个百分点。其中，国家预算资金增长29.7%，增速回落1.6个百分点；国内贷款增长8.4%，增速回落1.4个百分点；自筹资金增长21.7%，增速加快0.1个百分点；利用外资下降10.9%，降幅比1—11月份扩大0.5个百分点；其他资金增长13.7%，增速与1—11月份持平。

图3 固定资产投资到位资金同比增速

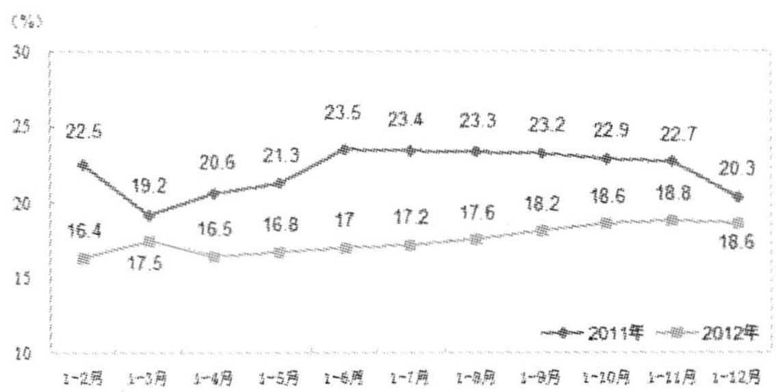

2012年1-12月份固定资产投资（不含农户）主要数据

	绝对量	同比增长（%）
固定资产投资（不含农户）（亿元）	364835	20.6
其中：国有及国有控股	123694	14.7
分项目隶属关系		
中央项目	21663	5.9
地方项目	343172	21.7
分产业		
第一产业	9004	32.2
第二产业	158672	20.2
第三产业	197159	20.6
分行业		
农林牧渔业	9004	32.2
采矿业	13129	11.8
其中：煤炭开采和洗选业	5286	7.7
石油和天然气开采业	2854	6.1
黑色金属矿采选业	1529	23.7
有色金属矿采选业	1477	19.0
非金属矿采选业	1631	26.3
制造业	124971	22.0
其中：非金属矿物制品业	12218	17.9
黑色金属冶炼和压延加工业	5055	−2.0
有色金属冶炼和压延加工业	4485	20.6
通用设备制造业	8505	33.6
专用设备制造业	8430	45.6
汽车制造业	8004	32.8
铁路、船舶、航空航天和其他运输设备制造业	2319	4.9
电气机械和器材制造业	8259	4.8
计算机、通信和其他电子设备制造业	5937	12.9
电力、热力、燃气及水的生产和供应业	16536	12.8
其中：电力、热力生产和供应业	12815	10.4
建筑业	4036	24.6
交通运输、仓储和邮政业	30296	9.1
其中：铁路运输业	6056	2.4
道路运输业	17135	6.6
水利、环境和公共设施管理业	29296	19.5
其中：水利管理业	4059	19.0
公共设施管理业	24139	20.5
教育	4679	20.3
卫生和社会工作	2645	23.0
文化、体育和娱乐业	4299	36.2
公共管理、社会保障和社会组织	6363	9.2
分注册类型		
内资企业	342148	21.2
港澳台商投资企业	10185	8.0
外商投资企业	10630	14.5
分施工和新开工项目		
施工项目计划总投资	742379	18.1
新开工项目计划总投资	309083	28.6
固定资产投资（不含农户）到位资金	399440	18.6
其中：国家预算资金	19244	29.7
国内贷款	49911	8.4
利用外资	4509	−10.9
自筹资金	268828	21.7
其他资金	56947	13.7

注：1.此表中速度均为未扣除价格因素的名义增速。 2.此表中部分数据因四舍五入的原因，存在总计与分项合计不等的情况。

附注

1、指标解释

固定资产投资（不含农户）：是以货币形式表现的在一定时期内完成的建造和购置固定资产的工作量以及与此有关的费用的总称。

到位资金：是指固定资产投资单位在报告期内收到的，用于固定资产投资的各种货币资金，包括国家预算资金、国内贷款、利用外资、自筹资金和其他资金。

新开工项目：是指报告期内所有新开工的建设项目。

国有及国有控股：在企业的全部实收资本中，国有经济成分的出资人拥有的实收资本(股本)所占企业全部实收资本(股本)的比例大于50%的国有绝对控股。

在企业的全部实收资本中，国有经济成分的出资人拥有的实收资本(股本)所占比例虽未大于50%，但相对大于其他任何一方经济成分的出资人所占比例的国有相对控股；或者虽不大于其他经济成分，但根据协议规定拥有企业实际控制权的国有协议控股。

投资双方各占50%，且未明确由谁绝对控股的企业，若其中一方为国有经济成分的，一律按国有控股处理。

行政和事业单位的投资项目都属于国有控股。

登记注册类型：划分企业登记注册类型的依据是工商行政管理部门对企业登记注册的类型，按照国家统计局、国家工商行政管理总局联合印发《关于划分企业登记注册类型的规定》的通知（国统字〔2011〕86号）执行。划分个体经营登记注册类型是依据国家统计局相关规定，按照国家统计局《关于“个体经营”登记注册类型分类及代码的通知》（国统办字〔1999〕2号）执行。

固定资产投资统计报表制度规定，基层统计单位均要填报登记注册类型。登记注册类型由从事固定资产投资活动的企业或个体经营单位填报。已在工商行政管理部门登记的，按登记注册类型填报，未登记的，按投资者的登记注册类型或有关文件的规定填报。

其中内资企业包括国有企业、集体企业、股份合作企业、联营企业、有限责任公司、股份有限公司、私营企业和其他企业。

港澳台商投资企业包括合资经营企业、合作经营企业、港澳台商独资经营企业、港澳台商投资股份有限公司和其他港澳台商投资企业。

外商投资企业包括中外合资经营企业、中外合作经营企业、外资企业、外商投资股份有限公司和其他外商投资企业。

2、统计范围

计划总投资500万元以上的固定资产项目投资及所有房地产开发项目投资。

3、调查方法

固定资产投资统计报表按月进行全面调查（1月份数据免报）。

4、东、中、西部地区划分

东部地区包括北京、天津、河北、辽宁、上海、江苏、浙江、福建、山东、广东、海南11个省（市）；中部地区包括山西、吉林、黑龙江、安徽、江西、河南、湖北、湖南8个省；西部地区包括内蒙古、广西、重庆、四川、贵州、云南、西藏、陕西、甘肃、青海、宁夏、新疆12个省（市、自治区）。

5、行业分类标准

2012年起，国家统计局执行新的国民经济行业分类标准（GB/T 4754-2011），具体请参见http://www.stats.gov.cn/tjbz

6、增长速度计算

固定资产投资增长速度为名义增速，由于固定资产投资价格指数按季进行计算，除1-3月、1-6月、1-11月、1-12月可计算固定资产投资实际增速外，其他月份只计算名义增速。

根据制度安排，2011年底快报数用相应的年报数替代，相关增速进行了调整。

7、环比数据修订

根据季节调整模型自动修正程序，对2011年12月份以来的固定资产投资（不含农户）环比增速进行修订。修订结果及12月份环比数据如下：

	月份	环比增速（%）
2011年	12月	1.53
2012年	1月	1.24
	2月	2.31
	3月	1.20
	4月	1.22
	5月	1.77
	6月	1.72
	7月	1.47
	8月	1.37
	9月	1.74
	10月	1.86
	11月	1.26
	12月	1.53

第二部分

行业发展与投资

农、林、水、国土资源

中共中央、国务院关于加快发展现代农业进一步增强农村发展活力的若干意见

2012年12月31日

全面贯彻落实党的十八大精神，坚定不移沿着中国特色社会主义道路前进，为全面建成小康社会而奋斗，必须固本强基，始终把解决好农业农村农民问题作为全党工作重中之重，把城乡发展一体化作为解决“三农”问题的根本途径；必须统筹协调，促进工业化、信息化、城镇化、农业现代化同步发展，着力强化现代农业基础支撑，深入推进社会主义新农村建设。

党的十六大以来，我们深入贯彻落实科学发展观，全面推进“三农”实践创新、理论创新、制度创新，全面确立重中之重、统筹城乡、“四化同步”等战略思想，全面制定一系列多予少取放活和工业反哺农业、城市支持农村的重大政策，全面构建农业生产经营、农业支持保护、农村社会保障、城乡协调发展的制度框架，农业生产得到很大发展、农村面貌得到很大改善、农民群众得到很大实惠，农业农村发展实现了历史性跨越，迎来了又一个黄金期，初步探索出一条中国特色农业现代化道路。粮食产量实现“九连增”，农业综合生产能力迈上新台阶。农民增收实现“九连快”，农村贫困人口生存和温饱问题基本解决。农村民生加速改善，办了许多深得民心的大事好事。农村综合改革和集体林权制度改革取得重大进展，城乡分割的体制障碍加快破除。农村党群干群关系明显改善，农村社会保持和谐稳定。农业农村形势好，为我国综合国力在国际风云变幻中大幅提升，为现代化建设在重重风险挑战中昂首迈进，为党和国家事业在各种困难考验中兴旺发达，注入了强劲动力，增添了应对底气，赢得了战略主动。实践证明，中央推动农村改革发展的大政方针完全正确，出台的强农惠农富农政策卓有成效。

伴随工业化、城镇化深入推进，我国农业农村发展正在进入新的阶段，呈现出农业综合生产成本上升、农产品供求结构性矛盾突出、农村社会结构加速转型、城乡发展加快融合的态势。人多地少水缺的矛盾加剧，农产品需求总量刚性增长、消费结构快速升级，农业对外依存度明显提高，保障国家粮食安全和重要农产品有效供给任务艰巨；农村劳

动力大量流动，农户兼业化、村庄空心化、人口老龄化趋势明显，农民利益诉求多元，加强和创新农村社会管理势在必行；国民经济与农村发展的关联度显著增强，农业资源要素流失加快，建立城乡要素平等交换机制的要求更为迫切，缩小城乡区域发展差距和居民收入分配差距任重道远。我们必须顺应阶段变化，遵循发展规律，增强忧患意识，举全党全国之力持之以恒强化农业、惠及农村、富裕农民。

2013年农业农村工作的总体要求是：全面贯彻党的十八大精神，以邓小平理论、“三个代表”重要思想、科学发展观为指导，落实“四化同步”的战略部署，按照保供增收惠民生、改革创新添活力的工作目标，加大农村改革力度、政策扶持力度、科技驱动力度，围绕现代农业建设，充分发挥农村基本经营制度的优越性，着力构建集约化、专业化、组织化、社会化相结合的新型农业经营体系，进一步解放和发展农村社会生产力，巩固和发展农业农村大好形势。

一、建立重要农产品供给保障机制，努力夯实现代农业物质基础

确保国家粮食安全，保障重要农产品有效供给，始终是发展现代农业的首要任务。必须毫不放松粮食生产，加快构建现代农业产业体系，着力强化农业物质技术支撑。

1．稳定发展农业生产。粮食生产要坚持稳定面积、优化结构、主攻单产的总要求，确保丰产丰收。继续开展粮食稳定增产行动，着力加强800个产粮大县基础设施建设，推进东北四省区节水增粮行动、粮食丰产科技工程。支持优势产区棉花、油料、糖料生产基地建设。扩大粮棉油糖高产创建规模，在重点产区实行整建制推进，集成推广区域性、标准化高产高效模式。深入实施测土配方施肥，加强重大病虫害监测预警与联防联控能力建设。加大新一轮“菜篮子”工程实施力度，扩大园艺作物标准园和畜禽水产品标准化养殖示范场创建规模。以奖代补支持现代农业示范区建设试点。推进种养业良种工程，加快农作物制种基地和新品种引进示范场建设。加强渔船升级改造、渔政执法船艇建造和避风港建设，支持发展远洋渔业。

2．强化农业物质技术装备。落实和完善最严格的耕地保护制度，加大力度推进高标准农田建设。加快大中型灌区配套改造、灌排泵站更新改造、中小河流治理，扩大小型农田水利重点县覆盖范围，大力发展高效节水灌溉，加大雨水集蓄利用、堰塘整治等工程建设力度，提高防汛抗旱减灾能力。加大财政对小型水库建设和除险加固支持力度。及时足额计提并管好用好从土地出让收益中提取的农田水利建设资金。加快落实农业灌排工程运行管理费用由财政适当补助的政策。加强农业科技创新能力条件建设和知识产权保护，继续实施种业发展等重点科技专项，加快粮棉油糖等农机装备、高效安全肥料农药兽药研发。推进国家农业科技园区和高新技术产业示范区建设。

3．提高农产品流通效率。统筹规划农产品市场流通网络布局，重点支持重要农产品集散地、优势农产品产地市场建设，加强农产品期货市场建设，适时增加新的农产品期货品种，培育具有国内外影响力的农产品价格形成和交易中心。加快推进以城市标准化菜市场、生鲜超市、城乡集贸市场为主体的农产品零售市场建设。加强粮油仓储物流设施建设，发展农产品冷冻贮藏、分级包装、电子结算。健全覆盖农产品收集、加工、运输、销售各环节的冷链物流体系。大力培育现代流通方式和新型流通业态，发展农产品网上交易、连锁分销和农民网店。继续实施“北粮南运”、“南菜北运”、“西果东送”、万村千乡市场工程、新农村现代流通网络工程，启动农产品现代流通综合示范区创建。支持供销合作社、大型商贸集团、邮政系统开展农产品流通。深入实施商标富农工程，强化农产品地理标志和商标保护。

4．完善农产品市场调控。充分发挥价格对农业生产和农民增收的激励作用，按照生产成本加合

理利润的原则，继续提高小麦、稻谷最低收购价，适时启动玉米、大豆、油菜籽、棉花、食糖等农产品临时收储。优化粮食等大宗农产品储备品种结构和区域布局，完善粮棉油糖进口转储制度。健全重要农产品市场监测预警机制，认真执行生猪市场价格调控预案，改善鲜活农产品调控办法。完善农产品进出口税收调控政策，加强进口关税配额管理，健全大宗品种进口报告制度，强化敏感品种进口监测。推动进口来源多元化，规范进出口秩序，打击走私行为。加强和完善农产品信息统计发布制度，建立市场调控效果评估制度。扩大农资产品储备品种。

5．提升食品安全水平。改革和健全食品安全监管体制，加强综合协调联动，落实从田头到餐桌的全程监管责任，加快形成符合国情、科学完善的食品安全体系。健全农产品质量安全和食品安全追溯体系。强化农业生产过程环境监测，严格农业投入品生产经营使用管理，积极开展农业面源污染和畜禽养殖污染防治。支持农产品批发市场食品安全检测室（站）建设，补助检验检测费用。健全基层食品安全工作体系，加大监管机构建设投入，全面提升监管能力和水平。

二、健全农业支持保护制度，不断加大强农惠农富农政策力度

适应农业进入高投入、高成本、高风险发展时期的客观要求，必须更加自觉、更加坚定地加强对农业的支持保护。要在稳定完善强化行之有效政策基础上，着力构建“三农”投入稳定增长长效机制，确保总量持续增加、比例稳步提高。

1．加大农业补贴力度。按照增加总量、优化存量、用好增量、加强监管的要求，不断强化农业补贴政策，完善主产区利益补偿、耕地保护补偿、生态补偿办法，加快让农业获得合理利润、让主产区财力逐步达到全国或全省平均水平。继续增加农业补贴资金规模，新增补贴向主产区和优势产区集中，向专业大户、家庭农场、农民合作社等新型生产经营主体倾斜。落实好对种粮农民直接补贴、良种补贴政策，扩大农机具购置补贴规模，推进农机以旧换新试点。完善农资综合补贴动态调整机制，逐步扩大种粮大户补贴试点范围。继续实施农业防灾减灾稳产增产关键技术补助和土壤有机质提升补助，支持开展农作物病虫害专业化统防统治，启动低毒低残留农药和高效缓释肥料使用补助试点。完善畜牧业生产扶持政策，支持发展肉牛肉羊，落实远洋渔业补贴及税收减免政策。增加产粮（油）大县奖励资金，实施生猪调出大县奖励政策，研究制定粮食作物制种大县奖励政策。增加农业综合开发财政资金投入。现代农业生产发展资金重点支持粮食及地方优势特色产业加快发展。

2．改善农村金融服务。加强国家对农村金融改革发展的扶持和引导，切实加大商业性金融支农力度，充分发挥政策性金融和合作性金融作用，确保持续加大涉农信贷投放。创新金融产品和服务，优先满足农户信贷需求，加大新型生产经营主体信贷支持力度。加强财税杠杆与金融政策的有效配合，落实县域金融机构涉农贷款增量奖励、农村金融机构定向费用补贴、农户贷款税收优惠、小额担保贷款贴息等政策。稳定县（市）农村信用社法人地位，继续深化农村信用社改革。探索农业银行服务“三农”新模式，强化农业发展银行政策性职能定位，鼓励国家开发银行推动现代农业和新农村建设。支持社会资本参与设立新型农村金融机构。改善农村支付服务条件，畅通支付结算渠道。加强涉农信贷与保险协作配合，创新符合农村特点的抵（质）押担保方式和融资工具，建立多层次、多形式的农业信用担保体系。扩大林权抵押贷款规模，完善林业贷款贴息政策。健全政策性农业保险制度，完善农业保险保费补贴政策，加大对中西部地区、生产大县农业保险保费补贴力度，适当提高部分险种的保费补贴比例。开展农作物制种、渔业、农机、农房保险和重点国有林区森林保险保费补贴试点。推进建立财政支持的农业保险大灾风险分散机制。支持符合条件的农业产业化龙头企业和各类农业相关企业通过多层次资本市场筹集发展资金。

3．鼓励社会资本投向新农村建设。各行各业制定发展规划、安排项目、增加投资要主动向农村倾斜。引导国有企业参与和支持农业农村发展。鼓励企业和社会组织采取投资筹资、捐款捐助、人才和技术支持等方式在农村兴办医疗卫生、教育培训、社会福利、社会服务、文化旅游体育等各类事业，按规定享受税收优惠、管护费用补助等政策。落实公益性捐赠农村公益事业项目支出所得税前扣除政策。鼓励企业以多种投资方式建设农村生产生活基础设施。

三、创新农业生产经营体制，稳步提高农民组织化程度

农业生产经营组织创新是推进现代农业建设的核心和基础。要尊重和保障农户生产经营的主体地位，培育和壮大新型农业生产经营组织，充分激发农村生产要素潜能。

1．稳定农村土地承包关系。抓紧研究现有土地承包关系保持稳定并长久不变的具体实现形式，完善相关法律制度。坚持依法自愿有偿原则，引导农村土地承包经营权有序流转，鼓励和支持承包土地向专业大户、家庭农场、农民合作社流转，发展多种形式的适度规模经营。结合农田基本建设，鼓励农民采取互利互换方式，解决承包地块细碎化问题。土地流转不得搞强迫命令，确保不损害农民权益、不改变土地用途、不破坏农业综合生产能力。探索建立严格的工商企业租赁农户承包耕地（林地、草原）准入和监管制度。规范土地流转程序，逐步健全县乡村三级服务网络，强化信息沟通、政策咨询、合同签订、价格评估等流转服务。加强农村土地承包经营纠纷调解仲裁体系建设。深化国有农垦管理体制改革，扩大国有农场办社会职能改革试点。稳步推进农村综合改革示范试点。

2．努力提高农户集约经营水平。按照规模化、专业化、标准化发展要求，引导农户采用先进适用技术和现代生产要素，加快转变农业生产经营方式。创造良好的政策和法律环境，采取奖励补助等多种办法，扶持联户经营、专业大户、家庭农场。大力培育新型农民和农村实用人才，着力加强农业职业教育和职业培训。充分利用各类培训资源，加大专业大户、家庭农场经营者培训力度，提高他们的生产技能和经营管理水平。制定专门计划，对符合条件的中高等学校毕业生、退役军人、返乡农民工务农创业给予补助和贷款支持。

3．大力支持发展多种形式的新型农民合作组织。农民合作社是带动农户进入市场的基本主体，是发展农村集体经济的新型实体，是创新农村社会管理的有效载体。按照积极发展、逐步规范、强化扶持、提升素质的要求，加大力度、加快步伐发展农民合作社，切实提高引领带动能力和市场竞争能力。鼓励农民兴办专业合作和股份合作等多元化、多类型合作社。实行部门联合评定示范社机制，分级建立示范社名录，把示范社作为政策扶持重点。安排部分财政投资项目直接投向符合条件的合作社，引导国家补助项目形成的资产移交合作社管护，指导合作社建立健全项目资产管护机制。增加农民合作社发展资金，支持合作社改善生产经营条件、增强发展能力。逐步扩大农村土地整理、农业综合开发、农田水利建设、农技推广等涉农项目由合作社承担的规模。对示范社建设鲜活农产品仓储物流设施、兴办农产品加工业给予补助。在信用评定基础上对示范社开展联合授信，有条件的地方予以贷款贴息，规范合作社开展信用合作。完善合作社税收优惠政策，把合作社纳入国民经济统计并作为单独纳税主体列入税务登记，做好合作社发票领用等工作。创新适合合作社生产经营特点的保险产品和服务。建立合作社带头人人才库和培训基地，广泛开展合作社带头人、经营管理人员和辅导员培训，引导高校毕业生到合作社工作。落实设施农用地政策，合作社生产设施用地和附属设施用地按农用地管理。引导农民合作社以产品和产业为纽带开展合作与联合，积极探索合作社联社登记管理办法。抓紧研究修订农民专业合作社法。

4．培育壮大龙头企业。支持龙头企业通过兼并、重组、收购、控股等方式组建大型企业集团。

创建农业产业化示范基地，促进龙头企业集群发展。推动龙头企业与农户建立紧密型利益联结机制，采取保底收购、股份分红、利润返还等方式，让农户更多分享加工销售收益。鼓励和引导城市工商资本到农村发展适合企业化经营的种养业。增加扶持农业产业化资金，支持龙头企业建设原料基地、节能减排、培育品牌。逐步扩大农产品加工增值税进项税额核定扣除试点行业范围。适当扩大农产品产地初加工补助项目试点范围。

四、构建农业社会化服务新机制，大力培育发展多元服务主体

建设中国特色现代农业，必须建立完善的农业社会化服务体系。要坚持主体多元化、服务专业化、运行市场化的方向，充分发挥公共服务机构作用，加快构建公益性服务与经营性服务相结合、专项服务与综合服务相协调的新型农业社会化服务体系。

1．强化农业公益性服务体系。不断提升乡镇或区域性农业技术推广、动植物疫病防控、农产品质量监管等公共服务机构的服务能力。继续实施基层农技推广体系改革与建设项目，建立补助经费与服务绩效挂钩的激励机制。继续实施农业技术推广机构条件建设项目，不断改善推广条件。支持高等学校、职业院校、科研院所通过建设新农村发展研究院、农业综合服务示范基地等方式，面向农村开展农业技术推广。加强乡镇或小流域水利、基层林业公共服务机构和抗旱服务组织、防汛机动抢险队伍建设。充分发挥供销合作社在农业社会化服务中的重要作用。加快推进农村气象信息服务和人工影响天气工作体系与能力建设，提高农业气象服务和农村气象灾害防御水平。

2．培育农业经营性服务组织。支持农民合作社、专业服务公司、专业技术协会、农民用水合作组织、农民经纪人、涉农企业等为农业生产经营提供低成本、便利化、全方位的服务，发挥经营性服务组织的生力军作用。采取政府订购、定向委托、奖励补助、招投标等方式，引导经营性服务组织参与公益性服务，大力开展病虫害统防统治、动物疫病防控、农田灌排、地膜覆盖和回收等生产性服务。推进科技特派员农村科技创业行动。培育会计审计、资产评估、政策法律咨询等涉农中介服务组织。对符合条件的农业经营性服务业务免征营业税。

3．创新服务方式和手段。鼓励搭建区域性农业社会化服务综合平台。发展专家大院、院县共建、农村科技服务超市、庄稼医院、专业服务公司加合作社加农户、涉农企业加专家加农户等服务模式，积极推行技物结合、技术承包、全程托管服务，促进农业先进适用技术到田到户。开展农业社会化服务示范县创建。整合资源建设乡村综合服务社和服务中心。加快用信息化手段推进现代农业建设，启动金农工程二期，推动国家农村信息化试点省建设。发展农业信息服务，重点开发信息采集、精准作业、农村远程数字化和可视化、气象预测预报、灾害预警等技术。

五、改革农村集体产权制度，有效保障农民财产权利

建立归属清晰、权能完整、流转顺畅、保护严格的农村集体产权制度，是激发农业农村发展活力的内在要求。必须健全农村集体经济组织资金资产资源管理制度，依法保障农民的土地承包经营权、宅基地使用权、集体收益分配权。

1．全面开展农村土地确权登记颁证工作。健全农村土地承包经营权登记制度，强化对农村耕地、林地等各类土地承包经营权的物权保护。用5年时间基本完成农村土地承包经营权确权登记颁证工作，妥善解决农户承包地块面积不准、四至不清等问题。加快包括农村宅基地在内的农村集体土地所有权和建设用地使用权地籍调查，尽快完成确权登记颁证工作。农村土地确权登记颁证工作经费纳入地方财政预算，中央财政予以补助。各级党委和政府要高度重视，有关部门要密切配合，确保按时完成农村土地确权登记颁证工作。深化集体林权制度改革，提高林权证发证率和到户率。推进国有林场改革试点，探索国有林区改革。加快推进牧区草原承包工

作，启动牧区草原承包经营权确权登记颁证试点。

2．加快推进征地制度改革。依法征收农民集体所有土地，要提高农民在土地增值收益中的分配比例，确保被征地农民生活水平有提高、长远生计有保障。加快修订土地管理法，尽快出台农民集体所有土地征收补偿条例。完善征地补偿办法，合理确定补偿标准，严格征地程序，约束征地行为，补偿资金不落实的不得批准和实施征地。改革和完善农村宅基地制度，加强管理，依法保障农户宅基地使用权。依法推进农村土地综合整治，严格规范城乡建设用地增减挂钩试点和集体经营性建设用地流转。农村集体非经营性建设用地不得进入市场。

3．加强农村集体“三资”管理。因地制宜探索集体经济多种有效实现形式，不断壮大集体经济实力。以清产核资、资产量化、股权管理为主要内容，加快推进农村集体“三资”管理的制度化、规范化、信息化。健全农村集体财务预决算、收入管理、开支审批、资产台账和资源登记等制度，严格农村集体资产承包、租赁、处置和资源开发利用的民主程序，支持建设农村集体“三资”信息化监管平台。鼓励具备条件的地方推进农村集体产权股份合作制改革。探索集体经济组织成员资格界定的具体办法。

六、改进农村公共服务机制，积极推进城乡公共资源均衡配置

按照提高水平、完善机制、逐步并轨的要求，大力推动社会事业发展和基础设施建设向农村倾斜，努力缩小城乡差距，加快实现城乡基本公共服务均等化。

1．加强农村基础设施建设。加大公共财政对农村基础设施建设的覆盖力度，逐步建立投入保障和运行管护机制。“十二五”期间基本解决农村饮水安全问题。农村电网升级改造要注重改善农村居民用电和农业生产经营供电设施，中央投资继续支持农村水电供电区电网改造和农村水电增效扩容改造。推进西部地区、连片特困地区乡镇、建制村通沥青（水泥）路建设和东中部地区县乡公路改造、连通工程建设，加大农村公路桥梁、安保工程建设和渡口改造力度，继续推进农村乡镇客运站网建设。加快宽带网络等农村信息基础设施建设。促进农村沼气可持续发展，优化项目结构，创新管理方式，鼓励新技术研发应用。加大力度推进农村危房改造和国有林区（场）棚户区、国有垦区危房改造，加快实施游牧民定居工程和以船为家渔民上岸安居工程。健全村级公益事业一事一议财政奖补机制，积极推进公益性乡村债务清理化解试点。科学规划村庄建设，严格规划管理，合理控制建设强度，注重方便农民生产生活，保持乡村功能和特色。制定专门规划，启动专项工程，加大力度保护有历史文化价值和民族、地域元素的传统村落和民居。农村居民点迁建和村庄撤并，必须尊重农民意愿，经村民会议同意。不提倡、不鼓励在城镇规划区外拆并村庄、建设大规模的农民集中居住区，不得强制农民搬迁和上楼居住。加强山洪、地质灾害防治，加大避灾移民搬迁投入。

2．大力发展农村社会事业。完善农村中小学校舍建设改造长效机制。办好村小学和教学点，改善办学条件，配强师资力量，方便农村学生就近上学。设立专项资金，对在连片特困地区乡、村学校和教学点工作的教师给予生活补助。深入实施农村重点文化惠民工程，建立农村文化投入保障机制。健全农村三级医疗卫生服务网络，加强乡村医生队伍建设。继续提高新型农村合作医疗政府补助标准，积极推进异地结算。健全新型农村社会养老保险政策体系，建立科学合理的保障水平调整机制，研究探索与其他养老保险制度衔接整合的政策措施。加强农村最低生活保障的规范管理，有条件的地方研究制定城乡最低生活保障相对统一的标准。完善农村优抚制度，加快农村社会养老服务体系建设。加大扶贫开发投入，全面实施连片特困地区区域发展与扶贫攻坚规划。搞好农村人口和计划生育工作。

3．有序推进农业转移人口市民化。把推进人口城镇化特别是农民工在城镇落户作为城镇化的重要任务。加快改革户籍制度，落实放宽中小城市和小

城镇落户条件的政策。加强农民工职业培训、社会保障、权益保护，推动农民工平等享有劳动报酬、子女教育、公共卫生、计划生育、住房租购、文化服务等基本权益，努力实现城镇基本公共服务常住人口全覆盖。各级党委、政府和社会各界要高度重视农村留守儿童、留守妇女、留守老人问题，加强生产扶持、社会救助、人文关怀，切实保障他们的基本权益和人身安全。

4．推进农村生态文明建设。加强农村生态建设、环境保护和综合整治，努力建设美丽乡村。加大三北防护林、天然林保护等重大生态修复工程实施力度，推进荒漠化、石漠化、水土流失综合治理。巩固退耕还林成果，统筹安排新的退耕还林任务。探索开展沙化土地封禁保护区建设试点工作。加强国家木材战略储备基地和林区基础设施建设，提高中央财政国家级公益林补偿标准，增加湿地保护投入，完善林木良种、造林、森林抚育等林业补贴政策，积极发展林下经济。继续实施草原生态保护补助奖励政策。加强农作物秸秆综合利用。搞好农村垃圾、污水处理和土壤环境治理，实施乡村清洁工程，加快农村河道、水环境综合整治。发展乡村旅游和休闲农业。创建生态文明示范县和示范村镇。开展宜居村镇建设综合技术集成示范。

七、完善乡村治理机制，切实加强以党组织为核心的农村基层组织建设

顺应农村经济社会结构、城乡利益格局、农民思想观念的深刻变化，加强农村基层党建工作，不断推进农村基层民主政治建设，提高农村社会管理科学化水平，建立健全符合国情、规范有序、充满活力的乡村治理机制。

1．强化农村基层党组织建设。切实发挥基层党组织战斗堡垒作用，夯实党在农村的执政基础。扩大农村党组织和党的工作覆盖面，加强基层党组织带头人队伍建设。强化村干部“一定三有”政策，健全村级组织运转和基本公共服务经费保障机制，提升推动农村发展、服务农民群众能力。加强农民合作社党建工作，完善组织设置，理顺隶属关系，探索功能定位。加强农村党风廉政建设，强化农村基层干部教育、管理和监督，开展集中查办和预防涉农惠农领域贪污贿赂等职务犯罪专项工作，坚决查处发生在农民身边的腐败问题。

2．加强农村基层民主管理。进一步健全村党组织领导的充满活力的村民自治机制，继续推广“四议两公开”等工作法。充分发挥村务监督委员会作用，逐步建立责权明晰、衔接配套、运转有效的村级民主监督机制。不断完善村务公开民主管理，以县（市、区）为单位统一公开目录和时间，丰富公开内容，规范公开程序，实现村务公开由事后公开向事前、事中延伸。深入推进乡镇政务公开，推行乡镇财政预算、公共资源配置、重大建设项目、社会公益事业等领域的信息公开。有序发展民事调解、文化娱乐、红白喜事理事会等社区性社会组织，发挥农民自我管理、自我服务、自我教育、自我监督的作用。

3．维护农民群众合法权益。坚持党和政府主导，依法维护、统筹兼顾广大农民群众多种利益，畅通和规范诉求表达、利益协调、权益保障渠道，加强农村信访工作，引导群众依法理性维护自身权益。通过人民调解、行政调解、司法调解等有效途径，妥善处理农村各种矛盾纠纷。依法保障外出村民在本村、外来人口在居住村的民主权利和物质利益。推进和谐矿区建设。建立减轻农民负担长效机制。巩固乡镇机构改革成果，加强社会管理和公共服务职能，推动乡镇干部直接联系服务群众。

4．保障农村社会公共安全。加强农村抗灾救灾、警务消防、疫病防控等设施建设，严格执行农村学校、医院等公共设施建筑质量标准，增强农村突发公共事件和自然灾害的应对处置能力。深化农村平安建设，完善立体化社会治安防控体系，落实在农村警务室连续工作一定年限人员的有关激励政策。加强农村交通安全管理，创建平安畅通县市。依法打击乡村黑恶势力、黄赌毒和各种刑事犯罪。切实加强农村精神文明建设，深入开展群众性精神文明创建活动，全

面提高农民思想道德素质和科学文化素质。加强农村法制宣传教育，落实党的民族和宗教政策，树立健康文明、遵纪守法的社会新风尚。

各级党委和政府要切实加强和改善对“三农”工作的领导，确保劲头不松懈、力度不减弱、力量有加强。各级党政领导干部要把熟悉党的“三农”政策和国情农情作为必修课，把善于做好新时期“三农”工作当作基本功，切实转变工作作风，深入基层调查研究，不断提高“三农”工作水平。要坚持从实际出发，因地制宜、分类指导各地推动“三农”工作。各地区各部门要明确职责分工，加强监督检查，实施绩效评价，开展强农惠农富农政策执行情况“回头看”，确保不折不扣落到实处。尊重农民首创精神，鼓励各地积极探索、勇于改革、大胆创新，做好农村改革试验区工作，及时总结推广各地成功经验。

加快发展现代农业，进一步增强农村发展活力，意义重大、任务繁重。让我们紧密团结在以习近平同志为总书记的党中央周围，奋力拼搏，锐意进取，求真务实，再创农村改革发展新的辉煌！

2012年农业农村经济发展稳中有进

2012年12月21日　新闻中心–中国网

中国农业部部长韩长赋12月21日在北京表示，今年以来，在全球粮食因灾减产、国际农产品市场大幅波动以及宏观经济形势复杂严峻的背景下，中国粮食生产实现“九连增”，农民增收实现“九连快”，农业农村经济发展实现了“稳中有进”。

全国农业工作会议当日在北京召开。韩长赋在会议上表示，2012年全年粮食产量11791亿斤，比上年增加367亿斤，连续5年稳定在10500亿斤以上，实现粮食生产“九连增”。粮食和重要农产品全面增产，市场供应充足、价格总体稳定，成为经济社会发展的突出亮点。

韩长赋表示，2012年，农民收入实现连续9年较快增长，增幅连续3年超过城镇居民收入增幅。其中，出售农产品等家庭经营性收入稳定增加，工资性收入成为重要来源和支柱，政策转移性收入和财产性收入明显增加。

在现代农业建设方面，预计农业科技进步贡献率达到54.5%；农机总动力突破10亿千瓦，耕种收综合机械化水平达到57%；主要粮食品种良种覆盖率达到96%以上，亩产首次达700斤以上，单产提高对粮食增产的贡献率达80.5%。全年未发生重大农产品质量安全事件和区域性重大动物疫情。

与此同时，农业农村经济各业发展势头良好，预计乡镇企业总产值突破60万亿元人民币，增长9%以上；农产品加工业产值超过15万亿元，增长19%；农垦生产总值突破5000亿元，增长13.7%；农产品进出口贸易总额超过1700亿美元，增长20%，其中出口将达650亿美元，再创历史新高。

2012年林业工作完成情况

——《国家林业局副局长张建龙在全国林业厅局长会议上的讲话》节选

2012年12月27日 中国林业网

一年来，在党中央、国务院的正确领导下，在各有关部门的大力支持下，全体务林人奋力拼搏，开拓创新，扎实工作，全面完成了各项工作任务，全国林业改革发展取得明显成效，为改善生态改善民生发挥了重要作用。

（一）**林业改革继续深化**。出台了《国务院办公厅关于加快林下经济发展的意见》，召开了全国深化集体林权制度改革工作会议。全国确权集体林地27亿亩，占集体林地总面积的97.7%；发证面积25.78亿亩，占确权林地的95.5%，8949万农户拿到林权证，累计调处林权纠纷110多万起，基本落实了农民家庭承包经营权。全国共建立农民林业专项合作组织10.77万个，林权管理服务机构1435个，林权流转逐步规范，林权保护管理体系日益完善。森林保险投保面积14亿亩，林权抵押贷款余额达676亿元。林下经济蓬勃发展，产值达2300多亿元，有力地促进了农民就业增收，重点林业县农民林业收入占人均总收入的比例达到50%以上。国有林场改革方案基本形成共识，落实了国家财政补助政策，出台了加强国有林场森林资源管理的意见。审查了6个试点省改革实施方案，中央财政下达补助资金12亿元。对重点国有林区改革进行了深入调研，完善了《东北、内蒙古重点国有林区森林资源管理体制改革的意见》，改革试点稳步推进。

（二）**造林绿化任务全面完成**。召开了全国造林绿化表彰动员大会，加强了部门绿化检查和春季造林绿化督查。社会造林和工程造林齐头并进，企业造林、大户造林、专业队造林快速发展，义务植树、身边增绿、通道绿化、森林进城等活动深入开展。确定了第二批95处国家重点林木良种基地，全年生产林木种子3000万公斤，苗木300多亿株，开展了打击制售假劣林木种苗专项行动，林木种子和苗木合格率分别达到90.1%和94.7%。13个省份超额完成了全年造林任务，全国共完成造林9012万亩，超额完成全年任务；义务植树26.82亿株，为计划的107.3%。完善了森林抚育规程，启动了森林经营样板基地建设，森林抚育经营由试点转向全面推开。全国共完成森林抚育12360万亩，为计划的117.7%。全国林业碳汇计量监测体系建设继续推进，制修订了多项碳汇计量监测办法，积极参与国家碳排放权交易试点和应对气候变化工作。

（三）**林业重点工程深入实施**。天然林保护工程一次性安置职工社会保险补助政策获国务院批准，落实中央财政补助资金50.6亿元，森林管护、公益林建设、森林改造培育等工作顺利展开。国务院决定在重点生态脆弱区继续退耕还林，并从2013年起提高巩固退耕还林成果部分项目补助标准。召开了三北工程四期总结暨五期工程启动大会，五期工程规划正式获批实施，增加了退化林分修复和百万亩人工林基地建设内容。长江、珠江等防护林体系建设工程持续推进，完成了三期规划编制工作。国务院批准了《京津风沙源治理二期工程规划》，建设范围扩大到6个省区市138个县，增加了林草植被保护、工程固沙等林业建设内容。石漠化综合治理重点县由200个扩大到300个，发布了第二次石漠化监测结果，石漠化防治工作得到多位中央领导同志的充分肯定。《全国防沙治沙规划》上报国务院审批。通报了“十一五”省级政府防沙治沙目标责任综合考核结果，并被确定为省级政府领导班子和领导干部综合考核的重要依据。加强了沙尘暴预警监测和处置工作，全年共发生10次沙尘天气。推进了自然保护区基础设施和能力建设，新增林业国家级自然保护区23处，启动了极小种群野生植物拯救保护工作。开展了第二次全国野生动植物和第四次大熊猫调查工作，首只经过系统野化训练的人工繁育大熊猫“淘淘”和一批野马、野骆驼成功放归自然。强化了野生动物疫源疫病监测防控体系建设和监测防控工作，全年未发生重大疫情。国务院批准了《全国湿地保护工程“十二五”实施规划》，全年恢复湿地2万公顷，新增湿地保护面积9万公顷和68处国家湿地公园试点，确认了11处国家重要湿地。完成了第二次全国湿地资源调查和湿地生态系统健康功能价值评价指标体系研究。稳步推进木材战略储备示范基地建设，共营造珍稀储备林165万亩，速生丰产林981万亩。

（四）资源保护管理切实加强。积极化解集体土地发证对林地林权管理带来的冲击。全国林地“一张图”拼接和入库工作基本完成，启动了年度更新调查试点，加强了县级林地保护利用规划编制工作，出台了严格的重点国有林区矿产开发和风电项目使用林地管理政策。推进了森林可持续经营管理试点、森林增长指标考核评价和第八次全国森林资源清查工作，提高了森林资源监测和利用监督水平。加强了森林资源管理、林业植物检疫、象牙加工销售、养熊取胆等领域执法检查。针对各地破坏野生动物资源、走私和非法经营野生动物的情况，开展了多次专项严打整治行动，遏制了破坏野生动物资源案件高发的态势。16个省成立了濒危物种履约执法协调小组，开展了打击濒危物种走私、林区维稳和缉枪治暴专项行动，加大了林政案件查办力度。全国共查处、侦破涉林案件27万多起，挽回直接经济损失4亿多元，维护了森林资源安全和林区社会稳定。完成了327种林业有害生物风险评估，印发了《主要林业有害生物成灾标准》。全国林业有害生物防治面积达1.17亿亩，无公害防治率达87%，松材线虫病、美国白蛾等主要有害生物危害得到控制。

（五）森林防火取得显著成效。中央领导同志多次作出重要批示，国务院专门召开全国电视电话会议部署森林防火工作。调整充实了国家森防指领导和成员，修订颁布了《国家森林火灾应急预案》。大力推进森林防火制度、机制、信息、平台建设，认真落实卫星热点核查“零报告” 和“有火必报”制度，卫星热点2小时反馈率达98.7%，火灾24小时扑灭率达97.1%。加强了武警森林部队和森林消防队伍规范化建设，实施了靠前驻防和大规模“南兵北用”行动。共租用80多架飞机，累计飞行6300多个小时，在16个省区开展了航空护林。各部门大力支持森林防火工作，加大了投资建设力度，防扑火装备水平逐步提高。强化了重点时期火险预警、宣传教育、专项督查工作，森林火灾防控能力和应急处置水平明显提升。认真落实中俄、中蒙边境地区联防协定，有效防阻了境外火入侵。全国共发生森林火灾3964起，受害面积1.4万公顷，伤亡21人，同比分别下降27%、47.4%和76.9%，连续四年实现“三下降”，未发生特大森林火灾、火烧连营和重大伤亡，灾害损失为历年最低。

（六）林产品供给能力不断提升。编制了人造板、特色经济林、花卉、林业生物质能源、林产品质量检验检测体系建设等专项规划，林业产业规划体系逐步完善。加大了产业扶持力度，中央财政木本油料产业发展资金增加到37.9亿元，油茶产业发展重点县增加100个。与国家开发银行和中国农业银行签署了支持林业发展合作协议，中央财政贴息达14.7亿元。在全球经济危机等不利因素影响下，全国林业产业继续保持强劲发展势头。全年林业产业总产值达到3.7万亿元，增幅21%，提前三年实现“十二五”规划目标。山东、广东、浙江、江苏、福建等五省林业产业总产值超过3000亿元。全国林产品进出口贸易额达到1200亿美元，同比增长3.4%。全国主要林产品产量持续增长，木材产量达8088万立方米，人造板产量达2.07亿立方米，干鲜果品、木本油料等特色经济林产量达1.46亿吨。全国花卉种植面积1536万亩，销售额达到1068亿元，出口创汇4.8亿美元。油茶种植面积超过5400万亩，茶油产量超过37万吨，实现年产值245亿元。国家级森林公园达764个，全国森林公园旅游人数突破5.1亿人次，比2011年增长15%，直接收入超过450亿元，综合产值超过3500亿元。

（七）生态文化引领作用日益显现。以召开党的十八大为契机，举办了系列宣传、展览活动，为林业发展营造了良好氛围。中央主要媒体和网站全年刊播林业报道1.2万多条，人民日报十八大林业特刊、凤凰卫视《大地寻梦》、人民网荒漠化防治专栏等产生了巨大的社会影响。森林城市、生态文明教育基地创建活动深入开展，全国新增10个国家森林城市、10个国家生态文明教育基地、2个全国生态文化示范基地和78个全国生态文化村。共有64个城市开展了国家森林城市创建活动，全年投入800多亿元用于造林绿化。举办了城市森林论坛、生态文化高峰论坛、绿色公益盛典和竹文化节等活动，宣传了湖南余锦柱、云南“陆良八老”、山东孙建博、广西庞祖玉、海南鹦哥岭青年团队等先进典型。推出了电视专题片《湿润的文明》、纪录片《国家森林公园》和电影《完美人生》、《野马》、《梦萦张家界》等影视作品，出版了《中国的绿色增长——党的十六大以来中国林业的发展》等重点图书，生态文化影响力明显提升。

（八）林业国际交流合作逐步深入。深度参与了联合国可持续发展大会筹备和参会工作，将林业内容纳入了温家宝总理大会发言和倡议，大会成果文件反映了我国林业关切。亚太经合组织林业部长级会议机制取得重要进展，亚太森林组织国际化进程明显加快。中日韩领导人会议首次发表了林业合作联合声明，温家宝总理在亚欧首脑会议上发出了开展亚欧林业示范项目的倡议，林业在国家外交事务中的影响力继续扩大。中国绿色碳汇基金会被接纳为《联合国气候变化框架公约》缔约方大会观察员组织。出席了湿地公约和多哈气候变化公约缔约方会议，启动了首批12个《国际森林文书》履约示范单位建设，举办了国际竹藤组织成立15周年、加入湿地公约20周年、中国—阿拉伯国家防沙治沙合作论坛等活动。积极应对打击野生动植物贩运走私、木材非法采伐、老虎雪豹保护等国际热点问题。开展了林业履约战略和林业国别战略研究，召开了7个林业双边工作会议，新签署了4个双边合作协议，争取了欧洲投资银行2.5亿欧元林业专项贷款。承办了荒漠化防治、中非濒危物种贸易管理执法等14个国际培训班。参加了2012荷兰世界园艺博览会，获得了国际园艺生产者协会最高奖项——“绿色城市大奖”，支持北京成功申办了2019世界园艺博览会。

（九）支撑保障能力显著增强。全年中央林业投资达1400亿元，比2011年增加180亿元。截至9月底，全国金融机构涉林贷款余额1750亿元，比2011年增加217亿元，增长14%。中央财政林木良种、造林、森林抚育补贴试点资金规模继续扩大，造林补贴资金达到25.4亿元，补贴普惠制进程明显加快。国家级公益林全部纳入森林生态效益补偿范围，中央财政补偿基金规模达到109亿元。森林保险保费补贴试点范围扩大到17个省份，中央财政保费补贴6.8亿元。林业棚户区（危旧房）改造和配套设施建设投资66.2亿元，国有林区（林场）道路、电网改造、广播电视纳入了国家相关规划，全年落实中央投资22.6亿元。召开了全国林业科技大会，出台了加快林业科技创新的意见，取得和推广了一大批林业科研成果，科技支撑能力稳步提升。森林认证体系逐步完善，国际互认工作积极推进。成立了林业知识产权研究中心，授予林业植物新品种权169项，发布国际、国家和行业标准380项。建立了林木遗传育种首个国家重点实验室和竹类植物种质资源库，以及7个部级工程技术中心、13个生态定位站，科研条件能力进一步提升。稳步推进《森林法》和《森林法实施条例》修改和《湿地保护条例》制订工作，积极应对《自然遗产保护法》立法工作。研究起草了集体林改档案管理、林权登记、湿地保护等方面的7项部门规章，完成了规范性文件清理，确定了86个林业综合行政执法示范点，取消了11项林业行政许可和非行政许可审批项目，下放了31项行政许可项目，妥善处理23件林业行政复议案。“全国林业一张图”建设取得重要进展，金林工程、云计算平台、国产卫星平台等项目顺利推进，新建子站1000个，中国林业网每日访问量突破100万人次，在部委网站综合排名中由第10名上升到第4名。升级完善综合办公系统群，扩大了系统覆盖面。规范了林业信息发布审批机制，启动了信息安全等级保护工作。建设了中国林业数据库和数字图书馆，推进了信息化示范县、教育培训基地和产业园建设，林业信息化应用水平和安全保障能力明显提高。

（十）林业行政能力全面提升。河北、山东、西藏、海南等省区林业局升格为林业厅，全国已有28个省份林业行政机构成为政府组成部门。解决了916名森林公安历史遗留授衔问题，4.45万名民警获得基本级执法资格。编制实施了《全国林业工作站“十二五”建设规划》，乡镇林业工作站稳定在2.8万个左右，队伍保持在14万人左右。完成了6700多名乡镇林业站站长能力培训和测试工作，培训乡土人才25万人。组织开展了“一迎五创”、“基层组织建设年”和“根在基层、走进一线”青年调研实践活动，完成了国家林业局直属机关党委、纪委换届工作，创建了绿色大讲堂、全国林业党建研究会等学习交流平台。开展了林业英雄、全国林业系统劳模评选活动，制修订了林业职业分类和职业标准。完成了事业单位清理规范工作，深入推进干部人事制度改革，全面加强人才工作和干部培训教育，干部队伍素质有所提升。党风廉政建设和反腐败工作扎实推进，初步形成了具有林业特色的惩治和预防腐败体系。加大了涉林案件督查督办、资金稽查审计和信访举报工作力度，保障了林业事业发展和干部队伍安全。工青妇、后勤服务和离退休干部工作扎实推进，为林业改革发展提供了有力支持。

在取得成绩的同时，我们也清醒地认识到，当前林业发展中还存在一些问题：一是林业发展质量效益偏低，林业富民作用未得到充分发挥，森林、湿地和荒漠生态系统稳定性不强，与大力推进生态文明建设的要求还有着很大距离。二是林区民生问题十分突出，林区职工收入和社会保障远低于地方平均水平，水电路等基础设施建设明显落后，林区成为全面建成小康社会的薄弱地区。三是林业改革任务仍然繁重，集体林权制度改革巩固成果、深化改革面临较大挑战，国有林场和国有林区改革涉及面广、历史遗留问题多、改革成本大，需要进一步加大力度。四是林业资源保护压力持续增加，林地非法流失和湿地面积减少的趋势仍未得到遏制，乱砍滥伐、滥捕乱猎的现象依然存在。这些问题严重制约着生态文明建设和经济社会发展，必须引起高度重视，认真研究解决。

2012年全国渔业经济统计公报

2013年5月16日　农业部网站

2012年，在党中央、国务院的高度重视和农业部党组的正确领导下，全年渔业发展实现了稳中有进，进中有好的良好态势。渔业经济持续较快增长，水产品总量稳定增加，水产品市场运行平稳，渔民收入持续较快增长。

一、全社会渔业经济总产值和增加值

按当年价格计算，全社会渔业经济总产值17321.88亿元，实现增加值7915.22亿元，同比分别增长15.44%和15.02%；其中渔业产值9048.75亿元，实现增加值5077.95亿元，同比分别增长14.77%和14.87%；渔业工业和建筑业产值4127.19亿元，实现增加值1436.57亿元，同比分别增长17.03%和15.10%；渔业流通和服务业产值4145.94亿元，实现增加值1400.70亿元，同比分别增长15.35%和15.49%。三产产值比重为52：24：24。

渔业产值中，海洋捕捞产值1706.67亿元，实现增加值960.35亿元，同比分别增长14.66%和18.89%；海水养殖产值2264.54亿元，实现增加值1308.18亿元，同比分别增长17.25%和14.61%；淡水捕捞产值369.85亿元，实现增加值209.40亿元，同比分别增长15.93%和9.68%；淡水养殖产值4194.82亿元，实现增加值2333.09亿元，同比分别增长12.77%和13.50%；水产苗种产值512.87亿元，实现增加值266.93亿元，同比分别增长20.55%和18.63%（渔业产值、增加值以国家统计局年报数为准）。

二、渔民人均纯收入

据对全国1万户渔民家庭当年收支情况抽样调查，全国渔民人均纯收入11256元，比上年增加1244.44元、增长12.43%。

三、水产品产量及人均占有量

全国水产品总产量5907.68万吨，比上年增长5.43%。其中，养殖产量4288.36万吨，同比增长6.59%，捕捞产量1619.32万吨，同比增长2.49%。养殖产品和捕捞产品的比重为73：27。海水产品产量3033.34万吨，同比增长4.31%；淡水产品产量2874.33万吨，同比增长6.65%。海水产品和淡水产品的比重为51：49。全国水产品人均占有量43.63千克，同比增长4.91%。

海水养殖产量1643.81万吨，同比增长5.96%。其中，鱼类产量102.84万吨，同比增长6.66%；甲壳类产量124.96万吨，同比增长10.86%；贝类产量1208.44万吨，同比增长4.68%；藻类产量176.47万吨，同比增长10.17%。

淡水养殖产量2644.54万吨，同比增长6.98%。其中，鱼类产量2334.11万吨，同比增长6.80%；甲壳类产量234.30万吨，同比增长8.25%；贝类产量25.88万吨，同比增长2.60%。

国内海洋捕捞产量1267.19万吨，同比增长2.03%。其中，鱼类产量875.85万吨，同比增长1.37%；甲壳类产量220.74万吨，同比增长5.55%；

贝类产量56.34万吨，同比下降3.54%；藻类产量2.57万吨，同比下降5.97%；头足类产量69.89万吨，同比增长0.53%。

淡水捕捞产量229.79万吨，同比增长2.94%。其中，鱼类产量163.60万吨，同比增长3.38%；甲壳类产量34.39万吨，同比增长6.15%；贝类产量28.08万吨，同比下降2.02%；藻类36吨，同比下降18.18%。

远洋渔业产量122.34万吨，同比增长6.59%。

四、水产养殖面积

全国水产养殖面积8088.40千公顷，同比增长3.23%。其中，海水养殖面积2180.93千公顷，占水产养殖总面积的26.96%，同比增长3.54%；淡水养殖面积5907.48千公顷，占水产养殖总面积的73.04%，同比增长3.12%。

海水养殖面积中，鱼类养殖面积为72.90千公顷，同比下降1.35%；甲壳类养殖面积289.95千公顷，同比下降5.67%；贝类养殖面积1474.89千公顷，同比增长4.67%；藻类养殖面积120.80千公顷，同比增长1.32%。

淡水养殖面积中，池塘养殖面积2566.86千公顷，同比增长4.77%；水库养殖面积1911.47千公顷，同比增长3.22%；湖泊养殖面积1024.79千公顷，同比增长0.17%；河沟养殖面积274.82千公顷，同比增长0.78%；其他养殖面积129.55千公顷，同比下降1.17%；稻田养成鱼面积1294.92千公顷，同比增长7.20%。池塘、湖泊、水库、河沟和其他养殖方式面积分别占淡水养殖总面积的43.45%、17.35%、32.36%、4.65%、2.19%。

五、渔船拥有量

年末渔船总数106.99万艘、总吨位1009.85万吨、总功率2173.57万千瓦。其中，机动渔船69.56万艘、总吨位954.23万吨、总功率2173.57万千瓦；非机动渔船37.44万艘、总吨位为55.62万吨。

机动渔船中，生产渔船66.35万艘、总吨位853.56万吨、总功率1977.80万千瓦。生产渔船中，捕捞渔船45.14万艘、总吨位770.74万吨、总功率1730.97万千瓦；养殖渔船21.21万艘、总吨位82.82万吨、总功率246.82万千瓦。

机动渔船中，海洋渔业机动渔船28.05万艘、总吨位771.43万吨、总功率1595.09万千瓦。海洋渔业机动渔船中，海洋捕捞渔船19.42万艘、总吨位651.75万吨、总功率1327.08万千瓦，分别比上年减少了0.75万艘、增加33.52万吨和1.49万千瓦。

六、渔业人口和渔业从业人员

渔业人口2073.81万人，比上年增加13.12万人、增长0.64%。渔业人口中传统渔民为723.58万人，比上年减少7.35万人、下降1.01%。渔业从业人员1444.05万人，比上年减少14.45万人、下降0.99%。

七、水产品进出口情况

据海关统计，2012年我国水产品进出口总量792.5万吨，总额269.81亿美元，同比分别下降2.89%和增长4.54%。其中出口量380.12万吨，同比下降2.84%，出口额189.83亿美元，同比增长6.69%。进口量412.38万吨，进口额79.98亿美元，同比分别下降2.94%和0.23%。

八、渔业灾情

全年由于渔业灾情造成水产品受灾养殖面积1087.78千公顷，水产品产量损失138.54万吨，受灾沉船874艘，死亡、失踪和重伤人数164人，直接经济损失237.39亿元。

2012年中国海洋经济统计公报

2013年2月　国家海洋局网站

2012年，面对复杂严峻的国际国内经济形势，沿海各地区认真落实党中央、国务院发展海洋经济的战略部署，以科学发展为主题，加快推进经济发展方式转变，海洋经济继续保持平稳增长的良好势头。

一、海洋经济总体运行情况

据初步核算，2012年全国海洋生产总值50087亿元，比上年增长7.9%，海洋生产总值占国内生产总值的9.6%。其中，海洋产业增加值29397亿元，海洋相关产业增加值20690亿元。海洋第一产业增加值2683亿元，第二产业增加值22982亿元，第三产业增加值24422亿元，海洋第一、第二、第三产业增加值占海洋生产总值的比重分别为5.3%、45.9%和48.8%。

图1 2008年—2012年全国海洋生产总值情况

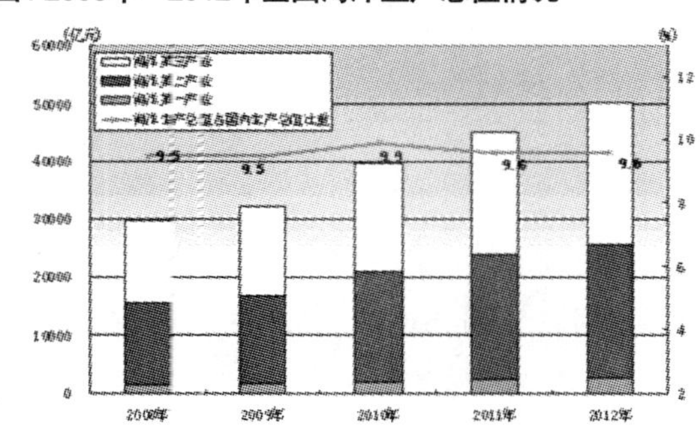

二、主要海洋产业发展情况

2012年，我国海洋产业总体保持稳步增长。其中，主要海洋产业增加值20575亿元，比上年增长6.2%；海洋科研教育管理服务业增加值8822亿元，比上年增长7.3%。

主要海洋产业发展情况如下：

图2 2012年主要海洋产业增加值构成图

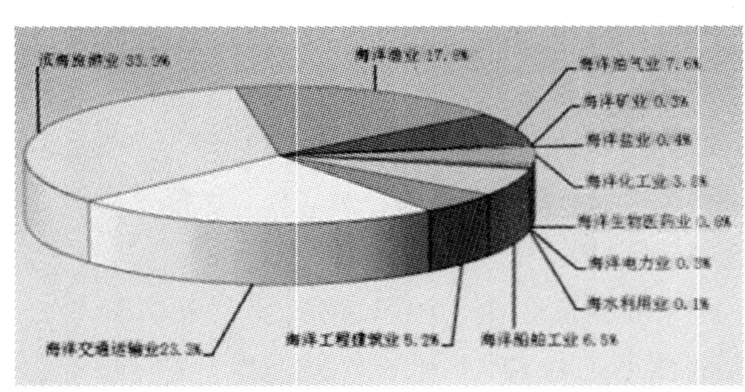

——**海洋渔业** 海洋渔业继续保持稳定增长态势，海水养殖生产形势良好，海洋捕捞总体稳定，远洋渔业综合实力逐步增强。全年实现增加值3652亿元，比上年增长6.4%。

——**海洋油气业** 受国际油价波动、国内经济增速减缓、油气生产调整和产能控制等多重因素影响，海洋油气业增速呈现负增长。全年实现增加值1570亿元，比上年减少8.7%。

——**海洋矿业** 海洋矿业继续保持增长态势，海砂开采管理力度不断加强，产业秩序得到进一步规范。全年实现增加值61亿元，比上年增长17.9%。

——**海洋盐业** 海洋盐业增速呈现负增长，全年实现增加值74亿元，比上年减少7.3%。

——**海洋化工业** 海洋化工业发展态势趋好，全年实现增加值784亿元，比上年增长17.4%。

——**海洋生物医药业** 随着国家对海洋生物医药业政策扶持和投入力度的逐步加大，海洋生物医药业发展势头良好。全年实现增加值172亿元，比上年增长13.8%。

——**海洋电力业** 随着大规模海上风电场的建成投产，海洋电力业发展势头总体良好。全年实现增加值70亿元，比上年增长14.3%。

——**海水利用业** 海水利用产业发展环境逐步趋好，产业化进程逐步加快，海水利用业呈现稳步发展态势。全年实现增加值11亿元，比上年增长4.0%。

——**海洋船舶工业** 海洋船舶工业积极推进转型升级，加快调整产品结构，但受全球航运市场持续低迷的影响，交船难、接单难、盈利难等问题依然突出。全年实现增加值1331亿元，比上年减少1.1%。

——**海洋工程建筑业** 海洋工程建筑业继续保持平稳增长，新开工项目和在建工程稳步推进。全年实现增加值 1075亿元，比上年增长12.7%。

——**海洋交通运输业** 受国内外宏观经济环境影响，海洋交通运输业虽继续保持增长态势，但增速持续放缓。全年实现增加值4802亿元，比上年增长6.5%。

——**滨海旅游业** 滨海旅游业继续保持健康发展态势，产业规模持续增大。全年实现增加值6972亿元，比上年增长9.5%。

三、区域海洋经济发展情况

2012年，环渤海地区海洋生产总值18078亿元，占全国海洋生产总值的比重为36.1%，比上年提高了0.5个百分点；长江三角洲地区海洋生产总值15440亿元，占全国海洋生产总值的比重为30.8%，比上年回落了1.0个百分点；珠江三角洲地区海洋生产总值10028亿元，占全国海洋生产总值的比重为20.0%，比上年回落了0.3个百分点。

2013年是全面贯彻落实党的十八大精神的开局之年，也是实施“十二五”规划承前启后的关键一年。沿海各地区要全面贯彻落实党的十八大精神，以提高海洋经济增长质量和效益为中心，稳中求进，开拓创新，推进海洋产业结构调整升级，加快海洋经济发展方式转变，促进海洋经济持续健康发展。

注释（略）

附录1　2012年海洋生产总值情况表

	总量（亿元）	增速（%）
海洋生产总值	50087	7.9
海洋产业	29397	6.6
主要海洋产业	20575	6.2
海洋渔业	3652	6.4
海洋油气业	1570	−8.7
海洋矿业	61	17.9
海洋盐业	74	−7.3
海洋化工业	784	17.4
海洋生物医药业	172	13.8
海洋电力业	70	14.3
海水利用业	11	4.0
海洋船舶工业	1331	−1.1
海洋工程建筑业	1075	12.7
海洋交通运输业	4802	6.5
滨海旅游业	6972	9.5
海洋科研教育管理服务业	8822	7.3
海洋相关产业	20690	——

附录2　主要名词解释（略）

2012年我国石油天然气和主要固体矿产资源储量情况

2013年3月28日　国土资源部网站

3月27日，国土资源部就《2012年我国石油天然气和主要固体矿产资源储量情况》举行新闻发布会。国土资源部矿产资源储量司许大纯副司长介绍2012年我国油气等主要矿产资源储量和产量最新数据等有关情况。

（一）石油、天然气储量增长取得新突破。

根据矿产资源储量快报统计，2012年全国石油天然气探明储量大幅增加，产量稳中有增，我国油气资源的保障能力稳步提升。

石油　石油勘探获新突破，2012年全国石油新增探明地质储量15.2亿吨，同比增长13%，是新中国成立以来第10次也是连续第6次超过10亿吨的年份。新增探明技术可采储量2.7亿吨，同比增长7%。

天然气　2012年全国天然气年探明地质储量仍保持“十五”以来的高速增长态势，天然气勘查新增探明地质储量9612.2亿立方米，同比增长33%，居我国历史最高水平。新增探明技术可采储量5008.0亿立方米，同比增长36%。

（二）石油产量稳中有增，天然气产量稳步增长。

2012年全国石油产量2.05亿吨，同比增长1%。其中中石油大庆石油产量仍稳产在4000万吨；中石化胜利油田2755.0万吨；中国海油天津公司2619.8万吨；中国石油长庆2261.0万吨。这个是我们产量排在前几位的。

2012年全国天然气产量稳步增长，为1067.6亿立方米，同比增长5.4%。鄂尔多斯、塔里木、四川盆地仍是我国天然气主产区。

2012年全国煤层气产量25.7亿立方米，同比增长24%。

（三）主要固体矿产勘查储量新增势头喜人。

随着地质找矿突破战略行动的全面实施，勘查投入不断加大，矿产资源勘查力度明显加大，地质找矿不断取得突破。

2012年度全国煤炭、铁矿、铜矿、铅矿、锌矿、铝土矿、钨矿、锡矿、钼矿、锑矿、金矿、银矿、硫铁矿、磷矿和钾盐15种主要固体矿产中，除钾盐无勘查增减外，其余矿产的资源储量均有不同程度增长；新探明大中型矿产地共154处(其中大型矿产地52处，中型矿产地102处)，主要分布在新疆、云南、山西、内蒙古、河南、山东、贵州和吉林等省区。

2012年勘查新增大中型矿产地超过10处的矿种分别是：煤炭53处，铁矿24处，金矿18处，钼矿18处，磷矿13处，锌矿10处。

从各矿种查明资源储量勘查增加情况看，煤炭勘查新增查明资源储量557.3亿吨，铁矿新增37.3亿吨，铜矿新增319.2万吨，铅矿新增338.7万吨，锌矿新增642.7万吨，铝土矿新增2.1亿吨，钨矿新增84.1万吨，锡矿新增53.4万吨，钼矿新增171.0万吨，锑矿新增16.4万吨，金矿新增518.3吨，银矿新增12517.6吨，硫铁矿新增1672.1万吨，磷矿新增9.6亿吨。其中铁矿、锌矿、铝土矿、钨矿和锡矿勘查新增查明资源储量增长明显，铁矿、铝土矿同比增长2倍以上，锡矿增长近1倍，其他矿产同比增长均超过50%。

从2012年度全国主要矿产查明资源储量勘查新增占2011年保有资源储量比重看，钨矿和锡矿超过了10%，其余矿产除铜矿、硫铁矿和钾盐外均超过4%。以上统计数据，均未包括香港特别行政区、澳门特别行政区和台湾省。以上就是2012年全国新增储量的情况。

下面我介绍一下矿产资源节约和综合利用的工作情况。

（一）矿产资源节约与综合利用工作开创新局面。

全面落实节约资源的基本国策，以“摸情况、建标准、推技术、抓落实”为工作思路，扎实推进，矿产资源节约与综合利用工作开创了新局面。

1．节约与综合利用成效显著。

长期以来，我国矿产资源开发过程中存在着采富弃贫、采主弃副等问题，总体开采回采率、选矿回收率和综合利用率比较低。这“三率”是衡量开发利用水平的一个标准，各位新闻朋友不一定很详细，通俗来讲开采回采率就是把矿石从底下采出来的多少。选矿回收率主要是从矿石中采出来的矿石用组份提取的情况。综合利用率重点是看看各种共伴生资源的情况。为加快转变矿业发展方式，提高矿产资源合理开发利用水平，2010年起，经国务院批准，国土资源部财政部共同组织实施了矿产资源节约与综合利用专项，采取“以奖代补”和示范工程两种形式，对“三率”水平高的矿山企业给予奖励，对提高利用水平的示范工程进行支持。经过近3年的实施，取得了显著的技术、资源、经济、生态和社会效益，形成了一批企业标准、规程和先进技术。

一是“三率”水平提高，资源经济效益显著。矿山企业利用专项资金研发或引进先进技术、装备，进行生产工艺改造，“三率”水平明显提高，盘活了一批石油、煤炭、铁矿、铜矿、磷矿等重要矿产资源，提高了开发利用效率和效益，并取得了良好的环境和社会效益。在获奖的矿山企业中石油采收率提高约1－11个百分点，盘活资源储量3亿吨以上，产值增加2000亿以上。煤炭开采回采率提高2－11个百分点，增加储量3.5亿吨，产值增加1300余亿元。铁矿开采回采率提高3－13个百分点，选矿回收率提高0.4－12个百分点，产值增加20.4亿元。铜矿开采回采率提高1－9个百分点，选矿回收率提高2－6个百分点，盘活资源储量近3000万吨，产值近20亿元。金矿采矿回采率提高3－19百分点，选矿回收率提高1－5百分点，新增储量4.13吨、产值12.4亿元。磷矿采矿回采率提高6－10个百分点，选矿回收率提高0.6－8百分点，产值增加4.7亿元，并增加储量1.1亿吨。钾盐资源回收率提高8个百分点，产值增加约5亿元。

二是激励引导作用突出。据不完全统计，以80亿元的中央财政资金带动企业自筹资金超过700亿元，增收约2000亿元。如江苏“以奖代补”资金6900万元，带动企业自筹资金4.03亿元，是中央资金的5.8倍；海南省示范工程支持资金1500万，带动矿山企业投入配套资金达5.4亿元，是中央财政投入的36倍，充分发挥了专项资金的激励和引导作用。

三是技术进步明显，标准规程制定提速。专项实施中，矿山企业通过与高等院校、科研院所合作，成立产业化基地和院士专家工作站，积极开展重大课题研究，取得一批具有较好推广价值的技术成果，部分获得国家或省部级奖励。如中石化“特高含水油藏二元复合驱大幅度提高采收率技术”，增加可采储量6.7亿吨，资源效益显著；山东新矿集团研发具有自主知识产权的充填支架，实施“以矸换煤”绿色开采，每年减少矸石排放200多万吨，成功解决“三下”压煤和废弃物堆放问题，实现了减少土地占用，减少粉尘污染，减少地面沉陷，增加资源的“三增一减”，为当地百姓创造了良好的生产生活环境，提高了生态文明建设水平；西藏甲玛铜多金属矿废水循环利用技术实现了酸性废水的零排放，是生态脆弱地区矿产资源合理开发利用的典范；南京金焰锶业有限公司采用胶结充填采矿技术，提高采收率32个百分点，多回收天青石资源21万吨，解决了我国锶矿地下生产矿山长期回采率低的难题。另外，专项的实施带动了企业标准规程的制定，据不完全统计，形成企业制度或规程148项，这是专项的作用。

2．以摸清综合利用家底为目标的“三率”调查评价工作顺利推进。

矿产资源是经济社会发展的重要物质基础，也是生态文明建设的构成要素。对矿产开发来说，重中之重的任务是促进矿产资源节约，主要包括高效采选、高效利用矿产资源。高效采选就是提高矿产资源的开采回采率、选矿回收率，高效利用就是提高矿产资源的综合利用率、矿山三废的循环利用水平。开采回采率、选矿回收率、综合利用率是评价我国矿山企业开发利用矿产资源水平的主要指标。

为准确掌握我国重要矿产资源节约与综合利用现状，国土资源部于2012年在全国范围内部署开展了煤炭、石油、铁等22个重要矿产“三率”调查评价工作，这是新中国成立后首次开展的全国性矿产资源合理开发利用水平调查评价，是一次重要资源节约的国情调查，目前，已调查矿山2万余个，每个矿山收集数据项近70项，外业调查基本结束，数据核查工作已全面展开，预计年底可提交成果报告，为建立科学合理的矿产资源开发利用评价体系，制定节约与综合利用政策奠定了坚实基础，将有力促进矿业领域加快转变发展方式，增强资源保障能力，实现矿业可持续发展。

3．分矿种制定资源合理利用标准，为考核矿产资源合理开发确定“红线”。

党的十八大提出要节约集约利用资源，提高资源利用效率和效益。建立起科学合理的矿产资源利用“三率”标准，不仅是促进资源节约的重要举措，引领、促进矿业生产力向先进水平看齐，也是提高我国矿产资源科学管理水平的一项重要基础性工作。我国具有查明资源储量的矿产160种，因赋存条件、矿石类型、选冶工艺等千差万别，“三率”指标不能一概而论，要根据矿产资源赋存特征、开采工艺的不同分矿种制定。

2012年，国土资源部加快了合理开发利用“三率”标准的制定工作，发布实施了煤炭、金矿、磷矿、高岭土和钒钛磁铁矿5矿种的“三率”指标要求，不仅对不同赋存条件的资源提出了开采回采率和选矿回收率，还对共伴生资源、尾矿、循环水等利用指标做出规定。“三率”指标要求是一条硬杠杠，是为矿产资源合理利用划出的“红线”，反映了当今矿业综合利用的技术水平，并将根据经济社会和科技发展情况作动态调整。

4．先进适用技术推广步入快车道。

生态文明建设是关乎人民福祉、关乎民族未来的长远大计，是要为人民创造良好生产生活环境，为子孙后代留下天蓝、地绿、水净得美好家园。落后和不适用的采选技术和工艺带来大量的尾矿和选矿废水，在没有经过合理处理情况下直接排放，造成大量的粉尘和地下水污染，节约资源，促进资源利用方式加快转变，促进矿业大国向矿业强国转变，为人民提供安全的生产生活环境。国土资源部制定了《关于推广先进适用技术提高矿产资源节约与综合利用水平的通知》，明确了推广先进适用技术的税费减免等经济激励政策和管理措施，强调了低渗透油田和页岩气资源高效开发、固体矿产充填开采等重点领域和共性关键技术的推广工作。建立了先进适用技术推广目录发布制度，发布了第一批62项先进适用技术推广目录和汇编。召开了推广应用先进技术的论坛和现场会，提高了先进技术的普及率和推广效能。

5．监督管理日益加强和完善。

监督管理是督促矿山企业合理开发利用资源、实现矿山生态文明必不可少的行政手段，国土资源部多措并举加大了了矿产资源开发秩序监管和合理开发利用监管力度。一是矿山开发利用年检得到规范和加强。部印发了《关于进一步完善矿产开发利用年度检查的通知》，将矿产资源合理开发利用及“三率”情况纳入矿山企业年检内容，对矿山企业综合利用情况每年都考核检查。研发启用了矿产资源开采年度检查信息网上报备系统，及时掌握各地矿产企业的年检工作进度，提高了年检工作水平和效率，为动态掌握矿山企业合理开发利用情况提供了保障。二是矿产督察工作进一步规范。目前，全国有矿产督察员1485人，地方加大了聘任督察员力度，并积极组织督察员开展督察工作，每位督察员每年要督察3-4座大中型矿山并提出督察报告，为矿产资源保护和合理利用工作做出了积极贡献。三是强化矿山企业综合利用的主体地位。要求矿山企业加强管理，及时开展矿山储量动态检测，每年提交储量利用情况报告，为综合利用考核奠定基础。

以上是我们2012年综合利用知道工作情况。(2013-03-27 10:24)

（二）下一步工作打算。

认真贯彻落实十八大关于加强生态文明建设的要求，加强资源保护和合理利用，按照摸情况，建标准，推技术，抓落实的思路，构建合理开发利用与秩序监管并重的格局，积极推进矿产资源节约与综合利用长效机制建设，全面促进资源节约集约利用，推动资源利用方式根本转变，提升生态文明建设水平。

1.摸清况。摸清全国矿产资源综合利用状况，完成重要矿产资源“三率”调查评价工作，完成数据建库，提交我国矿产资源综合利用调查评价成果，建立综合利用年报发布制度。发布我国首个节约与综合利用评价指标体系，为落实资源节约提供考核标准。

2.建标准。继续分矿种制订“三率”标准，作为资源合理利用的“红线”。今年要开展铁矿、铜矿、铅矿、锌矿、稀土矿、钾盐等大宗和战略矿种“三率”标准制定工作。

3.推技术。大力推广先进适用技术，发挥“技术红利”在资源节约中的关键作用，发布第二批先进适用技术目录，建立先进适用技术推广平台，让有需求的矿山找到适用技术，让先进技术找到适用的矿山。

4.抓落实。推进监管信息系统的全面使用，推行监管信息直报制度和在线监管。开展矿产督查制度改革，建设矿产督察信息系统，构建任务到矿、责任到人的监管体系。积极推进矿山储量管理信息化建设。加强督导，抓好已有矿种“三率”指标要求的贯彻落实。

5.强化矿产资源补偿费征收。全面推进补偿费征收与回采率挂钩，运用经济手段促进矿产资源合理开发利用，强化征收管理，切实维护矿产资源国家所有权益，推进补偿费统计网上直报系统的全面使用，实现应收尽收、足额征收。

总之，节约资源是保护生态环境的根本之策，矿产资源节约与综合利用是推动资源利用方式根本转变，提高资源利用效率和效益的重要途径。今后，我们将继续夯实工作基础，抓好落实，不断改革创新，提高对经济社会发展的保障能力和生态文明建设水平。

2012年房地产用地管理调控情况

2012年12月18日 国土资源部土地利用管理司司长 廖永林

2012年12月18日，国土资源部就《2012年房地产用地管理调控的情况》举行新闻发布会。

2012年初，国土资源部下发《关于做好2012年房地产用地管理和调控重点工作的通知》（国土资发〔2012〕26号），部署全系统全年工作；年中，针对一些地方出现的土地市场波动，下发《关于进一步严格房地产用地管理巩固房地产市场调控成果的紧急通知》（国土资电发〔2012〕87号），及时应对；进入7月份后，加大综合分析研判力度，加强对不同区域、不同城市的分类指导，确保“金九银十”期间土地市场保持稳定，同时每月召开视频会，紧密跟进各地土地和房屋市场运行情况、落实保障性安居工程用地情况，以及在建房地产用地开发建设情况。针对各地的土地市场情况，共同研究应对措施。

保障性安居工程落地任务提前完成。10月底，全国30个省（区、市，不含西藏）和新疆生产建设兵团，均提前落实今年中央下达的保障性安居工程任务所需用地，落实率超过100%；基本稳定住了以住宅用地为主的房地产用地供应总量。上半年流标流拍较多，土地供应偏少，上半年房地产用地供应5.97万公顷，同比减少15%，其中住宅用地供应4.08万公顷，同比减少21.7%；下半年按照稳定供求的要求，指导各地加大供应力度，同比降幅逐月收窄。

截至11月底，房地产用地供应13.34万公顷，同比减少8%，降幅较前三季度收窄4.5个百分点。其中住宅用地供应9.14万公顷，同比减少15.3%，降幅较上半年收窄6.4个百分点。预计全年有望接近去年水平，达到或超过前五年平均供应量；三是保持了地价基本稳定。前三季度，住宅地价基本稳定，环比增长率分别为−0.04%、0.13%、0.92%，同比增长率分为3.7%、1.77%、1.03%。同比增幅持续放缓，环比增速虽逐季略有回升，但主要监测城市多在1%以内，涨幅不大；四是已供土地在加快开发建设，未开工的减少，在建的大幅增加，可望形成充足的房屋供应。截至11月底，全国未竣工房地产用地46.87万公顷，其中在建33.46万公顷，与年初相比增加了30.6%，未开工13.41万公顷，减少了40.0%；全国住宅用地中在建面积26.16万公顷，增加了30.4%，未开工面积10.05万公顷，减少了42.4%，说明今年供出的足量土地，正在全面、加速地转化为房屋供应。所以，加强对已供土地的供后监管，促进在建面积增加，正在对稳定后期住宅供应产生重要作用。

从全年看，土地市场虽然出现了一些季节性、区域性的波动，但房地产用地供应量、价格和结构等变化并不大，加上流标流拍多于往年，而高价地远少于往年等情况，今年的土地市场相对于往年，截至到目前，整体仍处在低位，基本面保持了平稳。我们也注意到，进入11月份后，土地市场出现了一些新的情况，主要是一些城市相对于上半年，土地供应放量比较明显，优质稀缺地块的推出造成均价略有回升，市场竞争强度有所增加，呈现回暖迹象；一些地方集中推出一些优质地块，受到各方关注；部分房企由于住宅销售量情况比较好，补库存意愿强烈，开始主动拿地，涉及到一些地块的面积比较大；个别地方出现违规出让土地的现象，一些已出让土地履行合同的情况不好，个别企业没有按时开发建设、拖欠地价款等等。虽然很多地方从下半年开始土地供应放量，但多属于恢复性供给，补足今年上半年市场供地不足的缺口，情况也符合历年“前低后高”的供地规律。不过，仍需要高度关注存在的问题，在严格执行现有调控政策的基础上，准确研判土地市场走势，谋划好保持后市稳定的措施和工作。

廖永林表示，下一步国土资源部将认真贯彻落实中央经济工作会议精神，继续坚持房地产调控政策不动摇，在继续保持从严从紧调控基调，监督各地执行好现有政策措施的同时，针对不同类型城市，实现分类指导，加强针对性，突出差异性，强调时效性。当前主要要求市场出现波动的城市在三个方面采取切实措施，进一步落实国务院调控要求，一是加供应、稳后市；二是控异常、防波动；三是避免误读误导、稳定市场预期。以保持土地市场稳定，促进房地产市场平稳运行，进一步巩固调控成果。

国土资源部还将在全系统作出部署，在做好稳供应、稳价格、稳预期等工作的同时，重点抓好以下几方面工作，促进已供土地开发建设，形成土地的有效供应，缓解房屋供需矛盾。（一）建立房地产大企业和大地块跟踪督查制度。（二）重点清查土地出让合同履约情况。（三）加强房地产用地履约的诚信体系建设。（四）继续加大闲置土地处置力度。（五）调查违规供地和违约房地产用地，促进市场运行规范有序。

今后，国土资源部还将继续对监测发现和媒体报道的重点地块开展公开核查督办工作，促进土地供应方、土地竞买方规范履约。

能源、交通、通讯

2012年我国煤炭经济运行情况综述

2013年3月11日　国土资源部网站

2012年，由于国内经济增长减速，煤炭下游行业经营困难，煤炭产能过剩，产量增加量超过需求增加量，市场持续疲软，产品供过于求，库存积压比较严重，销售价格持续下滑。从全年的煤炭销售和生产经营形势来看，和前两年相比，煤炭企业经济效益呈大幅度下滑趋势，给煤炭企业及煤炭贸易企业的发展带来了严峻挑战。

煤炭产量增速下滑

2012年，虽然我国宏观经济减速，但煤炭产量继续保持了增长态势。不过，为了稳定市场，缓解供过于求的严峻局面，各省都不同程度地采取了以销定产措施。三季度煤炭产量同比增速下降，全年增长速度明显低于前两年。

据中国煤炭经济研究院测算，2012年全国原煤产量为38.6亿吨（中国煤炭工业协会快报数据为36.6亿吨），再创新高，同比增加3.4亿吨，增长9.64%。其中，一季度为8.6亿吨，二季度为10.9亿吨，三季度为10.1亿吨，四季度为8.9亿吨。据统计，2012年前11个月，全国煤炭产量35亿吨，同比增长3.5%，增速同比回落7个百分点。其中，山西产量8.3亿吨，增长5.2%；陕西产量3.68亿吨，增长1.1%；内蒙古产量9.98亿吨，增长14.3%，三省区合计产量占全国产量的60%左右。

国内煤炭需求减少

从全国煤炭消耗量来看，虽然整体上消费量还在增加，但由于煤炭进口量急剧增加，挤压了对国内煤炭的需求空间，造成对国内煤炭的需求不仅没有增加，而且出现了相对减少的情况。

据中国煤炭经济研究院测算，2012年前11个月，全国煤炭消费总量约37.2亿吨，同比增长4.4%，增速同比回落5.6个百分点。其中，电力行业耗煤约17.8亿吨，同比增长2.5%，增幅回落10个百分点；钢铁行业耗煤约5.5亿吨，同比增长4.8%，增幅回落0.7个百分点；建材行业耗煤约5亿吨，同比增长8.5%，增幅与去年同期基本持平；化工行业耗煤约1.8亿吨，同比增长11%，增幅回落1.8个百分点。

煤炭产量过剩加重

据国家发改委网站消息，2012年前三季度，煤炭生产、运输、消费增幅回落，库存上升，价格下降，市场由年初的基本平衡转向总体宽松，主要煤种产品过剩比较明显。

据行业协会统计，“十一五”期间，我国煤炭洗选开采投资1.25万亿元，加上2011年的4700亿元，共计1.72万亿元。如果按800元/吨~900元/吨的产能建设计算，可形成产能21亿吨。目前国内煤矿在建和建成煤矿产能为40亿吨以上，而全国煤炭消费量在35亿吨左右。产能供大于求使短期内煤炭市场宽松的形势不会改变。

中国煤炭工业协会召开的煤炭经济运行情况通报会透露：据统计数据显示，全国煤炭产量自2012年7月份以来，连续2个月下降；全国铁路煤炭发运量自6月份以来连续3个月同比下降；主要港口发运煤炭量连续5个月同比下降。同期，全国煤炭销量24.7亿吨，同比增加0.95亿吨，增长4%，增幅回落10.7个百分点。其中，8月当月销量2.89亿吨，同比减少1900万吨，下降6.2%，降幅比上个月扩大3.5个百分点。

煤炭价格大幅下滑

从全国来看，由于煤炭市场疲软，严重供过于求，造成煤炭交易价格大幅度下滑，煤炭生产地、中转地、消费地的煤炭价格下滑幅度都很大。内蒙古、山西、陕西、河南等煤炭主要生产省区的煤炭出矿价下滑幅度都超过10%以上，下滑幅度最高者达到30%以上。

以环渤海煤炭价格的下滑情况为例。据报道，报告周期（2012年12月26日至2013年1月8日），环渤海地区发热量5500大卡市场动力煤综合平均价格报收633元/吨，比前一报告周期下降了1元/吨。报告周期（2011年12月28日至2012年1月4日），环渤海地区港口平仓的发热量5500大卡市场动力煤的综合平均价格报收797元/吨，比前一报告周期下降了11元/吨。2012年年底和年初相比，煤炭价格下降高达166元/吨，下滑了20.9%。

以环渤海煤炭价格的下滑情况为例。2012年经历了1月~5月份价格高位相对平稳阶段，6月~7月份的疾速下滑阶段及8月份以后的相对平稳阶段后，整个下半年煤炭价格变化幅度不大，到目前仍处于相对平稳小幅度下滑阶段。

以环渤海发热量5500大卡/千克市场动力煤为例。2012年1月4日，在秦皇岛港、曹妃甸港、国投京唐港、京唐港、天津港和黄骅港的主流成交价格分别报收790元/吨~800元/吨、790元/吨~800元/吨、790元/吨~800元/吨、795元/吨~805元/吨、795元/吨~805元/吨和800元/吨~810元/吨。至2012年12月底，发热量5500大卡/千克市场动力煤价格分别大幅度下降，在上述港口的主流成交价格分别报收625元/吨~635元/吨、625元/吨~635元/吨、620元/吨~630元/吨、620元/吨~630元/吨、640元/吨~650元/吨和630元/吨~640元/吨。

国内煤炭运量减少

据国家发改委公布的数据，2012年1月~11月，全国铁路累计发运煤炭20.6亿吨，同比减少1246万吨，下降0.6%；其中，电煤15.8亿吨，同比减少3356万吨，下降2.1%。

数据显示，全国铁路2012年煤炭运量完成22.62亿吨，较之2011年的22.69亿吨略有下降。

过去长期一车难求的大秦线，2012年也一反常态。太原铁路局也召开大秦线货源组织会议，冲刺铁路运量。在煤炭运输紧张时，煤炭企业、电力企业、经销商要上门求铁路批运力，从不用组织货源。而在煤炭需求减少、全国铁路运量负增长的当下，大秦线也不得不放下身段。大秦线2012年业绩不佳，1月~9月，大秦线运量3.1亿吨，同比下降3.6%。因煤炭运量减少，大秦铁路公司收入减少。大秦铁路三季报显示，第三季度利润26.88亿元、同比下降10.91%。

据前瞻数据中心监测：2012年1月~8月，全国煤炭铁路日均装车量67467车/天，同比下降1.5%；其中，8月份全国煤炭铁路日均装车量为59827车/天，同比下滑12.8%，环比下降0.03%；国有重点煤矿铁路日均装车量为43760车/天，同比下滑1.04%，环比增长2.33%。

煤炭进口快速增长

由于全球经济增速下滑，国际市场煤炭需求减弱，而我国是全球煤炭消费的第一大国，国内和国际煤炭市场相比价格又明显偏高，这就为国际煤炭大举进入国内市场奠定了基础，推动了国际市场煤炭大量进口我国。

据海关统计，继2011年首次超过日本成为世界最大煤炭进口国后，2012年我国以2.9亿吨的煤炭进口量，继续稳居世界第一。这已是我国连续第四年成为煤炭净进口国。2012年我国累计进口煤炭2.9亿吨，与2011年相比增加了1.076亿吨，同比增长59%；进口煤均价为每吨99.5美元，同比下跌7.4%。与此同时，2012年我国出口煤炭928万吨，为1986年以来新低，也是1987年以来煤炭年出口量首次不足1000万吨。

煤炭库存高位运行

由于煤炭市场疲软，煤炭供应的增加量超过煤炭需求的增加量，造成煤炭库存大幅度增加，全社会煤炭库存一直处于较高的水平。

据国家发改委网站公布，2012年9月末，全社会煤炭库存2.87亿吨，处于较高水平。其中主要港口存煤4076万吨，同比增长53%；煤炭企业库存9800万吨，同比增长70%。10月23日，全国重点电厂存煤9403万吨，同比增长30.5%，可用31天。

据统计，截至2012年12月中旬，全国煤炭库存在3亿吨以上，处于历史高位。

据中国西部煤焦网发布的信息显示，截至2012年12月31日，秦皇岛港务集团共存煤炭635.7万吨，全部为内贸煤炭库存，港区库存仍处于较高的水平。

企业经营压力加大

由于全国煤炭市场发生急剧变化，煤炭需求量、产销量、铁路和港口转运量增速均大幅下滑，净进口持续快速增长，由此带来全社会库存和企业应收账款快速增加，煤炭价格指数和市场景气指数大幅下滑，山西、内蒙古等地煤炭企业停产或限产。

企业经营压力加大主要表现为，一是煤炭企业销售压力大，供过于求形势严峻，煤炭销售困难。二是企业成本持续增加。前5个月，90家大型煤炭企业主营业务成本同比增长34.32%。三是货款回收出现困难。截至2012年6月末，90家大型煤炭企业应收账款净值1868亿元，同比增长52.8%，净增646亿元。货款回收中承兑汇票比重大幅增加，部分煤炭企业现金流趋紧。

煤企限产降薪普遍

为了稳定煤炭市场，缓解供过于求的压力，各省都不同程度地采取了以销定产措施，煤炭产量增幅有所下滑。

中国煤炭工业协会数据显示，2012年前8个月，全国煤炭产量25.7亿吨，同比增加1.08亿吨，增长4.4%，增幅回落7.9个百分点。其中，8月份煤炭产量3.07亿吨，同比减少800万吨，下降2.5%。

煤炭生产和销售量增速降低，使得铁路发运量增幅下降，港口转运量同比下降。

为了应对生产经营困难，缓解企业经营压力，一些煤炭企业除“限产”外，亦纷纷选择减薪的办法“过冬”。

据报道，2012年，我国第二大煤炭企业中煤能源全矿区员工4月~5月份降薪20%，矿区还在基层员工中进行裁员；我国最大焦煤生产企业山西焦煤集团下属煤矿亦变相降薪，原先由集团核发的工资变成30%由各煤矿各自承担。

据了解，河南省煤炭企业由于煤炭库存严重，经济效益大幅度下滑，企业经营出现不同程度的困难，普遍采取了限产降薪的措施。河南煤化集团、平煤集团等都采取了降薪措施，领导层降薪可能超20%，职工有的企业降薪幅度较小，有的较大，以致煤炭企业职工队伍不稳，出现了大量职工不辞而别的情况。据某集团的后勤服务单位统计，该单位由于干部职工的年平均收入只有不足2万元，不少职工年收入不足1.5万元，还不及部分垄断性能源企业职工一个月的收入，造成了很多全民合同制（正式）职工的不断流失。以农民协议工为主的采煤、掘进一线的职工，也出现很多不辞而别的情况。熟练工人的大批量流失，给企业安全生产及市场经营带来了严峻挑战。

2012年电力工业运行情况监测报告

2013年1月17日　电监会网站

2012年，我国电力工业继续保持平稳发展，全社会用电量达到4.96万亿千瓦时，同比增长5.5%。全国电力供需总体平衡，一季度后未出现电力缺口。预计今年全社会用电量增速有望达到9%以上。

一、全社会用电增速缓慢回落，四季度出现明显回升

2012年，全社会用电量达4.96万亿千万时，同比增长5.5%，增速较上年回落6.51个百分点。全社会用电月度增速自3月开始波动下降，随着国家宏观调控作用显现及受去年基数较低作用影响，10月开始用电增速逐月回升（图1）。分季度看，一、二、三季度全社会用电量分别为11657、12095和13101亿千瓦时，同比分别增长6.8%、4.3%和3.9%，增速逐季回落，四季度全社会用电增速达7.45%，回升显著。

图1 2010年—2012年全社会用电量分月增长情况

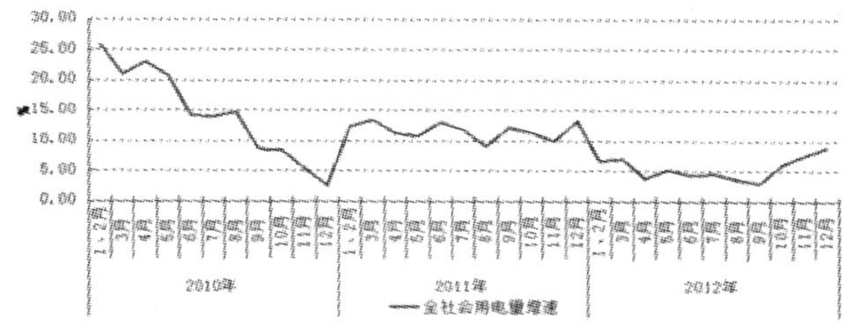

二、第三产业和城乡居民生活用电较快增长

分产业看，2012年第一产业用电量1013亿千瓦时，与上年持平；第二产业用电量36669亿千瓦时，同比增长3.9%，增速较上年同期降低8.29个百分点，占全社会用电量的比重也较上年同期下降1.10个百分点。第三产业和城乡居民生活用电量分别为5690亿千瓦时、6219亿千瓦时，同比分别增长11.5%和10.7%，均保持较快的增速，拉动全社会用电增长2.52个百分点（图2）。

图2 分产业用电增长情况

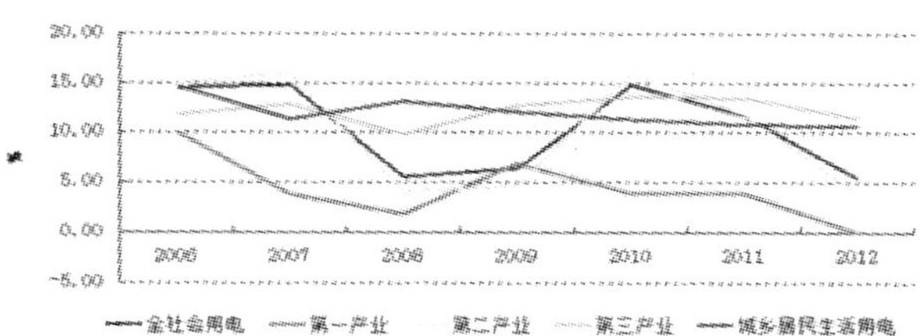

三、重工业用电增长呈现放缓态势

2012年，全国工业用电量36061亿千瓦时，同比增长3.9%。其中，轻、重工业用电量分别为6083亿千瓦时和29978亿千瓦时，同比增速分别为4.3%和

3.8%，较上年同期分别下降4.96和8.92个百分点。占全社会用电量的比重分别为12.27%和60.45%，较上年分别降低0.13和0.97个百分点。

四、西部地区用电增速和增速降幅均高于中、东部地区

近年来西部地区用电增速持续高于东、中部地区（图3）。2012年，东、中、西部地区用电增速分别为4.36%、4.92%和8.27%，西部地区增速分别高于东、中部地区3.91和3.36个百分点，东、中、西部地区用电增速较上年同期分别下降5.16、7.00和9.34个百分点。

图1 2010年—2012年全社会用电量分月增长情况

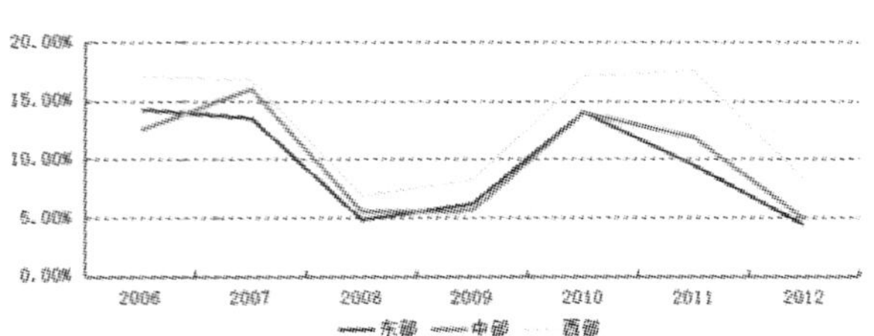

五、清洁能源发电量大幅增长，电力供应能力充足

2012年，全国发电新增设备容量8020万千瓦，截至12月底，全口径发电设备容量达11.4亿千瓦。全国全口径发电量4.98万亿千瓦时，同比增长5.22%，增速较上年同期下降6.67个百分点。其中，火力发电量39108亿千瓦时，同比增长0.3%，增速较上年同期下降13.9个百分点。全年共消纳清洁能源电量10662亿千瓦时，同比增长28.5%，其中，水电8641亿千瓦时，同比增长29.3%，核电982亿千瓦时，同比增长12.6%，风电1004亿千瓦时，同比增长35.5%，太阳能发电35亿千瓦时，同比增长414.4%。

2012年交通运输经济运行情况

交通部综合规划司　2013年2月4日

今年以来，交通运输经济主要指标增速总体呈现“前8个月逐步趋缓、9月份开始逐月回升”的特点。其中，公路客货运输、水路货物运输、港口货物吞吐量增速均在7月或8月达到年内低点，之后开始趋稳回升，水路旅客运输增速呈“前低后高”走势，交通固定投资增速前8个月一直处于负增长状态，9月份起扭转下滑局面并保持平稳回升势头。

一、公路客货运输总体稳步增长。预计全年完成公路客运量和旅客周转量分别为354.3亿人和18468亿人公里，同比增长7.8%和10.2%，略快于上年和近四年平均增速。逐月看，客运量延续以往变化特点，在春节、“五一”、“十一”等重点时段所在月完成运量较高，其中10月份受中秋、国庆假期合并带来探亲、旅游客流增多的拉动，运量为全年高点，达31.5亿人，3、4月份延续淡季特征，为全年低点；增速在前8个月总体呈下降趋势，并在8月份达到年内低点，9月份以后逐步趋稳。

预计全年完成公路货运量和货物周转量分别为322.1亿吨和59992亿吨公里，同比增长14.2%和16.8%，增速较上年均回落1个百分点左右，但略快于近四年平均增速。逐月看，公路货运量继续表现为1、2月相对较低，之后呈逐月增加趋势；增速在前8个月总体呈下降趋势，并在8月份达到年内低点，9月份开始逐月回升。

二、水路客货运输增速放缓，货物运输下半年以来逐月回升。预计全年完成水路客运量和旅客周转量分别为2.6亿人和77.4亿人公里，同比增长4.3%和3.9%，客运量增速较上年明显回落，低于近四年平均增速。逐月看，水路客运量在前8个月逐月增加并在8月份暑期旅游高峰达到年内高点，之后呈回落趋势，10月份由于中秋、国庆假期合并因素拉动表现出与以往不同的特点，运输量接近8月份的全年高点，增速全年最高，达16.2%，各月增速总体呈“前低后高”走势。

预计全年完成水路货运量和货物周转量分别为45.6亿吨和80655亿吨公里，同比增长7.0%和6.9%，明显低于上年和近四年平均增速。逐月看，水路货运量表现为“1、2月低，3?6月高，7、8月低，9月以后高”的特点，与以往逐期走高的趋势略有不同；增速总体呈现“V”型波动态势，7月份增速全年最低，而后逐月回升。

三、港口生产增速明显放缓，煤炭及制品吞吐量增速大幅下滑，石油天然气及制品吞吐量呈现负增长，金属矿石和集装箱吞吐量增速有所放缓。预计全年规模以上港口完成货物吞吐量97.4亿吨，同比增长6.8%，增速较去年放慢6.7个百分点，明显低于2009－2012年11.8%的平均增速。其中，外贸货物吞吐量30.1亿吨，增长8.8%，增速较去年放慢2.6个百分点，低于2009－2012年平均增速2.8个百分点；内贸货物吞吐量67.3亿吨，同比增长5.9%，较去年放慢7.1个百分点，近3年呈现大幅下滑走势。分月度看，全年规模以上港口货物吞吐量和内贸货物吞吐量增速总体呈“两头高、中间低”变化特点，月度增速均从9月份开始企稳回升；外贸货物吞吐量增速呈不断放缓走势，从年初的两位数增长逐渐放缓至12月份的接近零增长。

1至11月份，规模以上港口完成煤炭及制品吞吐量18.1亿吨，同比增长2.3%，增速较2010年、2011年分别下滑22.2个和15.8个百分点。其中，煤炭外贸进港量2.3亿吨，同比增长31.4%。

1至11月份，规模以上港口完成石油天然气及制品吞吐量6.7亿吨，同比下降1.5%，增速较2010年、2011年分别下调15.9个和6.6个百分点。其中，原油外贸进港量2.3亿吨，同比增长5.8%。

1至11月份，规模以上港口完成金属矿石吞吐量13.7亿吨，同比增长7.6%，增速较2010年、2011年分别下降3.2个和2.4个百分点。其中，铁矿石外贸进港量7.3亿吨，同比增长10.3%。

预计全年规模以上港口完成集装箱吞吐量17651万TEU，同比增长8.1%，增速较2010年、2011年分别放慢7.3个和3.9个百分点。1至11月份，完成内贸集装箱吞吐量5581万TEU，同比增长16.5%，增速较去年同期放慢6.5个百分点；完成外贸集装箱吞吐量10583万TEU，增长4.5%，较去年同期放慢3个百分点。分航线看，国际航线集装箱吞吐量同比增长2.1%，增速较去年同期放慢3.4个百分点。其中，美国、欧洲航线集装箱吞吐量分别增长1.6%和下降4.9%，增速较去年同期分别放慢1.4个和7.5个百分点，欧洲航线除2、6月份外均为负增长。

四、交通固定资产投资规模维持高位，增速前低后高，结构继续优化。预计全年完成公路水路交通固定资产投资1.43万亿元，同比下降1.2%，投资规模在去年首次超过1.4万亿元后继续保持高位，但增速较“十五”、“十一五”期明显放慢。分月度看，全年交通固定资产投资增速呈现明显的“前低后高”走势，前8个月一直处于负增长状态， 9月份扭转下滑局面，实现11.3%的快速增长，11月份首次实现累计正增长。

分行业看，公路建设全年预计完成投资1.24万亿元，同比下降1.2%，新增公路通车里程8.7万公里，其中高速公路1.1万公里，新改建农村公路19.4万公里。内河建设全年预计完成投资455亿元，同比增长14.3%，新增及改善内河航道里程789公里。沿海建设全年预计完成投资1001亿元，同比下降0.6%，新扩建泊位475个，其中万吨级泊位123个。

分区域看，东、中、西部地区分别完成投资5390亿元、3572亿元和5325亿元，同比下降2.8%、3.7%和增长2.3%，西部地区继续保持增长势头，投资占比较去年提高了1.3个百分点。

五、行业安全生产形势总体稳定，重特大事故多发。全年全国共发生运输船舶水上交通事故270起、沉船165艘、直接经济损失46594.8万元，同比分别下降9.4%、5.7%和增长19.0%。全国交通运输建设工程领域共发生生产安全事故41起，死亡99人，同比分别下降41.4%和17.5%。

截至12月底，水上交通发生一次死亡10人以上的重大事故5起、死亡失踪67人，同比分别增加3起、44人；交通运输建设工程领域发生重大事故1起、死亡20人，去年同期未发生重大事故。

2012年铁道统计公报

中华人民共和国铁道部　2013年3月13日　中国网

2012年，全国铁路系统以科学发展观为指导，认真贯彻落实党中央、国务院对铁路工作的要求，以铁路科学发展为主题，以加快转变铁路发展方式为主线，积极探索，大胆实践，扎实推进安全风险管理，科学有序推进铁路建设，大力发展多元化经营，全面实施客货运输组织改革，铁路各项工作取得显著成绩。

一、运输生产

旅客运输。全国铁路旅客发送量完成18.93亿人，比上年增加0.86亿人、增长4.8%。其中，国家铁路18.79亿人，增长4.8%；非控股合资铁路0.09亿人，下降10.1%；地方铁路0.06亿人，增长10.3%。全国铁路旅客周转量完成9812.33亿人公里，比上年增加200.03亿人公里、增长2.1%。其中，国家铁路9783.99亿人公里，增长2.1%；非控股合资铁路21.46亿人公里，下降6.6%；地方铁路6.88亿人公里，增长3.8%。

货物运输。全国铁路货运总发送量（含行包运量）完成39.04亿吨，比上年减少0.28亿吨、下降0.7%。其中，国家铁路32.36亿吨，下降1.8%；非控股合资铁路4.40亿吨，增长5.8%；地方铁路2.29亿吨，增长3.3%。全国铁路货运总周转量（含行包周转量）完成29187.09亿吨公里，比上年减少278.70亿吨公里、下降0.9%。其中，国家铁路27220.50亿吨公里，下降1.5%；非控股合资铁路1830.41亿吨公里，增长8.0%；地方铁路136.18亿吨公里，下降1.8%。

全国铁路货物发送量完成38.92亿吨，比上年减少0.26亿吨、下降0.7%。其中，国家铁路32.23亿吨，下降1.8%；非控股合资铁路4.40亿吨，增长5.8%；地方铁路2.29亿吨，增长3.3%。全国铁路货物周转量完成28891.90亿吨公里，比上年减少238.39亿吨公里、下降0.8%。其中，国家铁路26925.53亿吨公里，下降1.4%；非控股合资铁路1830.19亿吨公里，增长8.0%；地方铁路136.18亿吨公里，下降1.8%。

全国铁路行包发送量完成1222万吨，比上年减少189万吨、下降13.4%。其中，国家铁路1214万吨，下降13.2%；非控股合资铁路8.30万吨，下降30.7%；地方铁路0.2万吨，下降13.6%。全国铁路行包周转量完成295.18亿吨公里，比上年减少40.31亿吨公里、下降12.0%。其中，国家铁路294.96亿吨公里，下降12.0%；非控股合资铁路0.21亿吨公里，下降30.5%；地方铁路0.01亿吨公里，下降47.4%。

重点运输。全国铁路煤炭运量完成22.62亿吨，比上年下降0.4%。冶炼物资运量完成8.58亿吨，下降1.4%。粮食运量完成1.04亿吨，增长5.0%。石油运量完成1.38亿吨，增长1.7%。化肥及农药运量完成0.93亿吨，增长7.3%。集装箱运量完成0.93亿吨，下降0.9%。全国铁路口岸共完成进出口货物运量0.54亿吨，增长8.7%。其中：满洲里、绥芬河、二连、阿拉山口四大口岸站共完成进出口货物运量0.53亿吨，增长9.1%。

换算周转量。全国铁路总换算周转量完成38999.41亿吨公里，比上年减少78.67亿吨公里、下降0.2%。其中，国家铁路37004.49亿吨公里，比上年下降0.6%；非控股合资铁路1851.87亿吨公里，比上年增长7.8%；地方铁路 143.06亿吨公里，比上年下降1.6%。运输收入。国家铁路完成运输总收入5308.90亿元，比上年同期增加273.07亿元、增长5.42%。其中：货物运费收入2330.96亿元，增长5.42%；旅客票价收入1771.31亿元，增长10.23%；其他收入537.58亿元，增长0.71%；建设基金669.05亿元，下降2.18%。

运输效率。货运机车日车公里491公里，缩短3公里、下降0.6%；货运列车平均总重3530吨，提高21吨、增长0.6%；货运机车日产量138.3万吨公里，减少0.2万吨公里、下降0.1%。全国铁路日均装车完成166072车，比上年减少2591车、下降1.5%；国家铁路货车平均静载重完成64.0吨，提高0.4吨；货车周转时间完成4.68天，延长0.23天。

运输安全。全年没有发生特别重大、重大铁路交通事故，没有发生旅客列车较大铁路交通事故，铁路交通事故路外死亡人数同比下降4.58%。

服务质量。坚持以人民群众满意作为铁路工作的根本标准，深入开展“服务旅客创先争优”活动，铁路服务质量显著提升。客运方面：一是完善实名制售票。动车组列车、直通列车所有停站及其他列车始发站实行了购票实名制，为1198个车站配置了相关设备，推出了实名制车票挂失补办业务。二是加快推进新一代客票系统建设。提升新一代客票系统处理能力，解决超大并发量情况下的拥堵问题，研究推出了电话订票通取、代售点互联网接入等新功能。三是创新售票方式。高铁主要车站实现旅客刷二代身份证直接进站上车，中铁银通卡项目在京津城际线成功试点。建立了电子支付车票特殊退款处理机制，为全路各站安装了POS机，在符合条件的代售点推广使用POS机。优先集中办理学生往返票和农民工团体票，为残疾人专门预留席位并实行专口售票。将退票费标准由20%下调至5%。四是改善车辆设备设施。实施了客车集便器、残疾人设施加装改造以及25G型客车防寒性能改造。实施动车组定员统型，比照航空座席安排，统一了动车组列车座席号编码。货运方面：全面推进货运改革，一是实行货运网上受理。在互联网上开办货运受理业务，按“先订先得”的原则自动受理客户需求，为客户提供公平、便捷的货运服务。二是推行实货制运输组织方式。全路放开装车限制，敞开受理，有货就装，使货物和能力直接见面，直接依据实际货源，组织配空、装车及挂运。三是大力拓展全程物流服务。将传统的“站到站”运输拓展到“门到门”服务全过程，最大限度地便民利民。四是推进客服中心货运服务。适应货运电子商务发展，配备客服中心货运客服人员，向社会提供货运信息咨询与建议投诉服务。至2012年底，全路12306客服中心日受理货运业务电话近2000个，促进了货运服务水平的提高。五是开展了货运服务质量年活动。推进标准化货场创建工作，推行货运综合窗口服务，打破工种限制，实行一站式服务。

二、固定资产投资

全国铁路固定资产投资（含基本建设、更新改造和机车车辆购置）完成6339.67亿元。

基本建设。全国铁路共完成投资5185.06亿元，其中国家铁路和合资铁路完成投资5170.63亿元。路网大中型项目309个（含8个台帐管理项目），完成投资5169.38亿元。其中，新建铁路完成投资4306.66亿元，既有线扩能改造完成投资862.72亿元，分别占83.3%和16.7%。地方铁路完成投资14.43亿元。

全年共投产新线5382.2公里，其中高速铁路2722.5公里，哈大、京石武、合蚌等高铁开通运营；投产复线4763公里、电气化铁路6053.9公里。完成新线铺轨4924.6公里、复线铺轨4392.2公里。

更新改造。国家铁路更新改造完成投资254.61亿元，同比少3.61亿元，下降1.4%。国家铁路完成投资中，运输设备更新改造完成投资203.78亿元。部管项目完成39.91亿元；局管项目完成163.87亿元，生产性投资占93.8%。

路网规模。全国铁路营业里程达到9.8万公里，比上年增长4.7%。路网密度101.7公里/万平方公里，比上年增加4.6公里/万平方公里。其中，复线里程4.4万公里，比上年增长10.8%，复线率44.8%，比上年提高2.5个百分点；电气化里程5.1万公里，比上年增长10.8%，电化率52.3%，比上年提高2.9个百分点。西部地区营业里程达到3.7万公里，比上年增加1060公里、增长2.9%。

移动设备。机车车辆购置完成投资900亿元。"和谐号"动车组累计投用825组、8566辆，比上年增加173组、1774辆。国家铁路客车拥有量为5.58万辆，比上年增加0.29万辆；其中空调车4.34万辆，占77.8%，比上年提高4.0个百分点。国家铁路货车拥有量为70.40万辆，较上年增加2.49万辆，增长3.7%。国家铁路机车拥有量为1.96万台，比上年增加35台，其中和谐型大功率机车6045台，比上年增加 993台。内燃机车占48.8%，电力机车占51.2%，电力机车比重首度超过内燃机车比重。

三、科技创新

机车车辆装备。新研制的时速160km/h交流传动客运电力机车进入运用考核；组织研制4400马力交流传动内燃调小机车、装用自主研发牵引变流器和网络控制系统的八轴9600kW电力机车以及30t轴重货运电力机车；自主研发的DK-2型机车制动机进入装车运用考核。CRH380B高寒动车组在世界首条高寒地区高速铁路——哈大高铁投入运营。推进快捷、重载新型货车及配套技术研究，完成80吨级通用货车设计、试制和工艺评价，开展轴重30吨重载货车立项研究。全路安装 "5T"设备7000余台套，主要干线实现基本覆盖。研制完成机车车载安全防护系统 （6A系统）并小批量装车投入使用。

安全技术研究。围绕高速列车防追尾、动车组防倾覆、高铁安全防灾等重点技术，安排了一系列课题开展安全技术攻关。会同国家电网公司开展高速铁路雷电防护关键技术研究，研发了高铁雷电监测查询系统。与中国地震局共同开展高速铁路地震监测预警关键技术攻关。

重点技术攻关及重大试验。大力推进动车组、大功率机车对等替换技术攻关以及动车组简统化、标准化工作。深入开展高速铁路无砟轨道、列控系统、新一代客票系统、货运电子商务系统、重载铁路线桥隧评价强化技术、大轴重货车等关键技术研究。组织开展高寒地区CRH380B型动车组适应性、大功率机车车轮装车考核、接触网防融冰、高速道岔、重载道岔等试验工作。

知识产权及获奖成果。铁道部科技研究开发计划2012年结题项目获得专利及软件著作权合计496项，其中专利415项，软件著作权81项。完成技术评审项目20项，科技成果鉴定项目5项。 "京津城际铁路工程"项目获国家科技进步一等奖， "牵引供电关键设备安全运行检测技术与应用"项目获国家科技进步二等奖。

四、合资合作

合资建路。2012年，新组建合资铁路公司4家，铁路建设里程约2500公里，投资总额约2200亿元，项目资本金约860亿元，吸引社会资本协议出资约

570亿元。蒙西至华中铁路煤运通道工程作为吸引民间资本投资的示范性项目，共协议吸引地方政府以外的社会企业出资378亿元，占项目资本金的70%。

五、劳动效率

劳动用工。国家铁路从业人员为214.47万人，同比增加0.73万人。其中，运输业从业人员为161.14万人，同比增加4.17万人。劳动生产率。国家铁路多元化经营劳动生产率完成45.62万元/人，同比增长14.5%。运输业劳动生产率价值量完成33.51万元/人，同比增长1.9%；实物量完成233.60万换算吨公里/人，同比下降3.9%。

六、节能减排

综合能耗。国家铁路能源消耗折算标准煤1745.7万吨，比上年减少26.7万吨、降低1.5%。单位运输工作量综合能耗4.72吨标准煤/百万换算吨公里，比上年减少0.04吨标准煤/百万换算吨公里、降低0.8%。单位运输工作量主营综合能耗3.89吨标准煤/百万换算吨公里，比上年减少0.01吨标准煤/百万换算吨公里、降低0.3%。

主要污染物排放量。国家铁路化学需氧量排放量为2149.6吨，比上年减少排放46.3吨、降低2.1%。二氧化硫排放量为3.79万吨，比上年减少排放0.22万吨、降低5.5%。沿线绿化。国家铁路绿化里程为4.40万公里，比上年增加0.14万公里、同比增长3.3%。

七、非运输业经营

非运输企业期末从业人员为23.59万人，同比减少2.10万人、下降8.2%。企业法人数1391个。全年非运输企业完成营业收入3953.8亿元，同比增加972.6亿元、增长32.6%。实现利润总额46.3亿元，同比增加5.5亿元、增长13.4%。非运输企业劳动生产率完成155.99万元/人，同比增长44.7%。

注：

1.除注明的以外，国家铁路含控股合资铁路。

2.客货发送量、客货周转量为确报数，其余数据均为速报数。

3.统计范围不含港澳台。

铁道部统计中心提供

2012年水路运输经济运行情况

交通部综合规划司　2013年2月4日

今年以来，交通运输经济主要指标增速总体呈现“前8个月逐步趋缓、9月份开始逐月回升”的特点。其中，公路客货运输、水路货物运输、港口货物吞吐量增速均在7月或8月达到年内低点，之后开始趋稳回升，水路旅客运输增速呈“前低后高”走势，交通固定投资增速前8个月一直处于负增长状态，9月份起扭转下滑局面并保持平稳回升势头。

水路客货运输增速放缓，货物运输下半年以来逐月回升。预计全年完成水路客运量和旅客周转量分别为2.6亿人和77.4亿人公里，同比增长4.3%和

3.9%，客运量增速较上年明显回落，低于近四年平均增速。逐月看，水路客运量在前8个月逐月增加并在8月份暑期旅游高峰达到年内高点，之后呈回落趋势，10月份由于中秋、国庆假期合并因素拉动表现出与以往不同的特点，运输量接近8月份的全年高点，增速全年最高，达16.2%，各月增速总体呈“前低后高”走势。

预计全年完成水路货运量和货物周转量分别为45.6亿吨和80655亿吨公里，同比增长7.0%和6.9%，明显低于上年和近四年平均增速。逐月看，水路货运量表现为“1、2月低，3、6月高，7、8月低，9月以后高”的特点，与以往逐期走高的趋势略有不同；增速总体呈现“V”型波动态势，7月份增速全年最低，而后逐月回升。

港口生产增速明显放缓，煤炭及制品吞吐量增速大幅下滑，石油天然气及制品吞吐量呈现负增长，金属矿石和集装箱吞吐量增速有所放缓。预计全年规模以上港口完成货物吞吐量97.4亿吨，同比增长6.8%，增速较去年放慢6.7个百分点，明显低于2009－2012年11.8%的平均增速。其中，外贸货物吞吐量30.1亿吨，增长8.8%，增速较去年放慢2.6个百分点，低于2009－2012年平均增速2.8个百分点；内贸货物吞吐量67.3亿吨，同比增长5.9%，较去年放慢7.1个百分点，近3年呈现大幅下滑走势。分月度看，全年规模以上港口货物吞吐量和内贸货物吞吐量增速总体呈“两头高、中间低”变化特点，月度增速均从9月份开始企稳回升；外贸货物吞吐量增速呈不断放缓走势，从年初的两位数增长逐渐放缓至12月份的接近零增长。

1至11月份，规模以上港口完成煤炭及制品吞吐量18.1亿吨，同比增长2.3%，增速较2010年、2011年分别下滑22.2个和15.8个百分点。其中，煤炭外贸进港量2.3亿吨，同比增长31.4%。

1至11月份，规模以上港口完成石油天然气及制品吞吐量6.7亿吨，同比下降1.5%，增速较2010年、2011年分别下调15.9个和6.6个百分点。其中，原油外贸进港量2.3亿吨，同比增长5.8%。

1至11月份，规模以上港口完成金属矿石吞吐量13.7亿吨，同比增长7.6%，增速较2010年、2011年分别下降3.2个和2.4个百分点。其中，铁矿石外贸进港量7.3亿吨，同比增长10.3%。

预计全年规模以上港口完成集装箱吞吐量17651万TEU，同比增长8.1%，增速较2010年、2011年分别放慢7.3个和3.9个百分点。1至11月份，完成内贸集装箱吞吐量5581万TEU，同比增长16.5%，增速较去年同期放慢6.5个百分点；完成外贸集装箱吞吐量10583万TEU，增长4.5%，较去年同期放慢3个百分点。分航线看，国际航线集装箱吞吐量同比增长2.1%，增速较去年同期放慢3.4个百分点。其中，美国、欧洲航线集装箱吞吐量分别增长1.6%和下降4.9%，增速较去年同期分别放慢1.4个和7.5个百分点，欧洲航线除2、6月份外均为负增长。

交通固定资产投资规模维持高位，增速前低后高，结构继续优化。预计全年完成公路水路交通固定资产投资1.43万亿元，同比下降1.2%，投资规模在去年首次超过1.4万亿元后继续保持高位，但增速较“十五”、“十一五”期明显放慢。分月度看，全年交通固定资产投资增速呈现明显的“前低后高”走势，前8个月一直处于负增长状态， 9月份扭转下滑局面，实现11.3%的快速增长，11月份首次实现累计正增长。

分行业看，公路建设全年预计完成投资1.24万亿元，同比下降1.2%，新增公路通车里程8.7万公里，其中高速公路1.1万公里，新改建农村公路19.4万公里。内河建设全年预计完成投资455亿元，同比增长14.3%，新增及改善内河航道里程789公里。沿海建设全年预计完成投资1001亿元，同比下降0.6%，新扩建泊位475个，其中万吨级泊位123个。

分区域看，东、中、西部地区分别完成投资5390亿元、3572亿元和5325亿元，同比下降2.8%、3.7%和增长2.3%，西部地区继续保持增长势头，投资占比较去年提高了1.3个百分点。

行业安全生产形势总体稳定，重特大事故多发。全年全国共发生运输船舶水上交通事故270起、沉船165艘、直接经济损失46594.8万元，同比分别下降9.4%、5.7%和增长19.0%。全国交通运输建设工程领域共发生生产安全事故41起，死亡99人，同比分别下降41.4%和17.5%。

截至12月底，水上交通发生一次死亡10人以上的重大事故5起、死亡失踪67人，同比分别增加3起、44人；交通运输建设工程领域发生重大事故1起、死亡20人，去年同期未发生重大事故。

2012年全国机场生产统计公报

2013年3月25日　　中国民航局网站

2012年，全行业紧紧围绕科学发展的主题和转变发展方式的主线，认真贯彻落实《国务院关于促进民航业发展的若干意见》，按照所确定的民航工作总体要求开展工作，全行业保持了健康发展。

2012年全国运输机场主要生产情况如下：

一、通航城市和机场

2012年，我国境内民用航空（颁证）机场共有183个（不含香港和澳门，下同），其中定期航班通航机场180个，定期航班通航城市178个。

年内定期航班新通航的城市有黑龙江加格达奇、江苏扬州泰州、贵州遵义，昆明长水机场完成迁建，四川攀枝花机场、新疆且末机场停航。

二、主要生产指标

2012年我国机场吞吐量各项指标保持平稳增长势头，全年完成旅客吞吐量67977.2万人次，比上年增长9.5%。其中，国内航线完成62378.8万人次，比上年增长9.2%（其中内地至香港、澳门和台湾地区航线为2271.8万人次，比上年增长13.4%）；国际航线完成5598.4万人次，比上年增长13.4%。

全年完成货邮吞吐量1199.4万吨，比上年增长3.6%。其中，国内航线完成784.9万吨，比上年增长4.6%（其中内地至香港、澳门和台湾地区航线为73.4万吨，比上年增长5.8%）；国际航线完成414.5万吨，比上年增长1.7%。

全年完成飞机起降架次660.3万架次，比上年增长10.4%。其中：运输架次为566.5万架次，比上年增长9.9%。起降架次中：国内航线611.5万架次，比上年增长10.6%（其中内地至香港、澳门和台湾地区航线为17.4万架次，比上年增长13.1%）；国际航线48.8万架次，比上年增长8.1%。（注：国内、港澳台、国际航线分类按客货流向进行划分）

三、旅客吞吐量分布

所有通航机场中，年旅客吞吐量在100万人次以上的有57个，比上年增加4个，完成旅客吞吐量占全部机场旅客吞吐量的95.3%；年旅客吞吐量在1000万人次以上的为21个，与上年持平，完成旅客吞吐量占全部机场旅客吞吐量的74.0%；北京、上海和广州三大城市机场旅客吞吐量占全部机场旅客吞吐量的30.7%。全国各地区旅客吞吐量的分布情况是：华北地区占17.6%，东北地区占6.3%，华东地区占

29.2%，中南地区占24.1%，西南地区占14.9%，西北地区占5.4%，新疆地区占2.5%。

四、机场货邮吞吐量分布

各机场中，年货邮吞吐量在10000吨以上的有49个，比上年增加2个，完成货邮吞吐量占全部机场货邮吞吐量的98.5%；北京、上海和广州三大城市机场货邮吞吐量占全部机场货邮吞吐量的53.5%。全国各地区货邮吞吐量的分布情况是：华北地区占18.1%，东北地区占3.6%，华东地区占41.7%，中南地区占23.4%，西南地区占9.8%，西北地区占2.2%，新疆地区占1.2%。

2012年全国电信业统计公报

2013年1月24日 工业和信息化部运行监测协调局

2012年，面对严峻的国内国际经济形势，我国电信业认真贯彻落实党中央、国务院的决策部署，深入贯彻科学发展观，持续围绕转型和创新两条主线，坚持“稳增长、调结构”的发展目标，着力建设网络基础设施，深入实施“宽带中国”工程，加快普及3G业务和应用，电信资费综合价格水平持续下降，市场结构逐步优化，有效推动了国民经济和社会信息化发展，全行业继续保持健康平稳运行。

一、总体情况

经初步核算，2012年全行业完成电信业务总量12984.6亿元，同比增长11.1%；实现电信业务收入10762.9亿元，同比增长9.0%；完成电信固定资产投资3613.8亿元，同比增长8.5%。

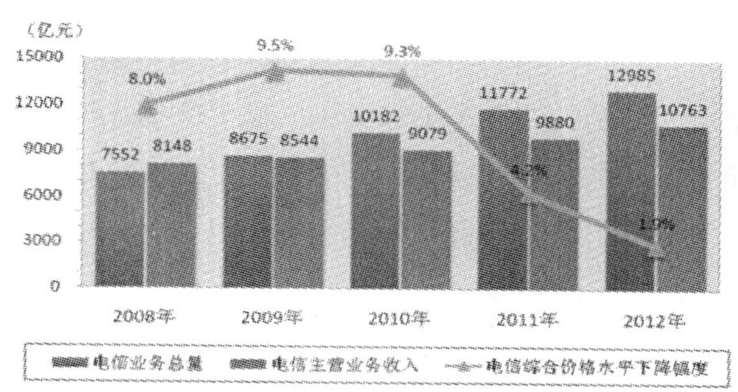

图1 2008–2012年电信综合价格水平下降情况

2012年，电信综合价格水平同比下降1.9%。

二、电信用户

2012年，全国电话用户净增11895.7万户，总

表1 2008-2012年电话用户到达数和净增数

	单位	2008年	2009年	2010年	2011年	2012年
到达数	万户	98160	106095	115335	127137	139031
净增数	万户	6866	7934	9240	11802	11896

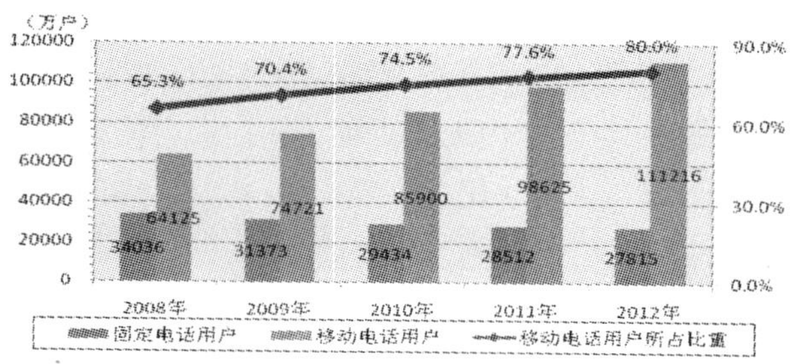

图2 2008-2012年移动电话用户所占比重

数达到139030.8万户。其中，移动电话用户达到111215.5万户，在电话用户总数中所占的比重达到80.0%。

（一）移动电话用户

2012年，全国移动电话用户净增12590.2万户，达到111215.5万户。其中，3G用户净增10438.0万户，年净增用户首次突破1亿户，达到23280.3万户。移动电话普及率达到82.6部/百人，比上年末提高9.0部/百人。

图3 2010-2012年移动电话用户各月净增比较

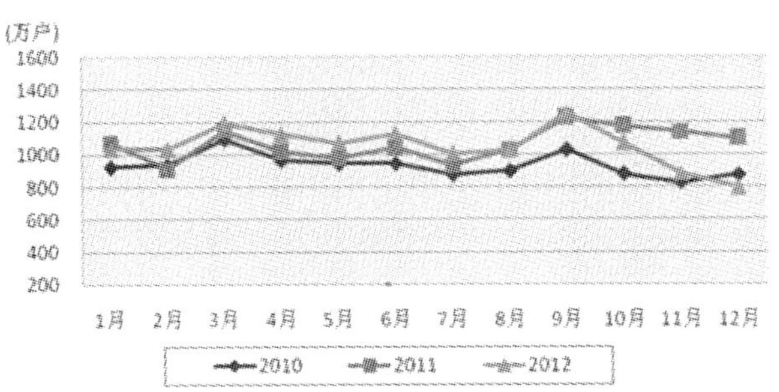

移动增值业务中，移动个性化回铃业务用户达到60838.4万户，渗透率达到54.7%；移动短信业务用户达到76481.5万户，渗透率达到68.8%；移动彩信业务用户达到20704.3万户，渗透率达到18.6%；手机报业务用户达到9592.5万户，渗透率达到8.6%。

图4 2012年主要移动增值业务发展情况

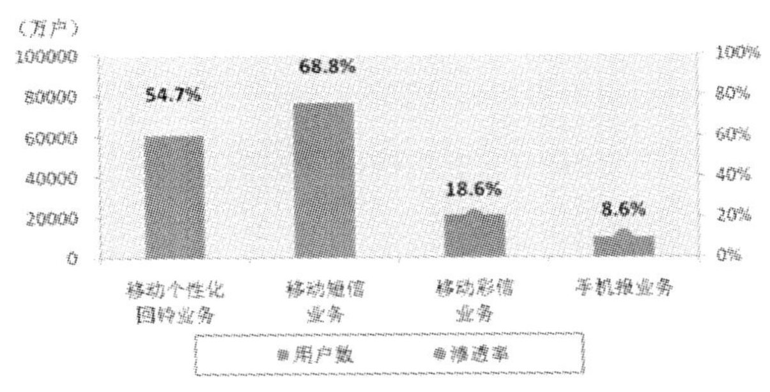

（二）固定电话用户

2012年，全国固定电话用户减少694.5万户，达到27815.3万户。其中，城市电话用户减少228.3万户，达到18893.4万户；农村电话用户减少466.2万户，达到8921.9万户。固定电话普及率达到20.7部/百人，比上年末下降0.6部/百人。

图5 2010-2012年固定电话用户各月净增比较

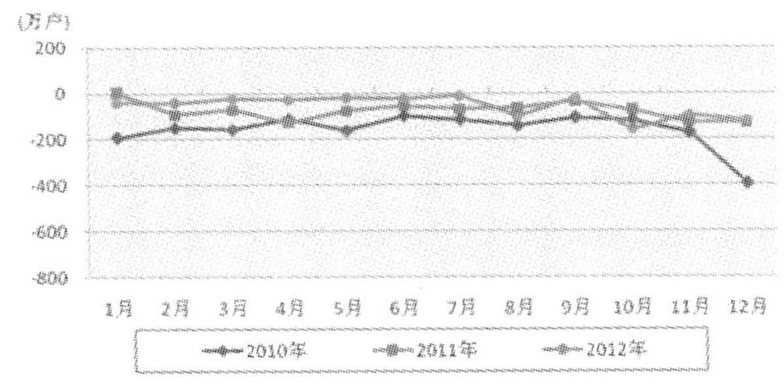

固定电话用户中，传统固定电话用户减少134.2万户，达到26590.4万户；无线市话用户减少560.3万户，达到1224.9万户。无线市话用户在固定电话用户中所占的比重从上年末6.3%下降到4.4%。

图6 2008-2012年无线市话用户所占比重

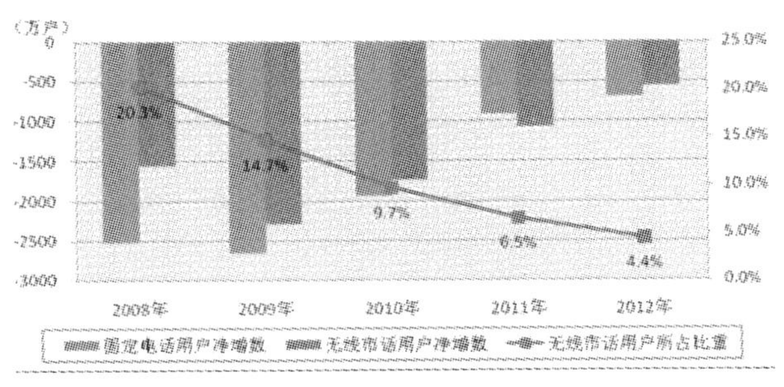

图7 2008-2012年公用、政企、住宅电话用户所占比重

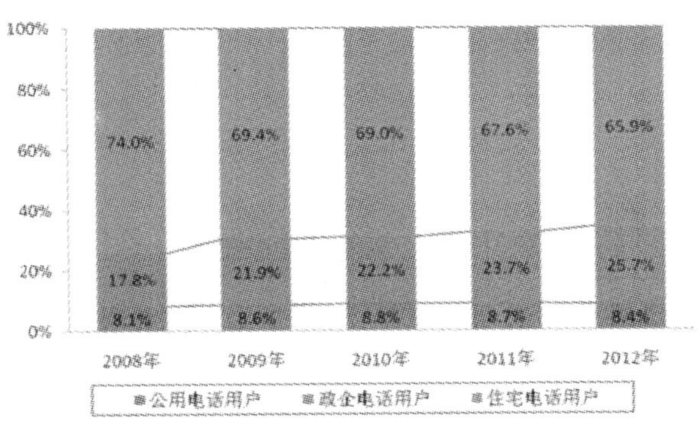

固定电话用户中，住宅电话用户减少950.8万户，达到18322.0万户；政企电话用户净增377.4万户，达到7146.2万户；公用电话用户减少121.1万户，达到2347.1万户。与往年相比，政企电话用户所占比重有所上升，住宅电话用户所占比重有所下降。

（三）互联网用户

2012年，全国网民数净增0.51亿人，达到5.64亿人。手机网民数净增0.64亿人，达到4.20亿人，占网民总数的74.5%；农村网民数净增0.2亿人，达到1.56亿人，占网民总数的27.7%。网络购物用户净增0.48亿户，总规模达到2.42亿户。微博用户净增0.59亿户，总规模达到3.09亿户。互联网普及率达到42.1%，比上年末提高3.8个百分点。

图8 2008-2012年网民数和互联网普及率

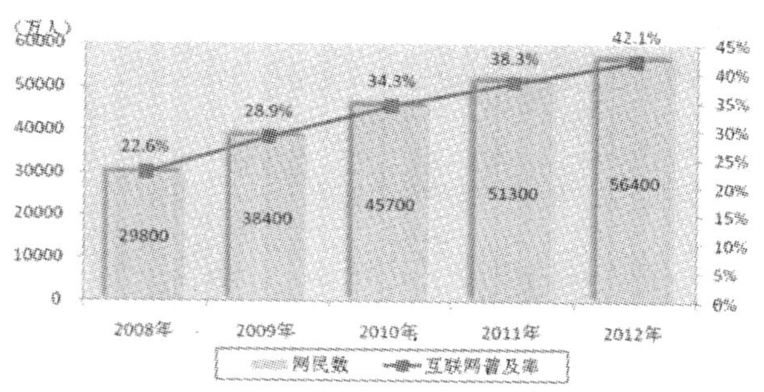

2012年，基础电信企业的互联网宽带接入用户净增2518.1万户，达到17518.3万户。移动互联网用户净增13004.1万户，达到76436.5万户。

图9 2008-2012年互联网宽带接入用户及移动互联网用户比较

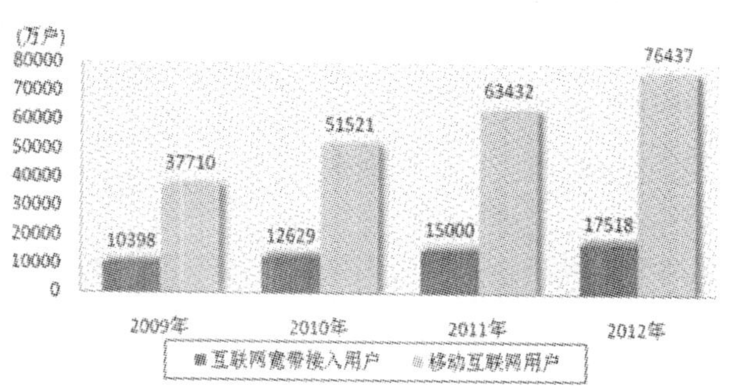

三、业务使用情况

（一）移动电话业务

2012年，全国移动电话去话通话时长达到27603.3亿分钟，增长12.4%。其中，非漫游通话时长24999.4亿分钟，增长10.5%；国内漫游通话时长2597.1亿分钟，增长34.2%；国际漫游通话时长3.6亿分钟，增长36.2%；港澳台漫游通话时长3.3亿分钟，增长14.2%。

图10 2008-2012年移动电话去话通话时长

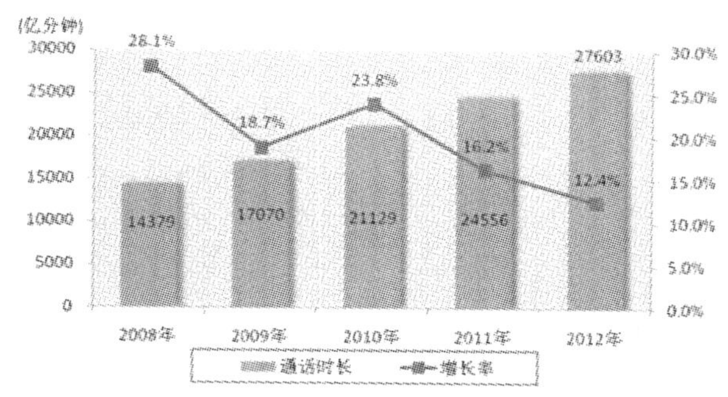

（二）固定电话业务

2012年，固定本地电话通话量达到2931.4亿次，下降18.2%。其中，本地网内区间通话量397.6亿次，下降18.2%；区内通话量2523.3亿次，下降17.8%；拨号上网通话量10.5亿次，下降57.1%。固定本地通话中，传统电话通话量2839.9亿次，下降14.9%；无线市话通话量91.5亿次，下降62.3%。

2012年，固定长途电话通话时长累计达到700.7亿分钟，同比下降18.2%。

图11 2008-2012年固定本地电话通话量

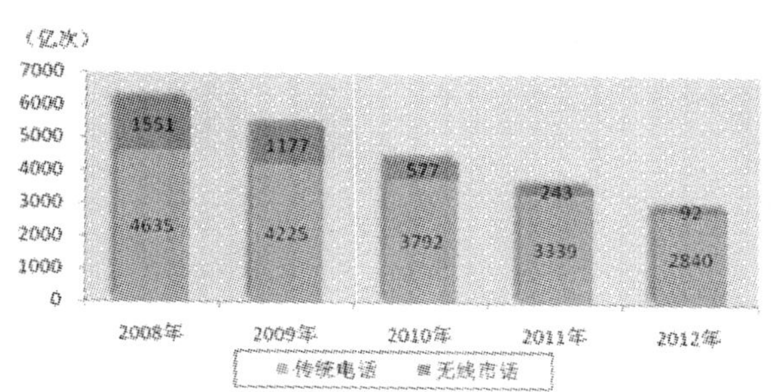

图12 2008-2012年固定传统长途电话通话时长

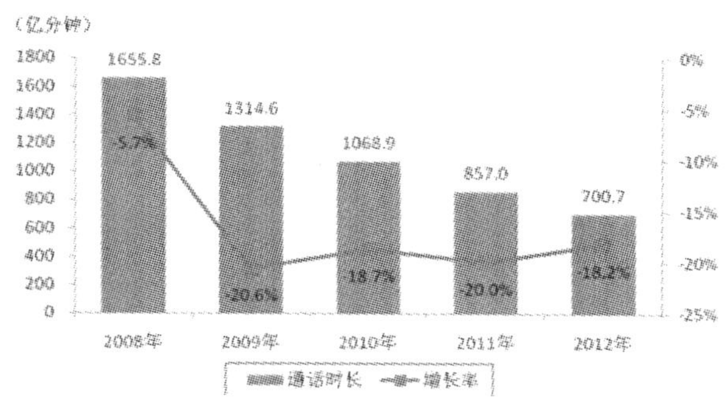

（三）IP电话业务

2012年，全国IP电话通话时长达到644.1亿分钟，下降24.8%。其中，从固定电话终端发起的通话时长178.7亿分钟，下降29.2%；从移动电话终端发起的通话时长465.4亿分钟，下降22.9%。通过移动电话终端发起的IP电话所占比重从上年末70.5%上升至72.3%。

图13 2009-2012年IP电话发起方式

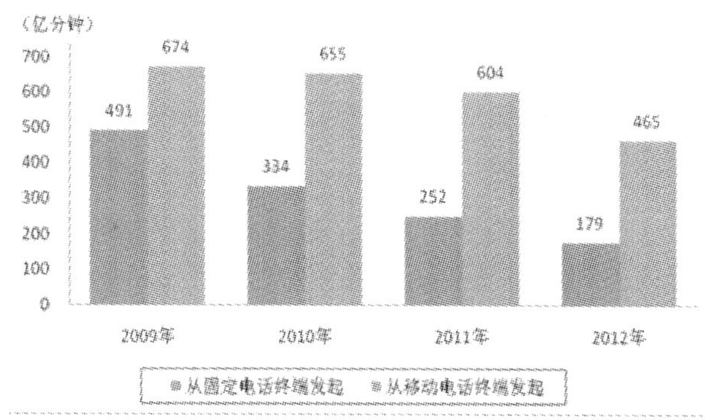

图14 2009-2012年移动短信和彩信业务发展情况

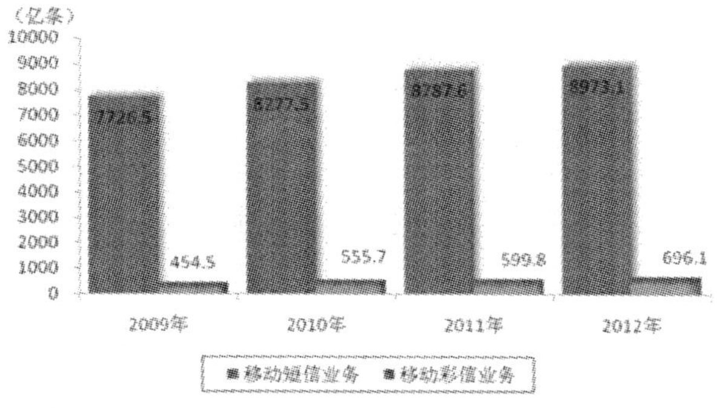

（四）移动短信业务

2012年，全国移动短信发送量达到8973.1亿条，增长2.1%。移动彩信业务量达到696.7亿条，增长16.2%。

四、经济效益

2012年，全国电信业务收入完成10762.9亿元，增长9.0%。其中，移动通信业务收入7933.8亿元，增长10.6%，占电信业务收入的比重上升到73.7%；固定通信业务收入2829.1亿元，增长4.9%。

图15 2012年电信业务收入构成

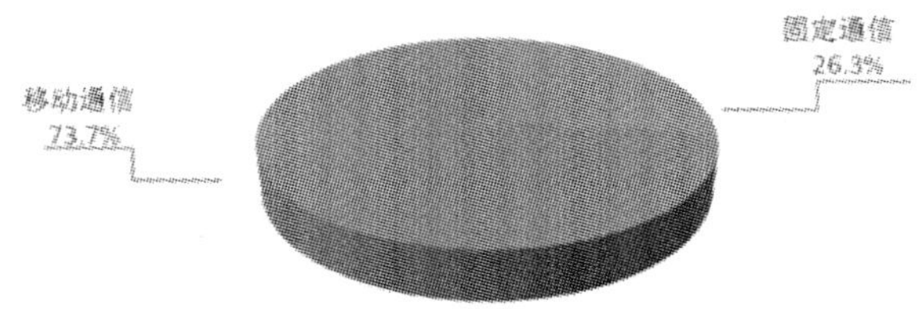

电信业务收入中，非话音业务收入5322.1亿元，增长16.9%，占电信业务收入比重上升至49.5%。话音业务收入5440.9亿元，增长2.3%，其中，移动话音业务收入4814.3亿元，增长4.9%；固定话音业务收入626.6亿元，下降13.9%。

电信业务收入中，增值电信业务收入2161.8亿元，增长6.8%。其中，移动增值业务收入1897.1亿元，增长6.1%；固定增值业务收入264.1亿元，增长12.1%。

2012年，完成电信固定资产投资3613.8亿元，增长8.5%。

图16 2008-2012年电信固定资产投资

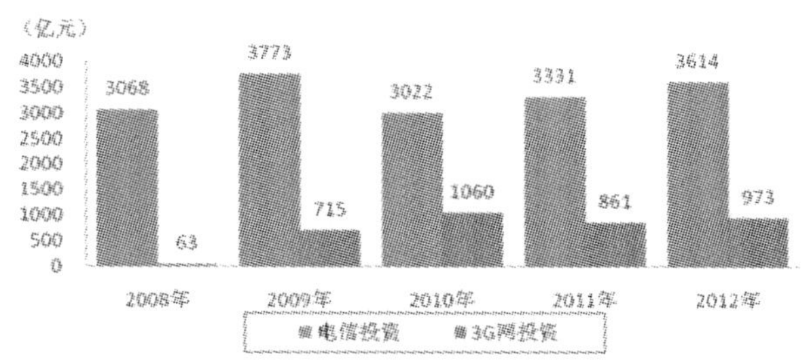

五、电信能力建设

2012年，全国光缆线路长度净增268.6万公里，达到1480.6万公里。局用交换机容量(含接入网设备容量)净增478.1万门，达到43906.4万门。移动电话交换机容量净增11233.8万户，达到182869.8万户。基础电信企业互联网宽带接入端口净增3596.0万个，达到26835.5万个。全国互联网国际出口带宽达到1899792.0Mbps，同比增长36.7%。

表2 2012年主要电信能力指标增长情况

指标名称	单位	2012年	比上年末净增
光缆线路长度	万公里	1481	269
固定长途电话交换机容量	万路端	1609	6
局用交换机容量	万门	43906	478
移动电话交换机容量	万户	182870	11234
互联网宽带接入端口	万个	26836	3596
互联网国际出口带宽	Mbps	1899792	510263

六、村通工程与农村信息化建设

2012年，电信业围绕国家信息化战略和两化融合中心工作，大力推进农村信息通信基础设施建设和农村信息化进程，持续深入实施通信村村通工程。

行政村通宽带方面。全年新增通宽带行政村1.9万个，行政村通宽带比例从年初的84%提高到87.9%。随着“农村宽带入乡进村”和“公益机构接入普及”计划的组织开展，100所全国集中连片特困地区中小学和100所残疾人特殊教育学校已开通宽带并提速到4M以上，同时提供三年免费上网。

自然村通电话方面。全年新增1.1万个自然村通电话，全国20户以上自然村通电话比例从年初的94.7%提高到95.2%

信息下乡方面。全年新增2005个乡镇实施信息下乡活动，新建乡信息服务站2050个、村信息服务点29622个、乡级网上信息库9940个、村级网上信息栏目66780个。开展信息下乡活动的乡镇比例达到82%。

附表：2012年电信业主要指标分省情况

注：

【1】对于本公报所披露的数据，2011年及以前的数据为年报最终核算数，2012年的数据为快报初步核算数。2012年的最终核算数及分省、分企业数据将在2013年年中出版的《中国通信统计年度报告(2012)》中公布。

【2】本公报电信综合指标是基础电信企业的合计数，未包括增值电信企业。增值电信企业年报数据将在2013年年中出版的《中国通信统计年度报告(2012)》中公布。

【3】网民数、互联网普及率、互联网国际出口带宽等数据取自中国互联网络信息中心(CNNIC)发布的《中国互联网络发展状况统计报告(2013年1月)》。

【4】电信业务总量根据2010年不变单价测算。

附表1 2012年电信业务总量、收入、投资分省情况

省（区、市）	电信业务总量		电信业务收入		电信固定资产投资	
	2012年（亿元）	比上年（±%）	2012年（亿元）	比上年（±%）	2012年（亿元）	比上年（±%）
全　国	12984.6	11.1	10762.9	9.0	3613.8	8.5
北　京	488.9	12.3	506.5	8.1	157.4	25.3
天　津	159.2	4.2	158.0	8.5	58.4	5.0
河　北	538.0	10.0	457.8	10.0	147.8	5.6
山　西	308.3	10.4	255.1	9.1	99.6	22.2
内蒙古	258.4	12.1	215.8	12.7	95.6	9.8
辽　宁	470.2	8.5	413.6	6.5	144.2	9.9
吉　林	240.5	9.2	172.8	5.5	74.7	27.7
黑龙江	297.2	7.3	246.6	7.0	96.0	15.3
上　海	452.4	10.4	512.8	8.7	136.9	18.9
江　苏	914.8	10.4	821.5	9.6	221.9	−6.5
浙　江	809.2	8.3	724.6	8.2	184.6	−1.1
安　徽	372.0	12.2	333.3	13.5	101.6	0.3
福　建	516.6	13.8	422.7	10.1	120.8	3.3
江　西	278.8	10.9	227.7	12.4	67.6	0.0
山　东	797.0	10.1	616.6	5.4	193.5	30.4
河　南	611.8	13.1	479.2	12.4	176.4	8.0
湖　北	438.9	13.3	372.1	11.5	115.2	14.5
湖　南	442.6	10.8	373.8	9.1	115.5	5.4
广　东	1767.7	9.4	1462.6	7.7	424.3	4.2
广　西	342.3	12.4	263.0	10.7	88.3	6.3
海　南	95.5	10.2	86.9	10.6	30.4	4.1
重　庆	245.8	12.6	200.7	12.7	72.6	18.7
四　川	620.0	12.8	492.1	13.5	158.2	6.3
贵　州	244.1	19.6	187.5	13.9	71.4	12.3
云　南	344.3	14.8	274.5	14.4	90.8	11.4
西　藏	32.9	39.0	29.2	20.0	19.4	39.1
陕　西	355.1	11.3	293.0	13.2	100.4	20.0
甘　肃	180.0	12.0	145.9	12.5	56.7	−5.7
青　海	54.5	18.9	43.7	17.1	24.2	12.5
宁　夏	61.1	14.4	52.4	12.9	19.1	−3.8
新　疆	246.6	16.0	190.3	16.0	83.2	8.7

附表2 2012年电信用户分省情况

省（区、市）	固定电话用户		移动电话用户		互联网宽带接入用户	
	2012年（万户）	比上年（万户）	2012年（万户）	比上年（万户）	2012年（万户）	比上年（万户）
全 国	27815.3	−694.5	111215.5	12590.2	17518.3	2518.1
北 京	883.2	−0.6	3168.0	592.1	473.7	−37.1
天 津	353.7	19.8	1325.2	89.6	204.8	18.1
河 北	1207.7	−35.0	5513.1	418.6	963.9	139.5
山 西	685.2	3.0	2764.6	317.7	504.8	88.7
内蒙古	368.3	−11.2	2550.1	234.0	274.8	43.8
辽 宁	1285.1	−67.0	4291.3	454.8	707.9	52.9
吉 林	578.8	−0.5	2257.0	252.8	364.6	57.1
黑龙江	776.1	−17.4	2663.9	287.3	435.8	50.4
上 海	902.9	−23.5	3008.3	387.7	541.0	47.5
江 苏	2387.2	16.3	7471.4	786.6	1350.7	179.7
浙 江	1882.5	−65.4	6442.6	686.6	1152.6	133.0
安 徽	1091.4	−152.5	3609.8	350.4	507.0	74.4
福 建	1017.3	2.3	4049.2	495.9	738.0	132.7
江 西	644.2	−29.8	2573.4	251.4	372.0	59.0
山 东	1854.2	−42.4	7588.9	470.9	1364.1	210.0
河 南	1288.7	−52.7	5787.6	725.6	927.6	143.1
湖 北	1003.6	−16.7	4554.1	600.4	708.0	127.9
湖 南	953.9	−57.7	4262.0	512.9	604.4	121.3
广 东	3135.8	−11.3	12468.0	1675.2	1903.6	259.7
广 西	599.3	−51.6	2884.1	351.5	507.1	92.3
海 南	173.0	−2.0	775.6	104.0	95.5	15.1
重 庆	575.7	4.5	2069.6	268.5	388.1	68.1
四 川	1347.1	−35.7	5498.2	680.3	823.0	154.6
贵 州	380.4	−23.5	2321.4	277.1	243.9	39.1
云 南	524.3	−15.8	2895.8	306.3	375.5	77.5
西 藏	40.5	0.0	235.5	39.1	17.1	4.3
陕 西	772.1	−3.4	3264.8	357.6	439.6	69.8
甘 肃	377.8	−18.7	1763.5	148.9	163.3	29.7
青 海	102.5	−1.7	537.2	73.7	49.9	8.3
宁 夏	105.0	−3.5	591.0	70.6	60.9	8.7
新 疆	517.9	−0.4	2010.6	339.6	255.0	48.9

附表3　2012年电信能力、电话普及率分省情况

省（区、市）	光缆	互联网宽带	局用交换机	移动电话	固定电话	移动电话
	线路长度（公里）	接入端口（万个）	容量（万门）	交换机容量（万户）	普及率（部/百人）	普及率（部/百人）
全　国	14805707	26835.5	43906.4	182869.8	20.7	82.6
北　京	187714	1071.8	1586.1	4734.0	43.8	157.2
天　津	108956	442.2	645.9	2045.0	26.2	98.1
河　北	647276	1491.9	1757.0	11205.2	16.7	76.2
山　西	599659	701.9	1071.2	4648.9	19.1	77.0
内蒙古	312729	514.9	863.5	5148.3	14.8	102.8
辽　宁	449596	1159.5	2107.2	6261.5	29.3	97.9
吉　林	243375	623.1	916.7	3736.0	21.1	82.1
黑龙江	397318	740.7	1371.4	5010.8	20.2	69.5
上　海	281142	650.7	3192.1	3973.0	38.5	128.3
江　苏	1565303	2173.9	4853.8	9358.7	30.2	94.6
浙　江	1009182	1677.4	2776.4	9685.2	34.5	118.0
安　徽	612215	863.8	1269.1	7220.9	18.3	60.5
福　建	570312	1110.4	1629.9	7702.9	27.4	108.9
江　西	457266	627.5	1022.6	3922.9	14.4	57.4
山　东	641658	2040.3	1168.2	11103.4	19.2	78.8
河　南	718389	1360.8	838.6	8550.4	13.7	61.6
湖　北	537604	873.5	1560.2	6805.7	17.4	79.1
湖　南	632815	933.5	1428.8	5688.4	14.5	64.6
广　东	1054583	2701.6	4360.6	20305.6	29.9	118.7
广　西	441060	678.1	1190.2	3865.5	12.9	62.1
海　南	85461	143.4	273.2	1512.4	19.7	88.5
重　庆	372289	567.3	1129.5	3715.0	19.7	71.0
四　川	835255	1020.4	1789.4	13749.2	16.7	68.3
贵　州	280581	413.0	925.0	4106.8	11.0	66.9
云　南	486971	592.5	889.3	5182.1	11.3	62.6
西　藏	63145	32.8	133.6	342.0	13.4	77.7
陕　西	385497	718.5	1165.3	4924.4	20.6	87.2
甘　肃	295386	384.1	718.9	2502.8	14.7	68.8
青　海	95510	76.6	165.0	773.0	18.0	94.6
宁　夏	66795	93.6	214.6	967.8	16.4	92.5
新　疆	370668	355.5	891.0	4122.0	23.5	91.1

2012年邮政行业运行情况

2013年1月16日　国家邮政局网站

2012年，邮政企业和全国规模以上快递服务企业业务收入（不包括邮政储蓄银行直接营业收入）完成1980.9亿元，同比增长26.9%；业务总量完成2036.8亿元，同比增长26.7%。

12月份，全行业业务收入完成185亿元，同比增长27.6%；业务总量完成208.3亿元，同比增长31.4%。

2012年，邮政函件业务完成70.7亿件，同比下降4.1%；包裹业务完成6874万件，同比下降0.1%；报纸业务完成190.2亿份，同比增长4.6%；杂志业务完成11.3亿份，同比增长5.1%；汇兑业务完成2.3亿笔，同比下降13.6%。

2012年，全国规模以上快递服务企业业务量完成56.9亿件，同比增长54.8%；业务收入完成1055.3亿元，同比增长39.2%。其中，同城业务收入完成110.2亿元，同比增长67.3%；异地业务收入完成635.5亿元，司比增长42.5%；国际及港澳台业务收入完成205.6亿元，同比增长11.3%。

12月份，快递业务量完成6.6亿件，同比增长53.2%；业务收入完成112.7亿元，同比增长32.6%。

图1 快递业务收入分月图

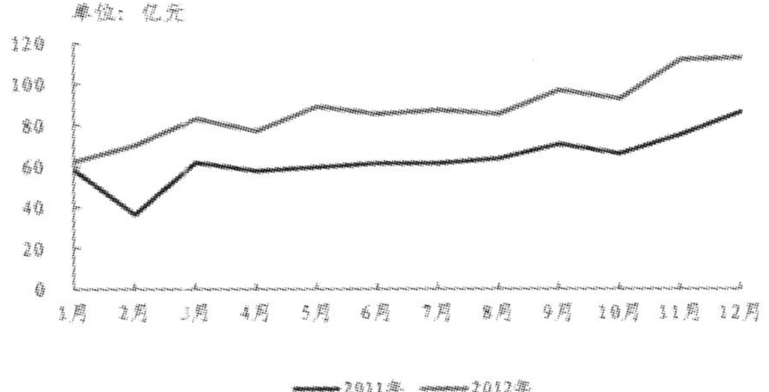

2012年，同城、异地、国际及港澳台快递业务收入分别占全部快递收入的10.4%、60.2%和19.5%；业务量分别占全部快递业务量的23.1%、73.7%和3.2%。与去年同期相比，同城快递业务收入的比重上升1.7个百分点，异地快递业务收入的比重上升了1.4个百分点，国际及港澳台业务收入的比重下降了4.9个百分点。

图2 分专业快递业务收入比较

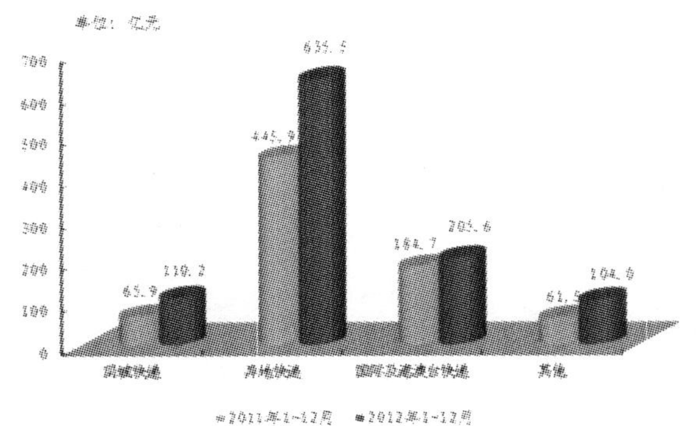

2012年，东、中、西部地区快递业务收入的比重分别为82.3%、9.3%和8.4%，业务量比重分别为81.9%、10.5%和7.6%。与去年同期相比，东部地区快递业务收入比重上升了1.2个百分点，快递业务量比重上升了2个百分点；中部地区快递业务收入比重下降了0.6个百分点，快递业务量比重下降了0.7个百分点；西部地区快递业务收入比重下降了0.6个百分点，快递业务量比重下降了1.3个百分点。

图3 快递业务收入结构图

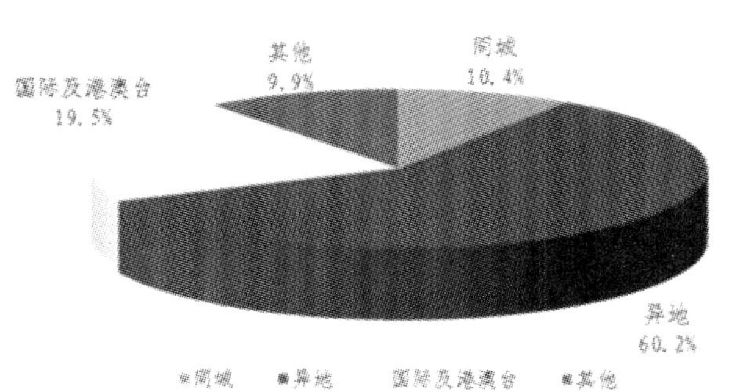

图5 东、中、西部快递业务收入结构图

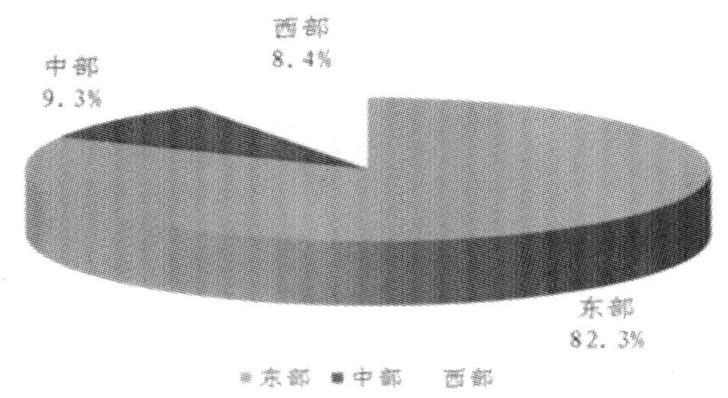

图4 快递业务量结构图

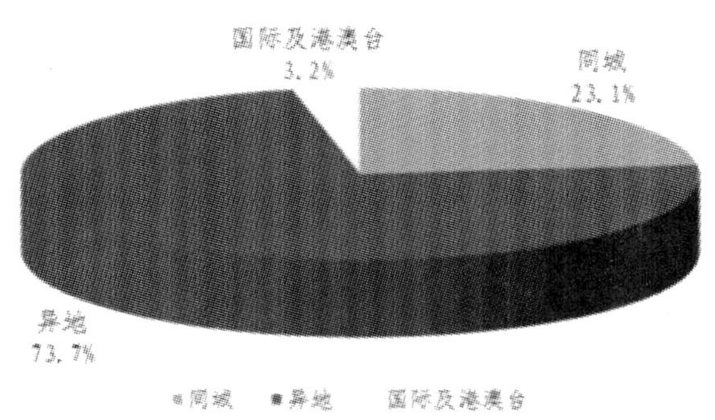

图6 东、中、西部快递业务量结构图

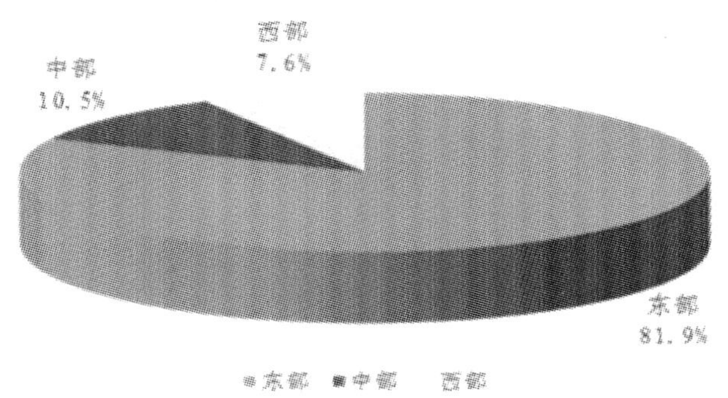

表1 全国邮政行业发展情况表

指标名称	单位	12月份		比去年同期增长（%）	
		累计	当月	累计	当月
一、邮政行业业务收入	亿元	1980.9	185.0	26.9	27.6
其中：快递业务收入	亿元	1055.3	112.7	39.2	32.6
二、邮政行业业务总量	亿元	2036.8	208.3	26.7	31.4
其中：函件	万件	707404.7	50639.0	-4.1	7.9
包裹	万件	6874.0	752.0	-0.1	-11.0
快递	万件	568548.0	65698.4	54.8	53.2
订销报纸累计数	万份	1901544.9	158811.0	4.6	4.8
订销杂志累计数	万份	113216.6	9073.0	5.1	5.2
汇兑	万笔	22879.7	1830.0	-13.6	-18.3

注：1.2012年邮政行业业务总量计算使用2010年不变单价。

2.邮政行业业务收入中未包括邮政储蓄银行直接营业收入。

表2 分省规模以上快递服务企业业务量和业务收入情况表

省（区、市）	快递业务量累计（万件）	同比增长（%）	快递收入累计（万元）	同比增长（%）
全国	568548.0	54.8	10553324.2	39.2
北京	48073.7	42.8	762737.0	21.9
天津	6364.0	24.0	144376.7	13.6
河北	12469.1	44.0	214740.6	32.3
山西	2805.3	33.7	54284.2	17.0
内蒙古	2440.0	22.3	58718.6	29.5
辽宁	7757.4	24.9	179310.6	18.5
吉林	3854.4	45.6	80722.5	27.9
黑龙江	3623.5	18.2	81909.5	14.6
上海	59905.3	46.4	1828629.3	50.1
江苏	63870.5	65.9	1034124.0	45.9
浙江	81986.8	65.1	1197342.6	41.7
安徽	9731.4	46.8	145715.8	30.1
福建	25593.8	62.4	420985.5	33.0
江西	5472.6	47.3	84144.3	26.3
山东	24731.8	34.1	419168.3	24.9
河南	12503.4	49.2	192209.6	36.8
湖北	11629.8	40.4	183033.8	33.0
湖南	10022.7	58.0	164752.9	43.3
广东	133770.5	76.7	2456278.2	50.5
广西	4395.1	25.7	87490.9	20.5
海南	1123.6	17.8	23230.1	15.2
重庆	5497.9	35.1	103426.5	34.6
四川	12814.4	25.4	225753.7	26.9
贵州	1801.0	17.4	40386.8	10.4
云南	3774.4	24.1	85357.5	21.2
西藏	320.1	12.6	12989.2	10.6
陕西	5085.0	29.0	101893.6	21.7
甘肃	1470.3	29.5	35255.3	27.1
青海	286.7	17.3	9844.1	13.0
宁夏	2967.8	337.1	52709.0	249.7
新疆	2406.0	25.3	71803.8	24.4

工业、电子信息

2012年中国工业经济运行报告

2012年12月28日 工信部运行监测协调局 中国社会科学院工业经济研究所

今年以来，面对复杂多变的国内外形势，各地区各部门按照中央提出的稳中求进的工作总基调，着力稳增长、调结构、促转型，加快落实相关政策措施，着力缓解外需萎缩和经济下行的不利影响，工业经济运行整体上由缓中趋稳向企稳回升方向发展，产业结构调整稳步推进。

一、2012年工业经济运行基本情况

据国家统计局统计，今年1－11月份，全国规模以上工业增加值同比增长10%，其中，一季度增长11.6%，二季度增长9.5%，三季度增长9.1%，四季度增速接近10%。分轻重工业看，轻工业增长10.2%，重工业增长9.8%。预计全年规模以上工业增加值比上年增长10%左右。

2012年经济运行呈现以下特点：

工业经济运行缓中企稳。尽管工业增速从去年下半年开始呈现出逐季放缓的趋势，但随着中央稳增长政策效果的陆续显现，进入下半年以来积极变化进一步增多，工业增速逐月回升，企稳态势日益明显。8月份工业增加值月度增速下滑到2010年以来最低点8.9%后， 9、10、11三个月分别增长9.2%、9.6%和10.1%。规模以上工业增加值月度环比增速在7月份后逐月加快，8、9、10、11月环比分别增长0.76%、0.84%、0.83%和0.86%，工业经济呈现出企稳回升的运行态势。

内需拉动作用明显增强。今年以来，世界经济复苏乏力，外需的持续萎缩导致我国工业品出口增速出现较大幅度回落。据国家统计局统计，1－11月份，规模以上工业企业实现出口交货值同比仅增长6.8%，增速同比回落10.5个百分点。其中一、二、三季度分别增长7.4%、6.8%和3.5%，10月份和11月份分别增长5.4%和12.2%，增速总体呈逐季放缓态势，11月份出口增速的回升主要受去年同期基数偏低的影响。在外需持续低迷的形势下，内需增势平稳，对工业增长的拉动作用明显增强。1－11月份，城镇固定资产投资和社会消费品零售总额同比分别增长20.7%和14.2%(扣除价格因素实际增长12%)，尽管受到出口低速增长的影响，规模以上工业完成销售产值同比仍保持了12.5%的增长速度。

产业结构调整稳步推进。1－11月份，高技术产业增加值同比增长11.8%，高出规模以上工业增加值平均增速1.8个百分点。新一代信息技术、高端

装备制造、新材料、节能与新能源汽车等规划发布实施。重点行业兼并重组取得积极进展，列入淘汰落后产能名单的2761家企业落后生产线大部分已关停，产业转移有序推进。工业节能减排形势进一步好转，规模以上企业单位工业增加值能耗下降幅度大于预期目标。

企业经营状况开始好转。据国家统计局统计，1-10月份，全国规模以上工业企业盈亏相抵实现利润4.02万亿元，同比增长0.5%，年内首次实现正增长，上缴税金同比增长8.5%;主营业务收入利润率为5.46%，同比回落0.53个百分点，但比前三季度提高0.1个百分点；全部从业人员平均人数9017万人，同比增长1%。

东部地区运行态势向好，中西部地区拉动作用增强。1-11月份，东、中、西部地区工业增加值同比分别增长8.7%、11.4%和12.8%。10、11两个月，东、中、西部地区工业增加值平均增速分别为8.7%、10.8%和13%，比三季度加快0.5个、1.2个和1.3个百分点。在全部规模以上工业增加值所占比重中，中、西部地区分别上升到25.2%和18.2%。1-10月份，东、中部地区规模以上工业企业实现利润同比分别由前三季度下降1.5%和1.3%转为增长0.8%、0.2%，西部地区下降0.3%，降幅比前三季度收窄3.6个百分点。

稳增长政策效应逐步显现。工业用电增速明显回升。据中国电力企业联合会统计，1-11月份，工业用电量同比增长3.4%，月度增速由9月份同比仅增长0.9%，回升至10、11月份的5.9%和7%。家电市场形势看好，1-11月份，全国(不包括山东、河南、四川、青岛)家电下乡产品销售7493万台，实现销售额2013亿元，同比分别增长22.2%和18.1%。一些先行指标呈现积极变化。据国家统计局和中国物流与采购联合会调查，制造业采购经理指数在连续4个月下降之后，自9月份以来连续三个月出现回升，11月份达到50.6%，分项指标新订单指数升至51.2%，连续两个月位于临界点以上，先行指标的持续好转说明制造业正处在企稳回升过程中。

总体来看，当前我国经济发展总的形势是好的。在国际形势复杂严峻、外需持续低迷的情况下，通过实施积极的财政政策和稳健的货币政策，及时果断地加大预调微调力度，实现了经济运行缓中企稳，与发达经济体增长普遍乏力、新兴经济体明显减速形成鲜明对比，成绩来之不易。但也要清醒认识到，经济发展面临的困难依然较多，企稳基础还不稳固，实现工业稳定增长还面临不少困难和挑战。一是外需萎缩影响短期难以根本扭转，工业品出口形势严峻。7、8两个月我国外贸出口总额同比仅增长1%和2.7%，尽管9、10月份增速回升到9.9%和11.6%，但11月份又回落至2.9%。一些劳动密集型产业和订单有向周边国家转移的趋势，部分高端出口产业面临发达国家打压，未来出口稳定增长的难度依然很大。二是受经济下行和企业盈利水平下降等因素影响，制造业投资强度下滑，在固定资产投资增速整体回升的情况下，工业投资累计增速连续5个月回落，制造业投资增速也出现连续4个月回落。1-11月份，工业投资13.9万亿元(占固定资产投资的42.7%)，同比增长21.1%，增速比上半年回落2.7个百分点;其中制造业投资11.3万亿元(占工业投资的81.3%)，同比增长22.8%，比前7个月回落2.1个百分点。三是企业经营仍较困难。近期虽然一些指标有所好转，但市场需求增长未出现明显改观，生产成本仍居高不下，企业利润持续减少，亏损增加。1-10月份，企业亏损面为15%，同比扩大3个百分点，亏损企业亏损额同比增长50.1%；每百元主营业务收入中成本支出同比上升0.28元，财务费用同比增长28.6%，高出同期主营业务收入增幅18.3个百分点，流动资产周转率下降0.1次/年。四是部分行业产能过剩问题突出，“高产能、高库存、高成本，低需求、低价格、低效益”的问题困扰着行业健康发展。目前，我国炼钢能力超过9亿吨，产能利用率仅有72%；水泥产能接近30亿吨，超过2015年25亿吨的需求预期目标。受出口受阻影响，58家多晶硅生产企业目前开工的不足10家。产能过剩问题已导致这些行业产品价格加速下滑，整体经营状况恶化。

二、2013年工业发展面临的形势

明年我国经济发展具备很多有利条件和积极因素。党的十八大胜利召开，极大地鼓舞和坚定了全党全国人民建设中国特色社会主义的信心和决心。工业化、信息化、城镇化、农业现代化深入推进，将为扩大内需、发展实体经济提供广阔的市场空间。加快创新驱动、结构调整和发展方式转变，将不断增强经济发展的协调性和可持续性。坚持不懈推进改革、扩大开放，将有力激发经济发展的活力和动力。但是也应该看到，明年国外经济形势依然复杂，不确定性不稳定性因素不断增加，经济将由高速增长向适度平稳增长过渡，总体处于阶段性调整之中，保持经济平稳较快发展、全面提高工业发展质量和效益还要付出巨大努力。

扩大内需特别是消费需求是保持经济持续健康发展的坚实基础。1-11月份，社会消费品零售总额扣除价格因素实际增速比上半年和前三季度分别加快0.8个和0.4个百分点;其中11月当月实际增速为13.6%，连续六个月实现12%以上的增长。前三季度，内需对经济增长的贡献率为105.5%，其中消费需求为55%，对经济增长的拉动力自2006年以来首次超过投资。居民收入水平的较快增长、就业市场的良好形势以及收入分配改革方案的出台将为居民消费的持续稳步增长打下良好基础。前三季度，城镇居民人均可支配收入扣除价格因素实际增长9.8%，农村居民人均现金收入实际增长12.3%，均明显高于前三季度的国内生产总值的增速。全国已有18个省市提高了最低工资标准，平均上调幅度达到19.4%。商品房销售开始有所转机，销售面积下降幅度逐月收窄，11月份首度转为正增长，1-11月累计已增长2.4%，商品房销售情况的好转将带动家电、家具、建筑和装潢等商品零售增长。节能产品、新能源汽车等促进消费的各项政策措施的推进实施也将进一步刺激居民的消费需求。但是，制约我国居民消费支出的体制性因素和结构性问题难以在短期内完全消除，收入分配改革方案推进尚需时日，消费能力扩大需要一个过程。要着力培育新型消费业态，特别是对于信息消费等增长迅猛和潜力巨大的消费热点，要加大政策支持和引导，加快扩大消费能力。

保持投资稳定增长是拉动经济增长的关键力量。1-11月份，在全社会固定资产投资规模中，新开工项目计划总投资累计增速达到28.8%，并且连续七个月出现回升，反映出未来投资增长动力在持续加强。2013年是实施“十二五”规划承上启下的重要一年，在“稳增长”的政策基调下，一批重大项目将加快开工和跟进，投资对工业增长的拉动作用将继续显现。但同时也要看到，在房地产调控政策延续的背景下，房地产投资仍然缺乏回升的动力。受出口低迷影响以及部分领域产能过剩的制约，制造业投资快速回升动力不足。从微观层面看，在市场需求低迷和综合成本上升的双重挤压下，企业盈利水平大幅下降，部分行业还出现了严重亏损，企业投资能力下降，民间资本投入实体经济意愿不足。综合来看，明年投资有望在今年增速较低的基础上基本实现平稳增长，发挥好投资在促进经济增长中的关键作用，一方面，要选准方向、优化结构、提高投资的质量和效益，另一方面，要进一步增加并引导好民间投资。

外需增长前景仍然是影响未来一个时期经济平稳运行的不确定因素。世界经济复苏将是一个长期艰难曲折的过程，国际金融危机的深层次影响还在继续显现，2013年全球经济复苏依然脆弱。近期，在各国新一轮宽松货币政策的刺激下，世界经济形势有所好转，11月份摩根大通全球制造业采购经理人指数从10月份的48.8%升至49.7%，是今年6月份以来的最高值。但总体看，欧盟、日本经济的持续低迷以及新兴经济体增速放缓，全球经济金融风险继续加大，贸易保护主义不断抬头，全球经济复苏不可能一帆风顺。10月份，国际货币基金组织将2013年全球经济增长率从7月份预期的3.9%下调至3.6%，并警告全球经济面临再度陷入衰退的风险。另外，从我国自身的对外贸易形势看，传统工业品出口竞争优势在逐渐削弱。近年来我国用工成本快速上涨，2006-2011年间，我国制造业城镇单位就业人员平均名义工资翻了一番，年均增速达到15%。与东南亚国家相比，我国劳动力成本已由10年前的偏低转变为偏高，近期部分劳动密集型产业出现向周边国家转移势头加大。10月份开幕的第112届广交会的境外采购商与会人数和出口成交额较上届广交会分别下降10.3%和9.3%，预示着未来一段时间内我国出口形势依然严峻。

总体来看，明年我国工业经济发展的基本面是好的，仍有较大的发展空间和潜力，但所面临的国内外经济形势依然复杂，不确定性、不稳定性因素不断增加。外需持续萎缩与内需增势放缓相互叠加，有效需求不足与产能过剩矛盾相互作用，长期问题与短期困难相互交织，形势仍不容乐观。

三、重点行业运行情况和发展趋势

在中央稳增长一系列政策措施的积极作用下，原材料工业生产增势止跌回升，消费品工业运行态势缓中见稳，电子制造业企稳态势明显；装备制造业由于生产周期长、调整难度大，目前尚未摆脱下行压力。从各行业总体运行态势看，进入三季度以来积极变化进一步增多，经济运行的一些主要指标增速有不同程度回升，如果能继续维持目前的运行态势，预计2013年多数行业运行状况将有不同程度改善。

原材料工业。今年以来，受房地产市场调控和基础设施投资放缓等因素的影响，原材料工业增速延续去年四季度以来的下滑趋势，上半年原材料工业增速放缓，但二季度以后，随着稳增长、扩内需政策措施的推进落实，基础设施投资力度不断加大，近期部分原材料价格有所上涨，原材料工业生产呈现出现企稳回升的趋势。根据国家统计局提供数据测算，今年1—11月份，原材料工业完成增加值同比增长10.4%，增速比去年同期回落2.3个百分点，其中一、二、三季度分别增长11.3%、9.5%、10.2%，10、11两个月平均增速为11.4%，呈现出趋稳回升的势头，预计全年增长10.5%左右。明年是实施“十二五”规划的重要一年，铁路、公路、水利等基础设施投资有望实现较快增长，但是基础设施投资扩张也将在一定程度上受到今年财政收入增速明显下滑和地方政府债务的约束，房地产调控和保障性住房计划开工数的减少使得房地产投资增长的回升幅度有限，原材料主要下游产业的投资需求难以大幅提升，而钢铁、水泥、平板玻璃等部分产能过剩的行业仍将面临较大的“去产能化”压力。同时，部分高能耗、高排放原材料产业的资源环境约束和节能减排压力将进一步加大，并且国外复杂经济形势所导致的大宗商品价格波动也会对资源进口依赖程度较高的原材料工业运行产生影响。综上分析，预计明年原材料工业增速可能与今年大体相当。

钢铁行业受有效需求不足以及产能过剩影响，将继续维持低增长、低效益状况。今年以来，受国内外经济下行的影响，钢材需求明显放缓，产能过剩问题不断凸显，钢材价格大幅下跌，企业效益显著下滑，行业运行困难较大。1—11月份，全国生产粗钢6.6亿吨，同比增长2.9%，增幅比去年同期回落6.9个百分点。国内市场需求不振，6%以上产能靠出口消化。1—11月份，国内粗钢表观消费量为6.2亿吨，同比仅增长1.7%，增幅比去年同期低8.5个百分点，比生产增幅低1.2个百分点。出口钢材5413万吨，同比增长12.7%，进口钢材1374万吨，同比下降13.5%，进出口相抵净出口折粗钢4038万吨，占粗钢产量的6.1%。在国内市场疲软的情况下，出口增长在一定程度上缓解了产能过剩压力，但也引起了较多的国际贸易摩擦。钢材价格持续下行。受市场需求疲软、产能集中释放、钢铁产品同质化竞争加剧等因素影响，钢材价格在4月初达到年内高点后连续5个月持续下跌。据钢铁协会统计，9月第一、二周国内钢材价格综合指数跌破100，9月中旬后价格出现反弹，11月末，国内钢材综合价格指数为105.32点，比去年同期下降17.01点，降幅为13.91%。利润大幅下滑。据国家统计局统计，1—10月份，冶金行业实现利润同比下降48.3%(2011年增长28.4%)；主营业务收入利润率为1.68%，同比回落1.57个百分点；其中，冶炼和压延加工业利润率仅为0.99%，同比回落1.5个百分点。企业亏损面为25.7%，亏损企业亏损额同比增长2.4倍。据钢铁协会统计，1–10月，会员钢铁企业盈亏相抵实现利润为亏损52.2亿元，全行业处于净亏损状态。产能过剩问题难解。据钢铁协会统计，我国粗钢年生产能力2009年为7.18亿吨、2010年为8亿吨、2011年为8.63亿吨，预计2012年接近或超过9亿吨。据国家统计局统计，1–11月份黑色金属冶炼及压延加工业完成投资超过4500亿元，预计又将形成产能5000多万吨。据相关媒体报道，今年仅河北唐山、邯郸两地就有 10多座高炉投产，新增产能2000多万吨。国际市场消化能力有限。据世界钢铁协会(WSA)近期预测，今明两年世界钢铁消费量将分别增长2.1%和3.2%，明显低于2011年6.2%的水平。今年1–10月份，除中国大陆外的世界粗钢产量同比下降0.5%，在世界性产能过剩的情况下，再继续扩大出口的难度必然加大。国内需求增长难有明显改观。在国家“稳增长”政策的带动下，基础设施投资将会有所增加，钢材市场特别是长材需求有望恢复，产量及消费量将小幅增长。受汽车、造船等下游用钢行业需求低迷影响，板材需求难有明显改观。同时由于铁矿石等原料价格上涨压力较大，产品同质化竞争加剧，以及产能严重过剩等因素影响，预计明年钢铁行业高成本、低增长、低利润的局面仍将持续。

有色金属工业生产将呈稳定增长的态势，效益状况有所改善，但回升动力依然不足。1–11月份，有色金属行业增加值同比增长14%，增速与去年同期持平。十种有色金属产量3384万吨，同比增长8.4%，增速比去年同期回落1.9个百分点，其中电解铜、电解铝的产量分别增长7.9%和12.3%。盈亏状况大幅下滑，铝冶炼行业整体亏损。1–10月份，实现利润1475亿元，下降16.2%，降幅比前三季度收窄3.4个百分点；主营业务收入利润率为3.98%，同比回落1.39个百分点；其中冶炼和压延加工业利润率为2.78%，同比回落1.3个百分点，其中铝冶炼行业(包括氧化铝企业)盈亏相抵净亏损13.5亿元；企业亏损面为19.2%，亏损企业亏损额同比增长1.5倍。有色行业利润下降的直接原因是国内外市场有色金属价格下降，而电力、能源等价格上涨及利息支出等财务费用大幅度增加；根本原因则是由于部分产品产能过剩，企业拥有的自备矿山原料和自备能源的比重低，具有竞争优势的高附加值产品较少等结构性问题。投资结构有所改善。1–11月份，有色金属行业完成固定资产投资同比增长17.7%，增幅同比回落14.8个百分点，其中冶炼项目同比下降0.5%，矿山和压延加工业投资分别增长17.9%和41.7%。预计明年整体运行环境可能好于今年。随着基础设施投资加快、“十二五”国家战略性新兴产业发展规划和节能产品惠民工程的出台落实，对有色金属尤其是有色金属精深加工产品的消费需求将进一步加大。在各国货币宽松政策刺激下，国际市场有色金属价格将继续呈现震荡格局，但年均价格可能好于今年，企业经营困难将有所缓解。但家电下乡政策退出、部分中低端产品产能过剩、淘汰落后产能压力和国际金融市场的不稳定等因素，也将对明年有色金属行业的发展形成制约。明年，有色金属行业运行状况基本平稳，结构调整力度将进一步加大。

建材行业运行已经显现出趋稳回升的态势。1–11月份，建材行业增加值增长11.6%，增速同比回落8.5个百分点。据建材工业联合会统计，全国水泥产量20.3亿吨，同比增长6.7%；平板玻璃6.65亿重量箱，同比下降6.1%。产品结构进一步优化，低能耗制品保持较快增长。商品混凝土和水泥混凝土排水管、压力管、电杆产量分别增长14%、59.6%、14.4%和17.6%，钢化玻璃、夹层玻璃、中空玻璃产量分别增长12.8%、8.1%和41.9%，玻璃纤维纱增长10.7%，低能耗制品对建材行业增长贡献率接近一半。利润降幅收窄。1–10月份，建材行业实现利润同比下降5.2%，降幅比1–9月缩小3个百分点。水泥、平板玻璃价格企稳回升迹象明显。11月份，重点建材企业水泥月均出厂价348元/吨，比10月份上涨1.1元/吨，同比下降10%，平板玻璃月均出厂价

64.3元/重量箱，比10月份上涨0.6元/重量箱，已连续4个月回升。产能过剩问题突出。建材行业在经历了前几年井喷式发展之后，水泥和平板玻璃等传统行业产能过剩问题不断凸显，产销不畅问题较为突出，“去库存化”、“去产能化”任务依然繁重。如果房地产市场不出现明显好转，明年建材行业生产增速可能与今年大体相当，继续保持在适度的增长区间。

石化行业总体将呈现缓中趋稳态势，但产能严重过剩和国际市场原油价格波动将影响行业平稳运行。今年上半年石化行业经济增速持续回落，下行压力很大，进入三季度，行业经济呈现触底趋稳发展态势。1-11月份，石化行业增加值同比增加8.1%，增速比去年同期回落2个百分点；其中化工行业增加值同比增长12%，11月当月增速为13%，连续三个月加快增长；主要产品中，乙烯、烧碱、纯碱产量分别增长-2.6%、4.1%和5.5%，增速比去年同期分别回落10个、11.4个和7.4个百分点。产业结构进一步优化。合成材料和有机化学原料产值在全化工行业中所占比重分别到22%和16.5%，同比提高1.7个和1.2个百分点；全钢子午胎产量达到6.4亿条，子午化率达到87.4%。技术密集型行业投资大幅增长。全年化工行业投资约增长33%左右，其中合成材料投资增幅接近60%，有化学原料投资增幅将超过60%，其他基础化学原料增幅接近70%。企业利润降幅收窄。1-10月份，石化行业实现利润总额同比下降8.7%，降幅连续三个月收窄。产能过剩问题突出。从今年9月份的装置平均利用率看，甲醇约为55%，烧碱约为75%，纯碱约72%，聚氯乙烯约60%，一些企业陷入了装置“开工亏损、不开工更亏损”的尴尬境地。明年市场需求将有所回升，但仍面临较大不确定性。预计明年房地产、建筑、汽车、轻工等行业的小幅回暖，将增加对成品油、合成材料、涂料等部分石化产品的市场需求。但受国际需求疲软，生产成本高企、产能过剩问题突出等因素影响，石化行业经济运行总体难以出现大幅改观。同时节能减排压力在不断加大，而以原油为代表的国际大宗商品价格波动使得高度依赖资源进口的石化行业运行面临较大的不确定性。近期我国出台了对页岩气开发利用的支持政策，未来页岩气、页岩油将成为行业投资的重点领域，并将带动天然气管网和储气库投资力度加大。预计明年石化行业将保持缓中趋稳的发展态势。

装备工业。受固定资产投资增速放缓和出口持续下滑影响，装备工业整体运行仍未摆脱下行压力。据国家统计局统计，今年1-11月份，装备制造业增加值同比增长8.2%，明显低于全部规模以上工业，增速比去年同期大幅回落7.2个百分点。其中，一、二、三季度同比分别增长9.1%、9.1%和7.6%，10月份、11月份分别增长6.5%和7.4%。订单下滑明显。受市场需求增速放缓影响，装备制造业新增订单数量明显萎缩。从机械联合会重点联系企业订单情况看，去年全年累计新签订订单同比仅增长6%，而今年累计已呈现负增长局面，其中工程机械、船舶、机床、载重汽车、发电设备订单下滑最为明显。出口增速大幅回落。1-11月份，装备制造业出口交货值同比仅增长1.3%，比去年同期大幅回落20.2个百分点，其中，一、二季度分别增长6.7%和3%，三季度下降1.9%，7月份以来已连续五个月同比负增长，11月份下降1.8%。盈利状况下滑。1-10月份，装备工业实现利润9053亿元，同比增长2.1%(2011年增长20.8%)，其中汽车工业同比增长8 %，扣除汽车工业利润，其他行业利润合计下降1.4%；主营业务收入利润率为6.31%，同比回落0.4个百分点；企业亏损面为14.7%，亏损企业亏损额775亿元，同比增长71.7%。机遇与挑战并存，前景仍不乐观。明年是深入贯彻落实工业转型升级规划和战略性新兴产业发展规划的关键一年，高端装备制造业将迎来重要的发展机遇期。同时，铁路、水利等基础设施领域投资的加快将拉动工程机械等行业增长，发电设备中的水电设备和输变电设备中特高压输变电有一定增长空间。但总体来看，需求好转尚不明显，出口形势难有根本改善，同时，我国装备制造业面临的中低端产品产能过剩、高端产品研发能力和产业化能力弱等问题，导致行业同质化竞争进一步加剧，美国等发达经济体实施再工业化战略也对我机电产品出口将形成一定挤压。预计明年装备工业整体运行情况要好于今年，增加值增速高于今年。

汽车行业将维持小幅增长。汽车产、销克服了去年以来市场刺激政策退出等不利因素的影响，扭转了年初负增长局面，呈现出企稳回升的态势。据汽车协会统计，今年1-11月份，全国汽车累计产、销量分别为1748万辆和1749万辆，同比分别增长4.5%和4%，其中乘用车产、销量分别增长7.3%和7.1%，商用车产、销量分别下降5.7%和6.8%。自主品牌乘用车增势基本平稳，在国内市场份额中占比有所下降。1-11月份，自主品牌乘用车销售580万辆，同比增长4.9%，占乘用车市场销量的41.3%，占比同比下降0.8个百分点；其中自主品牌轿车销售270万辆，同比增长1.5%，占轿车市场销量的27.8%，占比同比下降1.3个百分点。低排量轿车市场份额略有下降。1-11月份，1.6升及以下轿车销售690万辆，同比增长6.1%，占轿车销售量的比重为70.8%，同比下降0.1个百分点。出口保持较快增长，单车出口金额不到进口汽车的1/3。据汽车协会统计，1-11月份出口汽车96.5万辆，同比增长27.2%，全年有望突破100万辆。另据海关统计，1-10月份，累计进口汽车97万辆，进口金额410亿美元，同比分别增长17.9%和20.3%；累计出口汽车85.1万辆，出口金额114亿美元，同比分别增长21%和28.1%，出口汽车单价仅为进口汽车的31.7%。产业集中度提升。1-11月份，汽车销量排名前十位的企业集团销量合计为1533万辆，占汽车销售总量的87.6%，比去年同期提高0.5个百分点。新能源汽车有望成为新的增长点，但整个汽车行业发展面临资源和环境等瓶颈制约。扩大内需政策以及节能与新能源汽车产业发展规划等措施效果将逐步显现，同时不断升级的消费结构和居民收入水平的稳定增长将持续拉动汽车需求，为汽车行业的长期稳步发展提供良好支撑。但是，在经历十年年均产销25%以上的高速发展之后，汽车行业正步入新一轮的调整周期，同时，北京、广州等城市出于治堵考虑采取了汽车限购措施，所带来的示范效应也对汽车行业发展形成制约。

全球船舶市场持续低迷，船舶行业进入深度调整周期。在全球经济、贸易增长放缓的大环境下，航运市场持续低迷，造船三大指标持续全面下降，经济效益呈回落走势，运行状况日益恶化。生产大幅下滑，行业经营状况恶化。据船舶协会统计，1-11月份，全国造船完工5055万载重吨，同比下降18.2%。1-10月份，中国船舶工业协会重点监测的船舶企业实现利润总额同比下降55.6%。市场加速萎缩，手持订单大幅减少。1-11月份，新承接船舶订单量1704万载重吨，其中出口订单1334万载重吨，同比分别下降49.4%和46.9%；截止11月底，手持船舶订单量11335万载重吨，其中出口订单9385万载重吨，同比分别下降30.3%和31.3%。考虑到订单高度集中在少数大船厂手里，绝大多数中小型船厂面临开工率不足。同时，全球订单量降到新的低点，到11月底全球手持船舶订单量降到4721艘、2.7亿载重吨，较去年底下降25%。受航运市场持续低迷影响，交船难度日益增大。统计数据显示，截止2011年底，我国手持船舶订单15445万载重吨，其中2012年应交付船舶8962万载重吨，到11月底仅交付5055万载重吨，预计全年交付量不到6000万载重吨，约有3000万载重吨船舶撤单或延期交船。在全球经济增速放缓的大环境下，受国际航运市场持续低迷，以及造船业发展周期影响，明年我国船舶工业生产经营形势更加严峻。

消费品工业。今年以来，受出口萎缩、成本上涨等因素影响，二季度消费品工业生产增速明显放缓，从总体运行态势看，受国内需求平稳增长的支撑，二季度以后呈现出缓中企稳的发展势头。根据国家统计局提供数据测算，今年1-11月份，消费品工业增加值同比增长11%，增速比去年同期回落3.1个百分点，其中，一季度增长14.3%，二季度增长10.2%，三季度增长10%，10月份、11月份均增长10%，增速趋于稳定。出口增速呈现止跌回升。1-11

月份，消费品工业实现出口交货值同比增长6.8%，比去年同期回落9.1个百分点，其中，一、二、三季度分别增长6.3%、5.7%和7%，10月份、11月份分别增长7.2%和9.4%。内需稳定增长将支撑消费品工业继续保持良好发展态势。着力扩大内需特别是消费需求仍将是明年宏观调控政策的基本取向，在继续完善促进消费政策和努力提高城乡居民收入水平等一系列宏观调控措施的引导下，消费对工业增长的贡献率将进一步提升。但是，明年全球经济形势依然复杂，出口依存度较高的轻纺工业面临的外部环境仍然严峻，出口状况难以出现明显改观。综合来看，预计明年消费品工业增速可能与今年大体相当。

轻工行业生产形势总体保持平稳。今年1-11月份，轻工行业增加值同比增长11.1%，高于全部规模以上工业1.1个百分点，但比去年同期回落4个百分点。其中，8、9、10和11四个月分别增长9.9%、9.7%、9.6%和10%，轻工行业运行逐渐趋于平稳。食品行业增势基本平稳，但其他行业下滑幅度较大。在轻工行业中，农副食品加工、食品、饮料等行业增加值合计占轻工行业规模以上工业增加值的比重接近47%，同比增长13.2%，快于轻工行业增加值增速2.1个百分点；扣除食品行业，轻工其他行业合计增长9.3%。出口增速回升。出口交货值同比增长8.5%，增速同比回落7.3个百分点；其中一、二、三季度分别增长7.3%、8.5%和9.4%，10月份、11月份分别增长7.9%和11.1%。扶持中小企业的政策效果显现。1-10月份，轻工规模以上中型、小型企业利息支出同比分别增长22%和28.3%，比一季度均回落21个百分点，比上半年分别回落9.3个和12.3个百分点。利润保持较快增长。1-10月份，轻工行业实现利润7981亿元，同比增长17.9%；主营业务收入利润率为5.66%，同比提高0.12个百分点；企业亏损面为12.1%，亏损企业亏损额同比增长31.6%。消费环境将进一步改善。在国内经济企稳回升，国家实施的各项稳增长政策效果逐渐显现的大背景下，轻工行业发展面临的政策与市场环境将进一步改善。但同时，劳动力成本刚性上涨、人民币汇率升值压力加大使得长期以来的低成本发展模式受到挑战，同时还面临需求不足、贸易壁垒、技术创新能力不足、自主品牌缺乏等突出问题，如何确保食品安全也是面临的突出问题之一。由于前期刺激消费政策提前释放了消费能力，新的扩内需政策可能出现边际效应递减问题，预计明年轻工行业生产增速基本保持平稳。

纺织行业面临的形势仍然严峻。受出口萎缩影响，纺织行业生产增速逐季回落。1-11月份，我国纺织行业增加值同比增长10.5%，增速与去年同期持平，其中一、二、三季度分别增长13.1%、10%和9%，10月份和11月份分别增长10.2%和9.6%。投资增幅回落，中部地区投资强度高于其他地区。1-11月份，我国纺织行业完成固定资产投资7057亿元，同比增长15.7%，增幅同比回落19个百分点，其中中部地区投资增长16.9%。利润下滑明显。1-10月份，纺织行业实现利润同比增长2.1%，增速比1-9月加快1.7个百分点，但比去年同期大幅回落26.9个百分点；主营业务收入利润率为4.55%，同比回落0.34个百分点；企业亏损面为15.7%，亏损企业亏损额同比增长62.7%。其中，化学纤维制造业实现利润同比下降45.7%，主营业务收入利润率为2.48%，亏损企业亏损额同比增长96.5%。国内外棉花价差过大，棉制产品出口竞争力受到严重削弱。去年第四季度以来，国内外棉花价差不断拉大。据有关市场监测数据显示，11月16日，328棉花价格为18788元/吨，与国际1%关税后的折人民币棉价(13116元/吨)差已经达5672元/吨。国内外棉价差持续拉大，严重削弱了我国棉纺织产业链的国际竞争力，1-10月份我国棉纺织品及服装出口额同比仅增长1.2%，低于上年同期15.1个百分点。国际市场萎缩，出口形势严峻。从我国纺织品服装的主要出口市场情况看，前三季度，美国从全球进口纺织品服装总额同比下降1.1%，欧盟进口额下降6.3%，日本进口同比仅增长1%(增速同比下降13.7个百分点)。受国际市场需求不足、成本上升等因素影响，前三季度我国在欧盟和日本纺织品服装进口中所占的份额为40.4%和

72.7%，同比分别下降了0.8个和2个百分点。1-11月份，纺织行业完成出口交货值同比仅增长2.4%，增速同比回落13.3个百分点。另据海关统计，1-11月份，我国纺织品服装出口2308亿美元，同比仅增长2.1%，扣除价格因素实际为负增长(前10个月出口价格同比上升3.4%，扣除价格因素纺织品服装出口量同比下降0.9%)。出口需求不振、综合生产成本上升、传统比较优势减弱将继续影响纺织行业运行态势。尽管目前纺织行业生产情况基本平稳，但是也存在着出口明显萎缩、经济效益大幅下滑等突出问题。同时，用工等生产要素成本上涨、人民币汇率升值压力、国际贸易壁垒、国内外棉花价差持续扩大等因素也将继续困扰纺织行业的发展，明年纺织行业不大可能比今年增长更快。

电子制造业。我国电子制造业对外依存度高，行业运行与国际形势紧密关联，出口不振导致今年以来电子制造业生产增速出现明显回落，尽管四季度在出口增长回升拉动下生产增速有所加快，但仍存在很大的不确定性。1-11月份，电子制造业增加值同比增长11.6%，增速同比回落4.3个百分点，其中8、9、10和11四个月分别增长9.9%、10%、10.1%和12.6%，电子制造业生产增速逐月加快。出口有所恢复。1-11月份，完成出口交货值同比增长11.6%，增速比去年同期回落3.3个百分点，其中一、二、三季度分别增长8.6%、13.6%和6.2%，8月份以后月度增速明显回升，11月份当月增长23.2%。盈利状况有所好转，但利润率仍处较低水平。1-10月份，电子制造业实现利润同比增长10%，增速比前三季度加快4.3个百分点；主营业务收入利润率仅为3.1%，比全部规模以上工业企业低2.36个百分点，企业亏损面达24.7%。明年，国际经济形势依然复杂，世界经济复苏缺乏动力，在日趋激烈的市场竞争中，长期处于产业链中低端的我国电子制造业所面临的发展环境仍然严峻。

四、“稳增长、调结构、转方式、增效益”将是2013年工业通信业经济运行工作的主旋律

明年是全面贯彻落实党的十八大精神的开局之年，是实施“十二五”规划承前启后的关键一年，是为全面建成小康社会奠定坚实基础的重要一年。要全面贯彻落实党的十八大精神和中央经济工作会议部署，以科学发展观为指导，继续坚持稳中求进的工作总基调，围绕走中国特色新型工业化、信息化、城镇化和农业现代化道路，按照形成新的经济发展方式的要求，加快推进工业转型升级，加快构建现代产业体系，加快推动信息化和工业化深度融合，更加注重科技创新驱动作用，更加注重大中小微企业协同发展，进一步优化企业发展环境，着力提升发展的质量和效益，实现工业通信业平稳较快发展。

(一)加大对实体经济支持力度，夯实稳增长基础。在维持宏观政策连续性和稳定性、增强调控的针对性、有效性和前瞻性的同时，要切实加大对实体经济发展支持力度，改善不利于实业发展的环境。改造提升传统产业，培育发展战略性新兴产业，加快发展生产性服务业。把化解产能过剩问题作为结构调整的工作重点，通过扩大和创造国内需求，消化一批产能；通过支持企业增强跨国经营能力，加快走出去，向境外转移一批产能；通过优化产业组织结构，推动企业兼并重组，整合一批产能；通过严格执行环保、安全、能耗等市场准入标准，下决心再淘汰一批落后产能。加大对企业技术改造的支持力度，建立健全技术改造的长效工作机制，营造全社会支持企业技术改造的环境。加大对装备制造业等投入，研究实施“强基工程”，提高基础配套能力。

(二)实施创新驱动发展战略，提升产业核心竞争力。强化企业创新主体地位，积极吸收国际创新资源和创新成果，加快推动重大技术突破。更多运用市场化工具和手段推进结构调整，进一步发挥产业政策的导向作用，持续加大对关键领域自主创新的投入力度，加快实施重大产业创新发展工程，大力支持高端装备研发。围绕重点领域发展需求，积极培育战略性新兴产业、先进制造业，更加注重研

发、设计、品牌、营销等环节，更加注重工业关键技术创新，发展高新技术装备制造业，深化原材料产品加工发展，创新消费品行业商业模式，在一些关键领域形成国际核心竞争力和新的增长点。

(三)推进“两化”深度融合，着力增强信息化对经济社会发展的支撑和引领作用。针对我国信息基础设施建设滞后，信息资源开发利用水平不高，信息通信技术在推动经济社会发展中的潜力尚未充分发挥等突出问题，加大政策支持力度，加快构建下一代国家信息基础设施，采取有效措施，大力支持发展现代信息技术产业体系。加强信息化的统筹协调和顶层设计，健全信息安全保障体系，推进信息网络技术在经济社会各领域的广泛运用和全面覆盖。实施两化深度融合推进工程，提升重点行业整体两化融合水平。进一步加大信息技术对传统产业的改造提升力度。

(四)着力优化中小企业发展环境，增强中小企业发展的活力和内生动力。进一步加大结构性减税政策力度，扩大企业受惠面。实施中小企业和个体工商户结构性减税政策，扩大中小企业减征所得税对象和应税所得额范围。加快出台政府采购扶持中小企业政策。研究减轻企业特别是小微企业社会保险缴费负担的相关政策。调整和优化消费环节税收结构，进一步拉动消费需求。进一步减轻企业税费负担，对符合产业政策方向、暂时陷入困境的企业，建议在一定期限内采取减缓政策。放宽金融企业市场准入门槛，落实民间资本创办村镇银行、股份制金融机构政策。鼓励发展直接融资市场，拓展多渠道融资，营造实体经济和中小企业发展的良好环境。

2012年石油和化学工业运行情况分析

2013年2月17日　国家发改委原材料司

2012年，石油和化学工业经济运行基本保持平稳，但是受产能过剩、财务成本高企、出口不顺等因素影响，全行业整体效益呈现下滑。2013年全行业要继续贯彻落实十八大和中央经济工作会议精神，坚持稳中求进，积极推进产业结构调整，深入实施创新驱动发展，全面促进生态文明建设，提高经济运行质量和效益，保持全行业平稳健康发展。

一、 2012年行业运行情况分析

（一）经济运行克服下行压力，逐步企稳回升。2012年，石油和化学工业增加值同比增长（下同）8.29%，其中化工增长12.1%；全行业规模以上企业累计实现主营业务收入11.85万亿元，增长10.9%，其中化工为7.08万亿元，增长12.7%；从业人数680万，增长3.1%。

行业经济运行呈现明显企稳回升态势，据石化联合会统计，2012年前7个月，行业总产值增速持续回落，7月份达最低增速4.2%，8月份以后逐月加快，11月份同比增幅达16.1%；从产值分季度看，一季度增长16.1%，二季度增长9.5%，三季度增长7.4%，四季度为15.3%。

（二）主要产品产量保持增长，部分产品售价

降幅较大。2012年，主要化学品总产量达4.59亿吨，同比增长8.0%。大部分产品增长平稳，农化产品产量增长较快，对保障国家粮食安全发挥了积极作用。全年原油产量2.07亿吨，增长1.9%；天然气产量1067.1亿立方米，增长6.7%；原油加工量4.68亿吨，增长3.7%；成品油加工量2.82亿吨，增长5.5%；乙烯产量1486.8万吨，增长-2.5%；甲醇产量2640.3万吨，增长15.1%；农药（折100%）、化肥产量（折纯）分别达到354.9万吨和7432.4万吨，同比分别增长19.0%、10.9%，

从全年价格走势看，涨势呈现趋缓态势，但缓中趋稳。进入第4季度后，价格有走暖迹象，但一些大宗品种如基础无机原料、有机化工原料、合成树脂等市场均价格降幅仍较大，纯碱、电石、甲醇、PVC、磷肥等产品价格长期在历史低位徘徊。

（三）产业结构和区域结构进一步优化。2012年，合成材料和有机化学原料制造业产值占化工行业比重分别达到18.2%和16.3%，同比提高1.6和1.1个百分点；全钢子午胎产量超过7000万条，子午化率达到87.4%，提高0.3个百分点；离子膜烧碱占烧碱产量比重85.1%，提高4个百分点。

2012年，东、中、西部产值分别增长11.7%、11.8%、14.4%，中西部地区增长较快，其中宁夏、广西和内蒙产值增速分别达到62%、31.1%和20%；中西部地区产值占比继续上升，达38.4%，同比提高0.3个百分点。

（四）投资保持较快增长，企业效益明显下滑。据石化联合会统计，2012年，全行业完成固定资产投资1.76万亿元，增长23.1%，增速高出全国2.5个百分点，与2011年基本持平。其中：技术密集型行业投资大幅增长，合成材料投资增长54.5%，有机化学原料增长60.1%，均远高于化工行业27.9%的投资平均增幅；民营投资增速加快，增幅达46.3%，占全行业比重为25.4%，分别比上年提高17个和4个百分点。

2012年全行业实现利润总额7980亿元，同比下降0.7%，其中化工为3848.9亿元，同比下降4%。从行业效益分季度看，一季度同比下降15.0%，二季度降幅15.8%，三季度收窄至5.5%，四季度实现正增长25.6%。其中，炼油行业盈利3.6亿元，12月份当月盈利，扭转连续16个月亏损局面；合成纤维单体亏损5.3亿元，去年同期盈利124.2亿元；磷肥行业利润下降25%，合成材料制造下降25.4%，信息化学品制造下降86.9%。

（五）对外贸易逆差扩大，对外依存度进一步提高。据海关统计，2012年全行业实现进出口总额6375.94亿美元，增长5.1%，占全国进出口贸易的16.5%。其中进口总额4640.1亿美元，增长6.7%；出口总额1735.9亿美元，增长0.8%；累计逆差2904.2亿美元，同比扩大10.6%。

进口产品中，仍以油气、化学矿为主，油气对外依存度进一步提高。2012年，进口原油2.71亿吨，同比增长7.3%，对外依存度为56.4 %，同比提高1.3个百分点；进口天然气407.7亿立方米，增长29.9%，对外依存度 26.2%，提高4.2个百分点；进口化学矿1228.9万吨，增长14.9%。

出口产品中，橡胶制品占比最大，占全行业出口总额的25.3%。橡胶制品出口金额438.7亿美元，同比增长7.2%，化肥出口1814.1万吨（实物量），下降3.3%。

（六）行业运行存在的主要问题。2012年，行业经济运行虽然实现了平稳增长，但是增速下滑，行业主营业务成本增长高于主营业务收入增长1.8个百分点，财务费用同比增长40.8%，成本居高不下，经济效益降幅很大。究其原因，主要是经济下行压力加大，内外需减弱；自主创新能力不强，缺乏新的投资增长点；过剩行业仍在扩大产能，同质化产品市场竞争激烈等。据专业协会统计，到2012年底，我国尿素产能过剩约1800万吨；磷肥(折纯)产能超过国内需求1000多万吨；氯碱行业全年装置利用率约70%，聚氯乙烯装置利用率约60%；甲醇装置开工率约50%；电石行业新增产能约400万吨，远超过全年淘汰127万吨产能，装置利用率约76%。

二、2013年形势展望

2013年国际经济形势依然复杂多变，世界经济低速增长态势仍将持续，而国内市场潜力巨大，社会生产力基础雄厚，经济社会发展基本面长期趋好有利条件没有变。中央经济工作会议提出了2013年要加强和改善宏观调控，促进经济持续健康发展等六项任务，并强调要继续把握好稳中求进的工作总基调，坚持扩大内需，抓好“三农”工作，推动城乡一体化发展，实施国家创新战略，加大结构调整力度，着力保障和改善民生，发挥投资对经济增长的关键作用，全面深化改革，提升开放型经济水平。

预计2013年，国内消费市场总体保持平稳增长，能源和主要大宗化工产品市场需求将有所加快，传统产业的技术改造和升级以及战略性新兴产业的投入将继续加大，全行业投资仍将保持较快增速。总体判断，2013年石油和化工行业经济运行总体将保持平稳，回升势头将进一步巩固，上半年依然有下行压力，下半年“稳中趋好”。

三、2013年重点工作

2013年石化化工行业管理工作要全面贯彻落实党的十八大和中央经济工作会议精神，以科学发展观为指导，以转变经济发展方式为主线，通过规划、政策和标准等措施，引导行业创新驱动、调整结构、节能减排、淘汰落后、化解产能过剩，做好化学品的源头管理和制度建设，提高经济运行质量和效益，促进行业转型升级，推动石化化工行业绿色、低碳和全面可持续发展。

（一）加强规划指导，做好技术改造工作。继续贯彻落实《石化和化学工业“十二五”发展规划》，并着手开展规划中期评估。根据“十二五”行业发展规划及新形势变化，研究制订企业技术改造重点、方向及领域，鼓励企业实施提升质量、科技创新、节能减排、安全生产、两化融合等方面的技术改造，化解一批过剩产能。

（二）推动制度建设，强化行业准入管理。推进实施全球化学品统一分类和标签制度（GHS），完善化学品的危险性公示制度。开展绿色轮胎标识制度建设，提升轮胎行业管理水平和产品档次。进一步落实铬化合物生产建设许可管理制度，加强事前、事中管理，从源头防治铬渣污染。完善农药生产许可管理制度，提高农药行业集中度，进一步提升高效、低毒、低残留农药的比例。规范化工园区建设条件，提升化工园区在促进化工产业集聚、集约、环境友好发展方面的主体作用。

（三）做好大气污染防治工作，推动行业可持续发展。加强行业标准制修订工作，并通过市场准入标准规范企业行为，提高产品质量、技术、能耗及环保等准入标准，规范企业投资和经营行为，淘汰一批落后产能。按照国家大气污染防治工作总体安排，加强行业准入，推行清洁生产工艺，强化源头和过程管理，减少“三废”和二氧化碳排放，积极倡导和推进责任关怀，推动行业绿色、低碳发展。

（四）加强农化保障，确保化肥农药供给。加强对化肥、农药行业生产经营情况的监测，结合农业生产实际，稳定生产，保障供应。积极帮助企业落实好生产和经营所需外部条件。积极研究化肥储备制度，改善储备结构，推动建立以生产企业为主的储备机制。加快推进合成氨、磷铵行业准入条件的实施，化解产能过剩的矛盾，促进氮肥、磷肥行业健康发展。

（五）实施科技创新战略，推动化工新材料发展。制订并发布《关于促进碳纤维产业健康发展的指导意见》、《氟化工产业政策》以及支持膜材料发展的相关政策。通过政策扶持和引导，推动一批化工新材料企业进一步提高产品质量和档次，提升国际竞争力。

（六）加强调查研究，提高行业经济运行质量。与行业协会密切配合，积极做好行业运行监测工作，及时发现并解决行业经济运行中的问题，提高运行质量和效益。努力维护公平贸易，创造良好的市场环境和进出口环境，通过扩大内需，消化一批过剩产能，提高资源保障能力。加强钛白粉、化工园区、轮胎标识、化工新材料等行业的调查研究工作，积极开展行业热点、难点、前瞻性问题研究。

2012年钢铁工业运行情况分析

2013年2月8日　　工业和信息化部网站

2012年，受国内外经济增速放缓、产能过剩和财务成本居高不下等因素影响，我国钢铁企业生产经营再次陷入低迷，钢铁工业进入转型升级的“阵痛期”。

一、我国钢铁工业运行情况

（一）粗钢产量小幅增长，区域发展不均衡。2012年，全国累计生产粗钢71654万吨，同比增长3.1%；产生铁65791万吨，增长3.7%；产钢材（含重复材）95186万吨，增长7.7%，同比增速分别回落4.2、4.7和2.2个百分点。从各地区看，新疆、贵州、福建、吉林、云南、广西等地粗钢产量增速超10%；山西、江苏、河北等省粗钢产量同比分别增长9.4%、8%和6.2%，高于全国平均增速；而天津、上海等经济发达地区及重庆、湖南等产能集中度较高省市产量下降超过7%。

（二）钢材净出口增速平稳，铁矿石价格近期快速反弹。2012年，我国累计出口钢材5573万吨，同比增长14%；进口钢材1366万吨，下降12.3%；进口钢坯36万吨，下降43.3%；坯材合计折合净出口粗钢4207万吨，同比增长26.3%，增速与上年基本持平。2012年全国累计进口铁矿石74355万吨，同比增长8.4%，进口均价128.6美元/吨，同比下降35.4美元/吨。月均矿价在10月份跌至年度低点104.9美元/吨后开始回升，特别是近1个多月来，矿价快速反弹，到2013年1月份成交价迅速攀升至150美元/吨以上。

（三）钢材价格大幅下跌，长材价格跌幅明显。2012年钢材价格水平总体低于上年。尤其是从4月中旬开始，市场出现连续大幅下跌，价格一度跌至1994年水平，12月底，中国钢铁工业协会钢材综合价格指数为105.3点，较年初下降15.2个点，下降12.6%。从产品结构来看，长材（螺纹钢、线材等）价格跌幅大于板材（薄板、中厚板等），长期的“长强板弱”态势有所转变。截止2012年末，三级螺纹钢全国均价为3808元/吨，较上年同期下跌672元/吨；3.0mm热轧均价为4081元/吨，下跌273元/吨。

（四）钢材社会库存持续下降，钢铁企业库存压力大增。2012年国内钢材社会库存呈持续下降趋势，从2月份开始连续9个月环比下降，至12月末，全国主要钢材市场社会库存1188万吨，比年内最高点下降706万吨，比上年同期也减少了102万吨。钢材社会库存持续下滑将市场供需矛盾压力传导至生产企业，去年钢铁企业钢材库存一直处于高位，其中7月份达到历史最高点1232万吨，截止2012年11月中旬，钢铁企业库存1064万吨，较2011年同期上升6.1%。

（五）企业效益大幅下滑，固定资产投资明显回落。2012年80家重点大中型钢铁企业累计实现销售收入35441亿元，同比下降4.3%；实现利润15.8亿元，同比下降98.2%，销售利润率几乎为零（只有0.04%）。2012年钢铁行业固定资产累计投资6584亿元，同比增长3%，其中黑色金属冶炼及压延加工业投资5055亿元，同比下降2%，增速明显回落。

二、钢铁工业运行存在问题

（一）下游消费需求增幅回落，产能过剩进一

步凸显。2012年，全国房地产开发投资比上年名义增长16.2%，增速同比回落11.9个百分点；机械、汽车、家电行业工业总产值（产品产量）增幅也有较大回落，钢铁市场需求疲软的态势一直延续，粗钢产能利用率仅达到72%。

（二）矿价走势强于钢价，钢企处于被动地位。2012年9月份进口铁矿石价格较上年同期下跌43美元/吨，折合吨材成本下降450元左右，而同期钢材价格跌幅在1200元/吨左右。2012年9月至12月市场回升时，除热轧板、中板涨幅在500元/吨左右外，多数钢材品种涨幅在200元/吨左右，而同期进口铁矿石价格涨幅在50美元/吨左右，仅铁矿石就使吨材成本增加500元左右。矿价大幅波动使很多企业损失严重，2012年前11个月，首钢集团因产品下跌减利107亿元，原燃料降价仅增利70亿元，合并减利达37亿元。

（三）产业集中度降低，非重点企业投资增速不减。2012年以来多数重点大中型钢铁企业受市场低迷影响采取了减产措施，在一定程度上缓解了市场供需关系，但一些非重点企业却借助低成本优势增产。如前11个月，重点大中型钢铁企业产量同比下降0.6%，非重点企业增长23.3%，前十名钢铁企业产业集中度也由48.3%降低到46.1%。在重点大中型钢铁企业投资同比降低27.8%情况下，非重点企业投资增长17.4%。非重点企业占钢铁行业固定资产投资比重达到83.6%，远超重点大中型企业。

三、钢铁行业积极应对挑战

面对行业困境，各级工业和信息化主管部门积极支持引导行业克服困难，行业协会加强组织协调为企业排忧解难，钢铁企业也积极主动采取措施应对市场变化，有力保障了钢铁工业平稳运行。

（一）坚持以销定产，有效控制产量。以市场需求为导向加强生产组织。包钢、攀钢通过优先保障重轨等市场销售好、盈利能力高的产品生产，压减中厚板等市场销售不畅的产品，保障生产稳定运行。中国钢铁工业协会组织会员企业采取控产措施，2012年会员企业粗钢产量同比下降0.6%，对平稳市场起到了积极作用。

（二）加强精细化管理，推进挖潜降本增效。钢铁企业推进经营与生产的无缝对接，全力压降原辅料库存和成品库存，提高资金周转率，增强企业市场适应能力。2012年河北钢铁集团压减各类原辅料库存85万吨，在降低成本的同时还保障了企业的稳定灵活运营。与此同时，从采购、生产、工艺技术、库存、销售等方面开展全流程挖潜、全系统降本活动。宝钢集团宁波钢铁通过对标挖潜和成本倒逼，使铁水成本连续9个月优于行业平均水平。

（三）推进产品升级，不断开拓市场。部分地方政府和钢铁企业瞄准下游行业转型升级要求，加大投入，积极拓展市场。辽宁省通过组织产需对接活动，为重点钢铁企业和下游用户搭建平台，扩大钢材消费需求；兴澄特钢开发的大规格连铸圆管坯、弹簧钢、帘线钢等一批产品达到了世界先进水平；武钢通过拓展市场获得33台大型变压器用钢供货权，高磁感取向硅钢首次进入超高压及直流换流变压器制造领域，汽车板首次供货上海大众等高端汽车厂。

（四）狠抓转型升级，提升发展质量和潜力。河北、山西等地鼓励钢铁企业围绕品种质量、节能降耗、清洁生产等领域实施技术改造，优化生产流程，升级企业技术装备，提高资源综合利用水平，增强企业竞争力。部分企业围绕钢铁主业，拓展延伸产业链，提高效益水平和抗风险能力。沙钢集团通过参股合资等多种方式推进沙钢大物流基地建设，加快钢铁贸易、剪切加工企业集聚入园的步伐。

2012年建材工业运行情况

2013年02月19日 工业和信息化部网站

2012年，建材工业积极应对需求增长趋缓、产能过剩加剧、环境约束增强等挑战，加大节能减排、技术进步和管理创新力度，行业经济运行总体保持平稳，结构调整进一步加快。

一、行业运行情况

（一）主要产品产量有增有降，工业增加值增速大幅回落

2012年建材工业增加值同比增长11.5%，增速回落8个百分点，占全国工业增加值的6.6%。全年水泥产量21.8亿吨、同比增长7.4%，陶瓷砖92亿平方米、同比增长9.4%，天然花岗岩石材4.1亿平方米、同比增长27.2%。平板玻璃7.1亿重量箱、同比下降3.2%，卫生陶瓷产量1.6亿件、同比下降13.1%。

（二）行业整体效益平稳增长，产业结构进一步优化

2012年底规模以上企业3.4万家，全年完成主营业务收入5.3万亿元，同比增长13.4%。尽管水泥、平板玻璃等行业利润总额同比分别下降32.8%、66.6%，但由于水泥制品、轻质建筑材料、建筑陶瓷、耐火材料制品、金属门窗和玻纤增强塑料材料等行业利润总额同比分别增长22.5%、21.8%、33.8%、10.5%、26.9%和30.6%，全行业利润总额仍创3750亿元新高，同比增长3.5%。

（三）主要产品价格下滑库存增加，企业经营压力增大

受大宗产品出厂价格下滑影响，建材及非矿产品出厂价格总水平全年同比降低2.2%。通用水泥价格呈现“前降后升”态势，年均价格同比下降4%左右，东部地区降幅远高于中西部地区。大宗产品产销率呈下降态势，水泥产率97.3%、同比下降0.6个百分点，平板玻璃产销率95.6%、同比下降0.1个百分点。截至12月，水泥制造业存货790亿元，同比增加1.8%；砖瓦、石材等建筑材料制造业存货590亿元，同比增加15.7%；玻璃制品制造业存货319亿元，同比增加15.8%。

（四）固定资产投资增速趋缓，但新型建材业和中西部地区增长较快

完成固定资产投资约1.1万亿元，同比增长17.5%，低于全国制造业增速近5个百分点。水泥、建筑陶瓷等行业分别下降4.2%、4.3%。混凝土与水泥制品业完成固定资产投资1850亿元，同比增长22.1%，在建材工业中继续保持固定资产投资规模第一。技术玻璃、轻质建材、隔热隔音材料制造业同比分别增长31.7%、45.7%和53.7%。从区域看，西部和中部地区固定资产投资完成额分别增长25.7%、18.7%,均高于东部地区，中部已超过东部成为投资完成额最多地区。

（五）淘汰落后大力推进，节能减排取得新进展

全年淘汰落后水泥（熟料及磨机）产能近2.2亿吨，落后平板玻璃产能4700万重量箱。40余条水泥生产线利用削减氮氧化物新技术进行改造、配套建设脱硝示范装备，近20条水泥生产线开展协同处置城市生活垃圾、污泥、工业废弃物等工程示范。42.5及以上等级水泥占水泥总量的27.1%、同比提高0.9个百分点，薄型砖比重也有所提升。

（六）进出口结构进一步优化，质量有所提升

2012年，行业出口交货值约2250亿元，同比增长7.9%，出口商品离岸价格上涨9.3%。其中，建筑卫生陶瓷、建筑和技术玻璃、玻璃纤维及制品出口亿元，连续五年位居全球首位。

二、行业运行存在的问题

（一）产能过剩势头尚难遏制

由于各地新增产能较多，尽管淘汰落后力度持续加大，但2012年底全国水泥、平板玻璃产能仍分别达30亿吨、10.4亿重量箱，产能利用率又创新低，分别降至72.7%、68.3%。

（二）节能减排技术和无机非金属新材料产业化亟待加强

随着雾霾天气频现，作为高耗能、高排放的建材行业，亟待加快开发适用于水泥、玻璃、陶瓷等大宗行业削减氮氧化物、防治PM2.5以及减排二氧化碳等的先进技术；无机非金属新材料尚难保障本土需求，亟待加强技术创新，壮大产业规模。

（三）绿色建材发展滞后

绿色建材是绿色建筑发展的物质基础，也是建材工业转型升级的重要方向。但由于标准规范相对滞后，绿色建材发展与应用推广力度不够，亟待上下游互动对接，加强标准认证体系建设，以满足绿色建筑和建筑节能发展需要。

（四）水泥质量标准亟待修订细化

2012年水泥熟料产量12.8亿吨，同比增长1%，增速比水泥产量增速低6.4个百分点，水泥熟料系数由62.6%降至58.5%。水泥产品标准的制修订进程急需加快。

2012年全年机械工业经济运行形势

2013年2月27日　中国机械工业联合会

2013年2月1日，中国机械工业联合会召开了“2012年全年机械工业经济运行形势”新闻发布会。中国机械工业联合会执行副会长张小虞、蔡惟慈、赵驰，中国机械工业联合会统计信息部主任赵新敏，中国汽车工业协会常务副会长兼秘书长董扬出席了本次发布会。

一、2012年机械工业发展特点

（一）产销增速回落趋向平稳

1．产销增速回落，行业发展步入中速发展期

据国家统计局统计（下同），2012年机械工业累计实现工业总产值和销售产值18.41万亿元、18.04万亿元，同比分别增长12.64%和12.54%。逐月看，产销累计增速基本在11%–13%之间，至四季度基本趋稳，与上年25%以上的增速相比明显回落，行业发展步入中速增长期。从绝对量上看，自3月份起，机械工业月度产值连续10个月超过1.4万亿元，其中12月份达到1.80万亿元，创历史新高。

2．增加值增速近年来首次低于工业平均水平

2012年机械工业增加值同比增长8.4%，增幅比上年回落6.7个百分点，且低于同期全国工业平均增速（10%）1.6个百分点，多年来首次低于全国工业增加值平均增速。表明相对其他工业行业而言，机械工业在本轮调整中面临的挑战格外严峻。

3. 多数产品产量实现增长

2012年机械产品的市场需求疲软，主要产品中，虽然多数品种的产量保持增长，但产量实现增长的产品数较上年减少。列入快报统计的120种主要机械产品中，有77种产品的产量实现增长，占统计产品数的64.17%，其中以两位数以上速度增长的产品有43种，占统计产品数的35.83%；产量下降的产品43种，占比为35.83%，三分之一的产品产量下降为近年来所少见。

大中型拖拉机产量为46.33万台，同比增长15.3%。

数控机床产量为20.57万台，同比下降16.19%。

发电设备产量1.3亿千瓦，同比下降9.7%。

汽车产销分别为1927万辆和1931万辆，同比分别增长4.6%和4.3%，产销双双突破1900万辆，均创历史新高，连续第四年居于世界第一。

（二）效益增速显著回落，盈利能力降低

2012年机械工业经济效益增速大幅回落，且回落幅度大大超过产销。1–12月累计实现利润总额1.23万亿元，同比仅增长5.18%，增速比上年同期回落15.96个百分点，比同期产值增速低7.46个百分点。同时行业的主营业务收入利润率回落至6.81%，明显低于2010和2011年7%以上的水平。1–12月机械工业实现税金总额6553亿元，同比增长12.86%；企业亏损面11.25%，比上年同期上升2.78个百分点；亏损企业亏损额在上年大幅上涨的基础上又增长了63.24%。

（三）对外贸易形势严峻，增速大幅回落

2012年机械工业累计实现进出口总额6472亿美元，同比仅增2.54%，增速较上年大幅回落20.3个百分点。其中累计实现出口3506亿美元，同比增长8.96%，累计进口2966亿美元，同比下降4.14%。全年累计虽实现贸易顺差540亿美元，为历史新高。但是应当看到，与金融危机前进口、出口同步快速上升背景下的高额贸易顺差不同，2012年的贸易顺差主要由内需不足引发的进口额下降所致，不能完全解读为我国机械产品国际市场竞争力的提升。

（四）固定资产投资增速回落

2012年机械工业累计完成固定资产投资3.48万亿元，同比增长24.86%，增速虽分别高于全国和全部制造业4.26和2.86个百分点，但与上年同期机械工业自身的增幅相比大幅回落了12.63个百分点。逐月看，2012年固定资产投资增速持续回落，表明产能扩张热开始降温。

（五）需求疲软导致订货不足、产品价格下降

受需求疲软和供大于求的双重影响，2012年机械产品价格指数始终在100以下，表明产品价格总体处于下行态势。同时，企业订单增幅明显下降，机械工业重点调查企业统计显示，年内各月累计订货值同比均为负增长，至年底同比下降1%左右，明显低于上年6%的增幅，更低于“十一五”期间20%以上的增长水平。

（六）货款回收困难，资金使用成本上升

2012年随着我国经济结构调整不断深入，宏观经济增速有所放缓，机械工业部分用户行业的运行形势趋紧，在此背景下拖欠货款现象明显增加。1–12月，机械工业应收账款总额已高达2.6万亿元，同比增长14.94%，远高于同期主营业务收入9.8%的增幅。应收账款占主营业务收入的比重不断攀升，尤其是发电设备（50%–80%）、重型矿山机械（100%）和工程机械（35%）等子行业的骨干企业，情况更为严重。

货款回收难、贷款利息高等多重因素的作用，使企业流动性压力增大、财务成本上升，1–12月累计机械工业财务费用增幅高达27.96%，其中利息支出增幅30.59%，极大地加重了机械企业的负担。

二、结构调整亮点显现

在趋紧的环境中，市场对行业“转型升级”和“结构调整”的倒逼机制开始发挥作用，企业调整升级的内生动力被激发出来，行业结构调整亮点显现，“稳中求进”的发展目标初见成效。

（一）严峻的形势倒逼企业加快“攻高端、夯基础”的步伐

进入“十二五”以后，在内外部需求回落的严峻形势下，在国家产业政策和相关规划指导下，机械工业加快了结构调整的步伐，加大了“攻高端、夯基础”的力度，并取得积极成果。在过去的一年中，更是亮点频现。

一批世界顶级装备纷纷问世：二重研制成功航空工业等高端装备所急需的8万吨模锻压力机；工程机械行业多个企业研制成功了核电等重点工程施工所需的具备世界最大起吊能力的3000−4000吨级履带起重机，等等。

高端控制系统受制于进口的局面开始发生变化：2012年中资企业DCS系统产销额开始超过外资企业，市场占有率排名前3位的企业中，中资企业已有2席；国产大型石化项目等大型工程的控制系统开始进入国际市场。

对基础试验及试验能力建设的投入明显增大，少数领域（如大电流和高电压试验能力）已达世界同行先进水平。

关键零部件和特种材料自主化步伐加速：长期为跨国公司所垄断、严重受制于进口的高压绝缘套管、变压器出线装置、高端阀门、高端控制系统、优质冷轧矽钢片、核电蒸发器用690U形管等关键零部件和特种原材料的自主创新不但没有受到经济紧缩的影响，相反加快了进展步伐，取得一系列令人欣喜的突破。

为应对成本快速上升和环保压力加大的挑战，以降本增效和节能减排为取向的技术改造受到企业的更多重视：如轴承行业越来越多地由单机加工向自动化生产线升级；越来越多地采用高速镦锻机加工轴承毛坯，以提高昂贵的轴承钢材料的利用率等。

为增强创新驱动力，以获取技术和拓宽市场为主要取向的海外并购热潮涌动：三一重工收购德国普茨迈斯特公司，徐工集团收购了德国施维英公司，山东重工收购德国林德液压公司，苏州信能收购世界知名的绗磨机制造商德国Degen公司等，这些并购反映出机械企业正在通过多种方式提升技术创新能力以拓展市场、加快产业升级。

（二）市场主体的内生发展能力明显增强

面对严峻的形势，民营企业在此轮调整中，正在成为推动机械行业发展的更重要的动力。2012年民营企业实现总产值10.41万亿元，同比增长18.48%，高于同期机械工业全行业平均增速5.84个百分点，占机械工业总产值的比重为56.52%。民营企业实现利润表现出相同的趋势，1−12月累计利润总额为6591亿元，同比增长16.96%，高于同期机械工业全行业平均增速11.78个百分点，在机械工业实现利润中的比重为53.8%。

（三）区域结构趋于优化，行业发展协调性增强

2012年机械工业区域结构调整继续向政策预期方向进行。从产值看，全年东、中、西部地区分别实现产值12.35万亿元、4.18万亿元和1.88万亿元，同比分别增长11%、16.87%和14.5%，中、西部地区增速继续快于东部。中、西部地区在机械工业中所占的比重较上年同期共上升1个百分点。从投资看，东、中、西部地区分别完成固定资产投资18792亿元、11407亿元和4571亿元，中、西部地区投资额占机械工业投资总额的比重分别比上年提高2.6和0.23个百分点。

在过去的一年中，虽然行业结构调整取得了一些进展，但在日趋复杂的环境和日益严峻的竞争中，进展的速度仍显不够。以对装备制造业具有深远影响的加工母机——机床行业为例，全年产销回落显著，库存却明显增加，主要是由于市场的中低端产品需求快速下滑所致，其中包括低档的数控机床，反映出用户对机床需求结构的变化快于机床行业当前的应变能力。这是广泛存在于机械工业各领域中的普遍问题，也是机械行业亟待进一步加大结构调整、转型升级力度的重要课题。

纵观2012年机械工业运行的成绩与挑战，机械工业的发展正在进入一个新阶段。经济增长由高速转为中速，市场需求由持续旺盛转为中低速增长，投资由高涨回归理性，用工成本、资金使用成本持续上升，以上这些已成为常态。全行业必须充分认识行业发展所处阶段和发展环境的深刻变化，增强危机意识，进一步树立科学发展观，将目标取向由以速度、规模为先转变为以质量、效益为先。

2012年汽车工业经济运行情况

2013年1月29日 工业和信息化部

2012年，我国汽车市场实现平稳增长，节能与新能源汽车快速发展，出口高速增长，产业集中度进一步提高，汽车产业结构进一步优化。

一、汽车产销量双超1900万辆，产销量世界第一

2012年，我国汽车市场保持平稳增长态势，产销量月月超过120万辆，平均每月产销突破150万辆，全年累计产销超过1900万辆，再次刷新全球历史纪录。

据中国汽车工业协会统计，我国全年累计生产汽车1927.18万辆，同比增长4.6%，销售汽车1930.64万辆，同比增长4.3%，产销同比增长率较2011年分别提高了3.8和1.8个百分点。其中，乘用车产销1552.37万辆和1549.52万辆，同比分别增长7.2%和7.1%；商用车产销374.81万辆和381.12万辆，同比分别下降4.7%和5.5%。

2012年12月，全国汽车产销分别为178.49和180.99万辆，同比分别增长5.5%和7.1%。其中乘用车产量144.23万辆，同比增长5.7%，销量146.29万辆，同比增长6.8%；商用车产销分别为34.26万辆和34.70万辆，同比分别增长4.5%和8.2%。

2012年1～4季度，我国汽车销量同比增长分别为-3.89%、10.03%、3.78%和6.91%。

二、1.6升及以下排量乘用车市场平稳发展

2012年，在节能汽车推广政策及节约能源、新能源车辆车船税优惠政策的作用下，小排量乘用车市场占有率逐步回升。2012年，1.6升及以下排量乘用车全年共销售1040.50万辆，同比增长5.7%；占乘用车销售市场的67.2%，较2011年下降0.8个百分点；占汽车销售市场的53.9%，较2011年增长0.7个百分点。

三、乘用车自主品牌市场份额持续下滑

2012年，自主品牌乘用车销售648.50万辆，同比增长6.1%，占乘用车销售市场的41.9%，市场份额同比下降0.3个百分点。其中，自主品牌轿车销售304.96万辆，同比增长3.5%，占轿车市场的28.4%，市场份额同比下降0.7个百分点，较排名第二的德系车高出5个百分点。

四、节能与新能源汽车产业发展政策体系进一步完善

2012年6月，国务院发布《节能与新能源汽车产业发展规划(2012-2020年)》，为我国节能与新能源汽车产业的发展指明了方向、明确了任务、提供了保障。

工业和信息化部会同相关部委制定了《乘用车企业燃料消耗量核算办法》。从2012年开始，乘用车新车燃料消耗量管理将延伸到进口汽车，国产、进口汽车的企业平均燃料消耗量评价考核体系已基本建立。

新能源汽车产业技术创新工程正式启动。国家明确对符合条件的、全新设计开发的新能源汽车车型及动力电池等关键零部件技术研发项目给予专项资金支持。2012年，有25个项目已列入本年度新能源汽车产业技术创新工程支持项目名单。

节能与新能源汽车标准体系进一步完善。2012

年，乘用车第四阶段燃料消耗量标准（2016年～2020年）、轻型汽车第二阶段燃料消耗量标准、汽车燃料消耗量标识标准的制修订工作已全面启动；重型商用车燃料消耗量国家标准完成报批稿。

2012年，工业和信息化部印发《电动汽车综合标准化技术体系》，明确电动汽车标准体系建设重点。截至2012年底，累计发布60多项新能源汽车相关标准，涉及电动汽车及动力电池安全、能耗消耗量测量、充电接口及通信协议等领域。电动汽车标准法规国际交流合作进一步加强，与欧、美、日等国家和地区启动了电动汽车安全、环保等全球技术法规共同研究制定工作。

五、节能汽车推广政策成效显著

2012年，节能汽车推广政策、节约能源与新能源车辆车船税优惠政策的实施，积极地引导了节能与新能源汽车产品的消费，促使汽车企业把发展立足点转到质量和效益上来，极大地推动了汽车行业技术的进步和产品结构的调整，汽车产品升级换代提速，节能车型快速发展，产量逐月攀升。

列入第七、八批节能汽车推广目录的198个车型共生产230多万辆。节能汽车推广专项核查制度进一步完善，开展了全国性的汽车燃料消耗量专项核查行动，在市场抽取了65辆样车进行油耗检测，节能汽车推广专项核查检测结果进行了公示。

2012年1月1日，节约能源、使用新能源车辆车船税优惠政策开始实施。财政部、税务总局、工信部联合发布了两批减免车船税的车型目录、两批不属于车船税征收范围的车型目录，共346个车型、150多万辆节能型乘用车、新能源汽车可享受车船税优惠政策。

六、新能源汽车试点示范深入推进

2012年，公共服务领域节能与新能源汽车示范推广和私人购买新能源汽车补贴试点深入推进，混合动力客车推广范围将从25个示范城市扩大到全国所有城市。

2012年，列入《节能与新能源汽车示范推广应用工程推荐车型目录》628款车型共生产2.48万辆，产量同比增长94%，其中乘用车1.47万辆，商用车1万多辆；纯电动汽车1.33万辆，常规混合动力汽车1.04万辆，插电式混合动力汽车1000多辆。

七、经济效益实现较快增长

据行业快报统计，2012年全国汽车行业规模以上企业累计完成工业总产值5.29万亿元，同比增长11.8%。

2012年，17家重点企业（集团）累计完成工业总产值2.09万亿元，同比增长3.3%；累计实现主营业收入2.41万亿元，同比增长2.8%；完成利税总额3916.85亿元，同比增长0.6%。

八、产业集中度进一步提高

2012年，5家汽车生产企业（集团）产销规模超过100万，其中上汽销量突破400万辆，达到446.14万辆，东风、一汽、长安和北汽分别达到307.85万辆、264.59万辆、195.64万辆和169.11万辆。上述5家企业（集团）2012年共销售汽车1383.33万辆，占汽车销售总量的71.7%，汽车产业集中度同比提高0.5个百分点。

我国汽车销量前十名的企业集团共销售汽车1686.28万辆，占汽车销售总量的87.3%，汽车产业集中度同比提高0.3个百分点。

九、汽车出口市场快速发展

2012年，我国汽车整车累计出口105.61万辆，同比增长29.7%，比上年同期增加24.18万辆，再创历史新高。其中，乘用车出口66.12万辆，同比增长38.9%；商用车出口39.49万辆，同比增长16.8%。1～11月，汽车整车累计进口105.43万辆，同比增长13.1%。

2012年1～11月，全国汽车商品累计进出口总额为1400.75亿美元，同比增长8.0%。其中，进口金额722.56亿美元，同比增长7.4%，出口金额678.19亿美元，同比增长8.6%。

2012年船舶工业经济运行分析

2013年1月25日 中国船舶工业行业协会

2012年，党中央、国务院高度关心船舶工业，党和国家领导人多次到骨干船舶企事业单位视察，作出一系列重要指示；国家有关部门多次研究船舶工业的发展问题，相继出台了《海洋工程装备制造业中长期发展规划（2011～2020）》、《海洋工程装备科研项目指南（2012）》、《高技术船舶科研计划2012年度项目指南》等文件，极大地鼓舞了我国船舶工业积极应对国际航运市场萧条带来的严峻挑战的信心。我国船舶工业努力克服各种困难，通过推进转型升级、调整产品结构、加大科技投入，取得了各项经济指标保持平稳、国际市场份额保持不变、海洋工程装备业发展取得突破的较好业绩。不过，交船难、接单难、盈利难等问题依然突出，国际金融危机的滞后影响全面显现。

一、经济运行基本情况

（一）造船三大指标同比下降

2012年，全国造船完工量为6021万载重吨，同比下降21.4%；承接新船订单量为2041万载重吨，同比下降43.6%；截至12月底，手持船舶订单量为1.0695亿载重吨，同比下降28.7%。

（二）工业总产值小幅增长

2012年，全国规模以上船舶工业企业有1647家，完成工业总产值7903亿元，同比增长3.4%。其中，船舶制造企业完成产值5951亿元，同比下降0.1%；船舶配套企业产值1130亿元，同比增长15.1%；船舶修理企业产值181亿元，同比增长11.6%；船舶改装企业产值317亿元，同比增长23.6%。

2012年世界三大造船指标比较

指标/国家		世界	中国	韩国	日本
造船完工量	万载重吨	14777	6021	4844	2930
	占比	100%	40.7%	32.8%	19.8%
	万修正总吨	4572	1901	1356	811
	占比	100%	41.6%	29.7%	17.7%
新接订单量	万载重吨	4686	2041	1479	921
	占比	100%	43.6%	31.6%	19.7%
	万修正总吨	2288	869	746	290
	占比	100%	38.0%	32.6%	12.7%
手持订单量	万载重吨	25763	10695	6860	5822
	占比	100%	41.5%	26.6%	22.6%
	万修正总吨	9582	3600	2851	1564
	占比	100%	37.6%	29.8%	16.3%

注：本表世界数据来源于英国克拉克松研究公司，并根据中国的统计数据进行了修正。

（三）船舶出口持续下滑

2012年，我国造船企业完工出口船4949万载重吨，同比下降20.9%；承接出口船订单1496万载重吨，同比下降45.9%；年底手持出口船订单8844万载重吨，同比下降35.3%。出口船舶的完工量、新接订单量、手持订单量分别占全国总量的82.2%、73.3%

和82.7%。

2012年，全国规模以上船舶工业企业完成出口交货值2684亿元，同比下降11.6%。其中，船舶制造企业完成出口产值2443亿元，同比下降12.6%；船舶配套企业出口产值115亿元，同比增长7.5%；船舶修理企业出口产值44.3亿元，同比下降5.8%；船舶改装企业出口产值25.2亿元，同比下降15.7%。

2012年1~11月，我国船舶出口额为365.7亿美元，同比下降8.1%。我国船舶产品出口到177个国家和地区，亚洲和欧洲仍是出口的主要市场。其中，我国向亚洲出口船舶的金额为212.5亿美元，占比58.1%；向欧洲出口船舶的金额为57.6亿美元，占比15.7%。

（四）经济效益出现下跌

2012年1~11月，全国规模以上船舶工业企业实现主营业务收入6162亿元，同比下降0.2%。其中，船舶制造业为4568亿元，同比下降4.2%；船舶配套业为949亿元，同比增长17%；船舶修理业为135亿元，同比增长8.7%。

2012年1~11月，全国规模以上船舶工业企业实现利润总额288亿元，同比下降29.1%。其中，船舶制造业为225亿元，同比下降35.3%；船舶配套业为44.3亿元，同比增长1.8%；船舶修理业亏损9000万元，同比下降134%。

二、经济运行的主要特点

（一）造船市场持续低迷，国际市场份额保持不变

2012年，全球造船市场受经济发展、海运需求、船舶运力和造船产能等多方面因素的影响，正面临着巨大的发展压力。据英国克拉克松研究公司统计数据，2012年世界造船完工量、新接订单量、手持订单量同比分别下降7%、44.6%和35.5%，但中国船舶工业三大指标按载重吨计在世界市场占有率上仍然保持较高水平。

（二）特种船承接力度加大，结构调整取得成效

2012年，两大国有造船集团充分发挥了主力军作用。中国船舶工业集团公司新接船舶订单中，按合同金额计，特种船占比高达55.2%，17.4万立方米双燃料电力推进型液化天然气（LNG）船、3.8万吨特种双相不锈钢化学品船、4.5万吨集装箱滚装船、5万吨化学品船、8.3万立方米超大型液化石油气（LPG）船均实现了批量接单。中国船舶重工集团公司进一步加强船型研发，重点开展了线型优化、轮机系统优化等节能环保技术及实船应用开发，提升了32型船舶的技术指标，完成了11万吨冰区油船、汽车运输船（PCTC）、风车安装船、海工辅助船、钻井船、公务船等多型新船型的设计、开发，促进了船型升级换代，为开拓市场奠定了基础。

太平洋造船集团推出了CROWN 63、CROWN MHI 82、CROWN 121等3型极致节能环保散货船，分别出击6万吨级、8万吨级、12万吨级散货船细分市场。这3型产品均以“节能环保”为首要设计理念，油耗降低20%以上。长航重工金陵船厂批量承接6700车位汽车滚装船，该船采用了Trim Wedges/PBCF 等节能环保装置，并将从2014年起开始交付。

（三）自主研发成绩显著，海工装备收获颇丰

2012年，海洋工程装备市场保持平稳增长，在多型海工装备自主开发、设计、建造上取得突破。

具体来看，上海船厂船舶有限公司、烟台中集来福士海洋工程有限公司、中远船务工程集团有限公司、大连船舶重工集团有限公司、武昌船舶重工有限责任公司、扬子江船业集团、金海重工股份有限公司等骨干企业分别交付了国内首座深水半潜式起重生活平台、第六代深水半潜式钻井平台、世界顶级深水三用工作船等海工装备。骨干企业还承接了半潜式钻井平台、自升式钻井平台、自升式作业平台、钻井船和深海浮式生产储卸装置（FPSO）及多用途海洋平台供应船、多用途支援船、三用工作船、水下工程作业船等近百艘（座）海工装备订单。在海工配套领域，多家船配企业研制的海洋平台起重机、多功能管子装卸机、AR绞车、天然气发电机组、数据采集设备、系泊链、齿轮箱、压载水处理系统、推进系统、管子、自升式平台抬升系统、钻井设备包、液压升降系统等已在多种海工产品上安装使用。

（四）银行助力船舶工业，造船航运共同发展

2012年，各类金融机构有保有压，加大了对骨干船舶企业的支持力度，积极推动船舶出口。例如，中国进出口银行为国内海洋工程装备和高技术、高附加值船舶的订造与出口，融资近70亿元人民币；国家开发银行成立船舶融资中心，并为扬子江船业集团万箱集装箱船订单的承接提供了5.2亿美元的融资支持；交通银行股份有限公司与中国船舶工业集团公司签署了全面战略合作协议，双方将在授信、结算、蕴通供应链等多个业务领域进一步深化与密切合作关系，以期实现双赢。

为应对市场低迷，造船、航运方面的央企同舟共济、抱团取暖，共同面对新的机遇与挑战。2012年，中国船舶工业集团公司、中国船舶重工集团公司分别与中国远洋运输（集团）总公司签署战略合作协议，并签订了2+2艘超大型油船（VLCC）建造合同。

（五）细分市场找准定位，调整结构错位竞争

2012年，船舶企业为适应市场变化，调结构、转方式的步伐明显加快。国内出现一批产品定位得当、细分市场准确、特色化发展的中型造船企业。广州中船黄埔造船有限公司、广州广船国际股份有限公司、武昌船舶重工有限责任公司在新型海监、渔政船等公务船，黄海造船有限公司、启东道达重工有限公司、山东百步亭船业有限公司在各类远洋渔船，太平洋海洋工程公司在LPG船、海工模块，浙江造船有限公司、福建东南造船厂在海工辅助船，浙江方圆造船有限公司在内河工程船等方面优势逐步显现，市场份额不断扩大。

（六）应对海事新规卓有成效，夯实基础持续发展

2012年，我国船舶行业较好地应对了船舶涂层新标准（PSPC）。经过之前长时期的认真准备，大多数骨干船企经受住了考验，相继交付了满足PSPC要求的船舶。相关部门、船级社和行业协会对《船上噪声等级规则》修订草案、船舶能效设计指数（EEDI）、协调共同结构规范（HCSR）、船舶建造档案（SCF）等一系列国际海事新规，进行了全面通报和宣贯。

三、经济运行存在的问题

（一）新船订单大幅减少，开工不足日益严重

与世界造船产能供给相比，近几年国际造船市场新船订单需求严重不足，虽然我国船舶企业在常规船型订单承接上抢占了较高的国际市场份额，但由于新接订单量已连续24个月少于交付量，导致手持订单量加速下滑，开工不足的现象从中小船企向骨干船企蔓延。截至2012年12月底，我国船舶企业手持订单量降至1.0695亿载重吨，较年初下降28.7%，以年造船完工量为6000万载重吨测算，现有手持订单不够2年的工活量，而且由于订单越来越集中到少数骨干船企，因此大多数中小型船企面临的开工不足局面将更加严重。

（二）交船难度日益增大，产成品资金占用持续增加

受航运市场低迷、船东经营持续亏损的影响，交船难的现象从中小船企向骨干船企蔓延。船东更改设计、变更合同期、严格检验、调整船价等要求越来越多，加上国际新标准、新规范陆续实施，船舶交付愈加困难。统计数据显示，2012年初我国手持订单量为1.4991亿载重吨，其中按原合同2012年应交付船舶8962万载重吨（含2011年延付），而实际交付6021万载重吨，约有2900万载重吨船舶或修改合同交付日期，或延期交付，甚至部分订单被撤销。

（三）船企亏损、倒闭、减员增多

船舶市场持续低迷，在我国船企占据优势的三大主流船型领域船价继续下跌，企业经营接单处于微利状态，成本费用稍有上升，船价与成本费用倒挂的矛盾就十分突出。统计显示，2012年1~11月，船舶行业主营业务收入比上年同期略有下降，但主营业务成本同比增长0.78%，增幅高于主营业务收入

0.99个百分点；产品销售利润率仅为4.7%，同比下降29%。全行业亏损企业数量增加到323家，亏损额同比大幅上升158.3%。部分中小企业面临更为严峻的考验，转产、倒闭、减员现象日益严重。

（四）融资压力持续增大，企业流动资金严重不足

2012年，部分境内外融资银行把船舶行业列为高风险行业，实行信贷调控，收缩放贷额度，船舶租赁市场、证券市场融资大幅萎缩，致使船东、船企融资难问题加剧、融资成本增加，加上船东支付的新船合同预付款比例大幅下调，船企生产流动资金不足的情况日益严重。统计显示，全行业企业应收账款、利息支出、财务费用明显上升。

四、预测和建议

（一）预测

2013年，在全球经济缓慢增长、国际造船新规逐步实施、技术发展创新驱动、老旧船舶拆解量保持高位、新船价格低位企稳、造船完工量下降等因素综合影响下，专家预测，全球航运市场可能会比2012年略有改善，世界新船订造量有望达到6000万~7500万载重吨。从船型分析，液化天然气（LNG）船、液化石油气（LPG）船、汽车运输船、客滚船、化学品船，以及节能、减排、安全、环保型主流船舶市场相对看好，海洋工程装备市场仍将保持活跃，特别是浮式海洋工程装备市场前景将更为乐观。

受手持订单量下降、完工船舶价低、生产成本上升等影响，预计2013年我国船舶行业主要经济指标将继续下滑，全年完工船舶约5500万载重吨，新接订单量可能略有增加，但手持订单量将下降到1亿载重吨以下。

（二）措施与建议

1．认清当前形势，坚定必胜信心。

当前，我国船舶工业正面临着市场需求不足、国际竞争激烈、交船难度增大、企业资金紧张、结构性产能过剩、科技创新能力较弱等困难和问题，船舶工业在经历了近10年的快速发展后步入了调整发展的低谷期。

对此，我们必须有清醒的认识，作好过几年苦日子、紧日子的思想准备。同时，我们又应看到我国船舶工业已具有较强的技术物质基础和国际竞争能力、世界船市也有望缓慢复苏等有利因素，只要积极应对、踏实工作、树立信心、立足做强，就一定能战胜困难。

2．适应市场需求，加强创新驱动。

当前，世界船舶科技发展迅速，国际造船新规范、新标准频繁出台，船东对技术、质量要求更加严格，发达造船国家加大科技创新力度，使我国船舶工业面临更大的科技挑战。我们必须适应市场结构的变化，密切联系船东，加大研发投入，提高创新能力，努力开发适应市场需求的绿色船舶、品牌船型，以技术引领市场。

3．加强转型升级，做强细分市场。

企业应对环境变化和严峻形势的最有效方法是通过转型提升自己，顺境有利于出业绩，逆境有利于提高素质。企业持续发展之道，就是根据市场形势和市场规律不断转型之道。在市场总体低迷的形势下，企业必须认真分析自身的特长、优势，正确选择产品定位，开展错位竞争，努力成为细分市场的引领者。

4．强化基础管理，严控产品质量。

航运市场萧条使船东对船舶质量要求越来越高，船舶企业交船压力很大。面对交船难，我国船企要从自身找问题、想办法。一是要强化基础管理，加大成本控制力度，实行全面预算管理，建立目标成本管理体系，增强采购成本控制能力，加强设计、采购和生产工序中的成本管理，减少成本开支。二是要高度重视质量风险，严格质量追责制度，完善质量管理机制，确保产品质量的稳定和提升。造船企业应加强生产监控分析，特别是对有弃船风险的船舶，努力做好风险识别、风险预测、风险预控工作，制订风险应对预案，提早落实工作措施。同时，要探索劳动用工方式的改革，把管理的基础扎根于班组，从管理体制上强化质量和安全工作。

5．加强国际合作，提升国际实力。

国际金融危机使得欧美国家的经济面临困境，不少造船技术先进国家的企业和研发设计机构开始寻求新的发展机遇和合作伙伴，我国船企可以利用有利的市场和资金条件，与欧美先进造船企业进行有效合作，促进自主创新能力的提升，迅速补强自己在核心技术方面的短板。通过收购合资、合作经营、共同开发相关技术和市场等方式，吸取国外在技术开发、经营管理等方面的先进经验；同时，应学习国外企业先进的理念，以提升自身的船舶设计、生产管理水平和国际竞争能力。

6．开展多元经营，缓解市场压力。

船市低迷，接单困难，使不少企业能力放空。开展多元经营，优化业务结构无疑是减少市场风险、缓解生产压力的重要举措。企业应积极组织富余力量，深入开展市场调查，努力实现从单一产品向相关多元、从船用市场向陆用市场、从产品营销向物流增值等的发展，调整自身的产业和产品结构。

2012年我国轻工业经济运行总体情况

2013年 2月28日　发改委产业协调司

根据中国轻工业联合会信息，在复杂多变的国内外经济形势下，2012年，我国轻工业全行业仍保持了较高的增长水平，轻工业生产总值、出口总额、利润总额均实现了两位数以上的增长。与全国工业行业相比，轻工业工业总产值略低于机械行业，居第二位。

一、生产总体平稳

二季度以来，轻工业月度产值呈总体上升趋势，月度产值增速保持在15%以上，波动幅度逐步缩小。9月、10月轻工业总产值累计同比增速保持在17.6%，11月总产值累计同比增长18%，生产增速表现出平稳略升的态势。2012年1–12月，轻工业规模以上企业累计完成工业总产值18.05万亿元，同比增长18.2%。

二、出口保持增长

2012年，轻工业主要商品海关进出口总值累计为6261.82亿美元，同比增长11.39%，其中，累计出口额5075.1亿美元，占我国出口总额的24.77%，同比增长13.72%，高出全国出口增速5.82个百分点；累计进口额1186.67亿美元，占我国进口总额的6.53%，同比增长2.44%，低于全国进口增速1.86个百分点。轻工业累计外贸顺差3888.5亿美元，同比增长17.67%。

三、效益指标向好

2012年，轻工业全部工业企业累计实现利润1.4万亿元，其中，规模以上工业企业累计实现利润1.1万亿元，比上年增长19.6%。比前三季度有所回升，显现出逐步向好的趋势。分地区看，中部、西部和东北地区轻工行业规模以上工业企业利润总额均实现了20%以上的增长，大幅高于东部地区，但东部地区利润总额占全国的50%以上，所占比重较大。

四、行业发展有利因素分析

2012年，轻工业在全国各工业行业中表现较好，实现了较快的增长，稳定向好的趋势得到巩固，主要得益于以下四个方面：

一是消费品行业的刚性需求强劲支撑着轻工业的发展，特别是农副产品加工、食品制造、饮料酿酒行业，三个行业产值约占全部轻工业的45%。同时，住房改善也拉动轻工消费品市场的增长，如家电、照明、五金、陶瓷等行业。

二是轻工业比较优势依然存在。自加入世贸组织以来，轻工业经过十余年的发展，立足于国内的优势资源，建立了一定的国际比较优势，在国际低迷的经济形势和激烈竞争的市场形势下，2012年出口仍保持了13%以上的增长，对拉动轻工业发展起到了积极作用。

三是在国家针对中小企业融资难问题，出台了相关扶持中小企业发展的政策措施，对减轻企业负担起到了一定作用。2012年，轻工业规模以上企业总体财务费用、利息支出的增长继续减缓，政策效果逐步显现。

四是钢铁、煤炭等上游产品价格下降，进一步降低了轻工产品的生产成本，使轻工企业受益。

2012年我国纺织工业运行形势分析

2013年2月7日　工信部消费品工业司

2012年，我国纺织工业积极应对国际经济复杂多变、国内经济发展压力增大、内外需求减少等不利因素影响，加大技术进步和转型升级力度，尽管增速较上年有所下降，但总体保持了平稳运行，四季度开始出现回暖。

一、运行情况总体平稳

（一）生产规模持续扩大，增速有所回落

1-12月，规模以上纺织企业工业增加值同比增长10.5%，增速较上年下降0.2个百分点，纺织行业工业增加值占全国比重为5.6%，较上年下降0.07个百分点。其中，布生产660亿米，同比增长11.5%，增速较上年回落0.1个百分点；化学纤维生产3811万吨，同比增长11.8%，增速较上年回落2.1个百分点；服装产量267亿件，同比增长6.2%，增速较上年回落1.9个百分点。

（二）投资增速回落，区域结构调整仍在加强

1-12月，我国纺织行业500万元以上项目实际完成固定资产投资总额达7793亿元，同比增长14.6%，增速比上年回落21.7个百分点，行业新开工项目数同比下降5.5%。棉纺织及印染加工业投资额同比增长12.5%，化纤行业投资额同比增长20.3%。1-12月，中部地区500万元以上项目实际完成固定资产投资额同比增长16.7%，增速高于东部地区3个百分点；西部地区实际完成固定资产投资额同比增长12.8%，增速略低于东部地区。

（三）出口保持小幅增长，内销增速有所提高

1-12月，我国累计出口纺织品服装2626亿美

元，同比增长3.3%，增速较前期有所提升。其中纺织品出口同比提高1.5%，服装出口同比提高4.5%。1－12月我国纺织品服装出口价格同比提高3.9%，扣除价格上涨因素后出口数量同比下降0.6%，行业出口压力仍然较大。1－12月，全国限额以上服装鞋帽、针纺织品零售额同比增长18.0%，增速较上半年有所回升。

（四）经济效益平稳增长，增速较上年有较大下滑

1－12月，纺织行业主营业务收入55747亿元，同比增长10.7%，增速较上年回落15.9个百分点。利润总额2943亿元，同比增长7.8%，增速较上年回落18.0个百分点。其中，棉纺及印染加工业利润总额同比增长11.2%，家纺行业利润总额同比增长12.7%，服装行业利润总额同比增长10.2%，化纤行业利润总额同比下降28.3%。纺织行业亏损企业数同比增加29.6%，增速较同期全国工业高7.3个百分点。亏损企业亏损总额同比增长47.0%，增速较同期全国工业高14.2个百分点。

二、面临的主要问题

（一）国际市场需求不足

2012年以来，国际市场需求减弱，我国纺织品服装主要出口市场需求均较上年同期增长减速，甚至有所萎缩。2012年1－11月，美国从全球进口纺织品服装总额同比下降0.9%，欧盟进口额同比下降5.0%，日本进口额同比仅增长1.7%。据中纺联第十一期企业经营者跟踪调查结果显示，36.4%的企业反映国际市场需求不足是影响当前企业经营的首要问题。

（二）国内外棉价差较大

内外棉价持续保持较大差距是影响2012年纺织行业运行的重要因素。受需求不足影响，2012年以来国际棉价总体呈下行走势，而国内棉价在临时收储价格的支撑下保持高位，内外棉价差在5000元/吨左右。较大的内外棉价差削弱了我国棉纺织产业链竞争力。据中纺联第十一期企业家调研问卷显示，74.1%的企业表示棉价倒挂在不同程度上给企业带来了负面影响，影响很大的企业占12.9%。

（三）用工成本持续提升，国际竞争压力不断加大

2012年以来，纺织行业用工成本继续增加，据中纺联服装出口企业专项调查结果显示，88.2%的企业劳动力成本较2011年有所提升，8.8%的企业劳动力成本较2011年持平，仅有2.9%的企业劳动力成本较上年有所下降，67.1%的企业认为人工成本上涨是影响本企业效益的首要原因。2012年，纺织品服装国际市场份额向其他国家转移有所增加。2012年1－11月，我国在欧盟和日本纺织品服装进口市场中所占份额分别为40.1%和73.2%，虽然仍保持了较高水平，但较上年同期分别下降了1.1和1.8个百分点，而同期越南、孟加拉等国所占份额均有所上升。

三、2013年运行形势预测

（一）内需保持稳定增长

内需稳定增长仍是纺织行业发展的首要驱动力。随着我国经济发展，城乡居民收入继续增加，城镇化建设有序推进，各种惠民生、扩内需政策措施进一步落实并显现效果，纺织服装产品内需消费仍有望继续保持稳定较快增长。

（二）国际市场难有明显好转

国际经济形势仍然复杂，欧债危机等不稳定因素尚未消除，国际市场前景仍存在较多不确定因素，需求显著好转的可能性不大。据中纺联企业调查显示，企业对国际市场预期相对谨慎，预期未来外销订单会较当前有所好转的企业仅占27.1%，预计明年纺织行业出口压力难以明显缓解，出口总额仍将维持低速增长。

（三）成本压力继续增大

一是较大的内外棉价差可能继续存在；二是劳动力成本、环境资源成本等各要素成本继续上涨；三是节能减排要求进一步提高，企业将付出更多成本。2012年以来，纺织行业用工成本继续增加，据中纺联服装出口企业专项调查结果显示，88.2%的企业劳动力成本较2011年有所提升，8.8%的企业劳动力成本较2011年持平，仅有2.9%的企业劳动力成本较上年有所下降，67.1%的企业认为人工成本上涨是影响本企业效益的首要原因。2012年，纺织品服装国际市场份额向其他国家转移有所增加。2012年1-11月，我国在欧盟和日本纺织品服装进口市场中所占份额分别为40.1%和73.2%，虽然仍保持了较高水平，但较上年同期分别下降了1.1和1.8个百分点，而同期越南、孟加拉等国所占份额均有所上升。

2012年电子信息产业统计公报

2013年2月18日　工信部网站

2012年，国际政治经济形势复杂多变，国内经济发展困难增多，我国电子信息产业发展速度有所放缓，但在党中央、国务院“稳中求进”的工作总基调指引下，在全行业各方共同努力下，产业发展呈现缓中趋稳态势，生产增速小幅攀升，效益状况不断好转，产业结构调整步伐加快，继续为推动信息化发展和促进两化深度融合发挥积极作用，在国民经济中的重要性进一步提高。

一、综合

（一）产业规模不断壮大

2012年，我国电子信息产业销售收入突破十万亿元大关，达到11.0万亿元，增幅超过15%；其中，规模以上制造业实现收入84619亿元，同比增长13.0%；软件业实现收入25022亿元(快报数据)，比上年增长28.5%。

（二）行业增速保持领先

2012年，我国规模以上电子信息制造业增加值增长12.1%，高于同期工业平均水平2.1个百分点；收入、利润及税金增速分别高于工业平均水平2.0、0.9和9.9个百分点，在工业经济中的领先和支柱作用进一步凸显。

（三）制造大国地位日益稳固

2012年，我国规模以上电子信息制造业实现销售产值85044亿元，同比增长12.6%。手机、计算机、彩电、集成电路等主要产品产量分别达到11.8亿部、3.5亿台、1.3亿台和823.1亿块，同比增长4.3%、10.5%、4.8%和14.4%；手机、计算机和彩电产量占全球出货量的比重均超过50%，稳固占据世界第一的位置。

二、投资

（一）投资增速明显放缓

2012年，我国电子信息产业500万元以上项目完成固定资产投资额9592亿元，同比增长5.7%，增速比上年回落45.8个百分点，低于同期工业投资14.3个百分点。全年，电子信息产业新开工项目7571个，同比增长8.8%，增速比上年回落44.3个百分点。

（二）投资结构变化加快

分行业看，广播电视设备行业新开工项目数量及投资额增幅均超过100%，远高于全行业平均水平；分地区看，中西部地区完成投资额4128亿元，同比增长20.6%，增速高于全国水平14.9个百分点，比重(43.0%)比上年提高5.3个百分点；从投资主体看，内资企业完成投资7556亿元，同比增长10.9%，增速高于平均水平5.2个百分点，比重(78.8%)比上年提高3.7个百分点。

三、进出口

（一）外贸总额小幅增长

2012年，我国电子信息产品进出口呈小幅增长态势，进出口总额11868亿美元，增长5.1%，增速比上年回落6.4个百分点，低于全国商品外贸总额增速1.1个百分点，占全国外贸总额的30.7%。其中，出口6980亿美元，增长5.6%，增速比上年回落6.3个百分点，低于全国外贸出口增速2.3个百分点，占全国外贸出口额的34.1%。进口4888亿美元，增长4.5%，增速比上年回落6.5个百分点，高于全国外贸进口增速0.2个百分点，占全国外贸进口额的26.9%。

（二）贸易结构趋于优化

2012年，我国电子信息产品出口中：一般贸易出口稳步增长，出口额1229亿美元，增长2.8%，增速高于加工贸易3.4个百分点；内资企业出口比重提升，出口额1550亿美元，占比22.2%，比上年提高3.5个百分点；新兴市场快速开拓，如对泰国、印尼和越南，出口增速分别达到21.7%、11.7%和32.3%；部分中西部省市出口增势突出，如四川、河南、重庆和山西等，增速分别达到50.8%、184.8%、155.7%和236.7%。

四、经济效益

（一）整体效益逐步好转

2012年，我国规模以上电子信息制造业实现销售收入84619亿元，同比增长13.0%，利润总额3506亿元，同比增长6.2%；销售利润率达到4.1%，比上年回落0.3个百分点。从全年走势看，产业整体效益呈逐步向好态势，一季度、上半年、前三季度及全年的利润总额逐步扭转下降态势(−22.3%、−14.0%、−6.5%和6.2%)；利润率不断提高(2.5%、3.1%、3.2%和4.1%)；亏损面持续缩小(31.0%、25.6%、23.0%和19.0%)。

（二）效益结构有所改善

内资企业效益贡献加大，收入和利润比重达到29.4%和42.7%，分别比上年提高1.1和1.8个百分点，利润率6.0%，高于平均水平1.9个百分点；小型企业发展活力增强，收入和利润增速分别达到23.3%和16.6%，高于平均水平13.8和17.5个百分点；在政策和市场的双重驱动下，部分行业效益增势突出，通信终端设备、广播电视接收设备、光电子器件、导航仪器、光纤和光缆制造等行业的收入增速均超过15%。

五、结构调整

（一）产业软硬件比例日趋合理

2012年，我国软件产业实现软件业务收入2.5万亿元，同比增长28.5%，增速高于电子信息制造业15.5个百分点；占电子信息产业收入比重达到22.7%，比上年提高2.6个百分点，比十一五末年提高4.5个百分点。

（二）制造业转型发展与产业转移步伐加快

1．基础领域不断壮大：2012年我国规模以上电子信息制造业中，电子元件、电子器件、电子测量仪器及电子专用设备等基础行业销售产值比重达到39.4%，比上年提高0.7个百分点。

2．内销市场稳步增长：2012年我国规模以上电子信息制造业实现内销产值38263亿元，增长15.5%，高于平均水平2.9个百分点，内销比重比上年提高1.2个百分点。

3．内资企业实力增强：2012年我国规模以上电子信息制造业中，内资企业销售产值(24928亿元)与出口交货值(4773亿元)分别增长18.4%和13.4%，高于平均水平5.8和3.1个百分点，所占比重比上年提高1.4和0.3个百分点。

4．产业转移步伐加快：2012年我国规模以上电子信息制造业中，中部地区销售产值和出口交货值增长40.9%和85.4%，高于平均水平28.3和75.1个百分点；西部地区销售产值和出口交货值增长39.4%和83.2%，高于平均水平26.8和72.9个百分点；中西部地区销售产值比重合计达到16.2%，比上年提高3.2个百分点。

（三）软件业服务化、网络化和融合化发展加速

2012年，我国软件产业中，数据处理和运营服务类业务完成收入4285亿元，同比增长35.9%，增速高于平均水平7.4个百分点，占比17.1%，比上年提高0.9个百分点；软件业与制造业融合化程度加深，在电子制造业企稳向好带动下，嵌入式系统软件增速加快，实现收入3973亿元，同比增长31.2%，高于平均水平2.7个百分点。

六、科研创新

（一）核心技术不断突破

2012年，我国电子信息产业内，多项核心关键技术取得突破，采用国产处理器和软件的神威蓝光千万亿次计算机技术水平处于国际先进行列，自主开发的8GbDDRII存储器芯片出货量超过430万片，自主研发的智能手机浏览器用户超过3亿，国产智能终端芯片销售超过4千万颗。

（二）新增长点加快孕育

数字视听领域，产业链各环节实现协调发展和良性互动，广州、杭州等数字家庭应用示范工程用户达到50万户；新型显示领域，生产线、相关材料及设备的研发和产业化步伐加快，液晶面板全球市场占有率超过10%，国内电视面板供应自给率突破20%，国内面板骨干企业采购国产材料的金额比例超过25%；此外，在产业“十二五”规划“基础电子产业跃升工程”相关政策措施支持下，多晶硅、锂离子电池关键材料及传感器等领域的技术研发和产业化步伐明显加快。

七、社会贡献

（一）经济贡献不断增强

2012年，我国规模以上电子信息制造业从业人员规模突破千万大关，达到1001万人，比上年增长6.5%，占全国城镇就业人员比重达到2.8%；上缴税金1513亿元，同比增长21.6%，占全国工业行业税金总额比重接近5%；电子信息产品进出口总额达11868亿美元，占全国外贸进出口总额的30.7%；电子信息产业在国民经济中的重要性不断提高。

（二）积极支撑信息化建设

2012年，全国光缆线路长度净增267万公里，达到1481万公里。局用交换机容量净增478万门，达到43906万门。移动电话交换机容量净增11234万户，达到182870万户。截至2012年末，我国移动电话普及率达到82.6部/百人，比2011年提高9.0部/百人；3G网络用户净增10438万户，年净增量首次突破1亿户。互联网普及率达到42.1%，比上年提高3.8个百分点；其中手机上网用户占到网民总数的74.5%，比上年提高5.1个百分点。城镇居民的彩电、计算机拥有率超过136台/百户和80台/百户，均比上年有所提高。信息技术的渗透带动作用进一步增强，为改造提升传统产业、推动社会信息化建设和丰富人民群众物质文化生活做出了积极贡献。

2013年是全面贯彻落实党的十八大精神的开局之年，是实施“十二五”规划承前启后的关键一年。总体来看，我国电子信息产业发展仍具备较好的基本面，依然有较大的发展空间和潜力，但所面临的国内外经济形势仍较为复杂，不确定、不稳定因素不断增加，外需持续萎缩与内需增势放缓相互叠加，长期问题与短期困难相互交织，形势仍不容乐观。我们要全面贯彻落实党的十八大精神和中央经济工作会议部署，以科学发展观为指导，继续坚持稳中求进的工作总基调，围绕走中国特色新型工业化、信息化、城镇化和农业现代化道路，按照形成新的经济发展方式的要求，加快推进产业转型升级，加快构建现代产业体系，加快推动信息化和工业化深度融合，保障产业实现平稳较快发展。

2012年软件业经济运行情况

2013年1月25日　工信部运行监测协调局

2012年，我国软件产业总体保持平稳较快发展，企业数量稳步增加，产业规模持续扩大，具体呈现出如下特点：

（一）收入增长稳中趋升。根据1-12月快报数据显示，2012年我国软件产业共实现软件业务收入2.5万亿元，同比增长28.5%，增速比电子信息制造业高出16个百分点，但低于去年同期3.9个百分点。分月度看，经过前10个月平稳增长后(增速在25%-26%区间内)，11、12两个月软件产业增速明显回升。

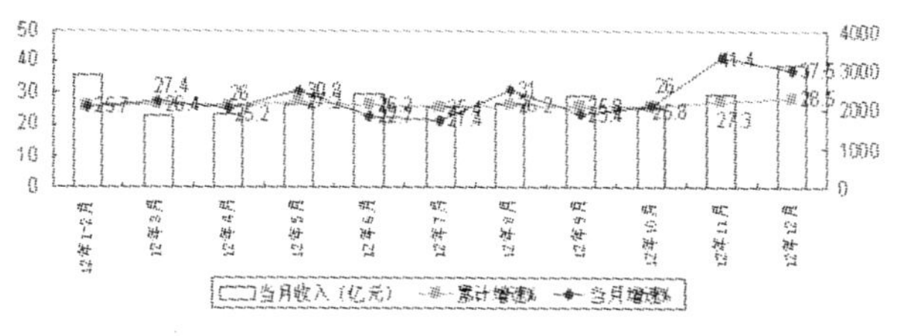

图1 2012年1-12月软件业务收入增长情况

（二）数据处理和运营服务类收入占比明显攀升。2012年，软件产业服务化和网络化发展加速，使数据处理和运营服务类收入增长突出、比重明显上升，1-12月完成收入4285亿元，同比增长35.9%，比重达17.1%，比去年同期提高0.9个百分点。随着制造业形势企稳向好，嵌入式系统软件增速加快，实现收入3973亿元，同比增长31.2%，高出全行业2.7个百分点。集成电路设计在有利的产业政策带动下，实现收入808亿元，同比增长25.5%；软件产品、系统集成服务和信息技术咨询服务平稳增长，分别增长27.9%、24.8%和24.1%。

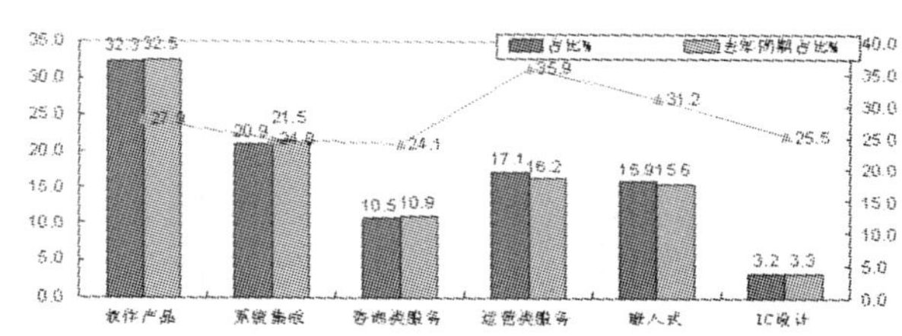

图2 2011-2012年1-12月软件产业分类收入增长情况

（三）软件出口依然低迷。2012年，软件业出口增长低迷，且月度波动反复特征明显。1-12月实现出口368亿美元，同比增长18%，增速分别低于去年和前年同期0.5和6.8个百分点，低于全行业10.5个百分点。其中，嵌入式软件出口增长13%，增速继续处于低位；外包服务出口增长54%，对软件出口增长贡献率达到60%。

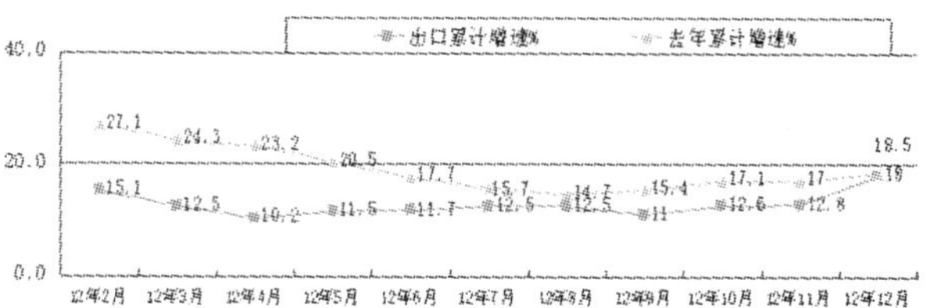

图3 2011-2012年1-12月软件出口增长情况

（四）东北和西部地区快速发展。2012年，东北和西部地区分别完成软件业务收入2473和2664亿元，同比增长39.2%和29.6%，在全国的比重上升为9.9%和10.6%；中部地区软件产业增长相对较慢，完成软件业务收入794亿元，同比增长21.5%，占比下降为3.2%；东部地区软件产业保持平稳增长，完成软件业务收入1.9万亿元，同比增长27.4%。

图4 2012年1-12月软件业分类区域增长情况

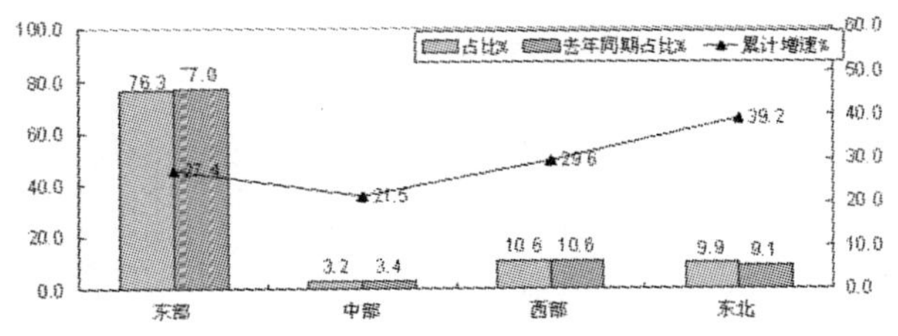

图5 2012年1-12月前十位省市软件业增长情况

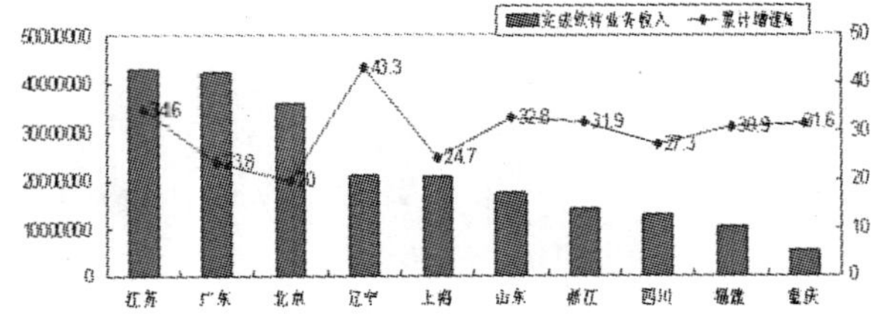

（五）中心城市持续领先发展。2012年，全国15个中心城市(副省级城市)共实现软件业务收入1.37万亿元，占全国比重(55%)较去年同期提高近1个百分点，同比增长31.4%，增速快于全国2.9个百分点。中心城市的软件产业构成中，软件产品的比重高于全国1.4个百分点，增速高出3.2个百分点；数据处理和运营服务收入增长达43.7%，高出全国7.8个百分点；软件出口占全国比重超过70%，增长18.8%，高出全国0.8个百分点。

图6 2012年1-12月中心城市软件业增长情况

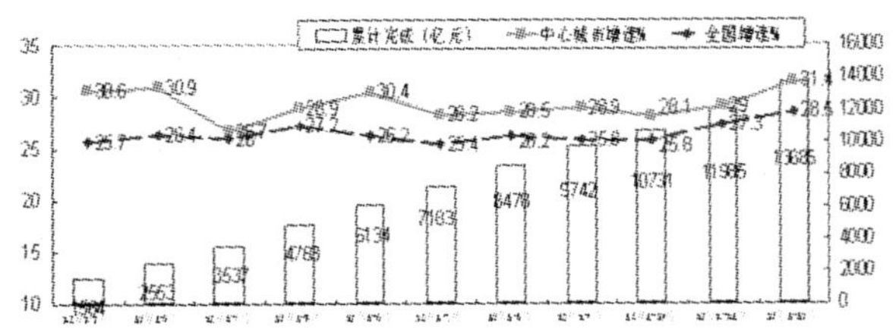

物流、科教、卫生

2012年全国物流运行情况通报

2013年2月27日　国家发展改革委 国家统计局 中国物流与采购联合会

2012年我国物流需求缓中趋稳，企业物流效率有所提升，但经济运行中的物流成本依然较高。

一、社会物流总费用较快增长

2012年社会物流总费用9.4万亿元，同比增长11.4%，增幅比上年回落7.1个百分点。其中，运输费用4.9万亿元，同比增长10.7%，占社会物流总费用的比重为52.5%，同比降低0.3个百分点；保管费用3.3万亿元，同比增长11.8%，占社会物流总费用的比重为35.2%，同比提高0.2个百分点；管理费用1.2万亿元，同比增长13.1%，占社会物流总费用的比重为12.3%，同比提高0.1个百分点。

在运输费用中，受燃油价格上涨、道路运量快速增长的影响，道路运输费用同比增长12.6%，增幅比社会物流总费用高出1.2个百分点。在保管费用中，利息费用增长13.3%，增幅比社会物流总费用高出1.9个百分点。

从全国重点企业物流统计调查数据看，2011年我国工业、批发和零售业企业百元销售额占用的物流成本分别为9.3%和7.6%，同比分别降低0.4和0.2个百分点，反映出我国企业物流效率有所提升。但经济运行中的物流成本依然较高，社会物流总费用与GDP的比率为18%，同比提高0.2个百分点。

二、社会物流总额缓中趋稳

2012年全国社会物流总额177.3万亿元，按可比价格计算，同比增长9.8%，增幅较上年回落2.5个百分点。分季度看，1季度为10.9%，上半年为10%，前三季度为9.6%，呈逐季回落之势，4季度则明显趋稳回升，全年总体保持较快增长。

从构成情况看，工业品物流总额162万亿元，按可比价格计算，同比增长10%，是推动社会物流总额增长的主要动力。受网购等电子商务快速发展推动，快递等与民生相关的物流发展势头良好，全年单位与居民物品物流总额按可比价格计算，同比增长23.5%，增幅高于社会物流总额13.7个百分点。进口货物物流总额11.5万亿元，按可比价格计算，同比增长7.8%。农产品物流总额和再生资源物流总额同比分别增长4.5%和10.2%。

三、物流业增加值平稳增长

2012年全国物流业增加值3.5万亿元，按可比价格计算，同比增长9.1%。其中，交通运输物流增加值增长8.7%，仓储物流增加值增长6.8%，批发、零售物流增加值增长9.8%，邮政物流增加值增长26.7%。2012年物流业增加值占GDP的比重为6.8%，占服务业增加值的比重为15.3%

2012年全国教育事业发展统计公报

2013年8月16日 教育部网站

2012年，在党中央国务院坚强领导下，各级党委政府大力支持，全社会共同努力，教育优先发展战略地位进一步落实，教育系统奋发进取，我国教育改革稳步推进。全国各级各类教育蓬勃发展，教育公平进一步推进，入学机会继续扩大，资源配置更趋合理，教育质量逐步提高。学前教育规模保持较大幅度增长，毛入园率继续上升；义务教育办学条件进一步改善，均衡化程度有所提升；高中阶段教育规模略有减少，普及水平稳步提高；高等教育规模适度增长，重点正转向优化结构与提高质量。

学前教育

全国共有幼儿园18.13万所，比上年增加1.45万所，在园幼儿（包括附设班）3685.76万人，比上年增加261.32万人。幼儿园园长和教师共167.75万人，比上年增加18.15万人。学前教育毛入园率达到64.5%，比上年提高2.2个百分点。

义务教育

全国共有义务教育阶段学校28.2万所，比上年减少1.36万所。全国义务教育阶段共招生3285.43万人；在校生14458.96万人；九年义务教育巩固率91.8%；专任教师908.98万人。

1．小学

全国共有小学22.86万所，比上年减少1.27万所；招生1714.66万人，比上年减少22.13万人；在校生9695.90万人，比上年减少230.47万人；毕业生1641.56万人，比上年减少21.25万人。小学学龄儿童净入学率达到99.85%；其中，男女童净入学率分别为99.84%和99.86%，女童高于男童0.02个百分点。

小学教职工553.85万人，比上年减少4.64万人；专任教师558.55万人，比上年减少1.94万人。小学专任教师学历合格率99.81%，比上年提高0.09个百分点，小学生师比17.36:1，与上年的17.71:1有所改善。

普通小学校舍建筑面积59061.93万平方米，比上年增长2148.8万平方米。小学体育运动场（馆）面积达标学校比例47.29%，比上年提高2个百分点；体育器械配备达标学校比例48.17%，比上年提高3个百分点；音乐器械配备达标学校比例44.78%，比上年提高2个百分点；美术器械配备达标学校比例46.28%，比上年提高4个百分点；数学自然实验仪器达标学校比例50.75%，比上年提高3个百分点。

2．初中

全国共有初中学校5.32万所（其中职业初中49所），比上年减少901所。招生1570.77万人，比上年减少63.96万人；在校生4763.06万人，比上年减少303.74万人；毕业生1660.78万人，比上年减少75.90万人。初中阶段毛入学率102.1%，比上年提升2.0个百分点。初中毕业生升学率88.4%,与上年基本持平。

初中教职工393.91万人，比上年减少0.51万人；专任教师350.44万人，比上年减少2.02万人。初中专任教师学历合格率99.12%，比上年提高0.21个百分点。生师比13.59:1, 比上年的14.38:1有所降低。

初中校舍建筑面积47582.06万平方米，比上年增长2035.8万平方米。初中体育运动场（馆）面积达标学校比例67.40%，比上年提高5个百分点；体育器械配备达标学校比例69.08%，比上年提高5个百分点；音乐器械配备达标学校比例64.56%，比上年提高4个百分点；美术器械配备达标学校比例65.79%，比上年提高6个百分点；理科实验仪器达标学校比例75.05%，比上年提高4个百分点。

3.进城务工人员随迁子女和农村留守儿童

全国义务教育阶段在校生中进城务工人员随迁子女共1393.87万人。其中，在小学就读1035.54万人，在初中就读358.33万人。

全国义务教育阶段在校生中农村留守儿童共2271.07万人。其中，在小学就读1517.88万人，在初中就读753.19万人。

特殊教育

全国共有特殊教育学校1853所，比上年增加86所；特殊教育学校共有专任教师4.37万人。全国共招收特殊教育学生6.57万人，比上年增加1613人；在校生37.88万人，比上年减少2.00 万人。其中，视力残疾学生4.09万人，听力残疾学生10.11万人，智力残疾学生18.67万人，其他残疾学生5.01万人。普通小学、初中随班就读和附设特教班招收的学生3.50万人，在校生19.98万人，分别占特殊教育招生总数和在校生总数的53.30%和52.74%。特殊教育毕业生4.86万人，比上年增加0.44万人。

高中阶段教育

全国高中阶段教育（包括普通高中、成人高中、中等职业学校）共有学校26868所，比上年减少770所；招生1598.74万人，比上年减少65.90万人；在校学生4595.28万人，比上年减少91.33万人。高中阶段毛入学率85.0%，比上年提高1.0个百分点。

1. 普通高中

全国普通高中13509所，比上年减少179所；招生844.61万人，比上年减少6.17万人，降低0.73%；在校生2467.17万人，比上年增加12.35万人，增长0.50%；毕业生791.50万人，比上年增加3.76万人，增长0.48%。

普通高中教职工246.26万人，比上年增加3.52万人；专任教师159.50万人，比上年增加3.82万人，生师比15.47：1，比上年的15.77:1有所改善；专任教师学历合格率96.44%,比上年提高0.71个百分点。

普通高中共有校舍建筑面积42246.65万平方米，比上年增长1419.36万平方米。普通高中体育运动场（馆）面积达标学校比例83.01%，比上年提高6个百分点；体育器械配备达标学校比例83.39%，比上年提高3个百分点；音乐器械配备达标学校比例80.63%，比上年提高3个百分点；美术器械配备达标学校比例81.88%，比上年提高4个百分点；理科实验仪器达标学校比例85.81%，比上年提高4个百分点；建立校园网学校比例80.29%，比上年提高3个百分点。

2. 成人高中

全国成人高中696所，比上年减少161所；在校生14.42万人，比上年增加12.03万人；毕业生11.63万人，比上年减少10.57万人。成人高中教职工0.73万人，比上年增加201人；专任教师0.58万人，比上年增加20人。

3. 中等职业教育

全国中等职业教育（包括普通中等专业学校、职业高中、技工学校和成人中等专业学校）共有学校12663所，比上年减少430所。其中，普通中等专业学校3681所，比上年减少72所；职业高中4517所，比上年减少285所；技工学校2901所，比上年减少23所；成人中等专业学校1564所，比上年减少50所。

中等职业教育招生754.13万人，比上年减少59.73万人，占高中阶段教育招生总数的47.17%。其中，普通中专招生277.36万人，比上年减少22.21万人；职业高中招生213.90万人，比上年减少32.52万人；技工学校招生213.90万人，比上年减少32.52万人；成人中专招生105.81万人，比上年增加1.85万人。

中等职业教育在校生2113.69万人，比上年减少91.64万人，占高中阶段教育在校生总数的46.00%。其中，普通中专在校生812.56万人，比上年减少42.65万人；职业高中在校生623.05万人，比上年减少57.93万人；技工学校在校生423.81万人，比上年减少6.62万人；成人中专在校生254.27万人，比上年增加15.55万人。

中等职业教育毕业生674.89万人，比上年增加14.55万人，其中，普通中专毕业生265.31万人，比上年减少4.92万人；职业高中毕业生217.44万人，比上年减少3610人；技工学校毕业生120.51万人，比上年增加1.29万人；成人中专毕业生71.63万人，比上年增加13.54万人。

中等职业教育学校共有教职工118.94万人，比上年减少2.18万人。其中，普通中等专业学校教职工43.06万人，比上年减少4394人；职业高中教职工39.43万人，比上年减少1.24万人；技工学校教职工26.81万人，比上年减少0.20万人；成人中等专业学校教职工7.75万人，比上年减少0.38万人。

中等职业教育学校共有专任教师88.10万人，比上年减少976人，生师比24.19∶1，比上年的25.01∶1有所改善。其中，普通中等专业学校专任教师30.56万人，比上年增加1700人；职业高中专任教师31.17万人，比上年减少3729人；技工学校专任教师19.69万人，比上年增加0.43万人；成人中等专业学校专任教师5.42万人，比上年减少985人。

高等教育

全国各类高等教育总规模达到3325万人，高等教育毛入学率达到30%。全国共有普通高等学校和成人高等学校2790所，比上年增加28所。其中，普通高等学校2442所（含独立学院303所），比上年增加33所；成人高等学校348所，比上年减少5所。普通高校中本科院校1145所，比上年增加16所；高职（专科）院校1297所，比上年增加17所。全国共有培养研究生单位811个，其中高等学校534个，科研机构277个。

研究生招生58.97万人，比上年增加2.95万人，增长5.27%，其中，博士生招生6.84万人，硕士生招生52.13万人。在学研究生171.98万人，比上年增加7.40万人，增长4.50%，其中，在学博士生28.38万人，在学硕士生143.60万人。毕业研究生48.65万人，比上年增加5.65万人，增长13.13%，其中，毕业博士生5.17万人，毕业硕士生43.47万人。

普通高等教育本专科共招生688.83万人，比上年增加7.33万人，增长1.08%；在校生2391.32万人，比上年增加82.81万人，增长3.59%；毕业生624.73万人，比上年增加16.58万人，增长2.73%。

成人高等教育本专科共招生243.96万人，比上年增加25.44万人；在校生583.11万人，比上年增加35.62万人；毕业生195.44万人，比上年增加4.77万人。

全国高等教育自学考试学历教育报考853.90 万人次，取得毕业证书73.12万人；非学历教育报考871.1 万人次。

普通高等学校本科、高职（专科）全日制在校生平均规模9675人，其中，本科学校13999人，高职（专科）学校5858人。

普通高等学校教职工225.44万人，比上年增加4.96万人；专任教师144.03万人，比上年增加4.76万人。普通高校生师比为17.52∶1。成人高等学校教职工6.56万人，比上年减少0.34万人；专任教师3.94万人，比上年减少0.15万人。

普通高等学校校舍总建筑面积81060.42万平方米（含非产权独立使用），比上年增加2984.28万平方米；教学科研仪器设备总值2935.37亿元（含非产权独立使用），比上年增加380.68亿元。

成人培训与扫盲教育

全国接受各种非学历高等教育的学生394.84万人次，当年已结业778.53万人次；接受各种非学历中等教育的学生达4969.81万人次，当年已结业5537.04万人次。

全国职业技术培训机构12.38万所，比上年减少0.58万所；教职工50.66万人；专任教师28.22万人。

全国有成人小学2.7万所，在校生164.3万人，教职工5.7万人，其中专任教师3.0万人；成人初中1578所，在校生63.1万人，教职工0.9万人，其中专任教师0.8万人。

全国共扫除文盲58.57万人，比上年减少23.24万人；另有68.90万人正在参加扫盲学习，比上年减少5.98万人。扫盲教育教职工3.83万人，比上年减少1.13万人；专任教师1.78万人，比上年减少0.54万人。

民办教育

全国共有各级各类民办学校（教育机构）13.99万所，比上年增加0.91万所；招生1454.03万人，比上年增加53.16万人；各类教育在校生达3911.02万人，比上年增加197.12万人。其中：

民办幼儿园12.46万所，比上年增加9234所；入园儿童865.62万人，比上年增加52.23万人；在园儿童1852.74万人，比上年增加158.54万人。

民办普通小学5213所，比上年减少27所；招生104.44万人，比上年增加3.61万人；在校生597.85万人，比上年增加30.03万人。

民办普通初中4333所，比上年增加51所；招生157.81万人，比上年增加4.16万人；在校生451.41万人，比上年增加8.85万人。

民办普通高中2371所，比上年减少23所；招生82.13万人，比上年减少1.41万人；在校生234.96万人，与上年基本持平。

民办中等职业学校2649所，比上年减少207所；招生83.75万人。比上年减少11.99万人；在校生240.88万人，比上年减少28.37万人。另有非学历中等职业教育学生34.82万人。

民办高校707所（含独立学院303所），比上年增加9所；招生160.28万人，比上年增加6.55万人；在校生533.18万人，比上年增加28.11万人。其中，硕士研究生在校生155人，本科在校生341.23万人，专科在校生191.94万人；另有自考助学班学生、预科生、进修及培训学生22.04万人。民办的非学历高等教育机构823所，各类注册学生82.82万人。

另外，还有其他民办培训机构20155所，860.64万人次接受了培训。

2012年医药产业经济运行分析

2013年2月28日　国家发改委产业协调司

2012年，医药产业克服了欧美经济持续低迷等不利影响，产业产值、对外贸易、经济效益、完成投资继续保持稳定增长，总体呈现平稳发展态势。

一、 产业规模稳步增长

截至2012年底，医药产业共有6625家企业，总资产16408亿元，同比增长18.4%。2012年完成产值18255亿元，同比增长21.7%。其中，化学药品原药3305亿元，同比增长16.6%；化学药品制剂5089亿元，同比增长24.7%；中药饮片1020亿元，同比增长26.4%；中成药4136亿元，同比增长21.3%；生物生化药品1853亿元，同比增长20.5%；医疗器械1573亿元，同比增长20.6%。2012年医药产业工业增加值增长14.5%，高出工业增速4.5个百分点。

图 2012年1-12月医药产值

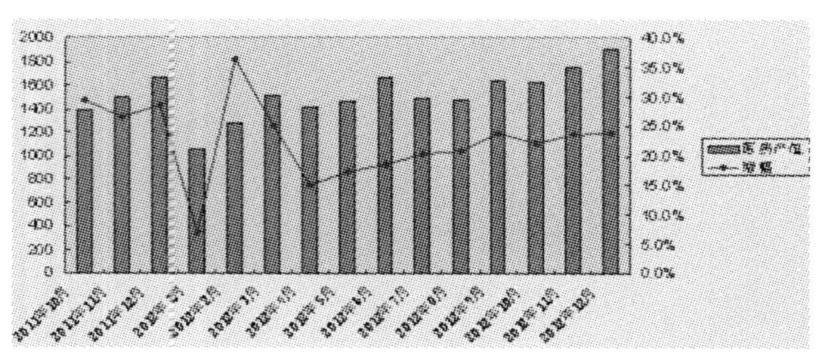

二、对外贸易增速回落

2012年，受欧美国家需求下降、部分国家进口标准提高等因素影响，医药产业进出口贸易增速回落较大，全年累计进出口额810亿美元，同比增长10.5%，增速较上年下降29个百分点。其中，出口额476亿美元，同比增长6.9%；进口额334亿美元，同比增长15.9%。

三、经济效益继续提升

2012年医药产业实现主营业务收入17950亿元，同比增长20.1%；利润总额1833亿元，同比增长20.4%，继续维持较高水平。其中，中药饮片、化学药品制剂增速较快，分别为27.5%和25.3%；化学药品原药、中成药、生物生化药品增速稍低，分别为15.9%、16.9%和14.3%。2012年医药产业销售收入利润率约10.2%，与上年同期基本持平，除化学药品原药、中药饮片等初级产品销售利润率较低外，其余子行业销售收入利润率均高于产业平均水平。

四、产业投资快速增长

2012年，受国家实施新版《药品经营质量管理规范》、节能减排力度加大等因素影响，医药产业投资继续快速增长，全年累计完成投资3565亿元，同比增长34.6%，高出全社会固定资产投资增速约14个百分点。

2012年中国卫生十大新闻

2013年1月 国家卫生和计划生育委员会

一、党中央、国务院明确下一阶段卫生工作目标

党的十八大报告指出，要坚持为人民健康服务的方向，坚持预防为主、以农村为重点、中西医并重，按照保基本、强基层、建机制要求，重点推进医疗保障、医疗服务、公共卫生、药品供应、监管体制综合改革，完善国民健康政策，为群众提供安全有效方便价廉的公共卫生和基本医疗服务。国务院发布的《卫生事业发展“十二五”规划》，从“大卫生”的角度出发，明确了国家卫生事业指导思想、基本原则、主要目标和重点工作。十八大报告和卫生“十二五”规划体现了党中央、国务院对卫生事业改革与发展的高度重视和着力提高人民健康水平、实现人人享有基本医疗卫生服务的坚定决心，为下一阶段卫生工作指明了方向。

二、党和国家领导人看望艾滋病感染者、一线医务人员、艾滋病防治社会组织工作人员和志愿者

2012年世界艾滋病日前后，党和国家领导人习近平、温家宝、李克强分别看望艾滋病感染者、一线医务人员、艾滋病防治社会组织工作人员和志愿者代表并与他们座谈，指出要坚持预防为主、防治结合、综合治理，扎扎实实做好艾滋病防治工作，让每一位艾滋病病毒感染者和病人都能感受到党和政府的关怀、感受到社会的温暖。针对当前我国艾滋病流行呈现经性传播为主、男男同性性传播比例上升、局部地区和特定人群疫情严重、感染者陆续进入发病期致死亡人数增加等特点，各地各部门认真落实各项防治措施，防治工作取得显著进展。

三、新型农村合作医疗制度实施十年来取得显著成效

2012年9月17日，卫生部在国务院新闻办公室发布会上介绍了中国实施新农合制度10年来取得的成效。自2002年10月实施新农合制度以来，十年间，参合人数从起步时不到8000万农民，到2012年全国参合率达到98%；人均筹资水平从试点初期的30元逐步提高到2012年的300元左右；政策范围内住院费用报销比例提高到75%左右；儿童白血病、终末期肾病等20种大病被纳入重大疾病保障范围，报销比例显著提高。新农合制度实施十年，建立起了适合中国国情的农村医疗保障制度，带动了农村医疗服务水平大幅提高，在保障参合农民健康权益、缓解农民看病难、看病贵，防止群众因病致贫、因病返贫方面发挥了重要的作用。

四、县级公立医院综合改革开展试点

2012年6月7日，国务院办公厅印发《关于县级公立医院综合改革试点的意见》，全国有18个省的311个县（市）开展了改革试点。各地按照保基本、强基层、建机制的要求，遵循上下联动、内增活力、外加推力的原则，围绕政事分开、管办分开、医药分开、营利性和非营利性分开的改革要求，以破除以药补医为关键环节，以改革补偿机制和能力建设为切入点，统筹推进管理体制、补偿机制、人事分配、价格机制、医保支付制度、采购机制、监管机制等综合改革。

五、《精神卫生法》出台

2012年10月26日，《中华人民共和国精神卫生法》经十一届全国人大常委会第二十九次会议审议通过，将于2013年5月1日起实施。《精神卫生法》共7章85条，对精神卫生工作的方针原则和管理机制、心理健康促进和精神障碍预防、精神障碍的诊断和治疗、精神障碍的康复、精神卫生工作的保障措施、维护精神障碍患者合法权益等作了明确规定。《精神卫生法》的颁布实施对于规范精神卫生服务，预防精神障碍发生，维护精神障碍患者的合法权益，具有重要意义。

六、《中国的医疗卫生事业》白皮书发布

2012年12月26日，国务院新闻办公室发布我国首部医疗卫生事业白皮书，全面客观地介绍了中国医疗卫生改革发展情况，展示中国重视和改善民生的政策措施，增进国际社会对中国医疗卫生事业的了解和支持。白皮书分前言、正文和结束语三部分，正文分为七个章节，包括卫生基本状况、医药卫生体制改革、传染病防治与卫生应急、慢性非传染性疾病防治、妇女儿童健康权益保护、中医药发展、卫生国际合作等。

七、世卫组织确认中国消除新生儿破伤风

2012年10月30日，世界卫生组织宣布中国已经消除新生儿破伤风，这是中国妇幼卫生领域取得的重要成就。我国政府上世纪90年代在新生儿破伤风高危地区推行育龄期妇女破伤风类毒素接种，2000年开始在中西部地区试点开展“降低孕产妇死亡率消除新生儿破伤风”项目， 2009年在医改中全面实施基本公共卫生服务项目和住院分娩补助重大公共卫生项目，提高了住院分娩率，提高了基层医疗卫生服务体系能力和技术水平，大大降低了新生儿破伤风发病率，实现了消除新生儿破伤风目标。

八、“史上最严厉”抗菌药物管理政策出台

2012年8月1日，《抗菌药物临床应用管理办法》（卫生部令84号）正式施行。该办法是对10余年来卫生部开展抗菌药物临床应用管理，特别是近年来开展全国抗菌药物临床应用专项整治活动实践经验的提炼和固化，其发布标志着我国抗菌药物临床应用管理迈入法制化、制度化轨道，为逐步建立抗菌药物临床应用管理长效机制奠定了基础，被业内和网民称为“史上最严厉”的抗菌药物管理政策。

九、中央电视台开展“寻找最美乡村医生”活动

2012年10月22日，中央电视台主办的“寻找最美乡村医生”大型公益活动正式启动。通过重点推荐、媒体寻访和网友发现，在中央电视台相关频道和央视网上展播了240名乡村医生的先进事迹，《新闻联播》、《朝闻天下》、《讲述》等栏目对其中的典型人物进行了集中报道，他们以平凡的言行诠释着“医者仁心”的生动内涵和白衣战士的人生真谛，引起了社会广泛关注。活动于12月底评出10名“最美乡村医生”和10名“特别关注乡村医生”。截至2011年底，全国共有66.3万个村卫生室，从业人员128万人，其中包括执业(助理)医师19.3万人、注册护士3.1万人，乡村医生106.1万人。

十、“黄金大米”事件为卫生科研工作诚信道德建设敲响警钟

2012年12月6日，中国疾控中心、浙江省医科院、湖南省疾控中心联合发布调查报告，公布“黄金大米”事件调查结果，涉事责任人被处以撤销行政职务、技术职称降级和党纪处分，三家单位也为此向社会致歉。该事件暴露出少数科研人员法律意识淡薄，科学道德自律失范，项目的承担单位对个别的科研项目监管不善的问题。卫生部要求相关单位要以此为鉴，深刻汲取教训，进一步加强对科研项目的管理，强化对科研人员法律法规和科研诚信的教育，在鼓励科研人员开展国际合作、探索未知领域的同时要加强管理、完善制度、举一反三，防止类似事件的再次发生。

第三部分

地区投资

2012年北京市投资情况

本篇文字内容根据北京市第十四届人民代表大会第一次会议上北京市代市长王安顺的政府工作报告与发展改革委相关报告以及2012年北京市国民经济和社会发展统计公报整理编纂。

固定资产投资

固定资产投资：全年完成全社会固定资产投资6462.8亿元，比上年增长9.3%。其中，国有及国有控股单位完成投资3972.6亿元，比上年增长15%；民间投资完成2087.1亿元，比上年增长4.9%。分城乡看，城镇投资5853.1亿元，增长7.1%；农村投资609.8亿元，增长36.5%。

分产业看，第一产业投资145.4亿元，增长2.1倍；第二产业投资719.8亿元，下降5.6%，其中工业投资707.8亿元，下降5.9%；第三产业投资5597.5亿元，增长9.7%。

全年完成基础设施投资1789.2亿元，增长27.8%，主要投向交通运输和公共服务业，交通运输投资712亿元，所占比重为39.8%，公共服务业投资508.1亿元，所占比重为28.4%。

城市建设

道路建设：年末全市公路里程21454公里，比上年末增加107公里；其中，高速公路里程923公里，增加11公里。城市道路里程6282公里，比上年末增加24公里。

公共交通：年末全市公共电汽车运营线路779条，比上年末增加30条；运营线路长度19547公里，比上年末增加87公里；运营车辆22146辆；全年客运总量51.5亿人次，比上年增长2.4%。

年末全市轨道交通运营线路16条，比上年末增加1条；运营线路长度442公里，比上年末增加70公里；运营车辆3685辆；全年客运总量24.6亿人次，比上年增长12.3%。

公用事业：全年自来水销售量9.8亿立方米，比上年增长3.2%。其中，生产运营用水1.3亿立方

表1 2012年分行来固定资产投资

行业名称	投资额（亿元）	比上年增长(%)
总 计	6462.8	9.3
农、林、牧、渔业	145.4	2.1倍
采矿业	6.2	−28.9
制造业	469.7	−17.9
电力、热力、燃气及水生产和供应业	232.0	35.5
建筑业	12.0	17.2
批发和零售业	30.9	7.7
交通运输、仓储和邮政业	735.1	5.1
住宿和餐饮业	58.0	52.1
信息传输、软件和信息技术服务业	165.4	46.5
金融业	52.9	−39.0
房地产业	3506.5	6.8
租赁和商务服务业	40.2	−13.0
科学研究和技术服务业	133.0	44.6
水利、环境和公共设施管理业	494.2	18.8
居民服务、修理和其他服务业	20.6	78.9
教育	108.3	−18.5
卫生和社会工作	49.6	3.1
文化、体育和娱乐业	97.3	77.0
公共管理、社会保障和社会组织	105.6	1.2倍

米，与上年持平；居民家庭用水4.9亿立方米，增长2.1%。

北京地区用电量达到874.3亿千瓦时，比上年增长6.4%。其中生产用电712.4亿千瓦时，增长5.2%；城乡居民生活用电161.8亿千瓦时，增长11.8%。

全年液化石油气供应总量45万吨，比上年增长1.7%；天然气供应总量88亿立方米，增长20.6%。年末共有燃气家庭用户700万户，比上年末增长8.7%；其中天然气家庭用户510万户，增长7.7%。全市燃气管线达到1.8万公里，比上年末增长4.2%。全市集中供热面积5.1亿平方米，比上年增长1%。

房地产开发情况

房地产开发：全年完成房地产开发投资3153.4亿元，比上年增长3.9%。其中住宅投资1628亿元，下降8.5%；办公楼投资384.8亿元，增长5.8%；商业营业用房投资275.9亿元，下降7%。

保障性住房建设：全年新开工建设、收购各类保障性住房18万套，基本建成10万套。

表2 2012年房地产开发和销售主要指标

指标	单位	绝对数	比上年增长（%）
房地产开发投资	亿元	3153.4	3.9
其中：住宅	亿元	1628.0	−8.5
商品房施工面积	万平方米	13122.5	8.8
其中：住宅	万平方米	7510.4	4.8
商品房竣工面积	万平方米	2390.9	6.5
其中：住宅	万平方米	1522.7	15.7
商品房销售面积	万平方米	1943.7	35.0
其中：住宅	万平方米	1483.4	43.3
商品房待售面积	万平方米	1911.8	6.6
其中：住宅	万平方米	789.5	12.8
本年资金来源	亿元	6112.4	14.1
其中：国内贷款	亿元	1498.4	28.3
自筹资金	亿元	1626.1	−6.9
定金及预收款	亿元	2066.8	37.5

利用外资情况

全年批准合同外资113.5亿美元，比上年增长0.5%。实际利用外资金额80.4亿美元，增长14%。其中，租赁和商务服务业占20.1%，信息传输、计算机服务和软件业占16.8%，交通运输、仓储和邮政业占14.3%，房地产业占10.9%，制造业占10.7%。全年境外投资中方实际投资额11.9亿美元，比上年增长59.2%。对外承包工程完成营业额29亿美元，增长16.4%。对外劳务合作人员实际收入5737万美元，增长50.8%。

表3 2012年分行业外商直接投资及增长速度

行业名称	合同外资（万美元）	比上年增长（%）	实际利用外资（万美元）	比上年增长（%）
总计	1135353	0.5	804160	14
农、林、牧、渔业	13989	10.2倍	733	2.4倍
制造业	65674	−45.2	86378	36.5
电力、热力、燃气及水生产和供应业	20092	385.4倍	25305	72
建筑业	1583	1.1倍	383	−83.7
交通运输、仓储和邮政业	41528	−65.9	114930	6.1倍
信息传输、计算机服务和软件业	126823	−34	135121	23.7
批发零售业	97942	−50.1	74311	−35.6
住宿和餐饮业	2287	2.2倍	2877	68.7
金融业	133811	3.6倍	36349	31.4
房地产业	218431	1.8倍	87739	−22
租赁和商务服务业	306341	16.3	161595	−15.1
科学研究、技术服务业和地质勘查业	98993	−11.9	70044	58.1
水利、环境和公共设施管理业	712	−79.1	270	−94.6
居民服务、修理和其他服务业	1014	6.2	4497	10.5倍
教育	0	−	321	79.3倍
卫生和社会工作	1594	1.5倍	554	−
文化、体育和娱乐业	4345	−51.1	2493	70.9

2012年天津市投资情况

本篇文字内容根据天津市第十六届人民代表大会第一次会议上天津市市长黄兴国的政府工作报告与天津市发展改革委相关报告以及2012年天津市国民经济和社会发展统计公报整理编纂。

固定资产投资

投资保持较快增长。全年全社会固定资产投资8871.31亿元，增长18.1%。其中，城镇投资8340.26亿元，增长18.2%；农村投资531.05亿元，增长17.1%。在城镇投资中，第一产业投资69.23亿元，增长20.1%；第二产业投资3747.05亿元，增长18.4%。其中，工业投资3716.94亿元，增长18.5%；第三产业投资4523.98亿元，增长18.0%。三次产业投资结构为0.8：44.9：54.3。全年民间投资4105.48亿元，增长32.8%，高于全社会固定资产投资增速14.7个百分点，占全社会固定资产投资的比重为46.3%。

图1 2008-2012年全社会固定资产投资

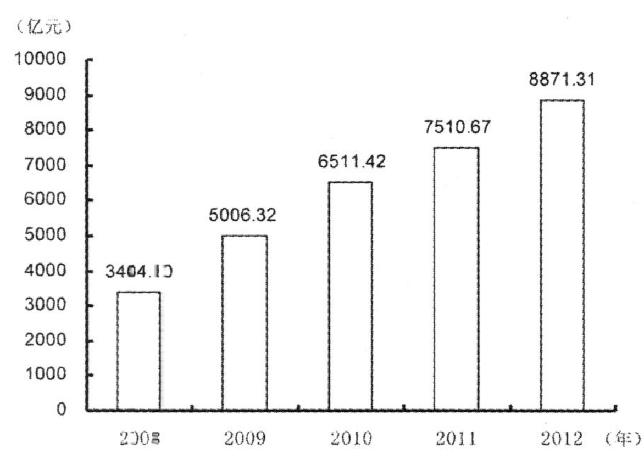

城市基础设施投资

基础设施建设持续推进。全年基础设施投资1913.67亿元，增长14.5%。津秦客运专线和地下直径线工程土建工程收尾。京津城际延长线、津保等铁路建设稳步推进。天津港30万吨级航道一期、中航油码头和临港经济区10万吨级航道等工程完工。地铁2、3、9号线联网运营，5、6号线工程全面展开。启动唐廊一期、津港二期和滨石高速建设。年末城市铺装道路长度6058.43公里，增长1.1%；铺装道路面积10971.29万平方米，增长4.6%。

公用事业服务能力持续提升。全市自来水综合生产能力434.00万立方米/日，比上年提高4.56万立方米/日。全社会用电量722.49亿千瓦时，增长3.9%。全年新增供热面积2103万平方米，中心城区集中供热率达到97.0%。改造一批卡口道路，新一批人行天桥、菜市场建成投入使用，进一步改善了百姓生活环境。

房地产投资

房地产市场保持基本稳定。全年房地产业增加值448.82亿元，比上年增长4.9%。全年房地产开发投资1260.00亿元，增长16.7%。商品房销售面积1661.69万平方米，增长4.2%；销售额1365.53亿元，下降2.1%。存量房交易面积670.90万平方米，交易金额528.10亿元，比上年分别增长15.4%和21.7%。

对外经济

进出口规模继续扩大。全年外贸进出口总额1156.23亿美元，增长11.8%。其中，进口673.09亿美元，增长14.3%；出口483.14亿美元，增长

8.6%。在出口额中，一般贸易出口186.04亿美元，增长4.8%；加工贸易出口256.38亿美元，增长8.7%；租赁贸易、对外承包工程出口分别增长230.7倍和56.2%。对美国、日本、韩国等传统市场出口分别增长9.5%、0.4%和1.4%；对东盟、拉美等新兴市场出口分别增长33.3%和30.4%。全年机电产品出口341.09亿美元，占全市出口额的70.6%，比上年提高1.4个百分点；高新技术产品出口189.77亿美元，占全市比重39.3%，比上年提高0.3个百分点。

招商引资增势良好。全年新批外商投资企业632家，合同外资额185.85亿美元，增长10.4%；实际直接利用外资150.16亿美元，增长15.0%。其中，制造业实际直接利用外资76.23亿美元，增长33.7%，服务业实际直接利用外资72.16亿美元，与上年基本持平。年末累计在津投资的国家和地区达到134个，在津投资世界500强企业达到152家。全年实际利用内资2600.67亿元，增长24.7%。

服务外包强劲发展。全年新签服务外包合同3067个，增长62.8%；协议金额15.31亿美元，增长64.1%；执行金额12.27亿美元，增长1.0倍，其中离岸服务外包执行额增长90.1%。

对外承包工程保持增长。全年对外承包工程新签合同额15.55亿美元，实现营业额31.02亿美元，增长3.7%。派出各类劳务16553人次，增长49.4%。全年成交技术引进合同507项，技术引进合同金额21.58亿美元。全市外资研发中心达到29个。全年核准境外企业和机构103家，境外投资中方投资额20.76亿美元，增长13.0%。

2012年河北省投资情况

本篇文字内容根据河北省第十二届人民代表大会第一次会议上河北省人民政府省长张庆伟的政府工作报告与发展改革委相关报告以及2012年河北省国民经济和社会发展统计公报整理编纂。

固定资产投资

全社会固定资产投资完成19661.3亿元，比上年增长20.0%。其中，固定资产投资（不含农户，下同）19104.6亿元，增长21.1%；农户投资556.7亿元，下降8.6%。

在固定资产投资中，第一产业投资651.7亿元，比上年增长52.2%；第二产业投资9386.6亿元，增长26.1%，其中工业投资9330.3亿元，增长26.1%；第三产业投资9066.3亿元，增长14.6%。工业技改投资5891.4亿元，增长35.2%；占工业投资的63.1%，同比提高4.2个百分点。高新技术产业投资1893.0亿元，增长23.6%。民间投资14717.2亿元，增长27.5%；占全省固定资产投资的77.0%，同比提高3.9个百分点。

在重大投资项目中，总投资亿元以上项目5419个，比上年增加896个；完成投资10634.0亿元，增长37.8%。

图1 2008—2012年全社会固定资产投资及增速

表1 2012年分行业固定资产投资及增速

单位：亿元

行　　业	绝对值	比上年增长(%)
总 计	19104.6	21.1
农、林、牧、渔业	651.7	52.2
采矿业	622.7	8.0
制造业	8005.6	31.1
其中：农副食品加工业	400.8	37.5
食品制造业	185.0	57.0
纺织业	338.2	16.4
石油加工、炼焦和核燃料加工业	211.7	54.5
化学原料和化学制品制造业	570.9	30.5
医药制造业	181.8	14.4
非金属矿物制品业	824.3	15.7
黑色金属冶炼和压延加工业	658.8	14.3
金属制品业	553.3	-0.7
通用设备制造业	641.6	50.0
专用设备制造业	662.0	73.1
汽车制造业	402.2	48.1
铁路、船舶、航空航天和其他运输设备制造业	165.1	20.5
电气机械和器材制造业	539.0	14.7
计算机、通信和其他电子设备制造业	127.6	44.5
电力、热力、燃气及水生产和供应业	702.0	-2.1
其中：电力、热力生产和供应业	549.9	-8.0
建筑业	56.4	34.2
批发和零售业	660.0	49.1
交通运输、仓储和邮政业	1513.0	8.4
住宿和餐饮业	214.4	64.4
信息传输、软件和信息技术服务业	88.8	12.9
金融业	24.4	5.4
房地产业	4308.0	6.0
租赁和商务服务业	203.4	151.7
科学研究和技术服务业	111.9	52.4
水利、环境和公共设施管理业	1188.3	11.4
居民服务、修理和其他服务业	65.3	22.3
教育	206.3	44.0
卫生和社会工作	112.6	26.3
文化、体育和娱乐业	213.6	35.4

房地产开发投资

房地产开发投资3086.5亿元，比上年增长1.0%。其中，商品住宅投资2317.1亿元，增长1.5%；办公楼投资114.7亿元，增长32.5%；商业营业用房投资407.6亿元，下降6.4%。

开工建设保障性住房和棚户区改造住房29万套，农村危房改造完成12万套，均完成国家下达的年度责任目标。

利用外资

实际利用外资60.3亿美元，比上年增长14.7%。其中外商直接投资58.0亿美元，增长24.0%。在外商直接投资中，制造业占72.8%；房地产业占3.8%；批发和零售业占3.2%；交通运输、仓储和邮政业占2.0%。全省新批外商直接投资企业（项目）196个，增长0.5%；新批合同外资38.8亿美元，下降8.0%。

表2 2012年房地产开发和销售主要指标完成情况及增速

指　　标	单　位	绝对值	比上年增长（%）
投资额	亿元	3086.5	1.0
其中：住宅	亿元	2317.1	1.5
其中：90平方米及以下	亿元	859.4	-4.0
房屋施工面积	万平方米	27577.8	3.4
其中：住宅	万平方米	21896	2.7
房屋新开工面积	万平方米	7641.8	-31.7
其中：住宅	万平方米	5983.8	-33.0
房屋竣工面积	万平方米	4894.6	-5.5
其中：住宅	万平方米	3978.1	-6.9
商品房销售面积	万平方米	5144.9	-12.6
其中：住宅	万平方米	4622.5	-12.7

2012年山西省投资情况

本篇文字内容根据山西省第十二届人民代表大会第一次会议上山西省代省长李小鹏的政府工作报告与发展改革委相关报告以及2012年山西省国民经济和社会发展统计公报整理编纂。

固定资产投资

全年全社会固定资产投资9176.3亿元，增长24.5%。其中，国有及国有控股投资4500.3亿元，增长16.5%；民间投资4568.4亿元，增长33.1%。

在全社会固定资产投资中，内资企业投资8701.0亿元，增长24.3%；外商及港澳台商企业投资170.3亿元，增长37.4%；个体经营及农户投资305.0亿元，增长22.4%。

在全社会固定资产投资中，第一产业投资381.0亿元，增长40.5%；第二产业投资4153.6亿元，增长24.0%；第三产业投资4641.7亿元，增长23.7%。在第二产业中，工业投资4136.5亿元，增长23.9%。其中，煤炭工业投资1345.2亿元，增长8.5%，非煤产业投资2791.3亿元，增长33.0%；传统产业（煤炭、焦炭、冶金、电力）投资合计2306.2亿元，增长9.6%，非传统产业投资合计1830.3亿元，增长48.3%。

全年全省在建固定资产投资项目10770个。其中，5亿元以上项目734个，计划总投资13921.5亿元，完成投资3256.1亿元。

房地产投资

全年房地产开发投资1010.5亿元，增长27.9%。其中，住宅投资735.6亿元，增长19.5%；商业营业用房投资139.3亿元，增长89.1%。

能源

全年全省一次能源生产折标准煤7.8亿吨，增长5.0%；二次能源生产折标准煤3.6亿吨，增长7.3%。

全年全省向省外运输煤炭5.8亿吨，增长0.1%，外运煤炭占原煤产量63.7%。在外运煤炭中，铁路运输4.6亿吨，增长2.0%；公路运输1.2亿吨，下降6.8%。向省外输送电力769.2亿千瓦小时，增长10.9%，外输电量占发电量30.3%；向省外运输焦炭5557.8万吨，下降14.6%，外运焦炭占焦炭产量64.5%。

全年全省全社会用电总量1765.8亿千瓦小时。其中，第一产业用电37.4亿千瓦小时，占全社会用电量2.1%；第二产业用电1456.1亿千瓦小时，占82.5%，其中工业用电1434.0亿千瓦小时；第三产业用电137.5亿千瓦小时，占7.8%；城乡居民生活用电134.8亿千瓦小时，占7.6%。

利用外资

全年全省海关进出口总额150.4亿美元，增长2.0%。其中，进口额80.3亿美元，下降13.9%；出口额70.1亿美元，增长29.4%。

全年全省新设立外商直接投资企业39家；按全口径统计实际使用外商直接投资金额25.0亿美元，增长20.8%。

全年全省对外经济合作新签合同额6.4亿美元，增长52.4%。

2012年内蒙古自治区投资情况

本篇文字内容根据内蒙古自治区第十二届人民代表大会第一次会议上内蒙古自治区主席巴特尔的政府工作报告与发展改革委相关报告以及2012年内蒙古自治区国民经济和社会发展统计公报整理编纂。

固定资产投资

全年全社会固定资产投资总额13112.01亿元，增长20.3%。其中，城乡50万元以上项目完成固定资产投资12986.04亿元，增长20.4%。从投资主体看，国有经济单位投资5137.25亿元，增长15.7%；集体单位投资243.95亿元，增长92.9%；个体投资182.83亿元，增长26.6%；其他经济类型单位投资7547.98亿元，增长21.9%。按项目隶属关系分，地方项目完成投资12130.66亿元，增长20.3%；中央项目完成投资852.48亿元，增长4.3%。

在全区固定资产投资中，第一产业投资637.91亿元，增长13.3%；第二产业投资6526.27亿元，增长27%，其中，工业投资6410.48亿元，增长27.9%；第三产业投资5821.85亿元，增长12%。从城乡看，城镇固定资产投资12731.35亿元，增长20.2%，其中，城镇房地产开发投资1291.44亿元，比上年下降20.5%；农村牧区固定资产投资380.66亿元，增长24.9%，其中，非农户投资254.69亿元，增长32.2%。从主要行业投资看，电力、燃气及水的生产和供应业投资1138.92亿元，下降1.1%；交通运输、仓储及邮政业投资1261.77亿元，增长24%；信息传输、软件和信息技术服务业投资92.15亿元，增长26.3%；教育投资150.28亿元，下降17.1%；文化、体育和娱乐业投资140.77亿元，增长82.3%。

图1 2012年50万元以上项目固定资产投资

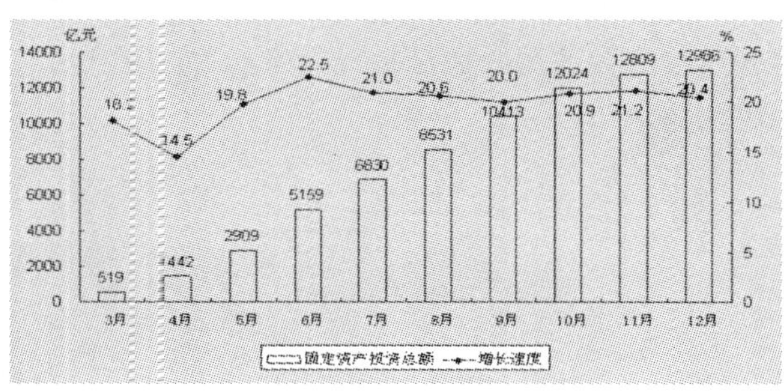

房地产投资

全年新开工项目17560个，增长20.4%；在建项目投资总规模32105.89亿元，增长17.4%。城镇住宅施工面积13722.52万平方米，增长3.6%；城镇住宅竣工面积2850.58万平方米，增长2.1%。商品房竣工面积2449.13万平方米，比上年下降7.9%；商品房销售面积2523.52万平方米，下降31.5%。

利用外资

全年海关进出口总额112.57亿美元，比上年下降4.9%。其中，出口总额39.7亿美元，下降15.3%；进口总额72.86亿美元，增长1.9%。从主要贸易方式看，一般贸易进出口额达52.26亿美元，占进出口总额的46.4%，比上年下降9.7%；加工贸易进出口额达4.66亿美元，占进出口总额的4.1%，比上年下降50.9%；边境小额贸易进出口额达47.25亿美元，占进出口总额的42%，增长1.4%。

全年实际使用外商直接投资额39.43亿美元，增长2.7%。年内全区在工商部门注册的外商投资企业3114家，比上年减少487家。新批准外商投资企业数39家，比上年减少34家企业。

2012年辽宁省投资情况

本篇文字内容根据辽宁省第十二届人民代表大会第一次会议上辽宁省省长陈政高的政府工作报告与发展改革委相关报告以及2012年辽宁省国民经济和社会发展统计公报整理编纂。

固定资产投资

全年全社会固定资产投资21836.3亿元，比上年增长23.2%。

全年固定资产投资(不含农户)21535.4亿元，比上年增长23.5%。其中，国有及国有控股企业完成投资5314.1亿元，增长19.1%；民间投资14388.1亿元，增长26.9%；港澳台及外商投资1833.2亿元，增长12.6%。

第一产业投资528亿元，比上年增长12.4%。第二产业投资9414.4亿元，增长26.3%。其中，采矿业投资684.2亿元，增长25%；制造业投资7491亿元，增长25.4%；电力、燃气及水的生产和供应业投资778.7亿元，增长11.5%。第三产业投资11593亿元，增长21.9%。其中，批发和零售业投资762.3亿元，增长43.3%；交通运输、仓储和邮政业投资1041.4亿元，增长18%；住宿和餐饮业投资427.4亿元，增长32%；信息传输、软件和信息技术服务业投资133.1亿元，增长26.2%；租赁和商务服务业投资368.1亿元，下降10.3%；科学研究和技术服务业投资160.4亿元，增长48.8%；水利、环境和公共设施管理业投资1675.7亿元，增长12.5%。固定资产投资三次产业构成为2.5：43.7：53.8。

基础设施建设

全年基础设施建设投资3322亿元，比上年增长14.4%。

全年施工计划总投资超亿元的建设项目4943个，比上年增长32.3%；完成投资10889亿元，增长32.5%。其中，计划总投资10亿元以上的建设项目679个，增长21.9%；完成投资4501.3亿元，增长30.4%。全年新开工的计划总投资超亿元建设项目2461个，比上年增长17.5%；完成投资5500.1亿元，增长25%。辽宁红沿河核电有限公司核电站项目、辽宁大唐国际阜新日产1200万Nm^3煤制天然气项目、中国石油辽河油田分公司石油勘探与生产项目、恒力石化(大连)有限公司精对苯二甲酸项目、沈阳四环快速路建设项目、盘锦忠旺铝业有限公司年产200万吨高精度特大规格铝及铝合金板带箔项目、营口天盛重工装备有限公司球墨铸铁和高强度含钒抗震钢材项目、华晨宝马新工厂建设项目、辽宁葫芦岛铝业有限公司年产30万吨挤压型材项目、瓦轴集团精密技术与制造工业园卡车轴承项目、抚顺石化公司100万吨乙烯技术改造工程、锦州港配套铁路项目、中冶京诚(营口)装备技术有限公司中试基地项目、朝阳鞍凌200万吨H型精品钢项目等重点项目建设进展顺利。

房地产开发投资

全年房地产开发投资5455.8亿元，比上年增长21.6%。其中，住宅开发投资3961.9亿元，增长16.2%；商业营业用房开发投资862.8亿元，增长27.8%。全年房屋施工面积38502万平方米，比上年增长12%，其中住宅29284.9万平方米，增长9.9%。全年房屋新开工面积13828.9万平方米，比上年增长11.1%，其中住宅10644万平方米，增长7.4%。全年房屋竣工面积6438.2万平方米，比上年增长1.8%，其中住宅5132.3万平方米，下降1.8%。全年商品房销售面积8827.9万平方米，比上年增长17.1%，其中住宅7655.4万平方米，增长15.6%。

利用外资

全年实际使用外商直接投资267.9亿美元，比上年增长10.4%。分产业看，第一产业实际使用外商直接投资4.3亿美元，增长27.4%。第二产业实际使用外商直接投资166.3亿美元，增长35.3%。其中，制造业实际使用外商直接投资124.6亿美元，增长10%；电力、燃气及水的生产和供应业实际使用外商直接投资28.1亿美元，增长4.1倍。第三产业实际使用外商直接投资97.3亿美元，下降16.4%。其中，信息传输、计算机服务和软件业实际使用外商直接投资8.9亿美元，增长2.2倍；批发零售业和住宿餐饮业实际使用外商直接投资12.7亿美元，增长12.5%；房地产业实际使用外商直接投资45.8亿美元，下降34.3%；科学研究、技术服务和地质勘查业实际使用外商直接投资10.6亿美元，增长93.9%。

2012年吉林省投资情况

本篇文字内容根据吉林省第十二届人民代表大会第一次会议上吉林省代省长巴音朝鲁的政府工作报告与发展改革委相关报告以及2012年吉林省国民经济和社会发展统计公报整理编纂。

固定资产投资

全年完成全社会固定资产投资额9711.40亿元，比上年增长30.5%，人均投资达到35314元。其中，固定资产投资(不含农户)为9462.09亿元，增长30.9%。

在固定资产投资(不含农户)中，第一产业完成投资227.09亿元，增长16.0%；第二产业完成投资5232.53亿元，增长30.4%；第三产业完成投资4002.47亿元，增长32.6%。

全年完成工业投资5178.95亿元，增长30.4%，增幅低于全部投资增速0.5个百分点，对全社会投资增长的贡献率达54.01%。全年民间投资达到6735.61亿元，民间投资的比重达到71.2%，比上年回落0.7个百分点。

2012年全省分行业固定资产投资（不含农户）及其增长速度

单位：亿元

行 业	投资额	增长（%）
总计	9462.09	30.9
农、林、牧、渔业	227.09	16.0
采矿业	555.52	40.8
制造业	4199.44	31.6
电力、热力、燃气及水的生产和供应业	423.99	8.9
建筑业	53.57	189.3
批发和零售业	424.23	67.2
交通运输、仓储和邮政业	528.44	5.1
住宿和餐饮业	111.25	101.9
信息传输、软件和信息技术服务业	70.85	68.9
金融业	15.30	173.5
房地产业	1519.09	7.4
租赁和商务服务业	49.37	30.2
科学研究和技术服务业	62.76	76.8
水利、环境和公共设施管理业	796.52	91.2
居民服务和其他服务业	52.04	25.2
教育	73.89	17.0
卫生和社会工作	73.81	67.0
文化、体育和娱乐业	87.44	19.0
公共管理和社会组织	137.50	100.0

全年新建项目完成投资2790.80亿元，同比增长11.0%；扩建项目完成投资1835.30亿元，增长24.6%；改建和技术改造项目完成投资3016.27亿元，增长77.9%。

房地产开发

全年完成房地产开发投资1310.03亿元，增长9.6%。商品房竣工面积1927.87万平方米，增长2.6%；商品房销售建筑面积2452.42万平方米，增长0.8%。其中，销售住宅面积2159.43万平方米，增长1.7%。

利用外资

根据海关统计，全年累计实现外贸进出口总值245.72亿美元，增长11.4%。其中，实现出口总值59.83亿美元，增长19.7%；实现进口总值185.89亿美元，增长8.9%。

全年实际利用外资58.16亿美元，增长17.6%，其中外商直接投资16.49亿美元，增长11.3%。全年域外资金实际到位3872.6亿元，增长23.6%，其中，实际利用外省资金3832.1亿元，增长31.2%。

2012年黑龙江省投资情况

本篇文字内容根据黑龙江省第十二届人民代表大会第一次会议上黑龙江省省长王宪魁的政府工作报告与发展改革委相关报告以及2012年黑龙江省国民经济和社会发展统计公报整理编纂。

固定资产投资

投资保持快速增长。全年完成全社会固定资产投资9780.9亿元，比上年增长30.0%。其中，固定资产投资(不含农户)9376.1亿元，增长30.1%。民间投资快速增长，民间投资5561.2亿元，增长50.5%；国有及国有控股投资3708.9亿元，增长9.4%；外商及港澳台投资106.0亿元，下降12.1%。大项目建设成效显著，其中，新建哈尔滨至齐齐哈尔客运专线、大庆油田产能建设及哈尔滨市地铁工程等项目拉动全省投资增长。装备、石化、能源、食品等四大主导产业完成投资3009.4亿元，增长38.2%，占城镇工业投资的72.7%。亿元以上建设项目2463个，比上年增加790个，完成投资4351.6亿元，增长23.5%。全年城镇建成投产项目8564个，项目建成投产率70.7%。各类房屋竣工面积7279.7万平方米，竣工率30.1%。新增固定资产6388.9亿元，增长36.5%，固定资产交付使用率68.1%。

房地产开发

房地产开发增速放缓。全年完成房地产开发投资1535.8亿元，比上年增长26.0%。商品房销售面积3806.8万平方米，增长10.9%，其中住宅销售面积3226.2万平方米，增长9.4%；商品房销售额1548.3亿元，增长13.7%，其中住宅销售额1201.9亿元，增长10.7%。

城市建设

基础设施不断完善，发展的承载能力进一步提升。公路建设三年决战收尾工作进展顺利，交工二级以上高等级公路1514公里，完成农村公路5515公里。哈大客专开通运营，哈西客站交付使用，前抚铁路客运建成通车，哈齐客专、牡绥扩能改造等在建项目进展顺利。加格达奇机场建成通航，抚远机场建设进展顺利，哈尔滨机场改扩建工程可研报告获国家批复。国电哈平南、华能大庆等热电联产项目积极推进，城市供热保障能力明显提升。煤矿安全改造和瓦斯治理国家示范项目加快实施。我省作为全国九个大型风电基地之一被列入《风电发展“十二五”规划》。开复工“三供两治”项目406个，新建扩建市政道路950条、桥梁246座，改造和新建中心村423个，小城镇建设快速推进，城乡环境明显改观。松花江流域水污染防治“十二五”规划项目加快建设。植树造林351.7万亩，治理水土流失278万亩，均超额完成年初计划。淘汰落后产能企业35户，单位GDP综合能耗下降3.5%，二氧化硫排放量、化学需氧量排放量分别下降0.4%和1.5%，可持续发展能力进一步增强。

利用外资

利用外资增长势头良好。全年新签利用外资项目98个，协议利用外资额39.0亿美元，比上年增长10.8%，其中，外商直接投资39.0亿美元，增长10.8%。实际利用外资39.9亿美元，增长15.5%，其中，外商直接投资39.0亿美元，增长20.1%。

2012年上海市投资情况

本篇文字内容根据上海市第十四届人民代表大会第一次会议上海市代市长杨雄的政府工作报告与发展改革委相关报告以及2012年上海市国民经济和社会发展统计公报整理编纂。

固定资产投资

全年完成全社会固定资产投资总额5254.38亿元，比上年增长3.7%。其中，第三产业投资3949.04亿元，增长5.1%，占全社会固定资产投资总额的比重达到75.2%。

城市基础设施

全年完成城市基础设施建设投资1038.61亿元，比上年下降9.8%。其中，交通运输邮电通信投资570.37亿元，市政建设投资301.74亿元，公用事业投资56.45亿元。全市高速公路网通车里程达到806公里。

全市自来水日供水能力达到1145万立方米，比

表1 2012年全社会固定资产投资及其增长速度

单位：亿元

指 标	绝对值	比上年增长（%）
全社会固定资产投资总额	5254.38	3.7
按经济类型分		
# 国有经济	1855.24	−1.1
集体经济	112.41	−15.7
股份制经济	1417.80	5.0
外商及港澳台投资	758.08	4.3
按产业分		
第一产业	11.20	−37.7
第二产业	1294.14	0.3
# 工业	1292.61	1.1
第三产业	3949.04	5.1
# 文化、体育和娱乐业	102.75	1.6倍
金融业	49.15	1.1倍
信息传输、软件和信息技术服务业	121.34	44.3

表2 2012年城市基础设施投资及其增长速度

单位：亿元

指 标	绝对值	比上年增长（%）
城市基础设施投资	1038.61	−9.8
电力建设	110.05	−6.8
交通运输	473.43	−20.5
邮电通信	96.94	34.2
公用事业	56.45	9.4
市政建设	301.74	−4.0

表3 2012年公用事业主要指标及其增长速度

指 标	单 位	绝对值	比上年增长(%)
自来水日供水能力	万立方米	1145.00	−0.5
自来水售水总量	亿立方米	24.35	−0.2
# 生活用水	亿立方米	19.17	1.9
工业用水	亿立方米	5.18	−7.3
用电量	亿千瓦小时	1353.45	1.0
# 城乡居民生活用电	亿千瓦小时	187.38	6.9
煤气销售总量	亿立方米	8.19	−24.3
液化气销售总量	万 吨	39.33	−0.8
天然气销售总量	亿立方米	60.01	16.6

上年下降0.5%。全年全市用电量1353.45亿千瓦小时，增长1%。至年末，全市家庭人工煤气用户75.7万户，家庭液化气用户328.2万户，家庭天然气用户达到502.8万户。

房地产投资

全年完成房地产开发投资2381.36亿元，比上年增长9.7%。其中，住宅投资1451.94亿元，增长3.8%；办公楼投资262.85亿元，增长13.7%；商业营业用房投资293.75亿元，增长24.4%。商品房施工面积13249.97万平方米，增长2.1%。竣工面积2305.06万平方米，增长2.9%。销售面积1898.46万平方米，增长7.2%。其中，商品住宅销售面积1592.63万平方米，增长8.1%。全年商品房销售额2669.49亿元，增长3.9%。其中，商品住宅销售额2208.96亿元，增长11.5%。全年存量房成交过户面积1446.77万平方米，比上年增长3.4%。

表4 2012年上海市进出口总额及其增长速度

单位：亿元

指 标	绝对值	比上年增长（%）
上海市进出口总额	4367.58	−0.2
上海市进口总额	2299.51	1.0
# 国有企业	455.71	−7.2
外商投资企业	1512.02	0.8
私营企业	300.37	12.1
# 一般贸易	1052.26	−2.4
加工贸易	372.12	−12.1
# 机电产品	1296.91	1.2
# 高新技术产品	824.60	9.8
上海市出口总额	2068.07	−1.4
# 国有企业	324.81	−6.8
外商投资企业	1387.67	−2.6
私营企业	339.45	10.2
# 一般贸易	789.29	2.3
加工贸易	1015.29	−6.9
# 机电产品	1454.37	−2.0
# 高新技术产品	906.64	−2.8

表5 2012年上海市进出口总额及其增长速度

单位：亿美元

国家和地区	出口额	比上年增长（%）	进口额	比上年增长（%）
欧盟	391.07	−10.3	510.79	9.6
美国	501.59	3.6	200.19	−5.8
中国香港	159.69	−1.1	8.54	−18.4
东盟	209.17	2.7	361.09	8.0
中东	73.08	7.1	41.60	−0.9
日本	249.62	4.1	323.49	−6.7
韩国	69.45	−6.4	175.08	−5.4
俄罗斯	32.63	27.8	20.05	−13.3
中国台湾	57.01	−7.9	145.26	−3.2

利用外资

全年批准外商直接投资合同项目4043项，比上年下降6.6%；合同金额223.38亿美元，比上年增长11.1%；实际到位金额151.85亿美元，增长20.5%。全年第三产业实际到位金额126.79亿美元，增长21.6%，占全市实际利用外资的比重达到83.5%。全年批准总投资在1000万美元以上的外商直接投资项目286项，合同金额194.49亿美元。至年末，在上海投资的国家和地区已达154个。年内新增跨国公司地区总部50家，投资性公司25家，外资研发中心17家。至年末，在上海落户的跨国公司地区总部达到403家，投资性公司265家，外资研发中心351家。

全年新批对外投资项目249项，比上年增长8.7%；投资总额32.4亿美元，增长22%。签订对外承包工程合同金额103.11亿美元，比上年下降16.5%；实际完成营业额68.12亿美元，增长14.7%；派出人员3477人次，下降37.5%。对外劳务合作派出人员17767人次，增长1倍。

2012年江苏省投资情况

本篇文字内容根据在江苏省第十二届人民代表大会第一次会议上省长李学勇的政府工作报告与发展改革委相关报告以及2012年江苏省国民经济和社会发展统计公报整理编纂。

固定资产投资

固定资产投资较快增长。全年完成固定资产投资（不含农户）31707.2亿元，比上年增长20.5%。其中，国有及国有控股投资6596.2亿元，增长16.9%；外商港澳台经济投资3817.5亿元，增长15.5%；民间投资21293.5亿元，增长22.6%，其中私营个体经济投资12075.3亿元，增长24.5%。民间投资占固定资产投资的比重达67.2%，比上年提高1.2个百分点。

投资结构不断优化。第一产业投资204.2亿元，比上年增长31.6%；第二产业投资16646.4亿元，增长19.5%；第三产业投资14856.5亿元，增长21.5%。第二产业投资中，工业投资16559.4亿元，增长20.4%。其中，制造业投资15601.7亿元，增长19.4%；高新技术产业投资4059.0亿元，增长5.6%，占工业投资的比重达24.5%。主要工业行业投资中，化学原料及化学制品制造业投资1717.0亿元、通用设备制造业1490.8亿元、专用设备制造业1492.0亿元，分别增长30.5%、38.6%、67.9%。第三产业投资中，交通运输仓储和邮政业投资1383.1亿元，增长17.6%；房地产开发6206.1亿元，增长11.5%；水利、环境和公共设施管理业2029.7亿元，增长15.9%；教育322.9亿元，增长47.4%。

重点项目建设加快推进。全年新开工项目29654个，其中亿元项目4332个，完成投资7931.5亿元，比上年分别增长12.4%、25.3%和36.7%。200个省级重点项目进展顺利，交通、能源等一批重大基础设施项目相继建成运营，为经济社会发展提供有力支撑。泰州长江公路大桥、南京长江四桥、宿迁至新沂高速公路等建成通车。宁杭铁路客运专线基本建成，宁安城际铁路、宿淮铁路、宁启铁路复线电气化改造工程等项目加快建设，徐宿淮盐铁路取得重要进展。苏州市轨道交通1号线工程、扬州泰州机场、连云港港30万吨级航道一期工程等建成投运。龙源如东海上风电、华能启东二期陆上风电、中粮东台沼气发电等一批新能源项目建成投运。全年电力装机容量达到7668万千瓦，由全国第三跃居第二位。

利用外资

全年新批外商投资企业4156家，新批协议外资571.4亿美元；实际到账外资357.6亿美元，比上年增长11.3%。新批及净增资9000万美元以上的大项目245个。开发区继续在开放型经济中发挥主导作用。全省开发区完成进出口总额4368.0亿美元，其中出口总额2557.0亿美元，分别增长6.9%和10.1%，占全省总量的79.7%和77.8%；实际到账外资281.6亿美元，增长15.7%，占全省总量的78.7%。

对外投资增势迅猛。全年新批境外投资项目572个，比上年增长13.3%；中方协议投资50.5亿美元，增长40.1%。

2012年浙江省投资情况

本篇文字内容根据浙江省第十二届人民代表大会第一次会议上浙江省代省长李强的政府工作报告与发展改革委相关报告以及2012年浙江省国民经济和社会发展统计公报整理编纂。

固定资产投资

全年固定资产投资17096亿元，比上年增长21.4%。非国有投资11755亿元，增长22.0%，占固定资产投资的68.8%，其中民间投资10579亿元，增长22.5%，占固定资产投资的61.9%。

在固定资产投资中，第一产业投资142.3亿元，比上年增长47.1%；第二产业投资6088亿元，增长16.6%，其中工业投资6058亿元，增长16.9%；第三产业投资10866亿元，增长24.1%。全年投资项目39154个，比上年增长17.9%，其中新开工项目22976个，增长29.1%。

图1 2007-2012年固定资产投资及其增长速度

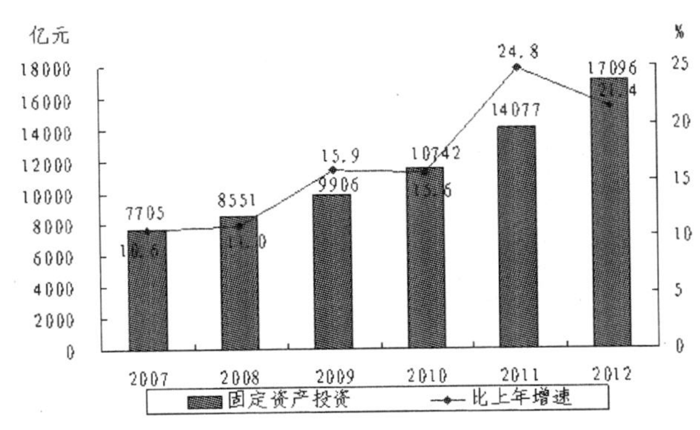

房地产投资

全年房地产开发投资5226亿元，比上年增长16.8%。商品房销售面积4005万平方米，增长

表1 2012年进出口主要分类情况

指标	绝对数(亿美元)	比上年增长(%)
进出口总额	3122.4	0.9
出口额	2245.7	3.8
#一般贸易	1797.2	1.8
加工贸易	347.0	−3.7
#机电产品	959.1	3.8
#高新技术产品	148.0	−3.5
进口额	876.7	−5.8
#一般贸易	624.4	−4.4
加工贸易	152.7	−11.2
#机电产品	159.2	−11.7

13.4%；商品房销售额4263亿元，增长22.7%。

利用外资

新批外商直接投资项目1597个，比上年减少94个；合同外资210.7亿美元，实际到位外资130.7亿美元，分别比上年增长2.4%和12.0%。第三产业利用外资继续保持良好势头，合同外资107.1亿美元，实际利用外资64.6亿美元，分别比上年增长13.6%和19.7%，分别占外资总额的50.8%和49.5%，比上年分别提高5和3.2个百分点。对外承包工程完成营业额37.1亿美元，比上年增长27.5%；新签合同额35.2亿美元，增长22.1%。经审批和核准的境外投资企业和机构共计634家，比上年增加66家；投资总额47.5亿美元，增长27.2%，其中中方投资38.9亿美元，增长13.0%。全年实际对外直接投资24亿美元，比上年增长13.8%。

对欧洲市场出口增速持续下滑，对北美市场出口保持稳定增长，对新兴市场出口快速增长。

表2 2012年对主要市场进出口情况

国家或地区	出口额(亿美元)	比上年增长(%)	进口额(亿美元)	比上年增长(%)
欧盟	505.8	−9.3	103.1	−7.8
东盟	169.7	15.1	113.4	6.5
美国	381.8	9.3	72.1	−7.3
日本	134.5	0.8	112.7	−4.9
俄罗斯	79.8	13.9	14.7	−19.8
韩国	55.7	2.1	84.0	−3.7
中国香港	66.3	11.6	2.9	−12.9
中国台湾	23.3	−1.6	108.8	−3.1

2012年安徽省投资情况

本篇文字内容根据在安徽省第十二届人民代表大会第一次会议上安徽省省长李斌的政府工作报告与发展改革委相关报告以及2012年安徽省国民经济和社会发展统计公报整理编纂。

固定资产投资

全年固定资产投资15055亿元，比上年增长24.2%。工业及信息化产业技术改造投资3836.4亿元，增长26.3%。民间投资9016.2亿元，增长19%。

分产业看，第一产业投资增长71.9%，第二产业增长14.7%，第三产业增长32.5%。分行业看，工业投资增长19.2%，其中制造业增长19.8%，制造业中的装备制造业增长22.1%。六大高耗能行业投资增长18.2%。三产中的信息传输、软件和信息技术服务业投资增长36.3%，租赁和商务服务业增长70.8%，科学研究和技术服务业增长2倍，文化、体育和娱乐业增长50.2%。

房地产投资

全年房地产开发投资3151.6亿元，比上年增长20.7%；商品房销售面积4828.8万平方米，增长4.8%；商品房销售额2329.9亿元，增长5.9%。全年开工建设城镇保障性安居工程住房43.8万套，基本建成34.4万套。

城市基础设施建设

全年共安排“861”行动计划项目4897个，当年完成投资6698.5亿元。开工建设合肥江汽纳威司达发动机、中科大先进技术研究院、芜湖东旭平板显示玻璃基板、奇瑞重型机械、宿州智慧云计算、宣城大型数控龙门铣床、马鞍山亚重高端装备、亳州修正药业、淮南田集电厂二期、蚌埠大明文化产业园、青弋江分洪道、北沿江高速滁马段、合肥轨道交通1号线和郑徐客专安徽段等项目；建成合肥神剑科技二期、池州科创电子园、亳州现代中药产业创业基地、安庆华茂高档色织面料、庐江罗河铁矿、芜湖新亚特特种电缆、淮南谢桥煤矿安全改建、六安金领欢乐世界、中国（宣城）文房四宝交易中心、泗许高速淮北段和合蚌高铁等项目。

全年新增煤炭产能900万吨，电力装机容量353万千瓦。

利用外资

全年进出口总额393.3亿美元，比上年增长25.6%。其中，出口267.5亿美元，增长56.6%；进口125.8亿美元，下降11.6%。从出口经营主体看，生产型、贸易型企业出口分别增长55%和63.2%。从出口商品看，机电产品、高新技术产品出口分别增长51.6%和9.5%。全年新批外商投资企业194家，比上年下降26.2%；合同利用外资25.3亿美元，下降26.4%；实际利用外商直接投资86.4亿美元，增长30.3%。到2012年底，来皖投资的境外世界500强企业增加到63家。

全年对外经济技术合作新签合同金额24.4亿美元，比上年增长21.4%；完成营业额30亿美元，增长19.4%；当年外派劳务人员13370人，下降1.5 %。全年新批境外企业（机构）56个，实际对外投资5.5亿美元。

2012年全省出口主要分类及地区分布

单位：亿美元

指 标	绝对数	比上年增长%
出口额	267.5	56.6
其中：机电产品	112.6	51.6
其中：高新技术产品	32.1	9.5
其中：一般贸易	205.8	65.9
加工贸易	40.7	−4.2
其中：对亚洲	103.9	61.7
对欧洲	55.6	35.6
对北美洲	44.1	72.4
对非洲	25.5	91.0
对拉丁美洲	32.1	40.4
对大洋洲	5.3	63.1

2012年福建省投资情况

本篇文字内容根据在福建省第十二届人民代表大会第一次会议上福建省省长苏树林的政府工作报告与发展改革委相关报告以及2012年福建省国民经济和社会发展统计公报整理编纂。

固定资产投资

全年全社会固定资产投资12709.66亿元，比上年增长25.5%。其中，固定资产投资（不含农户）12452.24亿元，增长25.9%；农户投资257.42亿元，增长10.1%。

在固定资产投资（不含农户）中，第一产业投资增长42.1%；第二产业投资增长23.3%，其中，工业投资增长22.9%；第三产业投资增长27.1%。

369个在建重点项目完成投资4282亿元，占全社会固定资产投资的33.7%。全年建成或部分建成236个项目，新开工213个项目。

图1 2012年固定资产投资（不含农户）增长速度（累计同比）

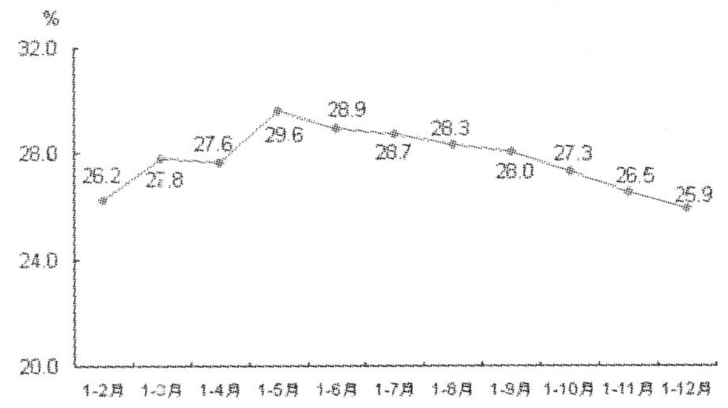

图2 2007-2012年全社会固定资产投资及其增长速度

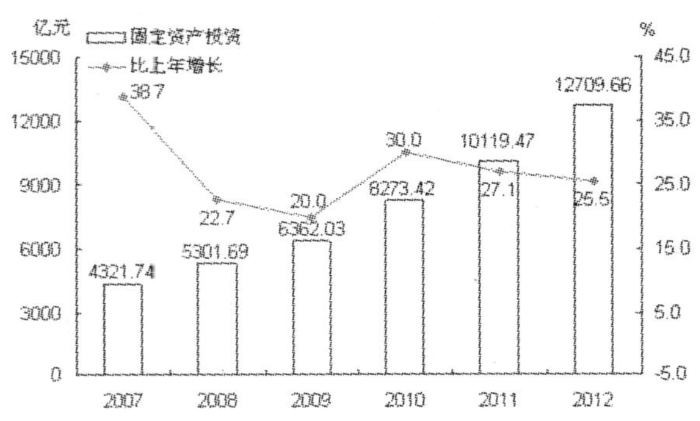

表1 2012年全社会固定资产投资情况

指标	投资额(亿元)	比上年增长(%)
全社会固定资产投资	12709.66	25.5
按构成分		
固定资产投资（不含农户）	12452.24	25.9
农户	257.42	10.1
按产业分		
第一产业	241.87	37.7
第二产业	4601.56	23.1
其中：工业	4550.59	22.8
第三产业	7866.24	26.7

表2 2012年分行业固定资产投资（不含农户）情况

行业	投资额（亿元）	比上年增长(%)
总计	12452.24	25.9
农、林、牧、渔业	216.80	42.1
采矿业	162.99	46.8
其中：煤炭开采和洗选业	62.19	42.5
制造业	3764.39	23.3
其中：农副食品加工业	202.21	29.9
食品制造业	115.78	49.2
石油加工、炼焦及核燃料加工业	147.09	32.1
化学原料及化学制品制造业	209.68	26.3
非金属矿物制品业	356.39	9.5
黑色金属冶炼及压延加工业	188.90	30.2
有色金属冶炼及压延加工业	87.86	32.4
金属制品业	178.83	56.2
通用设备制造业	126.22	52.6
专用设备制造业	133.79	33.4
汽车制造业	96.11	12.3
电气机械及器材制造业	174.96	12.2
计算机、通信和其他电子设备制造业	181.98	15.1
电力、燃气及水的生产和供应业	620.81	15.4
其中：电力、热力的生产和供应业	498.18	9.2
建筑业	47.94	83.6
批发和零售业	200.49	20.2
交通运输、仓储和邮政业	1668.25	21.0
住宿和餐饮业	203.32	43.2
信息传输、软件和信息技术服务业	173.65	21.9
金融业	30.14	29.6
房地产业	3439.27	27.8
租赁和商务服务业	147.38	71.6
科学研究和技术服务业	22.49	–13.8
水利、环境和公共设施管理业	1072.26	32.5
居民服务、修理和其他服务业	30.69	33.6
教育	194.88	31.8
卫生和社会工作	72.96	31.8
文化、体育和娱乐业	186.04	34.2
公共管理、社会保障和社会组织	197.50	9.8
国际组织	——	——

房地产开发投资

全年房地产开发投资2824.12亿元，比上年增长17.4%。按工程用途分，商品住宅投资1751.98

亿元，增长11.4%；办公楼投资189.22亿元，增长63.5%；商业营业用房投资370.38亿元，增长38.1%；其他投资512.54亿元，增长13.8%。商品房销售面积3258.94万平方米，增长20.4%。商品房销售额2817.70亿元，增长34.1%。在建（含配建）廉租住房217.55万平方米，年底前竣工43.84万平方米。

利用外资

全年进出口总额1559.27亿美元，比上年增长8.6%。其中，出口978.36亿美元，增长5.4%；进口580.91亿美元，增长14.6%。进出口顺差（出口减进口）397.45亿美元，比上年减少23.77亿美元。

表3 2012年房地产开发和销售主要指标完成情况

指　　标	单位	绝对数	比上年增长(%)
投资完成额	亿元	2824.12	17.4
其中：住宅	亿元	1751.98	11.4
其中：90平方米及以下	亿元	390.00	17.4
房屋施工面积	万平方米	21121.50	11.5
其中：住宅	万平方米	14731.19	8.5
房屋新开工面积	万平方米	5342.97	−24.4
其中：住宅	万平方米	3565.11	−26.9
房屋竣工面积	万平方米	2232.78	−15.8
其中：住宅	万平方米	1564.62	−22.1
房屋销售面积	万平方米	3258.94	20.4
其中：住宅	万平方米	2741.96	23.9
本年资金来源	亿元	4120.73	18.4
其中：国内贷款	亿元	523.63	33.7
其中：个人按揭贷款	亿元	699.62	49.1
本年购置土地面积	万平方米	925.64	−39.9
土地购置费	亿元	688.16	−13.4

批准设立外商直接投资项目916个，比上年减少11.8%。按验资口径统计，合同外资金额92.91亿美元，增长0.8%；实际利用外商直接投资63.38亿美元，增长2.2%。新批对外直接投资项目149个，新批对外投资额8.54亿美元，比上年分别下降35.2%、10.5%。对外直接投资实际投资额5.31亿美元，增长54.5%。对外承包工程完成营业额6.42亿美元，增长27.5%；对外劳务合作劳务人员实际收入总额3.75亿美元，增长20.1%。

表4 2012年分行业外商直接投资情况（验资口径）

行业	合同项目(个)	合同金额(万美元)	实际利用金额(万美元)
总计	916	929083	633774
农、林、牧、渔业	77	67531	12483
采矿业	1	158	757
制造业	262	356276	351982
电力、燃气及水的生产和供应业	7	7630	1684
建筑业	7	17019	5670
批发和零售业	308	151368	45317
交通运输、仓储和邮政业	12	35616	12677
住宿和餐饮业	12	2660	1632
信息传输、软件和信息技术服务业	28	17985	7488
金融业	14	15922	7057
房地产业	21	122176	79505
租赁和商务服务业	86	45562	13656
科学研究和技术服务业	51	7540	3581
水利、环境和公共设施管理业	5	10837	3817
居民服务、修理和其他服务业	4	5719	271
教育			
卫生和社会工作	1	150	563
文化、体育和娱乐业	20	16754	325
公共管理、社会保障和社会组织			
国际组织			

2012年江西省投资情况

本篇文字内容根据江西省第十二届人民代表大会第一次会议上江西省长鹿心社的政府工作报告与发展改革委相关报告以及2012年江西省国民经济和社会发展统计公报整理编纂。

固定资产投资

全年固定资产投资（不含农户）11388.9亿元，比上年增长30.1%。分产业看，第一产业投资303.4亿元，增长66.8%；第二产业投资6773.1亿元，增长30.4%，其中工业投资6631.0亿元，增长29.1%；第三产业投资4312.4亿元，增长27.7%。分投资主体看，国有经济投资2537.1亿元，增长28.9%；非国有投资8851.8亿元，增长30.5%，其中民间投资7871.2亿元，增长31.2%。

城市建设

赣州至崇义等7条高速公路建成通车，全年新增高速公路618公里，高速公路通车里程达到4260公里，位居全国第八。一批重大电力能源项目建成投运，新增统调电力装机容量115万千瓦，总量达到1533万千瓦。峡江水利枢纽实现大江截流，山口岩水利枢纽下闸蓄水。

房地产

全年房地产开发投资969.6亿元，比上年增长11.8%。商品房竣工面积1747.5万平方米，下降8.3%；商品房销售面积2397.1万平方米，下降0.8%；商品房销售额1137.3亿元，增长13.5%。

利用外资

全年进出口总额334.09亿美元，比上年增长6.2%。其中，出口251.11亿美元，增长14.8%；进口

表1 2012年分行业固定资产投资及其增长速度

行　业	投资额（亿元）	比上年增长（%）
总　　计	11388.9	30.1
第一产业	303.5	66.8
第二产业	6773.1	30.4
工业	6631.0	29.1
采矿业	298.0	29.8
制造业	6021.6	30.1
#化学原料及化学制品制造业	596.4	51.5
非金属矿物制品业	682.9	12.1
黑色金属冶炼及压延加工业	112.0	−18.0
有色金属冶炼及压延加工业	348.5	6.0
电气机械及器材制造业	559.2	1.2
计算机、通信和其他电子设备制造业	290.5	27.0
电力、燃气及水的生产和供应业	311.4	12.5
建筑业	142.1	146.8
第三产业	4312.4	27.7
批发和零售业	439.9	55.2
交通运输、仓储和邮政业	490.1	10.0
住宿和餐饮业	274.0	33.4
信息传输、软件和信息技术服务业	52.6	18.6
金融业	25.7	8.8
房地产业	1406.0	28.5
租赁和商务服务业	136.4	56.1
科学研究和技术服务业	40.8	56.4
水利、环境和公共设施管理业	891.8	19.9
居民服务、修理和其他服务业	62.4	24.6
教育	147.2	38.4
卫生和社会工作	80.4	10.1
文化、体育和娱乐业	101.3	−4.9
公共管理、社会保障和社会组织	163.8	86.5

82.99亿美元，下降13.5%。在出口中，外商投资企业出口额64.63亿美元，增长8.2%；私营及其他企业出口额172.51亿美元，增长20.2%；国有企业出口额13.96亿美元，下降10.2%。

全年新批外商投资企业789个。实际使用外商直接投资68.24亿美元，比上年增长12.6%。截止2012年底，全省具有世界500强投资背景的企业达51家。实际引进省外单项投资5000万元以上项目资金3189.4亿元，增长23.7%。

图1 2007-2012年进出口总额

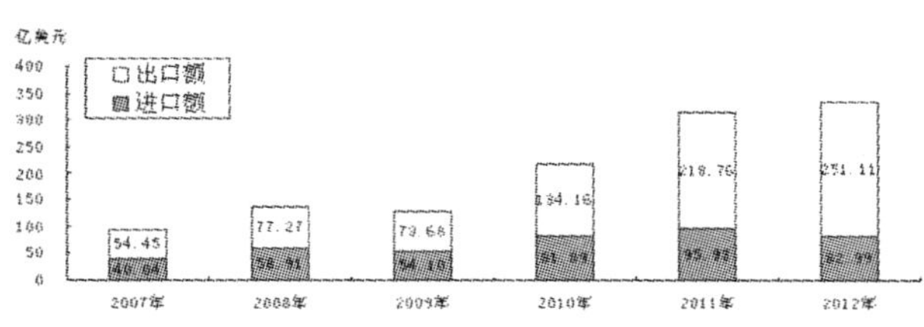

表2 2012年进出口总额及其增长速度

指　　标	绝对数（亿美元）	比上年增长（%）
进出口总额	334.09	6.2
出口额	251.11	14.8
其中：一般贸易	173.50	27.7
加工贸易	46.28	4.3
其中：机电产品	93.60	14.9
其中：高新技术产品	32.84	−14.6
进口额	82.99	−13.5
其中：一般贸易	47.94	−32.8
加工贸易	32.27	65.6
其中：机电产品	23.50	−10.1
其中：高新技术产品	14.65	−16.1

2012年山东省投资情况

本篇文字内容根据在山东省十二届人大一次会议上山东省省长姜大明的政府工作报告与发展改革委相关报告以及2012年山东省国民经济和社会发展统计公报整理编纂。

固定资产投资

全社会固定资产投资31256.0亿元，比上年增长20.2%。其中，固定资产投资（不含农户）30319.8亿元，增长20.5%。新开工项目28612个，增长29.3%；其中，亿元以上新开工项目4230个，增长71.9%。

三次产业投资结构由上年的2.1:47.9:50.0调整为2.2:47.6:50.2。重点领域投资力度加大。服务业投资15207.1亿元，比上年增长20.1%；改建和技术改造投资7721.9亿元，增长23.9%；高新技术产业投资4617.0亿元；文化及文化创意相关产业投资2782.0亿元。民间投资完成投资24285.6亿元，增长23.3%，占固定资产投资的80.1%。

房地产投资

房地产开发投资4708.3亿元，比上年增长14.6%，增速比上年回落11.8个百分点。从商品房建设用途看，住宅投资3473.2亿元，增长8.6%，占全部房地产开发投资的73.8%；商业营业用房投资576.3亿元，增长20.8%，占12.2%。房屋施工面积42958.9万平方米，增长18.2%；房屋竣工面积7325.0万平方米，增长15.2%；商品房销售面积8632.8万平方米，下降9.9%。

新开工保障性安居工程34.3万套，开工任务完成率为116.1%。竣工保障性安居工程20.5万套，竣工任务完成率为173.9%。

利用外资

新批外商直接投资项目1333个；合同外资165.6亿美元，比上年增长4.9%；实际到帐外资123.5亿美元，增长10.7%。其中，新批服务业投资项目637个，实际到账外资44.7亿美元，增长16.8%；新批制造业投资项目584个，实际到账外资70.2亿美元，增长9.4%。新批世界500强企业投资项目53个，实际到账外资9.0亿美元。

境外投资步伐加快。新核准设立境外企业（机构）361家；协议投资总额44.3亿美元，比上年增长49.7%，其中中方投资36.6亿美元，增长35.2%。对外承包工程和劳务合作稳步发展。对外承包劳务工程完成营业额81.1亿美元，增长8.6%；外派各类劳务人员51425人，增长5.3%。

2012年河南省投资情况

本篇文字内容根据在河南省十二届人民代表大会第一次会议上河南省省长郭庚茂的政府工作报告与发展改革委相关报告以及2012年河南省国民经济和社会发展统计公报整理编纂。

固定资产投资

全年全省全社会固定资产投资21761.54亿元，比上年增长22.5%。其中：固定资产投资（不含农户）20870.16亿元，增长23.2%；农户投资891.38亿元，增长6.8%。

图1 2012年各月固定资产投资累计增长速度

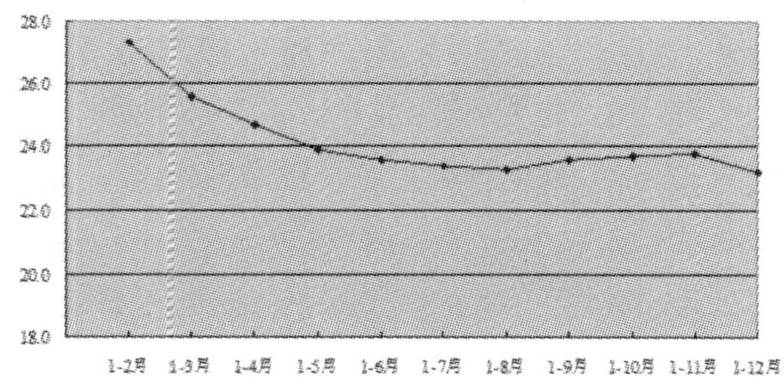

在固定资产投资（不含农户）中，国有及国有控股投资3642.42亿元，比上年增长11.6%；民间投资16873.30亿元，增长26.7%；港澳台商控股投资187.18亿元，下降10.1%；外商控股投资167.26亿元，增长4.7%。第一产业投资783.84亿元，增长22.3%；第二产业投资11223.10亿元，增长23.1%；第三产业投资8863.23亿元，增长23.5%。

全年工业投资11215.27亿元，比上年增长23.1%。其中，六大高成长性产业投资7319.42亿元，增长33.2%；四大传统优势产业投资2849.25亿元，增长8.4%；六大高耗能行业投资3050.35亿元，增长9.4%。

房地产开发投资

全年房地产开发投资3035.29亿元，比上年增长15.6%。其中，住宅投资2203.06亿元，增长9.0%。房屋施工面积29559.36万平方米，增长16.6%。其中，住宅23466.99万平方米，增长13.8%。房屋竣工面积5870.54万平方米，增长6.2%。其中，住宅4888.17万平方米，增长1.7%。商品房销售面积

5968.49万平方米，下降4.9%。其中，住宅5455.50万平方米，下降4.7%。

全年亿元及以上固定资产投资在建项目8404个，完成投资12243.82亿元，比上年增长57.1%。一批重大项目建成投产，南水北调中线一期工程河南段、郑州富士康航空港区项目、连霍高速河南段改扩建工程、郑州城市轨道交通一号线一期工程等重点项目建设进展顺利。

全年产业集聚区完成固定资产投资10229.57亿元，比上年增长35.7%，占固定资产投资的比重达到49.0%，比上年提高4.5个百分点，产业集聚区固定资产投资增长对全省固定资产投资增长的贡献率达到68.3%。其中，产业集聚区工业投资7454.44亿元，增长37.8%。

利用外资

全年全省进出口总额517.50亿美元，比上年增长58.6 %。其中：出口总额296.78亿美元，增长54.3 %；进口总额220.72亿美元，增长64.9%。机电产品出口193.79亿美元，增长130.5%；高新技术产品出口162.22亿美元，增长184.1%。

全年新批准外商投资企业363个。全省实际利用外商直接投资121.18亿美元，比上年增长20.2%。实际利用省外资金5026.6亿元，增长25.2%。

表1 2012年各行业固定资产投资完成情况

行　　业	投资额（亿元）	比上年增长%
合　计	20870.16	23.2
农林牧渔业	783.84	22.3
工业	11215.27	23.1
采矿业	724.33	0.8
制造业	9923.82	25.7
电力、燃气及水的生产和供应业	567.12	15.3
建筑业	7.82	−34.2
批发和零售业	525.51	29.1
交通运输、仓储和邮政业	902.07	15.0
住宿和餐饮业	222.80	27.4
信息传输、软件和信息技术服务业	48.93	53.3
金融业	14.84	−10.4
房地产业	4639.10	23.4
租赁和商务服务业	85.13	51.0
科学研究和技术服务业	75.54	78.8
水利、环境和公共设施管理业	1523.38	18.7
居民服务、修理和其他服务业	105.05	110.2
教育	289.92	25.8
卫生和社会工作	163.45	7.0
文化、体育和娱乐业	182.30	65.1
公共管理、社会保障和社会组织	85.21	12.7

2012年湖北省投资情况

本篇文字内容根据在湖北省第十二届人民代表大会第一次会议上湖北省省长王国生的政府工作报告与发展改革委相关报告以及2012年湖北省国民经济和社会发展统计公报整理编纂。

固定资产投资

2012年全省全社会完成固定资产投资16504.17亿元，比上年增长27.6% ，全社会完成固定资产投资按登记注册类型划分，国有经济投资4265.95

亿元，增长13.3%；集体经济投资733.92亿元，增长11.1%；城乡私营个体投资4712.60亿元，增长42.5%；其他经济投资6791.70亿元，增长30.5%。按产业划分，全省一、二、三次产业投资分别为525.45亿元、7283.00亿元和8695.72亿元，分别增长54.3%、31.8%、23.0%。

全省547个重点建设项目全年完成投资2999.94亿元，占全社会固定资产投资的比重为18.2%。

房地产开发投资

房地产开发投资完成2539.46亿元，增长22.9%，商品房销售面积4037.85万平方米，下降3.6%，实现商品房销售额2036.20亿元，增长8.4%。

对外经济

全年全省实现外贸进出口总额319.59亿美元，比上年下降4.8%，其中：出口194.01亿美元，下降0.6%；进口125.59亿美元，下降10.6%。新批外商直接投资项目271个。全年外商直接投资56.66亿美元，增长21.7%。

2012年湖南省投资情况

本篇文字内容根据在湖南省第十二届人民代表大会第一次会议上湖南省省长徐守盛的政府工作报告与发展改革委相关报告以及2012年湖南省国民经济和社会发展统计公报整理编纂。

固定资产投资

全省固定资产投资（不含农户）14576.6亿元，比上年增长27.5%。其中，城镇投资13202.3亿元，增长25%；农村投资1374.3亿元，增长58.7%。国有投资4580.7亿元，增长28.6%；非国有投资9995.9亿元，增长27%。第一、二、三产业分别完成固定资产投资468.1亿元、6331.8亿元、7776.7亿元，分别增长46.1%、29.4%、25%。民间投资8834.8亿元，增长24.5%，占全省投资的比重达60.6%。

分区域看，长株潭地区固定资产投资6000.4亿元，比上年增长21.6%；环长株潭城市群投资10385.9亿元，增长27.4%；湘南地区投资2965亿元，增长35.7%；大湘西地区投资1809亿元，增长32.8%。

全省亿元以上项目共有2219个，完成投资4212.8亿元，占全部项目投资的比重为29%；在建重点项目172个，完成投资1584.9亿元，占固定资产投资的比重为10.9%。年末高速公路通车里程达3968公里，比上年末增加1320公里。

房地产开发投资

全省房地产开发投资2210.5亿元，比上年增长13.7%。其中，住宅投资1572.7亿元，增长5.7%；办公楼投资72.1亿元，增长40.5%；商业营业用房投资272.9亿元，增长36.4%。商品房屋销售面积5150.5万平方米，增长5.1%。其中，住宅销售面积4664.1万平方米，增长4.7%。商品房销售额2085.2亿元，增长12.3%。其中，住宅销售额1711.5亿元，增长9%。

利用外资

全省进出口总额219.4亿美元，比上年增长15.5%。其中，出口126亿美元，增长27.3%；进口93.4亿美元，增长2.7%。从贸易方式看，一般贸易出口86.5亿美元，增长7.8%；加工贸易出口38.3亿美元，增长123.4%。从重点商品看，机电产品出口50.9亿美元，增长42.6%，占出口总额的比重为40.4%；高新技术产品出口13.8亿美元，增长75.8%，占出口总额的比重为11%；农产品出口7.1亿美元，增长13.6%。

全省实际利用外商直接投资72.8亿美元，比上年增长18.4%。其中，工业56.4亿美元，增长21.4%。新引进3000万美元以上外资项目50个，其中投资总额1亿美元以上的项目4个。年内引进世界500强企业9家，截止2012年末，在湘投资的世界500强企业达到127家。实际引进境内省外资金2465.6亿元，增长18.2%。其中，工业1556.1亿元，增长19.9%。引进亿元以上项目577个，增长50.7%；实际到位资金1059.3亿元，增长46%。

表1 2012年分行业固定资产投资及其增长速度

指　　标	投资额(亿元)	比上年增长(%)
固定资产投资（不含农户）	14576.61	27.5
第一产业	468.09	46.1
第二产业	6331.85	29.4
其中：采矿业	557	28.8
制造业	5120.54	31.3
电力、燃气及水的生产和供应业	508.12	10.0
建筑业	146.18	83.6
第三产业	7776.67	25.0
其中：交通运输、仓储和邮政业	1251.89	5.0
信息传输、计算机服务和软件业	61.32	−18.7
金融业	46.61	140.3
房地产业	2856.54	26.6
科学研究、技术服务和地质勘查业	120.88	16.0
水利、环境和公共设施管理业	1497.68	30.2
教育	224.55	43.0
卫生、社会保障和社会福利业	120.07	34.1
文化、体育和娱乐业	118.83	25.2
公共管理和社会组织	486.01	53.7

表2 2012年进出口总额及其增长速度

指　　标	绝对数(亿美元)	比上年增长（%）
进出口总额	219.41	15.5
出口	126	27.3
按贸易方式分		
其中：一般贸易	86.48	7.8
加工贸易	38.33	123.4
按重点商品分		
其中：机电产品	50.88	42.6
高新技术产品	13.83	75.8
农产品	7.12	13.6
进口	93.41	2.7
按贸易方式分		
其中：一般贸易	66.17	−16.4
加工贸易	25.39	157.8
按重点商品分		
其中：机电产品	34.52	−6.8
高新技术产品	11.25	20.8
农产品	3.78	69.5

2012年广东省投资情况

本篇文字内容根据广东省第十二届人民代表大会第一次会议上广东省省长朱小丹的政府工作报告与发展改革委相关报告以及2012年广东省国民经济和社会发展统计公报整理编纂。

固定资产投资

全年固定资产投资19307.53 亿元，比上年增长15.5%。分城乡看，城镇投资15934.27亿元，增长13.6%；农村投资3373.26亿元，增长25.3%。分投资主体看，国有经济投资4712.10亿元，增长7.1%；民间投资10177.28亿元，增长22.5%；港澳台、外商经济投资2935.69亿元，增长20.0%。分地区看，珠三角地区投资13974.24亿元，增长12.3%；东翼投资1891.15亿元，增长25.9%；西翼投资1483.32亿元，增长33.3%；山区投资1958.82亿元，增长12.1%。

分三次产业看，第一产业投资273.90亿元，增长29.4%；第二产业投资6548.21亿元，增长19.1%，其中，工业投资6509.51亿元，增长19.0%；第三产业投资12485.41亿元，增长13.4%。

图1 2007-2012年固定资产投资及其增长速度

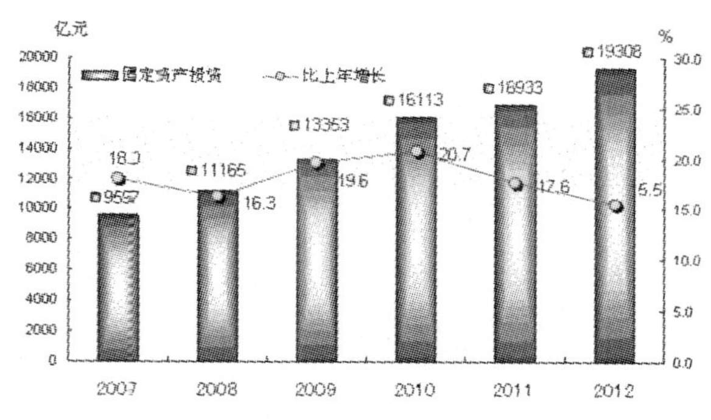

房地产投资

全年房地产开发投资5352.79亿元，比上年增长11.3%。按地区分，珠三角地区4483.67亿元，增长11.5%；东翼184.42亿元，增长5.0%；西翼266.10亿元，增长14.3%；山区418.60亿元，增长10.5%。按用途分，商品住宅开发投资3704.98亿元，增长7.3%。其中，90平方米以下住宅投资971.47亿元，增长11.2%；144平方米以上住宅投资1171.15亿元，增长4.9%；别墅、高档公寓投资444.50亿元，增长9.6%。办公楼和商业营业用房投资234.83亿元和547.45亿元，分别增长12.6%和22.3%。保障性住房投资276.19亿元，增长17.6%。

利用外资

全年进出口总额9838.15亿美元，比上年增长7.7%。其中，出口5741.36亿美元，增长7.9%；进口4096.79亿美元，增长7.4%。进出口差额（出口减进口）1644.57亿美元，比上年增加140.49亿美元。全年经核准境外投资新增中方协议投资额43.38亿美元；对外承包工程完成营业额160.53亿美元，比上年增长41.5 %；对外劳务合作新签劳务人员合同工资总额4.67亿美元，劳务人员实际收入总额3.86亿美元；承包工程和劳务合作年末在外人员共4.82万人。

表1 2012年分行业固定资产投资及其增长速度

单位：亿元

行 业	投资额	比上年增长(%)
固定资产投资	19307.53	15.5
农、林、牧、渔业	273.90	29.4
采矿业	89.86	20.3
其中：石油和天然气开采业	28.15	−8.8
制造业	5360.18	20.0
其中：农副食品加工业	109.05	27.3
食品制造业	119.71	42.4
石油加工、炼焦及核燃料加工业	117.26	55.3
化学原料及化学制品制造业	264.20	21.6
非金属矿物制品业	578.83	18.8
黑色金属冶炼及压延加工业	122.46	−7.4
有色金属冶炼及压延加工业	136.05	30.6
金属制品业	356.00	13.2
通用设备制造业	184.59	56.6
专用设备制造业	267.45	71.2
汽车制造业	259.31	40.8
铁路、船舶、航空航天和其他运输设备制造业	71.05	−32.6
电气机械及器材制造业	456.86	3.0
计算机、通信和其他电子设备制造业	647.81	9.5
电力、燃气及水的生产和供应业	1059.47	14.2
其中：电力、热力的生产与供应业	807.68	8.9
建筑业	38.71	38.3
交通运输、仓储和邮政业	1818.99	4.2
信息传输、计算机服务和软件业	378.34	−2.7
批发和零售业	526.31	26.1
住宿和餐饮业	413.84	45.3
金融业	84.08	175.6
房地产业	6531.88	18.3
租赁和商务服务业	175.25	−13.4
科学研究、技术服务和地质勘查业	124.26	1.2
水利、环境和公共设施管理业	1605.85	1.0
居民服务和其他服务业	26.83	78.6
教育	342.79	24.6
卫生、社会保障和社会福利业	159.76	26.5
文化、体育和娱乐业	166.46	−11.6
公共管理和社会组织	130.77	24.7

表2 2012年固定资产投资新增主要生产能力

指 标	单位	新增生产能力
新增发电机组容量	万千瓦	600
11万伏及以上变电设备	万千伏安	1008.55
新建公路	公里	328.18
其中：高速公路	公里	310.20
港口万吨级码头泊位新增吞吐能力	万吨	1862.50
新增光缆纤芯长度	万芯公里	360.27

表3 2012年房地产开发和销售主要指标完成情况

指 标	单位	绝对数	比上年增长(%)
房地产开发投资	亿元	5352.79	11.3
其中：土地购置费	亿元	787.27	−0.6
其中：住宅	亿元	3704.98	7.3
其中：90平方米及以下	亿元	971.47	11.2
其中：144平方米及以上	亿元	1171.15	4.9
房屋施工面积	万平方米	39296.27	8.7
其中：住宅	万平方米	29253.24	6.8
房屋新开工面积	万平方米	10615.73	−11.6
其中：住宅	万平方米	7840.26	−15.5
房屋竣工面积	万平方米	6356.12	3.5
其中：住宅	万平方米	4918.16	0.7
商品房销售面积	万平方米	7898.99	6.3
其中：住宅	万平方米	7157.63	6.7
本年资金来源小计	亿元	7918.27	15.1
其中：国内贷款	亿元	1507.53	23.1
个人按揭贷款	亿元	1121.20	21.7
本年购置土地面积	万平方米	1805.44	−25.9
商品房销售额	亿元	6407.81	9.5
待售面积	万平方米	3452.87	21.8
其中：住宅	万平方米	2138.42	22.0

2012年广西壮族自治区投资情况

本篇文字内容根据在广西壮族自治区第十二届人民代表大会第一次会议上广西壮族自治区主席马飚的政府工作报告与发展改革委相关报告以及2012年广西壮族自治区国民经济和社会发展统计公报整理编纂。

固定资产投资

全年全社会固定资产投资[3]12635.18亿元，比上年增长24.4%，扣除价格因素，实际增长20.4%。其中，固定资产投资12171.78亿元（其中，计划总投资500万元及以上项目投资9345.18亿元），比上年增长24.8%；农户投资463.4亿元，增长13.1%。在固定资产投资（不含农户）中，分管理渠道看，基本建设投资4975.44亿元，比上年增长18.9%；更新改造投资4257.10亿元，增长39.4%；房地产开发投资1554.94亿元，增长2.5%；其他投资569.99亿元，增长29.0%。分投资主体看，国有投资4461.89亿元，比上年增长16.6%；非国有投资7709.89亿元，增长30.2%，其中民间投资7393.46亿元，增长31.7%。分产业看，第一产业投资483.88亿元，比上年增长40.5%；第二产业投资4914.45亿元，增长30.0%，其中工业投资4869.88亿元，增长30.3%；第三产业投资6773.45亿元，增长20.4%。

图1 2007-2012年全社会固定资产投资及其增长速度

房地产投资

全年房地产开发投资1554.94亿元，比上年增长2.5%。其中，住宅投资1069.64亿元，下降0.9%；办公楼投资40.47亿元，增长21.3%；商业营业用房投资161.66亿元，增长25.9%。商品房施工面积15018.46万平方米，增长5.3%，其中住宅11846.86万平方米，增长3.8%。商品房竣工面积2333.58万平方米，增长1.3%，其中住宅1956.57万平方米，增长1.0%。商品房销售面积2759.26万平方米，下降6.9%，其中住宅2546.96万平方米，下降7.4%。

全年新开工建设城镇保障性安居工程住房25.93万套（户），基本建成城镇保障性安居工程住房16.92万套。

城市建设

全年新增公路里程3017 公里，公路总里程达107906 公里。年末高速公路建成里程3197公里，其中通车里程2883公里，比上年新增高速公路通车里程129.56 公里。全年新增港口泊位货物综合通过能力4321万吨，港口泊位货物综合通过能力达2.41亿吨，其中沿海港口泊位货物综合通过能力1.60亿吨。

对外经济

全年货物进出口总额294.74亿美元，比上年增长26.2%。其中，货物出口154.68亿美元，比上年增长24.2%；货物进口140.05亿美元，增长28.5 %。进出口差额（出口减进口）14.63亿美元。从出口

表1 2012年分行业固定资产投资（不含农户）及其增长速度

单位：亿元

行 业	投资额	比上年增长(%)
总计	12171.78	24.8
农、林、牧、渔业	483.88	40.5
采矿业	393.54	17.7
制造业	3905.02	33.9
其中：农副食品加工业	259.57	20.5
造纸及纸制品业	132.11	23.7
石油加工、炼焦及核燃料加工业	56.24	−37.1
化学原料及化学制品制造业	244.65	52.1
非金属矿物制品业	626.88	43.1
黑色金属冶炼及压延加工业	122.46	61.9
有色金属冶炼及压延加工业	227.78	−14.2
金属制品业	131.38	98.7
通用设备制造业	132.76	104.8
专用设备制造业	152.22	55.6
交通运输设备制造业	264.06	28.3
电气机械及器材制造业	141.08	38.8
通信设备计算机及其他电子设备制造业	105.20	6.5
电力、燃气及水的生产和供应业	571.33	17.1
其中：电力、热力的生产与供应业	394.87	8.4
建筑业	44.57	3.7
交通运输、仓储和邮政业	1465.64	25.2
信息传输、计算机服务和软件业	135.15	8.0
批发和零售业	452.71	73.8
住宿和餐饮业	230.25	49.5
金融业	37.66	45.8
房地产业	2117.78	9.5
租赁和商务服务业	215.92	75.2
科学研究、技术服务和地质勘查业	65.54	87.5
水利、环境和公共设施管理业	1280.63	12.4
居民服务和其他服务业	63.51	96.2
教育	251.63	16.0
卫生、社会保障和社会福利业	125.60	25.9
文化、体育和娱乐业	148.72	10.0
公共管理和社会组织	182.65	6.1
国际组织	——	——

表2 2012年房地产开发和销售主要指标完成情况及其增长速度

指 标	单位	绝对数	比上年增长（%）
投资额	亿元	1554.94	2.5
其中：住宅	亿元	1069.64	−0.9
其中：90平方米及以下	亿元	322.80	14.8
房屋施工面积	万平方米	15018.46	5.3
其中：住宅	万平方米	11846.86	3.8
房屋新开工面积	万平方米	3741.88	−6.3
其中：住宅	万平方米	2910.11	−7.4
房屋竣工面积	万平方米	2333.58	1.3
其中：住宅	万平方米	1956.57	1.0
商品房销售面积	万平方米	2759.26	−6.9
其中：住宅	万平方米	2546.96	−7.4
本年资金来源小计	亿元	2007.36	12.6
其中：国内贷款	亿元	263.84	3.2
个人按揭贷款	亿元	339.28	30.4
本年购置土地面积	万平方米	541.71	−44.7
土地成交价款	亿元	100.9	−48.1

表3 2012年货物进出口总额及其增长速度

单位：亿元

指 标	绝对数	比上年增长%
货物进出口总额	294.74	26.2
其中：一般贸易	144.70	13.2
其中：货物出口额	154.68	24.2
其中：一般贸易	50.11	−5.7
来料加工	3.99	23.9
进料加工	24.89	67.1
边境小额贸易	72.48	42.5
货物进口额	140.05	28.5

图2 2007-2012年货物进出口总额及其增长速度

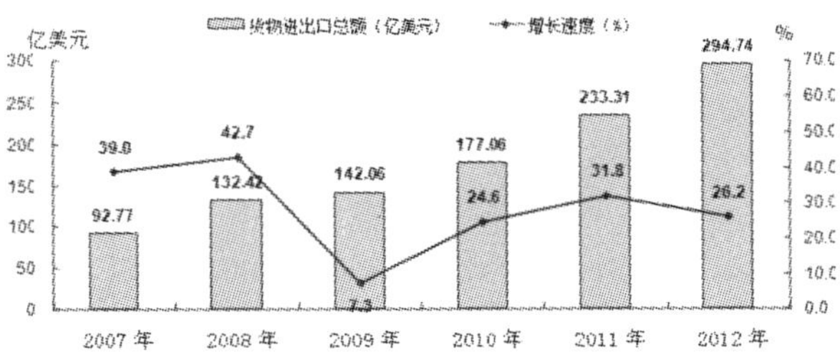

企业性质看，国有企业出口23.97亿美元，比上年增长22.4%；外商投资企业出口35.42亿美元，增长33.8%；私营企业出口93.92亿美元，增长22.4%。

全年批准项目合同外资额(商务部口径，下同)9.12亿美元，比上年下降11.6%；外商直接投资额7.49亿美元，下降26.2%。。

2012年海南省投资情况

本篇文字内容根据在海南省第五届人民代表大会第一次会议上海南省省长蒋定之的政府工作报告与发展改革委相关报告以及2012年海南省国民经济和社会发展统计公报整理编纂。

固定资产投资

“项目建设年”的有效实施推动投资持续快速增长，成为拉动经济发展的重要引擎。全年固定资产投资2145.38亿元，比上年增长33.1%。其中，房地产开发完成投资886.64亿元，比上年增长33.7%，占固定资产投资额的41.3%。全年施工项目个数为2485个，同比增长20.0%。其中，本年新开工的项目为994个，增长24.1%。分产业看，第一产业投资30.03亿元，增长1.6倍；第二产业投资394.36亿元，增长29.4%；第三产业投资1720.98亿元，增长32.9%。分地区看，东部地区投资1428.67亿元，比上年增长26.8%；中部地区投资150.99亿元，增长39.7%；西部地区投资578.29亿元，增长53.7%。

重点项目建设进展较好。全年265个重点项目完成投资1370亿元，比上年增长77.9%，完成年度计划投资的117.8%。30万箱红塔卷烟、英利400兆瓦多晶硅太阳能电池、汉能250兆瓦薄膜太阳能电池、中航特玻3号生产线、中高端光电倍增管、椰树集团老城饮料基地、澄迈含硫含镁作物专用肥、白沙生姜冷藏及加工、文昌光伏玻璃砂生产基地、文昌热带饮料产业基地、东方电厂二期工程等项目建成投产，清澜大桥、海口至屯昌高速公路等竣工通车；海口国宾馆、海口天利酒店、三亚海棠湾洲际酒店、乐东温德姆酒店、乐东凯宾斯基别墅酒店等项目已进入收尾阶段；昌江核电一期工程、红岭水利枢纽工程、海棠湾国家海岸、陵水清水湾、万宁神州半岛、乐东龙沐湾、海南生态软件园、海马30万辆汽车、中海油精细化工一期工程、60万吨聚酯原料、中石化成品油保税库、300万吨LNG、万宁奥特莱斯购物中心等95个项目已进入主体施工阶段。国际旅游岛先行试验区基础设施、海口观澜湖旅游小镇、布隆赛乡村文化旅游小镇、洋浦精密零部件制造、昌江生态建材、东软信息产业基地一期、屯昌至琼中高速公路、海口西海岸南片区一期工程、20万吨镀锡原板扩建、联塑塑料管道生产基地项目、海南亚洲制药厂等72个新项目已开工建设。

房地产投资

全年房地产业完成增加值239.56亿元，比上年增长5.9%。全年房屋施工面积5109.49万平方米，增长39.6%；销售面积931.84万平方米，增长4.9%；销售额735.57亿元，下降6.9%。

利用外资

全年全省实际利用外商直接投资16.41亿美元，比上年增长7.8%。新签外商投资项目74宗，比上年增长19.4%；协议合同外商投资额12.34亿美元，增长68.0%。

2012年重庆市投资情况

本篇文字内容根据在重庆市第四届人民代表大会第一次会议上重庆市人民政府市长黄奇帆的政府工作报告与发展改革委相关报告以及2012年重庆市国民经济和社会发展统计公报整理编纂。

固定资产投资

全年固定资产投资总额9380.00亿元，比上年增长22.0%。其中，基础设施建设投资2404.16亿元，增长24.8%；城镇投资8462.03亿元，增长19.2%；农村投资917.97亿元，增长56.4%。

"一小时经济圈"投资6837.49亿元，比上年增长19.7%；"渝东北翼"投资1807.87亿元，增长30.7%；"渝东南翼"投资734.64亿元，增长24.5%。

工业投资3064.18亿元，增长21.1%，占全市固定资产投资总额的32.7%；房地产开发投资2508.35亿元，增长24.5%，占全市固定资产投资总额的26.7%。

全市重点项目完成投资2620.00亿元，占固定资产投资总额的27.9%。其中，政府主导类投资1748.80亿元，市场主导类投资871.20亿元，分别占重点项目投资的66.7%和33.3%。

图1 2008-2012年固定资产投资总额及其增长速度

单位：亿元、%

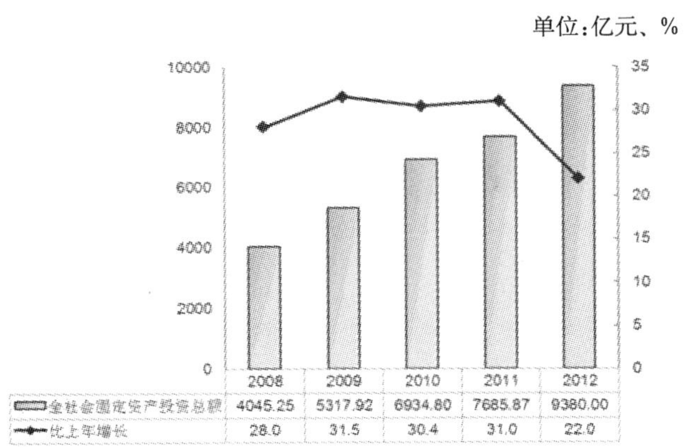

表1 2012年重点项目投资情况

指　标	绝对额（亿元）	比重（%）
总计	2620.00	100.0
政府主导类	1748.80	66.7
交通运输项目	412.70	15.8
能源项目	261.00	10.0
城市基础设施项目	348.00	13.3
园区基础设施	138.60	5.3
节能减排及生态建设项目	123.00	4.7
水利基础设施项目	80.50	3.1
社会民生项目	385.00	14.7
市场主导类	871.20	33.3

表2 2012年重点项目投资情况

指　标	绝对额（亿元）	比重（%）
工业项目	574.00	21.9
旅游项目	96.00	3.7
农业产业化项目	32.30	1.2
商贸流通项目	44.70	1.7
房地产项目	124.20	4.7

房地产投资

全年商品房施工面积22009.03万平方米，比上年增长7.9%；竣工面积3990.63万平方米，增长16.5%。商品房销售面积4522.40万平方米，下降0.2%。其中，住宅销售面积4105.11万平方米，增长1.0%。商品房销售额2297.35亿元，增长7.0%。

全年完成主城区危旧房改造拆迁面积41.17万平方米，新建安置房面积66.49万平方米。新建煤矿棚区安置房面积39.57万平方米。主城区公租房[8]开工建设1551.88万平方米，竣工面积626.4万平方米。农村危旧房改造12.47万户，巴渝新居建设6.02万户。

城市建设

全年完成主城区主干道环境综合改造189.9公里。新建城市道路长度1338.51公里。新建公园绿地面积540万平方米。新增污水处理厂处理能力8.15万立方米/日。

利用外资

全年实际利用外资105.77亿美元，其中，外商投资105.33亿美元，增幅均与上年持平。从企业性质看，外商独资企业到位资金65.47亿美元，下降6.2%，占全市总量的62.2%；中外合资企业到位资金25.22亿美元，增长4.9%，占全市总量的23.9%。分行业看，制造业实际到位49.19亿美元，增长44.3%，占全市总量的46.7%。房地产业实际到位26.70亿美元，下降12.9%，占全市总量的25.3%。实际利用内资5914.64亿元，增长20.2%。截至2012年底，在渝世界500强企业达到225家。

表3 2012年房地产开发和销售主要指标完成情况及其增长速度

指　标	绝对数	比上年增长（%）
商品房施工面积（万平方米）	22009.03	7.9
#住宅	16997.85	6.7
办公楼	499.85	29.2
商业营业用房	2028.90	3.7
商品房竣工面积（万平方米）	3990.63	16.5
#住宅	3386.35	19.8
办公楼	30.37	−32.2
商业营业用房	282.23	−5.5
商品房销售面积（万平方米）	4522.40	−0.2
#住宅	4105.11	1.0
办公楼	62.30	42.0
商业营业用房	221.69	−16.7
销售额（亿元）	2297.35	7.0
#住宅	1972.42	8.1
办公楼	71.61	39.7
商业营业用房	212.47	−1.9

2012年四川省投资情况

本篇文字内容根据在四川省第十二届人民代表大会第一次会议上四川省人民政府代省长魏宏的政府工作报告与发展改革委相关报告以及2012年四川省国民经济和社会发展统计公报整理编纂。

固定资产投资

投资规模继续扩大。全年完成全社会固定资产投资18038.9亿元，比上年增长19.3%。其中，第一产业完成投资462.8亿元，增长65.1%；第二产业投资6562.6亿元，增长13.5%，其中工业投资6499.5亿元，增长13.4%；第三产业投资11013.5亿元，增长21.6%，占全社会投资比重为61.0%，比上年提高1.1个百分点。

民间投资。全年民间投资9644亿元，比上年增长20.4%，增速比全社会固定资产投资快1.1个百分点。

房地产投资

全年房地产开发投资3266.4亿元，比上年增长15.9%。全年商品房施工面积29865.5万平方米，增长10.1%。商品房销售面积6455.9万平方米，下降1.3%。

利用外资

全年实际利用外资105.5亿美元，规模与上年基本持平。新批外商直接投资企业289家，累计批准9904家。外商投资实际到位资金98.7亿美元，增长3.6%。落户四川的境外世界500强企业187家。年末驻川外国领事机构9家。

全年对外承包工程和劳务合作新签合同金额32.5亿美元，完成营业额56.8亿美元，比上年增长12.7%。新增境外投资企业60家，境外投资企业累计338家。

全年实际到位国内省外直接投资7795.3亿元，比上年增长10.1%。其中2012年新签并履约的国内省外合作项目4748个，到位资金2580.8亿元；往年签约并履约的项目6219个，到位资金5214.5亿元。

全年进出口总额591.3亿美元，比上年增长23.9%。其中，出口额384.6亿美元，增长32.5%；进口额206.7亿美元，增长10.5%。

全年以加工贸易方式进出口287亿美元，比上年增长36.6%，占全省进出口总额的比重为48.5%；以一般贸易方式进出口238.1亿美元，增长7.9%，占全省进出口总额的比重为40.3%。在出口产品中，工业制成品占全省出口总额的八成以上，其中出口初级产品8.6亿美元，下降5.9%；出口工业半制品52.5亿美元，增长10.5%；出口工业制成品323.5亿美元，增长38.5%。

2012年贵州省投资情况

本篇文字内容根据在贵州省第十二届人民代表大会第一次会议上贵州省代省长陈敏尔的政府工作报告与发展改革委相关报告以及2012年贵州省国民经济和社会发展统计公报整理编纂。

固定资产投资

全年全社会固定资产投资7809.05亿元，比上年增长53.1%。

计划总投资50万元及以上的城镇投资、农村非农户投资和房地产开发投资7596.19亿元，比上年增长55.3%。其中，基本建设投资4926.06亿元，增长63.9%，更新改造投资1037.61亿元，增长22.1%，房地产开发投资1467.60亿元，增长68.0%；工业投资（不含工业园区基础设施投资）2457.88亿元，增长35.0%；公路投资762.28亿元、铁路投资264.44亿元，分别比上年增长37.1%和56.6%。教育投资160.27亿元，增长86.7%。水利、环境和公共设施管理业投资1240.01亿元，增长82.1%。

利用外资

进出口贸易规模继续扩大。全年进出口总额66.32亿美元，比上年增长35.7%。其中，进口总额16.80亿美元，比上年下降11.7%；出口总额49.52亿美元，增长65.9%。

全年新批外商投资企业53个。实际利用外资总额10.46亿美元，比上年增长55.4%。对外承包工程和劳务合作完成营业额4.00亿美元，比上年增长33.3%。引进省外项目2368个，引进省外到位资金3857亿元，比上年增长49.5%。

表1 2012年固定资产投资及其增长速度

单位：亿元

指标名称	绝对数	比上年增长（%）
全社会固定资产投资	7809.05	53.1
固定资产投资（计划总投资50万元及以上的城镇投资、农村非农户投资和房地产开发投资）	7596.19	55.3
其中：中央	451.04	7.7
地方	7145.15	59.7
其中：基本建设	4926.06	63.9
更新改造	1037.61	22.1
房地产开发	1467.60	68.0
其他	164.92	4.0
其中：第一产业	218.24	68.9
第二产业	2499.89	35.0
其中：工业（不含工业园区基础设施投资）	2457.88	35.0
第三产业	4878.06	67.6
其中：交通运输、仓储和邮政业	1101.01	40.8
信息传输、软件和信息技术服务业	36.86	−20.2
水利、环境和公共设施管理业	1240.01	82.1
教育	160.27	86.7
卫生和社会工作	49.83	27.2
农村农户固定资产投资	212.86	1.6

2012年云南省投资情况

本篇文字内容根据在云南省第十二届人民代表大会第一次会议上云南省省长李纪恒的政府工作报告与发展改革委相关报告以及2012年云南省国民经济和社会发展统计公报整理编纂。

固定资产投资

2012年，全省固定资产投资（不含农户）达[6]7553.51亿元，比上年增长27.3%。分三次产业看，第一产业投资143.13亿元，增长46.1%；第二产业投资2530.19亿元，增长29.3%，其中工业投资2526.41亿元，增长29.5%；第三产业投资4880.19亿元，增长25.8%。

房地产投资

全年房地产开发投资达1782.14亿元，比上年增

图1 2007-2012年云南固定资产投资及其增长速度

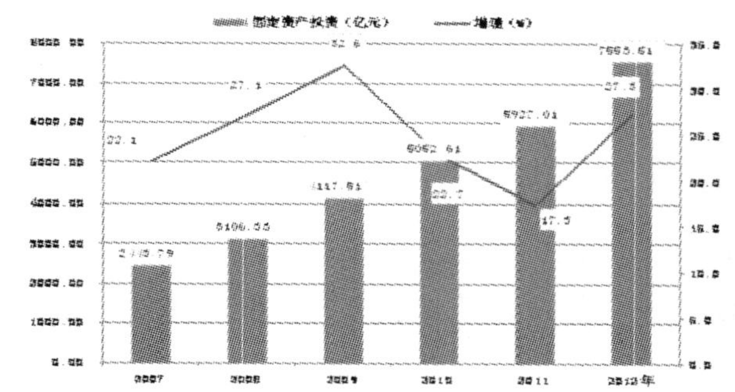

表1 2012年云南分行业固定资产投资及其增长速度

单位：亿元

行　　业	投资额	比上年增长（%）
全　　省	7553.51	27.3
农、林、牧、渔业	143.13	46.1
采矿业	368.33	40.4
制造业	1207.12	34.8
其中：烟草制品业	36.09	−0.9
化学原料及化学制品制造业	104.27	29.8
医药制造业	35.18	39.6
非金属矿物制品业	158.75	21.7
黑色金属冶炼及压延加工业	85.00	−0.8
有色金属冶炼及压延加工业	134.74	16.3
电力、煤气及水的生产和供应业	950.96	20.0
建筑业	3.79	−38.3
交通运输、仓储和邮政业	804.63	−9.9
信息传输、计算机服务和软件业	59.70	22.7
批发和零售业	230.59	−9.2
住宿和餐饮业	147.54	51.3
金融业	4.94	20.5
房地产开发	1782.14	39.2
租赁和商务服务业	52.30	32.4
科学研究、技术服务和地质勘查业	30.49	−8.9
水利、环境和公共设施管理业	762.85	50.1
居民服务和其他服务业	22.54	28.3
教育	184.92	46.7
卫生、社会保障和社会福利业	70.46	24.4
文化、体育和娱乐业	114.23	15.8
公共管理和社会组织	117.54	−4.0

长39.2%，其中，商品住宅投资1152.50亿元，增长30.3%；办公楼投资86.41亿元，增长87.9%；商业营业用房投资256.29亿元，增长54.9%。全省商品房屋施工面积14362万平方米，增长30.4%；商品房屋竣工面积1851.57万平方米，增长17.8%；商品房屋销售面积3237.75万平方米，增长0.5%，商品房屋销售额1362.83亿元，增长16.3%。

表2　2012年云南房地产业发展主要指标

指　　标	单 位	绝对数	比上年增长（%）
房地产开发投资额	亿元	1782.14	39.2
其中：住宅	亿元	1152.50	30.3
其中：90平方米以下住宅	亿元	294.51	66.3
房屋施工面积	万平方米	14362.0	30.4
其中：住宅	万平方米	10432.1	24.9
房屋新开工面积	万平方米	6037.53	23.0
其中：住宅	万平方米	4166.88	15.3
房屋竣工面积	万平方米	1851.57	17.8
其中：住宅	万平方米	1492.28	18.2
商品房销售面积	万平方米	3237.75	0.5
其中：住宅	万平方米	2789.68	−1.4
本年资金来源	亿元	2134.02	25.4
其中：国内贷款	亿元	216.12	47.4
其中：个人按揭贷款	亿元	258.20	20.0
本年购置土地面积	万平方米	1602.39	−1.3
土地购置费	亿元	251.08	75.9

基础设施建设

截至2012年底，全省高速公路通车里程突破2900公里，位居西部第5位。石锁高速公路主线全线贯通，大丽高速公路等一批高速公路加快建设，南北大通道建设高速公路项目正式开工建设，丽江机场高速公路正式通车，结束了滇西北没有高速公路的历史；农村公路改造力度进一步加大；“八入省、四出境”铁路网建设加快推进，全省在建铁路里程1500公里；昆明地铁六号线通车运营，云南城市交通步入地铁新时代。泸沽湖机场正式开工建设，红河蒙自机场、沧源机场、澜沧机场建设前期工作取得重大进展。牛栏江—滇池补水工程试通水。交通、能源、水利等重点基础设施建设大步向前推进，全国第四大机场—昆明长水国际机场投入运营，云南基础设施落后面貌显著改变，经济社会发展“瓶颈”制约得到有效缓解。

利用外资

2012年，全省外贸进出口总额达210.05亿美元，比上年增长31.0%。其中出口总额100.18亿美元，增长5.8%，进口总额109.87亿美元，增长67.6%。全年对欧盟进出口11.09亿美元，下降38.0%；对东盟进出口67.6亿美元，下降13.6%；对南亚进出口5.76亿美元，下降46.8%。全省机电产品出口16.67亿美元，下降17.8%；农产品出口20.39亿美元，增长16.1%；磷化工产品出口10.51亿美元，下降29.6%；纺织品及服装出口4.74亿美元，下降34.1%。在进口商品中，金属原材料进口33.37亿美元，增长26.8%；农产品进口15.81亿美元，增长46.3%；机电产品进口8.33亿美元，增长4.3%；木材进口2.86亿美元，增长29.3%。

全年共批准利用外资项目121个，下降25.8%，合同利用外资10.95亿美元，下降49.2%，实际使用外商直接投资21.89亿美元，增长26.0%。

图2 2007-2012年云南省进出口总额及其增长速度

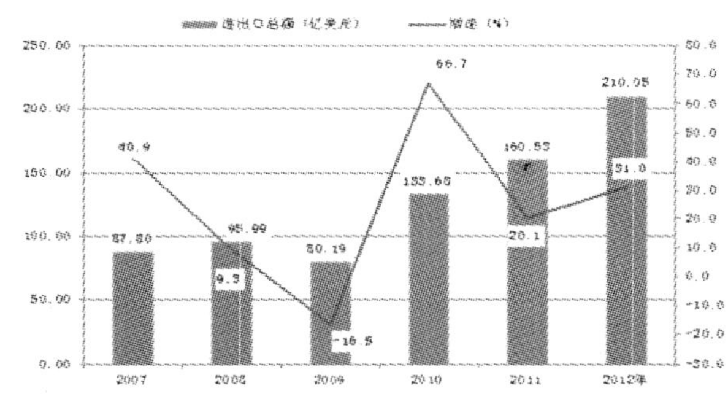

2012年西藏自治区投资情况

本篇文字内容根据在西藏自治区第十届人民代表大会第一次会议上西藏自治区主席白玛赤林的政府工作报告与发展改革委相关报告以及2012年西藏自治区国民经济和社会发展统计公报整理编纂。

固定资产投资

全年全社会完成固定资产投资总额709.98亿元，比上年增长29.3%。其中：民间投资219.09亿元，增长72.8%。

按产业分：第一产业32.03亿元，比上年增长4.4%；第二产业222.82亿元，增长47.9%；第三产业455.13亿元，增长23.7%。按经济类型分：国有经济完成投资473.01亿元，比上年增长15.5%；集体经济完成投资14.74亿元，增长2.1倍；其他各种经济类型完成投资99.48亿元，增长28.7%；个体经济完成投资32.04亿元，增长48.5%。按城乡分：城镇完成投资606.93亿元，比上年增长26.2%；农村完成投资103.05亿元，增长50.6%。

在城镇固定资产投资中，农、林、牧、渔业投资完成22.45亿元，增长11.0%；采矿业投资完成41.17亿元，增长2.0倍；制造业投资完成43.10亿元，增长28.2%；电力、燃气及水的生产和供应业投资完成85.70亿元，增长39.4%；建筑业投资完成25.51亿元，下降20.5%；交通运输、仓储和邮政业投资完成132.24亿元，下降7.9%；信息传输、计算机服务和软件业投资完成13.05亿元，增长1.1倍；批发和零售业投资完成14.65亿元，增长3.2倍；住宿和餐饮业投资完成24.95亿元，增长91.5%；金融业投资完成2.58亿元，增长3.4倍；房地产业投资完成17.56亿元，下降1.3%；租赁和商务服务业投资完成10.12亿元，增长4.4倍；科学研究、技术服务和地质勘查业投资完成2.56亿元，增长1.1倍；水利、环境和公共设施管理业投资完成45.03亿元，增长1.5%；居民服务和其他服务业投资完成4.91亿元，增长2.4倍；教育投资完成19.66亿元，增长4.5%；卫生、社会保障和社会福利业投资完成8.52亿元，增长13.9%；文化、体育和娱乐业投资完成14.25亿元，增长24.3%；公共管理和社会组织投资完成72.06亿元，增长67.2%。

房地产开发投资

全年房地产开发投资6.87亿元，比上年增长33.8%。房地产开发施工房屋面积47.33万平方米，比上年下降2.9%；竣工房屋面积9.23万平方米，下降57.5%；商品房销售面积22.50万平方米，增长18.5%。

利用外资

全年进出口总额342397万美元，比上年增长1.5倍。其中：出口总额335501万美元，增长1.8倍；进口总额6896万美元，下降60.7%。

在进出口贸易中，边境小额贸易实现进出口总额168648万美元，比上年增长81.3%，占进出口贸易总额的49.3%。其中：出口167739万美元，增长81.5%；进口909万美元，增长48.3%。

全年对亚洲进出口266240万美元，比上年增长1.6倍；对欧洲进出口30229万美元，增长26.0%；对北美洲进出口22347万美元，增长1.5倍；对大洋洲进出口2210万美元，增长3.6倍。

全年合同利用外商直接投资39353万美元，实际利用外商直接投资17402万美元，全年审批利用外商直接投资项目2家。

2012年陕西省投资情况

本篇文字内容根据在陕西省第十二届人民代表大会第一次会议上陕西省代省长娄勤俭的政府工作报告与发展改革委相关报告以及2012年陕西省国民经济和社会发展统计公报整理编纂。

固定资产投资

全年全社会固定资产投资12840.13亿元，比上年增长28.1%。其中，固定资产投资12501.43亿元，增长28.9%；农户投资338.7亿元，增长5.2%。

固定资产投资中，第一产业投资443.98亿元，比上年增长29.1%；第二产业投资4849.3亿元，增长29%；第三产业投资7208.15亿元，增长28.7%。

全年民间投资5513.25亿元，比上年增长32.3%，高于固定资产投资增速3.4个百分点。

图1 全社会固定资产投资总额及增速

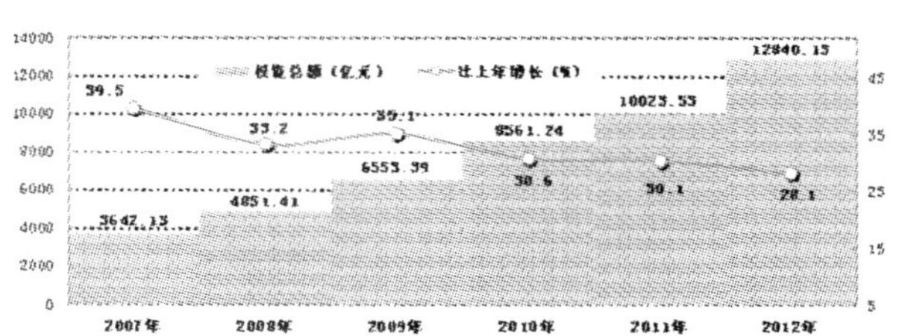

房地产开发投资

全年保障性安居工程建设完成投资784.74亿元，比上年增长16.6%，新开工保障性住房41.77万套，竣工31.08万套。

全年房地产开发投资1835.93亿元，比上年增长30.1%；房地产开发企业房屋施工面积15410.57万平方米，增长26.1%；商品房销售面积2755.59万平方米，下降9.7%；商品房待售面积258.67万平方米，增长1.1倍。

利用外资

全年外贸进出口总额147.99亿美元，比上年增长1%。其中，出口86.52亿美元，增长23%；进口61.47亿美元，下降19.3%。在进出口总额中，一般贸易82.87亿美元，下降9.3%；进料加工贸易42.36亿美元，增长6.7%。

全年新批外商投资项目144个，比上年增长4.4%；合同外资51.5亿美元，增长1倍；实际利用外资29.36亿美元（含外商投资企业再投资部分），增长24.7%。

2012年甘肃省投资情况

本篇文字内容根据甘肃省第十二届人民代表大会第一次会议上甘肃省省长刘伟平的政府工作报告与发展改革委相关报告以及2012年甘肃省国民经济和社会发展统计公报整理编纂。

固定资产投资

固定资产投资：全年完成固定资产投资6013.42亿元，比上年增长43.85%。其中，项目投资5452.40亿元，增长42.83%。按三次产业分，第一产业投资238.04亿元，增长24.34%；第二产业投资3211.64亿元，增长57.98%，其中工业投资2215.09亿元，

图1 2006-2012年甘肃省固定资产投资及增长速度

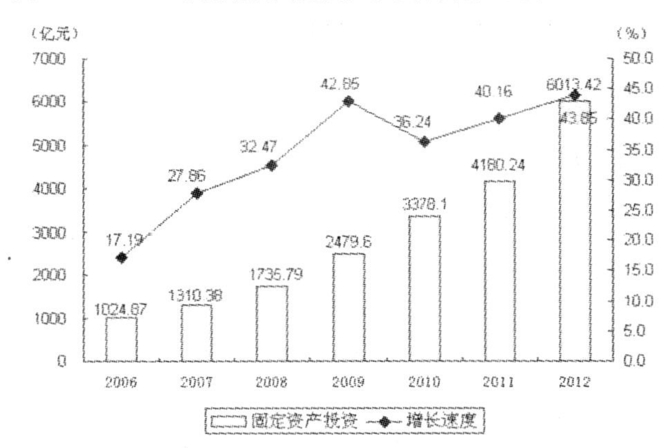

表1 2012年甘肃省分行业项目投资及其增长速度

单位：亿元

行业	投资额	比上年增长（%）
农、林、牧、渔业	238.04	24.34
采矿业	370.38	65.90
制造业	1171.49	48.83
电力、煤气及水的生产和供应业	673.21	32.36
建筑业	996.55	93.90
批发和零售业	181.46	75.07
交通运输、仓储和邮政业	308.14	29.58
住宿和餐饮业	78.05	79.91
信息传输、计算机服务和软件业	41.79	15.76
金融业	14.55	63.73
房地产开发	329.18	18.38
租赁和商务服务业	36.07	98.07
科学研究、技术服务和地质勘查业	39.25	49.10
水利、环境和公共设施管理业	486.95	72.89
居民服务和其他服务业	53.85	348.48
教育	99.08	40.39
卫生、社会保障和社会福利业	57.64	8.92
文化、体育和娱乐业	73.17	87.20
公共管理和社会组织	203.51	−47.04

增长45.82%；第三产业投资2563.74亿元，增长31.08%。

项目投资中，采矿业投资370.38亿元，增长65.90%；制造业投资1171.49亿元，比上年增长48.83%；电力、燃气及水的生产和供应业投资673.21亿元，增长32.36%；建筑业投资996.55亿元，增长93.90%；水利、环境和公共设施管理业投资486.95亿元，增长72.89%。

房地产开发投资

房地产开发投资：完成房地产开发投资561.02亿元，比上年增长54.60%，其中住宅投资412.51亿元，增长59.85%。房屋施工面积5634.95万平方米，比上年增长47.90%；房屋竣工面积844.50万平方米，增长28.74%。商品房销售面积978.44万平方米，增长19.92%。

利用外资

利用外资：全年外商直接投资合同项目20个，比上年减少8个。实际使用外商直接投资0.61亿美元，比上年下降13.01%。全年对外承包工程和劳务合作合同金额2.06亿美元，下降62.34%；对外承包工程和劳务合作完成营业额2.65亿美元，下降10.77%。

2012年青海省投资情况

本篇文字内容根据在青海省第十二届人民代表大会第一次会议上青海省省长骆惠宁的政府工作报告与发展改革委相关报告以及2012年青海省国民经济和社会发展统计公报整理编纂。

固定资产投资

全年全省全社会固定资产投资1920.03亿元，比上年增长33.9%。按城乡分，城镇投资1655.58亿元，增长39.4%；农村投资264.45亿元，增长7.3%。按投资类型分，国有及国有控股投资1083.11亿元，增长31.9%；民间投资799.05亿元，增长42.9%；港澳台及外商投资37.87亿元，下降29.4%。按产业分，第一产业投资82.89亿元，下降8.7%；第二产业投资891.59亿元，增长33.4%；第三产业投资945.54亿元，增长40.1%。全年基础设施投资540.39亿元，增长44.6%。

图1 2012年全社会固定资产投资增长速度

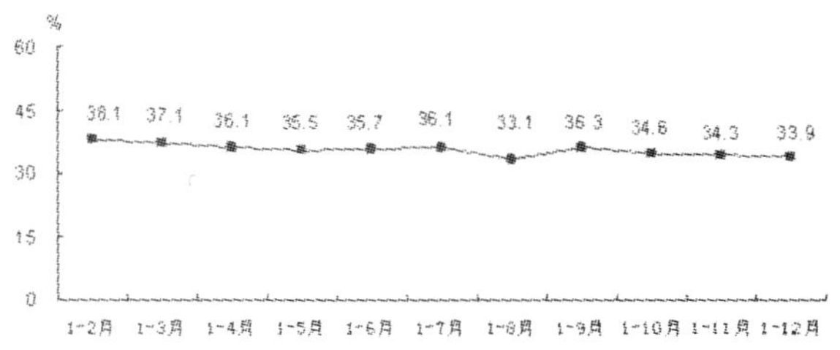

图2 2007-2012年全社会固定资产投资增长速度

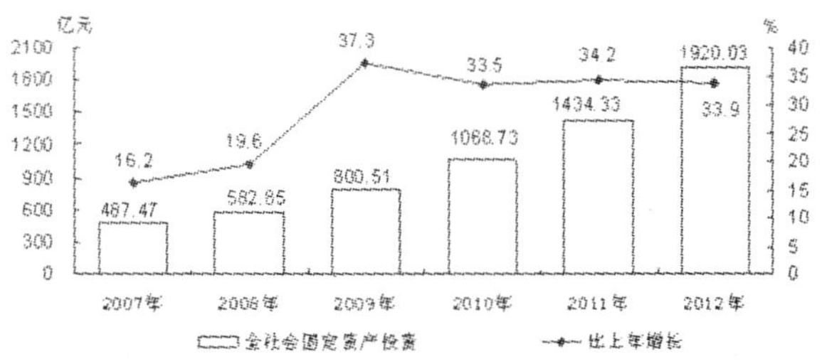

表1 2012年分行业50万元及以上城镇固定资产投资

单位：亿元

行业名称	投资额	比上年增长（%）
农林牧渔业	25.96	-2.0
采矿业	88.21	0.5
制造业	468.48	40.2
电力、煤气及水的生产和供应业	217.91	24.3
建筑业	51.63	139.0
交通运输、仓储及邮政业	214.58	81.7
信息传输、计算机服务和软件业	1.85	265.8
批发和零售业	15.90	46.5
住宿和餐饮业	10.84	37.4
金融业	1.04	252.6
房地产业	112.79	32.2
租赁和商务服务业	29.67	310.0
科学研究、技术服务和地质勘查业	1.86	-66.2
水利、环境和公共设施管理业	66.56	21.9
居民服务和其他服务业	1.10	-49.2
教育	40.87	2.8
卫生和社会工作	15.33	-5.3
文化、体育和娱乐业	19.85	36.1
公共管理和社会组织	81.48	134.7

表2 2012年工业十大特色优势产业固定资产投资

指标名称	贸易额（万美元）	比上年增长（%）
出口	72984	10.3
# 一般贸易	68768	5.2
加工贸易	2298	213.0
# 机电产品	11286	85.1
# 高新技术产品	1477	193.8
# 纺织纱线、织物及制品	13292	8.6
硅铁	19904	-19.7
进口	43032	64.2
# 一般贸易	42218	64.8
加工贸易	550	-4.1
# 机电产品	20050	177.8
# 高新技术产品	978	33.6
# 氧化铝	10723	-15.0

图3 2007-2012年海关进出口总额

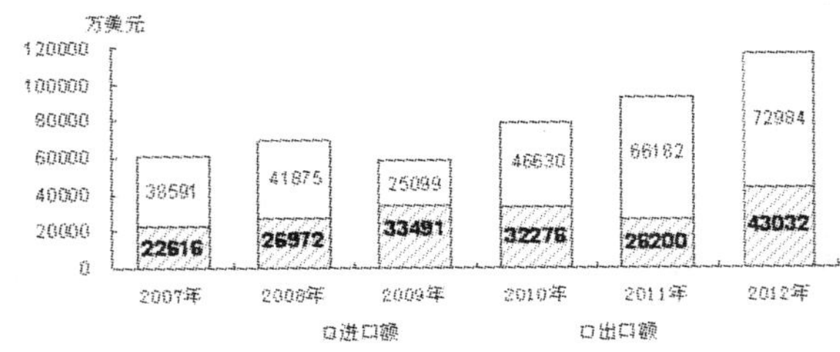

表3 2012年主要贸易方式和货物进出口总额

指标名称	贸易额（万美元）	比上年增长（%）
出口	72984	10.3
# 日本	18008	-12.7
美国	7186	1.7
马来西亚	2358	134.7
中国香港	3983	25.9
澳大利亚	1434	29.7
进口	43032	64.2
# 日本	560	-27.3
美国	3711	362.4
澳大利亚	15321	17.4

表4 2012年对主要国家和地区进出口贸易额

指标名称	计量单位	运输量	比上年增长（%）
货物运输量	万吨	13484.43	7.1
铁路	万吨	3783.92	4.1
公路	万吨	9700.01	8.4
民航	吨	4968.70	43.2
货物运输周转量	亿吨公里	527.70	8.5
铁路	亿吨公里	246.62	8.0
公路	亿吨公里	281.00	8.9
民航	万吨公里	791.92	38.7

房地产开发

全年全省房地产开发投资189.68亿元，比上年增长31.0%。其中，商品住宅投资141.10亿元，增长56.4%（其中90平米以下住宅投资增长148.9%）；商业营业用房投资26.87亿元，下降7.5%。房屋施工面积1891.23万平方米，增长14.0%；房屋竣工面积416.20万平方米，下降17.7%。商品房销售面积262.96万平方米，下降24.5%，其中90平米以下住宅销售面积增长39.6%；商品房销售额106.46亿元，下降6.7%，其中90平米以下住宅销售额增长60.8%。

利用外资

全年全省海关进出口总额116016万美元，比上年增长25.6%。其中，出口额72984万美元，增长10.3%；进口额43032万美元，增长64.2%。

全年新批外资项目16个。合同使用外商直接投资金额3.71亿美元，比上年增长10.4%；实际使用外商直接投资金额2.06亿美元，增长21.8%。全年对外承包工程业务完成营业额2.21亿美元，比上年增长3.8倍；对外劳务合作派出各类劳务人员1208人。

2012年宁夏回族自治区投资情况

本篇文字内容根据在宁夏回族自治区第十一届人民代表大会第一次会议上宁夏回族自治区主席王正伟的政府工作报告与发展改革委相关报告以及2012年宁夏回族自治区国民经济和社会发展统计公报整理编纂。

固定资产投资

全年全社会完成固定资产投资2109.52亿元，比上年增长27.5%。其中，基本建设投资1361.49亿元，增长28.8%；更新改造投资238.18亿元，增长26.3%；房地产开发投资429.15亿元，增长27.6%。分投资主体看，国有及国有经济控股完成投资876.21亿元，增长4.6%；非国有经济完成投资1233.31亿元，增长51.1%，其中，民间投资1194.33亿元，增长51.2%。

从投资结构看，第一产业投资71.81亿元，增长50.3%。第二产业投资1049.34亿元，增长27.0%。其中，工业投资1018.03亿元，增长27.6%。第三产业投资988.37亿元，增长26.7%。

全年固定资产投资施工项目2965个，增长18.6%，施工项目计划总投资7675.11亿元，增

表1 2012年全区分行业全社会固定资产投资

行业名称	绝对量（亿元）	比上年增长（%）
全社会固定资产投资	2109.52	27.5
采矿业	163.62	21.9
制造业	628.10	47.9
电力、煤气及水的生产和供应业	226.30	−5.4
建筑业	31.31	11.3
批发和零售业业	53.55	28.8
交通运输、仓储及邮政	113.78	7.8
住宿和餐饮业	13.17	18.6
信息传输、计算机服务和软件业	11.47	−29.7
金融业	0.69	−74.1
房地产业	597.17	43.4
租赁和商务服务业	8.03	969.1
科学研究、技术服务和地质勘查业	0.99	−21.7
水利、环境和公共设施管理业	108.29	11.9
居民服务和其他服务业	9.97	300.4
教育	29.15	7.5
卫生和社会工作8.03 −27.4	11.09	65.0
文化、体育和娱乐业	8.03	−27.4
公共管理和社会组织	23.02	−42.9

长24.6%。全区亿元以上项目完成固定资产投资1223.91亿元，同比增长29.4%。

房地产投资

全年房地产开发投资429.15亿元，比上年增长27.6%。其中，住宅投资279.49亿元，增长16.7%；办公楼完成投资10.84亿元，增长27.3%；商业营业用房投资83.01亿元，增长66.8%。房屋施工面积5033.26万平方米，比上年增长23.4%，竣工面积1151.97万平方米，增长19.1%。

全年商品房销售面积为804.43万平方米，比上年下降5.0%。其中，住宅销售面积707.57万平方米，增长0.3%；商品房销售额317.58亿元，增长0.5%。其中，商品住宅销售额256.19亿元，增长7.2%。

利用外资

据海关统计，全年实现进出口总额22.17亿美元，比上年下降3.0%。其中，出口总额16.41亿美元，增长2.6%；进口总额5.76亿美元，下降16.2%。全年累计实现贸易顺差10.65亿美元。

全年高新技术产品出口4.23亿美元，比上年下降15.4%。机电产品出口额增长31.1%，纺织品出口增长44.1%，碳化硅出口下降56.3%，钽铌铍及制品出口下降28.9%，机床及铸件出口增长10.7%，羊绒纱线出口增长97.1%，铁合金出口下降45.9%，金属镁出口下降73.8%，轮胎出口下降84.5%。

全年实际利用外资3.48亿美元，比上年增长1.7%。其中，实际利用外商直接投资2.18亿美元，增长8.0%。2012年全区新批准外商直接投资项目11个，合同外资金额4.03亿美元。其中，制造业签订利用外商直接投资项目4个，合同额2.88亿美元。2012年底，全区注册登记外商投资法人企业累计达到150家。其中，中外合资企业占30.7%。

2012年新疆维吾尔自治区投资情况

本篇文字内容根据在新疆维吾尔自治区第十二届人民代表大会一次会议上新疆维吾尔自治区主席努尔 白克力的政府工作报告与发展改革委相关报告以及2012年新疆维吾尔自治区国民经济和社会发展统计公报整理编纂。

固定资产投资

全社会固定资产投资6258.38亿元，比上年增长35.1%。其中，城镇投资5593.81亿元，增长35.0%；农村投资664.57亿元，增长36.3%。

在城镇投资中，第一产业投资114.52亿元，增长23.9%；第二产业投资3075.49亿元，增长33.4%；第三产业投资2403.80亿元，增长37.7%。在第二产业中，工业投资2988.09亿元，增长

图1 20072012年全社会固定资产投资总额及增速

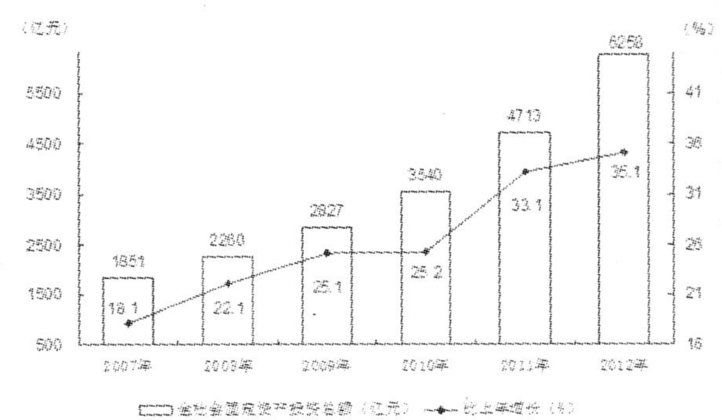

33.0%，其中，制造业投资1517.83亿元，增长41.0%。

在城镇投资中，国有投资3281.07亿元，增长30.8%；民间投资2268.79亿元，增长43.8%。涉及安居富民、定居兴牧、保障性住房建设等民生投资1381.79亿元，增长41.0%。基础设施投资1639.82亿元，增长36.5%。

房地产开发投资

房地产开发投资606.09亿元，增长17.4%，其中，住宅投资444.27亿元，增长6.7%；办公楼投资12.08亿元，下降22.2%；商业营用房投资97.61亿元，增长70.5%。房屋施工面积6896.55 万平方米，增长25.8%；竣工面积1736.17万平方米，增长36.7%。商品房销售面积1430.31万平方米，下降17.2 %；销售额560.45 亿元，下降8.6%。

利用外资

货物进出口总额251.71亿美元，比上年增长10.3%。其中，出口193.47亿美元，增长15.0%；进口58.24亿美元，下降2.8%。口岸进出口货运量4112万吨，增长18.6%。

按登记注册类型划分，国有企业进出口68.83亿美元，增长0.1%；集体企业2.44亿美元，增长11.2%；外商投资企业2.74亿美元，下降17.6%；私营企业177.70亿美元，增长15.4%。

新批准设立外商直接投资企业56个，比上年增长12.0%。合同使用外商直接投资项目55个，下降20.3%；实际利用外商直接投资4.08亿美元，增长21.8%。

表1 2012年货物进出口总额及增速

单位：亿美元

指 标	绝对数	比上年增长（%）
货物进出口总额	251.71	10.3
货物出口额	193.47	15.0
其中：一般贸易	70.09	47.0
加工贸易	1.91	−18.6
边境小额贸易	89.20	1.1
其中：机电产品	44.45	42.3
高新技术产品	2.09	20.6
货物进口额	58.24	−2.8
其中：一般贸易	14.43	−15.5
加工贸易	0.68	1.3倍
边境小额贸易	40.84	1.6
其中：机电产品	5.46	−21.8
高新技术产品	1.14	−54.1

第四部分

利用外资与境外投资

“十二五”利用外资和境外投资规划

2012年7月17日　国家发展改革委

“十二五”利用外资和境外投资规划，是我国国民经济和社会发展“十二五”规划编制工作的重要组成部分。该规划全面总结了“十一五”利用外资和境外投资总体情况，分析了“十二五”面临的国内外形势，提出了“十二五”期间我国利用外资和境外投资的指导思想、主要目标、重点任务及相应的政策措施，是“十二五”期间我国利用外资和境外投资工作的重要指南。

“十二五”期间，利用外资和境外投资工作必须充分突出科学发展这一主题和加快转变经济发展方式这一主线，贯彻落实把经济结构战略性调整作为加快转变经济发展方式的主攻方向这一重大方针，推动利用外资和境外投资从注重规模速度向注重质量效益转变，实行更加积极主动的开放战略，进一步拓展广度和深度，为转变经济发展方式和经济结构调整发挥更积极的作用；更有效地实施互利共赢的开放战略，以开放促发展、促改革、促创新。

本规划范围是利用外资和境外投资领域，规划有效期为2011年至2015年。各地区可结合本规划目标制定符合本地区实际的配套规划。

一、“十一五”利用外资和境外投资基本情况

（一）利用外资

1．贷款规模保持稳定，使用效益不断提高

积极借用国外优惠贷款，“十一五”期间，共借用外国政府、国际金融组织提供的优惠贷款233.8亿美元（实际使用额，下同），重点投向农林水、交通能源、节能环保、教育卫生和生态建设等领域，用于中西部地区及东北老工业基地占全部贷款的80%以上。严格管理国际商业贷款，调控规模，优化结构，同期借用国际商业贷款（不含外商投资企业“投注差”内境外借款）约660.5亿美元。我国继续保持适度的外债规模，外债的偿债率、债务率、负债率均较大低于国际标准安全线。外债形式日益多样，人民币外债初具规模，境内机构赴香港发行人民币债券610亿元，有力支持了建设香港国际金融中心。

图1　“十一五”国外贷款情况

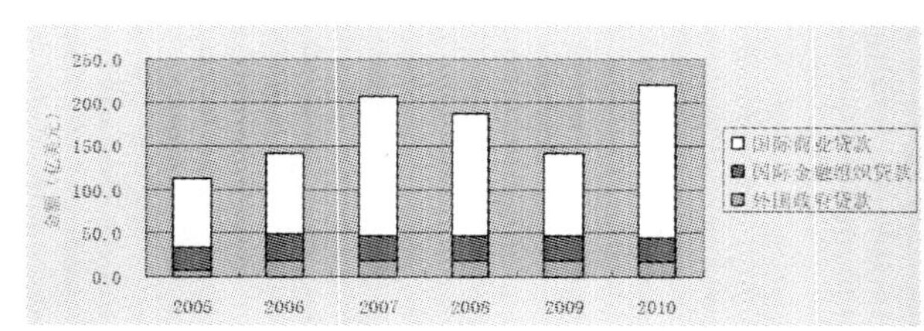

2．外商投资持续增长，利用质量逐步提高

“十一五”期间，我国累计吸收外商直接投资约4789.4亿美元，是“十五”总额的1.63倍。外资已成为我国经济重要组成部分，2010年外商投资企业工业产值、税收、出口分别占全国的27.1%、21.2%和54.7%，直接吸纳就业约4500万人。

产业结构优化升级。第三产业吸收外资进展明

显，基本确立第二、三产业并重的产业发展格局。“两高一资”项目严格受限，资金、技术密集型外资比例不断增加。外商投资由装配制造向研发领域进一步延伸，跨国公司在境内设立的研发中心超过1400家。

图2　“十一五”国商直接投资产业结构

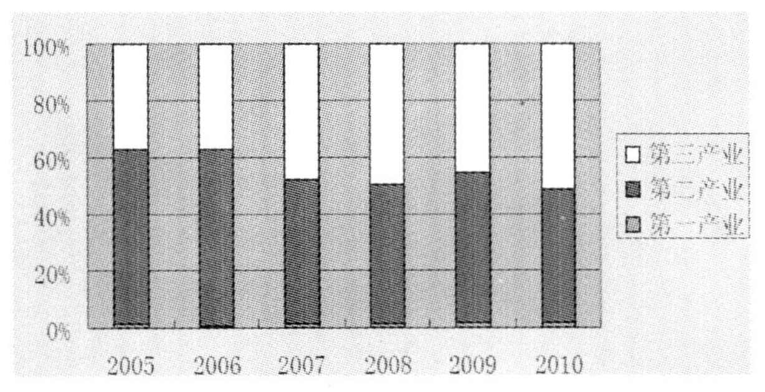

区域结构逐渐改善。东部地区仍然是外商投资聚集地，中西部地区外商投资明显增长，对于促进区域经济协调发展发挥了积极作用。

图3　“十一五”国商直接投资区域结构

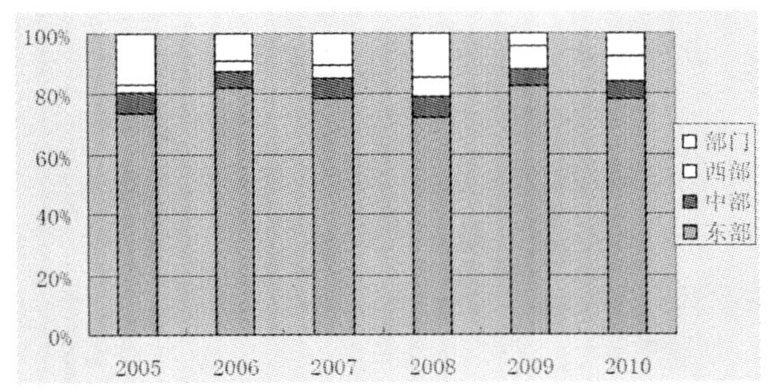

利用方式更加多样。外资并购、企业境外发行股票融资规模扩大，外资风险投资逐渐增多。外资投资人民币证券资产规模扩大，截至2010年底，共批准QFII投资额度197.2亿美元。

3. 政策法规健全完善，管理水平日渐提高

出台了《国务院关于进一步做好利用外资工作的若干意见》，提出一系列优化投资环境、提高利用外资质量的政策措施。修订了《外商投资产业指导目录》和《中西部地区外商投资优势产业目录》。颁布了《企业所得税法》和《外国企业或者个人在中国境内设立合伙企业管理办法》。发布了进一步改进和完善国外优惠贷款和外商投资项目管理的通知，加强监管。鼓励类、允许类外商投资项目地方核准权限从1亿美元提高到3亿美元。

我国利用外资还存在一些问题和制约因素：

一是随着人民币外债的不断增长和外汇管制的逐步放开，调控外债规模和结构的难度加大；二是外商投资产业结构调整压力依然较大，我国对高技术产业、生产性服务业等鼓励类项目的吸引力有待加强；外资项目技术外溢不足，没有充分发挥推动创新的应有作用；服务业利用外资结构有待进一步优化，外资多集中于金融、地产等领域，教育、医疗、文化等民生领域较少；三是外商投资区域发展不平衡，中西部利用外资的规模和质量均有待提高；东部沿海发达地区土地、能源、劳动力短缺等制约更加显现；部分地区存在盲目招商引资的倾向，积极有效利用外资的观念有待加强；四是现有利用外资管理体制尚需完善，个别领域涉及外资的政策调整与国际规则的衔接有待加强，外商投资统计和信息披露工作有待规范，行政效率仍需提高。

（二）境外投资

1. 境外投资快速发展，投资水平不断提高

“十一五”期间，我国累计境外投资2289.2亿美元，年均增速34.3%，约为同期GDP年均增速的3.3倍。单项投资规模日益增大，几十亿美元的投资项目不断出现。

图4　“十一五”境外投资情况

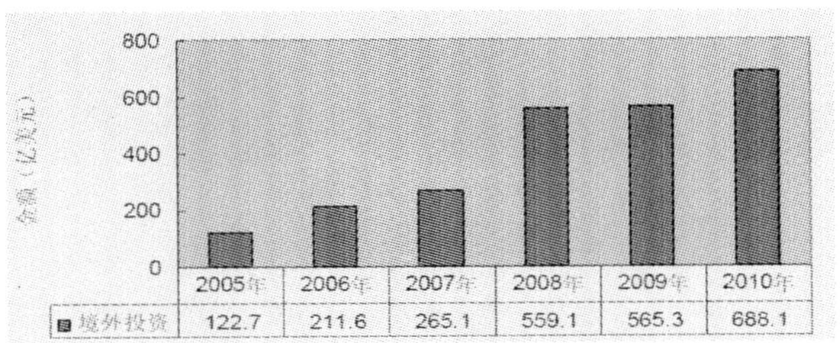

	2005年	2006年	2007年	2008年	2009年	2010年
境外投资	122.7	211.6	265.1	559.1	565.3	688.1

投资领域拓宽，覆盖了经济大部分行业，其中采矿业、商务服务业、金融业、批发零售业、运输仓储业、制造业合计占境外投资存量超过90%。投资主体多元，中央企业继续保持主导地位，地方国有企业和民营企业境外投资增势强劲。投资方式多样，并购、参股、交叉换股、投资基金等投资方式逐步增多。国际影响扩大，境外中资企业雇佣外方员工由2006年底的26.8万人增加到2010年底的78.4万人，我企业在一些发展中国家参与当地基础设施建设，无偿提供医疗设备及服务，捐助当地教育，免费供水供电，为当地经济社会发展发挥了重要作用。

2．重点投向成效突出，重点合作日益深化

境外资源开发取得积极成效，境外资源保障力度不断加大。结合弥补国内重要资源不足，我国企业通过境外投资获取了一定规模的油气和重要矿产资源的权益储量，其中一些项目已经形成生产能力，为适应我国工业化和现代化发展阶段需要，保障我国能源供应发挥了积极作用。

高新技术和先进制造业境外投资进展明显。境内企业通过在境外科技资源密集的地区设立研发中心，投资电子信息产业、生物医药、新材料和新能源、先进装备制造业等领域项目，获得了国际先进技术和管理经验，提高了企业的自主创新能力和长期竞争优势。

传统优势产业有序开拓市场。我国轻工、纺织、机械、汽车等行业企业充分发挥竞争优势，到有条件的国家和地区投资建设生产基地，开拓全球市场，带动境内设备、劳务和技术输出，为推动产业结构调整起到了积极作用。

与重点国家和地区投资合作进一步深化。中俄能源谈判代表机制、中俄投资促进会议、中哈能源分委会、中土能源分委会、中澳高层经济合作对话机制、中委高委会、中蒙矿能合作委员会等双边机制得到进一步完善与加强，成立了中南（非）矿业、能源分委会，与哈萨克斯坦、土库曼斯坦、乌兹别克斯坦、南非、纳米比亚等国签署了一批关于矿能合作的协议或谅解备忘录，推动了中卡投资合作委员会相关工作。

3．宏观管理不断改善，服务水平逐步提高

颁布了《国务院关于鼓励和规范企业对外投资合作的意见》，明确了实施“走出去”战略的指导方针、目标、原则和主要任务。成立了“走出去”工作部际联席会议机制，进一步加强指导和协调，积极稳妥地做好“走出去”工作。出台了《境外投资产业指导政策》和《对外投资国别产业导向目录》。印发了《境外投资“十一五”规划》，加强了对境外投资的规划和导向引导。

我国境外投资还存在一些问题和制约因素：

一是境外投资管理制度以及财税、金融、保险等支持政策尚需完善，审批手续需要进一步简化，统筹协调机制有待加强。二是与境外投资的要求和国际竞争者相比，境内企业相对规模小、实力弱，国际化专业人才匮乏，跨国经营经验和企业文化融合能力不足。三是企业缺乏较清晰的对外投资合作长远规划，无序竞争甚至恶意竞争现象时有发生，竞争秩序亟待规范。四是境外投资中介服务体系还不成熟，尤其是本土的投资银行、财务、法律及管理咨询等机构的经验和实力无法满足企业国际化需要。五是随着我国经济实力增强和对外投资规模增加，国际上对我企业正常投资活动的疑虑日渐增多，面临的限制性措施和政府干预风险也有所增加。六是我国境外投资风险防范和权益保护问题更为突出，特别是大部分项目分布在亚洲、非洲、拉美等发展中国家，其中部分项目所处投资环境较差，基础设施薄弱，部分地区社会政治局势动荡，投资及安全等风险很高。

二、“十二五”利用外资和境外投资面临形势

（一）国际形势

世界经济增长处于不稳定复苏阶段。受国际金融危机影响，“十二五”时期全球经济总体处于曲折发展阶段。随着发达国家经济复苏，新兴经济体和发展中国家的较快发展，全球流动性改善，企业

投资实力逐步恢复，跨国投资在“十二五”时期将逐渐回升。全球范围内多边、区域、双边合作不断加强，促进了跨国投资便利化，有利于我国吸收外资和境外投资。同时，全球经济增长仍然存在不确定因素，全球经济发展不平衡、国际金融市场发生剧烈动荡的可能性依然存在，各种形式的保护主义可能加剧，对跨国资本流动可能造成不利影响，也给我国吸收外资和境外投资带来挑战。

全球经济结构面临深度调整。美国等发达国家负债消费模式难以为继，这将促使发展中国家调整出口导向战略,全球贸易失衡格局将有所改善。各国围绕资金、市场、资源、人才、技术、标准的争夺更加激烈，科技创新和新兴产业成为主要国家的发展重点。同时，部分发达国家开始“再工业化”过程，推行产业回归和制造业再造，输出制造业资本可能放缓。但随着国际分工进一步细化，产业链条向两端延伸，发展中国家承接产业转移仍有新的机遇。战略性新兴产业发展呈现出在产业链高端共同投资、联合开发的国际合作新趋势，为我国在更高层次参与国际分工和合作带来机遇。

世界政治经济格局变化加快。当今世界正处于大发展大变革大调整之中，随着金融危机深层次影响逐步显现，国际力量的消长变化、国际体系的变革调整、国际关系的磨合互动将在更深层次展开，未来的国际政治、经济和安全形势将更趋复杂。我国积极参与全球治理结构改革，并成为多种大国和多边合作新机制成员，为我国在全球范围提高配置资源能力、拓展外部发展空间提供了机遇，也为利用外资和境外投资创造了良好的外部条件。但另一方面，随着我国经济实力增强和国际地位提升，部分国家对我企业正常投资活动的限制性措施有所增加。一些国家政局存在不稳定因素，我企业对外投资潜在风险有所上升。这些非经济因素可能对我国利用外资和境外投资产生不利影响。

（二）国内形势

经济继续保持平稳较快发展。“十二五”时期，我国将继续保持经济平稳较快增长。由于我国社会稳定，市场潜力巨大，基础设施和产业配套较为完备，劳动力素质提高，体制活力显著增强，工业化、信息化、城镇化、市场化、国际化深入发展，人均收入水平持续提高和消费结构逐步升级等多方面因素的积极影响，将继续保持对外资的较强吸引力，也将进一步增强企业境外投资实力。

转变发展方式和调整经济结构进入关键时期。国内资源环境约束加剧、劳动力成本上升，国内经济中长期积累的深层次矛盾，如经济结构不合理、科技创新能力不强、内需外需不均衡、投资消费比例不协调、城乡区域发展不平衡等问题凸显，迫切需要加快转变经济发展方式、促进产业结构优化升级。世界经济增速放缓、国外需求缓慢增长、贸易保护主义抬头也加大了我国转变经济发展方式的紧迫性，对提高引资水平提出了更高的要求。同时，客观上也要求加快“走出去”，主动寻找能够发挥比较优势的生产区域和市场空间，促进“引进来”与“走出去”协调发展。

涉外经济管理体制需进一步完善。“十二五”时期我国经济与世界经济的联系更加紧密，我国外贸规模、外汇储备、外商直接投资和对外直接投资规模均居世界前列，人民币在跨境贸易和投资中的作用稳步扩大，资本项目外汇管制逐步放开。随着国内经济与世界经济互动增强，只有进一步推进涉外经济体制改革，构建更加适应开放型经济发展的体制机制，才能不断提高对外开放的能力和水平。同时，国际环境变化对国内发展的影响也将深化，需要更加注重统筹国内发展和对外开放，在有效防范风险的前提下更好地利用外资和境外投资。

三、“十二五”利用外资和境外投资的指导思想、主要目标和任务

（一）指导思想

“十二五”时期利用外资和境外投资工作必须从国家总体利益出发，充分突出科学发展这一主题和加快转变经济发展方式这一主线，贯彻落实把经济结构战略性调整作为加快转变经济发展方式的

主攻方向这一重大方针，推动利用外资和境外投资从注重规模速度向注重质量效益转变，实行更加积极主动的开放战略，进一步拓展广度和深度，为转变经济发展方式和经济结构调整发挥更积极的作用；扩大和深化同各方的利益汇合点，更有效地实施互利共赢的开放战略，以开放促发展、促改革、促创新。

（二）主要目标

——有效利用国外贷款，稳定贷款规模，优化投向；统筹境外借款、融资租赁、债券发行等境外融资方式，进一步提高资金使用效益。

——提升外商投资水平，规模平稳发展，使外资在推动我国产业升级、结构优化、科技创新、区域协调发展等方面发挥更加积极的作用。

——稳步扩大境外投资，拓宽方式、提高效益，重点领域投资成效明显；发展形成一批具有国际竞争力的跨国企业和著名品牌。

——逐步形成“引进来”与“走出去”协调发展的良性互动格局，加快形成国际合作和竞争新优势，进一步完善内外联动、互利共赢、安全高效的开放型经济体系。

（三）“十二五”利用外资和境外投资重点任务

1．保持适度规模，发挥贷款作用

积极、有效借用国外优惠贷款。坚持以我为主，保持贷款适度稳定的规模，开拓贷款领域，优化贷款投向，更加突出资源节约、节能减排、环境保护、生态建设、综合交通基础设施、新农村建设和城乡统筹发展、区域协调发展等。在逐步试点的基础上，适时加大对职业教育、医疗卫生、社会保障等社会发展领域以及扶贫、中小企业和农村金融服务等民生项目的支持。支持贷款方式创新，丰富贷款合作形式。

用好中长期国际商业贷款。继续完善境内机构借用国际商业贷款的管理，允许符合国家产业政策、引进国外先进技术设备的项目借用成本低于国内的国际商业贷款，允许有实力的符合条件的企业通过发行债券(包括可转换债券)方式到国际金融市场融资，提高企业国际化经营能力。稳步推进境内机构赴香港等境外国家和地区发行人民币债券。

2．维护外债安全，优化外债结构

合理控制外债总规模，进一步完善包括人民币外债在内的全口径外债管理，严格防范各类外债风险，加强对境外分支机构的外债、或有及隐性外债监管，确保国家外债安全。利用国际金融组织贷款条件优化、贷款成本降低和外国政府继续向我提供优惠援助性贷款的时机，稳定借用国外优惠贷款规模，提高中长期外债比重，进一步优化外债期限结构。

3．优化外资结构，全面提升质量

吸收外资要更加强调择优选资，促进“引资”与“引智”结合，注重引入先进技术、管理经验和高素质人才。统筹国内产业结构升级和承接国际制造业转移，引导外商投资更多地投向高端制造、高新技术、节能环保、生态建设、新能源等产业，积极推动战略性新兴产业的国际合作。加强外资政策和产业政策的协调，提高产业核心竞争力，促进现代产业体系发展。严格限制“两高一资”和低水平、过剩产能扩张项目。鼓励跨国公司在华设立地区总部、研发中心、采购中心、财务管理中心等功能性机构，由加工装配环节向上下游延伸。提高产业综合配套能力，培育引资新优势，推动我国从全球加工制造基地向研发、制造和服务基地转变。进一步利用外资提高我国服务业整体水平。鼓励外商投资生产性服务业，特别是现代物流、软件开发、工程设计、职业技能培训、信息咨询、科技服务和知识产权服务，形成生产性服务业与制造业协调发展的格局。鼓励外资参与跨境服务外包，提升我国服务贸易竞争力。稳步推进银行、证券、保险、电信、燃气、物流等行业对外开放。逐步开放教育、体育等领域。引导外资参与医疗、文化、旅游、家庭服务等产业发展，鼓励外资进入创意设计等文化领域。

构建开放的创新体系。抓住研发国际化机遇，

完善科技创新和利用外资政策，加快引进和利用国际创新资源，把我国创新体系进一步融入全球创新网络，促进自主创新能力增强和经济发展方式转变。支持科研机构和企业通过人才引进、技术引进、合作研发、研发外包等方式开展国际科技合作与交流。吸引跨国公司在华增加研发投入，培养研发人才，引入先进技术。进一步鼓励和规范外商投资企业与内资企业、科研机构优势互补、共同研发、共享成果。增强外资企业和内资企业的产业关联，提高境内配套企业研发能力。

4. 协调区域发展，促进投资合作

配合国家区域发展总体战略和主体功能区战略，把扩大对外开放和区域协调发展结合起来，协同推动沿海、内陆、沿边开放，形成优势互补、分工协作、均衡协调的区域开放新格局。支持东部发达地区继续发挥自身优势，加快推动外资产业结构优化升级，提升参与全球分工的层次，率先实现利用外资由“量”到“质”的转变；注重与各区域规划和发展战略相衔接，充分发挥重点区域带动作用。加强对中西部地区吸引外资的政策支持，引导外资向中西部地区转移和增加投资。中西部、东部欠发达地区要发挥劳动力、土地、能源等优势，以中心城市和城市群为依托，以沿江、沿铁路通道为纽带，推动形成全球劳动密集型外资新的集聚地。

积极拓展投资合作广度和深度，在现有多双边投资合作框架下，有序扩大开放。加强与港澳地区在国家鼓励和允许的产业范围内广泛开展投资合作，促进内地有关地方与港澳区域合作深入发展。加强与台湾地区在高新技术和先进制造业、现代服务业等领域投资合作，落实海协会与海基会关于加强两岸产业合作的共同意见。

5. 做好境外投资，提高投资水平

积极参与境外资源开发项目。投资境外能源和矿产资源开发项目，为国民经济发展提供长期、稳定、经济、安全的能源资源供给。坚持政府引导、地勘先行、企业跟进、金融推动，构建国外矿产资源风险勘查机制，为风险勘探项目降低风险。在投资开发资源初级产品的基础上，支持有实力的企业投资境外资源产品深加工项目。支持有实力的企业结合境外资源开发需要，积极开展境外基础设施建设和投资；加强与周边国家在跨境运输通道建设方面的投资合作，实现能源资源进口多元化，保障供应安全。支持有条件的企业到周边、南美、非洲等农业资源丰富的国家和地区开展农业领域投资合作，帮助发展中国家提高农业综合生产能力，逐步建立稳定、高效、安全的境外农产品仓储物流、生产加工和国际流通体系，为农产品贸易供给提供有力支持。

加快实施境外技术提升战略。在政府间科技合作机制下，鼓励我国有条件的企业进行跨国研发布局，实施重大合作项目。支持境内优势单位与国外一流机构建立稳定合作关系。引导境内资金通过收购、参股、在境外设立研发中心、合资企业、产业投资基金等多种方式，投向境外高新技术产业、先进制造业项目，推进传统产业优化升级和战略性新兴产业加快发展。支持企业获取境外知识产权，加快推动境内具有自主知识产权的技术标准在境外推广应用。鼓励有条件的企业在境外积极开展通信、物流等生产和市场服务领域，以及文化、旅游等个人消费服务领域的投资合作，提高境内服务业的供给能力和水平。

大力实施境外市场开拓战略。鼓励轻工、纺织、家电、汽车、一般装备制造等境内技术成熟、国际市场需求大的行业和化工、冶金、建材等重化工业或其部分加工制造环节向境外转移，带动产品、设备和劳务输出，拓展企业国际发展空间。鼓励企业在能源矿产资源丰富、市场空间较大的国家和地区，发展钢铁、有色、炼化、木材等深加工产业。抓紧现有境外经贸合作区建设，强化其功能定位和产业选择，提高综合服务能力，使其成为我在境外重要的生产加工基地。鼓励国内有条件的企业境外投资文化产业，推动中华文化走向世界。

6. 增强企业实力，强化投资主体

突出企业的投资主体地位，支持企业在研发、生产、物流、销售等方面开展国际化经营，加快培育我跨国公司和国际知名品牌。推进企业社会责任建设，增强企业国际竞争力和可持续发展能力。促进企业加快建立健全公司治理结构，完善内部决策管理机制。引导企业制定科学合理的海外发展战略规划。积极做好人才培养和引进。加强境内骨干企业和国外相关企业的合作。注重发挥中小企业和民营企业优势，鼓励其与大型企业合作。

鼓励有实力的企业收购和建立国际营销网络和知名品牌，扩大市场份额，提高产品附加值，增强我企业国际影响力和市场竞争力。采取有力措施，加大对骨干企业和重点项目的支持力度。改善境外投资管理制度，减少政府核准范围和环节；落实企业境外投资自主决策权，强化企业投资主体地位；完善财税、信贷、外汇、外贸和人员进出境等相关配套政策，创造企业“走出去”有利的环境和条件；注重境外投资主体多元化，鼓励和支持中小企业和民营企业利用自身优势开展境外投资项目。

四、“十二五”利用外资和境外投资的主要政策措施

（一）加强国外贷款管理，有效提高质量效益

国外优惠贷款继续在缩小东、中、西地区发展差距上发挥作用，把加快转变经济发展方式、建设“资源节约型、环境友好型”社会的政策要求贯穿到各项工作中，继续支持环境生态保护治理与恢复、节能减排、新能源（清洁能源）开发利用等领域的发展；继续支持城镇化和城市发展，更加关注民生和“三农”问题，努力为扩大内需发挥积极作用，进一步突出“引资引智”相结合以及对行业或领域发展的示范性。完善境内机构借用国际商业贷款管理制度，研究出台借用国际商业贷款管理办法，有效利用国际商业贷款，促进国家鼓励的“走出去”项目实施。

积极推动国外贷款管理创新，进一步规范项目审批，优化程序、提高效率、科学决策。兼顾使用国外贷款的经济效益和社会效益，优先安排有偿还能力、有创新和示范作用项目，支持国外优惠贷款与国内资金有效结合。加强贷款项目管理，健全监管机制，提高资金使用效率。鼓励和指导地方、项目单位提高风险防范意识和能力，探索构建项目风险管理的新机制、新方式。进一步规范转贷行为，完善转贷机制。

（二）完善全口径外债管理，提高风险监测水平

提高外债管理立法层次及法律效力，适时制定出台《外债管理条例》，加快推动外债管理的法制化、规范化、系统化，强化全口径外债管理。完善对境外分支机构的外债管理办法，改革境内银行外债管理方式。支持地方建立管理规范、决策科学、职能明确、责任落实的外债风险防范制度。引导境内银行调整外债期限结构，按照国家产业政策要求优化行业投向。加强对境内企业外债风险管理的宏观指导，引导企业合理应用金融衍生工具，及时调整外债币种、利率及期限结构，降低资金成本，规避外债风险。

（三）加强外商投资引导，优化外商投资环境

发挥好《外商投资产业指导目录》和《中西部地区外商投资优势产业目录》导向作用，优化外商投资的产业及区域结构。支持和引导外资参与我国的有关产业发展规划及区域发展规划。加大对鼓励类项目支持力度，完善高新技术企业认定工作，增强引资竞争力；完善土地政策，对用地集约的国家鼓励类外商投资项目用地，在土地供应计划中优先安排。改进中西部地区基础条件和投资环境，全面提升中西部引资国际竞争力；加大对东部地区外商投资企业向中西部地区转移的政策开放和技术资金配套支持力度；完善行政服务，在办理工商、税务、外汇、社会保险、质检等手续时提供便利；鼓励东部与中西部地区采取多种方式共建开发区，优势互补、产业联动、共谋发展；对符合条件的西部地区外资企业继续实行企业所得税优惠政策。

鼓励中外企业加强研发合作，进一步支持符合条件的外商投资企业与内资企业、研究机构合作申请国家科技开发项目、创新能力建设项目等，申请设立国家级技术中心认定。吸引境外企业和研发机

构参加科技攻关项目，加快实现我在关键技术领域上的突破。建立知识产权审议制度，为研发合作、科技攻关提供支持。在合资合作中努力提高产业自主发展的能力。创造有利条件吸引留学人员回国开展技术创新活动。

贯彻落实《国务院关于进一步做好利用外资工作的若干意见》，构建日益完善的外商投资环境。继续推进内外资公平竞争，清理涉及外商的审批事项，为外商投资营造稳定透明的政策环境、统一开放的市场环境和规范高效的行政环境。加强知识产权保护，构建更加完善的创新环境，打造研发国际化的重要承接地。制定规范和促进开发区发展的政策措施，发挥开发区在体制创新、科技引领、产业集聚、土地集约方面的载体和平台作用。

（四）强化境外投资指导，完善配套促进措施

充分发挥“走出去”部际联席会议机制作用，统筹研究制订境外投资的总体战略、发展规划和政策措施，加强对重大问题和重大项目的协调。完善境外投资产业导向和国别指导政策，引导境内企业围绕重点国家和地区、重点领域、重点项目开展工作。鼓励在部分国家建立境外经贸合作区，对中国企业在当地投资设厂等开展集约化服务。加强境外投资项目协调，避免无序竞争。引导企业在境外依法合规经营，注重环境资源保护，加强境外投资环境影响与风险评估，履行必要的社会责任。加强人才培养，鼓励企业引进和培养适应境外投资发展需要的高素质人才。研究允许境内个人为与境外投资相关的融资提供对外担保，支持民营企业“走出去”。支持本土投行、法律、财务、评估等中介机构发展，切实发挥中介机构对企业境外投资的专业化咨询和服务作用。逐步构建起政府部门、企业与中介机构各司其职、各尽其责、密切配合的境外投资组织架构。

加强政策促进力度，根据世界贸易组织规则和国际惯例，对于符合境外投资规划和产业指导政策的重点项目符合条件的给予支持。加强企业境外投资的税收管理和服务，完善税收管理政策，积极利用税收协定，推动双边磋商，消除企业在境外投资中受到的税收歧视，避免双重征税。鼓励有条件的地方政府对企业境外投资给予适当支持。加大金融服务力度，鼓励金融机构加强和改进金融服务，配合“走出去”整体战略，通过银团贷款、出口信贷、项目融资等多种方式，对符合条件的企业境外投资项目积极提供必要的融资支持，并加强对境外投资国别风险的防范。鼓励金融机构针对企业境外投资的特点和需求，按照有关政策法规，积极推动金融产品和服务方式创新，拓宽企业境外投资的融资渠道。强化保险支持功能，充分发挥境内保险机构的作用，扩大承保规模，开发新险种，拓展业务范围，增强企业抗风险能力。健全风险防控机制，加强境外中资企业和境外国有资产管理，健全监管机制；加强境外知识产权保护状况监控，建立和完善知识产权预警应急机制；完善境外人员和财产安全保障制度，建立健全安全风险预警机制和突发事件应急处理机制；严格监管各类金融机构对外贷款规模和指标，提高对外贷款的风险防控能力。

（五）改革涉外经济体制，提高宏观管理水平

转变对外经济发展方式，推进形成有利于科学发展的涉外经济体制机制。进一步完善外商投资和境外投资政策法规，深化管理体制改革，调整审批内容，简化审批程序，增强审批透明度，提高行政效率。加强对国际投资形势的分析研究，稳步扩大人民币在跨境贸易和投资中的作用，深化外汇管理体制改革，并相应推进利用外资和境外投资管理制度改革，兼顾管理的有效性和投资的便利性。

研究构建适应新形势的外商投资法律体系，逐步推动外商投资企业在设立、经营、财务、监管、清算等方面适用统一的法律规定。继续支持外商以绿地投资方式进行投资，促进外资并购方式有序发展，做好外资并购安全审查，维护国家安全。进一步规范外商投资管理，加强重大项目择优选资。改进利用外资统计，建立包括外商投资和借用国外贷款在内的全口径外资统计体系。

加快境外投资法制建设，制定和出台《境外投资条例》及其实施细则，修订出台《境外投资项目核准管理办法》，适时研究制定《境内个人境外投资试点管理办法》、《境内机构境外金融类投资管理办法》等具体规定，加快形成有利于企业境外投资的法制环境和管理机制。完善境外投资统计制度，实行全口径统计和动态监测；抓紧建设有关部门、驻外使（领）馆、境内金融机构和有关企业共享的境外信息服务系统，加强对重点国家和地区各类信息的收集、评估和发布工作，为政府制定政策和企业投资决策提供科学、及时的依据。加强境外投资安全风险评估，努力降低投资风险，确保境外企业和人员的安全。

（六）加强对外经济交往，营造良好投资氛围

积极参与国际多双边投资框架谈判，建立健全多双边投资保障机制，营造有利于利用外资和境外投资的外部环境。加强涉外新闻宣传的统筹引导，突出平等合作、优势互补、互利共赢、共同发展，增进理解和互信，营造良好舆论环境。加强外交与经济的配合协调，充分发挥高层交往的引领作用，推动我与重点投资合作伙伴合作关系不断发展，建立健全经常性对话机制，拓展合作领域。积极推动与重点合作国家和地区签订经济合作、投资保护、避免双重征税、司法协助、领事条约、海关互助合作、便利双方往来等政府间双边协定。加强投资促进，针对重点国家和地区、重点行业加大引资推介力度。有效利用对外优惠贷款、援外工程、减免债务、人员培训和技术援助等手段，促进境外投资。继续增强驻外使领馆的领事保护和信息咨询服务等功能及相关能力建设。与国际组织开展多层次合作，搭建国际及区域合作平台，积极传播我发展经验，增强我对外影响力。

（七）推动产业金融结合，增强国际竞争能力

促进产业资本与金融资本有效结合，发挥“引进来”和“走出去”综合优势，在对外开放中提高我产业与金融部门的国际竞争力和抗风险能力。继续支持符合条件的企业根据国家发展战略和自身发展需要到境外上市。加快推进利用外资设立中小企业担保公司试点工作。鼓励和引导外商投资设立创业投资企业，积极利用私募股权投资基金，完善退出机制。支持符合条件的外商投资企业境内公开发行股票、企业债，拓宽融资渠道。稳步扩大境内发行人民币债券的境外主体范围。促进境外投资企业在当地上市融资。运用财政、金融多渠道、多方式支持境外重点投资。鼓励有条件的境内商业银行通过设立境外分支机构、参资入股境外商业银行，为企业境外投资提供融资便利和良好金融服务。办好现有涉外股权投资基金，发挥涉外股权投资基金对带动和促进企业境外投资的积极作用。推动境内金融机构与国际金融组织的多层次合作，培养对外合作人才，促进我企业对外投资。研究利用外汇储备增加石油储备的可能性。

（八）促进内外协调发展，提高开放型经济水平

统筹国际国内两个大局，服务于国内经济社会发展转型的战略方向，加强“引进来”与“走出去”的政策协调，在制定产业导向政策时，注重利用外资和境外投资的投向衔接。在国际多双边投资谈判过程中，更加注重“引进来”和“走出去”的利益诉求平衡，实现有予有取、互利共赢。深化“引进来”与“走出去”的重点合作，鼓励境内中资企业与外资企业、境外企业及国际组织在技术创新、境外投资等方面开展合作，实现优势互补。积极发挥境外投资作用，通过综合性政策措施逐步改善我国国际收支失衡状态。通过实现利用外资和境外投资的紧密联系、相互促进，充分利用国际国内两个市场、两种资源，构建和增强在新时期参与国际合作和竞争新优势。

中国与非洲的经贸合作

2013年8月　中华人民共和国国务院新闻办公室

前言

当前，国际形势发生深刻复杂变化，新兴和发展中经济体成为推动世界经济发展的重要力量。中国与非洲国家顺应形势变化，在中非合作论坛框架内不断深化中非新型战略伙伴关系，大力推动经贸合作，积极探索符合中非实际的共同发展之路。

目前中国已成为非洲最大贸易伙伴国，非洲成为中国重要的进口来源地、第二大海外工程承包市场和第四大投资目的地。中非经贸合作的发展，促进了非洲国家民生的改善和经济的多元化发展，为中国经济社会发展提供了有力支持，也为促进南南合作与世界经济的平衡发展作出了积极贡献。

通过中非双方共同努力，中非经贸合作基础更加坚实、机制更加完善，不断涌现新的合作契合点和增长点。特别是2013年3月，中国国家主席习近平访问非洲，宣布一系列支持非洲发展的新举措，为推动中非经贸关系迈上新台阶注入了强大动力。

2010年，中国政府发布了白皮书，介绍了中非经贸合作的有关情况。这里，就近些年来中非经贸合作取得的进展再作一介绍。

一、推动贸易可持续发展

近年来，在全球经济复苏乏力的背景下，中非贸易仍然持续了较快发展的态势。2009年，中国成为非洲第一大贸易伙伴国。此后两年多时间里，中非贸易规模迅速扩大。2012年，中国与非洲贸易总额达到1984.9亿美元，同比增长19.3%。其中，中国对非洲出口额853.19亿美元，增长16.7%；自非洲进口额1131.71亿美元，增长21.4%。中非贸易总额、中国对非洲出口总额，以及自非洲进口总额均创历史新高。

图1 2000-2012年中国与非洲贸易情况

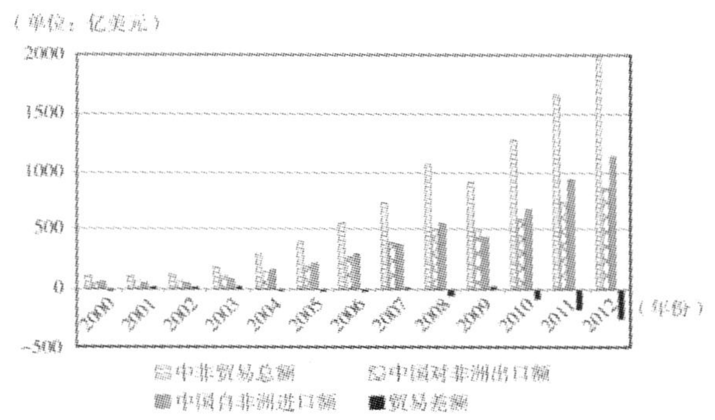

新华社记者　马研　编制

随着中非贸易额的不断增长，中非贸易占中国和非洲对外贸易的比重有所上升。2000—2012年，中非贸易占中国对外贸易总额的比重，从2.23%增加到5.13%。其中，中国自非洲进口占比从2.47%增加到6.23%，出口非洲的占比从2.02%增加到4.16%。从非洲角度看，中非贸易占非洲对外贸易的比重，呈现出更为明显的上升趋势。2000—2012年，中非贸易占非洲对外贸易总额的比重从3.82%增加到16.13%。其中，非洲对中国出口的商品占比由3.76%上升到18.07%，从中国进口商品占比从3.88%上升到14.11%，增长迅速。

中国对非出口产品总体上质量优、价格好，满足了非洲各阶层民众的消费需求。在规模扩大的同时，中非贸易结构逐步得以优化。随着非洲市场消费能力的不断提高，中国对非洲出口产品的技术含量明显增加。2012年，机电产品占中国对非洲出口商品的比重已达到45.9%。为进一步提升对非洲出口商品的质量，从2010年12月到2011年3月，中方开展了打击对非洲出口假冒伪劣和侵犯知识产权商品专项治理行动，采取输非工业品装运前检验等多项措施，中国对非出口商品质量得以明显提高。

过去三年，中国自非进口金额不断增长，原油、农产品等大宗商品贸易金额、数量都快速增长。通过中非贸易，非洲出口产品获得稳定市场，提升了价格，获得了更大实惠。同时，中国通过免关税、设立非洲产品展销中心等措施，积极扩大从非洲进口。自2012年1月起，与中国建交的30个非洲最不发达国家全部可以享受60%的输华商品零关税待遇措施。截至2012年底，有22个非洲受惠国累计受惠货值达到14.9亿美元，关税税款优惠9.1亿元人民币。2011年5月，中国设立的非洲产品展销中心在浙江省义乌市正式开业。通过减免运营费用等扶持政策，展销中心已吸引非洲20多个国家的2000余种商品入驻销售。

中非贸易互补性强、潜力巨大，对中非双方的经济发展具有重要意义。中国将继续采取一系列措施促进中非贸易的健康发展，主要包括：实施“对非贸易专项计划”，扩大非洲输华产品零关税待遇的受惠范围，扩大非洲产品的进口；加强对非出口产品品牌和营销渠道建设，促进对非出口产品质量提升。另外，中国将通过提供促贸援助，帮助非洲国家改善海关、商检设施条件，为非洲国家提高贸易便利化水平提供支持，推动非洲区内贸易的发展。

二、提升投融资合作层次

经济基础薄弱、建设资金匮乏一直是非洲国家发展的主要瓶颈。中国政府鼓励、支持企业和金融机构扩大对非投资，努力提升中非合作的质量和水平。

2009年以来，非洲地区吸收外国直接投资连续下滑，但中国对非直接投资快速增加。据统计，2009—2012年，中国对非直接投资流量由14.4亿美元增至25.2亿美元，年均增长20.5%，存量由93.3亿美元增至212.3亿美元，增长1.3倍。中国对非投资的快速增长，一方面说明非洲的发展潜力和投资吸引力，另一方面也体现出中非合作的互补性。

在投资总量扩大的同时，中国对非投资层次也不断提升。目前，有超过2000家的中国企业在非洲50多个国家和地区投资兴业，合作领域从传统的农业、采矿、建筑等，逐步拓展到资源产品深加工、工业制造、金融、商贸物流、地产等。

图2 截至2011年底中国对非直接投资分布图

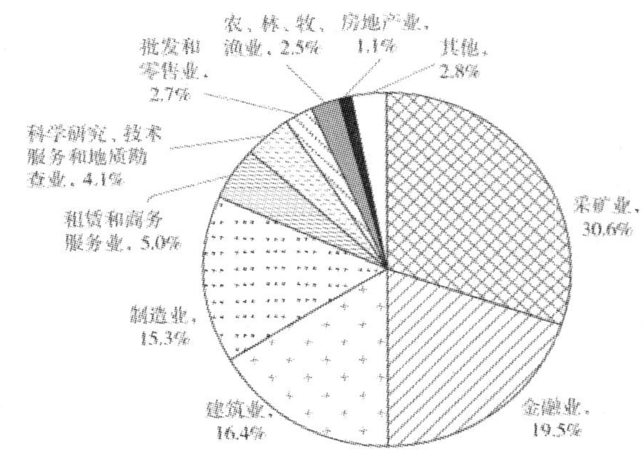

新华社记者 马研 编制

近年来，中国对非投资机制不断完善。截至2012年底，中国已与32个非洲国家签署双边投资保护协定，与45个国家建立经贸联委会机制。作为中非合作论坛北京峰会推出的八项举措之一，截至2012年底，中非发展基金在非洲30个国家投资61个项目，决策投资额23.85亿美元，并已对53个项目实际投资18.06亿美元。初步统计，决策投资项目全部实施后，可带动对非投资超过100亿美元，每年增加非洲当地出口约20亿美元、超过70万人从中受益。中国金融机构通过多种手段，积极扩大对非融资支持。2009年中非合作论坛第四届部长级会议上，中国宣布设立“非洲中小企业发展专项贷款”。截至2012年底，专项贷款累计承诺贷款12.13亿美元，已签合同金额10.28亿美元，发放贷款6.66亿美元，有力支持了农林牧渔、加工制造、贸易流通等与非洲民生密切相关行业的发展。

能矿资源开发是非洲国家经济起飞和发展的重要动力。在这一领域，中国企业帮助非洲国家建立和发展上下游一体化的产业链，把资源优势转化为经济发展优势，并积极参与项目所在地的公共福利设施建设。在刚果(金)，中国企业在开发铜钴矿的同时，建设了包括公路、医院在内的多个公共项目。在南非，进行矿产开发和加工的中国公司设立捐赠基金，赞助矿区医疗、减贫和教育事业，并建成先进的水处理设施。中国企业还捐资开展中非“光明行”活动，组织中国一流的眼科医生赴津巴布韦、赞比亚，为623名患者实施白内障复明手术。

制造业是中国对非投资的重点领域。2009—2012年，中国企业对非制造业直接投资额合计达13.3亿美元，2012年底，在非制造业投资存量达34.3亿美元。其中，马里、埃塞俄比亚等资源贫瘠国吸引了大量中国投资。中国企业在马里投资糖厂，在埃塞俄比亚建立玻璃、皮革、药用胶囊和汽车生产企业，在乌干达投资纺织和钢管生产项目等，弥补了所在国自然条件、资源禀赋的不足，创造了大量税收和就业，延长了“非洲制造”的增值链。中国企业的投资给非洲社会发展带来了全方位的变化。如在津巴布韦，投资经济作物种植的中国企业向当地农户提供无息贷款，改善生产基础设施条件，进行生产全程技术指导，组织当地员工赴华访问，资助当地建设学校、孤儿院，促进了中国企业与当地的良性互动和共同发展。

服务业具有无污染、低能耗的特点，是近年来中非投资合作的新亮点，中国企业在金融、商贸、科技服务、电力供应等领域均进行了投资。截至2012年底，中国对非洲金融业直接投资存量已达38.7亿美元，占全部对非投资的17.8%，一定程度上弥补了当地企业建设发展资金的不足。在商贸领域，中国企业与当地公司合作开发的安哥拉国际商贸城项目已经开工，建成后将成为西南部非洲最大的商贸物流中心、会展中心和投资服务中心。当前，还有众多中国中小投资者在非洲从事农副产品加工、小商品生产等，他们提供的产品和服务与非洲人民生活息息相关，对满足非洲人民生活需求、吸纳当地就业、促进中非经贸往来发挥了积极作用。随着中非人民相互了解与认知程度的加深和中非政府间的通力合作，这些中小投资者也将进一步融入当地社会，与当地人民共享发展成果。

近年来，随着非洲各国经济实力的增强和中非关系的日益密切，非洲企业也积极开展对华投资。截至2012年，非洲国家对华直接投资达142.42亿美元，较2009年增长44%。其中，2012年直接投资额为13.88亿美元，投资来源国包括毛里求斯、塞舌尔、南非、尼日利亚等，涉及石油化工、加工制造、批发零售等行业。

中非投融资合作巩固了非洲经济发展的基础，增强了非洲自主发展能力，提升了非洲在全球经济格局中的竞争力，也推动了中国企业的国际化发展。今后，中国将继续扩大同非洲的投融资合作，落实好向非洲提供200亿美元贷款额度的承诺，重点支持双方在非洲基础设施建设、农业、制造业、中小企业发展等领域开展合作。继续积极引导中国企业在非洲建立加工和制造业基地；加大在商贸服务、交通运输及咨询管理等服务行业的投资；鼓励和支持中国企业在非洲开展多领域投资合作，支持非洲国家不断优化经济发展的外部环境。

三、加强农业与粮食安全合作

农业事关非洲的发展稳定和脱贫减困，是大部分非洲国家的支柱产业和优先发展领域，中非双方在农业领域具有良好的合作条件和广阔的合作前景。中国政府重视同非洲国家在农业领域的互利合作，帮助非洲国家把资源优势转化为发展优势，实现农业可持续发展。

近年来，中非农产品贸易发展迅速。2009—2012年，中国对非洲农产品出口从15.8亿美元上升至24.9亿美元，增长了57.6%；中国自非洲农产品进口从11.5亿美元上升至28.6亿美元，增长了1.46倍，进口农产品中大部分是非食品类商品，包括棉麻丝、油籽和其他农产品。非洲农产品对华出口迅速增长的一个主要原因是，中国政府自2005年开始实行非洲国家部分输华商品零关税政策，非洲特色农产品作为主要受惠产品之一，对华出口得以快速增长。以芝麻为例，从2002年开始，中国自非洲少量进口芝麻。在零关税政策推动下，中国自非洲进口芝麻快速增长，进口额从2005年的0.97亿美元增加到2011年的4.41亿美元，年均增长率高达28.7%，高于同期中国自非洲进口全部商品的年均增速。

最近几年，中国企业在非洲开展了良种培育、粮食和经济作物种植、农产品加工等投资活动。2009—2012年，中国在非洲农业领域直接投资额由3000万美元增长到8247万美元，增长了1.75倍。中国企业在非洲从事农业投资，增加了驻在国的粮食供给，提升了非洲国家农业综合生产能力。如在莫桑比克，中国投资农场的300公顷水稻试验种植，连续三年获得每公顷9—10吨的高产，中国专家指导当地农民耕种的水稻田产量，由原来每公顷3吨提高到5吨。在马拉维、莫桑比克、赞比亚，由中国企业和中非发展基金合作投资的棉花种植加工项目，采取“公司＋农户”的经营模式，带动了当地数万种植户，有效增强了当地棉花加工生产能力。中国企业还在非洲国家积极开展农田整修、水利建设和改造，改善当地农业生产条件。其中，由非洲开发银行出资、中国企业承建的农田整治项目是卢旺达农业领域的最大项目，建成后将有效改善卢旺达境内主河流的整治和水资源利用。

中国政府通过援建农业技术示范中心，派遣高级农业专家和农业技术人员，传授推广农业生产管理经验和实用技术等方式，帮助非洲提高农业自主发展能力。2006年以来，中国已在卢旺达、刚果(布)、莫桑比克等国援助建成15个农业技术示范中心，并正在规划实施另外7个农业技术示范中心。同时，中国还向非洲派出农业技术组和数百名农业技术专家，提供政策咨询，传授实用技术，培训当地人员。如中国与乍得开展培育高产优质品种的农业技术合作项目，实现增产25%以上，推广种植面积500多公顷，培训当地农民数千人次。

今后，中国将在平等互利、共同发展的原则下，全面推进中非农业领域合作。建立和完善中非农业合作机制，加强中非双方在农业技术、品种资源、农业信息、农产品加工与贸易、农业基础设施建设，以及人力资源培训等领域的合作。深化企业间合作，鼓励和支持中国有实力的企业到非洲国家进行农业领域的投资与技术合作。根据非洲国家的实际情况，安排实施适当数量的农业技术示范中心项目。深化在联合国粮农组织、国际农业发展基金会框架下的合作。

四、支持非洲基础设施建设

基础设施建设是改善非洲投资环境和民生条件的根本支撑，对非洲减贫和发展至关重要。中国政府鼓励企业和金融机构以多种方式参与非洲交通、通讯、电力等基础设施项目建设。2012年，中国企业在非洲完成承包工程营业额408.3亿美元，比2009年增长了45%，占中国对外承包工程完成营业总额的35.02%。非洲已连续四年成为中国第二大海外工程承包市场。来自中国的资金、设备和技术有效降低了非洲国家建设成本，使非洲基础设施落后的面貌逐步得以改善。

中国企业在非洲建成了大量市政道路、高速公路、立交桥、铁路和港口项目，有效改善了非洲国家的通行状况，促进了非洲国家内部和国家间的经贸发展和人员往来。在安哥拉，由中国企业承建的铁路修复工程，横穿安哥拉东西部。

中国通讯企业在非洲参与了光纤传输骨干网、

固定电话、移动通讯、互联网等通信设施建设，扩大了非洲国家电信网络的覆盖范围，提升了通讯服务质量，降低了通讯资费。中国企业在坦桑尼亚承建的光缆骨干传输网，除覆盖坦桑尼亚境内主要省市外，还连接周边六国及东非和南非海底光缆，建成后将形成坦桑尼亚境内北部、南部和西部三个骨干环路和八条国际过境链路，提升整个东非地区的通讯一体化水平。

中国与非洲国家在水电站建设、电网铺设等方面合作密切，缓解了非洲部分国家长期存在的电力危机。2010年，中国企业在赤道几内亚承建的马拉博燃气电厂项目开工，建成后将形成发电—输电—变电完整供电系统，从根本上改善马拉博市及毕奥科岛的电力供应状况，并对周边地区农业灌溉、生态旅游具有较大促进作用。

中国政府和金融机构为非洲基础设施建设提供了大量优惠性质贷款和商业贷款。2010—2012年5月，中国对非优惠性质贷款项下累计批贷92个项目，批贷金额达113亿美元。埃塞俄比亚亚的斯—阿达玛高速公路、喀麦隆克里比深水港等项目均由中国的优惠贷款支持建设。中国大型商业银行也在非洲开展了多项买方信贷，支持了加纳电网、埃塞俄比亚水电站、阿尔及利亚东西高速公路等项目。

中国企业在非洲建设基础设施的过程中，注重属地化经营和管理，积极参与公益事业。如，中国在非的大型通讯企业的本地化率已超过65%，并与1200个当地分包商合作，为当地间接增加超过1万个就业岗位；中国企业在赞比亚为当地翻修道路和矿山医院房舍，捐赠社区体育设施并积极响应慈善募捐活动，为当地社会发展作出积极贡献。

基础设施建设对促进非洲经济和社会发展意义重大。中国将继续深化中非双方在交通、通讯、民生等基础设施建设领域合作，不断推进“非洲跨国跨区域基础设施建设合作伙伴关系”，密切双方在区域一体化领域的交流合作，帮助非洲提高整体发展能力。

五、注重非洲民生与能力发展

非洲经济近年来保持较快增长，但发展问题依然严峻，实现联合国千年发展目标的任务艰巨。中国在谋求自身发展的同时，始终向非洲发展提供力所能及的、不附加任何政治条件的帮助，并使发展成果更多惠及非洲百姓。近几年来，中国认真落实中非合作论坛历届部长会议提出的各项举措，在公共福利设施、医疗卫生、气候变化与环境保护，以及人道主义援助等领域积极开展对非合作，加强双方人文交流和科技合作，努力提升非洲自主发展的能力。

帮助发展公共福利设施。中国在非洲援建打井供水、经济住房、广播电信、文教场所等各类公共福利设施，改善当地人民的生产生活条件。2009年以来，中国在苏丹、马拉维、津巴布韦、吉布提、几内亚和多哥等国实施的数十个打井供水项目，为缓解当地人民吃水难问题发挥了积极作用。援建的南苏丹活动板房、贝宁校舍、马拉维农村学校等项目，对改善当地的居住和教育环境具有重要的现实意义。援建的中非博阿利3号水电站是迄今为止中国在中非援建的最大项目，建成后将大为缓解班吉等地的用电紧张状况。

提升医疗卫生合作水平。2010—2012年，中国在加纳、津巴布韦等国援建竣工27所医院。中国在42个非洲国家和地区派驻有43支医疗队，累计诊治患者557万余名。近年来，除援建医院、捐赠药品、进行医护培训等传统方式外，中国还通过开展治疗白内障患者的“光明行”活动、提供移动医院、建立双边眼科合作中心，以及援建新型诊疗技术示范与培训中心等，进一步提升中非医疗合作水平。

开展应对气候变化领域合作。生态环境保护和应对气候变化是全球发展面临的共同课题，非洲在这一领域尤其需要国际社会的帮助。中国高度重视与非洲国家在气候变化领域的合作。2009年11月以来，中国在非洲国家共实施了百余个清洁能源项目，包括与突尼斯、几内亚、苏丹等国开展的沼气技术合作，为喀麦隆、布隆迪、几内亚等国援建的水力发电设施，与摩洛哥、埃塞俄比亚、南非等国开展的太阳能和风能发电合作，向尼日利亚、贝宁、马达加斯加等赠送节能灯、节能空调等应对气候变化的物资等，提高了非洲国家适应气候变化的能力。

提供紧急人道主义援助。中国一贯本着人道主义精神，向遭受政治动荡和自然灾害的非洲国家及时提供力所能及的物资或现汇紧急援助。2011年，中国向突尼斯、埃及两国政府提供共计5000万元人民币的紧急人道主义援助，以缓解两国与利比亚边境地区滞留难民带来的人道主义危机。在2011年非洲之角遭遇60年罕见饥荒之时，中国向有关非洲国家提供紧急粮援和现汇，总额超过4亿元人民币，成为新中国成立以来中国政府对外提供的最大一笔粮食援助。2012年，中国向萨赫勒地区有关国家提供了粮食援助。

支持人文交流。人文交流是中非新型战略伙伴关系的重要支柱。中国致力于通过支持非洲青年来华留学、派遣青年志愿者、开展联合研究等方式，增进中非人民之间的相互了解和认知，不断巩固中非友好的社会基础。2010—2012年，中方向非洲国家提供各类政府奖学金名额共计18743个。截至2012年底，中国已向埃塞俄比亚、津巴布韦等16个非洲国家派遣408名青年志愿者。20对中非知名高校在“中非高校20＋20合作计划”框架下结为“一对一”合作关系。“中非联合研究交流计划”自2010年3月启动以来，已支持中非学者开展研讨会、课题研究、学术交流、著作出版等各类项目64个，资助中非学者500多人次访问交流。

开展人力资源培训。人力资源培训是能力建设的重要内容。2010—2012年，中国为非洲54个国家和地区举办了各类培训班和研修班，培训官员、技术人员等共计27318人次，涉及经济、外交、能源、工业、农林牧渔、医疗卫生、检验检疫、应对气候变化和安全等领域。此外，中国还通过援非医疗队、农业专家，以及在非中资企业等多种渠道培训所在国人员，提高当地人员的技术水平。

提高中非科技合作水平。2009年，中国启动了旨在推动对非技术转让、中非科研人员交流、扩大共享科技成果的“中非科技伙伴计划”。截至2012年底，中国已在非洲国家合作开展腰果病虫害防治技术、资源卫星数据地面接收站等115个联合研究与技术示范项目；接收了66位非洲科研人员来华开展博士后研究；向24位完成合作研究任务后归国的非洲科研人员每人捐赠15万元人民币的科研设备。2011年12月，中国政府启动“非洲民生科技行动”，加强和支持民生科技领域的中非合作，并宣布向中非合作论坛所有非方成员国各援建一所“全科模块化箱房诊所”和“消化医疗科技合作示范中心”。

减免债务。2010—2012年，中国共免除马里、赤道几内亚、喀麦隆、贝宁、多哥、科特迪瓦等国16笔债务，进一步减轻了非洲国家的债务负担。

六、促进多边框架下的合作

近年来，非洲大陆联合自强的步伐不断加快，经济一体化取得实质性进展。中国坚定支持非洲走联合自强之路，大力推动与非盟及非洲次区域组织在基础设施、能力建设、机制建设等方面的合作。与此同时，中国还与部分国际多边组织和国家合作，发挥各自优势，为帮助非洲国家减贫、振兴经济和促进社会进步作出贡献。

中国与非盟及非洲次区域组织一道，在基础设施、农业、人员培训等传统领域，以及金融、减灾、知识产权等新兴领域展开密切合作。中国非盟关系是中非新型战略伙伴关系的重要组成部分。从20世纪70年代起，中国就陆续向非统/非盟提供了现汇、物资、成套项目、培训等多种形式的援助。2011年，非盟委员会正式加入中非合作论坛，双方合作更加密切。2012年1月，作为近年中国在非最大援建项目的非盟会议中心正式落成，中国宣布未来三年将向非盟提供6亿元人民币援助。

近年来，中国与非洲地区组织和机构的合作不断加强，且日趋制度化、机制化。2011年以来，中国先后与东非共同体、西非国家经济共同体签署了《经贸合作框架协议》，共同开展在贸易便利化、直接投资、跨境基础设施、发展援助等方面的合作。金融合作方面，中国是非洲开发银行、西非开发银行和东南非贸易与开发银行的成员国。自加入以来，中国已向非洲开发银行的软贷款窗口——非洲开发基金累计承诺捐资6.15亿美元，并参与了非洲开发基金多边减债行动，支持非洲减贫和区域一体化。中国国家开发银行与南部非洲开发银行签署了《开发性金融合作协议》；并与西非开发银行签署6000万欧元专项授信贷款协议，用于支持西非经济货币联盟国家内中小企业发展。中国进出口银行、农业银行等分别与非洲开发银行签订了合作框架协议，就基础项目融资、中小企业发展等问题开展合作。此外，中国还与非洲地区知识产权组织等机构达成相关协议，为推动中非经贸关系向更高水平迈进奠定基础。

中国与联合国、世界银行等多边机构发挥各自优势，在农业、环保、培训等方面开展对非合作。中国是第一个与联合国粮农组织建立南南合作战略联盟的国家。2008年，中国宣布向联合国粮农组织捐赠3000万美元设立信托基金，重点用于支持中国参与“粮食安全特别计划”框架下的南南合作，基金使用将适度向非洲地区倾斜。截至2012年底，中国已在该框架下，向埃塞俄比亚、毛里塔尼亚、马里等国派遣农业专家和技术人员，在农田水利、农作物生产、畜牧水产养殖和农产品加工等多个领域提供农业技术援助，为提高其农业生产能力和粮食安全水平发挥了积极作用。此外，中国还与联合国环境规划署、国际减灾战略秘书处等国际组织合作开展气候变化与减灾合作。2012年，中国承诺向国际货币基金组织非洲技术援助活动捐资1000万美元，推动非洲国家宏观管理能力建设。自2007年5月中国金融机构与世界银行建立全面合作框架机制以来，目前双方就非洲国家一些基础设施建设项目正进行可行性研究和探讨。中国金融机构与世界银行集团旗下的国际金融公司等机构长期保持良好合作关系，在西非地区电信项目上提供联合融资，共同推动了区域通信行业发展。

中国一贯本着开放的态度同其他国家在对非援助领域开展交流互鉴，探讨务实合作，共同致力于非洲发展。2009—2010年，中国与英国合作，分别在中国和加纳举办了三期非洲国家维和警察培训班。2011年，中国与埃及开展了中国援利比里亚塔佩塔医院项目三方合作。其中，中方负责维护医疗设备，培训利方医护、技术和管理人员；埃方负责派遣2—5名医生；利方负责医院日常运营等。通过此项目，培训了医院的骨干力量，为医院正常运行作出了突出贡献，受到各方好评。

今后，中国将继续加强与非盟和非洲次区域组织的合作，通过开展非洲跨国跨区域基础设施建设、推动人力资源开发、加强同非洲开发银行及次区域金融组织的合作等多种方式，支持非洲地区经济一体化建设和地区组织的能力建设。同时，中国还将继续开展促进非洲可持续发展的国际合作，加强在农业发展及气候变化等领域的合作，在生态保护、环境管理等领域向非洲提供更有力的支持。

结束语

中非关系正处在新的历史起点上。作为希望的大陆、发展的热土，非洲已成为全球经济增长最快的地区之一。作为世界上最大的发展中国家，中国保持着经济平稳健康发展的势头。中非共同利益不断拓展，相互需求日益增多，经贸合作面临着加快发展的难得机遇。

当前，中国人民正致力于实现中华民族伟大复兴的中国梦，非洲人民也正在努力实现联合自强与发展振兴的非洲梦。中国将继续本着相互尊重、合作共赢的精神，采取切实措施，努力构建全方位、多元化、深层次合作的中非命运共同体，推动中非经贸合作朝着共圆梦想的方向前进。中国也愿意与世界其他国家和地区加强合作，共同推动和促进非洲的繁荣发展。

附录1

中非合作论坛第四届部长级会议经贸举措落实情况

1．中非双方加强在应对气候变化领域的政策对话与务实合作。中方多次派遣气候变化谈判特别代表等高官赴非洲与非方交换看法，并在坎昆会议、德班会议、“基础四国”气候变化部长级磋商等重要多边场合与非洲国家保持对话磋商、协调立场，共同维护发展中国家利益。为提高非洲国家适应气候变化的能力，中方在非洲国家实施了百余个清洁能源项目。

2．中方着力提升中非科技合作水平。论坛第四届部长会后，中方即启动了旨在推动对非技术转让、扩大共享科技成果的“中非科技伙伴计划”。“中非科技合作圆桌会”于2009年底在埃及成功举办。中方与非洲国家合作开展了115个“中非联合研究与技术示范项目”。中方共招收66位非洲博士后来华深造，并向24位完成合作研究任务后归国的非洲科研人员捐赠科研设备。

3．中方切实兑现增加非洲融资能力的各项承诺。截至2012年5月，对非优惠性质贷款项下已累计批贷92个项目，批贷金额达113亿美元，提前半年完成承诺。贷款主要用于支持非洲基础设施和社会发展项目。

截至2012年底，中国国家开发银行设立的“非洲中小企业发展专项贷款”已累计承诺贷款项目12.13亿美元，中非发展基金二期20亿美元资金到位。中国已免除所有同中国有外交关系的非洲重债穷国和最不发达国家截至2009年底到期的政府无息贷款债务。

4．中方进一步向非洲产品开放市场。与中国建交的30个非洲最不发达国家全部享受60%输华产品免关税政策，受惠产品数目增至4762个。在该政策推动下，非洲国家对华出口较快增长。2011年非洲对华出口达932亿美元，同比增长39%；2012年非洲对华出口1131.7亿美元，同比增长21.4%。

5．中方继续扩大对非农业合作。截至2012年底，在新八项举措下已落实7个农业技术示范中心，使中方在非洲国家援建的农业技术示范中心增至22个。中国已派出50个农业技术组，为当地培训技术人员超过5000名。

6．中非稳步推进卫生合作。截至2012年底，中国共在42个非洲国家和地区派驻43支医疗队，诊治患者557万余名。目前共有1006名中国医疗人员在非服务。中国还向非洲42个国家和地区捐赠了药品、物资和器械，向非洲30所医院和30个抗疟中心提供设备、物资和药品。

7．中方进一步加强对非人力资源开发和教育合作。2010—2012年，中国共为非洲54个国家和地区培训官员和技术人员等共计27318人次，涉及公共管理、能源、卫生和社会保障及制造业等领域。

在教育领域，2010—2012年，中国在非洲国家援建28所新学校，向42所学校援助设备，并向非洲来华留学生提供奖学金名额18743个，其中2012年当年奖学金生6717名。“中非高校20＋20合作计划”顺利启动，20对中非“一对一”合作院校积极开展校际合作。中国共在非洲26个国家(地区)开设了31所孔子学院和5个孔子课堂。

8．中方积极实施“中非联合研究交流计划”。该计划自2010年3月启动，截至2012年底已支持中非学者开展项目64个(包括课题研究29个、研讨会16个、学术交流16个、著作出版3个)、中非学术交流600余人次。在“交流计划”带动下，“中非智库论坛”实现机制化，并于2012年10月召开第二次会议，成为中非智库交流的重要平台之一。中国国家开发银行还设立专项基金支持中非学术界交流。

附录2

中非合作论坛第五届部长级会议中国政府宣布的未来三年中非重点合作领域

1．扩大投资和融资领域合作，为非洲可持续发展提供助力。中国将向非洲国家提供200亿美元贷款额度，重点支持非洲基础设施、农业、制造业和中小企业发展。

2．继续扩大对非援助，让发展成果惠及非洲民众。中国将适当增加援非农业技术示范中心，帮助非洲国家提高农业生产能力；实施“非洲人才计划”，为非洲培训30000名各类人才，提供政府奖学金名额18000个，并为非洲国家援建文化和职业技术培训设施；深化中非医疗卫生合作，加强卫生领域高层交流，适时举行中非高级别卫生发展研讨会，中方将派遣1500名医疗队员，同时继续在非洲开展“光明行”活动，为白内障患者提供相关免费治疗；帮助非洲国家加强气象基础设施能力建设和森林保护与管理；继续援助打井供水项目，为民众提供安全饮用水。

3．支持非洲一体化建设，帮助非洲提高整体发展能力。中国将同非方建立非洲跨国跨区域基础设施建设合作伙伴关系，为项目规划和可行性研究提供支持，鼓励有实力的中国企业和金融机构参与非洲跨国跨区域基础设施建设；帮助非洲国家改善海关、商检设施条件，促进区域内贸易便利化。

4．增进中非民间友好，为中非共同发展奠定坚实民意基础。中国倡议开展“中非民间友好行动”，支持和促进双方民间团体、妇女、青少年等开展交流合作；在华设立“中非新闻交流中心”，鼓励中非双方新闻媒体人员交流互访，支持双方新闻机构互派记者；继续实施“中非联合研究交流计划”，资助双方学术机构和学者开展100个学术研究、交流合作项目。

5．促进非洲和平稳定，为非洲发展创造安全环境。中国将发起“中非和平安全合作伙伴倡议”，深化同非盟和非洲国家在非洲和平安全领域的合作，为非盟在非开展维和行动、常备军建设等提供资金支持，增加为非盟培训和平安全事务官员和维和人员的数量。

2012年全国吸收外商直接投资情况

商务部“中国投资指南”　2013年1月

据统计，2012年1－12月，全国新批设立外商投资企业24925家，同比下降10.06%；实际使用外资金额1117.16亿美元，同比下降3.7%。

12月当月，全国新批设立外商投资企业2422

家，同比下降7.77%；实际使用外资金额116.95亿美元，同比下降4.47%。

1-12月，亚洲十国/地区（香港、澳门、台湾省、日本、菲律宾、泰国、马来西亚、新加坡、印尼和韩国）对华投资新设立企业19890家，同比下降10.82%，实际投入外资金额957.37亿美元，同比下降4.76%。美国对华投资新设立企业1374家，同比下降8.22%，实际投入外资金额31.3亿美元，同比增长4.5%。欧盟27国对华投资新设立企业1698家，同比下降2.58%，实际投入外资金额61.07亿美元，同比下降3.8%。

1-12月，对华投资前十位国家/地区（以实际投入外资金额计）依次为：香港（712.89亿美元）、日本（73.8亿美元）、新加坡（65.39亿美元）、台湾省（61.83亿美元）、美国（31.3亿美元）、韩国（30.66亿美元）、德国（14.71亿美元）、荷兰（11.44亿美元）、英国（10.31亿美元）和瑞士（8.78亿美元），前十位国家/地区实际投入外资金额占全国实际使用外资金额的91.4%。

说明：上述国家/地区对华投资数据包括这些国家/地区通过英属维尔京、开曼群岛、萨摩亚、毛里求斯和巴巴多斯等自由港对华进行的投资。以上资料来源：中国投资指南。

2012年我国非金融类对外直接投资简明统计

2012年，我国境内投资者共对全球141个国家和地区的4425家境外企业进行了直接投资，累计实现非金融类直接投资772.2亿美元，同比增长28.6%。其中股本投资和其他投资628.2亿美元，占81.4%，利润再投资144亿美元，占18.6%。

2012年我国非金融类对外直接投资分省市区排序表

序号	省、直辖市、自治区	实际投资额（万美元）
	合计	2818748
1	广东省	322155
2	山东省	305774
3	江苏省	292273
4	辽宁省	283915
5	浙江省	240190
6	上海市	176198
7	湖南省	140163
8	甘肃省	133923
9	北京市	118642
10	四川省	73711
11	云南省	70981
12	天津市	62802
13	重庆市	55516
14	陕西省	54887
15	安徽省	54516
16	福建省	53066
17	湖北省	50030
18	河北省	47001
19	内蒙古自治区	46035
20	江西省	36590
21	黑龙江省	35403
22	海南省	30619
23	吉林省	27688
24	山西省	26362
25	河南省	24497
26	广西壮族自治区	23620
27	新疆维吾尔自治区	20761
28	新疆生产建设兵团	5159
29	宁夏回族自治区	4834
30	青海省	852
31	贵州省	586

数据来源：商务部。

高冲突地区海外投资风险的盲区与应对

近年来，一些曾被我国企业认为具有地缘政治优势而投资踊跃的高冲突集权国家正转化成高风险投资地区。以缅甸密松大坝项目为代表，中国投资似乎正被摆到这些国家民意的对立面。我国传统的外交和海外投资模式中过于依赖高层，导致对其他利益相关者的了解和重视不足。公共关系处理上这种极不平衡的状态，很容易在目前反政府民主风潮的动荡形势下受到牵连。因此，如何提防密松大坝项目在此轮全球民主风潮中引发多米诺效应的连锁反应，亟待研究。

未来5年，我国对外直接投资计划年均增长将在17%左右，特别是资源能源类投资将处于迅速增加的时期，在全球政治的风口浪尖上走钢丝，需要更加平衡的战略思想。当下，则特别需要在重视传统上层路线之外，开辟第二条道路，大力加强下层路线。

来自下层的风险加剧

亚洲非洲等地区中，许多内部冲突激烈的集权国家是我国企业“走出去”的首选地带和较集中地区。我国在与这些地区国家的交往中高度依赖执政政府的上层路线，曾经取得很大成功，不仅在联合国系统团结了发展中国家政府并获得投票支持，也为弱小的中国企业走向这些高风险地区提供了保护伞。但近期对缅甸、安哥拉等国家的深度调研表明，目前这种务实的外交方式正在成为一把双刃剑。

首先，我国在正隐约出现的全球第三轮反政府民主风潮中由于与当地政府关系密切而首当其冲。国外智库分析认为，目前全球政局动荡大幅加剧，正开始出现第三轮反政府的民主风潮，国内矛盾激烈的一些高冲突国家更是敏感地区。金融危机之后，随着全球经济不景气及通胀，这些国家下层人民生活困难显著加剧， 而西方政治家面临大选前国内经济不景气，也通过更多指责中国在全球化中"搭便车"来弱化自身面临的困境，对点燃这些国家潜伏的矛盾起到推波助澜的作用。由于我国在这些高冲突国家投资密集且与当地政府关系紧密，执政政府与反对派的政治考量则成为一些冲突地区反对中资公司投资的核心。

其次，全球经济危机的进一步深化可能在这些地区演化出更多政治危机，并使我国投资安全问题更加凸显。目前，在这些地区出现动乱并非偶然，而是传统与非传统安全因素交织，固有的内外部矛盾长期累积的结果。

在安哥拉，自1979年开始掌权的安哥拉总统，通过由其亲密盟友领导的国家重建办公室直接控制中方提供的贷款发放，被指责严重缺乏透明度。在没有能力要求其政府披露信息的情况下，一些安哥拉民众希望中国方面披露贷款信息，往往遭到拒绝；在没有能力公然反对政府的情况下，这些人转而反对中国企业。

在缅甸，密松电站的坝址属于缅甸政府军管辖范围，但淹没区却在克钦独立组织控制区域。军政府对密松大坝投资利益的独断分配，令我国投资企业被视为造成不公的共谋及不公行为的受益者，继而成为紧张局势和暴力事件的焦点。缅甸当地一些居民所表达的最大拆迁要求，居然就是要直接与相关中国公司对话，其对当地政府和企业的不信任可见一斑，我国企业信息披露与对外沟通之少也可见一斑。

而反观在这些地区投资的欧美企业，譬如，英美资源、必和必拓、BP等国际资源巨头在经营中均非常重视下层利益及风险，而并非仅仅满足上层的要求。他们认为，资源类投资多属长期投资项目，项目的存续期间很可能长于冲突地区执政政府的任期，所以仅仅走上层路线是十分靠不住的。他们在项目投资意向确定后直至最终投资决定做出前，一般要花整整一年时间进行社区调研和冲突评估，作为投资决策的重要依据。其社区开发与风险控制理念体现在日常经营的方方面面，并不断创新一些新的措施。比如，英美资源公司新近开始实施“社区持股”措施，将待开发的矿业投资项目的至少1%股权无偿让与周边居民，该股权红利每年进入一个专门设立的"社区投资基金"账户，项目存续期间，公司派专业理财人员与村民代表一起共同管理该基金，投资于低风险的项目，使基金不断保值增值。项目开发结束后，公司完全退出基金的投资和管理，基金转而完全由社区支配和管理。这样，社区与公司从根本上被捆在一起，正在收到很好的效果。

海外投资风险盲区凸显

第一是对冲突地区特殊风险的研究严重不足。我国践行大国外交方针，而冲突地区鲜有大国，对这些地区的研究往往严重滞后于实践，导致企业投资中缺乏全面的信息和正确的指导，照搬国内经验严重依赖于高层政治关系，而不是像成熟的跨国公司那样依靠在充足信息基础上所进行的“冲突评估”，在面对民间社会时，准备十分不足，对来自民间社会的风险要么根本看不到，要么视而不见。

第二是投资实践加剧冲突地区原本激烈的矛盾。在冲突地区习惯性照搬国内的上层路线容易造成所谓“双速经济”现象，加剧社会冲突。我国投资一方面造成当地资源能源类行业和企业爆炸性增长，社会权势高层受益巨大。另一方面，虽然通水通电通路等基础设施建设也普遍改善了人民生活，但拆迁等具体问题不同程度干扰了项目地原住民的生活。而资源能源类项目地往往地处偏远，其原住民通常是最为脆弱的社会阶层，对社会变化的承受力弱，知识文化水平低，长期直接依赖自然资源为生，难以适应生活环境和生计的改变。加之我国企业在拆迁补偿方面经验不足，多采取一次性补偿方法，不擅长可替代性生计的提供和培训等长期维稳措施的运用，极易遭致不满。而且，多年来受务实外交方针的指引，为寻求项目加快签约与实施，我国企业有时不讲原则和商业道德而只顾迎合当地上层的心意和要求，操作往往十分不透明，被当地一些社区指责为包庇腐败，不顾社区疾苦，遭致怨恨。所以，在高冲突地区我国企业最容易受到牵连，成为反对派要挟或对抗政府的工具。缅甸密松大坝项目即是典型案例。

第三是过高估计高层的能力。高冲突地区政府自身的稳定性和可持续性并没有解决好。比如，缅甸1990 年举行的举世瞩目的大选中，实际上是最大反对党——昂山素季任总书记的缅甸全国民主联盟赢得485个议席中的396个，获得压倒多数的大选胜利，军政府支持的民族团结党仅获10个议席。但选举结果被作废，军政府拒绝交出政权。此后的20年间，军政府虽然执政，但是其自身的政治稳定性始终没有解决好，本是一支不可长期依靠的力量。而我国企业习惯于不加区分地一边倒依靠执政政府，不亚于将所有的鸡蛋放到一个残破的篮子里。

第四是习惯性地忽视民间社会的能量，包括反对派、非政府组织和媒体等。比如，密松电站的坝址属于缅甸政府军管辖范围，但淹没区却在克钦独立组织控制区域，克钦少数民族独立组织（KIO）及不少民间组织等一直反对密松大坝的建设。KIO很早就提出将大坝分解为两个小坝的妥协方案，但该意见一直没有受到重视。2011年3月，KIO专门致信中国领导人，要求停止密松电站建设，否则有可能就此引发内战，但我国相关部门未做出积极反应。2011年6月，商务部研究院在缅甸实地调研之后向相关企业明确预警，密松大坝来自底层的"项目风险急剧放大"，可能导致缅高层“为求自保而让中国投资企业成为替罪羊”，但直至2011年9月底， 缅政府明确叫停该项目，相关企业仍未正视该预警。

我国企业面临四个层面的下层风险

一是当地高层与中国的同盟处于内在不稳定状态。冲突地区政府其实一直都有比想象中更长远的战略考虑。他们在希望最大限度获得中国帮助的同时，一直希望通过外交上的平衡来避免受制于人。安哥拉政府成功利用中国投资和援助的示范效应而从曾经制裁它的西方国家拿到了资金。而缅甸学者分析认为，中国的水电等容易遭致争议的大型项目多在少数民族定居区，这后面体现了缅甸政府的一种战略意图，即借中国投资挤压少数民族生存空间和话语权。

二是执政政府为求自保而寻找替罪羊。2011年9月30日，缅甸联邦议会宣布吴登盛总统在其任期内搁置中缅两国密松电站合作项目。尽管此项目严格履行了中缅双方的法律程序，两国政府并就此签署了框架协议，吴登盛总统却表示，密松项目或破坏当地自然景观、破坏当地人民的生计，并声称，“缅甸政府是民选政府，因此，我们必须注意人民的意愿，我们有义务把重点放在解决人民的担忧和顾虑上。”

三是反对党为拉选票而将中国投资政治化。反对党倾向利用中国投资在当地的不足之处，通过反对中国投资大拉选票，将经济问题政治化。典型案例是赞比亚。执政20年之久而对华友好的“多党民主运动”（MMD）在2011年选举中落败，新任总统迈克尔·萨塔是对华强硬派，靠反对中国投资而打动民意，曾主张“驱逐中国商人”，没收中国和其他外国投资者的部分股份分给穷人和本国企业。国际媒体把这次赞比亚选举说成是支持或反对中国投资的战争。

四是下层直接发泄怨恨威胁我国外派人员和机构安全。典型案例是安哥拉。贷款换资源的“安哥拉模式”在经历了本世纪初的辉煌之后，近年来当地一些人对此模式有了越来越多的不满，认为在这种政府提供的一揽子保护伞下，中国投资公司规避了当地"私营企业投资法"等法律要求，没有合规经营，特别是在雇佣当地员工等本地化要求方面差距较大。当地华人指出，当地人忌惮政府集权，只能将怨气发泄于与政府关系十分密切的中国企业，成为当地针对华人的治安事件特别突出的重要原因之一。不久前，当地黑人枪击浙江华商现场，被害华人的浪琴表等财物完好无损，犯罪泄愤意图很明显。对此，在安哥拉的QQ群里，当地一些华人同胞情绪相当激烈，对我国一些政府部门的海外安全保护工作有较大怨言。

加强海外民间公关力度

我国政府部门和相关企业亟需转换传统思路。将缅甸密松电站事件作为中国海外投资的一个转折点，切实反思如何协调包括民众、政府、反政府武装等各方利益，在政治风险和经济利益之间寻求新的平衡。切实加强以风险为导向和以可持续发展为目标的战略模式转型。特别是需要开辟高层路线之外的第二条道路， 以更加开放的政治和商业心态，扩大利益相关者的范围。

首先，需要大幅加强直接针对民间的战略性社会投资和海外民间公关。充分重视与民间社会的协商和沟通。可以借鉴西方的做法，重新认识和充分利用国际和当地民间组织的积极作用，由我国海外商会等中方民间机构牵头，团结一切可以团结的力量，形成统一战线，加强全方位、多层次的海外民间公关。

其次，避免造成一边倒印象。以我为主重新平衡与冲突地区政府的关系。对“内政”等概念与时俱进地进行界定，不应再将与“中国企业投资相关事项”纳入不干涉“内政”范畴。创新不附加政治条件的援外政策的实施路径，在政府路径之外，增加“民间直接实施路经”，确保资金直接普惠于民，特别是在企业经营所在社区内。

第三，强化我国海外投资企业的合规管理与经营。金融危机之后， 在英美等国和联合国、OECD等国际组织的大力推动下，正在兴起重点针对中国企业的跨境反腐合规治理潮流，应对这轮新的全球化潮流及冲突地区合规风险高企的现状，我国应借鉴跨国公司合规管理制度的成熟经验，积极推动在走出去企业中尽早建立合规内控机制，树立负责任的海外经营形象，确保可持续发展。（来源：《中国经贸》第5期，作者蒋姮为商务部研究院副研究员；北京新世纪跨国公司研究所副所长）

第五部分
证券与基金融资

2012年沪深两市新股发行筹资情况

（一）2012年第一季度新股发行筹资一览表

发行公告日	股票代码	股票简称	首发数量（万股）	首发价格（元/股）	首发募集资金（万元）	首发市盈率（摊薄）	首发上市日期	上市首日成交均价（元/股）
2012-01-05	601313	江南嘉捷	5600.00	12.40	69440.00	24.80	2012-01-16	11.24
2012-01-06	002653	海思科	4010.00	20.00	80200.00	32.87	2012-01-17	18.36
2012-01-10	002652	扬子新材	2668.00	10.10	26946.80	18.74	2012-01-19	12.69
2012-01-13	300287	飞利信	2100.00	15.00	31500.00	37.50	2012-02-01	15.93
2012-01-31	300291	华录百纳	1500.00	45.00	67500.00	82.46	2012-02-09	54.59
2012-02-03	002654	万润科技	2200.00	12.00	26400.00	30.00	2012-02-17	16.81
2012-02-06	601515	东风股份	5600.00	13.20	73920.00	18.08	2012-02-16	15.50
2012-02-07	300288	朗玛信息	1340.00	22.44	30069.60	34.00	2012-02-16	40.05
2012-02-07	300289	利德曼	3840.00	13.00	49920.00	37.14	2012-02-16	16.11
2012-02-07	300290	荣科科技	1700.00	11.11	18887.00	23.15	2012-02-16	17.62
2012-02-08	002655	共达电声	3000.00	11.00	33000.00	29.73	2012-02-17	15.55
2012-02-09	601929	吉视传媒	28000.00	7.00	196000.00	37.19	2012-02-23	11.39
2012-02-09	601231	环旭电子	10680.00	7.60	81168.00	23.03	2012-02-20	11.44
2012-02-14	601800	中国交建	134973.54	5.40	728857.13	10.43	2012-03-09	6.69
2012-02-16	002656	卡奴迪路	2500.00	27.80	69500.00	26.23	2012-02-28	35.97
2012-02-17	002657	中科金财	1745.00	22.00	38390.00	29.73	2012-02-28	40.24
2012-02-20	300292	吴通通讯	1670.00	12.00	20040.00	23.67	2012-02-29	21.53
2012-02-27	300293	蓝英装备	1500.00	24.80	37200.00	23.40	2012-03-08	31.58
2012-02-28	002658	雪迪龙	3438.00	20.51	70513.38	35.98	2012-03-09	25.54
2012-02-28	002662	京威股份	7500.00	20.00	150000.00	19.61	2012-03-09	21.17
2012-02-28	300294	博雅生物	1902.03	25.00	47550.78	31.25	2012-03-08	37.99
2012-02-29	300295	三六五网	1335.00	34.00	45390.00	25.19	2012-03-15	57.24
2012-03-01	002659	中泰桥梁	3900.00	10.10	39390.00	21.49	2012-03-09	14.65
2012-03-02	002661	克明面业	2077.00	21.00	43617.00	28.77	2012-03-16	32.19
2012-03-02	002664	信质电机	3334.00	16.00	53344.00	28.07	2012-03-16	27.58
2012-03-02	300296	利亚德	2500.00	16.00	40000.00	31.37	2012-03-15	23.74
2012-03-02	300297	蓝盾股份	2450.00	16.00	39200.00	32.65	2012-03-15	29.39
2012-03-05	300298	三诺生物	2200.00	29.00	63800.00	29.32	2012-03-19	33.45
2012-03-05	002663	普邦园林	4368.00	30.00	131040.00	31.25	2012-03-16	44.55
2012-03-06	300300	汉鼎股份	2200.00	18.00	39600.00	37.50	2012-03-19	21.92
2012-03-06	002660	茂硕电源	2428.00	18.50	44918.00	34.91	2012-03-16	29.78
2012-03-07	300299	富春通信	1700.00	16.00	27200.00	34.70	2012-03-19	22.71
2012-03-08	300303	聚飞光电	2046.00	25.00	51150.00	27.53	2012-03-19	28.08
2012-03-09	300301	长方照明	2700.00	20.00	54000.00	32.79	2012-03-21	21.57
2012-03-12	300302	同有科技	1500.00	21.00	31500.00	39.62	2012-03-21	28.72
2012-03-12	300304	云意电气	2500.00	22.00	55000.00	29.50	2012-03-21	22.85

发行公告日	股票代码	股票简称	首发数量（万股）	首发价格（元/股）	首发募集资金（万元）	首发市盈率（摊薄）	首发上市日期	上市首日成交均价（元/股）
2012-03-13	002666	德联集团	4000.00	17.00	68000.00	23.29	2012-03-27	18.11
2012-03-14	002665	首航节能	3335.00	30.86	102918.10	45.06	2012-03-27	29.36
2012-03-16	300305	裕兴股份	2000.00	42.00	84000.00	30.37	2012-03-29	35.54
2012-03-19	300307	慈星股份	6100.00	35.00	213500.00	16.43	2012-03-29	30.67
2012-03-20	002667	鞍重股份	1700.00	25.00	42500.00	30.49	2012-03-29	23.15
2012-03-20	300306	远方光电	1500.00	45.00	67500.00	51.72	2012-03-29	40.92
2012-03-23	300308	中际装备	1667.00	20.00	33340.00	26.73	2012-04-10	21.02
2012-03-26	601012	隆基股份	7500.00	21.00	157500.00	24.71	2012-04-11	19.83
2012-03-26	300309	吉艾科技	2800.00	31.00	86800.00	33.99	2012-04-10	30.49
2012-03-27	002668	奥马电器	4135.00	11.00	45485.00	12.94	2012-04-16	14.54
2012-03-30	002669	康达新材	2500.00	12.00	30000.00	21.43	2012-04-16	13.73
合计			**301941.57**		**3637694.79**			

（二）2012年第二季度新股发行筹资一览表

发行公告日	股票代码	股票简称	首发数量（万股）	首发价格（元/股）	首发募集资金（万元）	首发市盈率（摊薄）	首发上市日期	上市首日成交均价（元/股）
2012-04-05	002670	华声股份	5000.00	7.30	36500.00	22.12	2012-04-16	9.24
2012-04-06	601388	怡球资源	10500.00	13.00	136500.00	18.06	2012-04-23	14.41
2012-04-13	300310	宜通世纪	2200.00	17.00	37400.00	23.24	2012-04-25	19.40
2012-04-13	300311	任子行	1770.00	15.00	26550.00	30.61	2012-04-25	15.89
2012-04-16	002672	东江环保	2500.00	43.00	107500.00	33.10	2012-04-26	41.40
2012-04-16	300313	天山生物	2273.00	13.00	29549.00	56.52	2012-04-25	15.49
2012-04-17	603000	人民网	6910.57	20.00	138211.38	46.13	2012-04-27	32.41
2012-04-17	002671	龙泉股份	2360.00	21.00	49560.00	28.77	2012-04-26	21.05
2012-04-17	603001	奥康国际	8100.00	25.50	206550.00	25.25	2012-04-26	23.44
2012-04-18	603123	翠微股份	7700.00	9.00	69300.00	28.13	2012-05-03	12.29
2012-04-20	002673	西部证券	20000.00	8.70	174000.00	48.33	2012-05-03	14.31
2012-04-23	300314	戴维医疗	2000.00	20.00	40000.00	29.85	2012-05-08	29.09
2012-04-24	300312	邦讯技术	2668.00	20.00	53360.00	26.67	2012-05-08	23.30
2012-04-24	002674	兴业科技	6000.00	12.00	72000.00	23.53	2012-05-07	12.62
2012-04-24	603333	明星电缆	8667.00	9.30	80603.10	24.47	2012-05-07	11.31
2012-04-27	300315	掌趣科技	4091.50	16.00	65464.00	48.16	2012-05-11	25.42
2012-04-27	300316	晶盛机电	3335.00	33.00	110055.00	34.74	2012-05-11	34.48
2012-05-02	300317	珈伟股份	3500.00	11.00	38500.00	27.50	2012-05-11	13.18
2012-05-03	603002	宏昌电子	10000.00	3.60	36000.00	36.00	2012-05-18	8.33

发行公告日	股票代码	股票简称	首发数量（万股）	首发价格（元/股）	首发募集资金（万元）	首发市盈率（摊薄）	首发上市日期	上市首日成交均价（元/股）
2012-05-09	603366	日出东方	10000.00	21.50	215000.00	23.89	2012-05-21	20.13
2012-05-11	002677	浙江美大	5000.00	9.60	48000.00	25.95	2012-05-25	11.14
2012-05-11	300321	同大股份	1110.00	23.00	25530.00	21.10	2012-05-23	24.34
2012-05-14	002675	东诚生化	2700.00	26.00	70200.00	22.81	2012-05-25	27.59
2012-05-14	002676	顺威股份	4000.00	15.80	63200.00	25.08	2012-05-25	15.36
2012-05-14	300318	博晖创新	2560.00	15.00	38400.00	34.09	2012-05-23	19.17
2012-05-14	300319	麦捷科技	1334.00	15.30	20410.20	27.82	2012-05-23	16.61
2012-05-16	603128	华贸物流	10000.00	6.66	66600.00	27.75	2012-05-29	7.93
2012-05-18	002678	珠江钢琴	4800.00	13.50	64800.00	44.63	2012-05-30	16.11
2012-05-21	300323	华灿光电	5000.00	20.00	100000.00	34.42	2012-06-01	19.77
2012-05-21	300325	德威新材	2000.00	17.00	34000.00	25.37	2012-06-01	17.18
2012-05-22	002679	福建金森	3468.00	12.00	41616.00	43.80	2012-06-05	13.23
2012-05-23	300320	海达股份	1667.00	19.80	33006.60	26.40	2012-06-01	20.24
2012-05-24	002680	黄海机械	2000.00	21.59	43180.00	24.53	2012-06-05	31.88
2012-05-24	002681	奋达科技	3750.00	12.48	46800.00	24.47	2012-06-05	12.02
2012-05-25	300322	硕贝德	2334.50	14.30	33383.35	37.63	2012-06-08	13.98
2012-05-29	002683	宏大爆破	5476.00	14.46	79182.96	26.78	2012-06-12	15.55
2012-05-29	002685	华东重机	5000.00	9.99	49950.00	27.00	2012-06-12	9.20
2012-05-29	601965	中国汽研	19200.00	8.20	157440.00	28.28	2012-06-11	7.57
2012-05-29	300324	旋极信息	1400.00	27.00	37800.00	36.99	2012-06-08	26.01
2012-05-30	601339	百隆东方	15000.00	13.60	204000.00	12.50	2012-06-12	12.42
2012-05-31	002682	龙洲股份	4000.00	10.60	42400.00	22.08	2012-06-12	9.86
2012-05-31	002684	猛狮科技	1330.00	22.00	29260.00	30.56	2012-06-12	21.49
2012-06-01	300327	中颖电子	3200.00	12.50	40000.00	26.60	2012-06-13	11.81
2012-06-04	300326	凯利泰	1300.00	29.09	37817.00	45.96	2012-06-13	44.71
2012-06-06	300330	华虹计通	2000.00	15.00	30000.00	35.71	2012-06-19	15.18
2012-06-07	300328	宜安科技	2800.00	12.80	35840.00	30.99	2012-06-19	14.35
2012-06-07	300329	海伦钢琴	1677.00	21.00	35217.00	42.86	2012-06-19	20.05
2012-06-14	300331	苏大维格	1550.00	20.00	31000.00	34.48	2012-06-28	20.49
2012-06-15	300332	天壕节能	8000.00	8.18	65440.00	51.13	2012-06-28	10.70
2012-06-18	300333	兆日科技	2800.00	23.00	64400.00	31.51	2012-06-28	25.23
2012-06-20	300334	津膜科技	2900.00	16.78	48662.00	46.61	2012-07-05	31.02
2012-06-20	002686	亿利达	2267.00	16.00	36272.00	23.85	2012-07-03	20.06
2012-06-26	601608	中信重工	68500.00	4.67	319895.00	16.19	2012-07-06	4.75
2012-06-27	300336	新文化	2400.00	25.00	60000.00	42.37	2012-07-10	30.51
2012-06-28	300335	迪森股份	3488.00	13.95	48657.60	47.58	2012-07-10	17.59
合计			**325586.57**		**3904962.19**			

（三）2012年第三季度新股发行筹资一览表

发行公告日	股票代码	股票简称	首发数量（万股）	首发价格（元/股）	首发募集资金（万元）	首发市盈率（摊薄）	首发上市日期	上市首日成交均价（元/股）
2012-07-03	002687	乔治白	2465.00	23.00	56695.00	24.73	2012-07-13	25.52
2012-07-04	002688	金河生物	2723.00	18.00	49014.00	26.87	2012-07-13	26.86
2012-07-05	603008	喜临门	5250.00	12.50	65625.00	29.87	2012-07-17	11.45
2012-07-06	002689	博林特	7750.00	8.00	62000.00	23.08	2012-07-17	8.03
2012-07-09	300337	银邦股份	4680.00	20.00	93600.00	32.95	2012-07-18	17.25
2012-07-09	300339	润和软件	1919.00	20.39	39128.41	41.21	2012-07-18	24.99
2012-07-13	300340	科恒股份	1250.00	48.00	60000.00	12.94	2012-07-26	67.48
2012-07-16	300341	麦迪电气	2300.00	13.00	29900.00	26.26	2012-07-26	14.25
2012-07-16	300342	天银机电	2500.00	17.00	42500.00	26.98	2012-07-26	16.02
2012-07-17	300338	开元仪器	1500.00	27.00	40500.00	31.03	2012-07-26	26.38
2012-07-18	603077	和邦股份	10000.00	17.50	175000.00	21.60	2012-07-31	16.28
2012-07-19	300343	联创节能	1000.00	28.10	28100.00	25.01	2012-08-01	33.24
2012-07-19	300344	太空板业	2513.00	16.80	42218.40	30.27	2012-08-01	14.99
2012-07-19	002690	美亚光电	5000.00	17.00	85000.00	25.76	2012-07-31	15.54
2012-07-20	002691	石煤装备	5000.00	7.40	37000.00	20.00	2012-07-31	9.09
2012-07-23	300345	红宇新材	2400.00	17.20	41280.00	30.39	2012-08-01	15.80
2012-07-26	601038	一拖股份	15000.00	5.40	81000.00	14.44	2012-08-08	8.37
2012-07-27	002692	远程电缆	4535.00	15.00	68025.00	23.08	2012-08-08	15.03
2012-07-27	300346	南大光电	1257.00	66.00	82962.00	18.86	2012-08-07	82.72
2012-07-30	002693	双成药业	3000.00	20.00	60000.00	35.09	2012-08-08	27.80
2012-07-31	603766	隆鑫通用	8000.00	6.58	52640.00	14.27	2012-08-10	11.66
2012-08-06	300347	泰格医药	1340.00	37.88	50759.20	44.05	2012-08-17	50.16
2012-08-07	300348	长亮科技	1300.00	20.00	26000.00	29.85	2012-08-17	23.91
2012-08-07	603003	龙宇燃油	5050.00	6.50	32825.00	17.11	2012-08-17	11.92
2012-08-07	002694	顾地科技	3600.00	13.00	46800.00	18.57	2012-08-16	18.66
2012-08-08	300349	金卡股份	1500.00	31.00	46500.00	34.37	2012-08-17	32.84
2012-08-10	300350	华鹏飞	2167.00	9.50	20586.50	23.75	2012-08-21	13.76
2012-08-14	603399	新华龙	6336.00	7.80	49420.80	22.35	2012-08-24	15.22
2012-08-22	603167	渤海轮渡	10100.00	11.00	111100.00	28.35	2012-09-06	11.49
2012-08-24	002696	百洋股份	2200.00	23.90	52580.00	36.21	2012-09-05	26.63
2012-08-27	002695	煌上煌	3098.00	30.00	92940.00	47.62	2012-09-05	27.25
2012-08-27	002697	红旗连锁	5000.00	18.76	93800.00	23.75	2012-09-05	19.17
2012-08-31	002698	博实股份	4100.00	12.80	52480.00	34.59	2012-09-11	18.24
2012-08-31	002699	美盛文化	2350.00	20.19	47446.50	40.10	2012-09-11	23.84

发行公告日	股票代码	股票简称	首发数量（万股）	首发价格（元/股）	首发募集资金（万元）	首发市盈率（摊薄）	首发上市日期	上市首日成交均价（元/股）
2012-09-03	300352	北信源	1670.00	25.00	41750.00	39.37	2012-09-12	32.34
2012-09-07	300354	东华测试	1109.00	20.31	22523.79	29.18	2012-09-20	27.90
2012-09-10	300353	东土科技	1340.00	20.75	27805.00	35.17	2012-09-27	21.11
2012-09-10	002700	新疆浩源	1833.80	21.73	39848.47	27.16	2012-09-21	30.43
2012-09-11	300351	永贵电器	2000.00	31.00	62000.00	36.47	2012-09-20	28.40
2012-09-14	300355	蒙草抗旱	3436.00	11.80	40544.80	20.34	2012-09-27	22.77
2012-09-21	300356	光一科技	2167.00	18.18	39396.06	30.81	2012-10-09	20.83
2012-09-21	603993	洛阳钼业	20000.00	3.00	60000.00	13.64	2012-10-09	8.98
2012-09-24	002701	奥瑞金	7667.00	21.60	165607.20	29.45	2012-10-11	23.43
2012-09-24	002702	腾新食品	1770.00	29.00	51330.00	39.73	2012-10-11	27.41
合计			**181175.80**		**2566231.13**			

（四）2012年第四季度新股发行筹资一览表

发行公告日	股票代码	股票简称	首发数量（万股）	首发价格（元/股）	首发募集资金（万元）	首发市盈率（摊薄）	首发上市日期	上市首日成交均价（元/股）
2012-10-25	002703	浙江世宝	1500.00	2.58	3870.00	7.17	2012-11-02	16.80
合计			**1500.00**		**3870.00**			

2012年投资基金筹资情况

（一）2012年1月投资基金筹资一览表

发行日期	基金代码	基金简称	发行公司	名称	发行总份额（亿）	投资风格	基金经理（现任）
2012-01-04	360016	光大行业	光大保德信基金	光大行业轮动股票	9.26	股票型	魏晓雪
2012-01-04	457001	国富亚洲	国海富兰克林基金	国富国海亚洲（除日本）机会股票	3.28	其他	曾宇
2012-01-09	150068	双翼B	诺德基金	诺德双翼分级债券B	1.35	其他	赵滔滔
2012-01-09	290012	泰信保本	泰信基金	泰信保本混合	2.22	其他	董山青
2012-01-11	253060	国联安信心A	国联安基金	国联安信心增长定期开放债券A	1.25	债券型	袁新钊　邹新进
2012-01-11	253061	国联安信心B	国联安基金	国联安信心增长定期开放债券B	1.21	债券型	袁新钊　邹新进

发行日期	基金代码	基金简称	发行公司	名称	发行总份额（亿）	投资风格	基金经理（现任）
2012-01-16	161614	融通添利	融通基金	融通四季添利债券	12.81	其他	蔡奕奕
2012-01-20	165706	双翼A	诺德基金	诺德双翼分级债券A	2.69	债券型	赵滔滔
2012-01-30	020025	中小成长联接	国泰基金	国泰中小板300成长ETF联接	6.93	股票型	章赟
2012-01-30	159917	中小成长	国泰基金	国泰中小板300成长ETF	3.45	股票型	章赟
2012-01-30	163819	中银信用	中银基金	中银信用增利债券	22.07	其他	奚鹏洲
2012-01-30	240020	华宝医药	华宝兴业基金	华宝兴业医药生物	5.54	股票型	王智慧　范红兵
2012-01-31	050023	博时天颐A	博时基金	博时天颐债券A	5.21	债券型	杨永光
2012-01-31	050123	博时天颐C	博时基金	博时天颐债券C	15.41	债券型	杨永光
合计					**92.67**		

（二）2012年2月投资基金筹资一览表

发行日期	基金代码	基金简称	发行公司	名称	发行总份额（亿）	投资风格	基金经理（现任）
2012-02-02	320018	诺安新动力	诺安基金	诺安新动力灵活配置混合	6.42	混合型	赵苏
2012-02-02	740001	长安宏观	长安基金	长安宏观策略股票	3.84	股票型	雷宇
2012-02-06	165806	东吴100	东吴基金	东吴100	3.85	股票型	刘元海　唐祝益
2012-02-06	166801	浙商新思维	浙商基金	浙商新思维混合	7.85	混合型	陈志龙
2012-02-06	261002	景顺优信A	景顺长城基金	景顺长城优信增利债券A	12.52	债券型	佘春宁
2012-02-06	261102	景顺优信C	景顺长城基金	景顺长城优信增利债券C	5.57	债券型	佘春宁
2012-02-06	399011	中海上证380	中海基金	中海上证380	2.67	股票型	陈明星
2012-02-06	690008	民生内地	民生加银基金	民生中证内地资源主题指数	6.83	股票型	江国华
2012-02-07	160127	南方消费	南方基金	南方新兴消费增长分级股票	11.77	股票型	杜冬松　张旭
2012-02-07	470098	添富逆向	汇添富基金	汇添富逆向投资股票	8.40	股票型	顾耀强
2012-02-13	233011	大摩主题	摩根士丹利华鑫基金	大摩主题优选股票	4.43	股票型	盛军锋
2012-02-13	270029	广发聚财A	广发基金	广发聚财信用债券A	10.74	债券型	代宇
2012-02-13	270030	广发聚财B	广发基金	广发聚财信用债券B	34.29	债券型	代宇
2012-02-13	570008	诺德周期	诺德基金	诺德周期策略股票	5.68	股票型	陈国光　胡志伟
2012-02-15	166011	中欧盛世	中欧基金	中欧盛世成长分级股票	4.94	股票型	周蔚文
2012-02-15	530018	建信深证100	建信基金	建信深证100指数增强	17.47	股票型	梁洪昀
2012-02-16	020026	国泰成长	国泰基金	国泰成长优选股票	4.09	股票型	张玮
2012-02-20	070030	中创400联接	嘉实基金	嘉实中创400联接	3.78	股票型	杨宇
2012-02-20	090018	大成新锐	大成基金	大成新锐产业股票	20.50	股票型	刘安田
2012-02-20	150078	回报B	金鹰基金	金鹰持久回报分级债券B	1.47	其他	邱新红
2012-02-20	159918	中创400	嘉实基金	嘉实中创400ETF	2.87	股票型	杨宇

发行日期	基金代码	基金简称	发行公司	名称	发行总份额（亿）	投资风格	基金经理（现任）
2012-02-20	162510	国安双力	国联安基金	国联安双力中小板	4.51	股票型	黄志钢
2012-02-20	378546	上投天然	上投摩根基金	上投全球天然资源股票	4.13	其他	张军
2012-02-27	160416	华安石油	华安基金	华安标普石油指数（QDII-LOF）	5.29	其他	徐宜宜
2012-02-27	163209	诺安中创	诺安基金	诺安中证创业成长指数分级	11.17	股票型	梅律吾
2012-02-27	163412	兴全轻资	兴业全球基金	兴全轻资产投资股票（LOF）	9.93	股票型	陈扬帆
2012-02-27	519976	长信可转债C	长信基金	长信可转债债券C	3.08	债券型	刘波　李小羽
2012-02-27	519977	长信可转债A	长信基金	长信可转债债券A	0.66	债券型	刘波　李小羽
本月合计					**218.75**		

（三）2012年3月投资基金筹资一览表

发行日期	基金代码	基金简称	发行公司	名称	发行总份额（亿）	投资风格	基金经理（现任）
2012-03-05	050024	资源ETF联接	博时基金	博时上证自然资源ETF联接	3.09	股票型	胡俊敏
2012-03-05	080012	长盛电子	长盛基金	长盛电子信息产业股票	4.37	股票型	王克玉
2012-03-05	161613	融通创业板	融通基金	融通创业板指数	4.87	股票型	李勇　王建强
2012-03-05	162106	回报A	金鹰基金	金鹰持久回报分级债券A	3.42	债券型	邱新红
2012-03-05	217022	招商产业债	招商基金	招商产业债	24.06	债券型	胡慧颖　张国强
2012-03-05	510410	资源ETF	博时基金	博时上证自然资源ETF	9.10	股票型	胡俊敏
2012-03-12	206012	鹏华价值精选	鹏华基金	鹏华价值精选股票	3.35	股票型	王学兵　程世杰
2012-03-14	165516	信诚周期	信诚基金	信诚周期轮动股票（LOF）	3.08	股票型	张光成
2012-03-15	150079	通利债B	银河基金	银河通利分级债券B	7.61	其他	索峰　张矛
2012-03-15	161506	银河通利A	银河基金	银河通利分级债券A	17.76	债券型	索峰　张矛
2012-03-19	200015	长城优化	长城基金	长城优化升级股票	5.23	股票型	刘颖芳
2012-03-19	660012	农银消费	农银汇理基金	农银消费主题股票	16.30	股票型	付娟　曹剑飞
2012-03-19	710002	安达策略	富安达基金	富安达策略精选混合	5.83	混合型	黄强
2012-03-20	481017	工银量化	工银瑞信基金	工银量化策略股票	24.33	股票型	郝联峰　游凛峰
2012-03-26	150081	双盈B	信诚基金	信诚双盈分级债券B	1.09	其他	曾丽琼
2012-03-26	150087	信用B	中欧基金	中欧信用增利分级债券B类	2.21	其他	聂曙光　姚文辉
2012-03-26	160216	国泰商品	国泰基金	国泰大宗商品（QDII-LOF）	3.09	其他	崔涛
2012-03-26	166013	信用A	中欧基金	中欧信用增利分级债券A类	5.15	债券型	聂曙光　姚文辉
2012-03-27	162714	广发100	广发基金	广发深证100指数分级	5.68	股票型	陆志明
2012-03-28	166802	浙商300	浙商基金	浙商沪深300指数分级	3.54	股票型	关永祥
2012-03-28	690006	民生信用A	民生加银基金	民生加银信用双利债券A	12.61	债券型	陈薇薇　乐瑞祺
2012-03-28	690206	民生信用C	民生加银基金	民生加银信用双利债券C	37.66	债券型	陈薇薇　乐瑞祺
本月合计					**203.45**		

（四）2012年4月投资基金筹资一览表

发行日期	基金代码	基金简称	发行公司	名称	发行总份额（亿）	投资风格	基金经理（现任）
2012-04-05	161019	富国天锋	富国基金	富国新天锋定期开放债券	9.45	债券型	赵恒毅 邹卉
2012-04-05	163111	申万中小	申万菱信基金	申万中小	7.84	股票型	张少华
2012-04-05	510300	300ETF	华泰柏瑞基金	华泰柏瑞沪深300ETF	329.67	股票型	张娅 柳军
2012-04-05	519117	浦银中证400	浦银安盛基金	浦银安盛基本面400指数	4.13	股票型	陈士俊
2012-04-09	163821	中银300E	中银基金	中银沪深300等权重指数（LOF）	14.90	股票型	周小丹
2012-04-09	165518	双盈A	信诚基金	信诚双盈分级债券A	2.55	债券型	曾丽琼
2012-04-09	229002	泰达逆向	泰达宏利基金	泰达宏利逆向股票	5.52	股票型	焦云
2012-04-09	519709	交银全球	交银施罗德基金	交银全球资源股票（QDII）	6.28	其他	饶超 郑伟辉
2012-04-11	160128	南方金利A	南方基金	南方金利A	9.53	债券型	李璇
2012-04-11	160129	南方金利C	南方基金	南方金利C	6.68	债券型	李璇
2012-04-16	150082	信达利B	信达澳银基金	信达澳银稳定增利债券B	0.91	其他	孔学峰
2012-04-16	166105	信达增利	信达澳银基金	信达澳银稳定增利分级债券	3.04	债券型	孔学峰
2012-04-16	166106	信达利A	信达澳银基金	信达澳银稳定增利债券A	2.13	债券型	孔学峰
2012-04-16	450011	国富精选	国海富兰克林基金	富国研究精选股票	7.52	股票型	徐荔蓉
2012-04-18	210009	金鹰核心	金鹰基金	金鹰核心资源股票	4.03	股票型	陈晓
2012-04-18	320020	诺安保本	诺安基金	诺安汇鑫保本混合	36.05	其他	张乐赛
2012-04-23	162107	金鹰500	金鹰基金	金鹰中证500指数分级	3.93	股票型	林华显 张永东
2012-04-23	460300	华泰300ETF联接	华泰柏瑞基金	华泰柏瑞沪深300ETF联接	3.67	股票型	张娅 柳军
2012-04-23	519034	海富低碳	海富通基金	海富通中证内地低碳指数	7.56	股票型	刘璎
2012-04-23	700003	平安策略	平安大华基金	平安大华策略先锋混合	4.59	混合型	颜正华
2012-04-27	530020	建信转债A	建信基金	建信转债增强债券A	6.34	债券型	彭云峰
2012-04-27	531020	建信转债C	建信基金	建信转债增强债券C	46.45	债券型	彭云峰
本月合计					**522.80**		

（五）2012年5月投资基金筹资一览表

发行日期	基金代码	基金简称	发行公司	名称	发行总份额（亿）	投资风格	基金经理（现任）
2012-05-02	263001	景顺180ETF联接	景顺长城基金	景顺长城上证180等权重ETF联接	2.44	股票型	江科宏
2012-05-02	470030	添富理财A	汇添富基金	汇添富理财30天债券A	215.35	货币市场型	曾刚
2012-05-02	471030	添富理财B	汇添富基金	汇添富理财30天债券B	29.05	货币市场型	曾刚
2012-05-02	510420	景顺180ETF	景顺长城基金	景顺长城上证180等权重ETF	12.70	股票型	江科宏
2012-05-02	630011	华商主题	华商基金	华商主题精选股票	4.06	股票型	梁永强

发行日期	基金代码	基金简称	发行公司	名称	发行总份额（亿）	投资风格	基金经理（现任）
2012-05-03	206013	鹏华保本	鹏华基金	鹏华金刚保本混合	18.59	其他	王宗合　戴钢
2012-05-07	150080	双佳B	国联安基金	国联安双佳B信用分级债券	4.92	其他	黄志钢
2012-05-07	240021	华宝短融50	华宝兴业基金	华宝短融50	18.23	债券型	陈昕
2012-05-07	393001	中海保本	中海基金	中海保本混合	4.74	其他	刘俊
2012-05-08	540012	汇丰恒生	汇丰晋信基金	汇丰晋信恒生A股行业龙头指数	2.64	股票型	方磊
2012-05-10	090019	大成保本	大成基金	大成景恒保本混合	10.71	其他	朱文辉
2012-05-10	590008	中邮战略	中邮创业基金	中邮战略新兴产业股票	5.76	股票型	任泽松
2012-05-11	519150	新华优选	新华基金	新华优选消费股票	6.69	股票型	崔建波
2012-05-14	040030	华安季季鑫A	华安基金	华安季季鑫短期理财债券A	46.89	货币市场型	杨柳
2012-05-14	040031	华安季季鑫B	华安基金	华安季季鑫短期理财债券B	8.36	货币市场型	杨柳
2012-05-14	270041	广发消费品	广发基金	广发消费品精选股票	6.48	股票型	冯永欢
2012-05-14	370021	上投分红A	上投摩根基金	分红添利A类	13.79	债券型	赵峰
2012-05-14	370022	上投分红B	上投摩根基金	分红添利B类	8.56	债券型	赵峰
2012-05-14	519710	交银荣安保本	交银施罗德基金	交银荣安保本混合	16.30	其他	项廷锋
2012-05-14	740101	长安300非周期	长安基金	长安沪深300非周期	2.77	股票型	王磊
2012-05-15	050025	博时标普500	博时基金	博时标普500指数（QDII）	3.10	其他	胡俊敏
2012-05-21	161715	大宗商品	招商基金	招商中证大宗商品指数分级	10.63	股票型	王平
2012-05-21	162511	国联安双佳	国联安基金	国联安双佳信用分级债券	16.40	债券型	黄志钢
2012-05-21	162512	双佳A	国联安基金	国联安双佳A信用分级债券	11.48	债券型	黄志钢
2012-05-21	164810	工银纯债	工银瑞信基金	工银纯债定期开放债券	48.06	债券型	杜海涛
2012-05-21	660013	农银信用债	农银汇理基金	农银信用添利债券	9.72	债券型	吴江
2012-05-21	750001	安信策略	安信基金	安信灵活配置混合	7.43	混合型	陈振宇
2012-05-24	180031	银华中小盘	银华基金	银华中小盘股票	2.60	股票型	廖平　金斌
2012-05-24	675011	纽银稳债A	纽银梅隆西部基金	纽银稳健双利债券A类	4.37	债券型	李健
2012-05-24	675013	纽银稳债C	纽银梅隆西部基金	纽银稳健双利债券C类	10.24	债券型	李健
2012-05-28	070032	嘉实优化	嘉实基金	嘉实优化红利股票	5.89	股票型	郭志喜
2012-05-28	360017	光大添天利A	光大保德信基金	光大添天利季度理财A	6.31	货币市场型	韩爱丽
2012-05-28	360018	光大添天利B	光大保德信基金	光大添天利季度理财B	1.93	货币市场型	韩爱丽
2012-05-28	470060	添富理财60天债A	汇添富基金	汇添富理财60天债券A	156.28	货币市场型	曾刚
2012-05-28	471060	添富理财60天债B	汇添富基金	汇添富理财60天债券B	4.25	货币市场型	曾刚
2012-05-28	539003	建信全球资源	建信基金	建信全球资源股票（QDII）	4.98	其他	赵英楷
本月合计					742.73		

（六）2012年6月投资基金筹资一览表

发行日期	基金代码	基金简称	发行公司	名称	发行总份额（亿）	投资风格	基金经理（现任）
2012-06-04	100060	富国高新	富国基金	富国高新技术产业股票	3.41	股票型	王海军
2012-06-04	161117	易基永旭	易方达基金	易方达永旭定期开放债券	16.85	债券型	马喜德
2012-06-04	420006	天弘现金A	天弘基金	天弘现金管家货币A	5.76	货币市场型	刘冬　王登峰
2012-06-04	420106	天弘现金B	天弘基金	天弘现金管家货币B	6.58	货币市场型	刘冬　王登峰
2012-06-11	080015	长盛同鑫二号	长盛基金	长盛同鑫二号保本混合	13.65	其他	蔡宾
2012-06-11	720002	财通多策略增	财通基金	财通多策略稳健增长债券	36.07	债券型	曹丽娟
2012-06-14	164702	添富季红	汇添富基金	汇添富季季红定期开放债券	6.22	债券型	陆文磊
2012-06-18	202108	南方润元A	南方基金	南方润元纯债债券A类	85.57	债券型	夏晨曦
2012-06-18	202109	南方润元B	南方基金	南方润元纯债债券B类	85.57	债券型	夏晨曦
2012-06-18	202110	南方润元C	南方基金	南方润元纯债债券C类	85.57	债券型	夏晨曦
2012-06-25	070031	嘉实全球	嘉实基金	嘉实全球房地产（QDII）	8.36	其他	蔡德森
2012-06-25	110030	易基量化	易方达基金	易方达量化衍伸股票	2.49	股票型	刘震
2012-06-25	161616	融通医疗	融通基金	融通医疗保健行业股票	3.36	股票型	吴巍　蒋秀蕾
2012-06-29	470014	添富理财14天债A	汇添富基金	汇添富理财14天债券A	84.83	货币市场型	王栩
2012-06-29	471014	添富理财14天债B	汇添富基金	汇添富理财14天债券B	33.00	货币市场型	王栩
2012-06-29	519712	交银阿尔法	交银施罗德基金	交银阿尔法核心股票	11.44	股票型	龙向东
本月合计					**488.74**		

（七）2012年7月投资基金筹资一览表

发行日期	基金代码	基金简称	发行公司	名称	发行总份额（亿）	投资风格	基金经理（现任）
2012-07-02	163822	中银主题	中银基金	中银主题策略股票	8.95	股票型	史彬　甘霖
2012-07-02	620008	金元新经济	金元惠理基金	金元惠理新经济主题股票	7.29	股票型	潘江
2012-07-02	710301	安达增强A	富安达基金	富安达增强收益债券型A类	2.05	债券型	黄强
2012-07-02	710302	安达增强C	富安达基金	富安达增强收益债券型C类	4.01	债券型	黄强
2012-07-04	200016	长城保本	长城基金	长城保本混合	19.15	其他	钟光正
2012-07-09	159920	恒生ETF	华夏基金	华夏恒生ETF	35.85	其他	王路　张弘弢
2012-07-09	161820	银华纯债	银华基金	银华纯债信用债券（LOF）	19.44	债券型	于海颖
2012-07-09	270042	广发纳斯达克100	广发基金	广发纳斯达克100指数（QDII）	2.55	股票型	邱炜
2012-07-09	510900	H股ETF	易方达基金	易方达恒生国企（QDII-ETF）	16.16	其他	张胜记
2012-07-09	560006	益民核心	益民基金	益民核心增长混合	11.56	混合型	韩宁
2012-07-09	690009	民生红利	民生加银基金	民生红利回报	30.44	混合型	吴剑飞

发行日期	基金代码	基金简称	发行公司	名称	发行总份额（亿）	投资风格	基金经理（现任）
2012-07-11	582003	东吴保本	东吴基金	东吴保本混合	7.75	其他	丁蕙
2012-07-16	240022	华宝资源	华宝兴业基金	华宝兴业资源优选	5.03	股票型	蔡目荣
2012-07-16	270043	广发理财年年红	广发基金	广发理财年年红债券	5.43	债券型	谭昌杰
2012-07-16	530019	建信社会责任	建信基金	建信社会责任股票	11.11	股票型	许杰　姚锦
2012-07-17	217023	招商强债	招商基金	招商信用增强债券	37.19	债券型	胡慧颖
2012-07-18	000071	恒生ETF联接	华夏基金	华夏恒生ETF联接	8.55	股票型	王路　张弘弢
2012-07-18	000075	恒生ETF联接（美元）	华夏基金	华夏恒生ETF联接（美元）	8.55	股票型	王路　张弘弢
2012-07-18	040035	华安逆向	华安基金	华安逆向策略股票	2.32	股票型	陆从珍
2012-07-18	110031	H股ETF联接	易方达基金	易方达恒生中国企业ETF联接人民币份额	32.21	股票型	张胜记
2012-07-18	110032	H股ETF联接（美元现汇）	易方达基金	易方达恒生中国企业ETF联接美元现汇份额	0.00	股票型	张胜记
2012-07-18	110033	H股ETF联接（美元现钞）	易方达基金	易方达恒生中国企业ETF联接美元现钞份额	0.00	股票型	张胜记
2012-07-23	050026	博时医疗	博时基金	博时医疗保健行业股票	2.77	股票型	李权胜
2012-07-23	180033	50等权联接	银华基金	银华上证50等权ETF联接	2.86	股票型	周大鹏
2012-07-23	510430	50等权	银华基金	银华上证50等权ETF	11.80	股票型	周大鹏
2012-07-30	233012	大摩多元收益债券A	摩根士丹利华鑫基金	大摩多元收益债券A	8.06	债券型	李轶
2012-07-30	233013	大摩多元收益债券C	摩根士丹利华鑫基金	大摩多元收益债券C	26.39	债券型	李轶
2012-07-30	420008	天弘发起A	天弘基金	天弘债券型发起式A	5.84	债券型	刘冬
2012-07-30	420108	天弘发起B	天弘基金	天弘债券型发起式B	27.63	债券型	刘冬
2012-07-30	510440	500沪市	大成基金	大成中证500沪市ETF	5.41	股票型	苏秉毅
本月合计					**366.35**		

（八）2012年8月投资基金筹资一览表

发行日期	基金代码	基金简称	发行公司	名称	发行总份额（亿）	投资风格	基金经理（现任）
2012-08-06	040036	华安安心债A	华安基金	华安安心收益债A类	3.53	债券型	郑可成
2012-08-06	040037	华安安心债B	华安基金	华安安心收益债B类	5.15	债券型	郑可成
2012-08-06	090020	500沪市联接	大成基金	大成中证500沪市ETF联接	3.22	股票型	苏秉毅
2012-08-06	160916	优选LOF	大成基金	大成优选股票（LOF）	0.00	股票型	汤义峰
2012-08-06	162907	泰信400	泰信基金	泰信基本面400指数分级	3.01	股票型	陈大庆
2012-08-06	202303	南方理财14天A	南方基金	南方理财14天债券A	70.08	货币市场型	夏晨曦
2012-08-06	202304	南方理财14天B	南方基金	南方理财14天债券B	70.08	货币市场型	夏晨曦

发行日期	基金代码	基金简称	发行公司	名称	发行总份额（亿）	投资风格	基金经理（现任）
2012-08-06	450018	国富恒久债A	国海富兰克林基金	富兰克林国海恒久信用债券A	5.59	债券型	刁晖宇 刘怡敏
2012-08-06	450019	国富恒久债C	国海富兰克林基金	富兰克林国海恒久信用债券C	2.48	债券型	刁晖宇 刘怡敏
2012-08-06	610007	信达消费	信达澳银基金	信达澳银消费优选股票	6.52	股票型	钱翔
2012-08-06	686868	浙商聚盈A	浙商基金	浙商聚盈信用债债券A	1.13	债券型	洪慧梅
2012-08-06	686869	浙商聚盈C	浙商基金	浙商聚盈信用债债券C	1.74	债券型	洪慧梅
2012-08-09	050027	博时信用纯债	博时基金	博时信用债纯债债券	13.76	债券型	皮敏
2012-08-09	660014	农银深证100	农银汇理基金	农银深证100指数	4.14	股票型	宋永安
2012-08-13	100061	富国中国	富国基金	富国中国中小盘股票（QDII）	2.50	其他	张峰
2012-08-13	163823	中银保本	中银基金	中银保本混合	42.17	其他	李建
2012-08-13	470010	添富多元债A	汇添富基金	汇添富多元收益债券A	9.43	债券型	曾刚
2012-08-13	470011	添富多元债C	汇添富基金	汇添富多元收益债券C	10.45	债券型	曾刚
2012-08-13	700004	平安保本	平安大华基金	平安大华保本混合	10.19	其他	孙健
2012-08-13	762001	国金国鑫	国金通用基金	国金通用国鑫发起	1.79	混合型	吴强
2012-08-15	217024	招商保本	招商基金	招商安盈保本混合	45.59	其他	孙海波
2012-08-15	519118	浦银幸福A	浦银安盛基金	浦银安盛幸福回报定期开放债券A	16.17	债券型	薛铮
2012-08-15	519119	浦银幸福B	浦银安盛基金	浦银安盛幸福回报定期开放债券B	3.97	债券型	薛铮
2012-08-15	519679	银河主题	银河基金	银河主题策略股票	3.42	股票型	成胜
2012-08-17	485018	工银7天理财债B	工银瑞信基金	工银7天理财债券B	96.41	货币市场型	魏欣
2012-08-17	485118	工银7天理财债A	工银瑞信基金	工银7天理财债券A	296.10	货币市场型	魏欣
2012-08-20	070035	嘉实理财7天债A	嘉实基金	嘉实理财宝7天债券A	58.47	货币市场型	桑迎
2012-08-20	070036	嘉实理财7天债B	嘉实基金	嘉实理财宝7天债券B	36.81	货币市场型	桑迎
2012-08-20	160809	长盛同辉	长盛基金	长盛同辉深100等权重分级	8.44	股票型	刘斌
2012-08-20	161118	易基中小	易方达基金	易方达中小板指数分级	4.01	股票型	王建军
2012-08-20	270044	广发双债A	广发基金	广发双债添利债券A	5.21	债券型	谭昌杰
2012-08-20	270045	广发双债C	广发基金	广发双债添利债券C	15.93	债券型	谭昌杰
2012-08-20	770001	德邦优化	德邦基金	德邦优化配置股票	3.23	股票型	白仲光
2012-08-22	530014	建信双周安心债A	建信基金	建信双周理财A	119.70	货币市场型	朱建华 高珊
2012-08-22	531014	建信双周安心债B	建信基金	建信双周理财B	38.31	货币市场型	朱建华 高珊
2012-08-24	360021	光大双月理财A	光大保德信基金	光大保德信添盛双月理财债券A	26.63	货币市场型	韩爱丽
2012-08-24	360022	光大双月理财B	光大保德信基金	光大保德信添盛双月理财债券B	7.80	货币市场型	韩爱丽
2012-08-27	070033	嘉实定期开放债	嘉实基金	嘉实增强收益定期债券	33.86	债券型	陈雯雯
2012-08-27	160620	中证资源	鹏华基金	鹏华资源分级	6.43	股票型	杨靖
2012-08-27	202027	南方金粮油	南方基金	南方金粮油	3.37	股票型	郭国栋
2012-08-27	370023	上投消费	上投摩根基金	上投摩根中证消费服务领先指数	4.44	股票型	黄栋
2012-08-27	750002	安信目标债A	安信基金	安信目标收益债券A	4.08	债券型	李勇
2012-08-27	750003	安信目标债C	安信基金	安信目标收益债券C	15.38	债券型	李勇
本月合计					**1120.72**		

（九）2012年9月投资基金筹资一览表

发行日期	基金代码	基金简称	发行公司	名称	发行总份额（亿）	投资风格	基金经理（现任）
2012–09–03	400016	东方强化债	东方基金	东方强化收益债券	6.32	债券型	王丹丹
2012–09–03	519188	万家恒利债A	万家基金	万家恒A	14.84	债券型	朱虹
2012–09–03	519189	万家恒利债C	万家基金	万家恒C	14.84	债券型	朱虹
2012–09–06	020029	国泰6个月理财A	国泰基金	国泰6个月短期理财债券A	15.95	货币市场型	吴晨
2012–09–06	020030	国泰6个月理财B	国泰基金	国泰6个月短期理财债券B	1.33	货币市场型	吴晨
2012–09–10	090021	大成月添利A	大成基金	大成月添利债券A	36.35	货币市场型	陶铄
2012–09–10	091021	大成月添利B	大成基金	大成月添利债券B	14.83	货币市场型	陶铄
2012–09–17	380001	中银理财14天债A	中银基金	中银理财14天债券A	42.21	货币市场型	王妍
2012–09–17	380002	中银理财14天债B	中银基金	中银理财14天债券B	21.68	货币市场型	王妍
2012–09–25	519714	交银沪深300	交银施罗德基金	交银沪深300行业等权指数	3.00	股票型	屈乐伟
2012–09–28	161119	易基综债	易方达基金	易方达中债新综合债券指数（LOF）A	7.34	债券型	胡剑
2012–09–28	161120	易基C类	易方达基金	易方达中债新综合债券指数（LOF）C	6.49	债券型	胡剑
本月合计					**185.18**		

（十）2012年10月投资基金筹资一览表

发行日期	基金代码	基金简称	发行公司	名称	发行总份额（亿）	投资风格	基金经理（现任）
2012–10–09	161619	融通岁岁添利B	融通基金	融通岁岁添利定期开放债券基金B	18.19	债券型	蔡奕奕
2012–10–09	166902	民生增利A	民生加银基金	民生加银平稳增利A类	10.12	债券型	陈薇薇
2012–10–09	166903	民生增利C	民生加银基金	民生加银平稳增利C类	2.56	债券型	陈薇薇
2012–10–10	100007	富国7天理财A	富国基金	富国7天理财宝债券A	54.55	货币市场型	冯彬
2012–10–10	101007	富国7天理财B	富国基金	富国7天理财宝债券B	42.55	货币市场型	冯彬
2012–10–10	202305	南方理财60天A	南方基金	南方理财60天A类	51.08	货币市场型	夏晨曦
2012–10–10	202306	南方理财60天B	南方基金	南方理财60天B类	51.08	货币市场型	夏晨曦
2012–10–10	360019	光大添天盈A	光大保德信基金	光大保德信添天盈季度理财债券A类	17.27	货币市场型	韩爱丽
2012–10–10	360020	光大添天盈B	光大保德信基金	光大保德信添天盈季度理财债券B类	3.25	货币市场型	韩爱丽
2012–10–15	160621	中小企债	鹏华基金	鹏华中小企业债券	9.86	其他	戴钢
2012–10–15	590009	中邮稳定收益A	中邮创业基金	中邮稳定收益债券型A	5.19	债券型	张萌
2012–10–15	590010	中邮稳定收益C	中邮创业基金	中邮稳定收益债券型C	26.84	债券型	张萌
2012–10–15	660015	农银行业轮动	农银汇理基金	农银汇理行业轮动股票	5.32	股票型	魏伟
2012–10–16	080016	长盛30天A	长盛基金	长盛添利30天理财债券A	29.41	货币市场型	杨衡

发行日期	基金代码	基金简称	发行公司	名称	发行总份额（亿）	投资风格	基金经理（现任）
2012-10-16	080017	长盛30天B	长盛基金	长盛添利30天理财债券B	11.98	货币市场型	杨衡
2012-10-16	485019	工银信用纯债B	工银瑞信基金	工银信用纯债债券B类	31.44	债券型	何秀红
2012-10-16	485119	工银信用纯债A	工银瑞信基金	工银信用纯债债券A类	7.55	债券型	何秀红
2012-10-17	530021	建信纯债A	建信基金	建信纯债A	19.10	债券型	黎颖芳　朱建华
2012-10-17	531021	建信纯债C	建信基金	建信纯债C	149.51	债券型	黎颖芳　朱建华
2012-10-18	001057	华夏理财30天A	华夏基金	华夏理财30天债券A	18.49	货币市场型	李广云
2012-10-18	001058	华夏理财30天B	华夏基金	华夏理财30天债券B	7.21	货币市场型	李广云
2012-10-18	380003	中银理财60天债A	中银基金	中银理财60天债券A	27.01	货币市场型	王妍
2012-10-18	380004	中银理财60天债B	中银基金	中银理财60天债券B	4.53	货币市场型	王妍
2012-10-22	210010	金鹰信用债A	金鹰基金	金鹰元泰精选信用债债券A	4.61	债券型	汪仪
2012-10-22	210011	金鹰信用债C	金鹰基金	金鹰元泰精选信用债债券C	13.22	债券型	汪仪
2012-10-22	260117	景顺支柱产业	景顺长城基金	景顺长城支柱产业股票	10.93	股票型	贾殿村　陈晖
2012-10-22	320021	诺安双利债	诺安基金	诺安双利债券	13.95	债券型	夏俊杰
2012-10-22	700005	平安添利债A	平安大华基金	平安大华添利债券A	13.72	债券型	孙健
2012-10-22	700006	平安添利债C	平安大华基金	平安大华添利债券C	9.83	债券型	孙健
2012-10-23	485020	工银14天理财债B	工银瑞信基金	工银14天理财债券发起B	22.27	货币市场型	谷衡
2012-10-23	485120	工银14天理财债A	工银瑞信基金	工银14天理财债券发起A	68.64	货币市场型	谷衡
2012-10-24	100066	富国纯债A	富国基金	富国纯债A	5.41	债券型	冯彬
2012-10-24	100067	富国纯债B	富国基金	富国纯债B	5.41	债券型	冯彬
2012-10-24	100068	富国纯债C	富国基金	富国纯债C	13.20	债券型	冯彬
2012-10-24	370024	上投优选	上投摩根基金	上投摩根核心优选股票	2.83	股票型	孙芳
2012-10-25	519669	银河领先	银河基金	银河领先债券	6.60	债券型	韩晶
2012-10-25	519716	交银21天	交银施罗德基金	交银理财21天债券	85.04	货币市场型	林洪钧
2012-10-29	420009	天弘养老	天弘基金	天弘安康养老混合	3.29	混合型	李蕴炜
2012-10-29	460008	华泰稳健A	华泰柏瑞基金	华泰柏瑞稳健收益债券A类	22.58	债券型	沈涛
2012-10-29	460108	华泰稳健C	华泰柏瑞基金	华泰柏瑞稳健收益债券C类	22.58	债券型	沈涛
2012-10-29	730002	方正精选	方正富邦基金	方正富邦红利精选股票	2.31	股票型	张璐
本月合计					**930.48**		

（十一）2012年11月投资基金筹资一览表

发行日期	基金代码	基金简称	发行公司	名称	发行总份额（亿）	投资风格	基金经理（现任）
2012-11-05	161821	银华50A	银华基金	银华中证中票50指数债券（LOF）A	26.62	债券型	张翼
2012-11-05	161822	银华50C	银华基金	银华中证中票50指数债券（LOF）C	7.24	债券型	张翼
2012-11-05	320022	诺安ETF联接	诺安基金	诺安中小板等权重ETF联接	4.09	股票型	宋德舜
2012-11-07	050028	博时收益A	博时基金	博时安心收益定期开放债券A类	12.11	债券型	陈凯杨
2012-11-07	050128	博时收益C	博时基金	博时安心收益定期开放债券C类	11.12	债券型	陈凯杨
2012-11-12	121013	国投纯债A	国投瑞银基金	国投瑞银纯债债券A	25.79	债券型	李怡文
2012-11-12	128013	国投纯债B	国投瑞银基金	国投瑞银纯债债券B	25.79	债券型	李怡文
2012-11-12	163415	兴全模式	兴业全球基金	兴全商业模式优选股票（LOF）	5.46	股票型	董承非
2012-11-12	233015	大摩量化配置	摩根士丹利华鑫基金	大摩量化配置股票	10.94	股票型	张靖
2012-11-12	253070	国联安中债	国联安基金	国联安中债信用债指数增强	4.72	债券型	薛琳
2012-11-12	270048	广发纯债A	广发基金	广发纯债债券A	3.71	债券型	张芊
2012-11-12	270049	广发纯债C	广发基金	广发纯债债券C	24.43	债券型	张芊
2012-11-14	380005	中银纯债A	中银基金	中银纯债债券A	28.72	债券型	陈国辉
2012-11-14	380006	中银纯债C	中银基金	中银纯债债券C	22.34	债券型	陈国辉
2012-11-15	001061	华夏海外债A（人民币）	华夏基金	华夏海外收益债券A	8.37	其他	刘鲁旦
2012-11-15	001063	华夏海外债C（RMB）	华夏基金	华夏海外收益债券C	11.40	其他	刘鲁旦
2012-11-15	001065	华夏海外债A（美元现汇）	华夏基金	华夏海外收益债券A（美元现汇）	8.37	其他	刘鲁旦
2012-11-15	001066	华夏海外债A（美元现钞）	华夏基金	华夏海外收益债券A（美元现钞）	8.37	其他	刘鲁旦
2012-11-15	550012	信诚7日A	信诚基金	信诚理财7日盈债券A	14.25	货币市场型	王国强
2012-11-15	550013	信诚7日B	信诚基金	信诚理财7日盈债券B	14.13	货币市场型	王国强
2012-11-16	040038	华安日日鑫A	华安基金	华安日日鑫货币A	5.75	货币市场型	郑可成
2012-11-16	040039	华安日日鑫B	华安基金	华安日日鑫货币B	3.52	货币市场型	郑可成
2012-11-16	110050	易方达月月利A	易方达基金	易方达月月利理财债券A	25.87	货币市场型	石大怿
2012-11-16	110051	易方达月月利B	易方达基金	易方达月月利理财债券B	10.67	货币市场型	石大怿
2012-11-19	070037	嘉实纯债A	嘉实基金	嘉实纯债债券A	1.70	债券型	曲扬
2012-11-19	070038	嘉实纯债C	嘉实基金	嘉实纯债债券C	12.14	债券型	曲扬
2012-11-19	080018	长盛60天A	长盛基金	长盛添利60天理财债券A	20.33	货币市场型	杨衡
2012-11-19	080019	长盛60天B	长盛基金	长盛添利60天理财债券B	2.18	货币市场型	杨衡
2012-11-19	210012	金鹰货币A	金鹰基金	金鹰货币A	6.39	货币市场型	汪仪

发行日期	基金代码	基金简称	发行公司	名称	发行总份额（亿）	投资风格	基金经理（现任）
2012-11-19	210013	金鹰货币B	金鹰基金	金鹰货币B	22.86	货币市场型	汪仪
2012-11-19	400018	央视50	东方基金	东方央视财经50指数	5.46	股票型	吴长凤
2012-11-19	720003	财通保本	财通基金	财通保本混合	3.46	其他	赵媛媛 曹丽娟
2012-11-19	750005	安信平稳	安信基金	安信平稳增长混合	2.06	混合型	汪建
2012-11-20	090023	大成21天A	大成基金	大成理财21天债券A	22.16	货币市场型	陶铄
2012-11-20	091023	大成21天B	大成基金	大成理财21天债券B	14.04	货币市场型	陶铄
2012-11-20	519152	新华纯债A	新华基金	新华纯债添利债券A	5.59	债券型	于泽雨 赍兴振
2012-11-20	519153	新华纯债C	新华基金	新华纯债添利债券C	40.34	债券型	于泽雨 赍兴振
2012-11-22	202213	南方安心保本	南方基金	南方安心保本混合	24.13	其他	李璇 陈键
2012-11-26	100070	富国定期开放债A	富国基金	富国强收益定期开放债券A	3.76	债券型	冯彬
2012-11-26	100071	富国定期开放债C	富国基金	富国强收益定期开放债券C	4.98	债券型	冯彬
2012-11-26	166014	中欧货币A	中欧基金	中欧货币A	5.98	货币市场型	姚文辉
2012-11-26	166015	中欧货币B	中欧基金	中欧货币B	9.79	货币市场型	姚文辉
2012-11-26	519718	交银纯债A	交银施罗德基金	交银纯债债券A	14.92	债券型	胡军华
2012-11-26	519719	交银纯债B	交银施罗德基金	交银纯债债券B	14.92	债券型	胡军华
2012-11-26	519720	交银纯债C	交银施罗德基金	交银纯债债券C	6.24	债券型	胡军华
2012-11-26	675021	纽银稳债A	纽银梅隆西部基金	纽银稳定增利债券A	0.52	债券型	李健
2012-11-26	675023	纽银稳债C	纽银梅隆西部基金	纽银稳定增利债券C	4.71	债券型	李健
2012-11-26	690010	民生货币A	民生加银基金	民生加银现金增利货币A	14.39	货币市场型	陈薇薇
2012-11-26	690210	民生货币B	民生加银基金	民生加银现金增利货币B	130.12	货币市场型	陈薇薇
2012-11-28	550016	岁岁添金	信诚基金	信诚岁岁添金	9.27	债券型	王国强
本月合计					**726.25**		

（十二）2012年12月投资基金筹资一览表

发行日期	基金代码	基金简称	发行公司	名称	发行总份额（亿）	投资风格	基金经理（现任）
2012-12-03	217026	招商7天B	招商基金	招商理财7天债券B	15.18	货币市场型	孙海波
2012-12-03	630012	华商现金增利A	华商基金	华商现金增利货币A	1.51	货币市场型	刘晓晨
2012-12-03	630112	华商现金增利B	华商基金	华商现金增利货币B	3.62	货币市场型	刘晓晨
2012-12-05	550015	季季添金	信诚基金	信诚季季添金	21.65	债券型	王国强
2012-12-10	206016	鹏华理财21天A	鹏华基金	鹏华理财21天债券A	12.03	货币市场型	刘太阳

发行日期	基金代码	基金简称	发行公司	名称	发行总份额（亿）	投资风格	基金经理（现任）
2012-12-10	206017	鹏华理财21天B	鹏华基金	鹏华理财21天债券B	8.87	货币市场型	刘太阳
2012-12-10	530028	建信月盈A	建信基金	建信月盈安心理财债券A	125.24	货币市场型	朱建华　高珊
2012-12-10	531028	建信月盈B	建信基金	建信月盈安心理财债券B	47.86	货币市场型	朱建华　高珊
2012-12-11	040045	华安信用增强	华安基金	华安信用增强债券	9.11	债券型	贺涛
2012-12-11	519888	添富快线	汇添富基金	汇添富收益快线货币A	3728.77	货币市场型	陈加荣
2012-12-11	519889	添富快B	汇添富基金	汇添富收益快线货币B	3728.77	货币市场型	陈加荣
2012-12-12	380007	中银7天A	中银基金	中银理财7天债券A	21.69	货币市场型	白洁
2012-12-12	380008	中银7天B	中银基金	中银理财7天债券B	15.01	货币市场型	白洁
2012-12-17	510330	华夏300	华夏基金	华夏沪深300ETF	6.03	股票型	张弘弢
本月合计					**7745.34**		

2012年债券融资情况

（一）2012年国债发行一览表

发行公告日	债券名称	发行期限（年）	实际发行总额（亿元）	发行时票面利率（%）
2012-01-05	2012年记账式附息（一期）国债	1.00	280.00	2.78
2012-02-02	2012年记账式附息（二期）国债	1.00	280.00	2.87
2012-02-09	2012年记账式附息（三期）国债	5.00	280.00	3.14
2012-02-15	2012年记账式附息（四期）国债	10.00	280.00	3.51
2012-02-29	2012年记账式附息（五期）国债	7.00	280.00	3.41
2012-03-06	2012年第一期储蓄国债（电子式）	3.00	350.00	5.58
2012-03-06	2012年第二期储蓄国债（电子式）	5.00	150.00	6.15
2012-03-14	2012年记账式附息（四期）国债（续发）	10.00	280.00	3.51
2012-03-31	2012年凭证式（一期）国债（3年）	3.00	210.00	5.58
2012-03-31	2012年凭证式（一期）国债（5年）	5.00	90.00	6.15
2012-04-06	2012年记账式附息（五期）国债（续发）	7.00	327.00	3.41
2012-04-06	2012年记账式贴现（一期）国债	0.75	150.00	2.86
2012-04-13	2012年记账式附息（四期）国债（续发2）	10.00	326.10	3.51
2012-04-16	2012年记账式附息（六期）国债	20.00	280.00	4.03
2012-04-18	2012年记账式附息（七期）国债	3.00	300.00	2.91
2012-04-26	2012年记账式附息（五期）国债（续发2）	7.00	339.70	3.41
2012-04-26	2012年记账式贴现（二期）国债	0.75	150.00	2.80
2012-05-04	2012年第三期储蓄国债（电子式）	3.00		5.58
2012-05-04	2012年第四期储蓄国债（电子式）	5.00		6.15

发行公告日	债券名称	发行期限（年）	实际发行总额（亿元）	发行时票面利率（%）
2012-05-09	2012年记账式附息（八期）国债	50.00	280.00	4.25
2012-05-17	2012年记账式附息（九期）国债	10.00	344.40	3.36
2012-05-23	2012年记账式附息（三期）国债（续发）	5.00	300.00	3.14
2012-05-30	2012年记账式附息（十期）国债	7.00	320.90	3.14
2012-06-04	2012年第五期储蓄国债（电子式）	3.00	0.00	5.58
2012-06-04	2012年第六期储蓄国债（电子式）	5.00		6.15
2012-06-08	2012年记账式附息（十一期）国债	1.00	269.40	2.15
2012-06-08	2012年记账式贴现（三期）国债	0.75	150.00	2.26
2012-06-14	2012年记账式附息（九期）国债（续发）	10.00	331.60	3.36
2012-06-21	2012年记账式附息（十二期）国债	30.00	280.00	4.07
2012-07-03	2012年第七期储蓄国债（电子式）	3.00		5.21
2012-07-03	2012年第八期储蓄国债（电子式）	5.00		5.71
2012-07-05	2012年记账式附息（十期）国债（续发）	7.00	322.60	3.14
2012-07-06	2012年记账式贴现（四期）国债	0.50	150.00	2.25
2012-07-11	2012年记账式附息（九期）国债（续发2）	10.00	326.20	3.36
2012-07-16	2012年第九期储蓄国债（电子式）	3.00		4.76
2012-07-16	2012年第十期储蓄国债（电子式）	5.00		5.32
2012-07-18	2012年记账式附息（七期）国债（续发）	3.00	301.20	2.91
2012-07-20	2012年记账式贴现（五期）国债	0.50	150.00	2.39
2012-07-25	2012年记账式附息（十三期）国债	30.00	280.00	4.12
2012-07-27	2012年记账式贴现（六期）国债	0.50	150.00	2.45
2012-08-02	2012年记账式附息（十期）国债（续发2）	7.00	300.00	3.14
2012-08-03	2012年凭证式（二期）国债（3年）	3.00	210.00	4.76
2012-08-03	2012年凭证式（二期）国债（5年）	5.00	90.00	5.32
2012-08-09	2012年记账式附息（十四期）国债	5.00	300.60	2.95
2012-08-15	2012年记账式附息（十五期）国债	10.00	300.00	3.39
2012-08-29	2012年记账式附息（十六期）国债	7.00	300.00	3.25
2012-09-03	2012年第十一期储蓄国债（电子式）	3.00		4.76
2012-09-03	2012年第十二期储蓄国债（电子式）	5.00		5.32
2012-09-05	2012年记账式附息（十七期）国债	3.00	300.00	3.10
2012-09-13	2012年记账式附息（十五期）国债（续发）	10.00	303.30	3.39
2012-09-19	2012年记账式附息（十八期）国债	20.00	280.00	4.10
2012-09-27	2012年记账式附息（十六期）国债（续发）	7.00	266.70	3.25
2012-10-10	2012年记账式附息（十九期）国债	1.00	260.10	2.94
2012-10-12	2012年记账式贴现（七期）国债	0.25	150.00	2.90
2012-10-17	2012年记账式附息（十五期）国债（续发2）	10.00	261.40	3.39
2012-10-26	2012年记账式贴现（八期）国债	0.25	150.00	3.10
2012-10-31	2012年记账式附息（十六期）国债（续发2）	7.00	261.50	3.25
2012-11-05	2012年第十三期储蓄国债（电子式）	3.00		4.76
2012-11-05	2012年第十四期储蓄国债（电子式）	5.00		5.32
2012-11-07	2012年记账式附息（二十期）国债	50.00	260.00	4.35
2012-11-14	2012年记账式附息（十四期）国债（续发）	5.00	260.00	2.95
2012-11-28	2012年记账式附息（十七期）国债（续发）	3.00	280.00	3.10
2012-12-05	2012年记账式附息（二十一期）国债	10.00	290.10	3.55
合计			**13132.80**	

（二）2012年地方政府债券发行一览表

发行公告日	债券名称	发行期限（年）	实际发行总额（亿元）	发行时票面利率（%）
2012-06-12	2012年地方政府债券（一期）	3.00	206.00	2.76
2012-06-25	2012年地方政府债券（二期）	5.00	210.00	3.07
2012-07-03	2012年地方政府债券（三期）	3.00	239.00	2.75
2012-07-09	2012年地方政府债券（四期）	5.00	239.00	3.02
2012-07-16	2012年地方政府债券（五期）	3.00	231.00	2.74
2012-07-23	2012年地方政府债券（六期）	5.00	233.00	3.13
2012-08-03	2012年地方政府债券（七期）	3.00	216.00	2.98
2012-08-10	2012年地方政府债券（八期）	5.00	221.00	3.38
2012-08-16	2012年上海市政府债券（一期）	5.00	44.50	3.25
2012-08-16	2012年上海市政府债券（二期）	7.00	44.50	3.39
2012-08-27	2012年广东省政府债券（一期）	5.00	43.00	3.21
2012-08-27	2012年广东省政府债券（二期）	7.00	43.00	3.40
2012-09-10	2012年地方政府债券（九期）	3.00	206.00	3.47
2012-09-10	2012年地方政府债券（十期）	5.00	210.00	3.58
2012-09-13	2012年浙江省政府债券（一期）	5.00	43.50	3.30
2012-09-13	2012年浙江省政府债券（二期）	7.00	43.50	3.47
2012-09-29	深圳市2012年政府债券（一期）	5.00	13.50	3.22
2012-09-29	深圳市2012年政府债券（二期）	7.00	13.50	3.43
合计			**2500.00**	

（三）2012年金融债发行一览表

发行公告日	债券名称	发行期限（年）	实际发行总额（亿元）	发行时票面利率（%）	发行信用等级	评级机构
2012-01-05	国家开发银行2012年第一期金融债券	10.00	200.00	3.85		
2012-01-10	2012年张家口市商业银行股份有限公司次级债券	10.00	5.00	7.15	A	中诚信国际信用评级有限责任公司
2012-01-12	国家开发银行2012年第二期金融债券	7.00	200.00	3.83		
2012-01-12	国家开发银行2012年第三期金融债券	5.00	100.00	4.13		
2012-01-29	国家开发银行2012年第四期金融债券	3.00	200.00	3.95		
2012-02-02	国家开发银行2012年第五期金融债券	5.00	200.00	3.80		
2012-02-02	国家开发银行2012年第六期金融债券	10.00	200.00	4.27		
2012-02-07	2012年第一期中国民生银行股份有限公司金融债券	5.00	300.00	4.30	AAA	大公国际资信评估有限公司
2012-02-09	国家开发银行2012年第七期金融债券	7.00	200.00	3.94		

发行公告日	债券名称	发行期限（年）	实际发行总额（亿元）	发行时票面利率（%）	发行信用等级	评级机构
2012-02-09	国家开发银行2012年第八期金融债券	7.00	200.00	4.20		
2012-02-14	中国进出口银行2012年第一期金融债券	3.00	200.00	3.78		
2012-02-14	中国进出口银行2012年第二期金融债券	5.00	200.00	3.87		
2012-02-16	国家开发银行2012年第九期金融债券（增发）	10.00	200.00	4.50		
2012-02-20	中国农业发展银行2012年第一期金融债券	7.00	300.00	3.92		
2012-02-21	上海浦东发展银行股份有限公司2012年第一期金融债券	5.00	300.00	4.20	AAA	联合资信评估有限公司
2012-02-23	国家开发银行2012年第十期金融债券	5.00	150.00	4.22		
2012-03-01	中国农业发展银行2012年第二期金融债券	5.00	300.00	3.87		
2012-03-01	浙江泰隆商业银行股份有限公司2012年混合资本债券	15.00	6.50	8.10	A	中诚信国际信用评级有限责任公司
2012-03-06	国家开发银行2012年第十一期金融债券	1.00	150.00	3.52		
2012-03-06	中国进出口银行2012年第三期金融债券	7.00	200.00	3.95		
2012-03-06	中国进出口银行2012年第四期金融债券	5.00	200.00	3.83		
2012-03-06	2012年第一期招商银行股份有限公司金融债券（5年期固定利率品种）	5.00	65.00	4.15	AAA	联合资信评估有限公司
2012-03-06	2012年第一期招商银行股份有限公司金融债券（5年期浮动利率品种）	5.00	135.00	4.45	AAA	联合资信评估有限公司
2012-03-08	中国农业发展银行2012年第三期金融债券	3.00	300.00	3.62		
2012-03-08	中国农业发展银行2012年第四期金融债券	7.00	200.00	3.93		
2012-03-08	沧州银行股份有限公司2012年次级债券	10.00	5.00	7.10	A	中诚信国际信用评级有限责任公司
2012-03-08	2012年汉口银行次级债券	10.00	19.00	6.80	AA−	联合资信评估有限公司
2012-03-14	国家开发银行2012年第十二期金融债券	3.00	260.00	3.99		
2012-03-14	国家开发银行2012年第十三期金融债券	10.00	200.00	4.21		
2012-03-15	重庆银行股份有限公司2012年次级债券	10.00	8.00	6.80	A+	联合资信评估有限公司
2012-03-19	国家开发银行2012年第十四期金融债券	5.00	220.00	4.10		
2012-03-20	2012年杭州银行股份有限公司金融债券	5.00	80.00	4.55	AA+	中诚信国际信用评级有限责任公司
2012-03-20	2012年杭州银行股份有限公司金融债券（3年期）	3.00	0.00		AA+	中诚信国际信用评级有限责任公司
2012-03-21	中国农业发展银行2012年第五期金融债券	1.00	277.60	3.45		
2012-03-23	国家开发银行2012年第十五期金融债券	3.00	240.00	3.83		
2012-03-23	中国光大银行股份有限公司2012年第一期金融债券（品种一）	5.00	200.00	4.20	AAA	中诚信国际信用评级有限责任公司
2012-03-23	中国光大银行股份有限公司2012年第一期金融债券（品种二）	5.00	100.00	4.45	AAA	中诚信国际信用评级有限责任公司
2012-03-30	国家开发银行2012年第十六期金融债券	1.00	150.00	3.46		
2012-04-01	中国农业发展银行2012年第六期金融债券	5.00	250.00	3.89		
2012-04-05	国家开发银行2012年第十七期金融债券	5.00	200.00	4.11		
2012-04-12	国家开发银行2012年第十八期金融债券	1.00	60.00	3.45		
2012-04-12	国家开发银行2012年第十九期金融债券	3.00	60.00	3.93		
2012-04-12	国家开发银行2012年第二十期金融债券	5.00	60.00	4.11		

发行公告日	债券名称	发行期限（年）	实际发行总额（亿元）	发行时票面利率（%）	发行信用等级	评级机构
2012-04-12	国家开发银行2012年第二十一期金融债券	7.00	60.00	4.32		
2012-04-12	国家开发银行2012年第二十二期金融债券	10.00	60.00	4.44		
2012-04-13	中国进出口银行2012年第五期金融债券	1.00	150.00	3.39		
2012-04-13	吉林银行股份有限公司2012年次级债券	10.00	20.00	6.80	A+	大公国际资信评估有限公司
2012-04-16	中国农业发展银行2012年第七期金融债券	3.00	186.40	3.68		
2012-04-18	2012年瑞穗实业银行（中国）有限公司金融债券	2.00	10.00	4.55	AAA	中诚信国际信用评级有限责任公司
2012-04-18	2012年瑞穗实业银行（中国）有限公司金融债券（浮）	2.00	0.00		AAA	中诚信国际信用评级有限责任公司
2012-04-19	中国进出口银行2012年第六期金融债券	10.00	200.00	4.18		
2012-04-23	国家开发银行2012年第二十三期金融债券	5.00	200.00	4.28		
2012-04-28	2012年星展银行（中国）有限公司第一期金融债券	3.00	5.00	4.75	AAA	中诚信国际信用评级有限责任公司
2012-05-03	国家开发银行2012年第十八期金融债券（续发）	1.00	60.00	3.45		
2012-05-03	国家开发银行2012年第十九期金融债券（续发）	3.00	60.00	3.93		
2012-05-03	国家开发银行2012年第二十期金融债券（续发）	5.00	60.00	4.11		
2012-05-03	国家开发银行2012年第二十一期金融债券（续发）	7.00	60.00	4.32		
2012-05-03	国家开发银行2012年第二十二期金融债券（续发）	10.00	60.00	4.44		
2012-05-03	2012年第二期中国民生银行股份有限公司金融债券	5.00	200.00	4.39	AAA	大公国际资信评估有限公司
2012-05-07	中国农业发展银行2012年第八期金融债券	5.00	250.00	3.87		
2012-05-10	国家开发银行2012年第二十四期金融债券	7.00	200.00	4.22		
2012-05-10	2012年哈尔滨银行股份有限公司金融债券	5.00	25.00	4.55	AA	联合资信评估有限公司
2012-05-14	中国农业发展银行2012年第九期金融债券	2.00	200.00	3.15		
2012-05-17	国家开发银行2012年第十八期金融债券（续发2）	1.00	60.00	3.45		
2012-05-17	国家开发银行2012年第十九期金融债券（续发2）	3.00	60.00	3.93		
2012-05-17	国家开发银行2012年第二十期金融债券（续发2）	5.00	70.00	4.11		
2012-05-17	国家开发银行2012年第二十一期金融债券（续发2）	7.00	70.00	4.32		
2012-05-17	国家开发银行2012年第二十二期金融债券（续发2）	10.00	70.00	4.44		
2012-05-17	2012年兰州银行股份有限公司第一期金融债券（品种一）	3.00	18.00	5.10	AA−	联合资信评估有限公司
2012-05-17	2012年兰州银行股份有限公司第一期金融债券（品种二）	5.00	12.00	5.24	AA−	联合资信评估有限公司
2012-05-22	中国进出口银行2012年第七期金融债券	5.00	150.00	3.49		
2012-05-22	中国进出口银行2012年第八期金融债券	7.00	150.00	3.71		
2012-05-24	国家开发银行2012年第二十五期金融债券	5.00	200.00	3.96		
2012-05-31	国家开发银行2012年第十八期金融债券（续发3）	1.00	60.00	3.45		
2012-05-31	国家开发银行2012年第十九期金融债券（续发3）	3.00	60.00	3.93		
2012-05-31	国家开发银行2012年第二十期金融债券（续发3）	5.00	60.00	4.11		
2012-05-31	国家开发银行2012年第二十一期金融债券（续发3）	7.00	60.00	4.32		
2012-05-31	国家开发银行2012年第二十二期金融债券（续发3）	10.00	60.00	4.44		

发行公告日	债券名称	发行期限（年）	实际发行总额（亿元）	发行时票面利率（%）	发行信用等级	评级机构
2012-06-04	中国光大银行股份有限公司2012年第一期次级债券	15.00	67.00	5.25	AA+	中诚信国际信用评级有限责任公司
2012-06-06	2012年中国工商银行股份有限公司次级债券第一期	15.00	200.00	4.99	AAA	中诚信国际信用评级有限责任公司
2012-06-06	2012年中国工商银行股份有限公司次级债券第一期（品种一）	10.00	0.00		AAA	中诚信国际信用评级有限责任公司
2012-06-07	国家开发银行2012年第二十六期金融债券	10.00	200.00	4.24		
2012-06-14	国家开发银行2012年第十八期金融债券（续发4）	1.00	26.40	3.45		
2012-06-14	国家开发银行2012年第十九期金融债券（续发4）	3.00	60.00	3.93		
2012-06-14	国家开发银行2012年第二十期金融债券（续发4）	5.00	60.00	4.11		
2012-06-14	国家开发银行2012年第二十一期金融债券（续发4）	7.00	60.00	4.32		
2012-06-14	国家开发银行2012年第二十二期金融债券（续发4）	10.00	70.00	4.44		
2012-06-14	中国农业发展银行2012年第十期金融债券	10.00	300.00	4.04		
2012-06-14	2012年中信银行股份有限公司次级债券	15.00	200.00	5.15	AAA	大公国际资信评估有限公司
2012-06-14	2012年中信银行股份有限公司次级债券（品种二）	15.00	0.00		AAA	大公国际资信评估有限公司
2012-06-19	中国农业发展银行2012年第十一期金融债券	7.00	250.00	3.87		
2012-06-20	国家开发银行2012年第二十七期金融债券	7.00	200.00	4.21		
2012-06-21	中国进出口银行2012年第九期金融债券	5.00	200.00	3.60		
2012-06-25	广州农村商业银行股份有限公司2012年第一期次级债券	10.00	35.00	5.99	AA−	大公国际资信评估有限公司
2012-06-28	国家开发银行2012年第二十八期金融债券	1.00	60.00	2.93		
2012-06-28	国家开发银行2012年第二十九期金融债券	3.00	60.00	3.39		
2012-06-28	国家开发银行2012年第三十期金融债券	5.00	60.00	3.75		
2012-06-28	国家开发银行2012年第三十一期金融债券	7.00	60.00	3.97		
2012-06-28	国家开发银行2012年第三十二期金融债券	10.00	60.00	4.06		
2012-06-28	2012年汉口银行股份有限公司小型微型企业贷款专项金融债券（品种一）	3.00	21.00	4.50	AA	联合资信评估有限公司
2012-06-28	2012年汉口银行股份有限公司小型微型企业贷款专项金融债券（品种二）	5.00	29.00	4.80	AA	联合资信评估有限公司
2012-07-03	九江银行股份有限公司2012年次级债券	10.00	10.00	6.80	A+	大公国际资信评估有限公司
2012-07-05	国家开发银行2012年第三十三期金融债券	5.00	200.00	4.08		
2012-07-05	中国农业发展银行2012年第十二期金融债券	7.00	293.20	3.76		
2012-07-12	国家开发银行2012年第二十八期金融债券（续发）	1.00	50.00	2.93		
2012-07-12	国家开发银行2012年第二十九期金融债券（续发）	3.00	50.00	3.39		
2012-07-12	国家开发银行2012年第三十期金融债券（续发）	5.00	60.00	3.75		
2012-07-12	国家开发银行2012年第三十一期金融债券（续发）	7.00	70.00	3.97		
2012-07-12	国家开发银行2012年第三十二期金融债券（续发）	10.00	70.00	4.06		
2012-07-16	中国农业发展银行2012年第十三期金融债券	10.00	200.00	3.93		
2012-07-17	中国进出口银行2012年第十期金融债券（增发）	5.00	150.00	3.49		
2012-07-17	中国进出口银行2012年第十一期金融债券（续发）	7.00	150.00	3.71		
2012-07-17	2012年渤海银行股份有限公司次级债券品种一	10.00	9.50	5.50	AA	联合资信评估有限公司

发行公告日	债券名称	发行期限（年）	实际发行总额（亿元）	发行时票面利率（%）	发行信用等级	评级机构
2012-07-17	2012年渤海银行股份有限公司次级债券品种二	15.00	9.50	5.68	AA	联合资信评估有限公司
2012-07-19	国家开发银行2012年第三十四期金融债券	5.00	200.00	3.97		
2012-07-26	国家开发银行2012年第二十八期金融债券（续发2）	1.00	50.00	2.93		
2012-07-26	国家开发银行2012年第二十九期金融债券（续发2）	3.00	50.00	3.39		
2012-07-26	国家开发银行2012年第三十期金融债券（续发2）	5.00	60.00	3.75		
2012-07-26	国家开发银行2012年第三十一期金融债券（续发2）	7.00	70.00	3.97		
2012-07-26	国家开发银行2012年第三十二期金融债券（续发2）	10.00	70.00	4.06		
2012-08-01	中国农业发展银行2012年第十四期金融债券	3.00	198.50	3.37		
2012-08-02	国家开发银行2012年第三十五期金融债券	7.00	100.00	4.00		
2012-08-02	国家开发银行2012年第三十六期金融债券	7.00	100.00	3.98		
2012-08-09	国家开发银行2012年第二十八期金融债券（续发3）	1.00	50.00	2.93		
2012-08-09	国家开发银行2012年第二十九期金融债券（续发3）	3.00	60.00	3.39		
2012-08-09	国家开发银行2012年第三十期金融债券（续发3）	5.00	60.00	3.75		
2012-08-09	国家开发银行2012年第三十一期金融债券（续发3）	7.00	60.00	3.97		
2012-08-09	国家开发银行2012年第三十二期金融债券（续发3）	10.00	70.00	4.06		
2012-08-14	中国进出口银行2012年第十二期金融债券	7.00	150.00	3.94		
2012-08-15	中国农业发展银行2012年第十五期金融债券	5.00	250.00	3.76		
2012-08-16	国家开发银行2012年第三十七期金融债券	5.00	200.00	3.92		
2012-08-16	2012年第一期台州银行股份有限公司金融债券	3.00	15.00	4.70	AA	中诚信国际信用评级有限责任公司
2012-08-22	中国农业发展银行2012年第十六期金融债券	7.00	250.00	3.99		
2012-08-23	国家开发银行2012年第二十八期金融债券（续发4）	1.00	60.00	2.93		
2012-08-23	国家开发银行2012年第二十九期金融债券（续发4）	3.00	60.00	3.39		
2012-08-23	国家开发银行2012年第三十期金融债券（续发4）	5.00	60.00	3.75		
2012-08-23	国家开发银行2012年第三十一期金融债券（续发4）	7.00	60.00	3.97		
2012-08-23	国家开发银行2012年第三十二期金融债券（续发4）	10.00	60.00	4.06		
2012-08-24	2012年武汉农村商业银行股份有限公司次级债券	10.00	12.00	6.50	A+	联合资信评估有限公司
2012-08-28	南京银行股份有限公司2012年金融债券品种一	3.00	35.00	4.10	AA+	中诚信国际信用评级有限责任公司
2012-08-28	南京银行股份有限公司2012年金融债券品种二	5.00	15.00	4.30	AA+	中诚信国际信用评级有限责任公司
2012-08-31	中国进出口银行2012年第十三期金融债券	5.00	150.00	3.78		
2012-09-04	中国农业发展银行2012年第十七期金融债券	5.00	170.00	3.80		
2012-09-06	国家开发银行2012年第三十八期金融债券	1.00	60.00	3.19		
2012-09-06	国家开发银行2012年第三十九期金融债券	3.00	60.00	3.81		
2012-09-06	国家开发银行2012年第四十期金融债券	5.00	60.00	4.07		
2012-09-06	国家开发银行2012年第四十一期金融债券	7.00	60.00	4.19		
2012-09-06	国家开发银行2012年第四十二期金融债券	10.00	60.00	4.29		
2012-09-10	中国进出口银行2012年第十四期金融债券	1.00	100.00	3.24		

发行公告日	债券名称	发行期限（年）	实际发行总额（亿元）	发行时票面利率（%）	发行信用等级	评级机构
2012-09-14	中国进出口银行2012年第十五期金融债券（续发）	7.00	200.00	3.94		
2012-09-20	国家开发银行2012年第三十八期金融债券（续发）	1.00	60.00	3.19		
2012-09-20	国家开发银行2012年第三十九期金融债券（续发）	3.00	60.00	3.81		
2012-09-20	国家开发银行2012年第四十期金融债券（续发）	5.00	60.00	4.07		
2012-09-20	国家开发银行2012年第四十一期金融债券（续发）	7.00	60.00	4.19		
2012-09-20	国家开发银行2012年第四十二期金融债券（续发）	10.00	60.00	4.29		
2012-09-27	国家开发银行2012年第三十八期金融债券（续发2）	1.00	40.00	3.19		
2012-09-27	国家开发银行2012年第三十九期金融债券（续发2）	3.00	60.00	3.81		
2012-09-27	国家开发银行2012年第四十期金融债券（续发2）	5.00	70.00	4.07		
2012-09-27	国家开发银行2012年第四十一期金融债券（续发2）	7.00	60.00	4.19		
2012-09-27	国家开发银行2012年第四十二期金融债券（续发2）	10.00	70.00	4.29		
2012-10-12	中国进出口银行2012年第十七期金融债券（增发）	7.00	200.00	4.49		
2012-10-12	中国进出口银行2012年第十六期金融债券	3.00	120.00	3.72		
2012-10-18	国家开发银行2012年第三十八期金融债券（续发3）	1.00	50.00	3.19		
2012-10-18	国家开发银行2012年第三十九期金融债券（续发3）	3.00	60.00	3.81		
2012-10-18	国家开发银行2012年第四十期金融债券（续发3）	5.00	60.00	4.07		
2012-10-18	国家开发银行2012年第四十一期金融债券（续发3）	7.00	60.00	4.19		
2012-10-18	国家开发银行2012年第四十二期金融债券（续发3）	10.00	70.00	4.29		
2012-10-23	中国进出口银行2012年第十九期金融债券（增发）	3.00	179.40	3.72		
2012-10-23	中国进出口银行2012年第十八期金融债券	1.00	150.00	3.35		
2012-10-24	2012年中国信达资产管理股份有限公司金融债券(3年期)	3.00	50.00	4.35	AAA	中诚信国际信用评级有限责任公司
2012-10-24	2012年中国信达资产管理股份有限公司金融债券(5年期)	5.00	50.00	4.65	AAA	中诚信国际信用评级有限责任公司
2012-10-25	国家开发银行2012年第四十三期金融债券	3.00	100.00	4.05		
2012-10-25	国家开发银行2012年第四十四期金融债券	7.00	100.00	4.40		
2012-11-01	国家开发银行2012年第三十八期金融债券（续发4）	1.00	50.00	3.19		
2012-11-01	国家开发银行2012年第三十九期金融债券（续发4）	3.00	60.00	3.81		
2012-11-01	国家开发银行2012年第四十期金融债券（续发4）	5.00	70.00	4.07		
2012-11-01	国家开发银行2012年第四十一期金融债券（续发4）	7.00	60.00	4.19		
2012-11-01	国家开发银行2012年第四十二期金融债券（续发4）	10.00	60.00	4.29		
2012-11-05	中国进出口银行2012年第二十期金融债券	0.50	100.00	3.18		
2012-11-05	中国进出口银行2012年第二十一期金融债券	5.00	200.00	3.99		
2012-11-08	中国进出口银行2012年第二十二期金融债券	3.00	147.40	3.80		
2012-11-08	中国进出口银行2012年第二十三期金融债券	7.00	200.00	4.17		
2012-11-12	2012年宁波鄞州农村合作银行金融债券	3.00	20.00	5.00	AA-	中诚信国际信用评级有限责任公司
2012-11-14	2012年曲靖市商业银行股份有限公司次级债券	10.00	1.20	7.00	A-	中诚信国际信用评级有限责任公司

发行公告日	债券名称	发行期限（年）	实际发行总额（亿元）	发行时票面利率（%）	发行信用等级	评级机构
2012-11-15	国家开发银行2012年第四十五期金融债券	1.00	60.00	3.25		
2012-11-15	国家开发银行2012年第四十六期金融债券	3.00	60.00	3.87		
2012-11-15	国家开发银行2012年第四十七期金融债券	5.00	60.00	4.09		
2012-11-15	国家开发银行2012年第四十八期金融债券	7.00	60.00	4.26		
2012-11-15	国家开发银行2012年第四十九期金融债券	10.00	60.00	4.39		
2012-11-15	2012年中国建设银行股份有限公司第一期次级债券（15年期）	15.00	400.00	4.99	AAA	联合资信评估有限公司
2012-11-15	2012年中国建设银行股份有限公司第一期次级债券（10年期）	10.00	0.00		AAA	联合资信评估有限公司
2012-11-19	2012年宁波银行股份有限公司次级债券（品种二）	15.00	30.00	5.75	AA	中诚信国际信用评级有限责任公司
2012-11-19	2012年宁波银行股份有限公司次级债券（品种一）	10.00	0.00		AA	中诚信国际信用评级有限责任公司
2012-11-22	中国进出口银行2012年第二十四期金融债券（增发）	5.00	150.00	4.02		
2012-11-22	中国进出口银行2012年第二十五期金融债券	7.00	184.00	4.19		
2012-11-22	中国银行股份有限公司2012年第一期次级债券（10年固）	10.00	50.00	4.70	AAA	大公国际资信评估有限公司
2012-11-22	中国银行股份有限公司2012年第一期次级债券（15年固）	15.00	180.00	4.99	AAA	大公国际资信评估有限公司
2012-11-26	华融湘江银行股份有限公司2012年次级债券	10.00	15.00	6.30	AA−	中诚信国际信用评级有限责任公司
2012-11-26	浙江泰隆商业银行股份有限公司2012年金融债券	3.00	35.00	5.00	AA	中诚信国际信用评级有限责任公司
2012-11-26	浙江泰隆商业银行股份有限公司2012年金融债券（品种二）	5.00	0.00		AA	中诚信国际信用评级有限责任公司
2012-11-27	中国农业发展银行2012年第十八期金融债券	5.00	251.90	4.00		
2012-11-27	东莞银行股份有限公司2012年次级债券	10.00	10.00	6.20	AA−	联合资信评估有限公司
2012-11-29	国家开发银行2012年第四十五期金融债券（续发）	1.00	60.00	3.25		
2012-11-29	国家开发银行2012年第四十六期金融债券（续发）	3.00	60.00	3.87		
2012-11-29	国家开发银行2012年第四十七期金融债券（续发）	5.00	60.00	4.09		
2012-11-29	国家开发银行2012年第四十八期金融债券（续发）	7.00	60.00	4.26		
2012-11-29	国家开发银行2012年第四十九期金融债券（续发）	10.00	60.00	4.39		
2012-11-30	上海银行股份有限公司2012年次级债券品种二	15.00	50.00	5.35	AA+	上海新世纪资信评估投资服务有限公司
2012-11-30	上海银行股份有限公司2012年次级债券品种一	10.00	0.00		AA+	上海新世纪资信评估投资服务有限公司
2012-12-07	中国进出口银行2012年第二十六期金融债券	5.00	219.20	4.05		
2012-12-07	上海农村商业银行股份有限公司2012年金融债券	3.00	50.00	4.40	AA+	联合资信评估有限公司
2012-12-12	中国农业发展银行2012年第十九期金融债券	1.00	222.40	3.37		
2012-12-12	温州银行股份有限公司2012年次级债券	10.00	12.00	6.50	A+	大公国际资信评估有限公司
2012-12-13	国家开发银行2012年第四十五期金融债券（续发2）	1.00	60.00	3.25		
2012-12-13	国家开发银行2012年第四十六期金融债券（续发2）	3.00	60.00	3.87		
2012-12-13	国家开发银行2012年第四十七期金融债券（续发2）	5.00	70.00	4.09		
2012-12-13	国家开发银行2012年第四十八期金融债券（续发2）	7.00	60.00	4.26		
2012-12-13	国家开发银行2012年第四十九期金融债券（续发2）	10.00	50.00	4.39		

发行公告日	债券名称	发行期限（年）	实际发行总额（亿元）	发行时票面利率（%）	发行信用等级	评级机构
2012-12-13	日照银行股份有限公司2012年次级债券	10.00	6.00	6.50	A+	大公国际资信评估有限公司
2012-12-13	2012年第一期泉州银行股份有限公司金融债券	3.00	10.00	5.20	AA-	上海新世纪资信评估投资服务有限公司
2012-12-13	2012年中国农业银行股份有限公司次级债券（第一期）	15.00	500.00	4.99	AAA	中诚信国际信用评级有限责任公司
2012-12-13	2012年中国农业银行股份有限公司次级债券（第一期）（10年期）	10.00	0.00		AAA	中诚信国际信用评级有限责任公司
2012-12-19	国家开发银行2012年第五十期金融债券（次级债券）	10.00	20.00	4.70		
2012-12-19	国家开发银行2012年第五十一期金融债券（次级债券）	30.00	80.00	5.50		
2012-12-19	国家开发银行2012年第五十二期金融债券（次级债券）	50.00	100.00	5.60		
2012-12-21	2012年乐山市商业银行股份有限公司次级债券	10.00	5.00	7.10	A-	联合资信评估有限公司
2012-12-24	上海浦东发展银行股份有限公司2012年次级债券	15.00	120.00	5.20	AAA	上海新世纪资信评估投资服务有限公司
2012-12-24	天津银行股份有限公司2012年次级债券（10年期）	10.00	13.50	5.90	AA	联合资信评估有限公司
2012-12-24	天津银行股份有限公司2012年次级债券（15年期）	15.00	13.50	5.99	AA	联合资信评估有限公司
2012-12-24	2012年第一期招商银行股份有限公司次级债券（品种一）	10.00	60.00		AA+	联合资信评估有限公司
2012-12-24	2012年第一期招商银行股份有限公司次级债券（品种二）	15.00	57.00	5.20	AA+	联合资信评估有限公司
2012-12-24	2012年北京农村商业银行股份有限公司次级债券	10.00	51.00	5.60	AA	联合资信评估有限公司
2012-12-24	广发银行股份有限公司2012年次级债券（10年期）	10.00	20.00		AA+	联合资信评估有限公司
2012-12-24	广发银行股份有限公司2012年次级债券（15年期）	15.00	25.00	5.60	AA+	联合资信评估有限公司
2012-12-25	2012年贵阳银行股份有限公司次级债券	10.00	12.00	6.50	A+	联合资信评估有限公司
2012-12-25	重庆三峡银行股份有限公司2012年次级债券	10.00	9.00	6.80	A	中诚信国际信用评级有限责任公司
2012-12-27	2013年星展银行（中国）有限公司金融债券	3.00	15.00	4.65	AAA	中诚信国际信用评级有限责任公司
合计			**23968.10**			

（四）2012年可转债发行一览表

发行公告日	债券名称	发行期限（年）	实际发行总额（亿元）	发行时票面利率（%）	发行信用等级	评级机构
2012-03-21	牡丹江恒丰纸业股份有限公司可转换公司债券	5.00	4.50	0.70	AA	鹏元资信评估有限公司
2012-05-31	中国船舶重工股份有限公司可转换公司债券	6.00	80.50	0.50	AAA	大公国际资信评估有限公司
2012-10-12	山东南山铝业股份有限公司可转换公司债券	6.00	60.00	3.50	AA	上海新世纪资信评估投资服务有限公司
2012-11-30	北京同仁堂股份有限公司可转换公司债券	5.00	12.05	0.50	AAA	中诚信证券评估有限公司
2012-12-17	中信海洋直升机股份有限公司可转换公司债券	6.00	6.50	0.50	AA+	鹏元资信评估有限公司
合计			**163.55**			

（五）2012年资产支持证券发行一览表

发行公告日	债券名称	发行期限（年）	实际发行总额（亿元）	发行时票面利率（%）	发行信用等级	评级机构
2012-08-31	2012年第一期开元信贷资产证券化信托资产支持证券优先A-1	0.34	13.30	4.10	AAA	中诚信国际信用评级有限责任公司
2012-08-31	2012年第一期开元信贷资产证券化信托资产支持证券优先A-2	0.85	15.50	4.40	AAA	中诚信国际信用评级有限责任公司
2012-08-31	2012年第一期开元信贷资产证券化信托资产支持证券优先A-3	1.36	22.80	4.53	AAA	中诚信国际信用评级有限责任公司
2012-08-31	2012年第一期开元信贷资产证券化信托资产支持证券优先A-4	2.33	29.08	4.70	AAA	中诚信国际信用评级有限责任公司
2012-08-31	2012年第一期开元信贷资产证券化信托资产支持证券优先B	2.33	12.00	5.68	AA	中诚信国际信用评级有限责任公司
2012-08-31	2012年第一期开元信贷资产支持证券（次级档）	2.71		0.00		
2012-10-11	通元2012年第一期个人汽车抵押贷款证券化信托资产支持证券（A档）	0.58	16.51	4.80	AAA	中债资信评估有限责任公司
2012-10-11	通元2012年第一期个人汽车抵押贷款证券化信托资产支持证券（B档）	2.19	2.49	6.44	A	中债资信评估有限责任公司
2012-10-11	通元2012年第一期个人汽车抵押贷款证券化信托资产支持证券（次级档）					
2012-10-22	交银2012年第一期信贷资产证券化信托（A-1档）	0.48	8.50	4.20	AAA	中诚信国际信用评级有限责任公司
2012-10-22	交银2012年第一期信贷资产证券化信托（A-2档）	0.82	16.10	4.40	AAA	中诚信国际信用评级有限责任公司
2012-10-22	交银2012年第一期信贷资产证券化信托（B档）	1.50	3.10	6.00	A+	中诚信国际信用评级有限责任公司
2012-10-22	交银2012年第一期信贷资产证券化信托（次级档）	2.00		0.00		
2012-11-19	中银2012年第一期信贷资产支持证券（A-1档）	1.43	15.00	4.60	AAA	中债资信评估有限责任公司
2012-11-19	中银2012年第一期信贷资产支持证券（A-2档）	1.14	10.13	4.50	AAA	中债资信评估有限责任公司
2012-11-19	中银2012年第一期信贷资产支持证券（B档）	2.10	2.87	6.10	A	中债资信评估有限责任公司
2012-11-19	中银2012年第一期信贷资产支持证券（次级）		2.62			
2012-11-19	2012上元一期个人汽车抵押贷款支持证券A级	0.50	8.36	4.55	AAA	中债资信评估有限责任公司
2012-11-19	2012上元一期个人汽车抵押贷款支持证券B级	1.25	1.14	6.00	A	中债资信评估有限责任公司
2012-11-19	2012上元一期个人汽车抵押贷款支持证券次级		0.50			
2012-12-04	欢乐谷主题公园入园凭证专项资产管理计划优先级01	1.00	2.95	5.50		
2012-12-04	欢乐谷主题公园入园凭证专项资产管理计划优先级02	2.00	3.25	5.80		
2012-12-04	欢乐谷主题公园入园凭证专项资产管理计划优先级03	3.00	3.45	6.00		
2012-12-04	欢乐谷主题公园入园凭证专项资产管理计划优先级04	4.00	3.75	6.00		
2012-12-04	欢乐谷主题公园入园凭证专项资产管理计划优先级05	5.00	4.10	6.00		
2012-12-04	欢乐谷主题公园入园凭证专项资产管理计划次级	5.00	1.00			
合计			**198.50**			

（六）2012年发行额20亿元以上企业债

发行公告日	债券名称	发行期限（年）	实际发行总额（亿元）	发行时票面利率（%）	发行信用等级	评级机构
2012-01-09	2012年第一期中国石油天然气集团公司企业债券	7.00	100.00	4.54	AAA	大公国际资信评估有限公司
2012-01-09	2012年第一期中国石油天然气集团公司企业债券	10.00	100.00	4.69	AAA	大公国际资信评估有限公司
2012-01-17	2012年山西煤炭运销集团有限公司公司债券	10.00	25.00	5.94	AAA	联合资信评估有限公司
2012-02-08	2012年山东高速集团有限公司公司债券	10.00	20.00	5.72	AAA	大公国际资信评估有限公司
2012-02-15	2012年珠海华发集团有限公司市政项目建设债券	6.00	25.00	8.43	AA+	联合资信评估有限公司
2012-02-20	2012年第二期中国石油天然气集团公司企业债券	7.00	100.00	4.50	AAA	大公国际资信评估有限公司
2012-02-20	2012年第二期中国石油天然气集团公司企业债券	15.00	100.00	5.00	AAA	大公国际资信评估有限公司
2012-02-22	2012年九江市城市建设投资有限公司公司债券	7.00	20.00	8.49	AA	鹏元资信评估有限公司
2012-02-28	2012年鄂尔多斯市东胜城市建设开发投资集团有限责任公司市政项目建设债券	6.00	20.00	8.40	AA	联合资信评估有限公司
2012-02-29	2012年葫芦岛市投资集团有限公司公司债券	7.00	20.00	8.47	AA	大公国际资信评估有限公司
2012-03-02	2012年鞍山市城市建设投资发展有限公司公司债券	7.00	20.00	8.25	AA	中诚信国际信用评级有限责任公司
2012-03-13	2012年河南省郑州新区建设投资有限公司市政项目建设债券	7.00	20.00	8.10	AA	大公国际资信评估有限公司
2012-03-13	2012年第三期中国石油天然气集团公司企业债券	10.00	200.00	4.80	AAA	大公国际资信评估有限公司
2012-03-19	2012年江苏交通控股有限公司公司债券	5.00	25.00	4.90	AAA	中诚信国际信用评级有限责任公司
2012-03-23	2012年贵州铁路投资有限责任公司公司债券	10.00	20.00	7.20	AA+	鹏元资信评估有限公司
2012-03-26	2012年马鞍山市城市发展投资集团有限责任公司公司债券	7.00	20.00	6.90	AA+	大公国际资信评估有限公司
2012-04-10	2012年第四期中国石油天然气集团公司企业债券（品种一）	10.00	100.00	4.50	AAA	大公国际资信评估有限公司
2012-04-10	2012年第四期中国石油天然气集团公司企业债券（品种二）	10.00	100.00	4.73	AAA	大公国际资信评估有限公司
2012-04-11	2012年第一期国家电网公司企业债券	10.00	50.00	4.99	AAA	大公国际资信评估有限公司
2012-04-11	2012年第一期国家电网公司企业债券	15.00	100.00	5.26	AAA	大公国际资信评估有限公司
2012-04-12	2012年昆明市城建投资开发有限责任公司市政项目建设债券	6.00	22.00	7.60	AA+	鹏元资信评估有限公司
2012-04-24	2012年重庆市地产集团有限公司公司债券	7.00	50.00	7.35	AA+	中诚信国际信用评级有限责任公司
2012-04-25	2012年昆明钢铁控股有限公司公司债券	8.00	20.00	5.78	AA+	中诚信国际信用评级有限责任公司
2012-05-16	2012年上海地产（集团）有限公司公司债券	5.00	28.00	6.12	AA+	上海新世纪资信评估投资服务有限公司
2012-05-23	2012年山西国际电力集团有限公司公司债券	10.00	20.00	5.38	AA+	联合资信评估有限公司
2012-05-29	2012年中国核工业集团公司企业债券（品种二）	10.00	20.00	4.80	AAA	中诚信国际信用评级有限责任公司
2012-05-29	2012年苏州工业园区地产经营管理公司企业债券	7.00	20.00	5.79	AAA	大公国际资信评估有限公司
2012-06-11	2012年第一期中国铁路建设债券	10.00	200.00	4.30	AAA	中诚信国际信用评级有限责任公司

发行公告日	债券名称	发行期限（年）	实际发行总额（亿元）	发行时票面利率（%）	发行信用等级	评级机构
2012-06-07	2012年江苏省国信资产管理集团有限公司公司债券	5.00	20.00	4.60	AAA	中诚信国际信用评级有限责任公司
2012-07-03	2012年第二期中国铁路建设债券	10.00	180.00	4.45	AAA	中诚信国际信用评级有限责任公司
2012-07-09	赣州城市开发投资集团有限责任公司2012年公司债券	6.00	20.00	6.40	AA	大公国际资信评估有限公司
2012-07-17	2012年甘肃省公路航空旅游投资集团有限公司公司债券	5.00	25.00	6.20	AA+	大公国际资信评估有限公司
2012-07-27	2012年上海城市建设债券	7.00	20.00	4.63	AAA	中诚信国际信用评级有限责任公司
2012-07-30	2012年第三期中国铁路建设债券	10.00	220.00	4.60	AAA	中诚信国际信用评级有限责任公司
2012-07-30	2012年第三期中国铁路建设债券	15.00	50.00	4.75	AAA	中诚信国际信用评级有限责任公司
2012-08-09	2012年广州经济技术开发区国有资产投资公司企业债券	10.00	25.00	6.70	AA+	联合资信评估有限公司
2012-08-20	2012年第四期中国铁路建设债券	10.00	100.00	4.68	AAA	中诚信国际信用评级有限责任公司
2012-08-20	2012年第四期中国铁路建设债券	15.00	100.00	5.00	AAA	中诚信国际信用评级有限责任公司
2012-09-03	2012年克拉玛依市城市建设投资发展有限责任公司公司债券	7.00	20.00	7.15	AA	鹏元资信评估有限公司
2012-09-03	2012年重庆渝富资产经营管理集团有限公司公司债券	7.00	20.00	6.50	AA+	中诚信国际信用评级有限责任公司
2012-09-10	2012年第五期中国铁路建设债券	7.00	100.00	4.58	AAA	中诚信国际信用评级有限责任公司
2012-09-10	2012年第五期中国铁路建设债券	20.00	100.00	5.14	AAA	中诚信国际信用评级有限责任公司
2012-09-21	2012年太原市龙城发展投资有限公司公司债券	7.00	20.00	6.50	AA+	上海新世纪资信评估投资服务有限公司
2012-10-10	2012年第六期中国铁路建设债券	7.00	100.00	4.57	AAA	中诚信国际信用评级有限责任公司
2012-10-10	2012年第六期中国铁路建设债券	20.00	150.00	5.16	AAA	中诚信国际信用评级有限责任公司
2012-10-19	2012年昆明产业开发投资有限责任公司公司债券	7.00	20.00	6.46	AA+	鹏元资信评估有限公司
2012-10-22	2012年大庆市城市建设投资开发有限公司公司债券	7.00	22.00	6.55	AA+	大公国际资信评估有限公司
2012-10-23	2012年湖南省高速公路建设开发总公司企业债券	7.00	25.00	6.40	AAA	大公国际资信评估有限公司
2012-10-24	2012年苏州城市建设投资发展有限责任公司公司债券	7.00	20.00	5.79	AAA	中诚信国际信用评级有限责任公司
2012-10-30	2012年第七期中国铁路建设债券	7.00	100.00	4.57	AAA	中诚信国际信用评级有限责任公司
2012-10-30	2012年第七期中国铁路建设债券	20.00	100.00	5.11	AAA	中诚信国际信用评级有限责任公司
2012-11-09	2012年营口港务集团有限公司公司债券	8.00	22.00	5.60	AA+	大公国际资信评估有限公司
2012-11-15	2012年第二期国家电网公司企业债券	7.00	50.00	4.80	AAA	大公国际资信评估有限公司
2012-11-15	2012年第二期国家电网公司企业债券	10.00	50.00	5.00	AAA	大公国际资信评估有限公司
2012-11-16	2012年河南铁路投资有限责任公司公司债券	10.00	28.00	6.38	AA+	中诚信国际信用评级有限责任公司
2012-11-22	2012年南京市城市建设投资控股（集团）有限责任公司公司债券	6.00	23.00	5.68	AAA	中诚信国际信用评级有限责任公司
2012-11-28	2012年联想控股有限公司公司债券	10.00	23.00	5.70	AAA	联合资信评估有限公司
2012-12-07	2012年广西交通投资集团有限公司公司债券	10.00	20.00	6.20	AA+	大公国际资信评估有限公司

发行公告日	债券名称	发行期限（年）	实际发行总额（亿元）	发行时票面利率（%）	发行信用等级	评级机构
2012-12-10	2012年青岛国信发展（集团）有限责任公司公司债券	10.00	20.00	6.40	AA+	联合资信评估有限公司
2012-12-21	2012年邯郸市城市建设投资有限公司市政项目建设债券	7.00	20.00	7.05	AA	大公国际资信评估有限公司
2012-12-25	2012年遵义市国有资产投融资经营管理有限责任公司公司债券	7.00	20.00	6.98	AA	鹏元资信评估有限公司
合计	**全年含20亿元以下**		**7889.50**			

（七）2012年发行额20亿元以上公司债

发行公告日	债券名称	发行期限（年）	实际发行总额（亿元）	发行时票面利率（%）	发行信用等级	评级机构
2012-02-21	2012年新疆金风科技股份有限公司公司债券（第一期）	3.00	30.00	6.63	AA+	中诚信证券评估有限公司
2012-02-27	庞大汽贸集团股份有限公司2011年公司债券	5.00	22.00	8.50	AA+	联合信用评级有限公司
2012-02-29	武汉钢铁股份有限公司2011年公司债券	3.00	72.00	4.75	AAA	中诚信证券评估有限公司
2012-03-15	甘肃酒钢集团宏兴钢铁股份有限公司2012年公司债券	3.00	30.00	5.40	AA+	联合信用评级有限公司
2012-05-30	中国石油化工股份有限公司2012年公司债券（5年期）	5.00	130.00	4.26	AAA	联合信用评级有限公司
2012-05-30	中国石油化工股份有限公司2012年公司债券（10年期）	10.00	70.00	4.90	AAA	联合信用评级有限公司
2012-06-11	中兴通讯股份有限公司2012年公司债券（第一期）	3.00	60.00	4.20	AAA	中诚信证券评估有限公司
2012-06-13	国电电力发展股份有限公司2012年公司债券（第一期）（品种一）	5.00	30.00	4.35	AAA	大公国际资信评估有限公司
2012-06-15	比亚迪股份有限公司2011年公司债券（第一期）	5.00	30.00	5.25	AA+	中诚信证券评估有限公司
2012-06-20	广州发展实业控股集团股份有限公司2012年公司债券（第一期）	7.00	23.50	4.74	AA+	中诚信证券评估有限公司
2012-06-29	北京京能清洁能源电力股份有限公司2012年公司债券	3.00	24.00	4.35	AAA	联合信用评级有限公司
2012-07-19	国电电力发展股份有限公司2012年公司债券（第二期）（品种一）	3.00	33.00	4.22	AAA	大公国际资信评估有限公司
2012-07-19	兖州煤业股份有限公司2012年公司债券（第一期）（品种二）	10.00	40.00	4.95	AAA	大公国际资信评估有限公司
2012-08-07	中国交通建设股份有限公司2012年公司债券（5年期）	5.00	60.00	4.40	AAA	大公国际资信评估有限公司
2012-08-07	中国交通建设股份有限公司2012年公司债券（10年期）	10.00	20.00	5.00	AAA	大公国际资信评估有限公司
2012-08-07	中国交通建设股份有限公司2012年公司债券（15年期）	15.00	40.00	5.15	AAA	大公国际资信评估有限公司
2012-08-16	国电科技环保集团股份有限公司2012年公司债券（10年期）	10.00	20.00	5.15	AAA	联合信用评级有限公司
2012-08-28	内蒙古鄂尔多斯资源股份有限公司2012年公司债券	5.00	40.00	6.20	AA+	联合信用评级有限公司
2012-08-30	2012年中国第一重型机械股份公司公司债券（第一期）	5.00	25.00	5.10	AAA	大公国际资信评估有限公司
2012-10-25	中国水利水电建设股份有限公司2012年公司债券（第一期）（7年）	7.00	20.00	5.03	AAA	大公国际资信评估有限公司

发行公告日	债券名称	发行期限（年）	实际发行总额（亿元）	发行时票面利率（%）	发行信用等级	评级机构
2012-10-25	中国水利水电建设股份有限公司2012年公司债券（第一期）（10年）	10.00	30.00	5.20	AAA	大公国际资信评估有限公司
2012-11-05	山西兰花科技创业股份有限公司2012年公司债券	5.00	30.00	5.09	AA+	鹏元资信评估有限公司
2012-11-05	2012年安徽海螺水泥股份有限公司公司债券（5年期）	5.00	25.00	4.89	AAA	中诚信证券评估有限公司
2012-11-05	2012年安徽海螺水泥股份有限公司公司债券（10年期）	10.00	35.00	5.10	AAA	中诚信证券评估有限公司
2012-11-07	辽宁华锦通达化工股份有限公司2012年公司债券	5.00	27.00	5.60	AA+	中诚信证券评估有限公司
2012-11-20	中国石油天然气股份有限公司2012年公司债券（第一期）（10年期）	10.00	20.00	4.90	AAA	联合信用评级有限公司
2012-11-20	中国石油天然气股份有限公司2012年公司债券（第一期）	15.00	20.00	5.04	AAA	联合信用评级有限公司
2012-12-03	新疆青松建材化工（集团）股份有限公司2012年公司债券	7.00	22.00	6.20	AA	中诚信证券评估有限公司
2012-12-06	2012年大秦铁路股份有限公司公司债券（第一期）	3.00	50.00	4.88	AAA	联合信用评级有限公司
2012-12-12	苏宁电器股份有限公司2012年公司债券（第一期）	5.00	45.00	5.20	AAA	中诚信证券评估有限公司
2012-12-24	山东晨鸣纸业集团股份有限公司2012年公司债券	5.00	38.00	5.65	AA+	中诚信证券评估有限公司
合计	**全年含20亿元以下**		**2507.50**			

（八）2012年发行额20亿元以上中期票据

发行公告日	债券名称	发行期限（年）	实际发行总额（亿元）	发行时票面利率（%）	发行信用等级	评级机构
2012-01-05	招商局集团有限公司2012年度第一期中期票据	7.00	20.00	4.85	AAA	中诚信国际信用评级有限责任公司
2012-01-09	甘肃省公路航空旅游投资集团有限公司2012年度第一期中期票据（7年期）	7.00	22.00	7.03	AA+	大公国际资信评估有限公司
2012-01-10	四川省铁路产业投资集团有限责任公司2012年度第一期中期票据	5.00	20.00	5.71	AA+	中诚信国际信用评级有限责任公司
2012-02-07	兖矿集团有限公司2012年度第一期中期票据	5.00	22.00	4.71	AAA	联合资信评估有限公司
2012-02-17	铁道部2012年度第一期中期票据	5.00	150.00	4.60	AAA	联合资信评估有限公司
2012-02-21	上海建工集团股份有限公司2012年度第一期中期票据	5.00	20.00	4.78	AAA	上海新世纪资信评估投资服务有限公司
2012-02-22	中国南方工业集团公司2012年度第一期中期票据	5.00	30.00	4.78	AAA	联合资信评估有限公司
2012-02-28	福建省高速公路有限责任公司2012年度第一期中期票据	5.00	30.00	5.53	AA+	中诚信国际信用评级有限责任公司
2012-03-02	铁道部2012年度第二期中期票据	5.00	150.00	4.65	AAA	联合资信评估有限公司
2012-03-02	北大方正集团有限公司2012年度第一期中期票据	7.00	20.00	6.00	AA+	联合资信评估有限公司
2012-03-05	中国长江三峡集团公司2012年度第一期中期票据	7.00	70.00	4.71	AAA	中诚信国际信用评级有限责任公司
2012-03-13	中国外运股份有限公司2012年度第一期中期票据	3.00	20.00	4.72	AAA	上海新世纪资信评估投资服务有限公司

发行公告日	债券名称	发行期限（年）	实际发行总额（亿元）	发行时票面利率（%）	发行信用等级	评级机构
2012-03-13	中国建材股份有限公司2012年度第一期中期票据	3.00	20.00	4.72	AAA	大公国际资信评估有限公司
2012-03-15	国家开发投资公司2012年度第一期中期票据	7.00	30.00	4.92	AAA	中诚信国际信用评级有限责任公司
2012-03-16	中国海运（集团）总公司2012年度第一期中期票据	3.00	40.00	4.72	AAA	联合资信评估有限公司
2012-03-19	深圳市地铁集团有限公司2012年度第一期中期票据	5.00	30.00	5.05	AAA	大公国际资信评估有限责任公司
2012-03-20	中国海运（集团）总公司2012年度第二期中期票据	7.00	20.00	4.92	AAA	联合资信评估有限公司
2012-03-20	中国有色矿业集团有限公司2012年度第一期中期票据	5.00	20.00	4.97	AAA	中诚信国际信用评级有限责任公司
2012-03-21	中国中信集团有限公司2012年度第一期中期票据（品种一）	7.00	40.00	5.00	AAA	中诚信国际信用评级有限责任公司
2012-03-21	中国中信集团有限公司2012年度第一期中期票据（品种二）	10.00	50.00	5.18	AAA	中诚信国际信用评级有限责任公司
2012-03-21	江苏熔盛重工有限公司2012年度第一期中期票据	3.00	20.00	5.95	AA	联合资信评估有限公司
2012-04-09	中国中化股份有限公司2012年度第一期中期票据	5.00	30.00	4.92	AAA	中诚信国际信用评级有限责任公司
2012-04-10	广州市地下铁道总公司2012年度第一期中期票据	5.00	20.00	4.92	AAA	中诚信国际信用评级有限责任公司
2012-04-12	光明食品（集团）有限公司2012年度第一期中期票据	3.00	20.00	5.26	AA+	上海新世纪资信评估投资服务有限公司
2012-04-16	深圳市盐田港集团有限公司2012年第一期中期票据	5.00	30.00	4.93	AAA	中诚信国际信用评级有限责任公司
2012-04-16	青海省国有资产投资管理有限公司2012年度第一期中期票据	5.00	25.00	5.15	AAA	大公国际资信评估有限公司
2012-04-20	山西煤炭运销集团有限公司2012年度第一期中期票据	5.00	30.00	4.95	AAA	联合资信评估有限公司
2012-04-25	神华集团有限责任公司2012年度第一期中期票据	5.00	100.00	4.71	AAA	中诚信国际信用评级有限责任公司
2012-05-03	华润电力投资有限公司2012年度第一期中期票据	7.00	20.00	5.05	AAA	中诚信国际信用评级有限责任公司
2012-05-03	中国东方电气集团有限公司2012年第一期中期票据	5.00	50.00	4.94	AAA	中诚信国际信用评级有限责任公司
2012-05-03	内蒙古包钢钢联股份有限公司2012年度第一期中期票据	7.00	20.00	5.75	AA+	联合资信评估有限公司
2012-05-07	合肥市建设投资控股（集团）有限公司2012年度第一期中期票据	5.00	35.00	6.06	AA+	中诚信国际信用评级有限责任公司
2012-05-09	中国石油天然气集团公司2012年度第一期中期票据	5.00	200.00	4.35	AAA	联合资信评估有限公司
2012-05-16	中国港中旅集团公司2012年度第一期中期票据	7.00	26.00	4.85	AAA	联合资信评估有限公司
2012-05-17	中国国际海运集装箱（集团）股份有限公司2012年度第一期中期票据	3.00	20.00	4.43	AAA	中诚信国际信用评级有限责任公司
2012-05-18	浙江省交通投资集团有限公司2012年度第一期中期票据	7.00	30.00	4.89	AAA	联合资信评估有限公司
2012-05-18	包头钢铁（集团）有限责任公司2012年度第一期中期票据	5.00	30.00	5.22	AA+	大公国际资信评估有限公司
2012-05-22	中航发动机控股有限公司2012年度第一期中期票据	5.00	30.00	4.52	AAA	中诚信国际信用评级有限责任公司

发行公告日	债券名称	发行期限（年）	实际发行总额（亿元）	发行时票面利率（%）	发行信用等级	评级机构
2012-06-04	山东能源集团有限公司2012年度第一期中期票据	3.00	50.00	4.02	AAA	大公国际资信评估有限公司
2012-06-06	武汉钢铁（集团）公司2012年度第一期中期票据	3.00	20.00	4.02	AAA	中诚信国际信用评级有限责任公司
2012-06-12	中国船舶工业集团公司2012年度第一期中期票据	10.00	60.00	5.03	AAA	联合资信评估有限公司
2012-06-14	重庆城市交通开发投资（集团）有限公司2012年度第一期中期票据	5.00	30.00	4.84	AA+	中诚信国际信用评级有限责任公司
2012-06-14	辽宁忠旺集团有限公司2012年度第一期中期票据	3.00	20.00	4.93	AA	中诚信国际信用评级有限责任公司
2012-06-15	江苏沙钢集团有限公司2012年度第一期中期票据	5.00	20.00	4.90	AA+	中诚信国际信用评级有限责任公司
2012-06-15	本溪钢铁（集团）有限责任公司2012年度第一期中期票据	5.00	30.00	4.85	AA+	中诚信国际信用评级有限责任公司
2012-06-18	张家口通泰控股集团有限公司2012年度第一期中期票据	5.00	30.00	6.10	AA	上海新世纪资信评估投资服务有限公司
2012-06-19	三一集团有限公司2012年度第一期中期票据	5.00	50.00	4.81	AA+	中诚信国际信用评级有限责任公司
2012-06-21	青海省国有资产投资管理有限公司2012年度第二期中期票据	5.00	20.00	4.63	AAA	大公国际资信评估有限公司
2012-06-21	四川高速公路建设开发总公司2012年度第一期中期票据	5.00	30.00	5.35	AA+	中诚信国际信用评级有限责任公司
2012-07-04	河南交通投资集团有限公司2012年度第一期中期票据	5.00	23.00	5.11	AA+	大公国际资信评估有限公司
2012-07-05	武汉钢铁（集团）公司2012年度第二期中期票据	3.00	30.00	4.06	AAA	中诚信国际信用评级有限责任公司
2012-07-11	中国石油天然气集团公司2012年度第二期中期票据	4.00	200.00	3.90	AAA	联合资信评估有限公司
2012-07-11	中国航天科工集团公司2012年度第一期中期票据	5.00	30.00	4.29	AAA	联合资信评估有限公司
2012-07-12	中国船舶工业集团公司2012年度第二期中期票据	7.00	60.00	4.80	AAA	联合资信评估有限公司
2012-07-17	中国水利水电建设股份有限公司2012年度第二期中期票据	5.00	25.00	4.36	AAA	大公国际资信评估有限公司
2012-07-26	洛阳栾川钼业集团股份有限公司2012年度第一期中期票据	5.00	20.00	4.94	AA+	中诚信国际信用评级有限责任公司
2012-07-31	鞍山钢铁集团公司2012年度第一期中期票据	3.00	50.00	4.25	AAA	中诚信国际信用评级有限责任公司
2012-07-31	华润医药控股有限公司2012年度第一期中期票据	5.00	30.00	4.48	AAA	中诚信国际信用评级有限责任公司
2012-08-03	中国石油天然气集团公司2012年度第三期中期票据	4.00	200.00	4.26	AAA	联合资信评估有限公司
2012-08-03	国家电网公司2012年度第一期中期票据	3.00	100.00	4.15	AAA	联合资信评估有限公司
2012-08-07	中国电子信息产业集团有限公司2012年度第一期中期票据	5.00	20.00	4.48	AAA	大公国际资信评估有限公司
2012-08-08	中国建材股份有限公司2012年度第二期中期票据	5.00	40.00	4.59	AAA	大公国际资信评估有限公司
2012-08-13	中国船舶重工集团公司2012年度第二期中期票据	5.00	100.00	4.59	AAA	大公国际资信评估有限公司
2012-08-15	首都机场集团公司2012年度第一期中期票据	5.00	40.00	4.68	AAA	中诚信国际信用评级有限责任公司
2012-08-21	武汉钢铁（集团）公司2012年度第三期中期票据	3.00	60.00	4.38	AAA	中诚信国际信用评级有限责任公司

发行公告日	债券名称	发行期限（年）	实际发行总额（亿元）	发行时票面利率（%）	发行信用等级	评级机构
2012-08-21	河南交通投资集团有限公司2012年度第二期中期票据	5.00	20.00	6.06	AA+	大公国际资信评估有限公司
2012-08-21	北京国有资本经营管理中心2012年度第一期中期票据	5.00	100.00	4.78	AAA	大公国际资信评估有限公司
2012-08-22	中国化工集团公司2012年度第一期中期票据	5.00	25.00	4.78	AAA	联合资信评估有限公司
2012-08-28	北京市基础设施投资有限公司2012年度第一期中期票据	5.00	20.00	4.82	AAA	中诚信国际信用评级有限责任公司
2012-08-28	广东省广晟资产经营有限公司2012年度第一期中期票据	5.00	20.00	4.82	AAA	联合资信评估有限公司
2012-08-30	广州市地下铁道总公司2012年度第二期中期票据	5.00	35.00	4.82	AAA	中诚信国际信用评级有限责任公司
2012-08-31	北大方正集团有限公司2012年度第二期中期票据（五年期）	5.00	20.00	5.65	AA+	联合资信评估有限公司
2012-08-31	陕西有色金属控股集团有限责任公司2012年度第一期中期票据	5.00	30.00	4.82	AAA	中诚信国际信用评级有限责任公司
2012-09-03	中国石油天然气集团公司2012年度第四期中期票据	6.00	200.00	4.65	AAA	联合资信评估有限公司
2012-09-04	神华集团有限责任公司2012年度第二期中期票据	5.00	100.00	4.54	AAA	中诚信国际信用评级有限责任公司
2012-09-05	国家电网公司2012年度第二期中期票据	5.00	100.00	4.56	AAA	联合资信评估有限公司
2012-09-06	中国南车集团公司2012年度第一期中期票据	3.00	20.00	4.54	AAA	中诚信国际信用评级有限责任公司
2012-09-11	中国船舶工业集团公司2012年度第三期中期票据	10.00	45.00	5.22	AAA	联合资信评估有限公司
2012-09-11	中国中煤能源股份有限公司2012年度第一期中期票据	7.00	50.00	5.12	AAA	联合资信评估有限公司
2012-09-11	陕西煤业化工集团有限责任公司2012年度第一期中期票据	5.00	40.00	4.98	AAA	联合资信评估有限公司
2012-09-11	北京金隅股份有限公司2012年度第一期中期票据	5.00	20.00	5.58	AA+	大公国际资信评估有限公司
2012-09-13	甘肃省公路航空旅游投资集团有限公司2012年度第二期中期票据	10.00	20.00	6.58	AA+	大公国际资信评估有限公司
2012-09-14	天津高速公路集团有限公司2012年度第一期中期票据	5.00	20.00	5.70	AA+	大公国际资信评估有限公司
2012-09-17	湖北省交通投资有限公司2012年度第一期中期票据	7.00	40.00	5.90	AAA	大公国际资信评估有限公司
2012-09-18	中国水电工程顾问集团公司2012年度第一期中期票据	5.00	25.00	5.05	AAA	中诚信国际信用评级有限责任公司
2012-09-18	武汉市城市建设投资开发集团有限公司2012年度第一期中期票据	5.00	20.00	5.70	AA+	联合资信评估有限公司
2012-09-19	光明食品（集团）有限公司2012年度第二期中期票据	3.00	20.00	5.23	AA+	上海新世纪资信评估投资服务有限公司
2012-09-26	国家电网公司2012年度第三期中期票据	3.00	100.00	4.39	AAA	联合资信评估有限公司
2012-09-29	深圳市投资控股有限公司2012年度第一期中期票据	5.00	40.00	4.97	AAA	中诚信国际信用评级有限责任公司
2012-10-09	武汉市城市建设投资开发集团有限公司2012年度第二期中期票据	10.00	20.00	6.30	AA+	联合资信评估有限公司
2012-10-11	山东能源集团有限公司2012年度第二期中期票据	3.00	30.00	4.56	AAA	大公国际资信评估有限公司

发行公告日	债券名称	发行期限（年）	实际发行总额（亿元）	发行时票面利率（%）	发行信用等级	评级机构
2012-10-11	武汉邮电科学研究院2012年度第一期中期票据	5.00	20.00	5.41	AA+	联合资信评估有限公司
2012-10-16	神华集团有限责任公司2012年度第三期中期票据	5.00	50.00	4.61	AAA	中诚信国际信用评级有限责任公司
2012-10-16	湖南省高速公路建设开发总公司2012年度第二期中期票据	5.00	40.00	6.30	AA+	联合资信评估有限公司
2012-10-17	国家开发投资公司2012年度第二期中期票据	10.00	25.00	5.18	AAA	中诚信国际信用评级有限责任公司
2012-10-17	中国南方电网有限责任公司2012年度第一期中期票据	5.00	50.00	4.61	AAA	中诚信国际信用评级有限责任公司
2012-10-18	中国南车集团公司2012年度第二期中期票据	5.00	20.00	4.93	AAA	中诚信国际信用评级有限责任公司
2012-10-22	福建省高速公路有限责任公司2012年度第二期中期票据	7.00	50.00	5.96	AA+	中诚信国际信用评级有限责任公司
2012-10-24	中国国际航空股份有限公司2012年度第一期中期票据	7.00	60.00	4.99	AAA	中诚信国际信用评级有限责任公司
2012-11-13	天津市地下铁道集团有限公司2012年度第一期中期票据	5.00	30.00	5.54	AA+	联合资信评估有限公司
2012-11-15	北京市基础设施投资有限公司2012年度第二期中期票据	5.00	20.00	5.04	AAA	中诚信国际信用评级有限责任公司
2012-11-16	铜陵有色金属集团控股有限公司2012年度第一期中期票据	5.00	20.00	5.54	AA+	联合资信评估有限公司
2012-11-16	中国南方电网有限责任公司2012年度第二期中期票据	3.00	50.00	4.42	AAA	中诚信国际信用评级有限责任公司
2012-11-19	国家电网公司2012年度第四期中期票据	5.00	200.00	4.74	AAA	联合资信评估有限公司
2012-11-19	浙江省交通投资集团有限公司2012年度第二期中期票据	10.00	24.00	5.29	AAA	联合资信评估有限公司
2012-11-19	四川省铁路产业投资集团有限责任公司2012年度第二期中期票据	5.00	20.00	5.70	AA+	中诚信国际信用评级有限责任公司
2012-11-27	天津滨海新区建设投资集团有限公司2012年度第一期中期票据	5.00	30.00	5.20	AAA	联合资信评估有限公司
2012-11-27	黑龙江龙煤矿业控股集团有限责任公司2012年度第一期中期票据	3.00	50.00	4.95	AAA	中诚信国际信用评级有限责任公司
2012-11-28	金光纸业（中国）投资有限公司2012年度第一期中期票据	5.00	30.00	5.86	AA+	大公国际资信评估有限公司
2012-12-05	浙江省交通投资集团有限公司2012年度第三期中期票据	10.00	25.00	5.37	AAA	联合资信评估有限公司
2012-12-06	青海省国有资产投资管理有限公司2012年度第三期中期票据	10.00	29.00	5.90	AAA	大公国际资信评估有限公司
2012-12-12	天津市武清区国有资产经营投资公司2012年度第一期中期票据	5.00	20.00	6.40	AA+	上海新世纪资信评估投资服务有限公司
2012-12-14	中国电子科技集团公司2012年度第一期中期票据	3.00	24.00	4.79	AAA	联合资信评估有限公司
2012-12-18	大连德泰控股有限公司2012年度第一期中期票据	3.00	20.00	5.50	AA+	中诚信国际信用评级有限责任公司
2012-12-19	天津市旅游（控股）集团有限公司2012年度第一期中期票据	3.00	20.00	6.40	AA	大公国际资信评估有限公司
2012-12-25	四川高速公路建设开发总公司2012年度第二期中期票据	5.00	30.00	6.48	AA+	中诚信国际信用评级有限责任公司
合计	**全年含20亿元以下**		**8443.30**			

（九）2012年发行额20亿元以上短期融资券

发行公告日	债券名称	发行期限（年）	实际发行总额（亿元）	发行时票面利率（%）	发行信用等级	评级机构
2012-01-05	江苏交通控股有限公司2012年度第一期短期融资券	1.00	22.00	5.03	A-1	中诚信国际信用评级有限责任公司
2012-01-30	武汉钢铁（集团）公司2012年度第一期短期融资券	1.00	60.00	4.76	A-1	中诚信国际信用评级有限责任公司
2012-02-01	中国五矿集团公司2012年度第一期短期融资券	1.00	30.00	4.68	A-1	中诚信国际信用评级有限责任公司
2012-02-02	中粮集团有限公司2012年度第一期短期融资券	1.00	40.00	4.68	A-1	联合资信评估有限公司
2012-02-02	中国长江电力股份有限公司2012年度第一期短期融资券	1.00	40.00	4.68	A-1	中诚信国际信用评级有限责任公司
2012-02-06	江西省高速公路投资集团有限责任公司2012年度第一期短期融资券	1.00	30.00	4.68	A-1	大公国际资信评估有限公司
2012-02-07	中国电信集团公司2012年度第一期短期融资券	1.00	40.00	4.48	A-1	中诚信国际信用评级有限责任公司
2012-02-07	中国电信集团公司2012年度第二期短期融资券	1.00	40.00	4.48	A-1	中诚信国际信用评级有限责任公司
2012-02-14	中国华电集团公司2012年度第一期短期融资券	1.00	40.00	4.64	A-1	大公国际资信评估有限公司
2012-02-16	中国电力投资集团公司2012年度第一期短期融资券	1.00	23.00	4.55	A-1	中诚信国际信用评级有限责任公司
2012-02-21	中国铝业公司2012年度第一期短期融资券	1.00	50.00	4.55	A-1	中诚信国际信用评级有限责任公司
2012-02-23	中国南方工业集团公司2012年度第一期短期融资券	1.00	24.00	4.54	A-1	联合资信评估有限公司
2012-02-28	中国铁路物资股份有限公司2012年度第一期短期融资券	1.00	21.00	4.54	A-1	大公国际资信评估有限公司
2012-03-06	中国化工集团公司2012年度第一期短期融资券	1.00	25.00	4.37	A-1	联合资信评估有限公司
2012-03-08	华侨城集团公司2012年度第一期短期融资券	1.00	24.00	4.37	A-1	联合资信评估有限公司
2012-03-13	中国华能集团公司2012年度第一期短期融资券	1.00	40.00	4.36	A-1	联合资信评估有限公司
2012-03-14	中国广东核电集团有限公司2012年度第一期短期融资券	1.00	50.00	4.37	A-1	联合资信评估有限公司
2012-03-14	中国航空集团公司2012年度第一期短期融资券	1.00	20.00	4.37	A-1	中诚信国际信用评级有限责任公司
2012-03-15	天津城市基础设施建设投资集团有限公司2012年度第一期短期融资券	1.00	30.00	4.36	A-1	联合资信评估有限公司
2012-03-19	中国华能集团公司2012年度第二期短期融资券	1.00	30.00	4.36	A-1	联合资信评估有限公司
2012-03-27	武汉钢铁（集团）公司2012年度第二期短期融资券	1.00	20.00	4.43	A-1	中诚信国际信用评级有限责任公司
2012-04-05	中国冶金科工股份有限公司2012年度第一期短期融资券	1.00	44.00	4.46	A-1	中诚信国际信用评级有限责任公司
2012-04-09	中国长江三峡集团公司2012年度第一期短期融资券	1.00	100.00	4.07	A-1	中诚信国际信用评级有限责任公司
2012-04-09	中国中化股份有限公司2012年度第一期短期融资券	1.00	30.00	4.46	A-1	中诚信国际信用评级有限责任公司

发行公告日	债券名称	发行期限（年）	实际发行总额（亿元）	发行时票面利率（%）	发行信用等级	评级机构
2012-04-10	华能国际电力股份有限公司2012年度第一期短期融资券	1.00	50.00	4.41	A-1	中诚信国际信用评级有限责任公司
2012-04-12	华侨城集团公司2012年度第二期短期融资券	1.00	20.00	4.41	A-1	联合资信评估有限公司
2012-04-16	中国华能集团公司2012年度第一期超短期融资券	0.74	50.00	4.18		
2012-04-16	中国长江电力股份有限公司2012年度第二期短期融资券	1.00	55.00	4.41	A-1	中诚信国际信用评级有限责任公司
2012-04-17	中国国电集团公司2012年度第一期超短期融资券	0.74	50.00	4.18		
2012-04-23	浙江省交通投资集团有限公司2012年度第一期短期融资券	1.00	20.00	4.40	A-1	联合资信评估有限公司
2012-04-23	浙江省能源集团有限公司2012年度第一期短期融资券	1.00	20.00	4.40	A-1	中诚信国际信用评级有限责任公司
2012-05-10	中国国电集团公司2012年度第一期短期融资券	1.00	89.00	4.24	A-1	大公国际资信评估有限公司
2012-05-11	中国港中旅集团公司2012年度第一期短期融资券	1.00	50.00	4.24	A-1	联合资信评估有限公司
2012-05-14	中国联合网络通信有限公司2012年度第一期超短期融资券	1.00	150.00	3.88		
2012-05-14	中华人民共和国铁道部2012年度第一期短期融资券	1.00	200.00	3.69	A-1	大公国际资信评估有限公司
2012-05-15	江苏交通控股有限公司2012年度第二期短期融资券	1.00	23.00	4.01	A-1	中诚信国际信用评级有限责任公司
2012-05-16	江苏交通控股有限公司2012年度第三期短期融资券	1.00	20.00	4.01	A-1	中诚信国际信用评级有限责任公司
2012-05-31	华能澜沧江水电有限公司2012年度第一期短期融资券	1.00	20.00	3.39	A-1	大公国际资信评估有限公司
2012-06-01	中粮集团有限公司2012年度第二期短期融资券	1.00	60.00	3.69	A-1	联合资信评估有限公司
2012-06-04	华能国际电力股份有限公司2012年度第一期超短期融资券	0.74	50.00	3.35		
2012-06-05	中国北车股份有限公司2012年度第一期短期融资券	1.00	40.00	3.39	A-1	中诚信国际信用评级有限责任公司
2012-06-12	中国长江三峡集团公司2012年度第二期短期融资券	1.00	40.00	3.25	A-1	中诚信国际信用评级有限责任公司
2012-06-12	鞍钢股份有限公司2012年度第一期短期融资券	1.00	30.00	3.40	A-1	中诚信国际信用评级有限责任公司
2012-06-14	中国电力投资集团公司2012年度第三期超短期融资券	0.74	60.00	3.10		
2012-06-14	中国华能集团公司2012年度第三期短期融资券	1.00	30.00	3.40	A-1	联合资信评估有限公司
2012-06-18	中粮集团有限公司2012年度第一期超短期融资券	0.74	50.00	3.15		
2012-06-18	华电国际电力股份有限公司2012年度第一期超短期融资券	0.74	35.00	3.15	A-1	中诚信国际信用评级有限责任公司
2012-06-18	陕西省交通建设集团公司2012年度第一期短期融资券	1.00	20.00	4.16	A-1	中诚信国际信用评级有限责任公司
2012-06-19	中国交通建设股份有限公司2012年度第一期短期融资券	1.00	25.00	3.40	A-1	大公国际资信评估有限公司
2012-06-19	天津港（集团）有限公司2012年度第一期短期融资券	1.00	30.00	3.60	A-1	大公国际资信评估有限公司
2012-06-21	陕西煤业化工集团有限责任公司2012年度第一期短期融资券	1.00	25.00	3.60	A-1	中诚信国际信用评级有限责任公司

发行公告日	债券名称	发行期限（年）	实际发行总额（亿元）	发行时票面利率（%）	发行信用等级	评级机构
2012-06-21	陕西延长石油（集团）有限责任公司2012年度第一期短期融资券	1.00	30.00	3.60	A-1	联合资信评估有限公司
2012-06-25	中国国电集团公司2012年度第二期超短期融资券	0.74	50.00	3.55		
2012-06-25	国电电力发展股份有限公司2012年度第一期超短期融资券	0.74	30.00	3.50	A-1	大公国际资信评估有限公司
2012-06-25	云南铜业（集团）有限公司2012年度第一期短期融资券	1.00	20.00	3.89	A-1	大公国际资信评估有限公司
2012-06-26	中国大唐集团公司2012年度第一期短期融资券	1.00	50.00	3.63	A-1	大公国际资信评估有限公司
2012-07-03	中国华电集团公司2012年度第一期超短期融资券	0.74	60.00	3.50		
2012-07-04	中国联合网络通信有限公司2012年度第一期短期融资券	1.00	150.00	3.45	A-1	中诚信国际信用评级有限责任公司
2012-07-04	上海市城市建设投资开发总公司2012年度第一期短期融资券	1.00	25.00	3.57	A-1	上海新世纪资信评估投资服务有限公司
2012-07-05	武汉钢铁（集团）公司2012年度第三期短期融资券	1.00	45.00	3.56	A-1	中诚信国际信用评级有限责任公司
2012-07-06	上海国际港务（集团）股份有限公司2012年度第二期短期融资券	0.74	20.00	3.36	A-1	上海新世纪资信评估投资服务有限公司
2012-07-06	中国交通建设股份有限公司2012年度第二期短期融资券	1.00	25.00	3.56	A-1	大公国际资信评估有限公司
2012-07-09	华能国际电力股份有限公司2012年度第二期超短期融资券	0.74	50.00	3.32		
2012-07-10	国家电网公司2012年度第一期短期融资券	1.00	100.00	3.48	A-1	联合资信评估有限公司
2012-07-10	中国铝业股份有限公司2012年度第一期短期融资券	1.00	50.00	3.60	A-1	中诚信国际信用评级有限责任公司
2012-07-11	国电电力发展股份有限公司2012年度第二期超短期融资券	0.74	60.00	3.35	A-1	大公国际资信评估有限公司
2012-07-12	中国铁路物资股份有限公司2012年度第二期超短期融资券	0.74	20.00	3.38		
2012-07-12	神华集团有限责任公司2012年度第一期超短期融资券	0.74	200.00	3.09		
2012-07-13	中国铁建股份有限公司2012年度第一期短期融资券	1.00	100.00	3.60	A-1	中诚信国际信用评级有限责任公司
2012-07-17	中国冶金科工股份有限公司2012年度第一期超短期融资券	0.74	40.00	3.38		
2012-07-17	申能（集团）有限公司2012年度第二期短期融资券	1.00	35.00	3.60	A-1	中诚信国际信用评级有限责任公司
2012-07-19	中国中化股份有限公司2012年度第一期超短期融资券	0.74	30.00	3.35		
2012-07-20	光明食品（集团）有限公司2012年度第一期短期融资券	1.00	20.00	3.99	A-1	上海新世纪资信评估投资服务有限公司
2012-07-24	中国石油化工股份有限公司2012年度第四期超短期融资券	0.74	50.00	3.11		
2012-07-25	神华集团有限责任公司2012年度第二期超短期融资券	0.74	70.00	3.25		
2012-07-25	中国北车股份有限公司2012年度第一期超短期融资券	0.74	20.00	3.50		

发行公告日	债券名称	发行期限（年）	实际发行总额（亿元）	发行时票面利率（%）	发行信用等级	评级机构
2012-07-27	中国航空工业集团公司2012年度第一期超短期融资券	0.74	20.00	3.45		
2012-08-01	中国海运（集团）总公司2012年度第一期超短期融资券	0.49	40.00	3.40		
2012-08-03	神华集团有限责任公司2012年度第三期超短期融资券	0.74	30.00	3.40		
2012-08-06	北京市基础设施投资有限公司2012年度第一期短期融资券	1.00	20.00	3.79	A-1	中诚信国际信用评级有限责任公司
2012-08-07	中国铁路物资股份有限公司2012年度第三期超短期融资券	0.74	20.00	3.60		
2012-08-07	上海电气（集团）总公司2012年度第一期短期融资券	1.00	30.00	3.87	A-1	上海新世纪资信评估投资服务有限公司
2012-08-10	中国建筑股份有限公司2012年度第一期短期融资券	1.00	30.00	3.87	A-1	中诚信国际信用评级有限责任公司
2012-08-15	中国冶金科工股份有限公司2012年度第二期超短期融资券	0.74	30.00	3.70		
2012-08-16	华能国际电力股份有限公司2012年度第三期超短期融资券	0.74	50.00	3.70		
2012-08-16	华能澜沧江水电有限公司2012年度第二期短期融资券	1.00	20.00	3.96	A-1	大公国际资信评估有限公司
2012-08-17	甘肃省公路航空旅游投资集团有限公司2012年度第一期短期融资券	1.00	20.00	5.61	A-1	大公国际资信评估有限公司
2012-08-21	国家电网公司2012年度第二期短期融资券	1.00	100.00	3.96	A-1	联合资信评估有限公司
2012-08-23	中国北车股份有限公司2012年度第二期超短期融资券	0.49	20.00	3.90		
2012-08-23	中国国电集团公司2012年度第二期短期融资券	1.00	75.00	4.12	A-1	大公国际资信评估有限公司
2012-08-24	鞍钢股份有限公司2012年度第二期短期融资券	1.00	30.00	4.12	A-1	中诚信国际信用评级有限责任公司
2012-08-28	中国铝业股份有限公司2012年度第四期超短期融资券	0.74	40.00	4.00		
2012-08-28	中国航空工业集团公司2012年度第二期超短期融资券	0.74	20.00	4.00		
2012-08-28	陕西煤业化工集团有限责任公司2012年度第二期短期融资券	1.00	35.00	4.20	A-1	中诚信国际信用评级有限责任公司
2012-08-29	中国五矿集团公司2012年度第二期超短期融资券	0.49	20.00	3.98		
2012-08-29	江苏沙钢集团有限公司2012年度第一期短期融资券	1.00	23.00	4.60	A-1	大公国际资信评估有限公司
2012-08-30	中国华电集团公司2012年度第二期超短期融资券	0.74	40.00	3.95		
2012-08-31	中国铝业公司2012年度第二期短期融资券	1.00	50.00	4.20	A-1	中诚信国际信用评级有限责任公司
2012-08-31	中国普天信息产业股份有限公司2012年度第二期短期融资券	1.00	20.00	4.60	A-1	联合资信评估有限公司
2012-09-05	中国电力投资集团公司2012年度第四期超短期融资券	0.49	35.00	3.90		
2012-09-05	中国大唐集团公司2012年度第二期超短期融资券	0.74	50.00	3.95		

发行公告日	债券名称	发行期限（年）	实际发行总额（亿元）	发行时票面利率（%）	发行信用等级	评级机构
2012–09–06	中国中化股份有限公司2012年度第二期超短期融资券	0.49	20.00	3.90		
2012–09–07	华电国际电力股份有限公司2012年度第二期短期融资券	1.00	20.00	4.22	A–1	中诚信国际信用评级有限责任公司
2012–09–11	中国铝业公司2012年度第三期超短期融资券	0.74	60.00	4.00		
2012–09–11	国电电力发展股份有限公司2012年度第三期超短期融资券	0.74	40.00	3.99		
2012–09–11	中国东方航空股份有限公司2012年度第一期超短期融资券	0.74	40.00	4.10	A–1	大公国际资信评估有限公司
2012–09–12	中国南方电网有限责任公司2012年度第二期超短期融资券	0.49	50.00	3.80		
2012–09–12	中国电力投资集团公司2012年度第五期超短期融资券	0.74	78.00	3.99		
2012–09–12	华能国际电力股份有限公司2012年度第四期超短期融资券	0.74	50.00	3.99		
2012–09–12	上海华谊（集团）公司2012年度第一期短期融资券	1.00	40.00	4.37	A–1	上海新世纪资信评估投资服务有限公司
2012–09–13	中国北车股份有限公司2012年度第三期超短期融资券	0.74	20.00	4.19		
2012–09–13	中国航空油料集团公司2012年度第一期超短期融资券	0.49	30.00	3.98	A–1	联合资信评估有限公司
2012–09–14	国家电网公司2012年度第三期短期融资券	1.00	50.00	4.24	A–1	联合资信评估有限公司
2012–09–17	中国外运股份有限公司2012年度第一期超短期融资券	0.74	20.00	4.19		
2012–09–18	华电国际电力股份有限公司2012年度第二期超短期融资券	0.74	30.00	4.15	A–1	中诚信国际信用评级有限责任公司
2012–09–18	中国铝业股份有限公司2012年度第五期超短期融资券	0.49	20.00	4.15		
2012–09–18	百联集团有限公司2012年度第二期短期融资券	1.00	20.00	4.48	A–1	上海新世纪资信评估投资服务有限公司
2012–09–18	湖北省能源集团有限公司2012年度第一期短期融资券	1.00	20.00	4.91	A–1	中诚信国际信用评级有限责任公司
2012–09–18	淮南矿业（集团）有限责任公司2012年度第二期短期融资券	1.00	30.00	4.48	A–1	联合资信评估有限公司
2012–09–19	中国冶金科工股份有限公司2012年度第三期超短期融资券	0.74	30.00	4.30		
2012–09–19	中国航空工业集团公司2012年度第三期超短期融资券	0.74	20.00	4.15		
2012–09–20	郑州煤炭工业（集团）有限责任公司2012年度第一期短期融资券	1.00	30.00	4.71	A–1	大公国际资信评估有限公司
2012–09–24	中国北车股份有限公司2012年度第四期超短期融资券	0.49	20.00	4.20		
2012–09–24	中国冶金科工股份有限公司2012年度第二期短期融资券	1.00	30.00	4.48	A–1	中诚信国际信用评级有限责任公司
2012–09–27	国家电网公司2012年度第四期短期融资券	1.00	100.00	4.26	A–1	联合资信评估有限公司
2012–09–28	上海电气（集团）总公司2012年度第二期短期融资券	1.00	35.00	4.39	A–1	上海新世纪资信评估投资服务有限公司

发行公告日	债券名称	发行期限（年）	实际发行总额（亿元）	发行时票面利率（%）	发行信用等级	评级机构
2012-09-29	开滦（集团）有限责任公司2012年度第二期短期融资券	1.00	20.00	4.39	A-1	中诚信国际信用评级有限责任公司
2012-10-08	中粮集团有限公司2012年度第三期超短期融资券	0.49	45.00	4.15		
2012-10-09	中国铁路物资股份有限公司2012年度第四期超短期融资券	0.74	25.00	4.25		
2012-10-09	中国五矿集团公司2012年度第三期超短期融资券	0.74	20.00	4.20		
2012-10-09	中国铝业股份有限公司2012年度第二期短期融资券	1.00	20.00	4.29	A-1	中诚信国际信用评级有限责任公司
2012-10-09	陕西省高速公路建设集团公司2012年度第一期短期融资券	1.00	20.00	4.99	A-1	中诚信国际信用评级有限责任公司
2012-10-10	大唐国际发电股份有限公司2012年度第二期超短期融资券	0.74	30.00	4.15		
2012-10-10	义马煤业集团股份有限公司2012年度第一期短期融资券	1.00	20.00	4.67	A-1	联合资信评估有限公司
2012-10-11	中国联合水泥集团有限公司2012年度第三期短期融资券	1.00	20.00	4.67	A-1	大公国际资信评估有限公司
2012-10-11	中信证券股份有限公司2012年度第三期短期融资券	0.25	50.00	4.00	A-1	大公国际资信评估有限公司
2012-10-12	中国电力投资集团公司2012年度第六期超短期融资券	0.49	45.00	4.05		
2012-10-12	梅花生物科技集团股份有限公司2012年度第一期短期融资券	1.00	20.00	4.99	A-1	中诚信国际信用评级有限责任公司
2012-10-15	中国电力投资集团公司2012年度第七期超短期融资券	0.74	40.00	4.10		
2012-10-15	广发证券股份有限公司2012年度第一期短期融资券	0.25	45.00	4.00	A-1	中诚信国际信用评级有限责任公司
2012-10-16	中国北车股份有限公司2012年度第五期超短期融资券	0.74	20.00	4.10		
2012-10-16	中国建材股份有限公司2012年度第一期超短期融资券	0.74	30.00	4.10		
2012-10-16	中国联合网络通信有限公司2012年度第二期短期融资券	1.00	150.00	4.20	A-1	中诚信国际信用评级有限责任公司
2012-10-17	中国联合网络通信有限公司2012年度第三期短期融资券	1.00	80.00	4.20	A-1	中诚信国际信用评级有限责任公司
2012-10-17	马鞍山钢铁股份有限公司2012年度第一期短期融资券	1.00	35.00	4.71	A-1	中诚信国际信用评级有限责任公司
2012-10-18	山东钢铁集团有限公司2012年度第一期短期融资券	1.00	60.00	4.45	A-1	中诚信国际信用评级有限责任公司
2012-10-18	中国国电集团公司2012年度第三期短期融资券	1.00	82.00	4.35	A-1	联合资信评估有限公司
2012-10-22	中国石油天然气集团公司2012年度第三期超短期融资券	0.74	200.00	3.98		
2012-10-22	酒泉钢铁（集团）有限责任公司2012年度第一期短期融资券	1.00	55.00	4.71	A-1	联合资信评估有限公司
2012-10-22	广东省广晟资产经营有限公司2012年度第一期短期融资券	1.00	30.00	4.50	A-1	联合资信评估有限公司
2012-10-23	中国五矿集团公司2012年度第四期超短期融资券	0.49	20.00	4.05		

发行公告日	债券名称	发行期限（年）	实际发行总额（亿元）	发行时票面利率（%）	发行信用等级	评级机构
2012-10-24	中国石油化工股份有限公司2012年度第五期超短期融资券	0.25	50.00	3.70		
2012-10-24	中国大唐集团新能源股份有限公司2012年度第一期短期融资券	1.00	20.00	4.35	A-1	大公国际资信评估有限公司
2012-10-25	鞍山钢铁集团公司2012年度第一期超短期融资券	0.74	20.00	4.35		
2012-10-30	中粮集团有限公司2012年度第四期超短期融资券	0.74	50.00	4.20		
2012-10-30	华能国际电力股份有限公司2012年度第二期短期融资券	1.00	50.00	4.42	A-1	中诚信国际信用评级有限责任公司
2012-10-30	招商证券股份有限公司2012年度第四期短期融资券	0.25	20.00	4.00	A-1	上海新世纪资信评估投资服务有限公司
2012-10-31	鞍山钢铁集团公司2012年度第二期超短期融资券	0.74	20.00	4.45		
2012-11-01	中国铁建股份有限公司2012年度第二期超短期融资券	0.74	50.00	4.30		
2012-11-02	华侨城集团公司2012年度第三期短期融资券	1.00	20.00	4.42	A-1	联合资信评估有限公司
2012-11-02	华能澜沧江水电有限公司2012年度第三期短期融资券	1.00	20.00	4.42	A-1	大公国际资信评估有限公司
2012-11-02	国泰君安证券股份有限公司2012年度第三期短期融资券	0.25	20.00	4.15	A-1	中诚信国际信用评级有限责任公司
2012-11-06	中国五矿集团公司2012年度第五期超短期融资券	0.49	20.00	4.09		
2012-11-07	中国石油化工股份有限公司2012年度第六期超短期融资券	0.49	100.00	3.88		
2012-11-08	中国铁路物资股份有限公司2012年度第五期超短期融资券	0.74	25.00	4.30	AAA	大公国际资信评估有限公司
2012-11-09	淮南矿业（集团）有限责任公司2012年度第三期短期融资券	1.00	20.00	4.47	A-1	联合资信评估有限公司
2012-11-13	中国石油化工集团公司2012年度第三期超短期融资券	0.74	50.00	3.90		
2012-11-13	中国核工业建设集团公司2012年度第一期超短期融资券	0.74	20.00	4.30		
2012-11-14	中国五矿集团公司2012年度第六期超短期融资券	0.49	20.00	4.15		
2012-11-14	中国建材股份有限公司2012年度第二期超短期融资券	0.74	30.00	4.30		
2012-11-15	中国冶金科工股份有限公司2012年度第三期短期融资券	1.00	40.00	4.46	A-1	中诚信国际信用评级有限责任公司
2012-11-15	中信证券股份有限公司2012年度第四期短期融资券	0.25	50.00	4.19	A-1	大公国际资信评估有限公司
2012-11-16	中国石油化工股份有限公司2012年度第七期超短期融资券	0.74	100.00	3.90		
2012-11-16	中国航空油料集团公司2012年度第二期超短期融资券	0.49	20.00	4.12	A-1	联合资信评估有限公司
2012-11-16	北京国有资本经营管理中心2012年度第二期短期融资券	1.00	25.00	4.46	A-1	大公国际资信评估有限公司
2012-11-19	中国大唐集团公司2012年度第三期超短期融资券	0.74	40.00	4.20		
2012-11-21	中国重型汽车集团有限公司2012年度第一期短期融资券	1.00	20.00	4.87	A-1	中诚信国际信用评级有限责任公司

发行公告日	债券名称	发行期限（年）	实际发行总额（亿元）	发行时票面利率（%）	发行信用等级	评级机构
2012-11-21	中国证券金融股份有限公司 2012年第一期短期融资券	0.25	30.00	4.15	A-1	中诚信国际信用评级有限责任公司
2012-11-22	中国黄金集团公司2012年度第二期超短期融资券	0.74	20.00	4.30		
2012-11-22	中国长江电力股份有限公司 2012年度第三期短期融资券	1.00	20.00	4.52	A-1	中诚信国际信用评级有限责任公司
2012-11-23	江苏沙钢集团有限公司 2012年度第二期短期融资券	1.00	23.00	4.87	A-1	大公国际资信评估有限公司
2012-11-28	中国建材股份有限公司 2012年度第三期超短期融资券	0.49	30.00	4.30		
2012-11-28	中国华能集团公司2012年度第四期短期融资券	1.00	40.00	4.58	A-1	联合资信评估有限公司
2012-11-29	广发证券股份有限公司 2012年度第二期短期融资券	0.25	30.00	4.19	A-1	中诚信国际信用评级有限责任公司
2012-11-30	中国长江三峡集团公司 2012年度第一期超短期融资券	0.74	50.00	3.98		
2012-11-30	陕西延长石油（集团）有限责任公司 2012年度第二期短期融资券	1.00	30.00	4.58	A-1	联合资信评估有限公司
2012-11-30	中国国电集团公司2012年度第四期短期融资券	1.00	125.00	4.58	A-1	大公国际资信评估有限公司
2012-12-03	北京能源投资（集团）有限公司 2012年度第一期短期融资券	1.00	20.00	4.58	A-1	联合资信评估有限公司
2012-12-03	国泰君安证券股份有限公司 2012年度第四期短期融资券	0.25	20.00	4.45	A-1	中诚信国际信用评级有限责任公司
2012-12-04	华能国际电力股份有限公司 2012年度第三期短期融资券	1.00	50.00	4.58	A-1	中诚信国际信用评级有限责任公司
2012-12-05	中国南车股份有限公司 2012年度第一期超短期融资券	0.74	20.00	4.38		
2012-12-05	江苏交通控股有限公司 2012年度第四期短期融资券	1.00	30.00	4.65	A-1	中诚信国际信用评级有限责任公司
2012-12-05	攀钢集团有限公司2012年度第一期短期融资券	1.00	30.00	4.97	A-1	联合资信评估有限公司
2012-12-06	中国石油天然气集团公司 2012年度第四期超短期融资券	0.74	200.00	4.05		
2012-12-06	中国南方电网有限责任公司 2012年度第三期超短期融资券	0.74	50.00	3.98		
2012-12-07	中国华能集团公司2012年度第五期短期融资券	1.00	40.00	4.65	A-1	联合资信评估有限公司
2012-12-07	中信证券股份有限公司 2012年度第五期短期融资券	0.25	30.00	4.31	A-1	大公国际资信评估有限公司
2012-12-11	天津滨海新区建设投资集团有限公司 2012年度第一期短期融资券	1.00	25.00	4.70	A-1	联合资信评估有限公司
2012-12-13	湖南省高速公路建设开发总公司 2012年度第三期短期融资券	1.00	20.00	5.50	A-1	联合资信评估有限公司
2012-12-13	北京市首都公路发展集团有限公司 2012年度第一期短期融资券	1.00	30.00	4.64	A-1	中诚信国际信用评级有限责任公司
2012-12-18	中国铝业股份有限公司 2012年度第七期超短期融资券	0.49	20.00	4.35		
2012-12-18	中国国电集团公司2012年度第五期短期融资券	1.00	36.00	4.63	A-1	大公国际资信评估有限公司
2012-12-28	江苏交通控股有限公司 2013年度第一期短期融资券	1.00	30.00	4.62	A-1	中诚信国际信用评级有限责任公司
合计	**全年含20亿元以下**		**12360.47**			

第六部分

银行信贷与金融概览

银行贷款与投资

2012年中国建设银行贷款与投资

于2012年12月31日，本集团资产总额139728.28亿元，较上年增加16909.94亿元，增幅为13.77%，主要是由于客户贷款和垫款、存放同业款项及拆出资金、买入返售金融资产等增长。其中，客户贷款和垫款净额占资产总额的52.31%，较上年上升0.81个百分点；存放同业款项及拆出资金占比为5.12%，上升1.98个百分点；买入返售金融资产占比为2.27%，上升0.64个百分点；投资占比下降1.80个百分点，为20.52%；现金及存放中央银行款项占比下降1.79个百分点，为17.59%。

1.客户贷款和垫款

客户贷款和垫款

	于2012年12月31日		于2011年12月31日		于2010年12月31日	
（人民币百万元，百分比除外）	金额	占总额百分比（%）	金额	占总额百分比（%）	金额	占总额百分比（%）
公司类贷款和垫款	4963050	66.07	4400421	67.74	3947276	69.63
短期贷款	1725607	22.97	1383008	21.29	1159478	20.45
中长期贷款	3237443	43.10	3017413	46.45	2787798	49.18
个人贷款和垫款	2017826	26.86	1677910	25.83	1365672	24.09
个人住房贷款	1528757	20.35	1312974	20.21	1088591	19.20
个人消费贷款	80556	1.07	76692	1.18	48185	0.85
个人助业贷款	101776	1.36	78716	1.21	78844	1.39
信用卡贷款	177936	2.37	97553	1.50	55441	0.98
其他贷款1	128801	1.71	111975	1.73	94611	1.67
票据贴现	137558	1.83	111181	1.71	142817	2.52
海外和子公司	393878	5.24	306899	4.72	213363	3.76
客户贷款和垫款总额	7512312	100.00	6496411	100.00	5669128	100.00

1.包括个人商业用房抵押贷款、个人住房最高额抵押贷款、个人助学贷款等。

于2012年12月31日，本集团客户贷款及垫款总额75123.12亿元，较上年增加10159.01亿元，增幅为15.64%。

本行境内公司类贷款49630.50亿元，较上年增加5626.29亿元，增幅为12.79%。其中，投向基础设施行业领域贷款20961.29亿元，新增额在公司类贷款新增额中的占比为27.04%；小微企业贷款7454.53亿元、增幅17.97%，涉农贷款余额12748.99亿元、增幅

21.43%，均高于公司类贷款增幅。本行深入推进地方政府融资平台贷款整改工作，强化退出机制，严把审批关口，平台贷款结构不断优化。审慎支持行业和逐步压缩行业贷款余额占比分别下降0.89个百分点和0.26个百分点。

本行境内个人贷款20178.26亿元，较上年增加3399.16亿元，增幅为20.26%，在客户贷款和垫款中占比较上年提高1.03个百分点至26.86%。其中，个人住房贷款15287.57亿元，较上年增加2157.83亿元，增幅16.43%，重点支持居民自住房融资需求；个人助业贷款1017.76亿元，较上年增加230.60亿元，增幅29.30%；信用卡贷款1779.36亿元，较上年增加803.83亿元，增幅为82.40%。

票据贴现1375.58亿元，较上年增加263.77亿元，主要用于满足重点优质客户短期融资需求。

海外和子公司客户贷款和垫款3938.78亿元，较上年增加869.79亿元，增幅为28.34%，主要是香港等地区贷款增加较多所致。

2.投资

于所示日期本集团按持有目的划分的投资构成情况

	于2012年12月31日		于2011年12月31日	
（人民币百万元，百分比除外）	金额	占总额百分比（%）	金额	占总额百分比（%）
交易性金融资产	27572	0.96	23096	0.84
可供出售金融资产	701041	24.46	675058	24.62
持有至到期投资	1918322	66.92	1743569	63.60
应收款项债券投资	219713	7.66	300027	10.94
投资总额	2866648	100.00	2741750	100.00

于2012年12月31日，投资总额28666.48亿元，较上年增加1248.98亿元，增幅为4.56%。其中，交易性金融资产增加44.76亿元，增幅19.38%；可供出售金融资产增加259.83亿元，增幅3.85%；持有至到期投资增加1747.53亿元，增幅10.02%；应收款项债券投资减少803.14亿元，降幅26.77%，主要是信达债券获得偿还所致。

于所示日期按金融资产性质划分的投资构成情况

	于2012年12月31日		于2011年12月31日	
（人民币百万元，百分比除外）	金额	占总额百分比（%）	金额	占总额百分比（%）
债券投资	2847441	99.33	2719007	99.17
权益工具	17967	0.63	22451	0.82
基金	1240	0.04	292	0.01
投资总额	2866648	100.00	2741750	100.00

2012年中国银行贷款与投资

客户贷款

本行加大信贷结构调整力度，优先支持国民经济重要行业和新兴产业，优先支持中小企业，增加个人贷款投放，贷款规模保持适度均衡增长。

年末集团客户贷款总额68,646.96亿元，比上年末增加5,218.82亿元，增幅8.23%。其中，人民币贷款52,469.44亿元，比上年末增加4,714.50亿元，增幅9.87%；外币贷款折合2,573.79亿美元，比上年末增加86.34亿美元，增幅3.47%。

本行密切关注宏观经济形势变化，加强主动风险管理。严格控制地方政府融资平台贷款总量，加强对产能过剩行业以及房地产、光伏、造船等行业的风险管控，有效化解重大风险事件，全行不良资产余额和比率继续保持在较低水平，拨备覆盖率持续提升，风险抵补能力进一步增强。

年末集团贷款减值准备余额1,546.56亿元，比上年末增加149.80亿元。不良贷款拨备覆盖率236.30%，比上年末提高15.55个百分点。中国内地机构贷款拨备率为2.62%，比上年末提高0.06个百分点。重组贷款总额为105.18亿元，比上年末下降5.35亿元。

证券投资

本行积极把握市场时机，主动调整债券投资结构。适度加大中国内地人民币债券投资力度，适当提高政府类债券和信用类债券占比。持续优化外币投资结构，有效防范主权债务风险。

加强对海外机构和附属公司债券投资的统筹管理，集团证券投资组合整体收益水平稳步提高。

年末集团证券投资总额22,105.24亿元，比上年末增加2,097.65亿元，增幅10.48%。其中，人民币证券投资总额15,863.36亿元，比上年末增加1,179.32亿元，增幅8.03%。外币证券投资总额折合993.06亿美元，比上年末增加148.17亿美元，增幅17.54%。

本行继续压缩高风险欧洲债券。年末集团持有欧洲各国政府及各类机构发行债券账面价值折合人民币455.71亿元，其中英国、德国、荷兰、法国和瑞士五国相关债券账面价值折合人民币436.21亿元，占比95.72%。集团不持有希腊、葡萄牙、爱尔兰、意大利、西班牙五国政府及各类机构发行的债券。

集团持有美国次级、Alt-A 及Non-Agency 住房贷款抵押债券账面价值合计11.03 亿美元，相关减值准备余额5.99 亿美元。持有美国房地美公司（Freddie Mac）和房利美公司（Fannie Mae）发行债券和担保债券的账面价值共计0.46 亿美元。

2012年中国农业银行贷款与投资

1.发放贷款和垫款

截至2012年12月31日，本行发放贷款和垫款总额 64333.99亿元，较上年末增加7934.71亿元，增长14.1%。

按业务类型划分的发放贷款和垫款分布情况

单位：人民币百万元

项目	2012年12月31日		2011年12月31日	
	金额	占比（%）	金额	占比（%）
境内分行贷款	6242913	97.0	5522635	97.9
公司类贷款	4427989	68.8	3989570	70.7
票据贴现	107601	1.7	102545	1.8
个人贷款	1707323	26.5	1430520	25.4
境外及其他	190486	3.0	117293	2.1
合计	6433399	100.0	5639928	100.0

公司类贷款44279.89亿元，较上年末增加4384.19亿元，增长11.0%，主要是由于本行积极服务实体经济，调整优化信贷结构，优先满足总分行核心客户、重大项目、重点区域的资金需求，不断提升县域和小微企业金融服务质量，实现公司类贷款稳健增长。

个人贷款17073.23亿元，较上年末增加2768.03亿元，增长19.3%，主要是由于本行继续实施个人贷款优先发展战略，稳步发展个人住房贷款业务，大力发展信用卡分期付款业务，积极拓展个人助业贷款业务。

票据贴现1076.01亿元，较上年末增加50.56亿元，增长4.9%，主要是由于本行根据宏观经济、货币政策和市场环境的变化，适时调整票据贴现业务规模。

境外及其他贷款1904.86亿元，较上年末增加731.93亿元，增长62.4%，主要是由于本行进一步加强了境内外贷款业务的联动营销，境外分行贸易融资大幅增加。

按产品期限划分的公司类贷款分布情况

人民币百万元，百分比除外

项目	2012年12月31日		2011年12月31日	
	金额	占比（%）	金额	占比（%）
短期公司类贷款	2052593	46.4	1698960	42.6
中长期公司类贷款	2375396	53.6	2290610	57.4
合计	4427989	100.0	3989570	100.0

短期公司类贷款增加3536.33亿元，增长20.8%。中长期公司类贷款增加847.86亿元，增长3.7%，中长期贷款占比较上年末下降3.8个百分点至53.6%。报告期内，中国经济增速放缓，固定资产投资增速较上年有所回落，本行中长期贷款投放速度相应放缓。

按行业划分的公司类贷款分布情况

人民币百万元，百分比除外

项目	2012年12月31日		2011年12月31日	
	金额	占比（%）	金额	占比（%）
制造业	1349998	30.4	1204029	30.2
电力、热力、燃气及水生产和供应业	478177	10.8	451082	11.3
房地产业1	459978	10.4	497241	12.5
交通运输、仓储和邮政业	515501	11.6	458781	11.5
批发和零售业	477434	10.8	388818	9.7
水利、环境和公共设施管理业	200362	4.5	182064	4.6
建筑业	202875	4.6	169323	4.2
采矿业	188557	4.3	148521	3.7
租赁和商务服务业	290196	6.6	258432	6.5
信息传输、软件和信息技术服务业	20798	0.5	14640	0.4
其他行业2	244113	5.5	216639	5.4
合计	4427989	100.0	3989570	100.0

注：1．本表按照借款人所在的行业对贷款进行划分。房地产业贷款包括发放给主营业务为房地产行业企业的房地产开发贷款、经营性物业抵押贷款和其他发放给房地产行业企业的非房地产用途的贷款。2．其他行业主要包括农、林、牧、渔业，教育业以及住宿和餐饮业。

报告期内，本行积极贯彻国家宏观调控和监管要求，加强宏观经济政策和行业政策研究。坚持绿色信贷导向，支持重大产业技术升级、循环经济等传统行业升级改造项目；优先支持技术成熟、内需导向的战略性新兴产业，如高端装备制造业、新一代信息技术产业等；严格实施行业限额和名单制管理，有效控制房地产、政府融资平台和“两高一剩”行业贷款投放。

截至2012年12月31日，本行五大主要贷款行业包括：(1) 制造业；(2) 交通运输、仓储和邮政业；(3) 电力、热力、燃气及水生产和供应业；(4) 批发和零售业；(5) 房地产业。五大行业贷款余额合计占公司类贷款总额的74.0%，较上年末下降1.2个百分点，行业集中度有所下降。全年贷款占比上升最多的三大行业为：(1) 批发和零售业；(2) 采矿业；(3) 建筑业。房地产业为贷款占比下降最多的行业。

按产品类型划分的个人贷款分布情况

人民币百万元，百分比除外

项目	2012年12月31日		2011年12月31日	
	金额	占比（%）	金额	占比（%）
个人住房贷款	170365	61.6	144131	62.3
个人消费贷款	200397	10.0	157424	10.1
个人卡透支	134484	8.7	134535	7.0
农户贷款	1940	7.9	2578	9.4
其他	1707323	0.1	1430520	0.2
合计	170365	100.0	144131	100.0

截至2012年12月31日，个人住房贷款10509.99亿元，较上年末增加1594.97亿元，增长17.9%。本行积极配合落实房地产市场宏观调控政策，以支持居民购买首套普通自住房为重点，依托优质开发企业和二手房中介机构，稳步发展个人住房贷款业务。

个人消费类贷款1703.65亿元，较上年末增加262.34亿元，增长18.2%，主要是由于本行围绕国家鼓励消费、扩大内需的政策导向，加强产品创新和营销管理，有效满足个人客户消费信贷需求。

个人经营贷款2003.97亿元，较上年末增加429.73亿元，增长27.3%，主要是由于本行积极开展个人助业贷款业务，着力提升对小型微型企业业主和个体工商户的信贷支持。

个人卡透支1491.38亿元，较上年末增加487.88亿元，增长48.6%，主要是由于本行大力发展信用卡分期付款业务，信用卡透支余额增长较快。

农户贷款1344.84亿元，较上年末减少0.51亿元，主要是由于本行加强农户贷款集约化经营，调整优化客户结构、产品结构和担保结构。

按地域划分的贷款分布情况

人民币百万元，百分比除外

项目	2012年12月31日		2011年12月31日	
	金额	占比（%）	金额	占比（%）
总行	106084	1.6	91189	1.6
长江三角洲地区	1663800	25.8	1511027	26.8
珠江三角洲地区	910887	14.2	808715	14.3
环渤海地区	1131843	17.6	996549	17.7
中部地区	783830	12.2	678615	12.1
东北地区	243592	3.8	205807	3.6
西部地区	1402877	21.8	1230733	21.8
境外及其他	190486	3.0	117293	2.1
合计	6433399	100.0	5639928	100.0

在保持长三角、珠三角和环渤海地区信贷投放力度的同时，信贷资源配置适当向信贷需求相对旺盛的中部、西部和东北等地区倾斜，加大国家重点区域和主体功能区的信贷投放力度。2012年，中

部、西部和东北部地区发放贷款和垫款总额合计24302.99亿元，占发放贷款和垫款总额37.8%，较上年末增加了0.3个百分点。同时，本行加强境内外贷款业务的联动营销，境外贷款占比有所提升。

2.投资

截至2012年12月31日，本行投资净额28514.48亿元，较上年末增加2233.96亿元，增长8.5%。

按产品类型划分的投资

人民币百万元，百分比除外

项目	2012年12月31日		2011年12月31日	
	金额	占比（%）	金额	占比（%）
非重组类债	2234895	78.4	2022695	77.0
重组类债券	486183	17.0	567383	21.6
权益工具	1445	0.1	1185	–
其他1	128925	4.5	36789	1.4
合计	2851448	100.0	2628052	100.0

注：1、主要包括本行通过发行理财产品募集资金并按约定进行投资而形成的资产。

截至2012年12月31日，非重组类债券投资较上年末增加2122.00亿元，主要是本行把握债券收益率波动趋势，适度加大了中期债券的投资力度。重组类债券投资较上年末减少812.00亿元，主要是由于报告期内财政部陆续偿还部分本行应收财政部款项。

按发行人划分的非重组类债券投资分布情况

人民币百万元，百分比除外

项目	2012年12月31日		2011年12月31日	
	金额	占比（%）	金额	占比（%）
政府	654454	29.3	551569	27.3
人民银行	107353	4.8	460159	22.7
政策性银行	1001584	44.8	647706	32.0
同业及其他金融机构	92739	4.2	82417	4.1
公共实体	69256	3.1	50295	2.5
公司	309509	13.8	230549	11.4
合计	2234895	100.0	2022695	100.0

2012年本行持续优化各类债券配置比例。同业及其他金融机构类债券、公共实体类债券占比基本保持稳定；政府类债券和公司类债券占比较上年末分别小幅提高2.0个百分点和2.4个百分点；重点配置的政策性银行类债券占比较上年末提高12.8个百分点；央行票据占比较上年末下降17.9个百分点，主要是由于2012年初以来人民银行暂停央行票据发行，以及本行持有的部分央行票据自然到期所致。

按剩余期限划分的非重组类债券投资分布情况

人民币百万元，百分比除外

剩余期限	2012年12月31日		2011年12月31日	
	金额	占比（%）	金额	占比（%）
已逾期	5	–	9	–
3个月内	83005	3.7	110337	5.5
3–12个	400558	17.9	557979	27.6
1–5年	1113211	49.8	826054	40.8
5年以上	638116	28.6	528316	26.1
合计	2234895	100.0	2022695	100.0

本行1年以内债券占比有所下降，主要是由于央行票据到期，且市场短期债券供给出现较大幅度减少。1年以上债券的占比有所上升，主要是由于：（1）本行重点配置了投资价值相对较高的1至5年期债券；（2）本行把握债券收益率波动趋势，逢高加大了对5年以上债券的投资力度。

按币种划分的非重组类债券投资分布情况

人民币百万元，百分比除外

项目	2012年12月31日		2011年12月31日	
	金额	占比（%）	金额	占比（%）
人民币	2171858	97.2	1968584	97.3
美元	44897	2.0	42022	2.1
其他外币	18140	0.8	12089	0.6
合计	2234895	100.0	2022695	100.0

2012年，本行外汇投资业务稳健发展，整体风险可控。截至2012年12月31日，本行未持有南欧国家及机构发行的债券，欧洲相关头寸也大幅降低，且对相关剩余头寸足额计提了减值准备，规避了欧债危机反复波折造成的不利影响。

按持有目的划分的投资分布情况

人民币百万元，百分比除外

项目	2012年12月31日		2011年12月31日	
	金额	占比（%）	金额	占比（%）
以公允价值计量且其变动计入当期损益的金融资产	178555	6.3	68052	2.6
可供出售金融资产	755503	26.5	651198	24.8

项目	2012年12月31日		2011年12月31日	
	金额	占比（%）	金额	占比（%）
持有至到期投资产	1308796	45.9	1178888	44.8
应收款项类投资产	608594	21.3	729914	27.8
合计	2851448	100.0	2628052	100.0

持有金融债券的情况

金融债券指由政策性银行、同业及其他金融机构发行的、按约定还本付息的有价证券。

截至2012年12月31日，本行金融债券余额10943.23亿元，其中政策性银行债券10015.84亿元，同业及其他金融机构债券927.39亿元。下表列示了截至2012年12月31日本行持有的面值最大十只金融债券的情况。

人民币百万元，百分比除外

债券名称	面值	年利率	到期日	减值1
2012年政策性银行债券	11590	3.19%	2013/09/17	—
2012年政策性银行债券	10130	3.37%	2013/12/20	—
2011年政策性银行债券	10000	3.81%	2017/12/23	—
2011年政策性银行债券	10000	一年定期存款利率+0.73%	2017/12/23	—
2012年政策性银行债券	10000	3.12%	2014/01/20	—
2012年政策性银行债券	10000	3.22%	2014/06/29	—
2012年政策性银行债券	10000	3.10%	2014/04/28	—
2012年政策性银行债券	10000	3.94%	2014/12/28	—
2012年政策性银行债券	9990	3.45%	2013/04/06	—
2011年政策性银行债券	9550	4.00%	2016/11/08	—

注：1、本表所列减值指按个别方式计提的减值准备，不包括组合方式计提的减值准备。

2012年中国工商银行贷款与投资

1.贷款

2012年，本行根据宏观经济环境变化和金融监管要求，结合实体经济发展需要，合理把握信贷总量和投放节奏，深化信贷结构调整，优化信贷资源配置，促进区域信贷协调发展。积极支持先进制造业、现代服务业、文化产业和战略性新兴产业的发展，持续改善对中小微企业的金融服务，加大对贸易融资及个人合理信贷需求的支持力度，信贷投放平稳适度。2012年末，各项贷款88036.92亿元，比上年末增加10147.95亿元，增长13.0%。其中，境内分行人民币贷款78907.79亿元，比上年末增加8672.02亿元，增长12.3%。

按业务类型划分的贷款结构

人民币百万元，百分比除外

项目	2012年12月31日		2011年12月31日	
	金额	占比（%）	金额	占比（%）
公司类贷款	6332578	71.9	5666511	72.7
票据贴现	184011	2.1	107460	1.4
个人贷款	2287103	26.0	2014926	25.9
合计	8803692	100.0	7788897	100.0

公司类贷款增加6660.67亿元，增长11.8%。从期限结构上看，短期公司类贷款增加5046.03亿元，增长25.7%，占全部公司类贷款增量的75.8%；中长期公司类贷款增加1614.64亿元，增长4.4%，占全部公司类贷款增量的24.2%，主要是本行主动调整信贷结构的结果。从品种结构上看，流动资金贷款增加5215.94亿元，增长22.9%，其中贸易融资增加1439.58亿元，增长16.2%，主要是继续加大对生产流通领域企业信贷需求的支持力度；项目贷款增加1679.32亿元，增长5.9%，主要是继续支持国家重点在建续建项目；房地产贷款减少234.59亿元，下降4.3%，主要是本行根据房地产市场风险状况，审慎投放房地产贷款。

票据贴现增加765.51亿元，增长71.2%，主要是本行结合宏观经济和票据市场利率走势，加强对票据资产规模和结构的调整，加大了对实体经济的支持力度。

个人贷款增加2721.77亿元，增长13.5%，主要是本行结合国家宏观经济政策，落实差别化住房信贷政策，丰富个人贷款产品体系，促进个人贷款业务稳健发展。其中，个人住房贷款增加1514.53亿元，增长12.7%，占个人贷款增量的55.6%，主要是2012年下半年贷款基准利率下调及房地产市场的部分刚性需求释放，房地产市场有所回暖，个人住房贷款稳步增长；个人经营性贷款增加534.77亿元，增长20.1%，主要是本行以商品交易市场为重点，加大市场营销和服务力度，推动相关业务的发展；个人消费贷款增加4.02亿元，增长0.1%，本行加强个人消费贷款用途管理，主动调整贷款产品结构导致增速放缓；信用卡透支增加668.45亿元，增长37.5%，主要是信用卡分期付款业务持续发展以及信用卡发卡量和消费额稳定增长所致。

贷款五级分类分布情况

人民币百万元，百分比除外

项目	2012年12月31日		2011年12月31日	
	金额	占比（%）	金额	占比（%）
正常	8501566	96.57	7484060	96.09
关注	227551	2.58	231826	2.97
不良贷款	74575	0.85	73011	0.94
次级	29418	0.33	24092	0.31
可疑	36482	0.42	38712	0.50
损失	8675	0.10	10207	0.13
合计	8803692	100.00	7788897	100.00

贷款质量保持稳定。2012年末，按照五级分类，正常贷款85015.66亿元，比上年末增加10175.06亿元，占各项贷款的96.57%，提高0.48个百分点。关注贷款2275.51亿元，减少42.75亿元，占比2.58%，下降0.39个百分点。不良贷款余额745.75亿元，增加15.64亿元，不良贷款率0.85%，下降0.09个百分点。

按业务类型划分的贷款结构

人民币百万元，百分比除外

项目	2012年12月31日				2011年12月31日			
	贷款	占比（%）	不良贷款	不良贷款率（%）	贷款	占比（%）	不良贷款	不良贷款率（%）
公司类贷款	6332578	71.9	60977	0.96	5666511	72.7	62263	1.10
票据贴现	184011	2.1	–	–	107460	1.4	–	–
个人贷款	2287103	26.0	13598	0.59	2014926	25.9	10748	0.53
合计	8803692	100.0	74575	0.85	7788897	100.0	73011	0.94

公司类不良贷款余额609.77亿元，比上年末减少12.86亿元，不良贷款率0.96%，下降0.14个百分点。个人不良贷款余额135.98亿元，增加28.50亿元，不良贷款率0.59%，提高0.06个百分点，主要是经济增速放缓导致借款人经营性收益下降或工资性收入减少，个人经营性贷款、个人消费贷款和银行卡透支不良额上升。

按行业划分的境内分行公司类贷款和不良贷款结构

人民币百万元，百分比除外

项目	2012年12月31日				2011年12月31日			
	贷款	占比（%）	不良贷款	不良贷款率（%）	贷款	占比（%）	不良贷款	不良贷款率（%）
制造业	1392266	23.8	22442	1.61	1121413	21.5	23432	2.09
化工	214625	3.7	3115	1.45	174423	3.3	3506	2.01
机械	212086	3.6	2721	1.28	180605	3.5	2328	1.29
金属加工	173477	3.0	2570	1.48	143597	2.8	1698	1.18
钢铁	135925	2.3	1402	1.03	106396	2.0	1946	1.83
纺织及服装	135744	2.3	3179	2.34	114382	2.2	3365	2.94
计算机、通信和其他电子设备	94558	1.6	1103	1.17	56920	1.1	1721	3.02
交通运输设备	72752	1.3	1312	1.80	63189	1.2	1469	2.32
非金属矿物	63599	1.1	1710	2.69	52047	1.0	1726	3.32
石油加工、炼焦及核燃料	55161	0.9	312	0.57	41687	0.8	301	0.72
其他	234339	4.0	5018	2.14	188167	3.6	5372	2.85
交通运输、仓储和邮政业	1135626	19.4	9538	0.84	1052529	20.2	12173	1.16

批发和零售业	705800	12.1	14186	2.01	535270	10.2	8212	1.53
电力、热力、燃气及水生产和供应业	579726	9.9	2727	0.47	587723	11.3	5099	0.87
房地产业	487186	8.3	4297	0.88	512178	9.8	4775	0.93
水利、环境和公共设施管理业	464000	7.9	341	0.07	499196	9.6	1102	0.22
租赁和商务服务业	382835	6.6	959	0.25	349508	6.7	747	0.21
采矿业	233124	4.0	473	0.20	179474	3.4	524	0.29
建筑业	145798	2.5	932	0.64	115047	2.2	1054	0.92
住宿和餐饮业	101489	1.7	796	0.78	60849	1.2	907	1.49
科教文卫	84339	1.5	578	0.69	67673	1.3	693	1.02
其他	132646	2.3	983	0.74	134745	2.6	1098	0.81
合计	5844835	100.0	58252	1.00	5215605	100.0	59816	1.15

2012年，本行加大信贷结构调整力度，积极支持符合国家经济结构调整方向的先进制造业、服务业、文化产业和战略性新兴产业发展。其中，制造业贷款增加2708.53亿元，增长24.2%，新增贷款主要集中在装备制造业、农产品加工业等先进制造业客户以及部分传统产业中的龙头企业；作为服务业贷款主体部分的批发和零售业贷款增加1705.30亿元，两项增量合计占新增公司类贷款的70.1%。交通运输、仓储和邮政业贷款增加830.97亿元，主要是支持国家在建、续建重点项目。水利、环境和公共设施管理业，房地产业贷款分别减少351.96亿元和249.92亿元，主要是本行适应宏观经济环境变化积极调整信贷结构，继续控制城建领域贷款投放和对房地产业实施严格限额管理的结果。

本行进一步加强贷款风险管理，切实防范行业信贷风险。交通运输、仓储和邮政业，电力、热力、燃气及水生产和供应业，制造业不良贷款余额减少较多。受宏观经济下行影响，一些经营钢材、建材等商品的批发企业资金紧张出现违约，批发和零售业不良贷款有所增加。

贷款减值准备变动情况

人民币百万元，百分比除外

	单项评估	组合评估	合计
年初余额	35409	159469	194878
本年计提	2286	30286	32572
其中：本年新增	13933	103257	117190
本年划转	84	(84)	–
本年回拨	(11731)	(72887)	(84618)
已减值贷款利息收入	(944)	–	(944)
本年核销	(6279)	(1249)	(7528)

	单项评估	组合评估	合计
收回以前年度核销	701	191	892
其他变动	232	301	533
年末余额	31405	188998	220403

2012年末，贷款减值准备余额2204.03亿元，比上年末增加255.25亿元；拨备覆盖率295.55%，提高28.63个百分点，风险抵补能力进一步增强；贷款拨备率2.50%。

按担保类型划分的贷款结构

人民币百万元，百分比除外

项目	2012年12月31日		2011年12月31日	
	金额	占比（%）	金额	占比（%）
抵押贷款	3754475	42.6	3234332	41.5
其中：个人住房贷款	1340891	15.2	1189438	15.3
质押贷款	1087051	12.4	792016	10.2
其中：票据贴现	184011	2.1	107460	1.4
保证贷款	1269028	14.4	1201184	15.4
信用贷款	2693138	30.6	2561365	32.9
合计	8803692	100.0	7788897	100.0

抵押贷款37544.75亿元，比上年末增加5201.43亿元，增长16.1%。质押贷款10870.51亿元，增加2950.35亿元，增长37.3%，主要是票据贴现规模增加所致。信用贷款26931.38亿元，增加1317.73亿元，增长5.1%。

逾期贷款

人民币百万元，百分比除外

逾期期限	2012年12月31日		2011年12月31日	
	金额	占各项贷款的比重（%）	金额	占各项贷款的比重（%）
1天至90天	63567	0.72	49790	0.64
91天至1年	21388	0.25	11014	0.14
1年至3年	12698	0.14	15020	0.19
3年以上	28009	0.32	31981	0.41
合计	125662	1.43	107805	1.38

注：当客户贷款及垫款的本金或利息逾期时，被认定为逾期。对于可以分期付款偿还的客户贷款及垫款，如果部分分期付款已逾期，该等贷款的全部金额均被分类为逾期。

重组贷款

重组贷款和垫款71.88亿元，比上年末减少11.24亿元，下降13.5%。其中逾期3个月以上的重组贷款和垫款39.69亿元，减少17.55亿元。

展期贷款

展期贷款余额142.32亿元，比上年末减少29.85亿元，其中不良贷款余额28.69亿元，比上年末减少11.38亿元。

借款人集中度

本行对最大单一客户的贷款总额占本行资本净额的4.0%，对最大十家单一客户的贷款总额占资本净额的17.9%。最大十家单一客户贷款总额2323.64亿元，占各项贷款的2.6%。

2.投资

2012年，本行紧密结合金融市场走势，准确把握市场有利时机，灵活安排投资进度和重点，优化投资组合结构，在保证流动性和风险可控的基础上，不断提高投资组合收益水平。2012年末，投资40838.87亿元，比上年末增加1679.85亿元，增长4.3%。

投资

人民币百万元，百分比除外

项目	2012年12月31日		2011年12月31日	
	金额	占比（%）	金额	占比（%）
债务工具	4067207	99.6	3912033	99.9
非重组类债券	3719302	91.1	3402795	86.9
重组类债券	260096	6.4	397996	10.2
其他债务工具	87809	2.1	111242	2.8
权益工具及其他	16680	0.4	3869	0.1
合计	4083887	100.0	3915902	100.0

非重组类债券37193.02亿元，比上年末增加3165.07亿元，增长9.3%；重组类债券投资2600.96亿元，比上年末减少1379.00亿元，是由于中华人民共和国财政部与中国华融资产管理股份有限公司成立共管基金并向本行兑付部分华融债券所致。

按发行主体划分的非重组类债券投资结构

人民币百万元，百分比除外

项目	2012年12月31日		2011年12月31日	
	金额	占比（%）	金额	占比（%）
政府债券	875876	23.5	858194	25.2
中央银行债券	553216	14.9	682676	20.1
政策性银行债券	1587949	42.7	1318582	38.7
其他债券	702261	18.9	543343	16.0
合计	3719302	100.0	3402795	100.0

从发行主体结构上看，政府债券增加176.82亿元，增长2.1%，中央银行债券减少1294.60亿元，下降19.0%。政策性银行债券增加2693.67亿元，增长20.4%，其他债券增加1589.18亿元，增长29.2%，主要是由于报告期内部分央票到期，同时本行适度加大对政策性银行债券和优质信用债券的投资力度所致。

按持有目的划分的投资结构

人民币百万元，百分比除外

项目	2012年12月31日		2011年12月31日	
	金额	占比（%）	金额	占比（%）
以公允价值计量且其变动计入当期损益的金融资产	221671	5.4	152208	3.9
可供出售金融资产	920939	22.6	840105	21.5
持有至到期投资	2576562	63.1	2424785	61.9
应收款项类投资	364715	8.9	498804	12.7
合计	4083887	100.0	3915902	100.0

存放和拆放同业及其他金融机构款项

存放和拆放同业及其他金融机构款项6364.50亿元，比上年末增加1584.48亿元，增长33.1%。主要是本行为提高资金使用效率，加大资金运作力度，使得存放和拆放同业及其他金融机构款项有所增长。

2012年交通银行贷款与投资

截至报告期末，本集团资产总额为人民币52733.79亿元，比年初增加人民币6622.02亿元，增幅14.36%。

1.客户贷款

报告期内，本集团合理把握信贷投放总量、投向和节奏，贷款实现均衡平稳增长。截至报告期末，本集团客户贷款余额为人民币29472.99亿元，比年初增加人民币3855.49亿元，增幅15.05%。其中，境内银行机构人民币贷款较年初增加人民币2931.84亿元，增幅12.88%。

（1）行业集中度

报告期内，本集团积极支持产业结构升级和实体经济发展，大力推动业务结构优化。

客户贷款按行业分布情况

（除另有标明外，单位为人民币百万元）

项目	2012年12月31日		2011年12月31日	
	金额	占比（%）	金额	占比（%）
采矿业	72000	2.44	51040	1.99
制造业				
—石油化工	113677	3.86	103193	4.03
—电子	53813	1.83	52532	2.05
—钢铁	45739	1.55	42547	1.66
—机械	106908	3.63	89785	3.50
—纺织及服装	38758	1.32	34996	1.37
—其他制造业	225276	7.64	188906	7.37
电力、燃气及水的生产和供应业	132394	4.49	141316	5.52
建筑业	93246	3.16	80621	3.15
交通运输、仓储和邮政业	363797	12.34	329566	12.86
电信、计算机服务和软件业	10080	0.34	10195	0.40
批发和零售业	389695	13.22	290874	11.35
住宿和餐饮业	23358	0.79	21009	0.82
金融业	23471	0.80	22995	0.90
房地产业	179862	6.10	158688	6.19
服务业	184211	6.25	160039	6.25
水利、环境和公共设施管理业	137343	4.66	151161	5.90
科教文卫	37596	1.28	32647	1.27
其他	49784	1.69	40136	1.58
贴现	64769	2.20	50197	1.96
公司贷款总额	2345777	79.59	2052443	80.12
个人贷款	601522	20.41	509307	19.88
贷款和垫款总额	2947299	100.00	2561750	100.00

截至报告期末，本集团公司贷款余额为人民币23457.77亿元，较年初增加人民币2933.34亿元，增幅14.29%。其中，贷款分布最多的四个行业是制造业，批发和零售业，交通运输、仓储和邮政业以及服务业，占全部公司贷款的64.88%。

截至报告期末，本集团个人贷款余额为人民币6015.22亿元，较年初增加人民币922.15亿元，增幅18.11%，在客户贷款中的占比较上年末上升0.53个百分点至20.41%。

（2）借款人集中度

报告期末，本集团对最大单一客户的贷款总额占集团资本净额的1.71%，对最大十家客户的贷款总额占集团资本净额的14.22%，均符合监管要求。下表列示了在所示日期本集团向十大借款人提供的贷款余额：

于所示日期向十大借款人提供的贷款余额

（除另有标明外，单位为人民币百万元）

	行业类型	2012年12月31日	
		贷款余额	占贷款总额比例（%）
客户A	批发和零售业	7799	0.27
客户B	交通运输、仓储和邮政业	7372	0.25
客户C	交通运输、仓储和邮政业	7183	0.24
客户D	交通运输、仓储和邮政业	7051	0.24
客户E	交通运输、仓储和邮政业	6326	0.22
客户F	房地产业	6000	0.20
客户G	批发和零售业	5977	0.20
客户H	制造业—其他制造业	5748	0.20
客户I	服务业	5728	0.19
客户J	制造业—其他制造业	5666	0.19
十大客户合计		64850	2.20

（3）地域集中度

本集团贷款主要集中在长江三角洲、环渤海经济圈和珠江三角洲地区。截至报告期末，上述三个地区贷款余额占比分别为32.70%、21.56%和8.15%，三个地区贷款余额分别比年初增长15.99%、11.66%和16.04%。

（4）贷款质量

受我国江浙地区中小企业资产质量有所下降影响，截至报告期末，集团减值贷款率为0.92%，比年初上升0.06个百分点；拨备覆盖率达到250.68%，比年初下降5.69个百分点。

（5）贷款客户结构

根据内部评级结果，截至报告期末，境内银行机构公司客户内部评级1 8级客户贷款占比为93.77%，较年初上升0.56个百分点；9 12级客户贷款占比3.24%，较年初下降1.24个百分点；违约客户贷款占比0.95%，较年初下降0.04个百分点。

2.证券投资

截至报告期末，本集团证券投资净额为人民币8784.45亿元，比年初增加人民币792.55亿元，增幅9.92%；得益于投资结构的合理配置和不断优化，本集团证券投资总体收益率达到3.75%的较好水平。

下表列示了在所示日期本集团按持有目的划分和按发行主体划分的证券投资结构：

按持有目的划分的投资结构

（除另有标明外，单位为人民币百万元）

项目	2012年12月31日		2011年12月31日	
	金额	占比（%）	金额	占比（%）
以公允价值计量且其变动计入当期损益的金融资产	45683	5.20	42837	5.36
应收款项类投资	30395	3.46	28256	3.54
可供出售金融资产	203752	23.19	183336	22.94
持有至到期投资	598615	68.15	544761	68.16
合计	878445	100.00	799190	100.00

按发行主体划分的投资结构

（除另有标明外，单位为人民币百万元）

项目	2012年12月31日		2011年12月31日	
	金额	占比（%）	金额	占比（%）
政府及中央银行	政府及中央银行	5.20	42837	5.36
公共实体	公共实体	3.46	28256	3.54
金融机构	金融机构	23.19	183336	22.94
公司法人	公司法人	68.15	544761	68.16
合计	合计	100.00	799190	100.00

2012年中信银行贷款与投资

截至报告期末，本集团贷款及垫款总额16629.01亿元人民币，比上年增长15.96%。贷款及垫款占总资产比重55%，比上年提升4个百分点。

本集团客户贷款和垫款

单位：百万元人民币

项目	2012年12月31日		2011年12月31日	
	金额	占比（%）	金额	占比（%）
公司贷款	1253260	75.4	1116389	77.9
贴现贷款	74994	4.5	49451	3.4
个人贷款	334647	20.1	268197	18.7
客户贷款及垫款总额	1662901	100.0	1434037	100.0
客户贷款及垫款减值准备	(35325)		(23258)	
客户贷款及垫款净额	1627576		1410779	

2012年中国民生银行贷款与投资

报告期末，本集团资产总额为人民币32120.01亿元，比上年末增长9829.37亿元，增幅44.10%。资产总额的增长主要是因为贷款和同业规模的扩大。

下表列示截至2012年12月31日本集团资产总额的构成情况

本集团资产总额构成情况

单位：人民币百万元

项目	2012年12月31日		2011年12月31日	
	金额	占比（%）	金额	占比（%）
发放贷款和垫款总额	1384610	43.11	1205221	54.07
减：贷款减值准备	33098	1.03	26936	1.21
发放贷款和垫款净额	1351512	42.08	1178285	52.86
存放和拆放同业及其他金融机构款项（含买入返售金融资产）	1048905	32.66	411103	18.44
现金及存放中央银行款项	420418	13.09	332805	14.93
投资	243520	7.58	212072	9.51
固定资产及在建工程净额	12161	0.38	8823	0.40
其他资产	135485	4.21	85976	3.86
资产合计	3212001	100.00	2229064	100.00

注：投资包括交易性金融资产、可供出售金融资产、持有至到期投资、应收款项类投资、长期股权投资、衍生金融资产。

1.发放贷款和垫款

报告期末，本集团发放贷款和垫款总额达13846.10亿元，比上年末增长1793.89亿元，发放贷款和垫款在资产总额中的占比为43.11%，比上年末下降10.96个百分点。从贷款业务结构看，由于小微企业贷款规模的扩大，报告期末，个人贷款和垫款在贷款总额中的比重提高到33.63%，比上年末上升3.42%。

按产品类型划分的发放贷款和垫款分布情况

单位：人民币百万元

项目	2012年12月31日		2011年12月31日	
	金额	占比（%）	金额	占比（%）
公司贷款和垫款	919034	66.37	841118	69.79
其中：票据贴现	15764	1.14	13960	1.16
个人贷款和垫款	465576	33.63	364103	30.21
合计	1384610	100.00	1205221	100.00

个人贷款和垫款的业务结构分布

单位：人民币百万元

项目	2012年12月31日		2011年12月31日	
	金额	占比（%）	金额	占比（%）
小微企业贷款	317470	68.19	232495	63.85
住房贷款	71518	15.36	83337	22.89
信用卡透支	66305	14.24	38551	10.59
其他	10283	2.21	9720	2.67
合计	465576	100.00	364103	100.00

2.存放和拆放同业及其他金融机构款项

报告期末，本集团存放和拆放同业及其他金融机构款项（含买入返售金融资产）余额合计10489.05亿元，比上年末增长了155.14%，主要因为本集团加大同业资金业务的配置力度，提高资金运用效率。

3.投资

报告期末，本集团投资余额2435.20亿元，较上年末增长14.83%，主要由于可供出售金融资产和应收款项类投资规模扩大。

（1）投资及其他金融资产结构本集团按持有目的划分的投资结构如下：

本集团按持有目的划分的投资结构

单位：人民币百万元

项目	2012年12月31日		2011年12月31日	
	金额	占比（%）	金额	占比（%）
交易性金融资产	26318	10.81	20423	9.63
可供出售金融资产	117150	48.11	64732	30.52
持有至到期投资	83653	34.35	117886	55.59
应收款项类投资	15040	6.18	8319	3.92
长期股权投资	125	0.05	125	0.06
衍生金融资产	1234	0.50	587	0.28
合计	243520	100.00	212072	100.00

（2）重大政府债券持有情况

报告期末本集团所持金额重大的政府债券有关情况

单位：人民币百万元

项目	面值	年利率（%）	到期日
2003年记账式国债	2565	2.8	2013-4-9
2006年记账式国债	1122	2.51	2013-2-27
2007年记账式国债	1693	3.9	2014-8-23
2008年记账式国债	1110	2.71	2015-11-24
2009年记账式国债	2989	2.26-2.29	2014-4-2到2014-6-4
2010年记账式国债	12820	2.23-3.67	2013-3-18到2020-10-28
2011年记账式国债	8259	2.82-3.6	2014-3-10到2016-2-17
2012年记账式国债	1600	3.14	2017-02-16
合计	32158	–	–

（3）重大金融债券持有情况

报告期末本集团所持金额重大的金融债券有关情况

单位：人民币百万元

项目	面值	年利率（%）	到期日	计提减值准备
2003年金融债券	3860	浮动，当期3.74-3.97	2013-5-9到2013-6-16	–
2010年金融债券	6490	2.7-浮动，当期3.59	2013-8-12到2020-2-25	–
2011年金融债券	3820	浮动，当期3.59-4.2	2013-5-12到2016-12-28	–
2012年金融债券	19180	3.15-4.2	2013-3-13到2017-2-28	–
合计	33350		–	–

（4）衍生金融工具主要类别和金额

报告期末本集团所持金额重大的金融债券有关情况

单位：人民币百万元

项目	合约/名义金额	公允价值	
		资产	负债
利率掉期合约	94231	324	-297
外汇远期合约	12940	69	-75
货币掉期合约	146872	716	-895
贵金属类衍生合约	6320	125	-68
信用类衍生合约	81102	–	–
延期选择权	8300	–	–
总计		1234	-1335

2012年招商银行贷款与投资

截至2012年12月31日，本集团贷款和垫款总额为19044.63亿元，比上年末增长16.05%；贷款和垫款总额占资产总额的比例为55.88%，比上年末下降2.83个百分点。

截至所示日期本集团按产品类型划分的贷款和垫款

单位：人民币百万元

品种	2012年12月31日		2011年12月31日	
	金额	占比（%）	金额	占比（%）
企业贷款	1152837	60.53	994041	60.57
票据贴现	64842	3.41	75826	4.62
零售贷款	686784	36.06	571208	34.81
贷款和垫款总额	1904463	100.00	1641075	100.00

企业贷款

截至2012年12月31日，本集团企业贷款总额为11528.37亿元，比上年末增长15.97%，占贷款和垫款总额的60.53%，比上年末下降0.04个百分点。2012年，本集团结合宏观经济走势和监管要求，以RAROC和综合贡献度为标尺，合理调控信贷总量，深入调整信贷结构，系统防控各类风险，实现了企业贷款结构与风险收益的同步优化。

票据贴现

截至2012年12月31日，票据贴现总额为648.42亿元，比上年末下降14.49%。本集团一直致力于发展低风险、低资本消耗的票据融资业务，根据贷款投放进度计划，灵活调控票据融资规模，通过优化结构、集中运营、加快周转、以量获利等方式，提高票据资产的综合回报。

零售贷款截至2012年12月31日，零售贷款为6867.84亿元，比上年末增长20.23%，占贷款和垫款总额的36.06%，比上年末上升1.25个百分点。“二次转型”战略下，本集团加快零售贷款多元化发展的步伐，稳健个人住房贷款业务的同时，逐步提高高收益的个人经营性贷款占比。同时，本集团信用卡业务继续践行精耕细作的发展策略，提升信用卡价值客户的用卡活跃度，信用卡贷款占比逐步上升。

截至所示日期本集团按产品类型划分的零售贷款

单位：人民币百万元

品种	2012年12月31日		2011年12月31日	
	金额	占比（%）	金额	占比（%）
个人住房贷款	335746	48.89	323640	56.66
个人经营性贷款	182012	26.50	90429	15.83
信用卡贷款	106519	15.51	73305	12.83
其他（注）	62507	9.10	83834	14.68
零售贷款总额	686784	100.00	571208	100.00

注：其他主要包括汽车贷款、住房装修贷款、教育贷款、综合消费贷款及以货币资产质押的其他个人贷款。

2012年光大银行贷款与投资

1.贷款和垫款

报告期末，本集团贷款和垫款总额为10231.87亿元，比上年末增加1333.62亿元，增长14.99%；贷款和垫款净值在资产总额中占比为43.76%，比上年末下降6.41个百分点，占比下降的主要原因：一是受到宏观调控影响，二是大力发展同业业务。同时，贷款结构明显优化，贴现占比下降，零售贷款和中小客户贷款占比提高。

报告期末本集团贷款和垫款主要项目构成

单位：人民币百万元

品种	2012年12月31日		2011年12月31日	
	金额	占比（%）	金额	占比（%）
企业贷款	699090	68.32	641950	72.10
零售贷款	311454	30.44	233454	26.28
贴现	12643	1.24	14421	1.62
贷款和垫款总额	1023187	100.00	889825	100.00

2.投资证券以及其他金融资产

报告期末，本集团投资证券以及其他金融资产为4800.61亿元，比上年末增长3165.85亿元，在资产总额中占比为21.06%，比上年末上升11.66个百分点。主要原因是本集团根据资金头寸和市场预期主动调整资产结构，适度扩大可供出售和持有到期投资、应收款项类投资规模。

截至报告期末本集团投资证券以及其他金融资产主要项目构成

单位：人民币百万元

品种	2012年12月31日		2011年12月31日	
	金额	占比（%）	金额	占比（%）
交易性金融资产	29453	6.14	22727	13.90
衍生金融资产	1677	0.35	2262	1.39
可供出售金融资产	91801	19.12	54403	33.28
持有至到期投资	95824	19.96	83985	51.37
应收款项类投资	261207	54.41	–	
长期股权投资	99	0.02	99	0.06
投资证券及其他金融资产总额	480061	100.00	163476	100.00

注：交易性金融资产中包括指定公允价值计量的固定利率个人住房贷款

3.持有的金融债券的类别和金额

截至报告期末本集团投资证券以及其他金融资产主要项目构成

单位：人民币百万元

类别	金额
交易性金融资产	6589
可供出售金融资产	10557
持有至到期投资	25824
合计	42970

4.最大十支金融债券情况

债券名称	面值（百万元）	当年利率（%）	到期日	计提减值准备情况
债券1	2540	3.39	2015–7–9	–
债券2	2412	一年定存利率+0.72%	2015–4–27	–
债券3	2040	3.93	2015–4–23	–
债券4	1460	3个月Shibor5日均值+0.3%	2016–6–16	–
债券5	1160	4.23	2021–11–5	–
债券6	1150	一年定存利率+0.8%	2018–6–9	–
债券7	1100	3.82	2014–4–24	–
债券8	1050	一年定存利率+0.75%	2013–7–17	–
债券9	1050	4.04	2019–7–22	–
债券10	1050	一年定存利率+0.7%	2019–9–23	–

5.商誉

本集团商誉成本为60.19亿元，报告期末，商誉减值准备为 47.38亿元，账面价值12.81亿元，与上年末相比未发生变动。

2012年华夏银行贷款与投资

1.贷款投放情况

（1）贷款投放行业分布情况报告期末，本集团对公贷款行业分布前10位情况如下：

单位：人民币千元

行业分布	期末		期初	
	账面余额	比例（%）	账面余额	比例（%）
制造业	202638232	28.14	164732017	26.94
批发和零售业	112266653	15.59	86692926	14.18
房地产业	68031799	9.45	62633704	10.24
租赁和商务服务业	52678813	7.31	54016028	8.83
建筑业	52430344	7.28	42617396	6.97
交通运输、仓储和邮政业	45146685	6.27	41011511	6.71
电力、热力、燃气及水生产和供应业	23925671	3.32	25263112	4.13
采矿业	22704214	3.15	22470317	3.68
水利、环境和公共设施管理业	10847152	1.51	10586509	1.73
住宿和餐饮业	8859121	1.23	7398417	1.21

报告期内，本集团积极贯彻国家调控政策、监管政策，加大信贷政策对业务发展的支持力度，增强行业和区域信贷政策对业务发展、资源配置、结构调整、风险防控的指导作用，积极引导信贷投向结构及信贷资源配置，基本实现了行业信贷结构的均衡增长与优化。

（2）贷款投放地区分布情况

单位：人民币千元

地区分布	期末		期初	
	账面余额	比例（%）	账面余额	比例（%）
华北及东北	250049463	34.72	214040781	35.01
华东	224428425	31.16	202530315	33.12
华南及华中	140344689	19.49	108184215	17.69
西部	105345447	14.63	86707606	14.18
合计	720168024	100.00	611462917	100.00

（3）前十名客户贷款情况

单位：人民币千元

	余额	占比（%）
前十名贷款客户	25926454	3.60

报告期内，本集团严格控制贷款集中度风险，前十大客户贷款余额合计259.2616亿元，占期末贷款余额的3.60%占资本净额的27.38%，控制在监管要求之内。

（4）贷款担保方式分类及占比

单位：人民币千元

担保方式	期末		期初	
	账面余额	比例（%）	账面余额	比例（%）
信用贷款	111246690	15.45	106197985	17.37
保证贷款	233979961	32.49	196637555	32.16
附担保物贷款	374941373	52.06	308627377	50.47
－抵押贷款	263213478	36.55	228661809	37.39
－质押贷款	111727895	15.51	79965568	13.08
合计	720168024	100.00	611462917	100.00

报告期内，为应对复杂多变的宏观经济形势，本集团持续优化贷款担保结构，加强对贷款的风险缓释，抵质押贷款占比继续提高。

2.主要贷款及利率情况

单位：人民币百万元，%

项目	平均余额	平均利率
一年以内短期贷款	360112	6.89
中长期贷款	307870	6.65
合计	667982	6.78

注：一年以内短期贷款包括贴现

3.买入返售金融资产

单位：人民币千元

项目	2012年		2011年	
	余额	比例（%）	余额	比例（%）
债券	2000	0.84	8828	4.46
票据	237109	99.16	189040	95.54
合计	239109	100.00	197868	100.00

金融概览

2012年金融市场运行情况

2013年2月1日　中国人民银行金融市场司

2012年，我国金融市场继续保持平稳运行。债券市场快速发展，在实施国家宏观经济政策、优化资源配置、加大金融支持实体经济力度等方面发挥了重要作用。2012年，债券发行总量稳步扩大，公司信用类债券发行规模大幅增加，债券融资在直接融资中的比重增加显著；银行间市场交易活跃，货币市场利率下降；银行间市场债券指数上行，收益率曲线整体平坦化上移；机构投资者稳步增长，类型更加多元化；股票市场指数总体上行，市场交易量有所萎缩。

一、债券发行规模稳步扩大

2012年，债券市场累计发行人民币债券8.0万亿元，同比增加2.4%。与去年相比，公司信用类债券发行量增加显著。截至2012年末，债券市场债券托管量达26.0万亿元，其中，银行间市场债券托管量为25.0万亿元，同比增加16.7%。

2012年，财政部通过银行间债券市场发行债券1.7万亿元（包括地方政府债券2500亿元）；国家开发银行、中国进出口银行、中国农业发展银行在银行间债券市场发行债券2.1万亿元；商业银行等金融机构发行金融债券4034亿元；资产支持证券试点范围进一步扩大，5家金融机构先后获准在银行间市场发行资产支持证券，总计193亿元。公司信用类债券呈加速发展态势，全年共发行公司信用类债券 3.6万亿元，同比增加60.1%，其中超短期融资券5822亿元，短期融资券8356亿元，中期票据8453亿元，中小企业集合票据100亿元（含中小企业区域集优票据29亿元），非公开定向债务融资工具3759亿元，非金融企业资产支持票据57亿元，企业债券6499亿元，公司债券2508亿元。

目前银行间债券市场的债券发行机构包括财政部、政策性银行、铁道部、商业银行、非银行金融机构、国际开发机构和非金融企业等各类市场参与主体，债券种类日趋多样化。

图1　近年来银行间债券市场主要债券品种发行量变化情况

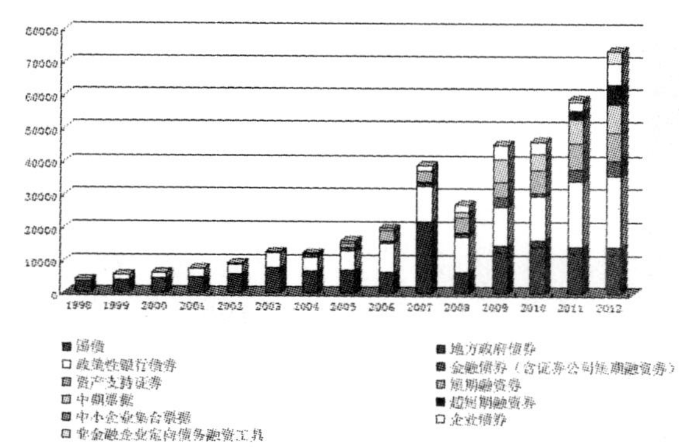

资料来源：中央国债登记结算有限责任公司、上海清算所

2012年，银行间债券市场发行期限结构依然以中短期债券为主。期限5年以内的债券发行量占比42.3%，比2011年下降10.6%；期限5年（含）到10年的债券发行量占比39.2%，比2011年增加9.4%；期限10年（含）以上的债券发行量占比18.5%，比2011年上升1.2%。

二、市场成交量同比大幅增加，债券指数总体上行

2012年，银行间市场累计成交263.6万亿元，同比增加34.2%。其中同业拆借累计成交46.7万亿元，同比增加39.8%；债券回购累计成交141.7万亿元，同比增加42.4%；现券成交75.2万亿元，同比增加18.2%。

图2 近年来银行间市场成交量变化情况

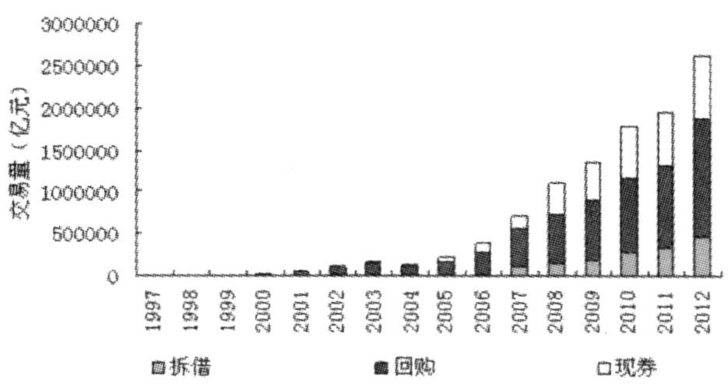

资料来源：全国银行间同业拆借中心

2012年，债券指数总体呈现上行走势。全年来看，银行间市场债券指数由年初的139.78点升至年末的144.68点，上升4.9点，升幅3.51%；交易所市场国债指数由年初的131.44点升至年末的135.79点，上升4.35点，升幅3.31%。

三、货币市场利率整体下降，收益率曲线阶段性变化显著

2012年，货币市场利率在波动中总体回落。1月18日，7天回购加权平均利率达到7.72%的年内最高水平；5月31日，7天回购加权平均利率达到2.17%的年内最低水平。全年来看，12月份同业拆借加权平均利率为2.61%，较去年同期下降72个基点。12月份质押式回购加权平均利率2.62%，较去年同期下降75个基点。2012年，银行间市场国债收益率曲线总体呈现平坦化上移趋势。全年大致分为三个阶段：第一阶段为2012年前4个月，国债收益率曲线呈平坦化上移趋势。第二阶段为2012年5月份至7月份，国债收益率曲线出现明显陡峭化下移。第三阶段为2012年8月份至12月份，收益率曲线再次平坦化上移。

图3 2012年银行间市场国债收益率曲线变化情况

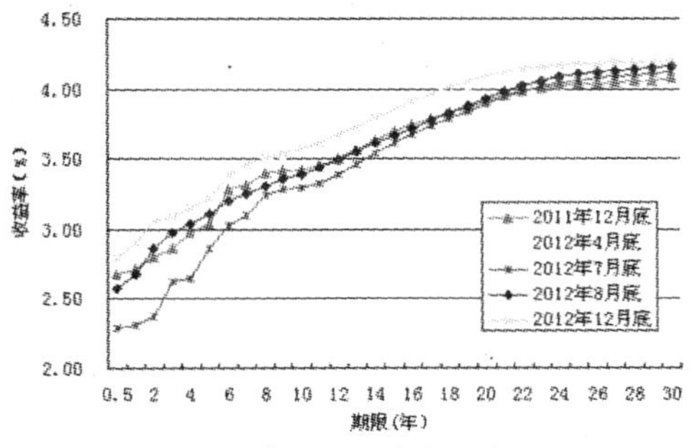

资料来源：中央国债登记结算有限责任公司

四、投资者类型多元化

截至2012年末，银行间债券市场共有参与主体11287个，比2011年末增加415个，包括各类金融机构和非金融机构投资者，形成了以做市商为核心、金融机构为主体、其他机构投资者共同参与的多层次的投资者结构，银行间市场已成为各类市场主体进行投融资活动和风险管理的重要平台。2012年，银行间市场投资者进一步丰富，非金融企业投资主体增加较多。境外机构投资银行间债券市场试点稳步推进。截至2012年底，已有100家包括境外央行、国际金融机构、主权财富基金、港澳清算行、境外参加行、境外保险机构和RQFII等境外机构获准进入银行间债券市场。

图4 银行间债券市场参与者增长情况

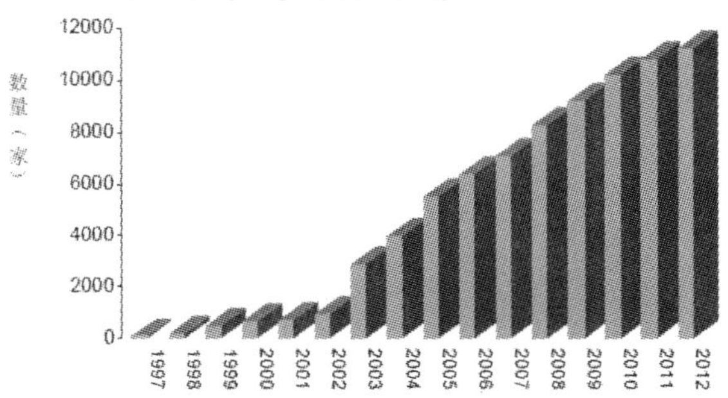

资料来源：中央国债登记结算公司

五、商业银行柜台交易量有所下降，开户数量稳步增加

2012年，商业银行柜台业务运行平稳。2012年商业银行柜台新增记账式国债15只，包括1年期4只，3年期2只，5年期2只，7年期3只，10年期4只。截至2012年末，柜台交易的国债券种包含1年、3年、5年、7年、10年和15年期六个品种，柜台交易的国债数量达到99只。2012年商业银行柜台记账式国债累计成交15亿元，同比减少46.3%。截至2012年12月底，商业银行柜台开户数量达到1160万户，较上年增加157万户，增长16%。

六、衍生产品交易活跃度有所下降

2012年，债券远期共达成交易56笔，成交金额166.1亿元，同比下降83.9%。从标的债券来看，债券远期交易以政策性金融债为主，其交易量占总量

的73.9%；从期限来看，以2-7天品种交易量占比最高，为63.3%。2012年，人民币利率互换市场发生交易2.1万笔，名义本金总额2.9万亿元，同比增加8.5%。从期限结构来看，1年及1年期以下交易最为活跃，其名义本金总额2.2万亿元，占总量的77.5%。从参考利率来看，2012年人民币利率互换交易的浮动端参考利率包括Shibor、7天回购定盘利率以及人民银行公布的基准利率，与之挂钩的利率互换交易名义本金占比分别为50.0%、45.3%、4.7%。与上年同期相比，以Shibor为浮动端参考利率的互换交易占比有明显上升。

2012年，远期利率协议较为清淡。远期利率协议全年共成交3笔，名义本金额共2亿元。

七、股票指数总体上行，成交量萎缩

2012年，股票指数总体上行。年末上证指数收于2269.13点，比2011年底上涨69.71点，涨幅3.17%。本年，上证指数最高为2460.69点，最低为1959.77点，波幅为500.92点。

股票市场成交量明显下降。以上证A股市场为例，全年累计成交金额16.4万亿元，日均成交金额674.5亿元，较2011年减少30.5%。

图5　2012年上证指数走势图

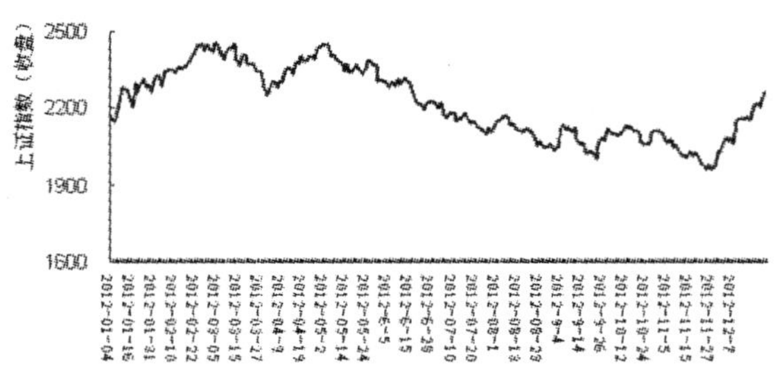

资料来源：上海证券券交易所

2012年中国货币政策执行报告

2012年第四季度（节选）

2013年2月6日　中国人民银行货币政策分析小组

第一部分　货币信贷概况

2012年，银行体系流动性总体合理适度，货币信贷增长符合预期，社会融资增长较快，贷款结构继续改善。

一、货币供应量增速略有回升

2012年年末，广义货币供应量M2余额为97.4万亿元，同比增长13.8%，增速比上年末提高0.2个百分点。狭义货币供应量M1余额为30.9万亿元，同比增长6.5%。流通中货币M0余额为5.5万亿元，同比增长7.7%。全年现金净投放3910亿元，同比少投放2251亿元。

随着货币政策各项“稳增长”举措的逐步出台落实，M2和M1增速总体呈回升态势，为支持经济趋稳回升提供了有利的货币环境。从货币的派生渠道看，除贷款外，银行债券投资和同业渠道对货币供应的影响增大，外汇占款影响减小。

年末，基础货币余额为25.2万亿元，同比增长12.3%，比年初增加2.8万亿元。货币乘数为3.86，比上年末高0.07。银行体系流动性合理适度。金融机构超额准备金率为3.3%，比上年末高1.0个百分点；其中，农村信用社为8.2%，比上年末高0.9个百分点。

二、金融机构存款呈明显季节性波动

2012年年末，全部金融机构（含外资金融机构，下同）本外币各项存款余额为94.3万亿元，同比增长14.1%，增速比上年末高0.6个百分点，比年初增加11.6万亿元，同比多增1.8万亿元。人民币各项存款余额为91.7万亿元，同比增长13.3%，增速比上年末略低0.2个百分点，比年初增加10.8万亿元，同比多增1.2万亿元。存款“季末冲高、季后回落”现象较为明显，季末月份平均增量达2.3万亿元，而季初月份均为下降，平均减少5115亿元。这与金融机构重视季末考核要求以及表外理财快速发展等因素有关。外币存款余额为4065亿美元，同比增长47.8%，比年初增加1314亿美元，同比多增820亿美元。

从人民币存款部门分布看，住户存款平稳增长，非金融企业存款增速稳步回升。年末，金融机构住户存款余额为40.6万亿元，同比增长16.7%，增速比上年末高1.0个百分点，比年初增加5.7万亿元，同比多增9916亿元。非金融企业人民币存款余额为32.7万亿元，同比增长7.9%，增速与9月末持平，比6月末高2.2个百分点，比年初增加2.7万亿元，同比多增1803亿元。年末，财政存款余额为2.4万亿元，比年初减少1974亿元。

三、金融机构贷款平稳增长

2012年年末，全部金融机构本外币贷款余额为67.3万亿元，同比增长15.6%，增速比上年末略低0.1个百分点，比年初增加9.1万亿元，同比多增1.2万亿元。

人民币贷款平稳适度增长。年末，人民币贷款余额为63.0万亿元，同比增长15.0%，全年增速波动幅度明显低于前两年，比年初增加8.2万亿元，同比多增7320亿元。总体看，在宏观审慎政策工具的引导下，全年贷款投放较为均衡合理，四个季度贷款增量占比大体为3：3：2：2。

中长期贷款平稳增长，个人住房贷款增速回升。从人民币贷款部门分布看，住户贷款增速企稳回升，年末同比增长18.6%，比9月末和6月末分别高0.8个和2.0个百分点，比年初增加2.5万亿元，同比多增1071亿元。非金融企业及其他部门贷款保持较快增长，年末同比增速为13.7%，比上年末略低0.2个百分点，比年初增加5.7万亿元，同比多增6166亿元。分机构看，中资全国性大型银行、区域性中小型银行与农村合作金融机构贷款同比多增较多。从期限看，中长期贷款占比回升。在投资回升带动下，建设项目的信贷支持力度逐步加大。年末中长期贷款增长9.0%，其增速自2012年4月份以来一直稳定于9%左右，呈平稳增长态势，比年初新增2.9万亿元，在全部贷款中占比为35%，比年内最低点回升2.7个百分点。个人住房贷款增速回升。年末个人住房贷款同比增速为12.9%，已连续7个月回升，比5月末的最低点提高2.6个百分点，比年初增加8419亿元，同比多增98亿元。包含票据融资在内的短期贷款比年初增加5.1万亿元，同比多增1.3万亿元。其中票据融资比年初增加5309亿元，同比多增5197亿元，主要是前8个月多增较多，9月份起票据融资余额连续净下降。由于2012年经济形势较为复杂，企业和银行资金安排倾向于短期化。

表1　2012年分机构人民币贷款情况

单位：亿元

担保方式	2012年		2011年	
	新增额	同比多增	新增额	同比多增
中资全国性大型银行①	38784	1323	37461	−3361
中资全国性中小型银行②	23202	619	22583	−873
中资区域性中小型银行③	13214	5884	7329	2039
主要农村金融机构④	11544	1532	10012	357
外资金融机构	777	−3	779	−849

注：①中资全国性大型银行是指本外币资产总量大于等于2万亿元的银行（以2008年末各金融机构本外币资产总额为参考标准）。②中资全国性中小型银行是指本外币资产总量小于2万亿元且跨省经营的银行。③中资区域性中小型银行是指本外币资产总量小于2万亿元且不跨省经营的银行。④主要农村金融机构包括农村商业银行、农村合作银行、农村信用社。

数据来源：中国人民银行。

外币贷款增长较快。2012年年末，金融机构外币贷款余额为6836亿美元，同比增长26.9%，比年初增加1451亿美元，同比多增569亿美元。从投向看，对进出口贸易和“走出去”的支持力度较大。其中，进出口贸易融资增加924亿美元，同比多增649亿美元；境外贷款与境内中长期贷款增加517亿美元，同比多增111亿美元。

四、社会融资结构多元发展

初步统计，2012年全年社会融资规模为15.76万亿元，为历史最高水平，比上年多2.93万亿元[4]。从2012年5月开始，社会融资规模连续八个月超过万亿并高于上年同期。2012年全年社会融资规模明显高于上年，主要是由于信托贷款、企业债券、人民币贷款和外币贷款融资较为活跃，这四类融资合计为12.66万亿元，比上年多3.05万亿元。

表2　2002年以来社会融资规模

时期	社会融资规模①	其中：						
		人民币贷款③	外币贷款（折合人民币）	委托贷款	信托贷款	未贴现银行承兑汇票	企业债券	非金融企业境内股票融资
2002年	20112	18475	731	175	—	−695	367	628
2003年	34113	27652	2285	601	—	2010	499	559
2004年	28629	22673	1381	3118	—	−290	467	673
2005年	30008	23544	1415	1961	—	24	2010	339
2006年	42696	31523	1459	2695	825	1500	2310	1536
2007年	59663	36323	3864	3371	1702	6701	2284	4333
2008年	69802	49041	1947	4262	3144	1064	5523	3324
2009年	139104	95942	9265	6780	4364	4606	12367	3350

4文中同比增减数额均用可比口径数据计算得到。

时期	社会融资规模①	其中：						
		人民币贷款③	外币贷款（折合人民币）	委托贷款	信托贷款	未贴现银行承兑汇票	企业债券	非金融企业境内股票融资
2010年	140191	79451	4855	8748	3865	23346	11063	5786
2011年	128286	74715	5712	12962	2034	10271	13658	4377
2012年	157606	82035	9163	12837	12888	10498	22498	2508

注：①社会融资规模是指一定时期内实体经济从金融体系获得的资金总额，是增量概念。②当期数据为初步统计数。③表中的人民币贷款为历史公布数。④“—”表示数据缺失或者有关业务量很小。

数据来源：中国人民银行、国家发展与改革委员会、中国证券监督管理委员会、中国保险监督管理委员会、中央国债登记结算有限责任公司和银行间市场交易商协会等。

从构成看，融资方式多元发展，融资结构趋于优化。一是人民币贷款增加较多，但占比下降至历史最低水平。二是外币贷款新增额明显多于上年。三是企业债券融资十分活跃，直接融资占比创历史最高水平。四是信托贷款同比大幅多增。未贴现的银行承兑汇票和委托贷款新增额均与上年基本相当。此外，2012年保险公司赔偿、小贷公司及贷款公司贷款合计新增5136亿元，比上年多745亿元。

专栏1　城镇化建设融资的国际经验

城镇化是工业化过程中农业人口向非农产业转移、农村人口向城镇转移的过程。从公共服务均等化目标出发，城镇化过程中将产生对基础设施以及其他公共服务的大量需求，相应的建设资金保障是一个重要环节。

综合大多数国家情况，城镇化建设资金来源主要有三方面，一是传统意义上的政府税收；二是基于使用者付费原则的项目收益；三是通过发行市政债或类似债务工具从金融市场融资。但无论是政府税收、使用者付费还是发债，其来源都与城镇化过程中基础设施服务功能提升，以及土地、房产带来的未来收入有关。

一、城镇化建设融资的未来收入基础

传统观念和做法上，城镇基础设施被认为是公共品，而公共品在生产上具有非竞争性，消费上具有非排他性，应由政府使用税收建设，并向作为纳税人的城市居民免费提供。但随着实践的发展，政府在公共品提供上缺少成本控制动机的缺陷越来越突出，加之城镇化迅速发展带来的公共服务需求压力，财政日益捉襟见肘，公共品生产上授权、外包、补贴等各种形式的公私合作（Public Private Partnership）逐渐兴起，使用者付费（User Fee）成为重要的公共品提供方式，由此构成了城镇化融资的一个未来收入基础。

城镇化融资未来收入的另一个基础，是地方政府税收或上级政府的转移收入。税收收入中除一般性税收外，从税源与税收一致性看，基于土地、房产基础上的财产性税收，税源在地方，税收也主要归地方政府。财政联邦制国家中，美国财产税占州以下地方政府（市、县）税收的80%以上，加拿大不动产税几乎是州以下地方政府的唯一税收，占财政收入的40%以上，另有40%是以使用者付费为主的非税收入，而转移支付仅占17%左右。单一制国家的地方税体系尽管相对较弱，但总的趋势也是扩大地方税收权限，特别是财产税、土地税、城市开发税、地方公共设施税等。以城市基础设施改善带来的财产增值为基本税源，事权也主要由地方政府承担，二者具有较强的一致性，这类税收往往由地方财政自行归集和使用，有利于激励其主动改善公共设施和服务。

二、市政债是城镇化建设的重要融资工具

有了使用者付费和财产税等地方税作为稳定的未来收入，地方政府就可能负债融资进行城镇化建设，这方面国际上一个典型做法就是发行市政债或类似债务工具。市政债大体可分为一般责任债券和项目收益债券，前者以地方政府税收偿还，后者以项目收益为主偿还，实际做法上二者区分并不严格，使用一般税收、财产税和项目收益共同偿债的混合债券较为普遍。市政债一般享有免税待遇，所筹资金限于社会公益项目或基础设施建设，不得用于弥补政府经常性支出，期限上多为长期建设债券。

从历史上看，市政债和城市化进程关系较为密切。美国南北战争结束到第一次世界大战结束这段时间，市政债发行规模均超过国债，这一时期也是美国城市化快速发展时期。日本二战后50—70年代，经济高速增长大大推动了城市化进程，地方债在这一时期也大量发行。南美的巴西、墨西哥、阿根廷等国这方面虽有过一些挫折，但经过上世纪80年代的财政整治，市政债对支持城镇化建设仍发挥了重要作用。上世纪90年代以来，波兰、俄罗斯、匈牙利等转轨国家也大量发行市政债支持城市基础设施建设。目前大国经济体中，无论是财政联邦制还是单一制国家，市政债或类似地方债都在城市建设中得到广泛运用。

市政债的广泛应用并非偶然。与银行贷款比，市政债是在金融市场上的公开融资行为，需要披露信息和获得相应的发债评级，债券价格可以及时反映地方财力的稳健状况，既面临较强的市场约束，也有助于激励地方政府通过改善当地信用状况降低融资成本。与一般公司债相比，市政债由地方政府或地方政府授权公营机构发行，还会面临相应的财政纪律约束。此外，不少国家发行市政债还要进行民意听证或经地方议会审议，市政债也具有一定的民意约束。正因如此，尽管市政债发展过程中有过一些波折，但就总体而言，违约风险明显低于公司债或银行贷款。特别是上世纪80—90年代以来，不少国家出台了一系列强化财政纪律和监管透明度的相关法案，市政债等地方债的偿债主体、偿债来源、违约处置责任得到清晰界定，制度设计上有效隔离了地方债风险向中央财政的传递，降低了风险的外部性，违约率大幅下降（美、日等通常不超过1%）。

协调推进城镇化是中国实现现代化的重大战略选择，蕴含着巨大的内需潜力。推进城镇化进程、加快完善城乡发展一体化，需要在基础设施、公共服务和保障性住房建设等方面进行大量投资。这类投资有几个特点：一是资金需求量大，二是建设周期相对较长，投资回收周期往往更长，三是有些投资部分甚至全部体现为社会效益而非项目本身的直接收入效益。应通过鼓励民间投资、健全税收体系、完善多元化融资机制等，为城镇化投资提供规范、稳定、可持续的资金支持。

五、金融机构存贷款利率总体下行

2012年上半年，银行体系流动性总体充裕，贴现、债券筹资等市场化产品利率有所下行，带动金融机构贷款利率稳步下降。6月份和7月份，中国人民银行连续两次下调存贷款基准利率，并小幅扩大利率浮动区间，金融机构贷款利率进一步下降，并于年末趋于稳定。12月份，贷款加权平均利率为6.78%，比年初下降1.23个百分点。其中，一般贷款加权平均利率为7.07%，比年初下降0.73个百分点；票据融资加权平均利率为5.64%，比年初下降3.42个百分点。个人住房贷款利率稳步下行，12月加权平均利率为6.22%，比年初下降1.4个百分点。

从利率浮动情况看，执行下浮利率的贷款占比有所上升。12月份，一般贷款中执行下浮利率的贷款占比为14.16%，比年初上升7.14个百分点；执行基准和上浮利率的贷款占比分别为26.10%和59.74%，比年初分别下降0.86个和6.28个百分点。

受国际金融市场利率走势及境内资金供求关系变动等因素影响，美元存贷款利率总体波动下行。12月，活期、3个月以内大额美元存款加权平均利率分别为0.17%和0.51%，比年初分别下降0.14个和2.78个百分点；3个月以内、3（含3个月）−6个月美元贷款加权平均利率分别为2.02%和1.96%，比年初分别下降1.83个和2.35个百分点。

表3　2012年1—12月金融机构人民币贷款各利率区间占比

单位：%

月份	下浮	基准	上浮					
	[0.9，1.0)	1.0	小计	(1.0，1.1]	(1.1，1.3]	(1.3，1.5]	(1.5，2.0]	2.0以上
1月	4.79	26.22	69.00	22.33	25.51	8.76	9.22	3.17
2月	5.53	27.59	66.88	23.12	23.76	7.98	8.61	3.40
3月	4.62	24.95	70.43	21.12	26.99	9.48	9.41	3.43
4月	5.03	23.06	71.91	20.76	28.92	10.10	8.98	3.16
5月	5.35	24.08	70.57	20.51	28.90	9.73	8.31	3.12
6月	7.92	25.08	66.99	19.94	27.87	8.90	7.66	2.63
7月	9.51	24.38	66.11	19.74	26.78	9.13	7.61	2.85
8月	11.61	22.66	65.73	19.64	26.45	8.30	8.33	3.01
9月	11.31	24.57	64.12	20.16	25.18	8.13	7.67	2.98
10月	10.88	26.80	62.32	20.15	24.30	7.28	7.53	3.06
11月	11.70	25.74	62.56	19.43	24.52	7.64	7.71	3.26
12月	14.16	26.10	59.74	18.41	22.87	7.58	7.84	3.04

注：2012年8—12月统计数据的下浮区间为[0.7，1.0）。

数据来源：中国人民银行。

表4　2012年1—12月大额美元存款与美元贷款平均利率

单位：%

月份	大额存款						贷款				
	活期	3个月以内	3（含3个月）—6个月	6（含6个月）—12个月	1年	1年以上	3个月以内	3（含3个月）—6个月	6（含6个月）—12个月	1年	1年以上
1月	0.34	3.29	4.24	4.73	5.46	5.87	3.78	4.35	4.81	4.47	4.27
2月	0.29	3.16	3.93	4.34	4.64	4.50	3.51	4.08	4.35	4.28	4.29
3月	0.27	2.91	3.61	4.34	4.76	5.35	3.56	4.00	4.36	4.03	3.53
4月	0.21	2.69	3.54	3.97	4.40	3.32	3.54	3.96	4.44	4.07	3.99
5月	0.26	2.37	3.33	3.92	4.12	4.16	3.50	4.11	4.27	4.21	3.90
6月	0.26	2.07	2.93	3.39	4.07	4.36	3.38	3.74	3.72	4.02	4.10
7月	0.19	2.80	2.57	3.06	3.78	2.13	3.01	3.29	3.54	3.00	3.76
8月	0.20	0.96	2.08	2.43	3.21	1.59	2.48	2.70	3.11	2.44	4.04
9月	0.17	0.63	1.45	1.65	2.13	1.88	2.05	2.09	2.24	2.15	3.36
10月	0.14	0.71	1.30	1.50	2.14	2.17	2.01	2.01	2.05	2.00	3.60
11月	0.13	0.60	1.19	1.27	1.86	1.98	1.99	1.89	2.21	2.34	3.73
12月	0.17	0.51	1.01	1.52	1.76	1.67	2.02	1.96	1.97	2.73	3.42

数据来源：中国人民银行。

六、人民币汇率弹性明显增强

2012年，人民币小幅升值，双向浮动特征明显，汇率弹性明显增强，人民币汇率预期总体平稳。2012年年末，人民币对美元汇率中间价为6.2855元，比上年末升值154个基点，升值幅度为0.25%。2005年人民币汇率形成机制改革以来至2012年年末，人民币对美元汇率累计升值31.68%。根据国际清算银行的计算，2012年，人民币名义有效汇率升值1.73%，实际有效汇率升值2.22%；2005年人民币汇率形成机制改革以来至2012年12月，人民币名义有效汇率升值23.25%，实际有效汇率升值31.86%。

第二部分　货币政策操作

2012年，中国人民银行按照国务院统一部署，继续实施稳健的货币政策，着力增强政策的灵活性、针对性和前瞻性，根据经济形势变化，适时适度加大预调微调力度。

一、优化公开市场操作工具组合，灵活开展公开市场操作

2012年，随着国际收支和人民币汇率逐渐趋向合理均衡，加之欧洲主权债务危机引发国际金融市场动荡，外汇流入减少，外汇占款比上年少增超过2万亿元，银行体系流动性供给格局发生较大变化，对中央银行流动性管理提出了新的要求。

中国人民银行加强对国内外市场环境和银行体系流动性供求因素的分析监测，合理安排正回购和逆回购操作期限品种、操作规模和频率，灵活开展公开市场操作。上半年，与两次下调存款准备金率政策相配合，以正回购操作为主、逆回购操作为辅实施公开市场双向操作；下半年以来，将逆回购操作作为流动性供给的主要渠道，有效熨平多种因素引起的流动性波动。全年累计开展正回购操作9440亿元，开展逆回购操作60380亿元；截至2012年年末，公开市场逆回购操作余额为4980亿元。

适度增强操作利率弹性，有效引导市场预期。配合两次存贷款基准利率调整并结合各阶段市场利率走势变化情况，中国人民银行适度增强了公开市场操作利率弹性，既有助于释放稳健货币政策信号，有效引导市场预期，也有助于促进货币市场利率水平的合理回落和平稳运行。截至2012年年末，7天期、14天期和28天期逆回购操作利率分别为3.35%、3.45%和3.60%。

适时开展中央国库现金管理操作。2012年中央国库现金管理商业银行定期存款业务继续稳步发展，全年共开展14期操作，规模共计6900亿元，年末余额为3000亿元，操作期数、操作总量和年末余额均处于近年来的最高水平。

二、两次下调存款准备金率，发挥差别准备金动态调整机制的逆周期调节作用

2012年，根据流动性供需形势的变化，中国人民银行适当发挥存款准备金工具的流动性调节作用，在2011年12月5日下调存款准备金率0.5个百分点的基础上，于2012年2月24日和5月18日两次下调存款准备金率各0.5个百分点，保持银行体系流动性合理充裕。

2012年，中国人民银行继续根据国内外经济金融形势变化以及金融机构稳健性状况和信贷政策执行情况，对差别准备金动态调整机制的有关参数进行调整，发挥其逆周期调节作用，引导信贷平稳适度增长，增强金融机构抗风险能力。年初，针对经济增速有所放缓、物价涨幅趋于回落等情况，适时下调了宏观热度参数。同时，引导农村金融机构充分考虑农时和农业生产经营特点，及时安排春耕备耕贷款资金，切实满足“三农”信贷需求。5月份以后，根据稳增长的要求进一步加强了预调微调，鼓励信贷政策执行较好且头寸较为充裕的地方金融机构适当增加贷款投放。

三、适时下调存贷款基准利率，调整存贷款利率浮动区间

根据经济形势发展变化，中国人民银行分别于6月8日、7月6日两次下调金融机构人民币存贷款基准利率。

其中，1年期存款基准利率由3.5%下降到3%，累计下调0.5个百分点；1年期贷款基准利率由6.56%下降到6%，累计下调0.56个百分点。同时，把利率调整与利率市场化改革相结合，调整金融机构存贷款利率浮动区间：一是将金融机构存款利率浮动区间的上限调整为基准利率的1.1倍；二是将金融机构贷款利率浮动区间的下限调整为基准利率的0.7倍。上述措施有利于引导资金价格下行，为进一步降低企业融资成本创造更加有利的政策环境。金融机构自主定价空间进一步扩大，有利于促进其不断通过提高金融服务水平参与市场竞争。存贷款基准利率和利率浮动区间调整后，金融机构对企业贷款利率水平总体逐月降低。金融机构的存款利率并没有全部“一浮到顶”，而是体现出差异化、精细化定价的特征。

四、加强窗口指导和信贷政策引导

中国人民银行紧紧把握金融服务实体经济的本质要求，在加强总量调控的同时，注重发挥宏观信贷政策在转方式、调结构中的积极作用。引导金融机构继续加大对“三农”、小微企业、节能环保和事关全局、带动性强的重大在建续建项目的支持力度。围绕国家区域政策要求，引导信贷资源合理配置，推动区域经济结构和产业布局优化。加强对科技创新、战略性新兴产业、旅游业、文化产业等经济社会发展重要领域的金融支持。加大对就业、扶贫等“民生”领域的金融支持和服务。继续支持保障性住房、中小套型普通商品住房建设和居民首套自住普通商品房消费。

小微企业和“三农”信贷支持保持较强力度。2012年年末，主要金融机构及农村合作金融机构、城市信用社和外资银行小微企业人民币贷款余额同比增长16.6%，比大型和中型企业贷款增速分别高8.0个和1.0个百分点。全年主要金融机构及农村合作金融机构、城市信用社、村镇银行、财务公司本外币涉农贷款余额同比增长20.7%，比全部贷款增速高5.7个百分点。

五、有效发挥支农再贷款、再贴现的引导作用，扩大涉农和小微企业信贷投放

2012年以来，中国人民银行积极运用支农再贷款和再贴现政策加大对“三农”和小微企业等薄弱环节的支持力度。年初，进一步加强和改进支农再贷款管理，支持农村经济持续、稳固发展。8月，中国人民银行在陕西、黑龙江开展试点，试点地区支农再贷款的对象由现行设立在县域和村镇的农商行、农合行、农信社和村镇银行等存款类金融机构法人，拓宽到设立在市区的涉农贷款占其各项贷款比例不低于70%的上述四类机构，引导和支持以上金融机构扩大涉农信贷投放。2012年年末，全国支农再贷款余额1375亿元，比年初增加281亿元，其中西部地区和粮食主产区支农再贷款限额及余额占全国的比重均超过90%。全国再贴现余额760亿元，比年初增加314亿元。按投向划分，再贴现总量中涉农票据占32%，中小企业票据占比为87%。

同时，适应流动性供求格局的变化，探索发挥再贷款、再贴现流动性供给功能，与其他货币政策工具相配合，共同保障银行体系流动性供给。2012年年末，发挥流动性供给功能的流动性再贷款和再贴现余额共计2367亿元，比上年末增加1909亿元，再贷款和再贴现的结构更加优化，流动性供给功能有所增强。

六、促进跨境人民币业务发展

2012年6月，中国人民银行等六部委联合下发了出口货物贸易人民币结算重点监管企业名单，跨境贸易人民币结算业务全面推开，所有进出口企业都可以选择以人民币进行计价、结算和收付。

2012年，跨境贸易人民币结算量保持较快增长，银行累计办理跨境贸易人民币结算业务2.94万亿元，同比增长41%，其中货物贸易结算金额2.06万亿元，服务贸易及其他经常项目结算金额8764.5亿元。全年跨境贸易人民币结算实收1.30万亿元，实付1.57万亿元，净流出2691.7亿元，收付比由2011

年的1：1.7上升至1：1.2。2012年银行累计办理人民币跨境直接投资结算业务2840.2亿元，其中对外直接投资结算金额304.4亿元，外商直接投资结算金额2535.8亿元。截至2012年年末，境内代理银行为境外参加银行共开立人民币同业往来账户1592个，账户余额2852.0亿元；境外企业在境内共开立人民币结算账户6197个，账户余额500.2亿元。

图1 跨境贸易人民币结算金额

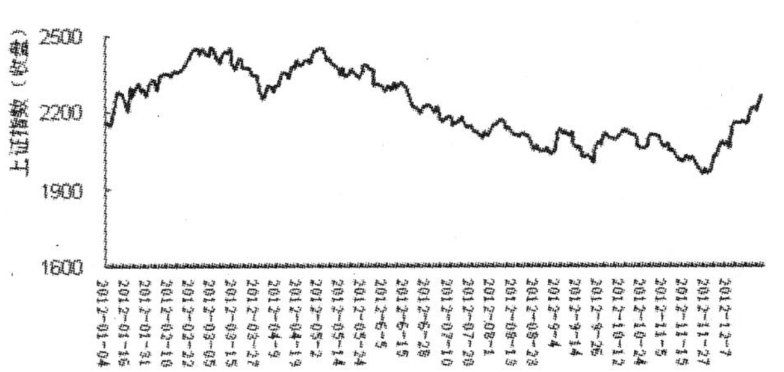

数据来源：中国人民银行

专栏2 境外人民币市场发展

一、香港人民币市场平稳较快发展

“十二五”规划纲要提出，支持香港成为离岸人民币业务中心和国际资产管理中心，巩固和提升香港国际金融中心地位。香港发展离岸人民币市场是巩固和提升香港国际金融中心地位的重要举措，2009年以来，香港一直是境外重要的人民币业务开展地区。

香港离岸人民币市场参与主体日趋丰富，参与深度不断拓展，陆续推出以人民币计价的债券、基金、保险、存款证、期货、人民币与港币同时计价的“双币双股”等金融产品。据香港金融管理局统计，至2012年11月末，香港人民币存款余额为5710亿元。香港人民币市场的发展进一步密切了香港与内地的经贸联系和人员往来，有力地促进了贸易投资自由化和便利化。

二、人民币在境外的循环使用逐步扩大

随着人民币在跨境贸易、投资中使用的扩大，境外对人民币的接受程度不断提高。截至2012年年末，与境内发生实际收付的境外企业所在国家和地区达到206个。台湾、伦敦、新加坡等境外市场人民币业务渐次展开。2011年9月，中英发表联合声明，表示双方欢迎私营部门对发展伦敦人民币离岸市场和该市场最新发展情况的兴趣。伦敦金融城成立了一个由私营机构代表组成的工作小组，推动伦敦人民币业务的发展。2012年7月，中新签署换文，在《中新自由贸易协定》框架下，中方在新加坡持有全面银行牌照的中资银行中选择一家作为新加坡人民币业务清算行。2012年8月，两岸货币管理机构签署《海峡两岸货币清算合作备忘录》。12月，经过评审，中国人民银行决定授权中国银行台北分行作为台湾人民币业务清算行。基于市场需求，境外企业和银行关注并尝试按照商业原则使用人民币开展贸易与投资，各境外市场在人民币业务发展方面开展相互合作，有利于促进人民币在境外的循环运用。

七、进一步完善人民币汇率形成机制

继续按主动性、可控性和渐进性原则，进一步完善人民币汇率形成机制，重在坚持以市场供求为基础，参考一篮子货币进行调节，增强人民币汇率弹性，保持人民币汇率在合理均衡水平上的基本稳定。自2012年4月16日起，中国人民银行将银行间即期外汇市场人民币兑美元交易价浮动幅度由千分之五扩大至百分之一。中国人民银行继续采取措施推动人民币对新兴市场货币直接交易市场的发展，并在银行间外汇市场推出人民币对日元直接交易。

2012年，人民币对美元汇率中间价最高为6.3495元，最低为6.2670元，243个交易日中122个交易日升值、121个交易日贬值。最大单日升值幅度为0.26%（162点），最大单日贬值幅度为0.33%（209点）。人民币对欧元、日元等其他国际主要货币汇率双向波动。2012年年末，人民币对欧元、日元汇率中间价分别为1欧元兑8.3176元人民币、100日元兑7.3049元人民币，分别较2011年末贬值1.86%和升值11.03%。2005年人民币汇率形成机制改革以来至2012年年末，人民币对欧元汇率累计升值20.40%，对日元汇率累计升值0.01%。

表5　2012年银行间外汇即期市场人民币对各币种交易量

单位：亿元人民币

币种	美元	欧元	日元	港币	英镑	澳元	加元	林吉特	卢布	泰铢
交易量	201767.3	968.4	7593.2	1361.5	37.3	66.0	4.3	10.9	47.3	18.2

数据来源：中国外汇交易中心

八、深入推进金融机构改革

推动大型商业银行“走出去”，扎实推进中国农业银行“三农金融事业部”改革。中国工商银行收购东亚银行（美国）和设立巴西子行、中国农业银行设立纽约分行、中国银行设立芝加哥分行的申请均获得境外监管当局批准，大型商业银行跨国经营取得重要进展。中国人民银行年初出台了中国农业银行“三农金融事业部”执行差别化存款准备金率政策的新实施标准，加强优惠政策的正向激励和引导功能；通过季度监测、年度考核、检查评估、专题调研等方式，持续跟踪、评价、督导中国农业银行落实改革方案。平稳推进政策性金融机构改革，中国出口信用保险公司稳步落实改革方案，第一届董事会于2012年12月顺利召开。积极推进其他金融机构改革工作，中国信达资产管理公司于2012年3月成功引入境内外战略投资者；中国华融资产管理股份有限公司于10月正式挂牌成立，建立现代股份公司治理结构；中国人保集团于2012年12月在H股市场成功实现整体上市。

农村信用社改革取得显著成效。资金支持政策进一步落实。截至2012年年末，共计对全国2408个县（市）农村信用社发行专项票据1699亿元，对2402个县（市）农村信用社兑付专项票据1694亿元，兑付进度达到99%以上；对新疆等3省（区）发放专项借款17亿元。2012年以来，农村信用社经营财务状况明显改善，抗风险能力显著提升，涉农信贷投放大幅增加。年末，按照贷款五级分类口径统计，全国农村信用社不良贷款比例为4.5%，比上年末下降1个百分点。资本充足率为11.8%，比上年末提高1.1个百分点。全年利润总额为1593亿元，比上年增加9亿元。年末涉农贷款、农户贷款余额分别为5.3万亿元、2.6万亿元，比上年末分别增长16%、12.6%。同时，农村信用社产权制度改革逐步推进，内控管理不断加强。截至2012年年末，全国共组建以县（市）为单位的统一法人农村信用社1804家，农村商业银行337家，农村合作银行147家。部分农村信用社在构建多种产权制度和组织形式，完善法人治理、加强内部管理方面进行了有益探索，取得了明显成效。

九、深化外汇管理体制改革

全面推进货物贸易外汇管理制度改革。2012年8月1日起，货物贸易外汇管理制度改革推广至全国。取消逐笔核销，调整报关流程，简化退税凭证，企业成本大幅降低，银行贸易收付汇效率明显提高，部门监管合力较大提升，实现了贸易便利化和监管有效性的有机统一。

稳步推动人民币资本项目可兑换。大幅简化外商直接投资外汇管理，取消50项行政审批项目中的35项，简化合并14项，基本实现了直接投资可兑换。不断完善合格境外机构投资者（QFII）、合格境内机构投资者（QDII）制度以及人民币合格境外机构投资者（RQFII）制度。改进QFII额度分配机制，进一步规范QFII投资资金流出管理。2012年，共批准100家QFII机构158亿美元投资额度、25家QDII机构106.3亿美元投资额度、28家RQFII机构563亿元人民币投资额度；新增QFII和RQFII投资额度500亿美元和2500亿元人民币。

积极促进贸易投资便利化。简化境外直接投资资金汇回和境外放款外汇管理，放宽个人对外担保管理，实行银行结售汇综合头寸正负区间管理。简化市场准入，鼓励非银行金融机构和企业进入外汇市场。丰富货币掉期交易形式，扩大个人本外币兑换特许业务试点范围。推进电子银行个人结售汇业务发展。

进一步完善防范跨境资金流动冲击的体制机制。密切跟踪国内外经济形势和跨境资金流动变化，充实防范跨境资金大幅波动特别是异常流出的政策储备。继续保持对违规资金的高压打击态势，加大对大要案和地下钱庄的打击力度。

第三部分 金融市场分析

2012年，金融市场保持健康平稳发展。货币市场交易活跃，市场利率总体小幅下降；债券发行规模大幅增加；股票市场指数跌至底部后有所反弹；保险业总资产继续快速增长；外汇市场交易平稳，掉期交易保持快速增长。

一、金融市场运行

（一）货币市场交易活跃，市场利率总体小幅下降

银行间回购、拆借市场交易活跃，成交量快速增长。2012年，银行间市场债券回购累计成交141.7万亿元，日均成交5691亿元，同比增长43.1%；同业拆借累计成交46.7万亿元，日均成交1876亿元，同比增长40.2%。从期限结构看，市场交易仍主要集中于隔夜品种，回购和拆借隔夜品种的成交分别占各自总量的80.7%和86.3%，占比同比分别提高5.9个和4.6个百分点。交易所市场政府债券回购累计成交34.6万亿元，同比增长73.5%。

从融资主体结构看，主要呈现以下特点：一是大型银行在回购市场和拆借市场上均是供给资金的主体，融出资金量持续增加。其中，在同业拆借市场上，大型银行由上年同期的资金净融入转为净融出。二是中小型银行、证券及基金公司和其他金融机构资金需求不断增加。其中，中小型银行和外资金融机构在同业拆借市场上均由上年的资金净融出转为净融入。

表6 2012年金融机构回购、同业拆借资金净融出、净融入情况

单位：亿元

担保方式	回购市场		同业拆借	
	2012年	2011年	2012 年	2011 年
中资大型银行①	−550748	−289596	−73486	18514
中资中小型银行②	242558	118134	5112	−32644
证券及基金公司	130067	66659	34889	10237
保险公司	53270	24926	–	–
外资金融机构	20734	10079	9972	−9571
其他金融机构③	104120	69798	23513	13464

注：①中资大型银行包括工商银行、农业银行、中国银行、建设银行、国家开发银行、交通银行、邮政储蓄银行。②中资中小型银行包括招商银行等17家银行、城市商业银行、农村商业银行、农村合作银行、村镇银行。③其他金融机构包括城市信用社、农村信用社、财务公司、信托投资公司、金融租赁公司、资产管理公司、社保基金、投资公司、企业年金、其他投资产品等。④负号表示净融出，正号表示净融入。

数据来源：中国外汇交易中心。

2012年，货币市场利率春节冲高后回落，趋于平稳运行，总体低于上年。12月，质押式债券回购和同业拆借月加权平均利率分别为2.62%和2.61%，比上年同期分别下降75个和72个基点。2012年年末，隔夜和1周Shibor为3.87%和4.58%，分别较上年末下降113个和175个基点；3个月和1年期Shibor为3.90%和4.40%，分别下降157个和84个基点。

人民币利率互换交易有所增加，远期品种交易有所减少。2012年，人民币利率互换交易名义本金总额为29021亿元，同比增长8.45%。从期限结构来看，1年及1年期以下交易最为活跃，其名义本金总额为22498亿元，占总量的77.5%。从参考利率来看，2012年人民币利率互换交易的浮动端参考利率主要包括7天回购定盘利率和Shibor，与之挂钩的利率互换交易名义本金占比分别为45.33%和50.01%。

表7 利率衍生产品交易情况

担保方式	利率互换		债券远期		远期利率协议	
	交易笔数（笔）	名义本金额（亿元）	交易笔数（笔）	交易量①	交易笔数（笔）	名义本金额（亿元）
2006年	103	355.7	398	664.5	—	—
2007年	1978	2186.9	1238	2518.1	14	10.5
2008年	4040	4121.5	1327	5005.5	137	113.6
2009年	4044	4616.4	1599	6556.4	27	60.0
2010年	11643	15003.4	967	3183.4	20	33.5
2011年	20202	26759.6	436	1030.1	3	3.0
2012年	20945	29021.4	56	166.1	3	2.0

注：自2009年起，债券远期交易量改按结算金额统计。

数据来源：中国外汇交易中心

（二）债券交易持续增长，债券发行规模大幅增加

银行间债券市场现券交易持续增长。2012年全年累计成交75.2万亿元，日均成交3020亿元，同比增长18.6%。从交易主体看，中资大型银行、外资金融机构是银行间现券市场上的净买入方，分别净买入现券4492亿元和1417亿元；中资中小型银行、证券及基金公司为净卖出方，分别净卖出现券5113亿元和1619亿元。2012年，交易所国债现券全年累计成交886亿元，同比少成交367亿元。

2012年，中债综合净价指数由年初的101.23点下降至年末的100.75点，跌幅为0.47%；中债综合全价指数由年初的111.28点上升至年末的111.66点，升幅为0.34%。交易所市场国债指数由年初的131.44点升至年末的135.79点，升幅为3.31%。

图2 银行间市场国债收益率曲线变化情况

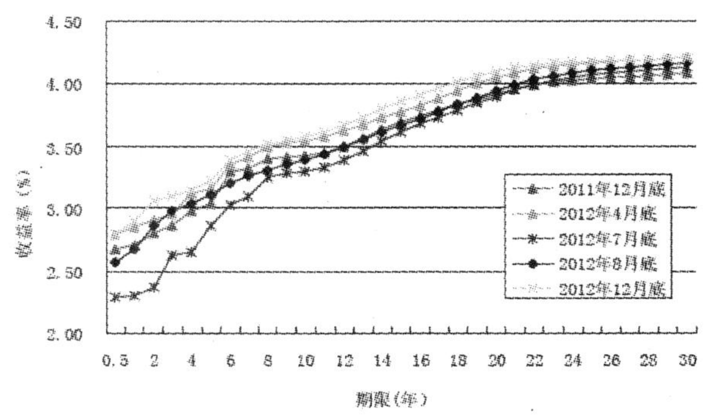

数据来源：中央国债登记结算有限责任公司

2012年，银行间市场国债收益率曲线总体呈现平坦化上移走势。全年大致分为三个阶段：第一阶段为前4个月，受CPI处于年内相对较高水平等因素影响，国债收益率曲线总体呈现平坦化上移趋势。第二阶段为5月至7月，受央行年内第二次下调准备金率、两次降息并扩大利率浮动区间等因素影响，各期限国债收益率明显下行，国债收益率曲线陡峭化下移。第三阶段为8月至12月，经济显现企稳回升态势，带动收益率震荡中有所上升，收益率曲线出现平坦化上移。

债券市场发行规模大幅增加。2012年累计发行各类债券（不含中央银行票据）7.97万亿元，比上年同期多发行1.56万亿元，增长24.3%。其中，金融债以及公司信用类债券中的企业债券、超短期融资券和非公开定向债务融资工具同比增加较多。2012年年末，中央国债登记结算有限责任公司债券托管量余额为23.8万亿元，同比增长11.2%。

表8 2012年主要债券发行情况

债券品种	发行额（亿元）	比上年同期增减（亿元）
国债	16154	−946
其中：地方政府债券	2500	500
金融债①	26202	2711
其中：国家开发银行及政策性金融债	21415	1442
银行普通债	1680	1330
银行次级债、混合资本债	2254	−915
公司信用类债券②	37365	13817
其中：企业债券	7999	4526
短期融资券	8370	338
超短期融资券	5822	3732
中期票据	8453	1184
非公开定向债务融资工具	3759	2840
公司债券	2550	1298

注：①包括国开行金融债及政策金融债、银行普通债、银行次级债、混合资本债、资产支持证券、证券公司债券、证券公司短期融资券等。②包括企业债券、短期融资券、超短期融资券、中期票据、中小企业集合票据、非公开定向债务融资工具、资产支持票据、公司债券、可转债、可分离债及中小企业私募债等。

数据来源：中国人民银行、国家发展和改革委员会、中国证券监督管理委员会、中央国债登记结算公司。

国债发行利率基本平稳。2012年12月份发行的10年期国债利率为3.55%，比上年12月份发行的同期限国债利率低2个基点。2012年，债券一级市场发行固定利率企业债483只，发行总量6490亿元，全部参照Shibor定价；发行参照Shibor定价的固定利率短期融资券3888亿元，占固定利率短期融资券发行总量的46%，比2011年提高15个百分点。

（三）票据融资有所增长

票据承兑业务稳定增长，第四季度增幅趋缓。2012年，企业累计签发商业汇票17.9万亿元，同比增长18.8%；期末商业汇票未到期金额8.3万亿元，同比增长25.4%。前三季度，票据承兑余额持续增长，9月末达到8.4万亿元，再创历史新高。第四季度以来票据承兑增幅趋缓、余额小幅振荡，年末承兑余额比年初增加1.7万亿元。从行业结构看，企业签发的银行承兑汇票余额集中在制造业、批发和零售业。从企业结构看，由中小型企业签发的银行承兑汇票约占三分之二。票据承兑的持续稳定增长有效加大了对实体经济、特别是中小企业的融资支持。

票据融资波动中有所增长，票据市场利率总体走低。2012年，金融机构累计贴现31.6万亿元，同比增长26.4%；期末贴现余额2.0万亿元，同比增长35.1%。前三季度票据融资余额稳步增长，8月末达到年度最高值2.6万亿元，之后逐步下降，年末票据融资余额比年初增加0.5万亿元。年末票据融资余额占各项贷款的比重为3.2%，比年初上升0.5个百分点。受货币市场利率和票据市场供求变化等多种因素影响，2012年票据市场利率总体走低。

（四）股票市场指数降至底部后有所反弹，成交量和融资额减少

股票市场指数震荡下行，11月份降至底部后有所反弹。2012年年末，上证综合指数和深证成份指数分别收于2269点和9116点，比上年末分别上升70

点和198点。深圳证券交易所创业板指数收于714点，比上年末下跌16点。沪、深两市A股加权平均市盈率分别从上年末的13.4倍和23.5倍下降至12.3倍和22.2倍。

股票市场成交量下降。2012年，沪、深股市累计成交31.5万亿元，同比下降25.4%；日均成交1291亿元，同比下降25.4%。其中，创业板累计成交2.33万亿元，同比增长23.4%。年末，沪、深股市流通市值为18.2万亿元，同比增长10.1%。创业板流通市值为3335亿元，比上年末增长33.2%。

股票市场筹资额减少。2012年，各类企业和金融机构在境内外股票市场上通过发行、增发、配股等方式累计筹资3862亿元，同比减少33.4%。其中A股累计筹资3128亿元，H股累计筹资734亿元。

（五）保险业总资产继续快速增长

2012年，保险业累计实现保费收入1.5万亿元，同比增长8.0%。累计赔款、给付4716亿元，同比增长20.0%，其中，财产险赔付同比增长28.8%，人身险赔付同比增长9.0%。

保险业总资产继续快速增长。2012年年末，保险业总资产7.4万亿元，同比增长22.3%。其中，银行存款同比增长32.2%，投资类资产同比增长19.5%。

表9　2012年年末主要保险资金运用余额及占比情况

担保方式	余额（亿元）		占资产总额比重（%）	
	2012年年末	2011年年末	2012年年末	2011年年末
资产总额	73546	60138	100.0	100.0
其中：银行存款	23446	17737	31.9	29.5
投资	45097	37737	61.3	62.8

数据来源：中国保险监督管理委员会。

（六）外汇市场交易平稳，掉期交易保持快速增长

2012年，人民币外汇即期成交3.36万亿美元，同比下降5.6%；人民币外汇掉期交易累计成交金额折合2.52万亿美元，同比增长42.2%，其中，隔夜美元掉期成交1.4万亿美元，占掉期总成交额的55.6%；人民币外汇远期市场累计成交866亿美元，同比下降59.6%。全年“外币对”累计成交金额折合857亿美元，同比下降9.5%，其中成交最多的产品为美元对港币，占市场份额比重为41.6%，同比下降3.6个百分点。

外汇市场交易主体进一步增加，截至2012年年末，共有外汇市场即期市场会员353家，远期、掉期市场会员79家，期权会员31家。

（七）黄金市场运行平稳

黄金价格整体呈震荡走势。2012年，国际金价最高达到1791.75美元/盎司，最低为1540美元/盎司，年末收于1664美元/盎司，较上年末上涨5.68%。国内金价与国际金价走势总体保持一致，上海黄金交易所年内黄金（Au9995）最高价为362.5元/克，年末收于334.34元/克，较上年末上涨4.55%。全年加权平均价为339.81元/克，比上年上涨3.75%。

上海黄金交易所交易规模有所下降。2012年，黄金交易累计成交6350.20吨，同比下降14.63%；成交金额为2.15万亿元，同比下降13.18%。白银交易累计成交20.89万吨，同比下降15.42%；成交金额为1.36万亿元，同比下降29.99%。铂金交易累计成交63.91吨，同比下降1.72%；成交金额为210.43亿元，同比下降12.26%。

二、金融市场制度性建设

（一）推动债券市场创新和规范发展

2012年，中国人民银行牵头建立了公司信用类债券部际协调机制，发挥合力，继续推动债券市场规范发展。推动证券公司、证券金融公司发行短期融资券，扩大信贷资产证券化试点，推出资产支持票据。推动交易商协会发布《中国银行间市场债券回购交易主协议》，提高市场效率，加强风险防范。

（二）促进黄金市场规范健康发展

一是推出银行间黄金询价交易。2012年12月3日，银行间黄金询价交易正式上线运行，有助于完善黄金市场交易机制，提升市场流动性，进一步深化市场功能。二是建立黄金市场业务备案管理和监测统计制度，以促进银行业金融机构黄金业务的规范开展。三是会同相关部委稳妥开展非法黄金交易场所打击和清理工作，加强投资者教育，以规范黄金市场秩序。

（三）探索推进金融监管合作

为加强监管合作，共同维护金融稳定，2012年12月，中国人民银行和中国证券监督管理委员会签署了《关于加强证券期货监管合作共同维护金融稳定的备忘录》。监管合作立足于发挥中国人民银行分支机构覆盖面广的优势，弥补地市级、县级证券期货监管力量的不足，着力提升金融监管效能。12月，经国务院批准，中国人民银行、银监会、证监会再次扩大商业银行设立基金管理公司试点范围。商业银行设立基金管理公司，有利于拓宽储蓄资金向资本市场有序转化渠道，支持资本市场平稳发展。

（四）完善证券市场基础性制度建设

继续深化新股发行体制改革。通过强化信息披露真实性和准确性，适当调整询价范围和配售比例，增加新上市公司流通股数量，加强对发行定价和炒新行为的监管等措施，进一步推进以信息披露为中心的新股发行制度改革，推动实现一级市场和二级市场均衡协调健康发展，保护投资者的合法权益。

稳步推进多层次资本市场建设。明确了区域性股权交易市场的定位和证券公司参与的方式，并对市场设立审批与日常监管、投资者适当性管理以及市场中介机构职责等进行了规范。确定了非上市公众公司的范围，明确了该类公司公开转让、定向转让、定向发行的申请程序，将非上市公众公司监管正式纳入法制轨道。

进一步加强证券经营机构监管。要求保荐机构建立对保荐代表人和项目组成员的问责制度，完善对保荐项目的持续追踪机制，促使其实现保荐全程有效内控。强调基金管理公司子公司的公司治理和内控机制，并要求基金管理公司建立完善内幕信息的识别、报告、处理、责任追究等防控内幕交易制度。

（五）完善保险市场基础性制度建设

深化保险监管制度改革。一是中国保险监督管理委员会发布实施第二代偿付能力监管制度体系建设规划，研究建立一套适合我国保险市场特征的科学的偿付能力监管模式。二是2012年7月以来，中国保险监督管理委员会不断深化保险资金运用监管体制改革，发布资产配置、委托投资管理、债券投资、股权及不动产投资等十项新规，在投资范围和资金托管机构等方面进行了较大突破，扩大了保险公司投资空间。三是推进条款费率管理制度改革，完善商业车险条款费率拟定及审批管理的原则、方法和程序，加强人身保险公司保险条款和费率管理。四是修订《机动车交通事故责任强制保险条例》，允许外资保险公司经营交强险业务。

综合治理寿险销售误导和车险理赔难。建立了客观评价综合治理销售误导工作的机制，明确界定了销售误导行为及处罚措施，并引入责任追究机制。制定车险理赔管理指引，统一车险理赔流程，规范车险理赔服务标准。

提升保险业服务经济社会的能力。国务院于2012年11月出台《农业保险条例》，涵盖了农业保险经营主体、经营原则、经营模式、政策支持和监督管理等方面的内容，明确了农业保险的法律定位，为农业保险的运营和监管提供了法律依据。六部委于2012年8月联合发布《关于开展城乡居民大病保险的指导意见》，由政府主导、商业保险机构承办的大病保险制度正式全面铺开。

第四部分　宏观经济分析

一、世界经济金融形势

2012年以来，世界经济继续处在深度转型调整期。美国经济温和复苏，财政整顿进展缓慢。欧债危机形势得到缓解，但对实体经济的影响日益加深。受外需萎缩和国内消费需求不足影响，日本经济下滑。大部分新兴经济体增长势头放缓，面临的不确定性因素增加。

（一）主要经济体经济形势

美国经济温和复苏，财政整顿滞后。2012年以来，美国房地产市场持续改善，金融部门去杠杆化基本完成，能源行业和高科技行业增长强劲，通胀压力减小。财政整顿滞后带来的政策不确定性影响了投资和消费的持续增长，经济复苏不稳。受政府支出减少及出口下滑等因素影响，第四季度GDP环比折年率初值下降0.1%，全年实际GDP增长率初值为2.2%。短期内美国经济运行仍面临政府支出削减谈判等政策不确定因素影响。同时，疲软的就业市场可能继续拖累市场信心恢复。

专栏3　美国“财政悬崖”问题及前景分析

“财政悬崖”主要是指2013年初美国一系列减税优惠政策到期，同时多项减赤措施也将启动，会使美国财政赤字曲线状如悬崖。“财政悬崖”问题涉及的政策变动主要包括四个方面的内容，一是小布什政府推出的减税政策到期，二是奥巴马政府推出的工薪税优惠政策到期，三是奥巴马政府推出的临时失业救济金政策结束，四是根据《2011年预算控制法案》制定的“自动减赤程序”被触发。

“财政悬崖”产生的根源是美国政府与国会都意识到债务的不可持续而必须大幅削减赤字，但政治极化导致两党不能达成合理的减赤方案，而是被迫形成了激进的减赤局面。美国国会预算办公室（CBO）预测，在上述收入和支出政策变化的情形下，美国2013年的财政赤字削减量将达到GDP的5.1%，2013年第四季度实际GDP将同比萎缩0.5%，失业率将回升至9.1%。基金组织和世界银行均认为，美国的“财政悬崖”是世界经济的主要不确定因素之一。

鉴于“财政悬崖”对经济造成的巨大负面影响，美国会两党在大选结束后立即就该问题的解决方案进行磋商。解决该问题的关键在于两党能否就未来10年的减赤方案达成一致，而核心分歧在于两党对增收减支的传统理念不同。民主党希望取消对富人的税收减免，并通过增加税收来削减赤字，而共和党坚持将税收减免惠及富人，并要求大幅削减政府支出，尤其是福利支出。经过多轮艰难的博弈和交锋，两党在年末的最后一刻终于达成一个“分步走”的解决方案，主要内容包括对年收入45万美元及以上的家庭增税，并延长对低收入阶层的减税和失业救济。同时，“自动减赤程序”中的开支削减计划生效时间被延后两个月等。

美国国会预算办公室预测，该方案将使未来10年美国的财政赤字比“财政悬崖”情景下增加4万亿美元（不包括6000亿美元额外债务利息支出），美减赤任务依然艰巨。虽然“财政悬崖”在最后时刻得以暂时避免，但美国财政不可持续的状况依然没有得到根本解决。美国债规模已于2012年年末触抵债务上限，财政部随即采取临时措施予以应对。2013年1月下旬，美国国会投票通过了暂时延缓执行债务上限的法案，允许政府在2013年5月19日前根据需要继续发债以偿付债务本息，但发债规模必须严格按照支出所需而定。从当前美国政治极化的现实来看，未来两党在支出削减方案的谈判和债务上限上调等问题上的博弈仍将继续，由此带来的政策不确定性将持续影响美国和全球金融市场的稳定。

欧债危机形势一波三折，对实体经济的影响日益加深。受欧债危机困扰，前三季度各季欧元区实际GDP环比为零或负增长。9月6日，欧央行推出二级市场直接货币交易计划（OMT）后，欧债危机形势出现缓和，但欧元区实体经济仍十分疲弱。12月，欧元区综合采购经理人指数（PMI）降至47.2，已连续第11个月位于50荣枯线以下。失业率不断攀升，11月达11.8%，创欧元区成立以来的历史新高。综合物价指数（HICP）降至2.2%。12月，欧央行预计2012年欧元区实际GDP增长率将下降0.4%–0.6%。

受内外需萎缩影响，日本经济下滑。第一季度日本经济大幅反弹，随后出现急速下滑。大地震和海啸过后的重建效应持续消退，家庭消费者信心指数持续下降，显示日本国内消费需求不足。同时，外需萎缩和国内能源进口需求增加，致使贸易持续出现大幅逆差。此外，2012年通过的消费税改革法案在新政府时期仍有较大变数，政府债务积累可能继续增加并推升财政风险。根据国际货币基金组织（IMF）预测，2012年年末，日本政府债务总规模将达1122.6万亿日元，占同期GDP的236.6%。

表10　主要经济体宏观经济金融指标

国别	指标	2011年第四季度			2012年第一季度			2012年第二季度			2012年第三季度			2012年第四季度		
		10月	11月	12月	1月	2月	3月	4月	5月	6月	7月	8月	9月	10月	11月	12月
美国	实际GDP增速（环比折年率，%）	4.1			2.0			1.3			3.1			−0.1（初值）		
美国	失业率（%）	8.9	8.6	8.5	8.3	8.3	8.2	8.1	8.2	8.2	8.2	8.1	7.8	7.9	7.8	7.8
美国	DJ工业平均指数（期末）	11955	12045	12218	12633	12952	13212	13214	12393	12880	13009	13091	13486	13096	13025	13104
美国	纳斯达克指数（期末）	2684	2620	2605	2814	2967	3092	3046	2827	2935	2940	3067	3116	2977	3010	3019
欧元区	实际GDP增速（环比，%）	−0.3			0.0			−0.2			−0.1					
欧元区	失业率（%）	10.5	10.6	10.7	10.8	10.9	11.0	11.2	11.3	11.4	11.4	11.5	11.6	11.7	11.7	11.7
欧元区	HICP综合物价指数（同比，%）	3.0	3.0	2.7	2.7	2.7	2.7	2.6	2.4	2.4	2.4	2.6	2.6	2.5	2.2	2.2
欧元区	EUROSTOXX50（期末）	2318	2299	2370	2422	2477	2459	2423	2257	2381	2479	2509	2518	2525	2551	2569
日本	实际GDP增速（环比折年率，%）	0.3			5.7			−0.1			−3.5					
日本	失业率（%）	4.4	4.5	4.5	4.6	4.5	4.5	4.6	4.4	4.3	4.3	4.2	4.2	4.2	4.1	4.2
日本	核心CPI（同比，%）	−0.1	−0.2	−0.1	−0.1	0.1	0.2	0.2	−0.1	−0.2	−0.3	−0.3	−0.1	0.0	−0.1	−0.2
日本	日经225指数（期末）	8700	8988	8435	8455	8803	9723	10084	9521	8543	9007	8695	8840	8928	9446	10332

数据来源：各经济体相关统计部门及中央银行

大部分新兴经济体增速放缓，面临跨境资本流动波动加剧和通胀压力上行的挑战。2012年以来，受外需下降、经济周期性下行等多重因素影响，金砖国家经济增速普遍放缓。12月，巴西央行将2012年巴西GDP增长率预期值从此前的1.27%降至1.03%，较2011年2.7%的增长率大幅放缓。同时，印度、俄罗斯等一些新兴市场国家也面临着通胀压力。发达经济体的宽松货币政策已经对一些新兴市场国家的跨境资本流动产生影响，未来还可能推升国际大宗商品价格，特别是粮食价格，这将给新兴经济体带来输入型通胀压力，增加其制定宏观经济政策的难度。

（二）国际金融市场概况

受全球经济复苏曲折缓慢、欧债危机前景不明、主要经济体量化宽松措施频出及国际地缘政治冲突等因素的交替影响，2012年国际金融市场波动较大。

全球资本随经济形势变化在主要发达经济体和新兴市场间配置流动，主要国际货币间汇率宽幅震荡。1−2月，欧洲债务危机暂时得到缓解，主要货币对美元大多升值。3−6月，避险需求推动国际资本从欧洲和新兴市场流向美国、日本，导致美元、日元对欧元和新兴市场货币升值。7月后，欧洲主权债务危机取得新进展及主要发达经济体推出新一轮量化宽松政策，推动国际资本从美国重新回流新兴市场，多数货币对美元汇率走升。第四季度，受日本央行扩大资产购买规模和市场对新政府未来汇率政策的预期影响，日元对美元大幅贬值。截至2012年年末，欧元、日元对美元汇率分别为1.3194美元/欧元和86.74日元/美元，较上年末分别升值1.92%和贬值11.30%。新兴市场货币分化严重，韩元、智利比索、墨西哥比索等对美元汇率全年升幅超过8%；阿根廷比索、巴西雷亚尔等跌幅超过9%。

专栏4 发达经济体加码量化宽松货币政策对资本流动的影响

2012年欧美日等发达经济体不断加码量化宽松货币政策。一是2012年9月15日美联储启动第三轮量化宽松政策（QE3），每月购买400亿美元机构抵押贷款支持证券；12月12日，美联储决定在年底“扭转操作”到期后，每月新增450亿美元长期国债购买规模，并为极低利率政策设定失业率高于6.5%、未来1—2年通胀预期不超过2%长期目标0.5个百分点的适用条件。区别于QE1和QE2，新一轮量化宽松货币政策不再设定总规模和到期时间，避免了政策到期前因投资者中止参与甚至反向操作导致的效力衰减。二是欧央行在此前长期再融资操作（LTROs）、证券市场计划（SMP）等非常规货币政策基础上，9月6日推出了在二级市场无限量购买三年期以内欧元区主权债券的直接货币交易计划（OMT），前提是会员国符合条件且提出救助申请。OMT虽未付诸操作，但其无限量的信号具有为重债国资金缺口兜底的政策效力。三是日本央行在2012年五次放松货币政策，将资产购买规模从2012年初的55万亿日元扩容至年末的101万亿日元（约合1.15万亿美元）。资产购买规模频繁大幅扩容，还面临新政府要求进一步加码的压力，这已接近于无限量宽松。

2012年发达经济体货币政策从有节制宽松向无限量宽松转变的新取向，大大降低了投资者面临的政策退出风险。若美联储在2013年持续实施超宽松货币政策，则将购买1.02万亿美元资产，由于近期美国货币乘数已企稳回升，货币创造功能还可能带来大量美元货币供给，市场由此形成超低成本资金源源不断供给的预期，投资者的风险溢价显著降低。大量超低成本资金流向利率更高的新兴市场经济体寻求套利机会。据基金投资研究机构EPFRGlobal监测，截至2013年1月2日，新兴市场股票基金连续17周吸引资金净流入，规模约为900亿美元；2012年新兴市场债券基金总计流入资金556亿美元，创历史新高，远高于2011年的159亿美元。资金持续流入令新兴市场本币大幅升值、资产价格上涨，亚洲新兴经济体首当其冲。2012年韩元、新加坡元和新台币对美元分别升值8.3%、6.1%和4.3%，第四季度香港和新加坡股市分别上涨8.7%和3.5%。

但是，尽管第四季度出口有所回升，新兴市场经济体仍普遍面临经济增速放缓的难题。2012年第三季度，韩国GDP增速为1.8%，仅为2011年的一半；新加坡和香港仅为0.3%和1.3%，远低于2011年的4.9%和5%，很显然本币升值对经济回升不利。与此同时，由于大宗商品价格持稳、内需低迷，多数新兴市场经济体通胀回落，依靠本币升值抑制输入性通胀的迫切性还不强。因此，为稳出口、保增长，新兴经济体特别是出口导向型经济体被迫采取了央行干预等措施抑制本币升值。韩国、菲律宾等国公开表达了对本币快速升值的关切，一些国家和地区的货币当局入市进行了干预以抑制本币升值，2012年第四季度香港金管局为维护港币的强方兑换保证，先后28次向市场注资，总计1071.93亿港币。发达经济体中，瑞士央行持续维持1欧元兑1.20瑞郎的汇率上限目标，澳大利亚联储也罕有地释放可能对本币升值采取应对措施的信号。IMF经济学家则认为，当国际资本流动波动剧烈时，外汇干预也可作为政策选项，这也反映了IMF对各国货币当局外汇干预态度的微妙变化。

传统避险国国债收益率低位盘整，重债国国债收益率有所下降。全球经济复苏乏力推升避险情绪，年内美、德、日国债收益率低位盘整。受美国“财政悬崖”谈判等不确定性因素的影响，12月主要避险国国债收益率出现回升。受地区银行业危机影响，西班牙十年期国债收益率年中一度突破7.5%的高点。全年而言，欧债危机形势缓和使重债国国债收益率震荡下行。此外，2012年伦敦同业拆借市场美元Libor稳步走低，欧元区同业拆借利率Euribor受欧央行降息及进一步宽松的货币政策等因素影响明显下降，并降至历史低位。截至12月31日，1年期Libor为0.8435%，比上年末下降0.285个百分点；1年期Euribor为0.5420%，比上年末下降1.405个百分点。

全球主要股市震荡上行。第一季度，得益于欧洲一系列救助措施出台，美、欧、日股市有所上扬。4至5月份，受西班牙地区银行危机加剧及希腊形势恶化影响，全球主要股市下行。下半年，美国“财政悬崖”问题、希腊救助计划谈判和日本政局更迭的不确定性使全球主要股市加剧波动。但随着主要发达经济体货币政策进一步宽松的预期增强，美欧日股市出现反弹，美国股市已回归至国际金融危机爆发前的水平。

国际原油价格先跌后升，黄金价格高位震荡。2012年年末，伦敦布伦特原油价格与年初基本持平，黄金现货市场价格收报1674美元/盎司，较年初上涨7%。从全年看，国际工业金属价格受经济形势影响有所下降，农产品价格受极端天气影响大幅上扬。

（三）主要经济体货币政策

2012年主要发达经济体均加大了宽松货币政策力度。美联储继续维持0-0.25%的联邦基金利率目标区间，并于6月20日宣布延长“扭转操作”至2012年底，额度增加2670亿美元。9月13日，美联储宣布推出第三轮无期限的量化宽松措施（QE3），以每个月增加400亿美元的速度购买更多机构抵押贷款支持债券（MBS）。12月12日，美联储决定在年底“扭转操作”到期后，每月新增450亿美元长期国债购买规模，并首次将利率政策与失业率等具体的经济指标挂钩。预计只要失业率仍超过6.5%、未来1-2年通胀率不超过2.5%以及长期通胀预期保持稳定，美联储将在较长时期维持超低利率水平。欧央行持续加大宽松货币政策力度。6月20日，欧央行进一步放宽了银行从欧元体系获得流动性的抵押品资质。7月5日，欧央行宣布将主要再融资利率下调25个基点至0.75%的历史新低，并于9月6日推出在二级市场无限量购买三年期以内主权债券的直接货币交易计划（OMT），以压低成员国融资成本。12月13日，欧盟财长会议达成协议，赋予欧央行新的权力，自2014年3月1日起统一监管欧元区银行业。英格兰银行继续将基准利率维持在0.5%的历史最低水平，于6月14日宣布启动扩展抵押品定期回购工具（ECTR）拍卖，并于7月5日宣布将资产购买规模再次扩大500亿英镑至3750亿美元。日本央行继续维持零利率政策，并数次扩大用于资产购买的基金规模。2013年1月22日，日本央行宣布设定CPI年涨幅为2%的价格稳定目标，并决定从2014年起实施无限期资产购买。

受外部经济不确定性增加、自身经济普遍放缓影响，多数新兴经济体货币政策也趋于宽松。2012年，巴西央行连续7次降息将基准利率水平降至7.5%。印度储备银行4月17日将回购利率下调50个基点至8.0%，并于7月31日宣布将银行的法定流动比率从24%下调至23%，9月17日将现金存款准备金率下调25个基点至4.5%。韩国央行于7月12日和10月11日下调基准利率各25个基点至2.75%。此外，南非、菲律宾、越南、哈萨克斯坦、匈牙利等也分别下调基准利率。

（四）国际经济展望及面临的主要风险

全球经济增长前景存在较大不确定性，预计2013年仍将保持低速增长。国际货币基金组织在2013年1月更新的《世界经济展望》中，将2013年的全球经济增长率下调至3.5%。其中，美国经济增速下调至2.0%；欧元区经济将萎缩0.2%；日本经济增长1.2%；新兴经济体增速下调至5.5%。

展望未来，全球经济主要面临以下风险：

第一，主权债务危机仍是全球经济增长面临的最大风险。目前欧债危机暂时出现缓和，但风险依然存在。西班牙可能被迫接受国际社会全面救助，法国债务水平高、经济增长率低，这些因素均有可能成为加剧欧债危机的潜在风险点。此外，美国和日本潜在的财政风险也不容忽视。

*第二，美国财政政策的不确定性将继续给美国和全球经济带来冲击。*虽然美政府与国会已就“财政悬崖”问题达成初步方案，但未来几个月仍将面临政府支出削减方案谈判等问题。如不能及时妥善处理，仍有可能会给美国及全球经济金融带来冲击。

*第三，发达经济体新一轮宽松货币政策对全球经济影响存在不确定性。*2012年下半年以来，主要发达经济体持续加大了量化宽松货币政策力度，对全球经济的外溢效应已经开始显现。由于当前大部分量化宽松货币政策无期限，对自身和全球经济的作用效果存在极大的不确定性，可能进一步加剧全球跨境资本流动的波动，推升国际大宗商品价格，对新兴市场经济体产生更大的溢出效应。

*第四，贸易和投资保护主义倾向上升。*当前主要经济体经济增长前景黯淡，失业率高企，金融监管加强，贸易摩擦和投资风险增加。世界贸易组织（WTO）将2012年全球贸易增速的预测值从3.7%降至2.5%，远低于过去30年年均5.7%的增速，并将2013年全球贸易增速预测值从5.6%调降至4.5%。

第五，地缘政治风险增加。近年来，一些发达经济体内部政治极化现象日益严重，中东地区的政治形势也趋于恶化，东亚地区地缘政治紧张加剧，可能对双边经贸关系和区域经济合作形成干扰。

二、中国宏观经济运行

2012年，中国经济发展呈现稳中有进的良好态势。消费需求稳定，固定资产投资较快增长。农业生产形势良好，工业生产缓中趋稳。物价涨幅总体回落，就业形势基本稳定。国际收支更趋平衡，资本和金融项目自亚洲金融危机以来首次出现年度逆差。全年实现国内生产总值（GDP）51.9万亿元，按可比价格计算，同比增长7.8%，增速比上年低1.5个百分点。全年CPI上涨2.6%，比上年低2.8个百分点；贸易顺差为2311亿美元。

（一）消费需求回升，投资平稳较快增长，出口增速回落

城乡居民收入较快增长，消费需求有所回升。2012年，城镇居民家庭人均可支配收入2.5万元，比上年增长12.6%，扣除价格因素，实际增长9.6%；农村居民人均纯收入7917元，比上年增长13.5%，扣除价格因素，实际增长10.7%。第四季度全国城镇储户问卷调查结果显示，居民当期收入感受指数为51.8%，较上季提高1.6个百分点。居民消费意愿较强，倾向于“更多消费”的居民占比为19.4%，较年初提高1.9个百分点。社会消费品零售总额为20.7万亿元，比上年增长14.3%，扣除价格因素后，实际增长12.1%。分城乡看，城镇消费品零售额17.9万亿元，比上年增长14.3%；乡村消费品零售额2.8万亿元，比上年增长14.5%。

固定资产投资平稳较快增长。2012年，固定资产投资（不含农户）完成36.5万亿元，比上年增长20.6%；扣除价格因素，实际增长19.3%。分地区看，中部和西部投资增速明显快于东部，东、中、西部地区固定资产投资比上年分别增长17.8%、25.8%和24.2%；分产业看，第一、二、三次产业投资比上年分别增长32.2%、20.2%和20.6%。2012年，新开工项目计划总投资30.9万亿元，比上年增长28.6%；施工项目计划总投资74.2万亿元，比上年增长18.1%。

外需疲弱，出口增速回落。2012年，进出口总额3.9万亿美元，同比增长6.2%；出口2.0万亿美元，同比增长7.9%，增速比上年回落12.4个百分点；进口1.8万亿美元，同比增长4.3%；贸易顺差2311亿美元。美国取代欧盟成为中国第一大出口市场，2012年对美出口3518亿美元，增长8.4%，对欧盟出口3339.9亿美元，下降6.2%。中国与新兴市场双边贸易增长相对较快，2012年对东盟、俄罗斯和南非出口同比分别增长20.1%、13.2%和14.7%，比上年分别高12.2个、5.3个和6.8个百分点。民

营企业出口增长加快，2012年比上年增长21.1%。从商品结构看，机电产品、劳动密集型产品出口平稳增长，机电产品出口比上年增长8.7%，服装、纺织品、鞋类等七大类劳动密集型产品出口比上年增长8.6%。2012年实际使用外商直接投资1117亿美元；境内投资者共对全球141个国家和地区的4425家境外企业进行了直接投资，累计实现非金融类直接投资772.2亿美元。

图3 进出口增速与贸易差额

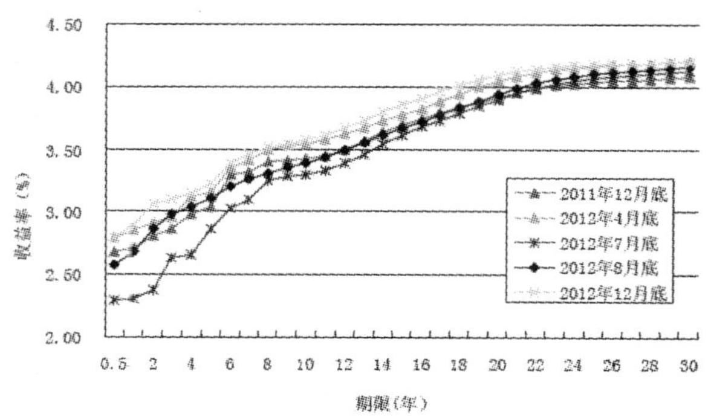

资料来源：海关总署，中国人民银行

（二）农业生产形势良好，工业生产缓中趋稳

2012年，第一产业增加值为5.2万亿元，比上年增长4.5%；第二产业增加值为23.5万亿元，比上年增长8.1%；第三产业增加值为23.2万亿元，比上年增长8.1%。第一、二、三产业占GDP比重分别为10.1%、45.3%和44.6%。

农业生产保持稳定发展势头，粮食连续九年增产。2012年，全国粮食产量达到58957万吨，增长3.2%。猪牛羊禽肉产量8221万吨，增长5.4%，其中猪肉产量5335万吨，增长5.6%。

工业生产增速回升。2012年，全国规模以上工业增加值按可比价格计算比上年增长10.0%，增速比上年回落3.9个百分点。各月同比增速自8月之后逐步回升，由8.9%上升至10.3%。全年全国规模以上工业企业实现利润5.6万亿元，同比增长5.3%；规模以上工业企业主营业务收入利润率为6.07%；全年工业产品产销率为98.0%。第四季度中国人民银行5000户工业企业调查显示，企业经营景气状况回升，盈利状况有所好转。第四季度，企业经营景气指数为61.8%，较上季回升0.7个百分点；企业盈利指数为53.1%，较上季上升1.7个百分点。

专栏5 当前企业生产经营状况

企业生产经营有所好转，市场需求有所回暖。从中国人民银行5000户工业企业问卷调查的数据看，2012年第四季度，企业设备能力利用水平指数为40%，较上季上升0.2个百分点；企业经营景气指数和企业家信心指数分别为61.8%和60.4%，较上季分别回升0.8和1.2个百分点。从5000户企业财务数据看，企业实现利润总额虽少于上年同期，但降幅已连续3个月收窄。2012年1—11月，5850户企业实现利润总额8810.9亿元，同比减少14.3%，降幅较1—10月收窄4.7个百分点。市场需求回暖，企业库存水平下降。第四季度企业市场需求指数为51%，较上季上升0.8个百分点。企业产成品库存水平指数为54.5%，较上季下降1.5个百分点。其中，17%的企业认为产成品库存水平偏高，较上季下降2.5个百分点。

我们选取10个能够较好反映企业生产经营状况的指标进行观察，除产成品库存指数和出口订单指数较上季下降，固定资产投资指数与上季持平外，其余7项指数均较上季回升，这表明当前企业生产经营状况总体有所好转。

图4 5000户企业主要经营指标分布变化趋势（%）

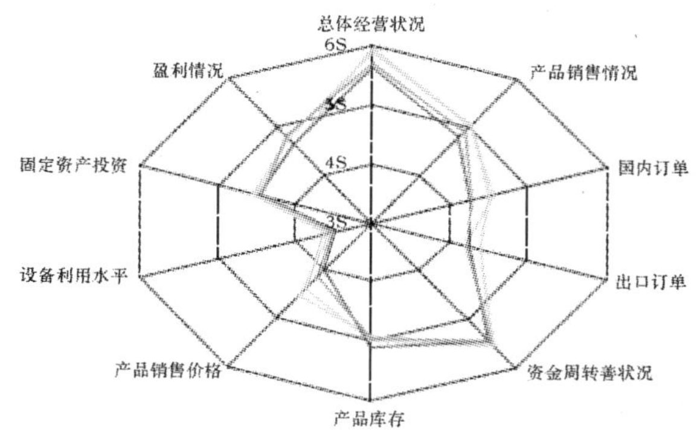

数据来源：中国人民银行调查统计司

不过，当前企业生产经营仍面临一些问题，如劳动力价格上升等，企业投资较为谨慎。从外向型企业调查数据看，2012年第四季度，53.3%的外向型企业认为目前面临的最主要问题是“劳动力价格上升，招工难”。分地区看，不仅东部劳务输入大省对招工难问题反映较为突出，河南、江西、湖北等劳务输出大省反映“劳动力价格上升，招工难”的企业占比，也较上季有不同程度上升。此外，企业投资较为谨慎。2012年第四季度企业固定资产投资、设备投资和土建工程投资预期指数分别为46.9%、46.4%和44%，较上年同期分别下降2.3个、2.6个和3.1个百分点。

下一步，要继续改善企业融资环境，改进对实体经济的金融服务。要综合运用多种货币政策工具，引导货币信贷和社会融资规模平稳适度增长。优化金融资源配置，有效解决信贷资金供求结构性矛盾，防范金融风险，进一步发挥直接融资的作用，更好地满足多样化投融资需求。此外，要支持完善小微企业金融服务体系，健全小微企业金融服务机制，加快中小金融机构发展，推进小微企业融资担保体系和信用评价体系建设。

（三）物价涨幅得到有效控制，回落至目标区间

2012年以来，随着国内经济增长有所放缓和稳健货币政策效果进一步显现，主要价格指标延续了回落走势。9月份以后，经济缓中趋稳势头进一步明显，主要价格指标有所回升。

居民消费价格同比涨幅低于上年，年末有所回升。2012年CPI同比上涨2.6%，涨幅比上年回落2.8个百分点。各季度同比涨幅分别为3.8%、2.9%、1.9%和2.1%。从食品和非食品分类看，食品价格上涨4.8%，涨幅比上年低7.0个百分点；非食品价格上涨1.6%，涨幅比上年低1.1个百分点。从消费品和服务分类看，消费品价格上涨2.9%，涨幅比上年低3.3个百分点；服务价格上涨2.0%，涨幅比上年低1.5个百分点。

工业生产价格同比降幅有所收窄。2012年，工业生产者出厂价格同比下降1.7%，其中，第一季度上涨0.1%，其余各季度分别下降1.4%、3.3%和2.3%。工业生产者购进价格同比下降1.8%，其中，第一季度上涨1.0%，其余各季度分别下降1.6%、3.9%和2.8%。企业商品价格（CGPI）全年同比下降1.6%，月同比涨幅在连续13个月下降后又连续4个月反弹。农产品生产价格涨幅低于农业生产资料价格涨幅。2012年，农产品生产价格上涨2.7%，比上年回落13.8个百分点；农业生产资料价格上涨5.6%，比上年回落5.7个百分点。

受国际大宗商品价格总体下跌等因素影响，进口价格下降。2012年各季度，纽约商品交易所原油期货当季平均价格分别环比上涨9.5%、−9.4%、−1.2%和−4.3%，累计下降6.2%。2012年，进口价格同比下降0.5%，比上年低14.5个百分点，第一季度同比上涨4.1%，其余各季度分别下降0.7%、3.2%和2.3%。出口价格同比上涨2.2%，比上年低7.8个百分点，各季度分别上涨4.7%、3.5%、0.5%和0.2%。

GDP缩减指数明显回落。2012年GDP为51.9万亿元，增长7.8%，GDP缩减指数（按当年价格计算的GDP与按固定价格计算的GDP的比率）变动率为1.8%，比上年全年低6.0个百分点。

资源性产品价格改革继续推进。一是国家发展改革委2012年12月18日决定自2013年1月1日起，解除对发电用煤的临时价格干预措施，取消对合同电煤价格涨幅和市场交易电煤最高限价的有关规定，电煤由供需双方自主协商定价。二是多地在召开听证会对居民阶梯电价实施方案进行修改和完善的基础上，自2012年7月1日起正式实施居民阶梯电价制度。

（四）财政收入增长放缓，财政支出结构继续改善

2012年，全国公共财政收入11.7万亿元，比上年增长12.8%，增速比上年低12.2个百分点；全国公共财政支出12.6万亿元，比上年增长15.1%，增速比上年低6.5个百分点。收支相抵，支出大于收入8502亿元。

从财政收入结构看，2012年税收收入为10.1万

亿元，比上年增长12.1%，增速比上年低10.5个百分点。收入增幅明显回落，主要是受经济增长放缓、企业效益下滑以及结构性减税政策等因素影响。其中，国内增值税比上年增长8.9%，国内消费税比上年增长13.5%，营业税比上年增长15.1%，企业所得税比上年增长17.2%，进口货物增值税和消费税比上年增长9.1%，个人所得税比上年下降3.9%，上述六项税收收入占全国财政收入77.0%。

从支出结构看，财政支出增长较快的有教育、农林水事务、文化体育与传媒、城乡社区事务和住房保障支出，分别较上年增长28.3%、19.8%、18.9%、18.4%和16.4%。全国财政支出较多的有教育、社会保障和就业、农林水事务，分别占财政支出的16.8%、10.0%和9.5%。

（五）就业形势基本稳定

2012年，全国就业人员76704万人，比上年末增加284万人；其中城镇就业人员37102万人，比上年末增加1188万人。

第四季度，中国人力资源市场信息监测中心对全国103个城市的公共就业服务机构市场供求信息进行的统计分析显示，劳动力市场供略小于求，求人倍率已经连续十个季度大于1。与上年同期相比，市场用人需求有所增加，求职人数略有减少。分地区看，西部地区市场供不应求的程度高于东部和中部地区。用人需求集中在二、三产业，分行业看，与上年同期相比，制造业、居民服务和其他服务业、建筑业的用人需求比重有所上升。劳动力市场中，中高级技能人才供不应求，高级技师、技师、高级工程师的岗位空缺与求职人数的比率较大。

（六）国际收支状况继续改善

经常项目收支继续保持基本平衡，资本和金融项目呈现净流出。据国家外汇管理局初步统计，2012年经常项目总顺差2138亿美元，同比增长6%，与同期国内生产总值之比为2.6%，较上年下降0.2个百分点。其中，货物贸易虽有所增长，但服务贸易和收益项目逆差扩大、经常转移顺差减少。资本和金融项目（含误差与遗漏）逆差1173亿美元，上年为顺差1861亿美元。外汇储备增长大幅放缓。国际收支口径的外汇储备资产（剔除汇率、价格等非交易价值变动影响）仅增加987亿美元，同比少增74%。

外债规模增速有所放缓，短期外债占比继续上升。9月末，外债余额为7708亿美元，同比增长10.6%。其中，登记外债余额为4713亿美元，同比增长7%；短期外债余额为5728亿美元，同比增长12.8%，占外债余额的72.8%，占比较上年同期上升1.5个百分点。

（七）行业分析

2012年，在41个工业大类行业中，29个行业利润同比增长，11个行业同比下降，1个行业由同期亏损转为盈利。其中，电力、热力生产和供应业同比增长69.1%，农副食品加工业利润同比增长20.6%。产业结构调整和转型升级取得新进展，高新技术产业增加值增速高出规模以上工业平均增速2.2个百分点，规模以上企业单位工业增加值能耗下降幅度大于预期目标。

1.房地产行业

2012年，全国商品房成交量小幅增长，但增幅低于上年水平，房价同比上涨城市个数11月份以来有所增加，房地产开发投资增速低位徘徊，新开工面积同比下降，房地产贷款增速有所回升。

全国商品房成交量小幅增长，但增幅低于上年水平。2012年，全国商品房累计销售面积连续10个月低于上年同期水平，11月份首次出现同比增长，全年共实现商品房销售11.13亿平方米，同比增长1.8%，比上年低2.6个百分点。全国商品房销售额6.4万亿元，同比增长10%，比上年低1.1个百分点。其中，商品住宅的销售面积和销售额分别占商品房销售面积和销售额的88.5%和83%，办公楼销售增幅大幅超过商品住宅销售增幅。

房价同比上涨城市个数自年初以来逐步回落，11月份以后有所增加。2012年12月，全国70个大中城市中，新建商品住宅价格同比上涨的城市有40个，比1月份减少13个，但比10月份增加28个；二手住宅价格同比上涨的城市有25个，比1月份减少5

个，但比10月份增加10个。

房地产开发投资增速持续低位徘徊。2012年，房地产开发投资同比增速逐步回落，11月份出现小幅回升，全年完成房地产开发投资7.2万亿元，同比增长16.2%，比上年低11.9个百分点，处于2010年以来的较低水平。其中，商品住宅完成投资4.9万亿元，同比增长11.4%，增速比上年低18.8个百分点，占房地产开发投资的比重为68.8%。2012年，全国房屋新开工面积为17.7亿平方米，同比下降7.3%，而2011年为增长16.2%；房屋施工面积为57.3亿平方米，同比增长13.2%，增速比上年低12.1个百分点；全国房屋竣工面积为9.9亿平方米，同比增长7.3%，增速比上年低6个百分点。

房地产贷款增速有所回升。2012年年末，全国主要金融机构（含外资）房地产贷款余额12.1万亿元，同比增长12.8%，增速自5月份以来逐月回升，但仍比上年末低1.1个百分点。房地产贷款余额占各项贷款余额的19.8%，比上年末低0.3个百分点。其中，个人住房贷款余额7.5万亿元，同比增长12.9%，比上年末低1.9个百分点；房产开发贷款余额3.0万亿元，同比增长10.7%，比上年末低6.4个百分点；地产开发贷款余额8630亿元，同比增长12.4%，而2011年末为同比下降7.9%。2012年新增房地产贷款13465亿元，同比多增897亿元。房地产贷款新增额占各项贷款新增额的17.4%，比2011年全年水平低0.1个百分点。

保障房信贷支持力度继续加大。截至2012年年末，全国保障性住房开发贷款余额为5711亿元，占全部住房开发贷款余额的25.1%。2012年新增保障性住房开发贷款1796亿元，占全部住房开发贷款新增额的89.3%。此外，利用住房公积金贷款支持保障性住房建设试点工作稳步推进，截至2012年年末，已按进度发放住房公积金贷款420.9亿元，支持了40个城市162个保障房建设项目，收回贷款本金58.1亿元。

2.电子商务

电子商务是信息条件下的新兴经济活动，是降低成本、提高效率、拓展市场和创新经营模式的有效手段，有利于满足和提升消费需求、形成新的经济增长点。“十一五”期间，电子商务持续快速发展，交易额增长近2.5倍，2010年达到约4.5万亿元。2011年，电子商务交易额接近6万亿元；2012年1—11月，电子商务交易额超过7万亿元。大规模、个性化的消费需求、持续升级的消费结构、交易成本下降以及互联网的普及是电子商务高速增长的重要推动力量。

电子商务带动电子商务平台服务、信用服务、电子支付、现代物流和电子认证等新兴产业快速发展，是现代服务业的新生长点。面向广大企业，特别是中小企业的第三方电子商务服务平台向专业化和集成化的方向发展。网上支付、移动支付、电话支付等新兴支付服务发展迅猛。《非金融机构支付服务管理办法》的出台和第三方支付牌照的发放为支付服务市场规范化发展提供了保障。现代物流业快速发展，2012年，全国规模以上快递服务企业业务量完成56.9亿件，同比增长54.8%，业务收入完成1055.3亿元，同比增长39.2%。截至2012年年末，有效电子认证证书持有量合计约8731万张。

政府针对网上交易和支付服务出台了一系列政策、规章与标准规范，对促进电子商务发展发挥了积极作用，但电子商务服务业还在成长期，商业模式尚不成熟，服务能力尚待增强，现代物流业与电子商务发展还需匹配，电子商务发展的制度环境有待进一步完善，相关法律法规建设滞后，服务监管体系、征信信用体系、统计监测体系、产业投融资机制有待加强，网络交易纠纷处理难度较大。

“十二五”时期是电子商务加速发展的战略机遇期。应当通过加强组织保障、建立健全诚信发展环境、提高公共服务和市场监督水平、完善权益保护机制、加强法律法规和标准规范建设、完善多元化投融资机制等措施，积极推进电子商务在各领域的广泛应用，加快推动移动电子商务应用的示范和普及推广，大力促进物流、支付、信用、融资、保险、检测和认证等电子商务支撑体系协调发展，进一步提高电子商务的安全保障和技术支持能力。

第七部分

节能环保投资

"十二五"节能减排全民行动实施方案

发改环资［2012］194号

国家发展改革委　中宣部　教育部　科技部　农业部　国管局　全国总工会
共青团中央　全国妇联　中国科协　总后勤部　全国人大办公厅
全国政协办公厅　财政部　环境保护部　国资委　中直管理局

2012年1月31日

为贯彻落实《国务院关于印发"十二五"节能减排综合性工作方案的通知》（国发[2011]26号）和温家宝总理在全国节能减排工作电视电话会议上的讲话精神，进一步深化节能减排全民行动，充分调动全社会参与节能减排的积极性，国家发展改革委会同中宣部、教育部、科技部、农业部、国管局、全国总工会、共青团中央、全国妇联、中国科协、解放军总后勤部、全国人大常委会办公厅、全国政协办公厅、财政部、环境保护部、国资委、中直管理局共同制定了节能减排全民行动方案，组织开展家庭社区、青少年、企业、学校、军营、农村、政府机构、科技、科普和媒体等十个节能减排专项行动，通过典型示范、专题活动、展览展示、岗位创建、合理化建议等多种形式，广泛动员全社会参与节能减排，倡导文明、节约、绿色、低碳的生产方式、消费模式和生活习惯。

一、节能减排家庭社区行动

家庭、社区是社会的基础和基层组织形态，是推动社会节能减排的重要依靠力量。宣传节能环保理念，倡导绿色生活，形成节约风尚，改变当前家庭生活中与节能减排不相适应的观念、行为。通过家庭影响社区，通过社区带动全社会参与节能减排。主要活动包括：

（一）树立绿色低碳家庭生活消费新理念。继续在广大妇女和家庭中开展系列低碳活动，大力宣传和普及节能减排和低碳知识。倡导广大家庭践行低能量、低消耗、低开支、低代价的低碳生活方式。在全社会倡导勤俭节约之风，反对食品浪费，减少使用塑料购物袋，减少一次性用品使用，抵制商品过度包装。引导广大家庭成员从自己做起、从家庭做起、从点滴做起，形成节约资源和保护生态环境的生活理念、消费模式。

（二）开展家庭社区节能减排系列主题活动。继续实施"家庭低碳计划十五件事"，在社区和家庭进行普及推广。开展低碳绿色出行活动，倡导妇女和家庭成员步行、骑车、乘公交等方式代替驾驶机动车出行。在广大社区和家庭中开展节能减排小发明竞赛活动，并将设计新颖、效果明显的小发明向全国家庭推广。开展"勤俭节约、文明健康饮食"主题活动，倡导节约粮食、适度消费理念。组织社区居民节能减排经验交流活动，指导社区居民做好垃圾分类回收。

（三）深入开展家庭社区节能减排宣传教育。大力宣传节能减排家庭社区行动，对节能减排先进典型和先进事迹进行广泛宣传。组织相关专家在示范城市、示范社区开展低碳家庭时尚生活巡讲，有针对性地进行辅导、展示和咨询等工作。借助现代女性大讲堂开展低碳生活的相关讲座，介绍节能环保的金点子和小常识。建设完善节能减排社区平台，利用社区、街道宣传栏、黑板报等载体，张贴节能减排、低碳生活的标语、口号、宣传画、条幅等。向社区居民发放宣传资料、低碳科普读物，介绍和宣传日常节能环保知识。借助央视《欢乐一家亲》栏目进行节能减排和低碳生活的宣传。

（四）选树节能环保家庭。把节能减排家庭社区行动中表现突出、作出较大贡献的家庭和个人，选树为“节能环保家庭”。大力宣传节能环保家庭的先进事迹，发挥典型的示范带头作用，树立良好社会风尚。

牵头单位：全国妇联、国家发展改革委

支撑单位：中国妇女报刊协会、国家节能中心、中国节能协会

二、节能减排青少年行动

青少年是现代化建设的生力军，是国家的未来和希望，是当前家庭社会的重要组成。引导青少年参与节能减排，不仅有助于青少年自身成长为节能减排的积极倡导者和坚定践行者，也有助于通过青少年的行为影响其家庭成员共同参与节能减排。要充分发挥青少年的积极性和创造力，宣传绿色理念，引领节约风尚，积极参与到节能减排工作中来。主要活动包括：

（一）动员青少年积极参与节能减排实践。开展青年文明号节约示范行动和青少年环境友好使者行动等活动。在少年儿童中开展节能环保教育活动，继续开展以节约一滴水、一张纸、一粒米、一度电为主要内容的节约资源活动。继续深化保护母亲河行动。以捐植爱心树、纪念树（林）等方式进行植树造林，保护大江大河生态环境，建设绿色家园。

（二）开展节能减排志愿者活动。开展志愿者节能减排社区示范活动，宣传节能减排知识，传授节能减排技能。开展绿色校园节能志愿活动，指导青年学生主动关闭无人上课和自习教室的长明灯，减少学校能源浪费，引导青年学生从身边的小事做起，人人争做节能卫士。

（三）加强青少年节能减排宣传教育。在共青团、少先队活动阵地设立宣传栏，并利用青少年报刊、中小学生报和共青团、少先队网站，大力宣传节能环保知识。注重借助情感、艺术、时尚等元素，运用互联网、手机、动漫、短视频、移动媒体等青少年喜爱的手段和载体，扩大节能减排宣传力度。创作儿歌、童谣、动漫、故事、舞台剧、戏曲等艺术作品，设计少年儿童喜爱的挂图、海报、文具、玩具等，宣传节能环保知识。引导青少年充分认识节能减排的重要性和紧迫性，强化节能观念，树立环保意识，增强参与节能减排工作的责任感和自觉性。

（四）选树青少年节能减排典型。把在节能减排青少年行动中表现特别突出的个人，纳入团队组织已有表彰体系。做好“母亲河奖”评选表彰活动。发挥雏鹰争章活动的激励作用，引导少先队员争获“环保章”。

牵头单位：共青团中央、国家发展改革委、环境保护部

支撑单位：中国青年报社、中国青年志愿者协会、团中央网络影视中心、中国少年儿童新闻出版总社、环境保护部宣传教育中心

三、节能减排企业行动

企业是最大的能源消耗和污染排放的主体，也是节能减排的主力，职工是节能减排的主力军，企业节能减排的成效，决定了全社会节能减排工作的成败。要动员全体企业职工，从岗位做起，从自身做起，从点滴做起，积极投身节能减排工作。主要活动包括：

（一）继续开展我为节能减排做贡献活动。在职工中广泛开展职工技术创新、岗位练兵、技术比武和技术培训等活动，不断提高职工技术水平和节能减排能力。组织广大职工开展以小革新、小改造、小设计、小建议、小发明等为主要内容的节能减排达标竞赛，促进重点行业的节能减排达标。围绕节能减排主题，大力开发和推广新技术、新工艺、新材料、新设备，开展职工优秀节能减排技术成果评选、表彰和推广，积极推动企业技术进步。

（二）深入推进节能减排义务监督员行动。加强职工义务监督员队伍建设，推动全国所有企业设立义务监督员，力争“十二五”期间达到100万人。加大对义务监督员的培训力度，为其开展工作创造条件，总结交流节能减排义务监督员工作经验，充分发挥其督促企业落实节能减排措施的重要作用，促进企业实现节能减排目标。

（三）积极组织职工参与企业节能减排工作。组织广大职工积极参与企业管理和监督，充分发挥职工民主管理在节能减排中的作用。企业工会要把节能减排作为职代会的重要内容，发挥职工的主动性和创造性，为挖掘节能减排潜力作贡献。

（四）开展中央企业节能表率行动。中央企业要带头履行社会责任，在节能减排工作中发挥表率作用。在中央企业深入开展创建节约型企业活动。继续完善中央企业节能减排组织管理、统计监测和考核奖惩体系，提升中央企业生产运行精细化管理水平，全面深化中央企业能耗水平和污染物排放强度对标工作。加大中央企业节能减排新技术、新工艺研发和推广应用。

（五）开展企业节能减排宣传教育活动。利用各种宣传阵地，宣传国家有关节能减排的法律法规和政策，开展环境危机教育，不断增强职工忧患意识、危机意识和责任意识。以不同形式开展面向企业负责人、企业节能环保人员和生产一线人员的节能减排培训，提高培训质量，确保培训效果。

牵头单位：全国总工会、国资委、国家发展改革委、环境保护部

支撑单位：中国职工技术协会、中国职工科技报、国家节能中心、中国节能协会、环境保护部宣传教育中心等

四、节能减排学校行动

学校是社会的摇篮，是国民教育最重要的组成，对学生树立节能环保理念发挥着不可替代的重要作用。在推动校园节能减排的同时，要积极开展以节能减排、绿色生活为主要内容的课堂主题教育和社会实践活动，营造节能减排校园文化，引导学生形成绿色生活、勤俭节约的意识和行为习惯。主要活动包括：

（一）深化节能环保基础教育。在中小学和中等职业学校相关学科课程中进一步渗透节能环保教育内容。推进节能减排专业教育，加强对高职高专院校、普通本科高校非环境专业学生的节能减排教育。鼓励各地和学校结合实际情况，通过开设富有地域特色的地方课程和学校课程，以及综合实践活动等，传播节能环保、新能源、可持续发展等知识，通过课堂主渠道不断培养学生节能减排意识，树立可持续发展观念。因地制宜开展与节能减排相关的专题讲座、研究性学习、技能竞赛等活动。

（二）建设一批循环经济教育示范基地。推进循环经济教育和科学知识的普及，广泛开展面向青少年学生的循环经济教育和知识普及活动。在全国建设一批技术先进、管理规范、示范作用强、循环经济特征明显的循环经济教育示范基地。结合农村义务教育试行免费教科书制度，在全国范围内制定分科教科书的循环使用方案。

（三）继续开展青少年科学调查体验活动。落实未成年人科学素质行动的任务和要求。继续开展以节粮在我身边、珍爱生命之水、我的低碳生活等为主题，以提高青少年科学素质为目标，以科学调查、科学体验、科学研究为主要方式，结合中小学科学课和综合实践活动要求的青少年科学调查体验活动。活动开展要求主题鲜明，内容丰富、形式多样，有利于培养未成年人创新能力、实践能力，有利于提升未成年人综合素质。

牵头单位：教育部、中国科协、国家发展改革委

支撑单位：清华大学、华中科技大学、江南大学、同济大学、华南理工大学、科协青少年中心、国家节能中心、中国节能协会等

五、节能减排军营行动

军队是社会资源的消费集团，军队资源节约是社会节能减排的重要组成部分。全军和武警部队要着力推进节约型供应保障方式、消费方式、训练模式的规范拓展，着力推进节能新技术新产品的规模化推广，着力推进群众性节约活动的深入开展，基本形成符合时代要求、具有军队特色的节约型军营模式。主要内容包括：

（一）创新发展节约型供应保障方式、消费方式和训练模式。推进基地化训练，开展训练场地资源普查，规范建设100个可用于统建共享的大型训练场地。优化经费保障和管理，大力压缩行政消耗性开支。推行军需物资油料节约，加大节能环保产品强制采购力度，严禁采购使用国家明令禁止的高耗低效和非环保产品，开展废旧军服回收。完善医疗卫生资源共享与管理。加大军地运力统筹使用，提高运输效益，加强车辆、船舶使用维护管理等。深化现代营房建设管理，统筹规划利用军用土地资源，稳步推进房地产资源整合，逐步建立营区能源消耗统计、监测监管平台。

（二）大力实施重点节能工程。组织开展军队建筑节能工程、办公及生产生活节能工程、军油节能工程、可再生能源利用工程、模拟技术工程、信息技术工程、装备节能工程等一批重点节能工程，提升军队节能减排能力。大力推行合同能源管理，组织实施合同能源管理示范项目。

（三）深化完善相关制度体系。加强制度建设，制定出台军队有关节能配套政策法规，完善军队资源节约法规体系。加强统计考评制度建设，建立总部—大单位—部队互相衔接、齐全配套的资源节约统计指标和统计考评机制，完善统计、考评、通报制度。

（四）开展系列主题活动。深入开展“八节一压”、“反食品浪费”、“红管家、好当家、小行家”等群众性节约活动和各类节约技能竞赛，建立争创节油示范单位、节油标兵和“红旗车分队、红旗车驾驶员”评定活动常态化机制。

（五）深入抓好宣传教育。加强资源节约日常宣传，将资源节约宣传纳入部队经常性教育和经常性管理之中，纳入每年的重大主题宣传活动，建立常态化宣传教育机制。充分利用各种渠道和媒体，广泛深入持久地宣传党中央、国务院和中央军委关于资源节约的方针政策和决策部署，宣传军队资源节约工作取得的成就、经验和做法。建设军队资源节约工作网，并在中国军网和军内网站积极组织网民话题，营造强大舆论宣传声势。

牵头单位：解放军总后勤部、国家发展改革委

支撑单位：解放军后勤学院、后勤科学研究所、解放军报、中国军网、解放军第三二 九工厂

六、节能减排农村行动

我国是农业大国，推动农业和农村节能减排工作，有利于优化能源结构，缓解国家能源压力；有利于降低农业面源污染，缓解环境压力；有利于转变农业发展方式，加快发展现代农业。要积极引导农民参与节能减排，倡导低碳生产生活方式。主要活动包括：

（一）开展节能减排农村行活动。以普及推广《农业和农村节能减排十大技术》为重点，进村入户，开展技术咨询、宣传培训和生产指导，贯彻落实国家节能减排政策，推广农业和农村节能减排适用技术和产品，帮助农民树立节能减排新理念，使农民真正成为节能减排的主体。

（二）传播农业清洁生产技术。通过促进农村畜禽粪便、农作物秸秆、生产垃圾和污水向肥料、饲料、燃料转化，实现经济、生态和社会效益的统一；通过集成配套推广节水、节肥、节能等实用技术和工程措施，净化水源、净化农田和净化庭院，

实现生产发展、生活富裕和生态良好，逐步改变农村脏、乱、差的现状，推动资源节约型和环境友好型新农村建设。

（三）构建农村低碳生活方式。通过推广沼气、生物质能、太阳能、风能等农村可再生能源开发利用技术，开展省柴节煤炉灶炕升级换代，推广高效低排放节能炉灶炕，改善农村室内空气质量，提高农民生活水平。

（四）深入抓好节能减排宣传培训工作。进一步强化节能减排宣传和培训工作，将其纳入“十二五”农业和农村经济重点工作之中。充分利用各种媒体，加大宣传力度，采取多种形式，举办培训班，增强广大农民群众节约资源、保护环境的自觉性，为农业和农村节能减排工作营造良好的社会氛围。

牵头单位：农业部、国家发展改革委、环境保护部

支撑单位：中国农村能源行业协会、中国农业出版社、中央农业广播电视学校、中国农业电影电视中心、环境保护部华南环境科学研究所、国家节能中心等

七、节能减排政府机构行动

政府机构是社会行为和公共道德的示范和标杆，政府机构的行为受到社会广泛关注，政府机构为对节能减排的重视程度将对公众观念产生重要影响。各级政府机构要充分认识节能减排工作的重要意义，通过深入推进节约型机关建设，降低机关能源资源消耗，切实发挥政府机构的表率示范作用，引导和带动全社会做好节能减排工作。主要活动包括：

（一）开展绿色办公活动。倡导用电高峰时段每天少开一小时空调，使用空调时关好门窗。日常办公尽量采用自然光，离开会议室等办公区时随手关灯。在全国政府机构推广使用节能环保铅笔、再生纸等绿色办公用品。开展零待机能耗活动，推广使用节能插座等降低待机能耗的新技术和新产品。征集日常办公中的节能经验、点子，并择优在全国政府机构推广。提倡高层建筑电梯分段运行或隔层停开，上下两层楼不乘电梯，尽量减少电梯不合理使用等。

（二）开展绿色出行活动。根据公务用车的配备标准和编制数量及时更新购车计划，严禁超标准、超编制采购公务用车。提高新增公务车中小排量和清洁能源汽车比例。全国政府机构公务用车按牌号尾数每周少开一天，开展公务自行车试点。机关工作人员每月少开一天车，倡导“135”出行方案，即1公里以内步行，3公里以内骑自行车，5公里乘坐公共交通工具。加快推进公务用车制度改革。

（三）开展资源循环利用活动。推行公务用车厂家回收置换。开展废旧电脑、打印机、电池、灯管、报纸和包装物等回收利用。组织有条件的单位实施餐厨垃圾资源化处理。完善资源循环利用渠道，建立资源循环利用长效机制。

（四）开展政府机构节能宣传教育活动。围绕节约型机关建设，组织开展“能源紧缺体验”、“厉行节约”、“反对食品浪费”等活动。举办知识竞赛、征文、专题讲座等形式多样的宣传和普及节能环保知识，提高政府机构工作人员的节能意识。通过广播、电视、报刊、网络等媒体，广泛宣传政府机构节能减排工作建设和突出成效，充分发挥政府机构的引导和示范作用。开展政府机构能耗信息和能效水平公开试点，在门户网站上公示单位能耗信息和能效水平，并接受社会监督。

牵头单位：国管局、中直管理局、国家发展改革委、全国人大机关事务管理局、全国政协机关事务管理局、解放军总后勤部

支撑单位：中国建筑科学研究院、清华大学建筑节能研究中心、中国节能协会公共机构节能专业委员会、国家节能中心等

八、节能减排科技行动

科学技术是开展节能减排全民行动的重要支撑。节能减排全民科技行动的工作目标，是针对全民节能减排能力建设的共性技术需求，研发全民节

能减排能力提升系列工具，推广全民节能减排适用技术成果，开展全民节能减排科技示范。要以科技成果的转化和应用为主线，提高公众的节能减排科技意识和能力，形成全社会依靠科技开展节能减排的良好氛围。主要活动包括：

（一）开发全民节能减排科技工具包。针对公众辨识各项行为节能减排潜力的需求，组织专家测量和核算涵盖公众日常生活主要活动的节能减排潜力数据，开发“全民节能减排潜力基础信息数据库”，建设“全民节能减排科技信息网”。拓展和完善基于互联网的“低碳生活计算器”软件，通过宣传和推广，进一步发挥该软件在定量反映公众节能减排潜力数据；组织专家筛选国内外节能减排的小窍门和小技巧，建立“全民节能减排金点子”数据库；编制全民节能减排科技系列手册。

（二）推广应用节能减排适用技术成果。进一步筛选各类科技计划取得的适用于全民节能减排的技术成果，拓展和完善全民节能减排适用技术成果库；结合一年一度的“科技周”活动和“科技列车行”活动，举办节能减排技术成果推介会，加大对节能减排科技成果的推广力度。

（三）组织开展节能减排综合科技示范。依托国家可持续发展实验区、国家高新技术开发区、国家星火密集区等科技示范平台，选择20个左右的具备良好基础的县、市、区，开展多种形式的全民节能减排综合科技示范活动。

（四）建设节能减排技术服务体系。加强节能减排专家队伍建设，推动节能减排技术公共服务平台的建设与发展；培育节能减排技术服务市场，充分发挥生产能力促进中心、技术中介服务机构等在开展节能减排技术服务方面的作用；鼓励和引导民营资本投资建设公共技术平台和科技合作咨询服务平台，为中小企业提供研发、测试和检测等专业技术服务。

牵头单位：科技部、国家发展改革委、环境保护部、中国科协

支撑单位：中国21世纪议程管理中心、中国可持续发展研究会、中国科学院地理科学与资源研究所、中国科学出版社、中国社会科学文献出版社、中国科普研究所、中国科协科普活动中心、国家节能中心等

九、节能减排科普行动

先进实用的技术成果和知识需要普及到全社会才能真正发挥作用。要面向全社会宣传科技思想、科技知识，介绍节能减排先进实用技术、成果，普及节能减排实践经验、先进典型和节能窍门，提高公众节能减排能力。主要活动包括：

（一）开发集成节能减排科普资源。组织开发以节能减排为主题的展览、挂图、图书、影视、宣传册、网络视频、网络游戏等科普资源。实施繁荣科普创作资助计划，资助优秀的科普创作团队、科普资源建设基地和科技工作者。开发以节能减排为主题的科普展品。推进科技创新成果转化为科普素材、科普影视、科普图书等科普资源。开展优秀科普资源征集推介，集成、整理社会优质科普资源形成科普资源包，向社会广泛推介使用。

（二）举办节能减排科普展览。发挥科技类博物馆、科普教育基地和各类基层科普基础设施的作用，围绕节能减排主题举办形式多样、便于公众参与的展览和教育活动。实施中国流动科技馆项目，在部分大中城市开展节能减排主题内容的科普巡回展览。增强科普大篷车等流动科普中节能减排科普宣传内容设置。

（三）开展系列节能减排科普活动。在全国科普日活动、中国科协年会科普活动中，设立以节能减排为主线的活动区域，向公众宣传建设节约型、环境友好型社会的有关科普知识。组织以节能减排为主线的科技馆活动进校园、科普大篷车进校园等活动，面向青少年开展节能减排科普教育。在社区开展科普大讲堂等形式多样、贴近居民的科普活动。

（四）广泛开展节能减排科普宣传。与电视台、广播电台、报刊、网站等相关媒体合作，开设科普宣传专栏，介绍建设节约型、环境友好型社会

的有关科普知识。增加“科普大篷车”电视栏目的节能减排内容。发挥中国数字科技馆的作用，利用互联网向公众提供节能减排数字化科普资源及信息服务。利用社区科普宣传栏，进行节能减排科普宣传。

牵头单位：中国科协、国家发展改革委

支撑单位：中国科协信息中心、中国科普研究所、中国科协科普活动中心、中国科技馆、中国科协农村专业技术服务中心、科学普及出版社、中国互联网协会网络科普联盟、中国节能协会等

十、节能减排媒体行动

节能减排新闻宣传是经济宣传的一项重要内容，要精心谋划，周密部署，组织新闻媒体加大宣传力度，充分反映节能减排工作的措施和成效，为节能减排工作提供有力舆论支持。主要活动包括：

（一）做好节能减排相关法律法规和政策的宣传报道。宣传节能减排的重要性和紧迫性，引导广大干部群众积极参与节能减排工作。

（二）做好节能减排各项工作进展的宣传报道。报道各地着力调整优化产业结构促进节能减排，以科技创新和技术进步推动节能减排的先进经验和做法。宣传报道“十二五”节能减排工作进展情况。及时报道各地各部门节能减排工作成效。

（三）做好重点领域节能减排和节能减排重点工程的宣传报道。报道节能重点工程、污染减排重点工程、循环经济重点工程的实施进展情况。报道各行业合理控制能源消耗总量，工业、建筑、交通运输、农业和农村、商业和民用、公共机构等领域的节能减排情况。

（四）加强节能减排宣传教育。组织好全国节能宣传周、世界环境日等主题宣传活动，加强日常性节能减排宣传教育。

（五）加强和改进舆论监督。配合各部委的监督检查行动，对违规乱上项目、落实节能减排政策措施不力等现象，选取典型案例依法开展舆论监督，倡导文明、节约、绿色、低碳的生产方式、消费模式和生活习惯。

牵头单位：中宣部、国家发展改革委

支撑单位：人民日报、新华社、光明日报、经济日报、中央人民广播电台、中央电视台、国家节能中心、中国节能协会等

各地区、各部门要充分认识动员全民参与节能减排的重大意义，增强紧迫感和责任感。各级发展改革、经信部门要会同有关部门和单位加强对本地区全民行动的指导和协调。财政部门要视情况对节能减排全民行动给予适当支持，推动各项活动有序开展。各专项活动牵头部门要根据各自责任分工，会同联合主办部门细化行动计划，做好年度任务部署，充分发挥技术支撑单位作用，带动全社会共同参与节能减排工作，营造良好社会氛围，为确保实现“十二五”节能减排目标做出贡献。

2012年全国环境质量概况

2013年4月22日 中国环境报

2012年，城市环境空气中二氧化硫(SO2)、二氧化氮(NO2)、可吸入颗粒物(PM10)3项主要污染物平均浓度均有所下降，依据《环境空气质量标准》(GB3095－2012)对SO2、NO2和PM10进行评价，地级以上城市达标比例仅为40.9%。酸雨污染程度依然较重。地表水总体为轻度污染，环保重点城市集中式饮用水水源地达标水量218.9亿吨，水质达标率为95.3%。近岸海域总体为轻度污染。全国生态环境状况指数略有下降，但依然保持在“一般”水平。

一是城市环境空气污染形势严峻。325个地级及以上城市(包括部分地、州、盟所在地及省辖市，以下简称地级以上城市)空气中SO2、NO2和PM10平均浓度分别为0.032毫克/立方米、0.028毫克/立方米和0.076毫克/立方米，比2011年分别下降8.6%、3.4%和2.6%。依据《环境空气质量标准》(GB3095－2012)对SO2、NO2和PM10进行评价，地级以上城市达标比例仅为40.9%。

二是酸雨污染依然较重。全国酸雨城市比例为30.8%，同比降低1.7个百分点；酸雨频率均值为20.2%，同比提高0.6个百分点。降水中主要致酸离子为硫酸根离子。酸雨区(pH年均值低于5.6)主要分布在长江沿线及以南—青藏高原以东地区，面积约占国土总面积的12.7%，其中较重酸雨区(pH年均值低于5.0)面积和重酸雨区(pH年均值低于4.5)的比例分别为4.9%和0.6%。与2011年相比，酸雨区分布基本保持稳定。

三是沙尘天气频次和强度有所减轻。2012年，沙尘天气共13次32天影响新疆、内蒙古、青海、甘肃、宁夏、陕西、山西、北京、天津、吉林、辽宁、黑龙江、山东等北方地区。受沙尘天气影响，环保重点城市环境空气质量累计超标147天，造成空气质量重污染天数累计为11天。其中，兰州、西宁、包头、金昌等城市空气质量受沙尘天气影响较重，受沙尘天气影响的天数均在10天以上。与2011年相比，沙尘天气对环保重点城市的影响程度明显减轻，超标天数降低43.0%，重污染天数降低50.0%。

四是地表水总体轻度污染。全国监测的960个地表水国控监测断面中，Ⅰ～Ⅲ类水质断面占61.4%，劣Ⅴ类占11.0%。21项地表水水质评价指标中，15项指标断面年均值出现超标，其中化学需氧量、总磷和五日生化需氧量为地表水中主要污染物，超标断面比例分别为26.4%、22.1%和17.7%。十大流域Ⅰ～Ⅲ类水质断面占68.7%，劣Ⅴ类占10.4%。珠江、西南诸河和西北诸河水质为优，长江和浙闽片河流水质良好，黄河、松花江、淮河和辽河为轻度污染，海河为中度污染。支流污染普遍重于干流，支流Ⅰ～Ⅲ类水质断面比例比干流低9.7个百分点，劣Ⅴ类水质断面比例比干流高7.5个百分点。海河高锰酸盐指数平均浓度劣于Ⅲ类水质标准，海河、黄河和辽河氨氮平均浓度劣于Ⅲ类水质标准。

开展监测的61个重点湖泊、水库中，水质优于Ⅲ类水质的湖(库)共37个，占60.6%；Ⅳ类或Ⅴ

类水质的17个，占27.9%；劣Ⅴ类水质的7个，占11.5%。影响湖(库)水质的主要污染指标是总磷、化学需氧量和高锰酸盐指数。营养状态评价结果表明，25.0%的重点湖(库)出现不同程度富营养化现象。其中太湖、巢湖湖体水质均为Ⅳ类，营养状态均属轻度富营养；滇池湖体水质为劣Ⅴ类，营养状态属中度富营养。卫星遥感监测结果表明，太湖、巢湖、滇池水华以“未见明显水华”和“零星水华”(水华发生程度最低等级)为主，分别占有效监测天数的95.8%、92.4%和100%。

五是环保重点城市集中式饮用水水源地水质保持稳定。环保重点城市集中式饮用水水源地达标水量218.9亿吨，达标率为95.3%。与2011年相比，达标率提高4.7个百分点。其中，地表水水源地达标率为96.0%，主要超标项目为总磷、锰和氨氮。地下水水源地达标率为90.0%，主要超标项目为总硬度、铁和硫酸盐等。113个环保重点城市中，有87个城市的集中式饮用水水源地达标率为100%。

六是近岸海域水质轻度污染。全国近岸海域一、二类海水比例为69.4%，同比提高6.6个百分点；劣四类海水比例为18.6%，同比增加1.7个百分点。影响近岸海域水质的主要污染因子为无机氮和活性磷酸盐，超标点位比例分别为28.6%和15.9%。四大海区中，黄海、南海水质良好，渤海为轻度污染，东海为重度污染。与2011年相比，渤海、南海水质有所改善，黄海总体保持稳定，东海有所变差。9个重要海湾中，黄河口水质优，北部湾水质良好，辽东湾、胶州湾和闽江口中度污染，渤海湾、长江口、杭州湾和珠江口重度污染。

七是城市声环境质量保持稳定。全国79.4%的地级以上城市区域声环境质量评价等级为好或较好。98.1%的地级以上城市道路交通噪声评价等级为好或较好。环保重点城市各类功能区声环境质量昼夜间达标率平均为78.0%，4类功能区(交通干线两侧区域)和0类功能区(疗养区)夜间达标率较低，仅为32.7%和38.2%。与2011年相比，城市区域声环境质量和道路交通噪声均基本保持稳定，85%以上的城市变化幅度在2dB(A)以内。

八是生态环境状况指数略有下降。2011年(因遥感解译数据滞后，生态环境评价2011年)，全国生态环境质量评价等级为“一般”，生态环境状况指数(EI)值为49.6，同比降低0.8。生态环境质量“优”、“良”、“一般”、“较差”和“差”的国土面积占国土总面积的比例分别为8.6%、27.6%、41.8%、4.5%和17.5%。与2010年相比，全国生态环境质量总体稳定。

2012年度全国主要污染物总量减排情况考核结果

2013年8月29日　环保部

环境保护部近日会同统计局、发展改革委，对2012年度各省、自治区、直辖市和八家中央企业主要污染物总量减排情况进行了考核。中石油未完成化学需氧量减排目标，中石化未完成氮氧化物减排目标。

结果显示：2012年，全国新增城镇（含建制镇、工业园区）污水日处理能力1294万吨、再生水日利用能力301万吨，315个造纸、印染企业新建化学氧化深度处理和回用工程。250台9670万千瓦火电机组建设脱硝设施，脱硝机组总装机容量达到2.26亿千瓦，占火电装机容量的比例从2011年的16.9%提高到27.6%；新投运脱硫机组装机容量4725万千瓦；289台1.27亿千瓦现役机组拆除脱硫设施烟气旁路，综合脱硫效率从85%提高到90%以上；新增钢铁烧结机烟气脱硫设施97台、烧结面积1.8万平方米；148条日熟料产能52.3万吨新型干法水泥生产线安装脱硝设施；8630个规模化畜禽养殖场完善污水和固体废弃物处理处置设施，化学需氧量和氨氮去除效率分别提高9个和28个百分点。淘汰黄标车132万辆，造纸、印染、电力、钢铁、水泥等落后产能淘汰工作持续推进。全国化学需氧量排放总量2423.7万吨，同比下降3.05%；氨氮排放总量253.6万吨，同比下降2.62%；二氧化硫排放总量2117.6万吨，同比下降4.52%；氮氧化物排放总量2337.8万吨，同比下降2.77%。

经考核，31个省、自治区、直辖市和新疆生产建设兵团以及华能、大唐、华电、国电、中电投、神华六家中央企业均实现了2012年度各项主要污染物总量减排目标，通过年度考核；中石油未完成化学需氧量减排目标，中石化未完成氮氧化物减排目标，未通过年度考核。

华能、大唐、华电、国电、中电投、神华六家中央企业二氧化硫排放总量426.90万吨，同比下降8.62%；氮氧化物排放总量645.92万吨，同比下降8.26%。中石油化学需氧量、氨氮、二氧化硫排放量同比分别下降0.08%、1.33%、1.62%，氮氧化物上升3.26%，其中化学需氧量未完成2012年下降0.6%的年度目标；中石化化学需氧量、氨氮、二氧化硫排放量同比分别下降2.62%、1.91%、3.90%，氮氧化物上升1.28%，其中氮氧化物未完成2012年零增长的年度目标。

这位负责人表示，根据有关规定，自考核结果公布之日起，暂停审批中石油、中石化两家集团公司除油品升级和节能减排项目之外的新、改、扩建炼化项目环评。

循环经济发展战略及近期行动计划

国发［2013］5号

国务院　2013年1月23日

前言

发展循环经济是我国的一项重大战略决策，是落实党的十八大推进生态文明建设战略部署的重大举措，是加快转变经济发展方式，建设资源节约型、环境友好型社会，实现可持续发展的必然选择。

近年来，各地区、各部门大力推动循环经济发展，循环经济理念进一步确立，产业体系逐步完善，发展水平不断提高，经济、社会和环境效益进一步显现。当前，我国已进入全面建成小康社会的决定性阶段，随着工业化、城镇化和农业现代化持续推进，我国能源资源需求将呈刚性增长，废弃物产生量将不断增加，经济增长与资源环境之间的矛盾更加突出，发展循环经济的要求更为迫切。

为指导和推动循环经济加快发展，实现“十二五”规划纲要提出的资源产出率提高15%的目标，国家编制了《循环经济发展战略及近期行动计划》，对发展循环经济作出战略规划，对今后一个时期的工作进行具体部署。各地区、各部门要从战略和全局的高度，充分认识加快发展循环经济的重要意义，落实工作责任，完善工作机制，加强协调配合，进一步加大工作力度，采取切实有效的措施，确保完成各项目标任务，全面提高生态文明水平。

第一章 现状与形势

第一节 “十一五”循环经济发展取得的主要成效

循环经济理念逐步树立。国家把发展循环经济作为一项重大任务纳入国民经济和社会发展规划，要求按照减量化、再利用、资源化，减量化优先的原则，推进生产、流通、消费各环节循环经济发展。一些地方将发展循环经济作为实现转型发展的基本路径。

循环经济试点取得明显成效。经国务院批准，在重点行业、重点领域、产业园区和省市开展了两批国家循环经济试点，各地区结合实际开展了本地循环经济试点。通过试点，总结凝练出60个发展循环经济的模式案例，涌现出一大批循环经济先进典型，探索了符合我国国情的循环经济发展道路。

法规标准体系初步建立。循环经济促进法于2009年1月1日起施行，标志着我国循环经济进入法制化管理轨道。公布实施了《废弃电器电子产品回收处理管理条例》、《再生资源回收管理办法》等法规规章，发布了200多项循环经济相关国家标准。一些地区制定了地方循环经济促进条例。

政策机制逐渐完善。深化资源性产品价格改革，实行了差别电价、惩罚性电价、阶梯水价和燃煤发电脱硫加价政策。实施成品油价格和税费改革，提高了成品油消费税单位税额，逐步理顺成品油价格。中央财政设立了专项资金支持实施循环经济重点项目和开展示范试点。开展资源税改革试点，制定了鼓励生产和购买使用节能节水专用设备、小排量汽车、资源综合利用产品和劳务等的税收优惠政策。完善了环保收费政策。出台了支持循环经济发展的投融资政策。

技术支撑不断增强。将循环经济技术列入国家中长期科技发展规划，支持了一批关键共性技术研发。实施了一批循环经济技术产业化示范项目，推广应用了一大批先进适用的循环经济技术。汽车零部件再制造技术已达到国际领先水平，废旧家电和报废汽车回收拆解、废电池资源化利用、共伴生矿和尾矿资源回收利用等一大批技术和装备取得突破。

产业体系日趋完善。产业废物综合利用已形成较大规模，产业循环链接不断深化，再生资源回收体系逐步完善，垃圾分类回收制度逐步建立，“城市矿产”资源利用水平得到提升，再制造产业化稳步推进，餐厨废弃物资源化利用开始起步。

“十一五”以来，通过发展循环经济，我国单位国内生产总值能耗、物耗、水耗大幅度降低，资源循环利用产业规模不断扩大，资源产出率有所提高，初步扭转了工业化、城镇化加快发展阶段资源消耗强度大幅上升的势头，促进了结构优化升级和发展方式转变，为保持经济平稳较快发展提供了有力支撑，为改变“大量生产、大量消费、大量废弃”的传统增长方式和消费模式探索出了可行路径。

表1 “十一五”时期循环经济发展情况

指标名称	单位	2005年	2010年	2010年比2005年提高（%）
能源产出率	万元/吨标准煤	1	1.24	24
水资源产出率	元/立方米	41.9	66.7	59
矿产资源总回收率	%	30	35	[5]
共伴生矿综合利用率	%	35	40	[5]
工业固体废物综合利用量	亿吨	7.70	16.18	110.1
工业固体废物综合利用率	%	55.8	69	[13.2]

指标名称	单位	2005年	2010年	2010年比2005年提高（%）
主要再生资源回收利用总量	亿吨	0.84	1.49	77.4
主要再生有色金属产量占有色金属总产量比重	%	19.3	26.7	[7.4]
农业灌溉用水有效利用系数	–	0.45	0.5	11.1
工业用水重复利用率	%	75.1	85.7	[10.6]
秸秆综合利用率	%		70.6	

注：1.能源产出率、水资源产出率按2010年可比价计算。

2.主要再生资源包括废金属、废纸、废塑料、报废汽车、废轮胎、废弃电器电子产品、废玻璃、废铅酸电池等。（下同）

3.主要再生有色金属包括再生铜、再生铝、再生铅三种。（下同）

4.[ ] 内为提高的百分点。（下同）

同时必须清醒地看到，我国循环经济发展规模还有待扩大、发展水平有待提高，主要表现在：循环经济理念尚未在全社会得到普及，一些地方和企业对发展循环经济的认识还不到位；循环经济促进法配套法规规章尚不健全，生产者责任延伸等制度尚未全面建立；部分资源性产品价格形成机制尚未理顺，有利于循环经济发展的产业、投资、财税、金融等政策有待完善；循环经济技术创新体系和先进适用技术推广机制不健全，技术创新能力亟需加强；统计基础工作比较薄弱，评价制度不健全，循环经济能力建设、服务体系、宣传教育等有待加强。这些矛盾和问题已严重制约循环经济的发展，必须尽快加以研究解决。

第二节　循环经济发展面临的形势

资源约束强化。我国主要资源人均占有量远低于世界平均水平，加上增长方式仍较粗放，国内资源供给难以保障经济社会发展需要，能源、重要矿产、水、土地等资源短缺矛盾将进一步加剧，重要资源对外依存度将进一步攀升，可持续发展面临能源资源瓶颈约束的严峻挑战。

环境污染严重。我国环境状况总体恶化的趋势尚未得到根本遏制，重点流域水污染严重，一些地区大气污染问题突出，“垃圾围城”现象较为普遍，农业面源污染、重金属和土壤污染问题严重，重大环境事件时有发生，给人民群众身体健康带来危害。

应对气候变化压力加大。我国是最易受气候变化影响的国家之一，气候变化导致农业生产不稳定性增加，局部地区干旱高温危害严重，生物多样性减少，生态系统脆弱性增加。近年来，我国温室气体排放快速增长，人均排放量不断攀升，减排压力不断加大。

绿色发展成为国际潮流。近年来，为应对国际金融危机和全球气候变化的挑战，发达国家纷纷加快发展绿色产业，将其作为推进经济增长和转型的重要途径，一些国家利用技术优势，在国际贸易中制造绿色壁垒。在新一轮经济科技的竞争中，走绿色低碳循环的发展道路是必然的选择。

无论是从国内能源资源供给和生态环境承载能力看，还是从全球发展趋势和温室气体排放空间看，我国都无法继续靠粗放型的增长方式推进现代化进程。当前我国已进入全面建成小康社会的关键时期，也是发展循环经济的重要机遇期，必须积极创造有利条件，着力解决突出矛盾和问题，加快推进循环经济发展，从源头减少能源资源消耗和废弃物排放，实现资源高效利用和循环利用，改变“先污染、后治理”的传统模式，推动产业升级提升和发展方式转变，促进经济社会持续健康发展。

第二章　指导思想、基本原则和主要目标

第一节　指导思想

以邓小平理论、“三个代表”重要思想、科学发展观为指导，落实节约资源和保护环境的基本国策，围绕提高资源产出率，遵循“减量化、再利用、资源化，减量化优先”的原则，坚持统筹规划、重点突破、全面推进相结合，因地制宜、示范引领、推广普及相结合，制度创新、技术创新、管理创新相结合，政府推动、企业实施、公众参与相

结合，健全激励约束机制，积极构建循环型产业体系，推动资源再生利用产业化，推行绿色消费，形成覆盖全社会的资源循环利用体系，加快转变经济发展方式，推进资源节约型、环境友好型社会建设，提高生态文明水平。

第二节　基本原则

强化理念，减量优先。推动全社会树立减量化、再利用、资源化的循环经济理念，坚持减量化优先，从源头上减少生产、流通、消费各环节能源资源消耗和废弃物产生，大力推进再利用和资源化，促进资源永续利用。

完善机制，创新驱动。健全法规标准，完善经济政策，充分发挥市场配置资源的基础性作用，形成有效的激励和约束机制，增强发展循环经济的内生动力。加强制度创新、技术创新、管理创新，提升循环经济发展水平。

改造存量，优化增量。对现有各类产业园区、重点企业进行循环化改造，提高资源产出率。产业园区、企业和项目要从规划、设计、施工、运行、管理等各环节贯彻循环经济的要求。按照自然资源开发利用和产品生产制造产业即动脉产业的特点，统筹对废弃物资源化利用相关产业即静脉产业进行合理布局，推动动脉产业与静脉产业协同发展。

示范引领，全面推进。在农业、工业、服务业各产业，城市、园区、企业各层面，生产、流通、消费各环节培育一批循环经济示范典型，全面推广循环经济典型模式，推动循环经济形成较大规模。

因地制宜，突出特色。根据主体功能定位、区域经济特点、资源禀赋和环境承载力等状况，科学确定各地区循环经济发展重点，合理规划布局，发挥区域优势，突出地方特色，切实发挥循环经济促进经济转型升级的作用。

高效利用，安全循环。提高资源利用效率，推动资源由低值利用向高值利用转变，提高再生利用产品附加值，避免资源低水平利用和“只循环不经济”。强化监管，防止资源循环利用过程中产生二次污染，确保再生产品质量安全，实现经济效益与环境效益、社会效益相统一。

第三节　主要目标

循环经济发展的中长期目标是：循环型生产方式广泛推行，绿色消费模式普及推广，覆盖全社会的资源循环利用体系初步建立，资源产出率大幅提高，可持续发展能力显著增强。到“十二五”末的目标（近期目标）是：主要资源产出率比“十一五”末提高15%，资源循环利用产业总产值达到1.8万亿元。

表2　“十二五”时期循环经济发展主要指标

指标名称	单位	2010年	2015年	2015年比2010年提高（%）
主要资源产出率提高	%			15
能源产出率	万元/吨标准煤	1.24	1.47	18.5
水资源产出率	元/立方米	66.7	95.2	43
建设用地土地产出率提高	%			43
资源循环利用产业总产值	万亿元	1.0	1.8	80
矿产资源总回收率	%	35	40	[5]
共伴生矿综合利用率	%	40	45	[5]
工业固体废物综合利用量	亿吨	16.18	31.26	93.2
工业固体废物综合利用率	%	69	72	[3]
主要再生资源回收利用总量	亿吨	1.49	2.14	43.6
主要再生资源回收率	%	65	70	[5]
主要再生有色金属产量占有色金属总产量比重	%	26.7	30	[3.3]
农业灌溉水有效利用系数	–	0.5	0.53	6
工业用水重复利用率	%	85.7	>90	[>4.3]
城镇污水处理设施再生水利用率	%	<10	>15	[>5]
城市生活垃圾资源化利用比例	%		30	
秸秆综合利用率	%	70.6	80	[9.4]
综合利用发电装机容量	万千瓦	2600	7600	192.3

注：1.主要资源产出率的资源核算品种包括：3种能源资源（煤炭、石油、天然气），9种矿产资源（铁矿、铜矿、铝土矿、铅矿、锌

矿、镍矿，石灰石、磷矿、硫铁矿)，木材和工业用粮。

2.主要资源产出率、能源产出率、水资源产出率、资源循环利用产业总产值按2010年可比价计算。

3.综合利用发电指煤矸石、煤泥、油母页岩等低热值燃料发电。

第三章 构建循环型工业体系

在工业领域全面推行循环型生产方式，实施清洁生产，促进源头减量；推进企业间、行业间、产业间共生耦合，形成循环链接的产业体系；鼓励产业集聚发展，实施园区循环化改造，实现能源梯级利用、水资源循环利用、废物交换利用、土地节约集约利用，促进企业循环式生产、园区循环式发展、产业循环式组合，构建循环型工业体系。到2015年，单位工业增加值能耗、用水量分别比2010年降低21%、30%，工业固体废物综合利用率达到72%，50%以上的国家级园区和30%以上的省级园区实施了循环化改造。

第一节 煤炭工业

推动煤矿绿色开采。根据资源赋存条件选择先进高效的开采技术，推广矸石充填、以矸换煤等即采即填技术工艺，鼓励采用保水开采、煤与瓦斯共采等开采方式，提高煤炭资源回采率。

推进煤系共伴生资源综合开发利用。加强煤系高岭土（岩）、油母页岩、硅藻土、石墨、膨润土、耐火土等共伴生矿综合利用，提高产品附加值。鼓励煤层气发电或将煤层气作为矿区、城市的生产生活用气。推动矿井水用于矿区补充水源和周边地区生产、生活和生态用水。

实施系统节能降耗。鼓励煤矿和选煤厂开展系统节能，淘汰老旧设备和选煤工艺，加强工序能耗管理，加大风机、水泵及选煤厂技术改造，加强洗煤废水循环利用，减少电耗、水耗和介质消耗。加大煤泥脱水技术的攻关力度，提高煤泥利用率。

推进矿区生态环境保护。鼓励利用矿区矸石对采空区进行填充，对沉陷区进行立体生态整治，利用矸石、灰渣等进行土地复垦，发展生态农业和旅游业等适宜产业。鼓励复垦土地的再利用。

构建煤基循环经济产业链。推进煤矸石、洗中煤、煤泥发电以及煤矸石制砖和生产水泥，构建煤—电—建材产业链。推进煤制烯烃、煤制乙二醇、煤制合成氨等已纳入国家相关规划的示范项目建设，构建煤—焦—化等煤基多联产产业链。

到2015年，原煤入洗率达到60%以上，煤矸石综合利用率达到75%，煤层气（瓦斯）抽采利用率达到60%，煤层气发电装机容量超过285万千瓦，低热值煤炭资源综合利用发电装机容量达到7600万千瓦，矿井水综合利用率达到75%，土地复垦率达到60%。

图1 煤炭工业发展循环经济基本模式图

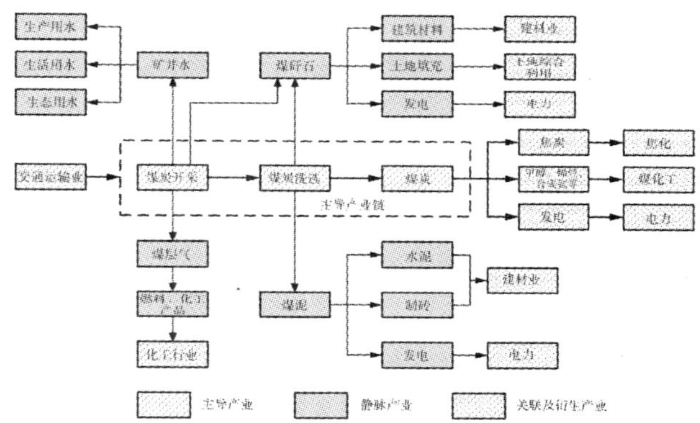

第二节 电力工业

加强节能降耗。调整优化电源结构，淘汰落后小火电机组，提高火电机组技术装备水平。加大锅炉、风机、水泵等设备节能改造，推广等离子无油点火等节能技术，降低厂用电率。鼓励发展热电联产和热电冷三联供，严格实行“以热定电”。加快智能电网建设和电网节能技术改造，提高电网传输效率，有效降低线损。在有条件的地方鼓励将中水、海水等非常规水源作为冷却水。

推进粉煤灰、脱硫石膏综合利用。鼓励利用粉煤灰生产建材产品，推广粉煤灰在市政建设、筑路等工程中的应用，有序推进在高铝粉煤灰中提取氧化铝，支持粉煤灰经超细化加工作为造纸、橡胶等的填充材料。鼓励利用脱硫石膏生产纸面石膏板、高档装饰建材及改良盐碱土壤等。

支持可再生能源发电和资源综合利用电厂建设。加强准入监管，优先支持风能、太阳能、生物质能等可再生能源发电以及符合条件的煤层气、煤矸石、余热余压、垃圾等综合利用电厂并网发电。强化电力调度交易监管，推行节能发电调度，提高可再生能源和综合利用电厂发电量比例，促进区域间电力交易，减少"窝电"。推广分布式能源。

构建发电与相关产业的循环经济链。构建发电—粉煤灰—建材、筑路、建筑工程，发电—高铝粉煤灰—氧化铝，发电—脱硫石膏—建材及装饰材料，发电—余热—海水淡化—浓海水制盐—盐化工，煤矸石、垃圾、污泥—发电—灰渣—建材等产业链。

到2015年，火电平均供电煤耗降到325克标准煤/千瓦时，粉煤灰综合利用率达到70%，脱硫石膏综合利用率达到80%，生物质发电装机容量达到1300万千瓦。

图2 电力工业发展循环经济基本模式图

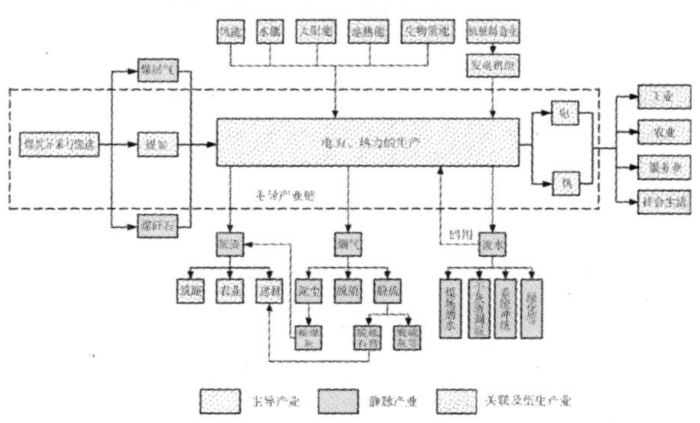

第三节 钢铁工业

推进铁矿石资源综合开发利用。加强低品位矿产及难分选矿产综合利用。推动高磷铁矿、高硫铁矿中磷、硫等伴生元素的提取利用。推进铁尾矿伴生金属的高效提取利用、富铁老尾矿低成本再选和低铁富硅尾矿高值整体利用。鼓励利用尾矿砂生产建材、进行井下充填和开展生态环境治理等。

强化节能降耗。加快淘汰落后高炉、转炉等。推广连铸坯热送热装和直接轧制技术。优化烧结、球团生产工艺，提高精料水平。优化高炉炉料结构。推广干熄焦、干法除尘、烧结余热回收、干式压差发电（TRT）、高效喷煤、蓄热式燃烧、全燃煤气发电等技术。推动建立企业能源管理中心。

推动余热余压、固体废物和废水资源化利用。大力推广焦炉、高炉、转炉副产煤气回收利用和各工序余热余压发电，鼓励燃气蒸汽联合循环发电。鼓励转炉渣、含铁尘泥、氧化铁皮回炉烧结，利用高炉渣、转炉渣生产水泥等建材产品。推动利用焦油、焦炉煤气、粗苯等焦化副产品生产化工产品。鼓励建立企业内部水循环系统，对废水进行分质串级循环利用。

鼓励钢铁生产系统与社会生活系统循环链接。在有条件的地区，鼓励钢铁企业利用余热资源为城市供暖供热，利用再生水、矿井水、海水淡化水等非常规水补充新水。大力推动钢铁企业消纳铬渣、废塑料等废弃物。建立废钢回收体系，支持钢铁企业建设废钢加工配送基地。

构建钢铁行业循环经济产业链。构建焦化、冶炼—副产煤气、余热余压—发电，冶炼—废渣—建材，冶炼—含铁尘泥—烧结，炼焦—焦油、煤气—化工产品，冶炼—钢铁产品—废钢铁—电炉炼钢等产业链。

到2015年，吨钢综合能耗降到580千克标准煤，吨钢耗新水量降到4立方米，废钢回收利用量达到1.3亿吨，冶炼废渣综合利用率达到97%，重点钢铁企业焦炉干熄焦普及率达到95%以上。

图3 钢铁工业发展循环经济基本模式图

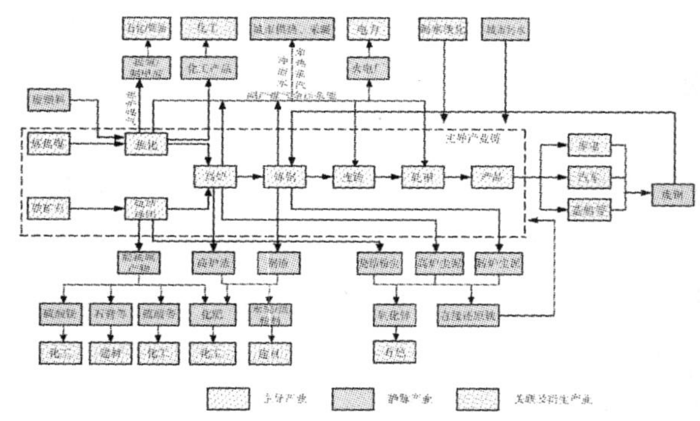

第四节　有色金属工业

推进共伴生矿和尾矿综合开发利用。加强对低品位矿、共伴生矿、难选冶矿、尾矿等的综合利用。大力推进铜、钴、镍尾矿多元素与铅、锌、银多元素伴生矿的综合利用，推进低品位铝土矿浮选脱硅工艺技术优化，加快铝土矿高效选矿药剂开发，推进黄金尾矿硫化物深度分选及有价组分提取。加快开发和推广铜、镍、铅、锌、铝等矿产加压浸出、生物冶金等技术、工艺及设备。加强稀贵金属矿产资源和复杂难处理贵金属共生矿综合开发利用。

强化节能降耗。淘汰落后冶炼、加工等产能，大力推广先进适用技术和装备，优化生产工艺流程，强化节能管理。重点推广新型阴极结构铝电解槽、低温高效铝电解等先进节能工艺技术。推进氧气底吹熔炼技术、闪速技术等广泛应用。加快短流程连续炼铅、液态铅渣直接还原炼铅等技术开发和推广应用。鼓励热送热装、直接铸造。

推动冶炼废渣、废气、废液和余热资源化利用。推进从冶炼废渣中提取有价组分，从赤泥中提取回收铁、贵金属、碱等，从铜冶炼渣、阳极泥中提取稀贵金属，从铅锌冶炼废渣中提取镉、锗、铁等，从黄金矿渣和氰化尾渣中提取铜、银、铅等。推动冶炼废液的综合利用，从氧化铝母液回收镓、钪等，从电解液回收镍等。推动从冶炼废气中回收铅、锌、铜、锑、铋和硫、磷等。加强余热利用和冶炼废水循环利用。

推进废有色金属再生利用。淘汰再生金属落后产能，抑制低水平重复建设。推进再生铜、再生铝等再生金属高值利用，提高在有色金属产量中的比重。支持从废铅酸蓄电池提取废酸和铅等，从废镀锌钢板提取锌，从废感光材料提取银，从废催化剂提取铂族元素和稀土材料等，从废弃电子产品提取贵金属。支持利用境外可用作原料的废有色金属资源。

构建有色金属行业循环经济产业链。构建采选—尾矿—有价组分—冶炼—有色金属，冶炼—废渣—有色金属，冶炼—炉渣—建材，冶炼—尾气—磷、硫—化工产品，冶炼—余热—发电，冶炼—有色金属—再生金属—冶炼等产业链。

到2015年，铜冶炼综合能耗降到300千克标准煤/吨，铝锭综合交流电耗降到13300千瓦时/吨，赤泥综合利用率达到20%，工业用水循环利用率达到87%，主要再生有色金属产量达到1200万吨。

图4 有色金属工业发展循环经济基本模式图

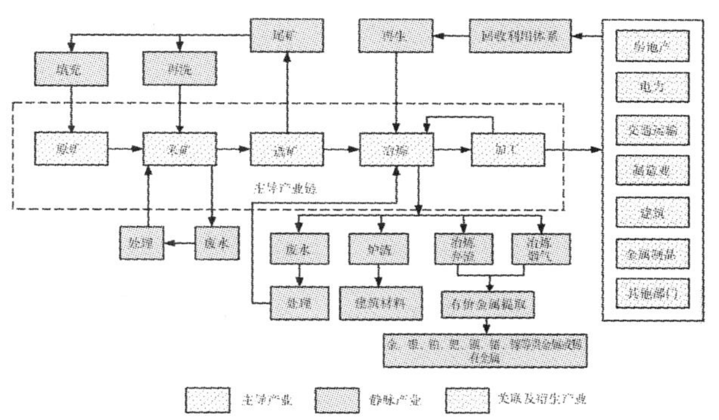

第五节　石油石化工业

加强油气资源综合开发利用。推广高效油气分离、原油稳定和伴生气处理、高效真空加热等技术，加强对非常规油气资源的开采回收，鼓励有条件的地区运用二氧化碳驱油技术，提高油气采收率。加强油田伴生气、酸性气体等回收利用，推动油砂、油页岩利用产业化发展，加强高含硫化氢天然气中硫磺的综合利用。大力推动天然气分布式能源和大型液化天然气（LNG）接收站的冷能利用，提高天然气利用效率。

加强节能降耗。原油开采环节全面实施抽油机、驱动电机节能改造，推广不加热集油技术和油田采出水余热回收利用技术。加快淘汰落后工艺设备。鼓励采用先进的节能环保技术和装备，重点推广优化换热流程、提高冷凝液回收率、优化中段回流取热比例、降低汽化率、增加塔顶循环回流换热等节能技术。

推动废渣、废气、废水资源化利用。鼓励从石油炼制废催化剂中提取钴、铑、钯等稀贵金属。加强炼制各环节余热余压的回收利用。鼓励采用自动点火系统，加强火炬气回收，探索利用火炬气发电。提高硫磺回收率。推动稠油产出污水等采油废水深度处理回用，以及石化废水分类处理利用。

构建石油石化行业循环经济产业链。构建油气开采—油砂、油页岩—炼油，炼化—废催化剂—稀贵金属，炼化—废气—硫磺—化工产品，炼化—废气—供热、发电，炼化—余热余压—发电等产业链。

到2015年，原油加工综合能耗降到86千克标准煤/吨，乙烯综合能耗降到857千克标准煤/吨，石油石化行业单位工业增加值用水量比2010年减少30%。

图5 石油石化工业发展循环经济基本模式图

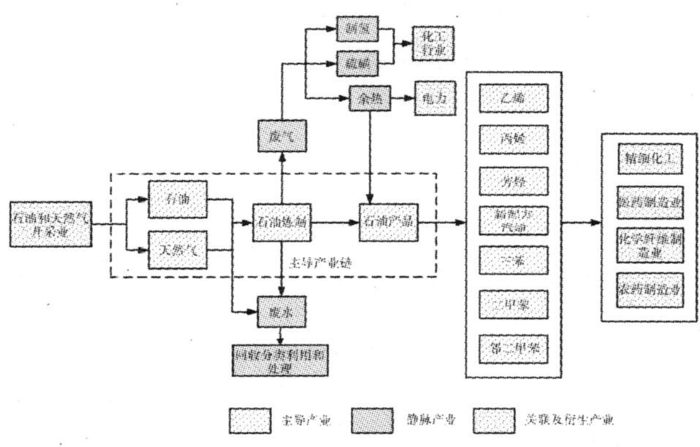

第六节　化学工业

推动磷、硫、钾等矿产资源综合开发利用。加强对中低品位磷矿、硫铁矿、硼铁矿、钾矿等资源的开发利用。推进磷矿中氟、碘，硫铁矿和硼铁矿中铁，盐湖中锂、钾、钠、硼、镁等伴生资源的综合利用。

推进节能降耗。合成氨行业实施“上大压小”淘汰落后产能，重点推广先进煤气化、节能高效脱硫脱碳、低位能余热吸收制冷等技术。烧碱行业要逐步淘汰隔膜法烧碱工艺，提高离子膜法烧碱工艺比重。纯碱行业重点推动蒸汽多级利用、变换气制碱技术，积极推广应用新型盐析结晶器和循环泵等。电石行业要加快采用大型密闭式电石炉，重点推广电石炉炉气利用、空心电极等节能技术。煤化工行业鼓励再生水、矿井水利用及余热回收发电。

推动“三废”资源化利用。纯碱行业重点推动氨碱废渣用于锅炉烟气湿法脱硫和蒸氨废液综合利用。氯碱化工行业重点推动利用电石渣生产水泥或用于脱硫，加强电石渣上清液回收利用以及电石炉尾气中一氧化碳、氢气综合利用。磷化工行业重点推动磷石膏制建材、分解制酸并联产水泥，黄磷炉尾气回收生产碳一化学品及热能回收利用。硫化工行业重点推动利用硫酸生产废渣炼钢和生产水泥，加强余热回收利用。煤化工行业重点推进废渣用于生产水泥等建材产品，推广煤制烯烃水循环利用、碎粉加压气化含酚废水治理、中水回用、高浓盐水处理、低温余热利用、高温气体热利用等技术。

构建化学工业循环经济产业链。构建磷矿—磷肥—磷石膏—建材，磷石膏—制酸—废渣—水泥，磷矿—磷肥—尾气—磷酸，电石—聚氯乙烯—电石渣—水泥，合成氨—造气炉渣—建材，焦化—废渣—水泥等产业链。

到2015年，合成氨综合能耗低于1350千克标准煤/吨，烧碱（离子膜）综合能耗降到330千克标准煤/吨，电石综合能耗降到1050千克标准煤/吨，行业平均中水回用率达到90%，固体废物综合利用率达到75%。

图6 化学工业发展循环经济基本模式图

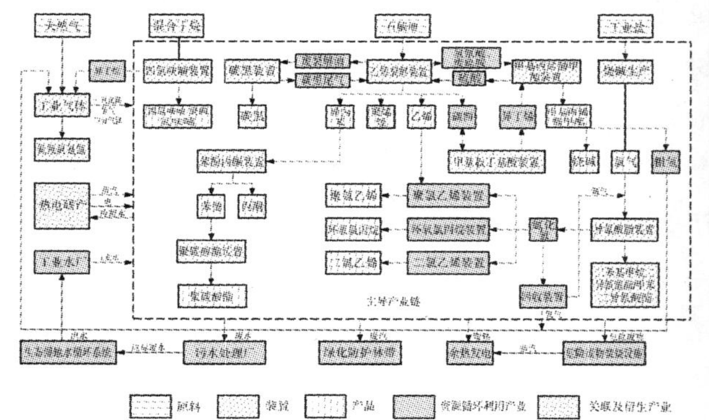

第七节　建材工业

加强节能降耗。重点推进窑炉等热工设备节能改造。继续推广大型新型干法水泥生产线，推进水泥粉磨、熟料生产等节能改造。推广纯低温余热发电等窑炉余热梯级利用技术，推进玻璃生产线低温余热发电。加强粉尘回收利用。进一步扩大禁止生产和使用实心粘土砖范围。

推动利废建材规模化发展。推进利用矿渣、煤矸石、粉煤灰、尾矿、工业副产石膏、建筑废弃物和废旧路面材料等大宗固体废物生产建材。在大宗固体废物产生量、堆存量大的地区，优先发展高档次、高掺量的利废新型建材产品。推动废玻璃、废玻纤、废陶瓷、废复合材料、废碎石及石粉等回收利用并生产建材产品。培育利废建材行业龙头企业。

发展绿色建材产品。鼓励发展绿色建材产品。重点加快发展节能玻璃、太阳能玻璃、复合多功能墙体材料、木塑复合材料等新材料。提高高标号水泥及高性能混凝土的应用比例，推进水泥及混凝土用量的减量化。

推进水泥窑协同资源化处理废弃物。鼓励水泥窑协同资源化处理城市生活垃圾、污水厂污泥、危险废物、废塑料等废弃物，替代部分原料、燃料，推进水泥行业与相关行业、社会系统的循环链接。

构建建材行业循环经济产业链。构建工业生产—废渣—建材，建筑废弃物、路面材料—建材，水泥、玻璃生产—余热—发电，水泥—粉尘—水泥，玻璃—废玻璃—玻璃，陶瓷—废陶瓷—陶瓷，石材—废碎石、石粉—人造石、砖，复合材料—废复合材料—复合材料等产业链。

到2015年，水泥熟料综合能耗降到112千克标准煤/吨，平板玻璃综合能耗降到15千克标准煤/重量箱，日用陶瓷综合能耗降到1110千克标准煤/吨，水泥生产线纯低温余热发电比例提高到70%以上，玻璃生产线余热发电比例提高到30%以上，新型墙体材料比重达到65%以上，水泥窑协同资源化处理废弃物生产线比例达10%。

图7 建筑工业发展循环经济基本模式图

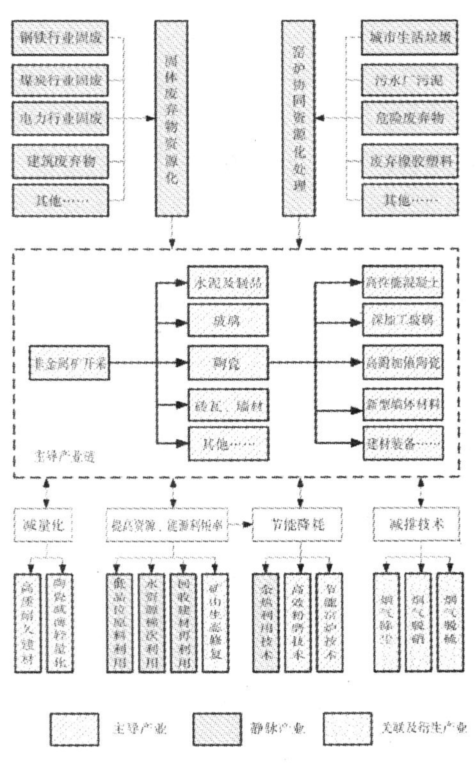

第八节 造纸工业

推进节能降耗。淘汰小制浆、小造纸等落后产能。推广低固形物连蒸、低能耗蒸煮、新型高速纸机、纸板机等先进节能工艺设备。鼓励使用高得率木片磨浆系统。推广无元素氯漂白、氧脱木素等工艺。鼓励生产低白度纸和本色纸等清洁产品。

加强废物资源化利用。鼓励从制浆黑液中回收碱，利用黑液中的有机物发电，推动副产白泥用于生产水泥或氧化钙。推进造纸废水资源化利用，鼓励应用厌氧生化技术生产沼气，加强废水循环利用。鼓励利用树皮、锯木屑等备料工序剩余物、造纸废水处理污泥作为锅炉燃料。

推进造纸行业与上下游产业一体化发展。推进林浆纸一体化发展，鼓励利用林业速生材、间伐材、小径材、林竹“三剩物”及农作物秸秆等制浆。提高废纸回收利用率，积极推动新闻纸全部使用再生纸。

构建造纸行业循环经济产业链。构建制浆—黑液—白泥—水泥，制浆—黑液—白泥—氧化钙—碱—制浆，制浆—黑液—白泥—精制碳酸钙填料—造纸，纸浆—黑液等有机质—燃烧余热—热电—制浆、造纸，制浆、造纸—废液—沼气—热能、发电—制浆、造纸，制浆、造纸—固体废物—燃料—热电—制浆、造纸，废纸—制浆—造纸等产业链。

到2015年，纸及纸板综合能耗降到530千克标准煤/吨，纸浆综合能耗降到370千克标准煤/吨，纸浆、纸及纸板生产平均取水量降到70立方米/吨，废纸利用率达到72%。

图8 造型工业发展循环经济基本模式图

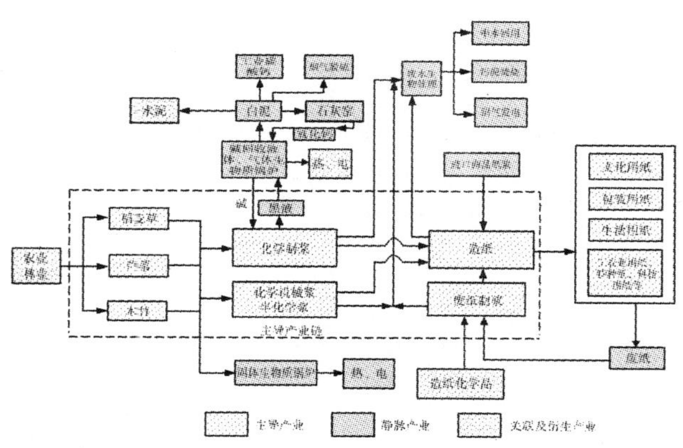

第九节　食品工业

加强节能降耗。加快淘汰落后产能，加快推广节能、节水、节粮工艺技术和装备。优化生产工艺，实现生产过程中水和热的循环梯级利用。大幅度减少食品过度包装。

推进食品加工副产物和废弃物资源化利用。粮食加工行业重点推进利用稻壳、米糠、麦胚、麸皮等副产物生产稻壳碳、米糠油、米糠蛋白、玉米油、麦胚油、膳食纤维等。肉类、水产品加工行业重点推进利用皮毛、内脏、血液等副产物生产医药、生化产品等。发酵、酿酒行业重点推进利用酒糟、废液等进行无害化处理，将其作为生产饲料、有机肥料、生物质能等原料利用。制糖行业重点推进利用蔗渣发电、造纸、生产建材产品，利用废糖蜜制酒精等。饮料行业重点对果渣、茶渣等进行无害化处理，将其作为生产饲料或肥料的原料利用。加强废水循环利用。加强过期食品、召回食品的无风险资源化利用。

推动食品行业与上下游产业一体化发展。鼓励食品行业向上下游产业延伸，建立从原料生产到终端消费的全产业链，促进各环节有效衔接。推广以种植、养殖、加工一体化为特征的工农业复合型循环经济发展模式。

构建食品行业循环经济产业链。构建稻谷加工—稻壳—稻壳碳、生物质能，稻谷加工—米糠—米糠油、米糠蛋白，小麦加工—麦胚、麸皮—麦胚油、膳食纤维，肉类加工—皮毛、内脏、血液—医药、生化产品等，发酵/酿酒—酒糟、残渣—无害化处理—有机肥、饲料，发酵/酿酒—废液—沼气，甘蔗制糖—蔗渣—造纸、建材，蔗渣—发电—灰渣—无害化处理—有机肥，制糖—废糖蜜—酒精，水果蔬菜加工—果渣—饲料，茶叶加工—茶渣—无害化处理—肥料等产业链。

到2015年，食品行业单位工业增加值能耗、用水量分别比2010年降低16%、30%，食品工业副产品综合利用率提高到80%以上。

图9 食品工业发展循环经济基本模式图

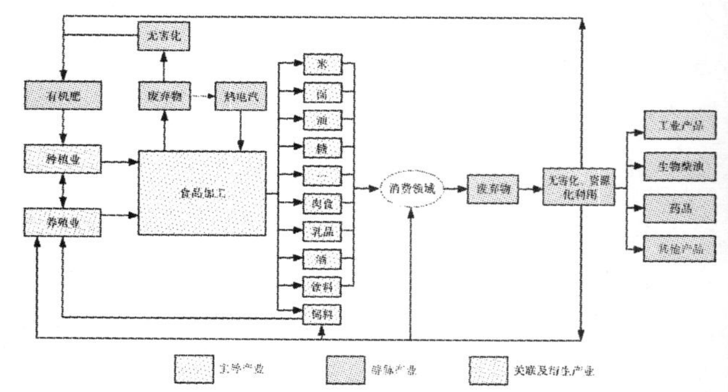

第十节　纺织工业

推进节能降耗。加快淘汰落后产能，加大工艺设备节能节水改造力度。推广应用高效节能电机和空调自动控制技术，优化能源系统。推广使用可生物降解浆料和清洁型气相导热油，从源头减少有毒有害物质的使用。印染行业全面推广高效短流程前处理工艺，以及冷轧堆染色、气流染色、数码喷印等印染加工技术。加快开发替代石油的生物质纺织纤维材料，鼓励利用废聚酯瓶、废旧丙纶等生产高附加值再生纤维，减少原生资源消耗。

加强废弃物资源化利用。鼓励进行废水循环利用和废水、废气热能回收利用。推动从印染废水中回收染化料、助剂，从印染废碱液中回收碱。鼓励利用化纤生产废气制酸。加强对生产废料、边角料的再利用。

推动废旧纺织品再生利用规范化发展。以废旧职业装再生利用为突破口，完善社会化废旧纺织品回收再利用体系。选择经济合理的废旧纺织品再生利用技术路线，推动废旧纺织品分类与安全环保加工处理，鼓励利用废旧纺织品生产建筑保温材料等产品。

构建纺织行业循环经济产业链。构建印染—废液—碱，化纤生产—废气—制酸，纺织—废水、废气—热能—纺织，纺织—边角料—纺织，纺织品—废旧纺织品—再利用产成品—纺织品，纺织品—废旧纺织品—保温材料，废弃聚酯—化纤—纺织品等产业链。

到2015年，纺织行业单位工业增加值能耗、取水量比2010年分别下降20%、30%，纺织纤维再利用总量达到800万吨。

图10 纺织工业发展循环经济基本模式图

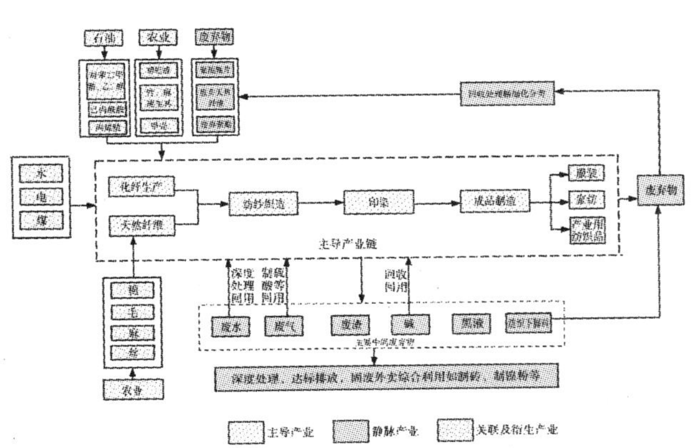

第十一节　产业园区

按照“布局优化、企业集群、产业成链、物质循环、集约发展”的要求，推进新建、搬迁企业和项目园区化、集聚化发展，推动各类产业园区实施循环化改造，构建循环经济产业链，实现企业、产业间的循环链接，提高产业关联度和循环化程度，促进园区绿色低碳循环发展。到2015年，50%以上的国家级园区和30%以上的省级园区实施循环化改造。

构建园区循环经济产业链。根据物质流和产业关联性，对园区进行功能分区，合理布局企业、产业、基础设施及生活区。推进园区改造提升传统产业，培育发展战略性新兴产业，促进产业结构优化升级。重化工业要实现园区化发展，按照“横向耦合、纵向延伸、循环链接”的原则构建产业链，形成园区企业之间原料（产品）互供、资源共享的一体化。专业性产业园区要纵向延伸产业链。综合性产业园区要“补链”招商，促进产业横向耦合。工农业复合型产业园区要推进农副产品深加工利用，延长产业链，提高附加值。提高新建和搬迁改造园区的产业关联度和循环化程度。

推进园区资源高效循环利用。实施清洁生产，促进源头减量。推动园区内企业废物交换利用、废水循环利用、能源梯级利用、土地节约集约利用。推进园区生活污水再生利用，建设雨水收集利用设施，鼓励有条件的地区发展海水淡化产业。大力发展清洁能源和可再生能源。鼓励专业化服务公司为园区废物管理提供“嵌入式”服务。

推行园区基础设施绿色化。对园区内供水、供电、供热、道路、通信等公共基础设施实施绿色化改造，促进共建共享、集成优化。加快园区污染物集中治理设施建设及升级改造，鼓励园区创新环境服务模式，积极推进污水、垃圾处理设施建设和运行专业化、社会化。

第四章　构建循环型农业体系

在农业领域加快推动资源利用节约化、生产过程清洁化、产业链接循环化、废物处理资源化，形成农林牧渔多业共生的循环型农业生产方式，加快农业机械化，推进农业现代化，改善农村生态环境，提高农业综合效益，促进农业发展方式转变。到2015年，农业灌溉用水有效利用系数达到0.53，秸秆综合利用率提高到80%，设施渔业养殖废水处理与综合利用率达80%以上，林业“三剩物”综合利用率达80%以上。

第一节 种植业

发展节约型种植业。加快淘汰老旧农业机械，推广使用节能型农业机械，推进抽水泵站节能改造，推广普及节能型太阳能蔬菜大棚。推广普及管道输水、膜下滴灌、水肥一体化等高效节水灌溉技术，支持旱作农业示范基地建设，加大旱作节水农业技术推广力度。大力推广测土配方施肥技术，科学使用化肥，鼓励农民增施有机肥，减少不合理化肥施用量。淘汰落后施药机械，推广使用高效、低毒、低残留农药。开展有机农产品基地建设。推进粮食生产全过程机械化，加快粮食烘干、仓储设施建设，减少粮食田间损失和仓储损耗。

推动农作物秸秆综合利用。因地制宜推广农作物秸秆饲料化、肥料化、基料化、原料化、燃料化等利用方式，重点推进秸秆过腹还田、腐熟还田和机械化还田，鼓励利用富含营养成分的花生、豆类等秸秆加工制作饲料，推广应用秸秆栽培食用菌，发展新型秸秆代木、功能型秸秆木塑复合型材，推广秸秆制沼集中供气、固化成型燃料等。

推动农田残膜、灌溉器材回收利用。建立政府推动、农户参与、企业实施的农田残膜、灌溉器材回收机制，形成使用、回收、再利用各个环节相互配套的回收利用体系。支持建设农田残膜、灌溉器材回收、初加工网点及深加工利用项目。

第二节 林 业

加强林竹加工业节能降耗。大力发展木材精深加工，严格控制木材粗加工项目。加快淘汰高耗能落后工艺、技术和设备，推动木材、竹材加工设备节能改造。

推动林竹废弃物资源化利用。鼓励利用采伐、造材、加工等林业“三剩物”和次小薪柴生产板材、培养食用菌等，鼓励对食用菌培养基进行再利用。推动利用竹业“三剩物”生产竹碳、活性碳、精制醋粉等产品以及进行延伸加工利用。

构建林业循环经济产业链。构建林业—“三剩物”、次小薪柴—板材，林业加工—木屑—食用菌—培养基—饲料、肥料，竹业—“三剩物”—竹炭、活性炭，竹业—“三剩物”—醋液—醋粉—药品、保健品，竹业—竹屑—型材，林竹—制浆—造纸等产业链。

第三节 畜牧业

推进畜禽养殖清洁生产。推进适度规模养殖，鼓励养殖与种植相结合，建设标准化畜禽养殖场，推广畜禽清洁养殖、雨污分流、干湿分离和设施化处理技术。支持深加工集成养殖模式，发展饲料生产、畜禽养殖、畜禽产品加工及深加工一体化养殖业。发展畜禽圈舍、沼气池、厕所、日光温室“四位一体”生态农业。

加强畜禽粪污资源化利用。鼓励利用畜禽粪便发展农村户用和集中供气沼气工程，鼓励利用畜禽粪便、秸秆、有机生活垃圾等多种原料发展超大型沼气工程。推广堆肥处理、工厂化生产有机肥、好氧发酵农田直接施用技术，促进养殖粪污资源化利用和无害化处理。

推动畜禽加工副产物和废弃物利用。鼓励利用畜禽血液、脏器、骨组织、皮毛绒、蛋壳等生产医药、保健品、生活用品等，提高畜禽加工附加值。支持开展屠宰废水循环利用。

构建农牧业循环经济产业链。构建畜禽粪便—沼气—发电，畜禽粪便—沼气—沼渣、沼液—无害化处理—肥料、农药—农林作物，畜禽加工—副产物—生化制品等产业链。

第四节　渔　业

推行设施渔业清洁生产。开展渔航更新改造，发展设施渔业及浅海立体生态养殖。推广使用优质良种和安全高效配合饲料，集成标准化饲养、疫病防控、安全用药等关键技术，发展循环水节水养殖。科学确定养殖容量，合理控制养殖密度，实现养殖水域空间资源合理利用。鼓励利用稻田、盐碱地、采矿塌陷区发展水产养殖。

延伸渔业循环产业链。促进水产养殖业与种植业有效对接，实现鱼、粮、果、菜协同发展。鼓励利用鱼类、虾蟹、贝藻以及水产加工副产物，生产氨基酸、调味品、保健品等产品。推进老旧渔船及网具材料的综合利用。

第五节　工农业复合

推进种植业、养殖业、农产品加工业、生物质能产业、农林废弃物循环利用产业、高效有机肥产业、休闲农业等产业循环链接，形成无废高效的跨企业、跨农户循环经济联合体，构建粮、菜、畜、林、加工、物流、旅游一体化和一、二、三产业联动发展的现代工农复合型循环经济产业体系。大力推广农业循环经济典型模式，重点培育推广畜(禽)—沼—果（菜、林、果)复合型模式、农林牧渔复合型模式、上农下渔模式、工农业复合型模式等，提升农业综合效益。

图11 工农复合型循环经济基本模式图

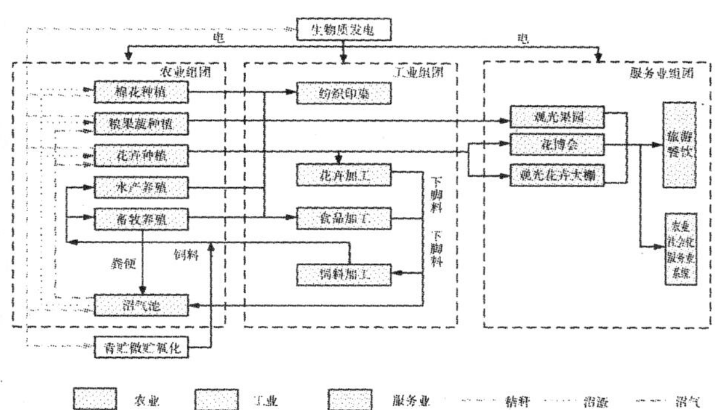

第五章　构建循环型服务业体系

加快构建循环型服务业体系，推进服务主体绿色化、服务过程清洁化，促进服务业与其他产业融合发展，充分发挥服务业在引导人们树立绿色循环低碳理念，转变消费模式方面的积极作用。

第一节　旅游业

推进旅游业开发、管理、消费各环节绿色化，积极构建循环型旅游服务体系。

推进旅游景区建设和管理绿色化。加强旅游资源保护性开发，严格执行旅游项目环境影响评价制度，合理确定景区游客容量。设施建设要采用节能环保产品，积极利用可再生能源，配套建设污水再生利用、雨水收集、垃圾无害化处理系统。支持旅游景区使用节能环保交通工具，开发绿色旅游产品，科学设置垃圾分类回收装置，推进废弃物分类回收和资源化利用。

引导低碳旅游和绿色消费。大力倡导低碳旅游出行方式，在旅游景区加强生态科普宣传教育，传播绿色低碳理念，减少使用一次性用品，引导游客分类投放废弃物，自觉保护景区环境。

第二节　通信服务业

推进绿色基站建设。鼓励采用分布式基站网络结构。通过载波智能功效、智能调整等手段降低设备能耗。推广以自然冷热源和蓄电池温控为基础的空调升温启动技术，合理采用风光互补、分布式冷却系统以及电池组在线维护管理，实施传统基站节能改造。合理设计供电方案，推广应用绿色电源。

推进绿色数据中心建设。加快老旧设备退网，鼓励建设云计算、仓储式及集装箱式数据机房，推动广泛应用先进节能技术，加大节能改造力度，提高数据中心和机房的能源利用效率。

鼓励回收废旧通信产品。推动通信运营商回收基站中的废旧铅酸电池。依托通信运营商服务网点，探索采用押金制等方式建立废旧手机、电池、充电器等通信产品的回收体系，提高回收率。推进手机充电器、电池标准化工作。

到2015年，通信基站能耗比2010年降低25%，通信基站废旧铅酸蓄电池回收率达90%以上。

第三节　零售批发业

积极推行清洁生产。开展清洁生产审计、ISO1400C环境管理体系认证。推动现有商用建筑进行保温、隔热改造并对采暖、制冷、通风、照明、冷藏等系统进行节能改造，采用自动控制扶梯等节能设备和技术。鼓励发展连锁经营、统一配送、电子商务等现代流通方式，运用物联网技术强化资源整合和供应链全程优化。

推进废弃物回收利用。鼓励零售批发企业对废弃包装物、废弃食品、垃圾等进行分类回收。鼓励批发零售企业采用以旧换新等方式回收废旧商品。严格执行“限塑令”，禁止销售、使用超薄塑料购物袋，落实塑料购物袋有偿使用政策。

推动绿色消费。充分发挥零售批发业连接生产和消费环节的桥梁作用，支持零售批发业采购节能环保产品，鼓励商贸流通企业开设绿色产品销售专区、专柜等，向消费者推介绿色产品，扩大绿色产品消费，带动绿色产品生产。积极培育租赁业、旧货业发展，促进产品再利用。

到2015年，营业面积在1万平方米以上的大型超市、百货店、专业店等零售业万元营业额能耗显著下降。

第四节　餐饮住宿业

推进餐饮住宿业绿色化。推动餐饮住宿业对照明、空调、锅炉系统进行节能改造，使用节能节水产品和无磷高效洗涤剂，分类排放生活垃圾，分类存放餐厨废弃物。鼓励大型住宿餐饮企业建设具有集中加工、采购、贮存和配送功能的厨房。

倡导绿色服务。倡导减少使用一次性木筷、快餐盒以及客房一次性牙刷、剃须刀等用品。鼓励企业开设绿色客房并给予消费者相应优惠。鼓励餐饮企业实行分餐制，按照营养均衡的要求，适量配餐，提供科学合理的菜单及不同规格的盛具。

到2015年，餐饮住宿业单位增加值能耗明显降低，一次性用品使用率大幅降低。

第五节　物流业

提高物流运行效率。大力发展多式联运，促进多种运输方式合理分工运行，削减总行驶量。强化产地物流功能，实行“减量化”运输。支持建立以城市为中心的公共配送体系，优化城市配送网络，鼓励统一配送和共同配送。鼓励使用节能环保和新能源车辆。推广可多次利用的周转包装，支持托盘共用系统建设，实现包装物的梯级利用，加强对废弃包装物的回收和再生处理。

加快绿色仓储建设。合理规划和优化仓库布局，采用现代化储存保养技术，降低各类仓储损耗。完善仓储设施节能环保标准。规范有毒化学品、放射性物品、易燃易爆物品的仓储保管。支持仓储设施利用太阳能和其他清洁能源。支持建设绿色生态型物流园区。

到2015年，初步建立起低碳、循环、高效的绿色物流体系，物流设施能源利用效率明显提高，车辆空驶率稳步降低。

第六章　推进社会层面循环经济发展

加快完善再生资源和垃圾分类回收体系，推动再生资源利用产业化，发展再制造，推进餐厨废弃物资源化利用，实施绿色建筑行动和绿色交通行动，推行绿色消费，实施大循环战略，加快建设循环型社会。

第一节　完善再生资源回收体系

完善再生资源回收网络。加快建设城市社区和乡村回收站点、分拣中心、集散市场三位一体的回收网络。鼓励各类投资主体积极参与建设、改造回收站点，建设符合环保要求的专业分拣中心，逐步建设一批分拣技术先进、环保处理设施完备、劳动保护措施健全的废旧商品回收分拣集聚区。

健全生活垃圾分类回收体系。完善生活垃圾分类回收、密闭运输、集中处理体系，在社区及家庭推行垃圾分类排放。鼓励居民分开盛放和投放厨余垃圾，建立高水分有机生活垃圾收运系统，实现厨余垃圾单独收集、循环利用。

加强重点再生资源回收。落实有关优惠政策，做好废金属、废塑料、废玻璃、废纸等传统再生资源的回收，提高回收率。创新回收方式，强化监督管理，推进废电器电子产品、报废汽车、废旧轮胎、包装物、废旧纺织品的回收，推动废铅酸电池、废镉镍电池、废弃含汞荧光灯、废温度计、废弃农药包装物等有害废物的回收。

到2015年，构建起先进完整的再生资源回收体系，垃圾分类工作取得明显进展，主要品种再生资源回收率达到70%。

第二节　推动再生资源利用产业化发展

推动废旧机电产品、电线电缆、通信设备、汽车、家电、手机、铅酸电池、塑料、橡胶、玻璃等再生资源利用的规模化、产业化发展。到2015年，主要再生资源利用总量达到2.66亿吨，产值达到1.2万亿元，就业人员1800万人。

推进再生资源规模化利用。鼓励再生资源加工利用企业集聚发展，进行园区化管理。加快培育再生资源龙头企业，鼓励通过兼并、重组、联营等方式，加快行业整合力度，提高产业集中度。

推进再生资源高值化利用。加快淘汰落后生产工艺和技术设备，推动再生资源分选、拆解、破碎、加工利用技术和装备升级。支持再生资源利用企业延长产业链，加快形成覆盖分拣、拆解、加工、资源化利用和无害化处理等环节的完整产业链，着力加强深度加工利用，提高产品附加值。提高废弃电器电子产品、报废机动车、报废船舶等的拆解及利用水平。做好执法部门罚没产品的回收利用工作。

推进再生资源清洁安全利用。严格执行环保、安全、卫生、质量标准，推动再生资源利用企业建设完善的环保设施，规范再生资源拆解、利用行为，避免二次污染，确保生产环节清洁安全和再生利用产品质量安全。

第三节　发展再制造

建立旧件逆向回收体系。支持建立以汽车4S店、特约维修站点为主渠道，回收拆解企业为补充的汽车零部件回收体系。规范建立专业化再制造旧件回收企业和区域性再制造旧件回收物流集散中心。积极利用现有再生资源回收网络，回收计算机服务器、硒鼓、墨盒等易回收产品。开展消费者交回旧件并以置换价购买再制造产品（以旧换再）的工作，扩大再制造旧件回收规模。

抓好重点产品再制造。重点推进机动车零部件、机床、工程机械、矿山机械、农用机械、冶金轧辊、复印机、计算机服务器以及墨盒、硒鼓等的再制造，探索航空发动机、汽轮机再制造，继续推进废旧轮胎翻新。

推动再制造产业化发展。支持建设再制造产业示范基地，促进产业集聚发展。支持再制造企业加快技术升级改造。建立再制造产品质量保障体系和销售体系，促进再制造产品生产与售后服务一体化。鼓励专业化再制造服务公司为企业提供整体解决方案和专项服务。建立再制造旧件回收、产品营销、溯源等信息化管理系统。

到2015年，实现年再制造发动机80万台，变速箱、起动机、发电机等800万件，工程机械、矿山机械、农用机械等20万台套，再制造产业年产值达500亿元左右。

第四节　实施绿色建筑行动

推进既有建筑供热计量和节能改造。北方采暖地区以围护结构、供热计量、管网热平衡为重点，夏热冬冷地区以建筑门窗、外遮阳、自然通风为重点，加快实施节能改造。大力推进大型公共建筑和办公建筑采暖、空调、通风、照明等节能改造。

新建建筑严格执行节能标准。严把设计关口，加强施工图审查，城镇建筑设计阶段100%达到节能标准要求。加强施工监管和稽查，确保工程质量和安全，施工阶段节能标准执行率达到95%以上。严格执行节能专项验收，达不到节能标准的不予通过竣工验收，强制进行整改。鼓励有条件的地区提高建筑节能标准。

发展绿色建筑。加强新区绿色规划，积极推进绿色建筑设计和施工。重点推动党政机关、学校、医院以及影剧院、博物馆、科技馆、体育馆等建筑执行绿色建筑标准。在商业房地产、工业厂房中推广绿色建筑，鼓励商品住宅装修一次到位，倡导简约适度装修。推动雨水收集和利用。

推进建筑废物资源化利用。推进建筑废物集中处理、分级利用，生产高性能再生混凝土、混凝土砌块等建材产品。因地制宜建设建筑废物资源化利用和处理基地。

“十二五”期间，北方采暖地区完成既有居住建筑供热计量和节能改造4亿平方米以上，夏热冬冷地区既有居住建筑节能改造5000万平方米以上，公共建筑和公共办公区建筑节能改造1.2亿平方米，新建绿色建筑8亿平方米。到2015年，城镇新建建筑15%以上达到绿色建筑标准要求。

第五节　构建绿色综合交通运输体系

基础设施建设环节体现循环经济要求。按照绿色循环低碳的要求，构建综合交通运输体系。统筹衔接各种运输方式，加快实现“零距离换乘”和“无缝化衔接”。合理布局铁路、公路、水路和机场基础设施，科学确定建设规模，系统提升土地、能源、水等资源的利用效率。新建机场、车站、码头严格执行建筑节能标准，充分利用自然光、太阳能等可再生能源，积极使用节能环保产品。鼓励再生利用道路沥青以及利用粉煤灰筑路、建桥等。

运营服务环节大力提高能源资源利用效率。引导采用绿色环保型交通工具，加快淘汰老旧机车、船舶。加快现有机场、车站、港口节能节水改造。提高电气化铁路比重，扩大新材料、新技术的应用，降低非牵引能耗。大力推广甩挂运输、不停车收费系统（ETC），推进船舶靠岸使用岸电技术改造，优化港口装卸工艺，减少二次搬运。优化航线网络结构，鼓励机场提供地面供电替代飞机自发电。

倡导绿色出行。完善城市交通系统，加强城市步行和自行车交通系统建设，加快发展轨道交通，推进不同公共交通体系之间以及市内公交系统与铁路、高速公路、机场等之间无缝衔接。引导居民外出多乘公共交通，少开私家车。在有条件的地区探索实行拼车出行，推广电话叫车、网络叫车，降低出租车空驶率。

到2015年，铁路、公路、水路、民航、邮政、城市轨道交通行业基础设施建设和运营服务环节的资源能源利用效率全面提高，污染排放得到有效控制。

第六节　推进餐厨废弃物资源化利用

建立餐厨废弃物资源化利用体系。推动建立规范的餐饮企业、单位食堂餐厨废弃物定点收集、密闭运输、集中处理体系，逐步建立家庭厨余垃圾收运体系。支持餐厨废弃物资源化利用设施建设，鼓励利用餐厨废弃物生产沼气、生物柴油、工业油脂、有机肥等。加快餐厨废弃物资源化利用技术研发，不断优化技术工艺路线，加大推广应用力度。

强化餐厨废弃物管理。推动对城市餐厨废弃物收集、运输、处理实行许可或备案制。加大对餐厨废弃物资源化利用和无害化处理的监管，严厉打击用“地沟油”等餐厨废弃物生产食用油等违法行为。

到2015年，50%的设区城市初步实现餐厨废弃物分类收运和资源化利用，餐厨废弃物资源化利用能力达到3万吨/日。

第七节　推行绿色消费

树立绿色消费理念。推动全社会树立和践行文明、节约、绿色、低碳、循环的消费理念，引导节约消费、适度消费，反对铺张浪费。发扬勤俭节约的优良传统，摒弃讲排场、摆阔气、奢侈浪费的陋习，提高全社会节能、节水、节材、节粮意识。

倡导绿色生活方式。鼓励消费者购买和使用节能环保产品、节能省地住宅，减少使用一次性用品。鼓励自备购物袋，禁止使用超薄塑料购物袋。强化法规标准建设，限制企业对商品进行过度包装，引导消费者抵制过度包装商品。倡导绿色、环保、简约、实用的装修理念，抵制奢华、过度装修住宅。鼓励外出就餐适度点餐、餐后打包，婚丧嫁娶等红白喜事用餐从简操办。倡导生态旅游，杜绝随意丢弃垃圾，自觉进行垃圾分类。鼓励网上购物、视频会议、无纸化办公，珍爱野生动植物。

政府机构带头节约。政府机关要在节能、节水、节纸、节粮等方面率先垂范，切实建设节约型政府。强化政府绿色采购制度，严格执行强制或优先采购节能环保产品制度，提高政府采购中再生产品和再制造产品的比重。政府机关食堂完善用餐收费制度，健全公务接待用餐管理制度，避免政府机关食堂、公务接待用餐浪费。

第八节　实施大循环战略

在推动企业内部、园区内部、产业内部实行清洁生产和资源循环利用的基础上，遵循生态循环规律，实施大循环战略，推动产业之间、生产与生活系统之间、国内外之间的循环式布局、循环式组合、循环式流通，加快构建循环型社会，全面推进循环发展，实现资源利用可循环、环境容量可承载、经济发展可持续。

推进产业循环式组合。加强物质流分析和管理，科学规划，统筹产业带、产业园区和基地的空间布局，消除各种限制性障碍，打破地区封锁和部门利益，搭建循环经济技术、市场、产品等公共服务平台，鼓励企业间、产业间建立物质流、资金流、产品链紧密结合的循环经济联合体，促进工业、农业、服务业等产业间循环链接、共生耦合，实现资源跨企业、跨行业、跨产业、跨区域循环利用。中西部地区在承接产业转移时，要按照产业循环式组合的要求，推进产业集聚发展，合理布局建设项目，避免走先污染、后治理的老路。东部地区要通过推进产业循环式组合，促进产业结构优化升级。

促进生产与生活系统的循环链接。构建布局合理、资源节约、环保安全、循环共享的生产生活共生体系。推动生产系统的余能、余热等在社会生活系统中的循环利用，推动煤层气、沼气、高炉煤气和焦炉煤气等资源在城市居民供热、供气以及出租车等方面的应用，鼓励在有条件的地区发展煤层气公共汽车。推动中水在社会生活系统中的应用，提高城市生活污水在工业生产系统中的应用水平。完善再生水用于农业浇灌的标准，开展示范应用。推动矿井水用作生活、生态用水。推动沿海缺水地区利用海水淡化水作为企业生产和生活用水。推进钢铁、电力、水泥行业等生产过程协同资源化处理废弃物，将生活废弃物作为生产过程的原料、燃料。

推进资源循环利用国内外大循环。充分利用国内外两个市场、两种资源，不断增强经济社会发展的能源资源保障能力。加快转变对外经济发展方式，推进加工贸易转型升级，提升我国产业在全球产业分工中的价值。在实施“走出去”战略和对外援助时，把循环经济理念融入到规划、建设、施工、运行、管理等各环节，加强绿色循环低碳工程建设，树立我国负责任、注重可持续发展的大国形象。扩大再生资源进口种类和规模。严格再生资源进口监管，对沿海地区以进口再生资源加工利用为主的企业和项目实行圈区化管理，推进进口再生资源的清洁、安全和高效利用。

第七章　实施循环经济“十百千”示范行动

通过实施循环经济“十百千”示范行动，实现技术突破和管理创新，推动循环经济形成较大规模。

第一节　实施循环经济十大示范工程

资源综合利用示范工程。推动共伴生矿及尾矿、工业固体废物、道路和建筑废物综合利用以及非常规水源利用。建设60个矿产资源综合利用示范基地。建设8个煤系共伴生高岭土、铝矾土综合利用工程和30个煤层气、煤矸石、矿井水综合利用工程。建设30个黑色和有色金属共伴生矿及尾矿有价组分提取和综合利用工程。建设2–3个赤泥综合利用示范基地，3–5个高铝粉煤灰综合利用基地，实施一批冶炼废渣、化工废渣、脱硫石膏和磷石膏等工业副产石膏综合利用工程。建设6个建筑和道路废物资源化利用示范工程。建设20个海水淡化示范项目，20个雨水收集利用和再生水利用示范工程。

产业园区循环化改造示范工程。选择100家基础条件好、改造潜力大的国家级和省级开发区开展循环化改造示范。支持改造30个化工、纺织、制革等单一产业园区，推动延伸产业链；支持改造60个综合性园区和重化工集中的园区，推动产业间横向耦合、纵向延伸、循环链接；支持改造10个工农业复合型产业园区，推动农林产品及副产物深加工利用。通过示范，凝练和推广一批适合我国国情的园区循环化改造范式，提高园区主要资源产出率、土地产出率、资源循环利用率，基本实现“零排放”。

再生资源回收体系示范工程。建设80个左右网点布局合理、管理规范、回收方式多元化、重点品种回收率高的再生资源回收体系示范城市，规范建设100个废旧商品回收分拣集聚区，培育100个组织化规模化程度高、技术先进的龙头企业，推动一批商贸流通企业参与回收体系，促进再生资源交易和流通，提高再生资源回收率。

“城市矿产”基地建设示范工程。建设50个技术先进、环保达标、管理规范、利用规模化、辐射作用强的国家“城市矿产”示范基地，推动废钢铁、废有色金属、废塑料、废橡胶等再生资源集中拆解处理、集中治理污染、合理延伸产业链，促进“城市矿产”资源高值化利用和集聚化发展，切实解决再生资源利用中存在的经营分散、技术落后、利用水平低和二次污染等问题。

再制造产业化示范试点工程。建设5–10个国家级再制造产业示范基地，推动再制造业集聚发展。选择30家左右具有一定基础的汽车零部件再制造企业开展示范，重点支持建立发动机、变速箱等旧件回收、再制造加工、检测和质量控制体系。选择一批企业开展机床、工程机械、农业机械、矿山机械、办公用品等再制造试点。培育20家左右再制造专业化服务机构。

餐厨废弃物资源化利用和无害处理示范试点工程。选择100个城市开展餐厨废弃物资源化利用和无害化处理示范试点，支持回收利用体系和能力建设。通过示范试点，建立符合我国国情的覆盖餐厨废弃物产生、收集、运输、处理全过程的管理制度，健全标准和规范，完善工艺技术路线，实现餐厨废弃物安全、高效利用和无害化处理。

生产过程协同资源化处理废弃物示范工程。发挥建材、钢铁、电力等行业消纳废弃物的功能，培育60家左右协同资源化处理废弃物示范企业，消纳铬渣、污泥、生活垃圾、危险废物等。通过示范，推动建立相关技术标准和规范，探索建立企业与政府在协同资源化处理废弃物方面的合作机制。

农业循环经济示范工程。在13个粮食主产区、棉秆等单一品种秸秆集中度高的地区以及交通干道、机场、高速公路沿线等重点地区，实施秸秆综合利用试点示范工程。支持建设一批农产品加工副产物资源化利用、稻田综合种养植（殖）、畜禽粪便能源化利用、工厂化循环水养殖节水示范工程。结合富营养化江河湖泊综合治理，支持建设水上经济植物规模化种植示范工程。实施以农村生活、生产废弃物处理利用和村级环境服务设施建设为重点的农村清洁工程。

循环型服务业示范工程。选择100家左右管理水平较高的餐饮住宿企业开展绿色化改造示范工程。培育1000家零售业节能环保示范企业。选择一批物流企业开展绿色物流示范试点。选择一批旅游景区实施旅游业循环经济示范工程。通过实施示范工程，推动服务行业实行清洁生产，推行绿色服务模式，引导消费者建立绿色消费方式。

资源循环利用技术产业化示范推广工程。选择基础较好、技术力量较强的科研单位或大型企业，支持建设一批循环经济重点工程实验室、技术中心、工程研究中心和质量检测中心。加强源头减量、循环利用、再制造、零排放、产业链接等循环经济关键共性技术研发。构建产学研对接平台和科研成果产业化机制，建设一批资源循环利用技术产业化示范基地和示范项目，加大先进适用技术的推广应用力度。

第二节 创建百个循环经济示范城市（县）

选择100个左右城市（县），创建国家循环经济示范城市（县）。示范城市（县）要全面推行循环型生产方式和绿色消费模式，率先构建起覆盖全社会的资源循环利用体系，资源产出率提高幅度超出全国平均水平，通过发展循环经济探索实现转型发展的道路。

第三节 培育千家循环经济示范企业（园区）

选择1000家骨干企业或园区，树立循环经济典型。示范企业（园区）的资源产出率、土地产出率、单位产值能耗、物耗、水耗、产业废弃物综合利用率、工业用水重复利用率等指标达到国内领先水平和国际先进水平。

实施循环经济“十百千”示范行动，以企业自主投资为主，国家和地方政府通过现有政策和资金渠道给予必要的资金支持。中央补助资金重点支持相关公益性基础设施、公共服务平台、重点项目、能力建设及关键共性技术产业化示范和推广应用。鼓励金融机构和社会主体将资金投向循环经济重大工程。鼓励企业通过自有资本、银行贷款、上市融资、发行债券等方式实施循环经济重大工程。

第八章 保障措施

第一节 完善经济政策

产业政策。落实《产业结构调整指导目录》、《外商投资产业指导目录》、《限制用地项目目录》和《禁止用地项目目录》。进一步提高高耗能、高耗水、高耗地、高排放行业准入门槛，严格节能、环保、土地、安全方面的约束。发布国家鼓励、限制和淘汰的技术、工艺、设备、材料和产品名录，再制造产品目录和限制生产、销售的一次性产品名录及管理办法。鼓励煤矸石、余热余压、垃圾和沼气等发电上网。研究制定在脱硫石膏产生量大的地区限制开采天然石膏的政策。保障符合国家产业政策和投资管理规定的循环经济项目用地。

投资政策。各级政府要将循环经济项目列为重点投资领域。加强固定资产投资项目资源循环利用管理，项目申请报告和可行性研究报告应包含循环经济相关内容。发挥政府投资的引导作用，吸引社会各类资金投向循环经济。

价格和收费政策。深化资源性产品价格改革，进一步发挥市场机制在资源性产品价格形成中的作用。推行城市居民生活用水阶梯式价格和非居民用水超定额累进加价制度。试行居民用电阶梯电价制度，完善电力峰谷分时电价政策，加大差别电价、惩罚性电价实施力度，完善鼓励煤矸石、余热余压、垃圾和沼气等发电的价格政策，试行脱硝价格政策。对污泥处理处置费用，研究实行纳入污水处理收费和财政补贴共同承担的政策。研究减征实现废水“零排放”企业和园区污水处理费的政策，严格执行对实现废水“零排放”的企业免征排污费的政策。研究鼓励生产过程协同资源化处理废弃物的价格政策。研究建立建筑垃圾排放收费制度，改革生活垃圾处理收费方式，提高征收率。研究建立餐厨废弃物处理收费制度。

财政政策。中央和省级人民政府依法设立循环经济发展专项资金，支持循环经济重大工程、重点项目及能力建设。创新循环经济发展专项资金支持方式，扩大财政资金的杠杆效应。落实并完善废弃电器电子产品处理基金征收补贴政策。研究鼓励再制造产品推广应用和强制回收产品、包装物的专项政策。加大新型墙体材料专项基金对发展新型墙体材料的支持力度。研究制定激励流通企业采购节能环保产品的政策。对已报废老旧农机并取得回收拆解证明的农民，优先给予农机购置补贴。对属排污费资金支持范围的循环经济类项目给予优先支持。国有资本经营预算要支持企业发展循环经济项目。建立对国家认定再生产品的推广机制。加大政府采购支持力度，优先采购节能节水环保产品和再生利用产品。

税收政策。继续落实和完善资源综合利用税收优惠政策。研究制定并完善促进再生资源回收体系建设的税收政策。研究完善减少使用一次性消费品的税收政策。对国内不能生产、国家鼓励引进的循环经济技术装备，在规定范围内减免进口关税。研究完善鼓励资源性产品进口的关税政策。积极推进环境税费改革。

金融政策。鼓励银行业金融机构对循环经济重点项目和循环经济"十百千"示范工程给予包括信用贷款在内的多元化信贷支持，创新信贷产品，拓宽抵押担保范围，完善担保方式。支持循环经济示范试点企业发行企业（公司）债券、项目收益债券、可转换债券和短期融资券、中期票据等直接融资工具。探索循环经济示范试点园区内的中小企业发行集合债券、集合票据。支持符合条件的资源循环利用企业申请境内外上市和再融资。鼓励设立循环经济创业投资基金，研究设立循环经济产业投资基金。各地要根据国家有关政策制定支持循环经济发展的配套投融资政策和实施方案。

第二节　健全法规和标准

加快法规建设。完善循环经济促进法相关配套法规规章，研究制定限制商品过度包装条例、循环经济发展专项资金管理办法、汽车零部件再制造管理办法、再制造旧件和再制造产品进出口管理目录及管理办法、强制回收的产品和包装物名录及管理办法、餐厨废弃物管理及资源化利用条例、农业机械报废回收办法等法规规章。加快修订报废汽车回收管理办法、商品零售场所塑料袋有偿使用管理办法。

建立健全标准和计量体系。加快制定可降解产品、再生利用产品、餐厨废弃物资源化产品、利废建材等产品标准和农业机械禁用及报废标准，完善节能、节水、资源综合利用产品标准。健全过度包装商品标准。制定生产过程协同资源化处理废弃物，再生资源回收、拆解、利用和再制造质量控制等相关规范。深化循环经济标准化试点工作。建立完善循环经济计量检测体系。

第三节　加强管理监督

实行生产者责任延伸制度。完善相关法律法规，建立生产者责任延伸制度，推动生产者落实废弃产品回收、处理等责任。落实废弃电器电子产品处理基金管理办法。研究建立强制回收产品和包装物、汽车、轮胎、手机、充电器生产者责任制。

加强循环经济管理。继续开展资源综合利用企业（产品）和资源综合利用电厂认定。开展循环经济项目、企业、园区认定试点。强化再生资源回收企业备案管理。对报废汽车、废弃电器电子产品拆解企业依法实行严格的资质管理。对资源消耗量和废物排放量大的重点企业实施动态跟踪管理。继续巩固"限塑"成果，适时研究扩大"限塑"范围。深入推进禁止生产和使用实心粘土砖工作。建立低效用地评价机制，规范推进农村建设用地和工矿废弃土地复垦利用。研究制定管理措施，在有条件使用再生水的地区限制将城市自来水作为城市道路清扫、城市绿化和景观用水。鼓励建设静脉产业园，对生活垃圾、餐厨废弃物、建筑废弃物、"城市矿产"等资源化利用和无害化处理实行园区化管理。

探索市场化管理机制。研究建立强制回收产品和包装物、重点再生利用产品、汽车零部件等再制造产品的标识管理制度。研究建立循环经济认证认可体系。鼓励专业化服务公司采用市场化模式对企业和园区进行循环化改造。研究试行手机、充电器、饮料瓶等废旧产品押金回收制度。

加强监督检查。组织开展循环经济促进法、清洁生产促进法、节约能源法等法律法规的执法监督行动。加强对地方政府、各类产业园区、企业落实循环经济政策措施情况的监督检查。组织开展国家循环经济相关名录执行情况的监督检查。加大对生产、销售过度包装商品行为的查处力度。严厉查处资源综合利用、再生资源拆解处理造成二次污染的企业。加强对再制造产品标识使用的监督检查，强化产品质量监管。

第四节 强化技术和服务支撑

加快共性关键技术开发。制定循环经济科技发展规划，在国家、地方科技计划（专项）中，加大对循环经济共性关键技术研发的支持力度。支持建立各类循环经济技术支撑机构。推动组建重点领域循环经济产业联盟，加强产学研用结合，共同研究解决循环经济关键和共性技术问题。引进、消化、吸收和再创新循环经济关键技术和装备。

加强技术装备产业化示范。实施循环经济技术产业化示范工程，重点支持共伴生矿和尾矿综合开发和回收利用、废物资源化利用、可回收利用材料、有毒有害原材料替代、再制造、再生资源高值利用、延长产业链和相关产业链接、“零排放”等关键技术和装备产业化示范。

加快先进适用技术推广应用。加强循环经济技术推广体系建设。建立循环经济技术遴选、评定及推广机制。发布国家鼓励的循环经济技术、工艺、设备名录。探索通过政府买断的方式对先进适用技术进行推广应用。实施循环经济“走出去”战略，加快具有竞争力的循环经济关键技术装备的出口。

健全循环经济服务体系。培育和扶持一批为发展循环经济提供规划、设计、建设、改造、运营的专业化服务公司。鼓励发展循环经济信息服务业。鼓励科研院所、行业协会等为企业提供循环经济技术、管理等咨询服务。鼓励构建全国性、区域性、行业性的废弃物逆向物流交易平台、交易中心或交易市场。鼓励建立循环经济产品、技术、装备等的展示、展览、交易平台。

第五节 建立循环经济统计评价制度

完善循环经济统计制度。健全循环经济统计指标体系，完善统计核算方法，建立统计核算制度和数据发布制度。建立健全循环经济统计调查制度，做好数据采集和分析工作。开展区域层面资源产出率统计试点。发布国家层面资源产出率指标。

建立循环经济评价体系。制定循环经济评价指标体系，把资源产出率作为评价循环经济发展成效的综合性指标。研究制定循环经济示范城市（县）、园区、企业评价指标体系。研究建立区域循环经济发展成效评价机制，对发展循环经济成绩显著的单位和个人依法给予表彰和奖励。

加强统计能力建设。加强循环经济统计基础工作，各级统计部门要有人员负责循环经济统计，保障必要的工作经费。推动企业健全计量器具，完善统计台账，提高统计的准确性和及时性。

第六节 强化宣传教育和人才培养

加大宣传力度。组织开展形式多样的宣传培训活动，通过广播电视、报刊杂志、互联网、手机等多种途径普及循环经济知识，宣传典型案例，推广示范经验。新闻单位要加大循环经济公益宣传力度，在重要版面、重要频道、重要时段增加报道频次。鼓励开展各种形式的循环文化创意活动。在全国建设一批技术先进、管理规范、特征显著、教育示范作用强的循环经济教育示范基地。开展“反食品浪费行动”，推动餐饮企业、机关和企事业单位食堂、公务宴请、家庭等各方面节约粮食。

强化教育和人才培养。把循环经济理念和知识纳入基础教育、职业教育、高等教育相关课程，研究在高等学校、职业学校设置循环经济类专业。制定循环经济培训纲要，编制循环经济培训教材，实施循环经济培训计划。鼓励教材重复使用，降低循环利用成本。利用各级党校、行政学院和高等学校的培训力量，加强对各级领导干部、政府及企业管理人员的循环经济培训。

第七节 积极开展交流合作

积极开展国际交流与合作。加强与有关国际组织、政府在循环经济领域的交流与合作，研究和借鉴国际先进经验，鼓励从海外引进循环经济技术和管理等方面的高层次人才。将循环经济作为中国对外援助培训的重要内容，利用各种国际交流平台，宣传循环经济理念和模式。建设中日韩循环经济示范基地。

积极开展两岸三地交流与合作。加强与香港、澳门、台湾在循环经济领域的交流，开展人才、技术、项目的深度合作，不断拓展合作内容，创新合作方式，共同推动绿色发展。

第八节 加强组织领导

国务院建立健全发展循环经济组织协调机制，研究有关重大问题，部署重大任务，把握实施进度和效果，进行定期监督检查。各级人民政府和有关部门要切实履行职责，扎实开展工作，确保完成各项目标任务。

地方各级人民政府对本地区发展循环经济工作负总责，切实加强组织领导和统筹协调，建立相应的工作机制，抓紧编制实施本地区循环经济发展规划和年度推进计划，出台配套政策，明确任务分工，做到层层有责任，逐级抓落实。

国务院有关部门要按照职责分工做好相关工作，出台配套政策措施，加强协调配合，形成工作合力。充分发挥发展循环经济部际联席会议的作用，发展改革委要会同有关部门加强对计划实施的指导、支持以及监督和评估，制定实施全国循环经济年度推进计划，针对计划实施中出现的新情况新问题，适时提出解决办法，重大问题及时向国务院报告。

近期土壤环境保护和综合治理工作安排

国办发［2013］7号

2013年1月23日

近年来，各地区、各部门积极开展土壤污染状况调查，实施综合整治，土壤环境保护取得积极进展。但我国土壤环境状况总体仍不容乐观，必须引起高度重视。为切实保护土壤环境，防治和减少土壤污染，现就近期土壤环境保护和综合治理工作作出以下安排：

一、工作目标

到2015年，全面摸清我国土壤环境状况，建立严格的耕地和集中式饮用水水源地土壤环境保护制度，初步遏制土壤污染上升势头，确保全国耕地土壤环境质量调查点位达标率不低于80%；建立土壤环境质量定期调查和例行监测制度，基本建成土壤环境质量监测网，对全国60%的耕地和服务人口50万以上的集中式饮用水水源地土壤环境开展例行监测；全面提升土壤环境综合监管能力，初步控制被污染土地开发利用的环境风险，有序推进典型地区土壤污染治理与修复试点示范，逐步建立土壤环境保护政策、法规和标准体系。力争到2020年，建成国家土壤环境保护体系，使全国土壤环境质量得到明显改善。

二、主要任务

（一）严格控制新增土壤污染。加大环境执法和污染治理力度，确保企业达标排放；严格环境准入，防止新建项目对土壤造成新的污染。定期对排放重金属、有机污染物的工矿企业以及污水、垃圾、危险废物等处理设施周边土壤进行监测，造成污染的要限期予以治理。规范处理污水处理厂污泥，完善垃圾处理设施防渗措施，加强对非正规垃圾处理场所的综合整治。科学施用化肥，禁止使用重金属等有毒有害物质超标的肥料，严格控制稀土农用。严格执行国家有关高毒、高残留农药使用的管理规定，建立农药包装容器等废弃物回收制度。鼓励废弃农膜回收和综合利用。禁止在农业生产中使用含重金属、难降解有机污染物的污水以及未经检验和安全处理的污水处理厂污泥、清淤底泥、尾矿等。

（二）确定土壤环境保护优先区域。将耕地和集中式饮用水水源地作为土壤环境保护的优先区域。在2014年年底前，各省级人民政府要明确本行政区域内优先区域的范围和面积，并在土壤环境质量评估和污染源排查的基础上，划分土壤环境质量等级，建立相关数据库。禁止在优先区域内新建有色金属、皮革制品、石油煤炭、化工医药、铅蓄电池制造等项目。

（三）强化被污染土壤的环境风险控制。开展耕地土壤环境监测和农产品质量检测，对已被污染的耕地实施分类管理，采取农艺调控、种植业结构调整、土壤污染治理与修复等措施，确保耕地安全利用；污染严重且难以修复的，地方人民政府应依法将其划定为农产品禁止生产区域。已被污染地块改变用途或变更使用权人的，应按照有关规定开展土壤环境风险评估，并对土壤环境进行治理修复，未开展风险评估或土壤环境质量不能满足建设用地要求的，有关部门不得核发土地使用证和施工许可证。经评估认定对人体健康有严重影响的污染地块，要采取措施防止污染扩散，治理达标前不得用于住宅开发。以新增工业用地为重点，建立土壤环境强制调查评估与备案制度。

（四）开展土壤污染治理与修复。以大中城市周边、重污染工矿企业、集中污染治理设施周边、重金属污染防治重点区域、集中式饮用水水源地周边、废弃物堆存场地等为重点，开展土壤污染治理与修复试点示范。在长江三角洲、珠江三角洲、西南、中南、辽中南等地区，选择被污染地块集中分布的典型区域，实施土壤污染综合治理；有关地方要在2013年年底前完成综合治理方案的编制工作并开始实施。

（五）提升土壤环境监管能力。加强土壤环境监管队伍与执法能力建设。建立土壤环境质量定期监测制度和信息发布制度，设置耕地和集中式饮用水水源地土壤环境质量监测国控点位，提高土壤环境监测能力。加强全国土壤环境背景点建设。加快制定省级、地市级土壤环境污染事件应急预案，健全土壤环境应急能力和预警体系。

（六）加快土壤环境保护工程建设。实施土壤环境基础调查、耕地土壤环境保护、历史遗留工矿污染整治、土壤污染治理与修复和土壤环境监管能力建设等重点工程，具体项目由环境保护部会同有关部门确定并组织实施。

三、保障措施

（一）加强组织领导。建立由环境保护部牵头，国务院相关部门参加的部际协调机制，指导、协调和督促检查土壤环境保护和综合治理工作。有关部门要各负其责，协同配合，共同推进土壤环境保护和综合治理工作。地方各级人民政府对本行政区域内的土壤环境保护和综合治理工作负总责，要尽快编制各自的土壤环境保护和综合治理工作方案，明确目标、任务和具体措施。

（二）健全投入机制。各级人民政府要逐步加大土壤环境保护和综合治理投入力度，保障土壤环境保护工作经费。按照“谁污染、谁治理”的原则，督促企业落实土壤污染治理资金；按照“谁投资、谁受益”的原则，充分利用市场机制，引导和鼓励社会资金投入土壤环境保护和综合治理。中央财政对土壤环境保护工程中符合条件的重点项目予以适当支持。

（三）**完善法规政策**。研究起草土壤环境保护专门法规，制定农用地和集中式饮用水水源地土壤环境保护、新增建设用地土壤环境调查、被污染地块环境监管等管理办法。建立优先区域保护成效的评估和考核机制，制定并实施“以奖促保”政策。完善有利于土壤环境保护和综合治理产业发展的税收、信贷、补贴等经济政策。研究制定土壤污染损害责任保险、鼓励有机肥生产和使用、废旧农膜回收加工利用等政策措施。

（四）**强化科技支撑**。完善土壤环境保护标准体系，制（修）订土壤环境质量、污染土壤风险评估、被污染土壤治理与修复、主要土壤污染物分析测试、土壤样品、肥料中重金属等有毒有害物质限量等标准；制订土壤环境质量评估和等级划分、被污染地块环境风险评估、土壤污染治理与修复等技术规范；研究制定土壤环境保护成效评估和考核技术规程。加强土壤环境保护和综合治理基础和应用研究，适时启动实施重大科技专项。研发推广适合我国国情的土壤环境保护和综合治理技术和装备。

（五）**引导公众参与**。完善土壤环境信息发布制度，通过热线电话、社会调查等多种方式了解公众意见和建议，鼓励和引导公众参与和支持土壤环境保护。制定实施土壤环境保护宣传教育行动计划，结合世界环境日、地球日等活动，广泛宣传土壤环境保护相关科学知识和法规政策。将土壤环境保护相关内容纳入各级领导干部培训工作。可能对土壤造成污染的企业要加强对所用土地土壤环境质量的评估，主动公开相关信息，接受社会监督。

（六）**严格目标考核**。建立土壤环境保护和综合治理目标责任制，制定相应的考核办法，环境保护部要与各省级人民政府签订目标责任书，明确任务和时间要求等，定期进行考核，结果向国务院报告。地方人民政府要与重点企业签订责任书，落实企业的主体责任。要强化对考核结果的运用，对成绩突出的地方人民政府和企业给予表彰，对未完成治理任务的要进行问责。

国务院关于加快发展节能环保产业的意见

国发［2013］30号

2013年8月1日

各省、自治区、直辖市人民政府，国务院各部委、各直属机构：

资源环境制约是当前我国经济社会发展面临的突出矛盾。解决节能环保问题，是扩内需、稳增长、调结构，打造中国经济升级版的一项重要而紧迫的任务。加快发展节能环保产业，对拉动投资和消费，形成新的经济增长点，推动产业升级和发展方式转变，促进节能减排和民生改善，实现经济可持续发展和确保2020年全面建成小康社会，具有十分重要的意义。为加快发展节能环保产业，现提出以下意见：

一、总体要求

（一）指导思想。

牢固树立生态文明理念，立足当前、着眼长远，围绕提高产业技术水平和竞争力，以企业为主体、以市场为导向、以工程为依托，强化政府引导，完善政策机制，培育规范市场，着力加强技术创新，大力提高技术装备、产品、服务水平，促进节能环保产业快速发展，释放市场潜在需求，形成新的增长点，为扩内需、稳增长、调结构，增强创新能力，改善环境质量，保障改善民生和加快生态文明建设作出贡献。

（二）基本原则。

创新引领，服务提升。加快技术创新步伐，突破关键核心技术和共性技术，缩小与国际先进水平的差距，提升技术装备和产品的供给能力。推行合同能源管理、特许经营、综合环境服务等市场化新型节能环保服务业态。

需求牵引，工程带动。营造绿色消费政策环境，推广节能环保产品，加快实施节能、循环经济和环境保护重点工程，释放节能环保产品、设备、服务的消费和投资需求，形成对节能环保产业发展的有力拉动。

法规驱动，政策激励。健全节能环保法规和标准，强化监督管理，完善政策机制，加强行业自律，规范市场秩序，形成促进节能环保产业快速健康发展的激励和约束机制。

市场主导，政府引导。充分发挥市场配置资源的基础性作用，以市场需求为导向，用改革的办法激发各类市场主体的积极性。针对产业发展的薄弱环节和瓶颈制约，有效发挥政府规划引导、政策激励和调控作用。

（三）主要目标。

产业技术水平显著提升。企业技术创新和科技成果集成、转化能力大幅提高，能源高效和分质梯级利用、污染物防治和安全处置、资源回收和循环利用等关键核心技术研发取得重点突破，装备和产品的质量、性能显著改善，形成一大批拥有知识产权和国际竞争力的重大装备和产品，部分关键共性技术达到国际先进水平。

国产设备和产品基本满足市场需求。通过引进消化吸收和再创新，努力提高产品技术水平，促进我国节能环保关键材料以及重要设备和产品在工业、农业、服务业、居民生活各领域的广泛应用，为实现节能环保目标提供有力的技术保障。用能单位广泛采用“节能医生”诊断、合同能源管理、能源管理师制度等节能服务新机制改善能源管理，城镇污水、垃圾处理和脱硫、脱硝设施运营基本实现专业化、市场化、社会化，综合环境服务得到大力发展。建设一批技术先进、配套健全、发展规范的节能环保产业示范基地，形成以大型骨干企业为龙头、广大中小企业配套的产业良性发展格局。

辐射带动作用得到充分发挥。完善激励约束机制，建立统一开放、公平竞争、规范有序的市场秩序。节能环保产业产值年均增速在15%以上，到2015年，总产值达到4.5万亿元，成为国民经济新的支柱产业。通过推广节能环保产品，有效拉动消费需求；通过增强工程技术能力，拉动节能环保社会投资增长，有力支撑传统产业改造升级和经济发展方式加快转变。

二、围绕重点领域，促进节能环保产业发展水平全面提升

当前，要围绕市场应用广、节能减排潜力大、需求拉动效应明显的重点领域，加快相关技术装备的研发、推广和产业化，带动节能环保产业发展水平全面提升。

（一）加快节能技术装备升级换代，推动重点领域节能增效。

推广高效锅炉。发展一批高效锅炉制造基地，培育一批高效锅炉大型骨干生产企业。重点提高锅炉自动化控制、主辅机匹配优化、燃料品种适应、低温烟气余热深度回收、小型燃煤锅炉高效燃烧等技术水平，加大高效锅炉应用推广力度。

扩大高效电动机应用。推动高效电动机产业加

快发展，建设15—20个高效电机及其控制系统产业化基地。大力发展三相异步电动机、稀土永磁无铁芯电机等高效电机产品，提高高效电机设计、匹配和关键材料、装备，以及高压变频、无功补偿等控制系统的技术水平。

发展蓄热式燃烧技术装备。建设一批以高效燃烧、换热及冷却技术为特色的制造基地，加快重大技术、装备的产业化示范和规模化应用。重点是综合采用优化炉膛结构、利用预热、强化辐射传热等节能技术集成，提高加热炉燃烧效率；在预混和蓄热结合、蓄热体材料研发、蓄热式燃烧器小型化方面力争取得突破。

加快新能源汽车技术攻关和示范推广。加快实施节能与新能源汽车技术创新工程，大力加强动力电池技术创新，重点解决动力电池系统安全性、可靠性和轻量化问题，加强驱动电机及核心材料、电控等关键零部件研发和产业化，加快完善配套产业和充电设施，示范推广纯电动汽车和插电式混合动力汽车、空气动力车辆等。

推动半导体照明产业化。整合现有资源，提高产业集中度，培育10—15家掌握核心技术、拥有知识产权和知名品牌的龙头企业，建设一批产业链完善的产业集聚区，关键生产设备、重要原材料实现本地化配套。加快核心材料、装备和关键技术的研发，着力解决散热、模块化、标准化等重大技术问题。

（二）提升环保技术装备水平，治理突出环境问题。

示范推广大气治理技术装备。加快大气治理重点技术装备的产业化发展和推广应用。大力发展脱硝催化剂制备和再生、资源化脱硫技术装备，推进耐高温、耐腐蚀纤维及滤料的开发应用，加快发展选择性催化还原技术和选择性非催化还原技术及其装备，以及高效率、高容量、低阻力微粒过滤器等汽车尾气净化技术装备，实施产业化示范工程。

开发新型水处理技术装备。推动形成一批水处理技术装备产业化基地。重点发展高通量、持久耐用的膜材料和组件，大型臭氧发生器，地下水高效除氟、砷、硫酸盐技术，高浓度难降解工业废水成套处理装备，污泥减量化、无害化、资源化技术装备。

推动垃圾处理技术装备成套化。采取开展示范应用、发布推荐目录、完善工程标准等多种手段，大力推广垃圾处理先进技术和装备。重点发展大型垃圾焚烧设施炉排及其传动系统、循环流化床预处理工艺技术、焚烧烟气净化技术和垃圾渗滤液处理技术等，重点推广300吨/日以上生活垃圾焚烧炉及烟气净化成套装备。

攻克污染土壤修复技术。重点研发污染土壤原位稳定剂、异位固定剂，受污染土壤生物修复技术、安全处理处置和资源化利用技术，实施产业化示范工程，加快推广应用。

加强环境监测仪器设备的开发应用。提高细颗粒物（PM2.5）等监测仪器设备的稳定性，完善监测数据系统，提升设备生产质量控制水平。开发大气、水、重金属在线监测仪器设备，培育发展一批掌握核心技术、产品质量可靠、市场认可度高的骨干企业。加快大气、水等环境质量在线实时监测站点及网络建设，配备技术先进、可靠性高的环境监测仪器设备。

（三）发展资源循环利用技术装备，提高资源产出率。

提升再制造技术装备水平。提升再制造产业创新能力，推广纳米电刷镀、激光熔覆成形等产品再制造技术。研发无损拆解、表面预处理、零部件疲劳剩余寿命评估等再制造技术装备。重点支持建立10—15个国家级再制造产业聚集区和一批重大示范项目，大幅度提高基于表面工程技术的装备应用率。

建设“城市矿产”示范基地。推动再生资源清洁化回收、规模化利用和产业化发展。推广大型废钢破碎剪切、报废汽车和废旧电器破碎分选等技术。提高稀贵金属精细分离提纯、塑料改性和混合废塑料高效分拣、废电池全组分回收利用等装备水平。支持建设50个“城市矿产”示范基地，加快再生资源回收体系建设，形成再生资源加工利用能力8000万吨以上。

深化废弃物综合利用。推动资源综合利用示范基地建设，鼓励产业聚集，培育龙头企业。积极发展尾矿提取有价元素、煤矸石生产超细纤维等高值化利用关键共性技术及成套装备。开发利用产业废物生产新型建材等大型化、精细化、成套化技术装备。加大废旧电池、荧光灯回收利用技术研发。支持大宗固体废物综合利用，提高资源综合利用产品的技术含量和附加值。推动粮棉主产区秸秆综合利用。加快建设餐厨废弃物无害化处理和资源化利用设施。

推动海水淡化技术创新。培育一批集研发、孵化、生产、集成、检验检测和工程技术服务于一体的海水淡化产业基地。示范推广膜法、热法和耦合法海水淡化技术以及电水联产海水淡化模式，完善膜组件、高压泵、能量回收装置等关键部件及系统集成技术。

（四）创新发展模式，壮大节能环保服务业。

发展节能服务产业。落实财政奖励、税收优惠和会计制度，支持重点用能单位采用合同能源管理方式实施节能改造，开展能源审计和“节能医生”诊断，打造“一站式”合同能源管理综合服务平台，专业化节能服务公司的数量、规模和效益快速增长。积极探索节能量交易等市场化节能机制。

扩大环保服务产业。在城镇污水处理、生活垃圾处理、烟气脱硫脱硝、工业污染治理等重点领域，鼓励发展包括系统设计、设备成套、工程施工、调试运行、维护管理的环保服务总承包和环境治理特许经营模式，专业化、社会化服务占全行业的比例大幅提高。加快发展生态环境修复、环境风险与损害评价、排污权交易、绿色认证、环境污染责任保险等新兴环保服务业。

培育再制造服务产业。支持专业化公司利用表面修复、激光等技术为工矿企业设备的高值易损部件提供个性化再制造服务，建立再制造旧件回收、产品营销、溯源等信息化管理系统。推动构建废弃物逆向物流交易平台。

三、发挥政府带动作用，引领社会资金投入节能环保工程建设

（一）加强节能技术改造。

发挥财政资金的引导带动作用，采取补助、奖励、贴息等方式，推动企业实施锅炉（窑炉）和换热设备等重点用能装备节能改造，全面推动电机系统节能、能量系统优化、余热余压利用、节约和替代石油、交通运输节能、绿色照明、流通零售领域节能等节能重点工程，提高传统行业的工程技术节能能力，加快节能技术装备的推广应用。开展数据中心节能改造，降低数据中心、超算中心服务器、大型计算机冷却耗能。

（二）实施污染治理重点工程。

落实企业污染治理主体责任，加强大气污染治理，开展多污染物协同防治，督促推动重点行业企业加大投入，积极采用先进环保工艺、技术和装备，加快脱硫脱硝除尘改造，炼油行业加快工艺技术改造，提高油品标准，限期淘汰黄标车、老旧汽车。启动实施安全饮水、地表水保护、地下水保护、海洋保护等清洁水行动，加快重点流域、清水廊道、规模化畜禽养殖场等重点水污染防治工程建设，推动重点高耗水行业节水改造。实施土壤环境保护工程，以重金属和有机污染物为重点，选择典型区域开展土壤污染治理与修复试点示范。加大重点行业清洁生产推行力度，支持企业采用源头减量、减毒、减排以及过程控制等先进成熟清洁生产技术，实施汞污染削减、铅污染削减、高毒农药替代工程。

（三）推进园区循环化改造。

引导企业和地方政府加大资金投入，推进园区（开发区）循环化改造，推动各类园区建设废物交换利用、能量分质梯级利用、水分类利用和循环使用、公共服务平台等基础设施，实现园区内项目、企业、产业有效组合和循环链接，打造园区的“升级版”。推动一批国家级和省级开发区提高主要资源产出率、土地产出率、资源循环利用率，基本实现“零排放”。

（四）加快城镇环境基础设施建设。

以地方政府和企业投入为主，中央财政适当支持，加快污水垃圾处理设施和配套管网地下工程建设，推进建筑中水利用和城镇污水再生利用。探索城市垃圾处理新出路，实施协同资源化处理城市废弃物示范工程。到2015年，所有设市城市和县城具备污水集中处理能力和生活垃圾无害化处理能力，城镇污水处理规模达到2亿立方米/日以上；城镇生活垃圾无害化处理能力达到87万吨/日以上，生活垃圾焚烧处理设施能力达到无害化处理总能力的35%以上。加强城镇园林绿化建设，提升城镇绿地功能，降减热岛效应。推动生态园林城市建设。

（五）开展绿色建筑行动。

到2015年，新增绿色建筑面积10亿平方米以上，城镇新建建筑中二星级及以上绿色建筑比例超过20%；建设绿色生态城（区）。提高新建建筑节能标准，推动政府投资建筑、保障性住房及大型公共建筑率先执行绿色建筑标准，新建建筑全面实行供热按户计量；推进既有居住建筑供热计量和节能改造；实施供热管网改造2万公里；在各级机关和教科文卫系统创建节约型公共机构2000家，完成公共机构办公建筑节能改造6000万平方米，带动绿色建筑建设改造投资和相关产业发展。大力发展绿色建材，推广应用散装水泥、预拌混凝土、预拌砂浆，推动建筑工业化。积极推进太阳能发电等新能源和可再生能源建筑规模化应用，扩大新能源产业国内市场需求。

四、推广节能环保产品，扩大市场消费需求

（一）扩大节能产品市场消费。

继续实施并研究调整节能产品惠民政策，实施能效“领跑者”计划，推动超高效节能产品市场消费。强化能效标识和节能产品认证制度实施力度，引导消费者购买高效节能产品。继续采取补贴方式，推广高效节能照明、高效电机等产品。研究完善峰谷电价、季节性电价政策，通过合理价差引导群众改变生活模式，推动节能产品的应用。在北京、上海、广州等城市扩大公共服务领域新能源汽车示范推广范围，每年新增或更新的公交车中新能源汽车的比例达到60%以上，开展私人购买新能源汽车和新能源出租车、物流车补贴试点。到2015年，终端用能产品能效水平提高15%以上，高效节能产品市场占有率提高到50%以上。

（二）拉动环保产品及再生产品消费。

研究扩大环保产品消费的政策措施，完善环保产品和环境标志产品认证制度，推广油烟净化器、汽车尾气净化器、室内空气净化器、家庭厨余垃圾处理器、浓缩洗衣粉等产品，满足消费者需求。放开液化石油气（LPG）市场管控，扩大农村居民使用量。开展再制造“以旧换再”工作，对交回旧件并购买“以旧换再”再制造推广试点产品的消费者，给予一定比例补贴，近期重点推广再制造发动机、电动机等。落实相关支持政策，推动粉煤灰、煤矸石、建筑垃圾、秸秆等资源综合利用产品应用。

（三）推进政府采购节能环保产品。

完善政府强制采购和优先采购制度，提高采购节能环保产品的能效水平和环保标准，扩大政府采购节能环保产品范围，不断提高节能环保产品采购比例，发挥示范带动作用。政府普通公务用车要优先采购1.8升（含）以下燃油经济性达到要求的小排量汽车和新能源汽车，择优选用纯电动汽车，研究对硒鼓、墨盒、再生纸等再生产品以及汽车零部件再制造产品的政府采购支持措施。鼓励政府机关、事业单位采取购买服务的方式，提高能源、水等资源利用效率，降低使用成本。抓紧研究制定政府机关及公共机构购买新能源汽车的实施方案。

五、加强技术创新，提高节能环保产业市场竞争力

（一）支持企业技术创新能力建设。

强化企业技术创新主体地位，鼓励企业加大研发投入，支持企业牵头承担节能环保国家科技计划项目。国家重点建设的节能环保技术研究中心和实验室优先在骨干企业布局。发展一批由骨干企业主导、产学研用紧密结合的产业技术创新战略联盟等平台。支持区域节能环保科技服务平台建设。

（二）加快掌握重大关键核心技术。

充分发挥国家科技重大专项、科技计划专项资金等的作用，加大节能环保关键共性技术攻关力度，加快突破能源高效和分质梯级利用、污染物防治和安全处置、资源回收和循环利用、二氧化碳热泵、低品位余热利用、供热锅炉模块化等关键技术和装备。瞄准未来技术发展制高点，提前部署碳捕集、利用和封存技术装备。

（三）促进科技成果产业化转化。

选择节能环保产业发展基础好的地区，建设一批产业集聚、优势突出、产学研用有机结合、引领示范作用显著的节能环保产业示范基地，支持成套装备及配套设备、关键共性技术和先进制造技术的生产制造和推广应用。加强知识产权保护，推进知识产权投融资机制建设，鼓励设立中小企业公共服务平台、出台扶持政策，支持中小型节能环保企业开展技术创新和产业化发展。筛选一批技术先进、经济适用的节能环保装备设备，扩大推广应用。

（四）推动国际合作和人才队伍建设。

鼓励企业、科研机构开展国际科技交流与合作，支持企业节能环保创新人才队伍建设。依托“千人计划”和海外高层次创新创业人才基地建设，加快吸引海外高层次人才来华创新创业。依托重大人才工程，大力培养节能环保科技创新、工程技术等高端人才。

六、强化约束激励，营造有利的市场和政策环境

（一）健全法规标准。

加快制（修）订节能环保标准，逐步提高终端用能产品能效标准和重点行业单位产品能耗限额标准，按照改善环境质量的需要，完善环境质量标准和污染物排放标准体系，提高污染物排放控制要求，扩大监控污染物范围，强化总量控制和有毒有害污染物排放控制，充分发挥标准对产业发展的催生促进作用，推动传统产业升级改造。完善节能环保法律法规，推动加快制定固定资产投资项目节能评估和审查法，制定节能技术推广管理办法。严格节能环保执法，严肃查处各类违法违规行为，做好行政执法与刑事司法的衔接，依法加大对环境污染犯罪的惩处力度。认真落实执法责任追究制。加强对节能环保标准、认证标识、政策措施等落实情况的监督检查。加快建立节能减排监测、评估体系和技术服务平台。

（二）强化目标责任。

完善节能减排统计、监测、考核体系，健全节能减排预警机制，强化节能减排目标进度考核，建立健全行业节能减排工作评价制度。将考核结果作为领导班子和领导干部综合考核评价的重要内容，纳入政府绩效管理，落实奖惩措施，实行问责制。完善节能评估和审查制度，发挥能评对控制能耗总量和增量的重要作用。落实万家企业节能量目标，加大对重点耗能企业节能的评价考核力度。落实节能减排目标责任制，形成促进节能环保产业发展的倒逼机制。

（三）加大财政投入。

加大中央预算内投资和中央财政节能减排专项资金对节能环保产业的投入，继续安排国有资本经营预算支出支持重点企业实施节能环保项目。地方各级人民政府要提高认识，加大对节能环保重大工程和技术装备研发推广的投入力度，解决突出问题。要进一步转变政府职能，完善财政支持方式和资金管理办法，简化审批程序，强化监管，充分调动各方面积极性，推动节能环保产业积极有序发展。

（四）拓展投融资渠道。

大力发展绿色信贷，按照风险可控、商业可持续的原则，加大对节能环保项目的支持力度。积极创新金融产品和服务，按照现有政策规定，探索将特许经营权等纳入贷款抵（质）押担保物范围。支持绿色信贷和金融创新，建立绿色银行评级制度。支持融资性担保机构加大对符合产业政策、资质好、管理规范的节能环保企业的担保力度。支持符合条件的节能环保企业发行企业债券、中小企业集合债券、短期融资券、中期票据等债务融资工具。选择资质条件较好的节能环保企业，开展非公开发

行企业债券试点。稳步发展碳汇交易。鼓励和引导民间投资和外资进入节能环保领域。

（五）完善价格、收费和土地政策。

加快制定实施鼓励余热余压余能发电及背压热电、可再生能源发展的上网和价格政策。完善电力峰谷分时电价政策，扩大应用面并逐步扩大峰谷价差。对超过产品能耗（电耗）限额标准的企业和产品，实行惩罚性电价。严格落实燃煤电厂脱硫、脱硝电价政策和居民用电阶梯价格，推行居民用水用气阶梯价格。

深化市政公用事业市场化改革，完善供热计量价格和收费管理办法，完善污水处理费和垃圾处理费政策，将污泥处理费用纳入污水处理成本，完善对自备水源用户征收污水处理费的制度。改进垃圾处理费征收方式，合理确定收费载体和标准，提高收缴率和资金使用效率。对城镇污水垃圾处理设施、“城市矿产”示范基地、集中资源化处理中心等国家支持的节能环保重点工程用地，在土地利用年度计划安排中给予重点保障。严格落实并不断完善现有节能、节水、环境保护、资源综合利用的税收优惠政策。

（六）推行市场化机制。

建立主要终端用能产品能效“领跑者”制度，明确实施时限。推进节能发电调度。强化电力需求侧管理，开展城市综合试点。研究制定强制回收产品和包装物目录，建立生产者责任延伸制度，推动生产者落实废弃产品回收、处理等责任。采取政府建网、企业建厂等方式，鼓励城镇污水垃圾处理设施市场化建设和运营。深化排污权有偿使用和交易试点，建立完善排污权有偿使用和交易政策体系，研究制定排污权交易初始价格和交易价格政策。开展碳排放权交易试点。健全污染者付费制度，完善矿产资源补偿制度，加快建立生态补偿机制。

（七）支持节能环保产业“走出去”和“引进来”。

鼓励有条件的企业承揽境外各类环保工程、服务项目。结合受援国需要和我国援助能力，加大环境保护、清洁能源、应对气候变化等领域的对外援助力度，支持开展相关技术、产品和服务合作。培育建设一批国家科技兴贸创新基地。鼓励节能环保企业参加各类双边或国际节能环保论坛、展览及贸易投资促进活动等，充分利用相关平台进行交流推介，开展国际合作，增强“走出去”的能力。引导外资投向节能环保产业，丰富外商投资方式，拓宽外商投资渠道，不断完善外商投资软环境。继续支持引进先进的节能环保核心关键技术和设备。国家支持节能环保产业发展的政策同等适用于符合条件的外商投资企业。

（八）开展生态文明先行先试。

在做好生态文明建设顶层设计和总体部署的同时，总结有效做法和成功经验，开展生态文明先行示范区建设。根据不同区域特点，在全国选择有代表性的100个地区开展生态文明先行示范区建设，探索符合我国国情的生态文明建设模式。稳步扩大节能减排财政政策综合示范范围，结合新型城镇化建设，选择部分城市为平台，整合节能减排和新能源发展相关财政政策，围绕产业低碳化、交通清洁化、建筑绿色化、服务集约化、主要污染物减量化、可再生能源利用规模化等挖掘内需潜力，系统推进节能减排，带动经济转型升级，为跨区域、跨流域节能减排探索积累经验。通过先行先试，带动节能环保和循环经济工程投资和绿色消费，全面推动资源节约和环境保护，发挥典型带动和辐射效应，形成节能减排、生态文明的综合能力。

（九）加强节能环保宣传教育。

加强生态文明理念和资源环境国情教育，把节能环保、生态文明纳入社会主义核心价值观宣传教育体系以及基础教育、高等教育、职业教育体系。加强舆论监督和引导，宣传先进事例，曝光反面典型，普及节能环保知识和方法，倡导绿色消费新风尚，形成文明、节约、绿色、低碳的生产方式、消费模式和生活习惯。

各地区、各部门要按照本意见的要求，进一步深化对加快发展节能环保产业重要意义的认识，切实加强组织领导和协调配合，明确任务分工，落实工作责任，扎实开展工作，确保各项任务措施落到实处，务求尽快取得实效。

第八部分

投资政策法规

中央企业境外投资监督管理暂行办法

国务院国有资产监督管理委员会令 第28号

2012年3月18日

第一条 为加强国务院国有资产监督管理委员会（以下简称国资委）履行出资人职责的企业（以下简称中央企业）境外投资监督管理，促进中央企业开展国际化经营，引导和规范中央企业境外投资活动，根据《中华人民共和国企业国有资产法》、《中华人民共和国公司法》和《企业国有资产监督管理暂行条例》等法律、行政法规，制定本办法。

第二条 本办法所称境外投资，是指中央企业及其各级独资、控股子企业（以下简称各级子企业）在我国境外以及香港特别行政区、澳门特别行政区和台湾地区的固定资产投资、股权投资等投资行为。

第三条 国资委依法对中央企业境外投资进行监督管理，督促中央企业建立健全境外投资管理制度，引导中央企业防范境外投资风险，指导中央企业之间加强境外投资合作，避免恶性竞争。

第四条 中央企业应当根据企业国际化经营战略需要制定境外投资规划，建立健全企业境外投资管理制度，提高决策质量和风险防范水平，组织开展定期审计，加强境外投资管理机构和人才队伍建设，加强对各级子企业境外投资活动的监督和指导。

中央企业各级子企业应当依法建立健全境外投资管理制度，严格遵守中央企业境外投资管理规定，加强境外投资决策和实施的管理。

第五条 境外投资应当遵循以下原则：

（一）符合国民经济和社会发展规划和境外投资产业政策；

（二）符合国有经济布局和结构调整方向；

（三）符合企业发展战略和国际化经营战略，突出主业，有利于提高企业的国际竞争力；

（四）投资规模与企业资产经营规模、资产负债水平、实际筹资能力和财务承受能力相适应；

（五）遵守投资所在国（地区）法律和政策，尊重当地习俗。

第六条 中央企业境外投资管理制度应当报国资委备案。境外投资管理制度应当包括下列主要内容：

（一）境外投资指导方针和原则；

（二）境外投资管理机构及其职责；

（三）境外投资决策程序和管理流程；

（四）境外投资风险管理制度；

（五）境外投资评价、考核、审计及责任追究制度；

（六）对所属企业境外投资的监督管理制度。

第七条 中央企业应当根据境外投资规划编制年度境外投资计划，并按照有关要求按时报送国资委。

年度境外投资计划应当包括下列主要内容：

（一）境外投资总规模、资金来源与构成；

（二）重点投资项目基本情况（包括项目背景、项目内容、股权结构、投资地点、投资额、融资方案、实施年限、风险分析及投资效益等）。

重点投资项目是指中央企业按照内部境外投资管理制度规定，由其最高投资决策机构研究决定的中央企业及其各级子企业投资的项目。

第八条　列入中央企业年度境外投资计划的主业重点投资项目，国资委实行备案。对境外投资项目有异议的，国资委应当及时向企业出具书面意见。

第九条　未列入中央企业年度境外投资计划，需要追加的主业重点投资项目，中央企业应在履行企业内部投资决策程序后报送国资委备案，对项目有异议的，国资委应当在20个工作日内向企业出具书面意见。

第十条　中央企业原则上不得在境外从事非主业投资。有特殊原因确需投资的，应当经国资委核准。中央企业应向国资委报送下列核准材料：

（一）申请核准非主业投资的请示；

（二）中央企业对非主业投资项目的有关决策文件；

（三）非主业投资项目可行性研究报告、尽职调查等相关文件；

（四）非主业投资项目风险评估、风险控制和风险防范报告；

（五）其他必要材料。

国资委依据相关法律、法规和国有资产监管规定，主要从非主业投资项目实施的必要性、对企业发展战略和主业发展的影响程度、企业投资承受能力和风险控制能力等方面予以审核，在20个工作日内出具书面意见。

第十一条　在重点投资项目实施过程中，出现项目内容发生实质改变、投资额重大调整和投资对象股权结构重大变化等重要情况时，中央企业应当及时报告国资委。

第十二条　根据国家境外投资管理有关规定，需要由国务院或国务院有关部门决定、批（核）准的境外投资项目，中央企业应当将有关报批文件同时抄送国资委。

第十三条　中央企业应严格执行内部决策程序，做好项目可行性研究、尽职调查，发挥境内外社会中介机构和财务、法律等专业顾问的作用，提高境外投资决策质量。

第十四条　中央企业应当加强境外投资风险管理，收集投资所在国（地区）风险信息，做好对风险的定性与定量评估分析，制定相应的防范和规避方案，加强风险预警，制定突发事件的应急预案和风险发生后的退出机制，做好风险处置。

第十五条　中央企业应当参照《中央企业固定资产投资项目后评价工作指南》（国资发规划［2005］92号）对境外投资实施后评价管理。

第十六条　境外投资形成产权的，中央企业应当按照有关规定加强境外产权管理工作。

第十七条　中央企业违反本办法的，国资委应当责令其改正；情节严重，致使企业遭受重大损失的，依照有关规定追究企业和相关责任人的责任。

第十八条　本办法自2012年5月1日起施行。

关于切实加强水利资金使用监督管理的意见

财农 [2012] 22号

财政部 水利部 2012年4月13日

各省、自治区、直辖市财政厅（局）、水利（水务）厅（局）：

水利改革发展是当前和今后一个时期财政支农投入的重点领域。确保水利资金安全有效使用，不仅关系到财政资金的使用效益，而且关系到水利改革发展的成败。加强水利资金使用监督管理，是坚持关口前移、防范在先、从源头上防止腐败的重要举措，既是一项重要而紧迫的工作，又是一项长期而艰巨的任务。为全面贯彻落实《中共中央国务院关于加快水利改革发展的决定》（中发[2011]1号）和中央水利工作会议精神，推进水利资金的科学化精细化管理，切实加强水利资金使用监督管理，现提出如下意见：

一、全面加强水利资金使用监督管理

（一）明确目标任务。各级财政、水利部门要充分认识加强水利资金使用监督管理的重要性和紧迫性，增强主动性和自觉性，从制度建设、预算管理、监督检查、廉政风险防控等各个方面，切实采取有效措施，全面加强水利资金使用监督管理。逐步形成完备的水利资金管理制度体系，将各级财政安排的水利资金全部纳入监督管理范围，建立健全廉政风险防控管理机制。建立多元化监督体系，实现水利资金运行管理全过程监督。通过强化监督管理，使水利资金管理基础工作明显加强，科学化精细化管理水平明显提升，水利资金使用效益明显提高，数据不实、支出缓慢、虚假立项、骗取套取、挤占挪用资金等违规违纪行为大幅减少，水利资金分配、使用、管理的廉政风险得到有效防范和化解。

（二）突出监督管理重点。全面加强各级各类水利资金使用监督管理，重点加强对资金规模大、涉及范围广、与民生密切相关的水利项目资金的监督管理，按照各项资金使用管理制度，突出抓好大江大河治理、病险水库除险加固、中小河流治理、农村饮水安全工程、大中型灌区续建配套和节水改造、小型农田水利建设、农村水电增效扩容改造、防汛抗旱救灾、山洪灾害防治、公益性水利工程维修养护、中央水利建设基金、水资源管理等中央和省级重大水利项目资金监督管理。

二、不断完善水利资金管理制度

（三）健全水利资金管理制度体系。按照“依法行政、依法理财”和预算资金管理的有关要求，全面加强水利资金管理制度建设，建立健全覆盖资金分配、拨付、使用和项目立项、设计、实施、验收、后续管理等环节在内的，整个资金运行全过程的管理制度体系，确保每项水利资金都有相应的资金管理制度。加强中央和地方水利资金管理制度的衔接，各地要根据中央部门颁布实施的水利资金管理制度有关要求制定相应的实施细则。鼓励各地因地制宜积极探索和创新资金管理方式，并将实践证明行之有效的做法制度化、规范化。

（四）推进水利资金绩效评价。加强水利部门预算支出绩效评价，扩大水利项目支出绩效评价范围，突出抓好对重大水利专项资金的绩效评价。强化评价结果的运用，逐步将评价结果与预算编制、资金安排和改进预算管理相结合，将评价结果作为预算安排的重要依据。对于绩效评价不合格的水利项目，视情况采取扣减或收回项目资金等措施。

三、切实加强水利资金预算管理工作

（五）加强水利资金预算编制管理。紧紧围绕水利改革发展的重点任务和中心工作，建立与部门机构正常运转和日常工作任务合理需要相适应的基本支出保障体系。全面加强水利资金管理基础工作，建立完善基础信息数据库，推进项目支出标准体系建设和项目库建设，做好项目前期工作和项目支出预算细化工作。编细、编实、编准年初预算，提高预算年初到位率，保障各项重点支出需求，并将预算编制与预算执行、结转结余情况相挂钩。

（六）加快水利资金预算执行进度。健全完善水利资金预算执行管理机制，采取目标管理、定期通报、重点分析等方式，在保证资金安全、规范、高效使用的基础上，加快水利资金预算执行进度，不断提高预算执行的均衡性和有效性。各地要按要求，提前做好水利项目规划、立项、设计、方案编制等前期准备工作，加快工作节奏，提高预算工作效率。

四、加强水利项目资金监督管理

（七）推动水利资金整合。科学编制各类水利规划，根据财力可能，合理确定投资规模。认真落实涉农资金整合工作要求，从预算编制环节对水利资金进行全面清理，依据规划对性质相同、用途相近、使用分散的水利专项资金进行归并；从预算执行环节建立健全沟通协商机制，通过建立联席会议、成立领导小组、建立决策协商制度和征求意见等多种方式，促进水利资金统筹使用和政策衔接配合。要把整合统筹农田水利建设资金作为当前水利资金整合的重点，明确部门分工，加强协调配合，统筹安排和集中使用资金，支持大规模建设旱涝保收高标准农田。

（八）严格项目申报管理。地方各级财政、水利部门要严格按照有关水利项目资金申报要求，在规定的时间内组织项目申报，规范审批程序，把好申报材料质量关，并共同对申报材料的真实性、准确性、可行性、合法性负责。各地要积极创新工作方法，采取竞争立项、差额推荐、自下而上申报等方式遴选水利项目，保证遴选的公正、公开和公平。各地有明确投入要求的水利项目，在项目资金申报时须经同级财政部门同意，并由财政、水利部门联合上报。各地要严格履行申报项目时提出的地方投入承诺，确保资金落实到位。对承诺投入不到位的，应当限期落实承诺资金；拒不落实的，采取扣减以后年度资金规模等方式进行追责。

中央基建投资安排的水利项目以及财政专项资金管理办法另有规定的，按其相关规定执行。

（九）加强项目资金使用管理。建立健全检查、抽查、验收、总结、考评等管理制度，对水利项目资金使用全过程进行有效监管。各级财政、水利部门要采取日常监督检查与专项监督检查相结合的方式，对水利项目建设、资金使用管理、施工进度和支付进度等情况加强检查监督。水利建设项目建设方案一经审批，不得擅自变更。水利项目应当执行政府采购法和招标投标法的相关规定，强化采购监督，强化水利项目建设监理工作，依据现行规程规范，严格实施监理程序。严格规范水利建设项目资金使用拨付程序，明确责任主体，加快拨付进度。大力推进国库集中支付制度，切实做到专款专用，严禁截留、滞留、转移、挪用资金。积极推行预算审查制和决算评审制。鼓励有条件的地方，引入专业机构参与项目管理与绩效评价。发挥乡镇财政就地就近实施监管的优势，对各级财政安排的水利资金，以及其他部门、渠道下达的水利资金实行全面监管，加强现场巡查、督查工作。

（十）强化项目建后管理。项目实施完毕后，要及时组织验收、竣工财务决算审核审批，抓好项目实施后的跟踪问效和绩效考评工作，检查、抽查、验收不合格的项目必须限期整改。坚持“建设与管护并重”的原则，建立水利设施运行管护长效机制，明确管护主体，落实管护责任，积极筹措管护经费，确保水利设施长久发挥效益。加强项目档案管理，提高项目管理的信息化水平。

（十一）形成多元化监督格局。推进水利工程建设项目信息公开和诚信体系建设，大力推行水利项目公示制度。通过电视、广播、报刊、网络、村务公开栏等多种形式，将水利项目遴选程序、遴选结果、建设内容、资金来源、招投标情况、资金使用、监督电话等情况进行全面公示。发挥财政监督的职能作用，主动接受各方面的监督，开展多种形式的监督检查，确保水利资金管理使用的安全、合规和有效。

（十二）严肃处理各类违规违纪问题。在各级各类检查中发现的，或被媒体曝光并核实的水利资金使用不规范、项目建设管理混乱等问题，一经核实，必须严肃处理和限期整改到位。水利资金使用管理中违反财政资金拨付和预算管理规定的，依照《财政违法行为处罚处分条例》（国务院令第427号）及有关法律、法规进行处理。

国务院关于进一步支持小型微型企业健康发展的意见

国发［2012］14号

2012年4月19日

各省、自治区、直辖市人民政府，国务院各部委、各直属机构：

小型微型企业在增加就业、促进经济增长、科技创新与社会和谐稳定等方面具有不可替代的作用，对国民经济和社会发展具有重要的战略意义。党中央、国务院高度重视小型微型企业的发展，出台了一系列财税金融扶持政策，取得了积极成效。但受国内外复杂多变的经济形势影响，当前，小型微型企业经营压力大、成本上升、融资困难和税费偏重等问题仍很突出，必须引起高度重视。为进一步支持小型微型企业健康发展，现提出以下意见。

一、充分认识进一步支持小型微型企业健康发展的重要意义

（一）增强做好小型微型企业工作的信心。各级政府和有关部门对当前小型微型企业发展面临的新情况、新问题要高度重视，增强信心，加大支持力度，把支持小型微型企业健康发展作为巩固和扩

大应对国际金融危机冲击成果、保持经济平稳较快发展的重要举措，放在更加重要的位置上。要科学分析，正确把握，积极研究采取更有针对性的政策措施，帮助小型微型企业提振信心，稳健经营，提高盈利水平和发展后劲，增强企业的可持续发展能力。

二、进一步加大对小型微型企业的财税支持力度

（二）落实支持小型微型企业发展的各项税收优惠政策。提高增值税和营业税起征点；将小型微利企业减半征收企业所得税政策，延长到2015年底并扩大范围；将符合条件的国家中小企业公共服务示范平台中的技术类服务平台纳入现行科技开发用品进口税收优惠政策范围；自2011年11月1日至2014年10月31日，对金融机构与小型微型企业签订的借款合同免征印花税，将金融企业涉农贷款和中小企业贷款损失准备金税前扣除政策延长至2013年底，将符合条件的农村金融机构金融保险收入减按3%的税率征收营业税的政策延长至2015年底。加快推进营业税改征增值税试点，逐步解决服务业营业税重复征税问题。结合深化税收体制改革，完善结构性减税政策，研究进一步支持小型微型企业发展的税收制度。

（三）完善财政资金支持政策。充分发挥现有中小企业专项资金的支持引导作用，2012年将资金总规模由128.7亿元扩大至141.7亿元，以后逐年增加。专项资金要体现政策导向，增强针对性、连续性和可操作性，突出资金使用重点，向小型微型企业和中西部地区倾斜。

（四）依法设立国家中小企业发展基金。基金的资金来源包括中央财政预算安排、基金收益、捐赠等。中央财政安排资金150亿元，分5年到位，2012年安排30亿元。基金主要用于引导地方、创业投资机构及其他社会资金支持处于初创期的小型微型企业等。鼓励向基金捐赠资金。对企事业单位、社会团体和个人等向基金捐赠资金的，企业在年度利润总额12%以内的部分，个人在申报个人所得税应纳税所得额30%以内的部分，准予在计算缴纳所得税税前扣除。

（五）政府采购支持小型微型企业发展。负有编制部门预算职责的各部门，应当安排不低于年度政府采购项目预算总额18%的份额专门面向小型微型企业采购。在政府采购评审中，对小型微型企业产品可视不同行业情况给予6%－10%的价格扣除。鼓励大中型企业与小型微型企业组成联合体共同参加政府采购，小型微型企业占联合体份额达到30%以上的，可给予联合体2%－3%的价格扣除。推进政府采购信用担保试点，鼓励为小型微型企业参与政府采购提供投标担保、履约担保和融资担保等服务。

（六）继续减免部分涉企收费并清理取消各种不合规收费。落实中央和省级财政、价格主管部门已公布取消的行政事业性收费。自2012年1月1日至2014年12月31日三年内对小型微型企业免征部分管理类、登记类和证照类行政事业性收费。清理取消一批各省（区、市）设立的涉企行政事业性收费。规范涉及行政许可和强制准入的经营服务性收费。继续做好收费公路专项清理工作，降低企业物流成本。加大对向企业乱收费、乱罚款和各种摊派行为监督检查的力度，严格执行收费公示制度，加强社会和舆论监督。完善涉企收费维权机制。

三、努力缓解小型微型企业融资困难

（七）落实支持小型微型企业发展的各项金融政策。银行业金融机构对小型微型企业贷款的增速不低于全部贷款平均增速，增量高于上年同期水平，对达到要求的小金融机构继续执行较低存款准备金率。商业银行应对符合国家产业政策和信贷政策的小型微型企业给予信贷支持。鼓励金融机构建立科学合理的小型微型企业贷款定价机制，在合法、合规和风险可控前提下，由商业银行自主确定贷款利率，对创新型和创业型小型微型企业可优先予以支持。建立小企业信贷奖励考核制度，落实已出台的小型微型企业金融服务的差异化监管政策，适当提高对小型微型企业贷款不良率的容忍度。进一步研究完善小企业贷款呆账核销有关规定，简化

呆账核销程序，提高小型微型企业贷款呆账核销效率。优先支持符合条件的商业银行发行专项用于小型微型企业贷款的金融债。支持商业银行开发适合小型微型企业特点的各类金融产品和服务，积极发展商圈融资、供应链融资等融资方式。加强对小型微型企业贷款的统计监测。

（八）加快发展小金融机构。在加强监管和防范风险的前提下，适当放宽民间资本、外资、国际组织资金参股设立小金融机构的条件。适当放宽小额贷款公司单一投资者持股比例限制。支持和鼓励符合条件的银行业金融机构重点到中西部设立村镇银行。强化小金融机构主要为小型微型企业服务的市场定位，创新金融产品和服务方式，优化业务流程，提高服务效率。引导小金融机构增加服务网点，向县域和乡镇延伸。符合条件的小额贷款公司可根据有关规定改制为村镇银行。

（九）拓宽融资渠道。搭建方便快捷的融资平台，支持符合条件的小企业上市融资、发行债券。推进多层次债券市场建设，发挥债券市场对微观主体的资金支持作用。加快统一监管的场外交易市场建设步伐，为尚不符合上市条件的小型微型企业提供资本市场配置资源的服务。逐步扩大小型微型企业集合票据、集合债券、集合信托和短期融资券等发行规模。积极稳妥发展私募股权投资和创业投资等融资工具，完善创业投资扶持机制，支持初创型和创新型小型微型企业发展。支持小型微型企业采取知识产权质押、仓单质押、商铺经营权质押、商业信用保险保单质押、商业保理、典当等多种方式融资。鼓励为小型微型企业提供设备融资租赁服务。积极发展小型微型企业贷款保证保险和信用保险。加快小型微型企业融资服务体系建设。深入开展科技和金融结合试点，为创新型小型微型企业创造良好的投融资环境。

（十）加强对小型微型企业的信用担保服务。大力推进中小企业信用担保体系建设，继续执行对符合条件的信用担保机构免征营业税政策，加大中央财政资金的引导支持力度，鼓励担保机构提高小型微型企业担保业务规模，降低对小型微型企业的担保收费。引导外资设立面向小型微型企业的担保机构，加快推进利用外资设立担保公司试点工作。积极发展再担保机构，强化分散风险、增加信用功能。改善信用保险服务，定制符合小型微型企业需求的保险产品，扩大服务覆盖面。推动建立担保机构与银行业金融机构间的风险分担机制。加快推进企业信用体系建设，切实开展企业信用信息征集和信用等级评价工作。

（十一）规范对小型微型企业的融资服务。除银团贷款外，禁止金融机构对小型微型企业贷款收取承诺费、资金管理费。开展商业银行服务收费检查。严格限制金融机构向小型微型企业收取财务顾问费、咨询费等费用，清理纠正金融服务不合理收费。有效遏制民间借贷高利贷化倾向以及大型企业变相转贷现象，依法打击非法集资、金融传销等违法活动。严格禁止金融从业人员参与民间借贷。研究制定防止大企业长期拖欠小型微型企业资金的政策措施。

四、进一步推动小型微型企业创新发展和结构调整

（十二）支持小型微型企业技术改造。中央预算内投资扩大安排用于中小企业技术进步和技术改造资金规模，重点支持小型企业开发和应用新技术、新工艺、新材料、新装备，提高自主创新能力、促进节能减排、提高产品和服务质量、改善安全生产与经营条件等。各地也要加大对小型微型企业技术改造的支持力度。

（十三）提升小型微型企业创新能力。完善企业研究开发费用所得税前加计扣除政策，支持企业技术创新。实施中小企业创新能力建设计划，鼓励有条件的小型微型企业建立研发机构，参与产业共性关键技术研发、国家和地方科技计划项目以及标准制定。鼓励产业技术创新战略联盟向小型微型企业转移扩散技术创新成果。支持在小型微型企业集聚的区域建立健全技术服务平台，集中优势科技资源，为小型微型企业技术创新提供支撑服务。鼓励

大专院校、科研机构和大企业向小型微型企业开放研发试验设施。实施中小企业信息化推进工程，重点提高小型微型企业生产制造、运营管理和市场开拓的信息化应用水平，鼓励信息技术企业、通信运营商为小型微型企业提供信息化应用平台。加快新技术和先进适用技术在小型微型企业的推广应用，鼓励各类技术服务机构、技术市场和研究院所为小型微型企业提供优质服务。

（十四）提高小型微型企业知识产权创造、运用、保护和管理水平。中小企业知识产权战略推进工程以培育具有自主知识产权优势小型微型企业为重点，加强宣传和培训，普及知识产权知识，推进重点区域和重点企业试点，开展面向小型微型企业的专利辅导、专利代理、专利预警等服务。加大对侵犯知识产权和制售假冒伪劣产品的打击力度，维护市场秩序，保护创新积极性。

（十五）支持创新型、创业型和劳动密集型的小型微型企业发展。鼓励小型微型企业发展现代服务业、战略性新兴产业、现代农业和文化产业，走“专精特新”和与大企业协作配套发展的道路，加快从要素驱动向创新驱动的转变。充分利用国家科技资源支持小型微型企业技术创新，鼓励科技人员利用科技成果创办小型微型企业，促进科技成果转化。实施创办小企业计划，培育和支持3000家小企业创业基地，大力开展创业培训和辅导，鼓励创办小企业，努力扩大社会就业。积极发展各类科技孵化器，到2015年，在孵企业规模达到10万家以上。支持劳动密集型企业稳定就业岗位，推动产业升级，加快调整产品结构和服务方式。

（十六）切实拓宽民间投资领域。要尽快出台贯彻落实国家有关鼓励和引导民间投资健康发展政策的实施细则，促进民间投资便利化、规范化，鼓励和引导小型微型企业进入教育、社会福利、科技、文化、旅游、体育、商贸流通等领域。各类政府性资金要对包括民间投资在内的各类投资主体同等对待。

（十七）加快淘汰落后产能。严格控制高污染、高耗能和资源浪费严重的小型微型企业发展，防止落后产能异地转移。严格执行国家有关法律法规，综合运用财税、金融、环保、土地、产业政策等手段，支持小型微型企业加快淘汰落后技术、工艺和装备，通过收购、兼并、重组、联营和产业转移等获得新的发展机会。

五、加大支持小型微型企业开拓市场的力度

（十八）创新营销和商业模式。鼓励小型微型企业运用电子商务、信用销售和信用保险，大力拓展经营领域。研究创新中国国际中小企业博览会办展机制，促进在国际化、市场化、专业化等方面取得突破。支持小型微型企业参加国内外展览展销活动，加强工贸结合、农贸结合和内外贸结合。建设集中采购分销平台，支持小型微型企业通过联合采购、集中配送，降低采购成本。引导小型微型企业采取抱团方式“走出去”。培育商贸企业集聚区，发展专业市场和特色商业街，推广连锁经营、特许经营、物流配送等现代流通方式。加强对小型微型企业出口产品标准的培训。

（十九）改善通关服务。推进分类通关改革，积极研究为符合条件的小型微型企业提供担保验放、集中申报、24小时预约通关和不实行加工贸易保证金台账制度等便利通关措施。扩大“属地申报，口岸验放”通关模式适用范围。扩大进出口企业享受预归类、预审价、原产地预确定等措施的范围，提高企业通关效率，降低物流通关成本。

（二十）简化加工贸易内销手续。进一步落实好促进小型微型加工贸易企业内销便利化相关措施，允许联网企业“多次内销、一次申报”，并可在内销当月内集中办理内销申报手续，缩短企业办理时间。

（二十一）开展集成电路产业链保税监管模式试点。允许符合条件的小型微型集成电路设计企业作为加工贸易经营单位开展加工贸易业务，将集成电路产业链中的设计、芯片制造、封装测试企业等全部纳入保税监管范围。

六、切实帮助小型微型企业提高经营管理水平

（二十二）支持管理创新。实施中小企业管理提升计划，重点帮助和引导小型微型企业加强财务、安全、节能、环保、用工等管理。开展企业管理创新成果推广和标杆示范活动。实施小企业会计准则，开展培训和会计代理服务。建立小型微型企业管理咨询服务制度，支持管理咨询机构和志愿者面向小型微型企业开展管理咨询服务。

（二十三）提高质量管理水平。落实小型微型企业产品质量主体责任，加强质量诚信体系建设，开展质量承诺活动。督促和指导小型微型企业建立健全质量管理体系，严格执行生产许可、经营许可、强制认证等准入管理，不断增强质量安全保障能力。大力推广先进的质量管理理念和方法，严格执行国家标准和进口国标准。加强品牌建设指导，引导小型微型企业创建自主品牌。鼓励制定先进企业联盟标准，带动小型微型企业提升质量保证能力和专业化协作配套水平。充分发挥国家质检机构和重点实验室的辐射支撑作用，加快质量检验检疫公共服务平台建设。

（二十四）加强人力资源开发。加强对小型微型企业劳动用工的指导与服务，拓宽企业用工渠道。实施国家中小企业银河培训工程和企业经营管理人才素质提升工程，以小型微型企业为重点，每年培训50万名经营管理人员和创业者。指导小型微型企业积极参与高技能人才振兴计划，加强技能人才队伍建设工作，国家专业技术人才知识更新工程等重大人才工程要向小型微型企业倾斜。围绕《国家中长期人才发展规划纲要（2010—2020年）》确定的重点领域，开展面向小型微型企业创新型专业技术人才的培训。完善小型微型企业职工社会保障政策。

（二十五）制定和完善鼓励高校毕业生到小型微型企业就业的政策。对小型微型企业新招用高校毕业生并组织开展岗前培训的，按规定给予培训费补贴，并适当提高培训费补贴标准，具体标准由省级财政、人力资源和社会保障部门确定。对小型微型企业新招用毕业年度高校毕业生，签订1年以上劳动合同并按时足额缴纳社会保险费的，给予1年的社会保险补贴，政策执行期限截至2014年底。改善企业人力资源结构，实施大学生创业引领计划，切实落实已出台的鼓励高校毕业生自主创业的税费减免、小额担保贷款等扶持政策，加大公共就业服务力度，提高高校毕业生创办小型微型企业成功率。

七、促进小型微型企业集聚发展

（二十六）统筹安排产业集群发展用地。规划建设小企业创业基地、科技孵化器、商贸企业集聚区等，地方各级政府要优先安排用地计划指标。经济技术开发区、高新技术开发区以及工业园区等各类园区要集中建设标准厂房，积极为小型微型企业提供生产经营场地。对创办三年内租用经营场地和店铺的小型微型企业，符合条件的，给予一定比例的租金补贴。

（二十七）改善小型微型企业集聚发展环境。建立完善产业集聚区技术、电子商务、物流、信息等服务平台。发挥龙头骨干企业的引领和带动作用，推动上下游企业分工协作、品牌建设和专业市场发展，促进产业集群转型升级。以培育农村二、三产业小型微型企业为重点，大力发展县域经济。开展创新型产业集群试点建设工作。支持能源供应、排污综合治理等基础设施建设，加强节能管理和“三废”集中治理。

八、加强对小型微型企业的公共服务

（二十八）大力推进服务体系建设。到2015年，支持建立和完善4000个为小型微型企业服务的公共服务平台，重点培育认定500个国家中小企业公共服务示范平台，发挥示范带动作用。实施中小企业公共服务平台网络建设工程，支持各省（区、市）统筹建设资源共享、服务协同的公共服务平台网络，建立健全服务规范、服务评价和激励机制，调动和优化配置服务资源，增强政策咨询、创业创新、知识产权、投资融资、管理诊断、检验检测、人才培训、市场开拓、财务指导、信息化服务等各

类服务功能，重点为小型微型企业提供质优价惠的服务。充分发挥行业协会（商会）的桥梁纽带作用，提高行业自律和组织水平。

（二十九）加强指导协调和统计监测。充分发挥国务院促进中小企业发展工作领导小组的统筹规划、组织领导和政策协调作用，明确部门分工和责任，加强监督检查和政策评估，将小型微型企业有关工作列入各地区、各有关部门年度考核范围。统计及有关部门要进一步加强对小型微型企业的调查统计工作，尽快建立和完善小型微型企业统计调查、监测分析和定期发布制度。

各地区、各部门要结合实际，研究制定本意见的具体贯彻落实办法，加大对小型微型企业的扶持力度，创造有利于小型微型企业发展的良好环境。

环境保护部基本建设项目管理办法

环办［2012］67号

环保部　2012年4月20日

第一章　总　则

第一条　为加强基本建设项目管理，规范建设程序，提高决策水平和投资效益，根据国家固定资产投资和基本建设项目管理的有关要求，结合我部实际情况，制定本办法。

第二条　本办法适用于部机关及部属事业单位。

第三条　基本建设项目由规划财务司归口管理，负责权限范围内的基本建设项目申报审批工作。驻部纪检监察和其他有关部门，依据职责分工，对基本建设项目进行监督检查。

第四条　基本建设项目实行审批制，包括审批项目建议书、可行性研究报告、初步设计。总投资估算在100万元及以上的新建、改建、扩建、单纯购置等国家规定纳入基本建设投资范围的建设项目，应编制项目建议书、可行性研究报告、初步设计。

第五条　投资3000万元及以上基本建设项目的建议书、可行性研究报告、初步设计（概算），经我部初审后报国家发展改革委审批；3000万元以下基本建设项目的建议书、可行性研究报告由部规划财务司组织审批，其初步设计（概算）报国家发展改革委审批。

部属事业单位办公楼建设项目，经我部初审后报国家发展改革委审批。

第二章　项目申报审批

第六条　根据相关规划，我部建立基本建设项目储备库。有基本建设任务的相关单位（以下简称“项目单位”）应按照国家有关规定，做好基本建设项目的前期工作，并申报纳入我部基本建设项目储备库。

第七条　项目单位应委托具备乙级及以上资质的工程咨询机构，编制项目建议书、可行性研究报告和初步设计，与申报文件一并报送我部。

（一）项目建议书：项目单位根据国家相关规划、行业政策和自身发展需求，编制项目建议书。其主要内容包括：项目建设的必要性、拟建地点、拟建规模、投资估算、资金筹措以及经济、社会、环境效益分析等。

（二）可行性研究报告：项目建议书批准后，项目单位应编制可行性研究报告，其主要内容包括：项目概况、建设的必要性、选址及建设条件、规模及内容、工程技术方案、环境影响评价、消防、职业安全卫生和能源节约评价、投资估算及资金来源、经济和社会效益分析、建设周期和工程进度安排等。落实各项建设和运行保障条件，并按有关规定取得相关许可、审查意见。

（三）初步设计（含概算）：可行性研究报告批准后，应对建设项目技术方案、工程方案的可靠性和投资规模的合理性进行优化和细化。初步设计应符合国家有关规定和可行性研究报告批复文件的有关要求。

第八条 投资概算超过可行性研究报告批准的估算总投资百分之十，或建设单位、建设性质、建设地点、建设规模、技术方案等发生重大变更的项目，应重新编制和报批可行性研究报告。

第九条 根据项目具体情况和审批权限，规划财务司委托具备相应资质的工程咨询机构对项目建议书、可行性研究报告和初步设计文件进行评审，根据评审意见，对项目进行初审或审批。

总投资估算在300万元以下的项目，可直接编制初步设计或实施方案。

第三章 项目实施和监管

第十条 基本建设项目实行项目法人责任制。项目法人对项目建设的程序、质量、安全、进度、资金使用（结算）、决算和竣工等全过程负责。项目法人应根据项目的实际情况组建项目实施机构，建立项目管理制度。

第十一条 基本建设项目执行招投标制。项目单位应按照《中华人民共和国招标投标法》、《中华人民共和国政府采购法》等有关管理规定，对工程勘察、设计、监理、施工、材料设备采购等进行招标。

第十二条 基本建设项目执行工程监理制。按照有关规定，项目单位应委托具有相应资质的监理单位对建设工程进行监理。

第十三条 基本建设项目实行合同管理制。项目单位应与编制可行性研究报告、初步设计、施工单位及材料设备供应商等订立书面合同，约定双方的权利和义务，严格履行合同。

第十四条 项目单位应依法办理相关开工手续。基本建设项目开工应具备下列条件：

（一）已按批准的项目初步设计完成施工图设计；

（二）年度投资计划和建设资金已经落实；

（三）项目施工单位和监理单位已确定；

（四）已取得属地建设主管部门核发的建设工程施工许可证。

第十五条 建立项目建设情况报告制度。项目单位应于每年6月和12月将项目进展情况报规划财务司。

第十六条 项目单位在基本建设财务管理中应单独建账、独立核算、专人管理，专款专用，不得挪用项目建设资金。违反规定使用项目资金的，按照《财政违法行为处罚处分条例》（国务院令第427号）及相关法律法规，追究有关单位及其责任人的责任。

第十七条 项目单位应根据工程项目签订的各项合同和工程洽商协议等，经委托中介机构审核确认后，及时与施工等单位进行工程结算。

第十八条 项目单位应在项目竣工后三个月内完成竣工财务决算编制工作，并报规划财务司，或由规划财务司转报财政部门组织竣工财务决算审批。

第十九条 项目单位应按照国家档案管理的有关规定，做好项目档案管理工作。项目竣工验收前，应进行项目档案验收。

第二十条 项目建成后，项目单位应及时组织设计、施工、工程监理等有关单位进行单项工程验收，并按有关规定，办理项目竣工验收备案手续。

项目单位在完成项目单项验收后，应报请项目审批部门组织竣工验收，或由项目审批部门委托组织竣工验收。

建设项目竣工验收合格后，项目单位应及时组织基建、财务、行政等部门办理固定资产移交和落户手续，交付使用。

第四章　附　则

第二十一条　除以上各项规定外，项目单位还应根据所在属地有关管理规定，办理各阶段相关手续。

第二十二条　利用自筹资金建设的基本建设项目，适用本办法。

部属社会团体基本建设管理，参照本办法执行。

第二十三条　本办法自发布之日起施行。《国家环境保护总局基本建设项目管理办法》（环发［1999］266号）同时废止。

关于进一步加强和改进建设项目用地预审工作的通知

国土资发［2012］74号

国土资源部　2012年5月1日

各省、自治区、直辖市国土资源主管部门，新疆生产建设兵团国土资源局，解放军土地管理局，各派驻地方的国家土地督察局，部有关直属单位，机关各司局：

建设项目用地预审（以下简称用地预审）制度实施以来，在严格执行土地利用总体规划、加强土地政策与产业政策的协同配合等方面发挥了重要作用，有力地促进了土地用途管制制度的落地，促进了耕地保护和节约集约用地，促进了国家宏观调控政策的有效落实。但是，随着土地使用制度改革和投资管理体制改革的不断深入，用地预审工作中也出现了一些新情况、新问题，预审内容有待进一步深化，与项目审批（核准、备案）以及建设用地审批、供应之间的衔接有待进一步加强，跟踪监管有待进一步强化。为了适应深化改革和规范管理的需要，经研究，现就进一步加强和改进用地预审工作通知如下：

一、切实发挥用地预审的前置把关作用

（一）严格执行用地预审相关法律政策规定。用地预审是《土地管理法》确立的一项基本管理制度，是实施土地利用总体规划、严格土地用途管制的一项基本政策工具，也是国家基本建设管理程序的必要环节。《国务院关于深化改革严格土地管理的决定》（国发[2004]28号）明确要求："项目建设单位向发展改革等部门申报核准或审批建设项目时，必须附国土资源部门预审意见；没有预审意见或预审未通过的，不得核准或批准建设项目"。

《建设项目用地预审管理办法》（国土资源部令第42号，以下简称《预审办法》），对用地预审的依据、内容、程序和效力等作出了全面系统的规定。各级国土资源管理部门必须进一步提高对用地预审工作必要性和重要性的认识，坚持依法行政，严格预审管理，确保用地预审制度真正落实。

（二）深化对用地预审内容的实质性审查。按照深化土地审批制度改革的要求，进一步做好用地预审与建设用地审批内容的衔接，既避免重复审查、提高审批效率，又更好地发挥用地预审的前置把关作用。要加强对预审内容的实质性审查，进一步做好对拟建项目选址、用地规模、占地类型、补充耕地初步方案等内容的审查，确保耕地保护和节约集约用地各项政策要求的落实；强化对建设项目征地补偿费标准的审查，切实维护被征地农民的合法权益；加强对矿山项目等土地复垦资金落实情况的审查，促进矿山环境恢复治理和生态环境保护。需在用地预审阶段提交地质灾害危险性评估报告和压覆重要矿产资源证明材料的，要做好对有关内容的审查把关。

（三）强化现场踏勘和专家论证。按照《关于在建设项目用地预审中做好实地踏勘和论证工作有关问题的通知》（国土资厅发[2008]41号）要求，对纳入论证范围的建设项目，要严格论证程序、突出论证重点、保证论证质量，把保护耕地和节约用地作为建设方案比选的重要内容，防止为降低投资成本等而占用大量耕地特别是基本农田。要强化前期介入，引导建设项目统筹规划、科学选址、节约用地，不占或少占耕地。要坚持专家论证与行政审查相分离的原则，确保专家论证意见的独立性、公正性和严肃性，更好地发挥专家咨询作用。

二、严格规范经营性和工业项目用地预审管理

（四）严格实行经营性和工业项目用地前置预审。经营性和工业项目，应按照《土地管理法》和《预审办法》的有关规定进行用地预审。预审意见由项目审批（核准、备案）部门同级的国土资源主管部门出具，预审意见提出的有关要求，作为土地出让条件纳入招拍挂方案，履行招拍挂程序后，由取得土地使用权人严格落实。

（五）规范经营性和工业项目用地预审。各级国土资源主管部门要严格执行前置预审规定，规范经营性和工业项目用地预审申请主体、办理程序和有关内容等，做好项目用地预审与招拍挂出让供地的衔接。严禁以土地招拍挂出让为名，规避用地预审；严禁以先行签订土地出让合同、核发土地使用证等代替用地预审意见。

三、认真做好用地预审与项目审批（核准、备案）的衔接

（六）依建设项目管理权限做好用地预审。需人民政府或有批准权的人民政府投资主管部门审批（核准、备案）的建设项目，由该人民政府的国土资源管理部门负责用地预审。对部有关政策性文件明确的项目用地委托预审事宜，实行一事一报制度，由省级国土资源主管部门向部提出对单个项目进行授权委托申请，经研究同意授权并出具委托函后，由省级国土资源主管部门对项目进行用地预审，用地预审意见报部备案。

（七）严格执行建设项目前期告知有关规定。按照国发[2004]28号文件的规定，对符合国家产业政策和供地政策，已纳入同级政府或投资主管部门批准的行业规划等，投资主管部门有明确意见需加快推进的建设项目，各级国土资源主管部门应按照严格规范管理、积极主动服务的要求，指导建设单位按要求组织用地预审报件，符合相关规定和要求的，及时出具用地预审意见。对未纳入行业规划的项目，申请用地预审时必须取得同级投资主管部门开展前期工作的书面告知意见，未取得书面告知意见的，各级国土资源主管部门不得受理用地预审申请。

（八）切实落实用地预审意见的前置把关要求。建设项目使用土地，必须严格按照有关规定申请用地预审，未经预审或预审未通过的，不得申请审批（核准）项目，不得申请建设用地审批。不

涉及新增用地，在已批准的建设用地范围内进行改（扩）建的项目，报投资主管部门审批（核准）时，可以不进行用地预审。本通知下发前，通过招拍挂方式取得土地使用权，并已取得地方政府颁发的土地使用证的，报投资主管部门审批（核准）项目时，可以不再补办用地预审手续。

四、加强建设项目用地预审的在线备案和跟踪监管

（九）严格执行用地预审在线备案制度。各级国土资源主管部门完成用地预审后，必须通过网络在线备案系统实时逐级上报，经省级国土资源主管部门汇总审核后，在线报部备案。同时抄送相关派驻地方的国家土地督察局。对未按要求及时报部备案的省份，部暂停受理其报部用地预审的项目。

（十）加强用地预审跟踪监管。用地预审意见是项目审批（核准）的前置条件，也是建设用地审批的重要依据。预审意见提出的相关要求，在建设用地审批环节必须加以落实。各级国土资源主管部门应在建设用地审批的审查环节，进一步加大对预审意见落实情况的审核力度，对未能落实预审意见提出的要求的，不得通过审核，必要时应当组织专家论证。为进一步加强用地预审和建设用地审批的衔接，切实发挥用地预审的前置把关作用，部将不定期抽查各地用地预审制度的执行情况，国家土地督察机构将其纳入督察范围，对未按规定进行用地预审和用地预审意见落实不到位的，将依据有关规定严肃处理。

关于安排政府性资金对民间投资主体同等对待的通知

发改投资［2012］1580号

国家发展改革委　财政部　2012年6月1日

国务院有关部门、直属单位，各省、自治区、直辖市及计划单列市发展改革委、财政厅，新疆生产建设兵团发展改革委、财务局：

《国务院关于鼓励和引导民间投资健康发展的若干意见》（国发[2010]13号）规定，各级人民政府有关部门安排的政府性资金，包括财政预算内投资、专项建设资金、创业投资引导资金，以及国际金融组织贷款和外国政府贷款等，要明确规则、统一标准，对包括民间投资主体在内的各类投资主体同等对待。为了做好贯彻落实工作，现将有关要求通知如下：

一、充分认识鼓励和引导民间投资健康发展的重要意义

改革开放以来，我国民间投资迅速发展壮大，目前已经占到全社会固定资产投资的60%以上，在促进市场繁荣、提供就业岗位、推进结构调整、增强经济活力等方面都发挥着重要作用，成为推动国民经济平稳较快发展的积极力量。

各地方、各部门要从坚持和完善社会主义初级阶段基本经济制度的高度出发，充分认识鼓励和引导民间投资健康发展的重要意义，对符合政府性资金支持方向的民间投资主体同等对待，鼓励和引导民间资本参与公共服务、基础设施和扶贫开发等领域的投资。

二、明确安排政府性资金支持民间投资发展的主要方式

各地方、各部门在安排财政预算内投资和专项建设资金时，根据法律法规和有关政策规定，对于符合条件的民间投资项目，主要采取投资补助、贷款贴息等方式予以支持，资金的财务管理按照国家有关规定执行。

各地方、各部门在安排创业投资引导基金时，对于在中国境内设立、依照国家有关规定备案、包括民间投资在内的各类创业投资企业，均可以采用参股、融资担保和跟进投资等方式进行扶持。要坚持市场化运作，通过与社会资本共同发起设立创业投资企业等方式，积极引导民间投资。

国务院有关部门按照国家相关规定安排国际金融组织和外国政府贷款。符合贷款条件的民间投资项目，可按规定程序申请使用国际金融组织和外国政府贷款，由财政部门和转贷银行进行转贷。

三、安排政府性资金要对民间投资主体同等对待

各地方、各部门在安排政府性资金时，要根据法律法规和有关政策规定，明确规则、统一标准，对民间投资主体同等对待，不得单独对民间投资主体设置附加条件。

与政府性资金管理和使用有关的规章制度、标准定额、发展规划、产业政策等，要按照《中华人民共和国政府信息公开条例》要求予以公开，便于民间投资主体准确获取相关信息。

各地方、各部门要依照政府性资金管理的相关规定，对各类投资主体提出的政府性资金申请进行认真审核。审核内容、审核标准、审核程序、审核规则等方面的具体要求应一视同仁。对于符合有关规定、通过审核的民间投资项目，在安排政府性资金时不得歧视。

四、加强政府性资金的监督管理

各地方、各部门要加强监督管理，督促各类投资主体认真执行政府性资金管理的各项规定，确保政府性资金使用的规范、安全、有效。各级发展改革、财政等部门依据职能分工，对使用政府性资金的项目进行监督检查。使用政府性资金要依法接受审计、监察等部门的监督。

各地方、各部门要认真贯彻落实《国务院关于鼓励和引导民间投资健康发展的若干意见》（国发[2010]13号）和本通知要求，抓紧制订和修改完善本地区、本部门负责安排的政府性资金具体管理办法，明确规则、统一标准、同等对待、公开透明，为民间投资健康发展创造良好环境。

关于鼓励和引导民营企业积极开展境外投资的实施意见

发改外资［2012］1905号

国家发展改革委 外交部 工业和信息化部 财政部 商务部 人民银行 海关总署 工商总局 质检总局 银监会 证监会 保监会 外汇局

2012年6月29日

当前我国正处于民营企业境外投资加快发展的重要阶段。为贯彻落实《国务院关于鼓励和引导民间投资健康发展的若干意见》（国发[2010]13号），充分发挥民营企业在境外投资中的重要作用，引导民营企业更好地利用“两个市场、两种资源”，加快提升国际化经营水平，推进形成我国民间资本参与国际合作竞争的新优势，推动民营企业境外投资又好又快发展，现提出以下实施意见：

一、大力加强对民营企业境外投资的宏观指导

（一）加强规划指导和统筹协调。充分发挥民营企业在境外投资中的重要作用，结合贯彻落实“十二五”规划和国务院办公厅转发发展改革委等部门关于加快培育国际合作竞争新优势的指导意见，引导民营企业有重点、有步骤地开展境外投资。加强跨部门的沟通协调，对民营企业开展境外投资进行专题研究，协调解决民营企业开展境外投资的重大问题。

（二）做好境外投资的投向引导。完善境外投资产业和国别导向政策，支持国内有条件的民营企业通过多种方式到具备条件的国家和地区开展境外能源资源开发，加强民营企业境外高新技术和先进制造业投资，促进国内战略性新兴产业发展，推动国内产业转型升级和结构调整。支持有实力的民营企业积极开展境外基础设施、农业和服务业投资合作。支持有条件的民营企业“走出去”建立海外分销中心、展示中心等营销网络和物流服务网络，鼓励和引导民营企业利用国际营销网络、使用自有品牌加快开拓国际市场。

（三）促进企业提高自主决策水平。引导民营企业根据国家经济发展需要和自身发展战略，按照商业原则和国际通行规则开展优势互补、互利共赢的境外投资活动。指导民营企业认真做好境外投资风险防范工作，积极稳妥开展境外投资。

（四）指导民营企业规范境外经营行为。加强民营企业境外投资企业文化建设，引导境外投资企业遵守当地法律法规，注重环境资源保护，尊重当地社会习俗，保障当地员工的合法权益，履行必要的社会责任。鼓励民营企业积极开展公共外交活动，加强对外沟通交流，树立中国企业依法经营、

重信守诺、服务社会的良好形象。引导企业加强境外投资的协调合作，避免无序竞争和恶意竞争。

二、切实完善对民营企业境外投资的政策支持

（五）落实和完善财税支持政策。充分发挥现行专项政策的作用，加大对民营企业的支持力度。积极落实好企业境外缴纳所得税税额抵免政策，鼓励民营企业开展境外投资。

（六）加大金融保险支持力度。鼓励国内银行为民营企业境外投资提供流动资金贷款、银团贷款、出口信贷、并购贷款等多种方式信贷支持，积极探索以境外股权、资产等为抵（质）押提供项目融资。推动保险机构积极为民营企业境外投资项目提供保险服务，创新业务品种，提高服务水平。拓展民营企业境外投资的融资渠道，支持重点企业在境外发行人民币和外币债券，鼓励符合条件的企业在境内外资本市场上市融资，指导和推动有条件的企业和机构成立涉外股权投资基金，发挥股权投资基金对促进企业境外投资的积极作用。

（七）深化海关通关制度改革。推动建立以企业分类管理和风险处置为基础的通关作业新模式，对符合条件的高资信民营企业的货物办理快速验放手续。深入推进区域通关一体化建设，研究扩大"属地申报，口岸验放"通关模式适用范围。调整海关相关作业制度和作业流程，推动监管证件联网核查，逐步建立起口岸部门间信息共享、联合监管的合作机制，启动通关作业无纸化改革试点工作。

三、简化和规范对民营企业境外投资的管理

（八）健全境外投资法规制度。根据境外投资形势需要，抓紧研究制定境外投资领域专门法规，完善现行有关境外投资管理的部门规章，加强部门规章的统筹与协调，积极引导民营企业开展境外投资，继续扩大人民币在企业境外投资中的使用。

（九）简化和改善境外投资管理。根据国务院关于投资体制改革的精神，结合民营企业境外投资发展新情况、新形势，简化审核程序，进一步推进境外投资便利化。

（十）改进和完善外汇管理政策。采取综合措施提升境外投资外汇汇出便利化水平。取消境外放款购付汇核准，企业办理相关登记手续后直接在银行办理资金购付汇。实行境外直接投资中债权投资与股权投资分类登记，为民营企业债权投资资金回流提供方便。为便于民营企业的境外关联公司获得融资，在境内机构提供对外担保时，允许与担保当事人存在直接利益关系的境内个人为该笔担保项下债务提供共同担保。

四、全面做好民营企业境外投资的服务保障

（十一）提升经济外交服务水平。加强外交工作为民营企业境外投资的服务和保障，积极利用多双边高层交往和对话磋商机制，创造民营企业境外投资有利的政治环境。驻外机构要加强与国内主管部门的沟通与配合，加强对当地中资企业的信息服务、风险预警和领事保护，积极帮助企业解决境外投资中遇到的困难和问题。继续推进与有关国家的领事磋商和领事条约谈判，进一步商签便利企业人员往来的签证协定，促进民营企业境外投资相关人员出入境便利化。

（十二）健全多双边投资保障机制。充分发挥好目前我国与有关国家和地区已签署的双边投资保护协定、避免双重征税协定以及其他投资促进和保障协定作用，进一步扩大商签双边投资保护协定和避免双重征税协定的国家范围，为民营企业境外投资合作营造稳定、透明的外部环境。加强与有关重点国家的投资合作和对话机制建设，积极为民营企业境外投资创造有利条件和解决实际问题。指导民营企业应对海外反垄断审查和诉讼。

（十三）提高境外投资通关服务水平。研究引入专业担保公司、机构参与提供海关税费担保，减轻民营企业融资困难。积极推广和优化全国海关税费电子支付系统，为民营企业提供准确、快捷、方便的税费网上缴纳和纳税期限内14 天的银行担保服务。继续加大出口绿色通道和直通放行制度推广力度，使更多的民营企业享受绿色通道和直通放行制

度带来的便利。全面推进检验检疫信息化建设和检验检疫窗口标准化建设，进一步提高办事效率和服务水平。

（十四）全面提升信息和中介等服务。有关部门定期发布对外投资合作国别（地区）投资环境和产业指引，帮助民营企业了解投资目标国的政治、经济、法律、社会和人文环境及相关政策。以现有各类工业园区、产业集聚区和国家新型工业化产业示范基地等为依托，充分发挥现有各类公共服务平台的作用，强化为民营企业境外投资合作的综合服务。支持行业商（协）会积极发挥境外投资服务和促进作用。积极发挥境外中介机构作用，大力培育和支持国内中介机构。鼓励国内各类勘测、设计、施工、装备企业和认证认可机构为民营企业境外投资提供技术服务和支持。

（十五）引导民营企业实施商标国际化战略。引导民营企业通过品牌培育争创驰名商标、著名商标，切实加强对商标专用权的保护。加强对民营企业马德里国际商标注册的指导、宣传和培训，引导民营企业增强商标国际注册和保护意识，开展国际认证。建立健全海外商标维权机制，畅通海外维权投诉和救助渠道。加强商标国际注册统计工作，建立商标国际注册和维权数据库。

五、加强风险防范，保障境外人员和资产安全

（十六）健全境外企业管理机制。境内投资主体要加强对境外投资企业的监督和管理，健全内部风险防控制度，加强对境外企业在资金调拨、融资、股权和其他权益转让、再投资及担保等方面的约束和监督，加强对境外员工的安全教育和所在国法律法规、文化风俗等知识培训，防范境外经营和安全风险。

（十七）完善重大风险防范机制。有关部门进一步建立健全国别重大风险评估和预警机制，加强动态信息收集和反馈，及时警示和通报有关国家政治、经济和社会重大风险，提出应对预案，采取有效措施化解风险。在境外民营企业遭受重大损失时，通过法律、经济、外交等手段切实维护合法权益。

（十八）强化境外人员和财产安全保障。发挥境外中国公民和机构安全保护工作部际联席会议机制的作用，完善境外安全风险预警机制和突发安全事件应急处理机制，及时妥善解决和处置各类安全问题。提高民营企业安全意识和保障能力。加强境外安全生产监管工作。

以上实施意见自发布之日起施行。

循环经济发展专项资金管理暂行办法

财建［2012］616号

财政部　国家发展改革委　2012年7月20日

第一章　总则

第一条　为规范循环经济发展专项资金管理，提高财政资金使用效益，根据《中华人民共和国循环经济促进法》、《中华人民共和国预算法》等法律法规，制定本办法。

第二条　本办法所称循环经济发展专项资金（以下简称专项资金），是指为促进循环经济发展，提高资源利用效率，保护和改善环境，实现可持续发展，由中央财政预算安排的，专项用于支持循环经济重点工程和项目的实施、循环经济技术和产品的示范与推广、循环经济基础能力建设等方面的财政专项资金。

第三条　专项资金由财政部会同国务院循环经济发展综合管理等有关主管部门按照职责分工共同管理，各司其职，各负其责。

第四条　专项资金的使用和安排应当坚持以下原则：

（一）坚持充分发挥市场基础性作用与政府引导相结合。尊重市场经济规律，通过引导、示范、培育市场等方式，调动全社会的积极性。

（二）坚持创新财政资金支持方式。找准循环经济发展薄弱环节和突出问题，并根据每个环节的特点，分别采取不同的支持方式。

（三）坚持集中财力，重点突破。通过机制创新，将专项资金的使用和其他专项资金衔接起来，发挥财政资金合力作用。

（四）坚持“科学、公开、公正”，并接受社会监督。

第二章　专项资金支持范围

第五条　专项资金支持的重点工作和范围包括：

（一）国家“城市矿产”示范基地建设。本办法所称“城市矿产”是指工业化和城镇化过程中产生和蕴藏在废旧机电设备、电线电缆、通讯工具、汽车、家电、电子产品、金属和塑料包装物以及废料中，可循环利用的钢铁、有色金属、稀贵金属、塑料、橡胶、玻璃等资源，其利用量相当于原生矿产资源。

1．示范基地的“城市矿产”资源新增加工处理能力（含改造）建设。

2．示范基地内的基础设施和公共服务平台建设。

3．示范基地“城市矿产”资源回收体系建设。

（二）餐厨废弃物资源化利用和无害化处理。

1．餐厨废弃物收运体系建设。

2．资源化利用和无害化处理项目建设。

3．能力建设。包括电子信息管理平台、监测系统等。

（三）园区循环化改造示范。

1．循环化改造的关键补链项目构建。

2．公共服务设施建设。

（四）再制造。本办法所称再制造是指对废旧汽车零部件、工程机械、机床等进行专业化修复的批量化生产过程，再制造产品达到与原有产品相同的质量和性能。

重点支持可再制造技术进步、旧件回收体系建设、再制造产品推广及产业化发展等。

（五）清洁生产技术示范推广。

1．技术推广应用。重点支持能够显著提升企业清洁生产水平的成熟、先进、适用清洁生产技术的推广应用。

2．技术应用示范。重点支持对行业整体清洁生产水平影响较大，具有推广应用前景，但尚未实现突破的共性、关键技术应用示范。

（六）循环经济（含清洁生产，下同）基础能力建设。

1．循环经济法规、规划及政策研究。

2．循环经济相关标准制定、目录编制。

3．循环经济发展宣传教育、组织动员等。

4．循环经济管理信息系统建设。

5．循环经济发展综合评价与统计体系和规划、方案、项目评审及考核、验收等。

（七）国务院循环经济发展综合管理部门、财政部协商确定的其他重点工作。

第六条　对中央基建投资、中央财政节能减排专项资金等已支持的重点工作（工程）或项目，专项资金不再予以支持。

第三章　专项资金的支持方式

第七条　对循环经济的重点工作，专项资金采取不同的方式予以支持。

第八条　支持国家“城市矿产”示范基地建设的专项资金，采取预拨与清算相结合的综合财政补助方式。

（一）地方政府根据国家发展改革委、财政部要求，以及当地“城市矿产”资源情况提出示范基地建设方案（实施期原则上不超过5年）。

（二）国家发展改革委、财政部按规定对地方政府提出的方案进行论证并批复。对已批复的方案，地方政府与两部委签订承诺书并具体组织实施。

（三）财政部、国家发展改革委根据方案，以新增“城市矿产”资源集聚利用量为依据，并参考再生资源利用成本及市场售价测算核定补助资金，总额不超过新增投资额的一定比例。补助资金由地方政府按照国家发展改革委、财政部批复的有关实施方案统筹使用，专项用于“城市矿产”示范基地建设，资金使用方案及其调整情况需报两部委备案。

（四）承诺书签订后，中央财政按补助资金的50%拨付启动资金，5年内再生资源利用量已超过建设方案中设定目标90%以上的，由地方政府提出考核和余款拨付申请，国家发展改革委、财政部组织考核，考核合格的拨付余款；不合格的不予拨付余款并扣回部分已拨付补助资金。3年内工作无实质进展的，将已拨付补助资金全部扣回。

第九条　支持餐厨废弃物资源化利用和无害化处理、园区循环化改造示范的专项资金，支持方式比照国家“城市矿产”示范基地支持方式执行。具体实施方案由国家发展改革委、财政部另行制定。

第十条　支持再制造的专项资金，在构建完善质量保证体系的前提下，主要采取补贴的方式支持旧件回收及再制造产品的推广及产业化发展。具体实施方案由国家发展改革委、财政部另行制定。

第十一条　支持清洁生产技术示范推广的专项资金，对于成熟的先进、适用清洁生产技术，在组织专家论证的基础上，通过政府购买技术的形式，在全行业免费推广。过渡期内，对中西部地区的企业或部分重点企业采用成熟先进的清洁生产技术进行的改造可给予适当奖励。

对于未实现突破的重大共性、关键性技术进行应用示范，并按照项目投资额的一定比例予以补助，应用示范项目成功后可按项目投资额一定倍数进行政府购买，并免费在全行业推广。

具体实施方案由国务院财政部门、清洁生产综合协调部门会同国务院有关部门另行制定。

第十二条 支持循环经济基础能力建设的专项资金，按照部门预算管理规定，纳入国务院有关部门的部门预算。

第十三条 其他重点工作的资金支持方式由财政部会同国务院循环经济发展综合管理等有关主管部门另行确定。

第四章 监督管理

第十四条 财政部会同国务院循环经济发展综合管理等有关主管部门按照职责分工对专项资金使用情况实施监督检查、追踪问效，对专项资金使用管理情况实施专项核查。对达不到要求的，责令限期整改，经整改仍达不到要求的，扣回已拨付资金。

第十五条 相关单位及省级财政部门、循环经济发展综合管理等有关部门对申报材料的合法性、真实性负责，并应加强对本单位、本地区专项资金使用和项目实施情况的监督检查。

第十六条 专项资金应当坚持专款专用，任何单位和个人不得以任何形式、任何理由截留、挤占和挪用。违反本办法规定的，国务院财政部门会同循环经济发展综合管理等有关主管部门将视情节分别给予通报批评、取消申报资格、停止资金拨付或收回已拨付补助资金，并按照《财政违法行为 处罚处分条例》（国务院令第427号）规定对有关单位和个人予以处罚。

第五章 附 则

第十七条 本办法由财政部、国家发展改革委负责解释。

第十八条 本办法自2012年9月1日施行。

重大固定资产投资项目社会稳定风险评估暂行办法

发改投资［2012］2492号

国家发展改革委 2012年8月14日

第一条 为促进科学决策、民主决策、依法决策，预防和化解社会矛盾，建立和规范重大固定资产投资项目社会稳定风险评估机制，制定本办法。

第二条 国家发展改革委审批、核准或者核报国务院审批、核准的在中华人民共和国境内建设实施的固定资产投资项目（简称“项目”下同），适用本办法。

第三条　项目单位在组织开展重大项目前期工作时，应当对社会稳定风险进行调查分析，征询相关群众意见，查找并列出风险点、风险发生的可能性及影响程度，提出防范和化解风险的方案措施，提出采取相关措施后的社会稳定风险等级建议。

社会稳定风险分析应当作为项目可行性研究报告、项目申请报告的重要内容并设独立篇章。

第四条　重大项目社会稳定风险等级分为三级：

高风险：大部分群众对项目有意见、反应特别强烈，可能引发大规模群体性事件。

中风险：部分群众对项目有意见、反应强烈，可能引发矛盾冲突。

低风险：多数群众理解支持但少部分人对项目有意见，通过有效工作可防范和化解矛盾。

第五条　由项目所在地人民政府或其有关部门指定的评估主体组织对项目单位做出的社会稳定风险分析开展评估论证，根据实际情况可以采取公示、问卷调查、实地走访和召开座谈会、听证会等多种方式听取各方面意见，分析判断并确定风险等级，提出社会稳定风险评估报告。评估报告的主要内容为项目建设实施的合法性、合理性、可行性、可控性，可能引发的社会稳定风险，各方面意见及其采纳情况，风险评估结论和对策建议，风险防范和化解措施以及应急处置预案等内容。

第六条　国务院有关部门、省级发展改革部门、中央管理企业在向国家发展改革委报送项目可行性研究报告、项目申请报告的申报文件中，应当包含对该项目社会稳定风险评估报告的意见，并附社会稳定风险评估报告。

第七条　国家发展改革委在委托工程咨询机构评估项目可行性研究报告、项目申请报告时，可以根据情况在咨询评估委托书中要求对社会稳定风险分析和评估报告提出咨询意见。

第八条　评估主体作出的社会稳定风险评估报告是国家发展改革委审批、核准或者核报国务院审批、核准项目的重要依据。评估报告认为项目存在高风险或者中风险的，国家发展改革委不予审批、核准和核报；存在低风险但有可靠防控措施的，国家发展改革委可以审批、核准或者核报国务院审批、核准，并应在批复文件对有关方面提出切实落实防范、化解风险措施的要求。

第九条　国家发展改革委未按照本办法规定，对项目可行性研究报告、项目申请报告作出批复，给党、国家和人民利益以及公共财产造成较大或者重大损失等后果的，应当依法依纪追究国家发展改革委有关单位和责任人的责任。

评估主体不按规定的程序和要求进行评估导致决策失误，或者隐瞒真实情况、弄虚作假，给党、国家和人民利益以及公共财产造成较大或者重大损失等后果的，应当依法依纪追究有关责任人的责任。

第十条　国家发展改革委、有关部门和机构及其工作人员应当遵守工作纪律和保密规定。

第十一条　各级地方发展改革部门可参照本办法，建立健全本地区重大项目社会稳定风险评估机制。

第十二条　本办法由国家发展改革委负责解释。

第十三条　自本办法印发之日起，国家发展改革委受理的申报项目执行本办法。

国家农业综合开发水土保持项目管理实施细则

水保［2012］358号

水利部 2012年8月14日

第一章 总则

第一条 为加强和规范国家农业综合开发水土保持项目（以下简称“农发水保项目”）管理，保证工程建设质量，提高了投资使用效益，根据《国家农业综合发部门项目管理人员办法》（国农办[2011]169号）等规定，结合水土保持项目特点，制定本细则。

第二条 本细则适用于经国家农业综合开发办公室（以下简称“国家农发办”）批准，由水利部组织地方水利水保部门实施，地方农业综合开发机构（以下简称“农发机构”，未设在财政部门的，为农发机构和财政部门，下同）参与管理的农发水保项目。

第三条 水利部依据国家产业政策、国家农业综合开发政策规定和《全国水土保持规划》，组织编制《国家农业综合开发水土保持项目规划》（以下简称《规划》）。

第四条 农发水保项目以《规划》为依据，突出重点，集中连片，以资金投入控制项目规模，原则上按三年一期实施。

第五条 农发水保项目以省为单位开展重点科技推广和项目效益重点监测工作。

第六条 各级水利水保部站和家发机构应各负其责，密切配合，共同做好农发水保项目管理工作。水利水保部门具体负责项目的组织实施，并与农发机构搞好沟通协调；农发机构主要负责资金是，并配合水利水保部门搞好项目管理。

水利部水土保持监测中心受水利委托具体负责农发水保项目技术支撑和日常管理工作。

第二章 前期工作

第七条 农发水保项目实行项目申报制。水利部和国家农发办每年5月底前联合制定下一年度项目申报指南，明确项目申报的有关政策和要求。项目申报掼向社会公开发布。

第八条 水利部国家农发办下达的中央财政资金指标，综合考虑各有关省（自治区、直辖市、黑龙江省农垦总局，以下简称省）项目实施情况，提出分省中央财政资金安排指导性指标，由国家农发办审定后下达分省中央财政资金指导性指标，水利部下达项目申报方案。

第九条 省级水利部门会同同级农发机构按照项目申报指南、申报方案和中央财政资金指导性指标等规定和要求，组织县级水利部站与农发机构按项目区编制项目申报书。

项目申报书由具有相应规划 设计或水土保持

工程前其工作有关技术规范编制，达到可行性研究阶段深度。

第十条　农发水保项目申报应符全以下条件：

（一）项目已纳入《国家农业综合开发水土保持项目规划》，水土流失严重、农业基础设施薄弱，具有特色产业开发优势。

（二）项目区按流域或区域集中连片、规模治理。每个项目区水土流失治理面积一般不少于30平方公里。

（三）当地政府重视，水土保持机构健全、技术力量强。

（四）地方有财政资金配套能力，群众参与积极性高，群众投劳有保障。

（五）不得与其他水土保持重点工程项目区重叠。

第十一条　省级水利保部门会同省级农发机构负责对项目申报书进行初审，并在规定时间内联合上报水利部和国家农发办。

（一）报送水利部的材料：项目申报文件（含项目省级初步评审意见、地方财政部门或有关单位配套资金承诺文件、项目情况汇总表、分项目（分县）中央财政资金指标申报表等）、项目申报书；报送国家农发办的机动车道为项目申报文件。

省级水利水保部门睡农发机构对项目申报材料的零点实性、可靠性负最终责任。

第十二条　水利部组织或委托有关单位对各省报送项目申报书进行评审，并将项目评审情况及分省拟实施项目意见报送国家农发办。国家农发办在对项目评审进行审查、备案确认后，下达年度分省项目（分县）中央财政资金指标。

第十三条　省级水利部门根据水利部审定的项目申报书，组织县级水利水保部门按小流域编制项目实施方案。

项目实施方案由具有相应规划设计或水土保持方案编制资质的单位依据水土保持工程初步设计技术规范编制，达到初步设计深度，满足施工要求。

第十四条　重点科技推广及项目效益重点监测实施方案，由省级水利水保部门组织编制。

重点科技推广项目应结合提高农发水保项目效益及新技术推广应用，依托菜实力的科研、大专院校等单位编制实施方案。项目效益重点监测实施方案编制应由具有相应水土保持监测资质的单位承担。

第十五条　省级水利水保部门会同家当 机构对项目实施方案进行审查批复。批复文件抄报水利部，抄送相关流域机构。

第三章　计划管理

第十六条　省级水利水保部门会同农发机构根据水利部和国家农发办联合下发的编报项目年度实施计划通知，依据审定的项目申报书和审批的项目实施方案编报年度实施计划，在规定时间内联合上报水利部审核。水利部对分省项目年度实施计划审核汇总后，与国家农发办联合批复。

第十七条　省级水利水保部门联合农发机构根据批复的年度实施计划，在一个月内将建设任务和投资计划下达成到项目实施单位。

第十八条　项目实施计划一经批复，应严格执行。如因特殊情况确需进行调整的，应履行计划变更有关审批手续。其中涉及财政资金不满一百万元的建设内容调整，由省级水利水保部门会同省级农发机构审批，报水利部和国家农发办备案；一百万元及以上的，由水利部审批，报国家农发办备案。

第十九条　农发水保项目实行动态管理。按照奖优罚劣、有进有出的原则，根据资金使用管理、配套资金落实、工程建设质量与进度等方面情况，中央对省、省对项目实施县中央财政资金安排进行调整。

第四章　组织实施

第二十条　农发水保项目原则上一定三年，每年审批年度计划。年度计划建设期为一年。

凡经批准立项的项目，要按期完成建设任务，并达到规定的建设标准。因中央财政资金规模限制而未完成建设任务的项目，原则上可延期安排实施。

第二十一条 县级水利水保部门是农发水保项目的责任主体，对项目建设的全过程负总责。

第二十二条 根据水土保持项目特点，农发水保项目可直接组织受益群众或选择专业化的项目建设单位实施。要健全和完善工程建设管理各项制度，创新建设管理机制。

按照建设项目有关规定，农发水保项目中由受益群众投劳实施属于以工代赈性质的，不进行施工招标。施工单项合同估算价在200万元以上以及苗木等材料采购单项合同估算价在100万元以上的，应通过公开招标方式择优选择施工或材料供货单位。

第二十三条 推行工程建设监理制。监理单位由县级水利水保部门通过邀请招标或竞争性谈判方式选定。监理单位需具有水土保持工程施工监理资质。

第二十四条 推行受益农户全过程参与的工作机制。项目实施应充分征求群众意见，尊重群众意愿，实行群众投劳承诺制和工程建设公示制，接受群众监督。

第二十五条 加强项目科技推广工作。因地制宜推广新技术，引进新品种，加强技术培训。根据项目建设需要开展重点科技推广项目，提高工程建设效益。重点科技推广项目由省级水利水保部门按照相关要求选择有能力的科技支撑单位承担。

第二十六条 加强项目监测评价工作。选择典型项目区进行项目效益重点监测。项目效益重点监测由省级水利水保部门统一组织，由具有水土保持检测资质的单位承担。

第二十七条 项目建成后，应明确管护主体，及时办理移交手续，建立健全管护制度，确保项目长期发挥效益。

第二十八条 县级水利水保部门应确定专人对项目档案进行管理，根据档案管理有关规定及时进行分类收集、整理、归档、保管，确保档案资料的真实性、完整性。

第二十九条 各级水利水保部门应按照有关规定和要求及时报送项目实施有关情况及统计报表。省级水利水保部门应于每年2月底前向水利部（水土保持司）报送上年度项目实施工作总结（含计划完成情况统计表）和项目数据库报表。

第五章 资金管理

第三十条 多渠道筹集项目建设资金。农发水保项目建设资金包括中央财政资金、地方财政配套资金、乡村集体及农民自筹资金，以及受益群众投劳等。

农发水保项目地方财政资金配套比例按照财政部《农业综合开发资金若干投入比例的规定》执行。农发水保项目农民筹资投劳比例按照《国家农业综合开发办公室关于降低农业综合开发农民筹资投劳比例的通知》执行。

第三十一条 地方各级财政部门或有关单位农发水保项目配套资金纳入同级财政年度预算，并及时足额落实地方财政配套资金。

对未能及时足额落实地方财政配套资金的省份，水利部和国家农发办将根据有关规定调减基下一年度中央财政资金指标。

第三十二条 项目财政资金主要用于坡耕地及沟道整治、土壤改良、保土耕作、封禁治理及道路、拦引蓄灌排等小型水利水保工程所需材料、设备、机械施工补助及技工工资；营造水土保持林草、经济林所需的种子、苗木、整地、定植及幼林管护；科技推广、技术培训、效益监测及小型仪器设备购置费用等。

第三十三条 项目独立纲使用严格执行农业综合开发财务管理的有关政策规定。项目管理纲（含项目前期工作经费）、工程建设监理费、科技推广费（含效益监测）、幼林管护费等独立和在地方财政配套资金中列支。

项目管理费按项目年度财政资金总额的一定比例提取；财政投资500万元以下的按3.5%提取，超过1000万元以下的其超过500万元的部分按1.5%提取，超过1000万元的其过部分按0.5%提取。

工程建设监理费、科技推广费（含效益监

测）、幼林管护费分别按财政资金总额2%、7.5%和2%控制。重点科技推广项目和项目效益重点监测所需经费从科技推广费列支，以省为单位按一定比例统筹使用，省级统筹使用比例不超过30%，并在年度计划批复中明确。

第三十四条　省、地（市）水利水保部门用于项目管理的各项支出，由同级财政另行安排事业费。

第三十五条　严格实行资金使用报账制，并按照财政部《农业综合开发资金报账实施办法》执行/项目财政资金严格按照农业综合开发财务、会计制度进行管理，实行专人管理、专账管理、专款专用，及时足额拨会，按规定范围使用资金我，严禁截留、挤占或挪用。

第六章　检查验收

第三十六条　各级水利水保部门、农发机构要加强项目实施和资金使用过程中的监督检查，主动配合审计和其他机构开展的监督检查，对发现的问题应及进纠正和整改。问题严重的要严肃处理，确保工程质量和资金安全。

流域机构应加强对所辖流域内农发水保项目的监督检查，并将监督检查结果及里报送水利部。

第三十七条　项目验收包括年度验收和竣工验收。

年度建设任务完成后，省级（或委托地级）水利水保部门会同农发机构组织年度验收。水利部组织有关单位对年度验收结果进行随机抽查。国家农发办每年组织对农发水保项目进行综合检查。

第三十八条　项目实施三年期满后，由省级水利水保部门会同同级农发机构组织竣工验收。竣工验收在县级自然的基础上进行。县级水利水保部门根据项目实施方案，按水流域逐条对各项措施进行自验后，向省级水利水保部门申请竣工　验收。竣工验收时应提供如下资料：

1.项目竣工自验报告和年度验收报告；

2.监理报告；

3.小流域现状图、治理措施设计图、竣工　图及相应数据表；

4.竣工财务决算报告和审计报告；

5.工程建设管理、财务管理等有关档案资料。

竣工验收对所有项目县实施的全部小流域进行验收，每条小流域的单项目措施抽验比例不少于20%，淤地坝、坡面水系、集中连片的坡改梯等重点工程要逐个验收。

项目三年实施期满后次年5月底前完成竣工验收，由省级水利水保部门向水利部（水土保持司）报送竣工验收报告。

第三十九条　水利部组织有关单位对省级竣工验收结果进行抽验，并依据抽验情况汇总各省竣工验收报告，于每年8月底前向国家农发办报送年度竣工项目验收总结报告。

第四十条　国家农发办根据水利部报送的验收总结报告，对竣工项目进行综合检查。综合检查的项目数量和名单由国家农发办随机确定。

第四十一条　监督检查、竣工验收和抽验，以及综合检查结果作为中央财政资金安排的重要依据。

对检查验收中发现的问题，水利部将予以通报，限期整改，并根据不同情况相应扣减相关省或项目县中央财政资金指标。对涉及虚报项目套取资金、挤占挪用资金等严重问题的，取消项目县资格，并根据《财政违法行为处罚处分条例》、《农业综合开发财政资金违规违纪行为处理办法》等规定进行处理。

第七章　附则

第四十二条　省级水行政主管部门可根据本细则同省级农发机构制定本省（自治区、直辖市）实施细则。

第四十三条　本细则由水利部商国家农发办解释。

第四十四条　本细则自发布之日起执行，原《国家农业综合开发水土保持项目管理实施细则》（水保［2005］359号）同时废止。

国家水资源监控能力建设项目管理办法

水资源〔2012〕412号

水利部　2012年9月14日

第一章　总则

第一条　为规范国家水资源监控能力建设项目的建设和管理，依据《取水许可和水资源费征收管理条例》（中华人民共和国国务院令第460号）、《水资源费征收使用管理办法》（财综）［2008］79号）、《中央本级项目支出预算管理办法》（财预［2007］38号）、《中央分成水资源费使用管理暂行办法》（财农［2011］24号）等法规、规章及相关规定，制定本法。

第二条　国家水资源监控能力建设项目（以下简称“本项目”）由水利部、新疆生产建设兵团以及各、自治区、直辖市水资源部门，依据水利部、财政部印发的《国家水资源监控能力建设项目实施方案（2012—2014）》（水资源[2012]411号，以下简称《实施方案》）组织实施。

第三条　中央和地方财政通过集中使用水资源费，支持本项目建设。水利部、新疆生产建设兵团项目建设资金纳入中央本级预算，通过中央分成水资源费安排。中央财政通过转移支付，安排中央分成水资源费，加大对地方实施项目的支持力度。

第四条　本项目的建设应严格执行国家有关法律、法规、政策和国家、行业技术标准以及本项目制定的技术要求。涉及国家秘密的建设内容应严格按照国家对涉密信息系统建设与管理的有关要求，规范和水利部的有关保密规定执行。

第五条　水利部负责制定本项目技术规范，组织本项目年度建设任务的申报与审查，组织和监督本项目的建设和管理工作，组织本项目的验收和绩效评价工作。财政部负责根据预算级次和相关预算管理规定，审核下达本项目年度预算。

第二章　申报与审批

第六条　省级水利部六和新疆生产建设兵团水利局依据《实施方案》，对本地区建设内容和技术方案进一步细化。

第七条　水利部依据《实施方案》确定的建设任务和财政部确定的项目年语气词预算，发布年度项目立项指南。

第八条　项目的申报、审查和审批程序按照《中央分成水资源费使用管理暂行办法》有关规定执行。

第三章　建设与管理

第九条　本项目按照统筹规划、统一标准、分级实施、分层监管的原则进行建设与管理。

第十条　各项目单位是各自承担项目的责任主

体，对本单位承担的建设任务负总责。

第十一条　各项目单位应严格按照批准的《实施方案》进和行实施，不得擅自变更建设规模、建设内容、建设标准和年度建设任务。

第十二条　本项目应实行监理制，并按国家和地方相关规定程序确定监理单位。

第十三条　各省级水利部门和新疆生产建设兵团水利局应加强对各项目单位项目实施的监管与检查，加强项目建设任务设计、委托、实施、测试、验收等环节对统一标准执行情况的符合性检查，确保中央、流域、省三级平台间的互相互通、信息共享和业务协同。

第十四条　各省级水利部门和新疆生产建设兵团水利局以及各项目单位建立项目实施进度和预算执行进度报告制度。

第十五条　本项目资金的支付管理，按照财政国库管理制度有关规定执行。属于政府采购范围的，按政府采购有关规定执行。

第四章　验收与移交

第十六条　本项目验收管理办法由水利部另行制定。

第十七条　未经验收或验收不合格的项目不得交付使用。

第十八条　项目验收后，各项目单位要按照规定及时向运行管理单位办理交付使用及固定资产移交手续，并纳入日常运行管理范畴。

第十九条　各级水行政主管部门要建立健全系统运行、维护、管理的各项规章制度。

第二十条　验收完成后，水利部组织开展本项目的绩效评价，省级水利部门和新疆生产建设兵团水利局组织开展各自项目的绩效评价，并将评价结果报水利部。

第五章　监督与检查

第二十一条　任何单位、个人及机构不得以任何理由、任何方式滞留、挤占、挪用本项目资金，有上述行为的，依照《财政违法行为处罚处分条例》（国务院令第427号）等有关规定追究责任。

第二十二条　水利部组织对本项目进行监督检查，包括年度检查和不定期的抽查。省级水利部门和新疆生产建设兵团水利局应对各项目单位开展监督检查。

第二十三条　对监督检查过程中发现的问题，各项目单位应提出整改方案并及时整改，同时将整改不力影响建设任务执行或完成的项目单位，由水利部予以通报批评，情节严重的扣减或收回尚未支付的预算资金或停止安排下一年度建设任务。

第二十四条　本项目在实施过程中要严格执行国家相关法律、法规，如有违法违纪行为，将依法追究相关人员的责任。

第六章　附则

第二十五条　本办法由水利部、财政部负责解释。

第二十六条　本办法自2012年9月14日起执行。

保险资金境外投资管理暂行办法实施细则

保监发［2012］93号

保监会 2012年10月12日

第一章 总则

第一条 为规范保险资金境外投资运作行为，防范投资管理风险，实现保险资产保值增值，根据《保险资金境外投资管理暂行办法》（以下简称《办法》），制定本细则。

第二条 保险资金境外投资当事人，应当根据《办法》和本细则规定，充分研判拟投资国家或者地区的政治、经济和法律等风险，审慎开展境外投资。

第三条 中国保监会依法对保险资金境外投资当事人的管理能力进行持续评估和监管。

第二章 资质条件

第四条 委托人除符合《办法》第九条规定外，还应当满足下列条件：

（一）设置境外投资相关岗位，境外投资专业人员不少于3人，其中具有3年以上境外证券市场投资管理经验人员不少于2人；

（二）投资时上季度末偿付能力充足率不低于120%；

（三）投资境外未上市企业股权、不动产及相关金融产品，投资管理能力应当符合有关规定。

第五条 境内受托人除符合《办法》第十条规定外，还应当满足下列条件：

（一）具有3年以上保险资产管理经验；

（二）最近一个会计年度受托管理资产规模不低于100亿元人民币；

（三）境外投资专业人员不少于5人，其中具有5年以上境外证券市场投资管理经验人员不少于3人，3年以上境外证券市场投资管理经验人员不少于2人。

境内受托人受托管理保险资金，限于投资香港市场。

第六条 境外受托人除符合《办法》第十一条规定外，还应当满足下列条件：

（一）具有5年以上国际资产管理经验，以及3年以上养老金或者保险资产管理经验；

（二）最近一个会计年度实收资本或者净资产不低于3000万美元或者等值可自由兑换货币；

（三）最近一年平均管理资产规模不低于300亿美元或者等值可自由兑换货币；管理非关联方资产不低于管理资产总规模的50%，或者不低于300亿美元或者等值可自由兑换货币；

（四）投资团队符合所在国家或地区从业资格要求，且平均从业经验5年以上，其中主要投资管理人员从业经验8年以上；

（五）具有良好的过往投资业绩。

受托人母公司或者其集团内所属资产管理机构管理的资产规模可以合并计算，但不包括投资顾问、投资银行等管理或者涉及的资产。

受托人从事专项资产管理，符合下列条件的，可以不受第一款第（三）项管理资产规模的限制：

（一）管理资产规模在50亿美元或者等值可自由兑换货币以上；

（二）管理专项资产不低于管理资产总规模的70%；

（三）拥有市场公认的专业声誉和评价，管理团队在专项资产管理领域表现卓越。

境内保险机构在香港设立资产管理机构未达到本条规定的，受托管理境内保险资金限于投资香港市场。

第七条　保险资金投资股权投资基金，发起并管理该基金的股权投资机构，应当符合下列条件：

（一）实收（缴）资本或者净资产不低于1500万美元或者等值可自由兑换货币；

（二）累计管理资产规模不低于10亿美元或者等值可自由兑换货币，且过往业绩优秀，商业信誉良好。

第八条　托管人除符合《办法》第十二条规定条件外，还应当满足下列条件：

（一）最近一个会计年度末实收资本或者净资产不低于300亿元人民币，托管资产规模不低于2000亿元人民币；

（二）托管人为外商独资银行或者外国银行分行，其母（总）公司满足第（一）项规定条件，且能够为托管人履行托管协议承担连带责任的，实收资本或者净资产和托管规模可以按其母（总）公司计算；

（三）长期信用评级在A级或者相当于A级以上；外国银行分行的资本充足率、核心资本充足率、信用级别按其母（总）公司计算；

（四）从事保险资产托管业务的专业人员不少于6人。

第九条　商业银行与委托人有下列关系之一的，不得担任该委托人的托管人或托管代理人：

（一）一方直接或者间接持有另一方股份超过10%的；

（二）两方被同一方直接或者间接持有股份超过10%的；

（三）中国保监会认定的其他关联关系。

托管人（或者托管代理人）与受托人有前款关系之一的，应当建立有效的风险隔离机制，不得从事内幕交易和利益输送。

第十条　保险资金境外投资当事人申请开展业务，应当向中国保监会报告，并承诺接受中国保监会有关保险资金境外投资的质询。委托人变更受托人和托管人，应当重新提交材料。

第三章　投资规范

第十一条　保险资金境外投资应当选择附件1所列国家或者地区的金融市场，且投资下列品种：

（一）货币市场类

包括期限不超过1年的商业票据、银行票据、大额可转让存单、逆回购协议、短期政府债券和隔夜拆出等货币市场工具或者产品。

货币市场类工具（包括逆回购协议用于抵押的证券）的发行主体应当获得A级或者相当于A级以上的信用评级。

（二）固定收益类

包括银行存款、政府债券、政府支持性债券、国际金融组织债券、公司债券、可转换债券等固定收益产品。

债券应当以国际主要流通货币计价，且发行人和债项均获得国际公认评级机构BBB级或者相当于BBB级以上的评级。按照规定免于信用评级要求的，其发行人应当具有不低于该债券评级要求的信用级别。中国政府在境外发行的债券可不受信用级别限制。可转换债券应当在附件1所列国家或者地区证券交易所主板市场挂牌交易。

（三）权益类

包括普通股、优先股、全球存托凭证、美国存托凭证、未上市企业股权等权益类工具或者产品。

股票以及存托凭证应当在附件1所列国家或者地区证券交易所主板市场挂牌交易。

直接投资的未上市企业股权，限于金融、养老、医疗、能源、资源、汽车服务和现代农业等企业股权。

（四）不动产

直接投资的不动产，限于位于附件1所列发达市场主要城市的核心地段，且具有稳定收益的成熟商业不动产和办公不动产。

第十二条 保险资金投资的境外基金，应当满足下列条件：

（一）证券投资基金

经附件1所列国家或者地区证券监督管理机构认可，或者登记注册；基金管理人符合第六条规定；可供追溯的过往业绩不少于3年；结构简单明确，基础资产清晰且符合第十一条第（一）、（二）、（三）项规定；货币市场基金还应当获得AAA级或者相当于AAA级的评级；

（二）股权投资基金

投资标的处于成长期、成熟期或者具有较高并购价值，不受附件1所列国家和地区的限制；认缴资金规模不低于3亿美元或者等值可自由兑换货币，且实缴资金按认缴规模配比到位；

拥有10名以上具有股权投资和相关经验的专业人员；高级管理人员中，具有8年以上相关经验的不少于2名，且具有完整的基金募集、管理和退出经验，主导并退出的项目不少于5个（母基金除外）；至少有3名主要专业人员共同工作满3年；具有完善的治理结构、有效的激励约束机制和利益保护机制；设定关键人条款，能够确保管理团队的专属性。

保险资金可以投资以符合前款规定的股权投资基金为标的的母基金。母基金的交易结构应当简单明晰，不得包括其他母基金。

保险资金投资的股权投资基金，金融机构及其子公司不得实际控制该基金的管理运营，不得持有该基金的普通合伙权益。

（三）房地产信托投资基金（REITs）

在附件1所列国家或者地区交易所挂牌交易。

第十三条 同一投资标的在同一会计核算期间，具有两家以上信用评级机构信用评级的，应当采用孰低原则确认信用级别。

第十四条 保险机构境外投资余额不超过上年末总资产的15%，投资附件1所列新兴市场余额不超过上年末总资产的10%。

保险机构应当合并计算境内和境外各类投资品种比例，单项投资比例参照境内同类品种执行。

第十五条 保险资金境外投资应当控制短期资金融出或者融入，并遵守下列规定：

（一）逆回购交易及隔夜拆出融出的资金，不超过上年末总资产的1%；

（二）因交易清算目的拆入资金，不超过上年末总资产的1%，且拆入资金期限不得超过5个工作日。

第十六条 保险资金境外投资不得有下列行为：

（一）投资实物商品、贵重金属或者代表贵重金属的凭证和商品类衍生工具；

（二）利用证券经营机构融资，购买证券及参与未持有基础资产的卖空交易；

（三）除为交易清算目的拆入资金外，以其他任何形式借入资金。

第四章 风险控制

第十七条 委托人应当建立覆盖境内外市场的信息管理系统，实时监控投资市场、投资品种、投资比例、交易对手集中度和衍生品风险敞口等指标，确保依规合法运作。

第十八条 委托人上季度末偿付能力充足率低于监管规定的，应当及时调整境外投资策略，不得继续投资或者增持无担保债券、权益类工具、不动产或者相关金融产品。

第十九条　委托人应当自行或者聘请投资咨询顾问，对受托人和托管人进行尽职调查，充分了解托管人选择的托管代理人，关注相关风险。

第二十条　委托人应当根据《办法》、本细则规定及投资管理协议约定，定期评估受托人和托管人，审核投资指引每年不少于一次。

第二十一条　受托人将保险资金交由母公司控制的其他专业机构投资管理的，应当经委托人同意，并承担转委托的最终责任。

除上述方式外，受托人不得以任何名义或者方式，将受托资产转委托。

第二十二条　受托人因市场波动、信用评级调整等因素，致使投资行为不符合《办法》和本细则规定的，应当在3个月内进行调整。

第二十三条　受托人应当制定并执行交易对手选择标准，并经委托人认可。除券款兑付交易外，受托人应当选择信用评级在A级或者相当于A级以上的机构。

受托人应当按照委托人最佳利益原则，选择经营规范、声誉良好的境外证券服务机构代理证券买卖，合理分配保险资金证券交易，确保交易质量，控制交易成本，并向委托人披露证券经营机构、证券经纪业务代理人的业务费用收取情况或者返还名称及收付方式。

第二十四条　托管人应当根据托管资产类别、规模及提供服务内容，合理收取托管费用。

托管代理人履职过程中，因自身过错、疏忽等原因，导致保险资金境外投资损失的，托管人应当承担相应责任。

第二十五条　托管人或者托管代理人应当妥善保管托管资产所有权文件正本或者证明全部所有权的文件正本，投资所在地法律法规另有规定的，从其规定。

第二十六条　委托人与受托人、托管人签订协议，应当符合监管要求及一般惯例，适用中华人民共和国或者中国香港特别行政区法律，并由中国境内或者香港特别行政区的仲裁机构裁决。

前款所称协议，应当由律师事务所具有3年以上相关执业经验的专业律师出具法律意见。

第二十七条　保险资金境外投资当事人，不得发生合法佣金、税费之外的任何利益输送行为，不得利用保险资金获取不正当利益。

第二十八条　保险资金境外投资不动产和未上市企业股权，应当参照境内同类品种相关监管规定，规范投资行为，加强后续管理，防范投资风险、经营风险和市场风险。

第二十九条　保险资金境外投资，可以运用利率远期、利率掉期、利率期货、外汇远期、外汇掉期、股指期货、买入股指期权等衍生产品规避投资风险，并遵守下列规定：

（一）不得进行投机，衍生产品合约标的物价值总额，不得超过需对冲风险基础资产的102%；

（二）运用金融衍生产品支付的各项费用、期权费和保证金等的总额，不超过各项需对冲风险基础资产的10%；

（三）每个工作日应当对场外交易合约进行估值，与任一场外交易对手的市值计价敞口，不超过上年末总资产的1%；

（四）场外交易对手已与受托人签订《国际掉期与衍生品主合同》（ISDA Master Agreement），并经委托人认可和授权。利率期货、股指期货和买入股指期权限于附件2所列交易所上市交易。

投资指引应当明确衍生品交易的范围、种类、风险限额要求、交易对手选择、特别事项审批、信息提供与报告制度等事项。

第五章　监督管理

第三十条　委托人应当按照规定，向中国保监会报告下列事项：

（一）重大报告。签订资产委托管理协议和托管协议，签订和调整投资指引，应当在5个工作日内报告；受托人和托管人发生重大突发事件，或者投资市场发生影响保险资产安全和投资业绩的重大突发事件，应当在3个工作日内报告，报告事项应当至少包括资产保全和风险防范措施；

（二）季度报告。每季度结束后30个工作日内，报告境外投资情况、风险评估报告、境外投资结算账户余额和收支情况及关联交易；

（三）年度报告。每年4月30日前，报告上一年度受托人和托管人管理保险资金的评估报告；

（四）中国保监会规定的其他事项。

第三十一条 保险机构开展境外股权和不动产投资，应当参照境内相关规定，履行核准或者报告义务。

第三十二条 托管人应当按照规定，向中国保监会报告下列事项：

（一）重大报告。变更境外托管代理人，应当在5个工作日内报告；

（二）月度报告。每月结束后10个工作日内，报告保险资金境外投资月度托管情况；

（三）年度报告。每年4月30日前，报送会计师事务所出具的上一年度公司财务报告和内部控制审计报告。

受托人、托管人应当按照有关协议规定，向委托人充分披露相关信息，披露内容应当不少于本细则相关规定，且不得有虚假记载、误导性陈述或者重大遗漏。

本细则所称会计师事务所，是指具有境内外相关行业审计经验、信誉良好并被广泛认可的会计师事务所。

第三十三条 保险资金境外投资当事人，违反法律、行政法规及本细则规定的，中国保监会将依法对该机构和相关人员予以处罚。

第六章 附则

第三十四条 保险资金投资境外以人民币计价发行的金融产品，境内以人民币或者外币计价发行，以境外金融工具或者其他资产为投资对象的金融工具，适用本细则。

第三十五条 本细则由中国保监会负责解释，自发布之日起施行。本细则施行前已经开展保险资金境外投资的当事人，应当在6个月内符合本细则的规定。

附件：

1.可投资国家或者地区

一、发达市场		
澳大利亚	香港	葡萄牙
奥地利	爱尔兰	新加坡
比利时	以色列	西班牙
加拿大	意大利	瑞典
丹麦	日本	瑞士
芬兰	荷兰	英国
法国	卢森堡	美国
德国	新西兰	
希腊	挪威	
二、新兴市场		
巴西	印度尼西亚	波兰
智利	韩国	俄罗斯
哥伦比亚	马来西亚	南非
捷克共和国	墨西哥	台湾
埃及	摩洛哥	泰国
匈牙利	秘鲁	土耳其
印度	菲律宾	

2.期货期权交易所关于印发《保险资金参与股指期货交易规定》的通知

保监发［2012］95号

各保险集团（控股）公司、保险公司、保险资产管理公司：

为规范保险资金参与股指期货交易，有效防范风险，我会制定了《保险资金参与股指期货交易规定》，现印发给你们，请遵照执行。

中国保监会

2012年10月12日

附件

保险资金参与股指期货交易规定

第一条 为规范保险资金参与股指期货交易，有效防范风险，根据《中华人民共和国保险法》等法律法规及《保险资金运用管理暂行办法》、《保险资金参与金融衍生产品交易暂行办法》（以下简称衍生品办法）等规定，制定本规定。

第二条 本规定所称股指期货，是指经中国证券监督管理机构批准，在中国金融期货交易所上市的以股票价格指数为标的的金融期货合约。

第三条 在中国境内依法设立的保险集团（控股）公司、保险公司、保险资产管理公司（以下统称保险机构）参与股指期货交易，应当根据衍生品办法的规定，以对冲风险为目的，做好制度、岗位、人员及信息系统安排，遵守管理规范，强化风险管理。

第四条 保险机构参与股指期货交易，应当以确定的资产组合（以下简称“资产组合”）为基础，分别开立股指期货交易账户，实行账户、资产、交易、核算和风险的独立管理。

第五条 保险机构参与股指期货交易，应当根据资产配置和风险管理要求，制定合理的交易策略，并履行内部决策程序。

第六条 保险机构参与股指期货交易，应当根据衍生品办法规定，制定风险对冲方案，明确对冲工具、对象、规模、期限以及有效性等内容，并履行内部审批程序。内部审批应当包括风险管理部门意见。

第七条 保险机构参与股指期货交易，任一资产组合在任何交易日日终，所持有的卖出股指期货合约价值，不得超过其对冲标的股票及股票型基金资产的账面价值。

保险机构在任何交易日日终，持有的买入股指期货合约价值，与股票及股票型基金资产的账面价值，合计不得超过规定的投资比例上限。

本条所指卖出股指期货合约价值与买入股指期货合约价值，不得合并轧差计算。

第八条 保险机构参与股指期货交易，任一资产组合在任何交易日结算后，扣除股指期货合约需缴纳的交易保证金，应当保持不低于交易保证金一倍的现金、中央银行票据、货币市场基金或到期日在一年以内的政府债券及政策性银行债券，有效防范强制平仓风险。

第九条 保险机构参与股指期货交易，应当根据公司及资产组合实际情况，明确设定股指期货风险敞口、风险对冲比例、风险对冲有效性、保证金管理等风险控制指标。

第十条 保险机构参与股指期货交易，应当制定风险对冲有效性预警机制，并利用相关指标，持续评估对冲有效性。

第十一条 保险机构参与股指期货交易，除符合衍生品办法规定外，信息系统还应当符合下列要求：

（一）股指期货交易管理系统和估值系统稳定高效，且能够满足交易和估值需求；

（二）风险管理系统能够实现对股指期货交易的实时监控，各项风险管理指标固化在系统中，并能够及时预警；

（三）能够与合作的交易结算机构信息系统对接，并建立相应的备份通道。

第十二条 保险机构参与股指期货交易，其专业管理人员应当符合下列条件：

（一）保险集团（控股）公司、保险公司自行参与股指期货交易的，资产配置和投资交易专业人员不少于5名；风险控制专业人员不少于3名；清算和核算专业人员不少于2名。投资交易、风险控制和清算岗位人员不得相互兼任。

（二）保险集团（控股）公司、保险公司委托资产管理公司或者其他专业机构参与股指期货交易的，专业人员不少于2名，其中包括风险控制人员。受托的资产管理公司及其他专业机构，专业人员应当符合本条第（一）项规定的要求。其他专业机构应当同时满足中国保监会规定的其他条件。

上述专业人员均应通过期货从业人员资格考试，负责人员应当具有5年以上期货或证券业务经验；业务经理应当具有3年以上期货或证券业务经验。

第十三条 保险机构参与股指期货交易，应当根据相关规定，与交易结算机构确定股指期货业务交易、保证金管理结算、风险控制及数据传输等事项，通过协议明确双方的权利和义务。

保险机构与资产托管机构应当根据相关规定，确定股指期货业务的资金划拨、清算、估值等事项，并在托管协议中明确双方的权利和义务。

保险机构可以根据业务需要，与期货交易结算机构、资产托管机构签订多方合作协议。

第十四条 保险机构参与股指期货交易，所选期货公司应当符合下列条件：

（一）成立5年以上，上季末净资本达到人民币三亿元（含）以上，且不低于客户权益总额的8%；

（二）通讯条件和交易设施高效安全，符合期货交易要求，信息服务全面；

（三）公司或股东具有较强的金融市场研究及服务能力；

（四）具有完整的风险管理架构，最近两年未发生风险事件；最近三年无重大违法和违规记录，且未处于立案调查过程中；

（五）书面承诺接受中国保监会的质询检查，并向中国保监会如实提供保险机构参与股指期货交易涉及的各种资料；

（六）其他规定条件。

第十五条 保险机构参与股指期货交易，应当向中国保监会报送以下文件：

（一）衍生品办法规定的材料，其中专业人员证明材料，应当符合本规定要求；

（二）与期货交易结算、资产托管等机构签署的协议文件；

（三）中国保监会要求的其他文件。

第十六条 保险机构参与股指期货交易，持仓比例因市场波动等外部原因，不再符合本规定的，应当在5个交易日内调整完毕，并在月度报告中向中国保监会报告，列明事件发生的原因及处理过程。

第十七条 保险机构参与股指期货交易，应当根据有关法律法规要求，规范业务运作，不得从事内幕交易、操纵证券及期货价格、利益输送等活动。

第十八条 本规定由中国保监会负责解释，自发布之日起施行。

期货期权交易所

国家（地区）	交易所名称
美国	芝加哥商业交易所集团 CME Group
澳大利亚	悉尼期货交易所 Syndey Futures Exhange
比利时	纽约泛欧交易所 NYSE Euronext Brussels
加拿大	蒙特利尔交易所 The Montreal Exchange
英国	纽约泛欧交易所 NYSE Euronext LIFFE
法国	纽约泛欧交易所 NYSE Euronext Paris
德国	欧洲期货期权交易所 EUREX
荷兰	纽约泛欧交易所 NYSE Euronext Amsterdam
香港	香港期货交易所 HongKong Futures Exchange (HKFE)
日本	东京证券交易所 Tokyo Stock Exchange (TSE)
	大阪交易所 Osaka Securities Exchange
韩国	韩国证券交易所 Korea Exchange (KRX)
新加坡	新加坡交易所 Singapore Exchange (SGX)
瑞士	欧洲期货期权交易所 EUREX

备注：由上述两家交易所吸收合并，或者新设合并成立的交易所，将被视同为核准。

天然气利用政策

国家发展和改革委员会令　第15号

2012年10月14日

为了鼓励、引导和规范天然气下游利用领域，特制定本政策。在我国境内所有从事天然气利用的活动均应遵循本政策。本政策中天然气是指国产天然气、页岩气、煤层气（煤矿瓦斯）、煤制气、进口管道天然气和液化天然气（LNG）等。

国家发展改革委、国家能源局负责全国天然气利用管理工作。各省（区、市）发展改革委、能源局负责本行政区域内天然气利用管理工作。

一、基本原则和政策目标

（一）基本原则。坚持统筹兼顾，整体考虑全国天然气利用的方向和领域，优化配置国内外资源；坚持区别对待，明确天然气利用顺序，保民生、保重点、保发展，并考虑不同地区的差异化政策；坚持量入为出，根据资源落实情况，有序发展天然气市场。

（二）政策目标。按照科学发展观和构建社会主义和谐社会的要求，优化能源结构、发展低碳经济、促进节能减排、提高人民生活质量，统筹国内外两种资源、两个市场，提高天然气在一次能源消费结构中的比重，优化天然气消费结构，提高利用效率，促进节约使用。

二、天然气利用领域和顺序

（一）天然气利用领域

根据不同用气特点，天然气用户分为城市燃气、工业燃料、天然气发电、天然气化工和其他用户。

（二）天然气利用顺序

综合考虑天然气利用的社会效益、环境效益和经济效益以及不同用户的用气特点等各方面因素，天然气用户分为优先类、允许类、限制类和禁止类。

第一类：优先类

城市燃气：

1、城镇（尤其是大中城市）居民炊事、生活热水等用气；

2、公共服务设施（机场、政府机关、职工食堂、幼儿园、学校、医院、宾馆、酒店、餐饮业、商场、写字楼、火车站、福利院、养老院、港口、码头客运站、汽车客运站等）用气；

3、天然气汽车（尤其是双燃料及液化天然气汽车），包括城市公交车、出租车、物流配送车、载客汽车、环卫车和载货汽车等以天然气为燃料的运输车辆。

4、集中式采暖用户（指中心城区、新区的中心地带）；

5、燃气空调；

工业燃料：

6、建材、机电、轻纺、石化、冶金等工业领域中可中断的用户；

7、作为可中断用户的天然气制氢项目；

其他用户：

8、天然气分布式能源项目（综合能源利用效率70%以上，包括与可再生能源的综合利用）；

9、在内河、湖泊和沿海航运的以天然气（尤其是液化天然气）为燃料的运输船舶（含双燃料和单一天然气燃料运输船舶）；

10、城镇中具有应急和调峰功能的天然气储存设施；

11、煤层气（煤矿瓦斯）发电项目；

12、天然气热电联产项目。

第二类：允许类

城市燃气：

1、分户式采暖用户；

工业燃料：

2、建材、机电、轻纺、石化、冶金等工业领域中以天然气代油、液化石油气项目；

3、建材、机电、轻纺、石化、冶金等工业领域中以天然气为燃料的新建项目；

4、建材、机电、轻纺、石化、冶金等工业领域中环境效益和经济效益较好的以天然气代煤项目；

5、城镇（尤其是特大、大型城市）中心城区的工业锅炉燃料天然气置换项目；

天然气发电：

6、除第一类第12项、第四类第1项以外的天然气发电项目；

天然气化工：

7、除第一类第7项以外的天然气制氢项目；

其他用户：

8、用于调峰和储备的小型天然气液化设施。

第三类：限制类

天然气化工：

1、已建的合成氨厂以天然气为原料的扩建项目、合成氨厂煤改气项目；

2、以甲烷为原料，一次产品包括乙炔、氯甲烷等小宗碳一化工项目；

3、新建以天然气为原料的氮肥项目。

第四类：禁止类

天然气发电：

1、陕、蒙、晋、皖等十三个大型煤炭基地所在地区建设基荷燃气发电项目（煤层气（煤矿瓦斯）发电项目除外）；

天然气化工：

2、新建或扩建以天然气为原料生产甲醇及甲醇生产下游产品装置；

3、以天然气代煤制甲醇项目。

三、保障措施

（一）做好供需平衡。国家发展改革委、国家能源局统筹协调各企业加快推进天然气资源勘探开发，促进天然气高效利用，调控供需总量基本平衡，推动资源、运输、市场有序协调发展。

（二）制定利用规划。各省（区、市）发展改革委、能源局要根据天然气资源落实和地区管网规划建设情况，结合节能减排目标，认真做好天然气利用规划，确保供需平衡。同时，要按照天然气利用优先顺序加强需求侧管理，鼓励优先类、支持允许类天然气利用项目发展，对限制类项目的核准和审批要从严把握，列入禁止类的利用项目不予安排气量。优化用气结构，合理安排增量，做好年度用气计划安排。

（三）高效节约使用。在严格遵循天然气利用顺序基础上，鼓励应用先进工艺、技术和设备，加快淘汰天然气利用落后产能，发展高效利用项目。鼓励用天然气生产化肥等企业实施由气改煤技术。高含CO2的天然气可根据其特点实施综合开发利用。鼓励页岩气、煤层气（煤矿瓦斯）就近利用（用于民用、发电）和在符合国家商品天然气质量标准条件下就近接入管网或者加工成LNG、CNG外输。提高天然气商品率，增加外供商品气量，严禁排空浪费。

（四）安全稳定保供。国家通过政策引导和市场机制，鼓励建设调峰储气设施。天然气销售企业、天然气基础设施运营企业和城镇燃气经营企业应当共同保障安全供气，减少事故性供应中断对用户造成的影响。

（五）合理调控价格。完善价格机制。继续深化天然气价格改革，完善价格形成机制，加快理顺天然气价格与可替代能源比价关系；建立并完善天然气上下游价格联动机制；鼓励天然气用气量季节差异较大的地区，研究推行天然气季节差价和可中断气价等差别性气价政策，引导天然气合理消费，提高天然气利用效率；支持天然气贸易机制创新。

（六）配套相关政策。对优先类用气项目，地方各级政府可在规划、用地、融资、收费等方面出台扶持政策。鼓励天然气利用项目有关技术和装备自主化，鼓励和支持汽车、船舶天然气加注设施和设备的建设。鼓励地方政府出台如财政、收费、热价等具体支持政策，鼓励发展天然气分布式能源项目。

四、政策适用有关规定

（一）坚持以产定需，所有新建天然气利用项目（包括优先类）申报核准时必须落实气源，并签订购气合同；已用气项目供用气双方也要有合同保障。

（二）已建成且已用上天然气的用气项目，尤其是国家批准建设的化肥项目，供气商应确保按合同稳定供气。

（三）已建成但供气不足的用气项目，供气商应首先确保按合同量供应，有富余能力情况下逐步增加供应量。

（四）目前在建或已核准的用气项目，若供需双方已签署长期供用气合同，按合同执行；未签署合同的尽快签署合同并逐步落实气源。

（五）除新疆可适度发展限制类中的天然气化工项目外，其他天然气产地利用天然气亦应遵循产业政策。

五、其它

（一）本政策自发布之日起30日后实施。从本政策实施之日起，天然气利用项目管理均适用本政策，除国家法律法规另有规定外，均以此为准。

（二）本政策根据天然气供需形势变化适时进行调整，以确保天然气市场健康有序发展。

（三）本政策由国家发展改革委负责解释。各省（区、市）可在本政策规定范围内结合本地实际制定相关实施办法，并报国家发展改革委备案。

关于加强城镇供水设施改造建设和运行管理工作的通知

建城［2012］149号

住房和城乡建设部　2012年10月18日

各省、自治区住房城乡建设厅，海南省水务厅，北京、上海、天津市水务局，重庆市市政管委，新疆生产建设兵团建设局：

加强城镇供水设施改造、建设和运行管理工

作，对保障广大人民群众的身体健康和生命安全、实现基本公共服务均等化、促进城镇化健康发展具有重要作用。近日，我部会同国家发展改革委印发了《全国城镇供水设施改造与建设“十二五”规划及2020年远景目标》（以下简称《规划》），为贯彻落实《规划》，现通知如下：

一、尽快开展前期工作

（一）分解落实规划任务。按照《规划》确定的原则，结合本地实际情况，制定和完善本地区城镇供水设施改造与建设规划，明确辖区内各市县近远期的建设任务。市县供水主管部门要将规划任务逐一落实到工程项目，并组织和监督相关单位按照国家标准规范要求认真实施。

（二）加强项目技术论证。抓紧组织编制工程项目建议书、可行性研究报告等。项目立项审批前，要根据水源水质、供水设施状况、地质条件等，参照《城镇供水设施建设与改造技术指南》制定技术对策与方案，并充分进行技术论证，确保工程技术适用、建设规模合理，满足抗震设防要求。水厂改造项目应考虑水质检测和应对突发性水源污染的要求，配置必要的水质检测设备和应急净水设施；管网改造项目应采用优质管材和配件，有条件的地区应同步建设水量、水压及关键水质指标的在线检测设备。

（三）加快工程项目实施。要加快工程项目的实施，定期汇总项目建设情况并加强监督指导。市县供水主管部门要结合本地实际情况，优先实施供水设施改造，限期解决水源污染、设施陈旧造成的水质不能稳定达标问题；制定好工程项目年度实施计划，纳入当地城市建设年度计划统筹实施；通过“全国城镇供水信息系统”填报项目信息，并及时更新项目进展情况。

二、强化指导和监管

（四）严把工程质量。加强工程项目质量安全监督检查，督促建设单位通过重点检查、随机抽查等掌握工程进度和质量情况，对存在质量安全问题的项目，要责令限期整改。工程项目严格执行项目法人制、招标投标制、合同管理制、工程监理制、竣工验收备案制等制度。

（五）加强行业监管。督促市县供水主管部门根据供水经营模式，及时调整监管方式，加强监管能力建设；严格按照国家法律法规和标准规范的要求，对供水企业的水质状况、运营水平和服务质量进行监督检查。

（六）提高企业运行管理水平。严格执行《城镇供水厂运行维护及安全技术规程》等标准，督促供水企业实施精细化管理，落实岗位职责、规范操作规程，建立健全供水企业管理人员和关键岗位持证上岗制度。供水企业要定期开展业务交流和技术培训，组织有关人员认真学习贯彻相关标准规范，严格按照《生活饮用水卫生标准》要求的检测项目和频率实施水质自检，加强内部质量控制；特别要加强消毒环节管理，合理选择消毒方式，严格控制消毒副产物的产生。

（七）加快水质信息公开。各地按照《城市供水水质管理规定》、《生活饮用水卫生监督管理办法》等文件的要求，及时将供水水质监督检查结果向社会公布。供水企业务必于2013年底前建立水质信息公布制度，接受社会监督。

三、加大资金投入

（八）加大地方投入。市县供水主管部门要将规划任务和实施计划向当地人民政府主要领导作专题汇报，积极争取将项目建设资金列入当地财政预算，加大地方财政投入；争取将城市建设维护资金、土地出让收益、市政工程配套费的一定比例用于工程项目；主动配合发展改革部门做好中央预算内投资的安排，对获得资金支持的项目要加强监督检查，确保资金发挥效益。对于城乡统筹区域供水项目，结合受益的农村人口，争取农村饮用水安全工程补助资金。

（九）利用好价格机制。市县供水主管部门应主动配合价格主管部门做好成本监审和水价调整工作，及时补偿供水成本；按照国家规定提取资产折旧费，并确保资产折旧费足额用于供水设施的更新改造；对水价不能及时调整到位的，应向当地人民政府汇报有关情况，争取对供水企业予以补贴。

四、强化薄弱环节建设

（十）加快编制供水专项规划。市县供水主管部门要委托具有资质的编制单位，根据当地城市总体规划，结合已确定的工程项目，按照《城市给水工程规划规范》国家标准的要求，于2013年3月底前编制或修订完成城市供水专项规划，优化城镇供水设施布局。

（十一）严格落实特许经营制度。按照《市政公用事业特许经营管理办法》、《关于进一步鼓励和引导民间资本进入市政公用事业领域的实施意见》等文件的要求，通过政府购买服务的模式引入市场竞争机制，逐步提高城镇供水行业的产业集中度；规范市场准入退出，公开、公平、公正地选择专业化运营企业，签订并严格执行特许经营协议，提高公共服务水平和运营效率。

（十二）强化水源污染风险控制。市县供水主管部门要积极配合环保部门科学划定饮用水水源地保护区，加强水源地水质信息的沟通。供水企业要按照国家标准要求加强饮用水水源水质检测，全面掌握特征污染物情况，并针对污染状况采取有效应对措施。

（十三）加强水质检测能力建设。各地在2012年底前要实现国家标准规定的全部106项水质指标检测能力全覆盖；要求规模超过30万立方米/日的供水企业具备国家标准规定的常规指标和当地重点非常规指标的检测能力、所有公共供水厂具备国家标准规定的日常检测指标的检测能力。

（十四）提升应急供水保障能力。完善应对突发性水源污染和重大自然灾害的应急供水预案，加快应急水源建设，加强应急抢险队伍建设，储备必要的应急器材，落实水厂应对突发性水源污染的技术措施，配置救灾期紧急供水设备和水质检测仪器。

（十五）加强二次供水设施管理。鼓励和引导产权人将二次供水设施移交或委托供水企业进行运营维护，实行专业化管理。加快改造存在水质安全风险的二次供水设施，通过财政补贴、住宅专项维修资金等解决改造费用。

各地要尽快将本通知的要求部署和贯彻到辖区内各市县供水主管部门和供水企业，认真组织做好落实工作，并于2013年3月31日前将落实情况和辖区内供水企业公布水质信息的时间安排报住房城乡建设部城市建设司。

关于加强土地储备与融资管理的通知

国土资发 [2012] 162号

国土资源部　财政部　中国人民银行　中国银行业监督管理委员会

2012年11月5日

各省、自治区、直辖市及副省级城市国土资源主管部门、财政厅（局），新疆生产建设兵团国土资源局、财务局，中国人民银行上海总部、各分行、营业管理部、省会（首府）城市中心支行、副省级城市中心支行，各银监局：

为加强土地储备机构、业务和资金管理，规范土地储备融资行为，切实防范金融风险，保障土地储备工作规范和健康运行，现将有关问题通知如下：

一、加强土地储备机构管理

国土资源主管部门统一归口管理土地储备工作，按照《土地储备管理办法》（国土资发[2007]277号）的规定，建立土地储备机构名录（以下简称“名录”）。市、县国土资源主管部门应将符合规定的机构信息逐级上报至省级国土资源主管部门，经省级国土资源主管部门审核后报国土资源部，列入名录并定期更新。国土资源部将名录或更新结果抄送财政部、中国人民银行和银监会，地方各级国土资源主管部门将经审核后的名录抄送同级财政部门、人民银行分支机构和银行业监督管理部门。

国土资源部利用土地市场动态监测与监管系统，监测监管土地储备机构业务开展情况。列入名录的土地储备机构，应将纳入储备土地、已供储备土地、储备资金收支、各类融资等相关信息，通过国土资源主干网录入上传，尚未开通国土资源主干网的市、县，通过互联网录入上传，作为土地管理、财政预算、金融贷款监督检查的主要依据。同级国土资源主管部门应监督核准上传信息。国土资源部及省级国土资源主管部门定期向同级财政及人民银行分支机构、银行业监督管理部门抄送相关信息。

二、合理确定储备土地规模结构

土地储备机构要加强对当地经济社会发展及土地市场形势分析，根据用地需求预测及市场调控的方向提出合理建议，严格控制土地储备总规模和融资规模。

土地储备机构应于每年第三季度，编制下一年度土地储备计划。年度土地储备计划是制定年度土地储备资金收支预算、确定年度土地储备融资规模的主要依据。年度土地储备计划中，新增储备土地规模（含本年度收储已在本年度供应的储备土地），原则上应控制在市、县本级前三年平均年供应的储备土地量之内。优先收购储备空闲、低效利用及其他现有建设用地，积极开展工业用地储备。

储备土地应优先用于保障性安居工程及其他公益性事业。同级国土资源、财政部门和人民银行分支机构负责审核调整年度土地储备计划，报同级人民政府批准，并报上级国土资源主管部门备案。

三、加强储备土地前期开发管理

土地储备机构应组织开展对储备土地的前期开发，为政府供应“净地”提供有效保障。进行道路、供水、供电、供气、排水、通讯、照明、绿化、土地平整等基础设施建设的，应通过公开招标方式选择工程设计、施工和监理等单位，不得通过下设机构进行工程建设。有下设或挂靠从事工程建设机构的，必须与土地储备机构彻底脱钩。前期开发工程施工期间，土地储备机构要予以监督管理，工程完成后，土地储备机构要组织开展验收，验收工作参照相关工程验收有关规定执行。对储备土地的管护和临时使用，土地储备机构可设立内部机构进行管理，也可通过公开招标方式选择管理单位。

四、加强土地收储及管护工作

列入名录的土地储备机构，同级国土资源主管部门可依据土地储备计划，按照相关规定将依法收回的国有土地、收购的土地、行使优先购买权取得的土地、已办理农用地转用、征收批准手续并完成征地的土地以及政府依法取得的其他土地等交由其储备。

纳入政府储备的土地必须是产权清晰的土地。相关土地纳入储备前，土地储备机构应对土地取得方式及程序的合规性、经济补偿（政府无偿收回的除外）、土地权利（包括他项权利）等情况进行认真核查，对取得方式及程序不合规、补偿不到位、土地权属不清晰、未办理土地登记手续、应注销而未注销原土地登记手续、已设立土地他项权利未依法解除的，不得纳入储备。

土地储备机构应对纳入储备的土地采取自行管护、委托管护、临时利用等方式进行管护。建立巡查制度，对侵害储备土地权利的行为要做到早发现、早制止、早处理。

储备土地的临时利用，应报同级人民政府国土资源主管部门、财政部门同意。其中，在城市规划区内储备土地的临时使用，需搭建建筑物、构筑物的，在报批前，应当先经城市规划行政主管部门同意；设立抵押权的储备土地临时使用，应征得抵押权人的书面同意。土地储备机构应与土地使用者签订临时使用土地合同，明确土地用途、期限、经济补偿、不得修建永久性建筑物、到期地面建筑物处理及提前终止使用经济关系的处理等事宜。临时使用储备土地的期限不得超过二年，且不得转包。临时使用储备土地取得的收入，按照非税收入收缴管理办法规定，全部缴入同级国库，纳入公共预算，实行“收支两条线”管理。

五、规范土地储备融资行为

土地储备机构确需融资的，应纳入地方政府性债务统一管理，执行地方政府性债务管理的统一政策。同级财政部门应会同国土资源主管部门、人民银行分支机构，根据年度土地储备计划，核定土地储备融资规模，经同级人民政府审核后，按财政管理级次逐级上报至省级财政部门。省级财政部门依据地方政府性债务管理法律法规和政策规定核准后，向土地储备机构核发年度融资规模控制卡，明确年度可融资规模并同时反映已发生的融资额度。土地储备机构向银行业金融机构申请融资时，除相关文件外，还应出示融资规模控制卡。银行业金融机构批准融资前，应对融资规模控制卡中的已有融资额度进行认真核对，拟批准的融资额度与本年度已发生的融资额度（包括本年度贷款已在本年度归还部分）累计不得超过年度可融资规模，对本年融资额度已达到年度可融资规模的土地储备机构，不得批准新的项目融资。

列入名录的土地储备机构可以向银行业金融机构贷款。在国家产业政策指导下，银行业金融机构应按照相关法律法规及监管要求，遵循市场化原则，在风险可控的前提下，向列入名录的土地储备机构发放并管理土地储备贷款。银行业金融机构应按照有关部门关于土地储备贷款的相关规定，根据贷款人的信用状况、土地储备项目周期、资金回笼计划等因素合理确定贷款期限，贷款期限最长不超过五年。名录内土地储备机构所属的储备土地，具有合法的土地使用证，方可用于储备抵押贷款。贷款用途可不对应抵押土地相关补偿、前期开发等业务，但贷款使用必须符合规定的土地储备资金使用范围，不得用于城市建设以及其他与土地储备业务无关的项目。本《通知》下发前名录以外的机构（含融资平台公司）名下的储备土地，应严格按照《通知》的要求逐步规范管理。

土地储备融资资金应按照专款专用、封闭管理的原则严格监管。纳入储备的土地不得用于为土地储备机构以外的机构融资担保。土地储备机构将贷款挪作他用的，有关主管部门应依法依规予以严肃处理；银行业金融机构应及时采取贷款处置和资产保全措施，暂停对该土地储备机构发放新的贷款，并按照法律法规的规定和借款合同的约定追究该土地储备机构的违约责任。

六、严格土地储备资金管理

土地储备机构应于每年第三季度根据年度土地储备计划，编制下一年度土地储备资金收支预算，经国土资源主管部门审核后，报同级财政部门审定。其中，属于政府采购范围的，应当按规定编制政府采购预算，严格执行政府采购有关规定。资金收支预算涉及土地储备贷款的事项，应征求所在地人民银行相关分支行、银监局的意见。

加强国有土地收益基金的管理。国有土地收益基金要按规定比例及时计提，并按规定用于土地储备。土地储备机构必须按规定用途使用土地储备资金，不得挪用。土地储备工作中发生的地籍调查、土地登记、地价评估以及管护中围栏、围墙等建设的支出，经同级财政部门批准，列入土地储备资金使用范围。土地储备资金预算执行中，需财政部门核拨资金的，土地储备机构应提出用款申请，经国土资源主管部门审核后，报同级财政部门审批。土地储备资金的支付要按照财政国库管理制度有关规定执行。土地储备机构应于每年年终，按规定编制土地储备资金收支决算，由同级财政部门审核并上报同级人民政府批准。

本通知自印发之日起实施。各地区相关部门和单位要严格执行本通知各项规定。对于违反本通知规定的单位和个人，将依照相关法律法规规定进行处理。

特殊和稀缺煤类开发利用管理暂行规定

中华人民共和国国家发展和改革委员会令　第16号

2012年12月9日

第一章　总则

第一条　为保护和合理开发利用特殊和稀缺煤类，根据《中华人民共和国煤炭法》及有关规定，制定本规定。

第二条　在中华人民共和国境内从事特殊和稀缺煤类的开发建设、生产管理、加工利用等活动，必须遵守本规定。

第三条　本规定所称的特殊和稀缺煤类，是指具有某种煤质特征、特殊性能和重要经济价值，资源储量相对较少的煤炭种类，包括肥煤、焦煤、瘦煤和无烟煤等。

国家发展改革委、能源局根据国民经济发展需要，适时公布特殊和稀缺煤类矿区范围（首批公布的特殊和稀缺煤类矿区范围见附件）。

第四条　国家对特殊和稀缺煤类实行保护性开发利用，坚持统一规划、有序开发、总量控制、高效利用的原则，禁止乱采滥挖和浪费行为。

第五条　县级以上煤炭行业管理部门负责特殊和稀缺煤类开发利用的监督管理。

第二章　开发建设

第六条　国家对特殊和稀缺煤类实行生产总量控制，并加强规划管理，优化开发布局。

按照国家的总体要求，省级煤炭行业管理部门可以根据资源储量、市场供需、利用方向等，安排本地区煤炭企业特殊和稀缺煤类的产量。

第七条　特殊和稀缺煤类矿区的资源开发由中方控股。

第八条　特殊和稀缺煤类优先采用露天开采。矿区均衡生产服务年限不得低于矿区规范规定的1.2倍。

第九条　特殊和稀缺煤类煤矿的设计服务年限不得低于煤矿设计规范规定的1.2倍。

第十条　新建大中型特殊和稀缺煤类煤矿投产后10年内，原则上不得通过改扩建、技术改造（产业升级）、资源整合（兼并重组）和生产能力核定等方式提高生产能力。

第十一条　在特殊和稀缺煤类采区范围内不得建设公用工程或者其他工程，确需压覆煤炭资源建设的，应当与煤矿企业充分协商，由省级煤炭行业管理部门报国务院煤炭行业管理部门同意后，方可批准建设，并由建设单位依法对压占资源及其他损失予以补偿。

在未设采区的特殊和稀缺煤类矿区范围内，确需建设公用工程或者其他工程的，由省级煤炭行业管理部门报国务院煤炭行业管理部门备案后，方可组织施工建设。

第三章 生产管理

第十二条 国家鼓励开展极薄煤层、薄煤层、厚煤层等开采技术研究，鼓励生产企业采用无煤柱、充填等开采技术，提高资源回采率。

特殊和稀缺煤类矿井采区回采率：薄煤层不低于88%，中厚煤层不低于83%，厚煤层不低于78%。

第十三条 生产企业不得超能力生产，不得使用落后工艺，不得采厚弃薄、采易弃难。

第十四条 国家鼓励生产企业在安全、合理、经济的前提下，对特殊和稀缺煤类进行复采或者开采边角残煤和极薄煤层等。

第十五条 生产企业应当制定管理制度，对采区回采率完成情况进行考核。省级煤炭行业管理部门应当定期对生产企业采区回采率等进行考核，并将考核结果抄报国务院煤炭行业管理部门。

第十六条 国家对在特殊和稀缺煤类保护和开采工作中做出突出贡献的单位和个人给予奖励。达到本规定要求且考核优秀的生产企业，国家发展改革委在煤矿项目核准等方面给予优先安排。

第十七条 因地质条 件、安全条 件等原因，造成采区或者工作面资源无法开采回收的，生产企业应当及时制定处理方案，报省级煤炭行业管理部门审查批准后方可核销。省级煤炭行业管理部门应当将审查结果抄报国务院煤炭行业管理部门，并抄送同级国土资源管理部门。

第十八条 省级煤炭行业管理部门负责审查生产企业的煤矿储量年度报告，将审查结果抄报国务院煤炭行业管理部门，并抄送同级国土资源管理部门。

第四章 加工利用

第十九条 国家鼓励开展选煤技术研发，提高精煤产率。特殊和稀缺煤类应当全部洗选。

第二十条 经洗选加工的优质特殊和稀缺煤类应当优先用于冶金、化工、材料等行业。限制特殊和稀缺煤类作为燃料直接利用。

第五章 法律责任

第二十一条 违反本规定要求，未达到规定回采率的，由煤炭行业管理部门责令限期改正；逾期仍达不到规定回采率的，吊销其煤炭生产许可证。

第二十二条 生产企业有下列情形之一的，由省级煤炭行业管理部门责令限期改正；逾期不改正的，处三万元的罚款。

（一）超过省级煤炭行业管理部门安排的产量限额进行生产的；

（二）未按照本规定第十七条 要求制定处理方案并报审核；

（三）未按照本规定第十八条 要求报送煤矿储量年度报告。

第二十三条 国家机关工作人员违反本规定，徇私舞弊、玩忽职守、滥用职权的，由其所在机关或者上级机关依法给予处分；构成犯罪的，由司法机关依法追究刑事责任。

第六章 附则

第二十四条 本规定所称的生产企业，是指从事特殊和稀缺煤类生产的煤矿企业。

第二十五条 本规定由国家发展改革委、能源局负责解释。

第二十六条 省级煤炭行业管理部门可以依据本规定，结合本地区实际制定实施细则，并报国务院煤炭行业管理部门备案。

第二十七条 本规定自发布之日起30日后施行。

附件：特殊和稀缺煤类矿区范围

省（区、市）	矿区名称	主要煤类	备注
北京	京西	无烟煤	
河北	开滦	肥煤、焦煤	
	峰峰	肥煤、焦煤、瘦煤	
	邢台	焦煤、瘦煤	
山西	西山	焦煤、肥煤、瘦煤	
	汾西	肥煤、焦煤、瘦煤	
	霍州	肥煤、焦煤、瘦煤	
	霍东	焦煤、瘦煤	
	离柳	焦煤、肥煤、瘦煤	
	乡宁	肥煤、焦煤、瘦煤	
	晋城	无烟煤	
	阳泉	无烟煤	
	潞安	瘦煤	
内蒙古	乌海	肥煤、焦煤	
	包头	焦煤	
辽宁	沈阳	焦煤、肥煤、瘦煤	
黑龙江	鸡西	焦煤、肥煤	
	鹤岗	焦煤	
	七台河	焦煤、肥煤、瘦煤	
江苏	徐州	肥煤、焦煤	
	丰沛	肥煤	
安徽	淮北	肥煤、焦煤、瘦煤	
山东	兖州	肥煤	
	新汶	肥煤	
	枣滕	肥煤	
	巨野	焦煤、肥煤	
	黄河北	焦煤、肥煤、瘦煤、无烟煤	
河南	平顶山	肥煤、焦煤	
	永夏	无烟煤	
	安鹤	瘦煤、无烟煤	
	焦作	无烟煤	
重庆	南桐	焦煤	
	天府	焦煤	
	永荣	焦煤	
四川	攀枝花	焦煤、瘦煤	
贵州	盘江	肥煤、焦煤、瘦煤	
	水城	肥煤、焦煤、瘦煤	
云南	恩洪	焦煤、瘦煤、无烟煤	
陕西	韩城	焦煤、瘦煤、无烟煤	
青海	木里	肥煤、焦煤、瘦煤	
宁夏	石炭井	焦煤	
	汝萁沟	无烟煤	包括内蒙古古拉本
新疆	阿艾	焦煤	
	温宿博孜敦	肥煤、焦煤、无烟煤	
	艾维尔沟	肥煤、焦煤、瘦煤	
	巴里坤	肥煤、焦煤	
	拜城	焦煤	

注：1/3 焦煤和气肥煤分别列入焦煤和肥煤之中。

国务院关于进一步做好旅游等开发建设活动中文物保护工作的意见

国发［2012］63号

2012年12月19日

各省、自治区、直辖市人民政府，国务院各部委、各直属机构：

我国是历史悠久的文明古国，拥有极其丰富的文物资源。各类文物既是中华民族优秀传统文化的重要载体，也是旅游业可持续发展的重要基础。国家高度重视在旅游等开发建设活动中的文物保护工作，采取了一系列措施，既确保了文物安全，又有效利用了文物资源。但是也存在有的地方违法转让、抵押国有不可移动文物，将国有不可移动文物作为企业资产经营，过度开发利用文物资源、导致文物破坏或损毁，甚至擅自拆除文物古迹和历史文化街区、村镇以及历史建筑等问题。为进一步做好旅游等开发建设活动中的文物保护工作，现提出以下意见：

一、严格执行文物保护法律法规。国有不可移动文物不得转让、抵押，不得作为企业资产经营。文物古迹和历史建筑应当尽可能实施原址保护，不得擅自拆除、迁移。对于历史文化街区、村镇，要逐步改善基础设施、公共服务设施和居住环境，不得擅自拆除。国有不可移动文物已经全部毁坏的，不得擅自在原址重建、复建。辟为参观游览场所的国有文物保护单位，所在地人民政府应当依法设立专门机构负责管理，不得将文物保护单位管理机构作为企业的下属机构或交由企业管理。国有其他文物也要按照文物保护法律法规严格管理，不得赠与、出租或者出售给其他单位、个人，也不得抵押或作为企业资产经营。

二、严格履行涉及文物的旅游等开发建设活动审批。要加强各级文物保护单位的规划编制工作，提高规划的科学性。各地编制旅游等开发建设规划要符合城乡规划，并与文物保护单位的规划相衔接，坚持文物保护优先，把文物安全放在首位。旅游等开发建设项目要严格履行基本建设审批程序。在文物保护单位和历史文化街区、村镇以及历史建筑的保护范围和建设控制地带内实施建设工程的，要事先依法征得文物行政部门同意，报城乡规划部门批准；未经文物行政部门同意的，不得立项，更不得开工建设。

三、合理确定文物景区游客承载标准。文物、旅游等部门要立足文物安全，科学评估文物资源状况和游客流量，合理确定文物旅游景区的游客承载标准，并向社会公布。对于古遗址、古建筑、石窟寺等易受损害的文物资源，要通过预约参观、错峰参观等方式调节旅游旺季的游客人数，防止背离文物旅游景区实际、片面追求游客规模。要定期对利用古遗址、古建筑、石窟寺等易受损害的文物资源开展旅游等开发情况进行安全评估，对可能造成文物资源破坏的要及时采取保护措施，确保文物安全。

四、加大对文物保护的投入。各级人民政府要将文物保护经费列入本级财政预算，保证财政拨款随着财政收入增长而增加。要切实保障文物保护单位的日常维护经费和文物保护的抢救性投入。要加大基础建设投入，改善文物本体及其环境状况，加强文物保护基础设施和安全设施建设。国有文物保护单位的事业性收入应当专门用于文物保护。鼓励社会力量采取捐赠、设立文物保护社会基金等方式参与文物保护。文物旅游景区经营性收入要优先用于文物保护，具体比例由地方人民政府确定。文物保护单位管理机构要加强资金管理，严格遵守财务制度，提高资金使用效益。

五、加强文物旅游的指导和监管。旅游、文物等部门要把依法保护文物、确保文物安全列入旅游景区质量标准管理体系。对文物保护与安全管理规定不落实，造成文物破坏、损毁的，要依照相关规定处理并通报批评，涉嫌违法的要依法追究相关单位和人员责任。要建立文物旅游突发事件应急预警机制、巡视检查制度、专家咨询制度，定期组织评估文物保护与旅游发展状况并向社会公布，促进文物保护和文物资源的合理利用。

六、切实落实文物保护责任。县级以上地方人民政府及其文物行政部门是文物保护的第一责任人。地方各级人民政府要切实加强对文物保护工作的领导，把文物保护事业纳入本级国民经济和社会发展规划，加强文物保护机构队伍建设，定期解决文物保护面临的问题。国务院每两年组织开展一次文物保护法律法规落实情况检查，对领导不力、玩忽职守、决策失误，造成文物破坏损毁的，要严肃追究责任。

七、认真履行文物保护职责。进一步发挥全国文物安全工作部际联席会议制度的作用，对各地在旅游等开发建设活动中文物保护情况进行督导。文物行政部门要加强对文物保护的监督管理，统筹协调和指导文物保护工作，履行文物行政执法督察职责；旅游部门要在发展旅游中切实落实文物保护的相关规定；发展改革部门要加大对文物保护设施的投入，把好文物旅游基本建设项目立项审批关；财政部门要加大文物保护经费的投入，加强经费使用的监督管理；国土资源部门要加强对国有不可移动文物、考古遗址等重点文物保护用地及规划的监管；城乡规划、文物部门要加强对历史文化名城和历史文化街区、村镇以及历史建筑的保护；公安部门要加强对损毁文物特别是国家保护的珍贵文物或损毁全国重点文物保护单位、省级文物保护单位的违法犯罪活动的查处力度。

八、依法纠正违法违规行为。各地要对本行政区域内旅游等开发建设活动中涉及文物古迹和历史文化街区、村镇以及历史建筑等的保护情况进行一次检查，全面摸清有关情况，依法纠正违法违规行为。

（一）对于将国有不可移动文物转让、抵押的，要限期改正，予以回购、终止抵押。对于将国有不可移动文物作为企业资产经营的，要限期将其从企业资产中剥离；暂不具备剥离条件的，可以设定过渡期，并由省级人民政府向国务院报告。

（二）对于游客接待量超过承载量，造成文物破坏或可能造成文物安全隐患的，要限期改正。

（三）对于擅自拆除文物古迹和历史文化街区、村镇以及历史建筑的，由县级以上地方人民政府或其城乡规划、文物等部门依法定职权责令停止违法行为、限期恢复原状或者采取其他补救措施。历史文化街区、村镇遭到严重破坏的，由批准机关撤销历史文化街区、村镇称号。

（四）对于将文物保护单位管理机构作为企业的下属机构或交由企业管理的，要从企业中分离，恢复文物保护单位管理机构的事业单位性质，交由文物行政部门管理。

（五）对于把历史文化街区、村镇整体出让给企业管理经营的，要予以纠正。暂不具备条件的，应当由省级人民政府向国务院说明情况。

在检查工作中，对涉嫌违法的行为，要依法追究相关单位和人员的法律责任。检查结束后，各省、自治区、直辖市人民政府要在2013年5月底前将检查情况上报国务院。国务院将组织督查组对各地检查情况进行督导。

国务院关于城市优先发展公共交通的指导意见

国发［2012］64号

2012年12月29日

各省、自治区、直辖市人民政府，国务院各部委、各直属机构：

近年来，我国城市公共交通得到快速发展，技术装备水平不断提高，基础设施建设运营成绩显著，人民群众出行更加方便，但随着我国城镇化加速发展，城市交通发展面临新的挑战。城市公共交通具有集约高效、节能环保等优点，优先发展公共交通是缓解交通拥堵、转变城市交通发展方式、提升人民群众生活品质、提高政府基本公共服务水平的必然要求，是构建资源节约型、环境友好型社会的战略选择。为实施城市公共交通优先发展战略，现提出以下指导意见：

一、树立优先发展理念

深入贯彻落实科学发展观，加快转变城市交通发展方式，突出城市公共交通的公益属性，将公共交通发展放在城市交通发展的首要位置，着力提升城市公共交通保障水平。在规划布局、设施建设、技术装备、运营服务等方面，明确公共交通发展目标，落实保障措施，创新体制机制，形成城市公共交通优先发展的新格局。

二、把握科学发展原则

一是方便群众。把改善城市公共交通条件、方便群众日常出行作为首要原则，推动网络化建设，增强供给能力，优化换乘条件，提高服务品质，确保群众出行安全可靠、经济适用、便捷高效。

二是综合衔接。突出公共交通在城市总体规划中的地位和作用，按照科学合理、适度超前的原则编制城市公共交通规划，加强与其他交通方式的衔接，提高一体化水平，统筹基础设施建设与运营组织管理，引导城市空间布局的优化调整。

三是绿色发展。按照资源节约和环境保护的要求，以节能减排为重点，大力发展低碳、高效、大容量的城市公共交通系统，加快新技术、新能源、新装备的推广应用，倡导绿色出行。

四是因地制宜。根据城市功能定位、发展条件和交通需求等特点，科学确定公共交通发展目标和发展模式。明确城市公共交通的主导方式，选择合理的建设实施方案，建立适宜的运行管理机制，配套相应的政策保障措施。

三、明确总体发展目标

通过提高运输能力、提升服务水平、增强公共交通竞争力和吸引力，构建以公共交通为主的城市机动化出行系统，同时改善步行、自行车出行条件。要发展多种形式的大容量公共交通工具，建设综合交通枢纽，优化换乘中心功能和布局，提高站点覆盖率，提升公共交通出行分担比例，确立公共交通在城市交通中的主体地位。

科学研究确定城市公共交通模式，根据城市实际发展需要合理规划建设以公共汽（电）车为主体的地面公共交通系统，包括快速公共汽车、现代有轨电车等大容量地面公共交通系统，有条件的特大城市、大城市有序推进轨道交通系统建设。提高城市公共交通车辆的保有水平和公共汽（电）车平均运营时速，大城市要基本实现中心城区公共交通站点500米全覆盖，公共交通占机动化出行比例达到60%左右。

四、实施加快发展政策

（一）强化规划调控。

要强化城市总体规划对城市发展建设的综合调控，统筹城市发展布局、功能分区、用地配置和交通发展，倡导公共交通支撑和引导城市发展的规划模式，科学制定城市综合交通规划和公共交通规划。城市综合交通规划应明确公共交通优先发展原则，统筹重大交通基础设施建设，合理配置和利用各种交通资源。城市公共交通规划要科学规划线网布局，优化重要交通节点设置和方便衔接换乘，落实各种公共交通方式的功能分工，加强与个体机动化交通以及步行、自行车出行的协调，促进城市内外交通便利衔接和城乡公共交通一体化发展。

（二）加快基础设施建设。

提升公共交通设施和装备水平，提高公共交通的便利性和舒适性。科学有序发展城市轨道交通，积极发展大容量地面公共交通，加快调度中心、停车场、保养场、首末站以及停靠站的建设，提高公共汽（电）车的进场率；推进换乘枢纽及步行道、自行车道、公共停车场等配套服务设施建设，将其纳入城市旧城改造和新城建设规划同步实施。鼓励新能源公共交通车辆应用，加快老旧车辆更新淘汰，保障公共交通运营设备的更新和维护，提高整体运输能力。

（三）加强公共交通用地综合开发。

城市控制性详细规划要与城市综合交通规划和公共交通规划相互衔接，优先保障公共交通设施用地。加强公共交通用地监管，改变土地用途的由政府收回后重新供应用于公共交通基础设施建设。对新建公共交通设施用地的地上、地下空间，按照市场化原则实施土地综合开发。对现有公共交通设施用地，支持原土地使用者在符合规划且不改变用途的前提下进行立体开发。公共交通用地综合开发的收益用于公共交通基础设施建设和弥补运营亏损。

（四）加大政府投入。

城市人民政府要将公共交通发展资金纳入公共财政体系，重点增加大容量公共交通、综合交通枢纽、场站建设以及车辆设备购置和更新的投入。“十二五”期间，免征城市公共交通企业新购置的公共汽（电）车的车辆购置税；依法减征或者免征公共交通车船的车船税；落实对城市公共交通行业的成品油价格补贴政策，确保补贴及时足额到位。对城市轨道交通运营企业实施电价优惠。

（五）拓宽投资渠道。

推进公共交通投融资体制改革，进一步发挥市场机制的作用。支持公共交通企业利用优质存量资产，通过特许经营、战略投资、信托投资、股权融资等多种形式，吸引和鼓励社会资金参与公共交通基础设施建设和运营，在市场准入标准和优惠扶持政策方面，对各类投资主体同等对待。公共交通企业可以开展与运输服务主业相关的其他经营业务，改善企业财务状况，增强市场融资能力。要加强银企合作，创新金融服务，为城市公共交通发展提供优质、低成本的融资服务。

（六）保障公共交通路权优先。

优化公共交通线路和站点设置，逐步提高覆盖率、准点率和运行速度，改善公共交通通达性和便捷性。增加公共交通优先车道，扩大信号优先范围，逐步形成公共交通优先通行网络。集约利用城市道路资源，允许机场巴士、校车、班车使用公共交通优先车道。增加公共交通优先通行管理设施投入，加强公共交通优先车道的监控和管理，在拥堵区域和路段取消占道停车，充分利用科技手段，加大对交通违法行为的执法力度。

（七）鼓励智能交通发展。

按照智能化、综合化、人性化的要求，推进信息技术在城市公共交通运营管理、服务监管和行业管理等方面的应用，重点建设公众出行信息服务系统、车辆运营调度管理系统、安全监控系统和应急处置系统。加强城市公共交通与其他交通方式、城市道路交通管理系统的信息共享和资源整合，提高服务效率。“十二五”期间，进一步完善城市公共交通移动支付体系建设，全面推广普及城市公共交通“一卡通”，加快其在城市不同交通方式中的应用。加快完善标准体系，逐步实现跨市域公共交通“一卡通”的互联互通。

五、建立持续发展机制

（一）完善价格补贴机制。

综合考虑社会承受能力、企业运营成本和交通供求状况，完善价格形成机制，根据服务质量、运输距离以及各种公共交通换乘方式等因素，建立多层次、差别化的价格体系，增强公共交通吸引力。合理界定补贴补偿范围，对实行低票价、减免票、承担政府指令性任务等形成的政策性亏损，对企业在技术改造、节能减排、经营冷僻线路等方面的投入，地方财政给予适当补贴补偿。建立公共交通企业职工工资收入正常增长机制。

（二）健全技术标准体系。

修订和完善公共交通基础设施的建设标准；规范轨道交道、公共汽（电）车等装备的产品标准；建立新能源车辆性能检验等技术标准；制定公共交通运营的服务标准，构建服务质量评价指标体系。研究公共交通技术政策，明确技术发展方向。

（三）推行交通综合管理。

综合运用法律、经济、行政等手段，有效调控、合理引导个体机动化交通需求。在特大城市尝试实施不同区域、不同类型停车场差异化收费和建设驻车换乘系统等需求管理措施，加强停车设施规划建设及管理。发展中小学校车服务系统，加强资质管理，制定安全和服务标准。“十二五”期间，初步建立出租汽车服务管理信息系统，大力推广出租汽车电话约车服务，方便群众乘车，减少空驶。大力发展汽车租赁、包车客运等交通服务方式，通过社会化、市场化手段，满足企事业单位和个人商务、旅游等多样化的出行需求，提高车辆的利用效率。落实城市建设项目交通影响评价制度，并作为项目实施的前置性条件，严格落实公共交通配建标准，实现同步设计、同步建设、同步验收。大力加强公共交通和绿色出行的宣传和引导。

（四）健全安全管理制度。

强化安全第一、质量为本的理念。城市人民政府要切实加强公共交通的安全监管，完善安全标准体系，健全安全管理制度，落实监管责任，加大安全投入，制定应急预案。重大公共交通项目建设要严格执行法定程序和工程标准，保证合理工期，加强验收管理。城市公共交通企业作为安全责任主体，要完善各项规章制度和岗位规范，健全安全管理机构，配备专职管理人员，落实安全管理责任，加大经费投入，定期开展安全检查和隐患排查，严格实施车辆维修和报废制度，增强突发事件防范和应急能力。规范技术和产品标准，构建服务质量评价指标体系。要高度重视轨道交通的建设、运营安全，强化风险评估与防控，完善轨道交通工程验收和试运营审核及第三方安全评估制度。

（五）规范重大决策程序。

推进城市公共交通重大决策法制化、民主化、公开化。研究出台公共交通优先发展的法规规章，地方人民政府推动配套制订和完善地方性法规，为城市公共交通的资金投入、土地开发、路权优先等扶持政策提供法律保障。规范城市人民政府公共交通重大决策程序，实行线网规划编制公示制度和运营价格听证制度。建立城市公共交通运营成本和服务质量信息公开制度，加强社会监督。

（六）建立绩效评价制度。

加快建立健全城市公共交通发展绩效评价制度，国务院有关部门研究制定评价办法，定期对全国重点城市公共交通发展水平进行绩效评价。各城市要通过公众参与、专家咨询等多种方式，对公共交通企业服务质量和运营安全进行定期评价，结果作为衡量公交企业运营绩效、发放政府补贴的重要依据。

发展城市公共交通，城市人民政府是责任主体，省级人民政府负责监督、指导，国务院有关部门要做好制定宏观发展政策和完善相关法规规章等工作。各级人民政府、各有关部门要按照职责分工，主动协调、密切配合，推动城市公共交通实现又好又快发展。

关于加强国家重点生态功能区环境保护和管理的意见

环发［2013］16号

环境保护部　国家发展和改革委员会　财政部

2013年1月22日

各省、自治区、直辖市、新疆生产建设兵团环境保护厅（局）、发展改革委、财政厅（局）：

为贯彻落实党的十八大关于建设生态文明和美丽中国的理念与精神，推进《全国主体功能区规划》、《国务院关于加强环境保护重点工作的意见》实施，加强国家重点生态功能区环境保护和管理，增强区域整体生态功能，保障国家和区域生态安全，促进经济社会可持续发展，提出如下意见：

一、总体要求

(一)重要意义。国家重点生态功能区是指承担水源涵养、水土保持、防风固沙和生物多样性维护等重要生态功能，关系全国或较大范围区域的生态安全，需要在国土空间开发中限制进行大规模高强度工业化城镇化开发，以保持并提高生态产品供给能力的区域。加强国家重点生态功能区环境保护和管理，是增强生态服务功能，构建国家生态安全屏障的重要支撑；是促进人与自然和谐，推动生态文明建设的重要举措；是促进区域协调发展，全面建设小康社会的重要基础；是推进主体功能区建设，优化国土开发空间格局、建设美丽中国的重要任务。

（二）基本原则。坚持以科学发展观为指导，加快实施主体功能区战略，树立尊重自然、顺应自然、保护自然的生态文明理念，以保障国家生态安全、促进人与自然和谐相处为目标，以增强区域生态服务功能、改善生态环境质量为重点，切实加强国家重点生态功能区环境保护和管理。

坚持生态主导、保护优先。把保护和修复生态环境、增强生态产品生产能力作为首要任务，坚持保护优先、自然恢复为主的方针，实施生态系统综合管理，严格管制各类开发活动，加强生态环境监管和评估，减少和防止对生态系统的干扰和破坏。

坚持严格准入、限制开发。按照生态功能恢复和保育原则，实行更有针对性的产业准入和环境准入政策与标准，提高各类开发项目的产业和环境门槛。根据区域资源环境承载能力，坚持面上保护、点状开发，严格控制开发强度和开发范围，禁止成片蔓延式开发扩张，保持并逐步扩大自然生态空间。

坚持示范先行、分步推进。选择有典型代表性的不同类型国家重点生态功能区进行试点，探索限制开发区域科学发展的新模式，探索区域生态功能综合管理的新途径，创新区域保护和管理的新机制。

二、主要任务

（一）**严格控制开发强度**。要按照《全国主体功能区规划》要求，对国家重点生态功能区范围内各类开发活动进行严格管制，使人类活动占用的空间控制在目前水平并逐步缩小，以腾出更多的空间用于维系生态系统的良性循环。要依托资源环境承载能力相对较强的城镇，引导城镇建设与工业开发集中布局、点状开发，禁止成片蔓延式开发扩张。要严格开发区管理，原则上不再新建各类开发区和扩大现有工业开发区的面积，已有的工业开发区要逐步改造成低消耗、可循环、少排放、“零污染”的生态型工业区。国家发展改革委要组织地方发展改革委进一步明确国家重点生态功能区的开发强度等约束性指标。

（二）**加强产业发展引导**。在不影响主体功能定位、不损害生态功能的前提下，支持重点生态功能区适度开发利用特色资源，合理发展适宜性产业。根据不同类型重点生态功能区的要求，按照生态功能恢复和保育原则，国家发展改革委、环境保护部牵头制定实施更加严格的产业准入和环境要求，制定实施限制和禁止发展产业名录，提高生态环境准入门槛，严禁不符合主体功能定位的项目进入。对于不适合主体功能定位的现有产业，相关经济综合管理部门要通过设备折旧、设备贷款、土地置换等手段，促进产业梯度转移或淘汰。各级发展改革部门在产业发展规划、生产力布局、项目审批等方面，都要严格按照国家重点生态功能区的定位要求加强管理，合理引导资源要素的配置。编制产业专项规划、布局重大项目，须开展主体功能适应性评价，使之成为产业调控和项目布局的重要依据。

（三）**全面划定生态红线**。根据《国务院关于加强环境保护重点工作的意见》和《国家环境保护“十二五”规划》要求，环境保护部要会同有关部门出台生态红线划定技术规范，在国家重要（重点）生态功能区、陆地和海洋生态环境敏感区、脆弱区等区域划定生态红线，并会同国家发展改革委、财政部等制定生态红线管制要求和环境经济政策。地方各级政府要根据国家划定的生态红线，依照各自职责和相关管制要求严格监管，对生态红线管制区内易对生态环境产生破坏或污染的企业尽快实施关闭、搬迁等措施，并对受损企业提供合理的补偿或转移安置费用。

（四）加强生态功能评估。国家和省级环境保护部门要会同有关部门加强国家重点生态功能区生态功能调查与评估工作，制定国家重点生态功能区生态功能调查与评价指标体系及生态功能评估技术规程，建立健全区域生态功能综合评估长效机制，强化对区域生态功能稳定性和生态产品提供能力的评价和考核，定期评估区域主要生态功能及其动态变化情况。环境保护和财政部门要加大对国家重点生态功能区县域生态环境质量考核力度，完善考核机制，考核结果作为中央对地方国家重点生态功能区转移支付资金分配的重要依据。区域生态功能评估结果要及时送发展改革、财政和环境保护部门，作为评估当地经济社会发展质量和生态文明建设水平的重要依据，纳入政府绩效考核；同时作为产业布局、项目审批、财政转移支付和环境保护监管的重要依据。

（五）**强化生态环境监管**。地方各级环境保护部门要从严控制排污许可证发放，严格落实国家节能减排政策措施，保证区域内污染物排放总量持续下降。专项规划以及建设项目环境影响评价等文件，要设立生态环境评估专门章节，并提出可行的预防措施。要强化监督检查，建立专门针对国家重点生态功能区和生态红线管制区的协调监管机制。各级环境保护部门要对重点生态功能区和生态红线管制区内的各类资源开发、生态建设和恢复等项目进行分类管理，依据其不同的生态影响特点和程度实行严格的生态环境监管，建立天地一体化的生态环境监管体系，完善区域内整体联动监管机制。地方各级政府要全面实行矿山环境治理恢复保证金制度，严格按照提取标准收提并纳入税前生产成本，专户管理和使用，全面落实企业和政府生态保护与恢复治理责任。严禁盲目引入外来物种，严格控制转基因生物环境释放活动，减少对自然生态系统的人为干扰，防止发生不可逆的生态破坏。要健全生态环境保护责任追究制度，加大惩罚力度。对于未按重点生态功能区环境保护和管理要求执行的地区和建设单位，上级有关部门要暂停审批新建项目可行性研究报告或规划，适当扣减国家重点生态功能区转移支付等资金，环境保护部门暂停评审或审批其规划或新建项目环境影响评价文件。对生态环境造成严重后果的，除责令其修复和损害赔偿外，将依法追究相关责任人的责任。

（六）**健全生态补偿机制**。加快制定出台生态补偿政策法规，建立动态调整、奖惩分明、导向明确的生态补偿长效机制。中央财政要继续加大对国家重点生态功能区的财政转移支付力度，并会同发展改革和环境保护部门明确和强化地方政府生态保护责任。地方各级政府要依据财政部印发的国家重点生态功能区转移支付办法，制定本区域重点生态功能区转移支付的相关标准和实施细则，推进国家重点生态功能区政绩考核体系的配套改革。地方各级政府要以保障国家生态安全格局为目标，严格按照要求把财政转移支付资金主要用于保护生态环境和提高基本公共服务水平等。鼓励探索建立地区间横向援助机制，生态环境受益地区要采取资金补助、定向援助、对口支援等多种形式，对相应的重点生态功能区进行补偿。

三、保障措施

（一）**切实加强组织领导**。各部门要加强组织管理和协调，编制重点生态功能区区域规划和生态保护规划，明确相应的政策措施、资金投入等要求。地方各级政府要加强组织领导，强化协调沟通，切实建立和完善生态保护优先的绩效考核评价体系，落实对辖区内重点生态功能区环境保护和管理的目标责任。

（二）**完善配套政策体系**。地方各级政府要建立健全有利于国家重点生态功能区环境保护和管理的各项政策措施及法律法规，统筹协调各类生态环境保护与建设资金的分配和使用，发挥各项政策和资金的合力，促进区域整体生态功能改善。地方各级发展改革、财政和环境保护部门要制定实施有利于重点生态功能区保护的财政、投资、产业和环境保护等配套政策，支持开展有利于重点生态功能区生态功能保护和恢复的基础理论和应用技术研究，推广适宜重点生态功能区的生态保护和恢复治理技术，加强国家重点生态功能区建设。

（三）**加强监督评估工作**。发展改革部门要加强对国家重点生态功能区建设整体进展成效的督检查和综合评估工作。环境保护部门要建立健全专业队伍和技术手段，强化国家重点生态功能区生态功能专项评估和监管工作，并将评估与监管结果向全社会公布。有关部门要加强相互配合，相互支撑，形成合力。

（四）**鼓励开展试点示范**。国家发展改革委会同财政部、环境保护部等部门在不同类型的国家重点生态功能区中，选择一些具有典型代表性地区进行试点示范，指导地方政府研究制定试点示范方案，引导限制开发区域探索科学发展的新模式。国家从政策、资金和技术上对试点示范地区给予支持和倾斜，并及时总结经验，促进交流和推广，发挥试点示范地区在重点生态功能区建设方面的先行和导向作用。

国家发展改革、财政和环境保护等有关部门以及地方各级政府，要加强衔接协调，切实把实施主体功能战略、加强国家重点生态功能区保护和建设作为推进科学发展、加快转变经济发展方式的重大战略举措，进一步转变观念、提高认识、强化责任，贯彻落实好相关政策举措，提升区域整体生态功能水平，全面建设生态文明。

附件：国家重点生态功能区示意图

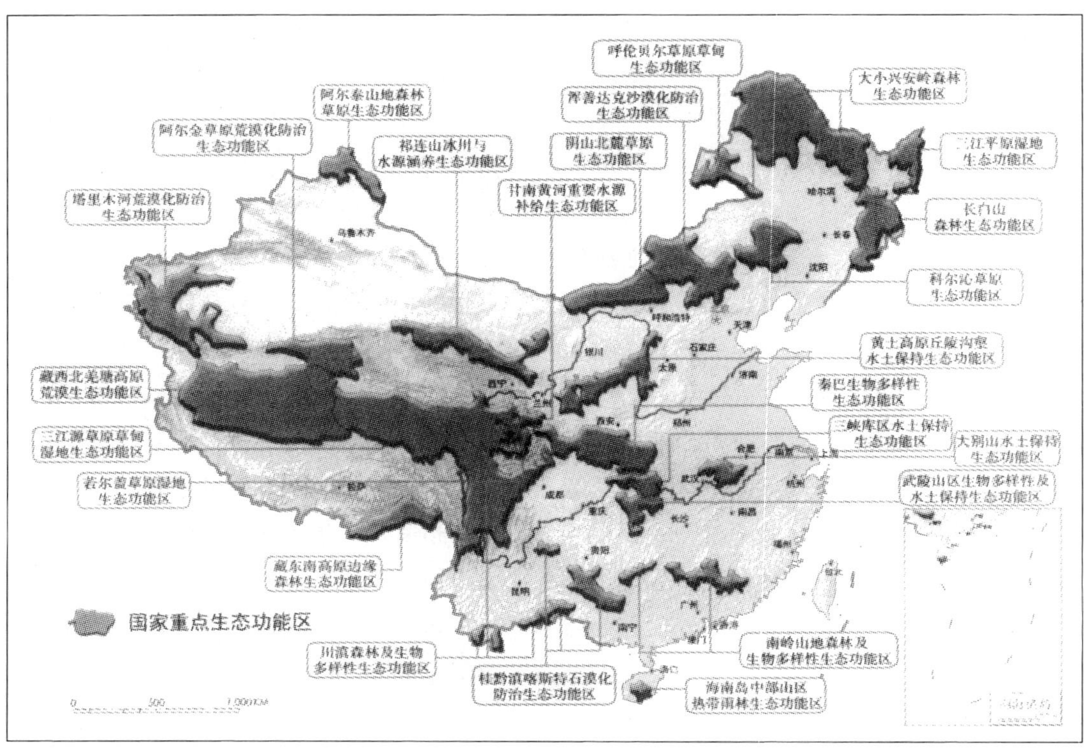

注：引自国务院印发的《全国主体功能区规划》

对外投资合作环境保护指南

商合函［2013］74号

商务部　环境保护部　2013年2月18日

第一条　为指导中国企业进一步规范对外投资合作活动中的环境保护行为，及时识别和防范环境风险，引导企业积极履行环境保护社会责任，树立中国企业良好对外形象，支持东道国的可持续发展，制定本指南。

第二条　本指南适用于中国企业对外投资合作活动中的环境保护，由企业自觉遵守。

第三条　倡导企业在积极履行环境保护责任的过程中，尊重东道国社区居民的宗教信仰、文化传统和民族风俗，保障劳工合法权益，为周边地区居民提供培训、就业和再就业机会，促进当地经济、环境和社区协调发展，在互利互惠基础上开展合作。

第四条 企业应当秉承环境友好、资源节约的理念，发展低碳、绿色经济，实施可持续发展战略，实现自身盈利和环境保护“双赢”。

第五条 企业应当了解并遵守东道国与环境保护相关的法律法规的规定。

企业投资建设和运营的项目，应当依照东道国法律法规规定，申请当地政府环境保护方面的相关许可。

第六条 企业应当将环境保护纳入企业发展战略和生产经营计划，建立相应的环境保护规章制度，强化企业的环境、健康和生产安全管理。鼓励企业使用综合环境服务。

第七条 企业应当建立健全环境保护培训制度，向员工提供适当的环境、健康与生产安全方面的教育和培训，使员工了解和熟悉东道国相关环境保护法律法规规定，掌握有关有害物质处理、环境事故预防以及其他环境知识，提高企业员工守法意识和环保素质。

第八条 企业应当根据东道国的法律法规要求，对其开发建设和生产经营活动开展环境影响评价，并根据环境影响评价结果，采取合理措施降低可能产生的不利影响。

第九条 鼓励企业充分考虑其开发建设和生产经营活动对历史文化遗产、风景名胜、民风民俗等社会环境的影响，采取合理措施减少可能产生的不利影响。

第十条 企业应当按照东道国环境保护法律法规和标准的要求，建设和运行污染防治设施，开展污染防治工作，废气、废水、固体废物或其他污染物的排放应当符合东道国污染物排放标准规定。

第十一条 鼓励企业在项目建设前，对拟选址建设区域开展环境监测和评估，掌握项目所在地及其周围区域的环境本底状况，并将环境监测和评估结果备案保存。

鼓励企业对排放的主要污染物开展监测，随时掌握企业的污染状况，并对监测结果进行记录和存档。

第十二条 鼓励企业在收购境外企业前，对目标企业开展环境尽职调查，重点评估其在历史经营活动中形成的危险废物、土壤和地下水污染等情况，以及目标企业与此相关的环境债务。鼓励企业采取良好环境实践，降低潜在环境负债风险。

第十三条 企业对生产过程中可能产生的危险废物，应当制订管理计划。计划内容应当包括减少危险废物产生量和危害性的措施，以及危险废物贮存、运输、利用、处置措施。

第十四条 企业对可能存在的环境事故风险，应当根据环境事故和其他突发事件的性质、特点和可能造成的环境危害，制订环境事故和其他突发事件的应急预案，并建立向当地政府、环境保护监管机构、可能受到影响的社会公众以及中国企业总部报告、沟通的制度。

应急预案的内容包括应急管理工作的组织体系与职责、预防与预警机制、处置程序、应急保障以及事后恢复与重建等。鼓励企业组织预案演练，并及时对预案进行调整，鼓励企业采取投保环境污染责任保险等手段，合理分散环境事故风险。

第十五条 企业应当审慎考虑所在区域的生态功能定位，对于可能受到影响的具有保护价值的动、植物资源，企业可以在东道国政府及社区的配合下，优先采取就地、就近保护等措施，减少对当地生物多样性的不利影响。

对于由投资活动造成的生态影响，鼓励企业根据东道国法律法规要求或者行业通行做法，做好生态恢复。

第十六条 鼓励企业开展清洁生产，推进循环利用，从源头削减污染，提高资源利用效率，减少生产、服务和产品使用过程中污染物的产生和排放。

第十七条 鼓励企业实施绿色采购，优先购买环境友好产品。

鼓励企业按照东道国法律法规的规定，申请有关环境管理体系认证和相关产品的环境标志认证。

第十八条 鼓励企业定期发布本企业环境信

息，公布企业执行环境保护法律法规的计划、采取的措施和取得的环境绩效情况等。

第十九条 鼓励企业加强与东道国政府环境保护监管机构的联系与沟通，积极征求其对环境保护问题的意见和建议。

第二十条 倡导企业建立企业环境社会责任沟通方式和对话机制，主动加强与所在社区和相关社会团体的联系与沟通，并可以依照东道国法律法规要求，采取座谈会、听证会等方式，就本企业建设项目和经营活动的环境影响听取意见和建议。

第二十一条 鼓励企业积极参与和支持当地的环境保护公益活动，宣传环境保护理念，树立企业良好环境形象。

第二十二条 鼓励企业研究和借鉴国际组织、多边金融机构采用的有关环境保护的原则、标准和惯例。

促进综合交通枢纽发展的指导意见

发改基础［2013］475号

国家发展改革委 2013年3月7日

综合交通枢纽是综合交通运输体系的重要组成部分，是衔接多种运输方式、辐射一定区域的客、货转运中心。为统筹协调各种运输方式，推进我国综合交通枢纽的一体化发展，提高交通运输的服务水平和整体效率，现提出如下意见：

一、重要意义

促进综合交通枢纽发展，是提高交通运输整体效率和服务水平、降低物流成本的有效途径，是优化运输结构、实现交通运输战略转型的迫切需要，是集约利用资源、节能环保的客观要求，对解决现阶段我国综合交通枢纽规划设计不统一、建设时序不同步、运营管理不协调、方式衔接不顺畅等问题，构建便捷、安全、高效的综合交通运输体系，支撑国民经济和社会发展，方便广大人民群众出行，提升国家竞争力具有战略意义。

二、总体要求

以邓小平理论、“三个代表”重要思想和科学发展观为指导，加快转变交通运输发展方式，以一体化为主线，创新体制、机制，统一规划、同步建设、协调管理，促进各种运输方式在区域间、城市间、城乡间、城市内的有效衔接，以提高枢纽运营效率、实现各种运输方式在综合交通枢纽上的便捷换乘、高效换装，为构建综合交通运输体系奠定坚实基础。

三、基本原则

（一）布局合理。

根据城市空间、人口分布、产业布局，以运输需求为导向，新建与改造相结合，分散与集中相统筹，实现枢纽优化布局。

（二）衔接顺畅。

按照综合运输理念和各种运输方式的技术经济特征，强化有机衔接，突出对外交通与城市公共交通之间的优先换乘，提升枢纽的一体化水平与运行效率。

（三）服务便捷。

体现人性化服务和安全保障的要求，优化运营组织，完善信息服务，加强旅客与车辆引导，实现旅客便捷换乘和货物高效换装。

（四）集约环保。

科学确定规模，合理设置功能，集约利用空间资源，大力推广应用节能环保的新技术、新材料、新设备，实现绿色发展。

四、发展任务

（一）加强以客运为主的枢纽一体化衔接。

根据城市空间形态、旅客出行等特征，合理布局不同层次、不同功能的客运枢纽。按照“零距离换乘”的要求，将城市轨道交通、地面公共交通、市郊铁路、私人交通等设施与干线铁路、城际铁路、干线公路、机场等紧密衔接，建立主要单体枢纽之间的快速直接连接，使各种运输方式有机衔接。鼓励采取开放式、立体化方式建设枢纽，尽可能实现同站换乘，优化换乘流程，缩短换乘距离。

高速铁路、城际铁路和市郊铁路应尽可能在城市中心城区设站，并同站建设城市轨道交通、有轨电车、公共汽（电）车等城市公共交通设施。视需要同站建设长途汽车站、城市航站楼等设施。特大城市的主要铁路客运站，应充分考虑中长途旅客中转换乘功能。

民用运输机场应尽可能连接城际铁路或市郊铁路、高速铁路，并同站建设城市公共交通设施。具备条件的城市，应同站连接城市轨道交通或做好预留。视需要同站建设长途汽车站等换乘设施。有条件的鼓励建设城市航站楼。

公路客运站应同站建设城市公共交通设施，视需要和可能同站建设城市轨道交通。

港口客运、邮轮码头应同站建设连接城市中心城区的公共交通设施。

（二）完善以货运为主的枢纽集疏运功能。

统筹货运枢纽与产业园区、物流园区等的空间布局。按照货运“无缝化衔接”的要求，强化货运枢纽的集疏运功能，提高货物换装的便捷性、兼容性和安全性，降低物流成本。

铁路货运站应建设布局合理、能力匹配、衔接顺畅的公路集疏运网络，并同站建设铁路与公路的换装设施。

港口应重点加强铁路集疏运设施建设，大幅提高铁路集疏运比重；积极发展内河集疏运设施。集装箱干线港应配套建设疏港铁路和高速公路，滚装码头应建设与之相连的高等级公路。

民用运输机场应同步建设高等级公路及货运设施。强化大型机场内部客货分设的货运通道建设。

公路货运站应配套建设能力匹配的集疏运公路系统，切实发挥公路货运站功能。

（三）提升客货运输服务质量。

整合信息平台。综合交通枢纽建设和运营过程中应有效推进科技创新，集成、整合现有信息资源（系统），推进公共信息平台建设，建立不同运输方式的信息采集、交换和共享机制，实现信息的互联互通、及时发布、实时更新、便捷查询，提高综合交通枢纽的信息化、智能化水平。

发展联程联运。积极推进铁路、公路、水运、民航等多种运输方式的客运联程系统建设，普及电子客票、联网售票，推进多种运输方式之间的往返、联程、异地等各类客票业务，逐步实现旅客运输“一个时刻表、一次付票款、一张旅行票”。推进大宗散货水铁联运、集装箱多式联运，实现货物运输“一票到底”。

（四）统筹枢纽建设经营。

鼓励组建公司实体作为业主，根据综合交通枢纽规划，负责单体枢纽的设计、建设与运营管理。

统一设计。依法确定一家具有资质的设计研究机构，由其牵头组织协调交通各个专业，实行总体设计、分项负责。设计中应集约布局各类场站设施，突出一体化衔接，有效承载多种服务功能，实现枢纽的便捷换乘、经济适用、规模适当，切忌贪大求洋、追求奢华。

同步建设。强调集中指挥、同步建设，统筹综合交通枢纽各种运输方式建设项目的开工时序、建设进度和交付时间，使各类设施同步运行，各类功能同步实现。不能同步实施的应进行工程预留。

协调管理。创新管理模式，完善协调机制，培育专业化枢纽运营管理企业，保障综合交通枢纽整体协调运营，提升运行效率、服务能力和经营效益。

五、保障措施

（一）制定枢纽规划。

对于综合交通运输体系中的节点城市，其综合交通枢纽规划由所在城市人民政府组织编制，纳入城市总体规划进行审批（或修改城市总体规划时进行审批），用于指导城市交通枢纽设施的空间布局和建设。在规划工作中，应统筹各种运输方式之间、城市交通与对外交通之间、客运与货运之间以及既有设施与新建枢纽之间的关系，衔接相关规划，注重规划的全局性、前瞻性和可操作性。

（二）创新管理机制。

要切实打破行业分割、突破地区分割，创新体制机制，破解综合交通枢纽发展中的难题。城市人民政府统筹协调枢纽的规划、设计、建设等事宜，国家相关部门应予以积极支持。逐步建立和完善规划评估、调整机制。

（三）拓宽融资渠道。

要充分发挥政府投资的引导作用，加大资金支持力度。同时，要创新盈利模式，探索以企业为主体、资本为纽带的投融资方式，鼓励社会资本进入综合交通枢纽的建设和运营，形成多元化的投融资格局，建立稳定的综合交通枢纽投融资渠道。

（四）鼓励综合开发。

要在保障枢纽设施用地的同时，集约、节约用地，合理确定综合交通枢纽的规模。对枢纽用地的地上、地下空间及周边区域，在切实保证交通功能的前提下，做好交通影响分析，鼓励土地综合开发，收益应用于补贴枢纽设施建设运营。

（五）完善技术标准。

按照构建综合交通运输体系的要求，在总结国内外实践经验的基础上，协调各行业的设计标准和规范，逐步研究制定符合国情、经济适用的综合交通枢纽设计、建设、运营服务等标准和规范。

附：42个全国性综合交通枢纽（城市）

北京、天津、哈尔滨、长春、沈阳、大连、石家庄、秦皇岛、唐山、青岛、济南、上海、南京、连云港、徐州、合肥、杭州、宁波、福州、厦门、广州、深圳、湛江、海口、太原、大同、郑州、武汉、长沙、南昌、重庆、成都、昆明、贵阳、南宁、西安、兰州、乌鲁木齐、呼和浩特、银川、西宁、拉萨

规范对外投资合作领域竞争行为的规定

商合发［2013］88号

商务部 2013年3月18日

第一条 为促进对外投资合作业务健康和可持续发展，规范对外投资合作企业（以下简称企业）海外经营行为，鼓励和保护公平竞争，打击不正当竞争行为，根据《中华人民共和国对外贸易法》、《中华人民共和国反不正当竞争法》、《对外承包工程管理条例》、《对外劳务合作管理条例》和《境外投资管理办法》等有关法律法规，制定本规定。

第二条 国家鼓励企业在市场经济条件下，通过正当竞争开展对外投资合作；鼓励企业通过正当竞争行为实现优胜劣汰，促进生产要素的优化配置；鼓励企业树立开放的经营理念，广泛合作、整合力量，降低市场开拓成本并实现可持续性发展。

第三条 企业在经营中应当遵循平等、公平、诚实守信的原则，遵守公认的商业道德。企业不应采取不正当竞争行为损害其他企业的合法权益，扰乱对外投资合作经营秩序。

第四条 商务部负责对外投资合作领域不正当竞争行为的监督管理。

各省、自治区、直辖市、计划单列市及新疆生产建设兵团商务主管部门负责本行政区域内企业对外投资合作领域不正当竞争行为的监督管理。

第五条 对外投资合作领域不正当竞争行为包括：

（一）以商业贿赂争取市场交易机会；

（二）以排挤竞争对手为目的的不正当价格竞争行为；

（三）串通投标；

（四）诋毁竞争对手商誉；

（五）虚假宣传业绩；

（六）其他依法被认定为不正当竞争的行为。

第六条 企业应在严格遵守《对外承包工程管理条例》、《对外劳务合作管理条例》以及《境外投资管理办法》等规定的前提下开展公平竞争。

（一）承揽拟使用中国金融机构信贷资金的项目，在未取得有关金融和保险机构承贷、承保意向函前，不得对外承诺为项目提供融资。

（二）承揽合同报价金额500万美元以上的境外工程项目（含我企业对外投资项下的工程项目），必须在参加投（议）标前按照规定办理对外承包工程项目投（议）标核准。

（三）项目实施过程中，应加强工程质量和生产安全管理，严格执行对外承包工程质量安全管理的有关标准和规定，按期保质完成工程项目。

（四）开展并购类境外投资须提交《境外并购事项前期报告表》。

（五）企业外派人员应当取得项目所在国（地区）政府批准的用工指标，并符合当地有关法律规定的用工比例，不得通过压低劳工成本获得各类对外投资合作项目。

第七条 企业应坚持互利共赢、共同发展的原则，建立健全科学规范的项目决策机制和质量管理制度。

（一）追踪项目过程中应本着能力可及、技术可行、风险可控和效益有保障的原则，对项目情况、技术和经济可行性，以及可能面临的各种风险进行综合评估，科学决策。

（二）应遵守项目所在国（地区）法律法规，尊重当地风俗习惯，重视环境保护，维护当地劳工权益，积极参与当地公益事业，履行必要的社会责任。

（三）应当安排外派人员接受职业技能、安全防范知识等培训，为外派人员办理出境手续并协助办理国外工作许可等手续，负责落实外派人员的劳动关系，承担境外人员管理责任，制定突发事件应急预案。

第八条 有关行业组织应健全和完善行业规范，引导会员企业诚信经营，公开、公平、公正地处理企业纠纷，维护市场经营秩序。

第九条 举报有关企业存在不正当竞争行为的，举报人应以实名向商务部提出，举报内容必须详实、准确，同时提交相应证据。

第十条 商务部履行监督检查职能。可以委托地方商务主管部门、驻外使领馆经商机构或其他有关单位，依照法律、行政法规的规定对对外投资合作领域不正当竞争行为进行调查和认定。涉及单位和个人应当对调查给予配合、协助。

第十一条 商务部将会同有关部门建立对外投资合作不良信用记录制度，对违反本规定构成不正当竞争的对外投资合作经营行为将记录在案，并通报有关部门和机构。涉及企业3年内不得享受国家有关支持政策。

第十二条 违反本规定的，商务主管部门将依据《对外承包工程管理条例》、《对外劳务合作管理条例》和《境外投资管理办法》予以处罚。

商务主管部门在查处不正当竞争行为的过程中，发现有关行为涉嫌构成犯罪的，应当依法及时移送司法机关处理。

合法权益受到不正当竞争行为损害的企业，可依法申请司法救济。

第十三条 国家机关工作人员在对外投资合作业务监督管理工作中滥用职权、徇私舞弊，协助或纵容企业采取不正当竞争手段获取项目的，将依据有关规定予以处理，构成犯罪的，依法追究刑事责任。

第十四条 本规定由商务部负责解释。

第十五条 本规定自发布之日起30天后施行。

关于进一步加强公园建设管理的意见

建城［2013］73号

住房和城乡建设部　2013年5月3日

为适应城镇化快速发展需要，切实满足人民群众休闲、娱乐、健身等生活需要，切实改善人居生态环境，现就进一步加强公园建设管理提出以下意见：

一、正确认识公园建设管理工作的重要性和紧迫性

公园是与群众日常生活息息相关的公共服务产品，是供民众公平享受的绿色福利，是公众游览、休憩、娱乐、健身、交友、学习以及举办相关文化教育活动的公共场所，是城市绿地系统的核心组成部分，承载着改善生态、美化环境、休闲游憩、健身娱乐、传承文化、保护资源、科普教育、防灾避险等重要功能。

随着城镇化进程的不断加快，公园事业面临着新的挑战：一是随着人们生活水平的提高，市民群众对公园的数量、内涵、品质、功能、开放时间与服务质量等方面需求不断提高；二是随着社会老龄化速度的加快、市民群众休闲需求的增加以及公园的免费开放，公园游客量急速增长，节假日更是人流剧增，公园的安全、服务、维护等方面压力不断加大；三是城乡统筹发展对公园类型、布局、设计、建设、管理等方面提出了新的要求；四是城市道路拓宽、地铁修建、房地产开发以及“以园养园”等变相经营对公园的用地范围、公益属性及健康发展都造成威胁。

各地要站在建设生态文明、精神文明和安定和谐社会的高度，充分认识加强新时期公园建设管理的重要性和紧迫性，树立生态、低碳、人文、和谐的理念，始终坚持公园的公益性发展方向，切实抓好公园建设管理工作。

二、强化公园体系规划的编制实施

各地要在编制或修编城市绿地系统规划时，本着“生态、便民、求实、发展”的原则，编制城市公园建设与保护专项规划，构建数量达标、分布均衡、功能完备、品质优良的公园体系。一是适应城市防灾避险、历史人文和自然保护以及市民群众多样化需求，合理规划建设植物园、湿地公园、雕塑公园、体育公园等不同主题的公园，并确保设区城市至少有一个综合性公园。二是与城市道路、交通、排水、照明、管线等基础设施相协调，统筹城市防灾避险及地下空间合理利用等发展需求。严格控制公园周边的开发建设，合理设置自行车停放场地、预留公交车停靠站点，限制公交车之外的机动车通行，并保障公园内交通微循环与城市绿道绿廊等慢行交通系统有效衔接。三是在保护、改造提升原有公园的基础上，按照市民出行300−500米见公园绿地的要求，结合城乡环境整治、城中村改造、城乡统筹建设、弃置地生态修复等，加大社区公园、

街头游园、郊野公园、绿道绿廊等规划建设力度，确保城区人均公园绿地面积不低于5平方米、公园绿地服务半径覆盖率不低于60%。四是将公园保护发展规划纳入城市绿线和蓝线管理，确保公园用地性质及其完整性。

三、加强公园设计的科学引导

各地要牢固树立以人为本、尊重科学、顺应自然、低碳环保的公园设计理念，从设计环节上引导公园建设走节约型、生态型、功能完善型发展道路。一是严把设计方案审查关，防止过度设计。公园设计要严格遵照相关法规标准，严格控制公园内建筑物、构筑物等配套设施设备建设，保证绿地面积不得少于公园陆地总面积的65%；严格控制游乐设施的设置，防止将公园变成游乐场；严格控制大广场、大草坪、大水面等，杜绝盲目建造雕塑、小品、灯具造景、过度硬化等高价设计和不切实际的“洋”设计。二是以人为本，不断完善综合功能。新建公园要切实保障其文化娱乐、科普教育、健身交友、调蓄防涝、防灾避险等综合功能，并在公园改造、扩建时不断完善。三是突出人文内涵和地域风貌。要有机融合历史、文化、艺术、时代特征、民族特色、传统工艺等，突出公园文化艺术内涵和地域特色，避免“千园一面”。四是生态优先、保护优先。要着力保护自然山体、水体、地形、地貌以及湿地、生物物种等资源和风貌，严禁建造偏离资源保护、雨洪调蓄等宗旨的人工湿地，严禁盲目挖湖堆山、裁弯取直、筑坝截流、硬质驳岸等。五是以植物造景为主，以乡土植物、适生植物为主，合理配植乔灌草（地被），做到物种多样、季相丰富、景观优美。

四、严格公园建设过程的监管

各地要在保护好现有公园的基础上，有序建设新公园，合理改造提升、扩建老旧公园。一是切实加强对新建、改建、扩建公园项目从招投标到竣工验收全过程的专业化监督管理，确保严格遵照规划设计方案和工艺要求，安全、规范施工建设。二是以栽植本地区苗圃培育的健康、全冠、适龄的苗木为主，坚决制止移植古树名木，严格控制移植树龄超过50年的大树；严格控制未经试验大量引进外来植物；严禁违背自然规律和生物特性反季节种植施工、过度密植、过度修剪等。三是加强对新建、改建、扩建公园项目的竣工验收和审计，对违反规划设计方案施工、违规采购等要严肃查处，对不符合绿化强制性标准、未完成工程设计内容的公园建设项目，不得出具竣工验收合格报告。四是切实加强对公园建设项目竣工验收后养护管理的指导服务和监督检查。城市园林绿化主管部门要会同水利、交通、房产等各相关主管部门和质量监督机构，定期发布公园建设项目设计、施工、养护、监理单位遵守法律法规、工程质量、诚信等情况，及时公布违法违规企业名单及处罚结果。五是积极推广应用绿色照明、清洁能源、雨水收集及中水利用、园林垃圾资源化利用等新材料、新工艺、新技术，不断提升公园品质和功能。

五、深化公园运营维护管理

（一）严格运营管理，确保公园公共服务属性。

公园是公共资源，要确保公园姓“公”，严禁任何与公园公益性及服务游人宗旨相违背的经营行为。一是严禁在公园内设立为少数人服务的会所、高档餐馆、茶楼等；严禁利用“园中园”等变相经营。二是禁止将政府投资建设的公园资产转由企业经营、将公园作为旅游景点进行经营开发。三是严禁违规增添游乐康体设施设备以及将公园内亭、台、楼、阁等园林建筑以租赁、承包、买断等形式转交营利性组织或个人经营。

各城市园林绿化主管部门每年至少组织一次全面清理检查，对存在违规行为的公园提出处理意见，责令限期整改，并将检查清理情况及时报送城市人民政府及省级住房城乡建设（园林绿化）主管部门。各省级住房城乡建设（园林绿化）主管部门应及时将有关情况报送住房城乡建设部，并督促整改。

（二）强化绿线管制，保障公园绿地性质。

公园绿地是城市绿地系统最核心的组成部分，任何单位和个人不得侵占。一是禁止以开发、市政建设等名义侵占公园绿地。二是禁止出租公园用地，不得以合作、合资或者其他方式，将公园用地改作他用。三是严禁借改造、搬迁等名义将公园迁移到偏远位置。经过公示、论证并经审核同意搬迁的公园，其原址的公园绿地性质和服务功能不得改变。四是严格控制公园周边可能影响其景观和功能的建设项目及公园地下空间的商业性开发。市政工程建设涉及已建成公园的必须采取合理避让措施；确需临时占用的，必须征得城市园林绿化主管部门同意，并按园林绿化主管部门的意见实施。

（三）加强日常管理，确保公园运营安全有序。

公园要建立健全安全管理制度，明确分工，责任到人。完善突发事件应急处置机制和安全督查机制，保障公园内各项设施设备安全运营。公园内举办大型活动或设置游乐项目必须首先开展安全风险评估，严格审查和公示管理，必要时需组织论证和听证。承担防灾避险功能的公园必须合理设置防灾避险设施，并确保出现灾情时及时开放、功能完好。

各地公园要切实加强日常管理，制订公园管理细则，明确公园管理人员、服务人员、游人等的行为准则，以优质服务游人为基本宗旨，倡导文明游园。一要保障公园内所有餐饮、展示、娱乐等服务性设备设施都面向公众开放。二要按功能分区合理设置游览休闲等项目，积极组织开展科普教育、生物多样性保护宣传和文化节、游园会、书画展等文化娱乐活动，严禁低级庸俗的活动进园。三要加强卫生保洁以及公园内山体、水体、树木花草等保护管理，确保公园水质清新、设施干净、环境优美。四要加强游园巡查，制止和清除黑导、野泳、野钓、烧烤等行为，杜绝噪声扰民、商品展销、游商兜售等。五要加强对旅游团队的管理，讲解人员须持证上岗，对历史名园、遗址保护公园、植物园、动物园、湿地公园等，要实行专业化讲解。六要严格限制宠物入园（宠物专类公园除外），严禁动物表演，严格限制机动车辆入园。

（四）加大管养投入，保障健康永续发展。

要本着“三分建设七分管养”的原则，在切实加大养护管理投入的同时全面推进公园管养专业化、精细化。一是从实际出发，制定公园养护管理技术规范和定额标准，加强专业人才队伍建设，保障公园管养经费足额到位、保证专业化管养水准。二是充分利用先进的科技手段，建设公园人、财、物以及游园、服务等数字化管理平台，健全信息公开、社会监督和动态监管机制，提高对古树名木、历史文化遗产等资源保护效力和公园综合管理效能。三是加大科研投入，积极开展引种驯化、物种资源保护、水质净化水生态保护等实用性、前瞻性研究。四是积极探索研究公园分级分类管理，根据公园等级类型和功能的不同，在收费标准、资金投入、考核检查等方面实行差异化管理。在标准完善、考核和监管机制健全的基础上，对公园卫生保洁、安全保卫以及防治病虫害等养护作业可实行社会化管理。

六、加强组织领导

（一）落实管理责任。

城市人民政府要贯彻落实《国务院关于加强城市绿化建设的通知》要求，把公园建设管理纳入政府重要议事日程。各级政府要在理念引导、规划控制、资源协调、资金投入、政策保障、监督管理等方面强化主导作用。

各级住房城乡建设（园林绿化）主管部门要组织制订完善公园建设管理的法规政策、制度以及技术标准、操作规程等，指导、监督公园管理机构正常履行职责，并对辖区内公园运营管理等组织考核并跟踪监督。

（二）完善公众监督。

各地要建立健全公园建设管理全过程监管体系，自觉接受社会公众和新闻媒体的监督，营造“政府重视、社会关注、百姓支持”的良好氛围。已建成开放的公园，要及时面向社会公示公园四至范围及坐标位置，加强社会监督。各地公园要建立自律自治和举报监督机制，及时受理群众举报，接受公众、媒体监督，引导社会各界参与公园的维护、管理，促进公园规范运营、和谐发展。

（三）健全动态监管。

各地要建立公园登记注册、普查清理、督查整改等动态监管机制，各省级住房城乡建设（园林绿化）主管部门要在每年12月31日前将本地区公园建设管理及跟踪督查情况上报住房城乡建设部。住房城乡建设部将根据各地上报信息及群众举报、媒体报道等情况组织重点抽查和专项调查，并及时通报违规情况。

贯彻落实主体功能区战略 推进主体功能区建设若干政策的意见

发改规划［2013］1154号

国家发展改革委　2013年6月18日

各省、自治区、直辖市及计划单列市、新疆生产建设兵团发展改革委：

实施主体功能区战略，推进主体功能区建设，是党中央国务院作出的重大战略决策。为深入贯彻党的十八大精神，全面落实《国务院关于印发全国主体功能区规划的通知》要求，完善推进主体功能区建设的配套政策，现提出以下政策意见。

一、总体政策方向

制定实施主体功能区配套政策，要按照党的十八大精神和部署，坚持以科学发展观为指导，加快实施主体功能区战略，围绕推进主体功能区建设这一战略任务，分类调控，突出重点，在发挥市场机制作用的基础上，充分发挥政策导向作用，引导资源要素按照主体功能区优化配置，为主体功能区建设创造良好的政策环境，着力构建科学合理的城市化格局、农业发展格局和生态安全格局，促进城乡、区域以及人口、经济、资源环境协调发展。

（一）加大政策力度。要加大改革创新力度，积极完善各项相关政策。在推进经济结构战略性调整、促进城乡区域协调发展、引导产业发展布局、保障和改善民生、促进城乡区域基本公共服务均等化、强化节能减排和应对气候变化等各项工作中，都要按照主体功能区建设的需要，把相关政策区域化和具体化，充分发挥在实施主体功能区战略中的引领和带动作用。

（二）突出政策重点。要从各类主体功能区的功能定位和发展方向出发，把握不同区域的资源禀赋与发展特点，明确不同的政策方向和政策重点。对优化开发区域，要着力引导提升国际竞争力；对重点开发区域，要促进新型工业化城镇化进程；对农产品主产区，要大力提高农产品供给能力；对重点生态功能区，要增强生态服务功能；对禁止开发区域，要加强监管。

（三）优化政策组合。要把投资支持等激励政策与空间管制等限制、禁止性措施相结合，明确支持、限制和禁止性政策措施，引导各类主体功能区把开发和保护更好的结合起来。通过激励性政策和管制性措施，引导各类区域按照主体功能定位谋发展，约束各地不合理的空间开发行为，切实把科学发展和加快转变经济发展方式的要求落到实处。

（四）注重政策合力。推进主体功能区建设是一项系统工程，需要有关部门多方协作、相互配合、统筹推进。要按照《全国主体功能区规划》明确的任务分工和要求，从发展改革部门的职能出发，突出政策方向和重点，注重把握政策边界，与其他部门配套政策相互支撑，形成政策合力，增强政策综合效应。

（五）提高政策效率。要正确处理政府与市场的关系，充分发挥市场配置资源的基础性作用。要针对各类主体功能区的不同功能定位，确定不同的调控方向和调控重点，充分发挥政府投资等政策的导向作用，充分调动中央和地方、政府与社会的积极性，引导社会资金按照主体功能区的功能要求进行配置，逐步完善国土空间科学开发的利益导向机制。

二、引导优化开发区域提升国际竞争力

支持优化开发区域率先转变经济发展方式，推动产业结构向高端、高效、高附加值转变，引导城市集约紧凑、绿色低碳发展，提高资源集约化利用水平，提升参与全球分工与竞争的层次。

（一）在企业技术创新平台和公共创新平台建设布局、项目审批、资金安排等方面予以优先支持，加快培育创新型城市，提升区域自主创新能力。

（二）政府投资加强对具有竞争优势和市场潜力的高技术产业、战略性新兴产业、先进制造业和现代服务业发展的引导，合理引导劳动密集型产业向中西部和东北地区重点开发区域转移，加快产业升级步伐。

（三）严格控制开发强度，控制城市建成区蔓延扩张、工业遍地开花和开发区过度分散布局，按照工业集中、产业集聚、用地集约要求，引导开发区向城市功能区转型，确保城郊农业用地特别是“菜篮子工程”用地不被侵占。

（四）鼓励城市政府有序推进农业转移人口市民化，对吸纳农业转移人口规模较大的城市，政府投资对教育、医疗、保障性住房等公共服务设施建设给予适当补助。

（五）加大节能减排的监管力度，强化单位国内生产总值能耗和二氧化碳排放降低等指标的约束性作用，减少经济增长的资源消耗和环境损害，提高经济增长的质量和效益。加快完善城镇污水、垃圾处理等环境基础设施。适当控制新建火电项目，稳步发展沿海核电项目。积极开展适应气候变化工作，提升城市综合适应能力。

（六）加快建设交通基础设施，尤其是城际铁路、市域铁路等大能力运输方式及综合交通枢纽。强化优化开发区域城市群内城市之间的内在联系与分工协作，适当分散特大城市中心城区的功能。

三、促进重点开发区域加快新型工业化城镇化进程

在优化结构、提高效益、降低消耗、保护环境的基础上，支持重点开发区域优化发展环境，增强产业配套能力，加快形成现代产业体系，促进产业和人口集聚，推进新型工业化和城镇化进程。

（一）政府投资侧重于改善基础设施和对产业结构调整的引导，鼓励发展战略性新兴产业、高技术产业，支持产业振兴和技术改造，引导各类要素向重点行业、重点领域集聚，增强产业配套能力。支持国家优化开发区域和重点开发区域开展产业转

移对接，鼓励在中西部和东北地区重点开发区域共同建设承接产业转移示范区，遏制低水平产业扩张。

（二）依托国内能源和矿产资源重大项目，以及主要利用陆路进口资源的重大项目，优先在中西部地区重点开发区域布局。高技术重大专项、重大工程和重大制造业项目原则上在国家优化开发和重点开发区域布局，优先在中西部国家重点开发区域布局。

（三）在保持并增强粮食生产能力的同时，鼓励发展都市农业、城郊农业和休闲农业，保障“菜篮子工程”建设和农产品供给能力。

（四）合理控制开发强度，避免盲目开发、无序开发。鼓励按照产城融合、循环经济和低碳经济的要求改造开发区，限制大规模、单一工业园区的布局模式，支持开展园区循环化改造以及低碳园区、低碳城市和低碳社区建设，防止工业、生活污染向限制开发、禁止开发区域扩散。

（五）引导重点开发区域吸纳限制开发区域和禁止开发区域人口转移，按照基本公共服务常住人口全覆盖的要求，支持加大教育、医疗、保障性住房等基本公共服务设施建设力度，使基本公共服务设施布局、供给规模与吸纳人口规模相适应。

（六）支持发展城际铁路，加快推进综合交通网络建设，引导和支撑城市群优化布局。

（七）支持加强水利基础设施建设，政府对规划内重大水利基础设施项目予以投资支持，因地制宜科学实施一批重大水资源配置工程建设，提高区域水资源调控水平和供水保障能力。

（八）支持煤炭资源丰富的重点开发区域积极推行煤、电、化、热一体化开发，加快建设大型煤电基地及煤电外送通道。

四、提高农产品主产区农产品供给能力

从保障国家粮食安全和重要农产品供给的大局出发，加大强农惠农富农政策力度，鼓励限制开发的农产品主产区加强耕地保护，稳定粮食生产，发展现代农业，构建循环型农业体系，增强农业综合生产能力，加大社会主义新农村建设投入力度。

（一）逐步加大政府投资对农业建设的支持力度，重点向农产品主产区特别是中西部和东北地区农产品主产区倾斜。对农产品主产区国家支持的建设项目，适当提高中央政府补助或贴息比例，降低省级政府投资比例，逐步降低市县级政府投资比例。

（二）支持农产品主产区加快发展现代农业，加强粮食综合生产能力建设，建设田间设施齐备、服务体系健全、集中连片的商品粮基地。支持优势产区加强棉花、油料、糖料生产基地建设，大力推进畜牧、水产的标准化规模养殖。推进农业结构和种植制度调整，加强适应技术研发推广，增强农业适应气候变化能力。

（三）加大扶持力度，引导农产品加工、流通、储运等企业向农产品主产区集聚发展。鼓励依托优势产业和板块基地，发展农产品深加工，推进农业产业化示范区建设。支持发展具有地域特色的绿色生态产品，培育地理标志品牌。

（四）鼓励发展农业循环经济，支持农产品主产区实施资源综合利用重点工程，加强农业清洁生产和农作物秸秆等废弃物综合利用，控制农业领域温室气体排放。

（五）控制城镇和开发区扩张对耕地的过多占用，控制农产品主产区开发强度。围绕农产品主产区的县城和重点镇，强化基础设施和公共服务设施建设，引导人口和产业集聚。

（六）积极发展普通铁路，为大宗农产品提供大能力运输通道。支持连接重点县城和中心镇的国道公路建设和养护，发展农村公路，提高公路普遍服务水平。推广沼气、风能、太阳能等清洁能源，实施新一轮农村电网升级改造工程，保障农业生产和农村居民生活用能。

五、增强重点生态功能区生态服务功能

要把增强提供生态产品能力作为首要任务，保护和修复生态环境，增强生态服务功能，保障国家生态安全。因地制宜地发展适宜产业、绿色经济，引导超载人口有序转移。

（一）逐步加大政府投资对生态环境保护方面的支持力度，重点用于国家重点生态功能区特别是中西部重点生态功能区的发展。对重点生态功能区内国家支持的建设项目，适当提高中央政府补助比例，逐步降低市县级政府投资比例。实施好天然林资源保护、京津风沙源治理等重大生态修复工程，推进荒漠化、石漠化、水土流失综合治理，扩大森林、湖泊、湿地面积，保护生物多样性。

（二）对各类开发活动进行严格管制，开发矿产资源、发展适宜产业和建设基础设施，须开展主体功能适应性评价，不得损害生态系统的稳定性和完整性。

（三）实行更加严格的产业准入环境标准和碳排放标准，在不损害生态系统功能的前提下，鼓励因地制宜地发展旅游、农林牧产品生产和加工、观光休闲农业等产业。对不符合主体功能定位的现有产业，通过设备折旧补贴、设备贷款担保、迁移补贴、土地置换、关停补偿等手段，进行跨区域转移或实施关闭。

（四）严格控制开发强度，城镇建设和工业开发要集中布局、点状开发，控制各类开发区数量和规模扩张，支持已有工业开发区改造成“零污染”的生态型工业区。鼓励与重点开发区域共建共办开发区，积极发展“飞地经济”。

（五）政府在基本公共服务领域的投资以促进基本公共服务均等化为目标，优先向基本公共服务基础薄弱的国家重点生态功能区倾斜。

（六）选择培育若干县城和重点镇，作为引导人口集中、产业集聚的载体和提供公共服务的重要平台，以及生态移民点集中布局所在地。

（七）以完善公共服务和发展适宜产业为导向，有序推进基础设施建设。支持旅游景区建设必要的通景交通基础设施，根据需要建设用于旅游、森林草原防火、应急救援等通用航空机场，支持点状开发的县城和重点镇完善城镇基础设施及对外交通设施。在严格生态环境影响评价的基础上，在水能资源丰富的地区有序开展水电流域梯级开发。从严控制火电建设，逐步关闭或迁移不符合重点生态功能区主体功能定位的能源基础设施。

六、加强禁止开发区域监管

依据法律法规和相关规划实施强制性保护，严格控制人为因素对自然生态和文化自然遗产原真性、完整性的干扰，加强对有代表性的自然生态系统、珍稀濒危野生动植物物种、有特殊价值的自然遗迹和文化遗址等自然文化资源的保护。

（一）严禁开展不符合主体功能定位的各类开发活动，引导人口逐步有序转移，实现污染物“零排放”，提高环境质量。

（二）在不损害主体功能的前提下，允许保持适度的旅游和农牧业等活动，支持在旅游、林业等领域推行循环型生产方式。

（三）从保护生态出发，严格控制基础设施建设。除文化自然遗产保护、森林草原防火、应急救援和必要的旅游基础设施外，不得在禁止开发区域建设交通基础设施。新建铁路、公路等交通基础设施，严格执行环境影响评价，严禁穿越自然保护区核心区，避免对重要自然景观和生态系统的分割。

（四）加强国家级自然保护区、国家森林公园等禁止开发区域的自然生态系统保护和修复，不断提高保护和管理能力。

七、建立实施保障机制

（一）优化完善主体功能区的中央预算内投资安排。按照《全国主体功能区规划》的要求，重点支持国家重点生态功能区和农产品主产区特别是中西部国家重点生态功能区和农产品主产区的发展，加强对主体功能区建设的支持和引导。中央投资安排，要符合各区域的主体功能定位和发展方向。各省、自治区、直辖市要相应做好相关工作。

（二）开展主体功能区建设试点示范。按照分类探索、整体规划、重点引导、协同推进的原则，优先在国家重点生态功能区和农产品主产区，选择一批具有典型代表性的市县开展主体功能区建设试点示范，探索限制开发区域转型发展、科学发展的新模式、新路径。

（三）组织编制实施重点地区区域规划和政策文件。要按照《全国主体功能区规划》的要求，编制和实施重点地区区域规划和政策文件，贯彻落实主体功能定位，推进主体功能区建设。加强区域规划和政策文件实施中期评估，根据评估结果适时开展规划修编，进一步加强与《全国主体功能区规划》的衔接。

（四）开展主体功能适应性评价。编制产业发展专项规划和重大项目布局，要与主体功能区规划相衔接，视需要开展主体功能适应性评价，使之符合各区域的主体功能定位。

（五）健全生态补偿机制。着力推进国家重点生态功能区、禁止开发区域开展生态补偿，引导生态受益地区与生态保护地区、下游地区与上游地区开展横向补偿。探索建立主要污染物排放权交易、生态产品标志等市场化生态补偿模式。开展碳排放权交易试点，逐步建立全国碳交易市场。优先将重点生态功能区的林业碳汇、可再生能源开发利用纳入碳排放权交易试点。

（六）加强监督检查工作。要加强对《全国主体功能区规划》贯彻落实情况的监督检查，加强对配套政策落实情况的跟踪分析，强化主体功能区建设进展情况的跟踪评估。通过监督检查和评估，注重研究新情况，不断解决新问题，扎实推进主体功能区建设。

各级发展改革部门，要把实施主体功能区战略、推进主体功能区建设，作为贯彻党的十八大精神，加快转变经济发展方式、实现科学发展的重大战略举措和重要抓手，进一步转变观念，提高认识，强化责任，贯彻落实好相关政策措施，切实推动全国主体功能区规划的贯彻落实，推动各地区严格按照主体功能定位发展。

国务院关于促进光伏产业健康发展的若干意见

国发［2013］24号

2013年7月4日

各省、自治区、直辖市人民政府，国务院各部委、各直属机构：

发展光伏产业对调整能源结构、推进能源生产和消费革命、促进生态文明建设具有重要意义。为规范和促进光伏产业健康发展，现提出以下意见：

一、充分认识促进光伏产业健康发展的重要性

近年来，我国光伏产业快速发展，光伏电池制造产业规模迅速扩大，市场占有率位居世界前列，光伏电池制造达到世界先进水平，多晶硅冶炼技术日趋成熟，形成了包括硅材料及硅片、光伏电池及组件、逆变器及控制设备的完整制造产业体系。光伏发电国内应用市场逐步扩大，发电成本显著降低，市场竞争力明显提高。

当前，在全球光伏市场需求增速减缓、产品出口阻力增大、光伏产业发展不协调等多重因素作用下，我国光伏企业普遍经营困难。同时，我国光伏产业存在产能严重过剩、市场无序竞争，产品市场过度依赖外需、国内应用市场开发不足，技术创新能力不强、关键技术装备和材料发展缓慢，财政资金支持需要加强、补贴机制有待完善，行业管理比较薄弱、应用市场环境亟待改善等突出问题，光伏产业发展面临严峻形势。

光伏产业是全球能源科技和产业的重要发展方向，是具有巨大发展潜力的朝阳产业，也是我国具有国际竞争优势的战略性新兴产业。我国光伏产业当前遇到的问题和困难，既是对产业发展的挑战，也是促进产业调整升级的契机，特别是光伏发电成本大幅下降，为扩大国内市场提供了有利条件。要坚定信心，抓住机遇，开拓创新，毫不动摇地推进光伏产业持续健康发展。

二、总体要求

（一）指导思想。

深入贯彻党的十八大精神，以邓小平理论、“三个代表”重要思想、科学发展观为指导，创新体制机制，完善支持政策，通过市场机制激发国内市场有效需求，努力巩固国际市场；健全标准体系，规范产业发展秩序，着力推进产业重组和转型升级；完善市场机制，加快技术进步，着力提高光伏产业发展质量和效益，为提升经济发展活力和竞争力作出贡献。

（二）基本原则。

远近结合，标本兼治。在扩大光伏发电应用的同时，控制光伏制造总产能，加快淘汰落后产能，着力推进产业结构调整和技术进步。

统筹兼顾，综合施策。统筹考虑国内外市场需求、产业供需平衡、上下游协调等因素，采取综合措施解决产业发展面临的突出问题。

市场为主，重点扶持。发挥市场机制在推动光伏产业结构调整、优胜劣汰、优化布局以及开发利用方面的基础性作用。对不同光伏企业实行区别对待，重点支持技术水平高、市场竞争力强的骨干优势企业发展，淘汰劣质企业。

协调配合，形成合力。加强政策的协调配合和行业自律，支持地方创新发展方式，调动地方、企业和消费者的积极性，共同推动光伏产业发展。

（三）发展目标。

把扩大国内市场、提高技术水平、加快产业转型升级作为促进光伏产业持续健康发展的根本出路和基本立足点，建立适应国内市场的光伏产品生产、销售和服务体系，形成有利于产业持续健康发展的法规、政策、标准体系和市场环境。2013—2015年，年均新增光伏发电装机容量1000万千瓦左右，到2015年总装机容量达到3500万千瓦以上。加快企业兼并重组，淘汰产品质量差、技术落后的生产企业，培育一批具有较强技术研发能力和市场竞争力的龙头企业。加快技术创新和产业升级，提高多晶硅等原材料自给能力和光伏电池制造技术水平，显著降低光伏发电成本，提高光伏产业竞争力。保持光伏产品在国际市场的合理份额，对外贸易和投融资合作取得新进展。

三、积极开拓光伏应用市场

（一）大力开拓分布式光伏发电市场。鼓励各类电力用户按照“自发自用，余量上网，电网调节”的方式建设分布式光伏发电系统。优先支持在用电价格较高的工商业企业、工业园区建设规模化的分布式光伏发电系统。支持在学校、医院、党政机关、事业单位、居民社区建筑和构筑物等推广小型分布式光伏发电系统。在城镇化发展过程中充分利用太阳能，结合建筑节能加强光伏发电应用，推进光伏建筑一体化建设，在新农村建设中支持光伏发电应用。依托新能源示范城市、绿色能源示范县、可再生能源建筑应用示范市（县），扩大分布式光伏发电应用，建设100个分布式光伏发电规模化应用示范区、1000个光伏发电应用示范小镇及示范村。开展适合分布式光伏发电运行特点和规模化应用的新能源智能微电网试点、示范项目建设，探索相应的电力管理体制和运行机制，形成适应分布式光伏发电发展的建设、运行和消费新体系。支持偏远地区及海岛利用光伏发电解决无电和缺电问题。鼓励在城市路灯照明、城市景观以及通讯基站、交通信号灯等领域推广分布式光伏电源。

（二）有序推进光伏电站建设。按照“合理布局、就近接入、当地消纳、有序推进”的总体思路，根据当地电力市场发展和能源结构调整需要，在落实市场消纳条件的前提下，有序推进各种类型的光伏电站建设。鼓励利用既有电网设施按多能互补方式建设光伏电站。协调光伏电站与配套电网规划和建设，保证光伏电站发电及时并网和高效利用。

（三）巩固和拓展国际市场。积极妥善应对国际贸易摩擦，推动建立公平合理的国际贸易秩序。加强对话协商，推动全球产业合作，规范光伏产品进出口秩序。鼓励光伏企业创新国际贸易方式，优化制造产地分布，在境外开展投资生产合作。鼓励企业实施‘引进来”和“走出去”战略，集聚全球创新资源，促进光伏企业国际化发展。

四、加快产业结构调整和技术进步

（一）抑制光伏产能盲目扩张。严格控制新上单纯扩大产能的多晶硅、光伏电池及组件项目。光伏制造企业应拥有先进技术和较强的自主研发能力，新上光伏制造项目应满足单晶硅光伏电池转换效率不低于20%、多晶硅光伏电池转换效率不低于18%、薄膜光伏电池转换效率不低于12%，多晶硅生产综合电耗不高于100千瓦时/千克。加快淘汰能耗高、物料循环利用不完善、环保不达标的多晶硅产能，在电力净输入地区严格控制建设多晶硅项目。

（二）加快推进企业兼并重组。利用“市场倒逼”机制，鼓励企业兼并重组。加强政策引导和推动，建立健全淘汰落后产能长效机制，加快关停淘汰落后光伏产能。重点支持技术水平高、市场竞争力强的多晶硅和光伏电池制造企业发展，培育形成一批综合能耗低、物料消耗少、具有国际竞争力的多晶硅制造企业和技术研发能力强、具有自主知识产权和品牌优势的光伏电池制造企业。引导多晶硅产能向中西部能源资源优势地区聚集，鼓励多晶硅制造企业与先进化工企业合作或重组，降低综合电耗、提高副产品综合利用率。

（三）加快提高技术和装备水平。通过实施新能源集成应用工程，支持高效率晶硅电池及新型薄膜电池、电子级多晶硅、四氯化硅闭环循环装置、高端切割机、全自动丝网印刷机、平板式镀膜工艺、高纯度关键材料等的研发和产业化。提高光伏逆变器、跟踪系统、功率预测、集中监控以及智能电网等技术和装备水平，提高光伏发电的系统集成技术能力。支持企业开发硅材料生产新工艺和光伏新产品、新技术，支持骨干企业建设光伏发电工程技术研发和试验平台。支持高等院校和企业培养光伏产业相关专业人才。

（四）积极开展国际合作。鼓励企业加强国际研发合作，开展光伏产业前沿、共性技术联合研发。鼓励有条件的国内光伏企业和基地与国外研究机构、产业集群建立战略合作关系。支持有关科研院所和企业建立国际化人才引进和培养机制，重点培养创新能力强的高端专业技术人才和综合管理人才。积极参与光伏行业国际标准制定，加大自主知识产权标准体系海外推广，推动检测认证国际互认。

五、规范产业发展秩序

（一）加强规划和产业政策指导。根据光伏产业发展需要，编制实施光伏产业发展规划。各地区可根据国家光伏产业发展规划和本地区发展需要，编制实施本地区相关规划及实施方案。加强全国规划与地方规划、制造产业与发电应用、光伏发电与配套电网建设的衔接和协调。加强光伏发电规划和年度实施指导。完善光伏电站和分布式光伏发电项目建设管理制度，促进光伏发电有序发展。

（二）推进标准化体系和检测认证体系建设。建立健全光伏材料、电池及组件、系统及部件等标准体系，完善光伏发电系统及相关电网技术标准体系。制定完善适合不同气候区及建筑类型的建筑光伏应用标准体系，在城市规划、建筑设计和旧建筑改造中统筹考虑光伏发电应用。加强硅材料及硅片、光伏电池及组件、逆变器及控制设备等产品的检测和认证平台建设，健全光伏产品检测和认证体系，及时发布符合标准的光伏产品目录。开展太阳能资源观测与评价，建立太阳能信息数据库。

（三）加强市场监管和行业管理。制定完善并严格实施光伏制造行业规范条件，规范光伏市场秩序，促进落后产能退出市场，提高产业发展水平。实行光伏电池组件、逆变器、控制设备等关键产品检测认证制度，未通过检测认证的产品不准进入市场。严格执行光伏电站设备采购、设计监理和工程建设招投标制度，反对不正当竞争，禁止地方保护。完善光伏发电工程建设、运行技术岗位资质管理。加强光伏发电电网接入和运行监管。建立光伏产业发展监测体系，及时发布产业发展信息。加强对《中华人民共和国可再生能源法》及配套政策的执法监察。地方各级政府不得以征收资源使用费等名义向太阳能发电企业收取法律法规规定之外的费用。

六、完善并网管理和服务

（一）**加强配套电网建设**。电网企业要加强与光伏发电相适应的电网建设和改造，保障配套电网与光伏发电项目同步建成投产。积极发展融合先进储能技术、信息技术的微电网和智能电网技术，提高电网系统接纳光伏发电的能力。接入公共电网的光伏发电项目，其接网工程以及接入引起的公共电网改造部分由电网企业投资建设。接入用户侧的分布式光伏发电，接入引起的公共电网改造部分由电网企业投资建设。

（二）**完善光伏发电并网运行服务**。各电网企业要为光伏发电提供并网服务，优化系统调度运行，优先保障光伏发电运行，确保光伏发电项目及时并网，全额收购所发电量。简化分布式光伏发电的电网接入方式和管理程序，公布分布式光伏发电并网服务流程，建立简捷高效的并网服务体系。对分布式光伏发电项目免收系统备用容量费和相关服务费用。加强光伏发电电网接入和并网运行监管。

七、完善支持政策

（一）**大力支持用户侧光伏应用**。开放用户侧分布式电源建设，支持和鼓励企业、机构、社区和家庭安装、使用光伏发电系统。鼓励专业化能源服务公司与用户合作，投资建设和经营管理为用户供电的光伏发电及相关设施。对分布式光伏发电项目实行备案管理，豁免分布式光伏发电应用发电业务许可。对不需要国家资金补贴的分布式光伏发电项目，如具备接入电网运行条件，可放开规模建设。分布式光伏发电全部电量纳入全社会发电量和用电量统计，并作为地方政府和电网企业业绩考核指标。自发自用发电量不计入阶梯电价适用范围，计入地方政府和用户节能量。

（二）**完善电价和补贴政策**。对分布式光伏发电实行按照电量补贴的政策。根据资源条件和建设成本，制定光伏电站分区域上网标杆电价，通过招标等竞争方式发现价格和补贴标准。根据光伏发电成本变化等因素，合理调减光伏电站上网电价和分布式光伏发电补贴标准。上网电价及补贴的执行期限原则上为20年。根据光伏发电发展需要，调整可再生能源电价附加征收标准，扩大可再生能源发展基金规模。光伏发电规模与国家可再生能源发展基金规模相协调。

（三）**改进补贴资金管理**。严格可再生能源电价附加征收管理，保障附加资金应收尽收。完善补贴资金支付方式和程序，对光伏电站，由电网企业按照国家规定或招标确定的光伏发电上网电价与发电企业按月全额结算；对分布式光伏发电，建立由电网企业按月转付补贴资金的制度。中央财政按季度向电网企业预拨补贴资金，确保补贴资金及时足额到位。鼓励各级地方政府利用财政资金支持光伏发电应用。

（四）**加大财税政策支持力度**。完善中央财政资金支持光伏产业发展的机制，加大对太阳能资源测量、评价及信息系统建设、关键技术装备材料研发及产业化、标准制定及检测认证体系建设、新技术应用示范、农村和牧区光伏发电应用以及无电地区光伏发电项目建设的支持。对分布式光伏发电自发自用电量免收可再生能源电价附加等针对电量征收的政府性基金。企业研发费用符合有关条件的，可按照税法规定在计算应纳税所得额时加计扣除。企业符合条件的兼并重组，可以按照现行税收政策规定，享受税收优惠政策。

（五）完善金融支持政策。金融机构要继续实施“有保有压”的信贷政策，支持具有自主知识产权、技术先进、发展潜力大的企业做优做强，对有市场、有订单、有效益、有信誉的光伏制造企业提供信贷支持。根据光伏产业特点和企业资金运转周期，按照风险可控、商业可持续、信贷准入可达标的原则，采取灵活的信贷政策，支持优质企业正常生产经营，支持技术创新、兼并重组和境外投资等具有竞争优势的项目。创新金融产品和服务，支持中小企业和家庭自建自用分布式光伏发电系统。严禁资金流向盲目扩张产能项目和落后产能项目建设，对国家禁止建设的、不符合产业政策的光伏制造项目不予信贷支持。

（六）完善土地支持政策和建设管理。对利用戈壁荒滩等未利用土地建设光伏发电项目的，在土地规划、计划安排时予以适度倾斜，不涉及转用的，可不占用土地年度计划指标。探索采用租赁国有未利用土地的供地方式，降低工程的前期投入成本。光伏发电项目使用未利用土地的，依法办理用地审批手续后，可采取划拨方式供地。完善光伏发电项目建设管理并简化程序。

八、加强组织领导

各有关部门要根据本意见要求，按照职责分工抓紧制定相关配套文件，完善光伏发电价格、税收、金融信贷和建设用地等配套政策，确保各项任务措施的贯彻实施。各省级人民政府要加强对本地区光伏产业发展的管理，结合实际制定具体实施方案，落实政策，引导本地区光伏产业有序协调发展。健全行业组织机构，充分发挥行业组织在加强行业自律、推广先进技术和管理经验、开展统计监测和研究制定标准等方面的作用。加强产业服务，建立光伏产业监测体系，及时发布行业信息，搭建银企沟通平台，引导产业健康发展。

第九部分

投融资热点问题

一、基础投资过多还是不足?

立论方

吴敬琏：再砸四万亿现在不行 政府要耐住寂寞

2012年5月20日 凤凰财经

凤凰财经讯 今日，由中欧国际工商学院主办的2012创新中国高峰论坛在

深圳君悦酒店举办。吴敬琏在论坛中作了主题演讲。

以下为吴敬琏发言实录（关于投资问题的摘要——编者注）

我们在建国初期从苏联引进了这么一种增长模式，它支持了中国的工业化，可是也带来了很多负面的东西。我们大致上在60年代开始就想实现这种模式的转变，但是一直没有能成功。改革开放以后，在1981年人民代表大会批准的政府工作报告里面讲到了我们今后的经济发展方针，它的核心就是要转变依靠投资来实现的增长，要转到一个依靠效率提高的轨道上去。但是因为体制上的原因，这个转变非常的缓慢。

增长模式的转变是我们在“六五”提出来的，以后不断的重复，到“九五”计划就正式提出两个根本转变，其中一个是增长方式的转变。“十五”计划，“十一五”计划，现在是“十二五”计划，“十二五”计划仍然是我们的一个主线。看起来它的效果不是那么明显，对它的解释越来越复杂了，可是它到底从哪里变到哪里，往往变得模糊起来。现在从报刊来说，从课堂上，在我们的干部会议上，大家都在说转变，那么转变到底是从哪里转到哪里呢？要转什么呢？现在说法太五花八门了。

我想从经济学的观点来看，这个事情应该是比较简单的，就是用一个生产函数，特别是索洛改写过的一个生产函数，很容易解释清楚。这是一个生产函数总产出，实现比较明显的是劳动、资本。在过去的解释，在上个世纪50年代以前的解释是产出是由于资本和劳动的增加，但是在我们现代经济学来看是索洛改写过的生产函数，索洛研究发现，在美国20世纪的经济增长中有一个因素是劳动和资本不能解释的。这个因素就叫做“索洛余量A”，Solow Residual。索洛给它的定义是技术进步，而我们在实际的经济计算工作中，这个“索洛余量A”就是全要素生产率，指TFB。也就是说，现代经济

增长主要的来源不是来自投资，而是来自效率的提高，这是现代经济增长模式的特点。

所以我们要转变，从旧的增长模式，这个旧的增长模式是依靠投资，要转到什么地方呢？转到依靠效率提高。现在的情况是什么样呢？在改革以前我们的经济增长主要是靠投资，所以就会出现大跃进以后的局面，改革开放以后确实有了新的变化，一个新的变化是还靠投资，靠劳动力，它是由于改革开放所带来的新的资源投入，我们有一个增长因素是原来的城乡隔绝的方式实现工业化，所以大量的土地资源、大量的劳动资源是闲置的或者是低效率利用的。政府手中这些年有大量的资源可以投入，比如土地资源，在城市化过程中可以投入。

另外，因为我们在市场化过程中货币的需求量就会大量的增加，发行大量的货币不会引起通胀。政府就可以发行大量的货币，过去30年我们可以看到，特别是政府手里拥有的资源是大大的增加了。政府手里有大量的钱，大量的土地，就像我们这样的建筑，应该说我们是中等收入国家，怎么到处都是一线城市、二线城市、三线城市都像这样的概念，这是因为我们有大量的资源可以用。但是现在几乎是到了尽头，像我们这个地方土地就紧张得不得了，去年国际创新特等奖的获得者师昌绪院士说在深圳有一个很好的企业，需要20几亩地都拿不出来，可见这个浮财已经挖尽了。

钱、资金也是这样，2009年政府手里的钱好像是无限的，4万亿投资、10万亿的贷款，一个高铁建设就砸进去了3万多亿，现在行不行呢？不行了，不能再“浮财”了。所以必须耐得住寂寞，一心一意的要提高效率，提高竞争力。不能靠浮财了，到政府去拿一块地，到政府去拿几千万、上亿的补贴。不是说我们改革开放以来的增长完全是靠资源的投入，改革开放以来跟改革开放以前有一个很大的不同，就是我们的增长里效率提高的贡献有了很大的增长。

全国人大财经委副主任贺铿：
不能重复四万亿刺激计划

2012年6月2日　21世纪经济报道　记者 王尔德

“只要我们对经济下行保持理性的态度，就不可能出现硬着陆，

但是千万不能再重复2008年4万亿的经济刺激计划，也不要放松房地产调控。”

5月31日，贺铿接受本报记者采访时反复强调。

（以下仅摘录有关投资的问答——编者注）

《21世纪》：中国经济可能会出现硬着陆吗？

贺铿：不要着急，不要慌张，对经济下行保持理性的态度，就不可能出现硬着陆，但是千万不能再重复2008年4万亿的经济刺激计划，也不要放松房

地产调控。

《21世纪》：那么现在的经济形势，是否到了必须出台大规模经济刺激政策的程度？

贺铿：我一直反对大规模的经济刺激计划。2008年4万亿的经济刺激计划，带来了一系列的后果，至今我们还没有消化完那些恶果。所以，现在在经济正常下行的情况下，更不要大规模刺激。中央的态度是，已经批了的项目不能停，不能半途而废。但是新的项目，发改委要把好关，不能乱批。如果再像2008年那样大规模刺激经济，经济形势就会一团糟。

《21世纪》：有消息说，近期国家可能出台多项举措，国务院已经制定了22条，包括六个方面的经济刺激支持政策。对此您怎么看待？

贺铿：我没有听说。在短期内小范围内适当刺激经济也是可以的，但不能扩大或者泛化。相比经济刺激计划，我们应当更关注非公经济36条的落实，民营经济在进入很多领域时存在“玻璃门”现象。尽管近期不少部委都表态要落实36条，但这一点不能光说不做。

绝对不能再搞四万亿 税收要放水养鱼

2012年6月15日 人民网-人民日报记者 崔鹏

今年以来，我国经济下行压力进一步加大。1—5月，中国出口同比增长8.7%，低于全年增长10%的目标；固定资产投资增速为20.1%，较前4个月继续回落；房地产市场交易量尽管有所上升，但房屋开工量、土地交易市场仍然比较低迷；股票市场近期也出现大幅下挫。一系列现象都说明我国经济前景不容乐观。为此，中国国际经济交流中心于6月14日在京召开研讨会，邀请多位业内权威专家就“如何实现稳增长”进行了深入探讨。

政策微调开始见效，决不能再搞“四万亿”

目前世界经济总体上处在复苏之中，但进程缓慢。“许多人都认为我国经济增速下滑出人意料。我并不这样看，我觉得这完全在意料之中。”全国人大财经委员会副主任贺铿说，世界上许多国家都认识到必须重视实体经济危机，要减少进口、增加出口，要用自己的产品代替原来向发展中国家进口的产品，这对中国经济有重要影响。再者，居民消费问题也不可能在短期内得到解决，只有扭转了收入分配结构，人们的消费能力才能有较大幅度的提升，而这需要时间。

“面对眼下的情况，千万不能着急。理论界普遍提出绝对不能再搞‘四万亿’投资，大家的认识空前统一，这非常好。”贺铿说，今后必须着力扩大消费需求，促进经济自主增长；要坚决实行结构性减税，向企业让利；要引导和监督银行，更好地服务实体经济；更要转变经济发展方式，不要总考虑GDP增长，要真正把民生问题作为重中之重。

中国国际经济交流中心副秘书长曹文炼则表示，5月份数据表明，国家采取的宏观微调政策已经开始见效，出口、房地产都明显回升，特别是近期关于扩大投资、加快建设项目审批、支持民营经济和小微企业等政策密集出台，经济在二季度末很有可能企稳回升。

“当前这些微调政策足够了，我认为不宜实行像2008年那样的货币财政大扩张政策，要防止进一步追加和叠加政策的过度反应。”曹文炼说，要认识到本轮经济下滑除了外需放缓之外，更重要的是国内宏观调控预期的结果。当然，当前中国经济面临一些风险，也要高度关注。

刺激消费不能急功近利，房地产调控不能放松

“十二五”规划提出了一个很明确的政策导向，即在收入分配方面要提高两个比重：一是提高居民收入在国民收入分配中的比重；二是提高劳动者报酬在初次分配中的比重。国家信息中心首席经济师范剑平认为，“十二五”开局以来，收入分配政策改革开始取得一些积极成效，居民收入和GDP的关系正朝积极的方向变化。

例如，以往每当GDP增长速度加快时，城乡居民收入的加快幅度低于GDP的增幅，但当GDP增长速度下滑时，城乡居民收入的实际增幅有时候反而会大于GDP增速。但现在这一情况得以改变。例如，今年一季度GDP增长速度只有8.1%，比去年全年9.2%的增长速度减缓了1.1个百分点，但城镇居民人均可支配收入实际增速是9.8%，比去年全年的8.4%提高了1.4个百分点；一季度农民人均现金收入增长12.7%，比去年全年的11.4%提高了1.3个百分点。今年消费市场的最大特点是名义增速在下降，但实际增速基本保持稳定，而且略有加快。

国民经济结构战略性调整的一个重要内容就是可持续地扩大居民消费。范剑平说，扩大消费不能急功近利，而应该志在长远。目前从短期形势来看，消费还是基本保持稳定，没有必要大幅度调整短期需求管理政策来刺激消费需求。如果像上次一样刺激房地产、刺激汽车，乃至刺激家电和旅游，可能会打乱居民的消费节奏，透支未来的增长潜力，负作用很大。

经济增速下滑背景下，有一些声音希望放松对房地产市场的调控。贺铿认为，这主要是一部分依赖土地财政的地方政府和房地产商的想法。“如果满足这个欲望，让房地产出现反弹，中国经济就会出现大的动摇。”贺铿说，今后必须坚持调控不动摇，严防反弹；挤出空置房，满足刚需；尽快出台房产税，引导合理消费。范剑平则建议，在稳增长的过程中一定要加大对中低价位、中小户型、普通商品房的支持力度。

一定要为民间投资创造良好的政策环境

据中国国际经济交流中心副秘书长陈永杰的分析，今年1—5月，我国整体投资增速约为20%，民间投资增速则超过了26%。在20%的投资增量中，80%是民间投资。目前，民间投资占整个投资的比重已超过60%。

“今年稳定投资增速最大的贡献者是民间投资，这是今年投资领域出现的一大特点。”陈永杰说，今后国家要采取针对性的措施，积极引导民间投资进入相对短缺的行业。当前，教育和服务的投资增长比较慢，而这些领域恰恰是民间资本比重小，又是我们比较短缺的。基础工业包括能源工业，也是相对比较短缺的，民间资本比例很小的。解决短缺经济一个最主要的措施，就是允许民间资本比较自由的投资。

中国国际经济交流中心常务副理事长郑新立认为，一定要为民间投资增长创造良好的政策环境。要鼓励民间投资能够进入到过去那些垄断性行业，公共设施、基础设施、战略性新兴产业、金融领域以及军工领域等等。现在很多领域还有很多“玻璃门”，希望能够把这些“玻璃门”打碎，对民营投资和国营投资一视同仁，在税收政策、用地政策、信贷政策、项目审批等方面享受同样的政策。

范剑平提醒，当前要警惕一种倾向，即一些地方政府税收收入减少了，就拼命打非税收项目的主意，甚至对税收征管的力度有些不正常地加大了。“现在企业处于困难之中，如果政府仅仅因为自己收入不够而加大对企业的税收，恐怕对整个经济不利。”范剑平说，只有放水养鱼，把税源搞好了，让企业有好的经营成绩，政府税收才有更光明的前途。越是经济不景气的时候，政府越要冷静，要处理好政府税收和税源之间的关系。

大搞投资将严重损害社会福利?

2012年10月18日　白重恩

投资一直是拉动增长的强大动力，它虽然能够暂时给经济带来较为客观的增量，但是往往却忽略了经济的效率。各种各样的负面问题来源于这里。

因此，在未来的经济结构调整过程中，我们不得不对投资做一个重新的认识和评估。

2000年以后，投资率的增加很快。而2000年的居民消费占国民经济的比重是46.44%。到了2010年，短短的十年之间，居民消费占GDP的比重从46.44%下降到33.8%，下降了12.6个百分点左右。在十年中，居民消费占GDP的比重下降了12个百分点。

5%的投资回报率不能简单地说太低了，这是平均的回报率，包括各种各样的投资。投资的回报率是5.1%的话，投资回报率比较少的企业的回报率就会很低。如果看边际回报率，可能我们的边际回报率要远远低于资本的成本。当边际投资带来的回报率低于资本的成本的时候，就是投资太多了。

从过去几年的经验来看，高投资率是反常的现象。尽管从2000年开始的投资率不断增加，但从2008年开始的高投资率是更加反常。

人均GDP增长的主要来源于几个方面，一个是人力资本的增长，一个是物质资本，还有一个是效率的提高。物质资本是用单位GDP的资本存量来衡量。也就是说生产一块钱的GDP要用掉多少资本。如果单位GDP的资本存量是在增加，那么它对增长有贡献，就会提高增长。如果单位GDP的资本存量下降，它对GDP是负面的影响。

2008到2011年的四年中，物质资本的增长比重较大，也就是单位GDP资本存量的增长。在这四年中，资本产出比以平均每年5%的速度在增加。这是非常反常的现象。在这之前尽管有变动，但幅度不是很大。经济增长过程中，资本产出比应该是比较平缓，是没有太大波动的。但是，在过去四年中，我们的资本产出比却有大幅度增加。

全要素生产力的增长从1979年到2007年之间，平均每年增长3.8个百分点，2008年以后平均每年增长2.2个百分点。2008年以后的高投资率是反常现象，如果一直维持这么高的投资率也是不应该的。

过去四年中，资本产出比的快速上升是可以接受的，但是我们的投资率不宜与再继续上升。我们的投资率已经超过48%，如果继续上升的话，会对社会福利造成负面影响。

因为提高投资率并不能带来持续的增长。今年提高一个百分点的投资率，今年的GDP增长速度会增加，但如果明年不继续提高，GDP的增长率又会回落。基于这些考虑，不宜进一步增加投资率，更重要的是改善投资的效率。

因此，要保证投资率不会继续增加投资。而投资率与储蓄有密切的关系，最有效的办法就是保证储蓄率不继续增加。

2000年的时候，居民消费率是40%，而2010年的居民消费率只有33%。从1993年到现在，居民部门的储蓄率还是比较稳定的，在30%上下浮动，但它绝不能解释居民消费占GDP的比重从46%下降到33%。这足以说明居民部门的可支配收入所占比重在下降。

这是储蓄率增加的重要原因。居民之所以不消费，不仅仅是因为他们的储蓄率增加了，还有一个原因是他们的收入占GDP的比重在减少。

居民收入包括工资收入、钱存到银行拿到的利息收入、投资得到的红利、退休以后从政府拿到的养老金等。如果是个体户，还有盈利。同时，还要纳税，要进行社保缴费，会减少可支配收入。这些因素到底哪一个对居民可支配收入影响最大？一个最主要影响因素是劳动者报酬所占比重。劳动者报酬是居民收入中最主要成分，居民收入下降的主要原因也是劳动者报酬所占比重下降。

劳动者报酬下降最主要的原因是经济结构在变化，农业部门占GDP的比重，在经济中的份额越来越小。而其他部门，尤其是第三产业和工业占GDP的比重越来越高。

为什么这样的结构转型造成劳动者报酬占比的下降？农业中的劳动者报酬占85%、90%，建筑部门占70%左右，工业和第三产业的劳动者报酬占50%左右。假设90、70、50，总体的劳动者报酬是这三个数的加权平均。这是经济发展阶段中不可避免的现象，就是农业变得越来越小，制造业和服务业变得越来越大。这不是政策造成的，也不是政策所能改变的。

除了产业之间的变化，还有产业内部的变化。产业内部是工业的劳动者报酬占比也在下降。这个原因是什么？用企业数据分析发现，工业部门内劳动者报酬占比下降的主要原因是所有制的变化。就是国有企业中的劳动者报酬占比相对较高，而非国有企业的劳动者报酬占比相对较低。当国有企业在工业中的份额越来越小的时候，劳动者报酬占比下降。同时，国有企业内部的占比在下降。以前国有企业有很多剩余劳动力，现在越来越少了。所有制的改革是劳动者报酬占比下降的重要原因。

除了结构转型和所有制变化以外，另外一个原因就是垄断力量的变化。有垄断势力的行业，在经济中的重要性可能会变得更大了，造成劳动者报酬占比的下降。

从政策上来说，政策的含义是当我们谈到分配的时候，在要素分配中，政策影响的空间非常小。刚才我们说影响要素分配的是劳动者报酬占比，一个是农业向非农业的转型，不应该影响它，还有一个是国有企业的改制不应该影响它。垄断是一个应该改变的现象，但它占的比重非常小。

还有的提议是增加工资，通过提高最低工资来增加劳动者报酬。但增加工资的副作用是降低就业的增长。当工资增长快于劳动生产力增长一个百分点的时候，就业增长会减慢一个百分点。这两个效果正好是取消了。增加工资给劳动者报酬，会增加每一个有工作人的报酬，但不能增长所有劳动者报酬的总和。就是因为增加工资以后，参与劳动的人数会降低。

社会保障对员工的负担和企业的负担是非常重的，五险一金加起来是工资水平的40%左右。其实对企业的负担就是对居民的负担，如果没有这个税，工资收入会增加更快。社保缴费率太高，如果降低的话可以减少居民的负担。社保的资金不够怎么办？一个是国有企业的分红应该纳入一般性预算，可以用来支持社会保障。一方面是降低缴费率。一方面是利用国有企业的分红支持社保。这个时候老百姓对延长退休年龄的支持度可能会提高。

（作者白重恩系清华大学经管学院副院长、教授。本文经观察者网编辑韦振勇整理自白重恩教授于“中国开放新阶段高峰论坛”上的演讲内容。http://www.guancha.cn/Macroeconomy/2012_10_18_104507.shtml）

驳论方

中国怪声音：不应加强基础设施投资？

2012年9月26日　杜建国

在九月初的时候，中国国家主席胡锦涛出席了在拉迪沃斯托克举办的亚太经合组织工商领导人峰会，并发表主旨演讲。在演讲中，他不仅强调要“加强基础设施建设，夯实经济发展基础”，还要“加大对基础设施建设、公共服务的投入”。

三天后，国务院总理温家宝在出席2012天津夏季达沃斯论坛开幕式并进行致辞的时候，更批驳了某些媒体对2008年中国政府“应对危机的一揽子计划”的“不顾事实地歪曲和指责”。在随后的座谈会上，温家宝总理进一步强调，中国要解决地区差异、经济转型、改善民生等任务，还需要在基础设施和科教文卫方面巨大而又长期的投入——这“13亿多人口的强大内部需求”，“反映出中国的发展还有巨大的潜力”。温家宝总理的批驳不是没有道理，对于中国加强投资的计划，媒体上响彻着一片质疑声，但大部分质疑要么是为了质疑而质疑，要么就是夹带了自己的私货。

9月17日有媒体报道称，吴敬琏先生在国际金融论坛2012学术报告会上的主旨报告中反对当前用投资拉动经济，并以高铁投资为例来加以佐证。吴敬琏反对高铁建设的理由是：“铁路现在的短板是在货运，而不是在客运。高铁是客运，把主要资源用来建设高铁是资源的误配。”吴敬琏先生的批评建立在媒体营造出的高铁刻板印象上，只知其一而不知其二。

高铁虽然主要是客运专线，但是对货运也是同样有帮助的。传统的铁路是客运货运合一的，为了保证客车快速准点运行，货车经常要为客车让路，货运效率受到很大影响。建设高铁客运专线，将会把大量客流从原来的铁路上分出来，也就为提高货运效率腾出了空间。早先财新《新世纪》周刊的主编王烁先生，曾断言高铁无助于减缓货运压力，不料吴敬琏先生竟然重蹈其覆辙，真是让人感到惋惜。

吴敬琏先生的学生、中欧陆家嘴国际金融研究院副院长刘胜军先生，更认为中国基础设施建设已经过剩，因此不应该再进行投资了。他在《与林毅夫商榷：中国未来高增长靠什么？》（最近林毅夫先生因为大力支持投资政策而招致了很多批评）一文中讲到，“中国的基础设施已经不再是发展的瓶颈，在一些地区甚至出现了过剩或超前现象”。但在讲完这段话后，刘胜军先生并没有给我们举出基础设施过剩或超前的具体例子来，也没有向我们说明这在所有投资中占多大的比例。而温家宝总理9月11日在夏季达沃斯论坛上早已指出，不只是在较为落后的中西部地区，甚至在东部发达地区，也一样存在着基础设施落后的现象。刘胜军先生若能在上下班高峰期去挤一下北京或上海的地铁，估计就不会坚持自己的观点了。

许多人认为加大投资有碍于产业升级，比如北大风投研究所研究员马光远先生在反驳林毅夫先生的文章《中国经济：靠什么还能快速增长二十年？》中，就指责中国经济由于“过度依赖”“投资”，导致“不可遏制陷入下滑的境地”以及“产业低端”。

马先生可能不知道，现在中国向俄罗斯和巴西出口的主要是制造业产品，而俄罗斯和巴西向中国出口的主要是矿产资源，中国无论如何不会比这两个国家的产业水平更低。像俄罗斯，除了吃苏联时代的老本卖点军火以外，他在制造业方面还有什么拿的出手来的呢？前不久普京访华，签下了让中国企业去俄罗斯投资建拖拉机厂和LED工厂的合约。再如巴西，它向中国出口铁矿石，中国则向其出口装载矿石的四十万吨级的巨型货轮，产业水平谁高谁低一目了然。与马光远所说的恰恰相反，事实上正是依靠着长期的投资，中国的产业水平已经有了很大的提高。

耶鲁大学金融学教授陈志武先生也坚决反对加大基础设施投资，他认为中国经济过于依靠外需和投资拉动，今后应该加大消费的比例。陈志武教授这样讲，并非毫无道理，不过当前没必要将投资和消费对立起来，而且中国消费所占比例一向被严重低估了，英国经济学家、前伦敦副市长约翰·罗思（John Ross）不久前就撰文指出，在全球诸大经济体当中，近年来中国的消费增长是最快的。

但颇有意味的是，9月4日陈志武发微博称，要求扩大消费，可就在此前，他刚发了一条微博，反对提高工人的收入和四年前通过的《劳动合同法》。我们都知道，消费的扩大主要依靠占人口多数的工薪阶层，不提高工人的收入，怎能扩大消费呢？如果既反对投资拉动，又反对靠提高工薪阶级的收入来扩大消费，那么中国如何依靠拉动内需来发展经济呢？

还有观点认为，要拉动经济不应该指望投资，而应该通过提高劳动生产率来完成，比如，著名经济学家成思危先生最近发表言论称，“用大量的投资的经济刺激的办法，那只能打一个强心针，甚至是饮鸩止渴”，应该从“提高劳动生产率”入手。对于成思危先生的观点，我们不禁要问，难道单靠改进管理就能无限提高劳动生产率吗？难道提高生产率就不需要采用更新式或更高级的机器设备了吗？难道用机器即投资代替人力不是提高劳动生产率的根本性出路吗？我们都知道，用风钻进行作业，再怎么深挖潜力，也不如投资改用隧道掘进机。

时任香港中文大学客座教授的郎咸平先生也发文称，正是2008年以投资为主的“四万亿”计划，导致了今天中国经济重新陷入困境。难道希腊、西班牙、葡萄牙、冰岛、美国经济不见起色，甚至陷入严重的负增长，也是由于他们推行了“四万亿”的政策导致的吗？2008年中国经济因为得益于四万计划而在全球一枝独秀，怎么反倒成了罪过？当前中国经济下滑，很明显主要是因为受经济周期因素和世界经济再次低迷的拖累。

郎咸平先生还说，“停止新四万亿（投资计划），把钱省下改善民生”，不要把钱“浪费在高铁高速公路钢厂”等上面。但是，难道大规模修建下水道就不需要钢材水泥了吗？难道高铁和高速公路就不会提高钢材水泥的运输效率从而降低包括下水道在内的各种设施的建设成本了吗？

9月19日，重庆市市长黄奇帆先生指出，“许多经济专家像娱乐节目主持人一样讨论问题，经济专家八卦化，其吸引眼球的噱头就是唱衰中国。”对照一些媒体的荒唐言论，不得不说，黄奇帆先生的观点还是很有道理的。

当然，中国针对当前的经济形势所需要采取的对策，笔者认为绝非进行基础投资一途，同时还需要加大对富人的税收（不久前林毅夫先生也曾提出这一点）、提高工薪阶级的收入，以及加大保障房建设的力度等。

9月13日，2010年诺贝尔经济学奖得主彼得·戴蒙德在纽约举行的年度彭博市场50峰会上表示，“多年来，美国在基础设施上投资不足，为了提振经济，美国应加大基础设施投资。”因为“加大基础设施投资是最具生产力的经济刺激举措，不仅可以创造大量就业，还能为未来夯下坚实基础。”连诺奖得主都在追随中国了，中国更没理由放弃多年来屡试不爽的政策。

（作者杜建国：观察者网专栏作者，独立学者，专注经济时评。责任编辑王杨）

基础设施投资过剩？请看看现实！

2012年10月15日　杜建国

自五月份国务院召开会议确定当前的经济工作重心转为“稳增长后”，媒体就掀起了一股批判投资的浪潮。九月初国家主席胡锦涛先生和国务院总理温家宝先生分别公开强调要加大基础投资后，媒体对投资的抨击变得更加猛烈。反对投资者的一个重要理由就是中国的基础设施已经过剩了，再继续加大投资就是浪费。

刚刚过去的黄金周里，高速公路的空前拥堵，铁路和飞机的高上座率，旅游景点、文博场馆的爆满，说明中国基础设施建设已经超前或过剩这一主流舆论论调纯属无稽之谈。中国的基础设施不仅不超前、不过剩，甚至可以说严重滞后、严重不足，我周围就有不少人，因为预见到不可避免的拥堵而放弃了假期内的出行计划，也就是说由于基础投资不足，不但没能促进消费，反而制约了消费活动的实现。

令人吃惊的是，许多原来反对加大基础投资的学者和媒体人，此时竟然又转而借基础建设的缺陷来攻击“体制”。10月4日，曾荣获2009年南方人物周刊年度“中国骄子青年领袖”称号的经济学家马光远先生，看到高速公路拥堵后，就指责“地方政府不修路”。可是就在此前，马光远先生还在批评中央和各级政府“铁公基”投资过多，透支了经济增长！我原来以为观点多变乃是耶鲁大学陈志武教授的独门秘籍，不曾想马光远先生在这方面竟然与陈教授不分伯仲！

近年来英国金融时报中文网（FT中文网）和美国华尔街日报中文网在中国的影响越来越大。长假期间，华尔街日报中文网主编袁莉女士，从兰州乘火车前往银川。袁女士发微博抱怨这是“中国最慢的火车”。请问袁莉女士，您不是一向反对加大基础设施投资吗？您不是一向反对中国大上高铁吗？您怎么又抱怨起火车太慢来了呢？不仅是笔者，无数网友也向袁女士提出了同样的询问。最后，不知出于什么考虑，袁主编删掉了此条微博。

金融时报中文网最近也持续刊登文章批评中国依靠基础设施投资拉动经济的做法，7月19日欧阳德的《中国经济驶向何方？》堪称此类文章的代表。该文一上来就将矛头对准了于2011年7月建成通车的青岛胶州湾跨海大桥：“对中国这个交通堵塞问题非常严重的国家来说，建造全世界最长的跨海大桥至少在一个方面是成功的：不会出现交通堵塞。问题是同样也没有几辆车从桥上通过”。该文随后称“大桥设计的日通车量为3万辆，　但一家与政府有关系的建筑企业的一名高管表示，目前日通车量仅1万辆。”

笔者查阅了一下相关资料，截止2012年7月，大桥开通一年来日通车量为14000辆。这个差距我们就不计较了。我们来看看今年黄金周期间胶州湾跨海大桥状况吧。10月6日《青岛早报》报道，从长假第一天起，胶州湾隧道和胶州湾大桥的车流量不断蹦高，胶州湾隧道平均每天达到两万辆，而胶州湾大桥每天平均车流量是四万多辆。1日到3日，隧道最高车流量达到4.1万辆，而大桥最高一天车流量达到了六万以上。六万！这已经远超日设计通车量了，欧阳德记者应该再去胶州湾做一次报道才是。

中国经济正在高速发展，私家车拥有量和客货车的拥有量，更是逐年快速递增，比如五年后，青岛的汽车拥有量以及日夜驶往青岛港的外地汽车的数量会有多少，记者们想过了吗？青岛现在是一个重要的工业城市和全球第七大港口，据最新报道，青岛正在投下巨资改扩建港口，预计到2020年，青岛港将有可能会超过上海成为全球第一大港。这样的港口和城市，其基础设施可能过剩吗？（顺便提醒一下读者，英国金融时报与其中文网FT、美国华尔街日报与其中文网，是有区别的。中文网上的文章，除了注明是摘自原报纸上的，其他的应该都是中文网自己组织的。窃以为，不论是金融时报的中文网还是华尔街日报的中文网，在论述中国问题时，都比他们的母报更不严肃客观，政经“新自由主义”的气息要更为浓厚。）

其实，对于建设交通设施以及其他基础设施来说，一定的超前性不仅不是多余的，反而是必须的，只有这样才能为未来的长期发展留下足够的容纳空间。若不留下富余，将来现过河现搭桥，就为时晚矣。8月初，美国《福布斯》杂志质疑中国将建设82个“不需要”的新机场，国家民航总局李家祥局长回应道：“这几年，我任民航局局长期间，一直与各地方有关方面协调，我主张机场建设和民航的发展，要有一定的超前性。”像青海玉树地区，位置偏远，人口不多，2007年建成机场之时，有许多人认为这是浪费资源。2010年4月，玉树地区发生强烈地震。玉树地区没有铁路，公路交通距离最近大城市也颇远，多亏此前建成的玉树机场，让救援工作得以顺利进行。

九十年代中期，笔者第一次到北京，三环路上，汽车稀少，竞相飞驰，如在高速公路上一般，为此，笔者认为二环之外再建三环，是劳民伤财的面子工程。可是仅仅过去十几年，现在不只是三环，就连那时还没影儿的的四环和五环也是天天川流不息不堪重负了。

黄金周期间，中国最优秀的私营企业之一三一重工的总裁向文波先生，对中国的基础设施建设也发表了自己的看法。与那些所谓的经济学家和媒体人不同，10月5日，向文波发微博道：“中国国土面积与美国相当，但人口数量是美国的五倍！且人口主要集中在东部沿海及中部地区，这些地区的基础设施无论数量还是质量与欧美相差太远，根本满足不了城市化和工业化需要，经济发展以及社会文明与进步终将被基础设施落后所拖累。……（基础设施落后）已经与中国经济快速 长这个强大的心脏不匹配，可能影响心脏健康，极易形成血栓，甚至中风！”

向文波的这些话是符合事实的。与中国庞大的人口规模和经济规模以及极快的发展速度相比，中国几乎不存在基础设施过剩或超前的问题。今年五月份后，在全球经济再次下滑的大背景下，中国政府再次主推出依靠基础设施建设投资来“稳增长”的政策，媒体对该政策的攻击也随之加剧。媒体制造的反对基础投资的舆论根本站不住脚，事实上，即使不存在通过加大基础设施投资来“稳增长”这一当务之急，中国的基础设施建设也依旧没有超前或过剩。2000年，中国GDP突破了一万亿美元，当时普遍预计到2020年将会翻两番达到四万亿美元，可是才刚到2011年，中国GDP就已经超过七万亿美元了。诺贝尔经济学奖得主罗伯特·福格尔估计，到2040年，中国经济产出将达到123万亿美元，这相当于2010年全球GDP总量的两倍！届时虽然中国的人均GDP还没能超越美国，但中国在世界GDP中40%的份额会使美国(14%)和欧盟(5%)相形见绌。基础设施是百年大计，今天的建设必须得考虑到三十年后的需求。

要致富，先修路。实干的企业家呼吁扭转基础设施对现实需求的滞后，而经济学家和媒体人却坚决反对。尤其令人不解的是，经济学家和媒体人日常却总是以企业的代言人和喉舌自居，我们不清楚这些经济学家和媒体人代表的是什么地方的、什么类型的企业家。莫非中国不搞基础建设、不扩大投资进行产业升级而去学华尔街搞投机才是可取的？莫非这些经济学家和媒体人代表的是类似华尔街的投机掮客那样的企业家？

（本文原载《观察者网》？。责任编辑 张广凯）

不是基础建设超前，是部分学者落后

2012年10月30日　王韬

10月24日，东南大学经管学院的韩会朝先生在环球时报发文《基础设施建设切不可太超前》，驳斥10月22日，杜建国先生的《建基础设施必须考虑30年后》。

然而文中数字例证之拙劣，让人大感意外。东南大学经管学院虽然主要以管理见长，经济学不是国内名列前茅，但水平也属第二梯队上游。数字是经济研究和管理分析的基础，照理不应该出现这种对大数目数字概念不敏感的情况发生。这种公开刊发的文章中存在如此拙劣的数字例证，是让人痛心的。

首先是数字错误：

其一，“东京地铁的运能是每公里每年7500万人”不知文中这一巨大的数字，究竟是在哪里看来的。就算只是指304公里长的东京23区内地下铁部分，只要稍微做下乘除法即可知道，每公里每年7500万人，对应的地铁日客运量超过6000万人次，而东京23区的人口，不过820万人而已。即便包括整个大东京都市区，目前也仅仅有3100万人口（但对应的是大东京都市区轨交网络长达2300公里营运里程）。只要在举出这个数字的时候，稍微计算一下，无论是谁都应该发觉，这个数字是找错了。

其二，上海申通轨道交通的运能今年已刚好超过每公里每年600万人次，远高于文中举例时提出的390万。笔者查阅了一下日本东京交通局发布的数据，然后折算了一下数字，则304公里长的东京23区内地下铁部分的运输效率，每公里每年的运送量是1044万人次（比韩先生说的7500万少的多）；而完整计算整个大东京都市区轨道交通系统的运输效率，每公里每年的运送量是580万人次，实际上略低于上海。

因此两者根本不存在所谓“两者的运能相差19倍。”由于上海申通轨道交通覆盖从市中心一直到外环线之外的整个上海都市区域，实际上两者的运能效率相差并不算多。因此韩先生的“在现有基础设施上提高使用效率和管理水平也大有潜力可挖。”的结论自然也是错得离谱。这对于辛勤工作、努力为上海的上班族通勤服务的上海申通人是很不公平的。

其次是概念细节对比失当

作为论战中的驳斥方，欲要进行驳斥举证，理应对自己举出的例证进行详细了解。东京23区内地下铁，从来不是东京轨道交通系统中能孤立运作的一部分。而是整个大东京都市区轨交网络的一部分。304公里的营运线路长度在总计2300公里中的比例也很小。

东京轨道交通系统，分别由27家公司运营。但目前除了二战前修筑的老线外，已基本完全实现交通卡和日票/月票无缝换乘。其中，东京23区内地下铁，主要由“东京地下铁股份有限公司”的“东京metro线”和“东京都交通所”运营的“都营线”组成。市区外围主要由已经分拆民营化的JR（Japanese Railway）运作，而连接JR山手环线到大东京都市区外围各主要居民区的各条远郊线路，众多私铁公司运作。要注意的是，23区内地下铁，也有地上行驶部分；而私铁，也有很长的地下铁线路里程。

1970年以来的40年，东京23区内的市区人口始终维持在800多万。而23区之外的整个大东京都市区的近郊和远郊人口总数，已从1300万增长至2300万。使得整个大东京都市区的总人口达到了3100万，占全日本总人口的近四分之一。

东京23区内地下铁部分，每公里每年的运送量，也相应从660万人次（全长240公里），增长到1044万人次（全长304公里）。其中特别重要的是JR山手线环线，这条34.9公里长、设29站的环行线，将东京23区纵横交错的地铁、轻轨、城轨、郊轨联接起来。位于JR山手线上的各主要换乘站，是东京都市区的轨交网络的核心。全日本进出人次最多的车站中，前四名均是JR山手线环线上的换乘站。

如果没有整个庞大的2300公里长、覆盖整个大东京都市区的轨交网络，整体上一起发挥作用，把每日平均多达950万名居住在近郊和远郊的学生族和上班族输送到市区内来，这304公里地下铁，是无论任何也没有办法让东京23区内区区820万人口，变出每天870万的客流量的。

因此割裂的拿出整个大东京都市区的轨交网络系统中的一小部分，去和中国任何一个完整的轨交网络系统去比较每公里运输效率，这都是不合理的、不科学的。

东京地下铁每公里运输效率高，正是超前建设的硕果

为什么割裂的拿出东京地下铁的每公里年均运输量，看起来效率较高呢？这正是日本在规划时超前建设的比中国要超的多的缘故。在谈论交通问题时，假如没有认真研究学习资料，也没有到生活中仔细观察研究，是很容易出现不接地气的想当然指责。

轨道交通系统的运输效率，不仅仅取决于线路长度、设站位置和密度、软件管理水平等，其实还有一个决定性的问题，是不接地气的评论者很容易忽略的，那就是线路建设时，车站能够容纳的地铁列车的长度！同样若干公里长、同样站点设置的线路、同样的管理水平下，每列车有10节车厢，那当然就是能比每列车才6节车厢，能拉多的多的旅客。

在这一点上，日本超前建设的先见之明是决定性的因素。除了二战前即开始建设的老线先天不足。日本战后建设的地下铁，在规划时，直接按超前30年进行设计，非常有先见之明的采用了世界最长的10节编组长度。当时，全世界的地铁还普遍以4节编组为主流，2节和3节小车的设计思路也非常时髦。面对预留部分可能要空置十年以后才能派上用场的外界舆论，直接上马能容纳10节编组长度的超长车站设计，其压力可想而知。然而其先见之明和力排众议的胆识，也令人敬佩。

中国的地铁上马时，一般仅仅超前10年进行设计考量，以至于建成不久，就人满为患。

北京地铁主要线路多为6节编组，一部分甚至仅仅是4节编组。近两年由于发现6节编组实在是不能满足日益增长的客流量，因此新建设的线路才逐步改为7节编组和8节编组，但已经只是次要线路。由于当初征地时，眼光不够超前，已建成线路的站点，其站台容量就只有那么点大，周围也已高楼林立，无法扩容。已经造好的那些仅能容纳6节编组的线路，未来不太可能扩建成能容纳8节乃至10节编组列车。

上海地铁在建设之初，最主要的1号线、2号线两条骨干线，设计了先使用6节编组，但站台预留8节编组空间的超前设计。而其他次要线路也还是6节编组为主。但仍然超前的不够多。1号线、2号线在2008年升级为8节编组，但如今又开始接近最大设计容量。与身为首都的北京不同的是，上海当时负有沉重的财政上解国库压力，收入的超过一半需交给中央。地铁建设的经费大多来自于上海进行牌照拍卖所获得的专项收入。在面临拆迁成本、经费来源的制约下，无力考虑足够的超前年限。

中国的许多问题恰恰是不能狠下决心超前建设超前规划

其一，真的是基础设施建设太超前产生的产生质量隐患吗？还是因为建设的不够超前呢？在过去的5年时间里，全国范围内比较严重的桥梁垮塌事故共发生19起，造成垮塌的直接原因全部都是因为严重超载。其中仅有2座事故桥梁确实有质量隐患问题，但超载120%以上的超载车辆仍然是主因。

例如2007年8月15日在太原市208国道东柳林桥被一辆总重达183.2吨、超载率为233%的货车压垮，导致国道中断。再比如：2009年7月15日，津晋高速公路天津段港塘互通立交桥匝道桥倒塌，五辆货车坠落，造成6人死亡，7人受伤。事故调查报告指出：该桥设计设计载荷为55吨。但五辆货车中，装载铁矿粉的第二辆“津AC7692”、第三辆“冀B61396”载重货车，第四辆装载铁矿石的“津AF2905”载重货车，总重量分别为140.22吨、142.28吨、146.72吨。恐怕，这些桥之所以垮掉，更多的是因为设计方和施工方，低估了重型货车的质量提升幅度，给大桥预留的裕量还是不够多，而不是因为超前和赶工产生的质量隐患。

其二，超前建设项目应该孤立的割裂的去看是不是浪费吗？任何建设项目，都应该放在一个城市整体的规划布局中看，才能判别它是否真的浪费。假如孤立的割裂的去看是不是浪费，别说现在规模的珠海机场（跑道4000米长60米宽，为中国最大最长），就是按标准规模设计（跑道3000米长40米宽），也嫌浪费。但珠海市在四处碰壁后，最后决定豪赌大机场、大航展，无疑是个正确的战略决策。假如没有机场，没有豪赌航展，珠海至今还是珠三角的一个死角。机场给珠海带来的是城市地位的提升和整体投资环境的改善，没有机场，珠海不可能有航展，不可能发展会展经济，不可能吸引这么多外资进来。如果没有机场，没有航展造出的“势”来，谁还记得珠海？ 现在还有多少人记得首批特区城市之一的汕头？国内外航空企业，都愿意屈尊驾临珠海。如今热热闹闹的2012珠海航展，已跻身世界五大航展之一。珠海的城市战略这盘棋，无疑是走对了、走活了。以航展所需的机场规模来衡量，珠海机场算不上过度超前建设。

其三，因为财政能力制约而反对基础设施建设的超前程度，是南辕北辙的。首先，我们中国的基础设施已经非常完善了吗？当然没有！中国的基础设施距离完善还差得远呢。中国公路网密度上，中国每万平方公里只有74.89公里，而德国为1009.2公里、英国为699.1公里、法国为538.3公里、日本为533.62公里、印度为191.73公里，中国排名大概在60位之后。中国铁路网密度为每万人0.56公里，而加拿大为16.18公里、俄罗斯为5.9公里、美国5.55公里、法国5公里、德国4.4公里、英国2.85公里、日本1.59公里、印度0.63公里。有分析人士戏称，中国这个经济总量第二、制造业第一的大国，其实铁路密度指标仅为加拿大的3.5%、美国的10%，人均才5.6厘米，不及半根铅笔长，世界排名在百位之后。

随着我国人口老龄化的到来，养老保障支出有可能产生较大财政缺口。对，非常正确，而且未来养老保障支出会越来越高。所以才更需要超前建设。否则到未来的时候，需要那么多基础设施容量，却没有钱修了，难道要砍养老金吗？一般人或许不明白投资和消费的差别，以为都是花钱支出。身为经管学院的人，难道不懂其中的差别吗？只要不是胡来，投资有回报，消费一次性，这是很基本的概念区别。现在多投资，将来才能老有所养，而不是坐吃山空，然后像欧洲一样爆发危机。

中国基础设施需求增长极快，某些需求增长堪称“爆炸式增长”，大部分新增基础设施不存在长期闲置问题，更常见的是，在比预期短得多的时间里就达到了满负荷。

中国基础设施建设几乎不存在太超前的问题，而普遍存在超前的严重不够的问题。所以我们应该大声疾呼：建基础设施必须考虑足够长足够大的未来需求！建基础设施必须考虑30年后！

4万亿投资利大于弊

林毅夫

前世界银行副行长、经济学家林毅夫曾经在“2012年夏季达沃斯论坛”上发言时表示，从实施情况看，4万亿刺激计划利大于弊。因此，未来中国的经济增长仍然需要投资来拉动。

林毅夫认为，当前经济增长速度下滑，主要是有两方面因素。一方面是国际经济还没有从2008年的危机中复苏，尤其是欧洲，作为中国最大的出口市场，其需求减少，国内的出口企业压力势必会增大，进而生产萎缩。另一方面，在2008年4万亿经济刺激计划实施至今已有4年，大部分项目接近收工，因此投资需求的速度也会下滑。

在目前推动经济增长的“三架马车”中，外需持续不振，导致出口下降，因而需要加大刺激内需，增加投资，而这两方面又是相辅相成的。消费是最终目标，但是可持续的消费必须来自于生产率的提高，而生产率的提高必须以投资为主。

以投资促进经济增长，可以实现劳动力的长期就业，进而就有了工资收入，居民在有工资收入之后就可以消费。同时，随着未来生产力水平的提高，就业还可以增加，工资水平也将增加，消费水平可以进一步提高。

从实施情况看，4万亿刺激计划利大于弊。其最大的益处在于保住了就业，而弊端则是不应以货币政策为主，而应以财政政策为主。后来出现的资产泡沫和通货膨胀，与信贷管理体制有着内在关联，并不能完全归咎于4万亿计划。因此，我们并不能因噎废食，未来中国的经济增长仍然需要投资来拉动。

同时，新一轮投资应更多依靠积极的财政政策和中性的货币政策，而非信贷政策。这样一来，就可以避免上一轮刺激计划中出现的房地产价格高涨、通货膨胀压力较高等现象。

作为一个发展中国家，中国的投资空间还很大，包括产业升级、基础设施、环境保护、民生等领域，只要保证资金真正进入实体经济领域，经济就能够长期稳定地发展下去。虽然高铁建设可能有些超前，但从长期来看，这是符合“超越凯恩斯主义”的瓶颈项目。此外，农村的基础设施普遍严重不足，城市的基础设施也需完善，地铁多修一些不是问题。

从长期来看，中国经济将呈现比较平缓的增长，维持20年年均8%的经济增速，即使在外部因素相对不利的状况下，还是完全有可能的。

（来源：1.在“2012年夏季达沃斯论坛”上的发言，9月11日；2.《财经》杂志，10月15日出版，“林毅夫谈全球增长与中国发展”）

4万亿投资计划回顾与评价

刘立峰

2008年的全球性金融危机给世界经济造成重创，中国政府迅速、及时做出反应，于2008年11月推出4万亿投资计划以及一系列扩大内需的刺激措施，为中国经济率先复苏和世界经济增长做出了重要贡献。

政策出台背景

本轮金融危机由美国次贷危机引起，并逐步演化为1929年大萧条以来最为严重的全球金融危机。美国、欧洲和日本等发达经济体以及金砖国家为代表的新兴经济体和发展中国家都受到严重的冲击。随着金融风险通过各类渠道扩散到全球，各国实体经济受到严重影响，出现不同程度的放缓或衰退。全球通货膨胀压力缓解，通货紧缩风险同步增加。在全球金融危机的影响下，我国经济下行压力也逐渐加大。

经济增速急速回落。我国经济从2008年下半年起受到影响，经济增长明显下滑。从GDP季度增长情况看，2008年1季度和2季度时，增速还略高于10%，而到3季度和4季度就分别下降到9%和6.8%，到2009年1季度更滑落到6.2%的谷底。工业生产月度增长率由2008年2月的17.8%下降到6月的16%，再下降到9月的11.4%，之后增幅持续回落，到2009年1—2月，只有3.8%。

出口额显著下降。从2008年11月开始，我国出口月度同比增速连续13个月出现负增长，2009年2—8月，出口的下降幅度都在20%以上，直到2009年9月，降幅才逐步趋缓。2009年，我国外贸出口下降了16%，增速比上年回落了33个百分点。2008年，我国净出口对国内生产总值增长的贡献率下降到9%，比2007年降低了近9个百分点，净出口对经济增长的拉动点数只有0.9个百分点，同比降低了1.7个百分点；2009年，净出口的贡献率则只有-37.4%，拉动经济增长-3.5个百分点。这是1993年以来外需最明显的一轮下降，影响超过亚洲金融危机。

负面影响波及多个行业。纺织、钢铁、房地产等行业步入寒冬，生产经营陷入困境。尽管国家逐渐调高出口退税率，试图拉动加工贸易型企业的发展，但是，一些劳动密集型产品产量增长仍然明显放慢，沿海地区的加工贸易型企业大批破产。钢材销售量急剧下滑，钢价持续下跌，钢厂减产，铁矿石库存不断增加。到2008年11月，我国粗钢和钢材产量分别同比下降12.4%和11%。全国企业家信心指数由2008年1季度的140.6下降到12月的94.6；制造业采购经理指数（PMI）由2008年3月的58.4下降到11月的38.8。

呈现通货紧缩态势。居民消费价格指数（CPI）从2008年2月的8.7%迅速回落到年底1.2%的低水平，2009年还出现了通货紧缩的局面，全年CPI比上年下降0.7%，其中城市下降0.9%，农村下降0.3%。生产者价格指数（PPI）由2008年8月高峰值的10.1%下降到年底的不足2%，2009年各月继续收缩，到10月，PPI同比下降了5.8%。房地产开发综合景气指数由2008年1月的106.59直线下降到2009年3月的

94.74。这显示出我国经济正显著趋冷。

全球金融危机对我国经济的冲击相当严重。为了抵御外部环境对经济的不利影响，必须采取积极灵活的宏观经济政策，出台更加有力的扩大内需政策，以应对严峻复杂的形势。就当时情况看，企业和消费者信心不足，贷款需求明显下降，单纯依靠宽松的货币政策是解决不了问题的。实施积极的财政政策，扩张中央政府投资，不仅能有效扩大内需、促进增长，最重要的是可以起到重振市场信心的作用，对于国内乃至全球经济都是重大利好因素。

内容与成果

针对国内外经济形势的变化，中央及时调整宏观经济政策取向，迅速出台扩大国内需求的10项措施，包括加大政府投入、提高城乡居民收入、减税和增大金融支持力度，其中加大政府投入的主要内容就是实施两年4万亿投资计划。

从2008年4季度到2010年底，新增了中央政府投资11800亿元，带动地方政府投资8300亿元、银行贷款14100亿元、企业自有资金等其他投资5800亿元，共同完成4万亿元的投资工作量。着力加强了7大重点领域投入，包括⑴保障性安居工程，⑵农村民生工程和农村基础设施，⑶铁路、公路和机场等重大基础设施，⑷医疗卫生、教育、文化等社会事业，⑸节能减排和生态建设，⑹自主创新和产业结构调整，⑺汶川地震灾后恢复重建。

4万亿投资计划按照“调结构、转方式、促民生”的基本方针安排投资，对扩大内需和加强经济社会薄弱环节发挥了重要作用。国家和地方分别建成了一批大型项目，民生工程不断向深度和广度推进，自主创新和节能减排投资显著加强，汶川地震灾后恢复重建取得重大

保障性安居工程建设大规模推进，有效缓解了保障性住房供应严重滞后局面。2008–2010年，全国各类保障性住房开工建设量分别达到1170万套、400万套和590万套。2009–2010年两年的保障性住房开工建设量约占“十一五”时期总开工建设量的65%。到2010年底，全国累计以提供实物住房方式解决了2200万户城镇低收入家庭和部分中等偏下收入家庭的住房困难问题，通过实物住房保障的受益户数占城镇家庭总户数的比例达到9.4%，比2006年提高了6.4个百分点。在2009–2010年新增廉租房保障户数中，通过新建廉租房保障的比例由2008年的10%迅速提高到70%左右。

农村民生工程和农村基础设施建设明显加强，进一步改善了农村生产生活条件。南水北调等重大水利工程进展顺利，长江、淮河、海河等流域重点蓄滞洪区安全建设得到加强，7300多座大中型和重点小型水库除险加固任务如期完成。解决了1.23亿农村人口饮水安全问题和107万农村无电人口基本用电问题，建设农村户用沼气516万户，建成农村公路近21万公里，农村“水电路气”等民生工程超额完成“十一五”规划任务。全面实施新增千亿斤粮食生产能力规划，新增粮食生产能力62.8亿斤，建设生猪等标准化规模养殖小区及油糖棉生产基地，新增农副产品产量约28亿公斤。

重大基础设施建设成效显著，推动了交通运输能力供给和运输质量显著提升。京沪、哈大、武广、南广、贵广等重大铁路项目加快建设和建设通车。2009年，郑西、武广两条时速350公里级别的高速铁路相继开通，2010年，沪宁、沪杭两条城际高铁投入使用。截至2010年底，我国高铁投入运营里程达到8358公里，高铁运营里程高居世界第一。在投资带动下，公路基础设施投资规模、建设规模达到新中国成立以来的最高水平。重点加快了高速公路“断头路”的建设进程，2009年启动了3629公里“断头路”建设，2010年“断头路”建设规模约2498公里。

社会事业建设取得积极进展，基本公共服务体系进一步加强。建成县医院、乡镇中心卫生院、村卫生室和城市社区卫生服务中心等医疗卫生服务项目近2.7万个，完成中小学抗震加固面积949万平方米，改造农村初中校舍面积802万平方米，建成1.2万个乡镇综合文化站。公共卫生、教育和文化服务

体系建设全面加强。政法基础设施建设稳步推进。

节能减排和生态建设成效明显，增强了污染治理和节能降耗能力。城镇污水、垃圾处理设施和重点流域水污染防治成果显著，新增污水处理能力3700万吨/日，垃圾处理能力7.1万吨/日。国家10大重点节能工程、循环经济和重点流域工业污染治理工程积极推进。天然林资源保护等生态建设重点工程顺利实施，完成营造林面积1.15亿亩，治理水土流失面积1.6万平方公里。

创新和产业结构调整步伐加快，促进了经济结构战略性调整和发展方式转变。加快推进了重大科技基础设施、重大信息工程和高技术产业化项目，加强了国家工程实验室、工程研究中心和企业技术中心建设，自主创新能力增强。10大重点产业调整和振兴规划实施取得积极进展，企业技术水平继续提高，产业结构优化升级步伐加快。

汶川地震灾后恢复重建胜利完成，推动地震灾区实现了跨跃发展，城乡面貌焕然一新。震后一年半，农村住房重建全部完成；震后两年，城镇住房重建基本完成。不仅损毁的学校、医院得到全面恢复，还建成了一大批社会福利院、敬老院、社区服务中心、村民活动中心等公共服务设施。学校、医院等的抗震设防标准普遍提高，建筑物更加坚固安全，设施装备也明显改善。交通、通信、能源、水利等基础设施功能全面恢复，一大批关系灾区长远发展的重大基础设施项目相继建成。灾区产业发展也明显超过震前水平。

效应分析

（一）经济与投资的总体表现

在积极的财政政策和适度宽松货币政策的共同作用下，在针对投资、消费、出口的一揽子经济刺激计划的拉动下，我国经济在短期内全面复苏，度过了新世纪以来经济发展最为困难的一年。

1．经济增长实现V型反转。自2009年1季度中国经济增长陷入谷底的6.2%之后，2009年第2、3、4季度，我国经济增长率分别达到7.9%、8.9%和10.7%，全年增速保持在9.2%的高水平上。工业增速持续上升。从分季度数据看，规模以上工业增加值增长率分别为5.1%、9.1%、12.4%和18%，形成强劲回升势头。全年工业增加值增长8.7%，只比2008年回落1.2个百分点。大多数工业产品产量增长率得到提升。无论是从国内生产总值还是从工业增加值季度增长率来看，都走出了一个标准的V型反转。我国在全球率先实现经济形势总体回升向好。

2．投资平稳较快增长。投资刺激计划的顺利实施，有力地带动了固定资产投资的增长。2009年各月累计投资增长基本在30%以上，全年全社会固定资产投资增长29.9%，比2008年加快了4.1个百分点。投资对经济增长的拉动作用显著扩大。2001—2008年，资本形成对 GDP的贡献率大都在40%—50%，消费的贡献率大多在40%左右，而净出口贡献率则波动较大，最高达到22%，最低接近于零。而2009年，资本形成对GDP的贡献率迅速提升到87.6%，有力地弥补了净出口贡献率明显下降37.4%对经济增长造成的负面影响。

3．经济景气显著提高。2009年，我国工业生产逐季回升，企业利润由负增长转为正增长，全年规模以上工业企业利润增长13%，增幅较前8个月高20.6个百分点，略高于上年同期水平。2009年39个工业大类中，38个行业利润同比增长或降幅缩小。中国人民银行5000户企业调查显示，第四季度企业盈利指数为55.6%，较上季度上升1.9个百分点，连续3个季度回升。CPI于2009年11月结束了连续9个月的同比负增长，同比上涨0.6%；工业品出厂价格于2009年12月结束了连续12个月的同比负增长，同比上涨1.7%。随着宏观经济基本面的好转，全国财政预算收入同比增速从1月的—17.1%振荡攀升至12月的55.8%。

（二）政策效应的基本评价

1．4万亿投资计划直接拉动了经济增长。据一些初步测算结果，现阶段我国投资的乘数效应大约在2倍左右。中央4万亿元的投资项目均为新增加投资，它对经济增长产生新的拉动作用。根据2009—2010年固定资产投资额与固定资本形成额的比例，

4万亿元投资折合为资本形成额大约为2.9万亿元。2009－2010年，GDP合计为74万亿元，中央投资占GDP的比例则为3.8%。按照2倍的乘数作用，4万亿元投资计划拉动的经济总量约占GDP的7.6%。考虑到2006－2008年，净出口占GDP的比例也只有8%左右，因此，中央投资计划本身就可以基本替代国际金融危机对外需减少的冲击。

相关研究结果也表明，2009年2季度以后的经济回升说明各项宏观调控措施是及时有效的，政策因素在当时经济走势中发挥了举足轻重的作用。模拟结果表明，政策在1季度的效果并不显著，而在2季度具有显著的拉动作用。若不存在扩张的政策，2季度城镇固定资产投资增长率仅为17%，政策介入后，固定资产增长率显著提高到35%，政策对投资的增长具有决定作用。使用剔除政策拉动作用的城镇投资增长率和社会消费零售总额增长率模拟2009年2季度的经济增长率，GDP增长率仅为5.5%，而实际GDP增长率为7.9%，提高了2.4个百分点，可见扩张性政策是卓有成效的。

2．4万亿投资计划对就业的推动作用不容忽视。投资的就业效应，可以分为阶段性效应和长期性效应。阶段性效应是指投资项目建设期间创造的就业岗位，又称为项目性就业。长 可创造生产性就业岗位约为560万人。因此，4万亿投资可直接创造就业岗位5600万人。又根据“中国2007年投入产出表分析应用”课题组的计算，2009－2011年间4万亿投资可分别带动就业1433万人、3017万人和2202万人。从实际运行结果看，2009－2010年，我国城镇就业人员分别增加了1219万人和1365万人，一直保持在较高的水平。因此，4万亿投资对于在国际金融危机的局面下稳定就业发挥了积极和不可替代的作用。

3．4万亿投资计划有力地促进了结构调整。4万亿的投向安排，紧紧围绕着改善人民群众和更高层次上调整和优化了投资结构，为国民经济的长远发展夯实了基础。一批交通、能源基础设施投入使用，显著提高了经济运行的质量和效率，加快了人员和物资的流动速度，推动了城乡居民消费水平的提升。大力发展保障性安居工程，继续推进医疗卫生、教育、文化事业的发展，成为促进消费结构升级、刺激消费扩张的重要举措。尤其是自主创新和结构调整投资，有力促进了企业的技术进步，集中突破了一批关键技术和关键环节，完善了产业链和价值链，提高了我国企业在国际分工中的地位；鼓励了企业的设备更新，促进了关键设备、关键部件的国内生产，开发出了一批具有自主知识产权的高端装备。当前的经济增长面临越来越显著的资源、能源约束，节能环保投资重点推进了节能改造工程、污染源治理工程、资源循环利用工程建设，为节能减排、发展绿色经济和循环经济提供了支撑。

（作者单位：国家发改委投资研究所）本文原载《中国投资》2012年12期）

相关学术论文

"扩大消费"与"投资消费的良性互动"之辨

罗云毅

"十二五"规划纲要十分重视投资消费关系问题，并从政策导向角度提出要"建立扩大消费需求的长效机制"和"促进投资消费的良性互动"。

生产的根本目的在于提高消费水平，投资的根本目的也在于提高消费水平，对此大家都赞成，应该没有什么分歧。但在此前提下，对扩大消费究竟应怎样理解，"投资消费的良性互动"有什么具体含义，二者又是什么关系，现实中就有不同看法了，需要进一步讨论。

对扩大消费需求，有几种理解。其一是理解为消费规模不断地绝对扩大，这当然没什么问题，但考虑到我们的消费规模实际上年年都在扩大，从这个角度展开讨论似乎没有更多必要。第二种理解是将扩大消费理解为提高消费占GDP的比例，即提高消费率。这种理解的背景一方面是长期以来我国的消费率确实低于世界各主要经济体的消费率，另一方面是我国的消费率近年来还在不断创历史新低。对这种情况，人们一直高度关注。2002年，党的十六大曾明确提出"调整消费投资比例，提高消费占国内生产总值的比重"；在"十二五"规划编制过程中，又有不少要大幅度提高消费率的呼声，甚至还有人提出要制定提高消费率的"硬性指标"，并采取"硬性措施"。"十二五"规划颁布后，国家统计局局长马建堂先生也曾谈到："依赖投资拉动的经济增长模式难以持续。2003年以来，我国的资本形成率已经连续7年维持在40%以上，2009年高达47.7%，超过世界平均水平的两倍。最终消费率却持续下降。2009年，我国最终消费率为48%，比2000年下降14.3个百分点，远低于世界平均水平。这种忽视消费、依赖投资的经济增长模式终将是难以为继的。"①看来，将扩大消费理解为提高消费率不仅具有相当普遍性，甚至可以说是主流观点。

我觉得对扩大消费的讨论还可以再增加一个角度，就是将其理解为使消费保持比较高的增长速度，或者说是在较短时间内达到较高的消费水平。从实证的角度看，虽然我国的平均消费率在全世界主要经济体中是最低的，但是我们的消费增长率是最高的。

就我个人理解而言，使消费保持比较高的增长速度恐怕比提高消费率更重要，更具有本质性的意义，更应放在扩大消费这样一个战略思想的最核心位置上。之所以如此，是因为从长期角度看，即使消费率较低，较高的消费增长速度也能使消费者在较短时期内获得较高的消费水平。而较高的消费率若无较高的消费增长速度支撑，只是能在较短时期内获得较高的消费水平而已。稍一延长考察期，即可观察到这种消费模式下消费水平变动的疲态。

为便于说明，以下我们做一个简单的模型测算：假设消费与GDP同步增长，有两种消费模式，模式A为高消费率，达85%，但消费增长率较低，只有3%（类似美国消费模式）；模式B为低消费率，只有50%，但消费增长率较高，达8%（似与中国消费模式相近）。那么，在消费率不变的情况下，各模式每年的消费水平变化如表所示。

如果仅观察前几年，则模式A所显示的消费水平要远高于模式B，其中基年的消费水平要高出35个单位之多。至第12年，二者的消费水平已基本相当，但至第13年，模式B的消费水平已高于模式A。到第20年，模式B的消费水平已反超过模式A 67个单位。

从这个简单的模型测算可以看出，如果我们把扩大消费的目标定在尽早实现较高的消费水平上，则消费增长率是一个决定性的因素，对消费率似可不必那么在意。

讨论至此，很自然地会产生一些问题，即我们有没有可能同时实现高消费率和消费高增长率呢？进一步说，提高消费率和使消费保持比较高的增长率之间到底是什么关系，究竟怎样才能实现较高的消费增长率呢？

对这些问题，我们有必要回到萨缪尔森教授在《经济学》教科书中的经典性论述：“用宏观经济学语言说，相应于收入的高消费会引致低投资和慢增长；相应于收入的低消费会引致高投资和快增长。②”我个人理解，萨翁所讲的“相应于收入的高消费”是指较高的消费率，“低投资”是指低投资率，而“慢增长”是指较低的经济增长率。很明显，就我们所关心的消费而言，在“慢增长”的大背景下，是不可能实现较快的消费增长率的。按世界银行统计，美国1990−2010年的平均消费率高达84.7%，但同期消费增长率只有2.6%，这可以说是一个消费率高、消费增长率低的典型。反过来，按萨翁的教导，我们可以推论出，较低的消费率必然导致较高的投资率和较高的经济增长率，进而实现较高的消费增长率。我国1990−2010年的平均消费率只有56.1%，但同期消费增长率却高达8.6%，正好是一个消费率低、消费增长率高的典型。

由此，我们得到的判断是：高消费率和消费高增长率实际上难以并存，正所谓“鱼与熊掌不可兼得”。更明确地说，如果我们把扩大消费定义为争取实现和保持消费的高增长率的话，按以上的分析逻辑，低消费率恰恰是一个前提性条件，是必须有所在意、不容忽视的。

应看到的是，这里的讨论实际上已经涉及所谓投资消费良性互动问题。 在以上分析中，投资消费二者间的内在逻辑关系是：从长期角度看，要想实现消费的高增长，必须有经济和收入的高增长；要想有收入的高增长，就必须有劳动生产率的高增长。在经济学的增长理论中，要想有劳动生产率的高增长，就必须以技术进步和相对较多的资源投入为基础。如果这里抽象掉技术进步和劳动力及一般资源品的投入，则较高的投入主要体现在人均物质装备水平的快速提高方面。所谓人均物质装备水平，就是人均有多少固定资本，有多少汽车，有多少数控机床，有多少经济和社会基础设施。提高人均物质装备水平靠什么，当然不能靠提高消费率，还得靠高效率高强度的投资。其中投资效率要靠技术创新（包括技术和制度的广泛领域）保证，而投资强度则必须以较高的储蓄率，或者说相对较低的消费率为后盾。简而论之，首先是低消费率、高储蓄率，由此引致高投资率及经济和收入的快速增长，最后实现消费的高增长，也即扩大消费。我以为，这就是所谓投资与消费的良性互动吧，希望在这一点上能与决策当局取得一致。当然，生活是丰富多彩的，萝卜白菜，各有所爱。现实中总有一部分人宁愿选择高消费率——低投资率——低消费增长率的生活方式或是其他什么方式，我们应当尊重他们的选择。

（本文原载《中国投资》2012年1期）

工业与城镇化中后期的投资特点与重点

张汉亚

改革开放以来，我国经济快速增长，2011年人均GDP达到34999元人民币，约合5469美元，城镇人口超过农村人口，占比达到51.27%。这表明，我国已进入工业化与城镇化的中后期阶段。在这样的阶段上，投资必然呈现出相应的特点。

一、基础设施与基础产业投资处于增长高峰期

从与人们生产生活关系的角度看，实物投资可大体划分为两类。一是基础设施与基础产业投资，二是直接提供消费品与服务的一般产业投资。前一类投资的特点是建设期需要大量的投资，建成后使用时间长，更新速度慢，达到一定的完备程度后，对其需求将急剧减少。后一类投资的特点是单个项目投资量相对较小，但项目众多，随消费结构变化而不断变化，竞争激烈，技术更新快。

从世界各国经济发展历程看，基础设施和基础产业投资建设的高潮，都出现在工业化与城镇化阶段，特别是在此阶段中期，往往达到最高峰。实际上，一国工业化和城镇化实现之日，也就是基础设施和基础产业完备之时，对此类投资的客观需求，必然相应下降。目前世界上各发达国家的投资和经济都长期保持低增长，其实是他们的工业化和城镇化已经完成之后的必然结果。

我国在发展阶段上，不同于早已完成工业与城镇化的发达国家，而是正处于这个过程的中期。因而，我国目前的基础设施和基础产业投资，理应进入高潮期，在总体上表现为快速增长。只有这样，我国工业与城市化进程才能顺利进行，避免人为折腾，稳步而又快速地改善社会事业和人民生活水平。

二、基础设施和基础产业投资的内部重点有序转换

处于增长高峰期的基础设施与基础产业投资，并不总是整体齐头并进，而是存在内部结构，表现出增长重点有序转换。从1998年开始，主要是新世纪前10年，我国煤炭、石油、化工、钢铁、建材、电信与公路等行业的投资增速最高，但现在已过高峰期。继之而起的是水利、电力、铁路、设备制造、城市设施和房地产等行业投资，已经开始或即将进入投资增长高峰期。

从国家和各地“十二五”规划所列建设项目看，水利、电力、铁路与设备制造等产业的投资建设，将在稍后的“十三五”规划期间达到基本完善，度过投资增长高潮。受其影响，“十三五”之后的基础设施与基础产业投资整体增速可能放缓，少数行业的投资或许负增长，经济增长率下降到6%以下。

地铁等城市设施和居民住房投资的增长高峰，持续时间可能较长，原因主要是我国的城镇化存在很大的发展空间，不是10年8年就能够完成的。城市化必然强烈拉动城市设施和住房建设，而且居民改善住房的需求会随家庭收入提高而不断增长。即使早已实现工业化和城镇化的国家，住房投资仍占较大比例。例如日本在房地产泡沫破裂之后，从上世纪90年代至今，住房投资的比例一直保持在10%左右。

三、新兴产业投资孕育巨大的增长潜力

实现工业化与城镇化后，基础设施与基础产业投资的高峰期将成为过去，除了产业调整和弥补折旧生产能力的投资之外，支持国民经济发展的将主要是以下的新兴产业投资。

（一）各类产品的创新投资。包括新兴产业的发展，新技术、新工艺的应用，新产品的生产线建设等。

（二）新型创意产业投资。适应人们生活档次提高和消费理念变化，能够发挥消费引导作用的产业，如方便家庭旅行的房车等。

（三）高新技术服务产业投资。这类投资很可能在住房需求得到基本满足后高速增长，明显提高在总投资中的占比。

（四）环境保护与治理投资。从我国目前的环境污染状况和发达国家治理的经验看，我国在今后还需要20年左右才能完成治理任务。

（五）新资源的开发利用投资。

（张汉亚：中国投资协会会长。本文原载《中国投资》2012年4期）

改善住行是未来强劲引擎

刘慧勇

由人类需求层次的高低顺序决定，在今后一二十年内，改善性住行需求，仍将是拉动我国经济持续增长的强劲引擎。认清这一点，有助于正确制定国民经济发展规划，稳健调控宏观经济，避免调控政策左右摇摆。

改善性住行需求方兴未艾

1978年改革开放前，我国城乡居民长期遭受温饱问题困扰，穿衣凭布票，买米要粮票。改革开放10余年，基本解决了10多亿人口的吃穿问题，使上述两票成为历史收藏品。从上世纪90年代初开始，我国进入重点解决住行问题的经济发展阶段。经过20年多年的投资建设，目前我国的住行需求已经明显地表现出多层次，基本需求、改善需求与豪华需求并存。

纵观全球，不仅在社会主义中国，在其他任何国家，豪华需求都是少数人的事，永远不可能成为社会需求主流。客观地说，至今我国城乡居民的住行基本需求尚未得到完全满足，为此全国人民还需要在相当长时间内付出艰苦努力。但同时又应看到，用于满足住行基本需求的投资额，相对而言已经少于改善住行的投资额。因而定量地说，改善性住行需求已跃居为我国多层次住行需求的主体。

受社会风气和人们习惯等因素影响，改善需求与基本需求之间的界线，具有一定程度的时空相对性。此时此地的基本需求，昔日彼处可能曾是改善需求；此时此地的改善需求，来日他处或许变为基本需求。用这样的观点考察，应当说我国城乡普通居民的改善性住行需求，早在10年之前即已启动，其中一部分人已经得到初步改善，但大部分人还处于强烈盼望并努力争取获得改善的过程中。

总体判断，我国改善性住行需求方兴未艾，或许已经接近高潮，但肯定未至高潮，真正的高潮无疑还在后头。从人民福祉、民族振兴的角度评判，日益趋近的这种高潮，是好事，不是坏事。因而，科学的态度与正确的方针，应当是尊重客观经济规律，顺其自然地迎接这种高潮到来，而不应设法阻止或力图延缓。

满足改善性住行需求势必大量投资

增加粮棉产量，解决温饱问题，主要靠改革，调动农民生产劳动积极性，需要增加的农业与轻纺投资不是很多。而盖房子，修道路，解决住行问题，仅凭改革显然不行，一楼一路都必须动用施工机械，浇筑水泥钢筋，实实在在增加固定资产投资。这是进入重点解决住行问题经济发展阶段后，投资规模较前急剧扩大，投资率显著升高的客观原因。

与米面分顿论两消费、可以一周购买一次不同，房屋道路等住行设施数十乃至上百年的消费，必须一次整体提供。这就给住行阶段的投资带来显著特点：前后期投资规模不均衡，即前期需要大规模投资建设，后期投资建设规模明显下降。在需要大规模建设的前期，绝不可以违背客观规律，垄断土地，压抑金融，抑制供给。因为按照市场供求关系理论，这样做必然导致房价飙升，运输紧张，以致加剧房地产投机，增多交通事故，其危害超过种稻前后期均等供水施肥。

实践已经验证理论，理论用于改进实践。科学发展观，要求人们按照客观规律办事。事物的发展规律，并非全都遵循匀速模式。譬如果树开花、长叶、结果等环节，就是应时而生，一哄而上。如果为求均衡，错过季节，则将坏事，或有灭种之灾。到什么时候就办什么事，将这一朴素哲理用于估量我国现阶段的住行投资，不难看到，在今后一二十年内，改善性住行投资必须是大规模的。

改善住行以消费与投资双引擎拉动经济

住行本身是最终消费，建设住行设施，购置住行设备，则为固定资产投资。统计国民生产总值时，新投入使用的住行设施与设备，增加当年的最终消费，其中很大部分归属为服务类消费；以往投入使用的住行设施与设备，自投入使用之日起，直到报废，年年贡献住行消费。累积的住行投资越多，住行消费在总消费中的占比越高，对国民生产总值的贡献越大。因此，为满足住行需求的建设活动，会通过消费与投资两条渠道增加GDP，实际上构成了拉动经济增长的双引擎。

从目前我国城乡居民的最终消费构成看，住行消费占比趋于升高，其中改善性住行需求的增速更快。与之相比，吃穿消费的占比趋于下降。生活用品与教育通讯娱乐等非住行类服务的消费，虽然增速较高，但热点分散，而且其中多数还必须以人们住行条件的改善为扩大前提。因此，论对国民经济增长的推动力，后一类消费需求，暂时还很难同改善性住行需求相匹敌。

其实，根据人们需求层次的自然顺序，在温饱问题基本解决之后，直到城镇化高峰期结束之前，整个时期都属于重点解决住行问题的经济发展阶段。在此阶段上，住行需求一直都会是推动经济增长的最强引擎。只有进入后城镇化时期，农村人口向城市的转移显著变缓，社会对非住行类服务的消费需求，才有可能取代住行需求，上升为拉动国民经济增长的最强引擎。

（本文原载《中国投资》2012年5期）

有效发挥资本形成对推动经济长期增长的作用

张长春

一个经济体的国民福利和国家实力，归根结底来自其长期经济增长绩效。对此曼昆有透彻的表述，“长期经济增长是一国国民经济福利的惟一最重要的因素。相比之下，宏观经济学家研究的其他每一件事如失业、通货膨胀、贸易赤字等都黯然失色。”资本形成、劳动投入、技术进步、自然资源等决定了一个经济体的长期增长率。当自然资源条件既定、劳动人口少有变动时，凝结了知识、技术的资本形成，对一个经济体的长期经济增长具有决定性意义。

增长理论揭示了资本形成在长期增长中的关键作用

现代增长理论经历了一个技术外生到内生的发展过程。内生增长理论告诉我们，经济持续增长依靠凝结了知识、技术的资本和劳动推动。

（1）新古典增长理论难以完美地解释增长事实是理论界的共识。上世纪中期，罗伯特.索罗等经济学家建立的新古典增长理论认为，人均增长率等于人均资本与人均资本增长率的乘积，再加全要素生产率增长率。依照该理论，随着人均资本存量的不断增加，人均边际资本产出率会逐渐下降并最终趋于零，此时人均资本存量达到最大状态或称稳定状态。稳定状态的资本形成仅需使新增人口达到人均资本水平和弥补折旧，经济既无增加也无减少资本存量的压力与动力。

稳定状态下经济增长的动力只来自外生的持续的技术进步，与人均资本增长无关。这就是部分学者认为依靠投资（资本形成）推动，经济增长不可持续的理论依据。

各国发展数据并不支持新古典增长理论。按照新古典增长理论对增长的解释，欠发达经济体人均资本存量少，折旧也会少，每年新增资本相对发达经济体会更多地大于折旧，这会使欠发达经济体比发达经济体增长得更快，前者或迟或早会超越后者。但理论推导出的这种“趋同”或“有条件趋同”，很难在发展中经济体的增长历史中观察到。

现实也不支持新古典增长理论。如果经济达到这一稳定状态后，人均产出增长只来自外生的技术进步，美欧就根本没有必要“再工业化”，全球也不需要在消费与积累上再平衡。因为如果美欧已进入所谓的稳定状态，它们就只能通过技术进步，而无法通过鼓励储蓄与投资、发展实业来解决增长、就业问题。而如果连人均收入为我国十倍左右的美欧都尚未进入稳定状态，包括我国在内的广大发展中经济体离这一稳定状态就应该还十分遥远。现在就担心我国资本形成增长导致总产出增长不可持续，实在是早了点。

（2）内生增长理论认为凝结了技术要素的资本形成可以推动经济持续增长。新古典增长理论不能很好地解释经济事实，原因在于它将技术进步视为独立于资本、劳动之外的外生变量，在此前提下推论出只有外生的技术进步才能推动经济持续增长这一结论。理论假设的缺陷甚至错误导致了结论与事实不符。

上世纪80—90年代，针对新古典增长理论存在的明显缺陷，罗墨、卢卡斯、格鲁斯曼、赫尔普曼等人抛弃了新古典增长理论中技术外生的假设，认为技术进步与资本形成、劳动投入紧密相关，是推动经济增长的内生变量，在此基础上提出了内生增长理论。该理论认为技术进步与资本形成、劳动投入紧密相关的观点，更符合事实：资本形成凝结了发明、创新所形成的知识与技术，劳动投入包含了教育、培训、在职学习所掌握的知识与技术。

按照内生增长理论，技术水平与人均资本水平正相关，在技术属于劳动增强型情况下，人均产出增长率由人均资本增长率决定，较高的资本形成率（投资率）对应较高的经济增长率。

科技创新加速的现实使知识、技术的边际产出不是递减，而是递增，技术的边际产出递增与资本的边际产出递减加在一起，就可能使资本的边际产出不变。知识、技术可以无限增长，从而人均产出也可永续增长。

（3）*两点结论*。从增长理论的发展中可以得出以下两点结论：第一，新古典增长理论中资本形成推动增长不可持续的结论存在明显缺陷，不能很好地解释经济事实。即使按照这一有违经济事实的理论观点，在一个经济体尚未达到理论中所称的稳定状态之前，资本形成仍是推动经济增长的重要力量。我国是不是已经达到了这一稳态，或是离这一稳态有多远，可以从远比我国发达的美欧回归实业的现实政策中得到答案。

第二，按照吸收了新古典增长理论的合理成分、更符合经济事实的内生增长理论，凝结了技术要素的资本形成能够推动经济持续增长。将推动长期增长的资本形成与技术进步的关系割裂开来、对立起来的认识，是机械的、片面的，不符合事实。

我国资本形成率较高体现了发展的阶段性和要素的比较优势

在我国市场化改革和全球化进程中，越来越多的资本、劳动、技术要素在投入回报驱动下进入经济系统，较高的积累率、较充裕的劳动供给为总产出的快速增长提供了有利条件，经济在物质要素与技术进步共同推动下持续快速增长。

（1）*政策与理论的切合带来了30多年来骄人的发展业绩*。改革开放至今，在较高储蓄率、较充裕的劳动供给下，资本形成、劳动投入快速增加，在凝结了技术要素的资本、劳动推动下，经济以近两位数的速度持续快速增长。30多年来，我们在增长与发展上取得的成就，相当程度上是相关政策顺应了增长的阶段性规律。

未来随着工业化城镇化的深入和人均资本水平的提高，边际资本回报率下降会使新增资本增速减缓，但只要不断完善体制政策，新增资本中凝结的技术要素会逐渐增多，经济会继续较快增长。到工业化城镇化趋近结束、发展水平很高时，资本形成仅为使新增人口达到人均资本水平、弥补折旧而较慢增长，新增资本中凝结的技术要素会更多，经济在凝结了更多技术要素的资本、劳动推动下，会以一个较慢较稳定的速度永续增长。

在此过程中，只有到了经济高度发达阶段，也就是边际资本产出为零、资本存量产出最大时，新增资本超出新增人口达到人均资本水平和弥补折旧的部分才是无效的，是浪费。从充分利用生产要素对增长的贡献看，边际资本产出为零之前的任何时点，都不应该限制市场化决策的资本形成。

（2）*较高的储蓄率为实现持续快速增长提供了条件*。收入分配、社保体系、节俭传统等方面的原因，使我国储蓄率长期维持在较高水平，这为资本形成快速增长提供了条件。更重要的是，相对发达经济体而言，我国土地、自然资源、物质材料等资本要素相对技术要素的经济丰度较高，在全球经济竞赛中，资本形成发挥更大作用体现了我们所处发展阶段的比较优势。

欧债危机为资本形成的重要性提供了生动的反例。德国相对欧债危机国家在消费习惯上比较保守，更重视积累，在危机冲击下经济系统相对稳定。这说明，如德国那样的发达国家，也并未到达新古典增长理论中的边际资本产出为零、不需要积累的所谓稳定状态。而与德国发展水平相近或低于其发展水平的希腊等经济体，因消费过度，积累不足，尽管也有一定的技术进步，因资本形成太少，总产出、政府财政、居民家庭收入增长十分缓慢。政府、家庭入不敷出，在外部冲击下经济金融体系不堪一击。而要走出危机就必须改变居民家庭消费决策行为，调整消费与积累结构，增加资本形成，这对已长期沉迷于消费、享受的这些经济体的国民而言，将是一个十分缓慢、痛苦而又不得不经历的过程。

有关我国资本回报、TFP研究结论的可信度有待提高

受政策需求方更关注经济周期性波动的影响，多数学者更愿意在短期经济问题研究中投入更多精力，较少学者坚守在不太吸引眼球的长期增长领域。多年来，长期增长理论、方法上突破性进展不多。学者们测算我国投资效益、技术进步贡献率等关键指标时，缺乏更完善的理论和更科学的方法，加之基础数据方面的困难，研究结论分歧较大，很难在学界形成共识，也难以让管理部门放心地应用于政策实践。

经常会见到我国投资（宏观）效益、技术进步贡献率的如下研究结论：反映我国投资（宏观）效益的边际资本产出率（ICOR）、代表技术进步对增长贡献的全要素生产率增长率（TFP）下降、比其他国家低，并由此推断资本形成多了。

（1）*资本回报研究结论的可信度有限*。边际资本产出率是国内外学者衡量投资效益时常用的指标。运用边际资本产出率（或总资本产出率）衡量投资效益时，所有研究都无法绕开对我国年度资本存量这一基础数据的估算问题。因统计数据时间不够长、不连续、缺乏系统性、统计口径频繁调整，以及各行业、各领域折旧率很难准确确定等原因，对我国年度资本存量的估算本身就极为困难。不同研究者估算的年度资本存量数据往往相差很大。

有学者依据这些估算的基础数据计算出边际资本产出率下降，进而推断我国资本形成多了，这有欠科学。边际资本产出率下降乃规模效益递减规律使然，具有必然性，任何一个经济体的边际资本产出率总体上均会呈现这一变动趋势。从收益最大化角度看，在边际资本产出率下降至零，也就是资本存量产出达到最大之前，都应该继续增加资本。还有学者以危机年份的边际资本产出率下降为依据，判断投资效益下降、投资多了，就更缺乏科学性。因为从长期增长角度考察投资效益，应该剔除周期性因素。

边际资本产出率国别间缺乏可比性。理由是，即使是发展阶段相近的开放经济体，地域面积、资源特征、国内市场规模等发展条件的差别，会导致各经济体在资本、劳动、技术等方面的比较优势不同，边际资本产出率国别间缺乏可比性。这也是迄今为止理论上并未弄清楚，什么样、处于什么发展阶段的经济体应该有多高边际资本产出率的原因。

（2）*TFP测算方法和结果难以形成共识*。不同方法、同一方法不同学者测算的我国全要素生产率增长率，结果相差很大，甚至年度间变动方向完全相反。主要原因是变量选取、基础数据、参数估计等环节主观性较强，理论、方法也有待进一步完善。长期以来，境内外学者对我国全要素生产率的测算基本上是“仁者见仁，智者见智”，研究成果不少，部分研究结论也很有冲击力，但能形成共识、可让人放心地应用于政策实践的成果并不多。

资本形成仍是我国经济长期增长的重要动力

实证分析结论上的较大分歧，让人难以依据这些结论准确判断我国资本形成是多了还是少了。从内生增长理论揭示的技术进步与资本、劳动的相关性看，至少没有理由限制市场化决策的资本形成。这部分资本应该是以质量效益为前提的，也是经济增长必不可少的，而且，对欠发达经济体而言，这样的资本越多越好。

从发展现实看，我国人均收入仅为发达国家的

1/10左右，城镇化率刚过50%，还有几千万贫困人口。地区间发展差距巨大，2011年人均GDP最少的贵州（16413元/人）仅为最多的上海（82560元/人）的1/5，城镇化水平最低的贵州（35.0%）只略高于最高的广东（66.5%）1/2的水平。这些都表明，未来经济增长、资本形成还存在很大空间。以城镇化为例，仅从直观上看，城镇化意味着城镇数量的增加和城镇规模的扩大，意味着交通设施、公共设施、商业设施、居民住宅等的增多，这些都离不开资本形成。

但是，多方面的原因使我国资本形成领域长期存在着质量效益有待提高、结构问题较突出、技术含量较低等问题。这些问题解决不好，不仅不能有效发挥资本形成对长期增长的推动作用，还会浪费资源，损害效率，危及可持续发展。

有效发挥资本形成对推动长期增长的作用

理论模型总是对经济现实的高度简化。增长理论并未告诉我们如何解决资本形成中的结构、质量、效益问题。要解决这些突出问题，根本措施是推进改革，完善有利于资本形成结构优化、质量效益提升、技术进步与资本形成良性互动的体制机制。

（1）*推进收入分配改革和基本生产要素价格改革*。稳步提高“两个比重”，实现资本形成与消费的协调。加快土地配置的市场化，使市场微观主体能够依据真实的土地价格信号进行决策。改变利率“双轨制”和基准利率长期低于资金真实成本、不恰当激励资本形成的状况。推进汇率形成机制改革，为公众提供真实的国内外商品比价信号，使资本形成在国内平衡与国外平衡下合理增长。

（2）*促进各类投资主体平等参与竞争*。这一点看似与资本形成少有关联，实则对竞争性领域资本形成的质量、效益影响极大，且与结构优化、技术进步紧密相关。竞争性市场中，市场微观主体天然地具有追求质量、效益、创新的天性，这一市场与生俱来的特质既不来自提高质量、效益的外部要求，也不来自结构升级、创新发展的号召，而是市场微观主体谋取有利竞争地位的必然追求。只有关注质量，才能得到市场认可；只有关注效益，才能获利更多。否则，投资就可能在激烈的竞争中有去无回，企业就可能是勉强度日或破产倒闭。而且，通过技术创新推出质量更好、效益更高、市场更欢迎的新产品和新服务，就有可能在市场竞争中居于技术垄断地位，可以在一段时期内赚取更多利润。

如果市场竞争不平等，竞争就不会充分，部分投资者就可以通过行政垄断等手段，而不是通过提高质量、效益、创新参与竞争。这不仅仅会使这部分投资者少有甚至没有竞争压力，这一领域的其他投资者也会因市场并不完全依据产品和服务质量、技术水平来选择优胜者，而失去提高质量、效益和技术创新的动力。

（3）*提高投资管理的法治化水平*。要使投资主体在市场竞争中自觉追求质量、效益和创新，必须有法律面前人人平等的法治环境。如果部分基层政府和领导可以在规划、土地、环境、安全、职工权益等方面有法不依、执法不严、违法不究，对中央政府的法规有令不行，有禁不止，浪费能源资源，损害环境和群众利益的投资项目就会屡禁不止，提高投资质量、效益以及优化结构、转型升级也就成为空谈，所形成的资本可能不仅不能有效推动经济增长，还会损害持续发展。

（4）*健全政府投资的民主化决策机制*。政府投资形成的公共服务设施总量是否适度、结构是否合理、分配是否公正，只有公共服务设施的使用者公众才能够准确地给予最终评判。通过某种机制让分散的公众自主表达需求意愿，是使公共服务设施供给与需求相适应的不可或缺的手段，也是政府投资职能归位的要求。增强政府投资决策和实施过程的公开透明度，扩大公众的投资决策参与，加强公众监督特别是媒体监督，才能不断提高政府投资决策民主化水平。

（张长春：国家发改委投资研究所所长。本文原载《中国投资》2012年第12期）

近中期拉动经济增长：消费难替投资

马晓河

多年来，由于投资增长持续快于消费增长，使得我国投资对国内生产总值的贡献不断上升，而消费对国内生产总值的贡献却不断下降，消费率已降到极低的水平。为此，在外需不景气的情况下，我国提出调整需求结构，实施扩大内需的战略，将增加消费作为战略重点。但我国体制政策环境和所处经济发展阶段，决定了近中期消费难有大的增长，让消费替代投资拉动经济增长，还有许多障碍因素需要消除。

我国投资增长既有动力又有空间

我国经济发展从20世纪90年代跨入中等收入水平国家行列后，各级政府利用体制优势，集聚公共资源，大力推进城乡基础设施建设，举办不同层级的产业园区，搭建不同形式的产业发展平台，使得我国的投资获得了前所未有的增长，对国内生产总值的贡献呈上升趋势。现在的问题是：今后投资还会保持高增长趋势吗？我的回答是在“十二五”的后3年，这种高增长趋势还会延续下去，主要依据有3：

一是投资所具有的特性在现有体制下最容易使各级政府利用它发动经济增长。同消费相比，投资是少数人决策，集中投放，短期拉动经济增长见效快。我国现有体制恰恰是在集中资源干大事、发动投资促增长方面具有明显优势，投资的特点和体制优势相结合，在投资增长有空间的前提下，极容易让投资打头带动经济增长。

二是在“十二五”规划中，我国各级政府都制定了一系列经济社会发展规划，谋划了一批能带动当地经济社会发展的重大投资项目，每个省（市区）的投资总额都是数以万亿计，这些重大项目都要在今后3年开工或完成。目前我国已经顺利完成了各级政府的换届工作。新一届政府上任后，许多地方政府都想干大事，出政绩，试图把当地经济发展推上一个新台阶。而实现这种战略构想最便捷、最见效的途径就是扩大投资。因此，各级地方政府在履职后都会想尽办法集聚资源，增加投资。

三是尽管经过多年努力我国基础设施建设取得了举世瞩目的发展成就，城乡居民的生活环境得到了极大的改善，但由国情和发展阶段所决定，我国还有很大的投资增长空间。比如继续推进城镇化，中小城市（镇）路水电气网房等基础设施建设还需要大量投资，中西部地区改善经济社会发展环境也离不开投资的增加，解决3亿多人口饮水不安全问题、改造全国几亿亩中低产农田、上万个病险水库除险加固等也都需要数以万亿计的投资。因此，面对强大动力和巨量空间，在近中期投资还将保持高增长态势。

近中期消费难有大幅度增长

我国消费近中期不可能大幅度增长是由综合因素造成的，既有体制、政策因素，也有经济发展阶段等因素。首先，我国的国民收入政策不合理有利于高投资，不利于消费增加。收入政策不合理反映在，一方面在国家、企业、居民之间，国民收入分配格局在不断向政府、企业倾斜，而居民所占收入比重在不断下降。比如，1992年以来，无论是在初次分配、还是在调整后的再分配格局中，都是政府、企业两大主体收入占国民收入的比重不断上升，而居民的收入比重不断下降。一般而言，居民是经济运行中的消费主体，政府和企业是投资主体。在政府和企业获得高收入增长的条件下，势必会将较多的收入用于投资，居民的收入进而消费空间被挤压。

另一方面，在不同收入群体之间，我国的初次分配和再分配政策有利高收入群体，而不利低收入群体，而高收入群体比低收入群体储蓄倾向高。以城镇居民收入为例，根据国家统计局抽样调查资料推算，2000年以来，收入水平越高的群体收入增长速度越快，收入水平越低的群体收入增长速度越慢，其中占调查户20%的高收入家庭11年里人均可支配收入增长了4.16倍，而20%的低收入家庭人均收入只增长了2.79倍。由此低收入户人均收入与高收入户人均收入水平差距由1：3.6扩大到1：5.4。这种变化明显有利于储蓄。因为，高收入群体的边际储蓄倾向高，边际消费倾向低，比如2011年城镇高收入家庭的边际储蓄倾向高达46.9%，边际消费倾向只有53.1%，而城镇低收入家庭边际消费倾向高达90.3%，边际储蓄倾向只有9.7%。因此，高收入群体收入水平越高、收入增长速度越快，就越有利于增加社会储蓄。社会储蓄最终会转化为投资和净出口。当前，我国最大的矛盾是，低收入群体想增加消费但收入水平不高，高收入群体收入水平高但消费倾向在不断下降。

当前有不少人质疑，多年来我国消费增长并不慢，比如2000—2012年社会消费品零售总额平均每年名义增长率都在15%以上，为什么消费对经济增长的贡献偏低并在不断下降呢？实际上，就消费本身而言，其增长速度是相当快的，但是若跟社会储蓄增长比就相对落后了。2000—2012年，我国人民币存款由12.38万亿元迅猛增加到91.8万亿元，年均增长18.2%，储蓄增长明显快于消费。当储蓄长期持续快于消费增长时，社会需求结构必然就向投资、出口倾斜。

其次，我国社会保障体系不健全，保障标准低，制约居民消费。目前中国的社会保障主要是靠家庭保障，老百姓的储蓄有相当一部分是预防性储蓄，家庭储蓄率不断提高正是一种家庭预防性保障需求上升的必然结果。什么时候建立健全了全社会性的社会保障，老百姓有所依靠，不需要存那么多钱，家庭储蓄就会减少，消费就会增加。虽然经过多年的努力我国已经初步建立起了生、老、病、残、失业、住房等社会保障制度，但当前这种保障制度还难以对中低收入阶层起到有效保障作用，主要表现在社会保障在城乡、地区甚至群体之间制度安排不统一。越是发达地区、大城市，享受的社会保障待遇越高，越是落后地区、中小城市（城镇）享受的社会保障待遇越低，而恰恰是落后地区、中小城市（城镇）和农民最需要社会保障。社会保障体系的不完善，必然会抑制这些群体居民的当期消费，迫使他们为未来储蓄。同发达国家相比，我国政府对社会保障的投入支持力度偏低，偏弱。在西欧、北欧国家，财政的50%用于社会保障和社会福利支出，美国财政约有30%用于社会保障事业，而我国2011年财政用于社会保障的比重19.6%。很明显，社会保障制度存在的制度和政策障碍问题不解决，就很难发挥社会保障本身的社会再分配功能和社会基本生存保障功能。

再次，我国经济发展所处阶段也决定了社会储蓄率要上升、消费率要下降，这也使消费难有大的上升。笔者曾对世界24个大国1970—2003年人均GNP从500—5000美元发展进行了研究，结果发现这些国家经济增长都经历了储蓄及投资率先升后降、消费率先降后升的过程。多数国家在人均GNP3000美元左右（当年价格，下同）时出现拐点，但亚洲国家一般要在4000美元之后才会出现拐点，特别是东亚国家储蓄及投资率和消费率的转换拐点来得更晚一些。因为东亚文化观念决定了这些国家的消费结构转换滞后。属于东亚文化圈的韩国，1970-1991年，储蓄及投资率上升和消费率下降分别经过了20多年，而后才出现了拐点；日本从1950年代开始，储蓄及投资率上升和消费率下降也分别经过了17年左右，然后才出现拐点的。日本、韩国拐点的出现都是在恩格尔系数下降到30%以后、第一产业比重降到10%以内、城市化提高到70%以上发生的。此外，还发现，在投资率持续上升期，一般都伴随着经济的较高增长，当消费率越过拐点迈向稳定上升阶段时，恰恰是经济增长出现周期性下行，经济增长率会明显降低。作者以为，我国的拐点可能也要延迟出现，理由是我国工业化、城镇化任务还远未完成，储蓄及投资上升的时间和空间还将继续存在，另外我国属于东亚国家，受文化观念、人口结构等因素影响，都会将储蓄及投资率和消费率变化的拐点向后推。此外，我国有利于投资的体制改革极端滞后性，更加延迟了拐点出现的时段。

近中期主要政策目标是矫正过低消费率

从前述可以看出，投资和消费之间的关系变动是有规律的，消费快速增长、消费率的持续上升是在经济发展到一定阶段后才能到来。但是，同投资相比，我国的消费增长确实偏慢，消费对经济增长贡献偏小。作者以为，今后一段时期，应从体制改革和政策调整两个方面采取措施，调整需求结构，控制不合理和超越经济发展水平阶段的投资需求，矫正消费增长偏慢、消费率偏低的现状，以此提高消费对经济增长的贡献，推动需求结构的调整。

（一）控制投资规模，调整投资结构。我国的投资增长过快，规模过大，超标准建设项目太多，已经严重挤压了社会消费空间。今后，一是从财政税收、货币金融以及产业政策上采取措施，控制投资增长速度和规模，把握投资节奏，严格监管各级政府赤字搞大规模、超标准公共投资建设，限制楼堂馆所建设。二是优化投资结构，将公共投资向民生方面倾斜，向老百姓最需要的地方投放。加强经济欠发达地区、农村地区的基础设施建设，降低老百姓的消费成本。从人口的区域布局结构看，我国有59.1%的人口居住在中西部地区；从城乡人口结构看，我国有47.4%的人口生活在农村。同大城市、沿海发达地区相比，由于中西部地区和广大农村基础设施建设落后，水、电、道路、能源、通信、保障房等条件较差，这些地区居民每消费一单位产品，就要承担一份额外的成本。比如农村水电路气等设施建设，政府只是给予财政补助，其余部分农民还要自掏腰包，这种政策安排必然会降低农民的消费能力。因此，必须改变中西部地区和农村基础设施建设政策安排，加大中央和省级政府对这些地区基础设施建设的投入力度，降低中西部地区地方政府对基础设施建设的配套比例，取消农民自掏腰包搞农村基础设施建设的做法。显然，中央和省级政府全额增加这些地区的基础设施建设投资，就会直接降低这些地区居民生存成本，促进居民的当期消费。

（二）调整国民收入分配格局，切实增强居民的消费基础。要推进消费快速增长，必须从源头上解决居民收入占国民收入比重下降的问题。第一，调整政府与居民的收入分配关系。可考虑再次上调个人所得税起征点，将个人所得税起征点由目前的3500元进一步提高到5000元，并适当调整个税级距和级次，让中低收入者少缴税，高收入者多缴税。同时加大对中低收入群体的财政转移支付力度，可以适当提高对低收入人群最低生活补贴标准。第二，调整企业与居民的收入分配关系。建立健全有利于提高劳动者报酬的工资决定机制，充分发挥政府、工会及社会的协调监督作用，完善企业职工工资协商制度，确保劳动者收入增长与企业发展、经济社会发展相适应。第三，要加快国有企业改革步伐，一方面应继续提高国有企业利润上缴财政的比例，另一方面国有企业要有步骤地退出竞争性行业，通过股权转让出让国有权益，获得的转让收益划归财政，财政将这两部分资金转入社会保障账户。第四，调整土地征占用、房屋拆迁过程中政府与居民间的利益关系。今后土地征占用、房屋拆迁必须按照市场原则补偿城乡居民，降低各级政府的收益份额，提高居民的收益补偿比重。

（三）建立健全社会保障体系，解除居民不敢消费的后顾之忧。围绕城乡居民的基本养老、基本医疗、最低生活保障、基础教育等重点领域，一要完善制度。在城乡、地区之间，建立全国统一的社会保障体系，特别在医疗保险、养老保险等方面，要消除城乡、地区制度壁垒，尽快实现社会保险关系跨区域转移接续。二要提高保障标准，扩大覆盖面。各级政府应该在每年的财政支出中，加大医疗、养老、低保、基础教育等支出，提高这些支出占总支出的比重。

（四）改善消费环境，培育消费增长点，促进消费率回升到正常水平。继续增加对节能家电、节能电脑、节能汽车和摩托车的补贴标准，扩大廉租房、经济适用房的供给人群和范围。同时，对农村居民在新农村建设规划内建设或改造住房提供补贴或贴息贷款。为了刺激消费，还要加大消费信贷推广力度，扩大消费信贷品种范围，放宽信贷条件，为城乡居民消费提供金融支持。

（五）实施积极扩大就业的政策，为改善民生和拉动消费增加动力。无论是从近期还是长期看，我国经济发展、产业结构调整，都必须重视社会就业问题，只有就业增加了，居民收入才会有保障，社会消费才会有动力源泉。今后，凡是政府推出的重大公共设施项目、产业转型升级、战略性新兴产业发展等，都必须把增加就业作为一项重要衡量指标。要高度重视城镇低收入群体、农民工和大学生就业问题，开展就业培训，支持他们自主创业。加快推进城镇户籍制度改革，放宽农民工进城落户条件，从住房租购、子女就学、社会保障、劳动就业等方面给予与城镇居民同等待遇。另外，要创造良好的发展条件，从财政、税收、信贷、就业培训、工商管理等方面，加大对中小企业的支持，充分发掘中小企业在劳动就业方面的潜力，为扩大全社会就业发挥更大作用。

（马晓河：国家发展改革委宏观经济研究院副院长马晓河。本文原载《中国投资》2013年第5期）

大争辩紧接新动态

国务院要求加强城市基础设施建设 发改委提加强铁路等交通建设

2013年7月31日 新华网 责任编辑 张广凯

国务院总理李克强31日主持召开国务院常务会议，部署加强城市基础设施建设。

会议认为，加强城市基础设施建设，顺应人民期盼，既可拉动有效投资和消费，又能增强城市综合承载能力、造福广大群众、提高新型城镇化质量。要按先规划、后建设，先地下、后地上等原则，在保障政府投入，加强非经营性城市基础设施建设的同时，推进投融资体制改革，发挥市场机制作用，同等对待各类投资主体，利用特许经营、投资补助、政府购买服务等方式吸引民间资本参与经营性项目建设与运营，促进改善城市基础设施薄弱环节。

会议确定以下重点任务：

一是加强市政地下管网建设和改造。完善城镇供水设施，提升城市防涝能力。到2015年，完成8万公里城镇燃气和近10万公里北方采暖地区集中供热老旧管网改造任务。

二是加强污水和生活垃圾处理及再生利用设施建设，“十二五”末，城市污水和生活垃圾无害化处理率分别达到85%和90%左右。

三是加强地铁、轻轨等大容量公共交通系统建设，增强城市路网的衔接连通和可达性、便捷度。加快在全国设市城市建设步行、自行车“绿道”。

四是加强城市桥梁安全检测和加固改造，确保通行安全。

五是加强城市配电网建设，推进电网智能化。

六是加强生态环境建设，提升城市绿地蓄洪排涝、补充地下水等功能。

会议强调，要提高城市建设管理的科学化、规范化、法制化水平。在科学规划和充分论证的基础上，抓紧在建项目施工，加快新项目开工。坚持质量第一，严禁不切实际的“形象工程”、“政绩工程”和滋生腐败的“豆腐渣工程”，真正做到建设为民、惠民，以实际行动取信于民。

徐绍史：下半年积极拉动内需

今天，国家发展和改革委员会主任徐绍史接受新华网、中国政府网的联合专访，解读当前宏观经济形势。徐绍史表示，当前经济形势的确错综复杂，而且这种复杂局面是近年来少有的。

徐绍史指出，当前国际和国内、长期和短期、结构性和周期性因素相互交织，有利条件与不利因素同时并存，经济既有增长动力也有下行压力。他表示，要从两方面来看待这一形势。一方面，要充分认识当前国内外经济环境的严峻性。另一方面，也要看到经济运行中蕴育着的积极因素和有利条件。

徐绍史表示，上半年，中国经济的结构调整继续显现出积极的变化。从投资、消费、出口“三驾马车”来看，最终消费对GDP的贡献率是45.2%，资本形成总额的贡献率是53.9%。7.6%的经济增速中，最终消费拉动3.4个百分点，资本形成总额拉动4.1个百分点，货物和服务净出口只拉动了0.1个百分点。应该说，上半年我国经济增长主要还是依靠内需拉动。

下半年，国家将采取多方面措施，在努力稳定外需的同时，积极扩大内需，释放有效需求，充分发挥消费的基础性作用和投资的关键性作用，进一步发挥内需对经济增长的支撑作用。

推动居民消费升级，促进信息消费和信用消费，鼓励发展社会养老服务，还要积极发展文化旅游、医疗健康等服务消费，鼓励社会资本举办特色医疗、教育培训机构，完善并且严格执行食品药品质量标准和安全准入制度，加大对严重损害消费者权益行为的惩处力度。

保持合理的投资增长，加快实施“十二五”规划明确的重点建设任务，加强铁路等交通基础设施建设，加大对棚户区改造及配套基础设施的投入力度，加快实施农村电网改造升级工程，而且要抓好芦山地震灾后恢复重建。

积极稳妥推进以人为核心的新型城镇化。制定发布城镇化发展规划及相关政策。统筹谋划和推动户籍、土地、财税金融、社会保障等方面改革，提升城镇化质量。

要提升城市可持续发展能力。以增强产业发展、公共服务、吸纳就业功能等为重点，开展中小城市综合改革试点。优化城市空间结构，统筹中心城区的改造，重点支持棚户区和城中村的改造，完善城市基础设施和公共服务设施。

（http://www.guancha.cn/economy/2013_07_31_162568.shtml ）

新“4万亿”与“旧4万亿”不一样

2013年8月2日　杨国英

不久前，环保部等部门透露，我国将投资1.7万亿元实施大气污染防治行动计划，将投入2万亿元进行水污染治理。而在31日召开的国务院常务会议上，国务院总理李克强提出要部署加强城市基础设施建设。有媒体称，此次公布的市政基础设施建设规划与环保部的投资计划相加数额约为“4万亿”。2009年，在国际金融危机背景下，我国曾出台4万亿投资计划。

对此，新京报今日发表杨国英文章《“新4万亿”与“旧4万亿”不一样》提出两者在投资领域、背景、参与主体上有所不同。认为“新4万亿”带有一定的“稳增长”意图，但主要是为了做到增长与民生兼顾。

以下是原文：

日前，李克强总理主持召开国务院常务会议，部署加强城市基础设施建设。会议确定重点要加强市政地下管网建设和改造，加强污水和生活垃圾处理及再生利用设施建设，加强地铁、轻轨等大容量公共交通系统建设等。而不久前，据环保部等透露，我国将投资1.7万亿元实施大气污染防治行动计划，将投入2万亿元进行水污染治理。再加上此次公布的市政基础设施建设规划，舆论纷纷议论“新4万亿”已经悄然来临。

不过，与5年前的“旧4万亿”相比，“新4万亿”不仅投资领域较为不同，而且其投资背景，以及投资参与主体亦大相径庭。

就投资领域而言，5年前的“4万亿”投资刺激计划，主要投资于铁路、基础设施，环保虽然亦在其内，但其规模仅为2100亿；而当下已经悄然来临的“新4万亿”投资计划，则首次将环保列为中央投资计划的核心所在，其投资规模将高达1.7万亿元，而且与“旧4万亿”过于侧重于城际交通相比，“新4万亿”则将包括地铁、轻轨在内的城市交通作为重点。以此观之，“新4万亿”是要能够做到增长与民生兼顾。

而投资背景也不一样。5年前的“旧4万亿”投资刺激计划，是为了避免我国经济遭受过大的外部冲击，以达到“保增长”之目的；而当下之所以启动“新4万亿”投资计划，则是因为我国历年堆砌的经济扭曲内因，所导致的近来宏观经济的持续下行，需要相对保持一定投资规模进行一定程度的“托底”。

与此同时，“新4万亿”投资参与主体也将更为多样性。“旧4万亿”投资刺激是以行政主导型为主，实施主体绝大部分为央企和地方国企，且融资渠道以指令性（或变相）银行信贷为主。而“新4万亿”投资计划则明确“凡社会能办好的尽可能交给社会力量承担”，这说明“新4万亿”投资计划具有明显的市场化特征。

以北京市发改委日前发布的《引进社会资本推动市政基础设施领域建设试点项目实施方案》为例，方案提出北京市市政基础设施全部向社会资本“开放”，且3380亿元的总投资中，拟引进社会资本1300亿元（占比近40%）。如果以此类推，则此番已然来临的“新4万亿”投资计划，将会引进社会资本高达1.6万亿元左右。

对市场化特征更为明显，且投资领域相对侧重民生的“新4万亿”投资计划，不仅表明决策层倾向于市场化的资源配置方式，而且更表明决策层具有增长与民生兼顾的投资新思维。

当然，引入社会资本参与市政基础设施建设，如何才能做到公平、公正、公开，以便既有利于激发社会资本参与的热情，又无损于民众的中长期利益，则显然需要相关部门深入思考并细化落实。

（http://www.guancha.cn/politics/2013_08_02_162907.shtml）

发改委：提速北京新机场项目 下半年预计开工10个轨交项目

2013年8月5日　财经网等　责任编辑 张广凯

继李克强总理在国务院会议上强调下半年加强城市基础设施建设之后，国家发改委昨天也发布消息，要求进一步加快推进重大基础设施建设。发改委明确提出，下半年预计将有10个轨道交通项目开工建设，北京新机场项目也将加速。

城轨机场建设或迎新高潮

4日，国家发改委网站发文称，将统筹协调、加快推进重大基础设施建设。这些项目主要指向铁路、地铁、机场等交通设施项目。

发改委消息显示，我国一批重大工程进展顺利，杭州至长沙铁路客运专线、山西中南部铁路通道、港珠澳大桥、长江南京以下12.5米深水航道建设、广州和南宁等机场改扩建等大型项目已经开建。宁夏银川河东机场三期扩建工程、新建河北承德民用机场项目、重庆江北机场东航站区及第三跑道建设工程等可行性报告均于今年二季度获批。

国家发改委提出，抓紧推进北京新机场项目前期工作，争取尽早开工建设；沈阳9号线一期工程、10号线，武汉8号线一期工程等8个轨道交通项目已先后获批，另有10个项目前期工作进展顺利，预计下半年开工建设。

粗略统计，从去年二季度至今，国家发改委已经批准了包括东中西部近30个城市的地铁和轨道交通建设规划，建设周期为两至五年不等，投资总额近8000亿元。

此外，甘肃省人民政府网站称，兰州市城市轨道交通项目正全面推进：兰州1号线一期工程可行性研究报告审批所需文件已上报省发改委，近期有望获得批复，1号线一期工程全线开工前各项准备工作正在有条不紊地进行，计划年内全线开工建设。兰州地铁被当地媒体誉为有史以来兰州市投资规模最大、建设周期最长、涉及面最广的综合性城市基础设施工程。

升级首都经济圈交通网络

另据媒体称，国家发改委目前正加紧制定首都经济圈区域规划，交通网络升级将成为重点内容。

有媒体援引发改委官员消息称，首都经济圈涵盖北京、天津、河北省的多个城市，发达畅通的交通网是基础，而当前最需要重点打通交通网络的是与河北省各市县的互通。

该官员称，接下来将着力于北京多条高速公路和国道的连接，大幅向周边城市以及整个经济圈延伸与扩散。

据报道，“十二五”规划已将打造首都经济圈提到了国家议事日程，由国家发改委地区经济司牵头，北京、天津、河北三地共同参与。相关规划有望于今年年内出台。

不会像底特律一样破产

随着新一轮基础设施建设高潮的来临，不少人再次对地方债酝酿的潜在风险表达担忧。

去年底的数据显示，36个地方政府债务总量为3.85万亿元，其中，银行贷款占比高达78.07%。随着财政收入和土地收益增长放缓，地方融资平台进入偿债高峰期，人们担心地方政府性债务不会酿成次贷危机。

对此，中国银监会主席尚福林日前表示，目前我国地方融资平台贷款的风险整体可控，地方融资平台大部分资金用于生产性投资而非消费，长期看效益较好。

“中国的地方债最终大都形成了实物资产，而不是消费。”国家发改委宏观经济研究院副院长王一鸣也表示，中国不太可能出现像美国底特律那样政府破产的城市。

国家发改委经济研究所副所长宋立指出，底特律城市发展已经处于下行阶段，而我国的城市都处于上升期。在工业化和城市化进程中，我国地方政府的债务是用于交通运输、保障性住房等投资建设，而这些债务的形成均为一些优质资产，将使几代人受益。

(http://www.guancha.cn/economy/2013_08_05_163657.shtml)

二、水电开发或将走出环评困局

媒体质疑水电大跃进 水利界高调回应

2012年5月17日　马平

昨日，中国水力发电工程学会召开发布会，就上海一家媒体关于金沙江水电无序开发的报道予以批驳，称伪专家误导记者欺骗公众。报道中提及的专家杨勇昨日回应称，自己是独立的科学工作者，希望通过这么多年对西南水电调查，提出些问题，促进水电优化、有序的开发。

金沙江水电开发被指缺乏规划

近期有报道指出，金沙江水电超规划，并可能对防洪、水资源利用带来问题并引发地质风险。昨日，中国水力发电工程学会副秘书长张博庭称，报道援引了伪专家发布的谎言，误导公众。

公开资料显示，目前金沙江上、中、下游均规划了水电站。其中下游规划了4座世界级电站列入开发计划，总装机规模相当于“两个三峡”；中游总装机规模也超过三峡；上游总装机规模达1500万千瓦。加上今年初刚刚获批的四川攀枝花段金沙、银江两级电站，金沙江全流域共计划开发25级电站，总装机规模相当于4 座三峡。

张博庭所指的“伪专家”是横断山研究会首席科学家、中国治理荒漠化基金会专家委员会副主任杨勇。杨勇认为，上述水电开发计划可将金沙江隔成一段段静水，对长江水资源利用不利，也对鱼类洄游造成影响。

杨勇称，现在这种开发是“跑马圈水”，央企、民企、外资、地方政府，甚至一些背景复杂的资本都进入，抢资源。开发中缺乏流域规划，且工程的科学依据不足。

被批专家称希望通过调查促进有序开发

就此张博庭昨日指出，梯级开发是国际上公认的科学标准，“几十年来，世界各国都在学习美国、欧洲国家的水电开发经验，还从来没人埋怨过它们不到百公里就有一座水库。但是，在中国遇到了反坝组织和环保人士的反对。而这些人士知识太贫乏，根本就不清楚全球水电开发的普遍情况。”

关于鱼类保护，张博庭说，“往往是水电站的建设保护了鱼类资源，《联合国可持续发展宣言》也指出发展中国家的资源破坏往往是发展不足造成的。”

杨勇昨日接受本报记者采访时称，“我从来没见过张博庭，但他的言论很极端，对于不同意见采取抨击和骂人的方法，我觉得完全没有必要回应他的说法。”

杨勇自称是独立的科学工作者，希望通过这么多年对西南水电调查，提出些问题，促进水电优化、有序的开发。

近年来关于水电开发常引发争论，环保、移民常是困扰水电开发的问题。

有业内资深人士表示，从大能源概念看，中国的水电开发确实落后，水电是可以挖掘的宝藏，但对于环保人士而言，任何一种鱼类资源的损失也都是大事，这需要政府的综合协调，并告知公众。

水电开发为何总引争议？

不管是去年的怒江水电开发，环保组织呼吁给中国留下最后一条生态江，还是现在的金沙江水电开发，水电开发总是绕不过环保问题。张博庭认为，水电开发总引争议主要有以下几方面原因。

一方面水电开发主要都是国有发电公司在做，这些企业对于公众关于水电开发对生态环境的影响解释不充分，往往有问题只向上级汇报，没有顾及公众的知情权。

另一方面，目前国内的水电站水库蓄水有个特征：丰水期需要大坝发挥功能抗洪时，大坝考虑安全因素反而要放水；枯水期要放水时，大坝考虑自身需要反而要蓄水。“这就导致老百姓对水电站很不理解，而实际上出现这种情况正是我们水电站开发不足，大坝蓄水能力低造成的，中国所有水库蓄水能力仅为美国的一半。

《东方早报》对金沙江水电开发的质疑

今年5月3日，《东方早报》用多个版面密集刊发“金沙江水电报告”，将人们的目光再次聚焦于这段占长江水力资源40%以上的水域。此时此刻，它正面临着总装机容量4倍于三峡的超巨型水电站群建设，规划、建设中的25级水电大坝会让大江被分割成一段段静水，平均不到100公里就将拥有一座梯级水库。

星罗棋布的水电建设布局，平均不到100公里就一座水库的密度，很难想象，这是经过了科学、周密论证的结果。事实上，在金沙江水电开发的过程中，所能见到最多的，还是一场场“跑马圈水”、未批先建的资本竞赛。而环保部有专家也对此表达担忧，“遍地开花”、干支流“齐头并进”式的无序开发，生态日益破碎，水库淹没和移民安置不当，引发一系列社会问题和次生环境灾害。事实上，被三峡、华润、大唐、华电、华能5大国有水电巨头把持的金沙江96%的在建工程，多个项目本身在环评阶段便频遭质疑。

也恰是从环评开始，一条颇为诡异的逻辑链便开始了它的运作。本作为前置程序存在的环评，在现实操作中频频面临形同虚设的对待。但当人们还在对“即便有环评，结果亦被注定”尚存改变之心时，“未批先建”对于项目主办方而言，却已成为实际上性价比最高的操作方式。只要开工建设，哪怕未经国家有关部门核准，却也只需在被查处后“补办手续”和补交少量罚款。依照《环境影响评价法》的相关规定，“补办手续”虽有理论上不批准的可能性存在，但在实际操作中却鲜见违规项目最终停建的实例。

金沙江水电建设中的“未批先建”现象极为严重，不停有项目因此被勒令暂停，而违规电站却也可以在缴纳少量罚款后，无一例外地原地满血“复活”。正是此种不良示范，使得“未批先建”成为最便捷的“先上车，再补票”路径。《环境评价法》规定，水电环评“两步走”（先进行规划环评，后进行项目环评），被其后解释性行政条令“拆分”为三步。所谓“必要的施工前期准备活动”置于项目环评之前，既已开工建设，资金业已投入，最终的“项目环评”便不得不屈从于资本，使得水电项目事实上存在“只要开工，便不可能不批准”的怪圈。

程序上的悖论尚不仅于此，但环评的实质上无法发挥作用，甚至出现“资本绑架环评”的乱象，却从一开始就注定了结局的不堪。在此背景之下，对于相关水电项目的所谓科学论证，长期缺乏反对意见的充分呈现与表达平台。或者说，即便不同意上马的意见可在媒体上有所表达，却始终无法影响决策，而决策本身，还存在暗箱化的操作。近年来，权威方面已不止一次坦陈三峡工程对生态的影响，2011年6月，中国科学院院士王光谦接受《南方日报》采访，亦直陈“三峡四弊”。大型水电项目的移民、地质、生态等多方面问题，应得到充分考虑、综合论证，再不能让关系深远的水电建设，一再身陷水电巨头的利益争夺而无以求得救济和补偿。

重要决策的慎重，需要健全程序的保障，而绝非只是事后罚款。环境和生态隐患欠账，事后难以弥补，必须事前充分预警与论证。“重大情况让人民知道，重大问题经人民讨论”，金沙江水电建设，被集合起来比照、且数倍超越三峡工程的规模，就应当打包作为一项重大国家项目，效仿和激活类似三峡工程的决策程序。作为1949年以来惟一由全国人大表决的单项工程，三峡工程应当为后来者竖起起码的程序标杆。

金沙江水电开发的是与非

2012年5月17日　中国水利发电工程学会

编者按：由中国水力发电工程学会及《能源》杂志社联合主办的2012西南水电行第一站是参访大渡河流域上的猴子岩水电站。第二站是考察访问金沙江上的溪洛渡水电站，第三站是考察访问金沙江中游的阿海水电站。非常凑巧的是：正直西南水电行的考察期间，社会上的一些媒体发起了对对金沙江水电开发和规划的质疑，这使得我们的专家，有机会站在金沙江畔，用看到、听到的事实，回答社会各界的质疑。

1．憧憬大渡河的美好远景

由中国水力发电工程学会及《能源》杂志社联合主办的2012西南水电行第一站是参访大渡河流域上的猴子岩水电站。猴子岩水电站是大渡河流域22个梯级中的第9个电站，上游为丹巴水电站，下游为长河坝水电站。

去年的2011水电万里行考察期间，猴子岩水电站尚未被核准。2011年11月16日，猴子岩电站正式开工建设。目前，导流隧洞已开始运用，上游围堰已基本建成正在进行防渗施工，坝肩开挖已经就绪，地下厂房的开挖也已经完成第一层。等待下游围堰建成后，具有40至80米深覆盖层的坝基开挖将正式开始。随后将开始223米高的面板堆石大坝的填筑。

给西南水电行的参访记者们印象最深的是大渡河猴子岩水电站的建设者们高度重视环境保护。不仅施工营地美化绿化，就连砂石料厂也非常注意封闭、环保。工地周围的上坡上的“与青山绿水为伴，让青山绿水更美”和“抓水保环保，建绿色电站”等标语口号，反映出猴子岩水电站建设者们建绿色水电的决心和理念。

记者还注意到，即便在人迹罕至的建设工地，也备有生态环保卫生间。可见猴子岩建设者们的环保意识有多么强烈。

在前往猴子岩的途中，记者们还看到长河坝、黄金坪等一系列大渡河上的大型梯级水电站都在紧张的建设之中。到处是一片繁忙的建设场面。为了配合电站的建设，高等级的公路也在紧张施工中。不难设想在不远的将来，随着大渡河流域梯级水电开发的推进，“天堑变通途”的实现，将会让著名大渡河天险变为历史。并极大的带动大渡河流域的社会经济发展。

记者们沿路还看到，目前由于奔腾的大渡河汹涌的激流，不断的冲击和切割着河谷，两岸的边坡还处在不断的变形之中，滚石、滑坡、泥石流现象还时有发生。大渡河梯级流域开发完成之后，激流的能量将被用来发电，不再深切河谷制造地质灾害，未来大渡河流域的各种地质灾害，将从根本上得到缓解。

与此同时，大渡河中这些原来不断切割着河谷制造着地质灾害的能量将转变为大约每年1160亿千瓦时的电力，在带给大渡河周边地区巨大能源和财富的同时，每年减排温室气体上亿吨。

猴子岩水电站的建设者饶有兴致的向西南水电行的记者们介绍；仅他们这座猴子岩水电站建成后，每年为中央财政贡献税收3.5亿；为甘孜州增加企业所得税八千余万元；另外为甘孜州、阿坝州贡献增值税和附加上亿元。

总之，梯级水电开发将使得大渡河周边地区的基础设施得到根本性的改善，在带动地方经济社会全面发展的同时，也为全球的温室气体减排，做出重要的贡献。毫无疑问，科学、环保的水电开发，将带给大渡河一片光明。

2．在金沙江畔解读金沙江水电规划

记者：最近《东方早报》鲍志恒（下称作者）撰写的“金沙江规划建25座电站，不到百公里就有一座水库”一文，引起了社会各界对金沙江水电开发的广泛关注。我们知道您所在的中国势力发电工程学会和《能源》杂志社共同举办的2012西南水电行，目前正在金沙江流域考察，您能谈谈你们对这篇文章和金沙江水电规划看法吗?

张博庭：我们在金沙江考察期间看到《东方早报》的这篇文章，确实感到很吃惊。众所周知，“十一五”期间，我国水电开发遭遇到了极端环保的舆论围攻，以至于很多正常的规划项目没能完成，这使得我国的发展不得不依靠开采和燃烧更多的煤炭。从而也引起了国际社会对我国碳排放增速过快的批评。为此，在2009年末的哥本哈根联合国气候大会上，我国政府向全世界作出了自主减排的承诺，为了完成这一承诺，自从2010年下半年起，我国政府和众多新闻媒体工作者认真梳理了前一段时间妖魔化水电的误导宣传，并对很多问题进行了澄清。我国水电的舆论环境基本恢复正常，此后，停滞多年的大型水电项目的审批，也开始逐步恢复。积极发展水电被作为一项重要的国家能源政策，写进了“十二五”规划。

在这种情况下，《东方早报》的这篇之一金沙江水电规划的文章，确实有点故意要与国家的积极发展水电的政策唱反调的意思。因此，这样一篇标新立异的文章也确实容易引起社会各界的关注。尤其是在我们正在考察的金沙江地区，大家对这篇文章的反应就更强烈一些。

从这篇文章的题目上看就是一个“谜团”。这种文章的标题，就是作者在利用媒体的公信力煽动公众反对金沙江水电的情绪。言外之意就是在暗示，金沙江的水电开发过度了。然而，实际上“不到百公里就有一座水电站”有什么稀奇的呢？我国的西南地区所有河流的规划哪个不是“不到百公里就有一座水电站”？当然，我们列举国内的例子，反坝人士可能不服气，那我们就看看国外的情况。

欧洲的法国全国有1500多座大小水电站，如果按河流的长度平均计算，平均大约还不到10公里就要有一座水电站。我曾经在奥地利维也纳参观过多瑙河上的梯级水电站，一个下午的时间连续跑了几个电站，每个梯级电站之间的距离，最多也就是十几公里。美国著名的田纳西河只有1400多公里长，但是，却建设了70多座水坝、水库和电站。你们可以算算看哪个国家的梯级水电站之间的距离不是不到100公里?

目前，国际上公认的水电开发的科学标准是梯级开发，一条河流上如果有条件建设大型水库的话，就尽可能建设大型水库（电站），这样可以增加水库电站的水资源的调控能力。有助于提高该河流的防洪和抗旱的功能。如果，受周围环境限制为了避免较大的淹没损失，就要想办法建一个比较大的龙头水库，然后多建一些小的电站分多级开发。所以，一条河流上水坝、水电站之间的距离越近，越说明该河流上的这些电站的坝高都不高，库容都不大，淹没损失较小。在人口稠密的地区，为了减少水库的淹没损失少建高坝大库，增加梯级电站的数量已经成为一种世界趋势。我国的地形有世界最高的屋脊，河流比降大，水能资源丰富，梯级开发受到坝高和淹没损失的局限，几乎所有的河流的电站之间的距离往往都不足一百公里。例如，我国的乌江流域在总长不到800公里内已经建设了10座电站，大渡河总长1062公里，已经和规划建设的水电站29座。

几十年来，世界各国都在学习美国、欧洲国家的水电开发的经验，还从来没人埋怨过它们“不到百公里就有一座水库”。但是，当中国要采用与国外相同的梯级开发自己的水电时候，一些反坝组织和人士就跳出来说话了。然而，同样是河流的梯级开发，为什么在西方国家就是要大家称赞的科学、就是社会文明进步，而到了中国就变成了破坏环境的罪恶？当然，我们也不排除某些伪环保人士的知识太贫乏，根本就不清楚全球水电开发的普遍情况。

不过，我感觉这篇文章的问题，绝不仅仅是“无知”，因为文章对金沙江水电开发的否定态度并非只体现在规划上。文章中的金沙江水电“悉数被三峡、华润、大唐、华电、华能5家国有水电巨头把持”的表述，也同样是在利用媒体的公信力，挑拨公众对水电开发的反感情绪。另外，文章中还有大量的违背事实的叙述，如果不加以澄清难免让社会公众对水电开发产生严重的误解。

3．如何评价金沙江水电开发？

记者：我们注意到《东方早报》的文章，字里行间透露出对水电巨头开发金沙江的否定态度，你们正在金沙江考察，能不能讲一讲当地的群众对金沙江水电开发的看法呢？

张博庭：当然可以。对于个别媒体的这种否定金沙江水电开发的态度，不仅金沙江的水电建设者，包括当地环保工作者和移民群众也都感到十分不解和困惑。我们没有资格笼统的批评某些媒体记者的态度如何如何，但是，我们却注意到《东方早报》否定金沙江水电的态度，是建立在一系列虚构事实的谎言之上的。所以，我们根本无需在乎记者的态度如何，只需要讲清楚事实。只要把事实搞清楚了，大家就会发现个别记者的否定金沙江水电的结论是建立在一系列虚构事实的基础上的。如果没有其它的因素干扰，真正了解实际情况人，都会支持金沙江的水电开发。

我们所考察的阿海水电站是金沙江中游水电规划中的第四级电站，目前已经完成蓄水正准备发电。虽然，阿海水电站现在还没有发电，但是，水电站建设带给当地经济社会和生态环境的巨大变化，已经让当地的群众激动不已。

金沙江中游是典型的干热河谷，由于缺乏雨水两岸的边坡上除了矛草，只有一些长不大的仙人掌。阿海电站坝址所在的金沙江畔库枝村，几乎是处在一个与世隔绝的深山之中。村民要想进一趟城，几乎要在崎岖的山区土路走上几天。在金沙江水电被开发之前，当地的很多人几乎都是几年才有机会离开村子一次。阿海水电站的修建的同时，建成近百公里的柏油路。如今，平坦的大道从村民的家门口直接可以通到世界各地。交通状况有了更本性的转变。不仅有了直达丽江市区的公交车，而且村民几乎家家都有几辆摩托车，有的还有了自己汽车。由于经济收入的增加，不少移民群众还在县城甚至丽江市区里买了商品房。一些移民的子女，现在已经选择在城里上学。

然而，在阿海水电站开发建设之前，库枝村一直是一个极度贫困的自然村。村民在金沙江边贫瘠的河滩地上，所种植的一些玉米、小麦，全都得靠天吃饭。由于极度的贫困，这个村在当时是有名的

“光棍村”，4、50岁还找不到媳妇的现象非常普遍。阿海水电站建设开始后，极大的带动了当地的经济发展。光是建设期间村民出租房屋的收入，一般都是少则每月上千元，多则上万元。加上目前实行的移民长效补偿机制，村民们每户的年额外补偿也在2万左右。如今的库枝村是周围很多地区的姑娘最想嫁进去地方。据说目前不仅有上海的姑娘，嫁到了村里了，也还不少村里的姑娘，随着包工的商人嫁到了福建等沿海地区。

当我们考察团到某移民家中采访的时候，他们脸上自始至终也抑制不住幸福和自豪的微笑，同时拿出自己家里的瓜子、核桃，香蕉、苹果等热情的款待我们。能够作为水电站的移民，他们认为自己是最幸运的人，阿海水电站的建设彻底改变了他们的命运，让他们的生活至少跨越了一个世纪。

感激水电建设的还不止是移民群众。我们在阿海水电站的鱼类增值站，巧遇到了一位玉龙县里渔业部门的工作人员，当他谈起阿海水电站的建设时，也同样抑制不到自己的幸福和喜悦。他告诉我们，是阿海水电站的建设，拯救了金沙江的珍稀鱼类。

由于玉龙县是一个国家级的贫困县，水电站建设之前，他们要想获得一点鱼类保护的资金，简直是难上加难。与此同时，更让他们困惑的是，由于经济上的贫困，金沙江的珍稀鱼类保护已经成为最大的生态难题。越是国家要保护的珍稀鱼类，在市场上的卖价越高，贫困的农民就越要想方设法的捕捞到这种鱼赚钱。因此，非法的电鱼、炸鱼现象，非常普遍。面对大批解决不了温饱的农民，你怎么能要求他们一定要饿着肚子保护生态呢？对此，渔业执法人员实在是无能为力。于是，当地几乎形成了越是国家要保护的珍稀鱼类，灭绝的速度就越快的怪圈。

水电站的建设使得金沙江的珍稀鱼类得到了真正的保护。由于水电的开发带动了地方经济，农民赚钱的渠道多了，手中的钱富裕了，自然也不必再把非法捕捞珍稀鱼类鱼作为自己唯一的经济来源了。更重要的是，阿海水电站在修建的同时还建立珍稀鱼类的增殖站，经过人工的增殖、培养，每年把几十万尾珍稀鱼苗放归金沙江。这已经使得金沙江鱼类资源日益枯竭的状况发生了根本性的转变。我们可以毫不跨张地说，是科学、环保的金沙江水电开发拯救了金沙江的鱼类。

与当地的移民、环保工作者对金沙江水电开发的评价一样。作为金沙江水电的建设者们，在谈到金沙江的巨大变化时，同样是充满着自豪和喜悦。从一个深山里的小村庄，发展成今天现代化的大型水电站，这里的一点一滴的变化，无不凝聚着数万名工程建设者们辛勤的汗水。尤其是在建设的初期，生活、工作的条件艰苦不说，由于道路交通的限制，大多数建设者都是连续几个月都难得有与家人团聚的机会。然而，看到水电建设带给当地的巨大变化，听到当地群众满意的称赞，想到阿海水电站每天将为国家提供超过一万吨煤炭的清洁能源，为全人类减排数万吨二氧化碳，电站的建设者们就感到无比的自豪和光荣。水电建设虽然条件艰苦，但是，却能让他们最大程度的实现自己人生的价值。然而，令人不解的却是，他们付出了艰辛的劳动，为国家、为人类所做出的巨大贡献，却经常被某些媒体记者歪曲、误解、甚至污蔑。

他们对来访的记者说，他们自己没有时间和渠道去回击网络上的各种污蔑金沙江水电开发的谣言，他们希望来访的记者们能够自己亲眼看到的，亲耳听到，如实的告诉社会公众，不要让那些污蔑金沙江水电的谎言误导了整个社会。任何人看到金沙江的现实，都会发现：金沙江的生态环境保护迫切需要水电开发；金沙江沿岸的经济发展迫切需要水电开发；全球的温室气体减排迫切需要金沙江的水电开发。当然，世界上没有绝对的好事，他们并不否认水电开发也会对生态环境产生某种不利的副作用。他们也欢迎社会各界对水电开发提出更高的标准和要求，但是，不能容忍一些别有用心的人用虚构事实的方式来造谣、污蔑金沙江的水电开发。

金沙江的建设者期待着我们有良知的新闻工作者，揭露伪专家和骗子的谣言，还金沙江水电一个清白。让金沙江丰富的水能资源，尽快为地方经济的发展和生态环境保护以及全球的温室气体减排，做出它应有的贡献。

4．金沙江水电为何超“规划”？

记者：我们注意到《东方早报》的文章中有“超规划竞赛”一节。社会公众普遍认为，规划是应该严格执行的，然而，如果金沙江的水电建设纷纷都超规划的话，就难免让人怀疑金沙江水电开发的科学性和严肃性。对此，您能否给大家作出合理的解释。为什么金沙江水电开发纷纷超规划?

张博庭：规划在水电开发中是非常重要的，我国的水电建设尤其是大型的水电建设。都是严格执行国家规划的。早报的文章作者用了大量的篇幅，批评抱怨金沙江水电开发存在超规划的问题。然而，所有这些抱怨都是源于作者关于水电规划的知识不足。首先，我们应该搞清楚，《东方早报》所引用的不是水电规划，而是资源普查资料。水力资源的准确表述应该是能量，所以，国际上通行的各国水力资源的表达都是年发电量，而几乎都不是装机容量。因为一条河流的水能资源是可以基本确定的，水电站装机的多少则可以在一定的范围内自由选择。装机量增加，可以增加该水电站对电网的调峰能力，但同时它的年利用小时必然下降。目前，只有我国和极个别的几个国家，为了方便大家对资源量的理解喜欢在表述年发电量的同时，再按照当地具体情况折算成每年运行4500到5000小时的装机量来表述。

随着经济的发展，我国社会对电力的需求保证率不断的提高。很多情况下，为了能给电网调峰，我们已经不得不建设一些专门的抽水蓄能电站。在这种情况下，通过适当的增加新建水电站的装机提高电网的调峰能力，也就成为一种必然趋势。这就相当于让常规的水电站，尽量的增加“抽水蓄能”电站的功能。国外的水力资源通常不采用装机容量的表述，很可能就是国外早就有了“抽水蓄能”的需求，所以也就要提前考虑避免这种不必要的麻烦。

现实中像我国这样的用装机容量表述的水力资源，一定是要不断变化的。而且，这种变化的趋势肯定是不断的增加装机。我国三峡的最初水力资源装机是1600万，后来实际开工时装机1820万。建设过程中考虑到电网调峰的需要，又增加420万。超出原资源规划达600多万千瓦。

文章抱怨说“仅以装机容量为例，最新统计显示，金沙江中下游从梨园至向家坝的10级电站的装机总规模达6235万千瓦，比2003年《中华人民共和国水力资源复查成果》中这些电站的规划装机总和多出1057万千瓦，接近半个三峡的装机容量（2250万千瓦）”。

其实这种装机容量的增加，正是我国经济发展对水电开发的必然要求。根据2009年水利部审查通过的金沙江干流综合规划（其中的水电规划部分），金沙江干流的装机已经达到了6190.5万千瓦。实际上这与《东方早报》抱怨的当前所实施的金沙江水电开发数值十分接近，只增加了不到45万千瓦（事实上早报记者公布的数字也未必就十分准确）。也就是说，现行的金沙江水电开发恰恰是执行水电规划的结果。而如果坚持用资源普查的结果去要求金沙江的水电开发，反倒是违反了水电规划。

总之，随着我国经济的发展，水电装机容量的变化是必然的，国家有关部门对规划的调整也是每年都在进行中的。不了解情况的人，如果要用2003年的普查数字质疑今天的水电开发现实，本来是可以理解的。但是，质疑的心态一定要摆正，不要在问题还没搞清楚之前就乱加评论。如果是自己根本不懂，也不去认真了解国家有关规划的变化，还要用一些过时的旧资料，批评我国的水电开发超规划就有点太可笑了。另外《东方早报》文章出现众多幼稚的问题的根本原因之一，就是不去找真正的专家采访，而热衷于一些伪专家和骗子。（关于这些伪专家和骗子的问题，我们在系列访谈的最后还将作出具体的说明）。

文章所说的“专家预计，在这些电站逐一建成之前，各自的装机规模仍可能有所抬高”，对于了解水电发展规律的同志来说，一点都都不稀奇。其实，在我国何止是常规水电站的装机有所提高，我们为了满足电网的调峰需要，还要另外建设几千万千瓦的抽水蓄能电站呢。要知道，这不仅不是什么问题，而是我国电力事业不断发展和社会现代化进步的一个象征。

如果我们《东方早报》的文章作者，能够在发表文章的时候找到真正的水电专家问一问，而不是故意借用一些虚假的伪专家来骗人的话，就不会闹出这种指责社会进步的笑话。

总之，我国的金沙江水电开发建设从来也没有超规划，而是一直严格的按照国家的规划进行的(即使开发商在执行规划的过程中发现原规划有不科学、不合理的地方需要调整，也必须要经过规划部门的同意方能修改)，只不过国家的水电规划是要根据社会发展的需要，不断进行调整的。遗憾的是《东方早报》包括他们找到的伪专家和骗子们都不知道罢了！

5．金沙江水电开发的供水灌溉作用

记者：我们注意到《东方早报》的文章中，在谈到水电规划的问题时，似乎批评现行的金沙江水电规划，对供水和灌溉的功能不够重视。例如，文中有这么一段内容“早报记者翻阅梨园、阿海、金安桥、鲁地拉、白鹤滩、溪洛渡等工程环评和规划资料，鲜有“兼有防洪、拦沙、改善下游航运条件等综合效益”的描述，至于“供水、灌溉”，几乎只字未出现在上述工程的评价资料中。”对此，您能给出合理解释吗？是不是我们的金沙江水电开发没有充分考虑到供水和灌溉呢？

张博庭：记者作为非专业人员，自己翻阅环评报告或者规划产生疑问是很正常的。但是，正确的态度应该是先找懂行的专家请教一下。这样就可以避免在文章中说傻话了。不过，很多极端环保和伪环保人士对水坝建设和水电开发似乎有天然的敌意。他们经常要费尽心思的编造各种谣言。对于这一类的人，只要能找到的各种可能的机会，难免就要先炒作一番再说。我们不知道《东方早报》的文章作者是否也是一位反坝人士，他写文章的目的是否就是要通过造谣污蔑，挑拨公众的反对水电开发的情绪。实事求是的说，我个人觉得这种可能性性非常大。

我为什么要这样怀疑呢？首先，记者在翻阅这些资料的时候，应该是在某专业机构，身边应该就有相应的专业技术人员，他如果有什么疑问都可以直接询问。但是，我们的记者不仅没有征求这些提供资料的专业人员的意见，反倒舍近求远的搬出了伪专家杨勇和极端反坝人士汪永晨，让他们出来借机指责、攻击金沙江的水电开发。

其次，记者采取了只例举几个电站名字的办法，来指责金沙江水电开发很少考虑的防洪、供水和灌功能。对于不熟悉金沙江整体规划的普通公众来说，一定会产生错觉。以为整个金沙江开发都只是为了水电。而事实却是，记者在指责金沙江水电开发没有考虑供水和灌溉的时候，有意回避了具有供水、灌溉功能的那些电站。例如，处于金沙江大拐弯的龙蟠(虎跳峡)电站和处于金沙江下游接近平原地区的向家坝水电站。都具有为重要的供水和灌溉功能。

一条流域的水资源开发是综合性的，根据具体的地形地貌和周围环境的不同，每个电站的主要功能也是不一样的。看看地图就能发现，金沙江流域主要蜿蜒穿过横断山脉，大多数河段两岸都是陡峭的山峦。即使有少量的耕地，也是坡度极大的山坡地，根本就谈不上什么灌溉。即使周边地区需要少量的引水、用水，也需要单独提水设施不可能属于电站的功能。所以，金沙江流域的开发是综合性考虑的最优选择，根据每个电站所处的位置不同，并非是每个电站必须都一定要单独发挥供水和灌溉功能。

《东方早报》记者不仅自己断章取义的介绍金沙江水电规划，而且，还故意把这些断章取义的资料信息，提供给极端反坝、反水电的人士，让他们以此来指责、污蔑金沙江水电开发。例如，在早报记者断章取义的介绍了金沙江的部分水电站之后，就引用曾自称中国反坝第一人的汪永晨一段话说“众所周知，西南地区是我国水资源最为丰富的地区，但近年来频发罕见的旱情，各省特别是云南一直在强调，这是水利设施严重不足导致的‘工程性缺水’，现在金沙江要建这么多电站，为什么就不考虑供水、灌溉？”。

汪永晨的这段话看起来似乎是慷慨激昂，大义凛然。然而，她却似乎忘了当初四处造谣污蔑西南地区水资源开发的，不就是她们一伙人么？怒江水电开发早在2003年就被他们以“世界上最后一条原生态河”的谎言搁置。至今为止，由于缺乏必要的水利设施，怒江的丰富的水资源（总量超过我国的黄河），我们连一滴都用不上。而汪永晨本人则因为反怒江建坝有功，而从国外极端环保组织那里领取到数万美元的奖金。金沙江的虎跳峡（龙蟠）水电站，是解决云南水资源问题的“滇中调水”的水源工程，本来早就应该在“十一五”期间开工，但是，由于汪永晨和国内外一批反水坝组织的蛊惑、挑拨，甚至曾经不惜花钱找来一些龙蟠水电站的潜在移民到联合国召开的大会上去宣称他们反对龙蟠（虎跳峡）水电站的建设。

充分尊重民意的中央政府，本来以为这些人代表了虎跳峡地区的大多数民众的意愿，准备调整方案，不再淹没虎跳峡地区。但是，谁想到虎跳峡地区的广大群众听到水电站将要调整的消息之后，不再保持沉没了。有的村子直接给设计部门写公开信，指出跳出来反对虎跳峡的只是一小撮收到指使的人，不能代表他们广大民众。他们还希望能在原址建设虎跳峡，他们仍然希望成为水电站的移民。

由于出现了这些反复，至今虎跳峡（龙蟠）电站的规划设计还无法最后确定。此时此刻，这个当初不惜编造谣言、挑拨公众反对水电建设，以至于滇中调水工程搁置至今的始作俑者，反倒被《东方早报》请出来，指责我们的“金沙江要建这么多电站，为什么就不考虑供水、灌溉？”。

此时此刻，我们不能不怀疑《东方早报》记者是要故意断章取义的介绍金沙江水电开发的情况（只例出几个没有供水功能的水电站），然后，利用这些片面的信息，让伪专家和极端环反坝人士出来，指责、批评、攻击、污蔑金沙江水电开发。

谁说金沙江水电开发不考虑供水、灌溉？看看下面这两张来自金沙江综合规划的图表。就能看到不管是金沙江中游，还是下游的水电站建成之后的兴利库容，都将大于防洪库容。如图所示：金沙江上游的各级电站的总库容是266.56亿，兴利库容是165.26亿，防洪库容是56.97亿。金沙江下游的各级电站的总库容是403.34亿 兴利库容是200.1亿，防洪库容是144.89亿。所谓兴利库容就是指水库的供水灌溉作用，兴利库容大于防洪库容，就说明这一河段的水库电站的供水灌溉作用，将大于它的防洪作用。也就说这些水电站用于供水和灌溉的水资源要多于它所拦蓄的洪水。必须要由上游其它的水库电站帮助它拦蓄更多的洪水，才能完成这一河段的供水和灌溉任务。

然而，这样重要供水和灌溉的开发规划却被造谣者记者和反坝人士巧妙的污蔑为“至于‘供水、灌溉’，几乎只字未出现”。甚至，厚颜无耻的质问“金沙江要建这么多电站，为什么就不考虑供水、灌溉？”。

前几年，我们专业工作者不太注重对公众的宣传。即便出现了像这种《东方早报》记者勾结反坝人士故意造谣污蔑水电开发的宣传也不愿意当面指出。这才使得“十一五”期间，我国水电开发遭遇到了极端环保的妖魔化，以至于很多正常的规划项目没能完成，这使得我国的发展不得不依靠开采和燃烧更多的煤炭。从而也引起了国际社会对我国碳排放增速过快的批评。

为此，在2009年末的哥本哈根联合国气候大会上，我国政府向全世界作出了自主减排的承诺，为了完成这一承诺，自从2010年下半年起，我国政府和众多新闻媒体工作者认真梳理了前一段时间妖魔化水电的误导宣传，并对很多问题进行了澄清。我国水电的舆论环境基本恢复正常，此后，停滞多年的大型水电项目的审批，也开始逐步恢复。积极发展水电被作为一项重要的国家能源政策，写进了“十二五”规划。

事实说明，如果我们对某些媒体记者勾结反水坝组织所制造的谣言，置之不理，任凭它欺骗误导公众，那么“十一五”期间我国水电被妖魔化，严重影响我国的可持续发展的局面又将会重现。因此，我们专业人员和有良知的媒体记者必须认识到：在金沙江水电开发的问题上，只有及时的揭露和澄清伪环保散布的各种谣言，才能真正保证公众的知情权不被侵犯。把事实和真相告诉社会，这是我们义不容辞的责任。

6．谁在挑动水与电的战争？

记者：我们注意到《东方早报》质疑金沙江水电开发的文章中有“水与电的战争”一节，提出了很多社会公众搞不大清楚的问题。在我国真的存在水与电的战争吗？您能就您所了解的情况结合金沙江水电开发，给大家解释一下关于水与电的矛盾吗？

张博庭：关于“水与电的战争”我也是第一次听说。这应该算是《东方早报》的新发明吧！至今我也不大理解，为什么水与电要发生战争。本来水力发电应该是水与电的结合。没有水就没有电，水多了、电也多，为什么水和电还要相互发生战争呢？

看过《东方早报》的报道之后，我才发现所谓水与电的战争是我国现阶段特有的。一方面因为我国的水资源管理是水利部，而电力能源归发改委能源局。由于各自负责的职责不同，他们之间就难免会有一些不同侧重。有人特别擅长与调拨这种政府部门之间的矛盾，所以就发明水与电的战争的说法。另一方面，由于我国的水库建设严重滞后，水库的蓄水能力非常不足，以至于有时候防洪的压力常常让我们不得不牺牲发电和供水的利益。

首先要说明，目前我国长江上的水力发电确实存在某些矛盾。尤其是在汛期，水库为了留有足够的防洪库容就要先降低水位，时刻等待着洪水的到来。而水力发电则需要水位尽可能高一些，否则，同样的水量就要少发很多电力。但是，这种矛盾在我国的黄河以及世界上的很多发达国家就不存在。因为，我国黄河的水库总蓄水量已经接近年径流量的2倍。一般来说，不管黄河来多少洪水都能被如数的存储在水库中。国外的情况也是这样，像美国的科罗拉多河上的水库蓄水量，达到了河流年径流量的4倍以上。所以，他们几乎在任何时候也不用担心防洪与发电（供水）产生矛盾。

所以，我国水与电的矛盾是暂时的，是水资源开发程度过低所带来的问题。然而，一些反水坝的人士，却喜欢拼命的炒作水与电的矛盾，来作为反对水库和水电开发建设的理由。而实际情况恰恰相反，只要我国的水电开发程度达到了一个较高的水平（水库蓄水能力大幅度提高），我国水与电的矛盾就会得到很好的解决。例如，我国黄河的小浪底水库没有建成之前，黄河曾因为缺乏统一的调度的手段，断流长达270天/每年。当时的一些反水坝人士就曾说是水电建设导致了黄河的断流，要求停止黄河上的水利水电建设。但是，当小浪底水电站建成之后，我们具备调配水资源硬件之后，我们国家就对黄河实施了统一调度。从那时候起，十几年来我国的黄河不仅没有发生过大洪水，也没有出现过断流。如果我们当时听信了反水坝组织的谎言，停止了黄河的水利水电建设，那么至今我国黄河的断流现象，肯定还会一直存在。

我国的长江目前水库的总需水量还不到年径流量的20%，还远远不能有效调节全年的水资源。所以当汛期洪水来临的时候，我们必须要兼顾好防洪与发电（或者说供水）的矛盾。在目前蓄水能力不足的条件下，防洪的保障率一定是要以发电和供水能力的损失为代价的。解决这一问题的根本出路，是加速长江的水利水电工程的建设。当我国长江流域的水利水电规划全部完成之后，这些矛盾必然会得到解决。我国黄河和国外的大量事实，已经对此做出了很好的证明。

在我国的长江流域各水库的建设过程中，由于长江流域的防洪管理还不能形成统一调度，《东方早报》关于抢水大战的担心，有一定的可能性。但是，报道也存在着明显的言过其实。例如，早报说的“按照要求，蓄水期间，三峡要在15000立方米/秒的基础上下泄8000立方米/秒的流量，留下7000立方米/秒，这意味着10月份三峡留下的水量超过200亿立方米。加上三峡的调节库容221.5亿立方米，超过400亿立方米。”。就有重复计算的错误。

既然，三峡水库留下的水量已经超过200亿，为什么还要加上调节库容221亿呢？三峡库容的总调节能力就是221亿，已经留下200多亿了之后，基本上就已经装满了水，怎么可能再装下一个调节库容221亿呢？所以，关于讯末三峡水电站蓄水的问题，《东方早报》的担忧完全是多余的，错误的。超过400亿的洪水，三峡水库是无论如何也装不下的。《东方早报》文章中要证明“水与电的战争”的唯一用数据说话的“证据”还完全是错的，可见，《东方早报》这种论断是多么的天方夜谭，牵强附会。

在长江上的各级电站水库的修建过程中，由于在各主要水库尚未建成之前，我们还无法实施像黄河那样的统一科学调度。同时由于缺乏经验各个电站之间发生蓄水时间上的冲突也是有可能的。不过，我们相信即使出现，那也只是个别的暂时现象。因为，在这种现象还没有出现之前的今天，我们个长江上的各个流域已经都在开展“流域梯级联合调度”的研究，相应的规范也已经在制定过程中。可以预计，当长江上所有的水库都建成了之后，一定会与现在的黄河一样，形成由水利部统一调度的科学管理局面。黄河的水资源异常缺乏，我们都能管的如此科学、合理。长江的水资源比黄河丰富的多，又有了管理黄河的成功经验，我们还需要担心吗？

再有《东方早报》把水库蓄水的矛盾描绘成是水与电的战争也是不准确的，因为发电与供水是一致的。如果我们的水库不能蓄满水的话，不仅发电效率不高，供水能力也大幅度的下降。例如，2009年我国的三峡就因为蓄水过迟没能蓄满，以至于严重的影响到了冬春季的供水能力。水利部们为此也受到不小的社会压力。所以，客观的说，同属水利部门管辖的水资源短缺与防洪的矛盾，远比水与电的矛盾更为尖锐。

以前由于我国的水利设施落后，防洪是我国的主要矛盾，今后随着我国经济的现代化发展和社会用水需求的不断上升，水资源短缺必将会上升为我国水利工作的主要矛盾。目前全世界大多数国家已经进入到了这一阶段。我们国家的水资源管理观念目前也正在转变之中。

因此，在我们科技工作者看来，未来的发展趋势一定是水与电的密切合作，而不是水与电的战争。不过，由于我国现行的管理体制，是水和电分属不同的政府部门，管理权限上的差异，难免会使一些狭隘的政府官员更加关注水与电的矛盾。例如，《东方早报》文章中采访的主角，原长江委水资源保护局局长翁立达。

很多反水坝的媒体记者都喜欢称翁立达为水资源保护专家，其实，我觉得称其为水资源保护（原）官员最合适。因为，多年的政府官员经历，让他对水资源问题的了解并不深入。但是对于怎么样运用官场上“规则”倒是轻车熟路。例如，在2009年环保部错误的叫停金沙江水电的时候，这个翁立达原局长就曾在中国环境报上糊里糊涂的说，我国的水资源开发已经严重超过了国际警戒线。后来我向该报的主编要求，提供翁立达说法的出处。对方怎么也提供不出来。并告诉我说他们报纸是看到其它某媒体的报道后才这样登的，如果错了的话请我找其他媒体求正。

翁立达官员不可能提供他说法的出处，我完全理解。因为，据我所知，他所说的国际上水资源的40%的标准确实存在，不过，那是指水资源的利用程度，而不是指水资源的开发程度。目前，全世界水库蓄水总量已经超过的常用淡水水资源的40%。翁立达先生长期做官，能够知道有个40%就已经不错了，我们怎么还能强求人家把具体的技术问题，都搞得这么准确呢？所以，我认为翁立达就是一个典型的政府官员，而不是什么水资源专家。

除此之外，翁立达官员对具体的业务技术也不够了解。例如，翁立达所说的“这些水电的规划，往往只考虑如何利用水能发电，很少兼顾其他需要”。这句话就显得很无知。大家可以随便去看看，任何具体的水电规划，是不是“只考虑如何利用水能发电，很少兼顾其他”？再说，中华人民共和国水法也规定，专项规划必须服从综合规划，如果现行的水电规划“只考虑如何利用水能发电，很少兼顾其他”的话，那么不仅这个水电的规划是违法的，同时也说明我国水资源的综合规划根本就无法实施。我可以确切地说这种可能性根本就不存在。因为，我国现行的水电开发项目中至少有4、5项行政许可，是由水利部们审查批准的。如果真有水电项目违背了水资源综合规划，水利部门是不可能批准的。即便是某个官员敢批准，也绝对是属于行政违法。任何人一旦揭发出来，都必须撤销这个违法的行政许可。

此外，《东方早报》重复翁立达说的“这边拖着流域综合利用规划修编的经费迟迟不批，那边把每个上报的水电项目都批了。”的叙述中，不仅是故意的挑拨离间，而且也有明显的逻辑漏洞。因为，在同一文章中翁立达也曾对记者说“长江水利委员会即开始了再次修编的研讨论证，修编工作于2007年开始2009年完成，但目前仍未获国务院批准。”。既然是修编工作已经完成了，只等着国务院批准了，怎么还会有“这边拖着流域综合利用规划修编的经费迟迟不批”的问题呢？难道国务院的批准也需要经费吗？这里我们不知道是谁有问题，反正不管是谁，终归是有人在规划审批的问题上故意造谣，甚至说是挑拨离间。在这一点上，我们希望《东方早报》给公众一个明确的解释。

再有《东方早报》的“翁立达认为，流域综合规划的修编落后于水电开发规划，导致看到利益的水电巨头纷纷利用1990年‘对生态问题考虑很少’的规划版本，拼命开始水电开发的前期工作，不断上报具体的电站项目，造成难以挽回的既定事实。”的相关报道，并没有说明，是他们最近采访过翁立达先生，还是简单的抄袭以前的新闻报道？我高度怀疑是后者。

由于翁立达官员并非是专业人员对具体的业务技术并不熟悉，以前确实说过类似的错话。但是，在事实面前翁立达官员早已经不这样说了。人家毕竟是当过局长的，怎么可能干这种“说错了话，死不改口”自己打自己嘴巴的蠢事呢？因为，新修订的《长江流域综合规划》已经通过了审查，内容是大家都知道的，是不是与现行的水电专项规划一致，任何人都可以去对比。

特别是在2009年环保部叫停金沙江水电之前。翁立达官员的这种“水电企业利用旧规划”的错误言论，不仅误导了社会，而且也有意无意的挑拨了政府部门之间的矛盾。因此，当2009年环保部叫停了金沙江水电之后，水利部立刻就组织了金沙江流域综合规划的审查。相当于是要用审查的内容，向有关部门说明，新修订的《长流规》与现行的水电规划完全一致。也用事实驳斥了退休官员翁立达个人的“水电企业利用旧规划的版本，拼命开始水电开发的前期工作，不断上报具体的电站项目，造成难以挽回的既定事实。”错误说法。

至于早报文章中说到的“早报记者了解到，新修编的‘长江流域综合规划’与‘金沙江中游水电开发规划’在坝址选择和梯级任务确定方面就存在差异，对阿海、上虎跳峡电站坝址及库容的认识与要求也不相同。”的说法，也并不是事实。我在前面谈到汪永晨的时候已经说过，由于虎跳峡的移民遭遇到了伪环保组织的挑拨，曾经让中央认为当地民众不愿意搬迁。所以，曾经有改变坝址的打算。但是后来很多群众又反映说，反对建坝的只是一小搓人受指使的人，他们坚决要求在原址修建。这样关于虎跳峡的坝址选择，不管是在水电规划中，还是在金沙江流域综合规划中，至今也都还没有确定下来（相应的对下一级电站的指标的确定，也有一定的影响）。对此《金沙江干流综合规划》的审查意见是：由于该河段的开发涉及水库淹没，移民安置生态环境保护等诸多因素，目前尚无条件确定开发方案。建议综合规划梯级布置按《水力资源复查成果》暂列。可见，不管最后中央如何确定，最终两个规划的结论，肯定是要一致的。否则，那就是违反《水法》的违法。这种违法的项目，不可能通过水利部门的行政许可，所以，也就根本不可能得以实施。

总而言之，关于《东方早报》的水与电的战争一说，完全歪曲了我国长江问题（确切的说是我国水资源问题）的主要矛盾。不管是早报文章最后提到的泥沙问题，还是鄱阳湖、洞庭湖干旱的问题，其根源都是水资源总量的匮乏。用水库拦蓄尽可能多的洪水，是全球解决水资源短缺的最主要途径，而我国的水电开发则是大水库建设唯一途径。所以，从根本上来说，尽快完成水电开发，才是解决长江问题乃至我国水资源问题的关键所在。水与电之间，不仅不应该是什么战争，而绝对是相辅相成的同呼吸共命运。没有水了就不能发电，不能发电了，供水也一定会成问题。这么简单的道理恐怕连小学生都明白。可是我们的《东方早报》却深陷其中。

7. 金沙江水电与环评风暴

记者：我们注意到《东方早报》质疑金沙江水电开发的文章中有“被质疑的‘环评风暴’”一节，提出了很多社会公众关注的问题。随后《南方都市报》又以“金沙江水电乱局 何以经受历史的考验”为题发表了评论文章。看过之后也让人觉得金沙江水电开发与环评风暴之间存在这博弈的矛盾。作为西南水电行的考察专家，您怎么看待和评价环评风暴?

张博庭：新闻媒体关注“环评风暴”是完全可以理解的。因为，我们所搞过的几次“环评风暴”不仅无一例外的都是虎头蛇尾，而且可以说其结果是不明不白，不清不楚。所以，《东方早报》文章中以“被质疑的环评风暴”为标题，是非常有道理的。

但是，我们特别需要指出《东方早报》的文章作者，在提出质疑的同时也编造了一些有关的“环评风暴”谎言。能否澄清这些谎言，是我们能否正确评价环评风暴的前提。至于《南方都市报》我们知道南方报系一直是造谣污蔑中国水电发展的急先锋。前几年我们已经同南方报系在水电问题上有过多次谎言与真相的交锋。污蔑水电开发几乎是他们的一贯行为方式。这次既然有了《东方早报》污蔑水电在先，他们也不甘落后的跳出来，也是可以理解的。

《东方早报》的文章说“2005年，向家坝、溪洛渡两座超巨型水电站因未批先建，在“环评风暴”中受到惩处，被迫停工。次年，金安桥水电站也因未获国家发改委核准擅自截流，被勒令“不得开工”。2009年，鲁地拉、龙开口电站的业主依然没有吸取教训，直到大坝完成截流，才向环保部递交了环评报告。不过，“环评风暴”过后，这些违规上马的电站交完数额极小的罚单（溪洛渡被罚款20万元），无一例外地“复活”了。”

这一段的叙述中包含有两个重大的谎言。一个是“向家坝、溪洛渡两座超巨型水电站因未批先建，在‘环评风暴’中受到惩处，被迫停工”罚款后复活。另一个是“2009年，鲁地拉、龙开口电站的业主依然没有吸取教训，直到大坝完成截流，才向环保部递交了环评报告”。揭穿了这两个谎言，也就能说清楚“环评风暴”为什么会被社会广泛质疑的问题了。

2005年1月，当环评风暴发生时，溪洛渡水电站正在按照国务院三峡建设委员会的要求，开展水电站的前期筹备建设工作，尚未正式开始建设。国家环保总局没有仔细了解水电建设的施工特点，曾误认为溪落渡电站未经环评已经开始正式施工。叫停工程之后，三峡公司一开始曾明确表示自己的施工完全合法，不能执行停工命令。看看当时的这篇《国务院拟协调解决环评争端》的文章（如图），清楚的说明“仍未停建的3个项目全部隶属于中国长江三峡工程总公司”。这才是当时真实历史的记录。经过协调环保总局也发现自己的这个叫停，确实没道理。随后，为了能下台阶环保总局又提出“即使开展前期工作，也要经过环评批准”的新理由。

但是，有一个特殊情况，让环保总局仍然解释不通自己行为的合理性。因为溪落渡电站的前期工作是国务院三峡建设委员会批准的。而环保总局的局长本人就是委员会的成员之一。由于在批准溪洛渡开展前期工作的会议上，局长自己并没有提出来前期工作也需要环评的要求，他们怎么还有权事后再以一个新提出来的要求，去追究企业的违规责任呢？

所以，尽管环保总局有权对工程建设的环境保护问题提出具体的新要求，但是，在管理程序上也必须依法行政履行事先告知的义务。不过，为了维护国家机关的形象和权威，最后经过双方协商，决定让三峡公司借着春节放假宣布一下停工，并补做一个前期工作的环境评价。环保总局也保证及时批准环评报告，绝不耽误春节假期后工程的正常开工。这样就算各自都给对方下了台阶。

试问，在这种情况下，环保总局怎么可能还会处罚企业呢？因此，《东方早报》所说的对溪洛渡被罚款20万元，是不符合事实的。看到《东方早报》的文章之后，我又再次向三峡公司的环保部门进行了核实，他们也再次强调说三峡公司没有交过溪洛渡的罚款。

《东方早报》的第二个谎言是“2009年，鲁地拉、龙开口电站的业主依然没有吸取教训，直到大坝完成截流，才向环保部递交了环评报告”。事实是：鲁地拉、龙开口两电站早就按规定提交了环评报告，但是，在长达一年多的时间里，居然得不到环保部的任何答复。企业急得像热锅上的蚂蚁，但是，面对政府部门的不做为，它们还是无能为力。最后，由于水电工程的施工有很强的季节性。如果工程不能在旱季利按期截流，很可能会在未来的汛期产生巨大的安全隐患。云南省政府了解到这一情况之后，考虑到云南省地方的防汛安全，批准了两电站的按期截流。

我记得环保部叫停金沙江水电项目之后，曾派出了督察组到现场调查了解。从跟随督察组采访的法制日报记者的报道《环保部督查金沙江两违法水电站或无限期限批》一文中，我们能看到有这样一段的内容。

该报道说“而龙开口的有关负责人则报怨说，送到环境保护部的环评报告早已过了审批时间，他们也曾催促过，但还是批不下来，最后也是选择先干了再说。对此，王辉民的态度非常明确。他告诉记者，两家是都报了环评报告。但是，由于发电项目不像一般建设项目，涉及生态保护。生态影响、生态修复以及生态保护等都需要相对较长的论证时间。”

这段与环保部随行记者的报道，足以证明《东方早报》所说的水电企业被叫停后才提交环评报告是在故意造谣。事实上，事后国务院在处理金沙江环评风暴的过程中，完全否认了环保官员的“发电项目不像一般建设项目，涉及生态保护。生态影响、生态修复以及生态保护等都需要相对较长的论证时间”的不作为理由。之所以，在中央政府介入调查之后环保部叫停金沙江水电项目后来会不了了之。就是因为根据调查的结果，本来最应该处罚的是环保部。但是，似乎我们国家似乎还没有这种先例，因此，只能黑不提、白不提的过去了。至今社会公众几乎都还不知道，叫停金沙江水电的“环评风暴”到底对不对？谁给国家造成数十亿的觉损失？所以，公众特别关注“环评风暴”的真相，是有道理的。

现在《东方早报》再次主动提出这一全国人民都曾疑惑不解的问题，本来是好事。但是，非常遗憾《东方早报》却以一种造谣的方式，试图欺骗、误导广大的公众。如果是水电企业自己不提交环评报告，就敢截流施工，事后也没有遭到任何处罚的话，别说社会公众，就是我们水电同行也不会答应。然而，事实却是，水电企业本身没有任何错误，他们按期提交了环评报告之后，对于政府部门的不作为无能为力。最后是云南省政府出于地方安全的考虑，帮助他们解决了无法克服的难题，保护了国家财产和公众安全。

记者：关于“环评风暴”您列举了《东方早报》文章中的一些不实报道，对于您介绍的这些情况，我们下去还要想办法找有关人员核实。此外，您觉得当前媒体的这种用虚假的新闻进行炒作的情况多吗？这和社会公众对“环评风暴”的质疑有什么关系吗？

张博庭：在我国媒体记者故意编造谣言反水

坝、反水电的情况还是满多的。因为国外有一些极端环保和伪环保组织，他们为了破坏发展中国家的可持续发展，专门会资助反水坝、反水电的造谣记者和组织。这些记者和组织不是一个两个，他们要想造谣污蔑哪个工程，往往都会事先商量计划好，在短时间内大家都集中炒一个方面的问题，形成谎言重复多遍，就成为真理的效果。

例如，在编造关于“环评风暴”的谣言问题上，《南方都市报》就紧随《东方早报》其后的重复说“金沙江水电建设中的‘未批先建’现象极为严重，不停有项目因此被勒令暂停，而违规电站却也可以在缴纳少量罚款后，无一例外地原地满血‘复活’。”

这里《南方都市报》先重复了《东方早报》的“缴纳少量罚款”的谎言，随后又进一步发挥说“正是此种不良示范，使得‘未批先建’成为最便捷的‘先上车，再补票’路径。《环境评价法》规定，水电环评‘两步走’（先进行规划环评，后进行项目环评），被其后解释性行政条令‘拆分’为三步。所谓‘必要的施工前期准备活动’置于项目环评之前，既已开工建设，资金业已投入，最终的“项目环评”便不得不屈从于资本，使得水电项目事实上存在‘只要开工，便不可能不批准’的怪圈。”

《南方都市报》的这篇文章，首先是断定水电企业犯有“未批先建”的错误。而事实上，任何一次以“未批先建”为理由叫停水电工程的“环评风暴”的最后结果，都无一例外的被事实证明是不成立的。我们随后还要对“未批先建”的说法进行详细的分析，这里先不多说。正因为对“未批先建”的误解，才使得没有一次“环评风暴”能够合法的处罚水电企业，也没有一次环保部门不得不以，不了了之的办法，让自己灰溜溜的结束了兴师动众开始的“环评风暴”。这也是广大公众最为不满的地方。

《南都》抱怨的所谓“水电环评‘两步走’（先进行规划环评，后进行项目环评），被其后解释性行政条令‘拆分’为三步。”的原因，其实正是当年环保总局为了自己错误的叫停溪洛渡之后，能够体面的下台阶，不得不采取的一个手段。这项新规定看起来是给企业增加了负担，但是实际上对攻击水电的环保人士很不利。起码像《南都》所抱怨说的“所谓‘必要的施工前期准备活动’置于项目环评之前”的说法，就已经不成立了。

南都记者极为不满的“既已开工建设，资金业已投入，最终的‘项目环评’便不得不屈从于资本，使得水电项目事实上存在‘只要开工，便不可能不批准’的怪圈。”只能说明，《南都》根本就不了解中国现行的项目审批程序，就是要避免这种问题。

正是为了要避免“既已开工建设，资金业已投入，最终的‘项目环评’便不得不屈从于资本”现象的出现，所以，国家才需要水电项目先搞规划环评。某个水电站到底能不能建设，环保部门必须在规划阶段就给出明确的结论。国家建设主管部门的开工“路条”，是在环保部们规划环评的基础上发出的。而且，我国环评法中也规定，有了规划环评，项目环评可以简化。同时，法律也不容许项目的环评，出现与规划环评相反的结论。

既然规划环评已经在先，只要环保部门遵照《环评法》的有关要求依法办事，就不会出现项目环评与规划环评相矛盾的问题，也就根本不可能出现《南都》所担心的“‘项目环评’便不得不屈从于资本”的问题。

记者：以前我们看到《南都》的这篇文章，曾经认为他们说的很有道理、也很尖锐，但是，今天听您这么一解释，还真是觉得存在着很多的诡辩和误导舆论问题。那么，为了让公众更了解真相，您是否可以把“环评风暴”的问题，以及您对“环评风暴”的看法，做一个系统的梳理呢？

张博庭：要搞清楚“环评风暴”的是是非非，我们首先要澄清“未批先建”的概念。目前很多污蔑水电开发的伪环保都喜欢在我们国家的核准制的改革上做文章，用“未批先建”来诬蔑水电开发企业。而在搞清楚“未批先建”问题之前，我们又不能不先说说国家投资体制的改革。我认为这是历次无果而终“环评风暴”产生的最主要根源。

上个世纪末，我国曾出现过短暂的电力过剩。因此国家一度严格控各地火电建设的规模。然而，却有一个省不遵守国家计委的计划，擅自开工建设了一些火电站。正当国家有关部们要处罚这些省份的时候，就出现了全国性的严重缺电。而只有违规的那个省份，没有出现缺电的问题。为此，国家计划部门认识到，企业自己按照市场规律去发展，有时候可能会比严格地执行计划更科学。于是2004年我国投资体制进行了市场化的改革，明确由过去的审批制改为核准制。

《关于投资体制改革的决定》文件规定，今后项目投资上马无需审查批准，主要由企业自己决策。企业通过相关的行政许可之后，最后只要核准即可。不过，随后的执行过程中，又发现有一定的问题。如果没有一个批准性的文件，企业自己启动了项目之后，如何取得办理各种行政许可的资格呢？为此，国家发改委又补充了一种“路条”的制度。也许是为了区别这个路条，与原来审批制的批准开工的差别，所以，路条的具体名称就叫作，批准“开展前期工作”。

我个人觉得，我们国家投资体制改革的程序设计上有一定的缺陷。本来我们把审批制改为核准制的目的，是要增加企业的自主权。但实际的执行结果，却是让项目的审批变得更加困难了。原来的审批制，只要国家计委一家，审批后企业就可以按部就班的办理各种行政许可。完成所有行政许可和工程建设之后，再由国家有关部门验收。但是，核准制虽然名义上不需要审批了，但是，必须在所有的行政许可项目都通过之后，再到国家发改委办理“核准”开工的手续。这就相当于把所有的行政许可，都变成一票否决的“审批”。

如果要避免让核准制把发改委一个部门的审批，变成几十个部门的分头审批，我们就不宜称核准某工程的“开工”，而是只应该称核准该“工程”本身。从逻辑关系上看，核准应该是针对已经存在的事物才有道理。如果核准的是“开工”，而不是“工程”本身，那么这个核准和原来的批准，除了用词的改变还有任何实质性的区别吗？

相应的，批准开展前期工作的“路条”，最好也不要拐弯抹角的说什么“批准开展前期工作”，直接就说是“批准开工”有什么不行呢？过去的审批制，计委都有权批准工程的开工，现在我们强调市场化的企业自主改革之后，为什么反倒不能批准开工了呢？再说如何区分开展前期工作与开工，又是一个技术上的大难题。环保部门很多次发动“环评风暴”的失误，都在于不能准确的把握开展前期工作与开工建设的细微差别。

环保总局第一次叫停溪洛渡水电工程的“环评风暴”，就是因为他们认为溪洛渡已经做了如此大量土建工程，怎么可能还不算开工，而叫做开展前期工作呢？然而，他们不知道由于水电建设的特殊性，一个在城市附近的工程和处在深山里的工程，前期工程的工作量的差别是非常大的。在计划经济时期，为了让各个工程的建设进度、水平有一个统一的可以比较标准，所以，电力部时期曾经规定过“三通一平”不属于正式开工。水电站开工的标志是大江截流或大坝的浇筑。据说在政治局讨论第一次“环评风暴”问题的会以上，因为有的政治局常委自己就参与过水电工程，所以，大家才承认了溪洛渡的三通一平还是属于开展前期工作，而不是正式开工建设。

后来环保部知道了大江截流才算开工之后，又理直气壮的叫停了金沙江水电建设。他们可能认为，上次我不了解情况，错误的叫停了溪洛渡。这次我可是根据你们自己说的开工标准，叫停的金沙江。看你们还有什么可说的。这次环保部在开工标准的判别上确实没有错，但是，他们还是犯了过于教条的毛病。尽管路条批准的开展前期工作与开工是应该不同的，但是，实际上开展前期工作是与开工紧密相关的。两者的衔接，从时间上必须要有保证。否则，不仅会造成重大经济损失，而且还有可能产生巨大的安全隐患。

对于金沙江中游的水电开发，你环保部自己可以至国家财产和公众安全于不顾，压着环评报告死活不批。但是，作为同样有保障公共安全职责的云南省政府却不能不表态。所以，我认为云南省政府在企业面对政府部门不作为无可奈何的时候，果断的支持企业采取保护国家财产，保障公共安全的措施，是非常值得称赞的。我们党的宗旨就是执政为民。我们所有的改革、所有的法律规定，一定是要有利于社会的，否则的话，一定是这个法律规定或者执法部门有问题。

我个人觉得，环保部叫停金沙江水电是一个非常值得认真分析的典型案例。值得我们对我国的投资体制改革进行深刻的反思。可惜，由于我们从来也不敢公开的批评任何政府部门，因此，只能让我们的媒体都装聋作哑，把这件事，大事化小，小事化了的，躲开了公众的视线。现在《东方早报》和《南都》再次把它拿出来炒热很好，既然大家都想知道真相，我们就应该把事情，原原本本的告诉大家。通过反思，法律法规规定有什么缺陷，政府部门哪一点做的不到位，我们都应该实话实说，如实的告诉公众。

总的来说，通过金沙江水电被叫停的事件，我觉得，法律上我国的项目核准制还有不科学的缺陷。我认为，核准的应该是工程，而不是“开工”，否则，核准制的改革就毫无意义。“路条”批准的应该是批准“开工”，而不是“开展前期工作”，否则的话，不仅，这两者之间差别难以划分，而且，一但有某个行政许可部门工作失误，就可能造成该工程只能永远停留在开展前期工作上，出现总也不能开工的尴尬。这种情况，绝对是我们制度设计上应该尽量避免的。由于这种“路条”制度设计上点缺陷，不仅造成多次环评风暴，而还有很多地方政府部门因为企业不能满足子的某种需求，叫停工程的。也有不少国有企业，因为“路条”不属于合法的开工，而被恶意敲诈。

我认为环保部是核准制程序设计不科学合理的最大受害者。几次失败的“环评风暴”让环保部在“前期工作”的问题上栽了很多跟头。现在尽管《东方早报》和《南都》的文章，都极力用编造谎言，污蔑水电开发企业的方式误导公众。然而，掩盖了事实也许能暂时保护个别环保官员的名声，但是，却不会有利于解决问题和他们今后开展工作。看到《东方早报》和《南方都市报》的谣言，公众可能会以为：环保部没什么错，是水电巨头的实力太强大了，环保部也拿他们没辙。所以，大家要齐心协力的猛攻水电巨头。

然而，这种捏造的事实，怎么可能说服人呢？水电企业相对于政府部门来说，是绝对的弱势。他们绝没有任何能力与环保部门抗衡。他们唯一能得到的保护，就是法律。只要我企业的行为都是守法的，你就不能随便处罚我。所有“环评风暴”的结果，之所以都是不了了之，也就是因为公开处罚一个企业，必须有法律依据。

关于“环评风暴”我觉得最大教训是，我们的政府部门执法不能热衷于舆论炒作。对于违规企业的处罚，是政府部门的职责和权利。但是，你处罚企业必须依法行政。连我们处分某一个干部，还都要容许干部自己先申辩，我们要处罚一个企业，怎么能事先都不与企业进行沟通，不听取他们的申辩理由和意见呢？环保部发动环评风暴的方式，就是事先不跟企业沟通，通过突然向新闻公布处罚决定的发动“风暴”。这种做法的社会轰动效应很大，但是，由于你事先没有听到企业的申辩理由，确实难以保障处罚的合理、合法。

政府部门在执法的过程中处罚某个企业是非常正常的是事情。作为执法部门处罚出现了错误，也不是什么大不了的事情。但是，你一旦把正常的执法处罚炒作成了“风暴”，情况就大不一样了。这种“风暴”的方式，确实有放大社会影响的作用。不管是企业错了，还是政府部门错了，其社会影响都会大幅度的放大。可惜的是，这几次“环评风暴”的结果都是企业没有什么重大的失误。所以，环保部门每次的“风暴”都有点下不来台。

在这一点上，我不得不说环保部的执政理念确实有点问题。我们要“执政为民”，不能“执政为名”。政府官员和权力部门根本用不着靠新闻炒作增加自己知名度。如没有这种虚荣心，我们也就不会太丢脸。《东方早报》的文章也曾说到过“次年，金安桥水电站也因未获国家发改委核准擅自截流，被勒令“不得开工”。”。你看人家国家发改委就没搞过什么“风暴”，同样也达到了严格执法的目的。

总之，世界上的事情往往就是这样相辅相成的。有时候你越是想出名，就越难免要丢脸。不管是对一个人，还是一个部门，都不会例外。当然，我这样批评环保部很多人会不服气，后面，我们必须要详细的分析一下，环保部叫停金沙江的一些理由是否成立。例如“未批先建”等。由于这不是几句话能说清楚的，我们可能需要明天再作专门的讨论。

8．揭开“未批先建”的面纱

记者：我们注意到《东方早报》的文章提到“学者分析，金沙江流域梯级开发影响范围广、周期长，累积效应明显，有些影响甚至难以逆转。但由于水电运营成本低、收益快、回报高，很快成为各大银行追捧的优质投资项目。此外，随着生态补偿和移民要求的逐步提高，为减少外部成本投入，水电巨头又开始了“违规竞赛”，水电项目“超前发展”、“先占先得”、“未批先建”的现象屡禁不止。”这些评论虽然是仅对金沙江的，但是，对社会公众关于水电的认识将产生乐极大影响。似乎在颠覆一些传统的概念。恰好你们正好在考察金沙江。您怎么看待这些评论?

张博庭：首先《东方早报》的学者分析，就有很大的伏笔。什么学者据我了解《东方早报》采访的所谓学者，不是什么考不上大学冒充北大毕业的，就是只能考上中专，但却四处冒充中国地质大学毕业、中科院的博士、研究员，最后市在骗不了人了，就自编一个机构，自诩是首席科学家的骗子。其次，为什么这些匿名的“学者”只分析金沙江?如果金沙江的“域梯级开发影响范围广、周期长，累积效应明显，有些影响甚至难以逆转”没那么世界上有成千上万条河流，其它流域的开发又会怎么样呢？好在我国是一个后发展的国家，在我们的前面很多发达国家已经给我们做出了探索。美国的哥伦比亚河、科罗拉多河、密西西比河，欧洲的多瑙河、莱茵河不仅都进行了体积水电开发，而且这些开发都已经经过了半个世纪以上。结果怎么样大家都可以看到的，不仅生态环境非常好，而且极大的带动了当地经济社会额全面发展和进步。尽管任何人类活动都不可能是没有代价的，但是，相对于种粮食、盖房子、修公路等人类必须的活动来说，水电开发的变化是把一部分的土地变成能够存储水资源的湿地，所以，水电开发的实际生态环境效果，是在各种人类活动中最好的。

有人可能会说，种粮食、盖房子、修公路是人类生存所必需的，但是水电开发则不一定是。错了。各国的水电开发都是同时解决两个层次的问题，一个是水资源的问题、一个是能源的问题。阳光、空气、水是生命的三要素，水资源的问题对于人类和所有的生物都是第一位的重要。克服洪涝干旱对人类生存的威胁，比种粮食、盖房子、修公路更重要。当然在水电梯级开发的过程中确实也会有些不利的影响。例如，影响洄游性鱼类。但是，各国的实践证明通过采取必要的措施，水电开发的副作用是完全可以解决的。

去年我们去美国考察正好赶上了他们庆祝胡佛大坝建设80周年。美国人对胡佛大坝评价是“美国的骄傲”。大坝的主要建设者的名字被刻在了大坝上。如果水电开发真是像一些反水坝人士所污蔑的“影响范围广、周期长，累积效应明显，有些影响甚至难以逆转”的话，难道美国人在80年后还看不出来吗?

胡佛大坝建设了80年后，他们看到了什么？看到了洪水的肆虐的绝迹，看到西部荒漠成为新的热土，看到西部一座座城市的崛起，看到了西部经济的迅猛发展，也看到在二战中最艰苦的时刻，胡佛水电站产生的电力所生产出来的飞机，帮助他们打败了法西斯。面对这一切，我们是相信事实，还是相信所谓的“学者”分析?

另外，《东方早报》文章所说的“水电运营成本低、收益快、回报高”又是一种挑拨性的谎言。如果水电真是运营成本低、收益快、回报高的话，我们国家解放几十年来，最缺钱的时候，为什么不赶快先开发水电呢？水电的成本低是肯定的，但是收益慢，一般要三十年以后才能收回成本。所以，当一个国家的经济能力不够强的时候，几乎没有能力大规模的开发水电。早报编造这种谎言的目的，就是要污蔑水电巨头们是为了逐利，才去开发水电的。其实这完全是在故意挑拨公众。实际上，我国的所谓水电巨头都是代表政府开发水电的。电力体制改革前我们国家用计划经济的方式，由电力部统一开发水电，几十年来发展极为缓慢。为了加快开发速度解决水电开发的投资难，我们国家进行了电力体制的改革。把原理代表国家的电力部分成几个电力集团，让他们之间通过相互竞争的利用市场的手段，加速我国水资源的开发速度，满足社会和人民群众日益增涨的水资源和能源需求。事实证明，我国的电力体制改革非常成功，已经彻底打破了长期以来困扰我国水资源开发的投资难问题。使得我国的水资源开发有了突飞猛进的发展，也极大的促进国民经济。然而，很多人对我姑经济的快速发展很不满意。于是就故意要把代表国家的国有企业完成国家的任务，比喻成黑心的资本家的逐利。

为此《东方早报》还编造了“水电巨头又开始了‘违规竞赛’，水电项目‘超前发展’、‘先占先得’、‘未批先建’的现象屡禁不止。”等一系列的污蔑国有企业完成国家任务的谎言。

《东方早报》所说“违规竞赛”是指什么呢？不就是指国资委要求国有企业必须引进的竞争机制吗？国有企业执行国家的命令怎么就是违规了呢？很多嫉妒中国经济快速发展的人，都对中国的改革成果非常不满，他们希望中国像过去一样永远的贫穷落后，所以，就要污蔑说你们搞市场经济就是“违规”。我们的《东方早报》在散布这些谎言的时候，为什么不问问他们我们的国有企业到底违哪一项规了？难道市场经济的杠杆只容许西方用，我们中国就不能用？用了就是违规？

《东方早报》水电项目“超前发展”的指责又是从何而来的呢？横向比，从国际上看。到去年年底我国的水电开发利用率只有27%（按照国际上同行的发电量计算）。而美国、西欧等发达国家的水电开发利用程度平均都在70%以上。为什么70%的不超前，而27%的却犯了“超前发展”的错误了呢？我想请那些诬蔑我国水电超前发展的人告诉我们一下，我们中国要落后很多才算不超前？现在我们还没赶上西方，我们只不过刚刚缩小了一点与西方的差距，就被斥责为“超前发展”了。难道在《东方早报》看来，中国只能永远落后于西方，永远受人欺负才行？

纵向比，从国内看。近些年来由于国内外伪环保势力的干扰、破坏，我国的水电开发被严重的妖魔化。以至于我国“十一五”规划中规定的应该水电开工项目，很多都没有完成。我们请问有没有完不成国家的发展规划的“超前发展”？难道《东方早报》为了达到污蔑国有水电企业的目的，已经连基本的事实和逻辑都不顾了吗？事实上，我国的水电不仅从来也没有“超前发展”过，而且由于国内外伪环保势力的干扰破坏，一直都很“落后”。为此，与其他发达国家（同等的发展水评）相比，我们国家不得不多开采更多的煤炭，排放更多的温室气体，同时也遭受到了国际社会更多地批评、指责。然而，某些仇视中国发展的势力，一方面经常要指责中国的碳排放过多，一方面又要批评中国最可行的清洁能源水电项目“超前发展”。我们请问《东方早报》这就是什么逻辑？

关于水电巨头“‘先占先得’、‘未批先建’的现象屡禁不止”的诬蔑，更是明目张胆胡说八道。先说“先占先得”；我们请《东方早》告诉我们，有哪个水电巨头曾经“先占先得”了哪个工程好吗？如果要是说某个个体老板，在偏远农村的某个小河叉上，买通地方官员“先占先得”、“未批先建”的建设某个小水电，还是有可能的。但是，要说水电巨头“先占先得”则完全是胡说八道，造谣诬蔑。哪个国有独资企业，没有国家的指令规划，敢去“先占先得”？这种所谓的水电巨头“先占先得”不仅过去没有，现在也没有，而且将来也都不会有。例如，我国目前雅鲁藏布江的水电站的开发建设方目前几乎都还没有确定，你《东方早报》可以去问问为什么水电巨头还不去再来个“先占先得”呢？如果现在水电巨头都不敢、也不能“先占先得”的话，难道过去就可以吗？这个问题，其实都不用回答，因为，如果过去水电巨头可以“先占先得”的话，那么今天也绝不会还有没确定开发方的水电项目。

“先占先得”的污蔑国有水电巨头，并不能算是《东方早报》的发明。前几年就有伪环保铺天盖地宣传污蔑我国的水电开发“跑马圈水”，后来，我们曾解释说，“跑马圈水”的用词不准确，在中国别说“跑马”你就是“跑坦克车”也圈不来水。即便把“跑马圈水”比喻成只是向国家表达一种积极开发水电的意愿，也不是我们水电开发企业自己要去“跑马圈水”的，而是国家把原来的电力部拆分成几个电力集团的目的，就是让我们搞这种“跑马圈水”的竞争。也可以说这种意义上“跑马圈水”即是我国电力体制改革的目标，也是电力体制改革的成果。

也许是因为我们过去已经解释清楚了“跑马圈水”，这个词的欺骗性已经不太大了，《东方早报》就把“跑马圈水”换成了“先占先得”，继续炒作。然而，实际上不论是过去、现在还是将来，我国所有水电巨头的开发项目的最后确定，不仅一定是有历史原因的，而且也一定是经过与中央和地方政府充分沟通和最终同意的，不管是“跑马圈水”还是“先占先得”的说法，绝对是一种不符合事实的挑拨和诬蔑。

最后，我们再来看《东方早报》的 所谓“‘未批先建‘的现象屡禁不止”。回答这个问题要从两个不同方面去看。这两个方面，取决有我们对“未批先建”的不同理解。

“未批先建”的说法是非常容迷惑人的。不仅我们每次“环评风暴”的理由有“未批先建”，而且我们高层领导的批示中也出现过“未批先建”的字样。我们有个很不好的习惯，似乎只要某个领导人说过话了，这件事情就有了结论，只要没有更大领导加以否定，任何人也不能对此说三道四了。然而，客观真理则不承认官衔，不管是什么干部违背了客观现实的说法，都会产生不必要麻烦。关于“未批先建”的表述，就有这方面的问题。

从逻辑上看，2004年我国的审批制改为核准制之后，对照文件的具体要求“彻底改革现行不分投资主体、不分资金来源、不分项目性质，一律按投资规模大小分别由各级政府及有关部门审批的企业投资管理办法。对于企业不使用政府投资建设的项目，一律不再实行审批制，区别不同情况实行核准制和备案制。”。既然法规已经是明确无需审查批准由企业自己作主了，严格来讲“未批先建”的说法就已经不存在了。而现在的我们所说的“未批先建”，主要是指某些工程出现了“未经核准，就已经开始建设”的问题。不过，从法理上说这种属于“未核先建”的工程，却不能说是违法、违规。因为，如果所有的工程都必须要先经过核准之后，才能开始建设的话，那么这个这个核准与原来的批准，还能有什么区别呢？

根据国务院投资体制改革规定的“简政放权”精神，我们有理由认为“核准”的应该是工程，而不应该仅仅是“开工”。如果还是核准形式上“开工”的话，这个改革就不可能是“简政放权”，而绝对是强化政府审批。这绝对是违背了国务院规定的精神的。因为，原来是不批准不得开工，现在是不核准不得开工，原来的批准与现在的核准，只是用词发生了变化。不仅如此，原来的批准开工只是需要一个计委审批，然后就可以合法的依次去办理各种行政许可了。而现在的核准开工，则需要所有的行政许可都必须通过之后，再由发改委（原计委）核准。

我国的投资管理体制改革之后，发现水电等某些重点工程项目，确实不宜完全让企业自主的去决策开发建设之后，再由国家来事后核准。所以，就补充了一种先期“路条”的制度。也许是为了区别这个路条，与原来的审批的差别，路条的具体名称就叫作批准“开展前期工作”。我在前面一节关于环评风暴的讨论中，也已经提到过了。开展前期工作与开工的界限实际上很难客观的划分，有极大的人为因素。所以，目前我国的投资管理制度上，确实存在着某些不科学的“名称”，容易引起人们的误解。

即便如此，在现行的体制下，恐怕只有未获得“路条”就开始了建设的工程，才能勉强算是一种“未批先建”。因为，目前只有“路条”才是需要项目管理部门批准的。而对于取得了发改委的“路条”之后的项目，都不能再说是“未批先建”最多只能说它是“未核先建”。同时由于我国并未对各行各业的的“开展前期工作”与“开工建设”做出明确的界定，所以，我们并不能笼统的说“未核先建”不合法。这也是环保部门几次发动的“环评风暴”，都不能取得成功的根本原因之一。

我国环保部门的某些官员，曾经几次刮起过叫停他们认为是“未批先建”的水电工程的“环评风暴”。从环保部门来看，由于路条的发放权不在环保部门，而只有得到“路条”的工程开始后，工程的业主才有资格去环保部门办理项目的环境评价。所以，在项目的环评报告被批准之前，任何工程对环保部门来说都是处在“先建未批”的阶段。也就是说“先建未批”是现行的项目管理制度的一种常态，不存在什么违法、违规的问题。然而，我们的很多环保官员，却分不清“未批先建”与“先建未批”之间的根本差别，我们不要小看“未批先建”与“先建未批”之间的差别。这里“未批先建”的“批”是特指项目管理部门（发改委）的开工“路条”的批准权。按照现行的管理规定，如果没有路条擅自开工建设的，才是应该得到处罚的违法、违规。而“先建未批”中的“批”是指某一个行政许可管理部门的行政许可批准权。例如，环保部门关于环评报告的审批。要知道对于单项行政许可审批部门来说“先建未批”则是一种现行项目管理制度的必然过程。

很多民间环保人士可能是由于与环保官员的关系比较密切，往往喜欢为环保部门打抱不平。就像《南都》一样，认为环保部门的项目环评审批放应该在开工之前。否则就是典型的“先上车，后买票”。然而，他们却不理解我国投资项目管理改革的根本，就是要从“先买票，后上车”的审批，改为“先上车，后买票”的核准。只不过在改革的初期，曾经发生了“车上人太多，已经没办法卖票”的尴尬。试想，如果全国所有的企业，谁要想开发某个水电站都可以先去环保部提交环评报告的话，环保部门前还不是要被堵的水泄不通吗？所以，才又发明现行“路条”制度，统一由发改委审批“路条”，企业拿到了发改委的路条之后，才有资格上车，上了车的企业，才有资格去买票。

所以，根据现行的国家项目管理制度，只有发改委的“路条”审批需要“先买票，后上车”，除此之外，其它所有的几十项各种行政许可（包括环境评价）都是需要“先上车，后买票”的。这就是目前的法律规定。

目前的项目核准，需要办理各种行政许可几十项。所以，相当于企业拿到路条上车之后，还要分别买几十种不同的票，这必然就需要有一定的时间和过程。因此，对每一个行政许可审批部门来说“先建未批”则是一种必然要出现的常态。这时，如果要有某个部门不承认发改委的路条，而故意刁难已经上车的乘客，死活就是不肯卖给你票。而且，还要质问你为社么要“先上车，后买票”的话，乘客（企业）确实很无奈。环保部门对某些企业的所谓“未批先建”的指责、叫停，本质上就是属于这种不肯承认发改委的路条的不讲理的态度。

据我了解，至今为止，我国的水电巨头还没有一个工程是在没有路条的情况下开工建设的。也就是说迄今为止，我国的水电巨头从来也没有犯过“未批先建”的错误。所以，为什么迄今为止环保部连一个水电站也没有真正能叫停了呢？其原因就是：从来还没有一个水电站真正是“未批先建”的。我认为在现行体制下，只有未获得“路条”就开始建设的，才能称为“未批先建”。而获得路条之后，未能得到及时核准的工程，实际上属于“先建未核”的工程。对于有行政许可审批权的部门自已来说，当然也可以说是“先建未批”的工程。

现在我们回到《东方早报》的“‘未批先建’屡禁不止”的指责上。我们首先要说水电巨头的“未批先建”现象，不仅不是屡禁不止，而是从来也没有出现过一次。这也就是为什么历次的“环评风暴”都不可能成功的根本原因。《东方早报》和《南方都市报》编造的所谓“处罚”也是它们用来故意骗人的。其次，客观的分析对于有某项行政许可权的管理部门来说，根本不存在什么“未批先建”的问题，因为建不建该工程的批准权并不在你这。对于已经取得了“路条”的工程，在你的行政许可未被批准之前，它实际是处在你的“先建未批”状态，你有权决定批准或者不批准它的行政许可请求，但是，你不能说因此就说它违法、违规。即便通过你的行政许可的审查，你发现这个工程根本就不能建的话，那责任也不在申请行政许可的企业，而在于批准开工“路条”的部门。

因为，按照行政许可法的有关规定，如果某个行政许可，因为另一项行政许可而被取消的话，不仅不能处罚该企业，而且原来发放过行政许可的部门还应该承担企业执行前一项行政许可所遭受的损失。根据这一规定，环保部门对于合法获得路条开工后“先建未批”的企业，要么履行职责赶快批准；要么就彻底否决该项工程，由原来发放路条的政府部门对企业因“路条”所遭受的损失进行赔偿。

然而，实际上我们国家制度设计上，是完全应该避免出现这种局面的。例如，发放水电工程路条的单位（发改委），是根据水电规划来发放“路条”的。而水电规划在审批的过程中，又是一定要有环保部门参与意见的（规划环评）。所以，只要环保部门不会做出自已否定自己的事情，也就不可能有任何一个“先建未批”的水电工程，最后再被环保部门否决。这也就解释清楚了很多极端环保人士百思不得其解的，水电项目为什么至今没有一个能被真正枪毙掉的根本原因。

总之，我认为《东方早报》的文章的“学者分析，金沙江流域梯级开发影响范围广、周期长，累积效应明显，有些影响甚至难以逆转。但由于水电运营成本低、收益快、回报高，很快成为各大银行追捧的优质投资项目。此外，随着生态补偿和移民要求的逐步提高，为减少外部成本投入，水电巨头又开始了“违规竞赛”，水电项目“超前发展”、“先占先得”、“未批先建”的现象屡禁不止。”这些说法，不仅对金沙江的造谣和污蔑，而且也是对全国甚至说全球水电开发的诋毁和污蔑。

众所周知，人类目前面临的最大的生态环境难题就是温室气体的过量排放，而水电则是目前人类社会替代化石能源的最主要方式。再加上全世界的现实都已经表明，一个国家和地区的水电开发程度绝对能反映出那里的社会发展水平。因此，尽管经历过认识上的曲折，水电开发已经被列为联合国千年计划的重要组成部分。可以说，我们的国家，我们的世界能不能真正实现可持续的发展，就是要取决于我们能不能科学的、有效的利用好（水电以及这一类）大自然赋予我们的这些可再生的资源。以便我们把那些不可再生的资源，尽可能多的留给我们的后代。

9．水电开发会让河流变成静水吗?

记者：我们注意到《东方早报》的文章后，很多人都担心金沙江梯级水电开发之后会让河流变成了静水。你们正在考察金沙江，您能就大家“变静水”的疑问，给我们做出一些解释和说明吗?

张博庭：我也注意到在《东方早报》的这篇文章中，有一个叫杨勇的说过“这种开发意味着江河被分割成一段段静水”话。我们听到这种说法已经不是第一次了，以前国内外的反水坝组织，经常会污蔑水坝建设会把河流截断成为静水。实际上，这种说法只是一种炒作，完全不可能成为事实。大家可以想一想，如果江河的真被分割成一段段静水，既然连水都不能流动了，它还能发电吗？都不能发电了，我们还建这个水电站干什么呢？所以，即使是梯级水电开发也不可能把河流变成静水。本来梯级水电开发完全可以都采取径流式的开发方式，不建水库至利用流动的水来发电。但是，由于我们人类对河流的利用，不能只考虑用它来发电，还必须综合的开发，尤其是还要解决天然水资源时空分布不均的矛盾。所以，我们不仅必须要建水库，而且必须建设大水库，能把尽可能多的洪水存蓄起来，留到枯水的旱季里使用。

因此，任何国家的梯级水电开发，都不可能是完全采用径流方式，都需要因地制宜的采取大（龙头）水库和梯级径流开发相结合方式。目前，不仅世界上发达国家的河流，几乎都完成了梯级水电开发，而且，我国的黄河、乌江、红水河以及长江下游等流域，也都基本完成了梯级水电开发。在这些河流的沿岸也有上亿人居住，即使我们不能到国外去看，大家可以去问问、去看看，我国的黄河、乌江、红水河、长江是不是已经被分割成了一段一段不流动的静水？不管是在国内还是在国外，梯级水电开发完成之后，除了少数大型龙头水库的河段，水流的速度明显减慢之外，大多数河段的水流速度并不算低。因此，尽管目前全世界几乎绝大多数的河流都完成了梯级水电开发，但是，我还没有见到有哪一条河流已经“被分割成一段段静水”了。一些河段的激流段变成缓流是存在的，但是，变成一段一段的静水是不可能。

有些反对建水坝的人说，我就喜欢激流，你为什么要把激流都变成了缓流？其实这说法也不对，梯级水利水电开发也不可能把激流都变成了缓流。不信，你到任何一个水电站的坝下去看看，那里的激流完全可能比自然状态下的流速更快。不仅我们人类为了调控水资源，需要在河流上建大坝、修水库，自然状态下也会形成提天然的大坝和水库，例如我国著名的世界自然遗产九寨沟，就是由一批地震后产生的堰塞坝、堰塞湖组成的。与原来奔腾汹涌的大渡河河段相比，九寨沟动静结合的水系，反而给更多物种提供了繁衍生息的机会。北美的尼亚加拉大瀑布也相当于是地壳造就的天然水坝，那里同样也没有把河流变成一段一段的静水。

对于人类社会也是一样。一直奔腾不息的怒江大峡谷，让两岸的人民交通变得十分困难。由于不可能修建很多的桥梁，所以，至今很多当地群众包括一些未成年的小孩，还不得不靠简单的“溜索”冒险过江。如果，梯级水电开发能把其中的一段激流变缓，那么怒江两岸的民众也可以像世界上其他河流周围的居民一样，随时随地的乘坐小船就可以过江了。

喜欢激流先生女士们，你们尽可以到坝下和径流式开发的河段去享受你激流的快乐。但是，你们凭什么就不容怒江人民有选择让江水变缓一点，能他们平安过江的权利呢？更何况我们如果没有水库的调控，你们也同样不能逃脱天然的洪水和干旱的困扰啊？和九寨沟动静结合的水系能给更多的物种提供机会一样，水电开发也能给人类生活更加丰富多彩的世界。

做人不能太自私。我们不能只为了自己的兴趣爱好就剥夺别人享受自然资源的权利。更不能用故意编造一些危言耸听谎言骗人的方式，来达到自己目的。河流的水电开发带给广大民众的不是不流动的静水，而是现代化美好生活的希望。全世界发展的现实，已经证明了这一点。

10．地质权威的失语与地质骗子的预言

记者：我们注意到《东方早报》在“金沙江电站乌东德库区曾山体崩塌堵江3天3夜”一文中，有这样的报道“‘巨大的普福山崩展现在我的眼前，数立方米的巨石遍布沟中，数米宽的裂缝深不见底，数亿立方米的崩塌物摇摇欲坠，随时可能再次复活成灾。1966年6月，普福沟的一次崩塌致使400多人葬身。如今这里已无人烟，周围的山体不时扬起垮落的白烟……’。这是独立地质学家杨勇在一次考察日记中对乌东德库区地质风险的描述。”。您能就此给大家介绍一下有关金沙江地质灾害的问题吗？

张博庭：目前，金沙江的地质地质灾害经常发生，不但是金沙江，大渡河、怒江这两年都发生过有重大伤亡的地质灾害。这是因为在水能丰富的地区一般都是山高水急，河水带有极大的能量，它的奔腾必然就要不断的深切河谷，靠冲刷岸坡和制造泥沙来消耗能量。其结果必然会使得河谷两岸的边坡变得越来越陡峭。当岸坡陡峭到了一定的程度之后，最后一定要发生岸坡的崩塌、滑坡或者泥石流等地质灾害。这些地质灾害发生后将会改变不断变陡的边坡形成稳定的平衡，然而，地质灾害却不会就此完结，因为奔腾的江河水中的巨大能量依然存在，它还会再一次成年重复以往的下切河谷，制造足以产生新的地质灾害的地形地貌。所以，除了地震之外地质灾害的本质是在河谷不断被深切的情况下，必然会反复出现的自然现象。

凡是水能丰富的地区，由于河水中蕴藏着极大的能量，所以，只要这里的水能没有被开发利用，一般来说就一定是地质灾害的高发地区。在水能的长期作用下河床的下切，边坡的变陡，除了本身会造成崩岸、滑坡灾害之外，还将以溯源冲刷方式将地质灾害传播到上游沟谷。引起沿江的沟谷坡增大，岸坡失稳和整个流域的土壤侵蚀侵蚀形成更大的泥石流灾害。所有这些灾害的根本原因，都是因为流动的水体中存在着巨大的能量。因此，不解解决好水流的消能问题，就不可能从根本上治理好地质灾害问题。

然而，水电开发的本质是利用河水中的能量发电，所以，是最有效的减少地质灾害的方式之一。尽管某些不科学的工程建设确实会造成地质的扰动，但是，科学的水电建设却是主动治理灾害的最好时机。这些工程措施主要有在修建水电站的过程中加固、释放和监测三种方式。加固和释放不稳定的地质滑坡体的工作，往往需要在建设施工期进行，而监测地质滑坡体的工作一般在水库蓄水的初期，特别是在水库水位突然下降的时候。因此，水电建成后的初期蓄水，根本不是制造地质灾害，而是一个集中释放地质灾害的过程。

例如，早报的文章中说的“‘阿海电站蓄水位以上200多米的地方，也有地基沉降塌方的问题。’丽江市移民局局长陈彪接受早报记者采访时坦承，‘几乎每个电站蓄水，都会引发地质灾害。’”，这就是一个潜在的地质灾害的释放。这种潜在的地质滑坡体的存在与电站的建设与否无关。即使没有水电站的修建，一旦遭遇到连续的大雨，那里同样也会发生地质灾害。而电站蓄水后把这些原来只有可能在暴雨中才能发生的地质灾害，提前释放出来了。其实，水电开发的地质减灾作用之一，就在于释放了潜在的滑坡体。所以，才会有水电修建之后，一些地区即使遭遇到特大暴雨，也不会再发生地质灾害的结果。

从长远来看，当潜在的地质灾害被释放了之后，水电建设一定是有助于减轻当地的地质灾害的。所以，我们很少听说过我国的新安江、丰满的地区发生什么地质灾害吧？法国的水能资源开发的非常充分，你也很少听说那里发生地质灾害吧？其实，全世界普遍都有水电开发程度越高，地质灾害越少的现实。这里的科学机理就是，水电不仅把河流制造地质灾害能量，用来发电了，而且还把潜在的地质灾害在蓄水的初期都释放掉了。关于这一点，我们曾接受中国科协的委托，和清华大学一起作了一个水电的地质减灾作用的科普资源专题片。大家可以到中国水电学会的网站去观看或下载。

因此，金沙江沿岸以往的地质灾害严重是必然的，而且，水电开发之后那里的地质灾害一定会有所减轻。这是被全世界都已证明了的客观规律。不过，我们看过早报的这篇文章之后，感到应该关注的，不只是地质灾害的科学问题，还有《东方早报》宣传报道的职业素养问题。因为，如果我们的媒体不能实事求是的报道客观事实的话，讨论科学和技术问题就失去了前提。对于《东方早报》的文章就让人有这方面的疑虑。

例如，关于1966年的那次地质灾害。按照早报所报道的“这是独立地质学家杨勇在一次考察日记中对乌东德库区地质风险的描述。”（如下图）。

看过早报的报道之后，让读者感觉这一定是杨勇亲眼见证了的地质灾害。然而，实际上那时的杨勇才只有9岁。因此，显然这些所谓日记中的“描述”就不可能是真实的。如果不是杨勇后来道听途说的，就一定是从哪里抄袭来的。当然，到目前为止我们还不知道，到底是杨勇自己欺骗了记者，还是记者与杨勇串通一气故意误导读者？然而，无论如何，看到这种现象，就难免让人对早报记者的职业素养产生怀疑。为了对读者负责，也为了能揭穿骗子表演。我觉得我们非常有必要介绍一下我所了解的杨勇。

包括金沙江水电建设者们看到《东方早报》中，居然还公开称杨勇为“横断山研究会”的首席科学家都感到十分的不解。关于杨勇的造假和蒙骗行为，很多网站上已经有过系统的揭露。然而，《东方早报》的记者，居然还是义无反顾的把杨勇称为横断山研究会的首席科学家。如果《东方早报》的记者能稍微认真一点，要求这个杨勇提供自己的身份证明的话，立刻就会发现杨勇的身份有假。因为，这个杨勇曾经参加过金沙江阿海水电站环境影响评价听证会。当时，由于他无法对自称的横断山研究会研究会首席科学的身份进行证明，只能以另一个民间环保组织“绿家园”的志愿者的身份参加环评。此前，杨勇用横断山研究会首席科学家的虚假身份，还曾经欺骗了中央电视台。据电视台方面透露，央视被骗的原因是，曾有记者用这个编造虚假身份，正式给杨勇申报年度绿色人物的提名。

此后，我们郑重向相关的政府管理部门进行了查询，得知“横断山研究会”是一个骗人的非法机构。不仅这个研究会的主任和所谓的首席科学家都是杨勇自己，而且，这个非法组织，很可能就只是杨勇自己一个人。试想，如果杨勇连自己的横断山研究会主任的身份都不能证明，他怎么能够向他的雇员的提供身份的证明呢？揭露杨勇蒙骗的这些内容，在网络上都能查到，然而，《东方早报》的记者还是要继续使用杨勇的虚假身份。

据知情人士透露，这个好称是地质学家的杨勇，中学毕业后没考上大学，在重庆煤矿学校中专毕业后，曾被分配到了四川攀枝花的一个环保站。工作不到3年就迷恋上了漂流。参加了几次漂流之后，就索性辞职下海专门到国内外参与各种漂流探险。但是，漂流探险毕竟只是一种娱乐活动，国家和社会都不可能长期资助这类活动。于是为了生计，很长一段时间内，杨勇主要从事给外国旅游、探险者当黑导游为生。自从杨勇和中国的反水坝组织勾结上之后，他就有了新的生财之路，那就是专门靠造谣诬蔑中国水电，骗取伪环保组织的各种资助。

据新闻报道的资料查阅，为了达到冒充地质专家骗人的目的，他曾冒充中国地质大学毕业生，冒充过中科学院的博士，冒充过中国科学院成都山地研究所的研究员。依靠编造虚假的专家身份，杨勇在某媒体和造谣记者的帮助下，骗取过某企业数百万美元的资助搞过什么“为中国找水”的欺骗活动。到头来水没找到一滴，倒让他在某电视台工作的儿子和他一起，东西南北的玩了个够。就这样一个，没有干过一天地质专业工作的人，却成为了某些造谣诬蔑中国水电的记者们最崇拜的地质“专家”。

金沙江的水电建设者们听到关于杨勇的经历之后，非常奇怪。他们当中很多人都是硕士、博士毕业，一般至少也大学本科毕业，并且长期从事专业工作。然而，却不得不听任一个当初考不上大学、没干过一天专业工作的骗子专家到处造谣生事，胡说八道。当然，他们也不能不承认骗子的骗术确实高明。别说他们博士、硕士比不了。目前，就是我国地质界最著名的院士，其社会知名度也远远不如这个考不上大学的骗子专家。这不能不反映出我们社会的悲哀，有些媒体为了能支持自己的观点，宁可用骗子，也不肯找科学家。所以，才会出现骗子的知名度，超过专业院士的怪事。

实际上，伪专家杨勇的骗术已经多次被揭露。早在2008年汶川大地震期间。杨勇看到紫坪铺水电站大坝出现了十几公分的沉陷，就向媒体大声疾呼“大坝危险，急待评估”。该消息曾在社会上造成很大的恐慌，很多记者给我打电话进行求证。我得知情况后便感觉，杨勇这个所谓的专家一定是假的。因为，我们业内的工程技术人员几乎都知道土坝出现少量的沉陷不仅是正常的，而且这将使得坝体更加密实、安全。他怎么会对此大惊小怪的炒作呢？于是，我立刻向他的当时公布的身份的所在单位（中科院成都山地研究所）进行了询问。该研究所的同志答复说，杨勇不是他们单位的研究员，他们已经向杨勇发出了律师函。如果杨勇再敢冒用他们的名誉，将追究他的法律责任。

然而，这次早报文章，杨勇又在故伎重演的说什么“‘这些大山崩随时可能复活，有些已经接近临灾的状态，可能只差一点点外力，这个力可能就是水库给的。’杨勇说，他曾徒步攀上因民、白沙沟山，亲眼目睹了山体开裂的数米宽的巨大裂缝，并留下了照片。”。虽然，早报的这些报道和上一次骗子杨勇发布紫坪铺水库存在重大的威胁几乎一样邪乎，但是，社会上似乎已经没人愿意搭理他是了。毕竟，撒谎的孩子不断的喊“狼来了”也不可能总能骗人。

最后，我们不妨把《东方早报》文章中的“据杨勇介绍，只是因民特大欲崩体崩塌，就有可能形成数十亿立方米的堰塞体，而唐家山堰塞湖的堰塞体只有两三千万立方米。并且可能形成几百米高的水浪，给白鹤滩、溪洛渡等大坝带来灭顶之灾。”这句话立此存照。让大家看看这位到处假充内行的预言家的危言耸听，有没有可能蒙上一点点？然而，根据消能减灾的科学道理和全世界普遍的现实，我们相信水电开发一定是减少金沙江地质灾害的最重要措施。只不过在蓄水形成新库岸的初期，我们需要认真的监测、处置潜在滑坡体的释放。

11．小结：对金沙江水电开发的评价

记者：我觉得我们的考察和采访很有意思。《东方早报》的记者考察了金沙江之后，写出了全面否定金沙江水电开发的一系列文章，而我们考察了金沙江之后，却得到了完全相反的结论。这几天我们关于《东方早报》对金沙江的评价已经讨论了很多问题，最后，关于《东方早报》的这些评论金沙江的文章您还有什么要总结、补充的吗？

张博庭：关于金沙江的问题，我已经说了很多。此前，一共完成了十篇，除了第一篇是关于大渡河的报道之外，全是围绕金沙江水电开发的争论。大家可以到我们学会的网站上去观看或下载。

为什么同样是实地考察之后，却得出完全不同的结论。这说明：一方面，考察者的心态对考察的结果有很大影响。支持水电开发的考察之后，更支持了。而另一方面反对水电开发了，考察之后更反对了。这似乎是一个怪圈。

我觉得，首先考察者的素质很重要，不懂专业的人看到同样的东西，可能会和专业人员的反映、感觉完全不同。当然，我们也不是说非专业人员考察就没有优势，但是，遇到专业问题，起码要有懂专业的人给予合适的解释才行。否则的话，发生指鹿为马的事情，不是没有可能的。就比如那个自称专家的杨勇，就曾在阿海水电站的环评听证会露过怯。他把金沙江边的一些淘金点，也当成了水电开发。如果不是很多专业人员在场，周围的人可能会跟着他上当受骗。

另外，考察者对被采访的对象也需要有一定的鉴别能力。不能认为只要对方说的内容，符合我的需要，就如获至宝的加以采用。抱着这样寻找自己支持者的态度的考察，一定会闹笑话。

比如《东方早报》的文章中有这样一段内容“位于溪洛渡电站库区的云南省永善县县委宣传部副部长刘安中透露，溪洛渡电站曾因未通过环评被叫停，但是环评未通过“不是因为破坏生态(陆生生态)的原因，实际就是三条鱼的问题”。这三条鱼包括胭脂鱼、中华鲟等国家一类保护动物，它们生活在长江，洄游到金沙江产卵、繁殖。”

我觉得，这个报道就是错的离谱。

据我所知溪洛渡被叫停只有一次，众所周知，那不是因为鱼，是因为程序问题。当然也许在开展前期工作之前，也可能因为要调整保护区也停止过，不过，那也不能说是什么叫停。另外，胭脂鱼本身就生活在长江和金沙江里，与中华鲟这种生活在大海里，回到长江里产卵的洄游性鱼类完全不同。这两种鱼怎么能混为一谈的胡说呢？还有，谁不知道，葛洲坝、三峡建成之后，中华鲟根本就上不来了，而且，通过人工增值和中华鲟自己在葛洲坝的下游自己建立天然的产卵场，我们已经基本解决了中华鲟的问题。如果说因为中华鲟叫停溪洛渡？那一定环保部的人的脑子出毛病了？

关于所谓溪洛渡的“三条鱼”，了解水电争论的人几乎都知道，是白鲟、达氏鲟和胭脂鱼。原来的溪洛渡所在的合江保护区的建立，主要是为了要保护这三种珍惜鱼类。后来因为溪洛渡电站的建设，需要调整保护区。这么一个几乎人所共知的问题，《东方早报》考察的记者和被采访者居然都不知道。而且，还把错误的说法，以考察结果报道出来，不管是什么原因，我们不能不说《东方早报》记者的职业素养也太缺乏了。

关于这三条鱼的争论很多，其中就有涉及到我的争论。我这里也顺便澄清一下。我曾经重复过某领导所讲述的，为了调整溪洛渡的保护区，说明保护区的划定不够科学、合理，他曾公开悬赏过50万，奖励能抓到任何“三条鱼”中的一种鱼的人。但是，自始至终也没有人抓到过。这的确非常能说明溪洛渡的保护区有点名存实亡。但是，后来有某媒体反驳我，说什么没捉到，不代表没有。还说什么，后来有人抓到了，可是，没处去兑现奖金。

我这里回应一下。首先这话不是我说的，是我重复某领导的讲话内容。其次，人家并没有说，没抓到，就代表那种鱼绝迹了，但起码可以说明，保护区划定的不够科学，应该可以让调整。后来有人抓到了，也是正常的。因为那三条鱼因为要建水电站已经进行了人工繁殖。据说除了白鲟，没有足够的母体，至今未能成功以外，达氏鲟和胭脂鱼都已经实现了人工繁殖。并且多次进行了增殖放流。现在能有人抓到了，恰恰是保护区调整后进行水电建设的功劳。

水电建设对鱼业资源的保护作用巨大。我们这次考察也亲眼见到了在孵化箱中的另外一种珍稀鱼类四川裂腹鱼的孵化过程。鱼卵转着转着就变成了小鱼，一个孵化箱中每分钟就有很多条鱼出世。傍边的鱼类保护人员，讲到这些，都乐的合不上嘴。在大渡河人工培育的娃娃鱼，也很成功。已经从根本上改变了金沙江的鱼类生存现状。可是我们公众所得到的信息却是完全相反的。

还有那个伪环保组织协商一致要反对的小南海。我怎么也想不通一个靠近城区的蔬菜基地，分明存在着大量的面源污染，怎么金沙江的鱼类都是贱骨头，几千公里的地方都不去，就喜欢呆在污染严重的地方？即便是鱼类和生态保护专家全票都过了变更保护区的决议之后，也不行，伪环保们还是能操纵着媒体，不断的制造出小南海是长江珍稀鱼类的最后栖息地的谎言。我感觉，在很多方面我们的媒体不能反映客观现实，而是，被一些国外组织和它们所提供的资金操纵着。媒体为什么就不能追问一下，为何只有小南海是长江鱼类的最后栖息地？原因何在呢？

如果你真去过金沙江，就会发现当地的渔业人员所说的水电建设拯救了金沙江的鱼类，真是他们发自肺腑的声音。他们一再强调原来金沙江，因为当地的人太穷，过度捕捞极为严重。结果是国家越是要保护的鱼类，反倒灭绝的越快。这也再次验证了《联合国人类环境宣言》中得四条所说的。发展中国家的生态环境问题，主要是发展不足造成的，这样一条结论。而我们国内的一些伪环保，却非要通过歪曲事实的方式，把发展与保护对立起来，想法设法的污蔑我们的发展是破坏生态环境。因此才会有，今天同样的考察得出完全相反的结论的现象。遗憾的是造谣的伪环保们可以操纵很多媒体，而我们这些说实话的科技工作者却很少有发言权。

总之，《东方早报》把某“县委宣传部副部长”这样一段采访内容刊登出来，其实让大家都很丢脸。毕竟读者中的大多数还有有判断力的。人家一看就知道这个被采访者是个糊涂车子。采访的记者不仅没水平，而其还有极强的倾向性。一听到对自己的观点有利的内容，就失去了基本的判断力。《东方早报》文章中很多的谣言，可能就是这样出来的。

其次的问题是：记者的报道，要尊重事实，不能故意鱼目混珠的蒙骗人。

例如，《东方早报》的文章说“世界主要大江大河中，密西西比河干流没有水电站(支流上有)，亚马孙河没有开发，尼罗河上的阿斯旺大坝，在给埃及带来农业繁荣的同时，也因其生态影响引起极大的争议：尼罗河上游径流量的减少非常明显，河床遭严重侵蚀，沿河流域耕地肥力持续下降，土壤盐碱化和尼罗河水质严重恶化，尼罗河入海口的沙丁鱼枯竭，吸血虫问题突出。为平息争议，埃及甚至专门成立了“阿斯旺大坝负效应研究所”。当时的掌权者穆巴拉克还呼吁全世界的科学家帮助埃及研究上述问题。”

而据我了解事实则完全不是这么回事。

如果说美国的密西西比河相当于我们的长江，那么它上游的密苏里河才相当于我国的金沙江。密西西比河因为落差太小几乎没办法发电（总共才有400多米，而我国的长江落差约5400米是密西西比的十几倍）。但是，尽管如此，为了航运和调控水资源美国人还是在密西西比河的干流上面建了29级大坝。比我国长江上多得多。而我们《东方早报》则以一句鱼目混珠的“密西西干流上没有电站”在隐喻我们中国的金沙江水电开发过度的同时，也欺骗了公众。

与我国金沙江相对应的（按照最长的支流计算河流总长）应该是密西西比河上游的密苏里河。那里不但有电站，而且，水电开发程度尤其是水库的蓄水总量远远超过了我国的金沙江规划（总库容900多亿）。当然，由于落差相差太大，装机总量还远远比不上我们金沙江。

我真不知道伪环保们有什么资格讽刺、质问金沙江的水电规划？什么成静水，什么间距不到百公里？美国密西西比河上游的水电站间距，都不到100公里，他们的水库蓄水量更大，让激流 “静水”的情况，肯定比金沙江更甚。可是人家美国的密西西比河系的水电开发，却是让全世界学习的典范，而我们金沙江的规划，还没有达到美国已经开发的程度，却被《东方早报》污蔑、讽刺、挑拨得，几乎要受到了全社会的口诛笔伐了。最可气的是《东方早报》的记者，居然还敢大言不惭的拿美国的密西西比河，为参照的例子，欺骗、误导中国公众。你这是不是有点太侮辱我们中国人的智商了？

此外，《东方早报》关于埃及的阿斯旺大坝的报道也很诡异。其实阿斯旺大坝和美国的胡佛大坝有很多相似之处。都是超过了河流年径流量的大库容，都是建在旱涝成灾河流的干流上、都起到了重要的防洪抗旱作用，都极大的改善和带动了当地的经济、社会和生态环境的全面发展。但也都存在着同样的生态环境争议。美国也有专门研究胡佛大坝的负面影响的机构，而且还不止一家、二家。但是这并不影响美国人把胡佛大坝当成是美国的骄傲。而埃及成立过“阿斯旺大坝负效应研究所”又能怎么样？现在，埃及人民对阿斯旺大坝的评价，已经不仅是美国说的骄傲，而是当成他们的命脉。但这一切在《东方早报》的不对称报道中，却完全变了味。在此我们真不能不佩服《东方早报》煽情和骗人的水平。

最后一个问题是，考察不能成为伪专家骗子发布谎言，污蔑水电开发的舞台。

例如，在早报文章的编者按中提到的观点，几乎就全是伪专家骗子杨勇的谎言。什么“分割成一段段静水”，什么“考察研究工作开展甚少”。全世界那么多个国家的河流都完成了梯级水电开发，是不是分割成了一段段静水，大家难道还看不到吗？金沙江考察研究工作的多少，一个外行的骗子，怎么可能知道？

杨勇用这种造谣的方式吹捧自己，污蔑别人已经不是第一次了，前不久他曾经对某媒体宣称。“我对青藏高原各条河流的科考从上世纪八十年代就开始了。当时，国家对这些河流很多河段的研究也很少，水文和地质数据几乎是空白。1986年，为了收集水文地质和河谷地貌资料，我从长江的源头顺流而下，用186天一直漂流到了入海口。”还说他后来又多徒步考察才填补了空白。

其实，杨勇所说的上世纪八十年代“当时，国家对这些河流很多河段的研究也很少，水文和地质数据几乎是空白”。完全是胡说八道。从民国时期的资源委员会，到新中国的长江水利委员会里成百上千名从正规院校毕业的科学家、工程师积累了大量的长江水文资料。包括黄万里教授那样一大批在中外学校里都处处拔尖的水文科技工作者，奋斗了几十年，难道都不如一个考不上大学的骗子？大家也许还记得，黄万里教授留美取得博士学位回国后，就曾经带领研究人员在西南山区里考察长江上游的水文资料很多年。黄万里也有他的同事牺牲在那里的描述。从正规院校毕业的科技工作者们辛辛苦苦的干了几十年，其结果还是青藏高原的各条河流“水文和地质数据几乎是空白”。而杨勇的一个漂流，就能填补了这个空白。

我们当时曾告诉被骗的媒体说，我有一个办法，可以让你们识破杨勇。你可以去问问杨勇，他知道长江水最深的地方在哪里吗？知道有多深吗？我估计即便到今天他号称“考察”了20多年后的今天，他还是不知道。即便他费尽心机的从别处打听出来了，他也绝对不可能回答上来，他什么时候测的长江水深？在哪里测的，用什么办法测出来的。我至今还是敢这样说。一个连河流最基本的参数水深都不知道的，就居然敢大言不惭的说填补了水文资料的空白的骗子的话，你敢信吗？

事实上，别说金沙江的考察，就是金沙江的地质钻探，我们老一代的地质和水电工作者早就已经干了几十年了。如果没有这些资料，别说修建电站，就连水能资源有多少你都说不清楚。然而，想不到一个骗子的这种谎言，居然也能被早报记者当成质疑金沙江开发的论据？

总之，我们和早报记者同样的考察却得出了完全不同的结论的问题非常值得我们深思。为了探究这个原因，我们建议要举办一个新闻发布会在发布我们考察的同时，把《东方早报》的记者也请来到现场，我们对质一下，看看到底谁说的是真的，谁说的是假的。不过，我估计他们不敢来。

如果他们真来了，说明他们还真是由于无知和水平问题被别人误导了。如果他们不来，很可能就是明知道自己是心怀鬼胎的造谣，害怕当面被揭穿。

另外还有一个可能，就是《东方早报》的这个所谓考察，可能就是极端反坝组织“绿家园”搞的那个“江河十年行”的一部分。由于这个活动不过就是找一帮伪专家和骗子借着实地考察江河的名义借机造谣。所以，早就臭名昭著的没人信了。很多人都称“江河十年行”是“江河造谣行”。所以，《东方早报》根本就不敢再用这个名字，否则，他们的造谣就更没有人信了。

虽然，现在我还不知道我的这种判断对不对？但是，种种迹象表明《东方早报》的表现与专门找伪专家骗子，借口考察江河然后大肆造谣“江河十年行”的行径十分相似。我希望有关的新闻管理部门应该这这种，利用公共媒体的资源造谣，故意用“考察“的名义让骗子大张旗鼓骗人的行为，进行认真的查处。有关部门和有良知的社会媒体，应该有责任揭露谣言，保护我们公众的知情权，不被一小撮国外极端环保组织收买、操纵的机构所剥夺。这样才能避免我们国家的发展，遭受不必要的损失和挫折。

总之，同样的考察却得到完全不同的结论的原因，是因为有人故意要用组织考察的名义来散布谎言，误导公众。对比《东方早报》文章中的各种问题，大家看看它是不是就有这样的嫌疑。携骗子利用考察的名义造谣，这就是我对《东方早报》关于金沙江水电开发评论的总体评价。

（责任编辑 小婷。http://www.guancha.cn/Project/2012_05_17_74699.shtml）

怒江5座水电站列入规划 中国水电建设再加速

2013年2月1日 新华网 责任编辑 潘凯恩

1月1日，国务院印发《能源发展“十二五”规划》并于1月23日正式公布，详细列出了五十几个在2015年前重点开工建设的水电项目。其中，怒江松塔水电基地被列入重点开工建设项目，而怒江干流六库、马吉、亚碧罗、赛格等项目则被列入有序启动项目中。

这意味着自2003年《怒江中下游水电规划报告》发布至今，争论近10年的怒江水电开发工程，将正式由规划进入实际开发阶段。

根据《能源发展“十二五”规划》，到2015年，我国水电装机容量将从2010年的2.2亿千瓦增长到2.9亿千瓦，年均增长5.7%。截止2011年底，我国水电装机容量为2.305亿千瓦，2012年，据不完全统计，我国水电新增装机容量1315万千瓦。未来三年，我国平均每年还需要增加水电装机容量1600万千瓦。

这其中，被列入“十二五”规划的五个水电基地的总装机容量达1120万千瓦，这意味着，在经历了“十一五”期间环评和移民导致的水电发展低潮之后，中国水电建设重新走上了快速发展的道路。

争论不休的“怒江水电开发”

关于怒江水电开发的是非，已经连续争论了近十年。2003年8月，国家发改委主持评审通过了由云南省完成的《怒江中下游水电规划报告》。该报告规划以松塔和马吉为龙头水库，丙中洛、鹿马登、福贡、碧江、亚碧罗、泸水、六库、石头寨、赛格、岩桑树和光坡等梯级组成的“两库十三级”开发方案，全梯级总装机容量可达2132万千瓦，比三峡大坝的装机容量还要多300万千瓦。

该规划报告一出，就遭到强烈反对。参加会议的原环保总局代表不予签字，他们认为，怒江是除雅鲁藏布江外唯一相对完整的生态江河，建议作为一个原生环境的对照点和参照系予以保留，不予开发。

当年9月3日，原国家环保总局主持召开座谈会，列举出多种反对怒江建坝理由：“三江并流”于2003年被联合国列入世界自然遗产名录，在该地区进行水电开发和梯级电站建设与世界自然遗产保护的宗旨不相符；怒江峡谷景观壮美，对有可能破坏怒江峡谷景观生态自然性与完整性的开发建设活动要慎重决策；当地物种与文化传统需要维护。

许多环保组织也对这一规划表达反对，强调三江并流地区有大量的物种，开发可能会导致怒江的多种洄游鱼类的物种减少甚至灭绝。他们要求保留怒江自然河流的形态，不进行任何形式的开发。

2004年2月，国务院总理温家宝在国家发改委报送的《怒江中下游流域水电规划报告》上批示：“对这类引起社会高度关注，且有环保方面不同意见的大型水电工程，应慎重研究、科学决策。”至此，怒江水电开发转入往来纷争的详细规划阶段。

2008年3月，国家发改委发布的《可再生能源发展“十一五”规划》明确表示，“十一五”期间将开发怒江六库、赛格水电站。后受制环保争议，未获环保部门批准。

2011年2月，四位退休多年的专家以联名信方式上书国务院领导，提出 “怒江处于活动断裂带、地震频发，身处泥石流重灾区，却多暴雨”，“在地震、地质上有特殊的高风险，不应建设大型水电站”。

2011年3月6日，中国水力发电工程学会、中国大坝委员会专门组织召开了研讨会，发出了另一种地质意见。

中国地震局地质研究所副所长徐锡伟表示，“水电站坝址若处于断裂带上，一旦地震，的确无坚不摧。但实际操作中，只要不让坝址区跨断层、提高设防烈度，水电开发依然是安全的。”

水电水利规划设计总院会同中国地震局地震预测研究所通过研究认为：怒江中下游流域历史上地震少、震级小；就西南地区复杂的地震环境而言，怒江流域（中下游）仍属区域构造相对稳定的地区。

地震专家虢顺民在怒江区域工作多年，在云南西部做过一二十个水电站的地震安全性评价，并参与怒江水电开发安评工作。他表示，怒江断裂带并不都在怒江上，而规划中的全部电站大坝都避开了怒江断裂带。

十一五的欠账，十二五要补

“‘十一五’期间，水电的审批由于环评和移民的问题，1000万千瓦以上的机组基本停批。”华能集团一位人士说，“水电的争议主要在环保生态和区域移民方面。能源局由于有减排等压力，对水电基本持支持态度，而环保部及水利部分别从各自角度出发，希望对水电的控制更加严格。”在这样的背景之下，“十一五”期间国内的水电项目核准容量不足2000万千瓦，而按照原规划，水电核准装机容量应在7000万千瓦以上。

正因如此，“十二五”规划中，水电建设全面加速已经成为定局。根据国家能源发展“十二五”规划，“十二五”期间将开工建设常规水电1.2亿千瓦、抽水蓄能电站4000万千瓦。全面推进金沙江中下游、澜沧江中下游、雅砻江、大渡河、黄河上游、雅鲁藏布江中游水电基地建设，并有序启动金沙江上游、澜沧江上游、怒江水电基地建设。

国家将重点开工建设金沙江白鹤滩、乌东德、梨园、龙开口、鲁地拉、观音岩、苏洼龙、叶巴滩、拉哇、昌波、旭龙，雅砻江两河口、牙根一级、牙根二级、孟底沟、卡拉、杨房沟，大渡河双江口、猴子岩、硬梁包、丹巴、老鹰岩、安谷、金川、安宁、巴底、枕头坝二级、沙坪一级，澜沧江古水、黄登、苗尾、乌弄龙、里底、托巴、大华桥、橄榄坝、古学、如美，黄河上游班多、羊曲、门堂、玛尔挡，雅鲁藏布江中游加查、街需、大古，长江干流小南海，怒江松塔，汉江旬阳，第二松花江丰满重建，乌江白马，红水河龙滩二期，帕隆藏布忠玉，库玛拉克河大石峡，开都河阿仁萨很托亥等项目；深入论证、有序启动澜沧江上游侧格、卡贡，黄河上游宁木特、茨哈峡，金沙江中游龙盘，怒江干流六库、马吉、亚碧罗、赛格等项目。

目前，规划中的水电站建设准备工作已经全面铺开。松塔水电站位于滇、藏省(区)界上游约7km的西藏自治区境内，是怒江中下游水电规划的第一个梯级电站，也是怒江中下游梯级规划的龙头水库之一。大坝坝顶高程1928米，最大坝高313米，是混凝土双曲拱坝体表性坝型。水库坝址以上控制流域面积10.35万平方公里，多年平均流量1240立方米/秒。水电站安装6台单机容量为600兆瓦的混流式水轮机组，总装机容量3600兆瓦，保证出力751兆瓦，多年平均发电量159.6亿千瓦时。

作为怒江流域水电开发主体，云南华电怒江水电开发公司已成立了六库水电站筹建处、赛格水电站筹建处、亚碧罗水电站筹建处、六丙公路建设公司等4个下属单位。目前，六库、赛格、亚碧罗、马吉四个电站和流域开发的主要配套工程已开展相关前期和筹建工作。

目前，华电怒江公司正在进行六库—丙中洛二级公路的施工。这条公路全长292公里，总投资150亿元，是怒江水电开发进场公路的一部分，该项目一期工程（六库至跃进桥段）拟在2014年建成通车。

(http://www.guancha.cn/Project/2013_02_01_124578.shtml)

印度再炒中国大坝威胁论 媒体渲染中国“无情”

2013年2月2日 环球时报 责任编辑 王杨

印度1月31日对中国采取“不同寻常的尖锐立场”，针对中国在雅鲁藏布江“修建大坝的单边行动”，印外交部声称拥有“河流使用权”，并首次敦促中国“不得在上游进行任何有损下游利益的活动”。印外交部的声明把一个媒体炒作的话题变成两国官方间的交涉。“中国大坝威胁论”只是在印度很有市场的各种“中国威胁论”中的一个，它的间歇性爆发让印度舆论中对中国的抱怨不断地积累能量。2月1日的印度媒体上充满本国“慷慨地”分给孟加拉国水资源的报道，以衬托中国拒绝与印分享水资源的“无情”。在大江大河上修水坝，在中国也是争议很大的事情，但复杂严峻的能源形势留给中国的选择余地并不多。实际上中国在雅鲁藏布江建水坝并非不照顾印度的关切，多名中国专家2月1日对《环球时报》说，“如果雅鲁藏布江只流经中国境内的话，相信早就建成多座水坝了”。中国人民大学教授郑风田认为，印度对中国建水坝的疑虑，更多的是出于一种国与国之间的猜忌，担心从战略上被中国拿一把。

印不满“中国单边行动”

针对中国批准在雅鲁藏布江（印度称布拉马普特拉河）中游建设三座新大坝的消息，印度外交部发言人赛义德·阿克巴鲁丁周四说，印度对水坝的建设进行了密切关注，“作为拥有大量使用权的下游国家，印度已经向包括中国最高层之内的中国官方表达了对此问题的意见和关注。印度要求中国保证下游国家的利益不因上游国家的行为而受到损害。”

印外交部的发言迅速引来各种解读。《印度时报》称，对于中国建坝的单边行动，印度“采取了一个不同寻常的尖锐立场”，不仅声称自己拥有“河流使用权”，而且还首次要求中国“不得在上游进行任何有损下游利益的活动”。印度政府的最新反应表明了政策的改变，此前印度的表态一直是新德里“认同”中国“不伤害印度利益”的声明。《印度快报》称，与以往针对类似问题的表态相比，印外交部发言人的此番讲话有三点新意：一是首次提出印度作为下游国家对河流拥有固有权利；二是在提到下游国家时使用了复数形式，首次把孟加拉国拉入同一个利益阵营；三是高度强调印度政府对此问题始终保持“密切关注”。

另据印度《德干先驱报》1月31日报道，印度国防部长安东尼周四表示，印度政府尚未知悉中国在雅鲁藏布江上修建大坝的详细计划，但印度将慎重考虑此事。

印度媒体对“中国大坝威胁论”已经炒作了三四天，不少媒体声称中国修大坝威胁印度，可能导致印度境内干旱等。《印度教徒报》1月31日称，根据一项1月23日印发的新能源发展规划，中国已批准在雅鲁藏布江中游建设三座新大坝。目前，中国已开始在雅鲁藏布江干流中游河段建设一座大型水电站，即位于西藏的藏木水电站。这座水电站于2010年动工。三个新批项目中的一个规模大于藏木水电站。中国将在位于藏木上游18公里处的大古建设一座装机容量640兆瓦的水电站，在位于藏木下游的加查建设一座装机容量320兆瓦的水电站，另一座水电站将建于藏木上游11公里处的街需。《印度斯坦时报》称，中国建大坝让印度大吃一惊。因为中国建大坝的决定并没有正式通知印度官方。尽管最近双方高层围绕水资源问题也进行过讨论，但是中国并没有谈及大坝的决定。《印度时报》指责说，中国1月23日公布的规划并没有咨询新德里，也没有与印度共享任何信息。这反映出中国政府的一贯政策，即他们并不认为需要与印度商榷。

中国谨慎开发西藏水资源

“雅鲁藏布江对印度来说确实很重要，但对中国也很重要，合理开发位于本国境内的河流是中国的正当权益，也是发展当地经济、保障中国能源供给的正当要求，我们不能因为印度的疑虑就放弃我们的权益。”中国现代国际关系研究院南亚问题专家傅小强1日对《环球时报》记者说。

在中国国务院1月1日正式印发的能源发展“十二五”规划中，有关水电建设的表述是：“积极有序发展水电”。规划称：“全面推进金沙江中下游、澜沧江中下游、雅砻江、大渡河、黄河上游、雅鲁藏布江中游水电基地建设。”有分析认为，这表明在“十二五”期间，中国水电建设全面加速已经成为定局。“十一五”期间中国一些水电建设项目曾因环保争议而放慢进度。清华大学土木水利学院吴之明教授1日对《环球时报》说，水电作为一种清洁能源对中国这样一个大国来说具有重要意义，也是西电东送的重要基础。虽然建水电站现在有一些争议，尤其是生态方面的争议，但它的影响是两方面的，有时也会有好的影响，比如形成好的小气候，所以建设前需要进行深层次的环境论证。

三峡大坝、金沙江巨型电站、怒江阶梯电站都曾成为中国的国内焦点争论话题。雅鲁藏布江水电开发程度则要小得多，在2007年公布的能源发展“十一五”规划中，没有提到雅鲁藏布江的水电开发问题。有分析认为，在中国能源形势更加复杂严峻的情况下，雅鲁藏布江的水电开发已经不可避免。

国务院发展研究中心丁一凡研究员对《环球时报》记者表示，水电资源有许多优势。在中国能源短缺的情况下，开发雅鲁藏布江丰富的水利资源可以说势在必行。事实上，与世界先进国家相比，中国开发的程度还远远不够，一些发达国家的水资源开发利用率达到百分之七八十，相比之下中国还低得多。

在《印度时报》网站的相关新闻跟帖中，名为贾迪普的网民留言说：“水电又好又干净，只要上游山区的大坝不截走大量的水，实际上对下游是有好处的。其实印度也应该在布拉马普特拉河上建几座大坝，现在重要的是与中国达成划分水资源的协议。”

雅鲁藏布江发源于中国西藏喜马拉雅山脉北麓的杰马央宗冰川，上游称马泉河，自西向东横贯西藏南部，于墨脱以北切穿喜马拉雅山，转而南流，形成雅鲁藏布大峡谷。它是世界海拔最高的大河，也是中国坡降最陡的大河。雅鲁藏布江流到印度境内被叫做布拉马普特拉河，它梵语中的意思是“梵天之子”。梵天是印度教三大主神中负责创造宇宙的神。以水量来说，布拉马普特拉河是印度第二大河，对印度的重要性不言而喻。因此，中印跨境河流始终是一个高度敏感的话题，既牵涉领土争议和水源利益分配，也涉及国家安全及国际法，同时它还是印度国内炒作“中国水威胁论”的重要支撑。

印度没必要过度担忧

在印度一些分析看来，位于中国下游是“令人痛苦的现实”。印度战略研究学者布拉马·钱拉尼1日在阿联酋《国家报》上刊文声称，流入印度的重要河流中有十多条的源头在西藏的喜马拉雅山脉。印度全年1/3的水供给来自西藏。阿富汗、越南等国家也需要从西藏高原获取水源，但印度对于西藏水资源的依赖程度超过其他国家。而且印度面临的水资源问题比中国还要严峻。中国人口数量超过印度不足10%，但中国国内可更新水资源是印度的将近两倍。而在可利用水资源方面，中国也比印度多50%。

钱拉尼的文章还抱怨说：1960年，印巴签署协议，将印度河流域80%的水资源留给下游的巴基斯坦，这是现代历史最为慷慨的水资源分享协议。1996年与孟加拉国签署的恒河条约约定，在旱季保证跨境流入水量的最低值。该条约将恒河水平均分给两国。然而，北京并没有效仿印度在水资源方面的慷慨，无情地拒绝分享水资源，并修建大坝拦截流向其他国家的河流，丝毫没有考虑到下游国家的利益。

印度《亚洲年代》报道称，印度在与中国就跨界河流问题的会谈中多年来始终处于弱势地位，新德里早就应该寻求改变，争取在联合国框架范围内解决问题。希望此次印度外交部的表态能让问题的解决出现希望的曙光。

实际上，中印关于跨境河流问题业已开展了一些有成效的合作。印度政府近年来一直要求中国提供水文资料及开展跨界河流的合作，中方也照顾印方需求，在条件允许的情况下及时向印度提供相关河流的水文资料。目前，两国业已成立联合委员会以研究从中国西藏流向印度的河流流量。根据2002年4月中印签的《关于中方向印方提供雅鲁藏布江－布拉马普特拉河汛期水文资料的实施方案》，每年6月1日到10月15日，中方向印度提供雅鲁藏布江上的奴各沙、羊村、奴下等三个报汛站的水文信息。2002年5月28日西藏自治区水文局的第一组雅鲁藏布江水文数据通过电报传向印度，标志着中国开始正式向印度提供雅鲁藏布江水情资讯。《印度快报》1日的评论说，印度实际上没有必要对跨境河流问题过分忧虑。因为印度实际上只利用了布拉马普特拉河水流量的不足5%。中国虽然有大小30个水利开发项目处在不同的酝酿实施阶段，但这些开发项目并没有大规模蓄水的计划，所以对河流的下游水量不会产生影响。报道援引印度水资源部的说法称，布拉马普特拉河流入印度境内的年度径流量不足700亿立方米，而流到孟加拉国时的年度径流量约是6000亿立方米，中国的水坝建设项目应该不会对印度境内的水流量产生不利影响。

中国人民大学农业与农村发展学院副院长郑风田对《环球时报》记者表示，雅鲁藏布江水流充沛，不太可能出现因为中国建水电站而导致下游断水的情况。相比于黄河、长江，中国对西南地区流向境外的河流开发一直很谨慎，但中国也要合理利用自己境内的水资源。只要上游不向下游排放污染，相信中国的水电站不会对印度造成太多影响。郑风田认为，事实上，不光是大坝，中国在西藏地区修建公路等基础设施也会引起印度的猜疑。印度对中国建水坝的疑虑，更多的是担心从战略上被中国“拿一把”。单纯从水资源方面看，不值得印度那么担忧。

(http://www.guancha.cn/Neighbors/2013_02_02_124790.shtml)

纽约时报头版对怒江水电开发指手画脚诬称其是一场“灾难”

2013年5月8日　观察者网综合 责任编辑 潘凯恩

昨天，美国《纽约时报》刊登其撰写的长篇报道《中国重启怒江水电站大坝项目，怒江告急》，搜罗怒江梯级水电水利开发的各种危害，暗示中国进行怒江水电建设是仓促而非环保的，并指责开发计划对于当地居民和生态环境来说是一场“灾难”。

以下是《纽约时报》报道全文：

怒江发源于青藏高原喜马拉雅山脉一座冰川，其源头是一条晶莹剔透的小溪，进入缅甸后缓缓流经该国的丛林，水面宽广，水流浑浊。怒江是亚洲最天然的水道之一，在流向安达曼海的途中，长达1700英里（约合2736公里）的河道不受阻碍。

但怒江作为该地区仅存的自由流淌的河流之一的日子不多了。今年早些时候，中国政府重启了在怒江上游修建一系列水电站大坝的计划，此举震惊了环保人士。怒江上游位于中国西南的云南省，是联合国教科文组织（United Nations Educational, Scientific and Cultural Organization，简称Unesco）认定的一处世界遗产所在地的核心地区，是世界上生态最多样化和最脆弱的地区之一。

批评人士称，该项目将迫使数万名生活在云南境内高地上的少数民族搬迁，破坏20余种濒危鱼类的产卵地。地质学家警告称，在地质活动频繁的地区修筑大坝可能对下游居民构成威胁——这里距离上月导致近200人丧生的四川地震的发生地不远。Unesco定于下月讨论是否将该地区列入濒危地区名单。

最大的输家可能还包括边境另一侧缅甸和泰国的数百万农民和渔民，他们依靠萨尔温江（怒江在东南亚的名称）维持生计。“我们在说的是一连串像小瀑布那样的大坝，它们会从根本上改变生态系统和依赖这条河流的下游社区的资源，”倡导组织——国际河流(International Rivers)的闫珂(Katy Yan)说。

2004年，中国政府搁置这个项目，今年3月温家宝卸任前不久，正式重启了这个项目。该项目加剧了长期发酵的地区紧张，其根源是北京方面计划在多条从中国流向其他缺水国家的江河上修筑大坝或让河流改道，以提振经济增长，并降低中国对煤炭的依赖。根据中国最新的五年能源计划，政府的目标是启动全国大约36个水电项目的建设工作，这些项目的装机容量加起来将是美国的两倍多。

迄今北京方面基本上对邻国的关切无动于衷，这些邻国包括俄罗斯、印度、哈萨克斯坦、缅甸和朝鲜。中国拒绝签署联合国的水资源共享协定，（原文特指1997年第51届联大签署的《国际水道非航行使用法公约》，该公约允许“每一水道国均有权参加适用于整个国际水道的任何水道协定的谈判，并成为该协定的缔约方，以及参加任何有关的协商”。该公约遭到包括中国、法国、印度在内的5个主要国家的反对，另有25个国家弃权，仅33国持赞成态度——观察者网注）该协定将适用中国的13

条跨境河流。中国前水利部部长汪恕诚曾在介绍中国的水资源政策时说，“要么为每一滴水而战，要么灭亡。”（汪恕诚的原话为“中国面临的挑战就是要珍惜每一滴水，否则就是灭亡。”——观察者网注）

在背包客喜欢光顾的宁静的丙中洛，那些珍惜怒江快速流淌的蓝绿色之美的人说，拟在云南境内建造的4座大坝，以及西藏已经在建的那座大坝，将不可逆转地改变旅游指南所称的东方大峡谷。这个长达370英里的峡谷山高谷深，覆盖着厚厚的森林植被。这里栖息着中国大约一半的动物物种，其中许多是濒危物种，包括雪豹、喜马拉雅黑熊和红熊猫。

薄雾笼罩下的村庄不可思议地依附在卡斯特地形的峰峦上，村民包括该地区的22个土著部落，大部分部落有自己独特的语言。“这个项目对当地政府来说是好的，但是对当地居民来说，简直就是个灾难，”42岁的万里说。2003年，他放弃了当会计的大城市生活，来这里开了一家青年旅馆。“他们会慢慢地失去自己的文化、传统、还有生活方式，然后就剩下一个平平淡淡的、毫无生气的水库。”

作为中国仅存的两条尚未被大坝截流的大河之一，怒江在环保人士当中拥有一批忠诚追随者，这些环保人士对中国许多水道遭受的破坏深感沮丧。3月，中国水利部公布了一项调查，称全国已有2.3万条河流完全消失，许多知名河流在污染之下退化。黄河在入海口处不过是一股发臭污水的细流，曾经水势磅礴的长江也因三峡大坝而变得平缓。三峡大坝项目耗资250亿美元（约合1541亿元人民币），迫使130万人搬迁。

对许多活动人士而言，怒江已成了最后一个阵地。“中国为什么就不能有一条不被人类破坏的河？”身在北京的著名环保人士汪永晨问道。近年来，她去过该地区12次。

反对者称，这个项目在温家宝退休前不久重新启动并非巧合，当初他决定叫停施工，曾被视为中国初生的环保运动取得的一个标志性胜利。尽管温家宝没有完全取消这个项目，但地质学家出身的他当时誓言，在彻底评估环境影响之前，该项目不会继续。

但是官方并未发布任何评估结果，同时鉴于政府的目标是到2020年水力发电要占全国总发电量的15%，几乎无人认为该项目会因为环境方面的顾虑而放缓进度，尽管最初计划的13座大坝已减少至5座。环保人士杨勇称，“建大坝其实是关于协调人和自然之间的矛盾，但是如果对项目没有一个科学的认识，结果只能是场灾难。”

一些专家称，鉴于中国电力需求巨大，而过于依赖煤炭已经使北京和北方其他城市的雾霾达到空前严重的程度，中国别无选择，只能在怒江上建造大坝。但是，很多环保人士不接受政府有关水电是“绿色能源”的断言，指出大坝形成的水库吞噬了大片森林和农田。他们称，被忽略的还有植被腐烂所产生的甲烷和二氧化碳，此类温室气体是加剧全球变暖的主要因素。

新德里政策研究中心(Center for Policy Research)的水资源专家布拉马 切拉尼(Brahma Chellaney)称，“中国称大坝环保，是为大举建造大坝正名。”切拉尼表示，北京还未能考虑到大坝将阻拦大量淤泥，使下游农民失去传统上给过度种植的土壤带来的季节性养分。

中国已经在大多数河流上都修建了大坝，但怒江迄今未遭打扰，这突显出云南西北部的偏僻，这里离云南省省会昆明有两天车程，沿途的山路上新近发生的滑坡证明了这一地区地质的不稳定性。

虽然在2004年被暂停，但在怒江上修建大坝的工作从未真正停止，在北京移除了所有障碍后，国有水电巨擘华电集团开始加大规划力度。

本月早些时候，在暮色降临其中一个大坝选址马吉时，爆炸的巨响回荡在山谷中，工人们日夜不停地在峡谷壁上炸出深洞进行测试。33岁的工人李佳旺称，工程师们依然在尝试确定这里的岩石能否承受1000英尺（304.8米）高的大坝。

华电和水利部都没有回应采访请求，但是这个工程要继续推进的消息已经吸引了大量的外地人，这可能扰乱这里脆弱的少数民族社区。45岁的农民工洪峰来自湖南，他最近在马吉的路边开了一家商店，他称大多数顾客都是从中国其他地方来修大坝的工人。他说，“我们就是来赚钱啊，赚完了就走。”

在可能被迫搬离这些被江水泛滥冲刷出的肥沃低地的大约六万人中，多数人没有这种选择。他们主要是自给自足的农民，在几乎每一片平地都已被占用的情况下，很多人将被安置到人口密集的住宅小区，新小沙坝这个有124个单元的项目就是一例，该项目在大坝工程被暂停之前就动工了。

今年25岁的傈僳族人李甜一家被迫告别自己的土地。现在一个核桃加工厂打零工的李甜说，“以前我们自己种西瓜，多得吃不完。现在什么东西都要买。”

尽管地方领导对移民安置计划守口如瓶，但近年来他们努力将大坝工程包装为一件礼物，称其将帮助中国最贫穷的地区之一脱贫。

但在濒临怒江、有着众多木房子的风景如画的茶腊村，26岁的农民余尚平不觉得自己和乡亲们贫穷。他说，“这里是我们辛苦修建起来的家园。但是如果政府要修坝，我们没有什么办法。”

“保留生态江”的伪命题

《纽约时报》在报道中称怒江是“亚洲最天然的水道之一”、“该地区仅存的自由流淌的河流”，并引用所谓环保人士汪永晨的话称“中国为什么就不能有一条不被人类破坏的河？”仿佛保留怒江不被人为改变是一种对自然的尊敬。然而，至今为止，全世界还没有关于生态江的权威定义。

按照“不被人类破坏”这一原则界定，要做到保留生态江，不仅不能进行水电规划开发，而且不应该进行任何人为的开发建设。即便如此，事实上也很难真正做到保持原始生态。唯一可行的办法就是把沿江流域的人都搬迁出去。必须承认，在人类文明的进程中，想要保存整个一个流域的原始状态，确实太难了。而怒江沿线多年的人类生产活动，实质上已经破坏了怒江作为生态江的原始形态。

更重要的是，怒江是一条国际河流，其下游萨尔温江在泰国和缅甸境内。国际河流的开发与保留必然存在国际合作问题，泰国的水电人士曾明确表示“根据国际法，谁也没有权利剥夺我们合理使用萨尔温江水资源的权利”。事实上，怒江下游的泰国和缅甸早已开展了各类水电建设工程。早在中国政府暂停怒江水电开发之后的2007年，泰缅边境邻近湄索市的Haygui就开始修建名叫哈希(Hat Gyi)的水电站。该电站装机容量约为1,200兆瓦(或120万千瓦)。哈希电站于2007年年底开工，计划到2013-2014年全面投产，为泰国提供稳定的电力。

怒江流域拥有北半球绝大多数的生物群落类型，成为世界上生物多样性最丰富的地区之一：该地区面积仅占我国国土面积的0.4%，却拥有全国20%以上的高等植物、25%以上的野生脊椎动物；77种国家级保护动物和34种国家级保护植物。怒江中已知的48种鱼类有30多种为本区特有种，其中有4种被列入动物保护国际红皮书。

《纽约时报》称，“最大的输家可能还包括边境另一侧缅甸和泰国的数百万农民和渔民”。这一观点来源于全球绿色资助基金会2006年的一篇论文。文章说“环保人士指出，在缅甸境内的萨尔温江修建水电站可能会对鱼类回游带来重大影响，进而使依赖捕鱼为生的家庭越来越难维持生计。”

然而根据我国有关研究机构的观察记载，怒江中的鱼类只有极少数是洄游性鱼类。怒江中只有一种是长途洄游性鱼类，而且这种鱼踪迹的最近几年在我国怒江已经难以发现。对于部分短途洄游性鱼类，建坝的影响几乎可以忽略不计，因为短途洄游性鱼类完全可以到水库的支流中洄游产仔，适应新的环境。所以，怒江建水坝可能产生对于鱼类的不利影响是非常有限的。相反，世界上几乎所有的水电站建成之后，水坝建成后形成了水库水体面积大大增加，大部分非洄游性鱼类都会发生种群扩张，使总的渔产品产量都会大幅度的增加。这一结论，连世界上公认的反坝权威资料《大坝经济学》也不得不承认。

从这一角度看，怒江开发建坝以后水库养殖必将能吸纳的更多的劳动力，养活更多的渔民。

“文化传统”真的值得保留?

《纽约时报》引用一位名叫万里的旅店店主的话表达了对怒江地区建设水坝可能对当地人和文化造成的影响：“他们会慢慢地失去自己的文化、传统、还有生活方式，然后就剩下一个平平淡淡的、毫无生气的水库。”

这些让人难舍的“文化、传统、还有生活方式”究竟是什么样的呢？据一位多年从事水电工作的云南省全国人大代表考察，怒江流域傈僳族自治州98%的土地位于高山峡谷地带，土地资源十分贫乏。在狭小的陡坡地上居住着22个少数民族，总人口达45.36万人。全州有22万贫困人口，其中有12.7万人必需要易地安置才有可能摆脱贫困；有4.4万人已经基本丧失生存条件，受泥石流、滑坡危及生存的有2.3万人，还有几万农户仍居住在茅草房或杈杈屋内，至今仍保留着刀耕火种、人背马驮的原始生产生活方式，粮食年平均单产只有150公斤，生存条件极其恶劣。有相当一部分群众至今还一贫如洗，家徒四壁，衣不蔽体，食不果腹，其贫困程度只能用“心痛”二字来形容。

几十年来，为扩大耕地面积养活不断增加的人口，沿江两岸从江边到海拔2000米左右的原始森林已砍伐殆尽，在国家天然林保护政策实施后，当地人只能在陡坡地上壁耕生产；旅游业及民族文化的开发和发展则都因交通条件差而难有大的发展。

《纽约时报》称，大约有六万人因为修建水坝而“被迫搬离这些被江水泛滥冲刷出的肥沃低地”。而事实上，在中国山高谷深的西南地区，水系冲刷根本不可能带来什么淤积养料。相反，在贫困中挣扎的百姓，不得不把生命的希望寄托在脆弱的怒江的生态资源上。到现在为止，怒江沿岸，凡是有人聚居的区段已经被开垦得满目疮痍。正如何祚庥所说：“不把老百姓从山上请下来，他们还在刀耕火种砍伐树木，只有把居民请下来才能保护生态。”

早在水电规划之前，“生态移民”已经是怒江州政府为扭转生态—贫困—人口恶性循环局面而主动采取的重要举措。这种潜在的“生态移民”估计有12.7万人(全州需要通过易地安置以摆脱贫困的人数是127000人。其中(1)，基本丧失生存条件的：44000人；受泥石流滑坡危及生存的：23000人。(2).30度陡坡地退耕还林和自然保护区需易地安置的：60000人 。

在《纽约时报》看来，数万人的移民是一个规模大到难以想象，甚至一定会产生旧有文化消亡和各种社会问题的棘手问题。而事实上，怒江地区水电开发产生的6万移民数量，不仅远远小于三峡工程时期的110万，也远小于为了长江下游性行洪的安全，退耕还湖搬迁的200万。如果考虑到我国每年上亿农民进入全国各大城市，数万人的移民规模实在难以称为“重大问题”。

“环保主义者”们的故事

为了增强说服力，《纽约时报》引用环保人士汪永晨、国际河流组织的闫珂、以及所谓民间地质学家杨勇的话，反复表达对怒江兴建水坝的担忧，并指出建设大坝只可能是一场“灾难”。不过在听他们说话前，不妨看看这些环保人士的背景与知识。

汪永晨，民间环保组织“绿家园志愿者”召集人。据方舟子回忆，汪永晨在反对怒江建坝的时候说道：怒江水电的发电量只有2000万度，这么一点电只要调剂一下就可以了吗，为什么为了这么一点电要把一条原生态的河流给破坏掉了呢？根据资料，怒江梯级开发的装机功率是2132万千瓦，发电量是1029.6亿度。“她连度和千瓦的概念都分不清楚，把2千万千瓦当成了2千万度，一下子把发电量降低到5000分之一。”

汪永晨和国内外一批反水坝组织甚至曾经不惜花钱找来一些龙蟠水电站的潜在移民到联合国召开的大会上去宣称他们反对金沙江上龙蟠（虎跳峡）水电站的建设。一度导致工程拖延。

国际河流组织则是一个1985年成立于美国的非

政府组织，接受福特基金会的资助。它自称其使命在于“保护那些依赖河流生存的人们”，但该组织的全部工作就在于反对建坝——尤其是中国公司建设的大坝。他们甚至发行了名为《新的长城——中国海外水坝行业指南》的宣传材料，并明确希望其参与者向“中国水坝建设单位”施压、示威以及索取补偿。

至于“民间地质学家杨勇”，据知情人士透露，在中学毕业后没考上大学，在重庆煤矿学校中专毕业后，曾被分配到了四川攀枝花的一个环保站。工作不到3年就迷恋上了漂流。参加了几次漂流之后，就索性辞职下海专门到国内外参与各种漂流探险。漂流探险毕竟只是一种娱乐活动，国家和社会都不可能长期资助这类活动。于是为了生计，很长一段时间内，杨勇主要从事给外国旅游、探险者当黑导游为生。自从杨勇和中国的反水坝组织勾结上之后，他就有了新的生财之路，那就是专门靠造谣诬蔑中国水电，骗取伪环保组织的各种资助。

据新闻报道的资料查阅，为了达到冒充地质专家骗人的目的，他曾冒充中国地质大学毕业生，冒充过中科学院的博士，冒充过中国科学院成都山地研究所的研究员。依靠编造虚假的专家身份，杨勇在某媒体和造谣记者的帮助下，骗取过某企业数百万美元的资助搞过“为中国找水”的欺骗活动。到头来水没找到一滴，倒让他在某电视台工作的儿子和他一起，东西南北的玩了个够。就这样一个没有干过一天地质专业工作的人，却成为了某些造谣诬蔑中国水电的记者最崇拜的地质“专家”。

目前，就是我国地质界最著名的院士，其社会知名度也远远不如这个考不上大学的骗子专家。

伪专家杨勇的骗术已经多次被揭露。早在2008年汶川大地震期间，杨勇看到紫坪铺水电站大坝出现了十几公分的沉陷，就向媒体大声疾呼“大坝危险，急待评估”。该消息曾在社会上造成很大的恐慌，但对于水坝业内的工程技术人员，几乎都知道土坝出现少量的沉陷不仅是正常的，而且这将使得坝体更加密实、安全。

2003年11月底，世界河流与人民反坝会议在泰国举行，中国民间环保组织参加的有绿家园、自然之友、绿岛、云南大众流域等。最终60多个国家的NGO以大会名义联合为保护怒江签名，此联合签名最后递交给了联合国教科文组织，联合国教科文组织为此专门回信，称其“关注怒江”。 随后，泰国的80多个民间NGO也就怒江问题联合写信，并递交给了中国驻泰国使馆。

我们知道任何组织都是要生存的，尤其是NGO这种民间团体。目前中国NGO的经费来源大部分是海外捐赠。据“地球村”年度报告介绍，“地球村”的经费来源主要靠国外的基金会支持。通常是做好项目策划，然后向福特基金会、美国能源基金会等组织申请经费援助，这部分占了所有经费来源的90%左右。 著名学者方舟子就此指出：他们这些“环保人士”都自称是NGO，是非政府组织，这些“环保组织”许多实际上是拿国外有政治背景组织的钱，像这样的还能不能算NGO，我觉得可以商榷。 他介绍说，“地球村”在2002年从英国驻北京大使馆获得了40.9万元的活动经费。这个“环保组织”在同一年从德国Heinrich Boell基金会获得了36万元活动经费，该基金会是隶属德国绿党的政治基金会，而德国绿党是德国的联合执政党，这不能说没有政府背景吧?

通过大坝之争，很多环保人士的确走到了前台，很多民间环保组织也声名鹊起，知名度大大提高。如此是否有了向海外机构要钱的资本呢？我们不得而知。

1/5的北海油田

《纽约时报》引用“部分环保人士”的话说，大坝形成的水库吞噬了大片森林和农田。他们称，被忽略的还有植被腐烂所产生的甲烷和二氧化碳，此类温室气体是加剧全球变暖的主要因素。但实际上只要分析怒江水电开发工程的规模和水平，就不难推知，这才是中国真正清洁能源所在。

几乎就在国务院发布《能源发展“十二五”规划》的同时，中国也遭受了历史上最严重的雾霾困扰。而以松塔和马吉为龙头水库，丙中洛、鹿马登、福贡、碧江、亚碧罗、泸水、六库、石头寨、赛格、岩桑树和光坡等梯级组成的“两库十三级”开发方案，全梯级总装机容量可达2132万千瓦，年发电量超过1000亿度。相当于每年开采、运输和燃烧5000万吨原煤，排放一亿吨二氧化碳。相当于我国每天要多开采、运输和燃烧近14万吨原煤。如果用55吨的火车皮来装，大约需要2490节火车皮。排起来，火车的长度相当于北京到天津距离的一半。

根据这一规划，怒江全部电站建成大约耗资900亿人民币，之后可以再其后数十年内得到稳定的电力供应。以英国为例，2013年北海油田的原油产量大约是每天200万桶左右，约合28万吨，相当于年产原油1亿吨，不计任何运输成本和损耗，全部投入发电，若按照内燃发电机40%的发电效率计算，则可产生大约5亿度电。如果计算运输和损耗，实际发电量则可能更少。

也就是说，怒江梯级电站开发产生的电能，大约相当于日产40万桶的大型油田用于发电的能量。而且比起几十年即将枯竭的油田，一旦建成，折旧期长达上百年的水电站寿命更长，且可以通过重建电站获得持续的电力供给。

如果考虑到水电比起火电的清洁环保和低碳排放，则这一工程将更具诱惑力。如果考虑到全部电站的建设成本仅为2011－2016年BP公司一家在北海油田的新增投资（10亿英镑），且运行全部13个怒江梯级电站只需3000左右工作人员。怒江电站比起需要近十万人力，每年耗资40－50亿英镑投资的北海油田，具备毫无争议的优势。

连《纽约时报》自已都不得不承认“根据中国最新的五年能源计划…..36个水电项目……装机容量加起来将是美国的两倍多。”面对中国飞速增长的需求和水电清洁环保的优势，没有什么比这更能说明怒江水电站建设全面恢复的重要意义了。

(http://www.guancha.cn/toutiao/2013_05_08_143255_2.shtml)

方舟子谈怒江水利开发：环保人士不该利用话语权误导不了解情况的人

2013年5月8日　人民网　责任编辑 梁哲浩

今年1月，国务院印发《能源发展“十二五”规划》，详细列出了五十几个在2015年前重点开工建设的水电项目。其中，怒江松塔水电基地被列入重点开工建设项目，六库、马吉、亚碧罗、赛格等列入有序启动项目。这意味着自2003年《怒江中下游水电规划报告》发布至今，争论近10年的怒江水电开发工程，将正式由规划进入实际开发阶段。

日前，美国《纽约时报》刊登其撰写的长篇报道《中国重启怒江水电站大坝项目，怒江告急》，搜罗怒江梯级水电水利开发的各种危害，暗示中国进行怒江水电建设是仓促而非环保的，并指责开发计划对于当地居民和生态环境来说是一场“灾难”。观察者网则搜集详细的背景资料，详述怒江水电的利弊。

观察者网特地刊出2005年方舟子就怒江建坝接受《纽约时报》的采访，以及在云南大学演讲介绍伪环保反坝人士的文章供读者参考。

之一：就怒江建坝答《纽约时报》记者问

2005年12月4日我接到《纽约时报》记者Jim Yardley电话，希望能就怒江建坝争议当面采访我。我当时预料该报的报道将会倾向中国伪环保人士，拒绝了当面采访的要求，要求用电子邮件采访，以便我能更细致地回答这个复杂而敏感的问题并自已留下问答记录。12月7日该记者用电子邮件给我发来问题，我当天做了回答。

该记者答复收到了我的回答，并说如果有进一步的问题再和我联系。12月26日，《纽约时报》登出该记者写的报道《对中国的“愤怒之河”寻找公共声音》(Seeking a Public Voice on China's 'Angry River')。该报道单方面地报道于晓刚、汪永晨、马军等人反对怒江建坝的看法，把这些人的一些不实之词当成事实陈述（例如声称“怒江是中国仅剩的两条自由流淌的河流之一”），对反对反坝人士的报道只有一句“两位著名的学者访问怒江——行程由大坝开发者赞助——并通过攻击环保人士而吸引了公众广泛的关注。”(Two prominent scholars tcured the Nu – on a trip sponsored by dam developers – and attracted wide public attention by attacking the environmentalists.)文中没有报道我的看法，也没有报道何祚庥院士的观点（据我所知该记者也采访了何院士）。现在把我与该记者的问答译成中文公布如下，并将英文原文附后，供参考。

一、问：你是什么时候首次听说怒江争议的？为什么你会卷入进去？

答：在去年圣诞节海啸之后，中国知识分子之间发生了一场有关如何恰当地处理人类与大自然的关系的争论。一些“环保人士”（包括汪永晨女士，我猜你已采访了她）声称这次海啸是来自上苍的警告，是大自然对人类的惩罚，人类应该崇拜和畏惧大自然，并停止利用大自然。我觉得这种观点非常荒唐，写了几篇文章加以批评。在争论中，“环保人士”反复提及怒江建坝项目。他们说怒江是中国最后一条“原生态河流”（意指在其干流没有建坝，其生态状况保存良好），我们应该为子孙后代保护并保存它。这是我首次听说有关怒江的争议。在3月份，汪女士和我碰巧在同一个下午给某个记者训练班做讲座。我的题目是关于如何在互联网上发现和揭露假新闻，她的题目是关于怒江的。她在讲座中出示了许多漂亮照片描绘怒江的原始状态和当地居民幸福和谐的生活。这给我留下了深刻印象，并很想知道那是不是真的。几天后，何祚庥院士通知我有个访问怒江的机会，并邀请我参加。我们在四月初访问了怒江，行程持续一周。因为我的教育背景（我学的是生物学专业），我主要关注怒江的生态情况。我非常震惊地看到怒江一带的生态和环境实际上已被毁灭，是由于已在那里生活了数百年的居民的过度利用造成的（砍伐森林、耕地、建路等等）。此外，在1990年代已在怒江上游（西藏境内）建了两座坝。因此所谓“原生态河流”不过是个谎言。我也非常震惊地了解并看到当地居民生活在极端贫困之中（人均年收入不到1000元人民币）。访问怒江之后，我在云南大学发表演讲(详见后文)，批评“环保人士”用谎言和虚假信息误导公众。我的演讲记录稿在网上广为传播。这就是为何我卷入了这场争端，并成为“环保人士”人身攻击的主要目标。

二、问：为什么你认为该大坝项目应该上马？

答：正如我在我的演讲和文章中已几次提到的，我并不是在促使该大坝项目上马。我并不是在支持该项目，而是反对用谎言和虚假信息反对该项目。我不是水坝专家，因此我对它没有什么见解。另外，我并不是说既然怒江的环境已遭到破坏，我们就不应该管它，就建个大坝得了。我只是说，如果我们决定要在那一带建水坝，环境损失并不像“环保人士”所声称的那么大。相反地，建坝很可能在某些方面保护那里的环境，例如，通过改变当地居民的生活方式而停止砍伐森林和耕地，并为保护当地的生态提供足够的资金。（我获悉，怒江当地政府穷到目前他们用于环保的预算每年只有2万元人民币！）

三、你对那些反坝环保人士和非政府组织的看法如何?

答：我怀疑他们是真的在关心中国的环境问题。他们的动机更多的是出于政治方面的考虑而不是环境。如果他们真正关心中国的环境，他们应该将精力集中放在最严重的环保问题上，即污染问题，而他们对此却很少关注。我也不能同意他们的极端环保观念。我相信环保运动应该建立在事实、科学和人本的基础上，而不是谎言、虚假信息、迷信和恐惧。我相信保护大自然的最终目的是为了保护人类，而不是保护大自然本身（像汪女士声称的那样）。我自己就是个环保人士。我写过许多篇文章呼吁保护中国的生态和生物多样性。

四、问：你对一些环保人士和学者在8月31日签署的公开信有何看法？在那封信中，他们要求政府允许举行听证会，并公布最近环评报告的结果。

答：我将很乐于见到环评报告被公布，因为我相信这将会澄清关于该建坝项目的许多虚假信息和误解。不幸的是根据现有法律那是不可能的。中国现有法律规定有关国际河流的科研数据属于机密，而怒江是一条国际河流。据我所知，在该环评报告中，并没有什么秘密不敢让公众知道。该环评报告无法公示纯属法律原因。

那些公开信签名者应该知道这个法律问题，因为他们中的有些人（例如蒋高明研究员）参与了环评，手中应该有该环评报告。如果他们真的想要环评报告被公示，他们应该首先要求政府修改法律才对。因为我相信他们的呼吁不过是一种伎俩，试图使局势复杂化，迷惑公众。事实上，曾经有过关于怒江项目的环评结果的听证会。该听证会于10月22日举行，由一个中立的机构《中国投资》杂志社（该杂志最近发表了几篇关于怒江项目的文章，其中有些是支持“环保人士”的）举办。一些参与环评的专家和10名“环保人士”被邀请参加这次会议。会议通过互联网直播。专家们答应回答有关环评的任何问题。这是一个很好的机会让公众了解环评的内容。但是“环保人士”抵制这次会议，他们一个都没去。他们不敢面对专家和公众。

五、问：既然中国在提倡法治，你是否认为应该允许公众对绝对是否建这些大坝发挥更大的作用？

答：是的。但是这不应该成为反对一个大坝项目的理由，否则，在中国成为民主国家之前，我们应该停止中国的任何建坝项目或其他任何项目。

六、问：你对建坝项目将会帮助怒江当地居民一事有何看法？有批评者争辩说该项目不会减轻他们的贫困状态，你对此有何回应？

答：多数当地居民生活在极端贫困之中。我无法想像他们的生活会变得更贫困。如果他们能够如愿得到补偿（根据现在的法规，每人数万元人民币，与他们现在的年收入相比是个天文数字），以及建坝带来的工作机会，他们的生活肯定会变得更好。如果“环保人士”真正关心当地居民的福利，他们应该帮助确保当地居民将会得到政府所许诺的建坝带来的益处，而不是用当地居民的福利为借口反对建坝项目。据我所知，根据环评机构和“环保人士”做的民意调查，大多数当地居民都支持建坝，并相信他们的生活会因此得到改善。“环保人士”并不否认这一事实。他们声称当地居民被政府误导，现在他们正试图对当地居民进行“启蒙”。

七、问：根据法治观念，什么是政府和公民的正当关系。

答：这更像是个政治问题，我不认为它和话题有关。我相信中国应该变得更民主，但是我不认为我们应该为了这个目标而去牺牲一个建坝项目。

八、问：最近凤凰卫视播放了一个采访你的节目，你对它的印象如何？

答：这个节目没有准确地表达我的观点。事实上，它有几次故意对我的话断章取义。例如，它播出我说我不知道谁资助了我对怒江的考察，误导观众相信我在撒谎。我其实说的是，我在访问行程中并不知道也不关心谁资助了考察活动，但是回到北京后，因为有些“环保人士”和记者对此提出质疑，我就打听了一下，知道它是负责该项目的国家水电水利勘察设计总院资助的，我认为这很正常，因为该机构在以前也资助了某些“环保人士”考察怒江。此外，该节目将我刻画成一名科学主义者，虽然在访谈时，我明确表示我不相信科学主义。我相信的是，环保运动应该同时建立在科学和人本的基础之上。

之二：2005年4月8日在云南大学关于怒江水坝的演讲

这次我搭了个便车，跟随两位院士到怒江考察了几天，每天都要和政府官员座谈，我很不习惯，因为和他们不是同一类的人。今天能够回到同学们的身边，感到特别亲切。我一直认为校园是最适合我待的地方。所以这几天的座谈会、报告会，这一次是我感到最舒畅的一次。

在开始讲我这一次的怒江之行的感想之前，我想给校方提个建议。以后如果要授予某个人客座教授之前，能不能事先和他打声招呼、征求一下他的意见？我是有一个原则的，我不当教授，不当真正的教授，也不当客座教授、名誉教授。在其他的大学如果有人来问我要不要当客座教授，我是一概回绝的。为什么呢？因为有几点原因。

第一，我对国内客座教授、名誉教授满天飞的现象本来就看不惯，所以不愿意让自己成为其中的一员。还有一个原因，我的理想是当一个自由人，不愿意有人管着我，如果我当了某个大学的教授，是不是以后校长就可以管我了？第三个原因呢，因为我现在做的工作，很多是和揭露学术腐败有关的，如果我当了云南大学的客座教授，以后如果云南大学出了学术腐败的问题，我还能不能揭露了？没想到我练了几十年的童子功被张克勤校长搞突然袭击一下子给破了。不过既然我刚才已经把聘书接过来了，就不好意思再还回去了。所以我们就来约定一下吧，我当客座教授就限于今天，到此为止吧。如果不行的话，那就只限于我在云南大学的时候，如果以后你们要请我来做讲座也好，上课也好，不管以什么身份来请我，那时候如果让我当客座教授，那还可以，但是出了云南大学，就不要再说我是云南大学的客座教授，好不好？不好意思，我只好先约定一下，不然以后我做事情的话会觉得束手束脚的，如果真的和云南大学的什么问题碰上了，会觉得太过意不去，所以只好声明一下。

张校长和我私下讲过，说是在云南大学有许多学生在看我们那个网站，新语丝网站，所以在这里不用介绍我们那个网站，如果看过了，就知道我们那个网站最近几年，很大一部分精力是花在揭露国内的学术腐败问题，还有中国的伪科学问题、反科学问题。所以你们可能会觉得奇怪，怒江开不开发、建不建水电跟我有什么关系？从我个人的兴趣来说，有一点关系。因为我拿的是生物学的博士，所以我一向比较关注生态问题，写了许多文章呼吁保护生态环境、保护生物多样性。有人说我反环保，其实我不是，我觉得我自己才是真正的环保人士。众所周知，建大坝是会对环境有一定的破坏作用的，或多或少都会有破坏作用，这个我想谁也不会去否认。那么，现在怒江要建大坝，对生态环境的破坏究竟会有多大？在生态环境被破坏之前，原样是什么？我很想知道，所以就来了。这是出于个人的兴趣。另外一个原因呢，刚才何祚庥院士提到了，最近发生了一场争论，在有关生态保护的问题上，是要以人为本，还是要以大自然为本，人类要不要敬畏大自然的一场争论。我也给卷入到这场争论中去了。在争论当中，我发现那些所谓的“环保人士”，他们的论调特别的荒唐，里面有很多伪科学、反科学、迷信、学术腐败的内容，所以刚好也符合我们这个网站的宗旨来揭露他们。

我举几个例子。有的是我在来云南之前，在那场有关人类要不要敬畏大自然的争论中就已经被发现，我已经写进文章当中的。比如说，有一位著名的“环保人士”、北京的“环保人士”叫汪永晨，她在反对怒江建坝的时候说道：怒江水电的发电量只有2千万度，这么一点电只要调剂一下就可以了吗，为什么为了这么一点电要把一条原生态的河流给破坏掉了呢？实际上大家只要看一下怒江建坝的规划书，就会知道它说的是装机功率是2千万千瓦，发电量是1千亿度。所以她连度和千瓦的概念都分不清楚，把2千万千瓦当成了2千万度，一下子把发电量降低到5000分之一。台下一名听众问：“一度等于多少千瓦？”等于千瓦时，这个大家在初中物理课就应该学过了。所以她连千瓦和千瓦时、发电功率和发电量都分不清楚，初中物理没有学好。初中物理没有学好本来也没有关系，但是你既然要反对怒江建坝，这些最基本的数据总应该掌握，不懂总应该问，总应该搞清楚吧，不搞清楚就在媒体上乱说，误导了多少人，利用自己的话语权，误导了许多不了解情况的人。

另外我还发现，他们在宣扬“环保”的时候，有迷信的倾向。汪永晨，还以她为例子，汪永晨女士去年出了一本书，叫《绿镜头》，是宣扬“环保”的，这本书还获得了一个科普奖。这本书里面写道，前几年，在梅里雪山发生过一次雪崩，有几名中日登山队员遇难了。汪永晨怎么说的呢？她说梅里雪山是藏族人民的神山，是不能去碰的。他们要去登山的时候，当地的藏族人民就阻止他们，他们不听，还要去登山，当地的喇嘛就组织起来念咒，结果神山发威，就发生了雪崩，把登山队员给淹没了。

我再举一个例子。我们云南大学有一个教授，提出了一个概念，叫“原生态河流”。他说，怒江是一条完整的“原生态河流”，我们应该为中华民族保留一条完整的“原生态河流”，做为人类的参照系，这具有重大的意义。“原生态河流”这个概念，以前是没有人提过的，各位去查教科书也好，学术著作也好，从来没有人提过。他提出这个概念，究竟准确的意义是什么，是什么意思？还是光是在炒作一个新的概念，把自己打扮成一个新的学科的开创人，一个新的概念的提出人，然后就可以去申请国家经费呢？关于这个“原生态河流”，我来之前，就已经在媒体上看到了。有人说“原生态河流”是没有任何阻拦的河流，没有任何人工干预的河流。但是我见到的资料说，在怒江的干流——支流就不说了，怒江的支流已经建了许多中、小型的水电站——在怒江的干流的上游，西藏境内的比如县，在上个世纪的80年代就已经建了一个水电站。在怒江的下游，进入了缅甸境内，叫萨尔温江，现在已经开工在建一个大型的水电站。所以光是在怒江的干流，已经都有水电站了，这怎么还能说是“原生态”的河流呢？

他们也可以说，在中间这一段，在云南境内，还是没有水电站，还保留着原始的生态。这次我来了，才发现上了“环保人士”的当。不久以前我听过一个著名“环保人士”的讲座，放了许多照片，其中涉及到怒江，可以看到一条碧绿的河水，从峡谷中留过，两岸是茂密的原始森林。当时我看了这些照片，对云南怒江的印象就是这么个样子的。我是福建人，我曾经到武夷山自然保护区去过。武夷山自然保护区也是个大峡谷，中间也是一条河流，一路上就看到茂密的森林、竹林，到处是瀑布、激流，一路的美景是美不胜收。所以我在来之前，我对怒江，也是这么个印象，觉得要把这么多的原始森林淹掉了，那实在是太可惜了。我来之前还抱着欣赏美景的想法。现在不是有一种时髦的方式叫“生态旅游”嘛，就是到原始森林去旅游，感觉一下那里的生态怎么样，欣赏一下那里的动植物。我来之前也是有这样的念头的，没想到，来了之后发现上了一个大当。

一路上我没有看到什么原始森林。我们走了大概300公里的河段，只有不到1公里，可能只有几百米，由于太陡峭，所以没有人去砍伐，所以还保留了那么一小段的原始森林。其他的地方不要说原始森林，连植被都很少见到。有植被的话，大部分都是在生态环境被破坏之后重新长出来的野草、灌木丛，还有就是人工种植的用材林。所以已经没有什么原始森林了。这个原因有很多。我一路上看到有一块一块很小的耕地，是我在来怒江之前从来没有见过的，在非常陡峭的山坡上一块一块的耕地，当地人把它们叫做“挂在墙壁上的大字报地”。对这种耕地采取的还是刀耕火种的生产方式。一路上我不停地看到烧荒，一片一片地烧。我们觉得刀耕火种的生产方式很原始，但是怒江州的州长对我们说，这实际上是适合当地情况的最先进的生产方式。为什么呢？因为太陡峭了，根本不可能在那里犁田，只能用刀耕。而且怒江两岸的土地太贫瘠，没有肥料，当地人买不起肥料，所以只能通过烧荒的方式来增肥，把长出来的灌木、野草烧掉来增加一点肥料。这种土地过几年就没法用了，所以过几年又得再烧一片。而且产量极低，他们说，一亩地能有四、五十公斤的产量就不错了，要养活一口人，平均要种5亩地以上。是非常贫瘠的。

我一路上还不停地碰到滑坡、泥石流。刚才陆佑楣院士已经提到了，引起滑坡、泥石流的原因是植被被破坏了，水土流失了。植被破坏的原因除了我刚才提到的刀耕火种引起的，还有一个原因，是当地人民为了生活用柴，过度砍伐树林。当地的老百姓烧火取暖、做饭，都还是用木柴。当地的群众跟我说，一户人家一年平均要砍掉5“排”柴，“排”是当地的一个概念，一“排”等于0.7立方，就是说，一户人家一年就要砍掉3.5立方，有个统计，两岸的居民一年就要砍掉50万立方的木柴。这就加剧了植被的减少。植被减少还有一个原因。有一个所谓的“民心工程”叫做“村村通公路”，每挖一条公路，就要对植被造成破坏。所以我一路上看到，两岸的生态基本上已经都被破坏掉了，我就没有看到“原生态”，不管你从哪个方面来定义，是从生态环境的来定义，还是从没有建水电站来定义，都已经早就不是什么“原生态河流”。所以提出“原生态河流”这个概念纯粹就是炒作，纯粹就是为了变换一个名目去找国家要研究经费。

今天上午，我们跟那些“环保人士”有一场交流，听他们说他们的反对意见，我们做为聆听者，听他们对怒江建坝有什么反对的理由。听了这些理由之后，我又发现了一些问题。其中有一个谈到，他们现在在云南大学的一位教授，何大明教授的领导下，在搞一项“纵向林谷地区生物多样性”的研究。我从来没有听过“纵向林谷地区”这个术语，我当时以为自己是孤陋寡闻，所以不敢提问。下来以后问了这里环境科学院的专家，他说这是他们提出的一个新名词，跟“原生态”一样，弄出一个新名词，申请一笔经费，最后是不是要弄出一门“林谷学”，自己做为“林谷学”的开创人呢？

今天见到的“环保人士”，有的属于北京的一个“环保组织”，所谓的“环保组织”，叫做“自然之友”，他们的总干事薛野来了，做了一个报告，列举了反对怒江建坝的十条理由。我觉得里面有很多荒唐的东西。他教训我们说，你们应该知道，物理学上有一条原理：“科学家只看到他想看的事情”。我想在座的各位有许多是学物理的，不知道哪一本物理书里面有这么一条物理原理。“科学家只看到他想看的事情”，这正是我们做科研的人要尽量避免的。我们做科研的人，有一条准则，做科学研究，要尽量避免主观偏向，一定要客观。为了做到客观，所以科研特别强调独立性，强调可重复性。你怎么能说只看到你想看的事了？他还说，这是物理学家海森堡提出来的。海森堡哪里会提出这种说法？我想他是歪曲了海森堡测不准原理。海森堡测不准原理说的是什么？说的是在观察基本粒子的时候，没法同时测定基本粒子的位置和速率。对吧？这和“科学家只看到他想看的事情”有什么相干？后来我们问他的专业背景，他说是北京大学学经济的。这就难怪了。你没有学过科学的课程，没有受过科学的训练，但是就敢胡说什么科学原理、物理原理，而且敢当着这么多专家的面就这么说。这是一种非常不负责任的态度。你当着专家的面都敢这么胡说，我想你对普通的公众，肯定更是胡说八道。

（此时，薛野在台下喊："我能不能发言？"方：等我讲完了有问题你再问吧。薛野喊："你愿不愿给我一个机会……"方：等提问的时候再说，现在是我发言的时候。张校长说："等所有的专家都讲完了，才是提问时间。"薛野喊："不说物理学，你的观点有多荒谬！""你为什么不说说大坝的弊端？……"方：这个问题以后再说，等一会再说。薛野不停地大喊。张校长："提问的时候我们会安排提问的时间。在专家演讲的时候，不管观点怎么样，他代表个人的观点，等演讲都完了我们会安排提问的时间的。请其他人在专家演讲的时候，不要再捣乱。好，请方舟子继续发言。"）

就是这位薛总干事，在他提的10条反对理由当中，第3条说是文化多样性问题，说"三江并流"已经被划入世界自然遗产，现在在那里搞大坝，会破坏那里的文化多样性，是否有违国际承诺？这是他说的话。我们且不说怒江建坝是在世界自然遗产所划定的区域之外。我们应该明确一点，"三江并流"申请、获得的是世界自然遗产，这跟文化多样性是没有关系的，要保护的是生物多样性。

还有，他提到怒江建坝涉及到国际河流问题。他谴责中国到现在还没有加入《湄公河国际条约》。会后我问了专家，根本就没有什么《湄公河国际条约》，只有一个《下湄公河国际条约》，包括的是东南亚各国，中国根本就没有资格加入这个条约。

我还听到他说，就是刚才那个薛总干事，他说全球生物多样性有25个热点地区，中国只有一个，就在怒江。幸好他说完之后，西南林学院杨院长纠正他说，中国其实有两个。如果没有杨院长在那里的话，这种"只有一个"的论调就传出去了。而且我不知道，在此之前，在被别人纠正之前，不知道他已经讲了多少次"只有一个"。

今天上午的座谈会上，我有一个印象，这些比较著名的反坝人士突然之间都声明自己不反坝，都说我们不反坝，我们只是要求慎重建坝，我们不是反坝派，我们是慎重派。每个人在发言之前都先这么声明一下。当然，他们在其他场合是不这么讲的。但是让我们来看看他们说的理由。比如刚才那位薛总干事，他提了10条反对理由，其中有公众参与问题，有决策问题，有能源问题，有脱贫问题，有开发商问题，有移民问题，请问这些问题是不是只有怒江建坝才有的？建所有的大坝是不是都涉及这些问题？你认为因为有这些问题，所以怒江不能开发，不能建水电。那么依此类推，是不是中国所有的大坝都不能建？要解决他提到的所有这些问题，中国恐怕用几十年、上百年的时间都不行。这涉及体制问题、公民素质问题，许多许多问题，不是一朝一夕就能解决的，没有几十年、上百年的时间是没法解决的。那么在解决这些问题之前，你是不是认为在中国就一个大坝都不能修？所以你们虽然自称是慎重派，实际上是反对建一切大坝。

说到慎重派，其实我自己才是慎重派。我不支持建一切大坝，我不反对建一切大坝。我认为对建大坝就应该慎重。特别是从我的专业的角度来说，建大坝会有环境问题，会对生态环境有破坏作用，就应该非常慎重。那么我这样的慎重派，和他们那样的慎重派，区别在哪里？争论的焦点在哪里？我认为要慎重，是必须以科学、以理性为依据的，而不是以胡说、以迷信为依据的。我想这是我和他们之间的区别。如果你这所谓的"慎重派"，是以胡说八道，是以煽情，以迷信吓唬公众为依据的慎重派，那不是慎重派，实际上就是反对建坝派。他们特别煽情，而且今天对着我们专家居然也要煽情一下。薛总干事今天上午就在那里说：模仿"黄河是我们的母亲河，大家知不知道，黄河已经断流了。"我当场就把他打断："无关的问题今天先不要说，黄河是黄河，怒江是怒江。"你可以用这一套去打动一般的公众，但是别来对我们专家也这么说，这纯粹是浪费时间。难怪人家在搞各种各样的听证会的时候，不愿意请你们参加，请你们有什么用？又不是请你们来做煽情报告，又不是请你们来做动员报告的。

所以我想我们的分歧在这里，就是不要胡说，而且不要跨专业去说。这涉及到一个问题，这些反坝人士提出的一个理由不成立了，就改说别的理由，这个理由和他的专业根本就毫不相干的。比如植物学家，植物学家中有几个是反坝的，他们很担心怒江大坝建成后，会对植物的多样性造成破坏。后来发现这个理由不太成立，因为怒江两岸海拔1500米以下的生态环境已经完全破坏掉了，2000米以下的破坏也非常严重，在云南境内规划中的水库的正常蓄水位最高的在1570米，所以它对植物多样性不会有什么大影响。这些植物学家发现这条理由不成立以后，就改谈什么地质问题，改谈移民问题。你是植物学的专家，是移民问题的专家吗？是地质问题的专家吗？当然你要说也可以说，嘴巴长在你的身上，不能剥夺你的言论自由，但是你说的话，和普通人没有任何区别，我们完全可以不认真对待。

所以这涉及到怎么争论的问题，争论应该以什么为基础的问题。这几天和当地的政府官员、当地的群众座谈，他们一直都在说，怒江建坝一定要赶快地上，现在有这种争论的声音，他们觉得特别的愤怒。这么好的工程为什么要质疑，为什么要编一套的谎言，为什么要编一套伪科学的理由来反对呢？他们觉得特别的愤怒。我告诉他们，不要怕争论。随着中国的决策过程越来越透明、越来越民主，类似这样的争论是会越来越多的。争论实际上也不是坏事，而是好事。在争论的过程当中，你会发现以前没有发现的问题，而且在大家的关注下，会更慎重，做得更好。现在怒江建坝一争论，吸引了全国人民的眼光。现在不是吸引眼球的时代吗？把全国人民的眼球都吸引到怒江流域来了。以前怒江没有多少人知道，现在大家都知道了，这是多好的广告效应。以后怒江要开发旅游资源，都不用怎么宣传，大家就都跑来了。所以不用怕争论。

但是要争论，是应该抱着科学、理性的态度来争论的，而不要胡说八道。当他们用谎言来反对建坝也好，反对其他的东西也好，出丑的是他们，我们不怕，只要把他们的谎言揭穿了，也就没有了什么市场。虽然媒体现在掌握在他们手里，我们在媒体上听到的，都是他们的声音，支持建坝一方的声音都几乎听不到。在我来之前，没有听到什么支持的声音。唯一听到的支持的声音，是说怒江建坝之后，会对当地人民的生活会有多大的改善，会有多高的经济效益，发电量有多大，对解决中国能源问题有多大的帮助。给人的印象，是要发展，还是要保护生态之间的冲突的问题。这次来了以后，我才发现，除了这些支持的理由，还有其他的理由，比如说，建了坝，反而会更好地保护怒江的生态环境，这一点陆院士刚才已经说了，所以我就不说了。但是你在媒体上是听不到这种声音的。但是我想这种情况是会改变的。中国媒体的素质特别差，新闻素质很差，科学素质很差。

今天上午的座谈会“环保人士”派了人来拍摄，我们反复强调不能播出去，因为现在有些新闻从业者的道德极坏。他们可以用断章取义的手法，明明你是支持建坝的，他可以给拼接成是反对建坝的。我知道在昆明就有这样一个例子，有一个专家，他明明是在说支持建坝的，结果播出来一看，成了反对建坝的。但是我想这种情况是会改变的。谎言是不可能持久地欺骗人的。林肯说了，谎言可以欺骗一时代的人，可以欺骗一部分的人，但是不可能永远欺骗所有的人。

一直有人要我表态，你是支持建怒江水坝，还是反对建怒江水坝？我觉得我表不表态没有太大的作用。这次我基本上是来了解情况，并没有形成定论。走马观花这么看一下，还没有掌握很多确凿的证据来支持建坝，反对的声音我也还没有充分了解到。今天上午听到的反对理由基本上是胡说八道。除了西南林学院的院长讲的一些有关鱼类的问题，我觉得说得很好。其他的，像那些所谓的“环保人士”，我认为他们是伪环保人士，根本和环保不搭界的，他们的理由纯粹是在胡说八道。所以我现在掌握的情况还不充分。我相信也有一些很好的理由来反对在怒江建坝，而我还没有掌握这方面的材料。所以要我表态的话，我现在还做不到。而且我表不表态，不重要。我不是这方面的专家。我历来尊重专家的意见。我不像他们那些“环保人士”，从来不把专家放在眼里，个个以专家自居，明明是学经济的，北大经济系的，一谈就谈地质问题。所以我支不支持建坝，并不重要。

那么在这场争论中，我可以扮演什么角色呢？我觉得我可以扮演一个民间监督者的角色。在这场争论中，我看看双方有没有什么漏洞，有没有什么荒谬的地方，然后把它指出来。他们这些“环保人士”都自称是NGO，是非政府组织，这些“环保组织”许多实际上是拿国外有政治背景的组织的钱的，像这样的还能不能算NGO，我觉得可以商榷。但是我们那个新语丝，的的确确是非政府组织，不从任何政府，不从任何有政府背景的组织拿一分钱，我们是真正的NGO组织。我们这个NGO组织就可以在这场争论中扮演监督者的角色，起到舆论监督的作用。现在国内的新闻媒体一边倒地倾向于这些伪环保人士，我们新语丝就承担一点责任，让不同的声音，让支持建坝的声音，也能够发出来。然后实行一些监督，指出双方各有什么荒谬的地方。这些伪环保人士可能觉得很委屈：你到现在为止都是一直在批我们，批我们荒谬的地方，但是并没有去批那些支持建坝的人的荒谬观点嘛，好像不是很中立、很公正，是吧？没办法，谁叫你们说的都是一些比较荒谬的观点，让我们抓住了把柄呢？而支持建坝的这方到目前为止我还没有见到很荒唐的说法，以后如果有的话，我们也是可以行使监督的权利的，言论自由的权利。一直有人问我，你搞学术打假有什么权利？言论自由就是我的权利。我想我就讲到这里。

(http://www.guancha.cn/FangZhouZi/2013_05_08_143278_3.shtml)

三、中国铁路动人心

高铁是非有续评

中国高铁不能自废武功

2012年4月28日　梅新育

短短几年便跃居世界最先进水平的中国高铁，原本堪称中国发展战略新兴产业的成功范例，但前途远大的高铁产业、乃至整个中国铁路却在2011年陷入了巨大的舆论漩涡，在自己国内遭遇了极其偏颇、极其不公正的舆论围攻。

在前铁道部长刘志军因经济犯罪落马后，负债、票价、安全（尽管最高时速394公里的武广高铁运行近两年以来不曾出现过任何安全事故）……，一个接一个的话题被拿来声讨拷问，高铁一时似乎成为千夫所指，发展高铁也被某些人说成了冒进的错误决策，甚至是罪过。7 23温州动车事故更为此火上浇油。

在巨大的舆论压力之下，整个中国铁路产业经历了也许是新中国成立以来最剧烈的震荡：一年之内两度全面、大幅度降速运行，京沪高铁运行速度从设计之初的最高时速380公里降至300公里，铁路建设全面停顿，……这一切重创了中国高铁和整个中国铁路的声誉，也大大削弱了高铁相对于航空等其它运输方式的比较优势。直至国务院723事故调查组结论公布之后，才开始慢慢恢复正常。

确实，批评是一种权利，但没有任何专业知识支持的非议并不能成为决策的依据，更不用说那些蓄意的恶意捏造了。假如让廉价的所谓“正义感”压倒了科学与理性，让无知和造谣左右了决策，那将成为一个国家和民族的悲剧。

为此，剖析对高铁和整个中国铁道产业的某些最广泛非议，澄清事实，是目前的当务之急。

高铁辩诬之一：是发展超前还是滞后?

首先需要辩诬的问题关系全局性决策——中国高铁果真发展超前？答案是——否！中国高铁、中国铁路不但不超前，而且发展滞后了。

我们需要理解，中国还是发展中国家，并非中国不该开发全世界最快高铁的理由，因为超越旧技术、直接采用最新技术，这本来就是发展中国家最大的后发优势。正所谓“一张白纸，没有负担，好写最新最美的文字，好画最新最美的图画”。我们在铜线电话普及之前便大规模采用光缆，印度、非洲固话没有普及而是先行大规模发展移动通讯，……都是如此。

限制发展中国家充分发挥这一后发优势的瓶颈在于资金和人才缺口，既然目前我们已经突破了这两个缺口，那么我们为什么不充分发掘这种后发优势而偏偏要自我拘束?

历史已经证明，任何一个成功赶超的后发国家，无论是英国、美国、德国还是日本，都必须有这样的志向，并落实为这样的实际行动，新中国奠基者也早已清醒地认识到了这一点。

1964年12月13日，毛泽东主席在修改周恩来总理第三届全国人民代表大会第一次会议上的政府工作报告草稿时，增写了这样一段话，后为12月31日《人民日报》所引用："我们不能走世界各国技术发展的老路，跟在别人后面一步一步地爬行。我们必须打破常规，尽量采用先进技术，在一个不太长的历史时期内，把我国建设成为一个社会主义的现代化的强国。"

赶超的雄心不等于盲目自大。

某些舆论拿特定时间特定线路特定班次高铁上座率不高为依据，抨击高铁建设超前，其实，在这个意义上的高铁"超前"是应该的，不"超前"那才是犯罪。如果一开通马上就陷入持续、严重的满员和超载，那说明设计运输能力严重低估，是严重决策失误，损失比贪污大千百倍，因为这不仅耽误社会经济发展时机，而且在新建成线路上再扩建，那成本比完全新建要高得多。

考察我国GDP和各类交通运输方式的增长情况，我们更能清楚地看到，中国铁路多年来发展严重滞后，已经跟不上国民经济发展的客观需求；近几年高铁建设的跨越式发展，既是跨越，更是弥补欠账。

1990—2010年间，我国GDP从18668亿元上升至401202亿元，增长20.49倍，在此期间，铁路营运里程、旅客周转量、货物周转量等指标增幅不仅远远小于GDP增幅，与公路、民航、水运等另外三种交通运输方式相比，几乎在每项指标上增长幅度都是最小的：

论营运里程，铁路从5.8万公里增长至9.1万公里，增长57%；公路从102.8万公里增长至400.8万公里，增长290%；民航航线从50.7万公里增长至276.5万公里，增长445%。

论旅客周转量，铁路从2613亿人公里上升至8762亿人公里，增长235%；公路从2620亿人公里增长至15021亿人公里，增长473%。

论货运量，铁路从15.0681亿吨上升至36.4271亿吨，增长142%；公路从72.4040亿吨增长至244.8052亿吨，增长238%。

论货物周转量，铁路从10622亿吨公里上升至27644亿吨公里，增长160%；公路从3358亿吨公里上升至43390亿吨公里，增长1192%，或者说增长近12倍。

由此，我们可以看到，在这20年里，每单位营运里程旅客周转量，铁路上升了113%，公路上升47%；每单位营运里程货运量，铁路上升54%，公路则下降13%。这表明无论是货运还是客运，铁路运输效率提高更快。

在此期间，每单位营运里程货物周转量，铁路上升66%，公路上升231%，则表明有过多的货物采用了不适合长途货运的公路运输方式，这对于整个交通运输体系的效率是损害而非改善。

只要看看这些年来有多少山西煤炭用卡车运出，就能够明白这一点。即使不考虑由此大大加剧的公路拥堵，耗费大量汽油柴油来换取煤炭，这无论如何不是一种合理的能源交换方式。

（梅新育，商务部国际贸易经济合作研究院研究员，中国金融出版社编审，观察者网专栏作家。）

高铁票价真的太高吗?

2012年12月22日　梅新育

京广高铁即将正式全线开通，如同许多人事前所预见的那样，高铁票价再度遭到许多网民和媒体的炮轰，普遍的抨击声浪是指责高铁票价太高，有违民生原则。然而，高铁票价真的太高吗?

与普通线上的票价相比，高铁确实要高出很大一截，但如果把它作为一种创新交通工具来看，用票价占居民可支配收入衡量，那就并不高。

在1996年，夕发朝至的北京西至武昌37次特快新空调硬卧车是铁道客运的一个创新，全程历时接近11小时，其下铺票价为280元，当年我国城镇居民人均可支配收入为4838.9元，280元票价占5.79%；农村居民人均纯收入1577.7元，280元票价占17.75%。即将全线开通的京广高铁北京西至武汉运行速度最快、票价最高的G79次商务车厢票价1644元，一等车厢票价834元，二等车厢票价522元，2011年我国城镇居民人均可支配收入21809.8元，上述G79次一等车厢票价834元占3.82%，二等车厢票价522元占2.39%；农村居民人均纯收入6977.3元，上述G79此一等车厢票价834元占11.95%，二等车厢票价522元占7.48%；比1996年对应比例下降了2到10个百分点，但乘坐高铁的享受和节省时间非1996年的特快所能比拟。有鉴于此，指责“高铁票价过高以至于妨碍民生”，未免有悖事实。

高铁与民航票价相比也需要准确全面，只能是高铁票价与民航机票全价外加民航发展基金和燃油附加费相比，只用特价机票与高铁票价相比，是不合理的。在高铁运行5小时以内的区间，高铁的优势更为突出。

不过，作为消费者，希望降价是人之常情；但决策者不能只考虑这一点，更要考虑定价是否具备商业合理性、在商业经营上是否可持续。从1996年至2011年底，京广线37次直达快车新空调硬卧下铺车票票价一直是280元或281元，实事求是地说，即使考虑到铁路客运的半公益性质，这种15年不变的定价体系也是不可持续的，还带来了火车客运高峰时期人满为患、黄牛和铁路内部腐败猖獗的副作用。

至于高铁一等车厢和豪华标准超过飞机头等舱的商务车厢设置及其票价，也是符合经济规律的。中国铁路产业运营发展中的基本矛盾是公益性与商业性冲突。作为一项产业，铁路必须保持追求盈利的商业性动机，也只有保证一定的盈利，才能保证这项产业获得可持续的投入而滚动发展，更好地满足需求。但中国铁路服务覆盖面极为广泛，2011年一年18.6226亿人的旅客发送量，相当于全国人口平均每人乘坐1.4次，仅此一端就决定了中国铁路不可能完全商业化。春运期间铁路票价上浮，但又不敢完全放开票价，只能通过加强执法打击力度来遏制“黄牛”，这充分体现了铁路产业在公益性与商业性之间的挣扎。

为解决公益性与商业性的冲突，一条出路是发展部分铁路拥有比较优势的纯商业性业务，用其盈利弥补公益性、半公益性业务的亏损。换言之，就是向高消费客户提供符合其需求的更高档服务，并收取高票价，以其盈利弥补面向中低收入客户业务的低利润或亏损。高铁不仅能够吸引分流民航的大批乘客，特别是商务、公务高消费乘客，而且能够发掘出潜在的高端旅游观光客源。这些乘客对价格敏感程度较低，乐于接受、甚至只愿意接受高档服务，并有能力支付市场化的高票价，铁路也就可以用这部分盈利去弥补公益性、半公益性业务的亏损了。

实践是检验真理的唯一标准。如果这个票价结果是高铁车站门可罗雀，那么高铁票价就确实是高了，需要下浮；但事实是，到2012年12月初，动车组旅客发送量已经占到全国铁路旅客发送总量的25.7%，每天运行高铁1580列，运送旅客逾133万人次，许多高铁车次一票难求；京广高铁首班车开始售票不到3小时，商务车厢和一等车厢车票便告售罄……

（本文原载环球时报。原标题：商务部国际贸易经济合作研究院研究员谈高铁票价）

（梅新育，商务部国际贸易经济合作研究院研究员，中国金融出版社编审，观察者网专栏作家。）

高铁时代：空间重塑与城市转型

2012年12月26日　张学良 刘学华

2011年，我国城镇化率达到51.27%，城镇人口首次超过农村人口，预计2020年城镇化水平将突破60%——我们正在经历世界最大规模的城镇化进程。与此同时，我们也正在规划建设全球最大的高速铁路网络——根据中长期方案，未来我国将形成“四纵四横”为骨架的高铁线路网，到2020年时速在200公里以上的高速铁路里程将会达到5万公里。

交通技术和交通方式的每一次革新，几乎都对城市的发展产生了深远影响，成为城市转型的驱动力。当高铁作为一种快速、便捷的大区域交通方式，成为我国城市化快速发展阶段的一个重要变量，无疑将对未来10-20年我国城市发展的空间形态、产业结构、社会管理等各方面带来翻天覆地的变化。高铁时代的城市转型需要引起持续的关注和思考。

城市化发展质的跨越—城市群崛起

2012年12月3日上午，虹桥商务区核心区一期05地块龙湖虹桥天街举行开工仪式，这标志着虹桥商务区核心区一期十大地块已全部开工建设。就在不远处，开工即将满1年的中国博览会会展综合体项目工地上桩机林立、一片繁忙；力争2020年建成“国内顶尖、亚洲一流、国际水准”的新虹桥国际医学中心已迎来首家奠基的综合医疗机构……

围绕虹桥交通枢纽如火如荼的开发，俨然已经成为上海这个城市应对全球经济形势“寒冬”的一抹亮色。智慧、低碳、国际医疗、国际教育、“全球校舍”、时尚秀场、商贸会展，这些新的词汇逐渐成为虹桥交通枢纽周边开发的主要标志和符号。我们不无欣喜地看到，高速铁路为城市转型带来的系列效应逐步显现，也悄然印证了城市发展思路和视野的转变。

表1 交通技术与城市发展

年代	水运交通技术	公路交通技术	铁路交通技术	航空交通技术	主要交通方式	城市密度	城市类型
2000	集装箱 超级油船	氢气汽车 电动汽车	磁悬浮 高速铁路	巨型飞机 喷漆飞机	综合运输时期	混合	城市群体
1950	飞艇大型船舶	公路 公共汽车 卡车	——	直升机	高速公路时期	松散	普遍郊区化 多中心化
1990	定班轮船	小汽车 自行车	导向轮轨地铁	飞艇 气球	公路运输时期	紧凑	圈状蔓延沿铁路拓展
1800	码头	马车	铁路	——	步行马车时期	紧凑	沿河城市河口城市

资料来源：徐海贤，不同发展阶段区域交通与城市发展关系研究，江苏城市规划，2009年第6期。

从铁路时代到高速公路时代，再到高速铁路时代，以城市内部的立体交通和城市之间的高速铁路为主导的交通体系的完善，将使未来城市化发展发生质的跨越。如果说过去30年我国城市化的快速发展，主要是以单体城市或者独立的城市发展为核心，那么后一轮中国城市化将主要以城市群进一步崛起为标志，而推动城市群进一步崛起的一个重要支撑点就是交通格局的大提升。

纵观发达国家高铁发展历程，概莫如是。城市化进程快、人口密集度高的地区往往是高速铁路建设之地。高速铁路网加快区域城市之间的有机联系，形成城市化发展的串联效应，引发城市变革和重新定位，最终形成人口和城市密集地区的城市群、城市带发展格局。如泛欧高铁网带动形成的以巴黎、柏林为核心的欧洲大陆城市密集带，以及新干线催生的日本太平洋沿岸城市密集带即为例证。

表2 高铁发展四次浪潮

时期	建设年代	参与国家	建设项目数	总里程
第一次浪潮	1964～1990年	日本、法国、德国、意大利	9	3198公里
第二次浪潮	20世纪90年代初	法国、德国、意大利、西班牙、荷兰、比利时等	8	1426公里
第三次浪潮	20世纪90年代中后期	法国、德国、意大利、西班牙、中国台湾、澳大利亚、韩国、英国、荷兰等	13	3509公里
第四次浪潮	20世纪初	欧盟、中国、美国等	/	1万公里以上

资料来源：张学良、聂清凯，高速铁路建设与中国区域经济一体化，现代城市研究，2010年第6期。

从“地方空间”向“流动空间”转型

高铁时代，适应交通格局的提升，城市化发展逐渐从单体城市的扩张转向城市群的整体崛起。从单体到群落，势不可挡的高铁将为途径城市的发展带来翻天覆地的变化，甚至会对城市发展的路径乃至其背后的理论带来根本性的颠覆。其中，依托快速、便捷的高铁交通流向，与信息网络流线协同作用，进一步推动城市发展思维从“地方空间”向“流动空间”转型，可能将是高铁网络的建设所带来的最为显著的变化之一——各种“流”，资本流、信息流、技术流等在区域城市群中开始发挥关键性作用。

1992年，曼纽尔·卡斯特在普林斯顿大学召开的新城市化会议中提出了“流动空间”的概念。适应互联网的广泛应用所带来的生活和生产方式的改变，“流动空间”可以看作围绕人流、物流、资金流、技术流和信息流等要素流动而建立起来的空间形态。“流动空间”与长期以来具有历史根源的、共同经验的空间组织，即“地方空间”的本质区别在于：地方并未消失，但是地方的逻辑和意义已被吸纳进了网络，由于社会的功能与权力是在“流动空间”中组织，其逻辑的结构性支配根本性地改变了地方的意义与形态。

相互交织的流线决定了“流动空间”的网络特性，投影到具体的区域城市群中，“流动空间”在拓展传统“地方空间”的同时，也将重新整合区域城市之间的空间关系，如城市行政边界的弱化，城市差异化分工的强化等。

与传统城市化演变路径相比，高铁时代区域城市化的空间结构特征简单运用中心地理论、点轴开发理论、核心—边缘理论等已经很难给出充分的解释。这些传统理论几乎都是立足于客观性、物理性的“地方空间”来研究城市群中各系统、各要素之间的空间组织关系，包括城市区位、职能关联、集聚规模等。

在“流动空间”中，一个城市在整个城市群中的地位和作用，不仅要看其所集聚各类要素的规模和存量水平，可能还要看通过该城市各种“流”的量和对流量的控制能力。“流动空间”将弱化城乡区域的内部行政边界、社会关系及制度安排的限制作用，在融入高铁网络的城市化版图中，城市群的空间结构呈现出典型的网络化特征——既中心城市、若干中小城市、城镇通过交通网、信息网、公共服务网等连接起来形成联系紧密的网络体系。不同规模等级的城市需要在新的网络型城市体系中明确自身的功能定位，如中心城市将是整个体系中信息和交通网络传输的核心枢纽，一般也是城市群的首位城市，其他中小城市成为网络体系中地位不同或功能各异的节点城市。为城市群参与全球竞争创造了条件

当我们跳出传统的“地方空间”框架，在“流动空间”中重新思考城市群和每个城市的发展定位，全球化的问题同样无法回避。因为，全球经济发展到今天，判断一个城市对某种流量的“控制能力”几乎都要以与全球化的参与程度作为标准。按照这一逻辑，探讨高铁网络对整个城市体系发展的深远影响，我们不妨将高铁网络、城市网络与全球网络“三网合一”，在一个全新的框架内思考城市转型的坐标。

同当前多数对高铁影响城市发展的探讨落脚点在行政区划、区域一体化、都市圈重建等内容相比，我们认为，高铁时代以城市群为整体参与竞争更是应当着眼全球视角。这是因为，如果我们将以高铁为代表的交通基础设施网络作为信息网络的重要补充，高铁网络无疑为区域内的城市整体深度参与全球竞争创造了条件，并使之成为可能。

京津冀、长三角、珠三角等城市群，应将其发展目标锁定全球城市区域，这与北京、上海等城市群中心城市创建世界城市、全球城市的目标更是不谋而合!

全球城市区域（Global City-Regions）是指在全球化高度发展的前提下，以经济联系为基础，由全球城市及其腹地内经济实力较为雄厚的二级大中城市扩展联合而成的一种独特的空间现象，城市群一旦被赋予世界经济的战略地位，就足以成为全球城市区域。就单体城市而言，在2012年英国《经济学家》杂志公布的全球城市竞争力排名中，我国北京、上海分列39位和43位。但如果依托贯通的高铁网络，北京和上海分别引领京津冀与长三角两大城市网络整体参与全球竞争，其地位和价值显然将会提升到新的战略高度。

因此，适应高铁网络带来的变化，我们将城市化发展重点转向城市群的整体崛起，而城市群整体崛起的目标不仅在与内部产业、人口制度等方面的“局部优化”，而是要从率先打造全球城市区域的角度进行“整体谋划”和“顶层设计”，通盘考虑城市群中每个城市的功能定位和转型目标。

综合国外高铁发展经验，日本东海道新干线的发展历程值得借鉴。1964年10月1日东海道新干线的开通，东京、神户、名古屋、大阪等城市纷纷抢抓

高铁带来的机遇，谋求重新定位和转型发展，4个小时通勤半径内的城市有机联动，形成了政治、产业、港口、文化和商业等功能各异、协调发展的世界级城市群之一——日本太平洋沿岸城市群。

城市转型：区域空间重塑

从全球城市区域的角度出发，城市作为每一个城市网络体系的有机组成部分，其价值主要体现为与其他节点之间的相关性和互补性，中心城市和各节点城市之间的有机联系和协调分工便成为决定整个城市群竞争力的关键。城市作为节点的功能更多的依赖于城市网络中的联系，城市的机遇更多的来自于节点之间的结构严密和联系紧密的相互作用。

按照上述框架，再来思考高铁时代的城市转型，实际上便可看作是一个城市群适应交通方式变革，进行区域空间重塑，并构建起新型、有序的“流动空间-地方空间”体系的过程。假设置于高铁网络中的城市群中只有两个城市——中心城市和节点城市，中心城市在区域、国家及全球范围内的影响力及其辐射力，是区域空间重塑的充分条件；节点城市的支撑和吸纳能力在一定程度上影响了中心城市和整个区域的变化。

立足资源禀赋与发展基础，我们初步将高铁网络对城市群内城市的影响，大致归为下表所示的四种情景，作为高铁时代城市实施变革或重新定位的一个参照系。

表3 高铁对中心城市和节点城市的影响

类型	原因
共同增强型	中心城市可以进一步集聚总部和商务元素，并加大对节点城市的辐射和带动功能。而节点城市承接了中心城市的产业转移和分工，进一步发挥了地区优势和特色，带动了经济的发展。
中心增强，节点降格型	中心城市对节点城市的资源、服务等的吸引力进一步增强，且具有不可移动性，节点城市承接的产业转移，其产品的销售和流通受制于中心城市的企业总部，削弱了其在市场中与中心城市讨价还价的能力，以及与其他城市间的合作。
中心降格，节点增强型	尚未适应高速铁路带来了区域城市空间结构的调整，中心城市的优势地位受到削弱，中心城市企业中对地地、商务成本相对敏感的企业逐步迁出并转移到成本相对较低的节点城市。而节点城市的生态、旅游等优势进一步显现，吸引了中心城市的大量居民和企业。
共同降格型	中心城市和节点城市都没有及时地产业结构调整和升级创新，合理规划产业布局，过分依赖传统要素，产业的吸引了下降，从而放低了经济发展速度。

资料来源：经作者整理得到。

在长三角地区，上述转型已初见端倪。随着京沪、沪宁、沪杭以及宁杭高铁的陆续开通，长三角新形成的“一小时都市圈”城市空间格局正在不断发生变化。如许多企业开始考虑成本、国内市场等因素将总部迁往上海周边的节点城市，而有的企业立足创新需求、国际化战略等选择迁入城市群的中心上海。城市群内部的竞争日趋激烈，联系却也日益密切。适用交通格局的提升，跨国企业“引进来”和“走出去”的双向多维渗透不断加速长三角融入全球城市网络的步伐，带动了整个城市群区域空间下一步的深化重组。

具体操作层面，适应高铁网络引致的人口、企业、资源等要素快速、大规模流动的变化趋势，加速区域城市群内高铁沿线的各大新城建设，不妨作为下一步城市化推进的重要着力点。

在现有城市行政区划格局下，新城建设可以成为释放高铁效能、带动城市群网络体系丰富和完善的重要手段。一方面，在行政区划分割客观约束下，新城可成为中心城市与整个区域城市网络体系直接建立联系的重要界面；另一方面，新城可作为各个城市功能的有机延展，成为吸纳、吞吐、融合各种“流量”要素资源的重要基地。

还是以中国经济实力最强、同城化趋势最明显的区域长三角地区为例，无论是城市群的首位城市上海，还是南京、杭州、苏州等区域性中心城市，科学规划和加快推进如嘉定新城、河西新城、钱江新城等节点型新城建设，加强各个新城与高铁枢纽之间的对接，完善配套基础设施建设，强化公共服务、产业特色、商贸功能以及休闲娱乐、文化创意等差异化的城市配套功能，使之对应成为上海、南京、苏州等城市连通的交通节点、服务节点、要素节点或功能节点，对推动区域空间的演化和重组，特别是实现人口规模和结构的优化调整都将具有重要意义。

（张学良系上海财经大学区域经济研究中心副研究员，博士生导师；刘学华系上海发展战略研究所助理研究员。http://www.guancha.cn/Project/2012_12_26_116730.shtml）

从客流看高铁带给中国的变化

2012年12月26日　徐厚广

交通运输从来都是一种战略资源，古罗马强大因为修建了发达的路网，而英吉利日不落帝国强大是因为建造了世界上最先进的舰船。重要交通工具的发展可以改变国际政治经济的基本格局。统计显示，世界上大约四分之三的大城市、70%的工业资本和80%的人口集中在距岸200公里的沿海地区。其原因就在于以蒸汽机为动力的近代海洋交通技术发展，把这个世界从“陆权时代”变为“海权时代”。

高速铁路最有可能成为下一种改变时代格局的交通方式，它颠覆了人们关于空间和距离的观念。从大的国际战略格局而言，它将对既有的“海权时代”造成冲击，使陆权再次成为重要的战略。这对中国至关重要。中国既面临浩淼的太平洋、拥有漫长的海岸线，又背靠广阔的亚欧大陆，拥有陆地战略纵深。高铁的诞生，让中国既可以向东发展沿海外向型经济，又可以向西发展内陆经济，寻找经济持续腾飞的新支点，使中国在国际政治经济的大格局中处于十分有利的战略地位。

高铁正在深刻改变着中国，不仅仅局限在国家的战略格局上，还深刻改变着人们的日常生活、改变着国家的经济发展、改变着我们民族的兴衰大势。

已开通线路客流超预期

在对高铁的批评中，客流量不足是重要方面。客观上来说，在高铁线路开通初期或者在一些不太好的运营时段（如凌晨和深夜），会存在客流量不高的情况。但总体看来，高铁线路开通后，客流量增长迅猛，甚至可以说是超出预期。

以中国开通的第一条时速300公里以上高铁京津城际为例，该线2008年8月1日正式开通，2009年发送旅客1458万人次，2010年发送旅客1826万人次，2011年发送旅客2104万人次，预计今年发送旅客将达2500万人次，连续四年大幅增长。

再看武广高铁。作为连接武汉城市圈与珠三角城市圈的一条干线通道，武广高铁对于沿线经济的发展以及人们出行方式的改变，有着深远的影响。

该线2009年12月26日正式开通运营，第一年发送旅客2036万人次，日均5.57万人次；第二年，发送旅客3424万人次，日均9.38万人次；今年已经突破了12.5万人次，增长同样迅猛。

京沪高铁更是中国高速铁路的标杆，2011年6月30日开通一年来共发送旅客5260万人次，日均14.41万人次，最高超过20万人次。京沪高铁开通运营第一年，表现超出预期，目前现金流转正，有望成为最早盈利的高铁。沪宁高铁、沪杭高铁数据同样强劲，沪宁高铁日均开行动车组106对，日均发送旅客17.8万人次，最高日29万人次。沪杭城际铁路开通以来，日均开行动车组78对，日均发送旅客7.8万人次，最高日9.6万人次。数据显示，目前已有四条高铁线路基本达到收支平衡，分别是：京津城际、沪宁高铁、京沪高铁和沪杭城际。

根据世界银行的研究，高铁客流呈现出一个重要特征，就是新生成客流的占比比较大，即那些因服务水平提高（速度、发车间隔、可靠性和舒适性）而诱增的出行量。以京津城际为例，2008年之前，这条线路的常规列车客流量每年大约800万人次，但引入高铁列车之后，这一运量减少了近五成。长途巴士也因高铁全年流失了约100万人次的客流量。现在，每年有2500万人次乘坐这条高速铁路。在此基础上，目前的客流需求中，每年大约有2000万次乘客要么是从乘坐私家车转移来的，要么是新生成的客流。保守估计，京津城际的新生成客流比例也会超过65%。

再以武广高铁为例。2009年新建高铁开通之前，该走廊全年承运“本地”列车乘客大约4500万人次（即那些始发和终到车站都在走廊内的列车）。2010年是新建高铁投入运行的第一个整年，乘客2000万人次。在这些乘客中，大约有100万人次来自民航，另有1000万人次来自常规列车，还有少量客流来自长途汽车和小汽车。基于这些估计，在每年乘坐这条高铁的2000万人次中，大约50%是从常规列车转移来的，另有约5%来自民航客源，其余45%要么是新生成的客流，要么是从长途巴士和小汽车客源转移来的，而这其中绝大多数是新生成的出行客流。

世界银行的研究报告显示，高铁乘客中新生成客流的占比超过50%。这些数据的发现具有重要意义，它说明社会上热议的“被高铁”并不准确。高铁的客流中有一部分是从传统铁路转移过来的，但不占主流，更多的则是新生成客流。它说明高铁的诞生创造了出行需求，很多本来被压抑的出行需求，因为高铁的诞生获得了释放。这就是高铁拉动出行需求、拉动内需增长、拉动经济发展的明证。

这些新生成的出行客流还表明，为了利用这种新的交通模式的优势，企业和个人都已改变了行为方式，长远来看，这些高铁线路还将带来更广泛的经济效益。未来的关键就是高铁网络化，随着一大批新建高铁的建成投产，我国高铁逐步形成网络，旅客发送量将成倍，甚至几倍的增长。

此外，高铁开通后，实施客货分线运输，运输能力将得到成倍释放。胶济客专开通后，既有胶济铁路图定货物列车增加11对，年货运能力增加2920万吨。京津城际开通后，小京山线图定货物列车增加4对，年货运能力增加1095万吨。武广高铁开通后，既有京广铁路武广段图定货物列车增加33对，年货运能力增加8760万吨。郑西线开通后，既有线增加货物列车5对，年货物运输能力增加1460万吨。沪宁城际开通后，既有线增加货物列车32对，年货运能力增加8395万吨。仅这5条高铁释放的既有线货运能力，每年合计达到2.3亿吨。这些数字目前还是局部的，如果以“四横四纵”为主的高铁全部建成后，既有线货运量的增长将是非常巨大的。

带动沿线经济发展

有人早就断言，只有不断加强内部区域间的经济交流，才能真正启动中国区域经济的内循环。高铁的诞生则使中国区域经济的内循环彻底打通。高铁不但能够改变区域经济格局，拉动产业大转移，还能够调整区域经济圈各版块之间产业的关联配套和资源配置，提升和优化区域经济圈的经济聚合力，培育沿线城市新型产业带。

数据显示，京津城际的开通对天津旅游增长的贡献率达到35%。京津城际的开通，有效拉动了天津商贸、旅游、文化市场发展。天津狗不理集团股份有限公司总经理李永善表示，京津城际开通两年多，天津10家“狗不理”的营业额增加20%以上，有几家店甚至蹿升60%以上。

再看京沪高铁。山东曲阜的“三孔”是山东省仅有的两个5A级景区之一，但以前从北京到曲阜，要先坐8个小时的火车到兖州，再坐大巴到曲阜。2011年6月30日，京沪高铁开通，曲阜迅速变化。以京沪高铁开通的6月30日为分界线，上半年1-6月份，三孔景区接待游客173万人次，而7月-12月接待游客253万人次，猛增80万人次。

这就是高铁看得见、摸得着的经济影响力。但更重要的是，高铁搅动产业转移大变局的“鲶鱼效应”。目前，沿海地区面临经济转型升级的重任，需要“腾笼换鸟”，而中西部地区则需要承接产业转移，加快本区域经济发展，缩小东西部差距。高铁的开通运营，对于这种产业的转移发挥着重要影响力。

武广高铁开通后，湖北、湖南积极与广东对接，通过招商会、推介会，来展示自己的优势，增强承接产业转移的吸引力。数据显示，湖南省仅2010年就承接签约了广东228个产业转移合同，引资近900亿元，到2011年9月，已有132个项目在湖南各地开工建设或投产，占合同项目的57.9%。到2011年这个数字还在加速增长，仅上半年就承接产业转移项目1330个，承接产业转移项目新增的税收高达14.11亿元。

从中国第一条高铁开通到现在也不过短短四年时间，要全面的评价高铁对中国的意义为时尚早，但它已经开始深深地影响着中国。

（作者为《中国南车报》主编。http://www.guancha.cn/Project/2012_12_26_116731.shtml）

礼赞高铁，我凭中国人的良知

2012年12月27日　鲁宁

昨天上午9点整，随着G801次高铁列车驶离北京，世界上目前最长的高铁——京广高铁正式开通运营。昨天傍晚时分，列车抵达广州南站，全程2298公里仅费时约8个小时。

我虽没机会搭乘首趟京广高铁，亲自体验风驰电掣的“中国速度”，但我由衷地为祖国母亲倍感骄傲。我深信，中国高铁隆隆行驶卷起的春风，将拥抱国家新一个春意盎然的发展周期。生活在祖国的春天里沐浴拂面的春风，那是我们当中国人的福份，是党的改革开放政策“修”来的。

从物理概念出发，京广高铁是全球已投入运营的最长高铁。可若从中国发展的前景度量，未来几年，等到京沈高铁建设通车时，京广高铁和哈大高铁，将通过京沈高铁在辽宁省会沈阳连成一体。到那时，高铁从北国的哈尔滨一路向南行驶3500余公里直抵广州，将极大改变中国人传统的距离概念。到那时，中国的地理空间将缩小，中国的发展空间将成倍放大。

礼赞高铁，我凭做中国人应有的良知！礼赞高铁，是对祖国母亲最得体、最恰当的感恩！

观察者网的诸网友和粉丝当曾记得，中国高铁从一起步，就被某些自以为掌握了网络话语权的国人强行与铁道部的腐败乃至中国铁路的僵化体制（这个问题下文将作专门分析）硬扯到一起。去年“7.23”温州重特大动车事故的悲痛更被这些人视为中国政府致力于高铁发展的罪孽。

客观地说，高铁的发展的确有过快、过急的不足，铁道部及中国铁路体制与身俱来的缺陷也不是不能批评与质疑。但这种批评和质疑必须立足现实的国情，必须秉持实事求是的认识论和方法论。退一步讲，“7.23”温州重特大动车事故血的教训犹当认真汲取，但不能就此全盘否定高铁建设对中国发展的重大现实价值和历史意义。

一、“高铁国防”令五角大楼为之感受到压力

观中国之大论中国复兴，经济、社会、国防三个视角必须联为一体作整体观察和评价。

12月23日《解放军报》发表军事特写：解放军战略投送，高铁、客机、货轮同时快速运兵，提升陆海空立体输送保障能力。隆冬时节，粤东某港口，来往货船如织。突然一声警报划破长空，一辆辆军车抵达码头，全副武装的官兵迅速下车登上运输船，军用装备和物资快速装载上船。与此同时，沿海某国际机场，三架大型客机穿云破雾，满载数百名官兵及装备飞往内地；某高铁车站，数千官兵乘坐高速列车，风驰电掣驶向湘南某演兵场……广州战区综合利用高速列车、民航飞机等民用高速运载工具，组织轻装部队陆海空联合投送，快速机动近千公里，标志着我军成建制远程立体投送能力取得新进展。

事实上，广州战区利用高铁轻装投送部队并非首次，全国各大战区都将高铁投送部队纳入了日常训练体系。其中济南军区去年就已成功实施师级规模的高铁轻装跨战区千里机动训练获圆满成功。

今春全国“两会”期间，解放军代表团讨论时曾向外界传递中国军队下一步整编打算，规模是压缩陆军将达30万人。消息上网后虽被国防部新闻发言人否认，但假以时日，中国军队压缩陆军壮大海空军的大趋势乃铁板钉钉，因为它符合全球新军事革命的发展态势。要迎合这一态势，以精干的快反部队取代传统陆军，在军用大飞机尚属短板的现状下，是最经济可行的方案。而保障该方案实现的最有效、最经济的投送手段就是高铁机动。

假定中国军用大飞机批量装备中国军队，鉴于永远不称霸是中国崛起的既定方针，我们也没有必要向充当世界警察的美军那样，谋求无节制的全球空中到达。因而，高铁军民混用系中国集中国力构建高速客运网的重大战略指向所倚。

今日中国年度军费预算折合到每位军人约20万元人民币。假定军费维持不变，压缩几十万陆军，所节省军费用于海空军建设，无疑是一笔特别划算的大买卖。

大国之国防建设，就其表观，国与国之间比拼的是装备的先进程度和兵员素质的优劣。就其本质，比的则是对“势”的营造和运用。高铁于中国国防建设的终极价值就是“运势”的价值。这一点，我们的现实对手和潜在对手看了个真切，五角大楼则已将“中国高铁与中国国防现代化”作为专列研究课题下拨专款予以研判。我的上述看法及所得出结论性意见，相信观察者网的军迷们一定深以为然。仅凭此一条，建高铁所花的钱就非常值！

二、高铁将极大改变和重塑中国经济的地缘版图和社会生态

前不久有条新闻见报，说高铁沿线的三线城市，都为高铁在本县域设车站绞尽脑汁，甚至全部自费建站也在所不惜。

消息甫一见报，立即有人在网上将此作为地方惟GDP至上的最新案例加以抨击。在我看来，这叫头发长见识短，以小人之心度君子之腹。殊不知，高铁在哪儿设站，哪儿的人流就会活泛起来，人流流活泛了，物流、资金流、信息流乃至项目流必紧

随而至。当“五流”积聚到一定程度，县域经济的发展就有了做不完的题材。这哪里是传统的GDP至上，分明是为发展县域经济谋篇布势。放大了说，中国地方政府皆有为经济发展谋篇布势的积极性，决不是地方政府对经济干预过度，而是以发展为己任，彼此互相竞争谋发展之中国特色的制度优越性。

再以京广高铁为例，此线一通，沿线京津唐经济圈、邯石保经济带、郑汴洛经济带、大武汉经济圈、长湘株经济圈皆如虎添翼。城市与城市之间，经济带与经济圈之间，一旦时空距离因高铁而大幅压缩，城与城之间的交融、圈与带之间的协作与互补，都将成几何级数般放大。而交融与互补越广越深，越有利于中国经济区域封闭状态的消融，越有利于全国大市场、大流通、大协作格局的形成，越有利于区域文化的互相融合，从而通过缩小区域发展差距达致经济社会的融洽与和谐。

把中央政府力推高铁建设置于这一客观存在的大视野作深度审读，就是对此缺乏清晰概念的普通百姓，应当也能体味到在2020年之前，以2.8万公里的线路总长度，打造中国“四纵四横”高铁干线及重要节点支线网络，分明是头脑清醒、战略清晰、敢于负责和担当、并有极强运筹能力和实施能力的当代中国政府，在为国家的未来谋篇布势。什么叫有效能的执政？什么叫对人民、历史和子孙后代负责？高铁建设就是现成的答案之一！

三、高铁是提升“中国制造”含金量的强大引擎之一

高铁之“高”，高在速度和运输效能。支撑高铁之“高”的两大支柱，一是由“中国创新”引领的“中国研发”；二是由传统“中国制造”向“中国创造”的跃升。

高铁之“高”，高就高在中国科研队伍、科研机构、科研人员忘我工作的精神追求。造军机由罗阳领衔的“航空报国”杰出团队甘愿作出无私奉献。“高铁报国”的杰出团队同样如此。抓住高铁在初始阶段的诸多不足、事故乃至某种程度的“冒进”，甚至于中间出现的某些实乃很难避免的消极腐败而全盘否定高铁，真正否定的不是“物”而是“人”，是否定无数为中国高铁发展所作的杰出贡献的中国人。

那些以极端思维全盘否定高铁的少数国人，该摸摸自已的胸口，这样做是否厚道，是否有违做人的基本准则。有道是，人在干、你在骂、天在看，难道就不怕遭报应?

高铁之“高”，涉及、钢铁、冶金、复合材料、机车、动力、底盘、制动、动力、电源稳压、传感器、通讯、电讯、自动控制、信号集成与传输、自动控制、安全控制、工程控制等几十个科研门类，涉及工程制造、机械制造、系统集成、质量保障、安全监控领域数百个制造门类数以万计的“中国制造”的整体提升。

高铁在中国的重大突破及投入商业运营，以及高铁技术总体形成世界一流逐步领先的现有格局，极大提高了中国工程科研和机械制造的整体水平。形成远远大于高铁本身投入的溢出效能和边际效益。

即便我们假定，中国高铁线路在运营初期会出现整体亏损，其难以直接量化计算的综合效益肯定远大于线路的亏损。账怎么算，是拘泥于眼前就事论事算小账，还是立足长远算大账，取决于算账者的眼格、视野和心胸。为高铁算账，我主张算大账，务必登高望远方可把账算个真切。

四、中国铁路私有化乃痴人说梦

包括高铁在内的整个中国铁路体制实行国有化运作，与其说是计划经济的产物，不如说是中国的国情所致。

中国拥有铁路已有百年历史。仅从建国后算起，包括把“十一五”铁路建设大跃进的成果计算在内，全路网目前由约10万公里营运线路构成。该路网又以行政大区为依托，在铁道部统辖下，形成沈阳、兰州、成都、武汉、广州、北京、柳州、郑州、上海、济南共11个铁路局。每个铁路局又下辖若干铁路分局，组成数十个相对独立的客货运主体。众多铁路之外的论者并未洞悉的是，上述11大

铁路局，除武汉、郑州、柳州三局之外，正好对应现有的七大军区，共同构建成既相对独立又互相联通的军交运输大格局。

中国铁路“军铁合一”的现实，决定了中国铁路必须实行“国铁体制”的逻辑理由。其内在的合理性和必要性很少被铁路之外的论者作过客观理性的深入思考。

中国走和平发展之路起缘于改革开放，行走30余年，在经济上已成为全球“老二”，国防力及国家综合国力皆今非昔比。可是，若人们以地缘政治和地缘军事作为“眼睛”，认真审读中国的国家地理，立即就会体味到当下中国面临的地缘政治和地缘军事压力，在当今全球大国中最为窘迫和压抑：

向北，中俄关系目前虽处于晚清以来的最好时期，但若用历史长镜头重新透视中俄关系，“北方”始终是中国国家安全的一块心病，只不过20年前苏东集团灰飞烟灭，迫使“北极熊”又一次经历漫长的“半冬眠期”。

向西北，从前苏联分裂出来的中亚数国，在现阶段虽不构成对我直接军事压力。但那儿既是亚洲大陆的软腹部，又系恐怖主义、伊斯兰原教旨主义、穆斯林教派纷争和主要针对中国的“三股势力”的新策源地，对中国西部边疆安全和社会稳定构成前所未闻的现实威胁。而且，在反恐的冠冕堂皇下，美国已在吉、哈两国变相驻军，形成了威胁中国的两枚楔子。

向西，巴基斯坦、印度、阿富汗都不是“省油的灯”。中国西南边疆安全的潜在挑战不言而喻。此前，中国为何咬咬牙也得把青藏铁路修通，并到拉萨后再分两路继续向西和向南延伸，道理同样不言而喻。

向西南，尼泊尔、缅甸及中南半岛越、老、柬三国自冷战结束，一直是大国战略角逐的“角斗场”。其中，中越之间虽同属一种意识形态，但彼此却各怀心计。何况，中越之间还有异常纠结的南海主权纷争悬而未决。

从南海、东海、黄海到渤海共2万余公里的海岸线，上世纪五六十年代美国费尽心计构筑的“半月型”海上包围圈在形式上虽不复存在，但由菲律宾、台湾、日本、韩国共同串联的“第一岛链”不但依然存在，而且还在千方百计强化中。

在东北亚，朝核问题包括朝鲜政局的不确定性，始终是当今全球“三大火药桶”之东北亚板块难以拆除的引信。

所见，在东、西、南、北关乎国家安全的各战略方向，中国依然处在各种潜在军事威胁和其它各种非传统、非对称威胁的包围之中。这就决定了，在当今世界大国中以及在新兴经济体大国中，中国铁路网既要承担国家经济发展推动城市化进程之历史性经济功能，又得承担不可替代的军事快反重任，拱卫国家安全的责任。

既然“军交运输”系国家安全战略的重要一环，毫无疑问，要达致“军铁合一”战略保障效率最大化，“国铁体制”在现阶段继续存在，抑或说改起来很难，绝对不是某些利益集团从中作梗那般简单，更不是一个单纯的垄断体制问题。

此外，从铁路在中国经济发展中所担当的、在全球大国中独一无二的特殊多重复合功能出发，目前的“国铁体制”在可预见的时间段内，很难有实质性的突破：不妨引用一组权威统计数据。目前，中国铁路货运承担着全国85%的木材、85%的原油、60%的煤炭、70%的粮食、85%的棉花、85%的建材水泥、80%的钢铁及冶炼物资的运输重任。就着么着，铁路国民经济基础物资运输之运能依然高度紧张，以至于迫使国家不能不通过新建客运专线及高铁路网，力求在2020年前初步实现干线铁路的客货分运，把腾出来的运能专注于缓解货运压力。

铁路货运的“超繁重”，还与中国作为“世界工厂”在全球经济体系中所扮演的分工角色有关，与国内产业现状及整个经济结构有关——说到底，它受制于现阶段中国经济发展的实际水平。因为货运紧张，处于东部和中部各省铁路网上的“铁老大”们，或多或少存在着以车皮谋私的“亚腐败”行径，但无论如何，这不只是“国铁体制”必然要伴生的体制性腐败，货运运能紧张也是客观原因——稀缺而引发供应商寻租恰是经济学早已揭示的一条铁律。这类“亚腐败”不分国籍和铁路体制，在各国都发生过且仍然发生。

同时打开中美两国的地图作对比阅读，人们不难发现，中国的“恶劣地势”与美国的“优育地势”呈天壤之别。由西而东至东部沿海，中国的地势落差平均超过5000米；由东南至西北，海拔高程也超过4000余米。如此“恶劣地势”及恶劣气候条件，从铁路运输组织的角度，中国无疑是世界上最艰难的国家。这就要求整张铁路网的运营必须坚决避免破碎化，充分彰显铁路调度效能最大化之国家意志。这是“国铁体制”在现阶段很难作实质改动的又一现实制约。

综合参照地理条件、人口、气候、交通、受教育程度等多种因素，再拿西方发达国家作参照物，中国东、中、西部县域经济社会的相对发展程度，可用20世纪后半期、20世纪前半期及十九世纪末叶来形象比喻。这就决定了中国铁路在纯粹的交通功能之外，还须承担起以持续巨额财政补贴支撑的西部铁路沿线大开发，铁路腹地脱贫开发，以及西部区域城市（镇）化等异常艰巨、为其它世界大国所无须承担的历史责任。若分拆铁路、若简单地路网分离，更不要说私有化，请问：上述历史责任——国家使命找谁人替代？靠分折后组建的市场化运营主体？靠私人资本？靠外国资本？呵呵，论者岂不是异想天开乎！

考量一国铁路体制优劣诸如集中、分散、服务、安全、效率等关键指标，中国目前只能优先抑或说迫不得已地选择集中、效率和安全三大指标。仅举“集中”为例印证效率：中国铁路以占世界铁路6%的营业里程承担世界铁路25%的运输总量，创造了旅客周转量、货物发送量、换算周转量、运输密度四个世界第一，运输效率令世界为之惊叹不已。

毋庸讳言，中国铁路存在着大量“跑、冒、滴、漏、贪、渎”现象，但铁路部门在承担全球最繁重运输任务之外，所同时承担的各项社会责任也不能随意抹杀。摘录国家权威统计，仅“十一五”期间，铁路部门因承担学生运输、“三农”物资运费减免、支付铁路公检法机关费用等，为国家贡献资金2060亿元；对西北、西南、东北亏损铁路转移支付补贴985亿元；向国家上缴税金989亿元；将铁路建设基金、折旧资金共5381亿元用于新线建设和既有线路改造。上述资金合计达9415亿元。请问，如果中国铁路完全市场化甚至私有化，上述社会责任归谁承担——还不是由咱们纳税人来承担——真到那时，率先表达愤怒的保准还是同一拨私有化的鼓吹者。

综上所及，固然“铁老大”在面对舆论质疑时会本能地放大成绩掩盖问题，但“国铁体制”也决非一无是处。纵然，“国铁体制”如何改革应可讨论，但前提是客观理性而不是攻其一点不及其余，必须通盘考虑国情、现状、可能与可行。

五、结论与展望

京广高铁“贴地飞行”，已助中国走出了“7.23”阴影。整个中国目前就如一列“动车组”，京广高铁只是“中国动车组”的其中一环而非最后一环。到2020年前，当中国基本织就高铁路网时，它所改变的不仅仅是中国人的出行方式、生活方式和社交方式。它将使整个国家实现“大而紧凑”的新格局，成为拉动中国社会深刻变革的一台引擎。

曾经，中国落后西方以数百年计。高铁率先在中国投入大规模的商业化运营，使中国人对追赶发西方有了新的认知和感受，高铁第一次象征着中国可以超越西方，尝试引领世界。高铁将牵引中国在更多领域迎头追赶，直到走向世界技术革命的最前沿。高铁在中国决不只是一种现代化的交通工具。

从国内舆论对高铁的惊讶、怀疑、否定、肯定、全盘否定再到眼下的部分认同，它注定将成为当代中国人学会认知理性的一条“成长通道”。

衷心祝福中国高铁顺风顺水风驰电掣。未来的高铁再出事故甚至是重特大事故在所难避，果真如是，愿国人都能将其视为现代化必须支付的代价之一。

（作者鲁宁，《东方早报》首席评论员。本文原载《观察者网》）

阮次山盛赞中国高铁

2012年12月27日 凤凰卫视

阮次山在今日凤凰卫视的节目中称京广线是中国现代史上的里程碑，让许多国家羡慕，我们不能因为"723"事故因噎废食，此外刘志军是刘志军，跟高铁是两回事。

以下是文字实录：

梁茵：阮先生，这条铁路可以说是贯通中国的南北，这一条大动脉对于整个的沿线的经济，还有我们的运输业会造成什么样的影响呢？

阮次山：在中国不管是交通史上，还是中国的现代史上这是一个里程碑，乃至于中国在全世界的历史上都是一个里程碑，为什么呢？在中国幅员很辽阔，现在从北京到广州两千三百多公里，现在的高铁，我们过去的发展已经变成四纵四横不说，我们这两天在哈尔滨那边的高铁也开通了，以后这边可能会连接起来，所以在去年"7·23"的追尾事件，那个时候我最担心的是咱们中国人不敢负责的官僚体系，就是一出事大家就停下来，其实去年出事不是高铁，是动车出事的，所以在这种情况之下，我去年一再的呼吁我们不能因噎废食，我们有的成就就有的成就，刘志军的事情是刘志军的事情。

我们应以高铁为傲

可是这些年来我们高铁的成就应该引以为傲，因为高铁缩短了我们国土辽阔的中国各省去之间的关系，改善了物流、人流、资金流，比如讲如果交通那么方便的话，因为飞机是定点的，中间不能降落，你刚才讲的很多航空公司说远程的不受影响，因为远程的从北京到广州三个多小时，你做高铁八小时，近程的高铁经过的地方飞机就没门了，因为一列车一千多个人，一架飞机怎么样，从燃料，从其他地方都不划算，那就是要挑战航空公司的策划和执行的能力。比如讲，现在为什么很多人对坐飞机不是很有信心，尤其是下雪天，下雨天，动不动飞机就延迟取消。

梁茵：而且本身的国内航空公司准点率就很差。

阮次山：所以我觉得这个要逼航空公司要做另外的战略性的考虑，我们没有意思说有高铁以后航空公司就可以取代，没有这回事，可是航空公司过去在交通的载客的观念当中，在服务观念当中势必要做改善。

飞机有竞争制，服务也未必好

我们再回到高铁，高铁这种的做法，我们两千三百多公里，如果是站在人类的角度，很多的国家羡慕，因为一个高铁不只是有客运的功能，还有货运的功能，我们在这种国内物流的基础上，货物南北东西可以互相沟通的话，对我们的经济发展，对社会的发展就没有那种距离感。

梁茵：在国内一直说我们国内的物流的成本还比较高，特别是我们现在大量的运输是靠公路来运输，靠汽车来运输，有了这个铁路之后会不会倒逼公路和航空公司运输成本往下走？

阮次山：成本可能往下走，有很多人说现在的高铁成本太高，你的票价很贵，可是你要知道这种投资是一次性的，可是你投资的还本不能期望今年就还本，明年就还本，这个是永久性的，除非你营运的成本太高，否则的话，在你不能把初期的投资全部加在票价上面，这是不合理的，更何况这是国家长期的项目。

所以，现在经过一段试验以后，我觉得政府可以考虑适当的把票价降低，因为如果营运效果很好的话，比如讲你照现在的票价你是还本5%、6%，你可以把5%、6%延长，一年延长还3%、2%都可以，乃至于说如果你坐高铁，我可以减免税，或者各个公务员强制性的出行要坐高铁，这些都可以改。

梁茵：我们现在可能对于高铁还有另外一种期待，就是能够期待说它的服务能够上去，比如说现在国内还有几家航空公司来竞争，我们还会去有选择性，比如哪家的服务好，哪家的准点率更高，高铁可能目前只有一家运营公司，我们除了花很多钱去买票以外，希望我们能够享受到，可能跟航空差不多的这种优质的服务，你觉得在这方面你有什么样的建议？

阮次山：我一天到晚坐飞机，我也不觉得飞机有什么优质的服务，我倒坐过几次高铁，我对他们服务已经很满意了，当然只有一家可能是会产生服务质量不佳的问题，那就是你高铁管理当局本身要做的管理，你不能说有人竞争你才能有这种服务，这个服务意识不能完全靠竞争来做，以前航空公司各种竞争到了现在面临生死存亡的时候你怎么办，所以我觉得高铁的服务，我不认为因为一条线的作用会产生优质化的下降，我认为就是管理。

京广线是现代化的里程碑

现在我们这条高铁完了以后当然变成世界之最，可是现在还有很多任务，不光是这个任务，我们如果用高铁、动车，还有一般的快车的联网，因为这条京广线就经过28个城市，中间还有很多二三线的城市，比如讲你到了长沙，你还到别的地方去的话，你另外坐动车或者快车，这条高铁四纵四横是动脉。

我们再加上其他的动车，还有其他的快车，变成静脉，或者微血管，在这种情况之下，我们全国就广布火车的网状的系统，火车有很多偏远地区未必到，还有火车到站以后其他的还是要靠高速公路，还是要靠一般的公路，所以这些如果都能够完善，中国的现代化飞速的发展是指日可待的。

梁茵：是的，而且我觉得马上就会有一个大考验摆在高铁面前，就是还有一个月就到春运，可能春运就会是一个对于这条高铁能否承担起运营的考验。

阮次山：不过的我们高铁，你也不能期望说每个人都坐高铁，所以这个是考验我们高铁来了以后，这条京广线来了以后，对我们的春运，对我们交通，这是个整盘的思考。

(http://www.guancha.cn/politics/2012_12_27_116892.shtml)

神州铁路路不平

我国铁路建设的百年忧患与三波高潮

2012年10月 刘慧勇

尽管比1825年建成的21公里长世界第一条英国达林顿–斯托克顿（Darlington–Stockton）铁路晚了51年，但从1876年上海吴淞铁路通车算起，我国的铁路建设至今已历137年，至今尚未完全建成全国铁路网。察其原因，主要是受阻于清廷保守、民国战乱、百年忧患。解放后奋起直追，但又一波三折，中间曾出现总计18年的两次减速，自1991年起的“八五”计划期，才进入持续20多年的较快建设阶段。简要回顾这段历史，有助于深刻认识我国铁路投资当前形势，以便更好预测和规划未来，相信对融资支持铁路发展的金融机构也有一定参考意义。

(一) 充满内忧外患的晚清和民国时期铁路建设

1、铁路建设速度北洋政府时期比晚清还缓慢

在1876–1911的晚清36年间，共修建铁路9400公里，年均建设261公里。其中由称为帝国主义的外商直接投资修建3850多公里，约占41%；帝国主义通过贷款控制修建3660多公里，约占39%；国有和商办铁路1880多公里，约占20%。在此期间，路权风波曾经激荡国民之心，助燃武昌起义，推动辛亥革命。

在1912–1927的16年北洋政府时期，关内修建铁路2100公里，年均131公里，仅为晚清36年平均速度的一半。对上述两个时期的铁路建设速度比较，详见下面的表1。

表1 1876–1927年我国铁路建设里程与年均建设速度

单位：公里

	晚清1876–1911				北洋政府1912–1927	
	外商直接投资	外国贷款修建	国有和商办	合计	合计	比晚清
建设里程	3850	3660	1880	9400	2100	
年均里程	107	102	52	261	131	50%

2、南京政府时期铁路建设关内比关外少200公里

在1928–1937的南京国民政府10年间，关内修建铁路3600公里，年均360公里；关外东北地方当局于1928–1931“九.一八”事变前的3年间，修建铁路900公里，年均300公里。南京政府的最初3年内，关内外合计年均修建铁路660公里。

抗战时期，在西南与西北大后方，8年修建铁路1900公里，年均238公里。日本帝国主义在侵华期间，用刺刀和皮鞭无偿逼迫中国劳工，14年间在东三省和热河省修建铁路5700公里，年均407公里；8年间在华北、华

中和华南等沦陷区修建铁路900公里，年均111公里。国统区与沦陷区合计，抗战时期年均修建铁路757公里。

算总账，1928–1945年的土地革命战争与抗日战争时期（本节称南京政府时期），关内建设6400公里，关外建设6600公里，18年关内外共建铁路13000公里，年均建设722公里（详见表2）。

表2 1928–1945年关内外铁路建设里程与年均建设速度

单位：公里

时段		1928–1937	1938–1945			1928–1945	
区域	指标		国统区	沦陷区	小计	合计	占比%
关内	建设里程	3600	1900	900	2800	6400	49
	年均里程	360	238	112	350	356	49
关外		1928–1931	1932–1945				
	建设里程	900			5700	6600	51
	年均里程	300			407	366	51
全国	建设里程	13000				13000	100
	年均里程	722				722	100

（二）三高二低一困扰的新中国铁路建设

1、第一波铁路建设高潮与三年调整

用1928–1945革命抗战年代的年均722公里的铁路建设速度来衡量，解放后第一个五年计划开始进行的大规模铁路建设，形成了第一波铁路建设高潮，在1953–1962的10年间共计建成铁路9793公里，年均建设979公里，比1928–1945年的平均数高257公里。但在1963–1965的“三年调整”时期，出现暂短间歇，铁路建设速度放缓，3年建设铁路1982公里，年均建设661公里，比1928–1945革命抗战年代的年均数少61公里。

新中国建立到1966年文革动乱之前的16年，共建铁路11775公里，年均建设速度736公里，比1928–1945年平均数多14公里（详见表3）。

表3 1950–1966年我国的铁路建设里程与年均建设速度

单位：公里

时　期	“一五”	“二五”	三年调整	1950–1965
建设里程	4860	4933	1982	11775
年均里程	971	987	661	736
	979		661	

2、1966–1990年一涨一落的铁路建设

第二个铁路建设较快阶段是“三五”与“四五”时期，10年共建铁路8777公里，年均建设878公里，比1928–1945革命抗战年代高156公里。但接下来的“五五”至“七五”3个五年计划时期，铁路建设速度滑落，在1976–1990的15年间共建铁路7208公里，年均建设481公里，比1928–1945年平均数低241公里。

这使解放后1949–1990的41年间铁路建设速度被拉低到年均677公里，反而比1928–1945年的革命抗战年代低了45公里（参见表4）。

表4 1966–1990年我国的铁路建设里程与年均建设速度

单位：公里

<table>
<tr><th></th><th>“三五”</th><th>“四五”</th><th>“五五”</th><th>“六五”</th><th>“七五”</th><th>1949–1990</th></tr>
<tr><td>建设里程</td><td>3935</td><td>4852</td><td>2871</td><td>1663</td><td>2674</td><td>27770</td></tr>
<tr><td rowspan="2">年均里程</td><td>787</td><td>970</td><td>574</td><td>333</td><td>535</td><td rowspan="2">677</td></tr>
<tr><td colspan="2">878</td><td colspan="3">481</td></tr>
</table>

3、1991年以来铁路的持续建设

第三个加速建设时段是1991年至今。在1991–2010的“八五”至“十一”4个五年规划期间，建成铁路32954公里，比此前41年的总和27770公里多出5184公里。这20年间平均每年建设铁路1648公里（详见表5），远超以往任何时期，是时隔28年后承继年均979公里的第一波铁路建设高潮，较长时间持续加速铁路建设的阶段。

表5 1991–2010年我国铁路建设里程与年均建设速度

单位：公里

	“八五”	“九五”	“十五”	“十一五”	1991–2010
建设里程	4951	6552	6665	14786	32945
年均里程	990	1310	1333	2957	1648

值得特别注意的是：为应对世界金融危机，中央于2008年第四季度决定调整宏观经济政策，接连出台紧急措施，在3年追加的4万亿元投资，铁路所占份额最大。这使我国的铁路建设从2009年开始大提速，当年即建成5598公里，1年建成量超过前8个五年计划期的任何5年。至2011年底，3年总计建成14272公里，年均建设4757公里。如果把这3年单列出来，将1991–2011的21年划分为1991–2008与2009–2011两个时段，那么，前18年的铁路年均建设里程只有1241公里，后3年平均数接近其4倍，提速之快，是显而易见的（详见表6）。

表6 2009–2011年我国铁路建设提速情况

单位：公里

<table>
<tr><th></th><th colspan="2">1991–2008</th><th colspan="3">2009–2011</th></tr>
<tr><td>建设里程</td><td>1991–2005</td><td>2006–08</td><td>2009</td><td>2010</td><td>2011</td></tr>
<tr><td rowspan="2">年均里程</td><td>18168</td><td>4171</td><td>5598</td><td>5017</td><td>3657</td></tr>
<tr><td colspan="2">1241</td><td colspan="3">4757</td></tr>
</table>

4、2009–2011年铁路建设加提速带来的困扰

对于过去3年间1年等于5年、3年等于15年的铁路加速建设方针与实践，近年社会议论颇多，看法很不一致。尤其今春以来，随着经济理论界在各种媒体上批评3年追加“4万亿”投资宏观经济政策的言论日见增多，占此番追加投资比重最高的铁路投资，不免受到强烈质疑，被抱怨给金融带来潜在危机，给经济发展遗留下严重祸患。这从一个侧面，

鲜明地反映出中国极为特殊的国情，特别是其中独具特色的人情，尤其是有别于普通民众，经常在媒体上发表看法的一些智者们的人情。

之所以说这种人情独具特色，是因为除了中国以外，恐怕地球上再也没有任何其他国家的公众舆论和经济学家，会对短线基础设施增加建设投资的方针给予无情谴责，竟然会眼见火车站拥挤的人群而痛心疾首地断言追加铁路投资给国民经济留下了隐患。因为各国追求美好的人情都很相近，公众舆论都同情公众，不同派别的经济理论都没有论证过增加投资加快建设短缺基础设施的弊端。

2009年开始的铁路建设大提速带来的困扰，不限于频见媒体的舆论批评，不限于对前3年“4万亿”追加投资的严厉指责，更主要的是已经实际影响到铁路建设资金的筹集和在建项目的施工，妨碍铁路建设“十二五”规划的实施。进一步推测，这种困扰甚至可能对我国究竟需不需要开始着手研究2016—2030年新一轮中长期铁路网规划，产生消极影响，不利于更好构建我国未来的交通体系大格局。

纵观1876年至今的137年来，重点是1949年至今的63年来，尤其是2008年10月以来的4年来，我国铁路建设百年忧患，三高两低，大提速引发大困惑，清楚地表明：我国的铁路发展正处在十字路口，面临新的战略抉择，究竟是保持高速还是制动减速？达到12万公里营业里程后基本不再延伸，还是研究制定新一轮中长期铁路网规划？无论答案如何，问题本身就已经决定，眼下是一个新的战略谋划期。

（本文为《我国交通基础设施投资规模与效益研究》课题报告第二章第一节初稿）

9条铁路“环保门”前接连被叫停

2012年12月24日

铁路原本是利国利民的福祉工程，即是拉动经济的强引擎，又是便利百姓出行的好马车。众所周知，修铁路没有错，反对“问题”铁路开通或修建也没有错。然而，随着一股股“环评风暴”的刮起，各地已建成或者正修建的铁路不得不因此纷纷被叫停。

2011年，环保部围绕胶济铁路、津秦铁路、贵广高铁展开了“环评风暴”，而今年，又有9条铁路被各级环保部门点名甚至叫停，既包括竣工铁路环境监测超标，又包括环评调查的公众参与代表性不足；既包括涉嫌噪声扰民，又包括穿过大熊猫保护区。

北京铁路研究所原所长蒋玉琨预计，随着“城镇化”被国家高层多次强调，“十二五”期间乃至更长时期，各地会将城镇化作为大事来抓，但如果地方和企业给中央“把经念歪了”，做不到高层强调的科学发展的城镇化，铁路建设和城市开发之间的矛盾还会发生。

今年被宣布环保不过关的9条铁路中有6条建于西部地区。多位铁路专家、噪声专家、生态专家表示，我国的铁路噪声环评标准仍有诸多值得商榷之处。

中科院动物研究所学科交叉研究促进中心主任、副研究员解焱认为，如果铁路不得不通过自然保护区，也要修建隧道或高架桥，给沿路动物留出生存繁衍的空间。铁路两边一旦修了围栏，就把野生动物的迁徙之路割断了，希望铁路部门在保护行人安全、减少运行干扰和保护野生动物这三者之间求得平衡。

国家级自然保护区评审委员会委员蒋明康分析称，成兰铁路某段项目被暂缓环评有两种可能性，一种是环评报告书没把问题讲清楚；另一种是该项目的客运车站建在自然保护区的地表，如果环保措施不到位，可能导致自然保护区被铁路“肢解”，甚至影响“国宝”大熊猫的生息繁衍。

蒋明康提出三套解决方案：地表施工项目避开保护区，或是地表穿越改为隧道穿越，或是依法调整自然保护区功能分区。

河北科技大学环境科学与工程学院教授赵仁兴分析道，老百姓反应强烈的通常不是等效声级，而是铁路经过时长达数十秒、短则数秒的突发噪声，它比等效声级高得多。

然而，环保部环评专家库成员、铁道科学研究院教授级高工焦大化接受说，瞬间通过的最大噪声并未作为环评标准。对于旧铁路，仅适用于门槛较低的《铁路边界噪声限值及测量方法》，其夜间的等效声级限值为70分贝，高于新铁路10个分贝。

“理想状态下，功能区一旦变更，适用的标准也要变更。”中国环境科学研究院环境标准研究所张国宁研究员分析道，然而，在实际操作中，随着城市的快速扩张，人口的复杂流动，规划工作的不力，很多城市的规划用地可能与实际用地并不一致(如工业区变成混杂区，混杂区变成居住区)，就会出现某个功能区适用的标准门槛太低的情况。

9条铁路遭阻碍：专家担忧铁路与城镇化矛盾

京沈高铁和成兰铁路遭遇的“环评门”并非特例。据了解，今年以来共有9条铁路被环保部认定为不同程度的环保“不过关”。

3月，环保部公示了当月受理的建设项目竣工环境保护验收监测和调查结果，改建铁路达州至成都线扩能改造工程在现有车流量下，南充站居民区等4处敏感点昼间噪声超标1.4−5.8分贝，土溪镇等11处敏感点夜间噪声超标0.2−8.9分贝。

5月，环保部二度公示称，改建铁路兰青线兰州至西宁增建第二线工程在现有车流量下，6处敏感点现状噪声超标，昼间超标1 .0−10 .7分贝，夜间超标2.1−7.3分贝。

6月，环保部又公示称，新建京沪高速铁路及相关工程在试运营期全线1001处声敏感点中，160处由于背景噪声影响较大引起超标，129处由于京沪高铁和背景共同影响引起超标。

7月，环保部再次公示称，黔桂铁路扩能改造工程试运行期间，上游路小区、叶茂小学、司头居民区噪声监测值超标。

9月，环保部继续公示称，新建铁路奎屯至北屯线工程在目前车流量和车速下，3处敏感点夜间声环境质量超标。同一个月，环保部向广深港客运专线下发了《责令改正违法行为决定书》并称，广州至深圳段工程自2011年12月26日投入试运行至今，未向环保部门申请环境保护设施竣工验收。

11月，环保部还暂缓了新建铁路重庆至万州客运专线(设计变更)的建设项目环境影响报告书的审批。环保部称，本次梁平县段线路变更方案穿越梁平县规划区，拆迁量大，噪声敏感点增多，影响加剧。目前线路两侧已有在建居民区，线路与渝宜高速公路包夹部分居民住宅。报告书未分析工程对包夹部分居民住宅的环境影响，公众参与代表性不足。

铁路干线两侧区域”在夜间的环境噪声等效声级限值为60分贝

目前与铁路噪声环评相关的“国标”有两个，分别是《声环境质量标准》(2008年实施)和《铁路边界噪声限值及测量方法》(2008年修改)。《声环境质量标准》规定，“铁路干线两侧区域”在夜间的环境噪声等效声级限值为60分贝。此外，《声环境质量标准》规定，突发噪声(突然发生，持续时间较短，强度较高的噪声)的最大声级超过等效声级限值的幅度不得高于15分贝，即突发噪声夜间最高不得超过75分贝。

此外，《声环境质量标准》这一门槛仅适用于2011年1月1日起环境影响评价文件通过审批的新建铁路(含新开廊道的增建铁路)干线建设项目两侧区域(简称“新铁路”)，不适用于穿越城区的既有铁路干线；以及对穿越城区的既有铁路干线进行改建、扩建的铁路建设项目(简称“旧铁路”)。

我国《噪声污染防治法》规定：国务院环境保护行政主管部门根据国家声环境质量标准和国家经济、技术条件，制定国家环境噪声排放标准。而在上述操作层面，排放标准的门槛却是低于质量标准的。焦大化说：“如果从法律而非部门规章和‘国标’出发，铁路噪声环评的依据只有排放标准，却没有质量标准。” 根据《声环境质量标准》，我国分为5类功能区。

1类声环境功能区是指以居民住宅、医疗卫生、文化教育、科研设计、行政办公为主要功能，需要保持安静的区域；

2类声环境功能区是指以商业金融、集市贸易为主要功能，或者居住商业、工业混杂，需要维护住宅安静的区域；

3类声环境功能区指以工业生产、仓储物流为主要功能，需要防止工业噪声对周围环境产生严重影响的区域。这两类功能区的昼间和夜间等效声级限值均最高各差别10个分贝。

(http://www.guancha.cn/Project/2012_12_24_116151.shtml)

铁路需要研究大战略

刘慧勇

“十二五”综合交通运输体系规划，确定我国铁路的发展目标，是到2015年底铁路营业里程达到12万公里，提前完成《中长期铁路网规划（2008调整）》规定的任务。这件好事引出一个紧迫问题：2016年后我国铁路应当如何发展，是否需要制定新规划、扩建铁路新线？这关系到我国未来的交通运输格局与国土资源利用，急需集思广益，深入研究铁路发展大战略。

一、规划铁路网营业总里程的方法和依据

实践是检验真理的标准。2008年11月，国家调整中长期铁路网规划，追加2万公里，将2020年全国铁路营业里程由原规划10万公里，调高到12万公里以上。4载时光飞度，展现事实清楚，即将提前5年，建成追加铁路。喜讯首先证明，原规划偏于保守，追加调整实属必要。而时间提前之多似又表明，专业主管部门受条件制约，调整中长期铁路规

划的方法也可能不尽科学，制定规划的依据未必十分可靠。出于对交通体系的关注，愿从外行视角，借用民间智慧，对全国铁路网总里程的规划方法和依据，提出两点参考建议。

（一）傻子过年看邻居

铁路不是新设施，百多年前最绚丽。高峰1887年，美国年建4万里。那年美国多少人，河南半省即可比。那年美国多少钢，宝钢一炉能匹敌。那年美国多少电，筑路劳工未曾见。那年美国多少钱，人均年收300元。是否美国多壮汉？苦活累活华工干！华工汗水路几何，公里40点9万。时至1916年，美国铁路已铺遍。2016即将到，中华铁路需重算！

自己一时算不清，邻居家当不妨看。如今攀比物力足，无须顾虑钢和电。如今攀比人丁旺，病夫返乡身已健。比罢可能看需求，需求决定总路线。只要新线利国人，金钱小事人能办。古往今来君不见，愚公子孙可移山！只要还知看邻居，傻子也能过好年。愚人常享愚人福，无忧无虑实心干。最忌心多胆子小，嘴巧善把理由找。放眼四邻定目标，新的规划才会好！

（二）邻居要看相近的

看邻居，定目标，条件要找相近的。规划铁路网总里程，应当侧重从哪几个角度，选择条件相近的邻居呢？粗看邻居历程，就可排除贫富差距因素，无需比较人均GDP高低。因为欧美各国于上世纪10年代、亚非主要国家迟至60年代，陆续建成自己的铁路网，从那时到现在50−100年间，各国人均GDP已翻多番，而铁路网里程却基本没有延长，有的国家（如美国）甚至缩短。思考铁路网规划总里程，翻看邻居百年之前的GDP老账，显然没有参考意义。

再看邻居铁路网建成前后的人口动态，不难发现，人口数量达到一定底线后，就只能作为辅助性参考指标。其实，各国的铁路网达到一定密度后，即使人口数量成倍增加，铁路网也不再延长。这是因为人口增多与经济增长需要增加的客货运量，可以通过革新技术、提高运输效率来满足，如同成年人的血管网不再延长，通过心跳加快、血流加速来满足剧烈运动时的供氧需求一样。

从运输功能看，铁路网类似血管网。成年人的血管长度不受其收入与职位影响，不随运动量增减而忽短忽长，主要由身高与体重决定。但二者也有显著差别，血管密度人人相近，而铁路网密度各国的差别却很大。察其原因，主要是各国的地理气候条件不同，人口与资源的区域分布特点有别，值得参考。

综合考虑以上几种因素，以国土面积为基础，同时参考人口数量以及人口与资源的区域分布特点，在面积200万平方公里以上、人口过亿的大国中选择，除了高寒地带占比大的俄国与人口分布高度集中沿海一线的巴西外，只有印度、美国与欧盟3个国家和地区，较为适合我国参照。

二、参照印度与美欧铁路网得到的几点启示

（一）印度与美欧的铁路营业里程与铁路密度

印度、美国与欧盟的国土面积、铁路营业里程与铁路密度见表。任何国家的人口数量都是变动的。表中选取2000年的人口数字，是因为手头资料方便，没有任何时点标志意义。其实，在这3个国家和地区的铁路网建成之时，他们的人口数量比表中的数字少很多，其后的人口数量变动与铁路里程、国土面积，都不相关。这就使人均铁路长度与人均国土面积，年年都在变。因此，表不计算比较人均铁路长度。

铁路密度，即万平方公里的铁路营业里程，是一国铁路网长度与其国土面积的比值。由于国土面积不像人口数量那样年年变动，当铁路网建成并经过运营调整逐渐稳定后，两者比值——铁路密度就会长期保持不变。因而，表中计算的主要对比指标，是铁路密度。

（二）美国铁路密度最值得我国参照

从表中可见，与印度、欧盟相比，美国的国土面积，与我国较为相近。不仅如此，在地形、地表和气候条件以及与此相关的人口与资源分布特点方

面，美国实际上也比印度与欧盟，更接近我国。因此，在3个国家和地区中，相对而言，最适合我国比照的是美国，印度与欧盟可作2级参考。

美国铁路网的最大长度，曾经在1929年接近43万英里，折合68万公里。其后主要在汽车与公路的激烈竞争下，大部分支线都被淘汰，逐渐废弃，陆续拆除，运营里程大幅度缩减。这样剩下来一直保持运营的铁路网，为22.6612万公里，铁路网密度为每万平方公里平均242公里。按此密度计算，在我国960万平方公里大地上，应当铺设23万公里铁路网。

（三）印度与欧盟的铁路密度可作适当参考

印度与欧盟的铁路密度，可为我国铁路网总里程提供上下限。印度每万平方公里国土面积平均213公里铁路。以此密度为下限计算，我国的铁路网总里程，至少应当达到20万公里。欧盟的铁路网密度，为万平方公里平均531公里。如果以欧盟的铁路密度为上限，我国的铁路网总里程，最长不应超过50万公里。

欧盟不像我国与美国，没有大面积沙漠或寒冷高原，人口分布较为均衡。考虑我国西部存在较大的人烟稀少地带，全国平均按欧盟密度计算未必适当。如果将含有大面积沙漠与寒冷高原的内蒙、青海、新疆、西藏等4省区的铁路密度，按欧盟密度十分之一，即每万平方公里平均53公里计算，则4省区462万平方公里区域面积，应当规划2万4486公里铁路线。东中部其他省市区的铁路密度按欧盟密度531公里测算，498万平方公里的区域面积，应当规划26.444万公里。两区域合计，全国铁路网总里程应当接近29万公里。

（四）需要重点探究23-29万公里铁路网是否符合我国国情

经过上述对比，按不同的密度指标，总共得出20万公里、23万公里、29万公里、50万公里等4个参考数据。如果去掉两端，保留中间，剩下全国按美国密度计算的23万公里与东中部按欧盟密度计算的29万公里，两者相差6万公里，难分仲伯，都有较强的参考意义。

同时又应清楚看到，用看邻居方法得到的毕竟是经验性启示，不能作为制定规划的充分依据。科学制定铁路网规划，需要从本国国情出发，进一步考虑其他交通方式的竞争和科技进步新趋势，在广泛了解包括小城市在内的全国各城市意愿、认真听取省市自治区政府意见的基础上，提出铁路新线选择设想，经过专家多方测算论证，才能最终确定。

三、考虑国情与科技进步对我国铁路发展趋势的判断

（一）人口与景观因素决定我国铁路客运将长盛不衰

人口众多，是我国最突出的国情。即使计划生育政策再坚持实行50年，这一国情也不会发生根本改变。国土辽阔，气候多样，山高水长，东西南北地形地貌差异巨大，景观奇特多变，环顾全球，没有任何其他国家可比。即使喜马拉雅山停止上升，横断山脉不再挤压，这一得天独厚的自然特色也不会消失。适当考虑人口与景观这两个长久因素，不难断定：我国的铁路客运将长盛不衰。

刚刚过去的国庆长假表明：公路与铁路客运齐上阵，仍然难以满足13亿人口大国的节日出行需求。这种需求还将随着城镇化进程加速、人民生活水平提高、休闲时间增多而趋于扩大。估计在我国人口2030年达到15亿高峰转入下降阶段时，由于居民出行比率会因在岗人员休假逐渐加长与退休人员寿命趋于延长而进一步升高，年度客流量还将持续上升。

研究我国铁路今后发展的大战略，需要比以往更加重视客运因素，尤其需要认真考虑旅游客运需求的增长趋势。过去规划铁路新线，更多考虑的是联系工厂矿山等产销地之间的货运需求与20万人口以上城市之间的客运需求，很少考虑旅游景点的通车需要。这主要是过去时代的局限，当然也有人认为，为保护旅游景点的自然环境，不宜修铁路。其实，通铁路比通汽车，占地与污染更少，更保护旅游景点的自然环境。

用铁路线把全国各地的著名旅游景点全都串联起来，是研究铁路发展大战略应当认真考虑的一件

事情。同样值得认真研究的另一个问题，是10万－20万人口小城市是否需要普遍通火车？如果上述两个问题都能得到肯定回答，在联通小城市的同时联通著名景点，那么，《中长期铁路网规划2016－2030》中需要新建的路网草图，就可以大体上显现出来。只要再适当补充一些大矿和重要国防点线，整个路网就可基本完善。

（二）公路与管道对铁路的替代作用已到尽头

在各种交通运输方式中，航空与河运对铁路的替代作用有限，只能分流一部分新增的客货运输，不足以减少铁路的客货运量。公路与管道对铁路的替代作用较大，上个世纪前半期，汽车公路运输的强烈竞争，曾使美国的铁路运量明显减少，以致美国的铁路营业里程，由1929年最高峰时的68万公里，缩短为不足23万公里，被削减2/3。

但美国公路与管道对铁路的替代作用，早在高速公路大发展之前，就已经走到了尽头。半个多世纪以来，尽管高速公路修得很宽，汽车性能日新月异，但美国铁路营业里程却没有再缩短，一直保持在22.66万公里。这说明，铁路网需要一定密度，公路对铁路的替代作用有限，从世界范围看，50年前这种替代就已经到了尽头。

虽然在没有发明汽车之前，我国就已经开始建设铁路，但一直多灾多难，很少顺利时段，直到目前尚未最终建成整个铁路网，早已错过了铁路超前发展的阶段。因而，我国不存在公路与管道对铁路的替代问题，真正需要研究的战略性问题是：已经通公路的一些地方，如未通火车的10万－20万人口城市和著名景点，是否需要考虑修通铁路？

判断这个问题，有两种衡量标准，一种是客观需求，一种是财务比较。所谓客观需求，就是要从某地启程或者要到某地去的人们，是否希望该地有个火车站，持有这种愿望的人究竟有多少，值不值得为他们修通铁路？所谓财务比较，就是火车票价比汽车票价高多少，会有多少人愿意为了安全舒适而选择火车，向那些地方通火车是否会亏损？

按客观需求判断，未通铁路的10万－20万人口城市和著名景点，都可能需要修建铁路新线。按财务比较判断，情况复杂一些，必须较为靠谱地预测以下两点。一是未来一二十年我国低收入人群收入水平的提高幅度及对火车票价的可支付能力。二是这些铁路新线的建设成本完全由运营公司承担，还是像汽车运营公司只是承担部分公路建设成本。这两个问题涉及国家宏观经济政策与铁路投融资体制，需要另文探讨；本文只能说，这取决于国策，目前具有不确定性。

（三）科技进步正在增强铁路的竞争力

铁路运输相对而言节能环保，科技进步使铁路客运更加舒适快速，现在又开始高度重视并采取有力措施不断提高安全性。这使铁路客运正在逐步增强竞争力。对于四五百公里以上、一千五六百公里以内的长途旅行来说，高铁不仅比长途汽车快速很多，舒适很多，而且用时不逊于飞机，舒适度则高于飞机。

随着低收入人群收入水平逐步提高，铁路对长途汽车的上述竞争力，将会得到更充分的显现。如果国家深入改革铁路投资与经营体制，由中央和地方政府投资建设铁路，铁路路权归中央与地方财政所有，依据国家的区域发展政策，区分不同路段以差别优惠价格，租赁给大大小小的铁路货运与客运公司去自主经营，那么，在成本方面获得与汽车运营公司平等竞争地位的铁路运营公司，很可能在票价上也有一拼。

四、对我国铁路网总里程的两种估计

关键在于如何估计小城市和旅游景点对铁路的需求。思考我国铁路发展大战路，规划铁路网总里程，关键是要弄清两个小问题。一是铁路网是否需要覆盖10万－20万人口小城市，二是著名旅游景点是否都应通铁路。对这两个问题的答案，如果都是否定的，那么，2015年即将建成的12万公里铁路网，就已经基本满足需要，即使需要再建几条新线，也只是属于个别调整补充，无需制定新的中长期铁路网规划。

对上述两问题的答案，如果有一个是肯定的，那就意味着12万公里铁路网还不能够满足我国的交通运输需要，有必要制定新的中长期铁路网规划。本文根据前面3部分的对比分析，倾向于认为仅仅为满足客运需要，就应当让铁路网覆盖全国10万人口以上城市与著名旅游景点。从这一基本判断出发，对我国的铁路网总里程，做下面两种估计。

（一）保守估计我国铁路网规划里程应增至20万–23万公里

无论人口达到10万的城市，还是著名旅游景点，都不是固定不变的。城市发展，人口增加，10万人口的城市今后还会增多。发展旅游，开发景点，一些现在不出名的地方日后有可能出名。暂不考虑未来发展，仅根据当前情况进行保守估计，要使铁路网覆盖10万人口以上城市与著名旅游景点，铁路密度可能需要介于印度与美国之间，即每万平方公里国土面积平均213–242公里铁路，960万平方公里国土上应有20万–23万公里铁路网。

以上里程，是限于个人时间与精力，采用傻子办法，简单参照他国现实的一种粗略估计。实际上也就是冒叫一声，希望感兴趣的专业机构，能够把目前没有规划铁路的10万人口以上城市与著名旅游景点，一一圈出，画图测算应当规划的新线总里程，这样做具有更大的参考意义。

譬如九寨沟，目前没有规划铁路，虽然旺季游客多，淡季游人少，但如果算总账还是值得修铁路的话，那就可以东起昭通，西至川主寺，画出一条昭川线。类似地，从蓬莱到旅顺，经庙岛群岛，也可以画一条蓬旅桥隧，并向南经栖霞接莱阳，使东北地区能够比旅顺烟台轮渡更加顺畅地联通东部沿海铁路网。在大西部，可以画波墨线（波密到墨脱）、西昌线（西宁经玉树到昌都）等目前没有规划的铁路。修建这些铁路，都将有力地拉动旅游。

（二）积极估计我国铁路网总里程可能需要达到28万–30万公里

展望未来，在目前5万–10万人口的小城市中，不可避免会有一批陆续进入人口超10万的行列。旅游部门的努力打造与人们追求新鲜的心理相结合，肯定会出现一些新的有名景点。据此进行积极估计，要在未来岁月使铁路网覆盖10万人口以上城市和知名旅游景点，我国的铁路密度可能需要在东中部接近欧盟水平，大西部稀疏一些，即前面说到的内蒙、青海、新疆、西藏4省区按每万平方公里53公里计算、东中部其他省市区按每万平方公里531公里计算，全国铁路网总里程应当约为29万公里，在28万–30万公里之间。

当然这也是采用傻子办法，简单参照他国得出的粗略估计。本文提出这一铁路总里程的用意，是希望在制定新的中长期铁路网规划时，能够留有余地，把目前人口不足10万，但发展潜力较大的一些5万–10万人口小城市，也适当考虑进来。今后的指导性铁路网长期规划，主要是提供思路，即使超前一些，甚至有些选线不切实际，也没有太大关系。因为是否修建某一具体线路，需要由投资者作出最终决策。如果有些规划线路，始终没有任何业主愿意投资建设，规划图上白画了一些线条，规划师们的工时浪费并不多，比规划保守，束缚发展，让人们在几十年内饱尝“一票难求、一车难求”之苦，损失小多了。

（本文原载《中国投资》2012年第11期）

实施铁路大战略需要政策与体制支撑

刘慧勇

只有战略目标，缺少必要措施，再好的战略也是空谈，落不到实处。进入“十三五”规划期后要继续保持2009年以来的铁路建设速度，顺利实现2030年前建成20万公里以上铁路网的战略目标，需要采取切实有效的战略措施，从政策优化与体制改革两个方面提供保障。

实现铁路发展战略目标面临资金困难

为应对世界金融危机，我国从2009年起大幅度增加铁路建设投资，金融机构积极为铁路建设融资。到2011年底，铁道部债务总额由2008年底8683.95亿元上升为24126.75亿元，3年间增加15442.8亿元，扩大178%，负债率由46.81%上升到60.63%，升高13.82个百分点。

尽管这一负债率还处在合理水平，但因铁道部作为单一法人的债务总额已经变得很大，在银行贷款与债券发行两个方面，都因触及金融业监管界限而出现险情。从银行贷款看，受商业银行单一客户放款最高占比不得超过10%的限制，有的银行已不便给铁道部增发贷款。从债券发行看，今年8月22日第四期200亿元铁路建设债券发行后，铁道部的债券余额达到6320亿元，受到证券法关于公司发债不得超过40%净资产的红线制约，超过净资产的40%，

为支持铁路建设，国家从实际情况出发，及时作出决定，将铁道部作为非公司制企业看待。国家发改委据此将铁道部的债券发行限额放宽到不超过净资产（即权益）。按此发债限额，距离2012年1季度末15785.78亿元净资产（即权益）数量，铁道部还有9400亿元的债券增发空间，今后3年平均每年可以增发债券3100亿元。这使铁道部2013−2015年的融资不会受到金融法规的硬性限制，完成“十二五”铁路建设规划的建设资金来源问题能够得到解决。

真正需要研究的问题，是从2016年开始的“十三五”规划期铁路建设资金的供求关系。按铁道部2009−2011年债务总额年均增长5100亿元、长债余额年均增长4300亿元的趋势，到2015年底“十二五”铁路建设规划完成时，铁道部的债务规模可能达到4.47万亿元，其中长债余额可能达到3.53万亿元，债券余额接近1.6万亿元。届时铁道部的净资产有可能增加到2万亿元，总资产（负债+权益）达到6.47万亿元左右，资产负债率上升到69.45%，临近70%警戒线。这将使铁道部“十三五”规划期的融资条件，在银行贷款与债券发行两个方面，都发生不同于目前的明显变化。

从债券发行方面看，按照不超过净资产的控制标准，距离2万亿元的净资产总额，整个“十三五”规划期将只剩4000亿−5000亿元的增发空间，年均仅1000亿元左右。从银行贷款方面看，会有更多银行对铁道部的放款达到最高占比10%的单一客户控制线。如果到那时国家不出台特殊的支持措施，铁道部将无法像目前这样融资，难以实施年均建设4000公里铁路新线的战略规划。

除了外部融资条件发生不利于进一步扩大债务规模的变化外，从铁道部自身利益看，也将表现出不宜继续大量增加债务余额的倾向。当2015年底铁道部债务规模超过4.4万亿元、负债率接近70%警戒线后，还本付息压力将急剧增大。如果为了实施新的铁路网建设规划，继续大幅度增加债务，那就难免会因应付利息增加过快而出现亏损，甚至可能威胁到现金流。这可能是铁道部从管理层到普通员工，都不愿意看到的局面，必将降低铁路部门建设铁路的积极性。

根据以上分析，对于2016年后我国铁路建设资金的筹集问题，得出如下结论。面对“十三五”时期铁道部融资条件的变化，如果国家不采取新的有力措施，单靠铁道部，届时将很难筹集到足够的资金来保持目前的铁路建设速度。即使铁道部能够借到钱，也会使其财务状况发生恶化。

上述两难局面将使2016年后我国铁路建设面临以下3种选择。一是确认我国铁路网已经基本建成，此后不再需要进行大规模铁路新线建设，因而无需大量融资。二是给铁道部留出10－15年的债务调整时间，待到2026－2030年铁道部债务规模有所缩小、资产负债率有所下降、融资条件得到改善时，再考虑实施新的中长期铁路网规划。三是国家采取新的有力措施，趁热打铁，在接下来的15年内继续保持目前的铁路建设速度，争取在2030年前建成能够基本满足我国社会经济长期发展需要的20万公里铁路网。

现行体制下实施大战略政策措施

如果要优化我国的综合交通运输体系，决心实施铁路发展大战略，即作上述第三种选择，在2016－2030年再建8万公里铁路新线，即使按每公里铁路新线平均造价1亿元估算，总计也需要8万亿元铁路基建投资。要顺利筹集如此巨额的建设资金，加快铁路建设速度，同时又不增加铁道部债务负担，有优化政策与改革体制两类措施可以采取。优化政策涉及面少，易于实行，并可为改革创造良好条件。改革体制牵涉人多，关系复杂，需要慎重推行。本着先易后难原则，首先讨论现行体制下优化政策的具体措施。

措施其实很简单，而且早已有先例，可供照样画葫芦。这措施就是：以特别国债置换铁道部全部债务。可借鉴的先例是：我国1998年通过发行特别国债，组建金融资产管理公司，剥离国有商业银行不良资产，使国内外长期看糟的4大国有商业银行，很快全都身价百倍，不仅让外国战略投资者大赚一把，而且使这些银行的中高层也都发了小财。其实，真正赚大头的还是国家，国家持有的这些银行股权，无论看净值还是算市值，都已经翻了多番，远远超过当初为剥离银行不良资产而发行的特别国债。

更值得注意的是：特别国债悄然无声，农民不知道，工人没感觉，粮油菜市无反应，如果不是特别提起，人们早已忘记。用财政部债务置换铁道部债务，社会信用规模不增不减，国家部委债务总额不多不少，工农大众对此难以觉察，应当说在情理之中。但对债务人来说，财务效果则十分明显，由于国债利率比银行贷款利率低很多，应付利息会立即大幅度下降。用节省下来的这些利息，无论加快铁路建设，还是延缓铁路运输提价，都会给人民带来实惠。

铁道部的资产质量，远胜于1998年时的国有商业银行，比现今各银行股份有限公司的信贷资产质量，也毫不逊色。因而，今日的铁葫芦比当年的银葫芦，更容易画。事实上，对铁路根本不必谈剥离不良资产，无需另行设立专门处理不良资产的公司，只需中央财政发行与铁道部债务等额的铁路确权特别国债，全额清偿铁道部债务，通过注资将铁道部名下所有路网、车辆、通讯设施和建筑物，确权为国家优良资产，就可为铁路投资经营体制改革奠定坚实基础。

采取上述措施，不仅操作方便，药到病除，5分钟解决问题，还有以下诸多实利。首先，国家铁路系统无债一身轻。其次，债权人权益得以维护，连本带息，一文不少，全获偿付。第三，对与铁路建设相关行业的职工及其家属有好处，可以增加收入，改善生活。第四，对全国经济增长有带动。第五，铁路网联通旅游景点，可以减少汽车尾气对秀美山川的污染。第六，对全国人民与企业有好处，出行更方便，运货更便捷。第七，优化城镇结构，10万人口以上小城市通铁路对周边小城镇也有带动。

最后，对中央财政还有以下3项好处。其一，铁道部债务最后其实也就是中央财政自己的债务，经此转换，从2011年11月发行的10年期铁路建设债券与同期限国债利率比较情况看，利率负担可由4.99%降低为3.57%，下降1个多百分点，降幅高达30%。其二，自此无需再投入中央预算拨款，就能由国铁公司自筹资金拓展8万公里铁路新线，提早10-15年形成8万亿元坚实的铁路资产。其三，细算经济账，在铁路工程造价年均升幅高于特别国债利率的情况下，早建铁路等于降低铁路建设成本，给国家所持的铁路资产留下更大的溢价空间。

上述大小合计10项好处，惠及方方面面，各行各业，可以说泽润山河，利遍城乡。即使有谁能够挖空心思找出几条坏处，与上述10项好处相比，无论怎么说，也还将是弊小于利。如此明显利大于弊的措施，在必要时，无疑是值得下决心付诸实施的。

改革铁路投资经营体制总体思路

以特别国债置换铁道部全部债务后，铁路投资经营体制改革就不难进行了。本文建议，把彻底改变铁道部“政企合一、网运一体”状况，真正实现“政企分开、网运分营”，作为铁路投资经营体制改革的总体思路。这种意见，社会上早已有之，铁道部也在部分尝试，但由于种种原因，至今进展不大。

在“政企合一”体制下，网运很难分营。路网建设管理与客货运输不分开经营，就很难在客货运输环节形成竞争机制，也不利于客货运输的成本核算。只有政企分开，网运才有可能真正分营。网运分营后，有车就可成立铁路运输公司，参与铁路运输，通过竞标从路网公司承租客货运输线路与时段。这样铁路运输环节就会逐渐形成竞争机制，通过竞争提高服务质量，降低运营成本。

因此，按上述总体思路进行改革，需要首先推进的改革步骤是政企分离，铁道部部长不必再兼任铁路企业法定代表人，铁道部不必再直接负责铁路的投资建设与客货运营，可以专门行使行政管理职能，负责研究并会同国家有关部委颁布全国铁路发展规划，制定全国铁路运输行业法规、政策和技术标准，对全行业进行安全监督与管理。行使上述行政管理职能，不一定需要继续保留国家部级机构，可以考虑组建大交通部，其中负责管理铁路行业的司局，自然会占有重要地位。

在实行政企分离时，分离出来的企业，不能是一两家，而应当区分为以下3类，以便彻底改变“网运一体”状态，真正实现“网运分营”。第一类是路网投资建设与租赁企业，负责铁路的投资建设、改造与维修，向运营企业出租已建成的铁路。第二类是路网运行优化服务公司，负责设计全国铁路网运行方案，安排控制客货车辆运行时间，监视并监督客货车辆实际运行，有责任在必要时调整客货车辆运行时间，紧急调动车辆，及时分别向各家路网投资建设与租赁企业报告其路网的运行潜力。第三类是铁路客货运输企业，负责铁路车辆购置与维修，租借路网使用权，经营客货运输。

在改革初期，划分第一类的路网投资建设与租赁企业，宜大不宜小，宜少不宜多。可以考虑先将国家路网划分给东西两家路网投资建设与租赁公司。对社会经济条件好的中国东部铁路投资建设与租赁公司，实行完全的商业化经营。国家要求该公司运用收取的路网租金、通过资本市场吸收的股份资金与金融市场融资等渠道获得的资金来源，增加东部铁路新线建设投资，进一步扩大东部铁路网。

对经营条件较差的中国西部铁路投资建设与租赁公司，则实行准经营。允许该公司依据国家给予的路网租金差别政策，区分路段，向运营企业收取较低的路网租金，一些边远路段还可暂时免收租金，以支持运营企业实行商业化经营。为了加速扩大我国的西部铁路网，除了西部路网公司自己收取的路网租金以及用路网未来租金作为还款保证获得的市场融资外，中央财政还可把从货运中提取的全国铁路建设基金、东部路网与运营企业缴纳的全部税金，都作为边远铁路基本建设专项拨款，全额转移拨付给西部路网公司，用于投资建设西部铁路新线。

第二类的路网运行优化服务公司，按其服务性质，只宜设立一家，全国统筹，独家经营。对其服务质量的提高，可以主要依靠经济杠杆来刺激和推动。按业务协作关系说，路网运行优化服务公司受雇于包括高铁线路公司在内的各家国有的、合资的与股份的路网投资建设与租赁公司，其服务质量最终必然表现为路网运行效率提高和路网租金增加。因此，各家路网公司支付给路网运行优化服务公司的服务费，应当与路网租金挂钩。路网运行优化服务公司精心策划，利用高新技术进行信息管理，可以大有作为。

第三类的铁路客货运输企业，不需要自己建设铁路，只需支付一定的路网使用租金，购置一些车辆，即可从事铁路客货运营，因而无论在东部还是在西部，都应当实行完全的商业化经营。在改革初期，此类企业可以适当多分立一些。铁道部下属的每个铁路局，只要自己愿意，都可以单独注册为一家铁路综合运输公司，或者分设成客运与货运分开的两家专业公司。在这个问题上，多听基层领导与职工的意见，没有坏处。

铁路客货运输公司的车辆停放、维修场地与职工生活住地，是区域性的，但其车辆运行却是全国范围的。因而，所有的运营公司，无论客运还是货运，都鼓励在全国路网上开展业务竞争。改革初期，主要是在服务质量方面鼓励竞争，之后逐渐放开路网租金竞争，逐步推行线路运行租金招投标制度。再以后，逐步放开货运价格竞争，客运则需要长时间保持全国统一的票价标准。在业务竞争过程中，既不反对一些公司自己要求进行的业务拆分，又大力支持多家公司在自愿基础上进行的合并。分也好，合也好，只要公司自愿、职工赞同就好。

促进铁路投资经营体制改革建议

在下决心实行上述较为彻底的总体改革之前，还可以考虑进行一些符合改革大方向的局部改革，应当有选择地加速推进一些已经启动或正在酝酿的改革措施，作为实行总体改革的突破口，为以后的深入改革积累经验，创造条件。

1.把城际铁路投融资体制改革作为突破口

城际铁路具有二重性，即是全国区域间铁路交通网络的城市进出口，又是城市轨道公交的重要组成部分。以城市为主体，把完善城市群公交系统、打造1小时城市群快速公交圈作为首要目标，在百万人口以上城市周边200—300公里半径范围内，大力建设覆盖10万人口以上小城市的城际铁路，有助于加快形成20万公里的全国铁路网。

对于建设城际铁路，不少地方与企业积极性很高，可以说深化城际铁路投融资体制改革的条件已经基本成熟。以城际铁路投融资体制改革为突破口，能够较快见到实效，值得高度重视与大力推广。为加快实行此项改革，建议进一步明确国家鼓励发展城际铁路的城市规模，提倡人口百万以上特大城市适当规划发展轨道交通。作为一种实际支持，现在的中铁投资公司、将来的东西部路网投资建设与租赁公司，都可以通过参股方式，有选择地与各城市的轨道交通建设管理公司共建城际铁路。

同时还应充分尊重市场经济规律，如有人口低于百万的城市认为自己周边的小城市较多，实际上也可构成不小的城市群，有必要发展城际轨道公交，建设城际铁路，也不应一律阻拦，而应当赞同试点。这类铁路将来可能绝大部分都成为20万公里铁路网中有价值的组成部分。

2.进一步鼓励民资参与路网投资建设与开办运营公司

在高铁线路与煤运专线建设方面，民间投资已经表现出很高积极性，也取得了一定成效。与“网运分营”的总体改革方向相适应，除了大力支持民间资本独资或入股参与建设自己认为值得投资的铁路新线，还应进一步鼓励民间资金购置铁路运输车辆，创办自己认为能够盈利的客货运营公司，铁路部门在运营安排上应当给予便利。

民资进入铁路建设与经营的这种探索，可以起到为国家铁路实行总体改革积累经验的作用。如果民资都能适应“网运分营”的铁路投资经营体制，那么，拥有现成路网和车辆的国家铁路实行分营，也就应当是没有问题的。在民资这种探索的过程中，暴露出的问题，可以为完善国家铁路投资运营体制改革，提供参考。

3.铁路勘察设计管理体制改革需要适当先行

铁路新线的可行性研究与勘察设计工作，需要很长时间。没有一定深度的勘察设计工作为基础，很难真正做好铁路新线的可行性研究。经过认真的可行性研究，未必所有拟选的铁路线都能够被认可。因而勘察设计工作本身也存在一定风险，最终不一定都能够得到实际利用。但每一次勘察设计工作都需要花些钱，免不了要有一定的支出。这些钱从何而来，不能 全靠国家财政拨款，需要通过改革搞活。

这就要求铁路的勘察设计管理体制改革适当先行，除了可以接受民资和城市政府等有意投资建设铁路新线的投资人的委托开展新线勘察设计工作，还可考虑吸引风险投资者出资或自己借钱先行勘察设计一些自己觉得把握较大、最终一定会有人投资建设的线路。当有人要投资建设这些线路时，即可出售自己的设计成果，给风险投资者回报，偿还借款本息。

（本文原载《中国投资》2012年第12期）

铁道部谢幕与铁路票价之忧

2013年3月15日

铁道部谢幕，在资本市场上引起了一片欢呼，但作为铁路客运服务的消费者，资本市场上为之欢呼的理由却恰恰是忧虑之所在——铁路票价是否会由此暴涨?

截至目前，无论是用占居民收入比例衡量还是直接与海外发达国家相比，中国铁路票价都堪称低廉且长期不变，即使春运期间备受媒体集体围攻的高铁票价也是如此。在1996年，夕发朝至的北京西至武昌37次特快新空调硬卧车是铁道客运的一个创新，全程历时接近11小时，其下铺票价为280元，当年我国城镇居民人均可支配收入为4838.9元，280元票价占5.79%；农村居民人均纯收入1577.7元，280元票价占17.75%。

从1996年至2011年底，京广线37次直达快车新空调硬卧下铺车票票价一直是280元或281元，15年不变。在2012年全线开通的京广高铁，北京西至武汉运行速度最快、票价最高的G79次商务车厢票价1644元，一等车厢票价834元，二等车厢票价522元；2012年我国城镇居民人均可支配收入24565元，上述G79次一等车厢票价834元占3.40%，二等车厢票价522元占2.12%；农村居民人均纯收入7917元，上述G79此一等车厢票价834元占10.53%，二等车厢票价522元占6.59%；比1996年对应比例下降了2—11个百分点，但乘坐高铁的享受和节省时间绝非1996年的特快所能比拟。

中国铁路票价之所以能够长期维持低票价，在商业方面主要原因有两条：其一是因为铁道部直接管理的“半政府”性质使得铁路员工愿意为这个身份编制而接受缺乏市场竞争力的薪酬，从而显著降低了人力成本；其二是实施了交叉补贴的策略，即发展部分铁路拥有比较优势的纯商业性业务，用其盈利弥补公益性、半公益性业务的亏损。具体说来就是以货运利润补贴客运亏损，以高铁高档车厢服务收益补贴普通客车、普通车厢。

正是基于这一策略，铁道部建设了京沪杭、京广等350公里以上时速高铁并设置高档一等车厢、商务车厢、卧铺车厢，因为凭借350公里以上、甚至接近400公里的时速，地处市区的火车站，在这些人流量巨大的黄金线路上，乘坐高铁实际花费时间不比民航多，甚至比民航还少。在这一基本因素基础上，比飞机宽敞得多的空间，更大的行李携带量，受天气影响小，准点率更高……这些因素进一步加大了高铁相对于民航的优势。通过设置高档一等车厢、商务车厢和卧铺车厢，高铁不仅能够吸引分流民航的大批乘客，特别是商务、公务高消费乘客，而且能够发掘出潜在的高端旅游观光客源。这些乘客对价格敏感程度较低，乐于接受、甚至只愿意接受高档服务，并有能力支付市场化的高票价，铁路也就可以用这部分盈利去弥补公益性、半公益性业务的亏损了。

然而，铁道部谢幕之后，上述两项策略全部陷入不确定境地：铁路员工从“半政府”身份变为纯粹的市场化企业员工身份，他们身份的变迁必须以提高薪酬作补偿，人力成本上升。铁路企业未来如果从国企改制为合资企业、民企，薪酬水平还必须进一步提高。在铁路改制成为企业之后，交叉补贴策略也会难以实施，越是如同有些人所主张的那样市场化、拆分，实施交叉补贴的难度也越大，这是因为引进的外资和民营资本股东天然具有强烈的逐利动机，追逐盈利部分业务而推卸亏损业务的“挑奶皮”行为是必然的，也是因为拆分后的不同公司之间不可能交叉补贴。

作为一项产业，铁路必须保持追求盈利的商业性动机，也只有保证一定的盈利，才能保证这项产业获得可持续的投入而滚动发展，更好地满足需求。铁路定价确实应当具备商业合理性，在商业经营上应当可持续，即使考虑到铁路客运的半公益性质，京广线37次直达快车新空调硬卧下铺车票15年不变的定价体系也是极不合理、注定不可持续的，还造成了火车客运高峰时期人满为患、黄牛和铁路内部腐败猖獗的副作用。

但中国铁路无法摆脱其公益性特征，因为其服务覆盖面极为广泛，2011年一年18.6226亿人的旅客发送量，相当于全国人口平均每人乘坐1.4次，2012年铁路客运量又进一步上升至18.9亿人次，仅此一端就决定了中国铁路不应完全商业化，尽管特定地区的特定线路可以如此。铁道部谢幕之后，铁路票价是否会走向另一个极端？英国等众多国家铁路市场化改革已经提供了深刻的前车之鉴，希望中国不要重蹈覆辙。

(http://www.guancha.cn/mei-xin-yu/2013_03_15_132077.shtml)

四问铁道部拆分

2013年4月8日　　郭松民

拆分铁道部的消息传出后，关于此事的争论迅速从人民大会堂蔓延到了民间，网上的争论更是不亦乐乎，不少网民似乎如梦方醒般地加入到挽留铁道部的队伍中来。笔者利用自己的微博发起一个小小的投票‘是否赞同拆分铁道部？”结果在542位投票的网友当中，有518位投了反对票，占95.6%。一些旅美经济学家也联名发表了“公开信”，反对拆分铁道部。这封信在微博上被疯狂转发，虽然数次被网络屏蔽，但很快又重新出现。

当然，支持拆分铁道部的人也有，主要是一些市场原教旨主义者。他们认为这是市场化、民营化改革的重要一步。另外就是一些海外媒体，比如美国《国际财经日报》就以《中国即将来临的改革：永别了，计划经济》为题发表评论，兴高采烈地声称此举旨在提高运作效率，削弱既得利益。

对铁道部的拆分为什么会引起如此巨大的争议？综观各方的观点，主要有四点质疑。

一是拆分铁道部，会不会导致客运票价的上涨？

有学者计算，从物价指数增长和收入增长来看，目前中国铁路客运票价，实际仅为1995年的30%。从运营效率和公允成本来说，中国铁路客运票价，普客至少应上涨400%才合理，动车和高铁也应上涨150%才合理。铁路低票价还迫使其他运输方式也向乘客让利，近20年的累计价值，相当于3.4万亿元人民币，其中客运就占1.3万亿元。

这就是说，近20年来铁道部提供的廉价运输服务已成为一项全民共享的社会福利，极大数量的按市场价格定价肯定买不起车票的穷人，也享受了铁路运输服务。只是这些福利供给的成本，没有由财政税收承担，而是转变为了铁道部的负债。

末任铁道部长盛光祖已经放言未来铁路票价应该由市场决定，这是不是意味着那些漂在一线城市的 丝、农民工，在苦于买不起房、看不起病之后，再遇到“回不起家”的新难题？铁道部被拆分，是不是意味着廉价铁路客运时代的终结？对这些问题的担忧吸引了大批网民加入到讨论中来。

二是拆分铁道部，会不会使中国铁路高速发展的势头终结？

上个世纪90年代以来的国企改革，最主要的理由之一就是效率。但这些年来，中国铁道部的效率，和任何国家相比都毫不逊色。就效率而言，中国铁路运输效率已经是世界第一了，可以说不存在效率低下的问题。

1949年，当铁道部随着共和国的建立而诞生时，接手的全国铁路名义总里程约2.1万公里，实际运营里程仅一万多公里，标准和设备更是五花八门的“万国”牌，但到2012年底，中国铁路运营里程已达9.8万公里，仅次于美国，电气化和高速铁路里程则已是世界第一。中国铁路以占世界铁路6%的营业里程完成了世界铁路25%的工作量。

从衡量铁路运输效率的主要指标看，中国铁路有四个“世界第一”：旅客周转量世界第一、货物发送量世界第一、换算周转量世界第一、运输密度世界第一——这样的运营效率已不存在靠市场化、企业化、私营化就能提升的空间了——铁道部既然如此高效，拆分它究竟是为了什么呢？

铁路的安全性是衡量铁路运管质量的另一个重要指标，但中国铁路的安全性也是世界一流的。据统计，2000年至2010年，我国铁路系统累计运送旅客130亿人次，每亿人次重大事故死亡人数2人。相比之下，同期以安全著称的日本铁路每亿人次重大事故死亡人数9人，而以不安全著称的印度每亿人次重大事故死亡人数更高达920人。

有学者感叹，铁道部在效率和安全都没有明显问题的情况被拆分，就好像把一个健康的人强行推上手术台一样，显得古怪而不可思议。

三是拆分铁道部，会不会诱发新一轮的腐败和国有资产流失？

铁道部拆分之后，真正的接盘者是“中国铁路总公司”。在未来几年，“铁总”会不会走上这样一个怪圈：为了降低负债→引入民间资本和外资→票价飙升，安全事故增多，舆论反弹强烈→国家再用高价将相关股权赎回？明眼人一看便知，在整个循环过程当中，国家和人民付出重大代价。

笔者做这样设想并非杞人忧天。实际上，我国在长途汽车公司、城市公交公司已经折腾过一轮了：长途汽车、城市公交改企之后，要么不顾公共利益、价格暴涨，要么向政府索讨比以前多得多的财政补贴，结果政府又不得不以高的多的价钱买回来，重新国有化。在折腾过程中，造成了国家利益严重受损、资源严重浪费，发生了更多的权力寻租和腐败行为。

事实上，铁路被廉价出售给私人和外企的可能性已经初现端倪。铁道部最新资产和负债率显示，截至2012年三季度，铁道部的资产为4.3万亿元，负债为2.66万亿元，资产负债率为61.81%，税后利润为-85.41亿元。然而全国人大代表、中国工程院院士王梦恕表示，以铁路每公里2亿元评估，全国近10万公里的铁路线路就有20万亿元的资产，这还不包括车站、工厂等，“这些数据没法统计，如果加上地方铁路局的资产，铁道部的资产有上千万亿元。”

四是对拆分铁道部，会不会影响国家安全？

中国所处的欧亚大陆被称为“世界岛”，集中了地球主要的财富和资源，如能通过铁路为主的“欧亚大陆桥”联为一体，资源在欧亚大陆内部流动，则美国赖以支撑其世界霸权的海上霸权就此将陷入“英雄无用武之地”的状态。而如果铁道部被拆分后导致“欧亚大陆桥”夭折，中国的能源生命线就都处于美国的掌控之中了，这是每一个有着起码地缘政治眼光的人所不能不担忧的问题。

拆分铁道部所引起的广泛争议表明，以市场化、私有化为主导的改革理论已经不能凝聚社会共识，而依靠“顶层设计”，自上而下的强力推动，排除各利益相关方充分参与的改革路径，遇到的阻力也越来越大。3月14日，包括拆分铁道部在内的国务院大部制改革方案三分钟内就在人大表决通过，铁道部被拆分已成定局，但这仅仅是问题的开始而不是问题的终结——在今后的操作过程中，对上述争议问题的回答，将决定这次改革的成败。

（本文原载《国企杂志》）

拆分铁道部有无负效应

刘慧勇

别了铁道部，三事惹人忧：票价是否涨，路可有钱修？巨债谁偿还，众说搅晕头。政企刚离异，分营方消愁。

今年“两会”政府换届期间，人们翘首以待的大部制改革终于出炉，铁道部一分为二，实现政企分离。与以往出台的多数改革措施不同，此次撤并铁道部，网上立即爆出多种忧虑，很多网友不知是福是祸。在交谈中，不少熟人都流露出一样情结：告别铁道部，万味在心头。不完全是留恋与恐惧，还有一丝感恩，毕竟那是供人坐卧谈笑间远行万里的一个部门呀！

票价涨否凭啥定

网友第一忧：火车公司开，票价涨起来。在笔者看来，这里存在误解。实际上，过去火车票的最终定价权，不在铁道部，而在国家发展改革委。今后铁路客货运输的最终定价权，不在铁道总公司，还在国家发展改革委。此次拆分铁道部，铁路政企分离，一点儿都不变铁路客货运的最终定价权。

针对民众的担忧，国家发展改革委已经公开表示：近期火车票价绝不上浮，可以下浮。那么，远期呢？远期的各种价格，谁都无法保证永不变化，也很难准确预测变化的幅度，房价粮价如此，水价电价如此，油价金价如此，火车票价自然也不例外。

国家发展改革委凭什么最终审定火车票价？考虑的因素肯定不少，笔者认为以下4项最重要。其一，铁路运营总成本及客运分担；其二，公路、水运与航空的竞争；其三，城乡居民收入水平与承受力；其四，财政对铁路的投资预算与补贴能力。

上述二、三两项，属于外部社会环境，铁路体制改革对其没有影响，因而也就不会通过二者间接影响票价。中国铁路总公司仍然属于国有，与财政关系未变，所以上述第四项也不会因改革受到影响。至于改革对铁路运营总成本及客运分担的影响如何，虽然说不很准确，但总体估计应当是有助于提高效率、减少腐败、降低运营成本。

总括起来，从火车票价4大影响因素分析，改革对票价上涨没有任何推动力。客观上影响未来火车票价的，主要是上述一、三两个因素，尤其是第三项“城乡居民收入水平与承受力”的变动趋势。如果未来3-4年我国城乡居民收入平均提高30%，承受能力有所上升，那么，火车票价就有可能上涨15%左右，低于粮价与房价约20%的上涨幅度。这种预测，与铁路改革没有关联。

筑路资金几方筹

网友第二忧：铁路公司筑，投资谁来出。这是关心铁路建设的人们，从建设资金来源角度，对改革后铁路能否保持前几年较快建设速度的一种疑问。笔者粗线条分析2012年铁路基建投资的来源，认为改革对“十二五”后3年的铁路建设资金筹集，不会带来任何消极影响。

2012年我国的铁路基建投资，大数约为4700亿元，主要来源于以下6个方面。其一，从货运提取的铁路建设基金600多亿元；其二，铁路折旧按一半用于路网基建投资估算约有400亿元；其三，主要由新线土地占用与拆迁费用构成的地方政府铁路建设配套资金估计折合约500亿元；其四，中央财政拨款300多亿元；其五，包括入股高铁在内的各种社会投资粗略估计200亿元；其六，发行债券与借用银行贷款新增负债约2700亿元。

中国铁路总公司从隶属原铁道部，改革为直属国务院，对上述6项基建资金来源，不仅不会产生消极影响，反而可能更为有利。首先说折旧再投资，显然不受改革影响。其次看铁路建设基金，改革未涉及，既然没有未被取消或调低提取比例，只要货运量不下降，数额就不会减少。第三看地方政府配套资金与中央财政拨款，只要国家发展铁路的方针不变，地方与中央财政的支持力度就不会削减。第四说社会投资，政企分离改革，会增强对社会投资的吸引力。

最后重点分析约占资金来源总量60%的负债筹资。从铁路总公司目前负债余额2万4千多亿元、占4万多亿总资产比率刚过60%、年负债增量约为2700亿元的具体情况看，3年之后其负债率才有可能突破70%。一般地说，负债率不超过70%，市场融资就不会遇到困难。

对中国铁路总公司来说，3年时间非常宝贵，这意味着我国铁路建设“十二五”规划顺利完成，提前5年实现《中长期铁路网规划（2008年调整）》确定的全国12万公里铁路网建设目标。此后，我国铁路网建设是否还有规划，假如还有后续规划，究竟规划用多长时间、建设多少里程，也都还是未知数。因而，3年之后，我国铁路建不建、建多少，已不是资金问题，而是规划问题。对这个问题，网友没有提，待说清了网友门关心的债务承担问题后，再接着说。

重债担在谁肩头

网友第三忧：铁路重债谁承担。脱离资产孤立看债务，铁路2万4千多亿元的债务，确实不少。但若联系巨额资产，其中不少还是按数十年前价格计价的，那么，60%的负债率，不算高，中国铁路总公司暂时还担得起。上面已说过，铁路总公司担负这些债，3年之内在金融市场上融资没问题。

3年之后，如果我国铁路网没有新的建设规划，基本上停止新线建设，那么，铁路总公司的负债总额将达到3万2千多亿元历史最高峰，转而开始4－5年的缓慢下降。此后5－10年间中速下降，10－25年间加速下降，到2040年左右清偿完所有债务，负债余额为零。到那时，金融市场债券投资人和放贷者，再想从铁路赚利息，将无可能。

如果3年之后国家出台新的《中长期铁路网规划》，进一步加快铁路建设，则另当别论。如果出现这种有利国计民生的情况，作为国有企业，中国铁路总公司还是应当本着高度负责的态度，量力而行，实事求是地与国家讲清楚，接受重任需要中央与地方政府提供的必要条件，其中包括按时还本付息。

因而，3年之后，无论出现哪种情况，不管是否出台新的《中长期铁路网规划》，铁路建设究竟是基本停止、还是进一步加快速度，债权人对铁路总公司的债权资产，都可无忧。网友们也就不必为此而发愁。

敢比美国好兆头

实行大部制改革，拆分铁道部，铁路网规划职能并入交通部，最令人振奋的消息，当属交通部副部长近日坦言我国交通基础设施建设不足，目前建成运营的铁路只有9.7万公里，而美国是23万公里。铁路刚刚划归交通部，就敢比美国，提到23万公里铁路网里程，是一个好兆头，是改革成效的最新表露、最快反映。这一攀比如能以铁路网规划的形式体现出来，就会结出最丰硕的改革成果。

原铁道部政企合一，企业利益难免潜移默化地影响国家决策。对于已经拥有很大铁路网的运输企业来说，花大钱扩展边疆与偏远地区的铁路网，投资收益少，财务效益差，显然于己不利。但这对于国家和偏远地区人民来说，却是必要的。这种必要性，企业即使明白也不肯亏损实施，属于维护企业自身权益，完全可以理解，也是无可厚非的。然而，企业以政府部门身份代表国家，将其意志强加于人民，让国家与人民服从其企业利益，则是不可理解，不能接受的了！

《中长期铁路网规划（2008年调整）》将2020年我国铁路网总里程规划为12万公里，显然偏于保守。根据“十二五”规划，2015年即将提前5年建成12万公里铁路网。从2016年起，经过3－4个五年规划，15－20年时间，再建设12万公里铁路。到2030年前后，使我国的铁路网总里程延长到24万公里，比人口约为我国1/5的美国目前运营铁路网长1万公里，达到汽车普及之前美国48万公里曾经运营铁路的一半，应当说是必要的。

至于这12万公里现代化铁路的建设资金从哪里来，属于技术问题，其真正来源，肯定是筑路劳动。不付出这种劳动，绝对创造不出这份物质财富，社会也就不该增加这部分钱，自然也就不会扩大与这些钱相对应的、作为钱之背面的债。激活这种劳动，创造这份财富，需要深化改革。

网运分营解百忧

在实现政企分离的基础上，进一步深化铁路改革，重点在于网运分营。不实现网运分营，矛盾重重，责任交错，盈亏不清。这样说的主要依据，是全国铁路网不可避免包含相当一部分公益路段，不宜完全由企业建设经营。从实际情况看，路网建设与客货运输，本来就是相对独立的两件事，因而可以分开。人为地将二者紧紧捆绑在一起，抬高进入门槛，硬化行业壁垒，利于垄断，排斥竞争，阻碍民间资金进入，必然减弱活力。

实行网运分营，最理想的方案是划分为如下3类企业。其一，路网投资建设与租赁公司，主要业务是投资建设、改造、维修与出租路网。其二，路网运行服务公司，主要业务是规划设计、安排控制、调度调整、监督管理全国铁路网的客货车辆运行。其三，客货运输公司，主要业务是购置维修客货车辆，租借路网，经营客货运输。

上述二、三两类运营企业，属于完全商业化性质，独立经营，自负盈亏。其中路网运行服务公司，只能设立一家，全国统筹，独家经营。客货运输公司，可以多家，将来还可采取招投标方法，通过竞争，引入民资企业。谁能够买得起车辆，可以保证运行安全，服务质量好，都可以通过竞标，租赁承包一定的客货运行车次与线路。

路网投资建设与租赁公司，全国可以考虑划分给东西两家。社会经济条件好的东部路网公司，可以实行完全的商业化经营，并应按照国家铁路网建设规划，运用收取的路网租金、通过资本市场吸收的股份资金与金融市场融资等渠道获得的资金来源，增加东部铁路新线建设投资，进一步扩大东部铁路网。

经营条件较差的西部路网公司，实行准经营。允许该公司依据国家给予的路网租金差别政策，区分路段，向运营企业收取较低的路网租金，一些边远路段还可暂时免收租金，以支持运营企业实行商业化经营。为了加速扩大我国的西部铁路网，除了西部路网公司自己收取的路网租金以及用路网未来租金作为还款保证获得的市场融资，中央财政还可把从货运中提取的全国铁路建设基金、东部路网与运营企业缴纳的全部税金，都作为边远铁路基本建设专项拨款，全额转移拨付给西部路网公司，用于投资建设西部铁路新线。

（作者：中国投资协会投资咨询专业委员会会长。本文原载《中国投资》2013年第4期）

三条重要高铁新线路停建缓建 资金短缺殃及铁路网规划

2013年7月7日

铁路问题专家、中国工程院院士王梦恕近日在接受采访时表示，西安至成都、成都至兰州以及郑州到重庆这三条高铁线已经因为资金问题停建缓建。

“铁路总公司成立后，好多原本要修的线路都不修了，只对有效益的线路感兴趣。”王梦恕认为，这样不利于国民经济的发展。

王梦恕说，交通部要看全国的盘子，协调各种运力；铁路总公司要看自己的碗，比如客流量增幅是否达到50%，10年内能否收回成本等。这与原铁道部所秉持的即使赔钱也要建重要铁路的理念迥然不同。

今年前5个月铁路投资究竟是在加速还是在放缓？从中国铁路总公司公布的“全国铁路主要指标完成情况”来看，前5个月铁路固定资产投资为1576.10亿元，同比增长21.6%，其中基本建设投资1322.85亿元，同比增长25.4%。尤其是5月份，铁路固定资产投资环比增长6.01%，基建投资环比增长32.01%。照此估计，2013年全年完成6500亿的铁路固定资产投资似乎不是问题。

但在王梦恕看来，整个铁路投资“从3月份到现在，整个局面没有太明显的变化，原本很重要的三条高铁也都停了”。他透露，西安至成都、成都至兰州以及郑州到重庆这三条高铁线已经因为资金问题停建缓建，其中郑州至重庆高铁全长约700多公里，预计投资总额达989.7亿元。该信息也得到了多位业内人士的证实。

截至2012年底，全国铁路营业里程为9.8万公里，如果以每公里总费用2亿元计算，到2020年还有2.2万公里铁路要新建，每年将达3000公里左右，投资额为6000亿左右。同时铁路总公司每年须还银行借贷利息1000亿。

原铁道部数据显示，2012年铁路固定资产投资完成6309.8亿元，比2011年增长7%。但2011年投资计划已经从年初目标的8500亿大幅下调为5000亿左右。

高铁缓建

2008年，原铁道部副部长陆东福表示，国务院批准的《中长期综合交通规划网》提出到2020年，全国铁路营业里程达到12万公里以上。

伴随着这幅长远宏景，铁路建设一度奋进。截至当年年底，全国铁路营业里程达到7.9万公里。按铁道部的预计，到2012年底，全国营业里程达到11万公里。然而，2011年由于动车追尾事故的影响，铁路行业首次遭遇融资困难局面。

原铁道部数据显示，2012年底，全国铁路营业里程达到了9.8万公里。这意味着尚有1万余公里的缺口，本报了解到，这些铁路有些仍在修建，有些已停建等待复工，有些还在待建中。

依据原铁道部今年年初的规划，2013年全路固定资产投资为6500亿，投产新线5200公里以上。但据接近中国铁路总公司的人士透露，将近半年过去了，计划中的成贵铁路(云南段)、大瑞铁路(保瑞段)、丽香铁路等建设并未提上日程，有些高铁线路甚至已经被搁置。

据了解，西安到成都、成都到兰州和郑州到重庆这三条高铁线路，目前已因为资金等问题暂时搁置。据王梦恕介绍，这几条高铁线原计划带动至少10个城市的发展，比如成都到北京目前要10个小时左右，如高铁修好只需3个小时左右。

而成都到兰州的高铁线路，全长400多公里，三分之一线路，三分之一隧道，要解决地震地区的隧道抗震，该线路的造价亦达几百亿。王梦恕介绍，每年投资6000亿，修建3000公里的铁路，会带动GDP增加1.5个百分点，解决600万人的就业问题，牵引2000多个国有大工厂的发展。

虽然对社会经济的拉动明显，但每年6000亿的投资，对于已负债累累的铁路总公司来说，并不是一笔小数目。“铁路总公司成立后，好多原本要修的线路都不修了，只对有效益的线路感兴趣。”王梦恕认为，这样不利于国民经济的发展。

他表示，照这样的进度下去，到2020年铁路营业里程达到12万公里，只能是一个梦想。

钱紧下的规划

12万公里铁路营业里程目标，需要大量资金去实现；而这目标背后，则是2000多家相关企业的饭碗。

据了解，今年6月份，已经有很多铁路相关企业给高层写信，希望有饭吃，尽快拿到单子，得以生产、赚钱。“现在高层已经关注到这个问题了，开始对铁路未来建设进行研究和定位。”王梦恕介绍。

据接近铁路总公司人士介绍，一方面，高铁建成后还是有效益的，客流量增幅达70%左右；但另一方面，铁路系统改革使得原铁道部的2.66万亿债务全部划归铁路总公司，每年的借贷利息1000亿左右都需铁路总公司偿还。

他说，在此背景下，中国铁路总公司最希望的是将现有的近10万公里线路运行好，保障安全，同时在建的1万公里左右线路尽快投产运营，构成收入流以还债。以此为基础，并通过对货运的改革和对客运的调整来创造多种盈利途径。至于全国铁路网的建设和完善，对铁路总公司来说，眼下或许已不暇顾及。

事实上，铁路建设投资滞缓背后，是建设融资难度的增加和新线批复权引发的争议。

原铁道部在向银行申请贷款时，因其有政府信用保证，无需抵押品，银行在控制风险后即可直接贷款；而变身后的铁路总公司为公司性质，贷款必须有抵押品。眼下，铁路总公司的资产负债率已达61.81%，继续贷款难度更大，每年600多亿铁路建设基金和铁路债券发行成为铁路总公司最能指望的融资来源。

在钱紧的背景下，新线的批复也变得微妙。“铁路总局合并入交通运输部后，交通部要搞大规划，铁路总公司也要搞规划，双方就会产生分歧。”王梦恕说，交通部要看全国的盘子，协调各种运力；铁路总公司要看自己的碗，比如客流量增幅是否达到50%，10年内能否收回成本等。这与原铁道部所秉持的即使赔钱也要建重要铁路的理念迥然不同。

他认为，机构改革在行政层面厘清了一些东西，但如何做到综合交通理念是更高层次的问题，而眼下，“不合理工期、不合理造价和资金问题等铁路建设死角，应及时得到理清”。

（本文原载《经济观察报》。http://www.guancha.cn/Project/2013_07_07_156468.shtml)

李克强考察兰渝铁路施工 西部铁路建设要求打通贫困地区

2013年8月18日

中共中央政治局常委、国务院总理李克强18日在兰渝铁路木寨岭隧道施工现场考察，强调铁路对西部发展有重要意义。李克强说，铁路为西部贫困人口打开致富大门，铁路开发要先把贫困人口集中地区打通。

李克强：西部铁路开发意义重大

正在甘肃考察工作的李克强，18日来到兰渝铁路木寨岭隧道施工现场。他对相关负责人说："西部铁路开发意义重大，这不仅是人民翘首以盼的。再者，中西部正在接收东部的产业转移。铁路的建设对扶贫，以及产业的发展有意义，西部发展是中国最大的回旋余地所在。"他说，西部发展起来，拉动了就业，国家的就业就有更有希望了。

面对高温下坚持作业的铁路工人，李克强强调："在西部山区修铁路非常艰苦，但你们是用艰辛和努力为西部贫困人口打开致富大门。一定要既保证工程质量，又保证自身安全。"

李克强指出，西部铁路开发，当地百姓翘首以盼，既是扶贫，又是我国由东向西产业转移布局的需要。要先把贫困人口集中地区打通。

铁路总公司负责人介绍，按照总理布署，未来三年西部将开工一些大项目，总长1.2万公里，占全国新开工铁路的53%。

国务院近期发出一系列加快基础设施建设的信号，铁路建设是其中的重头戏。7月24日，李克强总理曾主持召开国务院常务会，研究部署进一步加快中西部铁路建设。

会上，李克强总理动情"两谢"220万铁路职工："我要代表国务院感谢220万铁路职工，他们为中国铁路系统的体制改革做出了重大贡献；我要代表中西部贫困地区的百姓感谢220万铁路职工，他们翘首以盼加快中西部的铁路建设"。

铁总解决困难 兰渝铁路建设加快

兰渝铁路是纳入中国政府《中长期铁路网规划》的重要铁路干线之一，是联接西南和西北地区的大通道。该铁路经过甘、陕、川、渝4省(市)22个县(区)，这些地区自然资源丰富，经济发展滞后，兰渝铁路的修建对于促进沿线经济发展、人民致富和民族团结有重要意义。

建设方兰渝铁路有限责任公司副总经理蔡碧林称，兰渝铁路于2008年动工，受资金、方案、费用等问题影响，工程进展缓慢，曾一度停工。近期政府明确要求继续保持铁路建设加快发展的势头，中国铁路总公司针对兰渝铁路的资金问题、技术难点及拆迁工作进行了重点解决，兰渝铁路也因此加快建设。目前全线路基土石方开累完成8702万方，占设计总量的92.9%。其中，重庆段已完成铺轨116公里。

蔡碧林称，兰渝铁路沿线地形复杂，不良地质密布，其中甘肃境内的湿陷性黄土和富水未成砂岩属于世界罕见的不良地质。目前，相关技术难点已经攻破。今年10月将实现重庆合川渭沱站至兴隆场编组站的货线开通，南充至高兴单线开通，12月实现兰州至夏官营开通，预计2015年年底全线开通。

兰渝铁路开通后，重庆到兰州的时间将由目前的17.5小时缩短到6.5小时，从重庆出发的渝新欧货运专线的运营时间也会缩短1天。

（原载《中国新闻网》http://www.guancha.cn/Project/2013_08_18_166446.shtml)

四、城市轨道交通建设迎来高潮

百城待建4万公里地铁轻轨

刘慧勇

2011年我国城镇人口首超农村，这使农村人口外出务工的愿望与城镇吸纳转移人口的能力同时增强。再加上农村青年学历升高与土地流转松绑两种动力参与推拉，必然给城镇化进程加速。在今后二三十年内，当城镇化比率升高到某一临界水平的时候，很可能出现爆发性城市扩容现象。对此需要备有多方应对之策，其中不可或缺的一项是：百城打造4万公里轨道交通。

一、20年内我国将有百座人口超百万的大城市

世界城市交通发展经验表明，人口超过百万的大城市，都需要大力发展轨道交通。日本根据其实际经验，早在上个世纪80年代就区分城市人口多少，推荐如下的公交系统配置方式：建议50万人口以上城市，配置高速轨道网络与公共汽车网络；50万人口以下的城市，不用轨道交通。我们即使比日本保守些，至少也应当采取百万人口以上大城市配置高速轨道网络加公共汽车网络的公交发展方针。

在明确上述方针的同时，应当清醒看到，我国拥有百座人口超百万城市的日子，正在一步步临近，为期已经不远。因为按今后20年间各大中城市人口翻番进行估算，目前128个50万人口以上的城市，到2032年后人口都将超过百万。退一步说，即使其中有1/5人口扩充速度比较慢，达不到100万人，那也将足有百座城市人口超百万。这是明摆着的客观发展趋势。

百座人口超过百万的大城市，吸纳的人口总量，可能达到全国人口的1/3左右。如果这样的估计大致符合客观趋势，那么，这些城市的总人口，就将在4亿－5亿人之间，或说大数在4.5亿人左右。无需更精确地测算，就可形成一个大概念，我国急需认真规划4亿－5亿城市人口的公共交通配置问题。交通问题解决不好，城市就会陷于瘫痪。而解决城市交通问题，必须提前规划，预留线路，否则就会增加建设难度，造成巨大浪费。

二、大城市需要配置高速轨道网络的主要理由

概括地说，快速、准时、安全、环保、节能、省地，六大长处，是百万人口以上大城市需要发展轨道交通的主要理由。轨道交通封闭运行，畅通无阻，快速便捷，对生活节奏快、时间宝贵的大城市居民来说，是最大的好处。运行准时，降低不确定性，便于安排出行计划，能够缩短候车时间，因而与运行快速具有异曲同工之效。上述两点的共同作

用，是节约时间，等于延长市民生命。

任何交通方式，都难免出事故。但与其他方式相比，地铁轻轨封闭运行，相对而言比较安全。对珍惜生命的社会来说，这是不小的好处，各城每年都可以减少出行人的伤亡。环保关系人们健康，如今全世界都高度重视生态环境。各种出行方式的人公里污染排放总量，相差悬殊，城市轨道交通和自行车一样，碳排放与有害颗粒物污染近于零，自然应当作为大城市公共交通的首选方式。

能源和土地是稀缺资源，大城市的土地尤其宝贵。各种机动化运载方式满载条件下的每公里人均能耗，最低为大公共汽车的0.17兆焦耳，最高是轿车1.16。轨道交通的能耗略高于大公共汽车，郊区运行0.26，市内0.29，低于小公共汽车的0.35，显著低于轿车，总地说较为节能。更重要的是地铁轻轨便于构造立体交通，对城市土地的占用远远小于其他交通方式，这使配置高速轨道网络往往成为一些大城市解决交通拥堵问题的必然选择。

三、未来二三十年我国需建地铁轻轨4万公里

自1863年世界第一条地铁在伦敦建成通车以来，轨道网络迅速发展成为50万人口以上城市公交体系的重要组成部分。与欧美相比起步较晚的日本东京，在上世纪60年代，轨道交通也已经发展成为市民通勤的主要交通方式，占比达到57%。到上世纪90年代，伦敦、巴黎、纽约、东京的地铁轻轨万人平均运营里程，按市区人口计算分别为5.67、7.96、2.06、2.53公里，4城平均万人3.91公里；按都市圈人口计算分别为3.0、1.7、0.85、0.7公里，4城平均万人1.27公里。这样的轨道交通网络密度，基本能够满足大城市公共交通需要，城市交通也有拥堵，但不致瘫痪。

借鉴上述城市的经验，可以根据城市规模，考虑按市区万人2−4公里、平均3公里，或者都市圈万人0.7−1.3公里、平均1公里的轨道交通运营里程概算指标，粗略制定城市轨道网络长远规划。按市区内人均用地100平方米、市区万人用地1平方公里进行换算，这相当于每平方公里市区面积对应2−4公里轨道网络。这样的网络线路密度，能够四通八达，方便换乘，可以充分发挥轨道交通的特有优势。

都市圈万人平均1公里轨道交通，百座人口超百万的大城市，总计4−5亿的人口，显然需要4−5万公里的轨道网络。这就是说，在今后二三十年间，我国百座大城市共有4万多公里轨道交通在等待建设，其中约有1万多公里应为地铁，3万余公里轻轨。这无疑是一项战略意义可以和万里长城相提并论、但工程量远超长城的宏伟工程。完成此项惠民工程，将极大便利市民交通，节省上下班时间，减少城市空气污染，扩展城市空间，优化城市布局。与此同时，还将激活大量潜在劳动，创造出高达20万亿−30万亿元人民币的市场价值，显著增加社会物质财富与金融资产，既强国又富民。

（本文原载《中国投资》2012年第5期）

地铁投资加速

赵沛楠

1863年，“伦敦大都会铁路”作为世界上第一条地铁开通之时，人们或许不会想到，这种后来被国际公认的“绿色出行”方式所带来的不仅仅是交通的便捷，它正改变着一座座城市的面貌。

而对于已经经历了50多年发展历程的中国地铁来说，现在正是“最好的时代”。9月5、6日两天，国家发改委公布了新近批复的25个城市轨道交通建设项目：其中，常州、厦门、兰州、太原、石家庄等城市获准修建地铁，哈尔滨、上海等城市新增或调整城轨的建设方案也获得批准。

事实上，发改委并非一夜之间突击批复城轨项目。早在今年5月，常州、厦门、兰州3地轨交规划获批的消息便已见诸报端；太原和石家庄则分别于6月和7月领到地铁“准生证”，当地媒体也曾予以报道。而其他一些项目在各地的“十二五”规划上亦早有体现。

据记者采访了解，本轮涉及轨道交通的25个批文包括工程可行性报告与近期建设规划两类。前者表示该项目即将动工，而后者具有不确定性，工程距离正式投建还有一段或长或短的时间。据统计，目前工程可行性报告获批的城市轨道交通项目共12个，涉及10座城市，建设工期最短3年，最长5年，投资规模约为2000亿元。

而此次获批的城轨交通项目也被更多的声音解读为应对目前经济下行局面，本轮政府主导投资的发力点。有观点认为，加大城轨项目的投资力度，对稳定经济发展有直接作用。

国家统计局刚刚公布的8月份经济数据总体不佳。8月工业增加值同比增幅降至8.9%，为39个月的低点；出口增速仍疲弱，进口意外负增长，预示着经济增速见底时间推后，整个经济探底仍在继续。

尽管国家在今年4、5月集中批复了一批重大基础设施项目，央行在6月和7月两度降息，但社会消费品零售总额增速一直徘徊在13%左右。

8月PMI下滑至49.2，跌破50的荣枯线，创下了9个月以来的最低点，显示经济增长的动力不足。各大投行纷纷下调了2012年中国经济预期增速。

据记者采访中国铁建下属集团公司相关人士得知，在交通基础设施中，修建地铁的成本相对来说最高，地铁的线下工程平均每公里造价约6亿元，需要消耗大量的水泥、钢筋、石材等建筑材料，这还不包括钢轨和车辆的钢材消耗，地铁项目被称为拉动内需的发动机并不为过。

值得关注的是，受到发改委集中批准项目的利好因素影响，国内钢材价格结束阴跌，迎来一波“逆袭”式的上涨。9月12日，上海地区各品种钢材普遍上涨30−40元。北方城市涨幅更为厉害，天津的热卷钢涨幅达到每吨300元。

波折前行

中国国际工程咨询公司原副总经理焦桐善在接受《中国投资》杂志专访时告诉记者，我国由上世纪50年代开始地铁建设前期工作直至80年代中期，在战备兼顾交通的大方略下，只建成50.9公里轨道交通。

在经历了上个世纪80年代末短暂的快速发展期后，由于广州地铁1号线综合造价突破8亿元，国务院根据当时城市的现有经济发展水平和国家财力状况，提出严格控制城市轨道交通的发展，并对在建项目加强管理。轨道交通建设暂时沉入水底。

地铁建设进入快车道是从2003年9月，国务院办公厅颁布《关于加强城市轨道交通建设管理的通知》（以下简称国办81号文）开始。国办81号文不仅提出了沿用至今的从国内生产总值（GDP）、城区人口、地方财政一般预算收入、规划线路单向高峰小时客流等4个指标对申报发展城市轨道交通的城市进行规定的标准。同时强调加强城市轨道交通建设规划的编制、审批工作，要求上报城市轨道交通的城市须先编制近期建设规划，我国城市轨道交通进入一个前所未有的快速发展阶段。

然而在越来越多的城市迈入“地铁时代”后，轨道交通故障、事故也开始呈现多发态势。

扶梯故障、线路失电、方向开错、车门无法打开……2010–2011年，京、沪、穗等城市曝出多起地铁故障。

北京地铁10号线信号系统出现故障，导致行车间隔加大；地铁4号线安河桥北站至北宫门站隧道一侧电缆脱落，区间轨道停电；动物园地铁站发生电梯逆行事故，造成1死30伤；地铁13号线列车一节车厢发生抱闸故障，随后退出正线运行回库检修。

上海地铁10号线因信号升级调试过程发生故障，使一趟列车开错方向；地铁3号线上海南站至龙漕路区段供电线路失电，该区段列车限速运行；地铁2号线因设备故障，发生延误超　过半个小时。

频发的事故使得地铁建设再次遇冷。事实上，9月5日的25个城市轨道交通建设项目获得公示已经是主管部门时隔一年之后的再发力。

据记者采访了解，目前对于二三线城市地铁建设学界争议并不大。专家普遍认为随着我国铁路建设的放缓，地铁规划建设队伍进一步得到了保障。在保证安全的前提下，随着我国城镇化的深入，地铁快速建设还将持续相当长的时间。8月15日国家统计局发布的最新数据显示，2011年，我国人均GDP已达到5432美元。依照国际经验，这意味着小汽车将开始大量进入中国普通家庭。已经遭遇城市交通拥堵窘境的二三线城市面临着对地铁的迫切需求。

“城市轨道交通建设应当超前，只要财力允许，早修，老百姓早得福”，一直以来，中国投资协会咨询委员会副理事长刘慧勇对城市交通的拥堵问题十分担忧，“比起发达国家每千人300辆的水平，我们相差很远，可是，现在的市区已经堵得不行，如果不及早发展城轨，未来再纠正，代价是非常昂贵的”。

数据也显示，目前我国的城市轨道交通发展水平远远落后于发达国家。比如，在东京、巴黎，轨交出行人口在总出行人口中的占比达到70%–80%，但这个数字在城轨最为发达的北京、上海也只有40%，而从人均拥有公共轨交的长度来看，东京是20厘米，北京只有2.1厘米。

毫无疑问，中国仍需要更多的轨道交通，但另一个现实问题摆在面前，资金哪里来?

投融资瓶颈

在所有城市交通类别中，地铁的修建成本最高，而且一个城市往往要修建多条地铁线路。

以兰州为例，其规划的城市轨道交通网络包括6条线路，总长207公里，按照每公里5亿元的造价计算，投资规模将超过1000亿元。然而，兰州市全年的一般财政收入仅100亿元，其每年可用于基建的资金不足10亿元。

记者查阅公告获知，已公布总投资情况的23个项目共需要投资8418.15亿元，其中地方财政负担的资本金从25%–50%不等，资本金以外的资金大约4086.29亿元主要靠银行贷款解决。

在获批的上海城轨项目报告中就可以看到，新增项目估算的资金由上海市、区两级财政资金解决；资本金以外的资金利用银行贷款解决。像上海这样已有轨道交通的城市，通过轨交运营方的积累以及车辆拍卖等收益，可以拿出较多的钱来充当资本金。

但问题是，资金实力如斯的城市为数并不多。记者此前就了解到，深圳因为连续进行地铁1、2期工程大规模的建设，又为了大运会进行了大量基建投资，资金上并不充裕。

从已经披露的地方政府信息来看，这个问题并没有新解，依然是银行贷款与土地收益共同支撑着地铁融资。

然而，一直以来地铁投资本身的高投资额、低回报以及较长的周期，也让地方财政投入面临难题。现阶段的地方财政正处于缩水期，其中，占地方财政收入近4成的土地收入由于宏观调控一再下滑。财政部公布的上半年全国政府性基金收支情况显示，受土地出让成交额大幅下降的影响，全国国有土地使用权出让收入为11430亿元，同比下降27.5%。

因此，大多数地方政府都通过融资方式来筹集地铁投资资金，承担投融资任务的大多为城投公司。

事实上，一些市场化的模式如BOT、BT、PPP等已经被寄予希望，通过吸引外部资金来缓解资金暂时之渴。虽然这些市场化模式不能将彻底将地铁从一个准经营性项目变成盈利项目，但却可以最大限度降低政府投入成本。在地铁融资中，地方政府已经将市场化融资的各种模式广泛运用并进行了创新。

在普遍由政府筹资或从银行贷款的项目中，深圳地铁7号线和11号线的资金来源显得很“特别”，其采用的BT项目模式打造了“地铁+物业”的资金解决模本。9月11日，深圳地铁集团相关负责人表示，除了发改委已批复的深圳7号线和11号线，还包括正在审批的9号线也都是采用BT的模式建设。深圳地铁先行先试的BT模式，即是资金由BT方先行垫资，带资金建设，建成之后深圳地铁集团分期分批再进行回购。

但在经常为城市基础设施项目提供咨询服务的北京大岳咨询公司总经理金永祥看来，除了北京上海广州等城市，其他城市在应用这些融资模式时往往并不规范，效果也差强人意。

或鉴港铁模式

北京地铁2012年的暑运工作8月31日结束，据统计，暑运期间全市地铁运送乘客超过3亿，较去年同期客运量增长12%。其中京港地铁运营的4号线和大兴线，客流则超过了6000万。在如此庞大的客流支撑下，京港地铁于去年上半年提前实现盈利，香港地铁“攻略”内地初战告捷后，又陆续在深圳、杭州等地开发新项目。本轮深圳地铁7号线、11号线的工程可行性报告均指出，项目资本金的主要来源均为轨道交通上盖及沿线土地的开发收入，在土地收益不能满足需求时由市财政资金投入。

“按照以前的模式，地铁只有运营，没有其他收益。现在深圳打算学习港铁的经验，开发地铁沿线空间，通过土地增值等方法补贴运营亏损，返还银行贷款”。有专家认为，这为城市轨道建设实现可持续发展指明了一条道路。

不过港铁模式在内地的发展同样面临不少“难以复制”的质疑，其中主要的焦点集中在轨道+土地的捆绑开发上。京港地铁总经理王绍基去年曾就4号线的运营情况表示，北京的运营工作比香港更为复杂，需要深入挖潜。但他显然并不纠缠于内地模式是否需要完全复制香港。客观来看，港铁每年的收益中，轨道沿线土地开发只是其中一部分，其余包括地铁站上盖物业和地下空间的开发与经营以及广告经营等多种经营模式同样值得重视。

对于追逐利润的社会资本来说，投入地铁建设一定要看见清晰的盈利点。最基础的土建工作应由政府承担，而其余运营以及多种经营领域，应该通过制定各项政策鼓励社会资本进入。

若以发达国家和地区为参考，他们的城轨投融资一般采取混合融资的模式，培育多元化的投资和经营主体。

据介绍，日本城轨的经营主体，从资本所有者的角度可以分为3类：民间资本、民间资本与国家或地方公共团体(即地方政府)的组合、国家或地方公共团体。譬如，“私铁公司”是日本民间出资的轨交经营主体，“第三经济部门”的出资方是地方政府与私营部门，而“帝都高速交通营团”则是由日本政府和东京都政府共同出资组成的公益法人。

“但最大的问题还不在于此，而是后续如何还债”，金永祥在接受本刊记者采访时指出，融资之后，能否有可持续的资金来源偿付利息，成为很多城市不得不面对的问题。对此，中国国际工程咨询公司交通产业发展部边颜东也表达了类似看法：“地方资金最吃紧的不是第一条线路建设阶段，而是前一个项目开始还债，后续项目又开始建设时期”。

今年3月，中科院地理科学与资源研究所发布的《2011中国区域发展报告》一书提及，至今，全国乃至世界各地的地铁运营几乎都处于亏损状态，北京地铁每年需要财政补贴20亿元，而深圳地铁自运营以来已亏损10多亿元。

在我国香港和日本，地铁公司大多实行多元化经营，一方面通过轨交项目带动沿线土地综合开发，发展沿线经济；另一方面，他们还兼营利润较高的商场、旅馆、文化、旅游设施等。同济大学交通运输工程学院教授叶霞飞告诉本刊记者，对于日本私铁企业来说，土地出售事业已不能再做出从前那样大的贡献。因此，日本私铁企业的土地经营正在把重点转移到起终点站和沿线各中间站站前大楼的建设与经营上，谋求依靠房地产租赁取得稳定的经营收入。

（本文原载《中国投资》2012年第10期）

地铁引导城市前行

赵沛楠

从北京、上海、广州等一线大城市，到南京、沈阳、成都等省会城市，再到苏州、佛山等二三线城市，中国城市轨道版图屡获扩容。

“‘十二五’期间，北京每年都将有新线投入运营”，在5月召开的北京市轨道交通建设工作会上,副市长陈刚透露，今年是实现北京轨道交通规划目标最为关键的一年，一口气开通8号线南段、9号线北段、6号线1期、10号线2期4条城区地铁线，这在北京轨道交通发展史上前所未有。今年4条新线投入运营后，北京地铁总里程将达420公里，2015年实现总里程660公里的目标。

全长25.739公里，24个车站，24辆4节编组的列车，全部为地下车站。4月28日上午，苏州地铁1号线正式通车。9月16日，成都地铁2号线终于开放运行，以往一个多小时的车程被缩短至不足20分钟。

这些城市地铁折射出的，正是近年来中国地铁蓬勃修建的态势。尽管不断有声音提醒要警惕各地的“地铁冲动”，但地铁在中国各城市的迅速扩张已是可见的事实。治堵现实所需以及对城市格局受益于地铁的期盼，促使越来越多的城市快马加鞭奔驰在地铁建设的道路上。而强化规划和安全，则成为“地铁时代”背景下不断被强调的第一要义。

多年深入中国城市轨道交通规划建设工作的中国国际工程公司前副总经理焦桐善对《中国投资》表示：“2003年我国就明确，从国内生产总值（GDP）、城区人口、地方财政一般预算收入、规划线路单向高峰小时客流等4个指标对申报发展城市轨道交通的城市做出了规定。从当前城市发展现状来看，这些指标除人口指标可略调整，其他还可以继续维持”。

在焦桐善看来，近10年国家审批的建设城市轨道交通的34个城市大都为直辖市、省会城市和经济较发达地区的中心城市，今后这些城市的建设重点是扩大网络规模，新建的城市主要为非省会及经济欠发达的城市。根据对2009年全国地级以上城市统计，绝大部分城市人口在300万以下，因此他建议其他各项指标维持现状，只调整人口指标，规定城区200万以上人口的可以建设地铁，因此，除现有批复的城市外，还有20个城市将可以建地铁。

而多年从事城市交通研究的中国城市规划设计研究院城市交通研究所所长赵杰则对“大跃进”的说法给予了驳斥。他告诉《中国投资》记者：“即使北京、上海等地铁发展较快的城市，地铁站点的覆盖率也还不是很高，轨道交通还没有在中心城区交通系统中占据主体地位，一些城市大举修建地铁其实是在‘补课’”。

对此，中国国际工程咨询公司交通产业发展部铁道处处长边颜东也表示了相同的看法：“为了解决拥堵问题，必须发展轨道交通，这在业内已是共识，貌似‘跃进’的现状，实质是过去在城市轨道交通的投入上欠账太多，从历史的角度来看，不能称作‘大跃进’”。

城市治堵呼唤地铁

在大连黑石礁路段的一辆出租车上，司机对记者说：“从这儿到星海公园正常时候不过几分钟，但遇到堵车20分钟都到不了，堵车越来越厉害。”据记者调查，大连近几年汽车保有量以18%的速度增长，预计再过5年还会翻一番。一些道路高峰期通行车辆达到5000多辆，每小时断面客流量也已达到3.9万人次，路面交通拥堵已成为常态。

作为东北亚重要的国际航运中心、国际物流中心、区域性金融中心，同时还是旅游城市的大连，交通拥堵会导致整个大连的节奏变得缓慢低效，严重阻碍城市的发展。而要想让城市快起来，发展地铁已经是不得不为的必然选择。

像大连这样面对交通拥堵困境的城市，全国还有很多。地铁对城市交通压力的缓解是实实在在的，发展地铁对它们来说无疑是巨大的诱惑。大连地铁建设指挥部总工程师李莹曾对媒体表示：“大连地铁线运输能力可达每小时6万人，足以帮助中心城区25%的乘车族告别等车、挤车和堵车之苦，每天让185万人次的市民享受到乘坐地铁的便捷、准时和舒适”。

各地地铁指挥部的相关统计数字很能说明问题：西安的南北中轴线单程行车时间90分钟左右，乘地铁只需40分钟；从成都的世纪城到天府广场车程耗时50分钟，而乘坐地铁只需18分钟；在沈阳，从浑南到沈北，开车、乘公交车在不塞车的情况下至少90分钟，而乘地铁只需30多分钟，并且天天准时。

规划严肃不容置疑

虽然在诸多业内专家看来，所谓“地铁大跃进”是一种“补课”，但我国地铁建设中确实存在一些不容忽视的问题。

有业内专家告诉记者：“现在北京很多地铁站早晚高峰都要实行限流措施，刚修好就要限流，这意味着在规划建设时对地铁站客流预测不准确，预测客流和实际客流差别较大”。

不只是限流，漫长的换乘通道是另一个让地铁乘客倍感头疼的问题。赵杰说：“北京一些地铁换乘站的换乘距离特别长，问题就出在之前没有规划好，像香港的一些地铁换乘站就做到了同站台换乘。另外，北京一些地铁站点出入口太少，而且没有与周边建筑直接连通，也是因为没有提前规划好”。

上述专家指出，不少城市都热衷于上轨道交通项目，但前期投入比较少，有的甚至短短几个月就要拿出一个方案，其科学性可想而知。“规划没做好，就会带来诸如换乘不便等后遗症，地铁建设是不可逆的，国内一些城市相当于是在一张白纸上建轨道交通网，如果这个网没有构建好，将来就会有很大的问题”。

地铁造价的过快增长也是一个让边颜东倍感忧

虑的问题："前3年，每公里地下线的综合造价是6个亿，现在是10个亿，造价上涨的主要原因是拆迁成本的上升，目前有些线路的拆迁成本已达到综合造价的40%"。

对此，赵杰认为，一些城市应超前做好城市轨道交通规划，可以引导城市用地沿轨道交通布局，同时把轨道交通站点的用地预留下来，以免修建地铁时无地可用或成本太高。

"假使一个城市20年后才具备修建地铁的条件，现在就应该考虑围绕轨道交通站点布局，将公共建筑、高密度建筑修建在站点附近，以提高地铁服务的方便性。总之，超前科学规划轨道交通很重要"。赵杰表示。

事实上，规划的朝令夕改已经严重影响了地铁建设步伐。采访中焦桐善告诉记者，城市轨道交通建设规划是以城市轨道交通线网规划为基础进行编制的，城市轨道交通线网规划是依据城市总体规划和综合交通规划进行编制的，编制规划的成果回归城市总体规划。由于在城市总体规划期限一般到2020年，城市远景发展只是概念性规划，而城市轨道交通线网规划远景年一般到2050年，因此，线网规划依据不足，不确定因素较多，使规划不稳定，建设规划项目选择也随之不稳定，不确定，不合理。

据记者了解，除此，地方政府把轨道交通作为"政绩工程"相互攀比，盲目追求速度和形式，对线网规划布局和项目建设方案干预较多已经成为主要原因。从近几年规划执行情况看，在已批复的31个城市中，5年内规划调整2次以上的城市有7个。有的城市规划刚进入审批程序，建设规模或方案就要进行调整，规划稳定性较差。

地铁：作用的不只是交通

时隔7年，广州启动新一轮城市轨道交通规划，新增7条、236公里地铁线。与2005–2010年间推出的上一轮广州城市轨道交通规划相比，新一轮轨道交通规划突出规划理念的调整及线路设计上的变化，强调优化城市空间格局与疏导交通并重，在线路规划上中心城区外围的线路比重大大增多。城市发展，交通先行。看似简单的轨道交通规划之变，却透露出广州城市发展新动向。

地理空间上的立体打通、创造了城市立体经济脉络。

地铁的开通，最先得益的要数沿线地上的商圈。商业、商务、居住、娱乐设施通过轨道交通聚集，形成新城市中心，刺激区域发展。同时，地铁站点的设立以及地铁的顺利通行，对于沿线经济将产生明显的拉动作用，以地铁站点为辐射中心，很有可能形成新的商业繁华圈。

伴随着地铁的顺利通行、交通便捷性的提高，也将拉升沿线物业诸如住宅、商铺的房价、租金。同时利于改变城市发展的单核中心模式，形成城市次中心商圈或新的区域中心。地铁还将进一步拓展城市的居住空间和活动空间。因为有了地铁的"穿针引线"、交通的便捷升级，弱化了区域地缘情结，那些散落在郊区的楼盘也不再遥远，让购房者拥有更多可选择的项目。

有业内人士认为，地铁与房屋的完美结合，地铁楼盘带来的土地稀缺性，利好物业的保值和升值，无论对于刚需族还是用来投资的购房者来说，都会带来广阔的升值希望。西安地铁2号线基本上辐射到40多家楼盘，地铁开通直接拉动这些楼盘处于热销态势，城北地铁沿线房价在7000–9000元/平方米，城内沿线在10000–13000元/平方米，小寨沿线在12000–13000元/平方米。

苏州地铁1号线通车当天，地铁沿线周边影院的客流量就马上增加了10%–15%。在沈阳于洪区太湖街附近，因为毗邻地铁口，先后吸引了家乐福、沃尔玛、华润万家等国内外大型商超入驻，太湖街有望成为商业步行一条街。而在北京、上海和广州等地，一些地铁商圈的长盛不衰也成为了最有力的榜样。

在土地资源紧缺的时代，地铁成功地让商业实现"向地下要空间"。目前各城市地铁通车之时，与地铁同步设计的，集餐饮、休闲、娱乐、购物于一体的轨道商业综合体纷纷应声开张。北京、上海、香港等老牌地铁城市已有良好先例可循，香港的铜锣湾四处可见上下打通的大型商业联体。

地铁的商业价值不止在一城之内。在疏通城内"商脉"的同时，许多城市的地铁已将触角伸向更远，搭上临近城市的线路。

在广东，大陆第一条城际地铁线路广佛地铁即将建成，目前已经建成的首段广佛线，已将广佛中心城区之间的交通运行时间缩短为半小时，这使得珠三角的区域经济整合迈出了一大步。

而按照规划，长三角也将迎来地铁的"跨省时代"。目前，上海、苏州、无锡城际地铁轨道交通线路的格局已基本形成，这也将为长三角地区加快一体化注入新动力。

（本文原载《中国投资》2012年第10期）

需要制定全国轨道交通战略规划

刘慧勇

市内交通属于各城市的事情，一般情况下，无需制定全国规划。但凡事皆有例外，主要矛盾可能转变，局部问题有时也会上升为全局性的战略问题。在节能减排举世瞩目的时代，在城镇化突飞猛进的我国现阶段，大城市轨道交通发展严重滞后的问题，不再是单个城市交通堵塞与空气污染的局部困惑，已经成为关系国家发展大局的战略难题。化解这个难题，需要从国家层面，责成有关部委牵头，以史为鉴、统筹考虑，科学制定全国特大城市轨道交通发展战略规划，化被动为主动，积极引导各大城市适时建设轨道交通系统。

一、人口超百万特大城市都需要发展轨道交通

每人占地1平方米，百万人需要占地百万平方米，即1平方公里。按大城市人均用地100平方米计算，百万人口以上特大城市的城区面积，至少达到100平方公里。这样大面积的正方形城区，对角线长度超过14公里，即使按最紧凑的圆形计算，其直径也要超过11公里，具有采用轨道交通的时空节约性、环保必要性、土地升值性与经济合理性。

其实，人类至今看到的最圆物体——太阳，也不是绝对的几何圆形。受地形地貌限制，目前世界上没有一个城市呈现真正的圆形或者严格的正方形，今后也不会有。因而，百万人口以上特大城市的市区交通线路，超过20公里的通常都不止一条。拥有这样的人口数量、城区面积与道路长度的城市，发展轨道交通的必要性，显而易见，无需多言。

为便利大城市交通，市民希望至少有1个地铁站离自己家门不超过500米，决不是脱离实际的过分要求，而是一种有利于城市发展的客观需要。落实科学发展观，就应当把上述设站要求，作为规划设计大城市轨道交通系统必须遵循的一条基本原则。当然，贯彻任何原则都需要有一定的灵活性，个别偏僻社区，应当允许例外。但考虑中心城区需要更高的地铁线路，疏密互补，全城区大体说来，民宅500米半径内平均至少有1个地铁站，是必要的。

假设地铁站平均间隔500米，那么，要做到民宅500米半径内至少有1个站，两条平行轨道交通线路

之间的距离，就不能大于“500乘根号3”，即866米。这是因为根据勾股定理，直角三角形的两个直角边分别为500米与“500乘根号3”米时，其斜边等于“500×2”米，这样才能保证居住在到两条线路中间（垂直距离都等于433米处）的人家，即使车站偏离垂足，到达最近地铁站的斜线距离，不会超过500米。

这样的站点分布密度，要求0.866平方公里的城区面积，平均铺设1公里轨道交通线路。换言之，1平方公里城区面积，平均修建1.155公里线路，才能做到民宅500米半径内至少有1个轨道交通站。百万人口城市、100平方公里城区面积，至少应当修建115.5公里轨道交通线，即人均11.55厘米。按线路平均长度25公里计算，百万人口城市需要修建4—5条轨道交通线，千万人口城市有40—50条轨道交通线才能满足客观需要。

二、总投资超过20万亿有必要纳入国家战略规划

上述客观需求决定，所有的百万人口以上特大城市，都应当在自己的城市整体规划中，充分考虑未来人口增长与城区扩大的趋势，紧密结合本市特定地形与功能区布局，制定出既有远见、又切实可行的轨道交通系统建设规划。这是毫无疑问的，在世界各国，都是各大城市应当做的。在各城市规划的基础上，还需要进一步制定全国特大城市轨道交通发展战略规划，则是由我国的特殊国情决定的。具体地说，我国当前急需制定全国战略规划的必要性，主要来自以下两个方面。

（一）我国人口众多，百万人口以上特大城市的个数即将过百，容纳总人口超过4亿，需建轨道交通线路4万多公里，总投资超过20万亿元，缺少全国战略规划不易统筹。

2011年底，我国人口超百万的特大城市已经达到74个。按照目前的城镇化速度，用不上20年，也就是在2030年之前，人口超百万的特大城市必将超过100大关。到那时，人口超百万特大城市吸纳的人口总量，将占全国人口1/3强，即超过4亿，接近5亿人。按人均11.55厘米计算，需建轨道交通线路4万—5万公里；按目前的地铁与轻轨混合平均造价估算，所需总投资超过20万亿元。从2013年算起，到2030年，按18年分摊，平均每年需要投资1万多亿元。如果进一步考虑造价趋于上升的因素，未来的实际投资额还将更大。如此大规模的投资建设，没有全国城市轨道交通发展战略规划的正确指导与统筹安排，不可能顺利进行。

（二）我国体制特殊，城市政府缺少充分的投融资自主权，在发债融资与地铁建设等方面都必须接受中央政府管控，不制定全国战略规划各城市很难顺利进行轨道交通建设。

如果城市政府经本市立法机构授权拥有建设必要公共设施的投融资自主权，可以按照市场经济原则在证券市场自主融资，地铁建设规划与立项可经市立法机构审议通过决策，无需国家主管部委审批，那么，由于每个城市都可各自为战，各自设法解决自己的市内交通建设问题，即使人口超百万的特大城市再多一些，也未必需要全国规划。

但问题在于：我国目前实行的不是上述体制，城市政府没有建设公共设施的投融资自主权。按现行《预算法》的规定，地方政府无权发债，地方政府债券的发行额度，需要由国家主管部委分配、财政部代发，地铁建设规划与立项必须通过国家主管部委审批。在现行的体制下，没有全国的战略规划，缺少国家有关部委的积极引导与大力支持，不说项目审批忽易忽难、忽松忽紧、规划难定更难行，单只建设资金筹集一项，就会由于不知财政部下年究竟代发多少债券，而使多数城市因缺少资金来源，轨道交通建设严重滞后。

三、全国轨道交通战略规划的主要作用与编制要点

（一）全国城市轨道交通战略规划的主要作用

制定全国特大城市轨道交通战略规划，不应当也不可能替代各城市自己的轨道交通网络建设规划。作为指导各城市科学制定自己规划的顶层规划，全国特大城市轨道交通战略规划，应当主要在

以下5个方面发挥作用。

其一，从发展战略层面，切实指导特大城市科学制定轨道交通网络建设规划，使每个城市都对2030年前需要建设的轨道交通网路长度，心中有数，任务明确。其二，从建设顺序安排角度，积极协调特大城市轨道交通网络的建设高峰期，让急者先行，均衡施工，既防止一哄而上，又避免先松后紧。其三，从主管部委审批环节，保证实现各城市轨道交通建设规划与国家战略规划的上下对接，缩短项目审批时间，降低规划不确定性。其四，从资金来源方面，积极疏通融资渠道，协助克服投融资法律障碍，大力支持各城市的轨道交通项目建设顺利实施。其五，从设计标准与建设规范角度，突显以人为本理念，提升服务档次，促使各大城市尽快实现轨道交通与其他交通方式零距离换乘。

（二）全国城市轨道交通战略规划的编制要点

为使全国城市轨道交通战略规划能够切实发挥上述作用，真正成为指导各城市规划的顶层规划，需要国家主管部委与各大城市紧密配合，下大力气，花费1-2年时间，先自下而上提供扎实的基础数据，再自上而下认真听取反馈意见，在各城市开始着手编制“十三五”规划的2015年之前，通过深入调查研讨，科学编制2016-2030年3个五年规划期的城市轨道交通建设战略规划。在这样的战略规划中，最关键的是明确以下几个要点。

1.需要从目前我国大城市已经达到的人口数量实际情况出发，根据近年我国城镇化的进展速度，特别是50万人口以上大城市人口聚集的客观趋势，预测2030年底我国特大城市可能达到的数量以及将要容纳的人口总量，为制定全国城市轨道交通战略规划，提供最基本的依据。

2.全面总结国内外城市交通的历史与现实经验，多角度比较各种交通方式的优劣与各自的适用性，结合我国城市的交通现状与未来发展趋势，提出发展我国城市交通的战略方针以及2020年和2030年要达到的中长期战略目标。

3.与上述战略方针和战略目标相适应，明确提出可以采用轨道交通方式的城市人口与城区面积底线，并分别对2015、2020、2025、2030年年底可能达到上述底线的城市，作出预测，分批列入规划范围。

4.本着以人为本、便利城市交通的原则，明确提出特大城市轨道交通站的分布密度要求。与此相适应，对特大城市人均的和每平方公里平均的轨道交通线路长度，提出指导意见。以此为据，分别对2015、2020、2025、2030年年底全国特大城市轨道交通线路需要达到的总里程，作出预测。

5.本着城市投资建设服务民生、以满足民生需要为首要目标的原则，对城市轨道交通网络的投资建设体制和运营管理模式，提出改革意见，明确改革方向，争取在“十三五”期间能够基本消除制约城市轨道交通投资建设的体制性障碍。

6.本着融资市场化、法制化和金融为实体经济服务、为民生服务的原则，对有关城市轨道交通项目筹资方式与融资渠道的法律法规，提出修改意见，明确改革方向，争取在“十三五”期间能够基本消除妨碍城市轨道交通项目市场融资的法律障碍。单纯算财务账，城市轨道交通设施，越早建越省钱。其中原因很简单：轨道交通工程造价年均上升幅度高于债券市场利率，如同前些年贷款买房一样，早建不仅能够早受益，同时还可获得资产升值。

7.为防止一哄而上，同时避免先松后紧，力争城市轨道交通投资建设在全国范围逐年持续增长，均衡施工，需要按人口数量对特大城市划分规模档次，并依照从大到小的先后顺序，确定不同规模档次城市向国家主管部委呈报轨道交通网络建设规划的时间表。在此基础上制定的2016-2030年全国城市轨道交通中长期战略规划，就能够依次明确提出“十三五”“十四五”与“十五五”3个五年规划期的全国轨道交通建设里程和阶段性目标。

8.为提升我国交通服务档次和交通设施利用效率，实现城市轨道交通与其他交通方式零距离换乘，需要从国家主管部委的层面，对机场、火车站、长途汽车站、港口码头等与城市轨道交通的衔接方式，提出标准化、规范化的要求。所有的新建交通枢纽，都按规定标准与规范设计施工，旧设施也要按标准逐步改造，我国的城市交通状况就会大改观。

按城镇化率年均提高1%计算，到2030年年底，我国的城镇化水平将从2011年末的51.3%，上升到70%以上，百万人口以上特大城市容纳的人数，可能达到甚至超过全国人口的35%。由于特大城市实际上是其周边地区的政治经济文化中心与交通枢纽，特大城市交通状况的改善，不仅有利于本市市民，同时也方便周边城镇与农村居民的出行。显然，特大城市的轨道交通建设，是造福全民的必要之举，值得国家主管部委多费一些力气，科学制定全国战略规划。

（本文原载《中国投资》2012年第10期）

新一轮地铁融资路径

杨海霞

近日，国家发改委批复了全国多个城市的轨道交通建设规划，此投资规模预计超过8000亿，涉及全国19个城市、两个地区，自2009年之后又一轮规模较大的地铁投资得以启动。随着新一轮的地铁项目获批，资金从何而来成为地方政府首要面对的问题。

然而从已经披露的地方政府信息来看，这个问题并没有新解，依然是银行贷款与土地收益共同支撑着地铁融资。

地铁作为地方基础设施的一个重要领域，不仅可以缓解交通压力，塑造城市形象，还可以拉动经济增长，因此，近年来被一些城市视为重要的基础设施投资目标。然而，地铁投资本身的高投资额、低回报以及较长的周期，也让地方财政投入面临难题。因此，大多数地方政府都通过融资方式来筹集地铁投资资金，承担投融资任务的大多为城投公司。

事实上，“在地铁融资中，地方政府已经将市场化融资的各种模式广泛运用并进行了创新”，一位业内人士在接受《中国投资》采访时表示，为新的地铁项目融资并启动项目并不会成为大的问题。经常为城市基础设施项目提供咨询服务的北京大岳咨询公司总经理金永祥在接受《中国投资》采访时表示，除了北京上海广州等城市，其他城市在应用这些融资模式时往往并不规范，效果也差强人意。“但最大的问题不在于此，而是后续如何还债。”在融资之后，能否有可持续的资金来源偿付利息，成为很多城市不得不面对的问题。

因此，一些地方也开始考虑，如何在地铁项目启动之时起，就筹划好全寿命周期内的现金流。目前，这已经成为地铁融资的一个最新走向。

资金拼盘：贷款加土地

在此次19个城市的轨道交通计划中，广州的建设规划调整方案投资最高，预计总投资为1241亿元。包括7条线路，合计总长度约228.9公里，设置车站数量92座，总投资居25条线路之首。

而在2010年的一个公开报道中，广州市发改委人士曾经表示2015年前，广州的地铁投资大概为1097.84亿元，加上调整线路及2016年之后新线的前期研究，按照工期的初步安排，2015年前的资金需求量约为1551.5亿元。

同时，该人士也透露了这1500亿元主要来源：一部分是财政性投入，从2010年起市财政每年安排的资金不少于60亿元。其中土地出让金为40亿元，财政预算资金20亿元。到2015年总共可筹集360亿元。一部分是从区（市）筹集到的资金额，预计大概为260亿元。还有一部分是地铁沿线的土地整理开发，由此获得的土地出让收益预计达210亿元，将全部返还给地铁总公司，用于地铁建设。

剩下的700亿元，将通过贷款和发债等方式来解决。但事实上，除去这700亿元的债务性资金，上述几个来源渠道仍主要靠土地收益和银行贷款。该人士表示，区市筹集的资金也可以来自于土地和贷款。因此，明确的财政预算内资金投入仅为100亿元。

同样，在此次获批规划中，西部城市兰州地铁融资方案也与之类似。根据公开报道，此次兰州地铁投资预估算投资总额将达到229.22亿元，这对于一个经济并不发达的内地城市来说也是一笔巨额投入。

根据其融资方案，这229.22亿元的总投资从2011—2020年分别按照不同的比例安排投资。在63亿元的项目资本金中，人防结建费为1亿元，由兰州市承担，其余62亿元由省市区3级财政共同承担，省财政出25.2亿元，其余36.8亿元由兰州市及近郊4区政府承担。 扣除63亿元项目资本金后还将有111.4亿元向银行贷款。

今年武汉市也出台了《关于加快轨道交通建设发展的若干意见》，提出要举全市之力加快轨道交通建设，其地铁投资数百亿元的盘子，主要来源于市级财政性专项建设投入、地铁集团在沿线土地出让金上的收入、综合开发和银行贷款等。有公开报道称，今年武汉地铁建设计划投资将达120.5亿元，上半年实际已完成投资建设57.88亿元，为全年目标的48%。此前，武汉地铁集团的融资方式基本是土地出让金收入加银行贷款。武汉地铁集团土地总部一位人士指出，即便是银行的还贷，也是由政府财政或者土地出让金来完成。

市场化融资：成效不一

“目前的主要模式是政府投入、举债再加上土地收益，这种模式是不可持续的”，金永祥表示。这一轮地铁投资与2009年的地铁投资热相比，情况略有不同，当时银根较松，后来监管层发起融资平台的治理，而地铁公司大多在平台里，虽然地铁公司被明确表明不受限制，但是在当前银根本来就紧的情况下，贷款还是不会像2009年那样容易，资本金的来源更加不确定。

因此，一些市场化的模式如BOT、BT、PPP等被寄予希望，通过吸引外部资金来缓解资金暂时之渴。虽然这些市场化模式不能将彻底将地铁从一个准经营性项目变成盈利项目，但却可以最大限度地降低政府投入成本。

北京地铁4号线是国内轨道交通建设中首个以公私合营模式（PPP）进行建设运营的项目，同时也是国内被认为是最成功的地铁融资案例。

2005年2月北京市基础设施投资有限公司、北京首创集团公司和香港地铁公司签署了北京市地铁4号线特许经营项目3方合作经营协议，共同出资组建PPP模式的公司——北京京港地铁有限公司（期限30年），其中香港地铁公司和北京首创集团公司各占49%股份，北京市基础设施投资有限公司占2%股份。

北京市政府授予特许经营公司特许权，按照PPP方案，该工程项目分为两个子项目。A项目包括洞体、车站等土建工程的投资和建设，B部分包括车辆、信号等设备资产的投资、运营和维护。其中政府负责项目A部分的投资和建设，并享有所有权，即北京市政府通过北京市基础设施投资有限公司负责征地拆迁和土建工程方面的投资建设。项目B 的建设由社会投资方和政府投资方组建的特许经营项目公司来完成。项目竣工验收后，特许公司根据与4号线公司签订的《资产租赁协议》，取得A部分资产使用权。特许公司负责地铁4号线的运营管理、全部设施的维护和除洞体外的资产更新以及站内商业经营，通过地铁票款收入及站内商业经营收入回收投资。

特许经营期结束后，特许公司将B部分项目设施完好、无偿地移交给政府指定部门，将A部分项目设施归还给4号线公司。

“如何筹集建设资金是制约地铁发展的首要障碍，而对于地铁这类很少盈利的项目来说，减少政府投入就是成功关键”，曾经参与此项目前期咨询的金永祥说，而地铁4号线的建设中，京港地铁负责了30%的投资，而运营期间京港地铁还要负责线路、设备设施的所有维护和更新，投入大概100亿元左右，政府不需要对4号线运营进行补贴，只需对所承担的土建部分投资还本付息，政府投入大大节省。

而在参与的社会资本的角度，也获得了预期收益，金永祥表示，“这主要得益于人流量大，2009年运行后，实际人流量比预测值高出了3%，最高时达到110多万每天”。

同样是引入香港地铁公司，深圳4号线的情况则有不同。其采取的方式是BOT即建设－运营－转让。根据签署的协议，具体经营模式是“地铁＋沿线物业综合发展经营”模式。4号线全线将由香港地铁公司成立的项目公司统一运营，该公司拥有30年的特许经营权。此外，香港地铁还获得4号线沿线290万平方米建筑面积的物业开发权。在整个建设和经营期内，项目公司由香港地铁公司绝对控股，项目公司自主经营，自负盈亏，运营期满，全部资产无偿移交深圳市政府。

但是，因法律障碍，香港地铁最终未能获得沿线土地的开发权，因此，并没有能够复制香港地铁的经典运营模式，金永祥表示，投资人的收益也不如预期。

“这些模式的应用，主要目的就是引入竞争，降低总成本。比如亦庄线，通过竞争，节约了20%的成本。而北京奥运线，竞争非常充分，节约了20%的投入。奥运支线项目最后工程报价低于工程估算投资3.4 亿元。考察这些模式最终的效果，就是看在满足基本功能的条件下，投入是不是最小，政府与企业的关系是不是顺畅，易管理。北京上海和广州的市场化运作均不错，其他地方的则不太好。不管用什么模式，如果不是规范运作的话，比政府自己做还要糟糕。不仅是浪费资金，还增加了相互关系不清，时间和效率的损失”。金永祥说。

全寿命期规划解决还债难

“现在的问题不是融资，而是这些借来的钱靠什么去还”，金永祥表示。当前地铁的融资模式缺乏可持续性，有些已经建好的地铁正在面临较大的还款压力。“面临还债问题，什么办法都没有，地铁不能出售，设备也不能出售，只能借新还旧”。

金永祥表示，当前地铁投资前大多要考虑有没有客流量，有没有商业可能性。如果是在市中心地段，就要考虑能不能与现有的商业设施连接，并获得收入；如果是处女地，就要从沿线土地开发的角度考虑土地增值的收益，以此来筹集还本付息的资金。但是，这需要非常复杂的前期规划和研究。

事实上，目前很多地方除了出台融资方案以外，还出台了相应的还款计划，大多显得捉襟见肘。从公开报道看，兰州市政府的做法就是通过注入部分优质资产给轨道公司，让轨道公司依靠提供运营服务、附属资源开发、土地综合开发等综合经营方式，平衡部分还本付息及运营亏损所需资金。具体的还款来源，除了列入财政预算的部分外，还将通过设立“轨道交通建设发展专项基金”，征收“轨道交通效益附加费”，向所有在兰州当地进行生产经营活动的商户征收；将新区、高新区、经济区储备的大约5万亩的土地交给轨道公司开发运作；发行兰州轨道交通建设债券，发行短期或长期信托计划以及出租轨道通信管廊等。然而，这些还款途径均存在不确定性。

“深圳6号线目前在前期中增加了地铁运营模式的研究。通过全寿命期现金流的研究，可以解决后续还债问题”，金永祥表示。

据他介绍，深圳地铁6号线已经决定采取TOD模式，就是“以公共交通为导向”的开发模式。TOD概念最早由美国建筑设计师哈里森·弗雷克提出，是为了解决二战后美国城市的无限制蔓延而采取的一种以公共交通为中枢、综合发展的步行化城区。

目前被广泛利用在城市开发中，尤其是在城市尚未成片开发的地区，通过先期对规划发展区的用地以较低的价格征用，导入公共交通，形成开发地价的时间差，然后，出售基础设施完善的“熟地”，政府从土地升值的回报中回收公共交通的先期投入。

其中公共交通主要是地铁、轻轨等轨道交通及巴士干线，然后以站点为中心、400—800m(5—10分钟步行路程)为半径建立集工作、商业、文化、教育、居住等为一体的城区。以实现各个城市组团紧凑型开发的有机协调模式。

但是目前在国内还没有成功运作的案例。目前，6号线工程已进入可行性研究阶段，希望以这种投融资模式，打造国内第一条轨道运营“止损线”。

“我们计划将6号线工程做成投融资改革试点线路，探索轨道交通和沿线物业综合开发。例如香港地铁沙田站，上盖大型商场沙田新城市广场，就是一个成功的案例”，深圳市发改委重大项目协调处副处长王绍良在接受媒体采访时介绍，6号线穿越两大重点开发新区，沿线土地资源丰富，具备实施“轨道+物业”模式的先决条件，以地铁上盖物业综合开发弥补建设成本，引进社会资本，既降低融资成本，又有效分散了政府风险，有助于实现6号线项目自身财务平衡和可持续发展。

“这种开发思想是基于新区土地可控，地铁与商业设施可以有效结合，而前期对于全寿命周期的收益规划，解决了地铁的可持续发展问题”，金永祥表示。然而，他也表示，各地的地铁也都在结合商业设施，做好结合需要规范和系统的前期研究，因此真正操作起来有效的并不多。

（本文原载《中国投资》2012年第10期）

下放后的地铁盛宴

赵沛楠

城市快速轨道交通、机场扩建等投资项目再次成为舆论关注的焦点。伴随着国务院总理李克强对于投资项目审批权利下放的言论而来的，则是地方对于城市轨道建设项目审批加速并适度放宽的殷殷期待。

自2002年实施行政审批改革以来，我国已经进行了7次大规模的行政审批取消和权限下放。权力下放后，可以让各地根据自身情况去决定建设与否，一般来说这即意味着投资项目进度的加快。

中国国际工程咨询公司铁道轻轨处处长边颜东告诉记者，在审批取消或权力下放后，有内生投资需求的行业会有较快的投资增长。但暂时没有投资需求的行业（行业产能利用率低，下游需求不旺）并不会因为投资审批取消而带来快速的投资增长。随着审批核准权的下放，地方政府将迎来城市基建发展的又一波热潮。由于很多准备修建地铁的城市是当地省的中心城市，不少城市一把手甚至是省委常委，如果审批权下放至省一级发改委层面，这些城市的轨交项目进度将明显加快。

加快项目进度

对于正全力推动地铁建设的南昌而言，国务院日前发布的《国务院关于取消和下放一批行政审批项目等事项的决定》中，关于取消国家发改委的行政审批项目——“企业投资城市快速轨道交通项目按照国家批准的规划核准”无疑是个利好。

早在2003年编制完成的《南昌市城市总体规划(2003—2020)》中，南昌市就提出了拟建5条轨道交通线的规划。从2007年下半年开始，南昌市正式开始进行轨道交通建设的前期研究工作，当年成立了由市委主要领导挂帅的城市轨道交通项目建设小组。但在当时，国家相关部委对南昌申报的条件并不太了解。

南昌市发改委总经济师柳华告诉《中国投资》，2008年初，国家发改委向国务院提交专题报告，在建议批复轨道交通建设规划的名单中列入了9个城市，其中并没有南昌。而后几经努力，南昌终于被追加为获批准建设地铁的城市。

随着地铁1号线一期工程建设的顺利开展，地铁2号线也将于今年7月全面开工，南昌人对地铁的期盼越来越急切。在柳华看来，虽然因为目前还未见到国务院的正式文件，对这一政策不好置评。不过他表示，如果行政审批权下放到省里，刚刚请全国轨道规划专家把脉过的南昌第二轮城市轨道交通建设规划将有可能直接报江西省发改委，应该会更加方便。

上海申通地铁集团南昌项目原咨询总代表贺建良表示，国家发改委下放地铁审批权限，对南昌地铁更好更快发展具有推动作用。以往，到国家发改委办手续比较复杂，时间比较长，下发到省一级以后，速度可以大大提高。

“一座城市需不需要地铁，省里面最清楚”，贺建良说，地铁建设周期比较长，如果等到国家发改委审批完，要拖比较久。而目前的情况是，需要轨道交通的城市一般都比较拥堵，他们对轨道交通有更急切的需求，省一级进行审批，可使得项目较快上马。

柳华还指出，国家发改委取消此项行政审批后，对于南昌地铁今后在建设中涉及的延伸或局部规划调整，将不需要再送国家审批，而由省里直接决定。这也将为地铁建设提速不少。

其实从2009年起，发改委已经开始加快批复轨道交通和机场扩建等项目，同时在下放审批权方面多有尝试。比如，去年下半年，发改委决定下放“扩建机场总投资10亿-20亿元的项目核准”审批权限；原铁道部也在去年将城际铁路的修筑权下放到地方。

以轨道交通为例，目前我国的城市轨道交通审批采取“规划审批制”，即由城市上报规划，立项后由中国国际工程咨询公司提供项目评估书，然后上报国家发改委进行具体规划审批。在此基础上再进行项目立项，进行可行性研究，最后由国家发改委统一审批。

采访中，广州市发改委相关人士也告诉记者，目前确实听到这两项审批权下放，但尚未接到正式的文件和细则，他表示：“如果能够精简审批环节，确实可以加快不少项目的建设进度”。

而南通市发改委人士则对记者表示，由于地铁报批涉及很多方面，除了发改委还有环评、土地等其他审批环节，因此没有具体的时间表。目前该市轨道交通规划已经上报国家发改委，争取今年获批。

审慎地铁潮

不过，在边颜东看来，如果未来太多的城市和地铁线路获批，隐患不小。

与跨省动脉铁路和主干线机场不同，城市轨道交通有着极强的地域性，例如，此前的城市轨道交通同时归属原铁道部、住房与城乡建设部、交通部、工信部等几大部门同级管理，缺乏直接的行业主管部门，这一现状使得城市轨道交通的规划几乎是“市长说了算”。

据记者了解，其实从2009年开始，相关部门就在考虑将评估立项等环节下放到省市一级的有关部门，发改委只审批规划，后续由地方做主。但从去年下半年开始，各地规划频繁立项大型轨道交通项目，业内人士对权力的下放也提出了担忧。

记者在此前的调查中发现，在目前开通地铁的部分城市中，有些利用率不到10%，有的15分钟间隔才有一班，而设备损耗等固定开支并没有减少，造成了极大的资源浪费。不少地方在建设过程中，出现了盲目追求政绩工程的迹象。

因此，在审批权进一步下放后，行业规范及长效监督机制能否尽快明确至关重要。此外，有关部门在给各个城市提供城市轨道交通规划的项目意见书时，会根据国家的有关规定提出一些意见，但具体的权力还是在地方手中。

边颜东告诉记者，国家对修地铁和轻轨有一套严格的标准，省级政府审批时也应该按这些标准来执行，审批权下放后，国家也应该成立相应的监督机制。按照2003年出台的《国务院关于加强城市快速轨道交通建设管理的通知》，申报发展地铁的城市，城区人口应在300万人以上，地方财政一般预算收入在100亿元以上，国内生产总值达到1000亿元以上，规划线路的客流规模达到单向高峰每小时3万人以上。随着经济社会的发展，对于GDP和财政收入这两项指标，很多城市已经远远超过这个标准，目前能否修城轨最主要的标准还是客流的需求。

边颜东预计，未来各个省建设城市轨交的标准也可能会因地制宜，有所不同。“原来是‘一刀切’，但每个城市的情况有所不同，有些城市的人口未必达到这个标准，但由于其资金比较雄厚，因此也可能上马”。

他认为，虽然目前很多城市的地面交通供给仍严重不足，搞得快一点也不是什么错，但各个城市仍然要根据实际出发，量力而行。

产业链受益

对于投资者所关注的轨道交通投资受益产业链相关环节，细分起来主要有以下3大类。

首先体现在工程承包、建设材料、工程机械等。考虑到城市轨道交通投资额相对于整个城镇固定资产投资比例并不高，对工程机械、通用材料等拉动有限，从受益角度主要是一些专用的设备和材料的供应商，例如用于地下施工的盾构设备的制造和服务。

其次则是机车车辆及其配件。但国内城轨地铁车辆市场主要为中国南车和中国北车所垄断，来自城轨地铁车辆的收入占两家企业总收入比例目前在10%左右，未来这个比重应该会有所提高。

最后则是智能化、信息化系统及设备。随着地铁智能系统及信号系统安全事故频发，对于此类产品的质疑也不绝于耳。未来如何能够更好地解决使用过程中的问题相信当是企业研发的重心。

（本文原载《中国投资》2013年第7期）

中国地铁需要“大跃进”

2013年7月15日　魏峰

北京地铁瑕不掩瑜

近日北京有一则社会新闻颇为令人讶异——作为大众交通工具的地铁，居然也出了黄牛党！许多刚出北京南站火车站的乘客，经常发现站外的北京4号线地铁，无论是人工售票处还是自动售票机前全都大排长龙，买票成了一件很耗时间的麻烦事。没奈何，很多人为了节省时间，只能向黄牛购买。而在黄牛手上，一张票从2元变成了3元，转眼就涨了一半。

自然，出现了这种状况，可以也需要追究一下北京地铁的服务状况，从站外是否缺少指引标志和工作人员，到售票点位置的数量和布局是否合理？又或者地铁公司与执法部门的联络和衔接没有作好？林林总总，都是可以探讨改进的方面。但是，就笔者个人而言，最感慨却是其中无意中提到的另一个事实——北京地铁票价真是太便宜了，即使是在黄牛加价以后！

根据公开信息，截止到2013年1月1日，北京的地铁（含地面轻轨）运营里程达到442公里，超过伦敦、纽约实际运营的地铁里程，跃居为世界上拥有最长地铁的城市（但如果以全部轨道交通里程为计算口径，东京、纽约仍分别居世界前二位）。而从2007年10月起，北京地铁就开始实行全路网单一票制，价格由原来的3元调降至2元，并保持至今。相比之下，东京Metro地铁公司6公里以内的基本费用为160日元；伦敦地铁单程近距离成人票为1.4英磅；巴黎单人票1.85欧元可无限制转车，但只限在45分钟内；以价性比高而著称的莫斯科地铁和纽约地铁，倒也是单次不限行程和时间，可票价已经分别上调到了28卢布和2.5美元。对比国内另一个拥有超大规模地铁网的城市上海，北京地铁票价的优势就更加一目了然。

上海地铁（含轻轨）现有运营里程超过420公里，与北京差不多，但单人票起步价为3元，超过6公里后每10公里增加1元，最高票价可达11元。众所周知，北京上海两地颇有点“喻亮情结”，连着两地民众也经常是互不愿意服气的。可在地铁票价这个问题上，大多数上海人应该都会由衷的对北京居民表示“羡慕嫉妒恨”，其他国人想来也不会有多少例外。实际上，全世界绝大多数人如果了解北京地铁的服务与价格，恐怕也都会升起点“别人月亮比较圆”的情绪。

地铁运营是财政不可承受之重吗

对于如此廉价的地铁票价，所有人的第一反应大概都是，北京市对地铁的补贴真是慷慨大方。确实，据资料，仅在去年的2012年，北京通过预算及其它方式投入的轨道交通补贴就达到了36.9亿元。毫无疑问这是一笔巨大的资金。对此，大多数人的希望是自己当地也能学习效法，增加对于公交的补贴，降低票价施惠于民。但也有一些人却拿着这些数据，作为打向国内地铁建设的炮弹。

近两年来，中国各地正在掀起一股地铁（轻轨）建设热潮。截止目前，不计港台地区，已有33个城市规划了轨道交通线路，其中28个城市已有项目获得了国家批准，9个城市已经开通了地铁（含试运营）。过去十年，中国地铁的发展史已经走过了西方近百年的历程，而如果按规划行事，未来十年的发展速度还会比近十年更快。

但这种发展速度也引来了不少批评，被指为是新的“大跃进”。而这些批评者手中最犀利的武器，就是地铁建设的高成本，以及运营之后持续亏损的前景将带来的财政压力。他们往往激辩以为，即使是北京这样地位特殊、财力雄厚的城市，永久性的向地铁运营者提供巨额补贴，也终将力不从心，更不用说是其它条件远不如北京的城市了。而地铁建设高投入的还贷压力还会让政府更加依赖于卖地收入，从而间接推高房价，有碍于民生。

对此，大多数的反驳是强调轨交对于大城市交通，尤其是大容量、快捷交通骨干作用的无可替代性。感性的话，还会列举城市地面交通三天两头大拥堵的例子，来证明建设地铁的必要性。这些当然都是极为重要的理由，但其实还不止是这些。如果深入进一步寻找和分析数据，就能发现即使在性价比上，地铁也有绝对的优势。

还是以北京为例，地铁的日均客运量已经稳定超过了千万人次，占了全部公交客运量的四成。上文已经提到，为此北京财政在2012年付出了36.9亿元的补贴。然而同样是在去年，为了剩余的六成公交客运量，北京市对于地面公交补贴投入高达138.2亿元，是同期对轨交补贴的3.7倍多！通过极其粗略而简单的计算便可知，北京每在轨交上投入1元补贴，效果就相当于对传统的地面公交补贴2.5元。如果要用地面公交取代地铁，即使假设地面道路能够承受增加的流量压力，去年也需要再多投入55亿元的政府补贴。可见，和公交发展战略相比，轨交就不仅有速度、容量上的技术优势，而且在运营成本上也具有相对优势。

当然，需要再次强调，这种计算是极其粗略的，忽略了其它因素对结果的影响，但是由于差距如此巨大，以及北京地面道路容量已经接近甚至超过了饱和线的现实，我们有理由相信推测的基本方向是准确的。

地铁“大跃进”有现实需求和必要

确实，地铁建到哪儿，哪儿的地价房价就会随之大涨，但任何稍有公正性和常识感的人都能明白，因为基础设施条件大幅改善而带动的地价升值，与由于单纯资金炒作或是囤积居奇造成的上涨，性质是完全不同的。而这种使用公共资金建设所带来的地价增值，如果不能由代表人民拥有和管理公共资金的政府取得大部分收益，难道还有更合理的收益人吗？更何况，新建的地铁线路往往能够把大量偏僻的郊区土地转化为抢手的商住土地，实际上大幅增加了有效的土地供应，反而可以在一定程度上压制原有市区房价的脱序暴涨。

最重要的是，随着经济发展的自然要求，和对居民迁徙限制的放松，中国人口城镇化进程加速的大趋势已经不可阻竭。尽管对于中国的城镇化究竟是以大城市和特大城市为主，还是以中小城市为主的争论，始终没有结束。但由于中国绝对人口基数极其庞大的特殊性，即使是国内的二线城市，在可预见的时期内，人口规模都会轻易达到世界特大型城市的标准。

再加上私家车井喷式的普及，和对居住条件改善的强烈愿望，只要承认中国人有追求接近发达国家生活水准的权利，这些主要城市的实际生活圈就必须同样大规模的扩张。否则连在最基本的物质条件上，就不可能满足条件。中国梦对于很大一部分中国人来说，也就会总是遥不可及。

而从现实经验来看，地铁（轨交）就是目前最有效的扩大城市生活圈的方式。可以想象一下，如今北上广如果没有地铁，或是只有很少的里程，上千万人口都被迫拥挤在狭小的市中心区域居住，且不说房价会涨到一个何等离谱的程度，首先绝大多数人的居住和生活条件就必将严重恶化。而这也是大多数国内大城市在不远的将来，同样都要面临的考验。

并且，现在可能也是最好和最后的一段时期，供中国进行最快速的大规模基础设施建设。一方面，无论是在技术上还是资金上，我们的条件从来没有这么完备、这么充分过。但在另一方面，未来不久无论是劳动力成本的进一步上涨，还是各种社会不同利益群体的纠结矛盾，还是城市设施本身必须保持连续运转的需要，都可能使迅速新建或改建大规模城市基础设施变得非常困难，或是成本高得难以承受。能否充分利用这段最佳的窗口期，为中国的主要城市打造一套在未来几十年都能满足居民需要的交通基础设施，将会在很大程度上决定这些城市乃至整个国家的长远竞争力。

从这个角度上看，虽然中国几十个城市将同时开工建设或即将开工建设轨交，又会创造了一个世界经济和社会发展上史无前例的壮观场景。但这其实不但是经济发展水到渠成，甚至还是在紧迫的压力下不得不为的反应。它不仅应被看作是一种社会固定资产的投资，也应该被视为是一种政府为社会民生而支出的消费。

（本文原载《观察者网》。http://www.guancha.cn/WeiFeng/2013_07_15_157492.shtml）

中央放权后地方密集批复城轨项目规模达4万亿

2013年8月13日　21世纪经济报道

据《21世纪经济报道》消息，发改委将审批权下放之后，各地都在密集上马轨交项目。据粗略估计，近期有10多个城市的发改部门批复了本地建设城市交通项目的开工申请。另据发改委官员日前透露，到2015年我国轨道交通运营里程将达3000多公里，到2020年达到6000公里，所需投资额在3万亿至4万亿之间。又一个地方版的“四万亿”呼之欲出，但资金来源、轨交建设的必要性却存疑。

以下为原文：

没有“婆婆”之后，“媳妇”终于可以扬眉吐气地“当家作主”了。

8月11日，重庆市发改委、市轨道集团联合发布消息称，重庆市《轨道环线工程可行性研究报告》已经顺利通过专家评审，将于年底前开工建设，2018年开通试运行。这是国家下放轨道交通项目审批权限后，重庆市自行组织的第一个轨道交通项目。该项目投资估算总额为314.18亿元。

与此同时，重庆轻轨3号线北延伸段“可研报告”获批，也同时拿到重庆市发改委的批复函，批复函称，这一线路将在2013年内开工，总工期为30个月。相比轨道环线，这一项目总投资要少得多，为41亿元左右，建设工期为30个月。

重庆市于近期由本地发改委批复的两个城市轨道交通项目，仅是国家发改委下放审批权之后地方政府积极投资建设地方交通设施浪潮的一个缩影。

城市基础设施建设成投资重点

据记者粗略估计，近期有10多个城市的发改部门批复了本地建设城市交通项目的开工申请。

珠海有轨电车1号线首期配套市政工程概算已获批复，该工程总概算约8.5亿元。

西北地区也不落后，8月7日，甘肃省发展和改革委员会以甘发改交运发〔2013〕1354号文件批复了《兰州市城市轨道交通1号线一期工程可行性研究报告》，该工程可研报告批复总投资189.43亿元。另外，浙江杭州、安徽淮南、湖北武汉、湖南长沙等多个城市都在规划或准备兴建新的城市轨道建设项目。

新一轮的地方政府城轨项目建设热潮与大的宏观形势和政策走向息息相关。

7月31日的国务院常务会议就加强城市基础设施建设进行了部署。会议认为，加强城市基础设施建设，重点改善薄弱环节，既可拉动有效投资和消费，又能增强城市综合承载能力、造福广大群众、提高以人为核心的新型城镇化质量。

在不久前召开的交通运输部上半年工作总结下半年工作部署会议上，部长杨传堂也明确表示，大力推进城市轨道交通建设是下半年交通工作的五大重点之一。

中国工程院院士王梦恕表示，这段时间他特别忙，几乎马不停蹄地奔走在全国各城市之间，“差不多的城市都在规划、建设地铁、城轨。”

而按照原铁道部总工程师、中华铁道建设新技术促进会会长华茂 的估算，目前已批准建轨道交通的城市有36个，到2020年，我国轨道交通里程将达到近6000公里，在轨道交通方面的投资将达4万亿元。

这一说法得到官方证实，国家发改委基础司巡视员李国勇日前曾表示，到2015年我国轨道交通运营里程将达3000多公里，到2020年达到6000公里，所需投资额在3万亿至4万亿之间。

这一投资测算也符合目前城轨的造价，本报记者从几位中国工程院院士、工程建筑方等了解到，目前城轨一公里的造价在5亿到7亿元之间，个别地质复杂地段达到10亿元左右，2012年年末全国轨道交通的总里程在2000公里左右，随着物价不断上涨，到2020年，再建设4000公里的里程的投资额将超过3万亿。

城轨申报门槛严重滞后

近年来，城轨建设的投资额和里程不断增加，据国家发改委统计，今年我国城市轨道交通的投资将达到2200亿元，比去年增加了400亿元，今年要投产的里程290公里，到今年年底，我国将有19个城市拥有地铁，总里程将达到2366公里。

北交大经管学院教授赵坚认为，在地方政府投资责任没有明确，地方债日益累积的现状没有得到根本改变的情况下，就仓促下放投资量大者达数百亿的城轨项目审批权，有点过于草率。

按照2003年出台的《国务院关于加强城市快速轨道交通建设管理的通知》，申报发展地铁的城市，城区人口应在300万人以上，地方财政一般预算收入在100亿元以上，国内生产总值达到1000亿元以上，规划线路的客流规模达到单向高峰每小时3万人以上。

赵坚称，这一通知是10年前出台，当时符合这一条件的城市也就是一些特大城市和部分省会城市，但10年后的今天，符合这一条件的城市已经多如牛毛，这一过时的审批门槛也助长了目前的城轨建设潮。

“目前几乎所有城市都规划兴建市内的轨道交通，而很少有考虑修建城市群之间的通勤铁路的，这与我们城市发展中摊大饼的规划理念有关，事实上国外的大城市如东京、巴黎等都有非常发达的主城与周围小城之间的通勤铁路，这些铁路时速不是很高，造价也相对较低，对于解决大城市问题起到了一定作用。”赵坚称。

城轨投资应以财政资金为主

尽管在审批权下放之后，地方疯狂地批复城轨项目，但真正落实到建设阶段时，资金筹集成为一个老大难问题。

近年来政府已经将铁路和城轨等交通项目的资本金比率一再缩减，例如兰州城轨一号线一期工程的项目资本金占总投资的27.48%，由省、市、区三级政府财政性资金承担，其余建设资金由项目业主单位兰州市轨道交通公司通过银行贷款等多元化融资方式解决。

目前轨道交通的筹资方式除了地方政府财政出资之外，在引入社会资本方面，主要有投资、建设、运营、监管四分开模式(上海地铁采用该模式)、BT(建设－转让，北京地铁奥运支线采用该模式)、PPP(公私合营，北京地铁4号线采用该模式)、BOT(建设－运营－转让，深圳地铁4号线采用该模式)。

北车集团宣传部门的人士表示，由于近年来中国铁路总公司在车辆购置方面的业务量逐步减少，北车已经慢慢开始进军城轨领域，目前北车的城轨车辆年销售额在100亿到150亿元之间，占到总销售额的1/6到1/9左右。除了销售车辆之外，北车也通过BT模式直接参与地方城轨项目的建设，目前已经在沈阳运作了一个项目，同时与珠海、合肥等地也形成了合作意向，总体的业务量在500亿左右。

在赵坚看来，上述这些投融资模式固然可以解决燃眉之急，但最终形成的债务仍然背负在地方政府名下。“城市轨道交通是公益性基础设施，主要应该依靠政府公共财政资金的投入和相应的扶持政策。引入民资固然不错，但决不能够淡化政府投资的主体地位，要防止投资过度社会化的倾向。我国收费公路的发展形成现在这么大的债务，与过分强调公路可经营性，忽视了其公益性是分不开的。”

赵坚称，根据相关研究，城市基础设施投资占城市GDP的3%～5%，城市公共交通(含轨道交通)投资占其中的14%～18%，即公交占城市GDP的份额不宜超过0.9%，这是一个比较合理、且城市财力可以承受的指标。“目前很多城市都已经严重超出这一指标，又没有财力，就想着吸引社会资本，结果形成一大笔债务。”

(本文原载《观察者网》。http://www.guancha.cn/economy/2013_08_13_165279.shtml

五、热议城镇化道路

30万亿投资城镇化

杨海霞

城镇化正在全方位地影响着中国经济。休宁县是安徽省南端的一个山区县， 2011年该县经过各方努力引入了一家深圳的生产显示屏的企业落户投产，却意想不到地遭遇到了招工难的问题。“1500-3500元的工资，都招不到人”，该县发改委一位人士感慨。虽然当地统计人口达27万，但是农村大部分劳动力外出打工，符合条件的劳动力并不多了。

在过去的10年间，随着农民工大量进入城市，中国的城镇人口以年均2000万人的速度递增。近日《中国城市发展报告2011》发布数据显示,中国城镇人口首次超过农村人口，达到6.9亿人,城镇化率已经达到了51.27%，超过了世界平均水平。

尽管关于未来城镇化是加速增长还是缓慢增长观点仍然存异，但是对于城镇人口在未来持续扩大的趋势其实并无争议。作为一个长期的结构调整过程，城镇化曾经给中国的经济增长带来了稳定的驱动力。事实上，在过去的30年中，有研究表明，中国年均10%的增长率中，城镇化的贡献率达3个百分点。不少专家认为，未来中国的城镇化还将创造出巨大投资需求，随着制度改革的推进，城镇化促进经济增长的潜能还将进一步释放。

城镇化趋势分化

盛泽镇是江苏吴江市下辖的一个小镇，它虽然并非市府所在地，但是常驻人口已经超过了30万，其中本地人口只有13万，其余全部为外来农民工，这个以丝绸闻名的小镇，随着经济的发展，吸引了大量的外来打工者，现在，整个镇除了政府管理体制还保留镇级的建制，已经是一个城市形象。

按照国家统计局的数据，2008年，中国人口超过10万-20万之间达到小城市规模的镇已经有142个，人口在20万-50万达到中等城市规模的镇有9个，而广东东莞市的长安镇，完全是大城市的规模了。这里的非户籍人口远远超过了本地人口，近70万人口中就有60多万外来人口。

像盛泽镇与长安镇这样的特大型镇的不断涌现，实际上已经成为中国这些年快速城镇化的写照。事实上，每一个在中国城市生活的人都有体会，几年来中国城市规模在不断增大。2010年中国城市市辖区总人口400万以上的城市达到了14个，有5个人口1000万以上的城市，而镇区人口超过5万人的建制镇达740个。同时城市数量也在增加，2010年，中国城市数量达到657个，比1978年增加464个，小城镇数量为19410个，比1978年增加了17227个。

“中国城市设立跟国际上大多数国家的标准有较大区别，表面上的城市数量不多，但是伴随着城镇化的快速发展，中国城市规模在不断扩大，实际上的城市数量在增加”，国家发改委城市小城镇改革发展中心副研究员范毅接受《中国投资》记者采访时表示。

目前，中国城镇化率已经达到51.27%，不少人士认为，中国仍将延续加速城镇化进程。然而，有些专家对此并不认同。

“我们认为今后城镇化的速度将放缓。按照国研中心的研究，到2020年我国农民工总量大约在2.73亿，也意味着农民工总量只有2000万左右的增长空间”。范毅表示，由于20—30岁的农民工中已经有70%—80%转为了城镇人口，未来新增转移为城镇人口的农民工潜力，主要来自于新增农民工，此外就是40—50岁的农民工转移为城镇人口，但这部分比例并不大。

从另一个角度分析，“国内劳动力和土地成本上升等各种矛盾影响着中国未来宏观经济不可能继续维持高速度增长，也直接影响到中国城镇化速度将会逐步放缓。按照推算，预计到2020年，如果宏观经济增长速度达6—8个百分点，城镇化的速度将会维持在0.7个百分点”。范毅表示。

随着城镇化的放缓，其分布也将发生变化。在过去的城镇化进程当中，中国东部地区以及地级以上的大城市吸纳了一半的城镇人口，2010年底，东部地区的城镇人口所占比重为49.02%，中部地区的城镇人口所占比重为28.87%，西部地区的城镇人口所占比重为22.1%。

然而，该中心认为，今后的城镇化将会呈现出东部稳定、西部加快的趋势。他们认为，随着东部土地、劳动力、环境成本的上升，要素向中西部转移的趋势越来越显著，2011年在中部和西部地区吸纳农民工的比重分别为17.6%和16.7%，比2009年分别增长了1和1.4个百分点。

据其估算，到2020年中部地区增加吸纳的农民工在1000万左右，西部地区增加吸纳的农民工在900万左右。“从调研来看，部分省份的省内就业农民工增长速度要快于全国平均速度，比如江西省省内就业农民工的比重从2008年的17.9%，提高到2011年的30.1%；湖北省从39.2%提高到47.3%”，范毅表示。

30万亿投资需求

不少观点认为，虽然当前中国城镇化的数字惊人，但存在虚胖的成分。按照中国的统计方法，在城镇务工就业的农民和一部分城乡结合部的农村居民都被划入了城镇化范畴，因此带来了数字的逐年提高，从1996年的26%，上升到了今年的51.27%。

以2010年中国常住人口统计来看，6.69亿人口的城镇人口中包含了约2.1亿农业户籍人口。大量农民工和城镇间流动人口虽然被视为城镇人口，却无法享受与城镇户籍居民同等的公共服务。

“中国的城镇化是个奇迹，但是质量并不高”，国家发改委城市和小城镇改革发展中心主任李铁接受《中国投资》采访时表示。虽然在城市经济的高速发展吸引了大量非农就业人口，但是对外来人口公共服务能力严重不足。

他认为，中国的城镇化已经进入了必须重视质量的新阶段，这一阶段政府应该推进基本公共服务对农民工实现全覆盖和均等化，有计划地扩大农民工与城镇居民享受同等公共服务的项目和范围，使农民工的公共服务水平不断得到改善。这意味着城镇化将伴随着大量的投资需求。

事实上，大多观点均认为，城镇化将成为中国经济未来引擎。国家发改委经济所专家相伟测算认为，到2020年，中国城镇化所产生的资金需求，社会保障和市政公共设施支出共计将超过30万亿元。

其中，社会保障支出不仅包括为农民工提供社会保障，到2020年，大约需要支付15万亿—20万亿，若要不断提高较低的社会保障水平，支出总额可能会不断膨胀。

而市政公共设施资金需求包括两部分，一是要弥补市政公共设施的严重欠账，2000-2008年，城市建设空间增加了1.06万平方公里，增长了36%，但城市承载能力却没有相应提高，以城市道路为例，道路面积由1978年的2.2亿平方米增加到2008年的45.2亿平方米，增长了19倍，但同期城市居民用汽车保有量增加了37倍，车均道路面积反而下降了45%。老城区的基础设施欠账严重，近10年城市维护费用仅为建设费用的10%左右，部分城市管网容量不足而且已经运行了几十年，改造难度大，成本高。二是随着城镇人口的增加，市政公共设施的建设包括公共交通市容环卫污水处理绿化水热气供应道路桥梁等，这部分资金需求约为16万亿左右。

巨额投资需求带来投资机会。不过，该研究认为，投资需求虽然巨大，但是还没有形成适应城镇化资金需求的多元化投融资机制。仅以地方政府财政投资将难以完成这个巨大任务。

目前，各地方政府负债已经十分严重，而依赖土地财政融资不仅不能解决城镇化投资问题，还会带来恶性循环。如，为了解决农民工居住问题，而大规模增加保障房的供应，可能会迅速扩大政府寻租空间，同时为了筹措建设资金，政府提高地价，地价提高抬高房价，进一步削弱农民工自我解决住房的能力，加重农民工对于保障房的依赖和需求，形成恶性循环。如果以银行贷款为主的融资渠道，则不仅难以满足巨大资金需求，同时最终还款来源还是土地收入。

该研究认为，如果不能解决城镇化中的资金需求问题，不仅可能会出现大量城市贫民，还会使城市病更加严重，并由大城市向中小城市蔓延，降低城镇的生活质量，丧失城镇化的本来含义。而解决这个问题，则必须通过投融资机制的改革。

以改革促融合

在过去的城镇化进程中，大量人口涌入了大城市和特大城市，一方面推动了城市的建设与发展，另一方面也带来了诸多挑战，城市病的问题是已经不得不面对的一个。

李铁认为，如果让农民工全部进入现有大城市和特大城市，对本已超负荷运转的大城市和特大城市无疑将会雪上加霜，而且大城市和特大城市较高的成本门槛也会将大多数农民工排斥在外。另外，从产业发展角度，大城市和特大城市产业发展倾向于资金密集和技术密集，对吸纳农民工就业的劳动密集型传统产业发展兴趣也并不高。

比如贵阳市中煤盘江重工项目，占地1000亩，预计投产后能够实现税收3亿元，对GDP和财政收入贡献都是显著的，但是此项目仅能解决1000人的就业。这也导致贵阳市35%用地指标，仅吸纳了12.5%的人口，公共资源配置与人口比重不匹配。

另外，户籍管理制度改革也是关键的制约。这不仅涉及到城乡关系，而且涉及到不同城镇、不同区域利益关系的调整，由于担心大规模外来人口在当地落户会摊薄当地城镇居民所享受的社会福利，所以一些地方政府既不愿意本地农民进城落户，更不愿意接纳外来人口进入本地落户，在城乡间、城镇间、区域间形成了固化的利益格局。

随着农民工年龄的增长，在本乡镇就业农民工的比重不断上升。有基层政府判断，80%的农民工将返乡，而其中一部分农民工将进入到县城和中心镇。因此小城市和中心镇由于进入门槛较低、居民生活成本和就业成本较低将是返乡农民工进城定居的主要载体。

这就意味着，政策的取向应当是加大对中西部地区承接产业转移的支持力度，特别是承接吸纳劳动密集型产业的小城市和中心镇的支持。而东部地区农民工总量较大且将基本趋于稳定，政策的重点是改善农民工公共服务

中国人民大学农业与农村发展学院院长温铁军也认为，现阶段，与大、中城市相比，农民进入城镇就业，比进入大、中城市付出的机会成本要低，退出成本也低。以城镇为重点的城镇化发展可以把城乡市场较好地连接起来，促进农村二三产业和中、小企业的发展。同时，中西部的建设和新农村建设，可以使农民就近得到非农收入，并不需支付很大的转移成本。

他认为，中国绝不能走西方在殖民地国家搞的激进城市化道路，中国不应该以城市化来消灭农村，而必须促进城乡融合多样化。

“我们要走的是城镇化道路，而这个城镇化道路包括了一系列的反思和政策重新调整，也就是，我们要靠新农村建设，用政府看得见的手，去把投资，特别是公共投资、基本建设投资返还到农村地区，在农村地区发育中小企业，推进城镇化，不走大城市超前发展的道路”，温铁军认为。

（本文原载《中国投资》2012年第7期）

多元分担农民工市民化成本

刘斯斯

中国城镇化快速发展的过程中，城市民生问题越来越多地凸显出来。过去几十年以农民工大量进城、城市规模快速扩张为特点的增长导向型城镇化道路，对城市的承载能力带来巨大考验，交通、环境等问题日益严峻。

去年，中国社会科学院城市发展与环境研究所（以下简称社科院城环所）发布《2011中国城市发展报告》，提出了走“民生型城镇化道路”的概念。其核心理念是以改善民生为根本目的，不单纯追求城镇化的速度，而是更关注这一进程中居民生活质量的提高。

社科院城环所所长潘家华在报告的序言中写道：民生是一种社会选择，是对社会弱势群体的基本生存和社会尊严的保障。社会需要的，不是同等水平的富裕程度，而是老幼病残的基本生活保障，低收入群体的社会尊严保障。

目前城市中大量存在的农民工正是最需要得到保障的群体。由此，城镇化过程中民生问题的焦点，就集中于农民工市民化这一主题之上。

国家发改委宏观经济研究院2010年度重点课题《“十二五”时期促进农民工市民化研究》（以下简称课题报告）指出，我国农民工市民化是世界城市化历程中所仅见的现象。课题报告主持人、国家发改委国土开发与地区经济研究所城镇发展研究室主任申兵对本刊记者表示：“通过恰当地处理城乡关系，完成二元经济结构的转换是大多数发展中国家现代化进程中面临的基本任务。我国完成这一任务的核心是促进农民工获得城市居民的身份和平等权利并融入城市社会，成为真正意义上的‘市民’”。

我国农民工市民化程度总体较低

在整个城镇化进程中，农民工贡献了重要力量。根据国家统计局数据，2011年度全国农民工总量为2.53亿人，其中外出农民工（指离开本乡镇非农从业6个月以上的农村劳动力）为1.59亿人，占62.8%。根据我国现行统计口径，外出农民工被纳入新增城镇人口的范围中。据此，2011年外出农民工占全部城镇人口的23%，为我国城镇化率贡献了11.8个百分点。

同时，在这些外出农民工中，16–30岁的新生代农民工已占到58.4%。这一数据一方面体现了农民工群体中发生的年龄更替，另一方面，课题报告显示，在新生代农民工中，有55.9%的人准备将来“在打工的城市买房定居”。

在农民工留城意愿显著提升的同时，是农民工市民化程度仍旧较低的尴尬现状。课题报告从农民工的就业情况、权益维护以及享受公共服务的情况入手，对农民工市民化程度进行了测度。

该测度选取收入和消费、住房、社会保障、权益保护、子女教育、举家外迁、接受公共卫生服务等10个方面，一共24项指标构成体系。最终合成的总指数越趋于1，表明其市民化程度越高。以2009年为水平年测试，这一测度的全国平均指数为0.547，农民工市民化的现实情况不容乐观。

造成这一情况的原因是多方面的。课题报告显示，我国改革开放以来城市政府在公共品的投资上偏向于能够提高地区经济能力的生产性基础设施，进入新世纪以后，提供生活公共服务的社会职能才得以不断强化。在城镇户籍人口的公共服务水平仍有历史欠账的情况下，很难覆盖到农村转移人口。

另一客观情况在于，当前以地方政府为主的公共服务供给模式，对于跨省流动农民工在就业地的市民化最为不利。城市政府不愿为其他地区“作嫁衣”，因而其为农民工提供公共服务的意愿，也根据隶属关系由近向远递减。

同时，机制方面的问题也不容回避。申兵向记者介绍称：“中央与地方财力与财权不对等是制约我国公共服务水平提高的机制性因素之一。从案例地区的情况看，中央采取了‘以奖代补’方式对农民工集中流入地区的农民工就业培训和子女义务教育等进行支持，但总规模有限且标准不清晰，因此所起到的支持作用也并不显著”。

多元分担农民工市民化成本

政府回避职能，体制机制不畅，农民工市民化的成本究竟应该如何化解？社科院城环所副所长魏后凯在接受记者采访时推断，若2030年中国的城镇化率达到65%左右，就意味着今后20年内，还将有2亿多农民转移到城镇就业和居住。再加上已经进入城镇但还没有完全市民化的农民工，国家将要面对的是4亿−5亿农民工需要实现市民化的现实。

如此庞大的数量，导致农民工市民化的成本障碍成为拖累这一进程的主要原因。魏后凯表示，这一庞大成本一方面农民工自身无力承担，另一方面，若单纯依靠政府财政也同样无力支付。

“以北京市为例，假设农民工增长速度与全国持平或略高，保守估计到2030年北京农民工数量将达到1000多万人。仅解决社会保障问题，按照现在每人10万元的平均支付水平，就需要1万亿元，这相当于目前北京市连续5年的纯财政收入。因此单纯依靠地方政府来支付进城农民工的市民化成本，将是十分漫长的过程”，魏后凯这样总结到。

迫于现实压力，多元分担解决农民工市民化成本成为必由之路。

在我国当前公共服务供给的格局之下，课题报告提出，农民工市民化的成本需要由地方政府、中央和省政府承担，同时也需要企业发挥积极作用。

具体来说，公共卫生和计划生育、子女义务教育、就业扶持、权益维护等公共品性质更加突出的领域，应基本由地方政府负担。

同时，鉴于地方政府解决跨省流动农民工的积极性不高，中央政府应重点支持跨省农民工集中流入的地区。以专项转移支付为主要手段，并将目前教育等领域的“以奖代补”方式改为“增量调整、奖补并用”，即从“十二五”时期开始，从中央对地方转移支付专项补助的增加额中，将一定比例转移于农民工集中流入地区，并在此基础上，对成绩突出的城市进行一定的奖励。

最后，企业在政府资助下加强对农民工生产技能的培训，并按照相关规定和政策，切实为所雇佣的农民工缴纳保险费用，更加有利于为农民工在城镇长期生活奠定良好基础。此外，在改善住房条件方面，企业通过提供租房补贴、建设农民工宿舍或参与公租房建设，也可以发挥积极作用。

农民“带资进城”

政府为居民提供基本公共服务是义不容辞的责任，不过魏后凯认为，另外一项必要的补充在于农民原有农村资产的转化：“农民进城转变为市民不应以放弃在农村原有的资产权益为前提。应通过市场化手段，将农民在农村占有和支配的各种资源转变为资产，并将这种资产变现为可交易、能抵押的资本，让农民带着资产进城，从而跨越市民化的成本门槛”。

魏后凯告诉记者，目前依靠农民带资进城推进市民化的条件已经基本成熟，具体来说可以从以下几方面着手：一是对各类资产全面颁证赋权。要对农村土地承包经营权、宅基地使用权、房屋所有权确权到户，颁发证件；对集体建设用地所有权、集体林地所有权、小型水利工程所有权确权到村集体经济组织（村委会），其使用权、经营权确权到用地单位或承包户，分别颁发证件。

二是加快集体资产的股份量化，让集体经济组织成为农民市民化的组织依托。2009年底，全国农村集体资产总额达1.6万亿元。像山东莱芜这样的中等发展地区，村均资产也从2006年的175.7万元增加到2010年的288.3万元。这些资产的升值潜力巨大，应该用于支撑农民市民化的进程。

三是以土地资源为核心建立带资进城的交易流转平台。一方面有效解决跨省区产权交易市场的衔接和联网问题，另一方面应把乡镇和县一级的公共交易平台作为建设的重点。

四是建立土地增值收益结构基金，实行全国统筹。各级政府获得的土地出让金应按一定比例纳入结构基金，用于全国统筹。同时建立全国联网的农民工信息管理系统，对农民工进行在线监控、管理和服务。此外还应对级差收益较少地区的进城农民实行补贴，解决偏远落后地区农民工市民化公平分享土地增值收益的问题。由此，逐步实现土地增值收益的全国覆盖。

五是在全国选择不同类型地区，开展农民带资进城的试点工作。各省区市可以根据自身条件开展试点探索。可总结“宅基地换住房”“两分两换”“双放弃换社保”“两股两建”等经验做法，并进一步丰富和完善。

六是加强政府监督指导服务体系建设，为农民带资进城提供外部保障。要建立全国统一的多层次网络化监管信息平台，同时也可考虑在市、区县、乡镇各级政府设立农村集体资产监督管理委员会，下设集体资产管理办公室，对集体资产管理进行指导监督等。

（本文原载《中国投资》2012年第7期

店口镇应对城镇化的扩权探索

李可　范毅

改革开放以来，东部沿海地区涌现出一批人口规模和经济实力都超过部分县级市，甚至是地级市的特大镇，但是仍然实行镇级管理机构和权限设置。随着人口规模与经济实力的扩张，特大镇的公共服务需求日益增长，同时，大量流动人口也带来了突出社会管理问题，“身子大，衣服小”严重影响到镇级政府对新增人口提供公共服务的能力，成为当前推进城镇化政策面临的突出问题。

针对此问题，浙江省诸暨市店口镇进行了行政体制改革的有益探索，以提高政府提供公共服务的能力，这对于其他特大镇而言具有一定的借鉴意义。

店口镇扩权探索

店口镇户籍人口6.2万，外来人口6万，2011年实现财政总收入13.4亿元，农民人均纯收入达30018元。全镇共有4000多家工业企业，其中规模以上企业300多家，6家上市公司。店口镇以不到诸暨市5%的面积、6%的人口创造了诸暨市1/4的工业经济总量，1/8的财政总收入。

自2007年，店口镇开始实行“强镇扩权”改革，共向绍兴市和诸暨市申请下放225项权限，实际已下放157项权限。下放权限的运作主要有以下几种方式：

1.委托。行政许可、行政处罚等需以市级相关部门名义做出的，由市级相关部门做出无责任签章。凡涉及行政审批、行政许可、核准、备案等由店口镇政府或各站所等经办印发的文件、规划等，按月报送市级相关部门，如环境整治、招投标等。如市民政局委托店口镇经济发展办公室行使城乡最低生活保障待遇审批权、临时救助审批权、民办学校（包括学前教育）成立、变更、注销登记和组织协调社区建设、指导社区服务管理等职能。

2.托管。调整机构设置后，将规划、建管、环保、安监、劳动保障等部门的下派人员纳入镇机关相应办公室。针对归并到镇政府里的部门，业务上受市局指导，日常管理、考核由镇政府负责，人员编制在市局。例如，设立店口规划分局负责市规划局在店口镇域内除需经市城市规划管理委员会及办公室讨论事项以外的一系列事项。规划分局设在镇城乡规划建设办公室，业务上接受市规划局指导，日常管理、考核由店口镇党委政府负责，人员编制在市规划局。

3.延伸机构。明确了市级部门扩大店口镇所设站所的职能权限，主要涉及国土、公安、教育、工商、广播、卫生监督等6个部门。如将店口国土资源所更名为店口国土资源分局，在原国土资源所职权基础上，增加了农村私人建房用地审批、建设用地预审、临时用地审批等3项职能。又如设立店口交警中队和店口消防中队，分别行使店口镇域内交通管理和消防管理相关职权。

“强镇扩权”的实质是行政管理体制改革，有利于进一步调整理顺市、县、镇3级政府的权责关系，有利于提高镇级政府的行政管理水平。几年来店口的扩权改革取得了显著成效：一是通过减少审批环节和程序，加快投资项目审批，完善了建设投融资体制，缓解了城市发展的融资难题，推动了项目建设进程。二是机构调整后，职权得到了扩大、延伸，增强了镇级政府管理能力。三是方便了百姓办事，以前要到市里去办的事，现在在家门口就可以完成。四是增强了政府的公共服务能力，财政留成比例从2007年的1%提高到2011年的10%，镇级可支配财力大大增强，进而增加了财政对公共服务的投入。

改革尚存问题

店口镇的扩权改革对推动经济社会发展发挥了重要作用，但是调研中也发现了一些不利于扩权改革的问题。存在这些问题既有体制方面的原因，也有观念和认识方面的因素。

*1.放权还仅作为一项临时性政策，没有形成稳定的制度化运行机制。*2007年以来，店口经历了两轮放权改革。在第一轮放权时，诸暨市的主要领导高度重视，并在店口镇召开了现场会，也形成了《关于加快培育店口中心镇的若干意见》的文件。市级各部门也高度重视放权工作，并且在下放权力中需要以市级相关部门（单位）名义做出的，基本实现了“见章盖章”的运作方式，即只要店口镇政府盖章，则市级相关部门（单位）无责任签章。然而不久这种“见章盖章”的权力运作方式就出现回归，相关部门开始以“再研究一下”等理由为借口拖延签章，变相回收权力。而到2011年浙江省小城市培育试点启动以后，市主要领导重新重视该工作，而且店口镇领导也实现了高配，下放权力的运行又重新通畅起来。仅仅5年时间，店口镇的扩权已经经历了“权力下放-变相回收-重新下放”的轮转过程，也就充分说明了“强镇扩权”只是一项临时性政策，下放权力能否有效实施还取决于政策导向和领导的重视程度。如果不能形成稳定运行机制，放权最终必将流于形式。

*2.镇政府人才队伍建设有待加强。*店口的扩权改革是在原有政府人员编制和人才队伍基础上推进的，这带来的是两方面的问题：一是人才队伍的素质还不完全适应需要。现有政府工作人员还主要以过去的农村管理人才为主，随着权力逐步下放，干部素质与扩大的权限运行不匹配现象日益突出，镇财政所现有的工作人员全是会计出纳出身，缺乏现代金融理财知识，工程监理、城市规划、招投标等方面也都需要具备相应专业知识的人才。二是人员编制不足限制人才的引进。扩权改革没有与增加人员编制同时配套推进，权力下放必然带来事权的下放，工作量的增加带来了人手紧张问题，尽管新增加了26位政府雇员，人才仍严重不足。

*3.机构设置和职能以农村管理和经济发展为主，不适应转型的需要。*从目前店口的经济总量、财政收入、建成区面积等指标来看，都与10年前的诸暨市相当，但是市级政府机构的设置，每个部门都有明确的责任分工，教育有教育局，医疗卫生有卫生局等。而目前店口镇政府机构设置尽管由“三局三办二中心”改为了10个综合办公室，如党政办公室、城乡规划建设办公室、经济发展办公室、公共服务办公室、社会管理办公室、农业农村办公室、公共资源交易管理办公室、行政审批服务办公室、综合行政执法办公室和社区服务管理办公室等，仍是原来乡镇政府的管理模式。

*4.条块分割的体制制约着扩权改革。*为配合权力下放，诸暨市对涉及店口镇的条块关系进行了调整，比如对工商、药监、质检等一系列垂直管理部门，实行“以块为主、条块结合”的“双重管理”模式，但随着工作对象、内容的改变，有的驻镇部门很难处理好对上级负责与对乡镇负责的“双重管理”问题，许多权力也就无法产生实际效用。即使是并入政府的几个部门，其人员编制和基本工资仍在上级政府，镇政府虽然对其有一定考核和建议权，但不掌管人事权，因此实际约束力仍然有限。

强镇扩权需综合配套改革

店口的扩权改革是一项有益探索，也取得了较好效果，这项改革对全国推动特大镇向城市转化具有借鉴意义。但也要看到，强镇扩权改革仍处于从以管理农村为主向以城市管理为主的体制转型期，当前亟待完善一系列相关配套改革。

1.将放权与编制增加结合起来。改革依据户籍人口和行政级别设置机构和人员编制的办法，把常住人口作为机构设置和人员编制的重要依据。为满足外来人口增多对公共服务的需求，店口镇也承担了部分人口输出地政府应该承担的公共服务职能，雇佣了一些临时性、事务性协管人员，目前店口共雇佣了117名政府雇员，与行政事业编制人员数量基本相当，并没有带来人员的膨胀。对业已形成的政府雇员制度，应进一步探索和逐步完善。人员编制的增加要有利于形成城市专业管理人才队伍。

2.将放权与科学设置管理机构相结合。特大镇的机构设置要适应从管理农村向经营城市的转变，要增加与城市管理相关职能机构的设置。进一步完善特大镇政府的公共服务职能，要将对外来人口的服务纳入政府管理职能，并设置专门机构进行管理。在核定人员编制的基础上，根据事权和责任相对称原则，可在编制内自行调整机构设置和人员安排。机构设置可打破“上下对口”的设置模式。

3.建立稳定的强镇扩权运行机制。以制度形式明确规定权力下放后的职能分工，权力下放后，要保持其不可逆性。明确划分特大镇与上级政府的基本事权和税收分成比例、基金收入分成比例，从财政体制上保障特大镇提供公共服务所必需的、稳定的资金来源。加大与特大镇城市管理与发展密切相关权力的放权力度，进一步理顺条块关系，设立延伸机构时，要将人事权一并下放。要将镇主要领导高配的做法作为制度固定下来，以保障权力有效运行。

4.尽快探索实行多元化设市模式。设市可以为特大镇提供一个稳定的发展预期和转型渠道，但是也会面临诸多方面的难题，比如理顺店口与诸暨市之间的关系。目前店口的工业产值占诸暨的1/4，财政收入占其1/8，店口独立设市对诸暨的影响也是显著的，因此其面临的阻力也较大，需要创新设市方式。当前要研究设市标准和设市方式，设市要与未来我国行政管理体制改革方向保持一致，要探索实行城镇管理和农村管理分开的管理方式。要在完善功能和保障公共服务基础上，实行小政府、大社会的管理模式，避免机构和人员编制的膨胀。

（本文系国家发改委城市和小城镇改革发展中心2012年调研成果改编。本文原载《中国投资》2012年第7期）

走符合国情的城镇化发展道路

顾文选

我国人多地广，农民数量大，而且东西部的人口密度、资源分布与经济发展水平相差较大。在推进城镇化的过程中，必须从我国的这一具体国情出发，走科学健康的城镇化发展道路。

一、必须坚持城乡统筹协调发展

城镇化不可忽视农村与农民问题，我国农村居民点多而分散，人均耕地资源却很有限，不到世界平均水平的1／4。城镇化最直接的表现，是转化农民，减少农民。但这种减少和转化，不是人为地改变户籍属性或调整行政区划，而是要实实在在地解决农民转化后的就业与社会保障等问题。所以，在城镇化过程中，只有坚持城乡统筹、城乡协调发展的道路，坚持以发展非农产业、扩大非农就业为中心的城镇化目标，才可以避免待业、失地农民一哄而起涌入大中城市，形成大面积的城市贫民窟。

为此，必须规划处理好以下3类农民问题。一是位于各类城市郊区的农民。需要处理好城区扩大、“城中村”改造、农民搬迁与就业、农民土地合理补偿、社会保障等。二是流动打工的农民。需要制订适合不同打工群体的政策法律，引导他们在打工的城镇或其他城镇落户，真正完成由农村到城镇的转移。三是仍留在原乡村的农民。需要通过政府投入、产业引导、科技扶持、教育培训等措施，适时调并“空心村”与“空心户”，促进乡村现代化。离开城乡协调发展，没有农村现代化，解决不好农民安居乐业问题，城镇化的基础不可能稳固。

二、建立大中小城市协调发展的多层次城镇体系

我国国土辽阔，人口众多，要使大多数人入住城镇，必须大、中、小城市协调发展，形成多层次紧密配合的城镇体系。当全国人口达到15亿人时，按70%的城镇化比率测算，全国城镇需要容纳10亿多人。为吸纳如此大量的城镇人口，从全国范围看，需要有以下5个层次的城镇体系彼此配合。一是跨省区的全国性大都市圈，二是省区首府城市群，三是地级区域中心城市，四是县级城市，五是城镇。这样5个层次相互连接、协调发展的城镇体系，　能够为全国人口的合理分布、生产力的合理布局提供理想载体。

当前，地级区域中心城市的发展，成为比较突出的热点，这种情况有可能持续较长一段时间。为了引导这类城市面向未来、顺利发展，需要依据区位环境和历史条件，给区域中心城市定位、定向、预测规模，特别要注意保护城郊绿色空间，尽量扩大绿地，留下发展余地，避免一些大城市出现过的“摊大饼”现象。

我国大陆地区现有各类建制镇接近2万个，容纳2亿多人口，平均规模小，很分散，不利于建设高效的市政公用设施，也不利于发展经济、聚集人口。因而必须突出重点，大力发展重点小城镇，首先集中力量把目前已经入选的5千多个重点镇建设好。只有这样才能使几亿农民就近移居城镇，为农村现代化提供更广阔空间与土地资源，同时缓解大城市的扩容压力。这将成为我国城镇化道路的显著特色之一。

三、充分发挥城镇群的支撑覆盖作用

由于历史原因、改革开放初期政策倾斜因素以及经济基础与地理优势等方面的共同作用，较早形成了以珠三角、长三角、京津冀等三大都市圈为中心，以东北高铁沿线、山东半岛、浙东与福建沿海等城市密集区为羽翼的东部沿海城镇连绵带。紧随其后，以郑州为中心的中原地区、以武汉为中心的华中地区、以长沙为中心的长珠潭地区、以西安为中心的关中地区、以重庆成都为中心的成渝地区，也迅速崛起，形成我国中西部核心城镇群。此外，以桂林南宁为中心的广西中部地区、以贵阳为中心的黔中地区、以昆明为中心的滇中地区、以兰州西宁为主轴的黄河上游一线、从武威到嘉峪关的河西走廊、以乌鲁木齐为中心北疆地区、以库尔勒为中心南疆地区、以拉萨日喀则林芝为主线的雅鲁藏布江西段地区，都已开始快慢不等地发育自己的城镇群体。

上述城镇群体相毗连，构成了完整覆盖我国大陆的城镇连绵网络。大力推动城镇连绵网络协调发展，形成整体合力，是顺利实施城镇化战略的关键。应当看到，现实情况是，由于受到行政区划的束缚制约，连接沟通大都市圈与城镇密集区的基础设施比较薄弱。在商业政策层面，个别地区甚至分割市场，自成一体，以邻为壑，实行地方保护主义。这些都人为地增加了城镇发展成本，降低了城

镇运行效率，削弱了城镇群体合力。只有从政策倾向与设施建设两个方面同时着力加以改善，我国的城镇连绵网络才能更加充分地发挥积极作用。

四、加速城镇化须注重发展第三产业

近代城市化发展，以产业革命、技术创新为主要推动力。当前迅速发展的电子网络技术、生物基因技术、纳米技术等，正在酝酿新的产业革命。规划城镇发展方向，当然需要密切关注技术创新动向，努力抓住机遇，争站产业高地。但在物质生产力已经达到很高水平的全球经济发展新阶段，整体发展潜力最大的已经或正在转变为第三产业，特别是以金融服务业、现代物流与交通运输业，以网络技术为支撑的信息服务业以及为其服务的研发、交流、培训、中介活动等为中心的高级现代服务业。

近20年来，我国城市在第二产业迅速发展的同时，门类众多的第三产业也获得了迅速发展。事实上，在制订城市发展战略时，许多城市都已经根据产业结构演进规律，提出了按三、二、一顺序调整产业结构的发展方针。上海、北京、广州等一批大城市，第三产业无论就业人数还是产值结构，都已接近或超过60%。但就多数城市来说，由于我国仍处于工业化发展的中期阶段，工业化仍在迅速发展中，大部分城市产业结构，第二产业仍占主导地位。在今后的城镇化加速进行过程中，这种第三产业发展滞后的状况急需改变。只有第三产业占比大幅度上升，我国城镇吸纳就业人口的能力才能增强。

五、现代化城镇建设要注意保持历史文化特色

我国民族众多，历史悠久，许多城镇具有几百年甚至上千年的建城史。丰厚的历史文化积淀，古城、古镇、古建筑、古街道、古代壁画、雕塑、石刻、石雕、古代园林，寺院塔林乃至古墓群等，无一不折射着当时的哲学思想，凝聚着当时经济社会与文化的精华，闪烁着当时人民的智慧。在历史长河中，它们与现代城市融为一体，构成现代城市发展的基础。特别是广大中西部地区，众多少数民族聚居，各民族的文化、音乐、舞蹈、曲艺、绘画、服饰、饮食、宗教信仰、民风民俗等丰富多彩，各具特色，不仅构成城镇的地方特色和民族传统，而且有利于弘扬民族精神，启迪现代城镇发展。

在现代化城镇建设中，需要走富有地方与民族特色的城镇化之路。要继承珍贵的历史文化传统，对重要的古迹遗存加强保护，对特色的文化要大力发掘，用以创城市品牌，树城市独特形象，使城市的现代化建设与传统文化，与地方、民族特色紧密融合起来。这样的城镇，能够充分体现中国文化传统的魅力，自然也就会成为全人类的宝贵财富。

（作者：中国城市科学研究会原秘书长、现常务理事。 本文原载《中国投资》2012年第7期）

城镇化投融资重点选择

刘慧勇

直辖市扩容，省地县首府扩容；大中小城市扩容，集镇扩容，甚至有些招人办厂的村也要城镇化；东部沿海城镇扩容，中西部城镇扩容。无论从哪个角度看，城镇化都在突飞猛进。这表明，我国

正处在全方位加速城镇化的过程中。本文从这种客观态势出发，简析我国城镇化的投融资重点选择问题。

一、重点务必集中，政策需要宽松

类似于大中小学教育存在着一般与重点的区分，城镇化进程也有一般与重点之间的关系，需要妥善处理。正确处理全方位城镇化态势下的一般与重点之间的关系，以下两点十分重要。一是投融资重点务必集中，二是一般政策引导需要宽松。两方面相辅相成，缺一不可。

普通教育机会，必须人人都给。与此同理，对于渴望发展自己的各个城镇，都不能挫伤他们的积极性，需要普遍给予宽松政策。至于在统一的宽松政策下，有的发展快，有的发展慢，还可能有的落后失败，那不是政策宽松的错，而是由成败者们各自的客观条件与主观因素决定，没什么可抱怨的。如果政策不宽松，则会有很多人不满意。

对高材生，值得给予重点教育。与此同理，有限的投融资资源，只能重点给予发展潜力大、被普遍看好的城市。选择重点，当然要适当集中。重点太多肯定不行，理由除了上述的投融资资源有限之外，更主要的是过多则难免看不准，摆不平，增大资源浪费的概率。

二、地级以上城市，大多可做重点

既要看准，又要摆平，全方位城镇化态势下的投融资重点，可以考虑选择地级以上城市。这里说的地级城市，特指地级市的首府。地级市是指行政地位相当于地区的市，属于地级行政区，为我国大陆第二级地方行政单位。包括4个直辖市和15个副省级城市在内，目前我国已有288个地级以上城市。

农村人外出务工，开始的时候多数都会选择离家不太远的地方。因而，城镇聚集人口的潜力，与其周边现有多少农业人口紧密相关。作为地级市的首府和地区的政治经济文化中心，以本行政区内的全体城乡居民为依托，地级城市绝大多数都具有相当大的扩容潜力。除了资源趋于枯竭且气候不佳的极个别城市可能难以进一步扩容，95%以上的地级城市都具备可持续发展条件。因此，把地级以上城市作为城镇化投融资的重点，切实支持其建设与发展，投资风险不大，融资安全度较高。

三、重中之重百万人口以上大城市

在地级以上城市中，百万人口以上大城市，是重中之重。城市人口上百万，规模效益与吸纳就业优势就会充分显现。与此同时，市内交通、水与空气质量、垃圾处理等问题，也都凸现出来。解决这些问题，最好积极改善，不宜消极控制。实践表明，消极控制只能逐渐积累问题，日益恶化城市环境，不能减弱大城市对人口的吸引力。这种吸引力，似乎与城市人口数量成正比，而脏乱差产生的排斥力不够大。因而，只有积极改善城市环境，才是合规律、顺人心的可行之路。

百万人口以上大城市的投融资重点领域，在交通、供水供气供电、文教卫生、园林绿地与防灾等市政设施建设。在大城市中，由于这类设施能够被充分利用，因而其投资的社会效益与财务效益较高。通过改善市政设施，优化城市环境，使大城市更宜居，吸纳更多的人定居大城市，必然相应减少广大农村和众多中小城镇的总人口，从而使整个国土的生态环境变得更容易治理。大城市工作紧张，生活节奏快，年轻人往往觉得带孩子是很重的负担。因而国际经验表明，与平面分散居住相比，住行立体化的大城市，不仅更省地、更节能，而且有助于抑制人口增长。

四、中西部大城市应为重中之特重

我国百万人口以上大城市，多数分布在东部沿海400公里内贯穿南北气候较为湿润的长条地带，中部次之，西部很少。从全球各大陆的人口与城市分布情况看，这是一种普遍现象，明显表现出人类对宜居环境和便利交通条件的追求。因此，东部大城市发展的客观条件良好，相对而言比较容易扩容。就经济发展水平与财力条件而言，中西部城市的发展，在总体上要比东部城市相对困难些。

但为了实现全国各地区之间的均衡发展，尽量缩小东中西部差距，加快发展中西部百万人口以上大城市，显然又是非常必要的。只有大城市较快发展了，繁荣了，才能对地区内的居民和外来人口产生吸引力，并给周围中小城镇增添活力，为整个中西部地区的城镇化提供强有力的支撑。

为实现上述战略目的，在把百万人口以上大城市作为城镇化投融资重中之重的情况下，国家应将中西部大城市列为重中之特重，给予更多的实际支持。譬如，在审批市政债发行试点时，不要忽视中西部城市，尤其是西部大城市。相反，应当高度重视中西部大城市的市政债发行试点工作，认真选择一两个城市作为代表，精心组织设计，系统总结经验，积极进行推广。

（本文原载《中国投资》2012年第7期）

推进生态文明的城市化

杨伟民

最近，推进城市化又成为社会热门话题。但是，推进城市化，究竟做什么，到底怎么做，思想尚不统一，认识五花八门。我以为，应该把推进城市化的思想和行动统一到党的十八大和刚刚闭幕的中央经济工作会议的精神上来，其中最重要的是把握好以下4个问题。

把提高城市化质量作为推进城市化的首要任务

中国城市化面临的最主要问题是什么，有的认为是城市化滞后，若“滞后”指的是市镇人口占全国人口比重即城市化率低，可能要深入分析了。20年前或10年前这样说是可以的，因为那时对农民工进城是不鼓励，甚至是限制的。现在，对农民工进城就业已经基本没有限制和歧视了。按照目前城镇人口统计口径，提高城市化率主要靠农民工及其家庭成员支撑。2011年以农民工为主体的外来人口对城市化率的贡献率已经高达85%，也就是说，城市化率提高1个百分点，其中农民工的贡献率是0.85个百分点。这种情况下，若再简单地说城市化滞后，把推进城市化的工作重点引导到提高城市化率上，不就是增加进城农民工数量吗？我不是反对农民工进城，但农民工进城数量的增加，主要取决于经济发展状况，取决于城镇就业岗位的容量，农民工进城就业是一个自然过程，用不着政府去积极推动。

所以，当前城市化面临的主要问题不在于城市化率这一数量指标有多滞后，而是城市化质量不高，表现在4个方面：

一是人口，农民工没有市民化，实质的城市化率并不高。按照现行统计口径，我国城市化率已经突破了50%，但若扣除2亿左右农民工及其家庭成员，我国实质的城市化率只有36%左右。这2亿多人仍处于“半城市化”状态，没有享受或没有完整享受城市居民应有的国民教育、医疗卫生、文化、社会保险、最低生活保障、社会救助、住房保障等公共服务以及选举权、被选举权等市民权利。显然，实现农民工市民化，使已经被统计为城镇人口的农民工及其家庭成员真正在城市定居落户，不会提高城市化率，提高的是城市化质量。

*二是布局，按照行政区布局城市化，带来严重的资源环境问题。*许多城市超出其资源环境承载能力盲目扩大城市规模，增加经济总量，扩充城市功能，使全国大跨度调水、输电、输气、治污的压力越来越大。特别是水资源及其带来的问题尤为严重，全国657座城市中，有400多座城市缺水，110座城市严重缺水，许多城市不得不靠超采地下水维持城市正常生产生活，而超采地下水带来地面沉降面积不断扩大。全国累计地面沉降量超过200毫米的面积有7.9万平方公里，这样的城市有50个左右。不仅是水资源，土地、能源、环境、生态都面临极大压力，一些城市已近其资源环境承载能力的物理极限。

*三是形态，许多城市形成环城空间形态，加剧了"城市病"。*就城镇的总体来看，城市化形态呈现"两头大、中间小"，即特大城市和小城镇占地和人口增长快，而中小城市发展不足，前者主要是通过行政权力的优势实现的，后者是"乡改镇"等行政区划变动实现的。就单个城市来看，"摊大饼"式的城市扩张，直接带来或加剧了以交通拥堵、房价过高、污染加重、生态空间不足为主要特征的"城市病"。由于摊大饼导致城市绿色空间越来越少，渗水蓄水补充地下水的空间越来越小，遇到大雨就形成"水淹城"的情景越来越多。

*四是用地，"土地城市化"蔓延，城市化呈现分散化和低密度化倾向。*众多城镇在原有城镇的周边不断建设城市（镇）新区，开发新的房地产项目。而这些新区或新的房地产小区，作为城市的功能都不完善，使出行量增多，加重交通负荷。1981—2008年，全国城市建成区人口密度由每平方公里1.9万人下降到1万人，特别是新世纪提出城镇化战略后，人口密度由2000年的1.7万人快速下降到2008年的1万人。工业化与城市化布局不协调，城市工业用地与居住用地比例严重失调，如法国大巴黎地区和日本3大都市圈，工业用地与居住用地的比例是1：5—1：6，我国绝大多数城市化地区是1：1.2—1.3，有的城市是0.5或0.6：1。这可以在一定程度上解释我国的高房价，工业用地多，价格低，城市居住用地少，价格高。

显然，若不考虑农民工市民化、不改善城市化布局和形态，仍是笼而统之地要求提高城市化水平，会使农民工问题积累的社会矛盾增多，患病城市的病情会加重，今后付出的代价会加大。所以，相对于追求统计意义上的城市化率，提高城市化质量对中国当前经济发展、社会进步、生态文明，更重要，更必要，更迫切。就是在这样的背景下，党的十八大改变了十七大关于"城镇人口比重明显增加"的目标，代之以"城镇化质量明显提高"的新要求。刚刚闭幕的中央经济工作会议提出2013年的6大任务之一是积极稳妥推进城镇化，着力提高城镇化质量，要求围绕提高城镇化质量积极引导城镇化健康发展，要求把有序推进农业转移人口市民化作为重要任务着实抓好。这些，都是提高城市化质量的内容，没有一句是提高城市化数量的。对此，要统一认识，抓紧落实，赶快行动，行动越早，代价越小。

把主体功能区布局作为推进城市化的空间依据

党的十七大要求到2020年基本形成主体功能区布局，党的十八大不仅重申了这一目标要求，而且把加快实施主体功能区战略，推动各地区严格按照主体功能定位发展，构建科学合理的城市化格局、农业发展格局、生态安全格局等作为大力推进生态文明建设的一个大战略，提升到新高度。

从现在起到2020年只有8年时间了，可我们的国土空间是什么状态呢？我们的各地域、各层级行政区的地域空间内，到处都有工业区、产业园区，但形成产业链和规模经济的少；到处都有新的房地产项目，各个城市都要建设城市新区，但城市功能完善、有集聚人口功效的少。由于到处都在工业化、城市化，到处都有人，到处都有钢铁、石化，所以到处都要建污水处理厂、垃圾填埋场，到处都要拉电网，铺管道，到处都要建轨道交通、高速公路。但今后可能面临的尴尬是，我们没有空间了，没有地方建了，老百姓不让建了，环境事件频发了。

所以，推进城市化优化，在空间布局上，不能另搞一套，必须按照党的十八大的明确要求，根据《全国主体功能区规划》构建“两横三纵”的城市化空间格局。即以陆桥通道、沿长江通道为两条横轴，以沿海、京哈京广、包昆通道为3条纵轴，以轴线上的国家优化开发和重点开发的城市化地区为主要支撑，使这些城市化地区绝大部分人口、经济和就业岗位。这样，才能实现生产空间集约高效、生活空间宜居适度、生态空间山清水秀，才能给自然留下更多修复空间，给农业留下更多良田，才能把更多空间还给水，还给树，还给草，还给大熊猫、东北虎、金丝猴，才能给我们的子孙后代留下天蓝、地绿、水净的美好家园。

把城市群作为推进城市化的主体形态

把城市群作为推进城市化的主体形态与把主体功能区布局作为推进城市化的空间依据是一致的。“十一五”规划纲要明确提出，要把城市群作为推进城市化的主体形态。这是全国人大批准规划，具有法律效力，要坚持，不能变来变去。提出城市群作为主体形态是针对“十一五”之前的重点发展小城镇、严格控制大城市规模的方针提出的。从全国来看，大中小城市和小城镇都要发展，不考虑城市化布局和当地资源环境承载能力，不考虑区域经济和产业布局，单纯要求重点发展小城镇或重点发展大城市都是片面的。城市群就是创造就业、集聚经济和人口的城镇密集区。城市群由于是多中心的，可以防止城市功能过于集中一个超大城市带来的“城市病”；由于又是在一定地域空间相对集中的，可以有效降低发展成本，避免分散型、蔓延式城市化带来的土地浪费，有利于保护土地、生态环境，提高基础设施共享程度。20世纪80年代以来，世界城市化发展的趋势是城市群增长明显，在全球城市体系中扮演着十分重要的角色。

推进城市化，要顺势而为、因势利导，不能逆历史和世界潮流，不能用特殊性否定一般性，不能用国情否定规律。但城市群作为我国推进城市化的主体形态，也不要泛化，城市群是有空间范围和尺度的，不能无限扩大空间尺度。我们有些地方规划的城市群，把行政区范围的城市和建制镇统统捏合成一个或几个城市群是不妥的，在实践中是有害的。当然，这与我们自己把区域规划搞乱了、搞滥了也有很大关系。区域规划不是随便划定一个区域就可以编制的，不是一个行政区一申请就应该编制的，不是缩小了范围的经济社会发展规划。真正的区域规划应该是一个经济区的规划，是解决跨行政区问题为主要目的规划，是空间性规划，是有约束力的规划。

把生态文明理念和原则全面融入城市化全过程

党的十八大把生态文明建设放在突出地位，纳入社会主义现代化建设总体布局，要求把生态文明建设融入经济建设、政治建设、文化建设、社会建设各方面和全过程，努力建设美丽中国，实现中华民族永续发展。这一重大战略部署首先和最应该在推进城市化中加以贯彻落实。

把生态文明的理念全面融入城市化全过程，就是要在推进城市化生态文明的理念过程中树立尊重自然、顺应自然、保护自然的理念，要再少一点“人定胜天”，多一点“顺其自然”。生态是一个严密的系统，是一个整体性的自然，人、水、山、土地、森林等是一个生命共同体。若破坏了山，砍光了林，也就破坏了土地，山上的水就会倾泻到河里，土地就会淤积在河床上，水就变成了洪水，山就变成了秃山。一个周期后，水也不会再来了，一切生命都不会再光顾了。我们说水是农业的命脉，是国民经济的命脉，但我们更应该知道，水的命脉在山，山的命脉在土，土的命脉在林。

推进城市化，仅仅是做到尽可能减少对耕地占用是不够的，更要尽可能减少对自然生态系统的干扰、损害、破坏。生态文明与工业文明的区别在于，生态文明不是事后治理，而是源头防止，不是出了问题再来补救，而是破坏自然的事情根本就不做。从源头上，生态不文明，或人类不想要或力图减少的东西有：碳、污染物、垃圾、洪水、地质灾害、地面沉降、沙尘暴、水土流失、沙漠化、荒漠化、生物物种减少等。这些，如果我们不做，可能就不会产生，如果做得对，程度就会减弱。比如，减少碳排放，减少能源消耗，就要减少物和人的运输量，减少大跨度调水、送电、运煤、输油；减少污染物，就要减少资源消耗量；减少垃圾量，就要减少过度包装，减少浪费、过度消费，增加产品、建筑物和基础设施的使用寿命；减少洪水，减少径流量，减少地质灾害，就要减少水泥的面积，减少劈山开路、筑坡盖房；减少地面沉降，就要减少地下水超采；减少沙尘暴，减少水土流失，减少沙漠化荒漠化，就要减少对山体森林湿地湖泊草原河流的占用，减少开发强度等等。

把生态文明的理念全面融入城市化全过程，应根据不同的空间尺度，把握最主要的原则。

第一，在最大尺度的空间，如全国，最应该把握的主要原则就是空间均衡，实现城市化的合理布局。在适合人居的地方布局城市化，就能从根本上减少对自然的伤害。如果人口集聚、生产集中，生产与消费尽可能在同一空间，就可以从源头上减少运输量，也就会减少污染物和碳排放，也就是将适合树、草、水和其他动物的空间留给了它们，就会减少径流量和洪水，减少沙尘暴、水土流失、沙漠化荒漠化等。同时，就是相对减少不宜人居地方的人口。否则，让很多人分散居住在不宜人居的地方，在那些山势险峻、沟谷深切、岩层软弱的地方建设城镇，必然要开山修路，切坡建房，排放废水，堆载废渣，就会不断地引发地质灾害，年复一年地防灾减灾，灾后重建，道路年复一年地修了垮，垮了修，带来大量资源消耗和污染物排放。

第二，在很大的空间尺度，如长三角地区，京津冀地区，最应该把握的主要原则就是承载能力。根据水资源、土地资源、环境容量控制经济规模、人口规模、产业结构。从源头上减少大跨度调水、输电、运煤的压力，减少运输量，减轻环境负担，使当地的自然能化解污染物，使当地的水量能消耗掉污水。如果控制在水的承载能力范围内，就会减轻开采地下水的压力，减少地面沉降的面积，不用去治理地面沉降，就会减少能源资源消耗，减少污染物。

第三，在较大空间尺度，如北京及其周边地区，最应该把握的主要原则就是控制开发强度。在城市化地区必须保留必要的生态空间和农田等，给水留下空间，给地下水留下补充的水源。我国许多特大城市及其周边地区，开发强度过高，缺少森林、湿地，更没有湖泊等存水蓄水的地方，“盛水的盆”越来越小，宝贵的雨水无法留住。林木茂盛地区、城市公园、绿地的径流系数为0.1-0.2，即降水量的80%-90%无需地下排水系统，地表径流量的只占降水量的10%左右。每公顷森林能蓄水640-680吨，1600公顷的森林就相当于建设了一个百万立方米的水库。城市硬化地区径流系数则为0.8-0.9，80%-90%的降雨要靠排水系统排走。如果在特大城市周边地区能形成较大空间尺度的森林，不是一颗颗孤立的树，就会减少洪水径流量，补充地下水，恢复河流生命，减轻地下水超采压力，减少地面沉降面积。

第四，在较小空间尺度，如北京、上海的主城区，最应该把握的主要原则就是主体功能。城市内部也要按照主体功能区的思想进行布局。把一个城市空间划分出若干功能单一的功能区，如CBD、居住区、购物区、科技城市、大学城、休闲区、文化区等，是一种过时的规划思路。按照生态文明原则，除了高污染的工业区，一个城市只要区分主体功能就可以了。划分主体功能，实行混和用地，让工作地与居住地尽可能近，减少出行量，就会减少交通量，减少能源消耗和碳排放。当然，调整空间结构，城市内部还有很多可以按照生态文明理念改进的方面。现在很多城市调整空间结构的做法是给汽车行使和停车腾出更多空间，挤占了自行车、步行和绿色空间，这是生态不文明的做法。很多城市声称要建设绿色建筑、低碳建筑，这是必要的，但更重要的是绿色建设，按照生态文明的理念规划设计城市的水、交通、能源、防洪排水、污水、垃圾处理等系统，减少水泥化的工程措施，减少对自然生态和文化自然遗产的干扰。新建筑要绿色，老建筑如何披上绿色，而不是一拆了之，要知道，建筑是“石头的史书”，房子拆光了，城市的历史也就消失了等等。

（作者：中共中央财经领导小组办公室副主任　。本文原载《中国投资》2013年第1期）

让城市群承载城镇化

肖金成

城镇化的本质含义就是将进城务工经商的农民转化为真正的城市居民，不仅为工业化提供人力资源，而且将不断扩大市场需求，为经济增长提供新的动力。中国的城镇化战略就是把农业转移人口也就是农民工市民化，实现城市常住人口基本公共服务均等化，而城市群是城镇化的主要载体。

城镇化的本质是农民进城

城镇化战略在中国确实形成了共识，但是对城镇化的认识分歧却很大，我认为城市化的本质或者说城镇化的本质就是农民进城。

城市化的本义，就是农村人口转移到城市和城镇的过程，不管转移到城市，还是转移到城镇，由在农村从事农业改变为在城市和城镇从事二三产业，不管是叫城市化还是叫城镇化，表述的都是这样一个过程。城市化水平用城镇化率来表示，城市化率就是城市人口占总人口的比重，当然这个城市人口也包括建制镇和小城镇的人口。

学者们更关注的是如何提高城市化水平的问题，因为我们发现中国的城市化水平或城市化率是比较低的，而世界的平均城市化水平高于中国的城镇化水平。从2009年的统计指标来看，我们的城市化水平是46.68%，而全世界平均的水平是50%，很显然我国城镇化的水平低于全世界的平均水平，而且还低得不少，全世界每年城市化水平的提高是0.5个百分点左右，我也把多年的资料收集测算了一下，实际上是0.44个百分点。

当然我国的城镇化水平从近几年来看提高得很快，每年一个百分点还要多一点。但是，即使达到全世界平均水平，我们城镇化水平是不是合适呢？实际上我觉得还是很低的，因为什么呢？从一二三产业结构来看，我们的第一次产业或者农业占GDP的比重10%多一点，到“十二五”末，我们一次产业的比重很可能还要降低，低到10%以下。那么50%的农村人口，只有10%的GDP，可见我国城乡的差距是很难缩小的，当然大家说农村也有富裕的户、富裕的人，但实实在在地说，多数人仅处于温饱状态，10%的GDP怎么能使50%的人口富裕起来，这是非常困难的。

缩小城乡差距，统筹城乡发展，就必须提高城镇化水平，必须大大减少农村的人口，增加城市和城镇的人口，这是城乡统筹的大问题，所以在“十二五”规划的建议里面就有这么一段话：要统筹城乡发展，积极稳妥推进城镇化，把城镇化和城乡发展联系起来。城镇化是解决三农问题的钥匙。不通过农村人口的转移，不大大降低农村地区的人口，增加城市和城镇的人口，中国的三农问题就很难解决，中国的城乡差距问题也很难解决。要缩小城乡的差距，要解决三农问题，必须大幅度减少农村人口。

我们预测，至2030年，城镇化水平将要提高到70%，未来将有3亿人进入城市和城镇，相当于美国的总人口，对中国来讲无疑是巨大的挑战，也是难得的机遇，但是我们现在在高呼城镇化的同时，却抬高了农民进城的门槛。我们提出城市规划和建设，要注重以人为本，节地节能、生态环保，安全实用、突出特色，强化规划的约束力，加强城市公共设施建设，提高城市的承载力，预防和治理城市病。我毫不怀疑，我们的城市规划借助电脑技术可以把世界最美丽的城市搬到中国来，但这恰恰提高了城镇化的门槛，使农民很难进入到城市，我们说城市建设，是要加强城市的基础设施建设，提高城市对人口的吸纳能力和承载能力，这才是城市建设的本质，我们不是说搞得越漂亮越好，为什么城市的房价那么高？我觉得这和我们把城市建设提高到一个不可思议的水平上有关，我们知道，我们还有几亿人要转移到城市，我们现在还不到住花园洋房的阶段，而且我认为以后花园洋房要建到农村去，而不是建到城市来。

城市群是城镇化的主要载体

我认为农民工是城镇化的主体，城市群是城镇化的主要载体。“十二五”规划中提出走有中国特色的城镇化道路，即以大城市为依托，以中小城市为重点，逐步形成辐射作用大的城市群，促进大中小城市和小城镇协调发展，科学规划城市群内各城市功能定位和产业布局，缓解特大城市的压力，强化中小城市产业功能，增强小城镇公共服务和居住功能，推进大中小城市一体化建设和网络化发展。

所谓城市群，即在一个特定地域内，分布有若干规模不等、类型各异的城市，其中有一到几个特大城市，依托便利的交通条件，城市间的经济联系越来越密切，成为一个功能互补的具有一体化趋势的城市综合体。在城市群范围内，原来单独的城市和另外的城市形成了互补关系，大城市的功能不断升级，给小城市和小城镇带来了机遇。小城市和小城镇在城市群范围内，区位劣势在弱化，而成本优势在强化。原来说小城市之所以发展缓慢，因为有区位劣势，产业和人口集聚不了。在城市群中，由于交通条件的改善，区位劣势就不存在了。小城市和小城镇，各种要素成本都很低，比如零部件产业就可以在小城镇和小城市得到发展。长三角城市群、珠三角城市群中有很多小城镇集聚了很多产业，和城市群有非常密切的关系。另外，在城市群里大中小城市和小城镇能够协调发展，而且基础设施能够共享共用。

根据城市群的定义，一个地区是否形成了城市群，需具备3个条件，第一个条件是一定要有大都市，没有大都市，都是中小城市，各自的辐射半径就很小，城市和城市之间的联系就没有那么强;第二个条件，要有一定的城市数量;第三个条件，城市之间的联系十分密切，功能能够互补。

根据我们的研究，中国已经形成了10大城市群，即长三角城市群、珠三角城市群、京津冀城市群、辽中南城市群、山东半岛城市群、海峡西岸城市群、长江中游城市群、中原城市群、川渝城市群和关中城市群。根据2009年的统计数据，10大城市群的面积占全国国土面积的11%，承载人口是39.24%，GDP占全国的比重将近2/3。从这些数据，可以得出两个结论：一是城市群是中国经济的重要支柱，10大城市群就是中国经济的10大支柱。二是区域之间的差距还很大。城市群内占全国1/3的人口享有2/3的GDP，另外2/3的人口却只有1/3的GDP，这就是区域差距，未来要缩小区域差距，怎么办呢?有两个途径：一个途径是城市群内的产业向城市群外转移，转移出来1/3；另外一个途径，城市群之外的人口转移到城市群中1/3。实际情况可能是产业向城市群之外转移，人口向城市群之内转移，不可能仅是单向流动。从难易程度来看，人口向城市群内转移成本比较低，现在很多城市群内的城市和城镇产业发展的空间还很大。

10大城市群之一或者说中国最大的城市群是长三角城市群，将来要用高铁联系起来，城市群内各城市的人口集聚能力还很强，比如南通等沿海城市现在人口还很少，再增加1倍的人口是没有问题的。珠三角城市群城市最密集，人口也非常密集，加上流动人口，有将近8000万，户籍人口3000万，农民工四五千万。京津冀城市群除了北京和天津人口很多，其他城市的人口并不是很多，未来有很大的增长潜力。长江中游城市群，只有武汉一市独大，其他城市人口都不到100万，我认为潜力很大，因为这里物产丰富、水资源丰富，交通也很发达。海峡西岸城市群，福州城市规模较大，其他城市规模都不大，漳州、泉州、莆田发展条件也很好，发展潜力也很大。

未来还会形成6大城市群，即：湘东城市群、江淮城市群、北部湾城市群、吉林中部城市群、黑龙江西南部城市群、新疆天山北坡城市群。原来大家只听说过长株潭城市群，实际上这3个城市离得很近，我觉得这3个城市实际上是一个城市的3个组团，它的发展会带动周边城市的发展，如益阳、衡阳、岳阳、娄底和常德，还有江西的萍乡，形成以长株潭为核心的湘东城市群。以合肥为中心的江淮城市群，包括芜湖、马鞍山、池州、铜陵、安庆、滁州、蚌埠、淮南、六安等10个城市。以长春、吉林为中心的吉中城市群，以哈尔滨为中心的黑龙江西南部城市群、以南宁为中心的北部湾城市群、以乌鲁木齐为中心的天山北坡城市群，均已有了城市群的雏形，但是中心城市规模和实力还不够大，和周边城市的联系还不是很强。像长沙、合肥、长春、哈尔滨、南宁、乌鲁木齐，近年来发展非常快，随着辐射半径的扩大，和周边城市的联系不断加强，城市群就能够形成。

中国由于人口众多，适宜人类生存发展的国土空间并不大，绝大多数人集中生活在东部平原地区，所以，中国的城市群不仅数量多，而且规模大。根据我们的预测，中国将形成若干世界级城市群。现在长三角已经提出要打造世界级城市群，珠三角也提出要打造世界级城市群。未来，京津冀和山东半岛两大城市群将融合为一体，毫无疑问也会形成世界级城市群。中原城市群、长江中游城市群和湘东城市群也会融合为一体，辽中南城市群、吉林中部城市群和黑龙江西南部城市群也会融合为一体，成为世界级城市群。这些世界级城市群将矗立在世界的东方，和北美、欧洲、日本的世界级城市群遥相辉映。

（作者：国家发改委国土开发与地区经济研究所副所长。本文原载《中国投资》2013年第1期）

推动城镇化和农业现代化相互协调发展

2013年7月9日　陈锡文

从1979年到2012年的34年中，我国城镇化建设取得巨大成就，城镇化率从17.9%提高到52.6%，平均每年提高1个百分点以上；城镇常住人口增加了5.3亿人以上，可以说，我国推动了人类历史上规模最大的城镇化。随着城镇化水平的提高，大量农村劳动力向二三产业转移，农民的收入渠道不断拓展。2012年，我国农民人均纯收入7917元，其中43.6%来自于工资性收入。与此同时，大量农民外出务工经商，为农业逐步推进适度规模经营、转变农业发展方式、提高农业现代化水平创造了条件。

在城镇化水平快速提高的同时，我国农业发展也取得了世人瞩目的成就，初步走出了一条具有中国特色的农业现代化道路。我国的耕地面积占全球的比重不到9%，人口约占全世界的19%，年产粮食约占全球粮食产量的22%。从这几个数据来看，我国有较高的土地产出水平，居民的整体消费水平也高于全球平均水平，这是我国农业创造的奇迹。

同时也要看到，城镇化对粮食和其他重要农产品的供求关系提出了新的挑战。城镇居民的口粮消费低于农村居民，但其他农产品的消费明显高于农村居民，其中新鲜蔬菜高出28%、食用植物油高出24%、肉类高出51%、家禽高出136%、禽蛋高出87%、水产品高出两倍以上。非粮食食品的增长，需要占用耕地或增加粮食的转化。城镇化必须以粮食和其他重要农产品有效供给的增长为基础。新中国成立以来曾经出现过的两次“逆城市化”现象，都与农业凋敝、不能供给足够的食品直接相关。

2003—2012年，我国粮食总产量从8614亿斤增加到11791亿斤，年度产量提高了3177亿斤，增产幅度不可谓不高，增产量不可谓不大。但总的来看，农产品的增长速度还赶不上需求的增长速度。近年来，我国粮食进口快速增加，2012年进口了7233万吨（其中谷物和谷物粉1398万吨、大豆5838万吨），相当于国内粮食总产量的12%左右。我国每年对大豆的总需求已经超过7000万吨，2012年国内只生产了1320万吨，对外依存度已经超过80%。世界大豆年产量为2.5亿吨左右，能够用于国际贸易出口的不超过1亿吨，差不多有60%运到中国了。据有关专家测算，按我国粮食等主要农产品的生产水平计，目前进口的农产品相当于在境外使用了6亿亩以上的农作物播种面积。这相当于我国自身农作物播种面积的25%左右。如按耕地的产出水平计，我国主要农产品的供求缺口约为20%左右。

大豆大量进口对我国农产品市场影响深刻。目前，国内大豆价格实际上由国际市场决定，国际市场大豆价格涨了，国内的食用植物油价格、豆粕价格、饲料价格都要涨，肉禽蛋奶这些畜产品价格也随之上涨。2008年以来我国食用植物油和畜产品价格波动加大，很大程度上是国际大豆价格上涨的结果。

加快我国现代农业的建设步伐是全面建成小康社会决定性阶段的重大战略任务。要贯彻落实党的十八大关于推动城镇化和农业现代化相互协调的要求，坚持工业反哺农业、城市支持农村和多予少取放活方针，加大强农惠农富农政策力度，增强农业综合生产能力，确保国家粮食安全和重要农产品有效供给。

（本文原载《中国党政干部论坛》2013年6期 http://www.aisixiang.com/data/65527.html ）

城镇化战略思考

刘慧勇

李克强总理近来一再强调城镇化的重要性，要求做好城镇化的整体规划，牵住了现阶段我国社会经济发展的牛鼻子，体现出高度的战略眼光。从战略层面思考城镇化，首先需要搞清楚最基本的问题：为什么要大力推进城镇化？

端正出发点：善待外来人

如果问到推进城镇化的原因，很多人可能回答说：城镇化拉动内需，能够有力地促进经济增长。在实际工作中，地方政府确实也把城镇化作为“保增长”的首要措施。上述想法和作法不能说没有道理，但仔细分析，就会发现其中包含一定的认识偏差，容易导致政策失误，滋长城市化的消极方面，降低城镇生活质量。

其实，从根本上说，当前我国需要加速推进城镇化的真正原因，不是主观上要拉动内需、促进增长，而是客观形势使然。城镇化是吸纳农村转移人口，实现农业现代化的必然趋势和唯一选择。如果不能大量增加城镇就业机会，将众多的农村外出青年转化为市民，则很难从根本上改变农村的落后面貌，民心不易安定，社会不易和谐，国土环境也难以得到有效的综合治理。说白了，犹如怀胎十月要分娩，我国实际上已经到了非加速推进城镇化不可的阶段。

回顾1956年中共八大以来的社会经济发展历程，不难看到，我国的城镇化进程不仅多次遭受政治运动冲击，而且持续受到政策束缚和户籍制度阻碍，在很长时期里没有得到应有的发展，农村劳动力与农村人口长期处于严重过剩状态。改革开放冲破一些束缚，显著加快了城镇化进程，但由于时间较短，历史欠账并未完全补清。目前53%的城镇化比率明显偏低，6.5亿的农村人口，显然还是太多，凭靠人均3亩耕地，肯定无法整体步入小康。

因此，推进城镇化的根本出发点，是转移农村人口，逐步让大部分农民进城工作与生活。只有端正出发点，深刻认识城镇化的根本目的是吸纳农民进城，才能真情对待进城农民工，善待外来人。善待外来人，处理好市民与外地人之间的关系，决非小事，更不是空话，而是避免西方发达国家早期城镇化弊端、保障城镇化健康发展的头等大事，需要出台一系列政策法规套餐，才能得到落实。

这就是说，城镇化绝不单是人口的迁徙与集聚，必然伴随社会福利制度和人群之间关系的深刻变革。加速推进城镇化需要在就业机会、劳动报酬、子女教育、住房保障、社会保险与户籍管理等方面，系统调整相关的政策法规，使外来人能够获得与市民相同的待遇。

用全局的、历史的观点看问题，不难理解，市民并非天生，外来人是城市发展的巨大推动力。因而，善待外来人，并不伤害市民利益。相反，排斥外来人，妨碍城市发展，反而不利于市民。同处一城之内，有人贫病交加，有人流落街头，甚至传染病频发，其他人的生活质量无疑要打折扣。只有将进入城市的外来人当作本城人看，充分考虑并尽可能满足他们的需求，城市的整体规划才能更有远见，城市设施的建设标准才能提到应有的高度，整个城市的生活水准，才不至于因外来人的所谓“干扰”而下降。

找准支撑点：平等促就业

既然吸纳农村剩余劳动力是城镇化的真正出发点，那么，合乎逻辑的推论必然为：城镇化的最大支撑点，是增加城镇就业机会。按30年后全国14亿人口与90%城镇化率粗略估算，未来将增加5.6亿城镇人口，相应需要增加2.8亿个就业岗位。创造出这一数量的就业机会，城镇化就能顺利实现；否则，城镇化就将遇到障碍。对此，必须保持清醒的认识。

未来30年，年均增加900万个城镇就业机会，其中绝大部分提供给已经出生于农村或即将进城出生的祖籍农村青年。这既是压力，又是动力。其实，今后几十年内，中国的经济增长速度，要在全世界独领风骚，其内在潜力，正蕴藏于此。这一经济增长效应，或许可以称之为：城乡人口转移红利。

那么，如此大量的城镇就业机会，主要来自哪里呢？是世界市场日益增长的需求，还是国内需求的增长？分析我国进出口差额的增长空间，无疑主要是后者。能够带来大量就业机会的国内需求，主要来自城镇还是农村，是一产、二产还是三产？由于农村人口减少、城镇人口增多，未来国内需求的增长，无疑主要来自城镇。尽管城镇就业岗位大量增加，但由于全国人口总量趋于稳定，经济增长的实际效果，必然是提高人均消费水平，特别是服务性消费。

这就意味着，包括房租、教育、科研、医疗、保健、交通、通讯、文化、娱乐、旅游和家政服务等在内的第三产业增加值，必然快速增长，城镇新增就业机会主要依赖第三产业提供。科技进步导致劳动生产率大幅度提高，第二产业增人有限，以农业为主的我国第一产业就业人数，无疑将趋于下降。

增加第三与第二产业就业，让更多农村人口转变为市民，需要全国城市更充分地开放劳动力市场，给予外来人平等的就业机会，并逐渐实现同工同酬。这是城镇化进程中最难推行，但又必须逐步实行的战略性措施。其实，采取平等的就业政策，对外来人和现有市民都有利。实践表明，外来人越多，城市越繁荣，对商品与各种服务的需求越大，就业机会也就相应增加。

在工资待遇方面，也表现出类似效应。人均工资收入较高的城市，对外地人吸引力大，经济发展快，消费水平高。反过来，消费高，需求大，拉动经济增长，增加就业机会，提高工资水平，形成良性循环。与中小城市相比，大城市尤其是特大城市的人均收入水平高，发展速度快，其原因可能就在这里。至于城市扩大带来的交通堵塞、空气污染、房价房租过高等，属于另一类问题，与就业政策无关，需要通过另外的途径解决。

抓住关键点：公交需超前

近年来我国大城市交通堵塞、空气污染与房价房租过高等问题日益严重，原因众多而且复杂，肯定需要进行综合治理。但各种问题不是平列的，而是有主有次，相互关联，抓住其中关键点，就可事半功倍。至于哪些是关键点，可能仁者见仁智者见智。笔者认为，大城市公交体系犹如人的血循环系统，关联性极强，与市区空气污染、房价房租过高等问题相比，解决交通堵塞问题更为关键。

如果能够很好地解决公交问题，通过超前规划快速轨道公交线，充分利用远郊不宜耕土地，建设低密度住宅与商务区，形成放射状疏密相间的城市空间布局，那么，就可以在明显缓解交通堵塞的同时，减轻市区空气污染，增加接近小产权房价格的商品房供给，从而使大城市中心区的高房价和高房租现象，与广大中低收入者脱钩，局限为高附加值企业和高收入人群的小范围问题。

以首都北京为例，如果能够超前规划，向四面八方修建时速240公里的放射状快速轨道交通线，形成半径80公里20分钟直通四环、三环和二环地铁环线的卫星城清洁交通圈，充分利用房山、门头沟、昌平、延庆、怀柔、密云和平谷等远郊区县的不宜耕土地建设住宅与商务区，就可较少占用良田，形成城乡交融、绿色菜地融入市区、城际铁路架空通过的低密度城市空间布局。

以快速轨道交通做骨架的上述城市空间布局，便于同时满足高收入与中低收入两部分人的居住需求。五环之内，不必乘坐20分钟的快速轨道交通，每天能够节省40-60分钟，房租与房价高一些，合乎情理。收入高、财力充足的人们，没有必要为省钱而浪费自己的宝贵时间，应当购买或者租赁五环内的高价房屋。收入不高、财力不足的人们，可用时间换金钱，花20分钟跳到六环外居住，购买或者租赁建在远郊不宜耕土地上的小产权价商品房。

说到底，上述构想是以钢轨与电能，交换良田和新鲜空气。至于住到远郊的中低收入者们消耗的交通时间，乘客自己是不必细算的，因为如果大家都挤住在五环内，交通拥堵耗费的时间或许更长。但市政府应该为他们精打细算，规定城铁公司必须恰当调动运力，合理安排车次，改善运输条件，保证人人有座，让人们能够在飞驰的列车上，舒心阅读,静心思考。

攻克两难点：公债与农田

实现上述构想，存在两大难点。一是建设快速轨道交通线的资金来源，二是城市近郊的农田保护。不克服第一个难点，缺少快速交通工具，无法优化城市空间布局。不克服第二个难点，允许近郊区政府改变耕地用途，向房地产开发商拍卖农田，近郊良田得不到保护，远郊不宜耕土地不能充分利用，城乡交融格局无法形成。

克服第一个难点的最便捷途径，是修改现行《预算法》第28条，允许城市政府发行市政债。大城市快速轨道交通线的服务质量要高，但票价不能高，中低收入人群必须能够负担得起。这就产生一个问题，客票总收入低于快速轨道交通线建设与运营成本的差额，怎么弥补?

从整个城市的角度分析，上述差额完全可以用快速轨道交通线产生的间接经济效益弥补。事实上，快速轨道交通线带来的远郊站点周边不宜耕土地升值、因商务活动增加产生的财政税收等项间接经济效益，通常远远超过客票收入直接收益。但从具体操作层面看，快速轨道交通线远郊站点周边土地升值的间接经济效益如何收取，怎样才能将其用来补偿快速轨道交通线的建设与运营成本，则是非常复杂的实际问题。

实践中解决这个问题主要有两种方法。一种方法是将一部分相关土地划拨给快速轨道交通线建设公司，用于融资抵押，日后以变现的土地款偿还建设负债。另一种方法是由城市财政统筹解决，财政筹资建设城市轨道交通设施，由此产生的包括土地增值收入在内的间接经济效益统归财政。两种方法各有利弊。在城市财力有限而法律又禁止城市政府发债的情况下，只能采用前一种方法。但该方法包含的环节多，并非总能行得通。为了更顺利地推进城镇化，建设美丽中国，最高立法机关人民代表大会应当修改现行《预算法》，放行市政债，消除限制城市建设融资的人为障碍。

克服第二个难点的最有效途径，是立法严格土地用途管理，提高城市规划的科学性和严肃性。土地用途变更，涉及国家根本，影响空间利用，关系重大，不能完全由土地占有者任意决定。具体到每个城市，土地用途变更，决定城市空间布局，显著影响城市风貌，有涉灾害防范与空气质量，关系每个市民的切身利益，更不可任由土地占用者决定，而是需要全部纳入城市规划，严加管理。

在城区扩大过程中，原有的近郊农田，如改作建设用地，必然身价百倍。无论对占地农民还是对乡镇和市区政府来说，这都是巨大诱惑，稍有不慎，就可能走向歧途，毁灭良田，减少绿色，破坏城市环境。随着城镇化进程加快，这个问题日益突出，急需通过立法进一步提升城市规划的科学性和严肃性。城市规划必须集中专家，反复论证，慎重制定，一经城市代表大会审议通过，对纳入规划的每块土地的用途，都不得轻易变更。

预见转折点：评估需指南

目前我国按常住人口计算的城镇化率已经达到53%，距离90%理想水平还差37个百分点。37等于53的70%，在全国人口增长已经接近峰值的情况下，城镇化比率升幅约等于城镇总人口升幅。这就是说，城镇常住总人口再增加70%，我国就将基本完成城镇化进程。即使城镇数量不增加，如果有些大城市的未来人口增长幅度超过70%，那就需要相当多的中小城镇人口增长幅度较小，甚至会使某些城镇的人口不增反降。

因此，尽管全国城镇化进程的转折点还在30年之后，但对某些城镇而言，人口数量由升而降的转折点，可能几年后就会出现。少数城镇出现人口外流迹象，未必是当地政府的工作没有做好，更大的可能性是客观条件使然。影响城镇人口增减的客观因素，主要有周边人口数量、资源开发利用状况、自然气候条件、地理交通位置以及由以上因素决定的产业发展情况等。如果气候条件不好，周边人口数量少，赖以生存的主要资源又趋于枯竭，人口外流就是一种客观趋势。

我国有句古语：识时务者为俊杰。在全国城镇化高速推进的大潮中，如果有城镇政府官员，能够及时觉察自己参与管理的城镇缺少进一步发展的客观条件，预见转折点难以避免要到来，因而顺应形势，加强义务教育，培养和鼓励本地青年人外出升学与就业，那他就是最有远见、最合格的父母官。

但头脑这样清醒、同时又敢于作为的政府官员，未必很多。为避免盲目扩大发展潜力已经不大的城镇，减少城镇化过程中的资源浪费，国家有关部门需要考虑编制一部城镇发展潜力评价与评估指南，用于指导城镇政府对自己城镇的发展潜力作出自我评价，并为金融机构审核城镇基础设施建设项目融资申请，提供可行性评估参考方法。

（作者：中国投资协会投资咨询专业委员会会长。原载《中国投资》2013年第5期）

六、地方债有人赞许有人忧

10万亿元地方债风险几何

——从政府工作报告看地方债风险处理

2012年3月8日 新华社

新华社北京3月8日电（记者刘诗平、赵晓辉、齐中熙、赵炜伟）近年来，随着地方政府性债务规模不断扩大，地方政府融资平台风险问题引起国内外广泛关注。今年是地方债偿还高峰期，巨额地方债有着怎样的风险？政府如何化解潜在的风险？代表委员结合政府工作报告中的内容进行了剖析。

偿债高峰期挑战

审计署公布的数据显示，截至2010年底，除54个县级政府没有政府性债务外，全国省、市、县三级地方政府性债务余额共10.71万亿元。其中，51.15%是2008年及以前年度举借和用于续建2008年以前开工项目的。

“从审计结果可以看出，过去地方政府债务的透明度明显太低，大量的隐性负债一直没有及时揭示。”全国政协委员、财政部财科所所长贾康说，此次审计，大致理清了地方债这本账，让人们基本心中有数。

地方债余额中，政府负有偿还责任的债务6.71万亿元，政府负有担保责任的或有债务2.33万亿元，政府可能承担一定救助责任的其他相关债务1.67万亿元。

2012年是地方债偿还的高峰期。审计结果显示，10.7万亿元地方债余额中，2012年到期偿还的占到17.17%。据此估算，2012年需要到期偿付的金额约在1.84万亿元。

地方债的债务率过高，偿债高峰期来临。“如果处理不当，这些问题会导致政府债务危机，扭曲金融和财政信号，这是我们必须认真正视和加以解决的。”全国政协委员刘雅琴说。

地方债风险可控

“政府工作报告指出，‘目前，我国政府性债务水平是可控的、安全的’，这确实有数据可以支撑。”全国政协委员、中国工商银行行长杨凯生说。

他进一步分析说，全国地方债余额10.7万亿元，加上目前中央财政发行的国债余额约6.8万亿元，两者相加占我国GDP的43%左右。与此同时，近五六年来，我国财政收入年复合增长率超过22%，这两个数字显示政府偿债能力比较充分。

杨凯生说，地方债中部分资金投资的公司、项目自身产生现金流，收入足以偿还债务，不需要地方政府偿债。就工行来说，平台贷款项目自身产生的现金流收入100%可以覆盖债务的，占该行对地方政府融资贷款的90.4%。

全国政协委员、中国国际金融公司董事长李剑阁表示，中国地方债与西方一些发达经济体政府债务有很大不同。中国地方举债用途多为基础设施建设，而非主要用于经常性开支。地方政府融资平台债务绝大部分有合格抵押品或现金流支持，同时银行拨备覆盖率高，因此对中国经济影响有限。

全国政协委员、银监会主席助理阎庆民说，银监会近年来对地方政府融资平台贷款的风险高度重视。这包括：全面提高对存量平台贷款的现金流覆盖程度和抵质押有效性，全面完善平台贷款审批与管理机制，全面健全了平台贷款的数据统计和监测制度，参与制定地方政府性债务管理政策，全面推动了地方政府性债务管理政策的持续完善。

“经过一年多的清查整改，平台贷款风险已得到初步控制，目前基本化解了2011年内到期贷款违约风险。”阎庆民说。

多举措防范风险

全国人大代表、民建中央副主席辜胜阻认为，地方负债虽然总体未超过地方政府的偿债能力，但在土地财政收入缩水、保障房建设又添新债的背景下，短期还本付息压力依然较大。

他建议，在面临2012年首个还款高峰期时，依法管理地方融资平台，使地方政府债务完全可控；地方政府通过压缩财政支出、盘活国有资产存量、优化还款方式等途径化解到期债务。

对此，政府工作报告就加强地方政府性债务管理和风险防范作了部署：按照分类管理、区别对待、逐步化解的原则，继续妥善处理存量债务，落实偿债责任。进一步清理规范地方政府融资平台公司；坚决禁止各级政府以各种形式违规担保、承诺。

同时，把短期应对措施和长期制度建设结合起来，严格控制地方政府新增债务，把地方政府债务收支分类纳入预算管理。

对于如何从根本上化解地方债务的症结，贾康认为，必须在制度创新中以规范的阳光融资，替代、置换“融资平台”等隐性负债机制，发行地方债是个重要渠道。

政府工作报告指出，今年中央将代发地方债2500亿元。这一规模较近几年中央每年代发的2000亿元地方债力度有所增加。

2009年至2011年，中央每年代发地方债均为2000亿元。在国务院特批下，去年浙江、上海、广东、深圳四地进行自主发债试点。

贾康认为，2012年，在地方债发行规模继续扩大的情况下，应增加试点地区的数量。

“鉴于多数地方政府已经突破预算法收支平衡的原则，负债经营成为既定事实，建议尽快修订预算法，允许地方政府在规定条件和合理规模下发行地方债券，这样可以将地方政府的‘隐性债务’转换为‘公开债务’，纳入地方财政预算，硬化地方政府负债的约束。”全国政协委员欧成中说。

客观认识和评价地方政府融资平台的作用

吴亚平

一、准确认识融资平台债务与地方政府债务的关系

（一）融资平台债务公司不等于地方政府债务

尽管目前地方政府融资平台公司巨额的债务规模蕴含着潜在的财政风险和金融风险，但我们也应客观地认识到，地方政府融资平台公司债务不等于就是地方政府债务，二者存在相当大的差别，总体上说，地方政府对融资平台应承担还款责任的债务规模大大低于融资平台公司的总债务规模。

首先，实践中纯粹意义上的地方政府“二传手”性质的融资平台公司并不多见，地方政府融资平台公司除了充当政府的“二传手”、承担政府指令性建设项目的融资任务外，一般还投资建设一些政府指令性任务之外的、属于自营性质的项目。这部分自营性质的项目贷款显然仅属于融资平台公司自身债务且需要公司依靠自身经营性收入偿还，与地方政府债务无关（当然，地方政府对融资平台公司的这部分债务也应切实加强监管）。根据审计署的统计，在地方政府融资平台的49711亿元债务余额中，政府既不负有偿还责任的债务也不负有担保责任的债务为10192亿元，占20.5%。

其次，现阶段地方政府的投资范围不限于纯公益性项目，还包括大量的有一定经营性收入的基础设施项目，如土地开发、收费公路、供水、供热、污水处理、垃圾处理、轨道交通等项目。这些项目尽管也通过融资平台公司筹措建设资金，但基本上是有经营性收入作为还款保障的，相关债务不需要地方政府偿还，不直接形成地方政府债务。有的项目贷款甚至还不需要地方政府出具担保或还贷承诺，从而不构成地方政府的或有债务。

除上述两种情况外，地方政府负有偿还责任的融资平台公司债务只有31375亿元，占融资平台公司债务的63.1%。即使加上地方政府以一般财政预算收入、土地出让收入、专项资金/收费等方式为融资平台公司提供担保的或有债务或隐性债务，也只有39519亿元，占融资平台公司债务总额的79.5%。

（二）地方政府债务只有不到一半通过融资平台举借

目前，地方政府或其授权的举债主体不仅包括融资平台公司，还包括地方政府部门和机构、经费补助事业单位以及市政公用事业单位等，如地方公路管理局、高等院校甚至高中等。到2010年底这些各类举债主体的债务总额中，政府负有偿还责任的债务额为37110亿元，其中融资平台公司的债务为31375亿元，占46.8%。这就是说，地方政府的债务中只有不到一半是通过融资平台公司筹借的，超过一半是其他政府授权主体筹借的。

需要引起重视的是，一些媒体甚至研究机构并没有深入分析地方政府的债务构成情况，反而混淆视听，将地方政府融资平台公司债务简单地等同于地方政府债务，从而夸大了融资平台债务规模，比如将一些政府机构或事业单位（如学校、医院）自身的贷款视同融资平台公司贷款，甚至将一些地方政府（包括国资部门）所属的、已实现了一般公司管理、市场化运营的国有投资控股类公司甚至国有

工程建设类公司贷款也一并列为地方政府融资平台贷款。这显然是不对的。

二、不宜过分夸大融资平台公司债务风险

（一）现行体制下地方政府的机动财力很大

实践中，即使地方政府需要承担偿还融资平台债务的责任，但也不一定会意味着地方政府不具备还贷能力从而凸显财政风险。截至2010年底，我国省、市、县三级地方政府负有偿还责任的债务率（负有偿还责任的债务余额与地方政府综合财力的比率）为52.25%，加上地方政府负有担保责任的或有债务，债务率为70.45%。实际上，在现行财政体制和土地制度下，地方政府除纳入一般预算收入的财力外，还有大量的土地出让收入、行政事业性收费以及国有资本经营和转让收入等机动财力，地方政府真实的还贷能力要比一般财力大得多，而且可调控的余地是非常大的。以地方政府预算外收入为例，“十五”时期总额达到19737亿元，相当于地方财政收入总额的37.1%；进入“十一五”以来，尽管地方预算外收入增速趋缓，但每年总额一直保持在5000多亿元，前4年合计达到22862亿元，相当于同期地方财政收入的22.2%。（见表3）如果按照“十二五”时期平均每年预算外收入6000亿元计，则约占2010年底地方政府负有偿还责任的债务总额的8.9%，占融资平台公司债务中地方政府负有偿还责任的债务的19.1%。

即使融资平台的债务出现短期还贷资金缺口问题，从中长期看，随着地方经济持续增长和财力不断增强，潜在风险的可控余地是非常大的。

（二）当前商业银行的债务风险“防火墙”足够强大

更进一步说，即使部分地方政府无力偿还融资平台公司贷款，也不意味着金融风险有多大。从有关银行对融资平台的资产状况看，总体上还是相当好，且银行自身“防火墙”的作用也比较大。以建设银行为例，根据建行“2010年度业绩报告发布会”相关资料，截至2010年底，建行的地方融资平台贷款余额为5400亿元，其中65%是现金流全覆盖，不到10%是现金流基本覆盖，抵质押物充足，约3%为现金流半覆盖，抵质押物充足，风险敞口部分主要是地市级以上的政府平台，不良贷款仅为20多亿元。总体而言，建行的地方政府融资平台贷款的资产质量好于公司类贷款，拨备覆盖率达到256%，也高于全行的贷款总体拨备率221.14%。以国家开发银行为例，截至2010年底，开行按银监会口径计算 的融资平台贷款余额为21808亿元，占同期全行人民币贷款余额35725亿元的61%，但不良贷款额仅96亿元，不良贷款率为0.44%，较同期全行不良贷款率低0.24个百分点。贷款分类定性为全覆盖的占91.2%，基本覆盖占7.9%，半覆盖占0.6%，无覆盖占0.3%。2010年开行融资平台贷款拨备覆盖率达500%，可以确保覆盖不同经济周期可能产生的风险。

总之，我们不仅不宜盲目夸大地方政府融资平台的债务风险，在地方政府机动财力和金融机构拨备的双重“防火墙”保护下，更不应将融资平台债务夸大成为蕴含重大财政风险和金融风险甚至影响经济持续、健康发展的重大安全隐患。

三、正确认识融资平台的积极作用

实践中，一些地方政府融资平台公司确实存在不少问题，如与地方政府责权利关系不明确、法人治理结构不完善、缺乏必要的规制、债务信息缺乏透明度、融资来源过于依赖银行贷款、地方政府违规作出还贷承诺或变相提供担保等。针对这些问题，切实按照《国务院关于加强地方政府融资平台公司管理有关问题的通知》（国发〔2010〕19号）的要求进行清理整顿，包括对融资平台公司进行清理规范、坚决制止地方政府违规担保承诺行为等，是完全必要的。但我们认为，搭建政府融资平台公司属于现行财政体制下地方政府投融资体制机制的重大创新，对于加快基础设施建设和推动我国城镇化发展进程具有重要作用，我们要充分肯定融资平台的积极意义。

（一）融资平台的产生和发展本身属于政府投融资体制机制创新

长期以来，由于我国投融资体制和财政体制改革滞后，尤其是受“预算法”和“担保法”的双重制约，地方政府投融资机制不健全，融资来源渠道单一。特别是与发达国家的地方政府相比，缺乏相对稳定的外部融资来源。而地方政府融资平台搭建了地方政府融资需求和金融市场资金供给之间的桥梁枢纽，开辟了地方政府新的融资渠道，为地方政府融通了金融市场中“富余”资金，在相当程度上满足了地方经济建设尤其是基础设施和民生工程建设的资金需求缺口，从而为地方政府更好地履行公共服务职能发挥了重要作用。

（二）有效抑制地方政府其他变相负债融资渠道

在长期以来地方政府财权事权划分不尽合理、地方政府承担的事权尤其是公共服务类事权相对过多、基础设施建设任务十分沉重的情况下，地方政府即使不设立融资平台公司，在巨大的投资资金缺口的驱动下，很可能会通过其他变通的融资方式筹集相关事权范围内项目的建设资金。我国真正意义上的地方政府融资平台，产生于1998年，当年国家开发银行与安徽芜湖市政府指定融资平台签订了第一单城市基础设施项目贷款。但实际上，根据国家审计局的统计，截至1996年底，全国所有省级政府、392个市级政府中的353个（占90.1%）和2779个县级政府中的2405个（占86.5%）都举借了债务。这些债务显然都是地方政府通过其他渠道和方式筹措的。融资平台公司创立后，地方政府更多地以融资平台公司为依托筹措建设资金，而使得其他一些变通、隐性甚至非法的融资方式得到相当程度的抑制。

（三）有利于推动准公益性和经营性政府投资项目的市场化运作

从国际经验看，发达国家地方政府的外部融资方式主要包括两种，一是以美国为主的市政债券融资方式，另一种是以日本和德国为主的银行贷款融资方式。但这两种方式均基本构成地方政府的直接负债，且主要用于公益性建设项目。但与发达国家不同，我国目前（及今后相对长时期）地方政府还需要承担大量准公益性项目和经营性项目的投资建设任务。这些项目如果完全依赖政府直接举债融资建设，反而不利于其今后的企业化改革和市场化运作。实际上，近年来很多地方政府融资平台公司通过投资建设准公益性或经营性项目发展成为相对独立的经济实体如投资控股性公司，并推动相关项目的市场化、企业化运作。

（四）有助于夯实地方经济的中长期发展基础

地方政府投融资，尤其是基础设施建设投融资数额与经济增长成正比关系。现代经济发展表明，在工业化阶段，基础设施不仅通过自身的发展推动经济增长，而且作为一种诱发性投资，可以将民间部门的生产潜力释放出来，进一步增加全社会的产出，使国民财富达到一个较高水平，这就是通常所说的投资“乘数效应”。世界银行在1994 年世界发展报告中指出，基础设施与经济产出是同步增长的，基础设施存量每增长1%，国内生产总值（GDP）就能增长1%，在使生产多样化、扩大贸易、减轻贫困等方面，基础设施建设起着重要作用，甚至决定着国家的兴衰成败。根据测算，基础设施投融资额中的30%−40%将直接转化为有效需求拉动经济增长，这一逻辑已成为世界各国制定经济发展政策的依据。

在我国，组建政府投融资平台公司的主要目的就在于加强基础设施投资。与一些西方发达国家政府“寅吃卯粮”的主要用于消费的债务性质完全不同，我国地方政府通过融资平台筹措的债务性资金主要用于工程项目建设，尤其是地方急需发展的市政设施、交通、水利、土地开发（收储）、环保等基础设施领域。其不仅有助于拉动即期地方经济的发展，更进一步夯实地方经济和社会发展的物质基础，对于促进地方经济的中长期发展具有重要的作用。

四、继续规范审慎地推进融资平台公司发展

考虑到“十二五”期间我国仍将处于城镇化、工业化快速发展阶段，地方政府尤其是相对落后的中西部地区仍需面对交通、环保、市政等基础设施和水利、保障性住房等民生领域的巨大投融资

需求，我们应按照“管理科学、责任明确、运作透明、监督有力、风险可控”的原则，继续规范审慎地推进地方政府融资平台发展。实践中，如果不能正确认识融资平台的债务及其风险和客观评判融资平台的积极意义，简单地实行“一刀切”的做法，过于限制甚至不允许对政府融资平台公司发放新的贷款，从而切断地方政府巨大投融资需求与资本市场之间的有机“接口”，是不可取的。

（作者单位：国家发改委投资研究所。本文原载《中国投资》2012年第6期）

城镇化呼唤市政债

刘慧勇

广义市政债，包括城市财政债券与市政公司债券，前者属于地方公债，后者属特种公司债。在城镇化大潮中，上述两种市政债，都有逐年增发的客观需求，也都有接受增发的市场容量。简言之，目前我国已经完全具备同时发展两类市政债的客观经济条件，所欠缺的主要是以立法机构为主的社会各界对市政债的共识以及只有形成共识才可能顺利出台的规范的法律法规。

一、城镇化进程中发行市政债的必要性与可能性

城镇化进程中发行市政债的必要性，犹如儿童成长过程中花费父母钱的必要性，类似水稻生长过程中浇灌适量水的必要性，同属事物由小到大阶段的一种客观需求。在城市快速建设阶段，市财政与市政公司的支出都大于其非负债收入，因而需要融资。市政公司完成投资进入运营阶段，收入大于支出，还本付息有来源。财政拨款修建广场、绿地、立交桥，虽然没有直接回报，但好的市政环境带来工商繁荣、税收增加、土地溢价，其实际收益可能更大。

这中间的经济学道理，无需费力深论。市场经济国家长期发行市政债的实践以及在《预算法》禁止地方发债情况下我国实际存在10多万亿元地方债未偿余额的客观现实，清楚表明：这是一种客观必然现象。能够解释这种现象，可以算作一种学说；不能解释这种现象，其背后的客观必要性也并不会因此而消失。

至于发行市政债的可能性，不是理论问题，纯属实践问题。因而，无需逻辑论证，准予尝试就行。具体到某一城市的市政债，究竟只能勉强发行出去，还是供不应求、十分热销，或者恰恰相反，无人问津？再高明的预测，事前都是参考；最后答案，须由市场作出。从我国现实情况看，如果准予发行，绝大多数城市的市政债，都将热销，不出半天，销售一空。

二、破解对市政债风险的种种担忧

任何事情，包括结婚生孩子，都存在风险，只是风险程度高低有别。古人生子比今人发债，风险高多了。但若祖先全都不肯冒险生育，肯定就不会有我们今天讨论市政债的机会。如此实话实说，是要明白无误地表述一个朴素的道理：该做的事风险再大也得做，当然在做的过程中要尽量减少风险。相信这句话，可添百倍勇，能排万种忧。

为了让担忧者心里更踏实，在大道理已明的前提下，再扼要剖析对市政债最为流行的3方面疑虑。一是纳税人担心地方官乱花钱，二是中央政府怕地方政府到期没钱还本付息，三是民众怕公债累积日多会给子孙后代留下过重负担。这些疑虑都是中国人特有的，从一侧面体现中国传统思想特色。

首先说纳税人怕地方官乱花钱。此类事，古今有，中外同，但目前并未严重到市政工程款51%进个人腰包的程度。只要发债筹资能够为民办事，即使办事过程中出现若干贪污浪费，也总比不办强。至于贪污浪费等于犯罪，那是另一码事，不该用罪恶绑架民生。如果收到贪污浪费款的人，钱积攒得多，无处用，拿来购买下期市政债，岂不是又增加了社会购债资金来源。在这种事情上，纳税人的心胸，一定要放开，从大处着眼，不与小人计较。大处在哪里？大处在体制。市政债发多了，审议公债用途、审核公债效果的民主制度，必将逐步健全。

再说中央政府怕地方政府没钱还本付息。在规范的市政债法律法规下，负债的责任主体明确，谁负债谁偿还，不牵涉上级政府，这种担心也是没有必要了。至于怕公债给子孙后代留下过重的负担，更是多虑。正如我们早已忘记60年前发行的建设公债一样，子孙后代肯定不会在意这点儿贬了值的负担。他们的平均月工资可能要达到几十万元，或许他们还会贪婪地抱怨：爷爷奶奶为什么没有用金边债券，堆满自己的房间。

三、立法规范化是防范与化解债务风险的最佳途径

股票市场，风云激荡，很多人巨亏，证券交易所依然正常运营，没有遭遇打砸风险。原因何在？原因是在“价格优先、时间优先”的交易规则面前，人人平等，自主决策，自担风险。债券市场也是一样，规范公平的立法，是确保债券市场安全有序运行的有力保障。

为使投资者遭受亏损也不抱怨他人，买卖债券，必须决策自主，风险自担。这个道理，世人皆知，十分浅显；此类法律，通行地球，毫不新鲜。只是具体应用到我国的市政债销售，才疑虑重重，忧民怕官；规范立法，难上加难，千呼万唤，刚刚挂边，踏上正轨，未知何年。这是一个很有趣的社会现象，从中可以窥见民智的开发程度和部分学者、主流媒体凸显中国特色的思维习惯。

在政府没有推出股市之前，这部分学者和主流媒体，曾长期宣传“资本乃万恶之源”。政府决定试办证券交易所，同样的学者与媒体，立即大赞股票发行与交易，并且一致归功于党和国家领导人的大智大勇与改革开放胸怀。照此思维惯例，当规范的市政债券法律法规出台后，同样的赞扬声，还会重起。若问为何变得这样快，必答“此一时彼一时也”。呼吁于前的，是过分超前；赞同于后的，晚了一步。只有他们，恰到好处，最善于拿捏时机。

规范的市政债法律法规，对市财政债券，需要在预算法和地方公债法内，明确赋予城市财政完全独立的责任主体地位，债券发行方案须提交本级人民代表大会审议通过，年度发行额与未偿余额均不得超过国家规定比率，在双控比率下自主发行，风险自担。对市政公司债，需要在公司法和企业债券法中，明确市政公债的特殊性质，在市政公司产品和服务遵循“保本、微利、高回报”定价原则并接受调价听证与审批的前提下，准予高比例发债，享受低资本率融资优惠。这是一种公平合理的配套安排，没有低资本率的融资优惠作为财务杠杆，无法做到运营总资产微利与资本高回报二者之间的协调统一，因而也就不可能实现消费者、投资者与债权人的三方共赢。

（本文原载《中国投资》2012年第7期）

公债非债 国债民财

刘慧勇

百多年来，发达国家走向发达的重要实践经验之一，是发展扩大社会信用，敢用公债，善用公债。不用公债，要想发达，缺乏先例，很少可能。对于近年沸沸扬扬的美债与欧债危机，不必过分看重，如同越野车遇上小水坑，水花四溅后还将远行。切不可看到水花溅湿行人，就消极地从中汲取教训，以致影响中国公债必要的、合理的运用。否则，别人的越野车就将永远奔驰在我们的前头。要使基础设施与人均收入逐渐接近欧美，需要对公债的效用与本质，加深认识。

一、公债与税收的效应比较

为办理公共事务、建设公共工程，税是政府要收的，也是公民应交的，但必须有度，税率不可太高，税率过高降低企业扩大再生产的能力，抑制个人消费。那么，量入为出，收多少税办多少事，是否可以呢？不能说这绝对不行，如果多数纳税人如此主张，也只能这样做。但可以肯定地说，这不是最佳思路，并非富民强国的有效途径。在税收之外，发些公债，多办一些包括中小学免书费、开校车，甚至观察宇宙、撞碎质子等在内的利民好事，能够更快富民强国。国际经验表明，这是公债的功效。

同样作为获取财政资金的手段，较之税收，公债的最大特点，是非强制、免公摊，付利息、用闲钱。其突出的社会效应，就在“用闲钱”。闲钱不用，是巨大的社会浪费。对社会甚至对人类来说，借闲钱，发展公益事业、支持科学探索的好处，有目共睹，不言自明。另一方面，对闲钱持有者，买公债、得利息，也会有人觉得于己有利；不然，他们不会用手中的闲钱买公债。

其实，公债带给闲钱持有者们的好处，不仅是公债利息。如果只算利息，债权人很可能得不偿失，因为纸币趋向贬值，世界各国莫不如此，绝非秘密。买公债对闲钱持有者们的更大好处，在于公债的运用，会使社会上的闲钱来源增多。闲钱来自何处？闲钱来源于社会经济活动。运用公债，活跃经济，增加闲钱来源，已在社会上处于闲钱获得者地位的闲钱持有者们，自然能够从中获得更多的闲钱，其数量远远超过公债的利息。因而，买债者大多有更多的钱再买公债。

由此可知，公债与税收，存在互补关系。税收是未来偿付公债的希望和保障，公债能够弥补眼下的税收不足。善用公债，可以避免税收的负效应，平衡使用、充分发挥社会的闲置财力。公债能够让死钱闲钱有用武之地，并越用越多，显然这是税收做不到的。

二、为什么说公债非债、国债民财？

这里需要申明两点。其一，这样讲是针对本币内债，不包括外币外债，本币内债通过市场交易被外国机构与个人购买持有的部分，用本币偿还，仍视为内债。其二，这是从公债一般属性讲的，即设定政府确实为公发债，暂不涉及可能因政府阶级性质与官员腐败等产生的公债用途不公问题（此类问题，越具体越复杂，还可能因政见不同而看法不一，只能与公债本性分开，另当别论）。

即使在上述约定下，经济理论界对公债的看法，还是长期存在截然相反的对立观点。作为亚当-斯密否定公债的先声，早在1750年大卫-休谟就曾说出一句强烈表达“公债亡国论”的名言：国家不消灭公债，公债必然消灭国家。面对公债余额扩大二百多年，负债国家非但未亡、反而率先发达的事实，已经没人再重复该名言了，但“发行公债如吸食鸦片”的替代说法，却还在流传。

（一）国债民财。为深刻认识公债本质，按先易后难顺序，先说国债民财。按上面约定的含义，讲国债民财，逻辑依据有二。其一，将社会主体划分为国与民双方，此方债务必为彼方债权，因而国债即民财。其二，依据债权债务恒等原理，增发国债必然等额增加民财。由此得出结论：依据公共需求增发国债，不仅可以满足相应的社会需要，同时还能为国民提供更多金融资产，起到富民效果。

俗语说：钱是人的胆。国民持有更多国债资产，平时情绪好，敢买车，敢买房，敢送子女上学堂，有助于繁荣经济，增加就业，推动科教，增强国力。战时胆气豪，遇灾少烦恼，有款捐，敢表态，救灾卫国债好卖。这不是顺口溜玩笑话，而是一些国家百多年来经历过的史实。上述民谚、逻辑与史实，可以互相参证。笔者据此肯定国债，曾与我国“公债鸦片论”者当面争辩说：发行公债如婴儿喝奶，虽然一旦喝上，就越喝越能喝，以致仅喝奶不够，还需吃肉，但天下母亲没有因此而拒绝给初生婴儿喂奶的。“公债鸦片论”与“公债牛奶论”，孰是孰非，发达国家的历史已经表明，我国的实践将进一步加以验证。

（二）公债非债。这是凯恩斯学派的说法，其第一层含义是说：内债中的债权债务关系，犹如“左右口袋成双对”。作为全民的共同债务，公债的最终负债人中包括公债持有人。如同原子中正负电中和、对外不显示电性一样，从整个民族与国家的角度看，国与民双方的债权与债务相抵，对外不显示债性。这一联系还直接决定偿债资金的来源随债增长，内债越多，付息还本越多，则购买新债的资金越多。因而，只要政府守信用，完全可以借新债还旧债，除非税收确有盈余，可以永远“以债还债不劳税”。这是公债非债的第二层含义。

其实，如果进一步考虑公债发行和运用必然产生的社会信用创造功效，则公债非债还有第三层含义：自我生长没有罪。这层意思是说：只要政府守信，按时付息还本，则非但无需动用财政税收偿还公债，社会上还将有越来越多的钱要购买公债，需要政府增加公债发行量，扩大公债规模，让国民更富有。从小细胞到大星系，都表现出自我生长现象，既然它们生长无罪，公债扩大也就没有罪，恰当运用还有功。从这个意义上说，公债本性实为国民功狗，至于能否被充分利用造福于民，则取决于国民观念、公债法规与政府决策。

三、对公债风险与忧虑的多角度释疑

既然公债非债、国债民财的逻辑含义如此清楚，社会功效如此显著，历史经验如此确实，那么，为什么直到今天世人还对公债看法不一，社会舆论时常对公债风险表示深深忧虑呢？仔细分析，主要有以下5方面原因。

（一）受私债影响，公债的特殊性质不易被人理解。同样作为社会信用，私债与公债确实具有很多共同点，因此二者的发展趋势大致相同，总量扩大的平均速度也差不太多。人们往往凭直觉理解事物，对公债私债不加细分，忽略公债与私债之间存在的性质差别。这种混同，在实践中恰恰导致人们对公债的忧虑甚于私债。由于私债分散，与纳税人无关，并且每一笔私债的数额与债权人毕竟很少，远不能与公债相比，因而不会像公债那样受到公众普遍持久的关注。其实，这种关注范围与程度之差，本身就反映出公债有别于私债的特殊性质。

（二）社会与经济领域的多数争论，都不易说服对方。例如无神论与有神论之争，至今尚未在全民中形成统一认识。对公债的争论，恐怕短时期内也难以取得一致看法。但发展趋势是明显的，早期经济学界抨击公债的名家多，且言辞激烈，越往现代，肯定公债的人越多。这主要不是理论说服的结果，而是来自公债规模扩大、功效显现的事实压力。可以预见，随着公债数量的进一步增加与社会功效的更多显现，否定公债之声，尽管不会彻底熄灭，但必然越来越小。

（三）公债危机个案，妨碍对公债本性的深入理解与充分运用。正如多种原因可能造成火车、汽车与飞机等现代交通工具发生意外交通事故一样，公债难免由于期限匹配欠佳、金融市场异常变化、法律法规存在缺陷以及监管层不当干预等类主客观原因，出现偿债危机。总地说，此类情况属于少数个案，本应具体情况具体分析，是什么问题就解决什么问题，但却往往被公债否定论者拿来作为公债本身存在风险的例证。

在公债危机个案的影响下，有关公债的法律法规与监管原则，往往是肯定和否定公债两种不同意见的折中产物，未能无保留支持公债按实际需求自主发行，即使在公债发行管制最宽松的国家，立法机构也规定公债余额的上限。而公债非债的第二层含义：以债还债不劳税，其成立的前提是允许公债依据实际需要自主发行。限制借新还旧的自主性，造成公债偿付危机，非但不检讨限制自主发行的不当，却反过来用于论证限制的必要，真正的问题就出在这里。

立法机构规定的公债余额上限，如果是绝对不变、不容再议的，即真限制公债借新还旧自主性，那问题就大了。如果所定上限可重议、能上调，只是将公债借新还旧的自主权保留在立法机构手里，不让与政府，那么就是可以理解的了。因为这样规定，虽然发债程序麻烦，但多一层审议，可以取信于民。经过立法机构辩论后再表决，最后结果通常也还是要提高公债上限，以满足实际需要。这是由立法机构决定公债上限的国家，直到目前还能实现公债非债第二层含义“以债还债不劳税”的原因。

（四）政府官员腐败，降低公债信誉。除了上述经济与法规方面的原因外，政治方面的原因，有时也会使公债发行受到质疑，其中不可忽视的一个问题，是政府官员腐败，滥用财政税收。官员腐败造成的恶劣影响是多方面的，仅从公债角度看，足可使人们普遍怀疑公债发行的公益性与必要性，知识界对此的质疑往往比普通市民强烈。这一在理论上与公债固有本质不相关的实际问题，最容易扭曲对公债本质的深层认识，极大降低公债信誉。为使公众对公债的使用放心，官员的廉洁和财政预决算的高度透明，显然不可缺少。

但问题的复杂性在于：有史以来官员廉洁是相对的，彻底消灭腐败绝非易事，如果等到腐败绝迹才开始发行公债，国家民族落后于人的时间就太长，距离太大了。两害相权取其轻，笔者倾向一心忍、两手抓：一方面明知存在腐败，明知代价高昂，也赞同为该建的公共工程与该办的公益事业发行公债，以换取哪怕打折的改善；另一方面热切盼望加大反腐力度，健全监督制度，能够使腐败官员绝大多数被绳之以法。

笔者对腐败现象所持的这种忍耐，不单出于对国家富强的盼望，同时还含有对腐败资金流向的渺视：逃不出如来佛手心。粗略估计，包括腐败者的各种挥霍在内，大部分腐败资金终究还是在国内转，被金融机构融通给各方面使用；少部分被转移出国门，被地球其他人使用，即使其中有几美元加入旅行者探测器，至今也还没有飞出太阳系。达观地看待这一切，就不会因噎废食，惧腐废债，错过发展时机，延缓修地铁、开校车、治江河、兴科教等利国利民好事。

（五）政局动荡使公债发行与评价陷入政治纠纷。在政局动荡的特殊时期里，公债发行更难获得一致支持，执政党要增发公债，在野党往往强烈反对。这无疑也是公债本性长期难以得到公认的一个很重要原因。

四、公债发行原则与我国当前需要利用公债的领域

基于对公债本质与作用的上述认识，站在人民

立场，为了国家富强，发行公债必须遵循的原则只有一条：依据公共需要。需要发行就发行，不必发行就不发行。在债券市场资金供给允许的限度内，需要发行多少，就发行多少，不必过多考虑其他限制指标。譬如，国际上通常讲的负债率指标等，都值得参考，但这类指标世界各国差别很大，而且还在变动中，因而不宜作为决定性判据。渴了就喝，困了要睡，实事求是，发不发行公债，发行多少公债，决定性的判据只有一个，即眼下有无公共需要。这是一元论，易于操作。如果指标过多，判据混杂，就会像喝水犹疑再三妨碍健康一样，不敢充分利用公债，有碍国家发展。本着上述原则，我国当前需要通过发行公债，加快以下领域发展。

（一）发行减税增补国债与地方公债。目前我国企业税负过重，不仅制约经济发展，而且妨碍合理进行初次分配，相当多的职工拿不到合理工资与住房补贴。1998年国务院决定全国实行房改，其中禁止单位向职工提供实物住房的关键替代政策，是给职工发放住房货币补贴。贯彻该决定十多年来，大致呈现3种情况。一是少数高薪行业，其职工购买商品房不成问题，买别墅者已占相当比例，货币房贴主要体现减税作用，不受重视。二是中等收入行业与公务员，能够拿到住房货币补贴，有些单位还不止一次集体购建房，职工可以从中得到出售或出租住房的额外收入。3是大量的低收入企业，无条件集体购建房，职工工资低，多数拿不到住房货币补贴。

上述的第三人群，租房难，买房更难，形成目前我国的城镇住房难题。为合理调节初次分配，使工资中包含马克思所说的劳动力再生产住房必要价值，有必要利用减税政策，促使低工资企业给自己的职工发放货币房贴，在缓解城镇住房难题的同时，减轻相关企业的税负，促进经济增长。因减税而减少的中央与地方财政收入，需要各级财政发行公债弥补。其中各城市的减税额，与本市所属企业增发的货币房贴成比例，应当公示，接受领取货币房贴的职工监督。由于减税增加房贴，会提高低薪阶层收入，受此拉动经济总量与税基将会扩大，税收的实际减少数量，或许并不很大。

（二）发行科技振兴国债。当今世界，科技进步神速，为避免扩大差距，我国需要大力加强科研。为此需要增加的科技投入，除一部分取自税收外，还可由中央财政大胆发行国债筹集，只要运用得好，应最大限度满足需要。其中可用一部分设立科研奖励基金，重奖作出突出贡献者，以便在青少年中激起对“数、理、化、天、地、生”的广泛爱好，从根本上提高中华民族的科学素质。国家未来的强弱，主要决定于人的素质和科技水平，对此朴素道理必须保持清醒认识。

（三）发行铁路建设国债。近年我国铁路建设遇到严重的资金困难。剖析造成这一问题的根本原因，既不是我国的铁路建多了，铁路运力大于客观需求，也不主要是铁道部官员贪腐所致，首要原因是铁路投资的巨大社会效益长期被无偿剥夺，没有在铁路财务效益中体现出来。即使不算铁路过去对国民经济发展作出的贡献，仅于现在进行资产估值，也绝不会真地资不抵债。如若不信，可以考虑如国有银行股改那样向外国战略投资者出售铁路股权，测试一下中国铁路网络究竟值不值钱。实际上，中国的铁路网早已大幅度溢价了，资产现价比其账面净值不知要高多少倍。

针对上述原因，对症下药，解决眼下铁路建设资金短缺的最佳办法，也就是最实事求是、最公平合理、最简便易行的办法，是发行铁路建设国债，补充铁路国有资本金。这部分新增资本金，除了用于确保铁路在建项目顺利施工和已批建设项目按计划开工外，还要有一部分用于铁路新线的可行性论证与勘察设计等前期工作，增加线路储备。目前我国的铁路新线储备严重不足，已经规划的12万公里大陆铁路网，“十二五”即将全部建成，以后的“十三五”“十四五”还延不延长全国铁路网，修不修建新的铁路线？铁路选线与勘察设计前期工作需要深入细致，不是短时间就能轻易完成的。如果铁路还要大发展，线路储备前期准备工作必须抓紧，该投入就要及时投入。一旦国家切实投入国债资金，债券投资与银行贷款就会踊跃跟进，这是金融市场的一大特点。

（四）财政部代发城市轨道交通建设地方公债。解决大城市交通问题，必须大力发展轨道交通。轨道交通产生的沿线房地产价格上升与商业税收增加等巨大社会经济效益，只能在城市财政的层次回收，乘客票价不该分担产生这部分社会经济效益的投资建设成本。按照投入产出对应原则，城市财政无疑应当理应承担轨道交通建设投资。但进一步考虑城市财政通过税收增加与地价上升实际获益的时间，是在轨道交通建成之后，而不是需要大量投资的建设过程中，处理这种时差的最佳办法就是发行公债。在我国《预算法》不允许地方政府发行公债的情况下，只能沿用现行的变通办法，由财政部代发。

（五）财政部代发公益校车地方公债。全世界绝大多数文明国家，都已经在中小学义务教育内容中，包含了开校车，其费用同其他各项义务教育一样，由地方财政出。为此需要发行的地方公债，目前也必须通过财政部代发。

通过发行公债筹集资金，加快上述领域的建设与发展，社会资金不但不会减少，反而还将大幅度增加，为其他领域的发展，提供更多的资金来源。

（本文原载《中国投资》2012年第9期）

善用债者盛 喜藏钱者衰

刘慧勇

自美国次贷引发全球金融危机以来，财经媒体近年议论最多的是债务危机。目前西半球仍然笼罩在欧债阴云之下，我国也有许多人为10万亿地方债担忧。去年出版的林茂昌译（英）约翰·兰彻斯特著《大债——全球债务危机：我们都是倒霉蛋！》，扰动人心，让人感觉有只无形大手，正悄悄触摸自己腰包，不知巨额债务究竟会把人类引向何方。

债务危机果真如此可怕吗？否！真正可怕的，是怕债心理与恐债舆论。

由于怕债，不善用债，政府对人民，往往欠长债。改革开放前，计划经济时，一味追求“既无内债又无外债”。其结果是：缩小社会信用，压抑公私金融，延缓经济发展，在居民住房、交通运输、城市供排水系统建设与养老保险等关系国计民生的各个方面，都留下长期欠账，整个国民经济，也到了崩溃边缘。

反观发达国家，哪一国不是债台高筑！现代社会，债台不高，信用规模小，金融欠活跃，该办的公益事业政府没钱办，就心安理得不去办，岂能不落后？反之，对于该办的公益事业（包括中小学开公益校车与全民医保等），没钱办发债也要办，这类国家和地区，其基础设施与人民生活，自然不会明显落后于人。

税不足，发公债，办实事，有何好处？第一项好处，是满足公共需求，改善人民生活，提升教育科技，从根本上增强国力。第二项好处，是健全社会保障，缩小贫富实际差距，譬如通过发行公债开公益校车，就可体现社会关爱，较少农村学童车祸，缩小青少年教育差距。第三项好处，是减轻企业与个人税负，给市场经济增添活力，反过来扩大税源。此外还有以下好处：让富人的闲钱有用处、能生息，激活潜在劳动，增加就业机会，并使富人的闲钱更多。

须知：债与钱，一物两面。债是他人钱，钱为他人债，债权债务恒等，债多即是钱多。少这面、缺那面，扩那面、大这面。只看一面，思维片面，合二为一，方才全面。对于钱和债，如能这样看两面，就不难明白：公债非债，国债民财。依据债权债务恒等原理，国债民财易于理解。至于曾有人将民财视为“笼中虎”，随时可能出来乱咬，对物价与国民经济构成巨大威胁的观点，因它已经过时，且又不否认国债与民财之间的对应关系，限于篇幅，这里就不详细剖析了。

较之“白马非马”，公债非债更加耐人寻味。一国之内，国民一体，父子一家。凯恩斯学派沿用梅伦“左右口袋成双对”的说法，认为公债不过是左口袋欠右口袋的钱，国内债务债权总相抵，对外不显债性（如含有电子与质子的氢原子对外不显电性一样）。这是公债非债的第一层含义。

公债非债第二层含义：以债还债不劳税。公债与赋税，同胞亲兄弟，犹如左右手，终生不离弃，偶然遇灾祸，彼此相周济。但二者并非连体儿，而是各具生命力，各有自己的新陈代谢与生存方式。公债生命力，是讲信用，按时支付本息，只要发行，就有投资者购买，不靠税收输血。公债生存方式，是借新债还旧债，自我更新，余额越滚越大。

公债非债第三层含义：天仙清偿人不累。为满足公益事业发展和人类整体避险对财政资金的双重需要，在移居火星前，各国不必匆忙通过课税清偿公债。当地球债越滚越大，民财堆积如山，科技突飞猛进，稳健移民火星后，由天上仙人居高处理公债清偿问题，为时不晚，人民不累！在此之前，看公债新旧翻滚，公益事业蒸蒸日上，愚公悠然自得，智叟何愁来哉！

当然，公债必须公用，而且用之得当，办好事，不办坏事。这是“公”字应有之意，无需赘述。在此前提下，完全可以按需发行公债。在地球阶段，暂不设公债发行上限，借新还旧，活力无边。待到火星阶段，人居九天，个个超凡脱俗、粪土金银，知恩图报，理应全额核销地球人的旧债。情理或许应该相反，地球人心更善，关爱远迁子孙，决定全额豁免火星人所欠新债。

总而言之，无论钱与债，均非关键问题真所在。君不见南美黄金满堂日，印加国王头方断！金山海运西班牙，物价飞涨工商乱。君不见丝茶出口白银窖，反遭英法洋枪炮。眼界窄、自视高，以为科技属末梢，重财重物不重人，黎民疾苦国运糟。以史为鉴须牢记，金砖不铸金刚罩。

穿越时空看金钱，货币相变五千年。贝壳金锭银元宝，铜钱纸钞磁卡片，近年电子成快钱，网上支付更方便。多质多姿一长卷，货币真象大展现。金不恋、银不恋，岂能真恋小纸片。大象无形真货币，无形方可疾如电。追寻货币真居所，债务关系人世间。离开人世何谈债，非债电波怎传钱？

在钱债一体两面的当今世界，要在包括科学教育在内的关键领域追赶发达国家，需要重温34年前邓小平语重心长的一句话：“宁肯欠债，也要加强。这也是开放，在这方面胆子要大一些，不会有大的失误”（《邓小平文选》第三卷第307页）。坚决贯彻这一战略思想，就不要受任何时候、任何地方债务危机的干扰，充分利用公债不动摇。无论中央还是地方政府，都应抛弃“眼看学童年年撞，痛心疾首，但却不许发债开校车”之类的矛盾作法，大胆按需发行公债，充分弥补税收缺口，尽快满足人民生活与国家发展的各种公共需求。

公债是当今世界各国加快走向发达的利器，谁不敢充分运用，谁就是自废武功。待到火星地球销债日，多死三千学童少得半百诺奖悔莫及！

（本文原载《经济学家茶座》总第60集 2013年6月出版）

审计署报告揭开中国地方债真实情况的一角

2013年6月18日　沈燕

在端午节放假期间，中国审计署低调公布了地方政府债务的审计结果。庞大的地方债一直被视为中国经济增长的高风险点，这次公布的抽查结果，虽未能完全拨开整体地方债情况的迷雾，但总算是用数据揭示出部分真相，同时亦传递出官方对相关风险的警示。

审计署此次审计了36个地方政府本级债务，其中16个地区债务率超过100%，突显部分地区地方政府债务过高的隐忧，以及一些地方政府盲目举债的情况。这是审计署上次公布2010年底地方政府债情况后，首次详细披露2011年以来债务的增长变化情况。

截至2012年底，抽查的36个地方政府本级政府性债务余额超过3.8万亿元人民币，较2010年底的3.4万亿增长近13%。专家们认为，该增幅低于上述地区两年来的经济增幅，预示中国整体地方债务风险可控，但不排除部分地区可能会爆发债务风险。而加快建立政府会计改革以及建立政府性债务确立标准则是当务之急。

“从国家层面看地方政府债务不会出现大问题，因很多债务都是以前累计形成的，新增加的规模不是很大，风险总体可控，但局部地区出现问题则不可避免。”中国着名经济学家邱晓华称。

中国国际经济交流中心研究员张永军也认为，此次审计署只抽查了36个地方政府本级债务，虽不是全国但也有一定代表性。从总的情况看，两年间地方政府债务的增长远低于这些地区GDP的增幅，整体风险应该是可控的。

从债务形成年度看，2010年及以前年度举借占53.93%；2011年占16.39%；2012年占29.68%。审计署同时警示在地方政策性债务管理中存在偿债压力大、借新还旧率高、变相融资突出等问题。去年有9个省会城市本级政府负有偿还责任的债务率超过100%。

地方政府债务规模之谜

事实上，外界对中国地方政府债务规模到底有多大的质疑声从未平息，即使在中国审计署公布了2010年底的数据为10.7万亿元后，仍有包括外资评级机构及官方等不断预估中国地方政府债务规模，“宁信其大不信其小”也屡屡使其成为外界看空中国经济的重要理由。

中国财政部财科所副所长刘尚希就指出，中国地方政府债务缺乏透明度，这与现行财政会计制度有关，因为不是全口径的债务管理，无论是从举债规模到资金使用等等都不透明，也导致中国地方政府债务规模的版本诸多。

国际评级机构惠誉和穆迪此前相继警示中国地方债务风险，中国本土评级机构--中诚信认为，地方债规模估计在13-15万亿元，但整体系统性风险是可控的。而财政部原部长项怀诚此前透露，地方政府负债估计超过20万亿元。

刘尚希就指出，从审计署此次发现的问题不难看出，一些地方举债两年多钱仍然趴在帐上没有使用，暴露出地方政府对资金使用的计划性不强，只想盲目先拿钱而不考虑资金的使用效果和使用成本，突显地方政府管理思路的落后和盲目。

审计公告提到，截至2012年底，36个地方政府本级中，仍有8个尚未出台政府性债务管理规定，13个尚未建立政府负有偿还责任债务的举借审批制度，19个尚未编制债务预算或债务收支计划，24个尚未建立债务风险预警制度。

一些债务单位违反合同约定将378.16亿元债务资金用于其他项目建设、归还到期债务或作为项目资本金，其中企业债券资金未按核准用途使用68.84亿元；有271.71亿元债务资金于2010年及以前年度举借，至2012年底仍未支出，闲置时间达2年之久，未发挥效益。

张永军也提到，由于口径问题，导致中国地方政府的债务规模数字很难完全令外界信服。但若以此次审计的36个地方政府本级的债务规模推算至全国，至少表明这两年中国地方政府的债务规模已经有所控制。

投行花旗指出，根据中国国家审计署公布的部份地区地方政府债务数字估算，2012年中国地方政府总债务约在12.1万亿元人民币，尚不至于令人担忧。

审计署报告称，36个地方政府本级中，截至2012年底，已有28个地方政府本级出台了地方政府性债务管理制度，有31个建立了偿债准备金制度或在预算中安排偿债准备资金，准备金余额为907.60亿元。同时各地出台措施对2010年底的部分存量债务进行了处理。2011年以来，各地累计偿还和化解存量债务占2010年底债务余额的39.09%。

风险不容忽视，管理宜转换思路

尽管此次审计中不难看出近两年中国控制地方政府债务风险方面所做的努力和成绩，但部分地方政府负债率过高，偿债压力较大，使得潜在的风险随时都有爆发的可能。

报告提到，部分地区和行业债务负担较重，债务规模增长较快，一些省会城市本级的债务风险凸显。2012年，有9个省会城市本级政府负有偿还责任的债务率超过100%，最高的达188.95%，如加上政府负有担保责任的债务，债务率最高的达219.57%。

由于偿债能力不足，一些省会城市本级只能通过举“借新债偿还旧债”，5个省会城市本级2012年政府负有偿还责任债务的借新还旧率超过20%，最高的达38.01%。14个省会城市本级政府负有偿还责任的债务已逾期181.70亿元，其中2个省会城市本级逾期债务率超过10%，最高的为16.36%。

一些地方通过信托、融资租赁、BT和违规集资等方式变相融资现象突出。融资平台公司退出管理不到位，部分融资平台公司资产质量较差、偿债能力不强等问题。

对此，受访的专家们不无忧虑地提到，部分地方政府债务率过高，势必会成为中国经济发展中的隐雷。尽管从目前看总体风险可控，但局部潜在的债务风险却不得不防。

张永军就表示，基于目前的财政体制下，不排除中央会对一些债务风险较高的地区提供一些支持，包括将债务展期等等。

而刘尚希就认为，中国管理地方政府债务的调控思路更需要改变，不能只单一地强调和关注地方政府债务率和偿债率是否上升等，更应该将地方经济发展与地方举债能力综合考虑，同时兼顾举债的资金使用成本，建议加快出台对地方政府债务管理的指导意见等。

他进一步分析指出，这不仅包括加快政府会计制度改革，还包括要加快全口径债务管理，当务之急是明确政府债务的确定标准，因为政府债务和企业债务标准是不同的，而这是评估债务风险的基础。因为没有统一的政府债务标准，也导致地方政府债务透明度不高。

中国审计署早在2011年时披露，中国地方政府性债务余额2010年底达到10.7万亿元人民币，而从偿债年度看，2012年、2013年、2014年分别有17.17%、11.37%和9.28%到期。

“用经济增长的办法解决债务风险，只要经济增长快于债务的增长，风险完全可以控制。”中国国家发展和改革委员会宏观经济研究院副院长陈东琪在此前接受路透专访时说。

（本文原载《路透网》：http://www.aisixiang.com/data/64913.html）

地方债越清理越多 或是中国经济发展定时炸弹

2013年6月18日 安邦咨询

近两年来，中国地方债风险被市场高度关注，但苦于缺乏权威数据，各方对此各执一词。2011年中，审计署曾发布报告称，截至2010年底，中国地方债规模总计10.7万亿。这是迄今为止官方口径公布的最为全面的数据，也被市场广泛采纳。但从2010年至今，地方债发展如何，清理的情况怎样，并没有进一步的说明。这样的黑箱令市场猜测纷纷。

6月10日，审计署再度发布了36个地方政府本级政府性债务的审计结果。这是继2011年后，审计署发布的又一重要地方债相关数据。审计结果显示，截至2012年底，上述地方政府债务余额达到3.85万亿元，这两年来增长了12.94%。依同样的增长率推算，截至2012年底，全部地方债余额将达12.08万亿元，与市场估计的差不了太多。

我们通过另外的算法，也可以得出中国地方债规模在12.1万亿元左右的结论。审计署有关负责人在谈及此次审计结果时表示，这36个地区在2010年底的政府性债务余额已经占到了全国地方政府性债务总额的31.79%。在保持相对份额不变的情况下，2012年底地方债总计将达12.11万亿元。殊途同归，这大抵可视为当前中国地方债规模较为靠谱的推算。

令市场关注的是12万亿地方债背后所透露出来的信息。经过两年的清理，地方债余额不减反增，显示这种清理工作正陷入困局，需要通过借新还旧，才能完成中央监管层布置下来的任务。从此次发布的36个地区的审计结果看，2010年及以前举借的债务占53.93%，2011年举借的占16.39%，2012年则占29.68%。这样的债务形成分布，也印证了“越清理越多”的结论。

我们还注意到这样一个令人担忧的现象，地方债余额不仅没有在总量上被控制住，在结构方面，也呈现着复杂化与隐蔽化的倾向。审计结果显示，一些地方通过信托、融资租赁、BT（建设－移交）和违规集资等方式变相融资现象突出。这两年，通过上述方式举借的债务，占到新增债务总额的15.82%。这些融资方式隐蔽性强，不易监管，且筹资成本普遍高于同期银行贷款利率，如BT融资年利率最高达20%、集资年利率最高达17.5%，蕴含新的风险隐患。

地方政府普遍采用非常规渠道融资，是一种非常典型的监管套利行为。在资金需求旺盛的背景下，为规避监管，地方政府不得不采用各类变通办法，拉长融资的链条，抬高融资成本。由于这些资金在很大程度上都是用来偿还已有的贷款，以及完成经济建设任务，具有很强的刚性。地方政府难以通过节支来减轻融资的压力，也是意料之中的事情。

事实上，就在去年底，财政部会同发改委等部门发布“463号文”，围追堵截地方政府的违规融资渠道。但从今年上半年的情况看，“463号文”并没有起到预想中的效果，政信合作余额在今年一季度创了新高，各地也涌现出各式诸如私募基金、小贷公司、金融租赁公司等各类市场主体，充当为地方政府融资的资金掮客。这些“金融创新”，远超出审计结果所覆盖的范围，有理由相信，随着现实情况的进一步发展，等到今年或者明年底再对地方政府及融资平台进行审计，地方债的形势可能会更加不乐观。

在清理地方债方面，有一些非常基础的判断，需要被纳入到决策层的考察范围之内。在化解地方债的问题上，归根结底，无非“开源”、“节流”两种思路。开源方面，需要规范地方政府举债融资方式，以更为阳光及市场化的市政债，取代当前市面上流行的种种地方债及其变种；节流方面，地方政府的刚性支出并没有那么好削减，这需要推进政府转型，由经济型政府转向服务型政府。

可以看到的是，上述两种思路，都不是可以在短期内见效的速效药，需要进行长期的改革与调整。这也意味着，中国的地方债问题可能将在不短的时间里，成为困扰中国经济发展的定时炸弹。最可虑的是，在可预见的时间里，地方政府的“开源节流”都可能很难见到明显的成效，这无疑将令地方债变得更加棘手。

审计署公布的数据显示，中国地方债清理已陷入困局。地方债问题，归根结底，是发展模式的症结所在。这也意味着，地方债问题可能将长期化，变得更加棘手。

（本文链接：http://www.aisixiang.com/data/64910.html)

地方债务有可能引发中国债务危机

2013年6月25日　辛圆

2013年6月20日，中国银行间隔夜拆借利率最高达到史无前例的30%。“银行间隔夜拆借利率”反映银行之间借贷成本。根据公开的数据，在近年来很长时间里，此项利率往往不到3%。艰深的专业名词和枯燥的数据说明，中国银行多么“缺钱”。

几天前，英国《每日电讯报》网站就报道称，为中国监管部门发声的《中国证券报》14日头版发表社论警告说，随着投资者对新兴市场越来越警觉，资本流入已经大幅放缓，或许已经开始回流。社论认为，若量化宽松政策退出、美元走强，中国将面临资金大规模流出压力。

外界也观察到，中国越来越担心，越来越多的资本逃离中国以及不合理的银行资金使用导致中国银行同业拆借市场压力越来越大，并可能引爆中国的债务危机。很多金融专家认为，眼下的“钱荒”，实际是一场资金错配导致的结构性资金紧张。国家开发银行研究院副院长曹红辉认为，这主要是因为资金过多地通过影子银行流入地方政府融资平台和民营企业，特别是房产市场。

最新的官方数据也说明，中国的地方债务危机重重，大部分资金来自银行贷款。中国政府下一步可能会进一步加强对地方投资行为的控制。

国家审计署6月10日在其官网上公布了对36个地区地方政府本级政府性债务的审计结果。审计结果显示，36个地区2012年底债务余额共计3.85万亿元，比2010年增加4409.81亿元，增长了12.94%。

报告也特别强调一些省会城市债务风险突显，2012年，有九个省会城市本级政府负有偿还责任的债务率超过100%，最高的达188.95%。

地方政府近年来从银行，债市及其它平台融资达数万亿，为中国“稳增长”立下了汗马功劳，但最近几年来，尤其是今年年初以来，越来越多的学者、机构对中国地方债务危机发出严厉警告。

国家审计署审计科研所研究员杜相乾日前对《纽约时报》中文网表示，地方政府适当借债有利于发展经济，但由于部分地方政府所贷资金的用途不够公开和透明，而这很可能导致部分资金的浪费、腐败和无效投资，再加上债务管理上缺少科学的债务确认标准，很容易造成社会公众的疑虑和担忧。

内地学者叶檀认为中国地方债务危机的背景是政府主要的投资拉动性经济模式，很多地方政府仍在稳增长的帽子下扩大投资，没有认识到改革的急迫性和必要性，因为债务可以展期，公共服务与公共产品的价格可以提高，地方政府甚至可以用围城卖门票的方式聚敛资金。

今年年初以来，习近平，李克强等中共领导层多次表示可以容忍当前经济下滑的趋势以纠正前几年由于政府盲目扩大投资而带来的发展失衡，中国著名的市场派经济学家吴敬琏也在最近于天津举行的中国企业国际融资洽谈会上指出，政府海量投资拉动经济的模式难以持续。

但从各地政府官方网站和地方两会政府工作报告上列出的2013投资项目中可以看到其对于上马大项目的热情依然有增无减。

武汉，这个长江中游最大工商城市自2010年被国务院批准成为中部中心城市以来，GDP逐年攀升，2012年已经超过8000亿。该市市长唐良智在政府工作报告中说2013年武汉的GDP的目标是9500亿，并称稍微“努把力”就可以进入GDP万亿城市行列。

追求GDP增长的背后是疯狂的城市基础建设投资。有当地学者表示，武汉GDP增长的主要动力是来自政府主导的天量投资，而这会给武汉经济的持久性发展带来很大的不确定性。

来自湖北省人民政府网站的消息显示，2013年武汉将投资超过1300亿用于城市基础设施建设，这个数据相比2012年的647亿元翻了一番，其中交通固定资产投资接近300亿元，比去年增长20%。可以看出武汉对交通基础设施的建设雄心令人震惊。

武汉市发改委网站上的信息显示，2013年武汉将以地铁，高速公路和跨江大桥等基础设施投资为主，竣工11个重大项目，开工建设25个重大项目。

接受《纽约时报》中文网采访的湖北省统计局副局长叶青说自己来武汉34年，感觉最近三年发生了巨大的变化，其中交通变化堪称惊人，他认为涉及民生的重要项目地方政府理应重视。但他同时坦言地方政府没有必要为了“面子”盲目修建地铁，高架桥等大型基建项目，有些项目可以过几年再进行，这样盲目的上项目会给地方政府未来的还贷造成很大压力。

不只是武汉，全国各主要省会城市今年都在进行一系列类似于武汉市政府投资拉动运动。

北京大学教授、光华管理学院研究员陈浩武对《纽约时报》中文网说，从规律上看，凡是地方选举年，政府换届以后，一定会有一个高速的发展时期，因为地方政府的“一把手”都会比政绩，现在唯一可比的就是GDP的增长速度，所以，换届的政府更乐意大干快上，而且在利益因素的诱导下会不顾后果。

世界银行在6月13日发布的最新一期经济展望中预计中国2013年经济增长率将达到7.7%，这比此前预测的8.4%水平有显著降低。世行在报告中警告称，中国的高投资率可能无法维系，而如果投资在缺乏管理的状态下无序撤出则会导致中国经济迅速减速，而如果投资回报率无法达到预期，很多发展项目的还贷将受到威胁，届时中国当局可能将被迫介入解决坏债问题。

但部分地方政府仍热衷于借钱，大部分原因是相信中国经济会持久保持高速发展。然而，早在今年3月，国务院发展研究中心副主任刘世锦就在2013中国发展高峰论坛上表示，历经30多年高速增长后，中国经济正在转入中速增长区，增长拐点大概出现在2015年，之后会逐步稳定在6%到7%之间。

6月13日，高盛集团投资管理部发布的报告也呼应了上述观点，高盛的报告指出，中国经济增速在统计上和实际上已基本告别8%，今后七年中国的经济平均增速将下降至6%左右。

一旦经济出现下行，地方政府的高负债必然会成为中国经济发展的隐患。对于负债累累的困境，大部分地方政府往往会采取发新债，还旧债的方式来偿还债务。

6月14日，2013年首批地方政府债券招标发行，总量422亿元。根据审计署的审计结果，部分省市发债融资用于归还旧债，五个省会城市2012年借新还旧率超20%，最高38.01%。

可以想象，不断累积的债务已经成了地方政府的难言之隐。但持续的借新债，还旧债会导致地方债会像滚雪球一样越滚越大。

北京大学经济学院金融系副主任吕随启接受《纽约时报》中文网采访时认为，单纯靠政府投资刺激经济的模式，既不利于财税体制改革，也不利于建立新型的融资格局。至于巨额的地方债务最后将如何收场，他认为庞大的地方债表面上看将由中央政府承担，实际上却会最终分摊到全体老百姓的头上，地方政府通常会采用增加税种和提高税率等办法“冲减”债务，他甚至认为地方债本身就是由政府主导的“庞氏骗局”。

关于地方债能否会升级成为全国性的金融危机，被采访的专家虽然都持谨慎的态度，但都表示，如果中国政府不能有效解决地方债务危机，更大范围的债务危机早晚会爆发。

（辛圆为纽约时报中文网实习生。本文链接：http://www.aisixiang.com/data/65115.html）

地方政府不会破产　养老金不受地方债影响

2013年7月29日　赵鹏

昨天，审计署官方网站宣布：“近日，根据国务院要求，审计署将组织全国审计机关对政府性债务进行审计。”此前，审计署先后两次组织对地方政府性债务进行了审计。业内人士认为，这次审计署并未强调“地方”，预计将对中央和地方政府性债务首次进行全面审计。

7月18日，“汽车之都”美国底特律向法院申请地方政府破产保护。底特律债务极其庞大，有180多亿美元的长期债务和数十亿美元的短期债务，是目前美国规模最大的城市破产案。底特律破产案再度给国内一些过度举债的城市敲响警钟。

2011年，审计署对地方政府性债务全面审计发现，截至2010年底，除54个县级政府没有政府性债务外，全国省、市、县三级地方政府性债务余额共107174.91亿元。

2012年至2013年审计署对地方政府性债务的“抽查”结果也不容乐观。

这两次审计结果，审计署均向全国人大常委会进行了报告，也向社会进行了公告，引起各方高度关注。今年6月，一些全国人大常委会组成人员在审议审计报告时提出，地方债风险不容忽视，关键要摸清底数，加强监管。

审计署审计长刘家义代表国务院向全国人大常委会作审计报告时建议，加强地方政府性债务管理，进一步清理规范融资平台公司，抓紧建立和完善地方政府性债务规模管理和风险预警机制，实现对地方政府性债务的全口径管理和动态监控。

全国审计专业学位研究生教育指导委员会委员、中国审计学会理事、清华大学会计研究所教授郝振平在接受本报记者采访时称，可能正是因为国内地方债问题持续发酵，以及国际上底特律正式破产等国内外问题的双重刺激下，才促使国务院正式要求审计署开展新一轮大规模，而且全方位的政府性债务审计工作。应该说，国务院也是希望通过此举发挥审计部门的免疫功能，防患于未然，将可能因此对居民和企业产生的一些不良影响降至最低水平。

地方债–现状：16地方政府债务率超100%

审计署2013年第24号审计结果公告透露了36个地方政府本级政府性债务审计结果，如加上政府负有担保责任的债务，2012年有16个地区债务率超过100%。其中，有9个省会城市本级政府负有偿还责任的债务率超过100%，最高的达188.95%，如加上政府负有担保责任的债务，债务率最高的达219.57%。不仅如此，14个省会城市本级政府负有偿还责任的债务已逾期181.70亿元，其中2个省会城市本级逾期债务率超过10%，最高的为16.36%。

这一公告的发布引发出关于“16个地方政府可能因资不抵债遇到破产问题的质疑”。美国底特律市破产后，这一疑问又被部分网民提起。

审计署有关部门负责人曾坦言，目前我国存在地方政府债务规模增长较快，部分地区和行业债务风险凸显，债务偿还过度依赖土地收入，高速公路、政府还贷二级公路债务规模增长快、偿债压力大、借新还旧率高等问题。

解读–“底特律破产”不会有中国版

中国的地方城市政府会不会也出现破产？郝振平解释说，由于美国的政治制度，才会出现地方城市政府财政方面资不抵债后，中央政府不予援助，而任其破产的问题。他认为，国情不同，这种情况在我国应该不会出现。鉴于目前我国财政整体财力还是处于增长区间，而且财政收入总额巨大。即使地方政府资不抵债，甚至出现运转困难的问题，中央政府也绝不会袖手旁观，而肯定会通过财政转移支付等兜底方式救援相关地方政府的。

若输血地方债影响民生投入

虽然地方政府破产的情景在我国应不会出现，但郝振平强调，地方债规模增长较快及资不抵债等问题都会对社会经济产生极大影响，绝对不容小觑。

他介绍，地方债无序增多，产生最重要的问题其实就是会加大企业和个人的税收负担。地方政府举借的债务，很大部分要通过地方政府收取的税收加以偿还。借得越多，就相当于预支了今后更多年的地方税收。一旦贷款、信托，乃至违规集资等方式的偿债压力加大，很难保证地方政府不会通过收取过头税费等方式来筹措资金，加重企业和个人的税收负担。为救助地方政府，中央财政转移支付和其他方式援助地方的资金，无疑主要来源也是税收。一旦中央财政这类支出增多，关于民生和社会经济正常建设的投入就会相对减少。

养老金发放不会受直接影响

从中央政府和地方政府的关系看，美国等国像是父子已经分家单过，因此地方债对地方居民的影响极大，会出现地方政府一旦破产，居民在社保、公共资源享受等方面受到一系列直接的严重影响。郝振平认为，我国中央政府和地方政府的关系则像是父子仍是一家子，每天还在一个桌子上吃饭，所以只要中央政府“有粮”，地方政府就不会真的“挨饿”。

郝振平分析，在我国，不论是居民的养老金发放，还是行政事业单位职工的工资发放等民生问题，都有财政兜底，不会直接受到地方债问题影响。我国也不会轻易开为增加财源而新设税种的口子。目前，国务院也多次提出，并实际减免了一些企业的税收，减税应该是个政策趋势，这方面个人和企业也不用过于担心。

成因–向银行贷款搞发展

郝振平介绍，改革开放后，地方债逐步出现，其成因多种多样。1994年分税制改革后出现“收入上移、支出下移”的趋势。中央财政收入加大，地方在财政收入相对缩小的情况下，事权却加大。但地方政府如何“搞钱”?除了卖地，就是举债。为满足发展需要，一些地区向银行直接贷款或以土地抵押等方式质押贷款。这是至今为止，地方债最主要的来源。地方债投入的最主要领域，无疑就是基础建设方面。

在上世纪90年代前，一些国企已经资不抵债，但政府部门考虑到职工利益等因素，通过政府注资或接管企业债务等方式，也增加了一些地方债额度。不过上世纪90年代之后，这种情况基本绝迹。

另外，一些地方早期曾发行“经济建设公债”，后逐渐演变为由财政部代理发行，或自主发行的地方债。这也成为地方债的一大来源。

近年，一些地方还通过信托、BT(建设B移交)和违规集资等方式变相融资，这也是一些筹资成本高，蕴含新风险隐患的地方债。

三类地方债

地方政府负有偿还责任的债务：地方政府(含政府部门和机构)、经费补助事业单位、公用事业单位、政府融资平台公司和其他相关单位举借，确定由财政资金偿还，政府负有直接偿债责任的债务。

地方政府负有担保责任的债务：因地方政府(含政府部门和机构)提供直接或间接担保，当债务人无法偿还债务时，政府负有连带偿债责任的债务。

其他相关债务：政府融资平台公司、经费补助事业单位和公用事业单位为公益性项目举借，由非财政资金偿还，且地方政府(含政府部门和机构)未提供担保的债务(不含拖欠其他单位和个人的债务)，政府在法律上对该类债务不承担偿债责任，但当债务人出现债务危机时，政府可能需要承担救助责任。

截至2010年底全国地方债10.7万亿

2011年全国审计工作会议曾透露，全国审计机关4万多人对全国省市县三级地方政府性债务进行了全面审计，涉及部门机构单位8万多个、项目37万多个和债务187万多笔。截至2010年底，全国地方政府性债务余额10.7万亿元。

今年6月审计署发布“2013年第24号审计结果公告:36个地方政府本级政府性债务审计结果”显示，截至2012年底，36个地方政府本级政府性债务余额3.8万亿元，比2010年增加4409.8亿元，增长12.94%。

郝振平分析，目前我国省市县三级地方政府性债务应该不会超过20万亿元。

对话–临时举债投放应经人大审议

京华时报：地方债到底按哪种统计口径计算?

郝振平：无论部门统计口径有何不同，我都建议采用最简单，也是最大的口径，就是无论举债方是谁，最终是要由地方政府保证偿还的那些地方债务。因为只有最大限度地统计地方债数额，才更有利于发现问题和解决问题。

京华时报：地方债的安全范围是什么？

郝振平：目前地方债很严重的一个问题就是，虽然各地举债额极大，可关于地方债却没有一个健全的风险评估和安全评级体系。由于各地当前经济实力、今后发展潜力等各方面因素均不同，所以像广州这样的省会城市和不发达的省会城市，其地方债预警比例绝对不会相同。

因此，国务院和全国人大应在地方债风险评估和安全评级体系方面强化合作，无论是以人大立法方式，还是国务院规章方式，都应尽快出台一个相关指标体系。

京华时报：地方债合理的投放领域有哪些?怎样有效控制地方债规模?

郝振平：我认为合理的投放领域只有两个。一个是符合地方政府明确规划，并确定下来的投放领域和相应金额。另一方面，对于规划外的临时举债和投放，都应该经过人大部门的审议。只有当地人大部门认可举债理由和举债规模，对此形成决议，当地政府才能举债。不应该轻易赋予一些政府部门自行举债和投放的权力。

由于我国税收增速已经严重放缓，国内外经济环境使得企业发展步履维艰，而土地财政又属于不可再生的有限资源，因此一定要通过人大和审计等多部门合作，以加强立法、审议，以及审计动态监督等方式，尽量控制地方债的增速，使其规模逐步趋于合理。

（本文原载2013年7月29日《京华时报》）

第十部分

投资与金融统计

一、国内生产总值与全社会固定资产投资

1-1 国内生产总值

本表按当年价格计算

单位：亿元

年份	国民总收入	国内生产总值	第一产业	第二产业			第三产业	人均国内生产总值(元)
					工业	建筑业		
1978	3645.2	3645.2	1027.5	1745.2	1607.0	138.2	872.5	381
1979	4062.6	4062.6	1270.2	1913.5	1769.7	143.8	878.9	419
1980	4545.6	4545.6	1371.6	2192.0	1996.5	195.5	982.0	463
1981	4889.5	4891.6	1559.5	2255.5	2048.4	207.1	1076.6	492
1982	5330.5	5323.4	1777.4	2383.0	2162.3	220.7	1163.0	528
1983	5985.6	5962.7	1978.4	2646.2	2375.6	270.6	1338.1	583
1984	7243.8	7208.1	2316.1	3105.7	2789.0	316.7	1786.3	695
1985	9040.7	9016.0	2564.4	3866.6	3448.7	417.9	2585.0	858
1986	10274.4	10275.2	2788.7	4492.7	3967.0	525.7	2993.8	963
1987	12050.6	12058.6	3233.0	5251.6	4585.8	665.8	3574.0	1112
1988	15036.8	15042.8	3865.4	6587.2	5777.2	810.0	4590.3	1366
1989	17000.9	16992.3	4265.9	7278.0	6484.0	794.0	5448.4	1519
1990	18718.3	18667.8	5062.0	7717.4	6858.0	859.4	5888.4	1644
1991	21826.2	21781.5	5342.2	9102.2	8087.1	1015.1	7337.1	1893
1992	26937.3	26923.5	5866.6	11699.5	10284.5	1415.0	9357.4	2311
1993	35260.0	35333.9	6963.8	16454.4	14188.0	2266.5	11915.7	2998
1994	48108.5	48197.9	9572.7	22445.4	19480.7	2964.7	16179.8	4044
1995	59810.5	60793.7	12135.8	28679.5	24950.6	3728.8	19978.5	5046
1996	70142.5	71176.6	14015.4	33835.0	29447.6	4387.4	23326.2	5846
1997	78060.9	78973.0	14441.9	37543.0	32921.4	4621.6	26988.1	6420
1998	83024.3	84402.3	14817.6	39004.2	34018.4	4985.8	30580.5	6796
1999	88479.2	89677.1	14770.0	41033.6	35861.5	5172.1	33873.4	7159
2000	98000.5	99214.6	14944.7	45555.9	40033.6	5522.3	38714.0	7858
2001	108068.2	109655.2	15781.3	49512.3	43580.6	5931.7	44361.6	8622
2002	119095.7	120332.7	16537.0	53896.8	47431.3	6465.5	49898.9	9398
2003	134977.0	135822.8	17381.7	62436.3	54945.5	7490.8	56004.7	10542
2004	159453.6	159878.3	21412.7	73904.3	65210.0	8694.3	64561.3	12336
2005	183617.4	184937.4	22420.0	87598.1	77230.8	10367.3	74919.3	14185
2006	215904.4	216314.4	24040.0	103719.5	91310.9	12408.6	88554.9	16500
2007	266422.0	265810.3	28627.0	125831.4	110534.9	15296.5	111351.9	20169
2008	316030.3	314045.4	33702.0	149003.4	130260.2	18743.2	131340.0	23708
2009	340320.0	340902.8	35226.0	157638.8	135239.9	22398.8	148038.0	25608
2010	399759.5	401512.8	40533.6	187383.2	160722.2	26661.0	173596.0	30015
2011	468562.4	473104.0	47486.2	220412.8	188470.2	31942.7	205205.0	35198
2012	516282.1	518942.1	52373.6	235162.0	199670.7	35491.3	231406.5	38420

注：1.1980年以后国民总收入(原称国民生产总值)与国内生产总值的差额为国外净要素收入。

2.2012年为初步核实数据(以下相关表同)。

1-2　国内生产总值构成

本表按当年价格计算　　　　单位：%

年　份	国内生产总　值	第一产业	第二产业			第三产业
				工　业	建筑业	
1978	100.0	28.2	47.9	44.1	3.8	23.9
1979	100.0	31.3	47.1	43.6	3.5	21.6
1980	100.0	30.2	48.2	43.9	4.3	21.6
1981	100.0	31.9	46.1	41.9	4.2	22.0
1982	100.0	33.4	44.8	40.6	4.1	21.8
1983	100.0	33.2	44.4	39.8	4.5	22.4
1984	100.0	32.1	43.1	38.7	4.4	24.8
1985	100.0	28.4	42.9	38.3	4.6	28.7
1986	100.0	27.1	43.7	38.6	5.1	29.1
1987	100.0	26.8	43.6	38.0	5.5	29.6
1988	100.0	25.7	43.8	38.4	5.4	30.5
1989	100.0	25.1	42.8	38.2	4.7	32.1
1990	100.0	27.1	41.3	36.7	4.6	31.5
1991	100.0	24.5	41.8	37.1	4.7	33.7
1992	100.0	21.8	43.5	38.2	5.3	34.8
1993	100.0	19.7	46.6	40.2	6.4	33.7
1994	100.0	19.9	46.6	40.4	6.2	33.6
1995	100.0	20.0	47.2	41.0	6.1	32.9
1996	100.0	19.7	47.5	41.4	6.2	32.8
1997	100.0	18.3	47.5	41.7	5.9	34.2
1998	100.0	17.6	46.2	40.3	5.9	36.2
1999	100.0	16.5	45.8	40.0	5.8	37.8
2000	100.0	15.1	45.9	40.4	5.6	39.0
2001	100.0	14.4	45.2	39.7	5.4	40.5
2002	100.0	13.7	44.8	39.4	5.4	41.5
2003	100.0	12.8	46.0	40.5	5.5	41.2
2004	100.0	13.4	46.2	40.8	5.4	40.4
2005	100.0	12.1	47.4	41.8	5.6	40.5
2006	100.0	11.1	47.9	42.2	5.7	40.9
2007	100.0	10.8	47.3	41.6	5.8	41.9
2008	100.0	10.7	47.4	41.5	6.0	41.8
2009	100.0	10.3	46.2	39.7	6.6	43.4
2010	100.0	10.1	46.7	40.0	6.6	43.2
2011	100.0	10.0	46.6	39.8	6.8	43.4
2012	100.0	10.1	45.3	38.5	6.8	44.6

1-3 不变价国内生产总值

单位：亿元

年 份	国内生产总 值	第一产业	第二产业	工 业	建筑业	第三产业
按1970年价格计算						
1978	3548.2	936.0	1766.2	1644.8	121.4	846.0
1979	3816.9	993.5	1911.0	1787.2	123.8	912.4
1980	4116.2	978.7	2170.3	2013.4	156.9	967.2
按1980年价格计算						
1980	4567.9	1371.6	2213.4	2017.9	195.5	982.9
1981	4807.4	1467.4	2254.7	2053.0	201.7	1085.3
1982	5242.8	1636.5	2380.1	2171.5	208.6	1226.2
1983	5811.8	1772.8	2626.8	2382.6	244.2	1412.2
1984	6693.8	2001.1	3007.2	2736.5	270.7	1685.5
1985	7595.2	2038.0	3565.6	3234.8	330.8	1991.6
1986	8267.1	2105.7	3930.0	3546.7	383.3	2231.4
1987	9224.7	2204.7	4468.2	4016.4	451.8	2551.8
1988	10265.3	2260.8	5116.9	4629.0	487.9	2887.6
1989	10682.4	2330.3	5309.7	4863.0	446.7	3042.4
1990	11092.5	2501.1	5478.0	5026.0	452.0	3113.4
按1990年价格计算						
1990	18547.9	5062.0	7717.4	6858.0	859.4	5768.5
1991	20250.4	5183.5	8786.6	7845.0	941.6	6280.3
1992	23134.2	5427.1	10645.3	9505.7	1139.6	7061.8
1993	26364.7	5682.3	12760.1	11415.4	1344.7	7922.3
1994	29813.4	5909.6	15102.8	13574.2	1528.6	8801.0
1995	33070.5	6205.2	17198.4	15480.3	1718.1	9667.0
1996	36380.4	6521.7	19280.5	17416.2	1864.3	10578.2
1997	39762.7	6749.9	21300.9	19387.8	1913.1	11711.9
1998	42877.4	6986.1	23198.9	21113.3	2085.6	12692.4
1999	46144.6	7181.7	25086.3	22911.4	2174.9	13876.6
2000	50035.2	7354.1	27451.7	25153.5	2298.2	15229.4
按2000年价格计算						
2000	99214.6	14944.7	45555.9	40033.6	5522.3	38714.0
2001	107449.7	15363.2	49401.5	43504.6	5896.9	42685.0
2002	117208.3	15808.7	54257.3	47842.2	6415.1	47142.3
2003	128958.9	16203.9	61132.7	53942.5	7190.2	51622.2
2004	141964.5	17224.8	67926.1	60151.3	7774.8	56813.6
2005	158020.7	18125.8	76133.1	67114.7	9018.4	63761.8
按2005年价格计算						
2005	184937.4	22420.0	87598.1	77230.8	10367.3	74919.3
2006	208381.0	23541.0	99328.5	87175.1	12153.4	85511.6
2007	237892.8	24422.4	114290.6	100170.1	14120.5	99179.7
2008	260812.9	25735.9	125579.7	110117.4	15462.2	109497.4
2009	284844.8	26812.6	138062.7	119731.4	18331.3	119969.4
2010	314602.5	27957.8	154975.8	134175.5	20800.3	131668.9
按2010年价格计算						
2010	401512.8	40533.6	187383.2	160722.2	26661.0	173596.0
2011	438853.0	42256.5	206655.1	177403.6	29251.5	189941.4

注：1.更换基期的年份有两个不变价数据，一个按上一基期价格计算，一个按新基期价格计算。

2.有关不变价国内生产总值的解释见简要说明。

1—4　国内生产总值指数（上年=100）

本表按不变价格计算

年　份	国　民 总收入	国内生产 总　　值	第一产业	第二产业	工　业	建筑业	第三产业	人均国内 生产总值
1978	111.7	111.7	104.1	115.0	116.4	99.4	113.8	110.2
1979	107.6	107.6	106.1	108.2	108.7	102.0	107.9	106.1
1980	107.8	107.8	98.5	113.6	112.7	126.7	106.0	106.5
1981	105.2	105.2	107.0	101.9	101.7	103.2	110.4	103.9
1982	109.2	109.1	111.5	105.6	105.8	103.4	113.0	107.5
1983	111.1	110.9	108.3	110.4	109.7	117.1	115.2	109.3
1984	115.3	115.2	112.9	114.5	114.9	110.9	119.3	113.7
1985	113.2	113.5	101.8	118.6	118.2	122.2	118.2	111.9
1986	108.5	108.8	103.3	110.2	109.6	115.9	112.0	107.2
1987	111.5	111.6	104.7	113.7	113.2	117.9	114.4	109.8
1988	111.3	111.3	102.5	114.5	115.3	108.0	113.2	109.5
1989	104.2	104.1	103.1	103.8	105.1	91.6	105.4	102.5
1990	104.1	103.8	107.3	103.2	103.4	101.2	102.3	102.3
1991	109.1	109.2	102.4	113.9	114.4	109.6	108.9	107.7
1992	114.1	114.2	104.7	121.2	121.2	121.0	112.4	112.8
1993	113.7	114.0	104.7	119.9	120.1	118.0	112.2	112.7
1994	113.1	113.1	104.0	118.4	118.9	113.7	111.1	111.8
1995	109.3	110.9	105.0	113.9	114.0	112.4	109.8	109.7
1996	110.2	110.0	105.1	112.1	112.5	108.5	109.4	108.9
1997	109.6	109.3	103.5	110.5	111.3	102.6	110.7	108.2
1998	107.3	107.8	103.5	108.9	108.9	109.0	108.4	106.8
1999	107.9	107.6	102.8	108.1	108.5	104.3	109.3	106.7
2000	108.6	108.4	102.4	109.4	109.8	105.7	109.7	107.6
2001	108.1	108.3	102.8	108.4	108.7	106.8	110.3	107.5
2002	109.5	109.1	102.9	109.8	110.0	108.8	110.4	108.4
2003	110.5	110.0	102.5	112.7	112.8	112.1	109.5	109.3
2004	110.5	110.1	106.3	111.1	111.5	108.1	110.1	109.4
2005	110.8	111.3	105.2	112.1	111.6	116.0	112.2	110.7
2006	113.3	112.7	105.0	113.4	112.9	117.2	114.1	112.0
2007	114.6	114.2	103.7	115.1	114.9	116.2	116.0	113.6
2008	110.1	109.6	105.4	109.9	109.9	109.5	110.4	109.1
2009	108.3	109.2	104.2	109.9	108.7	118.6	109.6	108.7
2010	110.2	110.4	104.3	112.3	112.1	113.5	109.8	109.9
2011	108.7	109.3	104.3	110.3	110.4	109.7	109.4	108.8
2012	108.1	107.7	104.5	107.9	107.7	109.3	108.1	107.1

1-5 国内生产总值指数（1978年=100）

本表按不变价格计算

年 份	国 民 总收入	国内生产 总 值	第一产业	第二产业	工 业	建筑业	第三产业	人均国内 生产总值
1978	100.0	100.0	100.0	100.0	100.0	100.0	100.0	100.0
1979	107.6	107.6	106.1	108.2	108.7	102.0	107.9	106.1
1980	116.0	116.0	104.6	122.9	122.4	129.2	114.3	113.0
1981	122.0	122.1	111.9	125.2	124.5	133.3	126.2	117.5
1982	133.3	133.1	124.8	132.1	131.7	137.9	142.6	126.2
1983	148.2	147.6	135.1	145.8	144.5	161.4	164.3	137.9
1984	170.8	170.0	152.6	166.9	166.0	179.0	196.0	156.8
1985	193.4	192.9	155.4	197.9	196.2	218.7	231.7	175.5
1986	209.9	210.0	160.5	218.2	215.2	253.4	259.6	188.2
1987	234.1	234.3	168.1	248.1	243.6	298.7	296.8	206.6
1988	260.6	260.7	172.3	284.1	280.8	322.5	335.9	226.3
1989	271.4	271.3	177.6	294.8	295.0	295.3	353.9	231.9
1990	282.5	281.7	190.7	304.1	304.9	298.8	362.1	237.3
1991	308.2	307.6	195.2	346.3	348.8	327.4	394.3	255.6
1992	351.5	351.4	204.4	419.5	422.6	396.2	443.3	288.4
1993	399.6	400.4	214.0	502.8	507.5	467.5	497.4	324.9
1994	452.0	452.8	222.6	595.2	603.5	531.5	552.5	363.3
1995	494.2	502.3	233.7	677.7	688.2	597.4	606.9	398.6
1996	544.5	552.6	245.6	759.8	774.3	648.2	664.1	433.9
1997	596.9	603.9	254.2	839.4	861.9	665.2	735.3	469.4
1998	640.6	651.2	263.1	914.2	938.6	725.2	796.8	501.4
1999	691.5	700.9	270.5	988.6	1018.6	756.2	871.2	534.9
2000	750.6	759.9	277.0	1081.8	1118.3	799.1	956.1	575.5
2001	811.1	823.0	284.8	1173.1	1215.2	853.3	1054.2	618.7
2002	888.5	897.8	293.0	1288.4	1336.4	928.3	1164.2	670.4
2003	981.6	987.8	300.3	1451.7	1506.8	1040.4	1274.9	733.1
2004	1084.5	1087.4	319.3	1613.0	1680.2	1125.0	1403.1	802.2
2005	1201.7	1210.4	336.0	1807.9	1874.7	1305.0	1574.7	887.7
2006	1361.2	1363.8	352.8	2050.0	2116.1	1529.8	1797.3	994.7
2007	1560.5	1557.0	366.0	2358.8	2431.5	1777.4	2084.6	1129.6
2008	1717.8	1707.0	385.6	2591.8	2673.0	1946.3	2301.4	1232.1
2009	1861.1	1864.3	401.8	2849.4	2906.4	2307.4	2521.5	1339.0
2010	2050.0	2059.0	418.9	3198.4	3257.0	2618.2	2767.5	1471.7
2011	2228.9	2250.5	436.8	3527.4	3595.0	2872.6	3028.0	1600.9
2012	2410.3	2422.7	456.6	3806.6	3871.3	3140.5	3272.0	1715.1

1–6 三次产业贡献率

本表按不变价格计算 单位：%

年 份	国内生产总值	第一产业	第二产业	#工 业	第三产业
1990	100.0	41.6	41.0	39.7	17.3
1991	100.0	7.1	62.8	58.0	30.1
1992	100.0	8.4	64.5	57.6	27.1
1993	100.0	7.9	65.5	59.1	26.6
1994	100.0	6.6	67.9	62.6	25.5
1995	100.0	9.1	64.3	58.5	26.6
1996	100.0	9.6	62.9	58.5	27.5
1997	100.0	6.7	59.7	58.3	33.5
1998	100.0	7.6	60.9	55.4	31.5
1999	100.0	6.0	57.8	55.0	36.2
2000	100.0	4.4	60.8	57.6	34.8
2001	100.0	5.1	46.7	42.1	48.2
2002	100.0	4.6	49.8	44.4	45.7
2003	100.0	3.4	58.5	51.9	38.1
2004	100.0	7.8	52.2	47.7	39.9
2005	100.0	5.6	51.1	43.4	43.3
2006	100.0	4.8	50.0	42.4	45.2
2007	100.0	3.0	50.7	44.0	46.3
2008	100.0	5.7	49.3	43.4	45.0
2009	100.0	4.5	51.9	40.0	43.6
2010	100.0	3.8	56.8	48.5	39.3
2011	100.0	4.6	51.6	44.7	43.8
2012	100.0	5.7	48.7	40.6	45.6

注：三次产业贡献率指各产业增加值增量与GDP增量之比。

1—7 三次产业对国内生产总值增长的拉动

本表按不变价格计算

单位：百分点

年 份	国内生产总值	第一产业	第二产业	#工 业	第三产业
1990	3.8	1.6	1.6	1.5	0.7
1991	9.2	0.7	5.8	5.3	2.8
1992	14.2	1.2	9.2	8.2	3.9
1993	14.0	1.1	9.1	8.3	3.7
1994	13.1	0.9	8.9	8.2	3.3
1995	10.9	1.0	7.0	6.4	2.9
1996	10.0	1.0	6.3	5.9	2.8
1997	9.3	0.6	5.6	5.4	3.1
1998	7.8	0.6	4.8	4.3	2.5
1999	7.6	0.5	4.4	4.2	2.8
2000	8.4	0.4	5.1	4.9	2.9
2001	8.3	0.4	3.9	3.5	4.0
2002	9.1	0.4	4.5	4.0	4.1
2003	10.0	0.3	5.9	5.2	3.8
2004	10.1	0.8	5.3	4.8	4.0
2005	11.3	0.6	5.8	4.9	4.9
2006	12.7	0.6	6.3	5.4	5.7
2007	14.2	0.4	7.2	6.2	6.6
2008	9.6	0.6	4.7	4.2	4.3
2009	9.2	0.4	4.8	3.7	4.0
2010	10.4	0.4	5.9	5.1	4.1
2011	9.3	0.4	4.8	4.2	4.1
2012	7.7	0.4	3.7	3.1	3.5

注：三次产业拉动指GDP增长速度与各产业贡献率之乘积。

1—8 支出法国内生产总值

本表按当年价格计算

年 份	支出法国内生产总值(亿元)	最终消费支出	资本形成总额	货物和服务净出口	最终消费率(消费率)(%)	资本形成率(投资率)(%)
1978	3605.6	2239.1	1377.9	−11.4	62.1	38.2
1979	4092.6	2633.7	1478.9	−20.0	64.4	36.1
1980	4592.9	3007.9	1599.7	−14.7	65.5	34.8
1981	5008.8	3361.5	1630.2	17.1	67.1	32.5
1982	5590.0	3714.8	1784.2	91.0	66.5	31.9
1983	6216.2	4126.4	2039.0	50.8	66.4	32.8
1984	7362.7	4846.3	2515.1	1.3	65.8	34.2
1985	9076.7	5986.3	3457.5	−367.1	66.0	38.1
1986	10508.5	6821.8	3941.9	−255.2	64.9	37.5
1987	12277.4	7804.6	4462.0	10.8	63.6	36.3
1988	15388.6	9839.5	5700.2	−151.1	63.9	37.0
1989	17311.3	11164.2	6332.7	−185.6	64.5	36.6
1990	19347.8	12090.5	6747.0	510.3	62.5	34.9
1991	22577.4	14091.9	7868.0	617.5	62.4	34.8
1992	27565.2	17203.3	10086.3	275.6	62.4	36.6
1993	36938.1	21899.9	15717.7	−679.5	59.3	42.6
1994	50217.4	29242.2	20341.1	634.1	58.2	40.5
1995	63216.9	36748.2	25470.1	998.6	58.1	40.3
1996	74163.6	43919.5	28784.9	1459.2	59.2	38.8
1997	81658.5	48140.6	29968.0	3549.9	59.0	36.7
1998	86531.6	51588.2	31314.2	3629.2	59.6	36.2
1999	91125.0	55636.9	32951.5	2536.6	61.1	36.2
2000	98749.0	61516.0	34842.8	2390.2	62.3	35.3
2001	109028.0	66933.9	39769.4	2324.7	61.4	36.5
2002	120475.6	71816.5	45565.0	3094.1	59.6	37.8
2003	136613.4	77685.5	55963.0	2964.9	56.9	41.0
2004	160956.6	87552.6	69168.4	4235.6	54.4	43.0
2005	187423.4	99357.5	77856.8	10209.1	53.0	41.5
2006	222712.5	113103.8	92954.1	16654.6	50.8	41.7
2007	266599.2	132232.9	110943.2	23423.1	49.6	41.6
2008	315974.6	153422.5	138325.3	24226.8	48.6	43.8
2009	348775.1	169274.8	164463.2	15037.0	48.5	47.2
2010	402816.5	194115.0	193603.9	15097.6	48.2	48.1
2011	472619.2	232111.5	228344.3	12163.3	49.1	48.3
2012	529238.4	261832.8	252773.2	14632.4	49.5	47.8

注：资本形成率指资本形成总额占支出法国内生产总值的比重；最终消费率指最终消费支出占支出法国内生产总值的比重。

1—9 支出法国内生产总值结构

本表按当年价格计算

年份	最终消费支出								资本形成总额			
	绝对数（亿元）				构成				绝对数（亿元）		构成（资本形成总额=100）	
					最终消费支出=100		居民消费支出=100					
	居民消费支出	农村居民	城镇居民	政府消费支出	居民消费支出	政府消费支出	农村居民	城镇居民	固定资本形成总额	存货变动	固定资本形成总额	存货变动
1978	1759.1	1092.4	666.7	480.0	78.6	21.4	62.1	37.9	1073.9	304.0	77.9	22.1
1979	2011.5	1252.9	758.6	622.2	76.4	23.6	62.3	37.7	1153.1	325.8	78.0	22.0
1980	2331.2	1411.0	920.2	676.7	77.5	22.5	60.5	39.5	1322.4	277.3	82.7	17.3
1981	2627.9	1603.8	1024.1	733.6	78.2	21.8	61.0	39.0	1339.3	290.9	82.2	17.8
1982	2902.9	1787.5	1115.4	811.9	78.1	21.9	61.6	38.4	1503.2	281.0	84.3	15.7
1983	3231.1	2010.5	1220.6	895.3	78.3	21.7	62.2	37.8	1723.3	315.7	84.5	15.5
1984	3742.0	2312.1	1429.9	1104.3	77.2	22.8	61.8	38.2	2147.0	368.1	85.4	14.6
1985	4687.4	2809.6	1877.8	1298.9	78.3	21.7	59.9	40.1	2672.0	785.5	77.3	22.7
1986	5302.1	3059.2	2242.9	1519.7	77.7	22.3	57.7	42.3	3139.7	802.2	79.6	20.4
1987	6126.1	3428.9	2697.2	1678.5	78.5	21.5	56.0	44.0	3798.7	663.3	85.1	14.9
1988	7868.1	4174.0	3694.1	1971.4	80.0	20.0	53.0	47.0	4701.9	998.3	82.5	17.5
1989	8812.6	4545.7	4266.9	2351.6	78.9	21.1	51.6	48.4	4419.4	1913.3	69.8	30.2
1990	9450.9	4683.1	4767.8	2639.6	78.2	21.8	49.6	50.4	4827.8	1919.2	71.6	28.4
1991	10730.6	5082.0	5648.6	3361.3	76.1	23.9	47.4	52.6	6070.3	1797.7	77.2	22.8
1992	13000.1	5833.5	7166.6	4203.2	75.6	24.4	44.9	55.1	8513.7	1572.6	84.4	15.6
1993	16412.1	6858.0	9554.1	5487.8	74.9	25.1	41.8	58.2	13309.2	2408.5	84.7	15.3
1994	21844.2	8875.3	12968.9	7398.0	74.7	25.3	40.6	59.4	17312.7	3028.4	85.1	14.9
1995	28369.7	11271.6	17098.1	8378.5	77.2	22.8	39.7	60.3	20885.0	4585.1	82.0	18.0
1996	33955.9	13907.1	20048.8	9963.6	77.3	22.7	41.0	59.0	24048.1	4736.8	83.5	16.5
1997	36921.5	14575.8	22345.7	11219.1	76.7	23.3	39.5	60.5	25965.0	4003.0	86.6	13.4
1998	39229.3	14472.0	24757.3	12358.9	76.0	24.0	36.9	63.1	28569.0	2745.2	91.2	8.8
1999	41920.4	14584.1	27336.3	13716.5	75.3	24.7	34.8	65.2	30527.3	2424.2	92.6	7.4
2000	45854.6	15147.4	30707.2	15661.4	74.5	25.5	33.0	67.0	33844.4	998.4	97.1	2.9
2001	49435.9	15791.0	33644.9	17498.0	73.9	26.1	31.9	68.1	37754.5	2014.9	94.9	5.1
2002	53056.6	16271.7	36784.9	18759.9	73.9	26.1	30.7	69.3	43632.1	1932.9	95.8	4.2
2003	57649.8	16305.7	41344.1	20035.7	74.2	25.8	28.3	71.7	53490.7	2472.3	95.6	4.4
2004	65218.5	17689.9	47528.6	22334.1	74.5	25.5	27.1	72.9	65117.7	4050.7	94.1	5.9
2005	72958.7	19958.4	53000.3	26398.8	73.4	26.6	27.4	72.6	74232.9	3624.0	95.3	4.7
2006	82575.5	21786.0	60789.5	30528.4	73.0	27.0	26.4	73.6	87954.1	5000.0	94.6	5.4
2007	96332.5	24205.6	72126.9	35900.4	72.9	27.1	25.1	74.9	103948.6	6994.6	93.7	6.3
2008	111670.4	27677.3	83993.1	41752.1	72.8	27.2	24.8	75.2	128084.4	10240.9	92.6	7.4
2009	123584.6	29005.3	94579.3	45690.2	73.0	27.0	23.5	76.5	156679.8	7783.4	95.3	4.7
2010	140758.6	31974.6	108784.0	53356.3	72.5	27.5	22.7	77.3	183615.2	9988.7	94.8	5.2
2011	168956.6	38969.6	129987.0	63154.9	72.8	27.2	23.1	76.9	215682.0	12662.3	94.5	5.5
2012	190423.8	42310.4	148113.4	71409.0	72.7	27.3	22.2	77.8	241756.8	11016.4	95.6	4.4

1–10 三大需求对国内生产总值增长的贡献率和拉动

本表按当年价格计算

年份	最终消费支出		资本形成总额		货物和服务净出口	
	贡献率（%）	拉动（百分点）	贡献率（%）	拉动（百分点）	贡献率（%）	拉动（百分点）
1978	39.4	4.6	66.0	7.7	–5.4	–0.6
1980	71.8	5.6	26.4	2.1	1.8	0.1
1985	85.5	11.5	80.9	10.9	–66.4	–8.9
1990	47.8	1.8	1.8	0.1	50.4	1.9
1995	44.7	4.9	55.0	6.0	0.3	
2000	65.1	5.5	22.4	1.9	12.5	1.0
2001	50.2	4.2	49.9	4.1	–0.1	0.0
2002	43.9	4.0	48.5	4.4	7.6	0.7
2003	35.8	3.6	63.3	6.3	0.9	0.1
2004	39.0	3.9	54.0	5.5	7.0	0.7
2005	39.0	4.4	38.8	4.4	22.2	2.5
2006	40.3	5.1	43.6	5.5	16.1	2.1
2007	39.6	5.6	42.4	6.0	18.0	2.6
2008	44.2	4.2	47.0	4.5	8.8	0.9
2009	49.8	4.6	87.6	8.1	–37.4	–3.5
2010	43.1	4.5	52.9	5.5	4.0	0.4
2011	56.5	5.3	47.7	4.4	–4.2	–0.4
2012	55.0	4.2	47.1	3.6	–2.1	–0.1

注：1.三大需求指支出法国内生产总值的三大构成项目，即最终消费支出、资本形成总额、货物和服务净出口。

2.贡献率指三大需求增量与支出法国内生产总值增量之比。

3.拉动指国内生产总值增长速度与三大需求贡献率的乘积。

1-11 地区生产总值和指数

本表绝对数按当年价格计算，指数按不变价格计算。

地 区	地区生产总值（亿元）					指 数（上年=100）				
	2008	2009	2010	2011	2012	2008	2009	2010	2011	2012
北 京	11115.00	12153.03	14113.58	16251.93	17879.40	109.1	110.2	110.3	108.1	107.7
天 津	6719.01	7521.85	9224.46	11307.28	12893.88	116.5	116.5	117.4	116.4	113.8
河 北	16011.97	17235.48	20394.26	24515.76	26575.01	110.1	110.0	112.2	111.3	109.6
山 西	7315.40	7358.31	9200.86	11237.55	12112.83	108.5	105.4	113.9	113.0	110.1
内蒙古	8496.20	9740.25	11672.00	14359.88	15880.58	117.8	116.9	115.0	114.3	111.5
辽 宁	13668.58	15212.49	18457.27	22226.70	24846.43	113.4	113.1	114.2	112.2	109.5
吉 林	6426.10	7278.75	8667.58	10568.83	11939.24	116.0	113.6	113.8	113.8	112.0
黑龙江	8314.37	8587.00	10368.60	12582.00	13691.58	111.8	111.4	112.7	112.3	110.0
上 海	14069.87	15046.45	17165.98	19195.69	20181.72	109.7	108.2	110.3	108.2	107.5
江 苏	30981.98	34457.30	41425.48	49110.27	54058.22	112.7	112.4	112.7	111.0	110.1
浙 江	21462.69	22990.35	27722.31	32318.85	34665.33	110.1	108.9	111.9	109.0	108.0
安 徽	8851.66	10062.82	12359.33	15300.65	17212.05	112.7	112.9	114.6	113.5	112.1
福 建	10823.01	12236.53	14737.12	17560.18	19701.78	113.0	112.3	113.9	112.3	111.4
江 西	6971.05	7655.18	9451.26	11702.82	12948.88	113.2	113.1	114.0	112.5	111.0
山 东	30933.28	33896.65	39169.92	45361.85	50013.24	112.0	112.2	112.3	110.9	109.8
河 南	18018.53	19480.46	23092.36	26931.03	29599.31	112.1	110.9	112.5	111.9	110.1
湖 北	11328.92	12961.10	15967.61	19632.26	22250.45	113.4	113.5	114.8	113.8	111.3
湖 南	11555.00	13059.69	16037.96	19669.56	22154.23	113.9	113.7	114.6	112.8	111.3
广 东	36796.71	39482.56	46013.06	53210.28	57067.92	110.4	109.7	112.4	110.0	108.2
广 西	7021.00	7759.16	9569.85	11720.87	13035.10	112.8	113.9	114.2	112.3	111.3
海 南	1503.06	1654.21	2064.50	2522.66	2855.54	110.3	111.7	116.0	112.0	109.1
重 庆	5793.66	6530.01	7925.58	10011.37	11409.60	114.5	114.9	117.1	116.4	113.6
四 川	12601.23	14151.28	17185.48	21026.68	23872.80	111.0	114.5	115.1	115.0	112.6
贵 州	3561.56	3912.68	4602.16	5701.84	6852.20	111.3	111.4	112.8	115.0	113.6
云 南	5692.12	6169.75	7224.18	8893.12	10309.47	110.6	112.1	112.3	113.7	113.0
西 藏	394.85	441.36	507.46	605.83	701.03	110.1	112.4	112.3	112.7	111.8
陕 西	7314.58	8169.80	10123.48	12512.30	14453.68	116.4	113.6	114.6	113.9	112.9
甘 肃	3166.82	3387.56	4120.75	5020.37	5650.20	110.1	110.3	111.8	112.5	112.6
青 海	1018.62	1081.27	1350.43	1670.44	1893.54	113.5	110.1	115.3	113.5	112.3
宁 夏	1203.92	1353.31	1689.65	2102.21	2341.29	112.6	111.9	113.5	112.1	111.5
新 疆	4183.21	4277.05	5437.47	6610.05	7505.31	111.0	108.1	110.6	112.0	112.0

1—12　支出法地区生产总值（2012年）

本表按当年价格计算

地　区	支出法地区生产总值（亿元）				最终消费率（消费率）（%）	资本形成率（投资率）（%）
		最终消费支出	资本形成总额	货物和服务净流出		
北　京	17879.4	10655.1	7409.6	−185.3	59.6	41.4
天　津	12893.9	4879.4	9848.4	−1833.95	37.8	76.4
河　北	26575.0	11081.1	15244.6	249.28	41.7	57.4
山　西	12112.8	5506.1	8223.9	−1617.1	45.5	67.9
内蒙古	15880.6	6244.2	13442.1	−3805.7	39.3	84.6
辽　宁	24846.4	10073.2	15492.1	−718.9	40.5	62.4
吉　林	12688.4	4942.0	9136.2	−1389.9	38.9	72.0
黑龙江	13691.6	7260.5	8143.7	−1712.6	53.0	59.5
上　海	20181.7	11528.6	7674.8	978.3	57.1	38.0
江　苏	54058.2	22714.6	27258.1	4085.6	42.0	50.4
浙　江	34665.3	16509.4	15460.7	2695.2	47.6	44.6
安　徽	17212.1	8439.0	8855.8	−82.7	49.0	51.5
福　建	19701.8	7882.9	11304.8	514.1	40.0	57.4
江　西	12948.9	6314.3	6513.7	120.9	48.8	50.3
山　东	50013.2	20543.7	27551.5	1918.0	41.1	55.1
河　南	29599.3	13338.4	22060.0	−5799.1	45.1	74.5
湖　北	22659.4	9982.8	12554.7	121.9	44.1	55.4
湖　南	22154.2	10166.1	12488.8	−500.7	45.9	56.4
广　东	57067.9	29264.3	22871.9	4931.8	51.3	40.1
广　西	13035.1	6518.0	11068.5	−4551.3	50.0	84.9
海　南	2855.5	1386.3	2009.9	−540.6	48.5	70.4
重　庆	11409.6	5393.1	6341.4	−324.8	47.3	55.6
四　川	23872.8	11926.7	12496.0	−549.9	50.0	52.3
贵　州	6852.2	3950.6	4164.4	−1262.8	57.7	60.8
云　南	10309.5	6306.8	8576.4	−4573.6	61.2	83.2
西　藏	701.0	452.7	708.7	−460.3	64.6	101.1
陕　西	14453.7	6387.1	9915.2	−1848.6	44.2	68.6
甘　肃	5650.2	3328.0	3298.1	−975.8	58.9	58.4
青　海	1893.5	997.4	1719.3	−823.1	52.7	90.8
宁　夏	2341.3	1184.0	2086.9	−929.6	50.6	89.1
新　疆	7505.3	4262.5	5792.2	−2549.4	56.8	77.2

1－13 分地区资本形成总额及构成（2012年）

本表按当年价格计算

地 区	资本形成总额（亿元）	固定资本形成总额	存货变动	构成（资本形成总额=100）固定资本形成总额	存货变动
北 京	7409.6	7032.8	376.8	94.9	5.1
天 津	9848.4	9314.8	533.7	94.6	5.4
河 北	15244.6	15087.9	156.7	99.0	1.0
山 西	8223.9	7663.4	560.5	93.2	6.8
内蒙古	13442.1	12954.3	487.7	96.4	3.6
辽 宁	15492.1	15049.6	442.5	97.1	2.9
吉 林	9136.2	9235.0	–98.8	101.1	–1.1
黑龙江	8143.7	7824.1	319.6	96.1	3.9
上 海	7674.8	7012.5	662.3	91.4	8.6
江 苏	27258.1	26415.5	842.6	96.9	3.1
浙 江	15460.7	14607.6	853.2	94.5	5.5
安 徽	8855.8	8680.9	174.9	98.0	2.0
福 建	11304.8	10270.2	1034.6	90.8	9.2
江 西	6513.7	6301.1	212.5	96.7	3.3
山 东	27551.5	26808.9	742.7	97.3	2.7
河 南	22060.0	21667.8	392.3	98.2	1.8
湖 北	12554.7	12064.8	489.9	96.1	3.9
湖 南	12488.8	11990.7	498.2	96.0	4.0
广 东	22871.9	22033.8	838.0	96.3	3.7
广 西	11068.5	10547.4	521.1	95.3	4.7
海 南	2009.9	1947.9	62.0	96.9	3.1
重 庆	6341.4	6041.2	300.2	95.3	4.7
四 川	12496.0	12096.2	399.8	96.8	3.2
贵 州	4164.4	4067.3	97.1	97.7	2.3
云 南	8576.4	7949.5	626.9	92.7	7.3
西 藏	708.7	709.1	–0.5	100.1	–0.1
陕 西	9915.2	9700.1	215.1	97.8	2.2
甘 肃	3298.1	3128.7	169.4	94.9	5.1
青 海	1719.3	1895.7	–176.5	110.3	–10.3
宁 夏	2086.9	1967.2	119.7	94.3	5.7
新 疆	5792.2	5477.6	314.6	94.6	5.4

1—14　全社会固定资产投资主要指标

指　　标	2011	2012	2012年比上年增长（%）
投资总额（亿元）	**311485.1**	**374694.7**	**20.3**
按构成分			
建筑安装工程	200195.7	243617.5	21.7
设备工具器具购置	65152.3	77724.1	19.3
其他费用	46137.1	53353.1	15.6
按三次产业分			
第一产业	8757.8	10996.4	25.6
第二产业	132476.7	158262.5	19.5
第三产业	170250.6	205435.8	20.7
本年实际到位资金小计（亿元）	**345984.2**	**409675.6**	**18.4**
国家预算资金	14843.3	18958.7	27.7
国内贷款	46344.5	51593.5	11.3
利用外资	5062.0	4468.8	-11.7
自筹资金	229346.8	277792.4	21.1
其他资金	50387.5	56862.4	12.9
建设规模（亿元）			
建设总规模	944674.6	1135913.2	20.2
在建总规模	725708.0	870228.7	19.9
在建净规模	347240.5	407020.3	17.2
房屋建筑面积（万平方米）			
施工面积	1035518.9	1167238.4	12.7
#住宅	574909.9	614990.6	7.0
竣工面积	329073.3	335503.6	2.0
#住宅	197452.2	195102.9	-1.2

注：1.投资实际到位资金为财务拨款数，各项相加不等于投资总额。

2.增长速度未扣除价格因素（以下各表同）。

1—15 全社会固定资产投资建设总规模

单位：亿元

年 份 地 区	全社会固定资产投资			城镇固定资产投资		
	建设总规模	在建总规模	在建净规模	建设总规模	在建总规模	在建净规模
1995	62978.5	52026.7	26239.6	56212.4	47651.1	23871.9
1996	75188.0	61930.7	31876.7	67105.8	56584.4	29074.5
1997	81764.4	67126.6	33289.8	72961.9	61379.8	30234.2
1998	90449.9	74138.2	36186.6	81301.8	68223.3	32953.3
1999	96183.1	77120.2	36704.3	86717.2	70997.5	33361.1
2000	102129.2	79951.1	37288.4	91641.7	73255.2	33496.8
2001	118302.6	95244.0	49400.7	106854.6	88031.7	45164.9
2002	135312.8	108684.1	57505.9	122413.7	100673.0	52618.0
2003	163347.6	131733.0	69740.9	147038.7	121978.1	63187.0
2004	212275.1	175652.6	92728.5	192739.3	167566.0	84641.9
2005	270926.7	215349.7	116320.9	247510.3	205611.8	106583.0
2006	326297.6	254062.3	124872.6	299682.1	241300.0	118490.0
2007	396409.0	310890.3	150463.0	366270.3	296935.4	144032.8
2008	498441.0	388122.0	184516.6	462788.0	372392.6	177745.8
2009	647024.1	500444.4	246082.2	600131.6	479246.0	236219.7
2010	(819579.8)	(634643.2)	(309461.0)	(760844.4)	(606760.9)	(295786.2)
	777312.7	618982.2	301424.1	769426.7	618982.2	301424.1
2011	944674.6	725708.0	347240.5	935585.6	725708.0	347240.5
2012	1135913.2	870228.7	407020.3	1126072.6	870228.7	407020.3
北 京	32474.1	29414.4	10751.2	32426.6	29414.4	10751.2
天 津	29619.5	24945.2	10732.8	29598.0	24945.2	10732.8
河 北	57483.3	42515.7	21968.5	56926.7	42515.7	21968.5
山 西	26453.9	19778.9	9406.9	26175.5	19778.9	9406.9
内蒙古	32411.3	23982.4	10962.7	32285.3	23982.4	10962.7
辽 宁	62838.3	46553.8	21877.3	62537.4	46553.8	21877.3
吉 林	20148.7	12753.6	5784.1	19899.4	12753.6	5784.1
黑龙江	23112.2	15676.8	7502.4	22792.9	15676.8	7502.4
上 海	28047.8	25384.3	9246.1	28044.9	25384.3	9246.1
江 苏	85798.9	60653.2	29458.2	85418.4	60653.2	29458.2
浙 江	61533.3	49981.8	22142.6	60979.9	49981.8	22142.6
安 徽	42036.1	31336.5	14991.6	41554.1	31336.5	14991.6
福 建	38643.3	30403.2	12686.3	38385.9	30403.2	12686.3
江 西	23361.1	13879.2	6834.3	22965.3	13879.2	6834.3
山 东	72291.1	49349.5	23172.4	71354.9	49349.5	23172.4
河 南	57895.2	41569.9	23375.0	57003.8	41569.9	23375.0
湖 北	44218.2	33740.2	15723.1	43788.6	33740.2	15723.1
湖 南	36730.6	26243.7	11951.2	36173.7	26243.7	11951.2
广 东	77655.9	62955.3	29912.8	77154.6	62955.3	29912.8
广 西	27232.4	20329.2	9209.7	26769.0	20329.2	9209.7
海 南	9519.7	8207.8	4362.8	9438.7	8207.8	4362.8
重 庆	31238.4	24877.9	11151.3	31112.6	24877.9	11151.3
四 川	48983.8	35453.8	16153.8	48474.2	35453.8	16153.8
贵 州	19862.6	17153.2	8948.4	19649.7	17153.2	8948.4
云 南	26669.8	21682.2	10013.1	26392.2	21682.2	10013.1
西 藏	1590.1	1188.6	534.0	1590.1	1188.6	534.0
陕 西	36573.1	28609.2	14351.8	36234.4	28609.2	14351.8
甘 肃	12723.2	9195.9	4544.6	12618.2	9195.9	4544.6
青 海	7172.4	5987.0	3089.6	7097.6	5987.0	3089.6
宁 夏	7908.7	6628.6	3524.0	7844.9	6628.6	3524.0
新 疆	22370.2	18481.9	11323.9	22069.4	18481.9	11323.9
不分地区	31315.7	31315.7	11333.7	31315.7	31315.7	11333.7

1-16 全社会固定资产投资和全社会住宅投资

单位：亿元

年份 地区	全社会投资	城镇	#房地产开发	全社会住宅投资	城镇	#房地产
1995	20019.3	15643.7	3149.0	4736.7	3278.2	1753.1
1996	(22974.0)	(17627.7)	(3216.4)	5198.5	3326.2	1699.2
	22913.5	17567.2	3216.4			
1997	24941.1	19194.2	3178.4	5370.7	3319.7	1539.4
1998	28406.2	22491.4	3614.2	6393.8	4310.8	2081.6
1999	29854.7	23732.0	4103.2	7058.8	5050.9	2638.5
2000	32917.7	26221.8	4984.1	7594.1	5435.3	3312.0
2001	37213.5	30001.2	6344.1	8339.1	6261.5	4216.7
2002	43499.9	35488.8	7790.9	9407.1	7248.9	5227.8
2003	55566.6	45811.7	10153.8	10792.3	8624.8	6776.7
2004	70477.4	59028.2	13158.3	13464.1	11010.1	8837.0
2005	88773.6	75095.1	15909.2	15427.2	12825.8	10860.9
2006	109998.2	93368.7	19422.9	19333.1	16305.5	13638.4
2007	137323.9	117464.5	25288.8	25005.0	21238.3	18005.4
2008	172828.4	148738.3	31203.2	30881.2	26516.0	22440.9
2009	224598.8	193920.4	36241.8	36428.2	30512.7	25613.7
2010	(278121.9)	(241430.9)	(48259.4)	(45936.1)	(39473.7)	(34026.2)
	251683.8	243797.8	48259.4	45027.0	39763.1	34026.2
2011	311485.1	302396.1	61796.9	57824.4	51773.4	44319.5
2012	374694.7	364854.1	71803.8	64412.8	57844.3	49374.2
北京	6112.4	6064.9	3153.4	1873.0	1833.6	1628.0
天津	7934.8	7913.3	1260.0	1082.4	1072.4	843.1
河北	19661.3	19104.6	3086.5	3073.6	2708.4	2317.1
山西	8863.3	8584.9	1010.5	1467.0	1281.0	735.6
内蒙古	11875.7	11749.8	1291.4	1148.6	1123.3	845.6
辽宁	21836.3	21535.4	5455.8	4201.1	4022.8	3961.9
吉林	9511.5	9262.2	1310.0	1109.7	1063.0	987.7
黑龙江	9694.7	9375.4	1535.8	1480.7	1402.7	1122.5

续表

年份 地区	全社会投资	城镇	#房地产开发	全社会住宅投资	城镇	#房地产
上海	5117.6	5114.6	2381.4	1457.6	1455.1	1451.9
江苏	30854.2	30473.7	6206.1	5051.2	4837.5	4354.6
浙江	17649.4	17096.0	5226.3	4318.5	3860.1	3436.7
安徽	15425.8	14943.8	3151.6	2738.0	2385.2	2059.3
福建	12439.9	12182.5	2824.1	2135.4	1931.3	1752.0
江西	10774.2	10378.4	969.6	1233.0	933.3	684.2
山东	31256.0	30319.8	4708.3	4815.3	4279.0	3473.2
河南	21450.0	20558.6	3035.3	3332.3	2579.0	2203.1
湖北	15578.3	15148.7	2539.5	2213.3	1904.1	1698.4
湖南	14523.2	13966.3	2210.5	2194.2	1732.4	1572.7
广东	18751.5	18250.1	5352.8	4344.5	3972.4	3705.0
广西	9808.6	9345.2	1554.9	1503.8	1178.8	1069.6
海南	2145.4	2064.4	886.6	860.0	791.2	725.3
重庆	8736.2	8610.4	2508.4	1946.9	1878.0	1706.8
四川	17040.0	16530.3	3266.4	3046.3	2714.6	2197.7
贵州	5717.8	5504.9	1467.6	1164.9	1006.3	930.3
云南	7831.1	7553.5	1782.1	1606.7	1432.0	1152.5
西藏	670.5	670.5	6.9	39.0	39.0	4.3
陕西	12044.5	11705.8	1835.9	2362.3	2131.0	1477.6
甘肃	5145.0	5040.0	561.0	751.3	679.2	412.5
青海	1883.4	1808.7	189.7	316.3	254.9	141.1
宁夏	2096.9	2033.0	429.2	360.8	322.6	279.5
新疆	6158.8	5858.0	606.1	1130.9	985.9	444.3
不分地区	6106.4	6106.4		54.1	54.1	

注：1.1995—1996年，除房地产投资、农村集体投资、个人投资以外，投资统计的起点为5万元；自1997年起，除房地产投资、农村集体投 资、个人投资以外，投资统计的起点由5万元提高到50万元；自2011年起，除房地产投资、农村个人投资外，固定资产投资的统计起点由50万元提高至500万元；城镇固定资产投资数据发布口径改为固定资产投资(不含农户)，固定资产投资(不含农户)等于原口径的城镇固定资产投资加上农村企事业组织的项目投资(以下有关各表同)。

2.为便于比较，对1996年、2010年的相应数据作了调整，这两年数据中括号内为原口径数，未加括号的为调整后的新口径数。新口径数据中，1996年为50万元起点以上数；2010年为500万元起点以上数，同时其中的城镇固定资产投资数据发布口径改为固定资产投资（不含农户）(以下有关各表同)。

1-17　全社会固定资产投资实际到位资金和按构成分固定资产投资

年　份	实际到位资金				投资按构成分		
	国家预算资金	国内贷款	利用外资	自筹和其他资金	建筑安装工程	设备工器具购置	其他费用
总量（亿元）							
1981	269.8	122.0	36.4	532.9	689.8	223.6	47.5
1982	279.3	176.1	60.5	714.5	871.1	291.4	67.9
1983	339.7	175.5	66.6	848.3	993.3	358.3	78.4
1984	421.0	258.5	70.7	1082.7	1217.6	509.2	106.1
1985	407.8	510.3	91.5	1533.6	1655.5	718.1	169.7
1986	455.6	658.5	137.3	1869.2	2059.7	852.0	209.0
1987	496.6	872.0	182.0	2241.1	2475.7	1038.8	277.3
1988	432.0	977.8	275.3	2968.7	3099.7	1305.4	348.8
1989	366.1	763.0	291.1	2990.3	2994.6	1115.8	300.0
1990	393.0	885.5	284.6	2954.4	3008.7	1165.5	342.7
1991	380.4	1314.7	318.9	3580.4	3647.7	1460.2	486.6
1992	347.5	2214.0	468.7	5050.0	5163.4	2125.1	791.6
1993	483.7	3072.0	954.3	8562.4	8201.2	3315.9	1555.2
1994	529.6	3997.6	1769.0	11531.0	10786.5	4328.3	1928.1
1995	621.1	4198.7	2295.9	13409.2	13173.3	4262.5	2583.5
1996	(629.7)	(4576.5)	(2747.4)	(15465.4)	(15153.4)	(4940.8)	(2879.8)
	625.9	4573.7	2746.6	15412.4	15109.3	4926.0	2878.3
1997	696.7	4782.6	2683.9	17096.5	15614.0	6044.8	3282.3
1998	1197.4	5542.9	2617.0	19359.6	17874.5	6528.5	4003.1
1999	1852.1	5725.9	2006.8	20169.7	18795.9	7053.0	4005.7
2000	2109.5	6727.3	1696.3	22577.4	20536.3	7785.6	4595.9
2001	2546.4	7239.8	1730.7	26470.0	22954.9	8833.8	5424.8
2002	3161.0	8859.1	2085.0	30941.9	26578.9	9884.5	7036.6
2003	2687.8	12044.4	2599.4	41284.8	33447.2	12681.9	9437.5
2004	3254.9	13788.0	3285.7	54236.3	42803.6	16527.0	11146.8
2005	4154.3	16319.0	3978.8	70138.7	53382.6	21422.9	13968.1
2006	4672.0	19590.5	4334.3	90360.2	66775.8	25563.9	17658.4
2007	5857.1	23044.2	5132.7	116769.7	83518.3	31574.8	22230.9
2008	7954.8	26443.7	5311.9	143204.9	104958.9	40594.1	27275.5
2009	12685.7	39302.8	4623.7	193617.4	138758.3	50844.2	34996.2
2010	(14677.8)	(47258.0)	(4986.8)	(244041.7)	(171351.8)	(61681.5)	(45088.5)
	13012.7	44020.8	4703.6	224042.0	155580.5	53842.8	42260.5
2011	14843.3	46344.5	5062.0	279734.4	200195.7	65152.3	46137.1

续表

年　份	实际到位资金				投资按构成分		
	国家预算资金	国内贷款	利用外资	自筹和其他资金	建筑安装工程	设备工器具购置	其他费用
2012	18958.7	51593.5	4468.8	334654.7	243617.5	77724.1	53353.1
构成（%）							
1981	28.1	12.7	3.8	55.4	71.8	23.3	4.9
1982	22.7	14.3	4.9	58.1	70.8	23.7	5.5
1983	23.8	12.3	4.7	59.2	69.5	25.1	5.4
1984	23.0	14.1	3.9	59.0	66.4	27.8	5.8
1985	16.0	20.1	3.6	60.3	65.1	28.2	6.7
1986	14.6	21.1	4.4	59.9	66.0	27.3	6.7
1987	13.1	23.0	4.8	59.1	65.3	27.4	7.3
1988	9.3	21.0	5.9	63.8	65.2	27.5	7.3
1989	8.3	17.3	6.6	67.8	67.9	25.3	6.8
1990	8.7	19.6	6.3	65.4	66.6	25.8	7.6
1991	6.8	23.5	5.7	64.0	65.2	26.1	8.7
1992	4.3	27.4	5.8	62.5	63.9	26.3	9.8
1993	3.7	23.5	7.3	65.5	62.7	25.4	11.9
1994	3.0	22.4	9.9	64.7	63.3	25.4	11.3
1995	3.0	20.5	11.2	65.3	65.8	21.3	12.9
1996	2.7	19.6	11.8	66.0	66.0	21.5	12.5
1997	2.8	18.9	10.6	67.7	62.6	24.2	13.2
1998	4.2	19.3	9.1	67.4	62.9	23.0	14.1
1999	6.2	19.2	6.7	67.8	63.0	23.6	13.4
2000	6.4	20.3	5.1	68.2	62.4	23.7	13.9
2001	6.7	19.1	4.6	69.6	61.7	23.7	14.6
2002	7.0	19.7	4.6	68.7	61.1	22.7	16.2
2003	4.6	20.5	4.4	70.5	60.2	22.8	17.0
2004	4.4	18.5	4.4	72.7	60.7	23.5	15.8
2005	4.4	17.3	4.2	74.1	60.1	24.1	15.7
2006	3.9	16.5	3.6	76.0	60.7	23.2	16.1
2007	3.9	15.3	3.4	77.4	60.8	23.0	16.2
2008	4.3	14.5	2.9	78.3	60.7	23.5	15.8
2009	5.1	15.7	1.8	77.4	61.8	22.6	15.6
2010	4.7	15.2	1.6	78.5	61.6	22.2	16.2
2011	4.3	13.4	1.5	80.9	64.3	20.9	14.8
2012	4.6	12.6	1.1	81.7	65.0	20.7	14.2

1—18　全社会固定资产投资实际到位资金

单位：亿元

年　份 地　区	本年实际到位 资金小计	国家预算 资　　金	国内贷款	利用外资	自筹资金	其他资金
1995	20524.9	621.1	4198.7	2295.9	10647.9	2761.3
1996	(23419.0)	(629.7)	(4576.5)	(2747.4)	(11197.4)	(4388.4)
	23358.6	625.9	4573.7	2746.6	11151.0	4261.4
1997	25259.7	696.7	4782.6	2683.9	12556.1	4540.4
1998	28716.9	1197.4	5542.9	2617.0	14015.6	5344.2
1999	29754.6	1852.1	5725.9	2006.8	14638.1	5531.6
2000	33110.3	2109.5	6727.3	1696.3	16317.3	6260.1
2001	37987.0	2546.4	7239.8	1730.7	18914.0	7556.1
2002	45046.9	3161.0	8859.1	2085.0	22816.7	8125.2
2003	58616.3	2687.8	12044.4	2599.4	31449.8	9834.9
2004	74564.9	3254.9	13788.0	3285.7	41272.6	12963.7
2005	94590.8	4154.3	16319.0	3978.8	55105.8	15033.0
2006	118957.0	4672.0	19590.5	4334.3	71076.5	19283.7
2007	150803.6	5857.1	23044.2	5132.7	91373.2	25396.4
2008	182915.3	7954.8	26443.7	5311.9	118510.4	24694.4
2009	250229.7	12685.7	39302.8	4623.7	153514.8	40102.6
2010	(310964.2)	(14677.8)	(47258.0)	(4986.8)	(197099.2)	(46942.4)
	285779.2	13012.7	44020.8	4703.6	178744.3	45297.7
2011	345984.2	14843.3	46344.5	5062.0	229346.8	50387.5
2012	409675.6	18958.7	51593.5	4468.8	277792.4	56862.4
北　京	8870.8	121.6	2136.4	22.2	3300.5	3290.1
天　津	8853.6	103.7	1753.7	84.2	5870.0	1041.9
河　北	20106.0	472.9	1207.4	98.7	16658.1	1668.9
山　西	8311.7	455.8	868.7	22.9	6285.1	679.2
内蒙古	12174.6	486.5	1410.9	22.2	9647.2	607.8

续表

年份 地区	本年实际到位资金小计	国家预算资金	国内贷款	利用外资	自筹资金	其他资金
辽宁	24225.6	1006.0	3422.3	358.7	17080.9	2357.7
吉林	9696.4	256.5	436.9	55.4	8202.6	745.1
黑龙江	10400.5	480.7	470.8	28.5	8509.9	910.5
上海	6961.2	371.9	1530.4	164.5	3255.9	1638.4
江苏	36552.9	424.8	4646.9	1182.4	25033.4	5265.3
浙江	19243.6	928.2	2784.6	211.7	11529.9	3789.2
安徽	16587.8	863.2	1534.9	111.4	11750.9	2327.4
福建	13850.7	1139.8	1732.0	351.9	8035.6	2591.4
江西	12103.1	517.6	843.6	92.4	9255.9	1393.6
山东	33538.2	649.0	3238.3	405.7	25804.6	3440.5
河南	21710.1	412.0	2494.9	78.1	16789.8	1935.3
湖北	16884.5	636.3	2004.2	137.7	12238.9	1867.3
湖南	15989.5	903.2	1560.0	180.2	11200.9	2145.3
广东	22005.9	930.8	3234.2	572.2	12604.6	4664.1
广西	10506.8	432.1	1308.2	35.7	7252.6	1478.3
海南	2755.8	104.4	704.3	29.9	1353.3	563.9
重庆	10312.0	411.6	1790.1	59.9	5608.9	2441.5
四川	18204.0	1684.5	2073.0	41.3	11639.2	2765.9
贵州	5949.1	466.5	1168.5	9.6	3394.1	910.4
云南	8047.5	675.4	1248.0	17.8	4676.1	1430.1
西藏	696.7	388.4	25.5	6.5	199.9	76.3
陕西	13222.3	966.7	938.0	34.3	9830.4	1452.8
甘肃	5365.8	670.1	733.6	15.6	3412.6	533.9
青海	1982.7	369.0	426.2	2.5	972.1	212.9
宁夏	1998.3	177.0	459.9	5.1	1074.4	282.0
新疆	6572.9	816.5	888.7	9.1	3974.5	884.2
不分地区	5995.5	635.9	2518.6	20.7	1349.0	1471.1

1-19 按主要行业分的全社会固定资产投资

单位：亿元

年份 地区	合计	农、林、牧、渔业	采矿业	制造业	电力、热力、燃气及水生产和供应业	建筑业	批发和零售业	交通运输、仓储和邮政业	住宿和餐饮业	信息传输、软件和信息技术服务业	金融业
2003	55566.6	1652.3	1775.2	14689.5	3962.4	924.4	922.7	6289.4	423.0	1660.7	90.2
2004	70477.4	1890.7	2395.9	19585.5	5795.1	964.0	1273.0	7646.2	560.8	1657.7	136.0
2005	88773.6	2323.7	3587.4	26576.0	7554.4	1119.0	1716.4	9614.0	808.8	1581.8	109.5
2006	109998.2	2749.9	4678.4	34089.5	8585.7	1125.5	2265.3	12138.1	1095.7	1875.9	121.4
2007	137323.9	3403.5	5878.8	44505.1	9467.6	1302.3	2880.3	14154.0	1519.4	1848.1	157.6
2008	172828.4	5064.5	7705.8	56702.4	10997.2	1555.9	3741.8	17024.4	1959.2	2162.6	260.6
2009	224598.8	6894.9	9210.8	70612.9	14434.6	1992.5	5132.8	24974.7	2625.4	2589.0	360.2
2010	278121.9	7923.1	11000.9	88619.2	15679.7	2802.2	6032.2	30074.5	3366.8	2454.5	489.4
2011	311485.1	8757.8	11747.0	102712.9	14659.7	3357.1	7439.4	28291.7	3956.6	2174.4	638.7
2012	374694.7	10996.4	13300.8	124550.0	16672.7	3739.0	9810.7	31444.9	5153.5	2692.0	923.9
北京	6112.4	127.3	4.3	414.5	215.8	8.7	27.8	696.4	55.3	162.0	26.6
天津	7934.8	198.7	199.0	2319.9	283.9	48.6	243.9	729.9	70.5	75.3	21.4
河北	19661.3	804.4	620.5	8008.9	713.4	44.2	658.3	1543.3	214.7	88.8	24.4
山西	8863.3	381.4	1581.7	1941.6	606.5	16.9	195.9	1013.4	60.7	35.6	2.0
内蒙古	11875.7	591.7	1116.4	3829.4	1036.5	86.4	284.4	1148.0	104.7	83.1	25.2
辽宁	21836.3	601.4	683.7	7493.1	776.2	469.4	763.1	1070.1	428.5	133.1	63.9
吉林	9511.5	379.8	547.8	4150.3	413.9	49.1	410.9	547.3	104.7	69.7	14.5
黑龙江	9694.7	757.3	596.0	3026.9	519.6	176.0	329.6	519.3	91.5	124.6	31.6
上海	5117.6	11.0	0.4	1080.6	163.0	1.5	62.1	460.8	33.3	121.3	49.2
江苏	30854.2	251.9	85.6	14792.5	839.9	79.4	713.2	1397.1	475.7	266.0	93.3
浙江	17649.4	200.1	33.0	5333.7	727.9	27.9	322.9	1349.7	212.9	111.0	92.9
安徽	15425.8	379.4	389.8	6072.5	436.6	56.6	358.1	585.8	215.4	72.8	62.6
福建	12439.9	241.9	163.0	3765.5	621.9	50.4	206.9	1441.9	204.2	143.3	30.1
江西	10774.2	346.5	265.5	5363.1	294.3	103.3	411.4	474.1	254.1	50.6	24.7
山东	31256.0	900.4	570.3	12713.7	705.7	490.1	1276.2	1657.2	444.8	91.2	51.6
河南	21450.0	825.9	690.8	9782.3	555.9	12.8	526.7	927.9	217.2	46.8	14.8
湖北	15578.3	531.4	283.7	6250.1	402.9	40.4	409.8	1266.6	193.8	86.4	45.0
湖南	14523.2	499.2	524.6	4948.1	465.5	154.4	417.8	1122.3	183.9	59.6	44.1
广东	18751.5	340.6	82.6	4923.9	1019.0	37.4	479.6	1729.7	390.5	341.5	81.6
广西	9808.6	370.5	322.0	3238.8	462.8	27.7	269.4	925.8	161.3	92.8	23.0
海南	2145.4	40.8	30.2	191.6	114.7	57.8	47.9	143.2	187.0	34.9	0.6
重庆	8736.2	375.4	167.7	2268.6	372.9	48.6	112.3	835.0	59.5	80.4	2.5
四川	17040.0	443.0	465.7	4327.5	1281.0	33.7	324.9	2086.6	253.6	66.5	46.4
贵州	5717.8	79.0	279.8	1020.3	253.3	10.9	76.3	756.2	47.0	6.4	
云南	7831.1	204.3	363.0	1223.4	952.0	6.0	234.9	780.5	168.2	59.7	4.9
西藏	670.5	24.2	43.0	44.8	90.7	38.8	14.8	136.6	24.7	12.7	2.4
陕西	12044.5	496.1	1041.8	2338.6	371.2	581.2	337.5	805.4	171.4	86.3	29.0
甘肃	5145.0	171.1	339.5	970.9	634.2	793.2	138.7	306.6	61.9	32.2	11.0
青海	1883.4	74.5	84.4	505.2	235.6	62.0	18.1	232.0	11.4	2.0	0.9
宁夏	2096.9	71.8	151.5	628.1	226.3	31.3	53.6	113.3	13.2	11.5	0.7
新疆	6158.8	275.6	747.9	1581.5	773.7	94.1	83.7	437.2	38.0	43.9	3.0
不分地区	6106.4		825.6		105.5			4205.5			

续表

年份 地区	房地产业	租赁和商务服务业	科学研究和技术服务业	水利、环境和公共设施管理业	居民服务、修理和其他服务业	教育	卫生和社会工作	文化、体育和娱乐业	公共管理、社会保障和社会组织	国际组织
2003	13143.4	375.5	285.8	4365.8	241.6	1671.1	405.8	531.5	2153.7	2.5
2004	16678.9	420.8	333.1	5071.7	313.7	2024.8	516.7	773.4	2437.4	2.0
2005	19505.3	549.6	435.1	6274.3	363.5	2209.2	661.8	857.0	2926.8	0.2
2006	24524.4	725.6	495.3	8152.7	389.5	2270.2	769.0	955.4	2990.5	0.1
2007	32438.9	949.3	560.0	10154.3	434.7	2375.6	885.0	1243.4	3166.1	
2008	40441.8	1355.9	782.0	13534.3	522.0	2523.8	1155.6	1589.9	3748.5	0.3
2009	49358.5	2036.2	1200.8	19874.4	801.9	3521.2	1858.6	2383.4	4735.9	0.2
2010	64877.3	2692.6	1379.3	24827.6	1114.1	4033.6	2119.0	2959.4	5676.6	
2011	81686.1	3382.8	1679.8	24523.1	1443.3	3894.6	2330.3	3162.0	5647.8	
2012	99159.3	4700.4	2475.8	29621.6	1905.0	4613.0	2617.1	4271.3	6047.4	
北京	3491.1	36.6	128.7	402.9	18.1	95.0	44.2	78.9	78.0	
天津	1824.6	588.4	48.9	917.9	52.9	73.8	63.0	90.7	83.5	
河北	4656.5	210.8	110.4	1200.2	71.3	208.9	111.8	213.8	156.7	
山西	1856.7	25.9	34.9	742.0	15.3	168.5	54.3	83.1	46.8	
内蒙古	1866.4	79.6	53.1	996.0	36.0	111.0	67.5	125.7	234.5	
辽宁	6006.7	369.8	161.2	1677.4	210.1	196.2	161.9	282.6	287.9	
吉林	1545.3	48.1	59.7	760.5	59.6	66.1	69.6	83.4	131.2	
黑龙江	2004.9	84.2	83.5	787.8	54.8	103.4	78.6	135.7	189.7	
上海	2402.3	136.1	39.5	338.3	4.9	50.9	56.9	90.6	14.9	
江苏	7746.8	678.2	324.8	1897.5	154.6	301.7	156.6	329.1	270.3	
浙江	6788.9	222.0	58.9	1383.6	33.9	199.8	125.2	207.7	217.3	
安徽	4459.1	151.8	141.3	1273.6	46.4	204.0	107.7	158.0	254.4	
福建	3643.4	149.6	22.5	1072.6	30.8	194.9	73.0	186.5	197.5	
江西	1679.6	121.9	38.5	827.2	69.8	137.8	74.6	97.8	139.3	
山东	7552.1	363.8	399.8	1467.5	391.7	333.0	190.9	700.0	956.0	
河南	5363.6	84.7	75.5	1497.2	123.1	278.1	160.0	182.3	84.2	
湖北	3510.6	227.7	81.4	1231.4	52.5	148.8	131.2	163.4	521.2	
湖南	3319.2	296.6	116.8	1413.2	84.5	212.7	111.9	113.5	435.2	
广东	6789.3	175.0	118.2	1526.4	29.4	299.0	140.8	153.9	93.0	
广西	2209.6	135.3	34.0	995.7	58.5	175.6	80.9	113.0	111.7	
海南	1030.8	15.7	5.0	154.6	4.8	31.1	21.7	20.2	12.9	
重庆	2991.4	92.0	15.9	858.5	68.1	109.3	52.7	115.3	110.0	
四川	5017.5	110.9	60.2	1801.8	60.3	202.2	149.9	162.8	145.4	
贵州	1859.3	30.6	8.8	1069.8	10.5	117.2	19.6	50.7	22.1	
云南	2447.4	53.2	30.4	787.7	27.0	184.9	70.5	114.3	118.8	
西藏	58.0	10.5	3.2	46.9	4.7	18.4	7.9	14.1	74.0	
陕西	3733.8	113.9	119.4	959.2	66.9	166.1	133.9	91.0	401.8	
甘肃	915.2	28.6	32.6	367.5	43.7	64.8	38.2	52.6	142.7	
青海	378.1	31.4	3.1	76.0	1.2	46.2	14.9	19.3	86.9	
宁夏	597.2	8.0	1.0	108.3	10.0	29.1	11.1	8.0	23.0	
新疆	1413.8	19.4	17.9	329.7	9.5	84.2	36.3	33.0	136.4	
不分地区			46.8	652.9					270.1	

1-20 新增主要产品生产能力

能力名称	2008	2009	2010	2011	2012
原煤开采 (万吨/年)	23059	32006	38706	41281	39852
焦炭 (万吨/年)	4203	6327	7729	7078	6125
天然原油开采 (万吨/年)	1765	2559	3553	3490	2494
天然气开采 (亿立方米/年)	61	20	189	315	274
铁矿开采(原矿)(万吨/年)	8212	6824	13333	16256	20297
生铁 (万吨/年)	2144	4099	1939	3471	3662
粗钢 (万吨/年)	2255	2912	1355	2481	1853
铜采矿(原矿) (万吨/年)	1458	1930	2142	2022	3882
铜选矿					
处理原矿 (万吨/年)	319	798	1110	1322	3208
铜含量 (吨/年)	3590	9206	48707	37470	47765
铜冶炼 (吨/年)	1161856	1126581	1543482	1828610	1460564
#电解铜 (吨/年)	313806	594406	669100	712000	686934
铅锌采矿(原矿)(万吨/年)	1462	1879	1775	3365	3659
铅锌选矿					
处理原矿 (万吨/年)	900	696	1908	1556	1538
产出铅精矿含铅量(吨/年)	105331	84819	171634	174629	185335
产出锌精矿含锌量(吨/年)	123939	66624	133520	65305	215587
铅冶炼 (吨/年)	616698	892551	1007309	776874	865966
#电解铅 (吨/年)	327880	212500	259073	401530	341200
锌冶炼 (吨/年)	450197	667332	1271247	842220	658180
#电解锌 (吨/年)	72200	251400	690112	605000	460400
氧化铝 (吨/年)	2682830	1950800	3466170	1653240	1641524
电解铝 (吨/年)	215260	695714	1581992	2073348	2861219
水力发电 (万千瓦)	2515	2487	1450	1477	2200
火力发电 (万千瓦)	5705	5043	5311	5608	3755
核能发电 (万千瓦)	293	116	515	175	310
风能发电 (万千瓦)				2027	1783
其他发电 (万千瓦)	974	1612	1922	514	923
水泥 (万吨/年)	23547	37960	43612	36946	36095

续表

能力名称	2008	2009	2010	2011	2012
平板玻璃 （万重量箱/年）	15936	10180	17752	9009	8325
电石 （吨/年）	2526438	1342986	2110015	3628297	4158718
氮肥 （吨/年）	4648925	6336714	5571774	4327923	5794220
磷肥 （吨/年）	1665438	3575323	2084227	1635817	2304059
钾肥 （吨/年）	654148	1074772	1155773	1752160	2262290
塑料树脂及共聚物（吨/年）	3290095	1937934	6449426	4216587	6839554
轮胎外胎 （万条/年）	5913	3519	6697	9744	12562
轮胎内胎 （万条/年）	4137	7082	4739	2055	2668
载货汽车制造 （辆/年）	92900	275650	134600	290578	244871
客车制造 （辆/年）	43500	58740	211020	371708	393728
轿车制造 （辆/年）	830603	1760565	855453	1226339	1366160
其他汽车制造 （辆/年）	77757	121300	109837	209992	212052
电视机 （万部/年）	514	300	327	384	569
化学纤维 （吨/年）	2817572	1923430	2120522	4835546	4053366
棉纺锭 （锭）	9816359	10249173	9730125	11104767	11616127
毛纺锭 （锭）	352621	161190	203285	357351	108914
啤酒 （万吨/年）	551	240	290	376	379
白酒 （万吨/年）	179	182	175	199	290
其他酒 （万吨/年）	44	67	56	26	47
卷烟 （箱/年）	820000	1315007	1083600	1097000	1320000
机制纸浆 （万吨/年）	192	267	234	214	190
家用电冰箱 （万台/年）	1091	361	612	965	1673
家用洗衣机 （万台/年）	536	497	443	739	397
新建铁路里程 （公里）	1459	5598	5017	3657	4669
新建公路 （公里）	75416	107675	72392	55041	68846
改建公路 （公里）	128653	151945	124983	76299	66732
新（扩）建港口码头					
年吞吐量 （万吨/年）	17412	13941	21848	25417	43936
泊位 （个）	143	187	196	202	269
城市自来水供水能力（万吨/日）	1702	2269	1622	1569	1942

1-21 全社会主要产品建设规模（2012年）

能力名称	建设规模	本年施工规模	本年新开工	累计新增	本年新增
原煤开采 （万吨/年）	202423	151118	65209	72203	39852
焦炭 （万吨/年）	22369	17968	7126	8694	6125
天然原油开采 （万吨/年）	3927	3144	2800	3178	2494
天然气开采（亿立方米/年）	459	362	275	322	274
铁矿开采（原矿）（万吨/年）	35661	29263	21159	24719	20297
生铁 （万吨/年）	7423	5338	3661	4534	3662
粗钢 （万吨/年）	5472	4151	2491	2775	1853
铜采矿（原矿） （万吨/年）	7330	6278	2906	4438	3882
铜选矿					
处理原矿 （万吨/年）	6532	6078	1935	3764	3208
铜含量 （吨/年）	144499	140179	68041	51565	47765
铜冶炼 （吨/年）	3673638	3007595	1971595	1840064	1460564
#电解铜 （吨/年）	2020774	1506934	914934	1062434	686934
铅锌采矿（原矿）（万吨/年）	6217	4943	3866	4862	3659
铅锌选矿					
处理原矿 （万吨/年）	3590	3064	1872	1781	1538
产出铅精矿含铅量(吨/年)	411329	405759	343946	327445	185335
产出锌精矿含锌量(吨/年)	397971	387085	317275	277627	215587
铅冶炼 （吨/年）	1552100	1310759	1037019	1042307	865966
#电解铅 （吨/年）	521240	521240	461200	341200	341200
锌冶炼 （吨/年）	1134930	934130	693380	703180	658180
#电解锌 （吨/年）	639700	632200	495800	460400	460400
氧化铝 （吨/年）	11992206	9666820	3076508	3771606	1641524
电解铝 （吨/年）	13856702	9437819	4493219	4185492	2861219
水力发电 （万千瓦）	17293	12688	2350	4929	2200
火力发电 （万千瓦）	16379	13009	5713	5926	3755
核能发电 （万千瓦）	3267	2778	473	735	310
风能发电 （万千瓦）	4545	3844	2478	2083	1783
其他发电 （万千瓦）	1941	1574	1295	1105	923
水泥 （万吨/年）	76595	63433	39516	43988	36095

续表

能　力　名　称	建设规模	本年施工规模	本年新开工	累计新增	本年新增
平板玻璃　（万重量箱/年）	18940	15008	6772	10669	8325
电石　（吨/年）	18302148	16108158	10888407	6257612	4158718
氮肥　（吨/年）	27770241	24566301	11074722	8447881	5794220
磷肥　（吨/年）	4194278	3413331	2557623	2798846	2304059
钾肥　（吨/年）	5365001	4632709	2809269	2988257	2262290
塑料树脂及共聚物（吨/年）	27002404	23567214	10720465	9699209	6839554
轮胎外胎　（万条/年）	24340	22619	5660	13903	12562
轮胎内胎　（万条/年）	5743	3588	2231	3395	2668
载货汽车制造　（辆/年）	733602	501402	77403	401571	244871
客车制造　（辆/年）	1466128	907142	353663	636913	393728
轿车制造　（辆/年）	7197770	6364730	2753860	2368875	1366160
其他汽车制造　（辆/年）	410371	347292	337941	310106	212052
电视机　（万部/年）	1392	1307	1275	652	569
化学纤维　（吨/年）	13264857	12563039	5572379	4214052	4053366
棉纺锭　（锭）	24076326	19941774	11217702	13345103	11616127
毛纺锭　（锭）	183712	157818	61531	131004	108914
啤酒　（万吨/年）	1206	836	436	689	379
白酒　（万吨/年）	2045	2013	1944	311	290
其他酒　（万吨/年）	142	126	103	58	47
卷烟　（箱/年）	4850000	4020000	1338000	2210000	1320000
机制纸浆　（万吨/年）	519	419	268	248	190
家用电冰箱　（万台/年）	3125	2525	2015	2136	1673
家用洗衣机　（万台/年）	1440	1082	801	494	397
新建铁路里程　（公里）	19111	12676	1589	15307	4669
新建公路　（公里）	139623	117316	82462	82566	68846
改建公路　（公里）	161341	112622	73790	75454	66732
新(扩)建港口码头					
年吞吐量　（万吨/年）	160849	140952	72328	59152	43936
泊位　（个）	918	789	402	343	269
城市自来水供水能力（万吨/日）	3966	3254	2178	2569	1942

1-22 分地区按登记注册类型分全社会固定资产投资（2012年）

单位：亿元

地区	总计	内资										港、澳、台商投资	外商投资
			国有	集体	股份合作	联营	有限责任公司	股份有限公司	私营	个体	其他		
全国总计	374694.7	353871.7	96220.2	11973.7	1745.5	1266.0	102511.8	21484.9	91422.3	11588.7	15658.6	10275.9	10547.1
北京	6112.4	5625.3	1444.5	83.6	8.5	1.2	3406.7	401.0	197.5	47.5	34.8	198.1	288.9
天津	7934.8	7460.5	2330.2	491.8	72.0	26.7	2514.3	462.4	1233.6	87.9	241.6	155.6	318.7
河北	19661.3	19137.0	3024.7	1099.9	124.5	53.8	5447.8	1250.8	6695.8	589.8	849.9	193.0	331.3
山西	8863.3	8697.3	3403.2	391.2	73.6	58.7	2349.1	483.8	1465.4	305.0	167.3	89.7	76.2
内蒙古	11875.7	11732.1	3867.1	207.0	37.2	11.0	4799.3	707.3	1721.6	154.1	227.5	90.3	53.3
辽宁	21836.3	19920.0	4190.1	428.3	75.3	27.1	5090.1	1017.5	7971.0	405.6	715.0	1042.4	873.9
吉林	9511.5	9224.8	2044.2	61.1	17.9	15.8	3591.5	579.1	2045.2	367.0	503.1	121.4	165.3
黑龙江	9694.7	9532.2	3126.4	77.9	26.4	40.0	2941.9	632.9	1834.8	373.1	478.9	53.0	109.5
上海	5117.6	4340.1	1600.2	97.0	2.0	61.2	1351.3	156.4	1058.1	3.0	10.9	237.6	539.9
江苏	30854.2	27150.7	5445.3	1213.2	54.0	127.9	6054.5	1631.7	11259.5	404.9	959.7	1575.5	2128.1
浙江	17649.4	16226.3	4032.5	556.6	48.2	22.0	5523.0	598.6	4601.3	608.3	235.7	817.7	605.3
安徽	15425.8	14823.7	3585.1	259.2	105.0	71.4	4448.8	782.6	4517.7	517.7	536.2	256.1	346.0
福建	12439.9	11199.4	3612.4	310.1	8.8	39.0	3347.0	437.2	2773.6	278.5	392.8	758.1	482.4
江西	10774.2	10357.0	2213.9	124.8	64.2	59.2	2864.3	555.6	3640.2	516.4	318.4	214.7	202.4
山东	31256.0	29868.9	3728.3	2893.8	210.2	84.9	8342.4	2118.6	8889.1	990.7	2611.0	589.5	797.6
河南	21450.0	21012.5	2984.1	990.9	137.9	63.8	5471.8	2075.9	5963.8	1021.8	2302.4	228.5	209.0
湖北	15578.3	14943.8	3708.4	561.4	66.6	64.6	3935.2	1287.2	3977.7	476.9	865.9	318.3	316.2
湖南	14523.2	14103.8	4051.2	279.3	211.4	26.5	3486.7	873.4	3776.4	675.5	723.5	246.3	173.1
广东	18751.5	15908.5	3704.5	743.9	111.4	46.0	5876.6	1039.1	3200.4	703.4	483.1	1655.7	1187.3
广西	9808.6	9423.7	2356.6	124.9	47.8	105.6	2223.6	618.5	2864.0	583.0	499.5	204.3	180.6
海南	2145.4	1887.6	540.6	1.5	14.2	3.6	824.4	140.7	216.8	85.5	60.3	159.2	98.7
重庆	8736.2	8130.9	3050.1	68.1	37.2	59.9	2172.0	283.4	2109.0	182.7	168.4	366.0	239.3
四川	17040.0	16262.4	5361.9	127.5	60.2	81.4	5300.2	977.6	2812.9	574.2	966.5	354.0	423.6
贵州	5717.8	5559.5	2224.9	5.0	27.3	8.9	2014.2	252.3	749.5	213.6	63.8	126.2	32.1
云南	7831.1	7691.3	2871.0	161.7	17.1	10.1	2164.8	423.8	1478.4	359.1	205.4	63.6	76.1
西藏	670.5	665.7	436.4	14.2	14.9	2.1	25.3	42.7	38.3	31.7	60.1	3.5	1.3
陕西	12044.5	11756.9	4991.3	428.7	36.0	52.2	3225.0	547.9	1575.0	436.1	464.6	97.2	190.4
甘肃	5145.0	5107.4	2260.7	145.1	26.5	30.1	1072.0	299.3	779.7	134.9	359.0	10.8	26.8
青海	1883.4	1846.5	870.8	13.1	1.9	0.4	542.7	84.4	206.4	75.5	51.4	15.7	21.2
宁夏	2096.9	2057.9	549.2	4.9		0.3	486.8	128.9	808.5	65.4	13.9	17.0	22.0
新疆	6158.8	6111.5	2503.9	7.9	7.2	10.5	1618.9	594.2	961.2	319.8	88.0	16.7	30.5
不分地区	6106.4	6106.4	6106.4										

1—23 固定资产投资及其他价格指数（上年=100）

年份	居民消费价格指数	城市居民消费价格指数	农村居民消费价格指数	商品零售价格指数	工业生产者出厂价格指数	工业生产者购进价格指数	固定资产投资价格指数
1978	100.7	100.7		100.7	100.1		
1980	107.5	107.5		106.0	100.5		
1985	109.3	111.9	107.6	108.8	108.7		
1990	103.1	101.3	104.5	102.1	104.1	105.6	108.0
1995	117.1	116.8	117.5	114.8	114.9	115.3	105.9
1996	108.3	108.8	107.9	106.1	102.9	103.9	104.0
1997	102.8	103.1	102.5	100.8	99.7	101.3	101.7
1998	99.2	99.4	99.0	97.4	95.9	95.8	99.8
1999	98.6	98.7	98.5	97.0	97.6	96.7	99.6
2000	100.4	100.8	99.9	98.5	102.8	105.1	101.1
2001	100.7	100.7	100.8	99.2	98.7	99.8	100.4
2002	99.2	99.0	99.6	98.7	97.8	97.7	100.2
2003	101.2	100.9	101.6	99.9	102.3	104.8	102.2
2004	103.9	103.3	104.8	102.8	106.1	111.4	105.6
2005	101.8	101.6	102.2	100.8	104.9	108.3	101.6
2006	101.5	101.5	101.5	101.0	103.0	106.0	101.5
2007	104.8	104.5	105.4	103.8	103.1	104.4	103.9
2008	105.9	105.6	106.5	105.9	106.9	110.5	108.9
2009	99.3	99.1	99.7	98.8	94.6	92.1	97.6
2010	103.3	103.2	103.6	103.1	105.5	109.6	103.6
2011	105.4	105.3	105.8	104.9	106.0	109.1	106.6
2012	102.6	102.7	102.5	102.0	98.3	98.2	101.1

注：从2011年起工业品出厂价格指数改为工业生产者出厂价格指数，原材料、燃料、动力购进价格指数改为工业生产者购进价格指数（以下相关表同）。

1-24 固定资产投资及其他价格定基指数

年 份	居民消费价格指数	城市居民消费价格指数	农村居民消费价格指数	商品零售价格指数	工业生产者出厂价格指数	工业生产者购进价格指数	固定资产投资价格指数
1978	100.0	100.0		100.0			
1980	109.5	109.5		108.1			
1985	131.1	134.2	100.0	128.1	100.0		
1990	216.4	222.0	165.1	207.7	159.0	100.0	100.0
1995	396.9	429.6	291.4	356.1	307.1	222.9	186.9
1996	429.9	467.4	314.4	377.8	316.0	231.6	194.3
1997	441.9	481.9	322.3	380.8	315.0	234.6	197.6
1998	438.4	479.0	319.1	370.9	302.1	224.7	197.3
1999	432.2	472.8	314.3	359.8	294.8	217.3	196.5
2000	434.0	476.6	314.0	354.4	303.1	228.4	198.6
2001	437.0	479.9	316.5	351.6	299.2	227.9	199.4
2002	433.5	475.1	315.2	347.0	292.6	222.7	199.8
2003	438.7	479.4	320.2	346.7	299.3	233.4	204.2
2004	455.8	495.2	335.6	356.4	317.6	260.0	215.7
2005	464.0	503.1	343.0	359.3	333.2	281.6	219.1
2006	471.0	510.6	348.1	362.9	343.2	298.5	222.4
2007	493.6	533.6	366.9	376.7	353.8	311.6	231.1
2008	522.7	563.5	390.7	398.9	378.2	344.3	251.8
2009	519.0	558.4	389.5	394.1	357.8	317.2	245.8
2010	536.1	576.3	403.5	406.3	377.5	347.7	254.6
2011	565.0	606.8	426.9	426.2	400.2	379.3	271.4
2012	579.7	623.2	437.6	434.7	393.4	372.5	274.4

1-25 分地区固定资产投资价格指数（上年=100）

地区	2011				2012			
	固定资产投资	建筑安装工程	设备工器具购置	其他费用	固定资产投资	建筑安装工程	设备工器具购置	其他费用
全国	106.6	109.2	101.1	104.0	101.1	101.6	98.9	102.2
北京	105.7	109.7	98.9	104.0	101.3	99.0	97.4	104.0
天津	105.7	109.0	99.8	102.1	100.0	100.1	98.3	101.1
河北	105.5	107.9	101.6	101.9	100.3	100.6	99.2	100.7
山西	105.5	107.8	101.1	101.7	101.2	102.0	98.9	100.7
内蒙古	106.3	108.1	101.9	103.7	101.6	101.0	103.1	102.2
辽宁	106.6	109.1	101.6	104.0	101.0	101.2	99.3	103.2
吉林	105.6	108.4	100.9	104.2	100.4	100.8	99.0	102.4
黑龙江	107.5	109.9	101.1	107.2	100.8	101.0	99.3	102.8
上海	106.5	110.6	99.7	102.7	99.4	98.7	98.6	101.6
江苏	106.8	110.4	101.2	105.2	98.6	97.9	98.2	102.2
浙江	107.5	111.4	101.6	103.1	99.2	98.6	98.5	101.5
安徽	108.1	111.0	101.9	104.0	101.0	101.3	99.2	102.3
福建	106.2	109.4	100.8	102.5	100.3	100.6	98.9	100.7
江西	108.4	112.1	101.6	106.4	101.0	101.2	98.8	104.4
山东	106.8	109.7	101.8	104.9	100.8	101.2	99.2	103.0
河南	107.4	110.1	102.3	103.0	101.0	101.4	99.7	101.9
湖北	107.3	109.3	100.4	106.6	101.8	102.1	99.7	103.3
湖南	107.2	108.9	102.7	106.0	101.7	102.2	99.6	102.0
广东	105.5	108.0	100.5	101.8	101.5	101.9	98.7	103.3
广西	106.2	108.7	101.0	103.9	100.6	100.8	99.3	101.5
海南	106.4	108.2	101.1	103.3	102.0	102.5	98.9	102.9
重庆	105.9	107.8	101.1	102.5	101.8	102.1	99.1	101.9
四川	105.2	107.1	101.9	102.5	101.0	101.6	99.2	100.9
贵州	105.4	107.5	100.9	102.6	101.5	102.0	99.1	101.5
云南	104.6	106.0	101.2	102.8	101.4	101.7	99.3	101.9
西藏								
陕西	105.9	107.9	100.8	102.8	102.6	103.4	99.1	102.7
甘肃	104.7	106.7	99.0	103.3	102.1	102.5	100.3	102.3
青海	106.5	107.9	101.5	102.6	102.2	102.7	99.2	103.0
宁夏	107.5	109.1	101.5	102.5	101.5	101.9	99.8	100.0
新疆	107.1	110.3	98.4	103.7	100.6	101.5	97.3	101.0

二、固定资产投资(不含农户)与城市设施建设情况

2-1 固定资产投资(不含农户)实际到位资金和按隶属关系分固定资产投资(不含农户)

单位:亿元

年份 地区	实际到位资金					投资按隶属关系分	
	国家预算资金	国内贷款	利用外资	自筹资金	其他资金	中央项目	地方项目
1995	569.0	3511.9	2114.1	7940.8	2013.7	4274.5	11369.2
1996	(679.2)	(5247.0)	(3018.4)	(14600.3)	(5340.8)	(4887.7)	(12740.0)
	576.4	3903.2	2475.6	7748.2	3308.9	4887.7	12679.5
1997	631.7	4136.7	2424.5	8722.3	3597.7	5521.6	13672.7
1998	1108.7	4918.0	2377.9	9885.5	4512.1	6121.6	16369.7
1999	1613.8	5249.8	1832.2	10042.9	4893.1	5894.6	17837.3
2000	1795.0	6245.8	1526.2	11227.5	5620.0	6275.6	19946.2
2001	2261.7	6672.5	1570.5	13708.5	6561.4	6586.6	23414.6
2002	2750.8	8167.5	1825.8	16567.7	7723.9	6526.7	28962.0
2003	2360.1	11223.9	2211.7	23617.4	9448.2	6113.6	39698.1
2004	2855.6	12842.9	2706.6	32196.1	12514.5	7524.6	51503.6
2005	3637.9	15363.9	3386.4	44154.5	14369.7	9111.0	65984.1
2006	4438.7	18814.8	3811.0	56547.5	18147.0	10856.5	82512.2
2007	5464.1	22136.1	4549.0	74520.9	24073.3	13165.3	104299.2
2008	7377.0	25466.0	4695.8	97846.5	23194.4	17172.5	131565.8
2009	11493.6	37634.1	3983.5	127557.7	38117.7	20697.4	173223.0
2010	13104.7	45104.7	4339.6	165752.0	44823.6	22790.6	218640.2
2011	14843.3	46034.8	5062.0	220860.2	50094.8	21797.2	280598.8
2012	18958.7	51292.4	4468.8	268560.2	56555.0	23763.8	341090.4
北　京	121.6	2136.4	22.2	3253.2	3289.8	867.6	5197.3
天　津	103.7	1753.7	84.2	5848.5	1041.9	615.2	7298.0

续表

年份 地区	实际到位资金					投资按隶属关系分	
	国家预算资金	国内贷款	利用外资	自筹资金	其他资金	中央项目	地方项目
河北	472.9	1205.0	98.7	16106.6	1666.1	847.1	18257.5
山西	455.8	857.3	22.9	6019.1	678.1	629.0	7955.9
内蒙古	486.5	1405.8	22.2	9526.5	607.6	712.7	11037.1
辽宁	1006.0	3421.3	358.7	16781.6	2357.1	823.8	20711.6
吉林	256.5	436.2	55.4	7956.1	742.8	594.0	8668.2
黑龙江	480.7	455.4	28.5	8231.9	884.6	809.0	8566.4
上海	371.9	1530.4	164.5	3253.0	1638.4	635.8	4478.8
江苏	424.8	4627.3	1182.4	24695.4	5242.5	535.7	29938.0
浙江	928.2	2768.6	211.7	10993.8	3787.9	389.8	16706.2
安徽	863.2	1524.5	111.4	11279.3	2327.4	365.7	14578.1
福建	1139.8	1729.7	351.9	7782.3	2589.7	579.5	11603.0
江西	517.6	825.0	92.4	8903.6	1368.6	195.3	10183.0
山东	649.0	3194.0	405.7	25000.3	3353.0	742.4	29577.4
河南	412.0	2490.1	78.1	15910.7	1927.7	256.3	20302.3
湖北	636.3	2002.9	137.7	11811.2	1866.8	675.7	14473.0
湖南	903.2	1558.1	180.2	10648.7	2142.3	273.0	13693.3
广东	930.8	3233.7	572.2	12105.8	4662.0	1393.4	16856.8
广西	432.1	1296.3	35.7	6811.5	1467.8	327.6	9017.6
海南	104.4	703.2	29.9	1274.6	562.8	94.0	1970.4
重庆	411.6	1789.7	59.9	5483.9	2441.1	428.5	8181.8
四川	1684.5	2066.7	41.3	11144.2	2757.6	936.3	15594.0
贵州	466.5	1160.0	9.6	3196.2	904.0	338.6	5166.4
云南	675.4	1227.6	17.8	4433.5	1415.5	754.2	6799.4
西藏	388.4	25.5	6.5	199.9	76.3	263.6	407.0
陕西	966.7	903.2	34.3	9529.2	1450.1	478.7	11227.1
甘肃	670.1	729.9	15.6	3314.6	530.7	305.4	4734.6
青海	369.0	420.8	2.5	915.3	200.3	129.1	1679.6
宁夏	177.0	459.0	5.1	1015.0	278.5	238.4	1794.6
新疆	816.5	836.4	9.1	3785.6	824.5	1421.9	4436.0
不分地区	635.9	2518.6	20.7	1349.0	1471.1	6106.4	

注：表中2010年及以前年份数据统计口径为城镇固定资产投资（以下有关各表同）。

2-2　按构成和建设性质分固定资产投资（不含农户）

单位：亿元

年　份 地　区	投资额	按构成分			按建设性质分		
		建筑安装工程	设备工器具购置	其他费用	#新建	#扩建	#改建和技术改造
1995	15643.7	9395.1	3758.2	2490.4	4661.7	4488.2	1878.1
1996	17567.2	10604.2	4375.2	2587.8	5534.3	5173.5	2011.9
1997	19194.2	11626.2	4633.4	2934.6	6453.3	5528.9	2199.6
1998	22491.4	13752.4	5127.2	3611.9	7804.7	6083.3	2791.8
1999	23732.0	15176.4	5190.7	3365.0	7807.5	5992.5	3199.3
2000	26221.8	16346.0	5846.7	4029.1	8484.5	6390.5	3827.0
2001	30001.2	18739.0	6509.5	4752.8	9611.3	7410.8	3974.8
2002	35488.8	21963.3	7268.0	6257.4	12366.1	7936.8	4611.5
2003	45811.7	28091.3	9300.7	8419.7	18092.4	10249.9	4932.0
2004	59028.2	36519.2	12455.6	10053.4	24630.1	12274.2	5929.6
2005	75095.1	46154.1	16439.2	12501.8	34126.6	13154.5	8721.1
2006	93368.7	57099.4	20397.6	15871.7	41514.2	16761.3	11075.5
2007	117464.5	71595.3	25694.8	20174.4	51963.1	19705.4	14136.0
2008	148738.3	90361.9	33572.3	24804.1	65727.3	24371.0	19138.3
2009	193920.4	119780.4	42333.8	31806.2	89993.2	30303.8	27171.9
2010	241430.9	148601.3	51692.6	41137.0	113860.0	33694.9	33375.8
2011	302396.1	193644.6	63580.0	45171.4	143604.9	42242.3	41696.4
2012	364854.1	236601.1	75938.3	52314.8	251045.6	47983.1	52413.6
北　京	6064.9	2899.9	762.6	2402.3	4839.8	446.6	269.0
天　津	7913.3	5271.0	1103.6	1538.7	6097.1	747.7	608.5
河　北	19104.6	12484.2	4576.4	2044.0	11665.5	3618.0	2856.1
山　西	8584.9	5933.3	1650.8	1000.7	5015.4	1501.4	1522.0
内蒙古	11749.8	8159.0	2757.4	833.4	8875.3	1179.8	1453.7
辽　宁	21535.4	13807.0	4903.1	2825.3	17516.5	2038.4	1359.9

续表

年份 地区	投资额	按构成分			按建设性质分		
		建筑安装工程	设备工器具购置	其他费用	#新建	#扩建	#改建和技术改造
吉林	9262.2	5373.6	2989.0	899.7	3885.4	1734.6	3149.0
黑龙江	9375.4	6577.0	2040.1	758.3	5231.1	1589.6	1804.7
上海	5114.6	3084.1	819.7	1210.8	3984.5	369.3	427.0
江苏	30473.7	17365.3	9127.4	3981.1	20169.9	5480.0	3832.6
浙江	17096.0	9763.1	2888.9	4443.9	11352.8	3262.5	1755.9
安徽	14943.8	9734.7	3340.8	1868.3	10601.5	2023.1	1986.3
福建	12182.5	8073.5	1980.7	2128.4	8177.3	2375.6	1186.2
江西	10378.4	6763.2	2353.7	1261.4	6842.0	1329.8	1853.6
山东	30319.8	18845.2	7862.4	3612.1	15290.2	6100.2	7681.5
河南	20558.6	12242.2	5718.3	2598.2	16766.7	2185.2	1306.4
湖北	15148.7	10140.5	2823.9	2184.3	11074.4	1688.5	1970.5
湖南	13966.3	9242.6	2402.0	2321.6	7299.1	1153.9	5419.2
广东	18250.1	12081.9	3068.3	3099.9	13959.9	1639.9	1807.0
广西	9345.2	5782.5	2216.5	1346.1	5520.0	1151.1	2316.1
海南	2064.4	1515.6	254.3	294.5	1835.0	89.2	60.5
重庆	8610.4	6041.5	945.2	1623.7	7068.3	521.7	824.7
四川	16530.3	12340.9	2133.9	2055.5	11151.2	1444.6	3462.9
贵州	5504.9	3936.7	424.8	1143.4	4685.0	367.1	370.3
云南	7553.5	5461.6	826.6	1265.3	5989.5	616.7	750.2
西藏	670.5	580.7	61.6	28.2	518.7	57.5	49.1
陕西	11705.8	9009.7	1590.1	1106.1	9079.3	1123.1	1072.9
甘肃	5040.0	3651.0	942.5	446.5	4138.8	456.9	319.7
青海	1808.7	1399.8	260.3	148.6	1138.5	170.6	206.9
宁夏	2033.0	1421.3	438.2	173.6	1604.7	263.7	149.8
新疆	5858.0	4142.7	1290.1	425.2	3760.0	1256.8	470.2
不分地区	6106.4	3475.8	1385.1	1245.5	5912.5		111.3

2-3 按行业分固定资产投资（不含农户）

单位：亿元

年 份 地 区	合 计	农、林、牧、渔业	采矿业	制 造 业	电力、热力、燃气及水生产和供应业	建筑业	批发和零售业	交通运输、仓储和邮政业	住宿和餐饮业	信息传输、软件和信息技术服务业	金融业
2003	45811.7	535.0	1551.9	10744.0	3803.9	528.0	791.4	5669.0	321.3	1645.7	86.2
2004	59028.2	645.1	2126.3	14657.2	5525.1	526.3	1117.2	7091.5	438.1	1638.0	97.6
2005	75095.1	842.8	3234.3	20406.6	7286.6	664.3	1532.1	8860.4	675.9	1561.6	105.6
2006	93368.7	1118.2	4152.5	26336.0	8260.7	795.7	1896.5	11224.5	938.7	1772.0	118.7
2007	117464.5	1460.0	5256.1	35476.7	9088.9	992.5	2450.6	12997.1	1329.9	1819.4	151.9
2008	148738.3	2250.4	6846.8	46368.3	10489.1	1195.8	3193.0	15700.5	1735.0	2131.3	252.8
2009	193920.4	3356.4	8170.8	58706.1	13545.4	1569.1	4491.0	23271.3	2328.6	2543.5	348.5
2010	241430.9	3926.2	9694.7	74485.2	14591.3	2241.7	5233.4	27883.1	2980.2	2392.9	477.7
2011	302396.1	6819.2	11746.8	102566.3	14659.2	3239.9	7379.7	27765.9	3918.8	2174.2	638.7
2012	364854.1	8772.4	13298.8	124403.9	16671.9	3685.3	9762.9	30881.4	5107.6	2691.3	923.9
北 京	6064.9	119.5	4.3	414.5	215.8	8.7	27.8	696.1	55.3	162.0	26.6
天 津	7913.3	192.8	199.0	2315.1	283.9	48.6	243.9	729.1	70.5	75.3	21.4
河 北	19104.6	651.8	620.5	8004.2	713.4	44.2	658.3	1522.7	214.7	88.8	24.4
山 西	8584.9	328.8	1581.7	1941.5	606.5	16.4	192.8	980.9	59.4	35.6	2.0
内蒙古	11749.8	501.6	1116.4	3825.3	1036.5	86.4	284.4	1143.9	104.7	83.1	25.2
辽 宁	21535.4	528.0	683.7	7489.9	776.2	457.1	763.1	1044.4	428.5	133.1	63.9
吉 林	9262.2	208.4	547.8	4150.3	413.9	49.1	410.9	528.3	104.7	69.7	14.5
黑龙江	9375.4	545.8	596.0	3026.9	519.6	176.0	329.6	498.6	91.5	124.6	31.6
上 海	5114.6	10.6	0.4	1080.6	163.0	1.5	62.1	460.8	33.3	121.3	49.2
江 苏	30473.7	179.5	85.6	14762.1	839.9	79.2	690.9	1360.9	466.6	266.0	93.3
浙 江	17096.0	158.4	33.0	5305.4	727.9	27.2	320.6	1330.3	212.9	111.0	92.9
安 徽	14943.8	301.9	389.8	6069.5	436.6	54.0	357.7	542.4	215.4	72.8	62.6
福 建	12182.5	216.8	163.0	3763.1	621.9	47.4	200.7	1429.6	203.3	143.3	30.1
江 西	10378.4	288.5	265.4	5361.5	294.2	99.7	411.3	462.1	253.3	50.6	24.7
山 东	30319.8	679.6	570.3	12669.7	705.7	488.0	1273.0	1591.0	441.4	91.2	51.6
河 南	20558.6	746.7	690.8	9777.4	555.3	7.5	523.5	897.5	216.9	46.8	14.8
湖 北	15148.7	441.0	283.7	6246.7	402.9	40.4	409.8	1247.3	193.8	86.4	45.0
湖 南	13966.3	428.4	524.6	4943.0	465.5	142.7	416.3	1099.6	181.2	59.6	44.1
广 东	18250.1	224.6	82.6	4923.9	1019.0	37.4	479.6	1710.8	390.5	341.5	81.6
广 西	9345.2	275.0	322.0	3236.2	462.8	27.7	269.4	904.4	161.3	92.8	23.0
海 南	2064.4	30.0	30.2	191.6	114.7	57.8	47.9	141.9	187.0	34.9	0.6
重 庆	8610.4	319.0	167.7	2268.6	372.9	48.6	112.3	834.6	59.5	80.4	2.5
四 川	16530.3	304.0	465.7	4325.6	1281.0	33.7	324.9	2052.2	253.6	66.5	46.4
贵 州	5504.9	44.0	279.8	1020.3	253.3	10.8	76.3	739.5	47.0	6.4	
云 南	7553.5	141.6	362.9	1222.9	952.0	5.8	230.7	780.5	146.6	59.7	4.9
西 藏	670.5	24.2	43.0	44.8	90.7	38.8	14.8	136.6	24.7	12.7	2.4
陕 西	11705.8	447.2	1041.8	2338.1	371.2	572.6	336.5	777.4	166.7	85.9	29.0
甘 肃	5040.0	152.4	339.5	970.8	634.2	790.6	138.7	301.8	61.6	31.9	11.0
青 海	1808.7	68.8	82.6	505.0	235.6	62.0	18.0	228.1	11.4	2.0	0.9
宁 夏	2033.0	60.5	151.5	628.0	226.3	31.3	53.6	99.0	13.2	11.5	0.7
新 疆	5858.0	153.0	747.9	1581.5	773.7	94.1	83.7	403.3	37.3	43.9	3.0
不分地区	6106.4		825.6		105.5			4205.5			

续表

年 份 地 区	房地产业	租赁和商务服务业	科学研究和技术服务业	水利、环境和公共设施管理业	居民服务、修理和其他服务业	教 育	卫生和社会工作	文化、体育和娱乐业	公共管理、社会保障和社会组织	国际组织
2003	11105.3	309.8	281.7	4220.2	65.6	1474.1	357.7	479.6	1841.2	0.3
2004	14547.0	361.7	311.8	4890.8	107.6	1803.0	446.9	531.2	2165.6	0.3
2005	17098.2	486.2	424.5	6097.9	135.5	1966.9	591.8	685.8	2438.1	
2006	21586.2	662.6	465.1	7506.7	183.6	2128.8	708.0	858.2	2655.8	0.1
2007	28619.2	860.7	521.2	9276.0	235.8	2220.9	809.4	1129.8	2768.4	
2008	35914.2	1255.1	717.6	12279.1	312.7	2355.4	1065.9	1436.5	3239.0	
2009	43127.6	1880.4	1084.0	17878.9	518.6	3242.5	1698.0	2125.4	4034.2	
2010	57633.1	2486.4	1269.2	22333.7	757.1	3718.1	1959.5	2605.9	4761.6	
2011	75663.7	3379.9	1679.8	24520.7	1219.1	3890.4	2330.2	3155.6	5647.8	
2012	92639.4	4694.7	2475.8	29618.4	1685.8	4608.2	2617.0	4268.1	6047.4	
北 京	3451.8	36.6	128.7	402.9	18.1	95.0	44.2	78.9	78.0	
天 津	1814.6	588.4	48.9	917.9	52.8	73.8	63.0	90.7	83.5	
河 北	4291.4	210.8	110.4	1200.2	57.6	208.9	111.8	213.8	156.7	
山 西	1670.7	25.9	34.9	742.0	13.2	168.5	54.2	83.1	46.8	
内蒙古	1841.2	79.6	53.1	996.0	33.6	111.0	67.5	125.7	234.5	
辽 宁	5828.4	369.8	161.2	1677.4	202.0	196.2	161.9	282.6	287.9	
吉 林	1498.6	48.1	59.7	760.5	47.5	66.1	69.6	83.4	131.2	
黑龙江	1926.9	84.2	83.5	787.8	45.6	103.4	78.6	135.7	189.7	
上 海	2399.7	136.1	39.5	338.3	4.9	50.9	56.9	90.6	14.9	
江 苏	7588.2	678.2	324.8	1897.5	103.3	301.7	156.6	329.1	270.3	
浙 江	6330.4	222.0	58.9	1383.6	31.3	199.8	125.2	207.7	217.3	
安 徽	4106.3	151.8	141.3	1273.6	44.1	204.0	107.7	158.0	254.4	
福 建	3439.3	147.4	22.5	1072.1	30.7	194.9	73.0	186.0	197.5	
江 西	1373.1	121.9	38.5	827.2	57.1	137.8	74.6	97.7	139.3	
山 东	6967.7	363.8	399.8	1467.5	385.2	329.8	190.9	697.8	956.0	
河 南	4618.6	84.7	75.5	1497.2	100.7	278.1	160.0	182.3	84.2	
湖 北	3201.5	227.7	81.4	1231.4	45.1	148.8	131.2	163.4	521.2	
湖 南	2896.9	296.6	116.8	1410.5	68.8	211.1	111.9	113.5	435.2	
广 东	6430.2	175.0	118.2	1526.4	22.1	299.0	140.8	153.9	93.0	
广 西	1884.6	135.3	34.0	995.7	39.5	175.6	80.9	113.0	111.7	
海 南	961.9	15.7	5.0	154.6	4.8	31.1	21.7	20.2	12.9	
重 庆	2922.6	92.0	15.9	858.5	68.0	109.3	52.7	115.3	110.0	
四 川	4685.8	110.9	60.2	1801.8	57.7	202.2	149.9	162.8	145.4	
贵 州	1700.7	30.6	8.8	1069.8	8.0	117.2	19.6	50.7	22.1	
云 南	2263.5	53.2	30.4	787.7	22.5	184.9	70.5	114.3	118.8	
西 藏	58.0	10.5	3.2	46.9	4.7	18.4	7.9	14.1	74.0	
陕 西	3501.2	110.5	119.4	959.2	56.8	166.1	133.9	90.7	401.8	
甘 肃	841.2	28.6	32.6	367.5	39.4	64.7	38.2	52.5	142.7	
青 海	315.1	31.4	3.1	76.0	1.2	46.2	14.9	19.3	86.9	
宁 夏	559.0	8.0	1.0	108.3	10.0	29.1	11.1	8.0	23.0	
新 疆	1270.4	19.4	17.9	329.7	9.4	84.2	36.3	33.0	136.4	
不分地区			46.8	652.9					270.1	

2-4　按项目规模分固定资产投资（不含农户）

单位：亿元

年份 地区	500万元-1亿元	1-5亿元	5-10亿元	10亿元以上
1995	3696.7	2493.9	1029.0	3807.5
1996	4198.7	2931.8	1192.5	4371.5
1997	4409.1	3163.0	1282.1	5342.0
1998	5186.6	3585.9	1414.0	6508.7
1999	5821.7	3899.7	1494.3	6164.7
2000	6627.2	4485.1	1706.4	6219.1
2001	7597.6	5301.7	1854.9	6655.6
2002	9335.5	6335.3	2234.8	7505.8
2003	12274.2	8911.0	3286.6	9271.2
2004	14939.7	11576.9	4079.6	13246.6
2005	19892.7	14564.0	5206.1	17835.3
2006	27426.5	17001.4	6190.8	21604.9
2007	35938.3	20513.0	7918.3	25853.8
2008	47807.9	23486.1	10056.0	34181.1
2009	67205.8	29222.3	13992.9	45210.4
2010	73973.1	38334.1	19120.4	58885.2
2011	103680.5	52773.6	23147.6	60997.5
2012	117218.8	74461.3	32804.3	68565.9
北　京	282.9	664.9	430.3	1533.3
天　津	2113.3	1547.5	912.8	2079.6
河　北	5384.1	3926.0	2242.6	4465.5
山　西	2095.0	2536.4	833.2	2109.8
内蒙古	4817.1	1693.1	587.2	3361.0
辽　宁	5190.6	4057.4	2330.2	4501.3
吉　林	4326.9	1955.4	911.7	758.2
黑龙江	3465.0	1925.2	887.3	1562.1
上　海	652.7	694.2	484.9	901.4
江　苏	9456.8	7687.2	2830.3	4293.4
浙　江	5390.3	3167.0	1139.0	2173.5
安　徽	5617.2	2859.9	1389.9	1925.2
福　建	4132.5	1858.0	1301.3	2066.5
江　西	5184.8	2557.0	726.5	940.5
山　东	12432.5	7379.1	2440.1	3359.7
河　南	5394.2	6693.1	2663.6	2772.4
湖　北	4033.7	4247.2	1601.3	2727.1
湖　南	7707.3	1790.7	942.4	1315.3
广　东	5567.2	3205.1	719.0	3406.0
广　西	4907.0	1217.1	655.7	1010.4
海　南	202.5	297.1	182.2	496.0
重　庆	2295.2	1196.0	768.5	1842.3
四　川	5680.7	3197.1	1832.0	2554.2
贵　州		1372.6	840.9	1823.8
云　南	2700.7	881.4	444.8	1744.5
西　藏	305.1	124.4	76.2	157.9
陕　西	3442.2	2300.9	1328.1	2798.7
甘　肃	1823.2	1546.6	476.6	632.6
青　海	469.6	382.8	118.3	648.3
宁　夏	392.6	495.6	202.6	513.1
新　疆	1755.9	998.1	494.6	2003.4
不分地区	0.1	7.2	10.1	6088.9

注：本表不含房地产投资。

2-5 能源工业固定资产投资（不含农户）

单位：亿元

年份 地区	合计	煤炭开采和洗选业	石油和天然气开采业	石油和炼焦加工业	电力、热力、燃气及水生产和供应业
2003	5508.4	436.4	946.0	322.0	3803.9
2004	7504.8	690.4	1112.3	637.9	5064.2
2005	10205.6	1162.9	1463.6	801.3	6777.8
2006	11826.3	1459.0	1822.2	939.3	7605.8
2007	13698.6	1804.6	2225.5	1415.4	8253.2
2008	16345.5	2399.2	2675.1	1827.5	9443.7
2009	19477.9	3056.9	2791.5	1839.8	11789.7
2010	21627.1	3784.7	2928.0	2035.1	12879.4
2011	23045.6	4907.3	3022.0	2268.5	12847.9
2012	25499.8	5370.2	3076.5	2500.5	14552.6
北京	192.3			8.7	183.6
天津	447.0		172.0	26.5	248.5
河北	1051.4	164.2	26.8	215.2	645.2
山西	2112.6	1352.2	88.3	101.8	570.3
内蒙古	1826.8	674.4	53.6	126.1	972.7
辽宁	1059.0	72.3	90.7	230.8	665.2
吉林	739.1	97.7	228.4	30.6	382.4
黑龙江	1113.3	207.9	312.5	105.8	487.1
上海	160.0			36.9	123.2
江苏	839.7	17.9	28.2	117.0	676.7
浙江	623.1	0.2		24.4	598.5
安徽	623.5	206.0	0.7	59.7	357.1
福建	728.4	62.2		146.3	519.9
江西	298.3	64.8		26.1	207.5
山东	1274.9	79.4	283.6	287.3	624.6
河南	784.9	247.6	59.5	77.1	400.7
湖北	490.7	45.9	0.6	116.0	328.2
湖南	607.0	223.0		19.0	365.0
广东	998.9		28.1	116.7	854.0
广西	472.8	25.2	0.4	55.9	391.3
海南	123.7		3.0	29.3	91.4
重庆	483.0	92.0	12.2	65.5	313.2
四川	1427.3	261.1	6.2	43.4	1116.6
贵州	512.9	229.1		39.3	244.5
云南	1086.2	175.8		29.5	880.8
西藏	89.7	0.2		0.2	89.3
陕西	1343.2	593.2	299.5	129.9	320.6
甘肃	851.2	138.5	75.2	31.0	606.4
青海	295.1	23.8	39.9	1.3	230.0
宁夏	421.6	143.8	0.9	57.0	219.9
新疆	1491.3	171.9	440.5	146.1	732.8
不分地区	931.0		825.6		105.5

2-6　各行业建设规模和按构成、建设性质分固定资产投资（不含农户）（2012年）

单位：亿元

指　标	建设总规模	在建总规模	在建净规模	投资额						
					#新建	#扩建	#改建和技术改造	建筑安装	设备工器具购置	其他费用
全国总计	**1126072.6**	**870228.7**	**407020.3**	**364854.1**	**251045.6**	**47983.1**	**52413.6**	**236601.1**	**75938.3**	**52314.8**
农、林、牧、渔业	**15115.8**	**7826.8**	**4191.7**	**8772.4**	**5990.1**	**1635.7**	**989.4**	**6087.3**	**1354.0**	**1331.1**
农业	5558.6	2952.0	1656.8	3197.5	2329.4	507.9	316.7	2267.1	460.1	470.3
林业	1792.1	956.7	403.8	1010.6	683.3	222.5	92.3	585.8	70.5	354.4
畜牧业	3913.6	2015.5	1142.6	2246.3	1645.1	470.1	113.0	1518.4	445.8	282.1
渔业	943.4	519.9	344.1	518.0	305.9	94.6	94.7	371.5	96.4	50.2
农、林、牧、渔服务业	2908.1	1382.8	644.4	1800.0	1026.4	340.5	372.7	1344.6	281.3	174.1
采矿业	**32792.6**	**23063.7**	**10185.5**	**13298.8**	**6001.4**	**2658.7**	**4403.0**	**8184.7**	**3696.8**	**1417.2**
煤炭开采和洗选业	16422.0	12633.9	5920.9	5370.2	2166.6	1076.5	2023.0	3066.5	1668.3	635.4
石油和天然气开采业	6167.5	4507.6	1100.9	3076.5	1831.1	469.4	773.8	2455.1	333.1	288.3
黑色金属矿采选业	3253.2	1841.4	886.3	1509.3	520.7	411.9	545.7	820.0	545.3	144.0
有色金属矿采选业	3211.5	1939.8	949.7	1385.5	569.8	282.3	511.1	834.3	405.4	145.7
非金属矿采选业	2698.3	1317.4	739.1	1602.2	734.5	365.0	467.5	803.2	625.4	173.6
开采辅助活动	954.9	764.8	556.0	310.2	157.0	44.1	69.1	182.6	103.7	23.9
其他采矿业	85.3	58.7	32.5	44.8	21.7	9.5	12.9	22.9	15.6	6.3
制造业	281989.9	182647.1	95410.9	124403.9	65063.9	24423.4	28844.9	63824.5	50299.6	10279.8
农副食品加工业	12463.3	6814.9	3502.4	6858.7	3640.6	1493.4	1571.5	3907.4	2349.7	601.6
食品制造业	6037.2	3585.2	1913.5	3061.5	1573.4	607.4	769.7	1701.6	1127.1	232.9
酒、饮料和精制茶制造业	5285.9	3346.2	1739.7	2581.5	1198.7	605.7	658.1	1535.7	811.2	234.6
烟草制品业	853.2	742.5	255.8	238.8	70.3	26.5	100.1	119.5	88.7	30.7
纺织业	7511.2	4093.4	2136.2	3971.5	1828.8	1053.7	872.8	1883.8	1800.4	287.3
纺织服装、服饰业	4525.0	2289.2	1249.8	2530.6	1417.3	526.9	471.1	1408.0	901.6	221.0
皮革、毛皮、羽毛及其制品和制鞋业	2417.6	1337.5	730.6	1312.9	736.3	283.7	235.0	753.3	438.6	121.0
木材加工和木、竹、藤、棕、草制品业	3830.9	1758.6	848.3	2407.1	1139.6	566.2	641.9	1332.7	883.7	190.7
家具制造业	2764.1	1491.0	784.3	1532.0	855.2	310.5	323.6	906.2	464.3	161.5
造纸及纸制品业	5628.9	3749.3	2097.4	2215.8	1063.6	500.3	570.3	1042.8	988.2	184.8

续表

指标	建设总规模	在建总规模	在建净规模	投资额	#新建	#扩建	#改建和技术改造	建筑安装	设备工器具购置	其他费用
印刷和记录媒介复制业	1707.5	815.1	384.0	1056.6	462.1	233.5	278.4	532.8	440.8	83.0
文教、工美、体育和娱乐用品制造业	2055.8	1103.7	561.1	1140.9	585.9	302.8	186.4	650.7	394.4	95.8
石油加工、炼焦及核燃料加工业	10872.7	9076.4	5378.0	2500.5	1443.8	457.0	564.6	1262.5	1012.5	225.4
化学原料及化学制品制造业	29565.5	21262.6	11746.1	11263.0	5753.1	2096.4	2959.2	5194.7	5137.9	930.5
医药制造业	7804.5	5269.9	2590.9	3578.1	1870.7	643.9	912.0	2048.2	1230.5	299.4
化学纤维制造业	2140.3	1461.0	878.0	846.0	393.9	272.9	150.2	323.6	462.3	60.1
橡胶和塑料制品业	8348.8	4765.3	2219.3	4343.3	2181.7	1022.2	885.8	2116.9	1857.9	368.4
非金属矿物制品业	23278.6	13205.4	6369.5	12061.6	6287.4	2283.7	3120.2	6219.0	4853.1	989.5
黑色金属冶炼和压延加工业	14390.9	10331.6	5116.2	5167.1	2070.2	1012.0	1794.1	2405.4	2359.5	402.2
有色金属冶炼和压延加工业	13758.0	10346.0	5962.5	4531.4	2540.3	623.3	1215.5	2257.3	1888.3	385.8
金属制品业	10984.3	6071.6	2976.6	5882.1	2985.0	1328.5	1274.9	3077.6	2330.5	474.0
通用设备制造业	16366.4	9336.7	4470.8	8474.8	4363.6	1803.4	1782.1	4288.0	3520.9	665.9
专用设备制造业	16966.4	10367.0	5376.9	8463.3	4606.3	1611.9	1734.9	4453.6	3353.4	656.3
汽车制造业	18842.5	12809.3	6134.0	8060.7	4151.2	1396.4	1923.8	3788.2	3632.6	639.9
铁路、船舶、航空航天和其他运输设备制造业	7560.5	5594.8	2856.6	2319.8	1301.5	443.6	428.0	1299.5	812.5	207.8
电气机械和器材制造业	20378.5	13462.0	7315.2	8280.1	4867.2	1557.7	1462.4	4175.9	3467.5	636.6
计算机、通信和其他电子设备制造业	16953.0	12114.5	6953.2	5957.3	3269.8	799.9	1315.5	2854.1	2598.9	504.2
仪器仪表制造业	2906.3	1899.9	973.5	1309.1	725.5	227.6	266.0	716.9	480.2	112.0
其他制造业	3679.3	2864.2	1229.1	1433.8	1071.1	179.7	145.1	999.0	269.0	165.9
废弃资源综合利用业	1415.8	879.9	485.5	720.8	452.3	93.2	167.0	391.4	245.0	84.3
金属制品、机械和设备修理业	696.8	402.3	175.7	303.3	157.4	59.4	64.7	178.0	98.5	26.8
电力、热力、燃气及水生产和供应业	**60774.1**	**48157.8**	**20971.4**	**16671.9**	**10637.9**	**2893.1**	**2840.4**	**8833.2**	**6048.3**	**1790.4**
电力、热力生产和供应业	49505.8	39847.8	16631.7	12947.9	8222.4	2272.1	2226.9	6327.2	5136.6	1484.1
燃气生产和供应业	5530.5	4553.0	2702.0	1604.7	1188.3	218.6	175.0	974.8	497.9	132.0
水的生产和供应业	5737.7	3756.9	1637.7	2119.3	1227.2	402.4	438.6	1531.3	413.7	174.3
建筑业	**7753.5**	**4906.5**	**2499.4**	**3685.3**	**2632.2**	**401.6**	**388.9**	**2951.0**	**464.2**	**270.1**
房屋建筑业	2557.2	1456.6	690.0	1407.6	1135.0	110.7	82.5	1168.6	143.2	95.7

续表

指标	建设总规模	在建总规模	在建净规模	投资额	#新建	#扩建	#改建和技术改造	建筑安装	设备工器具购置	其他费用
土木工程建筑业	4401.4	3086.8	1654.3	1785.7	1218.9	222.2	229.9	1447.3	204.4	134.0
建筑安装业	242.0	96.9	46.0	144.7	79.6	15.4	26.6	97.4	39.9	7.3
建筑装饰和其他建筑业	552.9	266.2	109.1	347.4	198.7	53.2	50.0	237.6	76.7	33.1
批发和零售业	**21741.6**	**14417.4**	**7712.4**	**9762.9**	**6831.6**	**1350.7**	**1267.4**	**6941.2**	**1501.2**	**1320.6**
批发业	9903.0	6571.0	3542.1	4322.9	2844.5	656.6	599.1	2931.7	832.4	558.8
零售业	11838.6	7846.4	4170.3	5440.0	3987.0	694.1	668.3	4009.5	668.8	761.8
交通运输、仓储和邮政业	**126351.2**	**107883.6**	**48238.1**	**30881.4**	**22730.7**	**3011.5**	**3437.8**	**21581.0**	**4548.8**	**4751.6**
铁路运输业	37056.0	36139.0	14289.2	6128.8	5826.9	110.9	165.0	3678.9	1273.5	1176.4
道路运输业	66456.2	54786.7	24872.5	17466.4	12380.2	1878.4	2738.2	13636.5	1106.3	2723.6
水上运输业	7405.5	5669.3	2459.0	2008.4	1156.6	233.8	164.8	1128.5	674.7	205.2
航空运输业	3183.6	2131.3	1125.3	1124.0	248.1	167.6	40.2	356.5	715.1	52.4
管道运输业	625.6	443.0	244.1	204.5	162.4	17.4	21.0	127.3	52.2	25.1
装卸搬运和运输代理业	2017.4	1435.1	907.7	713.7	530.4	97.0	51.9	487.1	143.9	82.7
仓储业	9446.5	7183.7	4301.2	3166.4	2382.8	501.9	243.4	2121.8	564.1	480.4
邮政业	160.5	95.4	39.2	69.1	43.3	4.4	13.3	44.4	19.0	5.7
住宿和餐饮业	**12419.9**	**8849.0**	**4443.1**	**5107.6**	**3669.8**	**790.4**	**570.2**	**3830.6**	**597.6**	**679.3**
住宿业	10006.0	7573.4	3775.7	3712.6	2852.9	509.0	310.5	2811.3	394.4	506.9
餐饮业	2413.9	1275.7	667.4	1394.9	816.9	281.5	259.7	1019.3	203.2	172.4
信息传输、软件和信息技术服务业	**5683.8**	**3533.4**	**1794.9**	**2691.3**	**1278.3**	**617.6**	**596.4**	**1441.5**	**1051.2**	**198.5**
电信、广播电视和卫星传输服务	2637.6	1224.6	398.5	1598.2	594.7	502.6	407.5	792.5	731.1	74.5
互联网和相关服务	594.7	468.8	300.0	236.7	115.8	25.3	55.2	104.3	106.1	26.3
软件和信息技术服务业	2451.5	1840.0	1096.4	856.4	567.9	89.7	133.7	544.7	214.0	97.7
金融业	**2680.4**	**2169.7**	**1112.9**	**923.9**	**605.7**	**70.1**	**157.4**	**549.7**	**179.9**	**194.4**
货币金融服务	1420.2	1047.9	520.0	567.0	334.1	47.3	115.4	344.6	141.3	81.0
资本市场服务	547.6	498.1	252.1	138.7	99.9	13.0	19.9	79.9	12.5	46.3
保险业	402.5	371.9	206.3	115.1	84.5	3.6	16.3	53.6	17.1	44.5
其他金融业	310.1	251.8	134.6	103.1	87.2	6.2	5.7	71.5	9.0	22.6
房地产业	**410765.5**	**359111.9**	**157908.7**	**92639.4**	**87658.1**	**1652.8**	**1459.2**	**69434.8**	**1647.7**	**21556.9**
租赁和商务服务业	**13249.0**	**10376.4**	**5598.1**	**4694.7**	**3456.8**	**535.3**	**500.0**	**3397.5**	**505.0**	**792.2**
租赁业	348.0	106.3	58.2	207.6	49.5	19.4	17.6	43.3	156.6	7.8
商务服务业	12901.0	10270.1	5539.9	4487.1	3407.3	515.9	482.3	3354.2	348.4	784.5

续表

指　　标	建设总规模	在建总规模	在建净规模	投资额						
					#新建	#扩建	#改建和技术改造	建筑安装	设备工器具购置	其他费用
科学研究和技术服务业	**6236.6**	**4432.2**	**2364.2**	**2475.8**	**1532.0**	**331.8**	**429.4**	**1585.3**	**538.8**	**351.7**
研究和试验发展	2552.5	2024.6	1136.6	860.9	564.3	102.9	134.9	556.0	181.9	123.0
专业技术服务业	2000.6	1243.2	623.3	926.3	525.9	130.9	183.4	591.0	204.0	131.4
科技推广和应用服务业	1683.5	1164.4	604.3	688.6	441.8	98.0	111.0	438.3	152.9	97.4
水利、环境和公共设施管理业	**83022.4**	**61604.4**	**29456.5**	**29618.4**	**20216.3**	**4447.8**	**4569.5**	**23005.3**	**1391.5**	**5221.5**
水利管理业	12983.0	10315.2	4265.6	4386.1	2758.4	668.7	895.1	3271.1	194.2	920.8
生态保护和环境治理业	2805.3	1843.9	852.6	1080.4	610.1	125.1	306.8	784.3	145.4	150.7
公共设施管理业	67234.1	49445.3	24338.3	24151.9	16847.8	3654.0	3367.6	18949.9	1052.0	4149.9
居民服务、修理和其他服务业	**3383.3**	**2201.4**	**1152.8**	**1685.8**	**1054.6**	**292.8**	**238.9**	**1200.4**	**258.7**	**226.6**
居民服务业	1714.0	1096.7	556.0	874.0	568.0	135.4	130.5	699.6	88.0	86.3
机动车、电子产品和日用产品修理业	870.7	567.7	406.9	366.8	196.7	56.1	66.5	223.4	107.8	35.7
其他服务业	798.6	537.0	189.8	445.0	289.9	101.2	41.9	277.4	62.9	104.6
教育	10729.3	7034.2	2881.0	4608.2	2980.7	921.5	391.1	3758.4	394.5	455.3
卫生和社会工作	**6828.9**	**4749.1**	**2258.3**	**2617.0**	**1540.3**	**478.2**	**210.2**	**1909.2**	**468.4**	**239.5**
卫生	**5880.6**	**4090.8**	**1892.6**	**2195.1**	**1212.4**	**424.6**	**187.2**	**1566.7**	**442.6**	**185.9**
社会工作	948.3	658.3	365.8	421.9	327.9	53.6	23.0	342.5	25.8	53.6
文化、体育和娱乐业	**12923.0**	**10113.9**	**5561.4**	**4268.1**	**3169.4**	**558.5**	**432.9**	**3180.5**	**460.0**	**627.6**
新闻和出版业	258.0	215.8	107.0	69.4	48.8	14.3	4.8	55.8	3.9	9.7
广播、电视、电影和影视录音制作业	932.7	772.5	367.6	246.5	147.8	26.1	56.9	164.5	51.4	30.6
文化艺术业	5098.0	3758.4	1999.0	1972.2	1406.5	301.1	215.5	1532.7	145.4	294.2
体育	2791.7	2132.6	1090.1	839.0	691.9	94.0	46.6	674.2	60.1	104.7
娱乐业	3842.6	3234.5	1997.7	1141.0	874.4	122.9	109.1	753.3	199.2	188.4
公共管理、社会保障和社会组织	**11631.7**	**7150.4**	**3279.0**	**6047.4**	**3995.8**	**911.8**	**686.7**	**4905.0**	**532.1**	**610.3**
中国共产党机关	72.3	53.4	18.4	32.4	23.6	4.7	2.3	28.1	2.2	2.1
国家机构	8576.7	5443.7	2532.9	4322.0	2920.2	623.5	471.3	3515.8	416.1	390.0
人民政协、民主党派	59.0	40.4	11.2	17.6	13.5	1.1	1.4	11.6	4.9	1.1
社会保障	362.5	182.6	73.7	217.4	139.2	23.5	41.0	175.2	8.4	33.8
群众团体、社会团体和其他成员组织	1136.0	705.2	320.1	572.6	320.4	155.1	44.8	431.5	59.5	81.5
基层群众自治组织	1425.2	725.2	322.6	885.5	578.8	104.0	126.0	742.8	40.9	101.9
国际组织										

2-7 各行业按隶属关系、登记注册类型和控股情况分固定资产投资（不含农户）（2012年）

单位：亿元

指标	投资额	中央	地方	内资	港澳台商投资	外商投资	国有控股	集体控股	私人控股
全国总计	**364854.1**	**23763.8**	**341090.4**	**344031.1**	**10275.9**	**10547.1**	**124558.1**	**20402.5**	**176774.2**
农、林、牧、渔业	**8772.4**	**70.3**	**8702.1**	**8656.4**	**49.1**	**66.9**	**2544.2**	**875.5**	**4682.2**
农业	3197.5	21.9	3175.7	3147.3	18.3	32.0	762.3	397.1	1757.9
林业	1010.6	7.4	1003.2	1000.7	4.3	5.6	583.9	74.4	289.3
畜牧业	2246.3	4.9	2241.4	2207.2	17.2	21.8	217.2	114.7	1737.5
渔业	518.0	0.0	518.0	511.4	1.9	4.7	49.0	65.8	373.7
农、林、牧、渔服务业	1800.0	36.1	1763.9	1789.8	7.3	2.8	931.8	223.5	523.8
采矿业	**13298.8**	**3018.2**	**10280.5**	**13080.5**	**143.5**	**74.7**	**6089.3**	**643.4**	**5850.1**
煤炭开采和洗选业	5370.2	400.7	4969.5	5300.9	57.2	12.1	2424.2	408.1	2238.8
石油和天然气开采业	3076.5	2447.0	629.5	3000.8	39.3	36.5	2862.3	12.1	112.4
黑色金属矿采选业	1509.3	36.3	1472.9	1500.2	4.3	4.8	240.9	69.2	1127.9
有色金属矿采选业	1385.5	49.0	1336.5	1369.4	4.9	11.2	334.4	86.0	863.7
非金属矿采选业	1602.2	7.8	1594.4	1578.4	14.9	8.9	83.1	51.6	1349.5
开采辅助活动	310.2	77.4	232.9	286.5	22.4	1.3	142.4	15.6	120.0
其他采矿业	44.8		44.8	44.3	0.5		2.0	0.7	37.8
制造业	**124403.9**	**3108.0**	**121295.9**	**113678.6**	**3975.0**	**6750.3**	**13224.4**	**3942.9**	**91213.5**
农副食品加工业	6858.7	35.2	6823.5	6565.3	121.2	172.2	264.7	162.7	5773.4
食品制造业	3061.5	11.1	3050.4	2761.5	112.8	187.2	112.0	62.2	2445.5
酒、饮料和精制茶制造业	2581.5	2.0	2579.5	2313.4	100.8	167.3	191.1	80.9	1891.0
烟草制品业	238.8	73.5	165.3	230.2		8.6	192.2	3.6	22.2
纺织业	3971.5	4.6	3966.9	3730.4	136.5	104.6	111.4	91.5	3422.2
纺织服装、服饰业	2530.6	1.2	2529.4	2330.4	107.8	92.4	55.3	59.6	2162.7
皮革、毛皮、羽毛及其制品和制鞋业	1312.9	0.5	1312.4	1170.4	84.9	57.6	18.5	25.5	1093.9
木材加工和木、竹、藤、棕、草制品业	2407.1	0.9	2406.2	2345.2	21.6	40.3	74.2	48.2	2118.9
家具制造业	1532.0		1532.0	1458.7	34.2	39.1	30.8	28.8	1333.3
造纸及纸制品业	2215.8	1.2	2214.5	1885.9	130.0	199.9	108.3	43.1	1661.4
印刷和记录媒介复制业	1056.6	19.4	1037.2	1011.5	30.8	14.3	59.3	25.1	874.1

续表

指标	投资额	中央	地方	内资	港澳台商投资	外商投资	国有控股	集体控股	私人控股
文教、工美、体育和娱乐用品制造业	1140.9	5.7	1135.2	1026.7	69.2	45.0	28.7	16.0	906.6
石油加工、炼焦及核燃料加工业	2500.5	568.7	1931.7	2259.5	40.2	200.8	821.3	97.2	1311.6
化学原料及化学制品制造业	11263.0	494.0	10769.0	10366.0	312.7	584.3	1918.3	398.6	7529.4
医药制造业	3578.1	43.5	3534.6	3313.4	120.6	144.1	243.6	144.8	2722.4
化学纤维制造业	846.0	11.4	834.5	686.5	95.0	64.4	55.3	12.9	603.5
橡胶和塑料制品业	4343.3	18.6	4324.7	3962.4	124.7	256.1	177.4	119.7	3542.7
非金属矿物制品业	12061.6	80.6	11981.0	11594.2	229.3	238.0	589.7	289.0	10108.8
黑色金属冶炼和压延加工业	5167.1	295.1	4872.0	4947.1	84.7	135.3	1203.3	256.5	3288.9
有色金属冶炼和压延加工业	4531.4	105.4	4426.0	4256.4	119.5	155.5	855.4	113.7	2997.7
金属制品业	5882.1	22.9	5859.1	5520.4	159.5	202.1	257.7	142.1	4843.8
通用设备制造业	8474.8	108.2	8366.6	7866.9	187.0	420.8	595.7	202.9	6765.0
专用设备制造业	8463.3	181.8	8281.4	7893.9	142.7	426.7	734.3	387.1	6368.2
汽车制造业	8060.7	403.2	7657.4	6626.2	206.0	1228.4	1497.3	423.8	4557.2
铁路、船舶、航空航天和其他运输设备制造业	2319.8	353.8	1966.0	2161.3	51.4	107.0	636.6	103.4	1328.8
电气机械和器材制造业	8280.1	94.1	8186.0	7549.2	290.4	440.5	498.8	273.1	6327.2
计算机、通信和其他电子设备制造业	5957.3	74.1	5883.2	4365.8	734.1	857.4	949.9	135.3	3038.9
仪器仪表制造业	1309.1	20.7	1288.4	1129.6	84.8	94.6	184.2	37.3	837.8
其他制造业	1433.8	37.8	1396.0	1391.6	15.7	26.5	585.3	112.4	628.8
废弃资源综合利用业	720.8	14.9	705.9	686.3	18.3	16.2	101.7	31.7	531.9
金属制品、机械和设备修理业	303.3	23.6	279.7	272.1	8.5	22.7	72.3	14.4	175.7
电力、热力、燃气及水生产和供应业	**16671.9**	**4590.4**	**12081.5**	**16168.7**	**324.7**	**178.5**	**11685.2**	**710.9**	**3257.1**
电力、热力生产和供应业	12947.9	4371.8	8576.1	12598.7	239.2	110.1	9437.5	475.8	2290.2
燃气生产和供应业	1604.7	194.4	1410.2	1501.5	50.5	52.7	750.6	76.8	629.0
水的生产和供应业	2119.3	24.2	2095.1	2068.6	35.0	15.7	1497.1	158.3	337.9
建筑业	**3685.3**	**193.0**	**3492.3**	**3641.3**	**28.4**	**15.6**	**2147.1**	**331.5**	**825.2**
房屋建筑业	1407.6	45.6	1362.0	1399.3	0.9	7.4	690.3	154.7	409.5
土木工程建筑业	1785.7	123.7	1662.0	1762.0	18.3	5.4	1318.1	139.3	181.4

续表

指标	投资额	中央	地方	内资	港澳台商投资	外商投资	国有控股	集体控股	私人控股
建筑安装业	144.7	10.8	133.9	136.7	7.0	1.0	41.4	11.2	60.2
建筑装饰和其他建筑业	347.4	12.9	334.4	343.3	2.2	1.9	97.3	26.3	174.2
批发和零售业	9762.9	113.9	9649.1	9454.7	140.7	167.6	1192.9	760.8	6736.9
批发业	4322.9	49.0	4273.9	4249.4	35.8	37.7	480.5	272.1	3188.5
零售业	5440.0	64.9	5375.1	5205.3	104.9	129.8	712.4	488.8	3548.5
交通运输、仓储和邮政业	30881.4	6802.5	24078.9	30471.9	220.0	189.5	24704.4	879.5	4222.0
铁路运输业	6128.8	5303.2	825.6	6118.1	10.6	0.2	5969.9	30.4	123.7
道路运输业	17466.4	571.2	16895.2	17384.1	43.9	38.5	15385.8	526.9	1124.6
水上运输业	2008.4	226.6	1781.8	1901.7	67.9	38.8	1350.1	77.2	442.2
航空运输业	1124.0	519.7	604.3	1114.9	9.1		1023.3	40.6	35.6
管道运输业	204.5	48.2	156.4	197.7	5.8	1.1	145.3	7.5	38.2
装卸搬运和运输代理业	713.7	6.3	707.4	685.6	19.3	8.8	85.5	35.9	504.0
仓储业	3166.4	120.0	3046.3	3001.1	63.5	101.7	714.0	158.3	1925.7
邮政业	69.1	7.4	61.7	68.7		0.4	30.6	2.5	28.1
住宿和餐饮业	5107.6	53.3	5054.3	4767.5	209.7	130.4	693.3	276.4	3413.5
住宿业	3712.6	51.9	3660.8	3420.6	195.9	96.1	561.9	188.4	2403.3
餐饮业	1394.9	1.4	1393.5	1346.9	13.8	34.2	131.4	88.0	1010.3
信息传输、软件和信息技术服务业	2691.3	886.3	1805.0	2327.4	166.6	197.3	1603.1	80.9	523.5
电信、广播电视和卫星传输服务	1598.2	796.9	801.3	1363.6	85.5	149.0	1228.1	23.4	46.1
互联网和相关服务	236.7	49.3	187.4	171.1	46.5	19.1	114.2	3.1	75.6
软件和信息技术服务业	856.4	40.2	816.3	792.7	34.6	29.2	260.8	54.4	401.8
金融业	923.9	170.4	753.5	905.1	5.0	13.7	557.7	108.6	202.1
货币金融服务	567.0	97.4	469.6	550.9	4.5	11.6	350.3	82.3	93.1
资本市场服务	138.7	29.8	109.0	136.8	0.5	1.4	80.5	8.4	43.1
保险业	115.1	40.8	74.3	114.4		0.7	83.2	8.6	18.1
其他金融业	103.1	2.4	100.7	103.0	0.02		43.7	9.3	47.8
房地产业	92639.4	2335.3	90304.1	85575.5	4645.4	2418.5	21522.9	6966.3	46585.9
租赁和商务服务业	4694.7	55.7	4639.0	4487.1	138.9	68.7	1623.0	509.6	2040.4
租赁业	207.6		207.6	202.8	1.6	3.2	22.3	15.8	97.0
商务服务业	4487.1	55.7	4431.4	4284.4	137.3	65.5	1600.7	493.8	1943.4
科学研究和技术服务业	2475.8	352.2	2123.5	2388.8	19.4	67.6	1212.0	187.6	865.2

续表

指　　标	投资额	中　央	地　方	内　资	港澳台商投资	外商投资	国有控股	集体控股	私人控股
研究和试验发展	860.9	213.1	647.7	819.6	6.7	34.6	461.5	42.9	284.8
专业技术服务业	926.3	103.4	822.9	900.5	3.4	22.4	494.8	96.5	264.7
科技推广和应用服务业	688.6	35.7	652.9	668.7	9.3	10.6	255.7	48.1	315.6
水利、环境和公共设施管理业	**29618.4**	**1196.3**	**28422.1**	**29435.2**	**107.8**	**75.3**	**23290.5**	**2030.7**	**2903.5**
水利管理业	4386.1	772.0	3614.1	4373.9	2.7	9.5	3910.1	241.2	149.0
生态保护和环境治理业	1080.4	13.2	1067.2	1067.8	4.0	8.6	731.3	93.8	196.2
公共设施管理业	24151.9	411.1	23740.7	23993.5	101.2	57.2	18649.1	1695.7	2558.4
居民服务、修理和其他服务业	**1685.8**	**27.7**	**1658.1**	**1662.6**	**7.7**	**15.5**	**596.2**	**228.5**	**691.1**
居民服务业	874.0	27.6	846.4	872.0	0.9	1.1	332.4	152.6	294.5
机动车、电子产品和日用产品修理业	366.8	0.1	366.7	357.8	0.8	8.3	81.4	23.4	220.5
其他服务业	445.0		445.0	432.9	6.0	6.1	182.4	52.5	176.1
教育	**4608.2**	**235.0**	**4373.2**	**4578.1**	**18.3**	**11.7**	**3496.5**	**323.0**	**576.5**
卫生和社会工作	**2617.0**	**105.9**	**2511.1**	**2597.7**	**9.5**	**9.7**	**1933.4**	**176.9**	**376.4**
卫生	2195.1	98.0	2097.1	2178.2	7.6	9.3	1720.4	137.4	246.9
社会工作	421.9	7.9	414.0	419.5	1.9	0.4	212.9	39.6	129.6
文化、体育和娱乐业	**4268.1**	**76.5**	**4191.6**	**4119.6**	**56.5**	**92.0**	**2024.5**	**386.3**	**1498.6**
新闻和出版业	69.4	6.9	62.5	69.2	0.1		49.0	6.4	8.1
广播、电视、电影和影视录音制作业	246.5	10.5	236.0	245.8	0.7		136.2	33.0	64.8
文化艺术业	1972.2	22.7	1949.5	1958.4	8.9	4.9	1069.4	241.5	530.1
体育	839.0	6.1	833.0	804.8	25.8	8.5	504.7	41.8	204.4
娱乐业	1141.0	30.4	1110.6	1041.4	21.0	78.6	265.2	63.5	691.2
公共管理、社会保障和社会组织	**6047.4**	**372.8**	**5674.6**	**6034.3**	**9.5**	**3.6**	**4417.6**	**983.1**	**310.3**
中国共产党机关	32.4	2.3	30.1	32.4			25.0	0.8	3.0
国家机构	4322.0	354.5	3967.4	4316.7	4.9	0.4	3779.9	279.2	118.3
人民政协、民主党派	17.6	0.3	17.3	16.7		0.9	4.0	7.0	6.5
社会保障	217.4	2.4	215.0	217.2		0.2	140.9	56.3	15.6
群众团体、社会团体和其他成员组织	572.6	12.5	560.1	567.4	3.2	2.0	334.8	51.2	84.3
基层群众自治组织	885.5	0.8	884.7	884.0	1.4	0.1	133.0	588.7	82.6
国际组织									

2-8　固定资产投资（不含农户）各行业实际到位资金和新增固定资产　（2012年）

单位：亿元

指　　标	本年实际到位资金小计	国家预算资　　金	国内贷款	利用外资	自筹资金	其他资金	投资额	新　　增固定资产	固定资产交付使用率(%)
全　国　总　计	**399835.1**	**18958.7**	**51292.4**	**4468.8**	**268560.2**	**56555.0**	**364854.1**	**222399.8**	**61.0**
农、林、牧、渔业	**8971.4**	**879.4**	**427.6**	**48.6**	**6948.6**	**667.2**	**8772.4**	**6731.5**	**76.7**
农业	3275.7	203.9	149.1	22.7	2659.4	240.7	3197.5	2388.2	74.7
林业	985.9	169.0	36.2	3.9	648.4	128.5	1010.6	770.9	76.3
畜牧业	2339.2	59.6	133.4	12.9	2027.5	105.9	2246.3	1771.7	78.9
渔业	524.5	6.4	31.1	3.5	461.3	22.1	518.0	375.8	72.5
农、林、牧、渔服务业	1846.1	440.5	78.0	5.6	1152.0	170.0	1800.0	1425.0	79.2
采矿业	**13589.0**	**107.4**	**1373.0**	**108.2**	**11565.4**	**435.0**	**13298.8**	**9290.9**	**69.9**
煤炭开采和洗选业	5427.1	78.9	584.5	6.6	4596.1	160.9	5370.2	3053.9	56.9
石油和天然气开采业	3108.2	11.9	464.7	45.0	2456.2	130.4	3076.5	2516.0	81.8
黑色金属矿采选业	1601.8	2.1	91.7	8.6	1466.8	32.5	1509.3	1138.1	75.4
有色金属矿采选业	1443.6	4.6	104.8	7.3	1288.0	38.9	1385.5	1098.7	79.3
非金属矿采选业	1640.6	6.0	112.1	7.3	1449.2	66.1	1602.2	1251.4	78.1
开采辅助活动	320.7	4.0	13.7	33.4	264.8	4.8	310.2	206.3	66.5
其他采矿业	47.1		1.5		44.3	1.3	44.8	26.5	59.2
制造业	**130747.0**	**575.7**	**11877.3**	**3148.1**	**112552.0**	**2593.9**	**124403.9**	**86517.3**	**69.6**
农副食品加工业	7178.2	39.9	534.5	86.7	6300.9	216.2	6858.7	5180.4	75.5
食品制造业	3233.4	7.7	252.8	86.8	2822.3	63.9	3061.5	2116.7	69.1
酒、饮料和精制茶制造业	2707.0	4.9	173.2	63.4	2413.4	52.0	2581.5	1797.5	69.6
烟草制品业	266.0	4.9	11.1	2.0	244.9	3.2	238.8	108.8	45.6
纺织业	4146.1	5.3	331.8	78.2	3649.1	81.7	3971.5	2960.8	74.6
纺织服装、服饰业	2628.7	5.2	143.3	63.1	2351.6	65.6	2530.6	2033.0	80.3
皮革、毛皮、羽毛及其制品和制鞋业	1378.3	5.8	92.3	62.0	1190.2	27.9	1312.9	941.5	71.7
木材加工和木、竹、藤、棕、草制品业	2509.8	11.6	156.1	26.7	2250.4	65.0	2407.1	1890.7	78.5
家具制造业	1619.1	2.3	90.6	19.3	1483.1	23.8	1532.0	1186.7	77.5
造纸及纸制品业	2257.9	3.3	250.9	106.1	1841.3	56.3	2215.8	1629.3	73.5

续表

指　　标	本年实际到位资金小计	国家预算资金	国内贷款	利用外资	自筹资金	其他资金	投资额	新增固定资产	固定资产交付使用率(%)
印刷和记录媒介复制业	1072.8	2.0	87.5	10.2	945.6	27.5	1056.6	809.3	76.6
文教、工美、体育和娱乐用品制造业	1158.6	0.8	67.7	41.6	1021.2	27.4	1140.9	834.6	73.2
石油加工、炼焦及核燃料加工业	2765.0	25.4	419.6	47.8	2214.5	57.7	2500.5	1440.9	57.6
化学原料及化学制品制造业	11960.5	49.6	1497.1	247.9	9950.6	215.3	11263.0	7325.5	65.0
医药制造业	3755.4	9.0	320.6	53.5	3302.5	69.8	3578.1	2137.7	59.7
化学纤维制造业	1004.1	0.5	143.1	30.1	807.6	22.7	846.0	550.1	65.0
橡胶和塑料制品业	4544.8	3.4	397.9	132.6	3906.8	104.0	4343.3	3125.3	72.0
非金属矿物制品业	12430.4	20.3	860.6	145.9	11093.9	309.7	12061.6	8983.9	74.5
黑色金属冶炼和压延加工业	5412.6	33.4	568.0	62.1	4663.1	85.9	5167.1	3534.6	68.4
有色金属冶炼和压延加工业	4617.3	12.0	708.5	40.9	3752.8	103.2	4531.4	2897.5	63.9
金属制品业	6108.5	9.8	419.5	111.9	5461.0	106.3	5882.1	4314.8	73.4
通用设备制造业	8842.1	23.1	666.5	201.8	7792.5	158.2	8474.8	6096.2	71.9
专用设备制造业	8851.7	19.6	727.0	160.1	7783.6	161.4	8463.3	5873.6	69.4
汽车制造业	8488.0	19.5	699.9	316.0	7362.8	89.9	8060.7	5013.5	62.2
铁路、船舶、航空航天和其他运输设备制造业	2580.2	56.5	207.2	27.7	2238.3	50.6	2319.8	1632.4	70.4
电气机械和器材制造业	8823.6	24.5	841.4	234.4	7599.4	123.8	8280.1	5727.7	69.2
计算机、通信和其他电子设备制造业	6488.1	87.5	698.5	568.0	4995.9	138.2	5957.3	4108.3	69.0
仪器仪表制造业	1346.7	28.1	99.5	82.7	1119.2	17.1	1309.1	836.4	63.9
其他制造业	1500.9	45.5	318.3	21.6	1066.5	48.8	1433.8	728.2	50.8
废弃资源综合利用业	737.6	11.2	62.6	9.1	643.9	10.8	720.8	494.8	68.7
金属制品、机械和设备修理业	333.5	3.1	29.8	7.9	282.9	9.9	303.3	206.8	68.2
电力、热力、燃气及水生产和供应业	**17199.4**	**1116.1**	**4695.5**	**99.8**	**10556.9**	**731.0**	**16671.9**	**10495.4**	**63.0**
电力、热力生产和供应业	13380.2	668.7	4295.3	73.9	7763.4	578.9	12947.9	7962.4	61.5
燃气生产和供应业	1685.0	58.9	210.1	11.5	1371.1	33.4	1604.7	885.6	55.2
水的生产和供应业	2134.1	388.5	190.2	14.4	1422.4	118.6	2119.3	1647.4	77.7
建筑业	**3822.8**	**610.8**	**310.4**	**13.2**	**2656.5**	**232.0**	**3685.3**	**2600.7**	**70.6**
房屋建筑业	1444.3	159.0	66.3	6.9	1087.4	124.7	1407.6	990.0	70.3
土木工程建筑业	1859.4	425.8	229.5	5.2	1115.5	83.4	1785.7	1260.0	70.6

续表

指　标	本年实际到位资金小计	国家预算资金	国内贷款	利用外资	自筹资金	其他资金	投资额	新增固定资产	固定资产交付使用率(%)
建筑安装业	148.2	10.5	2.7	0.4	131.8	2.7	144.7	98.5	68.1
建筑装饰和其他建筑业	370.9	15.4	11.9	0.7	321.8	21.1	347.4	252.1	72.6
批发和零售业	**10278.3**	**105.8**	**659.5**	**85.6**	**9087.7**	**339.6**	**9762.9**	**6448.4**	**66.1**
批发业	4551.1	36.4	314.9	18.7	4045.3	135.8	4322.9	2819.3	65.2
零售业	5727.2	69.4	344.7	67.0	5042.4	203.7	5440.0	3629.1	66.7
交通运输、仓储和邮政业	**30438.9**	**3940.8**	**9211.9**	**146.7**	**14513.3**	**2626.2**	**30881.4**	**15033.9**	**48.7**
铁路运输业	6037.0	739.1	2653.7	13.1	1485.3	1145.9	6128.8	1741.2	28.4
道路运输业	16878.9	2890.3	5277.0	45.7	7398.7	1267.2	17466.4	8798.7	50.4
水上运输业	1968.6	101.0	385.0	25.4	1378.9	78.3	2008.4	1039.6	51.8
航空运输业	1101.1	108.2	424.0	14.3	547.2	7.5	1124.0	956.9	85.1
管道运输业	227.7	20.5	50.1	2.2	154.0	0.9	204.5	119.1	58.2
装卸搬运和运输代理业	753.6	7.2	62.8	3.4	660.8	19.4	713.7	476.7	66.8
仓储业	3397.6	71.8	357.1	42.5	2820.9	105.3	3166.4	1853.3	58.5
邮政业	74.2	2.7	2.1		67.5	1.9	69.1	48.4	70.1
住宿和餐饮业	**5352.9**	**48.4**	**416.1**	**74.7**	**4621.5**	**192.3**	**5107.6**	**3178.6**	**62.2**
住宿业	3892.2	43.7	335.5	59.1	3320.3	133.6	3712.6	2139.7	57.6
餐饮业	1460.8	4.6	80.7	15.6	1301.2	58.7	1394.9	1038.9	74.5
信息传输、软件和信息技术服务业	**2720.3**	**100.5**	**150.7**	**7.7**	**2429.2**	**32.1**	**2691.3**	**1838.0**	**68.3**
电信、广播电视和卫星传输服务	1596.4	57.2	43.9	3.2	1477.0	15.2	1598.2	1192.3	74.6
互联网和相关服务	237.8	5.1	15.8	2.5	211.4	3.1	236.7	113.9	48.1
软件和信息技术服务业	886.1	38.2	91.1	2.1	740.8	13.9	856.4	531.8	62.1
金融业	**968.1**	**39.9**	**28.6**	**5.0**	**876.5**	**18.1**	**923.9**	**458.5**	**49.6**
货币金融服务	627.2	38.9	11.2	4.1	565.5	7.5	567.0	344.6	60.8
资本市场服务	147.8	0.04	11.3	0.9	134.8	0.8	138.7	44.6	32.1
保险业	93.1	0.4	1.7		90.8	0.2	115.1	28.8	25.0
其他金融业	100.0	0.5	4.4	0.02	85.4	9.7	103.1	40.6	39.4
房地产业	**118412.9**	**2096.6**	**16461.3**	**446.8**	**55188.4**	**44219.8**	**92639.4**	**45705.3**	**49.3**
租赁和商务服务业	**5170.9**	**147.9**	**569.8**	**46.6**	**4198.8**	**207.9**	**4694.7**	**2387.3**	**50.9**
租赁业	212.4	2.1	25.0	1.2	160.1	24.0	207.6	113.4	54.6
商务服务业	4958.5	145.8	544.8	45.4	4038.7	183.9	4487.1	2274.0	50.7

续表

指标	本年实际到位资金小计	国家预算资金	国内贷款	利用外资	自筹资金	其他资金	投资额	新增固定资产	固定资产交付使用率(%)
科学研究和技术服务业	**2600.5**	**205.8**	**195.0**	**29.8**	**2084.4**	**85.5**	**2475.8**	**1566.3**	**63.3**
研究和试验发展	905.3	102.3	80.4	13.2	688.9	20.6	860.9	451.4	52.4
专业技术服务业	972.1	74.6	52.1	11.0	798.7	35.7	926.3	688.8	74.4
科技推广和应用服务业	723.0	28.9	62.5	5.6	596.8	29.1	688.6	426.1	61.9
水利、环境和公共设施管理业	**29714.9**	**5395.8**	**3611.5**	**79.5**	**17791.7**	**2836.5**	**29618.4**	**17571.8**	**59.3**
水利管理业	4324.1	1318.1	438.5	7.3	1732.1	828.0	4386.1	2297.3	52.4
生态保护和环境治理业	1093.0	207.6	103.7	2.7	703.9	75.2	1080.4	746.2	69.1
公共设施管理业	24297.8	3870.1	3069.2	69.5	15355.7	1933.2	24151.9	14528.3	60.2
居民服务、修理和其他服务业	**1768.7**	**141.0**	**181.4**	**5.9**	**1345.2**	**95.2**	**1685.8**	**1087.9**	**64.5**
居民服务业	924.5	64.7	78.1	2.6	723.1	56.1	874.0	559.2	64.0
机动车、电子产品和日用产品修理业	379.1	34.6	13.2	1.3	321.4	8.5	366.8	263.7	71.9
其他服务业	465.1	41.7	90.2	2.0	300.6	30.6	445.0	265.0	59.5
教育	**4660.8**	**1148.2**	**311.9**	**47.4**	**2836.6**	**316.7**	**4608.2**	**3189.0**	**69.2**
卫生和社会工作	**2789.1**	**450.7**	**278.0**	**6.7**	**1914.4**	**139.3**	**2617.0**	**1761.3**	**67.3**
卫生	2342.4	382.5	261.5	5.3	1582.1	111.1	2195.1	1503.4	68.5
社会工作	446.7	68.2	16.5	1.4	332.4	28.2	421.9	257.9	61.1
文化、体育和娱乐业	**4525.5**	**452.9**	**311.9**	**50.8**	**3455.0**	**255.0**	**4268.1**	**2366.9**	**55.5**
新闻和出版业	74.5	3.9	16.1		54.3	0.3	69.4	31.1	44.9
广播、电视、电影和影视录音制作业	272.0	24.8	16.9		217.5	12.8	246.5	142.8	57.9
文化艺术业	2059.9	290.2	117.4	18.5	1482.0	151.9	1972.2	1122.0	56.9
体育	886.5	116.4	66.7	15.7	641.7	46.1	839.0	503.0	60.0
娱乐业	1232.6	17.7	94.7	16.6	1059.6	44.0	1141.0	568.0	49.8
公共管理、社会保障和社会组织	**6103.5**	**1395.1**	**221.0**	**17.8**	**3938.0**	**531.7**	**6047.4**	**4170.8**	**69.0**
中国共产党机关	31.2	7.1	0.6		21.4	2.0	32.4	19.9	61.5
国家机构	4301.7	1208.5	156.0	12.6	2565.7	358.8	4322.0	2904.2	67.2
人民政协、民主党派	18.5	2.0	5.6		10.8	0.2	17.6	12.9	73.5
社会保障	218.4	45.0	12.4		147.8	13.3	217.4	177.6	81.7
群众团体、社会团体和其他成员组织	600.6	94.5	13.6	3.0	415.3	74.2	572.6	382.6	66.8
基层群众自治组织	933.1	38.0	32.8	2.2	777.0	83.2	885.5	673.6	76.1
国际组织									

2—9 固定资产投资（不含农户）施工、投产项目个数

年 份 地 区	施工项目 (个)	新开工项目 (个)	全部建成投产项目 (个)	项目建成投产率 (%)
1995	169163	103305	102115	60.4
1996	176487	111211	108256	61.3
1997	156865	98003	95560	60.9
1998	172011	116513	102572	59.6
1999	175253	111690	109355	62.4
2000	170430	113225	103749	60.9
2001	173950	118725	106021	60.9
2002	181363	128224	104087	57.4
2003	203215	148042	109155	53.7
2004	215440	152363	113145	52.5
2005	261535	190755	148753	56.9
2006	283920	203963	162383	57.2
2007	326204	231531	187525	57.5
2008	359213	257075	220418	61.4
2009	451262	339795	288033	63.8
2010	463608	329321	289585	62.5
2011	471376	327348	298499	63.3
2012	462633	323062	286605	62.0
北 京	2268	768	559	24.7
天 津	7260	5401	4565	62.9
河 北	21851	14242	14637	67.0
山 西	10774	7285	6592	61.2
内蒙古	9645	7330	6901	71.6
辽 宁	18448	12058	12128	65.7
吉 林	10497	9156	7752	73.9

续表

年份 地区	施工项目 (个)	新开工项目 (个)	全部建成投产项目 (个)	项目建成投产率 (%)
黑龙江	12109	9710	8592	71.0
上　海	4229	2141	1265	29.9
江　苏	30065	21670	20897	69.5
浙　江	36693	22928	18253	49.8
安　徽	25187	18076	17020	67.6
福　建	20217	13438	12055	59.6
江　西	17762	13124	12655	71.3
山　东	35520	28613	25088	70.6
河　南	27886	17278	16776	60.2
湖　北	18390	13894	11478	62.4
湖　南	25546	19659	16424	64.3
广　东	18158	11380	9724	53.6
广　西	19953	15464	12152	60.9
海　南	1674	866	746	44.6
重　庆	9575	6264	6152	64.3
四　川	23359	15043	12436	53.2
贵　州	1728	959	444	25.7
云　南	14941	10515	9235	61.8
西　藏	2341	1658	1346	57.5
陕　西	14583	9527	8610	59.0
甘　肃	5803	4097	3006	51.8
青　海	3577	1999	1747	48.8
宁　夏	2964	2119	1919	64.7
新　疆	9567	6388	5451	57.0
不分地区	63	12		

注：本表不含房地产投资。

2—10　固定资产投资（不含农户）新增固定资产及交付使用率

年　份 地　区	固定资产投资额 (亿元)	新增固定资产 (亿元)	固定资产交付使用率 (%)
1995	15643.7	10146.2	64.9
1996	(17627.7)	(13138.7)	(74.5)
1997	19194.2	14959.9	77.9
1998	22491.4	17081.3	75.9
1999	23732.0	18682.7	78.7
2000	26221.8	20715.2	79.0
2001	30001.2	21666.3	72.2
2002	35488.8	24791.9	69.9
2003	45811.7	28663.9	62.6
2004	59028.2	34731.4	58.8
2005	75095.1	45206.6	60.2
2006	93368.7	56290.9	60.3
2007	117464.5	67367.5	57.4
2008	148738.3	84545.3	56.8
2009	193920.4	113943.9	58.8
2010	241430.9	136970.3	56.7
2011	302396.1	184353.9	61.0
2012	364854.1	222399.8	61.0
北　京	6064.9	2284.3	37.7
天　津	7913.3	4512.2	57.0
河　北	19104.6	12617.8	66.1
山　西	8584.9	5108.6	59.5
内蒙古	11749.8	7809.8	66.5
辽　宁	21535.4	12879.5	59.8

续表

年份 地区	固定资产投资额 (亿元)	新增固定资产 (亿元)	固定资产交付使用率 (%)
吉　林	9262.2	6763.1	73.0
黑龙江	9375.4	6455.1	68.9
上　海	5114.6	2706.4	52.9
江　苏	30473.7	22090.8	72.5
浙　江	17096.0	8232.8	48.2
安　徽	14943.8	8452.7	56.6
福　建	12182.5	6311.2	51.8
江　西	10378.4	7296.8	70.3
山　东	30319.8	19340.8	63.8
河　南	20558.6	13036.6	63.4
湖　北	15148.7	8919.9	58.9
湖　南	13966.3	9040.1	64.7
广　东	18250.1	11728.3	64.3
广　西	9345.2	5395.7	57.7
海　南	2064.4	1111.7	53.9
重　庆	8610.4	5373.3	62.4
四　川	16530.3	11619.1	70.3
贵　州	5504.9	2100.4	38.2
云　南	7553.5	3856.9	51.1
西　藏	670.5	359.5	53.6
陕　西	11705.8	6382.3	54.5
甘　肃	5040.0	2994.3	59.4
青　海	1808.7	927.2	51.3
宁　夏	2033.0	1218.4	59.9
新　疆	5858.0	3552.7	60.7
不分地区	6106.4	1921.7	31.5

2–11　固定资产投资（不含农户）按行业分施工、投产项目个数（2012年）

行　　业	施工项目（个）	#新开工	全部建成投产项目（个）	项目建成投产率（%）
全　国　总　计	462633	323062	286605	62.0
农、林、牧、渔业	26426	20899	18512	70.1
农业	9345	7344	6505	69.6
林业	2731	2219	1979	72.5
畜牧业	7189	5661	4976	69.2
渔业	1356	1051	933	68.8
农、林、牧、渔服务业	5805	4624	4119	71.0
采矿业	16355	11444	10928	66.8
煤炭开采和洗选业	6570	4216	4109	62.5
石油和天然气开采业	403	312	246	61.0
黑色金属矿采选业	2523	1806	1767	70.0
有色金属矿采选业	2305	1573	1525	66.2
非金属矿采选业	4129	3188	3027	73.3
开采辅助活动	308	252	190	61.7
其他采矿业	117	97	64	54.7
制造业	195867	138202	127527	65.1
农副食品加工业	14185	10430	9468	66.8
食品制造业	5697	4159	3723	65.4
酒、饮料和精制茶制造业	4672	3406	2959	63.3
烟草制品业	253	149	118	46.6
纺织业	8101	5957	5572	68.8
纺织服装、服饰业	6268	4593	4364	69.6
皮革、毛皮、羽毛及其制品和制鞋业	3074	2209	2040	66.4
木材加工和木、竹、藤、棕、草制品业	6380	5022	4581	71.8
家具制造业	3354	2399	2324	69.3
造纸及纸制品业	3521	2516	2344	66.6
印刷和记录媒介复制业	2175	1617	1507	69.3
文教、工美、体育和娱乐用品制造业	2837	2092	1868	65.8
石油加工、炼焦及核燃料加工业	1604	940	851	53.05
化学原料及化学制品制造业	13327	9357	8684	65.2
医药制造业	4992	3267	2789	55.9
化学纤维制造业	793	508	492	62.0
橡胶和塑料制品业	8119	5755	5403	66.6
非金属矿物制品业	22996	17020	16023	69.7
黑色金属冶炼和压延加工业	4974	3282	3224	64.8
有色金属冶炼和压延加工业	3968	2688	2460	62.0

续表

行业	施工项目(个)	#新开工	全部建成投产项目(个)	项目建成投产率(%)
金属制品业	10732	7637	7082	66.0
通用设备制造业	14927	10534	9788	65.6
专用设备制造业	13400	9532	8697	64.9
汽车制造业	8871	5750	5279	59.5
铁路、船舶、航空航天和其他运输设备制造业	2849	1748	1636	57.4
电气机械和器材制造业	11823	7699	7105	60.1
计算机、通信和其他电子设备制造业	6435	4161	3726	57.9
仪器仪表制造业	1943	1283	1167	60.1
其他制造业	1955	1281	1184	60.56
废弃资源综合利用业	1173	881	766	65.3
金属制品、机械和设备修理业	469	330	303	64.61
电力、热力、燃气及水生产和供应业	19508	12582	11000	56.4
电力、热力生产和供应业	11711	7561	6533	55.8
燃气生产和供应业	2197	1465	1254	57.1
水的生产和供应业	5600	3556	3213	57.4
建筑业	6960	5377	4306	61.9
房屋建筑业	2682	1981	1568	58.5
土木工程建筑业	3239	2536	2005	61.9
建筑安装业	267	230	188	70.4
建筑装饰和其他建筑业	772	630	545	70.6
批发和零售业	17482	13290	11430	65.4
批发业	7640	5912	4952	64.8
零售业	9842	7378	6478	65.8
交通运输、仓储和邮政业	27306	18142	15480	56.7
铁路运输业	649	271	217	33.4
道路运输业	19654	13340	11488	58.5
水上运输业	1183	615	492	41.6
航空运输业	230	113	95	41.3
管道运输业	194	128	110	56.7
装卸搬运和运输代理业	999	709	579	58.0
仓储业	4222	2849	2386	56.5
邮政业	175	117	113	64.6
住宿和餐饮业	9020	6646	5665	62.8
住宿业	5666	3876	3201	56.5
餐饮业	3354	2770	2464	73.5
信息传输、软件和信息技术服务业	3495	2646	2293	65.6
电信、广播电视和卫星传输服务	2173	1703	1548	71.2
互联网和相关服务	284	230	189	66.6
软件和信息技术服务业	1038	713	556	53.6

续表

行　　业	施工项目(个)	#新开工	全部建成投产项目(个)	项目建成投产率(%)
金融业	1311	916	794	60.6
货币金融服务	915	641	573	62.6
资本市场服务	184	126	102	55.4
保险业	115	82	69	60.0
其他金融业	97	67	50	51.6
房地产业	31663	20387	16587	52.4
租赁和商务服务业	5428	3822	2945	54.3
租赁业	238	191	167	70.2
商务服务业	5190	3631	2778	53.5
科学研究和技术服务业	3765	2668	2210	58.7
研究和试验发展	1021	650	548	53.7
专业技术服务业	1716	1236	1046	61.0
科技推广和应用服务业	1028	782	616	59.9
水利、环境和公共设施管理业	53329	35979	30490	57.2
水利管理业	9740	6963	6140	63.0
生态保护和环境治理业	2319	1640	1353	58.3
公共设施管理业	41270	27376	22997	55.7
居民服务、修理和其他服务业	3552	2726	2378	67.0
居民服务业	2071	1563	1369	66.1
机动车、电子产品和日用产品修理业	946	749	662	70.0
其他服务业	535	414	347	64.9
教育	13200	8704	7809	59.2
卫生和社会工作	6169	3651	3337	54.1
卫生	4849	2706	2604	53.7
社会工作	1320	945	733	55.5
文化、体育和娱乐业	6893	4567	3875	56.2
新闻和出版业	100	51	43	43.0
广播、电视、电影和影视录音制作业	465	296	280	60.2
文化艺术业	3479	2323	1895	54.5
体育	1279	740	669	52.3
娱乐业	1570	1157	988	62.9
公共管理、社会保障和社会组织	14904	10414	9039	60.7
中国共产党机关	100	69	50	50.0
国家机构	10561	7191	6169	58.4
人民政协、民主党派	32	20	17	53.1
社会保障	475	339	298	62.7
群众团体、社会团体和其他成员组织	1468	1009	931	63.4
基层群众自治组织	2268	1786	1574	69.4
国际组织				

注：本表不含房地产投资。

2-12 分地区城市建设情况（2012年）

地 区	城区面积（平方公里）	建成区面积（平方公里）	城市建设用地面积（平方公里）	本年征用土地面积（平方公里）	城市人口密度（人/平方公里）
全 国	**183039.4**	**45565.8**	**45750.7**	**2161.5**	**2307**
北 京	12187.0	1261.1	1445.0	42.2	1464
天 津	2334.5	722.1	722.1	55.7	2782
河 北	6611.2	1738.9	1609.3	19.7	2411
山 西	3427.2	1013.8	944.1	26.8	3028
内蒙古	8501.0	1132.8	1198.8	17.9	1032
辽 宁	13966.5	2329.1	2261.3	194.8	1624
吉 林	3956.6	1293.8	1209.8	56.0	2878
黑龙江	2718.3	1725.5	1747.7	39.7	5054
上 海	6340.5	998.8	2904.3	42.0	3754
江 苏	13957.0	3655.1	3701.9	245.9	2002
浙 江	10515.2	2296.3	2246.7	115.2	1786
安 徽	5569.1	1696.0	1682.0	128.6	2401
福 建	4500.9	1203.1	1126.1	72.5	2388
江 西	1949.6	1077.6	1034.3	65.9	4663
山 东	21421.5	3927.0	3854.4	150.7	1349
河 南	4628.0	2219.1	2083.4	44.7	4964
湖 北	9052.3	1889.6	2126.7	34.3	2004
湖 南	4623.5	1465.1	1430.2	69.1	3030
广 东	15984.1	5026.4	4083.4	286.3	2927
广 西	6067.4	1083.6	1029.8	88.9	1528
海 南	1149.1	265.6	253.4	11.2	2079
重 庆	6105.7	1051.7	859.5	75.3	1832
四 川	6205.0	1901.7	1855.6	71.1	2866
贵 州	1816.6	586.1	555.5	17.1	3324
云 南	2143.8	859.9	846.6	62.5	4029
西 藏	337.0	119.7	111.0		1655
陕 西	1504.4	863.5	776.2	28.7	5483
甘 肃	1292.4	681.6	642.7	52.9	4369
青 海	512.3	122.1	122.0	2.9	2674
宁 夏	2103.2	399.6	332.9	10.7	1251
新 疆	1558.5	959.6	954.1	32.4	4312

2-13 分地区城市供水情况（2012年）

地 区	年末供水综合生产能力（万立方米/日）	年末供水管道长度（公里）	全年供水总 量（万立方米）	#生活用水	#生产用水	用水人口（万人）	人均日生活用水量（升）
全 国	**27177.3**	**591872**	**5230326**	**2572473**	**1592723**	**41026.5**	**171.8**
北 京	1644.2	23674	159646	111844	22317	1783.7	171.8
天 津	439.5	12926	77218	32456	30549	649.4	134.1
河 北	974.2	15344	172396	73414	64757	1593.4	126.2
山 西	442.5	8550	82438	41030	30996	1013.4	110.9
内蒙古	378.7	9967	64870	27556	23028	828.6	91.1
辽 宁	1339.1	32062	274953	104389	97403	2233.4	128.1
吉 林	747.5	9600	106530	42852	33603	1052.0	111.6
黑龙江	891.0	12847	152154	59236	60562	1293.4	125.5
上 海	1145.0	34904	309704	162080	53826	2380.4	186.5
江 苏	2749.8	71413	492791	219008	200532	2785.1	215.4
浙 江	1537.8	44841	281165	134079	100338	1876.0	195.8
安 徽	1029.4	18869	156888	79139	47010	1310.5	165.5
福 建	721.0	16743	146328	69361	42843	1065.4	178.4
江 西	435.9	11831	94595	56940	15907	887.9	175.7
山 东	1644.5	41934	327449	138650	143546	2886.5	131.6
河 南	1042.3	19288	188538	80097	73651	2108.2	104.1
湖 北	1328.0	26146	259049	140334	61772	1782.3	215.7
湖 南	999.5	16747	186471	104915	35229	1350.9	212.8
广 东	3531.4	75935	817348	411275	216227	4567.7	246.7
广 西	665.0	14424	156785	79992	58547	883.3	248.1
海 南	151.7	3451	39045	20217	3071	233.6	237.2
重 庆	447.8	9534	95903	56976	22842	1049.4	148.8
四 川	822.8	22880	190304	116837	42246	1636.7	195.6
贵 州	250.4	7466	48886	29399	8106	555.9	144.9
云 南	353.1	8011	59717	35173	15600	814.7	118.3
西 藏	59.8	835	13043	1959	4966	42.0	127.7
陕 西	380.5	5948	84703	50575	20146	793.1	174.7
甘 肃	370.4	4719	54243	27534	18995	523.8	144.0
青 海	84.6	1534	22946	9698	9289	136.8	194.2
宁 夏	144.3	1996	28369	13871	10125	242.8	156.5
新 疆	425.8	7450	85851	41586	24695	666.2	171.0

2–14 分地区城市燃气情况（2012年）

地 区	人工煤气生产能力(万立方米/日)	管道长度(公里)			全年供气总量			用气人口(万人)		
		人工煤气	天然气	液化石油气	人工煤气(万立方米)	天然气(万立方米)	液化石油气(吨)	人工煤气	天然气	液化石油气
全 国	**2656.2**	**33538**	**342752**	**12651**	**769686**	**7950377**	**11148032**	**2442.3**	**21207.5**	**15682.9**
北 京			18656	414		924763	418156		1366.9	416.9
天 津			13627	184		256241	49105		637.2	12.2
河 北	88.1	3224	10250	346	89595	214451	205388	187.6	981.6	421.5
山 西	92.2	4713	5107	412	87787	213502	90534	236.6	584.1	167.2
内蒙古	164.0	507	5437	176	2786	113040	98496	46.2	347.1	347.2
辽 宁	254.6	5465	10160	690	59736	85701	516426	556.7	956.6	665.0
吉 林	80.0	1814	5170	108	17086	69697	220874	188.5	387.2	443.1
黑龙江	121.9	709	6651	26	8185	88191	206057	80.9	637.6	427.2
上 海	567.4	3596	21283	516	90438	631126	392514	197.7	1320.9	861.8
江 苏	43.0	768	43799	821	4889	691763	735757	27.5	1743.6	1006.5
浙 江	1.8	112	18151	2668	463	191322	776396	4.3	703.8	1160.6
安 徽			13192	254		171251	537160		911.8	353.1
福 建	8.0	305	6328	437	3080	95325	288978	19.4	294.6	745.7
江 西	157.3	1755	6479	465	48497	41910	204258	80.3	322.0	455.9
山 东	58.1	1429	31146	817	21316	518344	511489	88.3	1865.6	921.8
河 南	226.1	1394	15442	19	85359	241272	234450	120.5	1095.1	575.0
湖 北		275	15244	643	5100	240807	386152	12.4	945.0	768.0
湖 南		425	9111	20	2707	161274	201279	30.7	562.2	686.6
广 东	14.6	8	17421	2809	2509	1174509	3872441		1154.7	3287.4
广 西	10.6	425	5094	76	4423	16904	326110	45.6	186.8	632.0
海 南			1725	18		17664	55344		104.9	115.3
重 庆			12674			324965	93315		934.0	109.6
四 川	511.0	550	25896	201	159925	568317	180447	48.7	1382.7	132.8
贵 州	187.0	2903	486	135	34167	9853	66101	176.1	54.8	200.0
云 南	13.6	2656	672	214	37653	1207	174936	265.2	33.0	275.9
西 藏				103			25918			16.6
陕 西			7842			221162	31516		644.3	131.9
甘 肃	10.8	393	1701		1658	112098	151392	18.6	252.0	168.8
青 海			949			111917	6834		108.4	18.5
宁 夏		42	3089		137	179132	17086	3.6	141.3	64.7
新 疆	46.0	71	9972	81	2190	262670	73123	7.0	547.7	94.6

2—15 分地区城市集中供热情况（2012年）

地 区	供热能力 蒸 汽 (吨/小时)	热 水 (兆瓦)	供热总量 蒸 汽 (万吉焦)	热 水 (万吉焦)	管道长度 蒸 汽 (公里)	热 水 (公里)	供热面积 (万平方米)
全 国	**86452**	**365278**	**51609**	**243818**	**12690**	**147390**	**518368**
北 京	450	38298	289	35222	44	11031	52555
天 津	3463	21063	1757	10244	564	16190	30000
河 北	9244	26129	6490	16197	1199	9092	44670
山 西	2639	20706	1767	12295	342	6879	36056
内蒙古	1135	29489	778	19145	158	6673	32921
辽 宁	13038	62826	6320	42748	2259	24787	87108
吉 林	1537	36536	420	20189	208	15019	38296
黑龙江	4789	38743	2454	27815	370	15553	48336
上 海							
江 苏							
浙 江	5442	75	5713		832		8575
安 徽	3846	182	2868	43	511	15	2966
福 建							
江 西							
山 东	24678	33450	14759	24018	3982	24070	67423
河 南	5856	6204	3053	3139	1187	3149	13006
湖 北	1816	278	891	43	183	10	1682
湖 南							
广 东							
广 西							
海 南							
重 庆							
四 川							
贵 州							
云 南							
西 藏							
陕 西	5795	6682	2293	3465	546	918	12308
甘 肃	384	12758	305	7569	125	3825	12943
青 海		258		199		114	304
宁 夏	381	7927	151	4794	25	2690	7373
新 疆	1959	23675	1302	16691	155	7376	21844

2-16 分地区城市市政设施（2012年）

地 区	年末实有道路长度（公里）	年末实有道路面积（万平方米）	城市桥梁（座）	城市排水管道长度（公里）	城市污水日处理能力（万立方米）	城市道路照明灯（千盏）
全 国	**327081**	**607449**	**57601**	**439080**	**13692.9**	**20622.2**
北 京	7894	13509	2885	12665	400.5	237.0
天 津	6462	11611	736	17756	257.2	282.1
河 北	12419	28433	1286	15787	522.8	646.1
山 西	6382	12233	520	6530	190.1	459.6
内蒙古	7299	15502	354	10012	167.4	753.5
辽 宁	15513	26200	1612	15945	670.9	1487.2
吉 林	8056	14362	696	8910	247.8	604.0
黑龙江	11128	16252	876	9376	323.2	559.6
上 海	4775	9717	2151	18191	701.3	497.6
江 苏	34966	62438	12922	56887	1564.5	2727.1
浙 江	17672	33575	8984	29786	691.1	1255.9
安 徽	11571	24693	1311	19885	511.4	722.0
福 建	8210	15183	1689	11483	392.1	618.8
江 西	6477	13630	550	9484	226.0	467.2
山 东	36566	71390	4660	43357	954.0	1629.1
河 南	10798	25458	1215	17292	527.8	769.4
湖 北	17461	28755	1822	18634	557.0	383.1
湖 南	10367	18902	718	11402	575.3	574.8
广 东	41388	62787	6044	41056	1705.3	1858.4
广 西	7021	13662	668	7726	720.2	564.1
海 南	2104	4504	143	3015	73.9	162.8
重 庆	5956	11936	1201	8851	238.4	305.8
四 川	11287	22628	1798	18753	403.1	836.5
贵 州	2521	4103	436	3648	124.8	271.0
云 南	4855	10297	639	5276	229.7	352.7
西 藏	396	793	13	355	5.0	20.4
陕 西	5422	12137	618	6383	227.2	585.8
甘 肃	3580	7093	385	3282	159.1	225.8
青 海	773	1529	85	1155	32.1	103.4
宁 夏	1948	4619	148	1242	79.5	249.3
新 疆	5813	9517	436	4956	214.2	412.3

2–17　分地区城市公共交通情况（2012年）

地　区	年末公共交通车辆运营数(辆)	公　共汽、电车	轨　道交　通	运营线路总长度(公里)	公　共汽、电车	轨　道交　通	公共交通客运总量(万人次)	公　共汽、电车	轨　道交　通	出租汽车(辆)
全　国	**432021**	**419410**	**12611**	**551794**	**549736**	**2058**	**7887914**	**7014989**	**872925**	**1026678**
北　京	25831	22146	3685	19989	19547	442	761578	515416	246162	66646
天　津	9031	8405	626	12871	12732	139	129951	118721	11230	31940
河　北	16493	16493		18812	18812		203954	203954		49130
山　西	7851	7851		13369	13369		124838	124838		29700
内蒙古	5586	5586		10650	10650		96349	96349		37778
辽　宁	20968	20500	468	21521	21384	137	428367	401457	26910	79868
吉　林	10912	10532	380	11255	11200	55	170561	165336	5225	55457
黑龙江	14364	14364		15087	15087		223956	223956		62651
上　海	19825	16695	3130	23658	23190	468	507933	280360	227573	50683
江　苏	30956	30380	576	49903	49793	110	470233	427578	42655	47269
浙　江	23060	22892	168	40606	40558	48	311024	310463	561	34165
安　徽	11992	11992		10535	10535		212719	212719		37142
福　建	11823	11823		15627	15627		224703	224703		18325
江　西	7852	7852		11648	11648		127961	127961		11998
山　东	32869	32869		44682	44682		398268	398268		58758
河　南	18137	18137		18337	18337		263718	263718		45518
湖　北	16982	16670	312	17354	17298	56	338901	330613	8288	33520
湖　南	13148	13148		14132	14132		272165	272165		24031
广　东	53089	50729	2360	87797	87384	413	1003098	739359	263739	62243
广　西	7430	7430		9323	9323		142505	142505		15015
海　南	2614	2614		5600	5600		43306	43306		4998
重　庆	8540	7982	558	8959	8828	131	201331	176968	24363	15520
四　川	19628	19388	240	19180	19140	40	357333	347025	10308	31818
贵　州	5031	5031		5305	5305		132200	132200		13266
云　南	8187	8187		16329	16329		148409	148409		17302
西　藏	396	396		834	834		7139	7139		1379
陕　西	10948	10840	108	9207	9187	20	254599	248687	5912	22657
甘　肃	5214	5214		4907	4907		102846	102846		19324
青　海	2067	2067		1937	1937		39135	39135		7119
宁　夏	3042	3042		4813	4813		37441	37441		13107
新　疆	8155	8155		7568	7568		151397	151397		28351

2–18 分地区城市绿地和园林（2012年）

地区	城市绿地面积(公顷)	#公园绿地	公园(个)	公园面积(公顷)	建成区绿化覆盖率(%)
全国	**2367842**	**517815**	**11604**	**306245**	**39.6**
北京	65540	21178	236	11356	46.2
天津	22319	6846	84	1801	34.9
河北	73517	22320	446	14966	41.0
山西	35653	11224	258	7831	38.6
内蒙古	46727	13618	200	10440	36.2
辽宁	118297	24710	338	12222	40.2
吉林	38781	12486	161	5093	33.9
黑龙江	73820	16142	304	9372	36.0
上海	124204	16848	157	2217	38.3
江苏	247001	38069	783	16465	42.2
浙江	122723	23420	1015	14803	39.9
安徽	79592	15941	287	9881	38.8
福建	54544	13004	495	10256	42.0
江西	46874	12817	285	8104	46.0
山东	176342	47318	686	25023	42.1
河南	77038	21202	280	11083	36.9
湖北	68803	19042	295	10356	38.9
湖南	51822	12366	190	9251	37.0
广东	401669	74029	3032	61787	41.2
广西	66964	10585	179	7481	37.5
海南	50668	2871	48	1824	41.2
重庆	47156	20275	276	9973	42.9
四川	83179	19188	408	10630	38.7
贵州	32948	5666	59	4112	32.8
云南	35313	9007	564	6434	39.3
西藏	3432	524	64	681	32.4
陕西	30990	9552	152	3488	40.4
甘肃	18548	5373	97	2629	30.0
青海	4033	1344	26	895	32.5
宁夏	19833	4132	60	2110	38.4
新疆	49512	6718	139	3681	35.9

注：公园绿地面积包括综合公园、社区公园、专类公园、带状公园和街旁绿地。

2–19 分地区城市设施水平（2012年）

地 区	城市用水普及率(%)	城市燃气普及率(%)	每万人拥有公共交通车辆(标台)	人均城市道路面积(平方米)	人均公园绿地面积(平方米)	每万人拥有公共厕所(座)
全 国	**97.16**	**93.15**	**12.15**	**14.39**	**12.26**	**2.89**
北 京	100.00	100.00	23.43	7.57	11.87	3.24
天 津	100.00	100.00	17.34	17.88	10.54	1.84
河 北	99.96	99.79	11.29	17.84	14.00	4.18
山 西	97.64	95.18	8.47	11.79	10.82	3.09
内蒙古	94.43	84.39	7.05	17.67	15.52	5.08
辽 宁	98.45	96.02	11.11	11.55	10.89	2.46
吉 林	92.38	89.46	9.75	12.61	10.96	3.67
黑龙江	94.14	83.39	11.26	11.83	11.75	5.14
上 海	100.00	100.00	11.91	4.08	7.08	2.66
江 苏	99.70	99.43	13.36	22.35	13.63	3.59
浙 江	99.88	99.49	13.96	17.88	12.47	4.18
安 徽	98.02	94.61	10.14	18.47	11.92	2.32
福 建	99.13	98.60	12.16	14.13	12.10	2.69
江 西	97.67	94.40	10.01	14.99	14.10	2.25
山 东	99.85	99.48	12.76	24.70	16.37	1.99
河 南	91.76	77.94	8.60	11.08	9.23	3.12
湖 北	98.24	95.09	11.25	15.85	10.50	2.59
湖 南	96.42	91.33	10.38	13.49	8.83	2.34
广 东	97.62	94.93	13.42	13.42	15.82	2.06
广 西	95.30	93.26	9.18	14.74	11.42	2.33
海 南	97.74	92.15	11.60	18.85	12.01	1.92
重 庆	93.84	93.32	9.00	10.67	18.13	1.78
四 川	92.04	87.96	13.34	12.72	10.79	2.89
贵 州	92.07	71.35	8.80	6.80	9.38	2.09
云 南	94.32	66.46	10.25	11.92	10.43	2.79
西 藏	75.39	29.79	8.59	14.22	9.40	0.77
陕 西	96.15	94.11	15.58	14.71	11.58	3.48
甘 肃	92.77	77.81	10.04	12.56	9.52	2.36
青 海	99.90	92.65	16.60	11.17	9.81	4.32
宁 夏	92.30	79.67	12.46	17.56	15.71	2.30
新 疆	99.13	96.60	13.91	14.16	10.00	3.22

注：人均和普及率指标按城区人口与暂住人口之和计算，以公安部门的户籍统计和暂住人口统计为准。

三、住宅投资与房地产开发情况

3-1 全社会房屋施工、竣工面积和价值

年 份 地 区	房屋施工面积（万平方米）	#住宅	#商品住宅	房屋竣工面积（万平方米）	#住宅	#商品住宅	房屋竣工价值（亿元）	#住宅	#商品住宅
1995	215084.6	140451.9	32902.3	145600.1	107433.1	11951.3		3622.7	995.4
1996	(236308.5)	(155849.3)	(31849.3)	(162849.3)	(122204.5)	(12232.6)		(4505.6)	(1194.3)
	235258.6	155508.9	31849.3	161965.7	121913.4	12232.6		4505.6	1194.3
1997	230491.0	149658.1	30374.7	166057.1	121101.0	12464.7		4884.6	1269.9
1998	245755.7	167600.8	36223.0	170904.8	127571.6	14125.7		5441.8	1484.1
1999	263294.3	181236.4	42590.3	187357.1	139305.9	17640.7	9498.7	6019.9	1831.3
2000	265293.5	180634.3	50498.3	181974.4	134528.8	20603.3	9969.6	6153.4	2173.6
2001	276025.4	182767.1	61583.0	182437.1	130419.6	24625.4	10495.1	6396.5	2622.4
2002	304428.2	193731.0	73208.7	196737.9	134002.1	28524.7	11686.3	6967.8	3191.0
2003	343741.7	205286.7	91390.5	202643.7	130160.8	33774.6	13421.0	7631.2	4128.9
2004	376495.1	217580.5	108196.5	207019.1	124881.1	34677.2	15239.6	8320.3	4620.7
2005	431123.0	239769.6	129078.4	227588.7	132835.9	43682.9	18789.5	10042.3	6060.1
2006	462677.0	265565.3	151742.7	212542.2	131408.2	45471.7	19891.6	10950.1	6717.2
2007	548542.0	315629.8	186788.4	238425.3	146282.7	49831.3	23582.7	12990.7	7853.1
2008	632261.0	364354.4	222891.8	260307.0	159404.6	54334.1	28074.0	15334.1	9295.3
2009	754189.4	431463.2	251328.8	302116.5	184209.5	59628.7	35353.9	19378.9	11500.2
2010	(885173.4)	(492763.6)	(314760.1)	(304306.1)	(183172.3)	(63443.1)	(40704.9)	(21929.5)	(13527.5)
	844056.9	480772.9	314760.1	278564.5	174603.9	63443.1	38965.2	21507.2	13527.5
2011	1035518.9	574909.9	387706.0	329073.3	197452.2	74319.1	48393.1	26465.1	16947.7
2012	1167238.4	614990.6	428964.1	335503.6	195102.9	79043.2	55196.0	29493.7	19147.4
北 京	19306.8	9180.6	7510.4	3552.2	1983.2	1522.7	1106.3	493.4	420.3
天 津	18949.1	8199.5	6923.5	4553.0	2455.6	1914.0	1174.7	648.9	475.1

续表

年　份 地　区	房屋施工面积（万平方米）	#住　宅	#商品住宅	房屋竣工面积（万平方米）	#住　宅	#商品住宅	房屋竣工价值（亿元）	#住　宅	#商品住宅
河　北	67400.1	31394.2	21896.0	17687.5	9609.0	3978.1	2949.4	1457.1	885.1
山　西	25555.6	16860.4	9299.6	7038.0	4812.8	1435.7	1193.4	784.5	330.2
内蒙古	25866.7	13835.5	11181.7	6175.7	3056.0	1816.1	1129.7	549.4	380.6
辽　宁	68320.2	34069.3	29284.9	16867.5	9103.8	5132.3	3048.2	1409.4	1201.0
吉　林	17562.5	9607.9	8512.6	5155.1	2363.3	1613.6	1111.1	406.0	313.8
黑龙江	25215.2	14239.5	10472.0	8200.5	4984.9	2646.2	1570.5	791.3	514.0
上　海	16890.0	8350.8	8315.7	2836.3	1626.7	1609.1	1204.6	695.1	692.6
江　苏	93684.9	39261.4	33412.2	33219.2	11399.8	7687.1	6526.0	2606.0	2132.0
浙　江	80400.6	32359.8	21656.4	20975.6	9039.8	2917.3	3393.0	1451.1	824.0
安　徽	54531.7	27001.8	18182.6	13578.4	8395.2	3123.1	1992.5	1203.6	744.9
福　建	47196.1	18946.0	14731.2	10206.2	3630.1	1564.6	1421.1	517.1	346.2
江　西	30351.6	16300.6	7319.8	11062.6	7030.8	1440.5	1265.5	644.8	294.0
山　东	94312.6	50107.8	33715.2	30102.8	18927.8	6086.7	3952.6	2190.7	1266.5
河　南	81027.6	42959.7	23467.0	27641.0	18074.4	4888.2	2782.9	1773.6	846.1
湖　北	39262.7	19515.8	13013.0	15383.5	7832.6	2795.2	2605.8	1193.4	725.9
湖　南	36304.4	25740.3	16773.7	12912.4	10765.7	3688.5	1741.6	1320.8	834.5
广　东	64678.5	35222.3	29253.2	16553.3	8822.6	4918.2	3660.0	2005.8	1580.1
广　西	28166.6	18400.9	11846.9	8974.5	7210.6	1956.6	1055.7	749.9	407.7
海　南	7807.2	5574.5	4411.4	1592.8	1349.1	735.0	515.4	401.4	315.5
重　庆	29475.8	20455.0	16997.9	6379.2	5011.2	3386.4	1420.2	1096.0	937.2
四　川	58913.8	34114.1	22590.2	18314.3	10114.6	4713.6	3230.5	1627.3	1032.9
贵　州	21535.1	12930.8	9654.0	4815.5	3601.3	1120.2	612.6	403.3	217.2
云　南	29249.9	18093.0	10432.1	8600.4	6432.1	1492.3	944.2	593.7	326.6
西　藏	1374.7	561.7	31.0	411.9	339.2	6.5	45.8	22.7	2.1
陕　西	35490.8	21200.9	13030.2	7868.2	5883.8	1413.8	1322.4	882.8	360.6
甘　肃	12623.5	7986.6	4431.2	3453.6	2457.8	710.0	587.9	366.0	144.8
青　海	5772.8	3613.8	1513.5	1555.3	1205.1	371.1	259.9	172.3	94.7
宁　夏	7544.0	4439.7	3622.6	1779.6	1317.2	922.3	354.3	258.4	204.8
新　疆	21343.2	14084.1	5482.6	7665.3	6098.4	1438.4	1018.3	777.6	296.0
不分地区	1124.0	382.5		392.0	168.5				

3–2 固定资产投资（不含农户）房屋施工、竣工面积和房屋竣工价值

年　份 地　区	房屋施工 面　积 (万平方米)	#住　宅	房屋竣工 面　积 (万平方米)	#住　宅	房屋竣工 价　值 (亿元)	#住　宅
1995	120453.6	68557.9	58631.1	37489.1	4233.4	2171.8
1996	123011.1	68834.7	61443.4	39450.5	4968.3	2634.2
1997	120739.3	68568.0	62490.2	40550.2	5280.1	2833.6
1998	136669.3	83872.8	70166.1	47616.9	6012.6	3358.8
1999	144319.3	91835.4	79646.1	55868.9	6791.0	4012.2
2000	151691.3	94441.6	80507.9	54859.9	7014.6	4122.1
2001	166837.6	103643.6	85278.9	57476.5	7463.5	4463.7
2002	189973.4	113848.5	93018.3	59793.6	8435.3	4920.0
2003	221258.1	124386.5	93114.7	54971.5	10126.4	5883.7
2004	259252.2	142936.6	101033.8	56897.3	11119.0	6144.1
2005	304904.3	166143.4	118125.8	66141.9	13952.4	7682.8
2006	345152.0	187898.4	120705.3	63046.9	15340.1	8196.2
2007	414941.8	226159.7	134247.5	68820.8	18043.4	9622.2
2008	489110.6	269918.4	147066.4	75969.1	21515.3	11371.6
2009	577357.3	312039.7	164539.3	82101.5	27128.4	14081.3
2010	706379.2	376588.5	175429.6	86879.8	31627.0	16270.8
2011	917063.7	465729.7	226020.0	102513.2	42409.4	20829.2
2012	1061721.8	516797.0	241315.7	107327.0	48800.7	23442.1
北　京	18929.6	8848.6	3184.0	1658.0	1064.8	454.6
天　津	18874.8	8128.3	4479.4	2385.1	1164.4	638.8
河　北	62445.6	26486.0	13140.2	5150.9	2564.7	1109.7
山　西	22879.6	14401.4	5018.0	2905.8	1060.3	652.4
内蒙古	25406.7	13471.5	5774.7	2697.0	1101.9	523.1
辽　宁	63822.2	30107.7	12691.5	5413.5	2853.4	1233.3
吉　林	16960.0	9085.7	4573.9	1859.2	1059.9	360.5
黑龙江	24213.1	13337.6	7249.5	4106.0	1485.8	724.0
上　海	16871.6	8333.2	2817.9	1609.1	1202.0	692.6
江　苏	91452.9	37113.4	31052.2	9270.8	6303.8	2392.3
浙　江	74941.6	27194.8	15926.6	4172.8	2946.6	1019.1
安　徽	49520.7	22260.8	9214.4	4246.2	1657.9	881.2
福　建	44377.1	16299.5	8467.3	1943.3	1300.3	399.8
江　西	24763.0	10865.1	6359.0	2480.6	1016.3	405.6
山　东	82670.1	39972.3	18948.9	8595.9	3392.1	1661.5
河　南	65885.0	29089.2	14702.6	6811.9	2051.9	1057.3
湖　北	34110.2	14890.7	10839.6	3694.3	2268.3	873.7
湖　南	29116.4	18707.3	6231.4	4263.7	1305.7	896.7
广　东	60469.7	31098.0	13142.5	5486.9	3322.4	1673.1
广　西	22597.4	13012.7	3893.5	2284.8	757.4	454.1
海　南	7076.4	4930.3	1063.6	855.0	450.9	345.8
重　庆	28483.8	19593.8	5527.9	4279.3	1353.8	1038.9
四　川	54541.2	30389.3	14541.8	6879.0	2883.7	1352.0
贵　州	19128.1	10550.8	2621.5	1433.3	460.3	252.2
云　南	24612.9	13641.0	4069.4	2355.1	767.7	438.2
西　藏	1374.7	561.7	411.9	339.2	45.8	22.7
陕　西	32331.6	18186.9	4830.7	2911.8	1089.0	654.4
甘　肃	11438.5	6884.6	2314.6	1399.8	494.8	276.7
青　海	4948.7	2845.6	811.3	540.1	204.9	118.8
宁　夏	7235.0	4153.7	1470.6	1031.2	315.5	220.2
新　疆	19119.7	11973.0	5553.3	4098.7	854.3	618.8
不分地区	1124.0	382.5	392.0	168.5		

3-3 城乡新建住宅面积和居民住房情况

年份	城镇新建住宅面积（亿平方米）	农村新建住宅面积（亿平方米）	城镇居民人均住房建筑面积（平方米）	农村居民人均居住住房面积（平方米）
1978	0.38	1.00		8.1
1980	0.92	5.00		9.4
1985	1.88	7.22		14.7
1986	2.22	9.84		15.3
1987	2.23	8.84		16.0
1988	2.40	8.45		16.6
1989	1.97	6.76		17.2
1990	1.73	6.91		17.8
1991	1.92	7.54		18.5
1992	2.40	6.19		18.9
1993	3.08	4.81		20.7
1994	3.57	6.18		20.2
1995	3.75	6.99		21.0
1996	3.95	8.28		21.7
1997	4.06	8.06		22.5
1998	4.76	8.00		23.3
1999	5.59	8.34		24.2
2000	5.49	7.97		24.8
2001	5.75	7.29		25.7
2002	5.98	7.42	24.5	26.5
2003	5.50	7.52	25.3	27.2
2004	5.69	6.80	26.4	27.9
2005	6.61	6.67	27.8	29.7
2006	6.30	6.84	28.5	30.7
2007	6.88	7.75	30.1	31.6
2008	7.60	8.34	30.6	32.4
2009	8.21	10.21	31.3	33.6
2010	8.69	9.63	31.6	34.1
2011	9.49	10.26	32.7	36.2
2012	10.00	9.51	32.9	37.1

3-4 农村农户固定资产投资和建房

年份 地区	投资总额 (亿元)	#竣工房屋 投资	#住宅	房屋施工 面积 (万平方米)	房屋竣工 面积 (万平方米)	#住宅	竣工房屋 造价 (元/平方米)	#住宅
1985	478.4	350.1	313.2		78973.0	69542.0	44.0	45.0
1990	876.5	777.1	649.8	76819.0	71136.0	67812.0	109.0	96.0
1991	1042.6	912.5	759.3	85405.0	79501.0	74193.0	115.0	102.0
1992	1005.5	937.5	678.5	83392.0	65338.0	60442.0	143.0	112.0
1993	1137.7	1015.4	760.3	57432.0	56012.0	46129.0	181.0	165.0
1994	1519.2	1315.9	1002.7	72283.0	65390.0	57646.0	201.0	174.0
1995	2007.9	1709.4	1349.9	78192.0	73522.0	66230.0	233.0	204.0
1996	2544.0	2250.9	1766.4	96115.0	87277.0	79531.0	258.0	222.0
1997	2691.2	2405.8	1890.7	89309.0	85888.0	77287.0	280.0	245.0
1998	2681.5	2402.2	1907.2	89099.0	83864.0	77031.0	286.0	248.0
1999	2779.6	1908.2	1799.1	89050.0	83244.0	76758.0	229.2	234.4
2000	2904.3	1969.3	1846.8	88231.8	81270.2	75515.3	242.3	244.6
2001	2976.6	1908.2	1775.0	81048.2	74517.5	68799.3	256.1	258.0
2002	3123.2	1956.5	1858.1	80345.0	75125.7	69841.0	260.4	266.0
2003	3201.0	2053.2	1926.9	81123.7	75683.6	69741.1	271.3	276.3
2004	3362.7	2031.0	1933.4	71112.1	65801.5	62303.5	308.7	310.3
2005	3940.6	2190.6	2083.1	73109.2	66604.2	62292.4	328.9	334.4
2006	4436.2	2620.1	2490.2	76189.4	69237.9	64563.7	378.4	385.7
2007	5123.3	3228.3	3022.0	86665.6	78321.2	72676.4	412.2	415.8
2008	5951.8	3748.5	3547.1	91911.4	84407.0	78585.7	444.1	451.4
2009	7434.5	5029.9	4743.3	116099.4	105683.0	95570.5	475.9	496.3
2010	7886.0	5247.0	4931.7	106679.8	94114.8	87947.1	557.5	560.8
2011	9089.1	5983.7	5636.0	118455.2	103053.2	94939.1	580.6	593.6
2012	9840.6	6395.3	6051.6	105516.6	94187.8	87775.9	679.0	689.4
北 京	47.5	41.4	38.8	377.2	368.2	325.2	1125.3	1193.5
天 津	21.5	10.3	10.1	74.3	73.6	70.5	1401.8	1435.2
河 北	556.7	384.7	347.4	4954.5	4547.3	4458.2	846.0	779.3

续表

年份 地区	投资总额(亿元)	#竣工房屋投资	#住宅	房屋施工面积(万平方米)	房屋竣工面积(万平方米)	#住宅	竣工房屋造价(元/平方米)	#住宅
山西	278.4	133.0	132.2	2676.0	2020.0	1907.0	658.6	693.1
内蒙古	126.0	27.8	26.3	460.0	401.0	359.0	692.8	732.9
辽宁	300.9	194.8	176.1	4498.1	4176.1	3690.2	466.5	477.2
吉林	249.3	51.2	45.5	602.6	581.2	504.2	880.9	901.8
黑龙江	319.3	84.7	67.3	1002.1	951.0	879.0	890.2	766.0
上海	3.0	2.6	2.5	18.5	18.5	17.6	1406.3	1414.7
江苏	380.5	222.2	213.7	2232.0	2167.0	2129.0	1025.4	1003.9
浙江	553.4	446.4	432.0	5459.0	5049.0	4867.0	884.2	887.6
安徽	482.0	334.6	322.5	5011.0	4364.0	4149.0	766.7	777.2
福建	257.4	120.8	117.3	2819.0	1738.9	1686.8	694.5	695.7
江西	395.8	249.2	239.3	5588.6	4703.6	4550.1	529.8	525.9
山东	936.2	560.4	529.3	11642.5	11153.9	10331.9	502.5	512.3
河南	891.4	730.9	716.3	15142.5	12938.4	11262.5	564.9	636.0
湖北	429.6	337.6	319.8	5152.5	4544.0	4138.2	742.9	772.7
湖南	557.0	435.9	424.1	7188.0	6681.0	6502.0	652.4	652.3
广东	501.3	337.6	332.7	4208.9	3410.8	3335.7	989.8	997.3
广西	463.4	298.3	295.8	5569.2	5081.0	4925.8	587.1	600.5
海南	80.9	64.6	55.5	730.8	529.2	494.1	1220.0	1123.3
重庆	125.8	66.4	57.1	992.0	851.3	731.8	780.2	779.6
四川	509.7	346.8	275.4	4372.6	3772.5	3235.6	919.3	851.0
贵州	212.9	152.2	151.1	2407.0	2194.0	2168.0	693.9	697.1
云南	277.6	176.5	155.5	4637.0	4531.0	4077.0	389.6	381.4
西藏								
陕西	338.7	233.4	228.4	3159.2	3037.5	2972.1	768.4	768.6
甘肃	105.0	93.1	89.3	1185.0	1139.0	1058.0	817.6	844.0
青海	74.8	55.0	53.5	824.2	744.0	665.0	739.3	804.6
宁夏	63.8	38.8	38.2	309.0	309.0	286.0	1254.6	1335.2
新疆	300.8	164.0	158.8	2223.5	2112.0	1999.6	776.5	794.0

3-5 农村居民家庭住房情况

指　　标	1990	1995	2000	2005	2010	2011	2012
本年新建房屋							
面积　(平方米/人)	0.82	0.78	0.87	0.83	0.80	1.30	0.96
价值　(元/平方米)	92.32	200.30	260.23	373.31	673.35	804.51	829.51
住房结构(平方米/人)							
#钢筋混凝土结构	0.23	0.33	0.47	0.51	0.56	0.92	0.70
砖木结构	0.47	0.37	0.36	0.29	0.21	0.34	0.24
年末居住住房情况							
面积　(平方米/人)	17.83	21.01	24.82	29.68	34.08	36.24	37.09
价值　(元/平方米)	44.60	101.64	187.41	267.76	391.70	654.37	681.90
住房结构(平方米/人)							
#钢筋混凝土结构	1.22	3.10	6.15	11.17	15.10	16.48	17.12
砖木结构	9.84	11.91	13.61	14.12	15.24	15.92	16.35

3-6 分地区农村居民家庭住房情况（2012年）

地　区	住房面积 (平方米/人)	住房价值 (元/平方米)	住房结构（平方米/人） 钢筋混凝土结构	砖木结构
全　国	**37.09**	**681.90**	**17.12**	**16.35**
北　京	38.17	3192.13	10.74	27.17
天　津	30.26	1858.35	5.85	24.40
河　北	35.01	693.07	9.72	23.80
山　西	30.61	553.32	8.27	18.72
内蒙古	24.94	523.27	1.33	17.45
辽　宁	29.29	818.86	5.94	22.95
吉　林	24.71	603.87	0.16	23.04
黑龙江	24.82	831.34	1.01	20.29

续表

地 区	住房面积（平方米/人）	住房价值（元/平方米）	住房结构（平方米/人）钢筋混凝土结构	砖木结构
上 海	60.42	2470.77	27.51	32.87
江 苏	50.82	881.12	26.52	24.06
浙 江	62.14	1256.30	43.46	17.36
安 徽	35.28	637.19	21.83	13.01
福 建	50.80	830.47	38.18	9.87
江 西	46.95	487.33	37.88	7.43
山 东	38.43	568.22	12.00	25.92
河 南	37.86	510.77	20.12	17.15
湖 北	44.98	546.26	26.66	14.06
湖 南	46.54	432.94	20.62	24.16
广 东	31.67	867.46	24.56	4.88
广 西	35.98	470.64	28.21	6.16
海 南	25.25	865.96	12.67	12.54
重 庆	41.10	461.56	20.79	16.16
四 川	37.90	506.61	16.29	15.32
贵 州	29.62	531.80	10.41	16.20
云 南	31.73	589.67	10.02	8.42
西 藏	28.77	316.76	0.77	16.74
陕 西	36.88	616.51	18.58	11.15
甘 肃	24.08	547.48	4.35	9.67
青 海	29.69	506.79	4.42	14.18
宁 夏	25.86	501.92	2.96	17.19
新 疆	27.18	486.44	2.81	14.20

3-7 房地产开发企业主要指标

指　　标	2009	2010	2011	2012
企业个数　　(个)	80407	85218	88419	89859
内资	74674	79489	83011	84695
#国有	3835	3685	3427	3354
集体	1361	1220	1023	904
港、澳、台投资	3633	3677	3565	3451
外商投资	2100	2052	1843	1713
平均从业人数　　(万人)	**194.93**	**209.11**	**225.70**	**238.68**
内资企业	176.39	190.90	207.55	219.98
#国有	12.39	15.52	13.54	12.36
集体	2.90	2.54	2.12	2.04
港、澳、台投资企业	11.00	10.58	11.30	11.68
外商投资企业	7.55	7.63	6.85	7.01
本年土地购置面积　(万平方米)	**31909.45**	**39953.10**	**44327.44**	**35666.80**
本年完成投资　　(亿元)	**36241.81**	**48259.40**	**61796.89**	**71803.79**
#住宅	25613.69	34026.23	44319.50	49374.21
本年实际到位资金小计　(亿元)	**57799.04**	**72944.04**	**85688.73**	**96536.81**
#国内贷款	11364.51	12563.70	13056.80	14778.39
利用外资	479.39	790.68	785.15	402.09
自筹资金	17949.12	26637.21	35004.57	39081.96
房屋建筑面积　(万平方米)				
施工面积	320368.16	405356.40	506775.48	573417.52
竣工面积	72677.43	78743.88	92619.94	99424.96
本年新开工面积	116422.05	163646.87	191236.87	177333.62
#住宅	93298.41	129359.31	147163.11	130695.42
商品房销售面积　(万平方米)	**94755.00**	**104764.65**	**109366.75**	**111303.65**
#住宅	86184.89	93376.60	96528.41	98467.51
商品房平均销售价格(元/平方米)	**4681**	**5032**	**5357**	**5791**
#住宅	4459	4725	4993	5430
实收资本合计　　(亿元)	**28966.02**	**36767.41**	**46430.63**	**54735.36**
资产负债率　　(%)	**73.5**	**74.5**	**75.4**	**75.2**
主营业务收入　　(亿元)	**34606.23**	**42996.48**	**44491.28**	**51028.41**
#土地转让收入	498.05	519.19	664.66	819.39

注：商品房平均销售价格由报告期内新建商品房销售额除以销售面积计算而成。不同时期的商品房平均销售价格可能会受商品房区域、房屋类型等各种因素的影响。(5-36、5-41表同)

3–8 房地产开发企业土地开发及购置

年 份 地 区	待开发 土地面积 (万平方米)	本年土地 购置面积 (万平方米)	本年土地 成交价款 (亿元)	土地购置费用 (亿元)
1998	13530.70	10109.32		375.40
1999	13505.17	11958.90		500.03
2000	14754.77	16905.24		733.99
2001	14582.13	23408.99		1038.77
2002	19178.65	31356.78		1445.81
2003	21782.58	35696.48		2055.17
2004	39635.30	39784.66	2888.57	2574.47
2005	27522.00	38253.73	3269.32	2904.37
2006	37523.65	36573.57	3318.04	3814.49
2007	41483.97	40245.85	4573.18	4873.25
2008	48161.07	39353.43	4831.68	5995.62
2009	32816.54	31909.45	5150.14	6023.71
2010	31457.95	39953.10	8206.71	9999.92
2011	40220.76	44327.44	8894.03	11527.25
2012	40195.99	35666.80	7409.64	12100.15
北 京	150.40	305.99	224.65	1102.69
天 津	995.18	299.75	56.41	138.39
河 北	773.24	1760.99	306.01	332.60
山 西	618.85	718.36	97.39	117.61
内蒙古	538.52	902.76	107.62	135.32
辽 宁	1720.99	3199.52	491.81	740.56
吉 林	245.61	1539.01	277.68	225.59
黑龙江	347.64	929.91	127.60	150.95
上 海	350.23	300.62	135.09	390.53
江 苏	4887.33	3071.00	776.89	1140.46
浙 江	1908.69	1256.11	650.29	1948.75
安 徽	2558.41	2618.78	473.96	525.27
福 建	912.99	925.64	320.32	688.16
江 西	662.02	733.17	136.81	107.59
山 东	3439.56	2610.03	448.17	852.28
河 南	1318.72	1742.63	216.73	307.36
湖 北	1588.19	1303.19	297.26	348.49
湖 南	2534.97	1106.29	183.34	249.80
广 东	4122.82	1805.44	591.85	787.27
广 西	886.25	541.71	100.90	191.74
海 南	762.21	333.62	45.74	76.91
重 庆	3368.71	2183.07	550.71	384.16
四 川	1567.57	892.22	157.99	474.23
贵 州	1005.18	707.51	107.29	119.50
云 南	964.72	1602.39	272.11	251.08
西 藏	0.37	1.34	0.07	0.07
陕 西	562.81	473.03	98.14	140.27
甘 肃	329.26	419.33	47.05	52.38
青 海	89.47	197.03	25.90	38.81
宁 夏	409.01	425.69	31.77	43.03
新 疆	576.09	760.67	52.10	38.29

3-9 房地产开发企业投资总规模及完成情况（2012年）

单位：亿元

地　区	计划总投资	自开始建设至本年底累计完成投资	本年完成投资	建筑安装工程	设备工器具购置	其他费用
全　国	**358819.77**	**223645.54**	**71803.79**	**52036.26**	**1019.39**	**18748.13**
北　京	20749.06	14048.98	3153.44	1383.06	65.68	1704.70
天　津	10183.82	5453.82	1260.00	882.02	9.03	368.94
河　北	12691.26	7748.59	3086.52	2501.54	58.63	526.36
山　西	4560.96	2691.89	1010.45	808.96	12.35	189.15
内蒙古	6355.90	3675.55	1291.44	1044.78	19.72	226.94
辽　宁	22729.23	14538.41	5455.82	4261.19	112.75	1081.88
吉　林	5287.99	3200.87	1310.03	990.23	10.73	309.07
黑龙江	5169.80	3180.91	1535.84	1263.54	12.41	259.90
上　海	17703.63	12244.23	2381.36	1701.78	14.58	665.00
江　苏	34092.32	20955.54	6206.10	4402.07	140.42	1663.61
浙　江	23184.89	15151.48	5226.27	2744.77	41.58	2439.92
安　徽	15455.24	9509.16	3151.61	2387.01	39.59	725.01
福　建	14117.66	9316.19	2824.12	1925.90	23.31	874.91
江　西	4872.55	3193.95	969.62	777.33	11.91	180.37
山　东	23453.16	13936.97	4708.31	3551.54	52.52	1104.25
河　南	13665.95	7512.98	3035.29	2397.41	44.27	593.61
湖　北	10777.71	7069.42	2539.46	1902.65	56.16	580.65
湖　南	11372.59	6632.50	2210.52	1669.93	34.75	505.84
广　东	31182.22	20253.26	5352.79	3821.10	48.28	1483.40
广　西	8293.07	5311.15	1554.94	1155.01	19.81	380.11
海　南	5110.41	2655.02	886.64	691.52	21.36	173.76
重　庆	13424.13	8447.05	2508.35	1789.14	33.48	685.73
四　川	13368.92	9869.51	3266.40	2503.18	55.41	707.80
贵　州	6129.40	3563.03	1467.60	1121.58	19.28	326.73
云　南	7693.86	4103.25	1782.14	1352.75	17.86	411.52
西　藏	55.44	33.56	6.87	6.51	0.18	0.19
陕　西	9390.03	5128.90	1835.93	1522.40	23.93	289.61
甘　肃	2276.65	1247.11	561.02	464.69	6.68	89.65
青　海	969.09	486.76	189.68	138.53	1.14	50.01
宁　夏	2010.18	1067.16	429.15	356.39	2.67	70.09
新　疆	2492.61	1418.32	606.09	517.74	8.93	79.42

3–10　按用途分房地产开发企业完成投资

单位：亿元

年　份 地　区	本年完成 投　资	住　宅	#别　墅、 高档公寓	办公楼	商业营业 用　房	其　他
1998	3614.23	2081.56	181.85	433.80	475.83	623.04
1999	4103.20	2638.48	178.62	338.60	484.33	641.79
2000	4984.05	3311.98	270.01	297.85	579.99	794.23
2001	6344.11	4216.68	369.92	307.95	755.30	1064.19
2002	7790.92	5227.76	516.96	381.00	933.61	1248.55
2003	10153.80	6776.69	632.99	508.34	1302.35	1566.43
2004	13158.25	8836.95	1073.65	652.20	1723.72	1945.38
2005	15909.25	10860.93	1049.41	763.07	2039.53	2245.72
2006	19422.92	13638.41	1445.00	928.06	2353.88	2502.57
2007	25288.84	18005.42	1807.12	1035.04	2785.65	3462.73
2008	31203.19	22440.87	2032.31	1167.17	3354.48	4240.67
2009	36241.81	25613.69	2073.34	1377.21	4180.66	5070.25
2010	48259.40	34026.23	2829.81	1807.38	5648.40	6777.39
2011	61796.89	44319.50	3424.16	2558.79	7424.05	7494.55
2012	71803.79	49374.21	3448.37	3366.61	9312.00	9750.96
北　京	3153.44	1627.99	181.54	384.81	275.87	864.78
天　津	1260.00	843.05	62.34	85.70	155.31	175.94
河　北	3086.52	2317.13	56.19	114.67	407.57	247.16
山　西	1010.45	735.61	6.39	22.80	139.25	112.79
内蒙古	1291.44	845.63	23.43	59.45	260.27	126.10
辽　宁	5455.82	3961.95	181.18	163.38	862.77	467.72
吉　林	1310.03	987.74	62.36	31.33	178.91	112.05
黑龙江	1535.84	1122.52	22.14	26.92	218.36	168.05
上　海	2381.36	1451.94	335.08	262.85	293.75	372.81
江　苏	6206.10	4354.63	470.16	260.10	976.08	615.29
浙　江	5226.27	3436.74	305.59	305.85	584.99	898.68
安　徽	3151.61	2059.29	62.90	131.98	564.94	395.39
福　建	2824.12	1751.98	102.13	189.22	370.38	512.54
江　西	969.62	684.21	29.69	62.10	117.64	105.66
山　东	4708.31	3473.23	214.59	190.66	576.31	468.11
河　南	3035.29	2203.06	21.58	136.35	319.39	376.49
湖　北	2539.46	1698.38	67.99	136.55	337.23	367.30
湖　南	2210.52	1572.67	73.57	72.06	272.88	292.92
广　东	5352.79	3704.98	444.50	234.83	547.45	865.52
广　西	1554.94	1069.64	45.99	40.47	161.66	283.16
海　南	886.64	725.32	199.67	5.65	50.60	105.07
重　庆	2508.35	1706.77	165.67	101.61	307.50	392.47
四　川	3266.40	2197.75	126.66	137.12	433.32	498.21
贵　州	1467.60	930.31	15.60	42.23	212.56	282.49
云　南	1782.14	1152.50	86.34	86.41	256.29	286.93
西　藏	6.87	4.25	1.57	0.32	2.30	
陕　西	1835.93	1477.57	33.96	43.87	155.49	158.99
甘　肃	561.02	412.51	1.15	11.06	65.41	72.04
青　海	189.68	141.10	0.13	3.36	26.87	18.34
宁　夏	429.15	279.49	11.46	10.84	83.01	55.81
新　疆	606.09	444.27	36.81	12.08	97.61	52.13

3—11 房地产开发企业实际到位资金

单位：亿元

年份 地区	本年实际到 位资金小计	国内贷款	利用外资	#外商直接 投资	自筹资金	其他资金 来源
1998	4414.94	1053.17	361.76	258.87	1166.98	1811.85
1999	4795.90	1111.57	256.60	180.48	1344.62	2063.20
2000	5997.63	1385.08	168.70	134.80	1614.21	2819.29
2001	7696.39	1692.20	135.70	106.12	2183.96	3670.56
2002	9749.95	2220.34	157.23	124.13	2738.45	4619.90
2003	13196.92	3138.27	170.00	116.27	3770.69	6106.05
2004	17168.77	3158.41	228.20	142.56	5207.56	8562.59
2005	21397.84	3918.08	257.81	171.41	7000.39	10221.56
2006	27135.55	5356.98	400.15	303.05	8597.09	12781.33
2007	37477.96	7015.64	641.04	485.39	11772.53	18048.75
2008	39619.36	7605.69	728.22	634.99	15312.10	15973.35
2009	57799.04	11364.51	479.39	403.32	17949.12	28006.01
2010	72944.04	12563.70	790.68	673.45	26637.21	32952.45
2011	85688.73	13056.80	785.15	689.54	35004.57	36842.22
2012	96536.81	14778.39	402.09	358.52	39081.96	42274.38
北京	6084.55	1484.74	4.22	4.22	1611.91	2983.68
天津	2146.28	570.37	3.47	0.38	831.71	740.73
河北	3712.99	295.57	10.93	10.93	2195.48	1211.02
山西	1033.69	60.87	0.03	0.03	550.70	422.09
内蒙古	1409.08	79.60			1031.07	298.41
辽宁	6328.76	850.76	117.88	105.03	3310.51	2049.61
吉林	1431.68	109.70	1.89	1.89	878.38	441.71
黑龙江	1711.18	87.64	0.02	0.02	1104.20	519.32
上海	3968.51	975.78	26.12	26.12	1385.96	1580.66
江苏	9856.89	1890.71	61.57	54.79	3087.53	4817.07
浙江	6530.86	1125.48	16.00	15.60	2178.56	3210.82
安徽	3834.42	406.23	1.39	1.39	1685.94	1740.86
福建	4120.73	523.63	7.84	7.41	1426.79	2162.47
江西	1477.22	164.90	0.79	0.65	504.79	806.74
山东	5755.09	677.51	15.91	15.91	2675.86	2385.81
河南	3455.04	321.09	1.13	1.03	1920.72	1212.10
湖北	3363.83	512.05	1.27	1.22	1425.31	1425.21
湖南	2902.66	374.52	51.12	49.15	1036.23	1440.78
广东	7918.27	1507.53	29.06	26.59	2414.64	3967.04
广西	2007.36	263.84	0.33		788.45	954.75
海南	1340.42	272.02	7.37	7.37	597.81	463.22
重庆	3869.54	720.80	20.13	7.42	1182.06	1946.55
四川	4222.67	459.24	16.93	14.71	1728.97	2017.53
贵州	1418.17	230.61	4.29	4.29	518.44	664.82
云南	2134.02	216.12			975.03	942.87
西藏	8.05				2.13	5.92
陕西	2317.40	280.36	2.40	2.40	1120.44	914.21
甘肃	651.24	129.08			304.97	217.19
青海	228.45	37.39			113.35	77.70
宁夏	499.80	59.40			196.32	244.09
新疆	797.95	90.87			297.69	409.38

3-12　房地产开发企业房屋建筑面积和造价

年　份 地　区	房屋施工面积(万平方米)	房屋竣工面积(万平方米)	房屋建筑面积竣工率(%)	房屋竣工价值(亿元)	房屋竣工造价(元/平方米)
1998	50770.14	17566.60	34.6	2139.19	1218
1999	56857.63	21410.83	37.7	2467.58	1152
2000	65896.92	25104.86	38.1	2859.35	1139
2001	79411.68	29867.36	37.6	3369.45	1128
2002	94104.01	34975.75	37.2	4141.69	1184
2003	117525.99	41464.06	35.3	5279.95	1273
2004	140451.39	42464.87	30.2	5952.48	1402
2005	166053.26	53417.04	32.2	7752.24	1451
2006	194786.42	55830.92	28.7	8729.35	1564
2007	236318.24	60606.68	25.6	10039.89	1657
2008	283266.20	66544.80	23.5	11947.57	1795
2009	320368.20	72677.40	22.7	14689.37	2021
2010	405356.40	78743.90	19.4	17542.73	2228
2011	506775.48	92619.94	18.3	21975.91	2373
2012	573417.52	99424.96	17.3	24836.62	2498
北　京	13122.49	2390.86	18.2	736.77	3082
天　津	9864.22	2542.75	25.8	644.09	2533
河　北	27577.83	4894.56	17.7	1132.49	2314
山　西	11714.28	1732.99	14.8	399.24	2304
内蒙古	16507.40	2449.13	14.8	525.13	2144
辽　宁	38502.02	6438.15	16.7	1547.48	2404
吉　林	10935.80	1927.87	17.6	385.95	2002
黑龙江	13484.97	3245.73	24.1	641.54	1977
上　海	13249.97	2305.06	17.4	1060.07	4599
江　苏	45097.54	9848.40	21.8	2746.91	2789
浙　江	33422.97	4292.94	12.8	1242.87	2895
安　徽	24836.06	3965.39	16.0	955.32	2409
福　建	21121.50	2232.78	10.6	506.62	2269
江　西	9465.63	1747.48	18.5	369.78	2116
山　东	42958.91	7324.97	17.1	1568.11	2141
河　南	29559.36	5870.54	19.9	1059.08	1804
湖　北	16819.71	3273.71	19.5	876.31	2677
湖　南	21356.89	4457.97	20.9	1024.85	2299
广　东	39296.27	6356.12	16.2	2079.84	3272
广　西	15018.46	2333.58	15.5	490.35	2101
海　南	5109.49	856.41	16.8	362.02	4227
重　庆	22009.03	3990.63	18.1	1121.76	2811
四　川	29865.50	5866.58	19.6	1318.27	2247
贵　州	13245.31	1416.77	10.7	278.44	1965
云　南	14362.00	1851.57	12.9	417.40	2254
西　藏	47.33	9.23	19.5	3.76	4073
陕　西	15410.57	1653.94	10.7	429.56	2597
甘　肃	5634.95	844.50	15.0	177.91	2107
青　海	1891.23	416.20	22.0	107.89	2592
宁　夏	5033.26	1151.97	22.9	259.64	2254
新　疆	6896.55	1736.17	25.2	367.19	2115

3–13 按用途分房地产开发企业房屋新开工面积

单位：万平方米

年份 地区	本年房屋新开工面积	住宅	#别墅、高档公寓	办公楼	商业营业用房	其他
1998	20387.90	16637.50	638.60	871.50	1938.65	940.25
1999	22579.41	18797.94	594.06	690.29	2198.56	892.62
2000	29582.64	24401.15	1169.09	898.81	3034.77	1247.91
2001	37394.18	30532.72	1456.69	1072.98	4105.40	1683.08
2002	42800.52	34719.35	2278.17	1254.24	4926.48	1900.45
2003	54707.53	43853.88	2349.29	1466.89	6706.80	2679.96
2004	60413.86	47949.01	2975.69	1704.19	7790.81	2969.85
2005	68064.44	55185.07	2834.97	1671.10	7675.47	3532.79
2006	79252.83	64403.80	4058.32	2134.94	8473.23	4240.86
2007	95401.53	78795.51	4914.41	2141.44	9093.89	5370.70
2008	102553.37	83642.12	4336.97	2471.95	10040.69	6398.62
2009	116422.05	93298.41	3649.80	2860.76	12415.03	7847.84
2010	163646.87	129359.31	5080.05	3668.07	17472.58	13146.91
2011	191236.87	147163.11	5653.01	5399.20	20730.78	17943.77
2012	177333.62	130695.42	4228.31	5986.46	22006.85	18644.89
北京	3224.21	1627.50	88.40	536.82	325.61	734.28
天津	2565.19	1764.76	58.49	231.02	202.16	367.26
河北	7641.80	5983.78	83.27	187.61	831.34	639.08
山西	4166.34	3271.11	19.38	66.62	442.44	386.17
内蒙古	5423.42	3670.18	59.20	160.55	977.63	615.07
辽宁	13828.92	10644.03	218.36	234.61	1922.63	1027.65
吉林	4826.76	3683.39	89.95	88.50	699.35	355.51
黑龙江	5074.35	3785.55	49.47	92.79	728.46	467.55
上海	2724.05	1563.39	234.33	303.91	365.17	491.58
江苏	13908.44	10285.49	683.51	402.53	1928.27	1292.15
浙江	7816.80	4946.83	359.15	413.88	911.76	1544.32
安徽	7874.22	5468.39	121.59	233.75	1440.55	731.53
福建	5342.97	3565.11	86.90	252.38	640.96	884.52
江西	3261.03	2400.09	76.26	137.02	480.42	243.49
山东	13902.72	10837.97	280.09	378.27	1590.80	1095.69
河南	10515.11	8424.45	68.41	360.08	985.31	745.27
湖北	5976.06	4650.79	63.97	218.38	615.35	491.55
湖南	6631.62	5053.52	88.51	184.44	712.68	680.97
广东	10615.73	7840.26	526.88	288.94	998.18	1488.35
广西	3741.88	2910.11	72.30	103.03	376.32	352.42
海南	1661.29	1402.85	170.74	17.78	137.25	103.40
重庆	5813.48	4345.14	117.93	160.64	539.04	768.66
四川	8367.21	5962.51	122.03	314.46	1089.37	1000.87
贵州	3787.67	2578.41	7.62	176.24	567.91	465.12
云南	6037.53	4166.88	259.40	222.37	882.77	765.51
西藏	22.68	17.07	6.46	1.57	4.04	
陕西	4738.32	3928.91	33.03	99.03	419.70	290.68
甘肃	2404.51	1933.52	8.00	23.22	251.68	196.09
青海	772.90	605.33	7.59	7.79	97.38	62.41
宁夏	1842.78	1228.74	38.58	38.60	421.02	154.43
新疆	2823.65	2149.36	128.53	49.63	421.32	203.34

3–14 按用途分商品房销售面积

单位：万平方米

年份 地区	商品房销售面积	住宅	#别墅、高档公寓	办公楼	商业营业用房	其他
1998	12185.30	10827.10	345.30	400.60	810.80	146.80
1999	14556.53	12997.87	435.74	403.43	1003.17	152.06
2000	18637.13	16570.28	640.72	436.98	1399.31	230.56
2001	22411.90	19938.75	878.19	502.57	1696.15	274.44
2002	26808.29	23702.31	1241.26	538.92	2218.58	348.47
2003	33717.63	29778.85	1449.87	630.49	2833.10	475.19
2004	38231.64	33819.89	2323.05	692.84	3100.29	618.62
2005	55486.22	49587.83	2818.44	1096.23	4081.38	720.78
2006	61857.07	55422.95	3672.44	1231.04	4337.79	865.29
2007	77354.72	70135.88	4581.31	1465.23	4644.61	1109.01
2008	65969.83	59280.35	2865.25	1157.05	4206.06	1326.37
2009	94755.00	86184.89	4626.05	1544.43	5328.03	1697.65
2010	104764.65	93376.60	4219.10	1889.97	6994.84	2503.24
2011	109366.75	96528.41	3729.93	2004.97	7868.65	2964.71
2012	111303.65	98467.51	3476.00	2253.65	7759.28	2823.21
北京	1943.74	1483.37	116.94	253.50	113.97	92.90
天津	1661.69	1511.40	66.32	28.17	72.17	49.95
河北	5144.92	4622.46	114.08	74.78	316.70	130.97
山西	1497.88	1390.44	5.38	9.54	79.50	18.41
内蒙古	2523.52	2104.22	54.66	36.56	270.17	112.58
辽宁	8827.95	7655.40	243.79	79.15	775.93	317.48
吉林	2452.42	2159.43	79.56	14.75	219.49	58.75
黑龙江	3806.82	3226.22	22.95	24.26	410.87	145.48
上海	1898.46	1592.63	234.56	111.73	120.01	74.10
江苏	9019.18	7923.37	411.74	200.83	763.95	131.04
浙江	4005.29	3316.23	168.40	188.75	332.64	167.68
安徽	4828.81	4275.43	71.77	62.00	428.42	62.97
福建	3258.94	2741.96	84.58	150.83	209.88	156.27
江西	2397.10	2125.90	32.06	47.56	189.46	34.19
山东	8632.76	7745.87	165.96	135.38	553.75	197.76
河南	5968.49	5455.50	33.69	126.49	297.96	88.54
湖北	4037.85	3620.10	59.06	69.75	256.87	91.13
湖南	5150.48	4664.08	143.58	64.25	329.97	92.18
广东	7898.99	7157.63	540.21	141.47	360.57	239.32
广西	2759.26	2546.96	24.81	9.60	149.83	52.87
海南	931.84	898.35	113.94	4.04	20.23	9.22
重庆	4522.40	4105.11	143.78	62.30	221.89	133.10
四川	6455.93	5679.33	134.64	157.37	438.53	180.70
贵州	2186.95	2002.40	15.87	14.88	144.56	25.11
云南	3237.75	2789.68	265.28	90.87	277.54	79.67
西藏	22.50	20.65	2.94	0.43	1.42	
陕西	2755.59	2530.84	52.98	65.97	124.34	34.45
甘肃	978.44	893.36	0.38	2.97	63.99	18.13
青海	262.96	246.85	0.41	0.21	15.48	0.41
宁夏	804.43	707.57	14.33	6.82	82.92	7.12
新疆	1430.31	1274.80	57.35	18.47	116.31	20.72

3-15 按用途分商品房销售额

单位：亿元

年份 地区	商品房销售额	住宅	#别墅、高档公寓	办公楼	商业营业用房	其他
1998	2513.30	2006.87	158.70	222.41	257.06	26.97
1999	2987.87	2413.73	196.23	212.39	334.32	27.42
2000	3935.44	3228.60	274.75	207.63	456.23	42.98
2001	4862.75	4021.15	381.84	230.56	555.24	55.80
2002	6032.34	4957.85	515.57	233.66	773.97	66.87
2003	7955.66	6543.45	600.90	264.53	1041.20	106.48
2004	10375.71	8619.37	882.34	383.32	1229.54	143.48
2005	17576.13	14563.76	1644.27	758.87	2049.57	203.94
2006	20825.96	17287.81	2418.28	991.33	2275.87	270.95
2007	29889.12	25565.81	3422.81	1269.91	2681.72	371.68
2008	25068.18	21196.00	2235.07	969.36	2475.85	426.97
2009	44355.17	38432.90	4469.76	1638.41	3660.67	623.20
2010	52721.24	44120.65	4613.11	2155.71	5418.82	1026.07
2011	58588.86	48198.32	4100.66	2471.58	6679.08	1239.88
2012	64455.79	53467.18	3983.56	2773.43	6999.57	1215.60
北京	3308.56	2455.50	319.45	560.59	233.36	59.11
天津	1365.53	1210.57	72.14	37.61	93.87	23.47
河北	2303.90	1914.61	61.46	50.34	297.49	41.47
山西	579.89	513.20	2.94	7.47	54.58	4.65
内蒙古	1022.80	769.39	34.41	22.07	187.60	43.74
辽宁	4362.78	3611.21	211.24	76.35	546.40	128.82
吉林	1016.95	836.80	66.40	11.79	141.31	27.05
黑龙江	1548.30	1201.93	21.43	13.82	264.54	68.01
上海	2669.49	2208.96	661.35	234.62	194.62	31.29
江苏	6067.01	5089.06	477.78	181.73	746.69	49.53
浙江	4262.66	3541.63	237.13	240.53	405.36	75.15
安徽	2329.88	1921.86	53.16	46.01	336.48	25.54
福建	2817.70	2293.90	122.37	182.77	262.01	79.03
江西	1137.35	931.39	24.73	50.62	140.23	15.10
山东	4111.80	3529.51	166.61	117.73	392.20	72.35
河南	2286.67	1915.57	22.18	111.57	228.15	31.38
湖北	2036.20	1689.86	58.26	85.67	224.62	36.06
湖南	2085.23	1711.55	102.38	62.30	283.08	28.31
广东	6407.81	5488.39	554.06	289.98	468.51	160.93
广西	1159.83	995.82	16.64	15.02	129.07	19.92
海南	735.57	701.72	223.20	2.01	25.74	6.11
重庆	2297.35	1972.42	118.95	71.61	212.47	40.84
四川	3517.72	2816.49	135.15	140.93	488.40	71.91
贵州	900.08	739.96	19.01	12.14	139.21	8.77
云南	1362.83	1077.10	111.03	71.57	182.26	31.90
西藏	7.35	6.16	1.08	0.23	0.97	
陕西	1420.75	1215.57	50.88	53.38	132.38	19.41
甘肃	349.32	301.60	0.28	2.06	41.57	4.08
青海	106.46	91.14	0.29	0.14	15.02	0.16
宁夏	317.58	256.19	6.95	3.45	55.44	2.50
新疆	560.45	458.14	30.62	17.33	75.98	9.00

3–16　按用途分商品房平均销售价格

单位：元/平方米

年　份 地　区	商品房平均销售价格	住　宅	#别　墅、高档公寓	办公楼	商业营业用　房	其　他
1998	2063	1854	4596	5552	3170	1837
1999	2053	1857	4503	5265	3333	1804
2000	2112	1948	4288	4751	3260	1864
2001	2170	2017	4348	4588	3274	2033
2002	2250	2092	4154	4336	3489	1919
2003	2359	2197	4145	4196	3675	2241
2004	2778	2608	5576	5744	3884	2235
2005	3168	2937	5834	6923	5022	2829
2006	3367	3119	6585	8053	5247	3131
2007	3864	3645	7471	8667	5774	3351
2008	3800	3576	7801	8378	5886	3219
2009	4681	4459	9662	10608	6871	3671
2010	5032	4725	10934	11406	7747	4099
2011	5357	4993	10994	12327	8488	4182
2012	5791	5430	11460	12306	9021	4306
北　京	17022	16553	27317	22114	20476	6363
天　津	8218	8010	10877	13349	13008	4699
河　北	4478	4142	5388	6732	9393	3167
山　西	3871	3691	5457	7835	6865	2524
内蒙古	4053	3656	6296	6038	6944	3885
辽　宁	4942	4717	8665	9647	7042	4057
吉　林	4147	3875	8346	7990	6438	4605
黑龙江	4067	3726	9337	5698	6438	4675
上　海	14061	13870	28196	21000	16218	4223
江　苏	6727	6423	11604	9049	9774	3779
浙　江	10643	10680	14081	12743	12186	4482
安　徽	4825	4495	7407	7420	7854	4056
福　建	8646	8366	14468	12117	12484	5057
江　西	4745	4381	7712	10644	7402	4417
山　东	4763	4557	10039	8696	7083	3659
河　南	3831	3511	6584	8820	7657	3544
湖　北	5043	4668	9866	12282	8744	3957
湖　南	4049	3670	7130	9697	8579	3071
广　东	8112	7668	10256	20498	12994	6724
广　西	4203	3910	6709	15658	8614	3767
海　南	7894	7811	19590	4971	12721	6624
重　庆	5080	4805	8273	11495	9576	3069
四　川	5449	4959	10038	8955	11137	3980
贵　州	4116	3695	11980	8158	9630	3493
云　南	4209	3861	4185	7876	6567	4005
西　藏	3269	2982	3685	5328	6810	
陕　西	5156	4803	9603	8093	10647	5636
甘　肃	3570	3376	7368	6957	6496	2252
青　海	4049	3692	7151	6519	9705	3801
宁　夏	3948	3621	4849	5065	6686	3503
新　疆	3918	3594	5339	9383	6532	4343

3-17 分地区按项目规模分房地产开发完成投资（2012年）

单位：亿元

地 区	500万元以下	500-1000万元	1000-3000万元	3000-5000万元	5000万-1亿元	1-5亿元	5-10亿元	10亿元以上
全 国	7.53	45.26	418.08	763.06	2903.78	19743.91	14711.40	33210.76
北 京	0.03	0.17	1.87	5.36	15.24	191.43	333.68	2605.66
天 津		0.05	0.58	1.58	8.98	177.91	277.40	793.49
河 北	0.09	0.25	14.07	19.94	110.45	941.06	653.03	1347.63
山 西		1.97	13.05	21.76	84.50	381.43	170.97	336.76
内蒙古	0.23	2.57	26.88	31.27	126.89	407.08	307.15	389.38
辽 宁	0.30	1.81	14.22	30.09	126.37	1494.36	1313.03	2475.65
吉 林	0.49	1.88	15.12	25.39	80.63	396.86	259.86	529.79
黑龙江	0.13	1.59	18.83	47.83	106.95	472.79	250.77	636.96
上 海		0.05	1.37	3.68	10.91	240.69	444.82	1679.83
江 苏	0.11	0.77	12.74	26.24	133.78	1594.37	1465.97	2972.12
浙 江	0.04	0.40	10.02	26.07	115.42	1298.63	1175.31	2600.37
安 徽	0.52	2.09	15.20	23.53	97.41	909.12	762.95	1340.79
福 建	0.16	0.50	10.85	15.41	72.14	632.42	559.36	1533.28
江 西	0.05	0.97	10.30	17.61	71.18	437.98	220.71	210.82
山 东	0.51	2.13	25.25	52.46	242.18	1563.74	1056.19	1765.84
河 南	0.26	1.63	18.87	42.49	196.27	1264.75	568.77	942.25
湖 北	0.42	1.86	24.20	40.74	124.91	716.50	409.79	1221.04
湖 南	0.54	3.53	28.18	46.65	172.02	794.99	392.18	772.43
广 东	0.78	3.36	25.85	42.49	147.03	1137.54	1054.55	2941.18
广 西	0.34	1.72	14.39	28.72	92.80	604.45	364.74	447.77
海 南		0.01	2.49	4.50	23.96	223.11	178.26	454.32
重 庆	0.28	2.29	12.07	26.01	89.13	549.80	434.70	1394.08
四 川	0.22	2.73	22.17	49.58	206.08	1113.07	884.14	988.40
贵 州	0.32	1.51	11.14	22.14	71.43	375.09	214.29	771.68
云 南	0.28	1.63	13.98	27.80	112.28	541.86	279.49	804.81
西 藏	0.02		0.16		1.74	3.47	1.40	0.08
陕 西	0.04	1.52	8.49	18.69	57.32	476.50	372.67	900.70
甘 肃	0.22	2.26	14.36	25.48	83.78	243.50	94.35	97.05
青 海		0.22	1.28	1.69	8.91	58.34	40.51	78.73
宁 夏	0.05	0.52	4.34	6.62	26.73	227.00	96.37	67.51
新 疆	1.08	3.27	25.76	31.24	86.36	274.05	73.97	110.37

3-18 房地产开发企业成套住宅竣工与销售情况

年 份 地 区	住宅竣工套数合计(套)	#别 墅、高档公寓	住宅销售套数合计(套)	#别 墅、高档公寓
2000	2139702	59880		
2001	2414392	72207		
2002	2629616	97751		
2003	3021134	108525		
2004	4042219	144949		
2005	3682523	135276	4235372	152339
2006	4005305	139632	5049094	219982
2007	4401203	159423	6251263	257776
2008	4939189	144618	5565827	157455
2009	5548897	143621	8040470	240129
2010	6019767	163207	8817526	223596
2011	7219163	155923	9139672	191881
2012	7642379	161899	9446424	184001
北 京	156606	5769	147153	5277
天 津	183572	5334	153686	4030
河 北	381529	3602	444959	5566
山 西	131677	522	122431	215
内蒙古	164962	3379	198073	2917
辽 宁	598299	5394	840520	9509
吉 林	195425	7641	245525	5641
黑龙江	311229	246	373563	935
上 海	162169	16974	164759	14160
江 苏	667136	19288	705029	20407
浙 江	242386	5741	282224	5464
安 徽	301370	2081	418989	4701
福 建	147318	2317	249314	3518
江 西	127629	1668	189254	2082
山 东	553218	7752	714514	9951
河 南	439355	5435	489310	1953
湖 北	250207	2838	340340	3522
湖 南	337701	5026	400490	7442
广 东	492103	19942	644541	30573
广 西	187628	1398	235237	783
海 南	89764	13012	97242	8627
重 庆	396319	4970	438391	7912
四 川	442906	2660	573537	6583
贵 州	96924	466	190506	535
云 南	121134	8765	239631	12374
西 藏	618	42	1830	168
陕 西	135007	1529	245420	4187
甘 肃	66864		88808	18
青 海	31474	22	22913	11
宁 夏	85433	331	66329	709
新 疆	144417	7755	121906	4231

注：住宅销售套数包括期房。

3-19　35个大中城市主要指标完成情况（2012年）

城　市	本年完成投资(亿元)	#住宅	#办公楼	#商业营业用房	房屋施工面积(万平方米)	房屋竣工面积(万平方米)	#住　宅	商品房销售面积(万平方米)	#住宅	商品房平均销售价格(元/平方米)	#住宅	本年土地购置面积(万平方米)
总　计	**35716.43**	**23126.93**	**2524.40**	**4336.17**	**231797.51**	**38014.49**	**28959.43**	**39818.95**	**34855.85**	**8144**	**7649**	**10743.96**
北　京	3153.44	1627.99	384.81	275.87	13122.49	2390.86	1522.72	1943.74	1483.37	17022	16553	305.99
天　津	1260.00	843.05	85.70	155.31	9864.22	2542.75	1913.97	1661.69	1511.40	8218	8010	299.75
石家庄	833.21	592.27	53.24	138.91	4677.18	870.93	681.64	768.73	697.08	4931	4714	274.23
太　原	359.24	257.02	13.35	40.90	3651.05	230.94	201.30	324.81	308.13	6805	6405	88.34
呼和浩特	447.99	302.19	23.05	78.82	4442.06	357.98	290.80	478.18	414.31	5445	4798	109.44
沈　阳	1942.96	1331.43	100.09	359.02	11002.63	2066.37	1644.76	2469.65	2201.45	6321	5989	810.35
大　连	1396.52	1055.41	30.43	164.93	6213.43	750.00	588.14	1076.36	966.89	8004	7584	509.69
长　春	649.65	493.22	23.72	74.72	5123.72	913.87	736.29	908.00	775.19	5540	5273	749.73
哈尔滨	789.04	544.79	21.72	121.86	5577.06	1095.82	898.97	1195.28	1031.61	5518	5113	334.63
上　海	2381.36	1451.94	262.85	293.75	13249.97	2305.06	1609.13	1898.46	1592.63	14061	13870	300.62
南　京	971.96	660.94	64.61	95.40	6050.06	1699.73	1362.23	950.87	876.25	10106	9675	120.60
杭　州	1597.36	1001.74	141.83	137.78	8288.95	1055.09	674.01	1089.62	920.26	13447	13292	112.39
宁　波	884.35	515.65	66.71	110.04	6080.51	839.91	530.61	590.22	458.74	11240	11385	57.33
合　肥	913.80	578.50	73.37	142.02	6071.64	921.02	725.28	1242.48	1117.33	6156	5754	476.41
福　州	972.27	628.48	81.15	87.87	5704.68	534.33	402.46	841.50	733.96	11188	10645	214.32
厦　门	518.88	289.49	45.84	52.93	3579.73	422.41	215.55	615.34	480.27	12280	12953	188.91
南　昌	344.36	221.33	51.97	39.26	3123.29	417.92	325.42	689.86	595.33	6419	5880	129.45
济　南	664.01	445.38	55.27	71.37	3819.44	492.25	365.65	659.56	559.92	6832	6651	272.72
青　岛	932.10	595.00	68.59	140.40	6497.69	1211.57	928.85	950.92	842.50	8056	7583	240.06
郑　州	1095.14	675.65	105.42	120.02	8253.94	1449.83	1043.20	1441.87	1226.18	6253	5643	349.86
武　汉	1574.86	991.41	126.47	201.53	6862.97	1054.45	900.90	1576.11	1390.47	7344	6895	456.95
长　沙	1034.35	701.01	56.03	124.34	7376.26	1402.27	1131.00	1526.93	1385.33	6101	5603	311.15
广　州	1370.45	827.61	153.64	197.59	7845.62	1290.79	800.86	1333.13	1128.51	13163	12001	142.97
深　圳	736.84	474.60	27.00	90.11	3216.69	425.75	289.40	525.83	488.44	19590	18996	97.34
南　宁	362.73	253.98	11.06	30.37	3747.04	664.53	521.10	629.01	575.52	6003	5619	101.34
海　口	175.66	130.21	1.14	9.38	1591.47	307.42	228.44	266.95	251.49	6821	6512	34.90
重　庆	2508.35	1706.77	101.61	307.50	22009.03	3990.63	3386.35	4522.40	4105.11	5080	4805	2183.07
成　都	1889.23	1171.16	125.94	246.42	14150.98	2107.73	1590.23	2844.09	2424.61	7288	6678	152.71
贵　阳	901.03	568.49	33.51	111.97	5664.10	584.50	443.89	1023.84	948.47	4846	4473	197.17
昆　明	919.07	585.99	74.55	97.95	5885.00	629.63	519.25	1051.35	917.73	5745	5405	453.10
西　安	1269.93	1003.85	37.30	107.62	9893.11	1063.70	903.82	1532.90	1379.13	6634	6224	168.66
兰　州	209.74	131.72	6.01	22.26	2342.49	168.28	128.91	190.35	176.75	5698	5421	64.11
西　宁	160.14	118.69	2.43	23.07	1479.95	361.04	322.71	177.04	165.85	4718	4304	162.31
银　川	275.70	175.51	8.66	49.83	2948.53	744.38	594.86	450.26	388.33	4575	4187	179.55
乌鲁木齐	220.69	174.47	5.31	15.04	2390.52	650.78	536.72	371.61	337.30	5639	5255	93.82

四、涉外投资与环保投资

4-1　利用外资概况

项目单位：个；　金额单位：亿美元

年　份	总　计		#外商直接投资		#外商其他投资额
	项　目	金　额	项　目	金　额	
合同利用外资					
1979-1984	3841	281.26	3724	97.50	13.98
1985	3145	102.69	3073	63.33	4.02
1986	1551	122.33	1498	33.30	4.96
1987	2289	121.36	2233	37.09	6.10
1988	6063	160.04	5945	52.97	8.94
1989	5909	114.79	5779	56.00	6.94
1990	7371	120.86	7273	65.96	3.91
1991	13086	195.83	12978	119.77	4.45
1992	48858	694.39	48764	581.24	6.12
1993	83595	1232.73	83437	1114.36	5.31
1994	47646	937.56	47549	826.80	4.08
1995	37184	1032.05	37011	912.82	6.35
1996	24673	816.10	24556	732.76	3.71
1997	21138	610.58	21001	510.03	41.82
1998	19850	632.01	19799	521.02	27.14
1999	17022	520.09	16918	412.23	24.26
2000	22347	711.30	22347	623.80	87.50
2001	26140	719.76	26140	691.95	27.81
2002	34171	847.51	34171	827.68	19.82
2003	41081	1169.01	41081	1150.69	18.32
2004	43664	1565.88	43664	1534.79	31.09
2005	44001	1925.93	44001	1890.65	35.28
2006	41473	1982.16	41473	1937.27	44.89
2007	37871		37871		
2008	27514		27514		

续表

年　份	总　计		#外商直接投资		#外商其他投资额
	项　目	金　额	项　目	金　额	
2009	23435		23435		
2010	27406		27406		
2011	27712		27712		
2012	24925		24925		
1979-2012			763278		
实际使用外资					
1979-1984		181.87		41.04	10.42
1985		47.60		19.56	2.98
1986		76.28		22.44	3.70
1987		84.52		23.14	3.33
1988		102.26		31.94	5.45
1989		100.60		33.92	3.81
1990		102.89		34.87	2.68
1991		115.54		43.66	3.00
1992		192.03		110.08	2.84
1993		389.60		275.15	2.56
1994		432.13		337.67	1.79
1995		481.33		375.21	2.85
1996		548.05		417.26	4.10
1997		644.08		452.57	71.30
1998		585.57		454.63	20.94
1999		526.59		403.19	21.28
2000		593.56		407.15	86.41
2001		496.72		468.78	27.94
2002		550.11		527.43	22.68
2003		561.40		535.05	26.35
2004		640.72		606.30	34.42
2005		638.05		603.25	34.80
2006		670.76		630.21	40.55
2007		783.39		747.68	35.72
2008		952.53		923.95	28.58
2009		918.04		900.33	17.71
2010		1088.21		1057.35	30.86
2011		1176.98		1160.11	16.87
2012		1132.94		1117.16	15.78
1979-2012				12761.08	581.70

注：1.本表资料由商务部提供。

2.2000年及以前，外商投资合同金额和实际使用外资额均含对外借款；从2007年起商务部不再对外公布外资合同金额数据。

4-2　按国别（地区）分实际外商投资额

单位：万美元

国别（地区）	2011		2012	
	外商直接投资	外商其他投资	外商直接投资	外商其他投资
总计	**11600985**	**168745**	**11171614**	**157807**
亚洲	**8951427**	**105239**	**8669559**	**117523**
阿富汗	76		163	
巴林			79	
孟加拉国	495		227	
文莱	25582		15109	
缅甸	1021		384	
柬埔寨	1737		1660	
塞浦路斯	667		863	
朝鲜	84		155	
中国香港	7050016	78795	6556119	109534
印度	4217		4406	
印度尼西亚	4607		6378	
伊朗	787		410	
伊拉克	99		93	
以色列	4394	1468	1250	
日本	632963	24976	735156	7500
约旦	631		120	
科威特	25			
老挝	588		200	
黎巴嫩	215		371	
中国澳门	68043		50556	
马来西亚	35828		31751	
蒙古			25	
尼泊尔			3	
阿曼				
巴基斯坦	971		183	
巴勒斯坦	80		10	
菲律宾	11185		13221	
卡塔尔	73		2706	
沙特阿拉伯	2394		4987	
新加坡	609681		630508	
韩国	255107		303800	
斯里兰卡	68		20	
叙利亚	89		95	
泰国	10120		7772	
土耳其	1485		1556	
阿联酋	7140		12963	
也门	888		287	

续表

国别（地区）	2011		2012	
	外商直接投资	外商其他投资	外商直接投资	外商其他投资
越南	129		316	
中国台湾	218343		284707	489
哈萨克斯坦	1127		555	
吉尔吉斯斯坦			27	
塔吉克斯坦			11	
乌兹别克斯坦	457		155	
亚洲其他国家(地区)	15		202	
非洲	**164091**		**138787**	
阿尔及利亚	29		571	
安哥拉	303		195	
博茨瓦纳	170			
喀麦隆	21			
刚果	11		16	
埃及	552		567	
赤道几内亚	215			
埃塞俄比亚				
冈比亚	60		131	
加纳			382	
几内亚	97			
几内亚(比绍)	302			
肯尼亚	235		209	
利比里亚	5			
利比亚	121		180	
马里	26		9	
毛里求斯	113921		95873	
摩洛哥	4			
尼日利亚	1999		1253	
塞内加尔			8	
塞舌尔	43333		36507	
塞拉利昂	44			
南非	1323		1605	
苏丹	255		7	
突尼斯	185		32	
乌干达	488		511	
赞比亚	1		629	
津巴布韦	66			
非洲其他国家(地区)	325		102	
欧洲	**587654**	**1689**	**629050**	**3338**
比利时	12101		3821	
丹麦	18021		13048	
英国	58152		40960	

续表

国别（地区）	2011		2012	
	外商直接投资	外商其他投资	外商直接投资	外商其他投资
德国	112896		145095	1900
法国	76853	1353	65242	808
爱尔兰	13091		11192	
意大利	38779		24576	
卢森堡	51450		22702	
荷兰	76137		114358	
希腊	215		140	
葡萄牙	1334		48	
西班牙	27070	336	34717	
奥地利	10478		21626	630
保加利亚	1441		747	
芬兰	5949		10891	
匈牙利	1309		615	
冰岛	4		882	
列支敦士登	200		170	
马耳他	170		54	
摩纳哥			8	
挪威	1290		1751	
波兰	701		357	
罗马尼亚	517		456	
圣马力诺			389	
瑞典	17502		20250	
瑞士	55474		87280	
爱沙尼亚	4		9	
拉脱维亚	200			
立陶宛	30			
格鲁吉亚			420	
亚美尼亚	24			
白俄罗斯	664			
摩尔多瓦			48	
俄罗斯	3102		2992	
乌克兰	622		280	
斯洛文尼亚	410		269	
克罗地亚	15		289	
捷克	732		2071	
斯洛伐克	486		429	
欧洲其他国家（地区）	231		868	
拉丁美洲	**1250460**	**43191**	**1018357**	
安提瓜和巴布达	218			
阿根廷	732		830	
巴哈马	3961		3731	

续表

国别（地区）	2011		2012	
	外商直接投资	外商其他投资	外商直接投资	外商其他投资
巴巴多斯	31005		15988	
伯利兹	2133		1130	
玻利维亚	189			
巴西	4304		5760	
开曼群岛	224196		197540	
智利	1679		2075	
哥伦比亚	1		3	
多米尼克	134		103	
哥斯达黎加	22			
古巴	2300			
多米尼加共和国	6			
厄瓜多尔	3		1	
洪都拉斯	260			
墨西哥	453		1487	
巴拿马	3845		3281	
巴拉圭			2013	
秘鲁	87		16	
圣文森特和格林纳丁斯	13		21	
特克斯和凯科斯岛	495		25	
乌拉圭	63		50	
委内瑞拉	209		128	
维尔京群岛	972495	43191	783086	
圣其茨-尼维斯	263		652	
拉美洲其他国家（地区）	1394		437	
北美洲	**358156**	**1627**	**382585**	**2863**
加拿大	46832		43497	
美国	236932	1627	259809	2863
百慕大	74362		79160	
北美洲其他国家（地区）	30		119	
大洋洲及太平洋岛屿	**261998**	**230**	**226589**	
澳大利亚	30953	230	33797	
库克群岛	150		134	
瓦努阿图	1002		515	
新西兰	7422		11890	
汤加			159	
萨摩亚	207623		174371	
图瓦卢			45	
马绍尔群岛	6370		1676	
其它太平洋岛屿	2331		3751	
大洋洲其他国家（地区）	6147		251	
其他	27199	16769	106687	34083

注：外商其他投资含当年对外发行股票额。

4—3 按方式分外商投资额

金额单位：亿美元

指　　标	2011		2012	
	项目（个）	实际使用金　额	项目（个）	实际使用金　额
总　　计	**27712**	**1176.98**	**24925**	**1132.94**
外商直接投资	27712	1160.11	24925	1117.16
合资经营企业	5005	214.15	4355	217.06
合作经营企业	284	17.57	166	23.08
外资企业	22388	912.05	20352	861.32
外商投资股份制企业	35	16.34	52	15.70
合作开发				
其他				
外商其他投资		16.87		15.78
对外发行股票		9.39		7.27
国际租赁				
补偿贸易		0.54		0.95
加工装配		6.94		7.56

4—4 按行业分外商直接投资（2012年）

行　　业	合同项目（个）	实际使用金额（万美元）
总　　计	**24925**	**11171614**
农、林、牧、渔业	882	206220
采矿业	53	77046
制造业	8970	4886649
电力、燃气及水的生产和供应业	187	163897
建筑业	209	118176
交通运输、仓储和邮政业	397	347376

续表

行　业	合同项目（个）	实际使用金额（万美元）
信息传输、计算机服务和软件业	926	335809
批发和零售业	7029	946187
住宿和餐饮业	505	70157
金融业	282	211945
房地产业	472	2412487
租赁和商务服务业	3229	821105
科学研究、技术服务和地质勘查业	1287	309554
水利、环境和公共设施管理业	122	85028
居民服务和其他服务业	192	116451
教育	11	3437
卫生、社会保障和社会福利业	24	6430
文化、体育和娱乐业	145	53655
公共管理和社会组织	3	5

注：本表中的行业分类仍执行2002年版的国民经济行业分类标准。

4-5　按行业分外商投资企业年底注册登记情况（2012年）

行　业	企业数（户）	投资总额（亿美元）	注册资本（亿美元）	#外　方
总　计	**446487**	**29931**	**17294**	**13810**
农、林、牧、渔业	6993	375	233	202
采矿业	991	165	102	70
制造业	181017	15595	8549	6895
电力、燃气及水的生产和供应业	3920	1476	613	368
建筑业	4812	713	470	243
交通运输、仓储和邮政业	10494	1078	600	338
信息传输、计算机服务和	57836	912	564	541

续表

行　　业	企业数（户）	投资总额（亿美元）	注册资本（亿美元）	#外　方
软件业				
批发和零售业	73163	1295	750	650
住宿和餐饮业	17481	378	209	167
金融业	6442	536	498	334
房地产业	17826	3999	2466	2105
租赁和商务服务业	37491	1601	1227	1082
科学研究、技术服务和地质勘查业	16212	1140	643	538
水利、环境和公共设施管理业	1021	193	104	88
居民服务和其他服务业	5001	102	60	50
教育	318	10	5	4
卫生、社会保障和社会福利业	229	29	14	10
文化、体育和娱乐业	2276	192	117	84
其他	2964	143	68	40

注：本表数据来自国家工商总局（下表同）。

4–6　分地区外商投资企业年底注册登记情况

地　区	企业数（户）		投资总额（亿美元）		注册资本（亿美元）		#外　方	
	2011	2012	2011	2012	2011	2012	2011	2012
全　国	**446487**	**440609**	**29931**	**32610**	**17294**	**18814**	**13810**	**14903**
地区合计	**446265**	**440383**	**28796**	**31406**	**16485**	**17952**	**13303**	**14381**
北　京	25672	26535	1344	1494	803	907	646	739
天　津	11850	11491	1148	1189	648	649	544	543
河　北	8817	7426	457	490	242	257	177	189
山　西	3849	3623	319	320	140	187	84	83
内蒙古	3601	3114	255	258	136	135	105	104

续表

地区	企业数（户）		投资总额（亿美元）		注册资本（亿美元）		#外方	
	2011	2012	2011	2012	2011	2012	2011	2012
辽宁	18164	17960	1660	1856	1058	1171	865	963
吉林	4327	4298	233	239	130	130	87	87
黑龙江	5426	5039	209	222	122	128	92	95
上海	58993	61461	3774	4138	2262	2511	1841	2034
江苏	52959	50461	5729	6250	3050	3301	2612	2803
浙江	29288	29595	2019	2178	1170	1275	912	971
安徽	5427	4466	329	400	184	207	137	154
福建	23727	23381	1369	1457	754	804	641	680
江西	6926	7334	491	539	313	349	270	301
山东	28915	25885	1434	1581	817	897	616	684
河南	10404	10168	424	463	225	237	163	171
湖北	7473	8023	519	583	293	321	215	240
湖南	5257	4882	350	384	183	196	135	147
广东	97084	98564	4525	4786	2685	2833	2207	2302
广西	4650	3773	299	311	161	167	130	136
海南	2960	3105	221	271	131	143	86	96
重庆	3985	4461	452	537	257	312	202	236
四川	10026	9107	574	640	344	374	259	283
贵州	2029	1688	57	77	32	42	25	33
云南	3919	3956	206	226	121	134	92	101
西藏	298	208	7	11	5	7	3	3
陕西	5765	5983	199	311	121	177	91	133
甘肃	2177	2262	64	70	29	31	19	21
青海	471	347	31	28	15	14	9	8
宁夏	579	476	44	31	21	17	12	12
新疆	1247	1311	56	67	33	37	24	28
部门合计	**222**	**226**	**1135**	**1205**	**809**	**862**	**507**	**523**

4-7　按主要国别（地区）分对外直接投资

单位：万美元

国家（地区）	对外直接投资净额 2011	2012	截至2012年对外直接投资存量
合计	**7465404**	**8780353**	**53194058**
亚洲	**4549445**	**6478494**	**36440706**
中国香港	3565484	5123844	30637245
印度尼西亚	59219	136129	309804
日本	14942	21065	161991
中国澳门	20288	1660	292927
新加坡	326896	151875	1238333
韩国	34172	94240	308190
泰国	23011	47860	212693
越南	18919	34943	160438
非洲	**317314**	**251666**	**2172971**
阿尔及利亚	11434	24588	130533
苏丹	91186	-169	123660
几内亚	2455	6444	23467
马达加斯加	2310	843	27455
尼日利亚	19742	33305	194987
南非	-1417	-81491	477507
欧洲	**825108**	**703509**	**3697512**
英国	141970	277473	893427
德国	51238	79933	310435
法国	348232	15393	395077
俄罗斯	71581	78462	488849
拉丁美洲	**1193582**	**616974**	**6821163**
开曼群岛	493646	82743	3007200
墨西哥	4154	10042	36848
英属维尔京群岛	620833	223928	3085095
北美洲	**248132**	**488200**	**2550299**
加拿大	55407	79516	505072
美国	181142	404785	1707977
大洋洲	**331823**	**241510**	**1511407**
澳大利亚	316529	217298	1387305
新西兰	2789	9406	27385

4–8 按行业分对外直接投资

单位：万美元

行 业	对外直接投资净额		截至2012年对外直接投资存量
	2011	2012	
总 计	**7465404**	**8780353**	**53194058**
农、林、牧、渔业	79775	146138	496443
采矿业	1444595	1354380	7478420
制造业	704118	866741	3414007
电力、热力、燃气及水生产和供应业	187543	193534	899210
建筑业	164817	324536	1285604
批发和零售业	1032412	1304854	6821188
交通运输、仓储和邮政业	256392	298814	2922653
住宿和餐饮业	11693	13663	76327
信息传输、软件和信息技术服务业	77646	124014	481971
金融业	607050	1007084	9645337
房地产业	197442	201813	958141
租赁和商务服务业	2559726	2674080	17569795
科学研究和技术服务业	70658	147850	679276
水利、环境和公共设施管理业	25529	3357	7056
居民服务、修理和其他服务业	32863	89040	358124
教育	2008	10283	16479
卫生和社会工作	639	538	4676
文化、体育和娱乐业	10498	19634	79351
公共管理、社会保障和社会组织			

4-9 环境污染治理投资

单位：万元

地区	本年完成投资	生态建设与保护	林业支撑与保障	林业产业发展	林业民生工程	其他投资
全国	**33420880**	**16041174**	**2228758**	**8207093**	**2454630**	**4489225**
北京	1470847	1119355	49784	79473	4475	217760
天津	53355	42385	2423			8547
河北	663921	398888	46342	124393	41307	52991
山西	1025047	721516	29928	9487	14095	250021
内蒙古	1333975	871280	150936	390	119803	191566
辽宁	1456896	1219579	68256	107788	23248	38025
吉林	714638	262790	79066	30367	265713	76702
黑龙江	1742134	712293	45921	5247	916943	61730
上海	96870	87941	5437	496		2996
江苏	928670	748529	75847	78950	16201	9143
浙江	807782	480940	59974	144507	47304	75057
安徽	452501	309546	28474	52014	25978	36489
福建	2215019	665809	4290	1232902		312018
江西	760416	335116	67889	131026	50814	175571
山东	2513677	1270794	509902	620178	22900	89903
河南	976351	624222	19771	203383	32665	96310
湖北	533859	294476	37834	89877	45657	66015
湖南	1279005	635021	48980	370813	93760	130431
广东	636673	380195	85521	25825	37707	107425
广西	6903848	1089122	390249	3761113	189131	1474233
海南	142492	74891	12034	14730	25013	15824
重庆	516676	386252	28966	22085	23326	56047
四川	1773551	676745	48765	676222	50500	321319
贵州	380000	337116	9353	800	5019	27712
云南	850074	456436	66697	74562	70428	181951
西藏	165894	137169	8707	9466	2686	7866
陕西	749288	518325	56733	60306	51098	62826
甘肃	756920	375675	46857	101114	63823	169451
青海	227158	152390	10686	39213	2263	22606
宁夏	138955	115963	8744	4313	9727	208
新疆	663078	366027	46409	132125	28430	90087
大兴安岭	395075	144351	58448	3039	174384	14853

4—10　工业污染治理投资完成情况

指　标	2008	2009	2010	2011	2012
环境污染治理投资总额（亿元）	**4937.0**	**5258.4**	**7612.2**	**7114.0**	**8253.5**
#城镇环境基础设施建设投资	2247.7	3245.1	5182.2	4557.2	5062.7
#燃气	199.2	219.2	357.9	444.1	551.8
集中供热	328.2	441.5	557.5	593.3	798.1
排水	637.2	1035.5	1172.7	971.6	934.1
园林绿化	823.9	1137.6	2670.6	1991.9	2380.0
市容环境卫生	259.2	411.2	423.5	556.2	398.6
工业污染源治理投资	542.6	442.6	397.0	444.4	500.5
建设项目“三同时”环保投资	2146.7	1570.7	2033.0	2112.4	2690.4
环境污染治理投资总额占国内生产总值比重（%）	**1.57**	**1.54**	**1.90**	**1.50**	**1.59**

注：城镇环境基础设施建设投资中增加了县城基础设施

4—11　林业投资资金来源情况（2012年）

年　份 地　区	工业污染治理完成投资（万元）	治理废水	治理废气	治理固体废物	治理噪声	治理其他
2000	2347895	1095897	909242	114673	13692	214390
2001	1745280	729214	657940	186967	6424	164734
2002	1883663	714935	697864	161287	10464	299113
2003	2218281	873748	921222	161763	10139	251408
2004	3081060	1055868	1427975	226465	13416	357336
2005	4581909	1337147	2129571	274181	30613	810396
2006	4839485	1511165	2332697	182631	30145	782848
2007	5523909	1960722	2752642	182532	18279	606838
2008	5426404	1945977	2656987	196851	28383	598206
2009	4426207	1494606	2324616	218536	14100	374349
2010	3969768	1295519	1881883	142692	14193	620021

续表

年份 地区	工业污染治理完成投资（万元）	治理废水	治理废气	治理固体废物	治理噪声	治理其他
2011	4443610	1577471	2116811	313875	21623	413831
2012	5004573	1403448	2577139	247499	11627	764860
北　京	32840	3012	24652	1011	40	4125
天　津	125559	11306	42459	1301	1208	69284
河　北	236290	52178	181167	86		2858
山　西	323269	30523	170665	40201	239	81642
内蒙古	189715	38699	123391	18197	5	9424
辽　宁	119447	27777	56168	2354	111	33038
吉　林	57269	14702	30422	1095	350	10700
黑龙江	39287	7350	27661	2501		1776
上　海	115915	5336	55455	432	560	54131
江　苏	390144	73572	265739	12989	323	37521
浙　江	283023	101840	138422	1457	1405	39899
安　徽	127350	21476	100711	2335	183	2645
福　建	237635	102883	107725	7576	382	19069
江　西	39478	16575	17576	1624	16	3688
山　东	670633	263797	303865	35350	1306	66316
河　南	148347	30452	77995	3952	425	35522
湖　北	148964	35376	75490	1476	1114	35508
湖　南	179561	48312	78513	4157	280	48298
广　东	280996	57889	190207	17348	755	14797
广　西	85644	43969	25546	8782	2	7344
海　南	48279	25043	21207	180		1850
重　庆	38226	17510	16531	1471	309	2405
四　川	110608	53646	48615	2892	474	4980
贵　州	124663	21041	67346	2363	1034	32879
云　南	197259	101066	56598	5733	575	33287
西　藏	1775	922	174	615		64
陕　西	271266	112221	112464	11406	480	34695
甘　肃	210984	29510	62220	53499	51	65706
青　海	21880	3263	14130	1514		2974
宁　夏	69160	14298	43543	3601		7717
新　疆	79106	37905	40483			718

4—12 林业投资完成情况（2012年）

单位：万元

地 区	林业投资本年资金来源	上年末结余资金	本年资金来源						
				国家预算资金	国内贷款	债 券	利用外资	自筹资金	其他资金
全 国	**33664456**	**655239**	**33009217**	**15563528**	**3283945**	**32549**	**316427**	**10648742**	**3164026**
北 京	1369070	157168	1211902	1175681		670	531	19905	15115
天 津	53355		53355	49288					4067
河 北	663921	7223	656698	446878	89171		3924	88951	27774
山 西	1025047		1025047	417841			192	607014	
内蒙古	1355222	5119	1350103	1230701			400	102528	16474
辽 宁	1442337	1145	1441192	902002	4500		2185	479289	53216
吉 林	783681	69602	714079	500952	1342	1101	3639	122322	84723
黑龙江	1746785	6128	1740657	1287388	305			444070	8894
上 海	80214		80214	74944				25	5245
江 苏	854958	1939	853019	222871	1420			600666	28062
浙 江	791731	4246	787485	491026	151538		4284	131096	9541
安 徽	410617	3053	407564	186821	35214		3843	139018	42668
福 建	2434145	794	2433351	262356	1951870		124512	89404	5209
江 西	763176		763176	499087	32856		12119	141008	78106
山 东	2468838	5838	2463000	918060	39009		7800	1321404	176727
河 南	976351		976351	159521	230000		1100	337260	248470
湖 北	538442	7997	530445	292634	15468		4370	162501	55472
湖 南	1227186	8839	1218347	482910	134894		2216	533072	65255
广 东	733679	21872	711807	630765	4047		6182	33015	37798
广 西	6615642	30434	6585208	348398	293860	29050	116235	4249680	1547985
海 南	184249	37176	147073	123429		620		13191	9833
重 庆	502771	1499	501272	465261	13608	9		18677	3717
四 川	1845707	32597	1813110	874793	106365		5251	435424	391277
贵 州	380000		380000	380000					
云 南	1132476	77927	1054549	826543	48857	1099		73211	104839
西 藏	165894		165894	165894					
陕 西	680481	6230	674251	514598	1300			82524	75829
甘 肃	756920	2240	754680	596809	93695		16572	31349	16255
青 海	221647		221647	193614	15198		984	316	11535
宁 夏	143679	260	143419	131674				320	11425
新 疆	797767	75657	722110	437421	19428		88	256972	8201
大兴安岭	372334	15489	356845	224510				132335	

注：全国合计数包含国家林业局直属单位的固定资产投资数据（下表同）。

4—13 造林面积

单位：公顷

年份 地区	造林总面积	按造林方式分			按林种用途分				
		人工造林	飞播造林	无林地和疏林地新封山育林	用材林	经济林	防护林	薪炭林	特种用途林
2000	5105138	4345008	760130		1218461	1350277	2430834	82338	23228
2001	4953038	3977324	975714		905518	1068540	2913538	45611	19831
2002	7770971	6896041	874930		898736	964211	5828810	59144	20070
2003	9118894	8432486	686408		1175812	797318	7087319	37070	21374
2004	5598079	5018885	579194		871132	456691	4210768	49966	9522
2005	3647942	3231556	416386		607547	337816	2678214	16074	8291
2006	2717925	2446122	271803		481629	403322	1824687	4837	3450
2007	3907711	2738521	118671	1050519	610367	478417	2790172	7993	20762
2008	5354387	3684913	154065	1515409	782109	850774	3697812	4020	19672
2009	6262330	4156293	226337	1879700	801317	1002555	4407654	23705	27099
2010	5909919	3872762	195948	1841209	809937	1110896	3943432	18887	26767
2011	5996613	4065693	196931	1733989	1019320	1218281	3688827	36805	33380
2012	5595791	3820704	136409	1638678	774398	1101053	3650842	41145	28353
北 京	35752	22171		13581		574	34090		1088
天 津	5357	5357			984	976	3397		
河 北	312360	209013	20002	83345	28806	31267	251258	402	627
山 西	302851	225253	2333	75265	1733	61739	226194	13185	
内蒙古	781617	357339	65071	359207	9820	13300	756364	2133	
辽 宁	246667	140000		106667	13362	17851	215423		31
吉 林	28166	27833		333	4135	300	23731		
黑龙江	162299	108960		53339	13891	4052	142708	46	1602
上 海	1168	1168				155	1013		
江 苏	57341	57341			10116	10015	36824		386
浙 江	43923	34473		9450	5327	11209	25783	435	1169
安 徽	43786	32162		11624	10022	5842	27449	154	319
福 建	98042	98042			57402	11758	23249		5633
江 西	138645	127031		11614	66682	32379	37853	545	1186
山 东	197956	195875		2081	25178	49195	122277		1306
河 南	228292	205968		22324	45506	34538	147818		430
湖 北	198578	140174		58404	67624	45534	84343	217	860
湖 南	404239	236487		167752	125068	48051	230908		212
广 东	107512	94919		12593	27786	6050	72617		1059
广 西	148878	124443		24435	99553	20785	26965		1575
海 南	17734	17734			2520	11052	3113		1049
重 庆	206215	135414	10000	60801	43561	32934	124768	3338	1614
四 川	112159	58828		53331	26829	18940	66390		
贵 州	147704	70400		77304	22529	48989	70352	4911	923
云 南	544466	495424		49042	53697	404887	84407	1195	280
西 藏	72432	38395		34037	3042	2823	65092	1475	
陕 西	320287	215684	39003	65600	4856	80827	234604		
甘 肃	177330	110789		66541		28233	141076	1200	6821
青 海	135644	33387		102257		1567	125477	8600	
宁 夏	94814	53430		41384		9006	85808		
新 疆	210244	133877		76367	4369	56225	146158	3309	183

注：2012年全国合计造林面积中包括军事管理区13333公顷退耕还林工程荒山荒地造林。根据造起将无林地和疏林地新封山育林面积计入造林总面积。

五、金融概况与证券投资

5-1　资金流量表（金融交易，2011年）

单位：亿元

机构部门 交易项目	非金融企业部门		金融机构部门		政府部门		住户部门	
	运　用	来　源	运　用	来　源	运　用	来　源	运　用	来　源
净金融投资	-44271		-1318		10178		48644	
资金运用合计	66790		194721		20363		74140	
资金来源合计		111061		196038		10185		25496
通货	555		153	6162	123		4961	
存款	41373		5396	113415	19763		47690	
活期存款	5431			28628	7485		15712	
定期存款	20200			62307	10668		31440	
财政存款				-300	-300			
外汇存款	4989		111	3126	134		333	
其他存款	10753		5285	19655	1776		206	
证券公司客户保证金	-4020		-571	-6511	-35		-1840	
贷款		66963	95764	1442		1691		25496
短期贷款		27822	38442					10620
票据融资		112	112					
中长期贷款		20993	35640					14646
外汇贷款		5396	5586			-3		20
委托贷款		10739	14154	1442		1770		204
其他贷款		1901	1830			-77		6
未贴现的银行承兑汇票	10271	10271	10271	10271				
保险准备金	931			5242		2107	6417	
金融机构往来			2308	4188				
准备金			36154	36154				
证券	-157	19397	18758	-3927	112	6142	2484	
债券	-86	13659	17075	-3605		6142	-794	
国债	-8		6944			6142	-794	
金融债券	-13		16226	16213				
中央银行债券	-22		-19797	-19818				
企业债券	-44	13658	13702					
股票	-71	5738	1683	-322	112		3278	
证券投资基金份额	860		376	2282	416		606	
库存现金			1072	1042				
中央银行贷款			-727	-727				
其他（净）	8808		4139	26753	-16		13823	
直接投资	3211	14224						
其他对外债权债务	4958	2466	-3428	252		246		
国际储备资产			25057					
国际收支错误与遗漏		-2259						

续表

机构部门 交易项目	国内合计		国外部门		合　计	
	运　用	来　源	运　用	来　源	运　用	来　源
净金融投资	13234		-13234			
资金运用合计	356014		25258		381272	
资金来源合计		342780		38492		381272
通货	5792	6162	370		6162	6162
存款	114222	113415	2219	3026	116442	116442
活期存款	28628	28628			28628	28628
定期存款	62307	62307			62307	62307
财政存款	-300	-300			-300	-300
外汇存款	5568	3126	584	3026	6152	6152
其他存款	18021	19655	1635		19655	19655
证券公司客户保证金	-6466	-6511	-45		-6511	-6511
贷款	95764	95592	1245	1417	97009	97009
短期贷款	38442	38442			38442	38442
票据融资	112	112			112	112
中长期贷款	35640	35640			35640	35640
外汇贷款	5586	5413	1245	1417	6831	6831
委托贷款	14154	14154			14154	14154
其他贷款	1830	1830			1830	1830
未贴现的银行承兑汇票	20542	20542			20542	20542
保险准备金	7348	7348			7348	7348
金融机构往来	2308	4188	6172	4291	8480	8480
准备金	36154	36154			36154	36154
证券	21196	21611	343	-71	21540	21540
债券	16195	16195			16195	16195
国债	6142	6142			6142	6142
金融债券	16213	16213			16213	16213
中央银行债券	-19818	-19818			-19818	-19818
企业债券	13658	13658			13658	13658
股票	5002	5416	343	-71	5345	5345
证券投资基金份额	2258	2282	24		2282	2282
库存现金	1072	1042		30	1072	1072
中央银行贷款	-727	-727			-727	-727
其他（净）	26753	26753			26753	26753
直接投资	3211	14224	14224	3211	17435	17435
其他对外债权债务	1530	2965	2965	1530	4495	4495
国际储备资产	25057			25057	25057	25057
国际收支错误与遗漏		-2259	-2259		-2259	-2259

5–2 国际收支平衡表（2012年）

单位：万美元

项　目	差　额	贷　方	借　方
一.经常项目	**19313915**	**245992560**	**226678645**
A.货物和服务	23184488	224831698	201647210
a.货物	32159481	205688656	173529175
b.服务	-8974993	19143042	28118035
1.运输	-4694944	3891216	8586160
2.旅游	-5194858	5002800	10197658
3.通讯服务	14618	179336	164719
4.建筑服务	862722	1224592	361870
5.保险服务	-1727090	332923	2060013
6.金融服务	-3977	188597	192575
7.计算机和信息服务	1061033	1445351	384318
8.专有权利使用费和特许费	-1670488	104410	1774898
9.咨询	1342738	3344710	2001972
10.广告、宣传	197749	475090	277341
11.电影、音像	-43891	12558	56449
12.其它商业服务	886410	2842453	1956044
13. 别处未提及的政府服务	-5014	99004	104019
B.收益	-4213943	16044149	20258092
1.职工报酬	1527756	1706562	178806
2.投资收益	-5741699	14337587	20079286
C.经常转移	343370	5116713	4773343
1.各级政府	-309772	86340	396112
2.其它部门	653142	5030373	4377231
二.资本和金融项目	**-1681649**	**137832172**	**139513821**
A.资本项目	427228	454979	27751
B.金融项目	-2108877	137377193	139486071
1. 直接投资	19111998	30788666	11676668
1.1 我国在外直接投资	-6235496	2335394	8570890
1.2 外国在华直接投资	25347494	28453272	3105778
2. 证券投资	4777927	8294148	3516221
2.1 资产	-639066	2366884	3005951
2.1.1 股本证券	202924	1198400	995477
2.1.2 债务证券	-841990	1168484	2010474
2.1.2.1 (中)长期债券	-491008	1096683	1587691
2.1.2.2 货币市场工具	-350982	71801	422783

续表

项　　目	差　额	贷　方	借　方
2.2 负债	5416994	5927264	510270
2.2.1 股本证券	2990270	3484652	494382
2.2.2 债务证券	2426724	2442612	15888
2.2.2.1 (中)长期债券	1729630	1745503	15873
2.2.2.2 货币市场工具	697093	697108	15
3. 其它投资	-25998803	98294379	124293182
3.1 资产	-23160044	14016801	37176845
3.1.1 贸易信贷	-6181200	41000	6222200
长期	-123624	820	124444
短期	-6057576	40180	6097756
3.1.2 贷款	-6533211	2438478	8971688
长期	-5679305	4341	5683646
短期	-853906	2434136	3288042
3.1.3 货币和存款	-10470957	10265852	20736809
3.1.4 其它资产	25324	1271471	1246148
长期	-1000000		1000000
短期	1025324	1271471	246148
3.2 负债	-2838759	84277578	87116337
3.2.1 贸易信贷	4232600	5030000	797400
长期	74071	88025	13955
短期	4158530	4941975	783445
3.2.2 贷款	-1678433	64798144	66476577
长期	1023697	5426124	4402427
短期	-2702130	59372020	62074150
3.2.3 货币和存款	-5937603	13394120	19331722
3.2.4 其它负债	544676	1055314	510638
长期	467147	473932	6785
短期	77530	581382	503852
三. 储备资产	**-9655157**	**1355103**	**11010260**
3.1 货币黄金			
3.2 特别提款权	50535	69464	18929
3.3 在基金组织的储备头寸	161593	161593	
3.4 外汇	-9867285	1124046	10991331
3.5 其它债权			
四.净误差与遗漏	**-7977109**		**7977109**

注：1.本表贸易数据来自海关统计。

2.本表直接投资贷方数据来自商务部统计和间接申报中的“与土地有关的土地批租和租赁”；借方数据来自间接申报统计。

3.本表其余数据来自间接申报统计。

5-3 货币供应量（年底余额）

单位：亿元

年份	货币和准货币(M2)	货币(M1)			准货币			
			流通中现金	单位活期存款		单位定期存款	个人存款	其他存款
1990	15293.4	6950.7	2644.4	4306.3	8342.7			
1991	19349.9	8633.3	3177.8	5455.5	10716.6			
1992	25402.2	11731.5	4336.0	7395.2	13670.7			
1993	34879.8	16280.4	5864.7	10415.7	18599.4	1247.9	15203.5	2148.0
1994	46923.5	20540.7	7288.6	13252.1	26382.8	1943.1	21518.8	2920.9
1995	60750.5	23987.1	7885.3	16101.8	36763.4	3324.2	29662.2	3777.0
1996	76094.9	28514.8	8802.0	19712.8	47580.1	5041.9	38520.8	4017.4
1997	90995.3	34826.3	10177.6	24648.7	56169.1	6738.5	46279.8	3150.7
1998	104498.5	38953.7	11204.2	27749.5	65544.9	8301.9	53407.5	3835.5
1999	119897.9	45837.3	13455.5	32381.8	74060.6	9476.8	59621.8	4962.0
2000	134610.3	53147.2	14652.7	38494.5	81463.1	11261.1	64332.4	5869.7
2001	158301.9	59871.6	15688.8	44182.8	98430.3	14180.1	73762.4	10487.8
2002	185007.0	70881.8	17278.0	53603.8	114125.2	16433.8	86910.7	10780.7
2003	221222.8	84118.6	19745.9	64372.6	137104.3	20940.4	103617.7	12546.2
2004	254107.0	95969.7	21468.3	74501.4	158137.2	25382.2	119555.4	13199.7
2005	298755.7	107278.8	24031.7	83247.1	191476.9	33100.0	141051.0	17325.9
2006	345603.6	126035.1	27072.6	98962.5	219568.5	38732.1	161587.3	19249.1
2007	403442.2	152560.1	30375.2	122184.9	250882.1	46932.5	172534.2	31415.4
2008	475166.6	166217.1	34219.0	131998.2	308949.5	60103.1	217885.4	30961.1
2009	606225.0	220001.5	38246.0	181755.5	386223.5	82284.9	260771.7	43166.9
2010	725851.8	266621.5	44628.2	221993.4	459230.3	105858.7	303302.5	50069.1
2011	851590.9	289847.7	50748.5	239099.2	561743.2	166616.0	352799.4	42329.7
2012	974159.5	308673.0	54659.8	254013.2	665486.5	195946.3	411352.2	58188.0

注：1.2001年6月起，将证券公司客户保证金计入货币供应量(M2)，含在其他存款项内。

2.货币供应量已包含住房公积金中心存款和非存款类金融机构在存款类金融机构的存款。

5-4　货币供应量同比增长率

单位：%

年　份	货币和准货币(M2)	货　币(M1)	流通中现金	单位活期存款	准货币	单位定期存款	个人存款	其他存款
1991	26.5	24.2	20.2	26.7	28.5			
1992	31.3	35.9	36.4	35.6	27.6			
1993								
1994	34.5	26.2	24.3	27.2	41.9	55.7	41.5	36.0
1995	29.5	16.8	8.2	21.5	39.4	71.1	37.9	29.3
1996	25.3	18.9	11.6	22.4	29.4	51.7	29.9	6.4
1997	17.3	16.5	15.6	16.9	17.8	24.5	19.3	-8.9
1998	14.8	11.9	10.1	12.6	16.7	23.2	15.4	21.7
1999	14.7	17.7	20.1	16.7	13.0	14.2	11.6	29.3
2000	12.3	16.0	8.9	18.9	10.0	18.8	7.9	18.3
2001	14.4	12.7	7.1	14.8	15.5	25.9	14.7	9.1
2002	16.8	16.8	10.1	19.2	16.8	21.8	17.8	2.8
2003	19.6	18.7	14.3	20.3	20.1	27.4	19.2	16.4
2004	14.7	13.6	8.7	15.1	15.3	21.2	15.4	5.2
2005	17.6	11.8	11.9	11.7	21.1	30.4	18.0	31.3
2006	17.0	17.5	12.7	18.9	16.7	17.2	14.6	36.3
2007	16.7	21.1	12.2	23.5	14.3	21.2	6.8	63.2
2008	17.8	9.1	12.7	8.2	23.2	28.1	26.3	-1.5
2009	27.7	32.4	11.8	37.7	25.2	37.7	19.7	39.4
2010	19.7	21.2	16.7	22.1	18.9	28.7	16.3	16.0
2011	13.6	7.9	13.8	6.7	16.8	18.1	16.2	17.7
2012	13.8	6.5	7.7	6.2	17.6	17.6	16.6	25.1

注：1.同期比增长率按可比口径计算。1993年口径调整，故1993年未计算增长率。
2.2001年6月起，将证券公司客户保证金计入货币供应量(M2)，含在其他存款内。
3.1997年初，中国人民银行对金融统计制度进行了调整，因此自1997年起的数据与历史数据不完全可比。

5–5 黄金和外汇储备

年份	黄金储备（万盎司）	外汇储备（亿美元）	年份	黄金储备（万盎司）	外汇储备（亿美元）
1978	1280	1.67	1996	1267	1050.29
1979	1280	8.40	1997	1267	1398.90
1980	1280	−12.96	1998	1267	1449.59
1981	1267	27.08	1999	1267	1546.75
1982	1267	69.86	2000	1267	1655.74
1983	1267	89.01	2001	1608	2121.65
1984	1267	82.20	2002	1929	2864.07
1985	1267	26.44	2003	1929	4032.51
1986	1267	20.72	2004	1929	6099.32
1987	1267	29.23	2005	1929	8188.72
1988	1267	33.72	2006	1929	10663.40
1989	1267	55.50	2007	1929	15282.49
1990	1267	110.93	2008	1929	19460.30
1991	1267	217.12	2009	3389	23991.52
1992	1267	194.43	2010	3389	28473.38
1993	1267	211.99	2011	3389	31811.48
1994	1267	516.20	2012	3389	33115.89
1995	1267	735.97			

5–6 中央财政债务余额情况

单位：亿元

年份	合计	国内债务	国外债务
2005	32614.21	31848.59	765.52
2006	35015.28	34380.24	635.02
2007	52074.65	51467.39	607.26
2008	53271.54	52799.32	472.22
2009	60237.68	59736.95	500.73
2010	67548.11	66987.97	560.14
2011	72044.51	71410.80	633.71
2012	77565.70	76747.91	817.79

5—7　外债余额

债务类型	2007	2008	2009	2010	2011	2012
总计　(亿美元)	**3892.2**	**3901.6**	**4286.5**	**5489.4**	**6950.0**	**7369.9**
按债务类型分						
外国政府贷款	300.6	324.7	349.2	320.8	333.0	310.5
国际金融组织贷款	283.7	270.5	333.8	355.5	350.0	341.0
国际商业贷款	1820.9	2010.3	1986.5	2701.1	3775.0	3803.4
贸易信贷	1487.0	1296.0	1617.0	2112.0	2492.0	2915.0
按偿还期限分						
长期债务余额	1535.3	1638.8	1693.9	1732.4	1941.0	1960.6
短期债务余额	2356.9	2262.8	2592.6	3757.0	5009.0	5409.3
构成　(%)	**100.0**	**100.0**	**100.0**	**100.0**	**100.0**	**100.0**
按债务类型分						
外国政府贷款	7.7	8.3	8.1	5.8	4.8	4.2
国际金融组织贷款	7.3	6.9	7.8	6.5	5.0	4.6
国际商业贷款	46.8	51.5	46.3	49.2	54.3	51.6
贸易信贷	38.2	33.2	37.7	38.5	35.9	39.6
按偿还期限分						
长期债务余额	39.4	42.0	39.5	31.6	27.9	26.6
短期债务余额	60.6	58.0	60.5	68.4	72.1	73.4

注：2001年起外债余额增加3个月以内贸易项下的对外融资余额。

5—8　金融机构人民币信贷资金平衡表（年底余额）（资金来源）

单位：亿元

项　　目	2011	2012
资金来源合计	913226	1024067
各项存款	809368	917555
单位存款	410912	458821
个人存款	353536	411003
财政性存款	26223	24426
临时性存款	1570	1633
委托存款	308	227
其他存款	16818	21445
金融债券	10039	8488
流通中货币	50748	54660
对国际金融机构负债	776	828
其他	42294	42538

注：1.2011年起，《金融机构人民币信贷收支》分类项目调整，部分数据与2010年以前不可比(以下相关表同)。

2.2011年企业存款改为“单位存款”，居民储蓄存款改为“个人存款”，与上年统计口径一致(以下相关表同)。

5-9 金融机构人民币信贷资金平衡表（年底余额）（资金运用）

单位：亿元

项　　目	2011	2012
资金运用合计	**913226**	**1024067**
各项贷款	547947	629910
境内贷款	546398	628101
短期贷款	203133	248273
中长期贷款	323807	352907
融资租赁	4152	5931
票据融资	15124	20433
各项垫款	183	556
境外贷款	1548	1809
有价证券	96479	111681
股权及其他投资	12825	21633
黄金占款	670	670
外汇占款	253587	258533
在国际金融机构资产	1719	1641

5-10 货币当局资产负债表（年底余额）

单位：亿元

项　　目	2011	2012
总资产	**280977.6**	**294537.2**
国外资产	237898.1	241416.9
外汇	232388.7	236669.9
货币黄金	669.8	669.8
其他国外资产	4839.5	4077.1
对政府债权	15399.7	15313.7
对其他存款性公司债权	10247.5	16701.1
对其他金融性公司债权	10644.0	10038.6
对非金融性公司债权	25.0	25.0
其他资产	6763.3	11041.9
总负债	**280977.6**	**294537.2**
储备货币	224641.8	252345.2
货币发行	55850.1	60646.0
其他存款性公司存款	168791.7	191699.2
不计入储备货币的金融性公司存款	908.4	1348.8
债券发行	23336.7	13880.0
国外负债	2699.4	1464.2
政府存款	22733.7	20753.3
自有资金	219.8	219.8
其他负债	6438.0	4525.9

注：1.自201 年1月起，人民银行采用国际货币基金组织关于储备货币的定义，不再将其他金融性公司在货币当局的存款计入储备货币。

2.自201 年1月起，境外金融机构在人民银行存款数据计入国外负债项目，不再计入其他存款性公司存款。

5—11　其他存款性公司资产负债表（年底余额）

单位：亿元

项　　目	2011	2012
总资产	1137867.1	1336862.8
国外资产	24211.7	28798.5
储备资产	173004.1	197132.5
准备金存款	167902.5	191146.3
库存现金	5101.6	5986.2
对政府债权	49697.8	56123.3
对中央银行债权	22324.0	12709.0
对其他存款性公司债权	179466.0	237024.6
对其他金融性公司债权	34329.2	50519.9
对非金融性公司债权	465395.2	534132.7
对其他居民部门债权	135214.4	160193.8
其他资产	54224.7	60228.6
总负债	1137867.1	1336862.8
对非金融机构及住户负债	780043.9	891427.9
纳入广义货币的存款	758512.7	861307.2
单位活期存款	239099.2	254004.5
单位定期存款	166616.0	195940.1
个人存款	352797.5	411362.6
不纳入广义货币的存款	16809.1	24454.1
可转让存款	7118.5	8036.1
其他存款	9690.6	16418.0
其他负债	4722.1	5666.6
对中央银行负债	6763.9	13903.1
对其他存款性公司负债	85082.0	108636.2
对其他金融性公司负债	52210.9	62999.2
#计入广义货币的存款	42329.7	58181.9
国外负债	7765.9	9900.3
债券发行	75409.7	92318.3
实收资本	28642.0	30725.3
其他负债	101948.9	126952.6

5—12 外资银行资产负债表（年底余额）

单位：亿元

项　　目	2011	2012
总资产	**23383.7**	**24582.4**
国外资产	1296.2	1612.5
储备资产	2966.5	3228.5
准备金	2955.7	3218.4
库存现金	10.8	10.1
对政府债权	1541.5	1294.9
对中央银行债权		
对其他存款性公司债权	5041.8	5361.3
对其他金融性公司债权	493.3	752.2
对非金融性公司债权	8981.3	10510.2
对其他居民部门债权	462.2	603.2
其他资产	2601.0	1219.6
总负债	**23383.7**	**24582.4**
对非金融机构及住户负债	12202.2	13072.2
纳入广义货币的存款	9787.7	10670.7
单位活期存款	2610.7	2912.6
单位定期存款	5419.7	5823.0
个人存款	1757.2	1935.2
不纳入广义货币的存款	2414.6	2401.5
可转让存款	1091.4	1209.5
其他存款	1323.1	1192.0
其他负债		
对中央银行负债	3.5	8.6
对其他存款性公司负债	1617.6	2571.0
对其他金融性公司负债	542.0	817.4
#计入广义货币的存款		
国外负债	4148.2	4082.5
债券发行	11.1	7.2
实收资本	1622.5	1941.3
其他负债	3236.7	2082.1

5-13　货币供应量同比增长率

单位：%

年　份	货币和准货币(M2)	货　币(M1)	流通中现金	单位活期存款	准货币	单位定期存款	个人存款	其他存款
1991	26.5	24.2	20.2	26.7	28.5			
1992	31.3	35.9	36.4	35.6	27.6			
1993								
1994	34.5	26.2	24.3	27.2	41.9	55.7	41.5	36.0
1995	29.5	16.8	8.2	21.5	39.4	71.1	37.9	29.3
1996	25.3	18.9	11.6	22.4	29.4	51.7	29.9	6.4
1997	17.3	16.5	15.6	16.9	17.8	24.5	19.3	-8.9
1998	14.8	11.9	10.1	12.6	16.7	23.2	15.4	21.7
1999	14.7	17.7	20.1	16.7	13.0	14.2	11.6	29.3
2000	12.3	16.0	8.9	18.9	10.0	18.8	7.9	18.3
2001	14.4	12.7	7.1	14.8	15.5	25.9	14.7	9.1
2002	16.8	16.8	10.1	19.2	16.8	21.8	17.8	2.8
2003	19.6	18.7	14.3	20.3	20.1	27.4	19.2	16.4
2004	14.7	13.6	8.7	15.1	15.3	21.2	15.4	5.2
2005	17.6	11.8	11.9	11.7	21.1	30.4	18.0	31.3
2006	17.0	17.5	12.7	18.9	16.7	17.2	14.6	36.3
2007	16.7	21.1	12.2	23.5	14.3	21.2	6.8	63.2
2008	17.8	9.1	12.7	8.2	23.2	28.1	26.3	-1.5
2009	27.7	32.4	11.8	37.7	25.2	37.7	19.7	39.4
2010	19.7	21.2	16.7	22.1	18.9	28.7	16.3	16.0
2011	13.6	7.9	13.8	6.7	16.8	18.1	16.2	17.7
2012	13.8	6.5	7.7	6.2	17.6	17.6	16.6	25.1

注：1.同期比增长率按可比口径计算。1993年口径调整，故1993年未计算增长率。

2.2001年6月起，将证券公司客户保证金计入货币供应量(M2)，含在其他存款内。

3.1997年初，中国人民银行对金融统计制度进行了调整，因此自1997年起的数据与历史数据不完全可比。

5-14 金融机构法定存款利率

单位：年利率%

项 目	2010.10.20	2010.12.26	2011.02.09	2011.04.06	2011.07.07	2012.06.08	2012.07.06
活期	0.36	0.36	0.40	0.50	0.50	0.40	0.35
定期							
三个月	1.91	2.25	2.60	2.85	3.10	2.85	2.60
半年	2.20	2.50	2.80	3.05	3.30	3.05	2.80
一年	2.50	2.75	3.00	3.25	3.50	3.25	3.00
二年	3.25	3.55	3.90	4.15	4.40	4.10	3.75
三年	3.85	4.15	4.50	4.75	5.00	4.65	4.25
五年	4.20	4.55	5.00	5.25	5.50	5.10	4.75

注：金融机构以人民银行规定的人民币存款基准利率为上限，下限为0。

5-15 社会融资规模及构成

单位：亿元

年 份	社会融资规模	人民币贷款	外币贷款（折合人民币）	委托贷款	信托贷款	未贴现银行承兑汇票	企业债券	非金融企业境内股票融资
2002	20112	18475	731	175		-695	367	628
2003	34113	27652	2285	601		2010	499	559
2004	28629	22673	1381	3118		-290	467	673
2005	30008	23544	1415	1961		24	2010	339
2006	42696	31523	1459	2695	825	1500	2310	1536
2007	59663	36323	3864	3371	1702	6701	2284	4333
2008	69802	49041	1947	4262	3144	1064	5523	3324
2009	139104	95942	9265	6780	4364	4606	12367	3350
2010	140191	79451	4855	8748	3865	23346	11063	5786
2011	128286	74715	5712	12962	2034	10271	13658	4377
2012	157631	82038	9163	12838	12845	10499	22551	2508

注：1.社会融资规模是指一定时期内实体经济从金融体系获得的资金总额，是增量概念。
2.2012年数据为初步统计数。

5-16 证券市场基本情况

项　　目	2011	2012
境内上市公司数（A、B股）（家）	2342	2494
境内上市外资股公司数(B股)(家)	108	107
境外上市公司数（H股）（家）	171	179
股票总发行股本（亿股）	36096	38395
#流通股本（亿股）	28850	31340
股票市价总值（亿元）	214758	230358
#股票流通市值（亿元）	164921	181658
股票成交量（亿股）	33956.57	32881.06
股票成交金额（亿元）	421645	314667
上证综合指数（收盘）	2199.42	2269.13
深证综合指数（收盘）	866.65	881.17
股票有效账户数（万户）	14050	14046
平均市盈率		
上海	13.40	12.30
深圳	23.11	22.01
平均换手率（%）		
上海	124.80	101.59
深圳	340.49	297.85
国债发行额（亿元）	17100.00	16154.20
公司信用类债券发行额（亿元）	20143.00	37365.50
债券成交额（亿元）	216349.52	403426.51
国债现货成交金额（亿元）	1253.32	914.18
债券回购成交金额（亿元）	204621.27	393550.95
证券投资基金只数（只）	914	1173
证券投资基金规模（亿份）	26510.37	31708.41
证券投资基金成交金额（亿元）	6365.80	8667.36
期货总成交量（万手）	105413.75	145052.57
期货总成交额（亿元）	1375162.44	1711269.36

注：1.股票总发行股本中含(A+H)股公司发行的H股。

2.换手率=全年成交金额/[（本年末流通市值+上年末流通市值)/2]*100%

3.公司信用类债券为2012年新增指标，包含非金融企业债券融资工具、企业债券以及公司债、可转债、可分离债、中小企业私募债。与2011年数据不可比（2011年数据为企业债发行额）。

5-17 股票发行量和筹资额

年 份	股票发行量（亿股）	A 股	H股，N股	B 股	股票筹资额（亿元）	A 股	#配 股	H股，N股	B 股
1991	5.00	5.00			5.00	5.00			
1992	20.75	10.00		10.75	94.09	50.00			44.09
1993	95.79	42.59	40.41	12.79	375.47	276.41	81.58	60.93	38.13
1994	91.26	10.97	69.89	10.40	326.78	99.78	50.16	188.73	38.27
1995	31.60	5.32	15.38	10.90	150.32	85.51	62.83	31.46	33.35
1996	86.11	38.29	31.77	16.05	425.08	294.34	69.89	83.56	47.18
1997	267.63	105.65	136.88	25.10	1293.82	825.92	170.86	360.00	107.90
1998	109.06	86.30	12.86	9.90	841.52	778.02	334.97	37.95	25.55
1999	122.93	98.11	23.05	1.77	944.56	893.60	320.97	47.17	3.79
2000	512.04	145.68	359.26	7.10	2103.24	1527.03	519.46	562.21	13.99
2001	141.48	93.00	48.48		1252.34	1182.13	430.63	70.21	
2002	291.74	134.20	157.54		961.75	779.75	56.61	181.99	
2003	281.43	83.64	196.79	1.00	1357.75	819.56	74.79	534.65	3.54
2004	227.92	54.88	171.51	1.53	1510.94	835.71	104.54	648.08	27.16
2005	567.05	13.80	553.25		1882.51	338.13	2.62	1544.38	
2006	1287.77	351.11	936.66		5594.29	2463.70	4.32	3130.59	
2007	637.24	413.27	223.97		8680.17	7722.99	227.68	957.18	
2008	180.34	114.96	65.38		3852.21	3457.75	151.57	317.26	
2009	400.05	244.47	155.58		6124.69	5004.90	105.97	1073.18	
2010	920.99	553.95	367.04		11971.93	9606.31	1438.25	2365.62	
2011	272.36	163.99	108.37		5814.19	5073.07	421.96	741.12	
2012	299.81	78.86	220.95		4134.38	3127.54	121.00	1006.84	

注：表中股票发行量仅指IPO数量。

5-18 股票交易情况

项 目	2006	2007	2008	2009	2010	2011	2012
上市公司数 (家)	**1434**	**1550**	**1625**	**1718**	**2063**	**2342**	**2494**
上市股票数 (只)	**1520**	**1636**	**1711**	**1804**	**2149**	**2428**	**2579**
A股	1411	1527	1602	1696	2041	2320	2472
B股	109	109	109	108	108	108	107
股票总发行股本 (亿股)	**12683.99**	**17000.45**	**18900.12**	**20606.26**	**26984.49**	**29745.11**	**31833.62**
A股	12445.65	16746.62	18629.77	20332.77	26701.51	29448.59	31551.24
B股	238.34	253.84	270.35	273.49	282.98	296.52	282.38
#流通股本	3444.50	4933.64	6964.97	14200.19	19442.15	22499.86	24778.22
A股	3215.54	4682.77	6696.76	13928.17	19160.47	22204.54	24497.05
B股	228.96	250.87	268.21	271.48	281.68	295.32	281.17
股票市价总值 (亿元)	**89404**	**327141**	**121366**	**243939**	**265423**	**214758**	**230358**
A股	88114	324588	120567	242127	263221	213310	228775
B股	1290	2553	800	1812	2202	1448	1582
#股票流通市值	25004	93064	45214	151259	193110	164921	181658
A股	23731	90527	44419	149456	190917	163479	180083
B股	1272	2538	795	1803	2193	1442	1575
股票成交金额 (亿元)	**90469**	**460556**	**267113**	**535987**	**545634**	**421645**	**314667**
A股	89217	454771	265890	533889	563466	420339	313715
B股	1252	5785	1222	2097	2168	1305	868
总成交股数 (亿股)	**16145.23**	**36403.75**	**24131.39**	**51106.99**	**42151.98**	**33956.57**	**32881.06**
A股	15808.62	35683.93	23912.78	50648.91	41806.42	33748.72	32681.93
B股	336.61	719.82	218.62	458.09	345.56	207.85	178.61
上证综合指数							
最高	2698.90	6124.04	5522.78	3478.01	3306.75	3067.46	2478.38
最低	1161.91	2541.53	1664.93	1844.09	2319.74	2134.02	1949.46
收盘	2675.47	5261.56	1820.81	3277.14	2808.08	2199.42	2269.13
深证综合指数							
最高	552.93	1567.74	1584.40	1240.64	1412.64	1316.19	1020.29
最低	278.99	547.89	452.33	557.69	890.24	828.83	724.97
收盘	550.59	1447.02	553.30	1201.34	1290.86	866.65	881.17

注：1.本表股票总发行股本不含(A+H)股公司发行的H股。

2.2012股票总成交金额中包含约定购回式证券成交金额，故总成交金额大于A股B股成交金额之和。

5–19 社会保险基金收支及累计结余

单位：亿元

年　份	合　计	城镇职工基本养老保险	失业保险	城镇基本医疗保险	工伤保险	生育保险
基金收入						
1990	186.8	178.8	7.2			
1995	1006.0	950.1	35.3	9.7	8.1	2.9
1996	1252.4	1171.8	45.2	19.0	10.9	5.5
1997	1458.2	1337.9	46.9	52.3	13.6	7.4
1998	1623.1	1459.0	68.4	60.6	21.2	9.8
1999	2211.8	1965.1	125.2	89.9	20.9	10.7
2000	2644.9	2278.5	160.4	170.0	24.8	11.2
2001	3101.9	2489.0	187.3	383.6	28.3	13.7
2002	4048.7	3171.5	213.4	607.8	32.0	21.8
2003	4882.9	3680.0	249.5	890.0	37.6	25.8
2004	5780.3	4258.4	290.8	1140.5	58.3	32.1
2005	6975.2	5093.3	340.3	1405.3	92.5	43.8
2006	8643.2	6309.8	402.4	1747.1	121.8	62.1
2007	10812.3	7834.2	471.7	2257.2	165.6	83.6
2008	13696.1	9740.2	585.1	3040.4	216.7	113.7
2009	16115.6	11490.8	580.4	3671.9	240.1	132.4
2010	18822.8	13419.5	649.8	4308.9	284.9	159.6
2011	24043.2	16894.7	923.1	5539.2	466.4	219.8
2012	28909.5	20001.0	1138.9	6938.7	526.7	304.2
基金支出						
1990	151.9	149.3	2.5			
1995	877.1	847.6	18.9	7.3	1.8	1.6
1996	1082.4	1031.9	27.3	16.2	3.7	3.3
1997	1339.2	1251.3	36.3	40.5	6.1	4.9
1998	1636.9	1511.6	51.9	53.3	9.0	6.8
1999	2108.1	1924.9	91.6	69.1	15.4	7.1
2000	2385.6	2115.5	123.4	124.5	13.8	8.3
2001	2748.0	2321.3	156.6	244.1	16.5	9.6
2002	3471.5	2842.9	182.6	409.4	19.9	12.8

续表

年 份	合 计	城镇职工基本养老保险	失业保险	城镇基本医疗保险	工伤保险	生育保险
2003	4016.4	3122.1	199.8	653.9	27.1	13.5
2004	4627.4	3502.1	211.3	862.2	33.3	18.8
2005	5400.8	4040.3	206.9	1078.7	47.5	27.4
2006	6477.4	4896.7	198.0	1276.7	68.5	37.5
2007	7887.8	5964.9	217.7	1561.8	87.9	55.6
2008	9925.1	7389.6	253.5	2083.6	126.9	71.5
2009	12302.6	8894.4	366.8	2797.4	155.7	88.3
2010	14818.5	10554.9	423.3	3538.1	192.4	109.9
2011	18054.6	12764.9	432.8	4431.4	286.4	139.2
2012	22181.6	15561.8	450.6	5543.6	406.3	219.3
累计结余						
1990	117.3	97.9	19.5			
1995	516.8	429.8	68.4	3.1	12.7	2.7
1996	696.1	578.6	86.4	6.4	19.7	5.0
1997	831.6	682.8	97.0	16.6	27.7	7.5
1998	791.1	587.8	133.4	20.0	39.5	10.3
1999	1009.8	733.5	159.9	57.6	44.9	13.9
2000	1327.5	947.1	195.9	109.8	57.9	16.8
2001	1622.8	1054.1	226.2	253.0	68.9	20.6
2002	2423.4	1608.0	253.8	450.7	81.1	29.7
2003	3313.8	2206.5	303.5	670.6	91.2	42.0
2004	4493.4	2975.0	385.8	957.9	118.6	55.9
2005	6073.7	4041.0	519.0	1278.1	163.5	72.1
2006	8255.9	5488.9	724.8	1752.4	192.9	96.9
2007	11236.6	7391.4	979.1	2476.9	262.6	126.6
2008	15176.0	9931.0	1310.1	3431.7	384.6	168.2
2009	19006.5	12526.1	1523.6	4275.9	468.8	212.1
2010	22985.0	15365.3	1749.8	5047.1	561.4	261.4
2011	29001.9	19496.6	2240.2	6180.0	742.6	342.5
2012	35804.4	23941.3	2929.0	7644.5	861.9	427.6

注：1.2007年及以后城镇基本医疗保险基金中包括城镇职工基本医疗保险和城镇居民基本医疗保险。

2.工伤保险累计结余中含储备金。

5-20 社会保险基本情况

年份	失业保险			城镇职工基本医疗保险		工伤保险		年末参加生育保险人数（万人）
	年末参保人数（万人）	全年发放失业保险金人数（万人）	全年发放失业保险金（亿元）	年末参保职工人数（万人）	年末参保退休人员（万人）	年末参保人数（万人）	年末享受工伤待遇的人数（万人）	
1994	7967.8	196.5	5.1	374.6	25.7	1822.1	5.8	915.9
1995	8237.7	261.3	8.2	702.6	43.3	2614.8	7.1	1500.2
1996	8333.1	330.8	13.9	791.2	64.5	3102.6	10.1	2015.6
1997	7961.4	319.0	18.7	1588.9	173.1	3507.8	12.5	2485.9
1998	7927.9	158.1	20.4	1508.7	369.0	3781.3	15.3	2776.7
1999	9852.0	271.4	31.9	1509.4	555.9	3912.3	15.1	2929.8
2000	10408.4	329.7	56.2	2862.8	924.2	4350.3	18.8	3001.6
2001	10354.6	468.5	83.3	5470.7	1815.2	4345.3	18.7	3455.1
2002	10181.6	657.0	116.8	6925.8	2475.4	4405.6	26.5	3488.2
2003	10372.9	741.6	133.4	7974.9	2926.8	4574.8	32.9	3655.4
2004	10583.9	753.5	137.5	9044.4	3359.2	6845.2	51.9	4383.8
2005	10647.7	677.8	132.4	10021.7	3761.2	8478.0	65.1	5408.5
2006	11186.6	598.1	125.8	11580.3	4151.5	10268.5	77.8	6458.9
2007	11644.6	538.5	129.4	13420.0	4600.0	12173.3	96.0	7775.3
2008	12399.8	516.7	139.5	14987.7	5007.9	13787.2	117.8	9254.1
2009	12715.5	483.9	145.8	16410.5	5526.9	14895.5	129.6	10875.7
2010	13375.6	431.6	140.4	17791.2	5943.5	16160.7	147.5	12335.9
2011	14317.1	394.4	159.9	18948.5	6278.6	17695.9	163.0	13892.0
2012	15224.7	390.1	181.3	19861.3	6624.2	19010.1	190.5	15428.7

5-21 保险公司资金运用情况

单位：亿元

年 份	资金运用余额	#银行存款	#国 债	#金融债券	#企业债券	#证券投资基金
2004	10778.62	5071.10	2618.44	1026.25	639.73	666.32
2005	14092.69	5165.55	3590.65	1804.71	1204.55	1107.00
2006	17785.40	5989.11	3647.01	2754.25	2121.56	912.08
2007	26647.81	6503.44	3956.56	4897.84	2799.76	2519.41
2008	30552.83	8087.49	4208.26	8754.06	4598.46	1646.46
2009	37417.12	10519.68	4053.82	8746.10	6074.56	2758.78
2010	46046.62	13909.97	4815.78	10038.75	7935.69	2620.73
2011	55192.98	17692.69	4741.90	12418.80	8755.86	2909.92
2012	68542.58	23446.00	4795.02	14832.57	10899.98	3625.58

5-22 分地区原保险保费收入和赔付支出情况（2012年）

单位：亿元

地 区	原保险保费收入			赔付支出		
	小计	财产险业务	人身险业务	小计	财产险业务	人身险业务
全 国	**15487.93**	**5330.93**	**10157.00**	**4716.32**	**2816.33**	**1899.99**
北 京	923.09	267.02	656.06	286.17	152.29	133.88
天 津	238.16	90.79	147.37	81.02	44.74	36.28
山 西	384.65	127.79	256.86	119.33	65.37	53.95
河 北	766.16	258.65	507.50	223.89	133.58	90.31
内蒙古	247.74	119.84	127.91	85.36	60.55	24.81
辽 宁	402.42	143.24	259.17	137.02	78.02	59.00
吉 林	232.54	78.11	154.43	71.45	39.93	31.52
黑龙江	344.15	99.25	244.90	98.33	49.77	48.56

续表

地区	原保险保费收入			赔付支出		
	小计	财产险业务	人身险业务	小计	财产险业务	人身险业务
上海	820.64	256.38	564.26	255.79	138.63	117.16
江苏	1301.28	440.92	860.36	386.97	240.08	146.89
浙江	819.88	358.22	461.65	278.36	198.97	79.39
安徽	453.61	169.06	284.55	152.65	91.48	61.17
福建	384.78	133.77	251.01	119.51	70.06	49.45
江西	271.72	97.49	174.22	93.16	56.55	36.61
山东	967.75	317.62	650.13	273.06	161.13	111.92
河南	841.13	195.77	645.36	199.55	102.50	97.05
湖北	533.31	135.25	398.06	128.55	68.34	60.21
湖南	465.11	144.96	320.15	142.65	74.67	67.98
广东	1290.86	416.80	874.06	377.30	227.22	150.08
广西	238.26	92.25	146.01	74.40	46.51	27.89
海南	60.27	25.15	35.12	18.17	12.25	5.92
重庆	331.03	95.20	235.82	91.78	52.23	39.55
四川	819.53	271.51	548.02	232.90	141.31	91.59
贵州	150.22	70.39	79.82	55.34	38.19	17.15
云南	271.30	123.54	147.76	100.11	64.22	35.89
西藏	9.54	6.52	3.02	4.05	3.36	0.69
陕西	365.33	115.78	249.55	104.40	63.11	41.29
甘肃	158.77	55.94	102.83	48.18	26.93	21.25
青海	32.40	16.15	16.25	10.86	7.87	2.99
宁夏	62.69	26.47	36.21	19.99	13.16	6.82
新疆	235.56	93.68	141.88	80.12	50.34	29.77
大连	160.62	57.66	102.96	45.86	26.14	19.72
宁波	164.71	86.23	78.48	64.27	51.90	12.37
厦门	92.92	41.50	51.42	30.30	20.30	10.00
青岛	160.29	64.93	95.36	51.50	33.07	18.43
深圳	401.27	154.51	246.76	107.71	78.23	29.48
集团、总公司本级	84.29	82.56	1.72	66.27	33.33	32.94

注：1.本表数据为各公司上报中国保险统计信息系统年报数据。

2.集团、总公司本级直接开展的业务不计入任何地区。

六、香港、澳门、台湾省生产总值与投资

6-1　香港本地生产总值

年　份	本地生产总值(以当年价格计算)		本地生产总值与上年比较的实际增长(%)	人均本地生产总值(以当年价格计算)	
	(亿港元)	(亿美元)		(港元)	(美元)
1990	5993	769	3.8	105050	13487
1991	6913	890	5.7	120188	15466
1992	8071	1043	6.2	139148	17975
1993	9310	1203	6.2	157772	20395
1994	10496	1358	6.0	173909	22504
1995	11190	1446	2.4	181772	23497
1996	12353	1597	4.3	191951	24819
1997	13731	1774	5.1	211592	27330
1998	13081	1689	-5.9	199898	25810
1999	12859	1658	2.5	194649	25090
2000	13375	1717	7.7	200675	25757
2001	13211	1694	0.6	196765	25230
2002	12973	1663	1.7	192367	24666
2003	12567	1614	3.1	186704	23976
2004	13169	1691	8.7	194140	24928
2005	14121	1816	7.4	207263	26651
2006	15034	1935	7.0	219240	28223
2007	16508	2116	6.5	238676	30596
2008	17075	2193	2.1	245406	31515
2009	16592	2140	-2.5	237960	30697
2010	17768	2287	6.8	252952	32559
2011	19361	2487	4.9	273783	35173
2012	20419	2633	1.5	285403	36798

注：政府统计处于2012年9月完成把《2008年国民经济核算体系》的最新国际标准纳入香港的本地生产总值编制架构的技术性修订工作。政府统计处亦藉此机会，把新的数据来源及改良的估计方法纳入本地生产总值的编制系统内。因应这些统计发展，本地生产总值的 过往数列已作出相应的修订。

6-2 香港支出法本地生产总值

单位：亿港元，另有注明除外

本地生产总值组成部分	2008	2009	2010	2011	2012
按当年价格计算					
私人消费开支	10265	10200	10986	12408	13203
政府消费开支	1480	1525	1574	1685	1854
固定资本形成总额	3508	3396	3869	4550	5390
存货增减	85	229	375	117	-77
货物出口（离岸价）	28440	24947	30613	34114	35808
减：货物进口（离岸价）	30241	27030	33951	38482	41164
服务出口	7208	6728	8295	9365	9901
减：服务进口	3670	3403	3992	4397	4494
本地生产总值	**17075**	**16592**	**17768**	**19361**	**20419**
人均本地生产总值（港元）	**245406**	**237960**	**252952**	**273783**	**285403**
按2011年环比物量计算①					
私人消费开支	10632	10716	11386	12408	12805
政府消费开支	1555	1591	1644	1685	1746
固定资本形成总额	3973	3835	4130	4550	4979
存货增减	95	275	435	117	-70
货物出口（离岸价）	32227	28123	32988	34114	34716
货物进口（离岸价）	34350	31099	36742	38482	39650
服务出口	7746	7773	8924	9365	9539
服务进口	4013	3824	4248	4397	4414
本地生产总值	**17726**	**17290**	**18465**	**19361**	**19652**
人均本地生产总值（港元）	**254770**	**247970**	**262878**	**273783**	**274670**

注：政府统计处于2012年9月完成把《2008年国民经济核算体系》的最新国际标准纳入香港的本地生产总值编制架构的技术性修订工作。政府统计处亦藉此机会，把新的数据来源及改良的估计方法纳入本地生产总值的编制系统内。因应这些统计发展，本地生产总值的过往数列已作出相应的修订。

①以环比物量计算的本地生产总值及其组成部分的参照年，已由2009年重订为2011年。重订参照年会影响以环比物量计算的数值，但不会改变其变动率。整体物量数值与其组成部分相加的总和可能存在差额。不可相加性是环比物量计算的一个技术属性。

6–3　香港本地居民总收入

单位：亿港元，另有注明除外

项　　目	2008	2009	2010	2011	2012
以2011年环比物量计算①					
本地生产总值	17726	17290	18465	19361	19652
对外初次收入流量净值	1056	526	389	528	417
实质本地居民总收入②	19182	18297	18972	19889	19931
人均本地生产总值（港元）	254770	247970	262878	273783	274670
人均实质本地居民总收入（港元）	275684	262411	270097	281253	278571
按当年价格计算					
本地生产总值	17075	16592	17768	19361	20419
对外初次收入流量净值	1005	498	376	528	435
本地居民总收入	18080	17090	18144	19889	20854
人均本地生产总值（港元）	245406	237960	252952	273783	285403
人均本地居民总收入（港元）	259851	245096	258304	281253	291481

注：政府统计处于2012年9月完成一项技术性修订工作，把《2008年国民经济核算体系》的最新国际标准纳入香港的本地生产总值编制构，以及在编制对外初次收入流量数字时，采用《国际收支和国际投资头寸手册(第六版)》的最新国际统计标准。因应这些统计发展，架本地生产总值、本地居民总收入及对外初次收入流量的过往数列已作出相应的修订。

根据国际建议及与其他经济体的做法一致，从2012年9月起香港的本地居民生产总值已改称为本地居民总收入，以及对外初次收入流量这个名称取代之前的对外要素收益流动。

①以环比物量计算的本地生产总值、对外初次收入流量净值及实质本地居民总收入的参照年，已由2009年重订为2011年。

②实质本地居民总收入是把贸易价格比率变动的调整及实质对外初次收入流量净值加进实质本地生产总值而得出。

6-4 香港国际投资头寸（期末头寸）

单位：亿港元

概括组成部分	2008	2009	2010	2011	2012
资产	**181928**	**206797**	**232300**	**240620**	**271377**
直接投资	66532	72044	80780	87677	101520
证券投资	43182	62934	72260	64125	76697
金融衍生工具	6753	3792	4569	5392	6059
其他投资	52734	48989	54717	62420	63796
储备资产	12726	19037	19973	21005	23305
负债	**132928**	**149775**	**180589**	**185391**	**214629**
直接投资	67684	77091	90388	91983	110241
证券投资	17819	26432	32185	27928	36207
金融衍生工具	5726	3105	3898	4774	4967
其他投资	41699	43147	54118	60706	63214
国际投资头寸净值①	**49000**	**57022**	**51711**	**55229**	**56748**

注：数字已就2012年9月完成的国际收支平衡统计修订工作作出修订。

①国际投资头寸净值是对外金融资产总值与对外金融负债总值之间的差额。

6-5 香港按主要投资者国家／地区划分的外来直接投资头寸及流动

单位：亿港元

主要投资者国家／地区	以市值计算的外来直接投资					
	年底头寸			年间流入		
	2009	2010	2011	2009	2010	2011
中国内地	26036	31271	30428	2148	2882	3181
英属维尔京群岛	22859	26838	26068	1223	2369	1515
百慕大	4202	5385	5953	538	287	403
荷兰	4862	5866	5897	456	260	596
美国	3048	2964	3588	−41	−1529	219
日本	1663	1808	1914	128	152	50
新加坡	1020	1183	1827	70	122	826
开曼群岛	1364	1257	1085	105	212	200
英国	1201	1193	1053	7	120	16
科克群岛	669	658	751	1	42	63
其他	3209	4570	5207	−330	564	450
总计	**70133**	**82994**	**83770**	**4305**	**5480**	**7518**

注：①国家／地区是指直接来源经济体。这未必显示资金最初流出的国家／地区。

②本表所载列按国家／地区分析的直接投资详细数字是根据经济合作与发展组织出版的《对外直接投资基准定义第四版》建议的"方向原则"编制而成的。这些数字与国际收支平衡架构中采用"资产／负债原则"编制的直接投资总量数字有所不同。然而，根据这两套数字所编制的整体直接投资差额是相同的。

③数字于2012年9月完成的一项技术性修订工作作出修订，把最新国际统计标准纳入香港的直接投资统计数字编制架构。

6–6 香港按主要接受投资国家／地区划分的向外直接投资头寸及流动

单位：亿港元

主要接受投资国家/地区	以市值计算的向外直接投资					
	年底头寸			年间流出		
	2009	2010	2011	2009	2010	2011
中国内地	26822	30147	33464	2018	2895	3931
英属维尔京群岛	27564	30584	33192	2169	2198	2454
百慕大	1968	2483	2194	246	238	292
英国	1745	1917	2107	–115	203	131
开曼群岛	588	548	1133	192	–137	468
澳大利亚	873	931	953	111	36	88
卢森堡	26	818	846	–9	769	49
加拿大	751	737	756	–55	–24	–5
美国	932	945	749	–59	16	–137
新加坡	421	512	522	44	120	40
其他	3397	3763	3549	48	387	189
总计	**65086**	**73386**	**79464**	**4589**	**6701**	**7499**

注：①国家／地区是指首个目的地经济体。这未必显示资金最终被使用的所在国家／地区。

②本表所载列按国家／地区分析的直接投资详细数字，是根据经济合作与发展组织出版的《对外直接投资基准定义第四版》建议的“方向原则”编制而成。这些数字与国际收支平衡架构中采用“资产／负债原则”所编制的直接投资总量数字有所不同。然而，根据这两套数字所编制的整体直接投资差额是相同的。

③数字已就2012年9月完成的一项技术性修订工作作出修订，把最新国际统计标准纳入香港的直接投资统计数字编制架构。

6–7 香港按楼宇种类划分的新落成私人楼宇

楼宇类	2008	2009	2010	2011	2012
住宅楼宇					
楼宇数目 (栋)	571	515	109	212	323
实用楼面面积 (万平方米)①	15.2	20.2	21.1	38.3	28.1
商住两用楼宇					
楼宇数目 (栋)	39	25	50	20	33
实用楼面面积(万平方米)					
住宅	25.1	21.6	39.8	7.3	22.6
非住宅	2.4	6.1	4.8	3.4	5.0
商业楼宇					
楼宇数目 (栋)	13	14	9	13	12

续表

楼宇类	2008	2009	2010	2011	2012
实用楼面面积（万平方米）	34.6	13.9	12.5	18.1	17.6
工业楼宇					
楼宇数目（栋）	7	1	5	16	18
实用楼面面积（万平方米）	8.2	0.3	3.5	12.9	19.7
其他用途楼宇					
楼宇数目（栋）	125	114	105	136	215
实用楼面面积（万平方米）					
住宅	3.1	2.5	0.3	1.5	5.1
非住宅	21.1	17.0	31.9	17.5	41.4
总计					
楼宇数目（栋）	755	669	278	397	601
实用楼面面积（万平方米）					
住宅①	43.4	44.3	61.2	47.2	55.8
非住宅	66.3	37.2	52.8	51.9	83.7

注：①包括住宅楼宇内用作非住宅用途的实用楼面面积，例如：会所/娱乐设施、管理员办事处/宿舍、电机房等。

6—8　香港按楼宇种类划分的获批准可动工兴建私人楼宇

年　份	住宅楼宇		商住两用楼宇			商业楼宇	
	楼宇数目（栋）	实用楼面面积（万平方米）①	楼宇数目（栋）	实用楼面面积（万平方米）		楼宇数目（栋）	实用楼面面积（万平方米）
				住　宅	非住宅		
2009							
初次呈交	181	20.4	42	15.1	3.1	10	13.2
重大修改	158	11.1	9	7.2	1.5		
2010							
初次呈交	345	7.6	18	10.0	1.2	8	13.6
重大修改	154	25.1	98	7.7	1		
2011							
初次呈交	52	14.1	65	17.9	2.7	14	6.4
重大修改	79	14.8	85	9.0	1.7	3	2.6
2012							
初次呈交	102	27.2	69	35.0	5.8	19	15.1
重大修改	86	14.9	2	0.6	0.1		

续表

年　份	工业楼宇		其他用途楼宇			总　计		
	楼宇数目（栋）	实用楼面面积（万平方米）	楼宇数目（栋）	实用楼面面积（万平方米）		楼宇数目（栋）	实用楼面面积（万平方米）	
				住　宅	非住宅		住　宅①	非住宅
2009								
初次呈交	15	8.7	155	0.8	24.9	403	36.3	49.9
重大修改	12	1.0	3	0.1	0.4	182	18.4	2.9
2010								
初次呈交	9	3.4	132	6.2	45.0	512	23.9	63.3
重大修改			7	0.4	0.9	259	33.2	1.9
2011								
初次呈交	13	10.9	84	1.4	18.4	228	33.5	38.4
重大修改	2	§	17	0.7	4.8	186	24.6	9.1
2012								
初次呈交	8	4.6	68	0.9	39.2	266	63.0	64.8
重大修改	3	2.4	23	1.1	3.7	114	16.6	6.2

注：①包括住宅楼宇内用作非住宅用途的实用楼面面积，例如：会所/娱乐设施、管理员办事处/宿舍、电机房等。

6-9　澳门本地生产总值（当年价格）

年　份	本地生产总值		实际增长率（%）	人均本地生产总值	
	（亿澳门元）	（亿美元）		（澳门元）	（美元）
1992	386.2	48.4	13.3	104122	13060
1993	443.4	55.6	5.2	115464	14491
1994	494.2	62.1	4.3	124558	15648
1995	554.2	69.5	3.3	135392	16992
1996	563.1	70.7	−0.4	135657	17029
1997	565.6	70.9	−0.3	135547	16997
1998	525.6	65.9	−4.6	124462	15599
1999	502.7	62.9	−2.4	117620	14718
2000	516.3	64.3	5.7	119911	14940
2001	523.3	65.1	2.9	120555	15007
2002	563.0	70.1	8.9	128433	15987
2003	635.8	79.3	12.6	142851	17809
2004	822.9	102.6	26.9	180108	22450
2005	944.7	117.9	8.6	198406	24767
2006	1165.7	145.7	14.4	234123	29263

年　份	本地生产总值		实际增长率(%)	人均本地生产总值	
	(亿澳门元)	(亿美元)		(澳门元)	(美元)
2007	1450.8	180.5	14.3	278539	34661
2008	1662.7	207.3	3.4	307917	38391
2009	1701.7	213.1	1.7	317575	39775
2010	2269.4	283.6	27.5	422656	52817
2011	2950.5	367.9	21.8	537103	66982
2012	3482.2	435.8	9.9	611930	76588

注：2012年数字在日后得到更多资料时会作出修订，以往年份数字已按最新资料修订。

6-10　澳门支出法本地生产总值

单位：亿澳门元

本地生产总值组成部分	2008	2009	2010	2011	2012
按当年价格计算					
私人消费支出	437.0	455.7	511.0	605.0	693.8
政府最终消费支出	148.2	166.9	183.8	208.8	235.8
固定资本形成总额	502.9	319.0	283.6	366.1	465.2
存货增加	13.1	2.2	17.4	42.5	48.1
货物出口	167.9	86.7	83.2	89.1	110.6
减:货物进口	573.2	433.3	520.3	713.2	813.3
服务出口	1445.5	1515.2	2321.2	3209.5	3659.8
减:服务进口	478.7	410.7	610.5	857.4	917.8
本地生产总值	**1662.7**	**1701.7**	**2269.4**	**2950.5**	**3482.2**
人均本地生产总值　(澳门元)	**307917**	**317575**	**422656**	**537103**	**611930**
以环比物量(2011年)计算					
私人消费支出	496.5	508.3	545.1	605.0	660.3
政府最终消费支出	166.8	188.8	198.0	208.8	223.3
固定资本形成总额	555.5	375.9	312.7	366.1	435.9
存货增加	13.9	2.5	18.7	42.5	47.3
货物出口	189.0	97.9	90.8	89.1	109.7
减:货物进口	641.2	486.7	561.8	713.2	791.9
服务出口	1611.4	1674.0	2466.6	3209.5	3429.0
减:服务进口	513.6	450.7	646.7	857.4	869.6
本地生产总值	**1867.7**	**1899.7**	**2422.1**	**2950.5**	**3244.0**
人均本地生产总值　(澳门元)	**345892**	**354521**	**451089**	**537103**	**570074**

注：2012年数字在日后得到更多资料时会作出修订，以往年份数字已按最新资料修订。

6–11　澳门按用途划分的建成私人建筑

项　目	2008	2009	2010	2011	2012
住宅					
单位数目（个）	1099	3096	4066	1099	2443
建筑面积（万平方米）	14.7	48.4	51.5	12.9	32.5
商业及办公室					
单位数目（个）	49	129	427	231	100
建筑面积（万平方米）	5.1	5.5	4.2	5.3	4.6
工业					
单位数目（个）	2	2	–	38	–
建筑面积（万平方米）	1.2	1.8	–	3.9	–
其他用途					
单位数目(个)	27	24	34	19	15
建筑面积（万平方米）	37.4	85.0	71.4	94.3	119.7
总计					
单位数目（个）	1177	3251	4527	1387	2558
建筑面积（万平方米）	58.4	140.6	127.2	116.3	156.8

6–12　澳门按用途划分的新动工私人建筑

项　目	2008	2009	2010	2011	2012
住宅					
单位数目（个）	1937	1429	781	2053	1526
建筑面积（万平方米）	32.3	13.2	9.9	21.0	17.9
商业及办公室					
单位数目（个）	93	69	79	86	49
建筑面积（万平方米）	4.9	1.0	1.3	0.8	0.7
工业					
单位数目（个）	1	37	1	3	1
建筑面积(万平方米)	0.6	2.6	0.6	1.0	1.1
其他用途					
单位数目（个）	15	12	9	17	16
建筑面积(万平方米)	15.6	6.2	6.6	14.0	10.8
总计					
单位数目（个）	2046	1547	870	2159	1592
建筑面积(万平方米)	53.3	22.9	18.4	36.7	30.4

6-13 台湾省本地居民生产总值

年 份	本地居民生产总值			人均本地居民生产总值	
	新台币亿元	实际年增长率 %	亿 美 元①	新 台 币 元	美 元①
2004	117374	6.4	3511	518280	15503
2005	120311	3.8	3739	529313	16449
2006	125552	5.5	3860	550099	16911
2007	132433	6.0	4033	577869	17596
2008	129348	0.5	4101	562439	17833
2009	128951	−1.1	3901	558751	16901
2010	139817	10.5	4418	604199	19090
2011	140627	3.6	4772	606321	20574
2012	144892	1.6	4894	622814	21035

注：①按当年汇率折算。

6-14 台湾省本地生产总值支出构成

单位：%

年 份	本地生产总值(新台币亿元)	居民消费	政府消费	固定资本形成总额	存货增加	货 物 及服务出口	减：货物及服务进口
2004	113653	59.9	12.7	22.8	0.9	61.4	57.7
2005	117403	60.4	12.5	22.5	0.3	62.5	58.1
2006	122435	59.2	12.0	22.3	0.4	68.0	61.9
2007	129105	58.1	11.8	22.0	0.1	72.1	64.1
2008	126202	60.3	12.4	21.1	1.3	73.0	68.1
2009	124811	60.7	13.0	18.9	−1.2	62.5	53.8
2010	135521	58.5	12.4	21.3	1.1	73.8	66.8
2011	136743	60.2	12.4	20.8	−0.1	76.1	69.4
2012	140369	60.3	12.1	19.5	0.3	73.7	66.2

6–15 台湾省本地生产总值产业构成

单位：%

年份	本地生产总值(新台币亿元)	农业	工业			
				制造业	水电燃气及污染治理业	建筑业
2004	113653	1.68	31.75	26.81	1.99	2.53
2005	117403	1.67	31.26	26.53	1.93	2.42
2006	122435	1.61	31.33	26.46	1.84	2.72
2007	129105	1.49	31.38	26.52	1.62	2.78
2008	126202	1.60	29.05	24.83	1.18	2.88
2009	124811	1.73	28.92	23.77	2.04	2.69
2010	135521	1.64	31.00	25.90	1.80	2.81
2011	136743	1.81	29.76	25.11	1.58	2.85
2012	140369	1.87	28.97	24.26	1.53	2.85

年份	服务业				
		批发及零售业	金融及保险业	不动产业	咨讯及通讯传播业
2004	66.57	17.08	7.56	8.15	3.59
2005	67.08	17.63	7.66	8.16	3.49
2006	67.06	17.88	7.28	8.54	3.39
2007	67.12	18.22	7.26	8.53	3.44
2008	69.35	18.95	7.26	8.78	3.61
2009	69.35	18.70	6.42	9.18	3.73
2010	67.36	18.33	6.31	8.60	3.55
2011	68.43	18.86	6.51	8.58	3.54
2012	69.16	18.74	6.52	8.67	3.59

6-16 台湾省按用途分批准动工的建筑物面积

单位：万平方米

年 份	总计	商业类	工业、仓储类	休闲、文教类	办公、服务类	住宿类	
						宿舍	住宅
2007	3602	92	616	200	277	60	2158
2008	3272	100	536	206	355	23	1842
2009	2654	119	482	223	258	44	1352
2010	2401	56	443	128	208	20	1332
2011	2589	86	601	150	133	24	1325
2012	2776	61	506	152	193	17	1574

6-17 台湾省政府公债

单位：新台币亿元

年 份	合计			台湾省级政府发行			市级发行		
	发行额	偿还额	余额	发行额	偿还额	余额	发行额	偿还额	余额
2004	5070	2428	28527	4650	2394	27292	420	34	1234
2005	4690	1794	31422	4450	1612	30131	240	183	1292
2006	4680	2255	33847	4400	2137	32393	280	118	1454
2007	4022	2670	35198	3932	2225	34100	90	446	1098
2008	4387	2224	37362	4100	2103	36097	287	121	1265
2009	4956	2608	39709	4700	2502	38296	256	107	1414
2010	6293	2659	43343	6100	2520	41876	193	140	1467
2011	6400	3299	46444	6200	2980	45096	200	319	1348
2012	6884	3983	49345	6650	3982	47763	234		1581

6-18 台湾省金融概况

年份	货币供应量M1(新台币亿元)	流动性负债(新台币亿元)	储备货币(新台币亿元)	主要金融机构存款(新台币亿元)	主要金融机构放款与投资(新台币亿元)	再贴现率(年息%)	汇率(卖出价)(新台币/美元)
2004	73680	298903	17177	231484	179640	1.75	31.78
2005	78711	324487	17585	246116	193602	2.25	32.88
2006	82226	350416	18832	258115	201539	2.75	32.65
2007	82200	368449	19475	260525	206269	3.38	32.49
2008	81537	388220	21254	278652	213315	2.00	32.91
2009	105116	416730	23040	294486	214823	1.25	32.08
2010	114571	445196	25018	310057	228037	1.63	30.42
2011	118302	469541	27209	323022	241729	1.88	30.32
2012	124184	496117	29021	333003	255488	1.88	29.08

6-19 台湾省股票交易

单位：新台币亿元

年份	上市股票			总成交额	日平均成交额	股价指数(年平均)(1966年=100)
	上市公司数（家）	总面值①	总市值①			
2004	697	50313	139891	238754	955	6033.78
2005	691	53900	156339	188189	762	6092.27
2006	688	54949	193770	239004	964	6842.04
2007	698	55586	215273	330439	1338	8509.56
2008	718	56904	117065	261154	1049	7024.06
2009	741	57729	210336	296805	1183	6459.56
2010	758	58113	238114	282187	1124	7949.63
2011	790	60268	192162	261974	1061	8155.79
2012	809	62580	213522	202382	810	7481.34

注：① 年底数。

中国民生银行

突破传统积极创新
巧解石油贸易商融资难题

上海赫泽石油化工有限公司（以下简称“赫泽石油”）是一家现代能源化工贸易企业，主营成品油批发。依靠具有丰富石化产品经验的专业团队和良好的上下游合作关系，该公司和众多著名的石化工业领袖公司如中石油建立了长期稳定的合作关系，年销售成品油20万吨。

赫泽石油属于贸易类企业，且交易标的为石油，石油交易的典型特点为量大金额多，因此造成赫泽石油资产负债率偏高，一直处于95%左右。公司一般业务销售往来周转期大约在30-45天之间。该公司与中石油等上游客户有着较长时间的合作关系，可以通过相关渠道获得中石油的高质低价油品，所以公司往往需要大量资金提前锁定油品标的。受限于自有资金规模，赫泽石油希望我行针对现有交易模式设计授信方案，以满足其向中石油采购所需。

针对赫泽石油的信贷需求及其自身的财务不足，民生银行上海分行迅速组织了产品推动小组进行了调研。调研中发现，赫泽石油虽然自身资质一般，缺乏有效的强担保手段，但与中石油之间的交易流程却明确、清晰，且每个环节都有相关单据佐证贸易的真实性，这无疑给产品推动小组打了一剂强心针，民生银行的交易融资方案恰好能够解决赫泽石油的融资难题。

产品推动小组在赫泽石油的交易流程中发现，油库一般根据《油品提货单》上唯一的条形码来执行相应的发货操作，而《油品提货单》凭借《销售订单》唯一的编号由中石油出具的，因此银行只要保证《油品提货单》、《销售订单》和《订购单确认函》由银行保管，即可确保油品在我行监管之下，控制住风险。基于以上分析，在客户原有结算方式的基础上，民生银行上海分行利用提单监管的模式介入，给予赫泽石油综合授信3000万元，解决了其融资需求。

本次业务合作中，申请人——上海赫泽石油化工有限公司同众多中小企业一样，在经营中遇到自身资金难以满足业务需求，向银行融资又存在实力较弱、缺乏可行的担保措施等难题。民生银行上海分行从产业链融资角度出发，依托赫泽石油与上下游之间的成品油交易，利用交易融资产品介入，帮助客户成功摆脱了传统授信理念的局限，解决了企业融资难题的问题，满足了客户加大向中石油采购成品油和燃料油的需求。

当前融资问题一直都是困扰中小企业进一步发展壮大的根源，如果这个问题长期得不到解决，中小企业的积极性必然会严重受挫，这对我国经济增长肯定会产生相当大的负面影响。为此各级地方政府和银行监管部门多次召开有关会议、出台政策，扶持中小企业发展，并要求银行机构提升金融服务，加大将信贷资金投向实体经济的力度，缓解中小企业，尤其是小企业资金紧张的难题。我行在此背景下，积极响应各级政府和银监会的号召，大力发展产业链融资业务。同时，我行还可以通过单一客户批量开发单一客户所在的产业链集群，在短时间内解决一批客户的融资难问题，发挥规模效应，全面有效的帮助中小企业实现融资，提升了整个产业链的竞争力，为解决中小企业融资难的问题起到了良好的社会示范效应。

未来收益权质押助力节能环保企业项目融资

北京华远意通供热科技发展有限公司，主要业务为提供城市整体或城市区域政府机关、事业单位、写字楼、居民小区等的供热系统投资、设备供应、供热系统设计施工、节能技术改造以及运营服务。该企业为北京市最早进入供热供暖行业的民营企业之一，规模仅次于热力集团。目前已经签署的供暖合同面积达到3000万平米，2012年实际供暖面积2500万平米。公司的供热面积一直处于稳步增长的状态，从而保证了公司稳定的现金流。

该公司利用自身供热节能的技术优势，采用BOT（建设－经营－转让）、TOT（移交－经营－移交）、EPC（合同能源管理）三种经营模式，为住宅小区、政府机关、企事业单位等提供供暖服务。其上游客户主要为北京燃气集团及设备供应商，基本都是现金结算，其中申请人在采暖季向北京燃气集团购买燃气是其主要支出。其下游客户主要为各小区业主。

该企业属于节能环保行业，节能行业属资金密集型与技术密集型行业，普遍存在前期资金投入大、项目建设周期长、收益见效滞后等问题，这是节能服务产业发展面临的最大问题，更是各家金融机构难以用传统金融产品切入的关键所在（建设期和收益期不好评判）。

民生银行北京管理部与公司于2010年建立授信关系，以应收账款质押担保的综合授信为切入点，首先解决了其季节性流动资金贷款需求。在后续跟踪的过程中了解到，自国家开始房地产市场调控开始，企业出现了较大的中长期项目资金缺口，由此管理部迅速锁定拟投资的优质项目，以成熟项目+拟投目标项目的收费权质押的授信模式，给予华远意通3年期项目贷款1亿以支持拟投目标项目，大大解决了其融资需求。同时考虑到项目收费情况较难进行核实及贷后管理难度较大，管理部交易融资中心对其现金流进行严格监管，并对监管的具体时间和方式进行了详细的设计。通过该项目授信的顺利实施我行已成为华远意通的主办银行。

华远意通与民生银行北京管理部成功开展业务合作，以其未来收益权质押及加强贷后检查作为有效控制手段，最大限度解决企业的合同能源管理执行过程中的资金问题。

我国节能环保行业企业增长迅速，全国从事节能服务行业的企业达4175家，国家发改委、财政部备案的节能服务公司达2339家。国家对于节能减排行业及相关环境权益交易高度重视，而且节能减排作为各级地方政府的重要考核指标，财政补贴力度十分可观。民生银行北京管理部积极响应各级政府的号召，根据节能环保产业发展的特点通过未来收益权质押、现金流封闭管理等具体方式，开发针对节能环保企业的应收账款、特许经营权质押贷款等创新产品，逐步完善对于节能环保行业产业链的金融服务，使得银行授信资金有效深入节能环保行业，帮助众多中小企业运用银行产品，结合交易融资将金融服务向产业链下游渗透。此举有效缓解目前中小企业融资难、发展难的问题，同时也有效推进企业加速产业结构调整升级，促进了我国经济增长方式的转变。

招商银行

招商银行于2011年率先推出“跨境金融”品牌，利用招行独特的“本外币、境内外、离在岸、投商行”四位一体的国际化经营能力，解决跨境经营企业国际扩张过程中各阶段金融服务需求，以及个人客户资产全球配置，为跨境企业以及高端私人客户提供全球化、综合化、一体化的金融服务。

招商银行“跨境金融”品牌和优势的形成得益于国家的开放战略和支持企业走出去战略。自2000年我国正式实施企业“走出去”战略，十余年间中国企业“走出去”蓬勃发展。从“商品走出去”、“服务走出去”，再到“资本走出去”、“资产走出去”的战略推进，中国企业的跨境经营也随之越来越深层次、多样化，对跨境金融服务的需求日益复杂，而商业银行的传统国际业务已远远不能满足客户的上述需求。

想企业之所想，急企业之所急，招行推出的“跨境金融”创新服务体系，在“服务范畴、业务平台、产品体系、推广模式”四大方面锐意创新，致力于为“走出去”企业提供全新的跨境综合服务。

优势一：服务范畴突破传统。通过纳入层出不穷的跨境新兴业务，一站式解决企业多样化的迫切需求。

众所周知，传统国际业务的服务重点在于跨境贸易。招行则将其进一步扩展到境外投资、上市、发债等资本领域，以及跨境资金保值、增值等财富管理领域；并考虑到在跨境新兴业务中越来越多地需要企业境外关联公司的参与，我们将企业在境内外的各分支机构作为一个有机服务整体，一站式满足客户的多样化需求。

优势二：业务平台全球联动。凭借特有的国际化经营能力，招行打造了境内外“ONE BANK”的一体化服务。

离岸业务在全国仅四家银行持有牌照，招行最早开办且市场份额稳居第一；收购的永隆银行在香港根基深厚且有投商行全牌照。香港和纽约分行经营多年，新加坡分行亦已开业，招银国际和招银租赁在境外投行和租赁业中独树一帜。招行已具备了“本外币、境内外、离在岸、投商行”四位一体的国际化经营能力。

基于上述优势，我们首创境内外联动模式，整合境内外机构为服务统一、衔接顺畅的业务共同体，为客户提供全球“ONE BANK”一体化服务，形成了区别于同业的又一大亮点。

优势三：产品体系智能分层。招行独创智能化的分层产品体系，大幅提高了金融产品与客户跨境经营业务需求的适配度。

针对跨境贸易往来、境外资本市场和跨境财富管理这三大领域，我们独创商贸通、资本通和财富通三大产品体系共计70余项产品。

商贸通为企业提供进口、出口和对外担保三大解决方案；资本通针对境外并购、上市、发债等五类细分市场，推出并购易等五大解决方案；财富通关注资金增值、保值、避险需求，提供付汇盈等六大解决方案。

同时，我们跟随市场趋势、客户需要和政策指示，及时推出了“跨境金融·自贸通”、“全球授信”等创新产品。

优势四：推广模式专业定制。招行首创“三位一体定制服务模式”，大幅提升对客服务的精准度。

“三位一体定制服务模式”通过“客户经理+产品经理+风险经理”组成的服务团队，针对客户所属行业设计定制化的服务方案。今年我们已奔赴近30个城市进行客户需求调研，为能源矿产进口等多个行业设计出15套定制服务方案，显著提升银行服务的精准度。

经过前期的不懈努力，招商银行“跨境金融“得到了社会各界的广泛认可，先后获得中国银行业协会、国际保理商协会颁发的诸多奖项；与此同时，也创造了可观的经济效益和社会效益。

三年来，跨境金融业务收益和融资总量的年均增速分别高达37%和40%，成为当前招行高速增长的业务领域之一。

截至2013年10月，招行支持中国企业在能源矿产、机械制造等领域的境外并购累计超过100亿元；为中资企业在香港发行债券金额近50亿元。我们每年为超过6万家企业提供跨境金融服务；其中一个典型案例，就是招行为支持深圳某知名公司向某国第一大电信运营商出口，提供融资7亿元，参与设计的跨境金融服务方案一举获得了国际权威《贸易融资》杂志的“2011年度交易大奖”。

一直以来，招商银行紧随国家的政策步伐，把解决客户需求作为各项业务创新发展的动力和源泉。在举世瞩目的上海自贸区和深圳前海合作区，招行通过不断创新，为客户提供适应最新市场形势的跨境金融服务。在上海自贸区，我们推出“跨境金融·自贸通”，专门针对自贸区的政策环境和企业经营特色，定制创新的集本外币结算、融资、投资、交易理财等金融服务为一体的专业解决方案，能全面服务企业在区内经营、区内与国内投资或贸易、区内与国外投资或贸易的各种金融需求。在深圳前海合作区，我们为前海约200家企业提供服务，已为多家区内企业发放跨境人民币贷款，其中为某企业成功发放单笔最大金额跨境人民币贷款5.7亿元。

招商银行作为一家具有社会责任感商业银行，愿以不断创新的“跨境金融”服务体系助力国家战略的实施，实实在在地服务实体经济。

花旗银行（中国）有限公司

无纸化跨境人民币贸易结算解决方案

一、政策背景

近年来，随着中国经济的高速发展，中国与其他国家的经贸往来和投资合作进一步加深，同时在人民币升值预期的大背景下，中国的贸易伙伴对人民币结算持积极态度，人民币跨境贸易结算金额逐年增加。根据中国人民银行统计数据，2012年全年跨境贸易人民币结算业务累计达2.94万亿，与2011年的2.08万亿相比，同比增加41%。虽然人民币作为支付货币的需求持续增加，但是人民币跨境贸易结算金额占同期贸易进出口结算总额的比重仍然处于较低水平。这说明进一步深化跨境人民币贸易结算改革是非常有必要的。

2012年7月，为了满足企业对跨境贸易人民币结算的实际需求，中国人民银行推出新法规简化跨境人民币贸易结算流程，希望借此发挥人民币结算对贸易和投资便利化的促进作用，推进人民币的国际化进程。

二、市场机会

此次改革之前，人民币跨境贸易结算耗时耗力，例如：中国收款方如果要收取跨境人民币必须要在资金收付之前提供所有的支持性文件来证明该项跨境交易。这项规定给企业带来了很大的挑战，特别对于那些在中国不同地区有营运主体的企业来说更是如此，因为不同的省份和银行具体要求有所不同。除此之外，审核的整个过程都由人工进行操作，企业需要注意不同省份审核的差异性，并且亲自呈送相关文件原件给当地相关部门，这样不仅增加管理负担，而且经常由于材料不完全和一些当地差异造成结算延误。以上这一系列的弊端都不利于跨国企业规范、集中、一体化地管理跨境人民币贸易结算，不利于人民币的国际化之路。

为了解决上述问题，跨境人民币贸易结算简化试点从上海和广东（不包括深圳）开始，并且逐步扩展到了其它各个省市，比如：北京、天津、江苏、辽宁、贵州、深圳、四川、湖南、重庆。尽管各省市之间具体制度有所差异，例如适用于货物贸易交易，服务贸易交易在一些省市不适用；有些省市对适用企业的所在地，成立年限有所限制，对预收、预付交易有不同的要求；但是简化的根本目的是一致的，那就是允许企业仅凭借跨境人民币收/付款说明作为付款/收款指令，进行收付款。2013年7月，中国人民银行进一步颁布了关于简化跨境人民币业务流程和完善有关政策的通知，将跨境人民币贸易结算简化扩展到了全国，境内银行只需要在“了解你的客户”、“了解你的业务”、“尽职审查”三原则的基础上，凭企业（出口货物贸易人民币结算企业重点监管名单内的企业除外）提交的业务凭证或《跨境人民币结算收/付款说明》，直接办理跨境结算。如此，企业进行跨境人民币贸易结算更加方便简单，推动企业规范、集中、一体化管理人民币跨境贸易结算流程，降低营运资金管理成本，最终实现把人民币整合到集团资金管理体系中来提高整体运营效率。

三、花旗业务发展状况

在简化跨境人民币交易的背景下，花旗银行作为试点银行之一，积极开拓电子化信息处理的途径，对于符合优化审核流程的客户，引入了无纸化操作流程，即客户可以通过花旗的电子网银平台发送交易指令及申报信息。对于《跨境人民币收款说明书》及《跨境人民币付款说明书》，花旗银行特别启用了专用文件传送渠道，允许经授权的客户将填写完整的上述说明书的电子版本通过该渠道传送至花旗，并据此完成相应审核及申报，实现跨境业务的直通处理。花旗银行的无纸化方案充分利用了跨境人民币贸易结算简化带来的便利：一是可以帮助企业把所有账户开立在一个地方，促进其规范、集中、一体化管理跨境人民币贸易结算流程，降低运营成本；二是节约了文档递送时间，大大减少了因纸质文件在途传送带来的业务延迟和操作繁复，提高人民币跨境结算业务的结算效率；三是风险控制更加有力，花旗的电子网银平台以及专用文件传送通道为企业提供高度安全的电子化的人民币跨境贸易结算途径，降低了企业使用纸质文档所导致的欺诈风险，受到客户的广泛欢迎。

总而言之，跨境人民币贸易结算能力的提升推动跨国公司将人民币纳入全球流动性管理体系，是人民币迈向国际化的关键一步。花旗银行作为人民币国际化进程的积极参与者和推动者，有幸被中国人民银行和国家外汇管理局选作试点银行，具备推选人民币境外放宽试点企业的资质。在此背景下，该无纸化跨境人民币贸易结算方案帮助跨国企业规范人民币跨境贸易结算流程，提高结算效率，降低结算风险，降低管理成本，进而推动企业实现将人民币纳入全球流动性管理体系目标。

人民币境外放款

一、政策背景

近年来，离岸人民币市场快速发展，人民币直接兑换外币范围不断扩大，人民币相关业务创新活跃，产品种类和市场主体趋于多元。人民币国际化已成为中国经济实力增长和经济全球化的内在要求，并且已经全面、深刻地影响到境内各大跨国公司的运营，不仅为跨国公司提供了将人民币纳入全球运营结算体系的机会，为提升盈利能力降低风险开辟了新空间。而且，对于境内各大金融机构，作为人民币流出和回流的重要载体，可以依托人民币国际化，发挥比较优势，在全球金融治理新框架下培育新竞争力。

"十二五’规划明确要求要把人民币国际化作为上海国际金融中心建设的重要突破口，标志着人民币资本项目开放进入提速阶段。

二、市场机会

尽管资本项目完全开放仍需时日，但是对身处中国的跨国公司来说，人民币国际化的影响已经从经常项目扩展至资本项目。在人民币跨境贸易结算进一步便利化后，完善跨境资金的循环体系成为人民币国际化的另一个重点。对于中国境内企业，人民币业务除了运用于与其他公司的贸易、服务结算外，越来越多的境内外资子公司与其境外母公司开始考虑使用人民币来进行跨境的集团内融资。

在此之前，外汇管制与人民币资本项目尚未可兑换，使得多数跨国公司中国区与境外母公司的资金池分开运营。公司境内资金返还境外母公司的通行做法主要通过利润分红实现。然而，利润分红返还境外方式通常需要等待税务凭证，因此存在一定的时滞；另一方面，利润分红产生的税务成本也需要考虑。

为了解决上述问题，2012年年底，境外放款开启。先是2012年10月，人民银行在上海启动人民币境外放款的试点。并在企业的热烈响应下，这项试点政策逐步扩大到了广州和浙江。紧接着，2012年11月国家外汇管理局也发文，在全国范围内开放外币境外放款。该项新规允许外商投资企业向其境外母公司放款，并放宽了境外放款的资金来源。2013年 7 月，人民银行正式下文将人民币境外放款试行计划在全国范围内推广，由于法规里没有设置放款上限，这在一定意义上为企业境外放款营造出了划时代的变化。根据这个法规，跨国公司向银行申请核准后，可将境内人民币资金向境外母公司或者关联公司出借，放款期限、放款利率等可由跨国公司根据其整体运营要求来确定。这个法规将极大地增加离岸人民币金融市场的流动性，是人民币国际化道路上重要的一大步。

三、花旗业务发展状况

为了鼓励跨国公司在中国设立财资中心或者财务中心，支持上海和北京的国际金融中心建设，中国人民银行和国家外汇管理局在过去几个月中开展了一系列放宽管制的试点项目。在这些项目中，花旗中国有幸被中国人民银行和国家外汇管理局选作试点银行，不但参与到了法规框架的讨论，并且获得了推选试点企业和提出解决方案的资质。人民币境外放款就是其中的一个试点项目。

自去年年底人民银行推行的人民币境外放款试点计划开始以来，花旗银行已成功地完成了多笔境外放款业务，为多家跨国企业的全球运营提供了资金支持，获得了市场的热烈反响。花旗银行为企业人民币境外放款提供一站式的服务。结合企业需求，就人民币境外放款展开的服务主要可以分为三大类：

第一类业务利用人民币境外放款支付境外外币负债。在该项管理方案中，中国境内子公司以关联公司的方式向境外关联公司借出人民币贷款。但由于海外企业的负债是外币，因此企业需要通过汇兑支付海外关联公司的负债。但由于，贷款到期需要以人民币进行还本付息，为了规避在此期间由于汇率波动而带来的外汇风险，企业还要进行套期保值。因此，花旗中国和花旗海外合作，不仅帮助企业通过申请境外放款试点，以人民币境外放款的方式向海外借出人民币资金，并且通过汇兑和为企业提供相关的套期保值产品，使得企业锁定外汇风险，到期在风险可控的范围内进行还本付息。从而帮助企业把中国境内闲置的人民币有效地运用起来，支持了境外的外币负债。

第二类业务则是应用先进的现金管理工具—多币种名义现金池，帮助企业利用在中国的盈余人民币，通过内部融资，支持海外关联公司的资金缺口。多币种名义现金池是一项领先的流动资金管理工具，通过这个工具，企业可以把多个币种的资金，在不进行汇兑的情况下，像同币种一样，进行集中管理。这个工具以在发达市场被广为采用，但之前，由于人民币尚未国际化，这个解决方案不支持人民币的加入。而随着人民币国际化的逐步深化，特别是人民币境外放款的开启，花旗银行依据企业需求，率先把人民币加入到海外的多币种名义现金池解决方案中，使得海外企业在不兑换的情况下，就能够利用人民币资金来支持企业其他币种的各类支付需求。

第三类业务则是借助人民币境外放款推动人民币贸易结算。这种业务属于人民币的全流程业务，也是人民币走向国际后的一个企业财资管理使用人民币的典范。跨境人民币结算一直是人民银行推进人民币国际化的重中之重，然而在推进的过程，海外缺乏充足的人民币来源一直是企业不采用人民币进行结算的一个主要原因。因此，跨境人民币放款的另一个主要用途在于利用企业在中国境内盈余的资金，通过关联公司贷款的方式，向海外提供人民币资金来源。从而促进海外的企业使用自有的人民币，而不是通过海外汇兑进行结算。这类全流程使用人民币的好处还在于缩小了海外因为汇兑带来的风险敞口，降低了企业因为汇兑带来的财务成本。这样为企业从集团层面把人民币纳入战略性管理货币奠定了基础。

总而言之，境外放款业务政策的改革是人民币国际化进程的又一重要发展，这标志着人民币在跨国公司的全球财资管理中发挥日益重要的作用。花旗是人民币国际化进程的积极参与者和推动者。凭借花旗广泛的全球网络和在全球流动性管理的专业与经验，与客户紧密合作，在人民币国际化快速发展的大环境下，花旗将继续致力于提供此类人民币跨境的创新方案帮助客户实现其财资管理目标。

中国联通

汽车信息化案例

汽车信息化是以语音通信、无线数据通信和全球定位系统为基础，以汽车为中心构建的信息服务体系，为驾乘人员提供了包括智能导航、实时路况、远程诊断、汽车安防、道路救援及娱乐、资讯等各种信息的服务，被认为是未来汽车行业发展的趋势，有着划时代的意义。

同时，汽车信息化影响的不仅仅汽车行业，汽车信息化还是智能交通行业的核心部分，也是车联网的具体体现。在中国，面对日益严峻的交通压力和环境压力，中国政府正在大力推进物联网，特别是智能交通产业的发展，借着这一政策利好，不仅是整车厂、电信运营商，上下游的各个企业，车载终端、地图服务商，包括从事其他环节服务的中小企业，都积极投身于这一领域。

一、中国联通汽车信息化简述

中国联通长期重视发展汽车信息化业务，成立了专门的组织机构进行全面的业务研究和技术支撑，对汽车信息化产业链进行深入的研究，与各方合作伙伴开展广泛而深入的交流与合作。中国联通将汽车信息服务作为行业应用的发展重点，积极探索和创新业务发展模式，并取得了阶段性成果，通过在具有行业示范效应的重大项目上的突破，不断提升中国联通的行业影响力。服务领域主要包括：通信服务、TSP解决方案、呼叫中心、位置导航服务、资讯娱乐、远程诊断与安防等六大核心业务。

二、中国联通与整车厂合作案例

截止到2013年6月，中国联通与国内外众多整车厂签订了战略合作协议。国内车厂包括：上汽、一汽、观致、三一、长安、奇瑞、比亚迪、吉利、金龙、裕隆、宇通、亚星、青年等等，国际车厂包括：宝马、奥迪、现代、沃尔沃等。

具体合作案例包括：

1、上汽集团荣威350i 3G智能轿车

2010年4月23日，在2010（第十一届）北京国际汽车展览会上，上海汽车胡茂源董事长与中国联通常小兵董事长共同揭幕了上海汽车自主品牌的重量级产品－3G互联轿车荣威350i。

荣威350i为汽车打开了通向精彩互联世界的窗口，车主可以通过WCDMA 3G网络实时流畅地实现信息检索、实时路况导航、数字音乐服务、个性娱乐节目、新闻信息服务、实时财经信息、个人移动秘书、客户车辆管理、车辆定位服务、交通信息服务、天气信息服务、旅行贴士、同城交友、车友博客、等功能以及网页浏览。

2、长安汽车集团悦翔3G版汽车

2010年4月23日，在2010（第十一届）北京国际汽车展览会上，长安汽车张保林总裁与中国联通陆益民总经理共同揭开长安悦翔3G版新款汽车的神秘面纱，共同推动以WCDMA 3G高速无线网络的汽车信息化时代。

长安汽车3G版长安悦翔汽车使车主可以通过WCDMA 3G网络实现一健呼服务，可以流畅地使用车载信息检索、网络收音机，网络视频，语音通话，安全保障、股票交易、实时路况导航、电子路书和社群交流等各种功能，为车主带来全新的行车体验。

3、吉利汽车帝豪3G智能汽车

2010年12月，中国联通与吉利汽车合作打造的吉利帝豪首款3G“智能汽车”产品正式发布，并将首先在帝豪系列车中配备运用。中国联通高级副总裁姜正新，吉利集团副总裁刘金良、张爱群，浙江中国联通总经理郭晓科出席了发布活动。

中国联通与吉利汽车联合打造的3G“智能汽车”配备全球领先的WCDMA高速网络系统，整合了大量互联网应用及呼叫中心互动资源，推出了包括在线视频、资讯、娱乐、个人信息、车载互联网信息、通讯导航、GIS应用、安全驾驶、防盗追踪、紧急呼叫、救援、位置服务等在内的一系列汽车信息化服务。

4、宝马汽车互联驾驶项目

2010年11月17日，宝马汽车与中国联通在上海举行新闻发布会，宣布将在中国合作推广BMW互联驾驶（BMW ConnectedDrive）业务。

2012年8月30日，华晨宝马在成都举办发布会，正式发布2013款BMW 5系Li，在同级别车型中率先引入了最新的包括“BMW互联驾驶服务”在内的多项创新技术。作为互联驾驶服务的最重要合作伙伴，中国联通集团客户事业部副总经理辛克铎先生应邀出席此次发布仪式。

根据双方签订的合作协议，中国联通凭借其在GSM 2G、WCDMA 3G网络、呼叫中心服务以及车载信息服务等方面的强大综合实力，在中国为BMW互联驾驶业务提供基于WCDMA 3G网络的移动通信和呼叫中心服务、系统集成以及内容整合服务。BMW与中国联通的携手必将有力地推动汽车远程服务的向前发展。

中国联通与其他签约车厂的汽车信息化服务项目也在进行中。中国联通在以上项目中为车厂提供的服务内容包括：软件研发、系统集成、维护运营、3G网络服务、固定网络服务、IDC、专线、APN、呼叫中心、音乐、视频、新闻、天气、股票信息、116114预定等各类服务。

二、中国联通与汽车行业CP/SP合作情况

中国联通将汽车信息化业务作为重点发展业务之一，与产业链的各类合作伙伴广泛的交流与合作，共同推进汽车信息化在中国的发展。目前，中国联通已与多家有战略资源的合作伙

伴的签署合作协议。其中包括国内著名的图商，多家国内具有较高市场占有率的车机厂商，具有丰富经验的TSP厂商，实时路况提供厂商以及各类CP、SP。

中国联通自身具备多年经营电信增值业务，拥有包括音乐公司、视频公司、信息导航公司、应用商店、支付公司、系统集成公司等多家专业子公司，可以提供多项专业的信息服务。

除了自身的服务能力，中国联通还拥有大量的合作资源，可以快速的引入汽车信息化领域，中国联通有超过8700家的CP/SP，能够提供各类增值服务，在手机及移动互联网方面的成功经验，可以迅速复制到车联网领域中来。通过优势资源整合，中国联通可以帮助汽车制造商在全国范围快速、高质量的开展汽车信息化业务。

三、中国联通在汽车信息化方面的优势

1、 优质的基础网络服务

1.1更加符合汽车信息化需求的3G网络

WCDMA移动网络拥有多方面支持汽车信息化的独特优势。

1.1.1 不断提升的网络品质

（1）网络覆盖大幅改善：经三年多重点建设，网络覆盖得到了很大改善，基本覆盖全国县级以上城市、发达地区乡镇和主要道路，建设3G基站32.45万个，居三家运营商首位，是全球规模最大的WCDMA网络。

（2）网络速度大幅提升：2013年全网开通下行21.6Mbps，目前广东在做下行42Mbps的HSPA+网络实验，后续将很快升级到84M。

1.1.2 专属通道方案和资费体系

中国联通非常关注汽车行业的发展动态，通过对产业链各环节的研究和摸索，根据汽车通信特点和业务需求，改进了计费系统功能，实现了用户流量共享，针对车联网项目，制定了适合汽车通信的3G的长市漫合一专属移动套餐和基于移动VPDN的完整通道解决方案，并给出资费优惠政策倾斜。

◇ 语音接入方案；

◇ 数据接入方案；

◇ 语音+数据接入方案；

◇ 短信接入方案；

◇ 基础传输网方案；

◇ 其他：专属的统一便捷的计费方式、IDC业务。

1.1.3 专属嵌入式通信卡和通信模块

中国联通为发挥WCDMA网络的特性，打造适合汽车信息化的专属通道服务，根据汽车环境的特别要求，提供汽车专属M2M通信卡（区别于传统的SIM卡的嵌入式SIM芯片），保证在汽车环境下的正常使用。

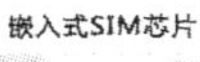

- 采用强工业级芯片，芯片面积仅为5mm*5mm，可直接焊接在电路板上；
- 温度：工作温度：-40℃～+105℃，储存温度：-40℃～+125℃；
- 湿度：85℃ / 85%，1000 小时；
- 使用寿命：>10年，读写次数：50万次（可扩展至1600万次）；
- 抗静电：4000v，抗腐蚀：ETSI标准，抗震动：JESD标准

1.1.4 专业化的服务流程和团队

为使汽车信息化项目顺利实施，建立了全国的服务和技术支撑队伍。

针对汽车厂商在卡采购、原料检验、贴片生产、组装测试生产、装车生产、车辆全检、4S店销售、USIM卡激活及去激活，套餐计费等独特环节，梳理和调整了与车生产、销售、使用配套的配卡和业务开通流程，以保证通信卡的供货、安装、使用。

2、 电信级的呼叫中心外包服务

中国联通的电信级呼叫中心，经历多年运营和升级，融合了116114等业务，在线服务于众多政企客户，服务品质得到客户赞誉。目前已融入专属的车联网服务产品，设计了可以满足针对汽车信息化服务需求方，包括外包式服务方案。

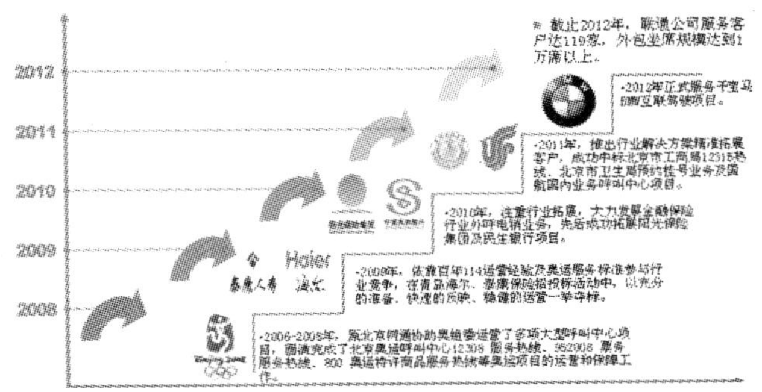

中国联通呼叫中心外包服务发展历程

中国联通可通过标准接口规范，为TSP平台等提供多样的

呼叫中心类服务。

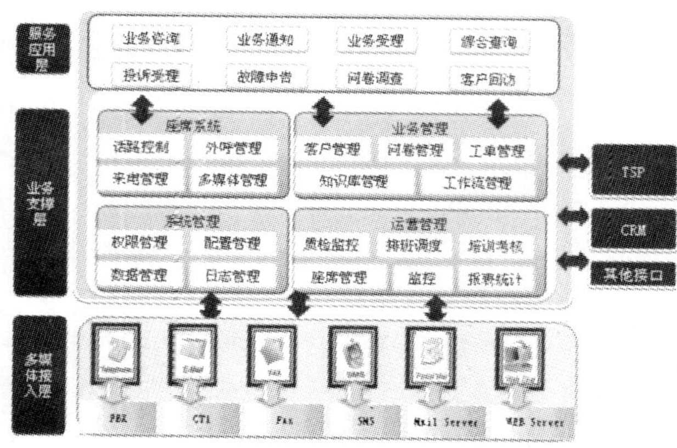

联通呼叫中心平台功能架构

3、全国统一的汽车信息化服务支撑平台可加快汽车信息化项目部署

为更好地发挥联通网络优势，整合产业链资源，助力汽车产业发展，中国联通组建了汽车信息化服务支撑平台（CU-TSSP），利用联通储备资源和整合产业链中专业伙伴资源，为车厂、产业链合作伙伴、4S店维护以及汽车用户提供全方位的解决方案、技术支撑，及快速部署。

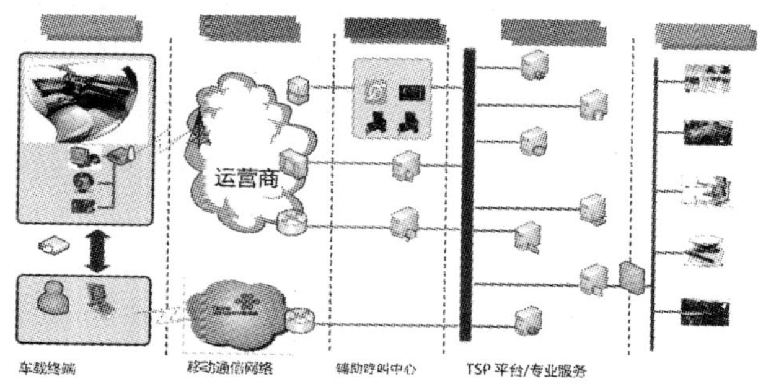

方案一乘用车

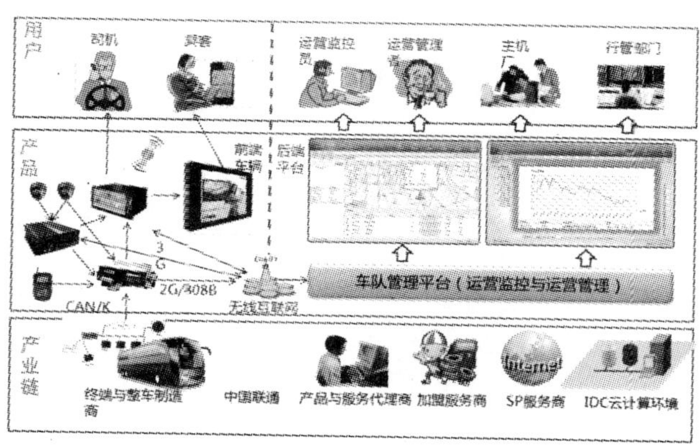

方案二商用车方案

联通CU-TSSP平台实现的主要功能：

（1）实现了众多联通基础能力及核心业务能力的整合

通过集成，实现了对于运营商的通信通道能力、GIS、计费与帐务管理、支付、数据挖掘等基础能力的整合，并实现了产品与服务管理、用户管理、终端管理、服务调度等核心业务功能。

（2）实现了对众多第三方专业服务和内容商的整合

平台为第三方提供了规范的接口，方便第三方与平台对接。支持自有TSP为后装市场提供T服务，支持运营车辆管理模块提供运营车辆服务。

4、整合内容和服务资源的能力

已整合资源	应用功能描述
POI搜素	提供基于位置查询和关键字方式的在线POI搜索
新闻	浏览最新的新闻资讯，可进行分类显示
音乐	提供音乐下载服务，支持排行榜等分类
天气	根据条件查询天气实况信息。展示近期的天气预报，包括温度、湿度、洗车指数等
股票	实时的股票信息查询，包括行情报价、分时走势、K线分析、股票排行等内容
实时路况	通过实时路况能够显示各条道路及热点区域的拥堵、畅通情况
预订服务	通过呼叫中心进行票务预定，并协调相关机构完成预定过程，并将结果反馈给用户
语音识别	提供基于自然语言的语音交互控制功能
路书	提供旅游驾车过程中的路线指引，并分享到车友会论坛等
航班、车次查询	飞机航班和列车车次的查询
违章信息	查询在主要城市的违章信息

四、小结

秉承“合作、开放、共赢”的服务理念，中国联通始终致力于推动汽车信息化产业的快速健康发展，以开放的心态和开放的平台与产业链各方优势资源广泛合作。未来，中国联通将继续发挥自身优势，与产业链各方共同探索先进的汽车信息服务运营模式，一起培育尚处于发展初期的中国汽车信息服务市场，携手促进中国汽车信息服务产业的快速发展。

微软助力中国云产业跨越发展

微软公司成立于1975年，目前在全球拥有10万名员工，在100多个国家和地区设有分公司。作为设备、服务和解决方案领域的领先企业，微软公司自成立以来，一直致力于为全世界用户创造新的机遇、价值和体验。三十多年来，微软始终引领技术变革，其软件和服务能够帮助用户实现信息交流和数字生活管理，丰富商务应用和娱乐体验，使个人和企业充分发挥潜力。

2014年2月，微软公司董事会宣布微软原执行副总裁、云和企业事业部全球负责人萨提亚·纳德拉（Satya Nadella）担任微软首席执行官，微软公司创始人比尔·盖茨（Bill Gates）担任公司技术顾问。微软公司进入到全面布局“云-端”发展的崭新一页。

微软是全球最大的云计算公司之一

云计算、大数据、移动化和社交网络的四大趋势推动着IT行业乃至整个社会生产生活方式的转型。短短数年，云计算已经从技术概念层面发展成为支撑产业创新发展的重要力量。在这期间，微软也对其战略进行全面调整，从传统的计算机软件公司全力投入云计算，提出“云-端”的新愿景，致力于云计算技术和服务的创新，不断形成在包括数据中心建设、公有云服务运营及私有云解决方案在内的云平台战略优势。微软云战略的目标是帮助用户把握云时代的新机会，借助云的快捷性来加快发展，同时从云的经济性中受益。

微软的“云-端”愿景，向世人指出未来的互联网世界将会是“云”和“端”的组合。在这个以“云”为中心的世界里，人们可以便捷地使用各种终端设备访问云中的数据和应用；“端”包括传统PC、手机、平板电脑和智能电视，以及各类新型终端等，这些终端上面的系统和软件，都可以由微软以及在它的平台上进行开发工作的广大同盟提供，且在微软提供的云平台运行。

秉承这个思路，微软在2008年10月洛杉矶的专业开发者会议上，正式推出自己的云计算Windows Azure——这一产品涵盖了私有云、公有云，并囊括基础设施即服务（IaaS）、应用平台即服务（PaaS）和软件即服务（SaaS）多重领域，并且能与微软既有的多种业务和服务模式完美对接。2010年3月，微软时任CEO史蒂夫·鲍尔默提出了“We are all in cloud”，强调微软全面投入云业务，同年11月在全球启动了“Cloud Power（云的力量）”的推广活动。目前，微软4万多名软件开发人员中的80%，都从事与云产品和服务相关的工作；未来，预期这个比例将增长到90%。

微软认为，所谓云平台之争，归根结底是操作系统之争。具有完整的知识产权储备、久经验证的、性能强大的操作系统内核、开放的框架、开发环境与语言、开发者社区等生态系统的企业，只有寥寥数家，微软正是其中之一。微软的优势不仅是在“云和端”都具有完整的生态系统，更在于前瞻性的思考与先行一步的行动。

微软是全球唯一提供跨越私有云、公有云、混合云三种云计算服务提供商。Windows微软云操作系统（Cloud OS）以Windows Server和Windows Azure为核心，其中Windows Server主要交付私有云、Windows Azure主要交付公有云，微软云操作系统在用户的数据中心、服务商的数据中心和微软公共云上提供了一个统一平台。云操作系统的关键是强大的管理和自动化功能，从而减轻了管理的负担，并将IT部门解放出来，从而在混合云计算和IT消费化的环境中，更好地专注于业务创新。

微软在北美、欧洲和亚洲拥有数十个世界级的数据中心，投资逾百亿美元。其中，自2008年以来，微软在北美（4个）、亚洲(2个)、欧洲（2个）兴建了8个专门提供Windows Azure平台的第四代数据中心，通过和世纪互联合作，微软在中国的上海和北京也建设了两个数据中心。

微软的Windows Azure平台在全球拥有超过20万个付费的企业用户，2013年一年里的增幅为200%。微软云服务对大型企业来说至关重要，超过一半的《财富》500强企业在使用微软云服务，包括Windows Azure、Office 365等。Office 365在全球的表现已经是微软历史上增长最快的业务，Windows Azure是微软增长最快的云平台。

Windows Azure领跑中国公有云市场

Windows Azure作为世界级云计算服务平台的先驱和全球惟一可以提供应用开发的公有云平台，于2013年5月22日宣布正式落地中国，并于6月6日开放公测。这也让微软成为了首个将全球公有云平台与服务带入中国的跨国企业。微软Windows Azure由世纪互联运营，共同打造真正的国际级公有云服务。

Windows Azure具有可靠、灵活、高价值的特点：

- 可靠，是Windows Azure的基石。基于丰富的全球大型公有云运营经验，微软能够确保平台及服务的可靠性和安全性；
- 灵活，是Windows Azure的核心竞争力。Windows Azure是全球唯一支持基础设施即服务（IaaS）、应用平台即服务（PaaS）以及混合云（hybridcloud）的公有云平台，并且还大力支持开源应用程序、框架和语言，如Java、.NET、PHP、Python等，开发者们可利用免费的软件开发包，快速开发，迅速享用Windows Azure云平台和服务带来的益处；
- 高价值，是Windows Azure的优势。Windows Azure能帮助用户快速开发、部署、缩放和管理应用程序，帮助企业提升竞争力的同时控制成本。

自Windows Azure 及Office 365正式落地中国并开放公众预览之后，微软云服务在中国本土化的运营取得了长足进步，市场表现远远超出了预期。2013年6月6日Windows Azure在中国发放5000个测试账号，24小时之内被一抢而光；12月发放的3000个账号，又在7个小时内被抢完。目前已有2000多家客户正在使用由世纪互联运营的中国Windows Azure，企业级客户已超过100家，既包括三星电子、可口可乐、观致汽车这样的传统大企业，也包括金蝶、PPTV、人人网这样的IT和互联网企业。此外，中国Windows Azure已经提供O365 服务。

智慧城市建设处于城镇化、工业化、信息化融合发展的交集上，发展已成燎原之势。2013年底，微软公司与武汉经济技术开发区签订商务合作合同，共同推进武汉数字化基础设施建设，完善城市创新体系。与其他中国智慧城市项目不同，这是中国首个基于混合云平台基础上的综合未来城市示范地。在微软混合云构架上，武汉经开区未来城市中很大的一部分应用将是在公有云上，比如那些敏感性数据可以放在私有云上，有些针对武汉公众的将放在互联网和公有云上，公有云和私有云之间是无缝连接的，有统一的管理、认证和研发环境。这样，由公有云和私有云强强联手、优势互补的方式提供最灵活、最有效的服务。

2014年春节期间，央视网CNTV通过使用Windows Azure，首次实现了利用混合云架构直播春晚这样的大型节目，开创了国内利用云平台满足超大用户访问的先河。中国的互联网用户数量（6.18亿）现在大约是美国用户数量（3.1亿）的两倍，春节期间有超过7亿的的观众收看了中国春节联欢晚会，CNTV作为中国最具权威的国家电视台中国中央电视台（CCTV）的网络传播媒体，其承载的用户数量之大可想而知。CNTV与微软Windows Azure的合作具有深远意义，一方面证明了国际顶尖技术通过中国本地企业运营的模式创新，另一方面也证明了混合云在国内大型企业的成功应用，为传统的媒体运作注入了新的活力。

以云动力贡献中国行业用户、企业和区域经济发展，是微软长期的服务愿景。2014年3月，云和软件成为Windows Azure在中国首家“区域性首选合作伙伴”。云和软件是河南省IT行业的领军企业之一，在Windows Azure落地中国之初，抢先成为中国首家“区域性首选合作伙伴”，面向行业用户和企业用户提供完整的云计算解决方案，通过在重点行业应用方向上实施一批不同层次和功能的云计算应用工程，构建基于云的全新商业和服务模式。目前，云和软件已经推出了云和政务、智慧医疗、金融云、智慧旅游、招商云等具有针对性的业务应用，以及云和营销宝、云和全网营销系统等服务平台。今后云和软件将进一步得到微软中国云服务孵化中心的技术支持，微软还将有针对性地提供开发基金、营销基金等项目支持，更深入地助力企业用户、行业用户进行创新与运营。从第一个将国际品质的公有云服务带到中国的跨国企业，到签约国内首家“区域性首选合作伙伴”，微软展现出了深入了解中国企业、市场和企业实际业务需求的认知力，以及真正脚踏实地的行动力。

作为全球首个成功将公有云服务引入中国的跨国公司，微软秉承着“First to the market，best to the market（最先进入市场，最佳服务市场）”的信条，正扮演着“云先锋”的角色，凭借与世纪互联坚实的合作基础以及Windows Azure强劲的发展势头，微软让世界级的云服务真正走入中国，为所有客户交出了一份满意的答卷，完成了从落地到起飞的过程。

由于云服务的大平台特性，微软未来云生态系统的搭建还将进一步依赖技术平台本身的延伸。如Windows Azure会在提供大部分的全球通用功能之外，微软也将会把一部分本地化开发留给本土合作伙伴，大家共同建设。这也是微软战略转型的核心任务之一，即微软的“云-端”转型将告别纯软件开发商的身份，与合作伙伴、合作伙伴社区以及整个产业的携手努力，努力建立一个优化、互联的生态系统，致力于建设中国云计算市场及整个生态圈健康、快速、可持续发展的美好未来。

“在全球云计算群雄并起的时刻，微软公司扮演了重要角色，”中国电子学会理事长、陕西省省长娄勤俭表示，“衷心希望包括微软公司在内的业界各方共同努力，继续促进云计算在中国的发展，推动中国信息化与工业化的进一步融合，为我国调整经济结构、转变发展方式作出更大贡献。”

立足云体系战略联盟，推进本地云计算

面对云计算大潮迅速兴起的迫切需求，准备迎接信息产业即将到来的第三次辉煌，中国云体系产业创新战略联盟（China Cloud OS Pioneer Strategic Alliance）于2013年11月13日在北京人民大会堂宣告成立。

中国云联盟依托中国产学研合作促进会，由清华大学、北京大学、上海交通大学、中国科技大学、同济大学等国内著名科研院校，国家信息中心、中国电子信息产业发展研究院、中国电子学会、工业和信息化部国际经济技术合作中心、中国世界贸易组织（WTO）研究会、中国互联网络信息中心、中华职业教育社、中国国际经济技术合作促进会、中国战略与管理研究会、中国计算机用户协会等国家部委直属机构和行业协会，以及微软公司等知名企业联合发起。

经联合发起单位共同推举，第十届、十一届全国政协副主席、全国工商联名誉主席黄孟复担任中国云联盟名誉理事长；清华大学信息学院院长、国家自然科学基金委员会原副主任孙家广院士担任联盟理事长；国家信息中心常务副主任杜平、中国WTO研究会常务副会长陈鹏、工业和信息化部国际经济技术合作中心主任龚晓峰、中国电子学会副理事长刘汝林、中华职业教育社总干事陈广庆、微软云和企业事业部总经理严治庆、中国信息协会信息安全专委会常务副主任吴亚非、同济大学副校长蒋昌俊、北京大学信息技术创新研究院院长姜玉祥、中国电子信息产业发展研究院副院长黄子河、中国互联网络信息中心执行主任李晓东等担任联盟副理事长；微软云计算顾问兼中国区总监沈寓实担任联盟秘书长。

应联盟理事会集体邀请，国家信息化专家咨询委员会常务副主任周宏仁、中国互联网协会理事长邬贺铨院士、国土资源部原副部长张登义、国务院参事石定寰、国资委监事会原主席翟立功、中国教育学会理事长钟秉林、中国国际经济技术合作促进会理事长郑树山、中国警察协会副主席李润森、微软全球资深副总裁张亚勤、原中国中文信息学会理事长倪光南院士、中国电子信息产业发展研究院院长罗文、中国电子企业协会会长董云庭、中国互联网协会副理事长高新民、中国计算机用户协会名誉理事长陈正清等担任联盟顾问委员会委员；国家自然科学基金委员会数理学部主任解思深院士、湖南省第八届政协副主席蔡自兴、湖北省第十届政协副主席仇小乐、中国科学技术大学副校长潘建伟院士、中国防伪技术协会理事长沈志工、国家信息中心专家委员会副主

任宁家骏、清华大学计算机与技术系主任吴建平、中国计算机学会理事长郑纬民等担任联盟专家委员会委员。

中国云体系联盟认为：所谓“云体系”包括了云平台、云网络、云终端、云服务和云安全五大主题，当前信息产业正经历着全局性的融合和变革，其归宿就是这个“云体系”。中国云体系联盟的成立，旨在打造一个有国际影响力的，跨部门、跨领域，跨学科、跨行业的全国公益性综合平台，整合政、产、学、研、训、商、资等各类社会资源，全方位推进国内外的交流与合作，多角度拓展自主创新和协同发展的战略空间，以云体系技术和产业创新为基础，通过虚实结合、上下结合和中外结合等手段，推动与促进中国云计算产业的自主创新和跨越发展，

作为中国云体系联盟的主要发起单位之一，微软公司对联盟的成立和发展高度重视，积极配合。云操作系统（Cloud OS）是由微软最先提出的系统性概念，并得到了全球IT领域的积极认可和响应。在中国云体系联盟中， Cloud OS的含义进一步扩展到了以云平台、云网络、云终端、云服务和云安全为主题的更广阔的“云体系”之中，并得到了国家权威机构、著名科研院校、以及大型企业集团的广泛认同。中国云体系产业创新战略联盟的成立，也为微软提供了更宽广的舞台，以中国云体系联盟为平台，微软将在中国云计算领域的未来发展中继续扮演重要的角色，肩负起行业先进企业的使命，为云计算的发展提供更多技术、产品、体系、理念、创新的全方位支持，助力中国云计算产业的创新发展。

正如微软全球资深副总裁、大中华区董事长贺乐赋（Ralph Haupter）在联盟成立大会致辞中表示的：“Cloud OS（云操作系统）是微软公司最先提出的系统性概念。微软高度关注云平台体系在中国的发展与未来。这次有幸成为中国云体系联盟的联合发起和首批成员单位，我们将为联盟未来发展切实贡献力量，带来国际先进理念、技术和经验，与国内外志同道合的伙伴一道，促进与推动中国云计算产业的创新与发展。”

中国云体系联盟名誉理事长黄孟复主席为即将再版的《云计算360度—微软专家纵论产业变革》一书题写序言，对微软公司为中国云产业发展做出的贡献高度认可，并表示：“以云计算、绿色经济为特征的新技术革命正在到来，我们应该有更加强烈的紧迫感和责任意识，全力以赴，力争抓住这一重大历史机遇！愿我们乘着打造中国经济升级版的春风，直挂云帆济沧海，开辟出中国信息技术产业改革创新、政产学研用互动发展的新道路！”

上海众人网络安全技术有限公司

【案例一】
网上银行身份认证案例—中国民生银行

合作背景：

中国民生银行目前网银业务正在如火如荼的展开，为了能使民生银行网银事业更好的发展，满足当前数百万用户的身份认证需求，民生银行选用了一种更好的身份认证方式来保障数百万网民用户的信息安全—动态密码。在网银改造之前中国民生银行网银系统采用的是原始的账户名+静态密码的认证方式，给网上交易用户带来了极大的安全威胁，并因此影响了网银事业部门的发展。为破除这种市场发展的障碍，改造目前的网银系统，选用一种强身份认证系统被提上日程。

客户需求：

为了能使民生银行网银事业更好的发展，满足当前数百万用户的身份认证需求，加强对账户的身份认证保护，提出以下需求：

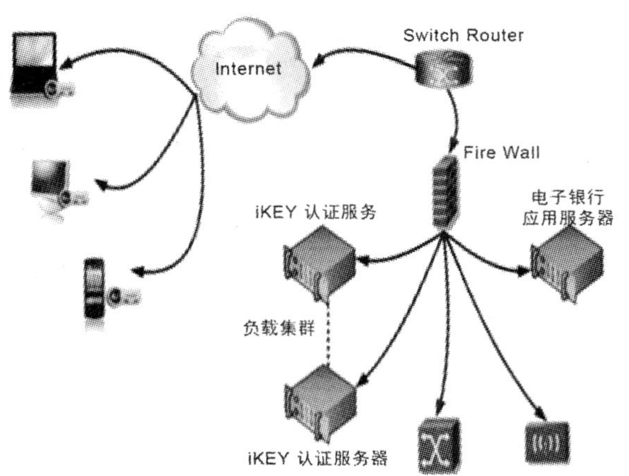

- 满足高强度的身份认证，认证手段安全可靠；
- 满足多种认证方式，支持各种情况下使用；
- 满足便捷性使用的要求，给用户带来良好的使用体验；
- 系统成熟可靠稳定。

方案描述：

随着银行业务的不断发展，网上银行及自助银行成了银行业务发展的主流趋势，账户的安全保障刻不容缓，而面对多层次的用户结构，安全产品的简单易用成为了推广使用的重要条件。众人科技身份认证系统为用户的账号提供全面的保护。通过动态密码，可以有效防止盗号木马攻击；通过主机认证，可以有效防止网络钓鱼；通过签名动态密码，可以有效保护用户交易的真实性和安全性，防止中间人攻击。充分满足目前电子银行的认证需求，有效保证了用户的身份安全。

众人科技iKEY双因素身份认证系统支持多种动态密码认证终端，包括多个型号的硬件密码令牌、软件令牌、手机令牌、SIM令牌和短信令牌等。可为用户提供各种使用环境的安全终端产品。众人科技提供多种接口调用，包括Socket、Radius、Web Service、LDAP、TACAS+ 方式等，可提供Jar包、动态链接库等形式。众人科技开发接口与应用系统的集成开发简单方便，在实际的应用案例中，往往2天内即可完成。

客户介绍：

中国民生银行于1996年1月12日在北京正式成立，是中国首家主要由非公有制企业入股的全国性股份制商业银行，同时又是严格按照《公司法》和《商业银行法》建立的规范的股份制金融企业。截至2010年12月31日，中国民生银行资产总额18,237.37亿元，存款总额14,169.39亿元，贷款和垫款总额10,575.71亿元，实现净利润175.81亿元，不良贷款率0.69%，保持国内领先水平。

【案例二】
央企身份认证案例—中国石化

合作背景：

随着国内宽带接入业务的发展，利用宽带接入网络和互联网平台实现企业信息化已成为当前大多数企业信息化过程中对网络接入方式的最佳选择，而中国石化就是采用的网络电子办公。但是，在Internet上实现企业信息化面临着企业信息安全的问题。作为具有前瞻的中国石化企业内部的信息技术人员充分意识到身份认证在整个系统中的重要性。为此他们做了内网改造工作的充分调研、测试与技术分析工作，致力寻找一种最佳解决方案。

客户需求：

中国石化网络电子办公在企业中应用非常普遍，凸显出计算机信息安全的重要性，原有信息安全的建设，是从防病毒、防火墙、入侵监测等多个方面构筑信息系统的安全防御体系。在安全体系的建设过程中，企业内部的信息技术人员就加强企业内部资料的安全性和各应用系统，服务器设备登录时的身份认证安全，作了大量的调研、测试与技术分析，决定采用双因素身份认证技术来解决其内网安全身份认证的需求。

方案描述：

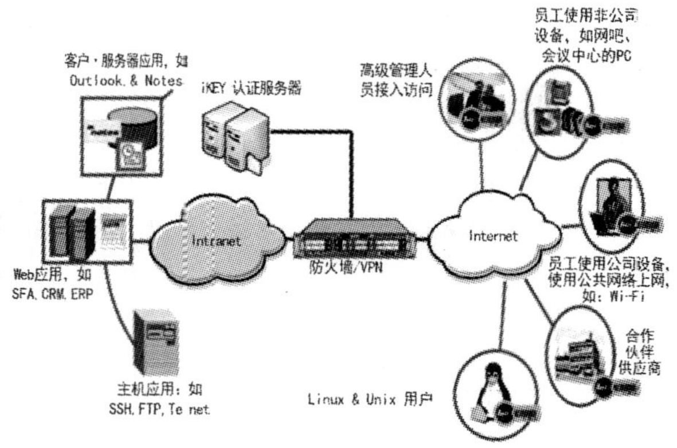

众人科技iKEY身份认证系统采用了多项先进技术，充分满足了中国石化各方面的要求；采用双机主备的策略，提高了认证并发次数，实现了海量登录需求；以及先进的管理和监控功能，并支持审计需求，对于用户登录或登录后的各种行为进行监控，均可提供日志查询。根据企业内部应用多样、异构的特点而提供的一套全面、灵活的动态密码认证解决方案。采用众人科技身份认证软件企业版可以为企业内部的多个应用提供统一的动态密码认证，同样一个令牌可以应用于多个内部应用的用户认证。同时系统支持各种形式的动态密码终端，包括硬件令牌、手机令牌、短信密码等，用户可以自由选择采用何种动态密码终端。众人科技为中国石化提供的iKEY身份认证系统，解决了除病毒和攻击之外的其他网络安全问题。

客户介绍：

中国石油化工集团公司是于1998年7月，国家在原中国石油化工总公司基础上重组成立的特大型石油石化企业集团，是国家独资设立的国有公司、国家授权投资的机构和国家控股公司。中国石化集团公司注册资本1820亿元，总部设在北京。中国石化集团公司对其全资企业、控股企业、参股企业的有关国有资产行使资产受益、重大决策和选择管理者等出资人的权力，对国有资产依法进行经营、管理和监督，并相应承担保值增值责任。截至2010年员工数已达到六万五千余人。中国石化的经营宗旨是全面贯彻落实科学发展观，继续秉承竞争、开放的经营理念，扩大资源、拓展市场、降本增效、严谨投资的发展战略，公司利润最大化和股东回报最大化的经营宗旨，外部市场化、内部紧密化的经营机制，规范、严谨、诚信的经营准则，努力把中国石化建设成为主业突出、资产优良、技术创新、管理科学、财务严谨、具有较强国际竞争力的跨国公司。

中国长江三峡集团公司

成功实施战略转型，建设清洁能源集团

中国长江三峡集团公司（原名“中国长江三峡工程开发总公司”）于1993年9月27日正式成立，是国家实行计划单列的特大型国有企业，全面负责三峡工程的资金筹集、工程建设及投产后的经营管理，并获得国家授权滚动开发长江上游的水力资源。中国三峡集团成立以来，紧紧围绕国家赋予的“建设三峡，开发长江”的使命，精心组织三峡工程建设，提前完成了三峡水利枢纽主体工程建设任务。

在三峡工程成功转入初期运行阶段后，中国三峡集团开展业务模式、管理体制和运营机制创新，成功实现了由水电开发企业向清洁能源集团的战略转型，三峡工程建设运营和公司经营管理取得显著成绩，各项经营指标均实现了快速增长。

一、应对内外挑战，实施战略转型

随着三峡主体工程的建成投产、企业所处的环境以及自身条件的变化，原有的单一水电建设、开发和运营的模式已经不能很好地适应公司的发展，为应对新的挑战，中国三峡集团实施了以建设国际一流的大型清洁能源集团为目标的战略转型工作，采取了以下主要做法：

（一） 调整企业愿景与战略目标，明确战略转型方向

中国三峡集团从2004年启动发展战略研究，并从加快水电主业发展、风电业务开拓、核心竞争力培养、组织结构调整、考核体系建立、人力资源开发等方面积极推进战略转型升级。中国三峡集团的战略定位明确为以大型水电开发和运营为主的清洁能源集团；发展思路是以“建设三峡，开发长江”为使命，以大型水电开发与运营为核心业务，积极开发风电等其它清洁能源；发展目标是为社会提供清洁能源、与生态环境和谐统一、在发挥长江流域综合效益中起主导作用的国际一流的大型清洁能源集团。通过明确企业愿景与战略目标，为战略转型指明方向。

（二）明确战略转型路径，拓展业务范围

在国资委的指导下，中国三峡集团在“建设三峡，开发长江”的实践中，由从事单个工程项目建设向流域梯级滚动开发的多项目转变，“建设三峡”仅仅是集团发展的第一步，滚动开发金沙江下游水电资源就是集团继续“开发长江”、实现持续发展的重要内容；推行“建管结合，无缝交接”，由以工程建设为主向工程建设、电力生产运营、枢纽运行管理并举转变；积极推进风电、太阳能、核电、抽水蓄能等清洁能源开发，由单一的水电业务向综合性清洁能源发展；转变企业经营模式，由单纯的生产经营向生产经营和资本运营相结合转变；由主要发展国内业务到国内业务和海外业务并举转变。

（三）不断培育和强化企业核心竞争力，提供战略转型的能力支持

中国三峡集团注重培育和形成了水电工程建设的四大核心竞争力，即“建设和管理大型水电工程能力、大型水电工程融资和资本运作能力、大型水电生产运营和市场营销能力、梯级水利枢纽统一联合调度能力”，在国际水电开发领域形成了三峡品牌。2008年，中国三峡集团被国家科技部、国务院国资委和全国总工会确定为中央企业首批“创新型企业”。

（四）全面构建集团化管控体系，建立适应战略转型的组织架构

为适应企业发展需要，集团重点加强了以多项目为基础的建设开发管理体系和以产权为基础的母子公司管控体系建设，构建决策高效、有效制衡、运转协调、执行有力的集团化管理架构，实现资本经营与业务经营相结合的混合型集团公司体制。通过对组织结构、管理模式的相应调整，建立健全了企业集团管理的相关管理制度，实现了由单个工程建设管理公司到企业集团的转变。

（五）整合内部资源，提高配置效率

为促进企业做强做优，提高资源配置效率，中国三峡集团加大了重组力度，一是大力开展对被重组企业的整合，使主营业务技术、市场、人才等资源有效集中，构建合理的产业链和价值链，充分发挥重组协同效应；二是实施主营业务整体上市，深化体制机制改革和创新，优化集团资产结构和业务结构，持续把优良主业资产注入上市公司。

（六）实施战略导向的人力资源管理，重塑企业文化

随着战略转型实施，中国三峡集团既面临人才总量短缺，也面临人才结构性短缺，尤其是适应新业务发展的人才结构面临严峻挑战，迫切需要培养和补充各方面专业人才。过去适应工程建设特点的业绩考核和薪酬结构，也会制约新业务的发展。为适应战略转型对人力资源的需要，集团采取了以下措

施：一是以战略为导向，制订人力资源规划。二是建立分类、分层的人力资源管理体系。三是积极拓宽人才来源，稳步实施结构调整。四是以人为本，逐步建立市场化、有竞争力的薪酬体系，促进员工与公司共同成长。

（七）拓宽融资渠道，为业务发展提供资金保障

随着战略转型的深入，金沙江下游水电开发进入高峰，新能源和国际业务全面展开，对公司的融资能力提出更高的要求。集团针对财务状况的特点采取了以下融资策略：一是总结公司战略转型前的融资工作经验，大力挖掘传统融资工具优势。二是完成了中国三峡集团主营业务整体上市工作，以“股权融资-机组出售”为纽带实现中国三峡集团融资与长江电力业绩增长的协同发展。三是积极开展短期融资券、资产证券化、境外发债、基金等创新融资品种的研究和尝试，优化公司融资结构，降低融资成本。

二、通过战略引领，实现跨越发展

（一）三峡工程综合效益开始全面发挥

中国三峡集团坚持统筹防洪、抗旱、供水、航运、生态、泥沙、发电七大调度，全面发挥三峡工程综合功能。三峡工程的基本建成，显著增强了长江中下游防洪能力，长江中下游防洪体系初步形成，荆江河段的防洪标准由以前的不到十年一遇提高到百年一遇。三峡工程严格执行国家防总、长江防总调度指令，精确预报，科学调度，2012年经受建库以来71200 立方米/秒的最大洪峰考验，最大削峰28200 立方米/秒，汛期累计拦蓄洪水228 亿立方米，确保了长江安澜。枯水季节累计为长江中下游补水215 亿立方米，有效缓解中下游生活、生产、生态用水紧张局面。积极开展生态调度试验，促进四大家鱼自然繁殖。三峡航道由3级提升为1级，运输成本降低约三分之一，年过闸货运量突破1亿吨，上行单向货运量提前达到2030年设计目标，有力地促进了长江航运业繁荣和中西部经济发展。2012年三峡电站全年发电981 亿千瓦时，创投产以来最高纪录。坝区生态环境进一步改善，三峡工程被评为“国家水土保持生态文明工程”。三峡旅游服务质量和管理水平不断提高，黄金周接待能力进一步增强，大坝景区全年接待游客180 万人次。

（二）金沙江下游水电梯级滚动开发有序展开

金沙江位于长江上游，是世界上少有的水能富集的河流，其下游共规划有溪洛渡、向家坝、乌东德、白鹤滩四个梯级水电站工程，四个电站总装机容量4646万千瓦，年发电量约1900亿千瓦时，是国家“西电东送”骨干电源，属于国家能源发展规划“十二五”和“十三五”期间水电重点开发任务。2002年，中国三峡集团获得了金沙江下游四个大型电站的开发权，规模相当于两个三峡工程，四个电站建成后，中国三峡集团将拥有世界前十大水电站中的五个。四个电站发电后，每年将为国家节约标准煤约7000万吨，减少二氧化碳排放约17000万吨，减少二氧化硫排放约80万吨，减少烟尘排放约25万吨。

溪洛渡水电站装机1386万千瓦，2005年底正式开工，2007年实现截流，计划2013年实现首批机组发电，2015年基本完成建设；向家坝水电站装机640万千瓦，2006年正式开工，2008年底实现截流，2012年首批机组已经发电，2014年除通航建筑物外枢纽工程完工。乌东德水电站和白鹤滩水电站设计装机分别为1020万千瓦和1600万千瓦，已于2010年获得国家发改委全面开展前期工作的正式批复，四川、云南两省下达封库令，目前正稳步推进前期工作，计划“十二五”开工建设，“十三五”投产发电。

（三）新能源业务稳步拓展

中国三峡新能源公司是中国三峡集团新能源业务的实施主体。风电是中国三峡集团的第二主业。面对国内风电核准难、上网难、结算难、弃风严重等严峻形势，中国三峡集团积极开拓市场，截止2012年底，累计风电装机134万千瓦。在积极发展风电的同时，中国三峡集团加快太阳能发电项目的开发，2012年新开工太阳能22万千瓦，建成投产太阳能2万千瓦。“十二五”期间，中国三峡集团将按照“灵活、精细、创新”的原则优化新能源发展布局，协调三北地区和南方地区的发展节奏，实现业务规模和效益同步增长。多种方式并举获取资源，落实中长期发展储备。通过科技创新和标准管理提升竞争力，充分发挥产业链协同效应，力争2020年风电等新能源装机达到2000万千瓦。

装机120万千瓦的内蒙呼和浩特抽水蓄能电站项目计划于2014年投产发电，工程建成后投入蒙西电网运行。

（四）海外业务实现跨越式发展

中国三峡集团在开展国内业务的同时积极贯彻国家“走出去”战略，依托三峡工程建设所树立的“三峡品牌”，充分利用投资、建设、运营、咨询等专业化集成能力优势，规划和拓展国际业务，立足全球配置资本、人才、技术、市场等资源，以差异化竞争策略树立国际竞争优势。

中国三峡集团根据国际化战略部署，组建中水电国际公司，初步搭建国际业务平台。积极拓展海外市场，全面加快国际业务布局，掌握、跟踪一批项目资源。

国际承包业务克服全球金融危机影响，继续保持较好业绩，2012年实现营业收入81.9 亿元，同比增长1.8%；新签国际承包合同总额93.2 亿元，超过年度计划43%；市场遍布30多个国家和地区。

国际投资业务实现快速发展。2010年8月，中国三峡集团第一个海外BOOT投资项目老挝南立1-2水电站提前投产发电；2012年收购葡萄牙电力公司21.35%股权，成为其第一大股东；第一个海外风电建设项目——巴基斯坦卡拉奇风电项目开工建设。

中国有色集团跨国投资典型案例

中国有色集团是我国有色金属行业最早“走出去”的企业，拥有各级境外企业77家，业务遍布80多个国家和地区，涉及40余个有色金属品种。依托著有成效的国际化战略，中国有色集团拉动了整体业务的跨越发展，2012年营业收入突破1523亿元，实现了历史性跨越。目前，中国有色集团正在全力打造具有国际竞争力的世界一流矿业集团”。

一、赞比亚典型案例描述

赞比亚是世界第四大产铜国和第二大产钴国。中国有色集团上世纪末成功进入赞比亚。谦比希铜矿是第一个成功的项目。该矿原属赞比亚国家联合铜矿公司，1987年停产，1996年赞比亚政府对该矿进行全球招标，中国有色集团在众多投标者中脱颖而出，以2000万美元中标。2003年复产后，谦比希铜矿主矿体在2008年收回了全部投资，加上新开发的西矿体和东南矿体，谦比希铜矿将年产铜精矿含铜10万吨，提供就业岗位近1万个，被称为“中非合作的标志性项目”。

谦比希铜矿是我国在境外建成的第一座也是迄今为止最大的一座有色金属矿山，能够辐射至整个中南部非洲，起到了桥头堡作用。2009年国际金融危机之际，中国有色集团接管了被关闭近半年的赞比亚卢安夏铜矿，不到半年时间，就使停产的铜矿重新运转，解决了2500余名赞籍员工的就业问题，促进了当地社会经济的恢复和发展。中国有色集团的敬业精神、负责任的态度和高效的工作，感动了当地政府和人民，被称为“中赞全天候友谊最好的践行者”。

目前，中国有色集团在赞比亚的产业链涵盖地勘、采选、冶炼、物流贸易、建筑工程等业务，累计投资超过20亿美元，纳税超过1.1亿美元，投入基础设施建设超过1.4亿美元，成为赞比亚最大的中资企业。其中，赞比亚中国经济贸易合作区是我国在非洲设立的第一个境外经贸合作区，也是赞比亚第一个多功能经济区。谦比希25万吨铜冶炼厂是我国在境外投资最大的铜冶炼项目。“十二五”时期，中国有色集团还将建设赞比亚中国经济贸易合作区、谦比希铜矿东南矿体开发项目等重大项目，在中南部非洲建成年产铜50万吨、钴5000吨的大型铜钴原料生产基地。

中国有色集团在赞比亚注重环境保护和节能减排，致力于建设“碧水蓝天下的绿色企业”，主动投身赞比亚公益事业。在赞比亚建立了非洲大陆上唯一由中国人自主投资经营的医院—中赞友谊医院，2011年4月中国有色集团出资110万元在此实施了“光明行”活动，为赞比亚109位白内障患者施行了复明手术。作为赞比亚中华商会会长单位，中国有色集团经常组织中资企业举办慈善活动，赞助赞比亚全国性体育赛事；向“非洲第一夫人防治艾滋病组织”、国家抗疟疾计划、中小学校、抗洪救灾以及妇女儿童救助会等捐赠资金和物资；为当地社区和酋长部落捐建道路、围墙、公共候车厅、自由市场等公用设施，还发布了中国企业在赞比亚的首个社会责任报告。2010年，中国有色集团以票选第一的成绩被中非人民友好协会评为“感动非洲的十大中国企业”。

二、体会和启示

中国有色集团在境外的投资发展，对中国企业国际化经营具有典型的借鉴意义。总结起来有以下体会和启示：

第一，“走出去”，必须抓住领导班子这个关键。

境外企业远离祖国和集团总部，独立性强，需要应对的情况更复杂，对企业负责人基本素质的要求要明显高于国内。不但需要精通本领域的业务，还必须有丰富的境外工作经验，熟悉资本运营，能够熟练应用英语或其他国际通用语言。所以，“走出去”的首要先决条件是选好企业负责人。

第二，“走出去”，必须培育优秀忠诚的人才队伍。

“走出去”的企业必须培养一批懂经营、会外语、熟悉国际惯例的复合型管理人才，打造核心竞争力。还要充分考虑到中方员工长年在境外工作的实际情况，解决员工生产生活中的实际问题，稳定和凝聚员工队伍。

第三，“走出去”，必须注重文化融合。

发展致胜，文化致远。“走出去”涉及多国家、多地区的风俗文化、宗教信仰、人文政治等诸多文化要素，构建一个多元化、包容并蓄的优秀文化体系，是避免企业在境外“水土不服”，确保企业“走上去”的重要基石。

第四，“走出去”，必须积极履行社会责任。

境外企业也是当地社会的重要组成部分，积极履行企业社会责任，既是企业应当履行的义务，也是企业在海外实现持续发展的内在要求，有利于帮助企业赢得项目所在国的充分认可和大力支持，为长远发展奠定坚实基础。中国企业不仅要“走出去”，更要“融进去”，才能“走得好”、“走得稳”。

第五，“走出去”，必须提高突发事件处置能力。

中国企业“走出去”多数处在不发达国家，会遇到政局变化、工人罢工、自然灾害等各种突发事件的影响，必须快速反应、有效应对。中国有色集团在境外多年来的稳定发展、持续发展，就得益于具备了较强的突发事件处置能力。

有效应对突发事件，必须建立境外风险管理应急处置的常态机制，成立专门的突发事件处置机构，制定突发事件综合应急预案，明确处置程序，快速做出反应。境外企业遇有突发事件要及时启动预案，并与总部保持信息畅通，在第一时间与我驻外机构、当地政府、工会等取得联系，多方配合，妥善处置，确保境外国有资产的保值增值。

根植三农 精耕细作 服务首都倾情尽力

北京农商银行是国务院首家批准组建的省级股份制农村商业银行。2005年改制成立，历经8年的锐意进取，深化改革，持续创新，总资产规模突破4600亿元，经营业绩屡创新高，服务首都经济与民生需求日臻完善，实现了规模、质量、效益、服务的协调发展。

截至2013年9月末，北京农商银行资产规模、存款余额和贷款余额分别达到4602.02亿元、3892.17亿元和2304.85亿元，分别是改制初期的3.5、3.6和4.2倍，初步探索出了在首都城乡一体化建设中，为服务首都经济、做好民生服务而倾心尽力，实现自我突破的锐意进取之路。

始终坚持立足三农 持续深化金融支持

农业、农村和农民是国家改革发展全局的重中之重，农村金融是推动“三农”发展的重要力量。北京农商银行始终坚持“立足首都、服务三农、服务企业、服务百姓”的市场定位，主动把服务“三农”放在最突出位置，充分发挥首都金融支农主力军作用，紧密契合都市型现代农业的金融需求，全面构建产品丰富、服务高效、安全稳健、便民贴心的新型支农服务体系。深入开展涉农产品、运作模式、营销体制的创新，着力打造具有特色“农”字品牌，为农户和涉农企业提供综合化、特色化金融服务。

从2009年至今，北京农商银行累计发放涉农贷款近1500亿元。2013年1–9月，北京农商银行已投放涉农贷款329.32亿元，9月末涉农贷款余额为566.14亿元，较年初增加62.21亿元，涉农贷款余额占全市总量的四分之一。不断加大对大型涉农企业及上下游中小企业的金融支持力度，与京粮集团、首农集团、顺鑫农业、新希望等涉农龙头企业签署合作协议，推进首都农业产业化发展；同时积极推进涉农产品体系建设，为京郊农户量身打造“新农家”农户贷款体系，创新推出板栗收购贷、兴市惠农农户贷、凤凰乡村游商户贷等“特色农贷”产品，助推地区特色农业发展。

近年来，北京农商银行分别荣获了国务院授予的“全国新型农村和城镇居民社会养老保险工作先进单位”荣誉称号，荣获人行营业管理部授予的“信贷支持三农先进单位”和北京市银监局授予的“北京地区三农金融服务先进单位”等荣誉称号。

创新服务新型城镇化 积极融入主流经济

作为一家市属国有银行和地方法人银行，北京农商银行深入研究银行经营发展与首都经济转型升级的契合点，充分发挥自身的资金、产品、渠道等优势，不断优化资源配置，利用新思维、新流程、新技术、新产品加强改进服务，加快推进面向实体经济的金融创新，促进首都经济可持续发展，实现银企和谐共赢。

近几年来，北京农商银行紧紧围绕首

都新型城镇化，不断加强制度建设、流程再造和产品创新，积极融入区域主流经济，强化对北京市重点发展行业、重点民生项目的金融支持力度，有效跟进南水北调、轨道交通、市政路桥项目、保障房建设、棚户区改造、基础设施建设等资金需求，主动服务首都产业升级和结构调整。创新推出保障性农民回迁安置房贷款产品、棚户区改造贷款产品等特色产品，在市场资金偏紧的情况下坚持优先满足和支持廉租房、公租房、棚户区改造等民生建设项目融资需求。北京农商银行为丰台、朝阳、顺义、昌平等4个区县的10个重点村改造项目提供126.6亿元授信支持，支持项目数量接近重点村改造总量的四分之一，连续两年被北京市委、市政府评为“北京市城乡结合部重点村建设先进单位”；支持大兴、海淀、通州、怀柔等区县的农民保障性安置房项目7个，累计授信额度近60亿元；参与南水北调来水调入密云水库调蓄工程项目银团贷款，提供12.5亿元信贷支持；与西城、海淀、石景山区政府建立业务联系，拟提供超过60亿元的棚户区改造贷款。

在密云县石城镇活动现场，我行员工耐心细致地向农民朋友讲解识别假货币的要点

发力小微企业金融　有效服务实体经济

北京农商银行积极探索有效的中小微信贷运行新模式，尝试多渠道创新中小微企业信贷产品创新，全力推动中小微企业金融服务提升。选择小微企业聚集区域的三家支行开展授权范围内小微信贷自行审批试点工作，积极探索有效的小微企业信贷运行新模式；通过银企对接、综合授信等形式，积极搭建中小企业融资服务平台，加强对中关村产业园区的信贷支持，并成为北京市东城区中小企业服务中心主推的三家业务办理银行之一；相继推出“联东U谷小微贷”、“中关村科贷通”、“茶商个人房产抵押经营循环贷款”、“金凤凰掌上交易宝”等特色服务产品受到社会好评，切实解决小微企业贷款难、结算难、发展难问题；推动“全国棉花交易市场网络融资贷”等创新产品研发，探索构建中小微企业金融服务产品体系。截至2013年9月末，北京农商银行的小微企业贷款余额279.33亿元，较年初增加81.42亿元，增速41.14%，高于全行平均贷款增速27.64个百分点，顺利完成小微企业贷款增量、增速“两个不低于”监管要求。

持续改善支付环境　繁荣城乡金融创新

北京地区具有鲜明的“大城市、小农村”特征，这种二元结构导致城乡金融服务存在着较大的差距。随着城乡一体化建设步伐加快，首都产业和人口逐步向郊区转移，城乡之间的资金流动更加密切，城乡互动对银行综合服务的要求在不断提高。

北京农商银行高度重视并密切跟进首都城乡统筹发展过程中的配套金融衔接和基础建设，并通过优化物理网点布局、加强电子渠道建设，持续改善农村地区金融服务环境。北京农商银行现有营业网点694家，占全市银行网点总数的20%以上，是北京市唯一一家营业网点全面覆盖16个区县、182个乡镇的商业银行，在其中的36个乡镇是唯一的银行网点。创新开通“乡村便利店”76家、“乡村自助店”11家，在怀柔、门头沟、大兴地区设立“助农取款服务点”276个，实现3个地区基本金融全覆盖。在大兴区瀛海镇设立了全市首家提供错峰延时服务的社区银行，为城乡居民、社区百姓提供更加便捷贴心的专属金融服务。连续举办七届“凤凰乡村游”活动，在郊区县的农家乐旅游接待户、农产品专卖店等安装POS机超过6000台，引领5200万人次市民通过乡村旅游刷卡消费97.4亿元；大力推广电话银行、手机银行等现代化金融渠道在农村地区的运用，为地区经济发展构建良好的金融基础设施环境。

“经济决定金融，金融服务经济”，只有服务于经济社会发展，金融才能呈现勃勃生机。北京农商银行取得良好的经营业绩，得益于首都经济的健康持续发展，更得益于北京市委、市政府及上级单位对金融业的重视和关心。今后为首都经济建设和百姓生活提供更有力的支持，既是北京农商银行应该承担的责任和使命，更是与经济社会共同进步、协同发展的内在要求。北京农商银行将以十八届三中全会的精神为指导，扎实推进“专业化经营、系统化管理、集约化控制”，着力打造特色现代商业银行，努力开创改革发展新局面，以优异的经营成果为首都经济发展和民生服务做出更大贡献！

中国金融认证中心（China Financial Certification Authority，简称CFCA）是经中国人民银行和国家信息安全管理机构批准成立的国家级权威安全认证机构，是国家重要的金融信息安全基础设施之一。在《中华人民共和国电子签名法》颁布后，CFCA成为首批获得电子认证服务许可的电子认证服务机构。历经十多年的发展，CFCA已成为国内具有一流水平的电子认证服务机构和信息安全综合解决方案提供商，旗下拥有全资子公司——中金支付有限公司及北京中金国信科技有限公司，服务范围广泛覆盖金融、电子商务以及电子政务各大领域。

CFCA拥有以电子认证为基础、以信息安全为核心的完善的产品和服务体系，涵盖电子认证整体解决方案（包括数字证书、服务端及客户端系列产品）、交易监控及反欺诈系统、信息安全评估检测服务、移动支付整体解决方案、金融IC卡整体解决方案及其它产品与服务等，已发展成为权威的电子认证服务机构、领先的信息安全服务专家。CFCA已自主研发出完全支持国产密码算法（SM2、SM3和SM4）的电子认证服务系统和系列产品，具备满足各种应用需求的实力。

CFCA全资子公司中金支付有限公司已获得中国人民银行颁发的支付服务许可证，主要面向公积金、税务、招投标、行业供应链、大宗商品交易市场等电子政务和企业电子商务领域提供支付服务，其安全支付平台是国家及电子商务系统重点建设项目，是国内唯一实现全程电子签名的支付平台。全资子公司北京中金国信科技有限公司主营商用密码产品，已通过国密局审查、获得商用密码产品生产定点单位资质，并已取得密钥管理系统、数字证书认证系统、签名验签服务器、智能密码钥匙、金融IC卡密钥管理系统、金融IC卡数据准备系统产品的密码产品型号证书。

CFCA在信息安全行业中具有巨大的品牌影响力。自2004年起，CFCA举办行业公益活动——“中国电子银行联合宣传年”，通过一系列形式向大众传播电子银行安全知识，并得到了中国人民银行、银监会以及公安部政府主管部门的大力支持，有效促进了电子银行整体行业的健康发展。由CFCA牵头、联合包括工农中建交邮储六大行在内近50家商业银行共同建立的互联网金融第一门户网站——“中国电子银行网”，是目前行业规模最大并极具影响力的社会化媒体平台。作为专业行业媒体，“中国电子银行网”除作为大众认识电子银行业的窗口和平台外，还开展网站广告及其它品牌增值服务。

未来，CFCA将继续为营造可信的网络环境、构建稳固的网络信任体系而不断努力！

保山中小企业信用担保中心

——服务中小企业及三农社会责任报告

云南保山中小企业信用担保中心成立于1997年8月，至今已走过16个年头，是云南省成立最早、专注于为民营中小企业、三农提供融资服务的民办非盈利性信用担保机构。业务范围由当初在区内开展（2005年11月30日经市人民政府重组）扩张到为保山市四县一区中小企业及三农企业提供非盈利性融资担保服务。多年来担保中心的性质始终界定为：以非盈利性、公益性、服务性为当地民营中小企业提供信用担保服务，重点支持对地方有财税贡献、安置就业有贡献、符合国家产业导向、面向三农的中小企业和下岗失业人员。故中心在保山市民政局登记为：民办非企业法人组织。2009年中心注册资本3800万元，截止2013年8月，中心靠自我积累已拥有净资产1.2亿元，拥有可用担保保证金为8319万元，合作银行由1家发展到7家，充足良好的资金确保了担保机构的良性运行，并以良好的信用赢得了合作银行的高度信任。

担保中心实行会员制的组织构架，为切实解决围绕中小企业融资难、贷款难的问题，故在融资担保贷款上，以信用担保为主，信用担保的比重占整个担保业务的90%，抵押、质押仅占10%—15%的比重，形成了信用担保为主、抵质押为辅的特色。多年来，会员企业的人数不断增多，在担保中心形成一批不断外延的优良客户群。担保中心在业务上不断创新，涉及的业务有信用担保、互保联保、商品交易中间环节担保（履约担保）、知识产权担保、固定资产担保、进出口贸易担保、会员企业融资担保、下岗失业人员创业统一贷款担保等，在信用担保上实行风险金制度，提高违约成本，提高抗风险能力。

中心在融资担保上始终保持了与时俱进、不断创新的精神，始终坚持与银行保持差异化和独立评审的经营策略，有力促进了中心业务范围的扩大，实力不断增强。1998年被云南省委、省政府推介为“保山模式”在全省推广；是全省纳入信用担保体系建设的重点单位之一；1999年被云南省政府评为“扶持个体私营经济先进单位”；2008年8月被省经济委员会、省中小企业局评为“中小企业服务示范机构”、2008年10月15日被云南省人民银行授信评定为A+级；2009年被评为AA级；2008年10月被中华全国工商业联合会授予“全国工商联系统先进单位”；2009年6月被云南省政府授予“云南省十佳非公企业服务机构”；2011年被省担保协会评为“持续发展先进单位”；2012年被评为全国担保行业“最佳社会贡献奖”单位；2013年被云南省财政厅列入重点培育百户融资性担保机构。2011年中心名称已列入国家工信部信息库；现在担保中心全员已通过国家教育部、人力资源部、工业和信息化部的职业资质考试获得了“高级信用担保与小额贷款项目管理师”执业资质。中心成立近十六年来，在各级党委、政府、市民政局、银行、市金融办、工商联的大力支持下，经过“中心担保人”的不懈努力，始终坚持争取政府扶持与会员缴纳风险金组成的担保特色，以互助担保为补充的民间性、互助性、非盈利性的为中小企业全心全意服务的特色并取得了显著成绩。从1997年成立起步时只有98万元资本金（其中政府投入20万元）开始发展到2012年底拥有资本金1.2亿元。十六年间为全市1137户（次）中小企业担保贷款1.4万笔，累计担保金额27.4亿元。义务为全市1.3万多户工商业户及下岗失业人员担保贷免扶补创业小额贷款4.8亿元，使一大批下岗失业人员重新创业获得了就业。十六年来中心担保业务中共为合作银行承担担保责任代偿18笔，承担银行贷款损失3000万元（含利息）。帮助银行短期代偿170笔，资金9600万元，银行与担保中心的合作风险率降为零，逾期违约率为零，担保中心为银行承担的风险高达120%。为支持中小企业的发展，担保中心采取低收费政策，以充分体现党和政府对中小企业的关怀、帮助。

保山中小企业信用担保中心在市、区党委、政府的领导下，为保山市中小企业融资担保特别是以创新思维支持“三农”上取得了实破性的成绩，在全省的担保行业中业绩突出。截至2013年10月30日，累计共为467户三农企业及53个合作社担保贷款14亿元（其中：咖啡担保贷款5.7亿元、林业、蔬菜、水果、冷库、养殖业担保贷款8.18亿元、烤烟种植担保贷款1190万元），2013年1—10月共担保贷款5.73亿元，其中为三农担保贷款2.9亿元。

担保中心在做好担保业务外，还积极主动担当社会责任，累计向地震、水灾、疫情、火灾地区及个人捐款捐物120万元；资助少数民族贫困学生及考上大学无力读书的贫困学生36万元；每年向敬老院、孤儿园开展春节慰问、捐资出版社会主义精神文明建设有影响力的图书11本，如：反映保山历史的文史资料十五集、十六集；反映滇西抗战的《天地正气　血肉丰碑》；反映滇缅抗战的文史资料《铁血丰碑》（上、下册），该书是目前反映滇缅抗战最真实、最具史料价值、最全面、最权威的史料文集；其次还有《保山传统饮食大收录》、《永昌食俗轶闻集锦》、《永昌古茶轶事》、《保山小粒咖啡》、《保山端阳花街》等有文化价值和历史价值的图书。

总结十六年的担保经验，我们在实践中切身感受到担保贷款的社会效益是不可估量的，它是中小微企业及三农企业发展的助推器和护花使者，是帮银行挡子弹的勇士和雷锋精神践行者，通过担保贷款取得了以下成效：

一、一大批成长期无抵押物或抵押物不符合银行贷款条件的中小微企业解决了融资难、贷款难，极大地降低了中小企业的“死亡率”提高了企业的“存活率”。中小企业的生存期超过10年。

二、为地方政府培育了税源，增加了地方财税收入。

三、通过担保贷款，支持了中小微企业及三农企业的发展，为地方政府解决就业压力，为社会安定、稳定做出了重要贡献。

四、提升了一大批民营中小微企业的信用等级使之成为了行业的骨干和银行的优良客户。

五、通过担保贷款支持，使一批有市场前景的中小企业快速成长为有规模、有效益的行业龙头企业和当地的纳税大户。中心对中小微企业及三农贷款担保支持27.4亿元，占整个担保贷款业务的100%。

六、通过会员间互助融资担保，解决了中小微企业紧急筹资的难题，发挥了担保平台融资救急的绿色通道作用。

七、培养了一批在国际市场上有竞争力、有创汇能力的企业。如：通过担保贷款的全力扶持，保山小粒咖啡产业已成为保山稳定的创汇产业。2009年-2013年为咖啡产业担保3.7亿元，出口创汇1.3亿元。

八、为林权改革服务，使丰富的林业成为可抵押资产，通过以林业作抵押，为中小企业担保贷款2.85亿元，创全省林权抵押之先。

九、大力支持三农企业，如为茶业、咖啡、柠檬、蔬菜、生猪、家禽养殖企业以及生物、食品加工的大额担保支持，使这些产业成为保山高原特色及农业产业发展的楷模。

十、担当社会责任，义务为下岗失业人员、再就业人员担保贷款4.8亿元，不但没有收取过一分担保费用，而且中心还承担了大量的费用。

在从事担保工作中，我们最切身的感悟是：树品牌，树形象，以社会道义和责任为已任是担保中心的立身之本和发展的基石。

担保中心从成立以来，以诚信与合作银行开展业务，使担保中心由一家银行发展到7家，这些合作银行都是长时间考察了中心的诚信和社会责任意识后，主动向上级银行申请与中心开展合作的，中心服务的客户端除始终坚持低收费原则外，更重要的是真心实意的帮助企业解决遇到的难题，把许多企业从生死线上拉回来重新走上了振兴之路。因此，中心的客户群越来越大，因为他们意识到在危难之际只有担保中心会向他们伸出援手，像这样的事例举不胜举。因而，保山中小企业信用担保中心以自己的践行在党委、政府和企业中树立起了良好的社会形象和影响力。

保山中小企业信用担保中心

二〇一三年十一月二十九日

金陵石化油品质量升级改造工程

常减压

催化

渣油

新区全貌

一、企业基本概况

金陵石化成立于1982年，位于江苏省南京市东北郊，主要从事石油炼制及石化产品的加工生产和销售，拥有炼油、芳烃、煤化工、热电、烷基苯等大型生产装置40余套，原油加工手段齐全，生产技术力量雄厚。2012年，油品质量升级改造工程建成投产后，公司原油综合加工能力达到1800万吨/年，产品质量大幅度提升，装置结构和产品结构显著优化，炼油生产向更环保、更有竞争力的发展方向迈出重要一步。目前成为国内最大的清洁汽油和航空煤油生产企业，也是世界第二、亚洲最大的洗涤剂原料生产基地。

二、油品质量升级改造项目建设情况

1．项目主要建设内容

金陵石化油品质量升级改造项目总投资约49亿元，是金陵石化有史以来单项投资最大的项目，主要建设内容包括：新建800万吨/年常减压蒸馏装置、180万吨/年渣油加氢处理装置、350万吨/年催化裂化装置、10万吨/年硫磺回收装置，MTBE装置扩能改造，以及系统配套改造。项目建成后，原油加工能力由1350万吨/年增加到1800万吨/年。

2．项目批复及建设情况

油品质量升级改造项目从2007年开始筹备，2009年初，中国石化向国家发改委上报项目申请报告和可行性研究报告。2009年7月，国家发改委以发改办产〔2009〕1529文委托江苏省发展改革委核准金陵分公司油品质量升级改造项目。2009年底，江苏省发展改革委以苏发改工业办〔2009〕1815号文核准了该项目。2010年，国家环保部以环审〔2010〕408号文批复了项目环评报告。随后，中国石化股份公司相继组织了项目可行性研究报告、总体设计文件和基础设计文件的审查批复。

2010年11月28日，开始桩基施工。2012年2月28日，常减压装置及系统配套子项目实现中间交接，并于3月29日生产出合格产品；4月30日，硫磺回收装置实现中间交接；6月20日，渣油加氢、催化装置实现中间交接；12月30日，MTBE装置实现中间交接。项目主体建设全面完成，并全部一次开车成功。

3．项目实施效果

（1）产品质量大幅度改善

项目建成后，金陵石化汽油质量全部由国III标准达到国IV标准，部分达到国V标准，柴油质量全面达到国III标准，提前完成国家汽柴油质量升级的任务，为南京市和江苏沿江八市提前实施汽油国IV标准奠定了基础，有效改善地区汽车尾气排放污染问题。

（2）改善环境质量，实现节能减排

金陵石化秉持“绿色低碳、清洁发展”理念，严格按照国家环保部对油品质量升级改造项目的环评批复要求，做好配套环保工程。投资近5亿元，实施了催化烟气脱硫脱硝、硫磺回收、装船油气回收、含盐废水治理以及热电锅炉烟气脱硫脱硝改造等环保项目，提高了区域大气和水体污染防控治理水平。通过加大环保投入，严格环保管理，有效降低了污染物的排放，2012年与2010年相比，在原油加工量上升的情况下，公司工业废水、COD、SO_2和氨氮排放量分别下降16.7%、12.9%、18.2%和50.5%。

金陵石化持续开展节能降耗工作，加大节能改造投资力度，在油品质量升级改造工程中采用了一系列先进节能技术和设备，能源利用效率大幅提高；在原油加工规模的增幅达33.3%的情况下，公司整体能耗提高幅度不大；按万元产值综合能耗计算，2013年预计为0.315吨标煤/万元，比2011年的0.350吨标煤/万元有较大幅度下降低。值得说明的是，在油品质量升级改造项目中，公司大力推广使用天然气等清洁能源，从而确保煤炭消耗量实现零增长。据统计，油品质量改造工程投产后，金陵石化的能耗水平和技术经济指标均达到我国炼油行业的先进水平，能源密度指数EII低于70，进入世界领先行列。

（3）改善装置和产品结构，提升竞争力和经济效益

项目有效改善了金陵石化公司的装置和产品结构，通过新建渣油加氢和催化裂化装置，更充分地利用了宝贵的原油资源，提高轻油收率，增加市场紧缺的、高附加值的、清洁的汽柴油产品，减少附加值低的重油、焦炭产品，保障了江苏地区清洁油品市场供应，提高了企业的经济效益。

2013年上半年，金陵石化整体净利润14.93亿元，其中炼油板块利润为10.87亿元，同比增加近21亿元。油品质量升级改造项目实施后，公司整体经济效益大幅度提升。

三、未来工作和发展方向

根据中国石化建设世界一流能源化工公司的目标要求和绿色低碳发展战略，金陵石化将在现有规模不变的基础上实施新一轮油品质量升级和结构调整，争取在2014年使汽柴油质量全面提升到国V标准，争取在2015年新建第二套渣油加氢装置，逐步淘汰延迟焦化装置，进一步改善装置结构和产品结构。同时承担国有企业的社会责任，加大环保和节能减排投入，为进一步改善区域环境质量做出应有的贡献。

中化泉州1200万吨/年炼油项目

杨大鹏 纪天宝

一、公司及项目简介

中化泉州石化有限公司系中国中化集团独资子公司，位于福建省泉州市泉惠石化工业园区，介于经济发达的福州和厦门之间，各级公路四通八达，经铁路可方便地通达江西、湖南、安徽等经济腹地，北接上海、江苏，南连广东、香港，东临台湾海峡，靠近国际主航道，区域位置和地理自然条件优越。

中化泉州石化有限公司以建设“国内领先，国际一流”现代化炼化企业为目标，当期建设的1200万吨/年炼油项目被列为国家“十二五”重点建设项目，计划2013年底建成投产。项目包括1200万吨/年常减压蒸馏、330万吨/年渣油加氢、260万吨/年蜡油加氢裂化、375万吨/年柴油液相加氢装置、200万吨/年连续重整、340万吨/年重油催化裂化、160万吨/年延迟焦化、20万吨/年聚丙烯、38万吨/年硫磺回收等19套先进炼油生产装置以及配套码头仓储设施，总投资约300亿元人民币，主要生产汽油、煤油、柴油、苯、甲苯、混合二甲苯、聚丙烯以及液化气、硫磺、化工轻油等产品。项目投产后，预计可实现年销售收入600亿元、税收120亿元，吨油净利润达到国内炼化行业先进水平。

中化泉州石化有限公司秉承中化集团“创造价值、追求卓越”的核心价值观，依托中化集团60多年从事石油业务积累的雄厚基础，以“成为具有国际竞争力的特大型炼化企业”为企业愿景，以致力打造“技术先进、资源节约、环境

2012年11月19日中国中化集团公司总裁刘德树（右）视察中化泉州石化1200万吨炼油项目施工现场

中国中化集团副总裁兼中化泉州石化总经理杜国盛（中）在1200万吨炼油项目现场

中化泉州石化1200万吨炼油项目主厂区效果图（正面）

2011年4月，福建省省长苏树林视察中化泉州石化1200万吨炼油项目

2013年3月6日泉州石化投入10万元购买鱼苗投放到湄洲湾海域

友好、可持续发展”的现代化大型炼化企业典范为使命，充分发挥中化集团勘探开发、石油国际贸易和石化仓储物流优势，不断优化石化产业链，做强做大中化集团能源板块，加快推进中化集团战略转型。

中化泉州石化有限公司1200万吨/年炼油项目的布局建设，符合国家产业政策、以及国家“十二五”规划。作为国家“十二五”规划重点建设项目之一，项目建成投产后，对调整、完善国家能源产业布局，增强区域发展后劲具有重大意义，能够有效带动福建省及周边省市石化产业以及轻工、农业、机械制造、交通运输等相关行业发展，形成上、中、下游完整产业链，实现产业集聚效应，推进海峡西岸经济区的发展。同时，该项目的建设将直接带动产业链关联企业的用工需求，促进社会就业。

二、领先优势分析

中化泉州1200万吨/年炼油项目作为新建项目，充分发挥后发优势，积极吸纳国内国际最新技术和管理成果，展现“大型、先进、系列、集约”的发展战略，确保工程建成后，在技术经济上达到世界先进、国内一流的水平。中化泉州1200万吨/年炼油项目在以下7个方面具备领先优势：

1、 主要生产装置规模领先。

中化泉州1200万吨/年炼油项目中1200万吨/年常减压装置、340万吨/年催化裂化装置、330万吨/年渣油加氢装置、375万吨/年柴油液相加氢装置、260万吨/年加氢裂化装置等均为目前国内及至国际领先规模。

2、工艺路线领先。

中化泉州1200万吨/年炼油项目采用当今行业最先进的

泉州石化与当地驻军开展军民共建，向解放军赠送图书，邀请解放军战士到公司参与升旗活动

“渣油加氢+延迟焦化+加氢裂化”的工艺方案，原油适应性和加工深度高，保证产品质量满足环境保护需求。

3、**主要装置工艺技术领先。**

中化泉州1200万吨/年炼油项目中渣油加氢、加氢裂化、连续重整、柴油液相加氢、汽油选择性加氢、异构化、聚丙烯、PSA、CFB锅炉、烟气脱硫等装置或单元引进国际最先进技术，常减压、催化裂化采用当前国内最先进技术，项目加工重质、劣质原油能力强，加氢能力占一次原油加工能力比例达到国内最高水平，原油资源深度综合利用，轻油收率在行业内处于领先水平。

4、**能耗水平领先。**

经英国KBC公司测评，项目BT能耗指数131.2%，目前国内最低。

5、**产品质量领先。**中化泉州石化1200万吨/年炼油项目所生产汽油全部达到欧V标准。柴油全部达到欧IV标准，部分达到欧V标准，计划通过技术改造，至2015年全部达到欧V标准。

6、**环保技术领先。**项目环保、安全和职业卫生均按国际、国内的高标准进行设计，采用了当前世界最先进的炼厂三废处理技术，包括产品精制、脱硫等多套装置在内的环保投资超过20亿元人民币。

7、**柴汽比市场适应性领先。**中化泉州1200万吨/年炼

中化泉州石化和当地政府共建的杜厝海堤

中化泉州石化1200万吨炼油项目配套的青兰山码头、仓储区航拍照片

中化泉州石化1200万吨炼油项目主厂区航拍图

建设中的中化泉州石化1200万吨炼油项目主厂区一角

油项目产品方案灵活，即全厂加工装置的设置方案能够根据市场需求，在1.2—2.3之间实现柴汽比灵活调整。

三、发展规划

中化泉州石化有限公司秉承中化集团“创造价值、追求卓越”的企业文化理念，在当期1200万吨/年炼油项目建成投产后，为了充分利用炼厂的原料资源，计划以“安全、环保、低能耗、高质量、差异化”为原则，以“国内领先、国际一流”为目标，积极规划100万吨/年乙烯项目建设工作，增加经济效益，进一步提高市场竞争能力。

四、社会责任

中化泉州石化有限公司作为一家负责任的国有大型炼化企业，以践行企业社会责任为己任，致力于建设健康、安全、环保的大型现代化炼油企业，项目环保、安全和职业卫生均达到国际、国内高标准。积极开展拥军活动，与地方驻军73159部队开展军民共建，捐献图书，定期开展文体交流活动，支持军队文化建设。斥资10万多元购买鱼苗，放养到湄洲湾海域，保护生态环境。捐印数千套泉州市中学生交通图册，发放给各中小学校，宣传交通安全法规，增强学生的安全意识。与当地政府共建杜厝海堤，在有力保证村庄安全的同时，形成4万平方米的场地供渔民用于修补船只、晾晒渔网，改善了当地渔民的生产和生活环境。中化泉州石化有限公司的员工也具有高度的社会责任感，他们踊跃资助当地贫困学生，帮助他们圆了梦寐以求的大学梦，将来有能力供养父母，奉献社会，成为对社会有用的人。

泉州石化捐印泉州市中学生交通手册

建设中的中化泉州石化1200万吨炼油项目气体分馏装置

建设中的中化泉州石化1200万吨炼油项目主厂区一角

中国长江三峡集团公司

为兴建三峡工程，经国务院批准，中国长江三峡工程开发总公司（2009年9月27日更名为“中国长江三峡集团公司”）于1993年9月27日正式成立，是国家实行计划单列的特大型国有企业，全面负责三峡工程的资金筹集、工程建设及投产后的经营管理，并获得国家授权滚动开发长江上游的水力资源。中国三峡集团成立以来，紧紧围绕国家赋予的“建设三峡，开发长江”的使命，精心组织三峡工程建设，提前完成了三峡水利枢纽主体工程建设任务。

2012年7月三峡工程成功抵御长江有水文纪录以来第三大洪峰

2006年5月，三峡大坝全线浇筑到设计高程；同年10月，三峡水库实现156米蓄水目标，提前一年进入初期运行期；2008年，三峡工程左右岸电站26台机组提前一年全面投产，三峡工程转入以运行为主的新阶段；2010年10月23日，三峡工程顺利实现了175米试验性蓄水目标，开始全面发挥防洪、抗旱、发电、航运、供水与补水、生态环境保护、渔业、旅游等综合效益。

在三峡工程成功转入初期运行阶段后，中国三峡集团开展业务模式、管理体制和运营机制创新，成功实现了由水电开发企业向清洁能源集团的战略转型，三峡工程建设运营和公司经营管理取得显著成绩，各项经营指标均实现了快速增长。

云南姚安梅家山风电场

三峡工程综合效益开始全面发挥。三峡工程的基本建成，显著增强了长江中下游防洪能力，长江中下游防洪体系初步形成，荆江河段的防洪标准由以前的不到十年一遇提高到百年一遇。三峡航道由3级提升为1级，运输成本降低约三分之一，年过闸货运量突破1亿吨，上行单向货运量提前达到2030年设计目标，有力地促进了长江航运业繁荣和中西部经济发展。2012年三峡电站全年发电981亿千瓦时，创投产以来最高纪录。

金沙江下游水电梯级滚动开发有序展开。2002年，中国三峡集团获得了金沙江下游四个大型电站的开发权。其中溪洛渡水电站2005年底正式开工，计划2013年实现首批机组发电，2015年基本完成建设；向家坝水电站2006年正式开工，2012年首批机组已经发电，2014年除通航建筑物外枢纽工程完工。乌东德水电站和白鹤滩水电站目前正稳步推进前期工作，计划“十二五”开工建设，“十三五”投产发电。

巴基斯坦曼格拉大坝加高工程

新能源业务稳步拓展。中国三峡集团积极开拓风电市场、加快太阳能发电项目的开发。截至2012年底，累计风电装机134万千瓦；2012年新开工太阳能22万千瓦，建成投产太阳能2万千瓦。

海外业务实现跨越式发展。国际承包业务2012年实现营业收入81.9亿元，新签国际承包合同总额93.2亿元，市场遍布30多个国家和地区。国际投资业务实现快速发展。2010年8月，中国三峡集团第一个海外BOOT投资项目老挝南立1-2水电站提前投产发电；2012年收购葡萄牙电力公司21.35%股权，成为其第一大股东；第一个海外风电建设项目——巴基斯坦卡拉奇风电项目开工建设。

2012年向家坝电站实现水库初期蓄水、首批80万千瓦水电机组投入运行

中国有色集团在缅甸投资的达贡山镍矿是中缅矿业领域最大的合作项目

科学发展 实干求强

——中国有色集团近年来投资发展成效显著

中国有色矿业集团有限公司（简称中国有色集团）是国务院国资委管理的中央企业，是中国有色金属工业开展国际合作最早、最成功的企业。2012年，中国有色集团的营业收入突破1523亿元，实现了历史性跨越。

近年来，面对国际、国内复杂多变的外部经济环境以及有色行业的诸多不利因素，中国有色集团确立了“一个方向、两个市场、三大跨越、四个倍增、五个上台阶”的“12345”发展战略，及时提出了迈进“世界500强”、建设具有国际竞争力的世界一流矿业集团的发展目标。经过不懈努力，企业的综合实力显著提升，创造了历史最好发展时期。2012年底与“十一五”初期相比，中国有色集团的资产总额、营业收入、利润总额分别增长超过15倍、30倍和10倍。

作为我国有色金属工业最早“走出去”的企业，中国有色集团近年来加大力度探索和实践“走出去”的多种模式，得到习近平、李克强、张德江、俞正声、刘云山、王岐山、张高丽、胡锦涛、吴邦国、温家宝、贾庆林等党和国家领导同志的充分肯定和高度赞扬。目前，中国有色集团已拥有境外重有色金属资源量近3000万吨，涉及40余个有色金属品种，业务遍布在80多个国家和地区，拥有控（参）股企业235家，包括各级境外企业77家，在深圳、香港、伦敦、悉尼拥有8家上市公司，成为我国开展对外投资的翘楚。

在国内，中国有色集团近年来先后重组了大冶有色集团、富邦铜业公司、大井子矿业公司、桂林矿产地质研究院、广西平桂飞碟股份公司等15家知名的有色企业。按照“战略协同、配置有效”的原则，中国有色集团有效统筹企业内外资源、内部各板块资源、各子系统的上下游资源、人财物各类资源等，着力推动出资企业之间的产业调整，突出企业的优势互补，提高资源使用率，进一步提升了企业运营的效率、效益和质量。2011年，中国有色集团荣获新华社评选的“转型2010 中国经济十大领军企业”称号。

在成功投资发展的过程中，中国有色集团始终坚持“互利合作，共同发展”，树立起负责任的中国企业、中央企业的良好形象。目前，中国有色集团在赞比亚、蒙古、缅甸、泰国等重点工作区域的投资超过30亿美元，累计交税近2亿美元，为当地提供了1.5万个稳定的就业岗位，提供捐款超过2000万美元。在国际金融危机之际，中国有色集团境外企业没有减少一吨产量、没有裁减一名员工，没有减少一分投资，得到项目所在国及当地民众的支持和赞赏。2011年，中国有色集团出资110万元人民币实施“中国赞比亚光明行”活动，为109名赞比亚白内障患者免费实施复明手术，开启了中赞民间外交的新篇章。中国有色集团先后荣获“感动非洲的十大中国企业”、“2011金蜜蜂企业社会责任中国榜领袖型企业”等称号。2012年，中国有色集团在人民大会堂发布了《2011年社会责任报告》，并发布了赞比亚国别社会责任报告，成为5家发布国别企业社会责任报告的央企之一。

2012年9月21日，习近平总书记在第九届中国—东盟博览会上听取中国有色集团对外投资合作的情况汇报

2007年2月4日，时任国家主席胡锦涛与赞比亚时任总统姆瓦纳瓦萨共同为赞比亚中国经济贸易合作区揭牌

中国有色集团在赞比亚投资项目一角

杭州经济技术开发区

杭州经济技术开发区于1992年5月正式启动建设，1993年4月经国务院批准为国家级经济技术开发区。开发区由江北区块和江东区块组成，是全国唯一集工业区、高教园区、出口加工区于一体的国家级开发区。江北区块行政管辖面积104.7平方公里，辖区人口45万，跨江开发的江东区块40平方公里。2012年，全区实现规模以上工业销售产值1505亿元，地区生产总值451.9亿元，财政总收入105亿元。工业经济总量居杭州各区、县（市）前茅，经济实力处于全省开发区领先地位。

杭州经济技术开发区

近年来，开发区围绕转型发展的总体要求，大力实施“创新驱动、集聚领先、产城融合”战略，强势推进“大引擎驱动、大产业培育、大平台构筑、大环境优化”四大工程，加快转型发展、率先发展，努力把开发区建设成为“创新驱动、集聚领先的示范园区，功能完善、产城融合的杭州副城，富裕富有、魅力彰显的和谐社会”。食品饮料、电子信息、装备制造和生物医药等产业已凸显规模优势，汽车整车及零部件、文化创意、新能源新材料和现代物流等产业正加速集聚发展。全球500强的外资企业在开发区投资了60多个项目，福特、西门子、拜耳、松下、东芝、LG等一大批知名跨国公司在开发区建立了生产基地。开发区企业在美洲、欧洲、东南亚的多个国家拓展了海外市场。2012年完成进出口总额83.7亿元，其中出口总额52.53亿元。

工业区

经过20年的开发建设，开发区取得了显著的发展成就，投资环境综合评价近三年连续位列国家级经济技术开发区“十强”，多年保持浙江省开发区首位；先后荣获“生物产业国家高技术产业基地”、“国家知识产权试点园区”等10余个国家级基地（园区）称号，中国75个城市开发区“最佳开发区”、“跨国公司最佳投资开发区”等多项殊荣。

开发区沿江居住区

成都经济技术开发区

CHENGDU ECONOMIC & TECHLOGICAL DEVELOPMENT ZONE

成都经济开发区于2000年2月经国务院批准成立，2010年10月被国家工信部批准为国家汽车产业新型工业化产业示范基地，是四川省和成都市以汽车整车和关键零部件生产为主导的先进制造基地。以成都经开区为核心的成都国际汽车城总体规划面积近200平方公里。

2009—2012年，区域经济综合实力连续4年位列四川省十强县第二。2013年，整车产量突破70万辆、汽车产量主营业务收入实现1400亿元，分别同比增长90%、39%，地区生产总值、规上工业增加值分别实现800亿元、600亿元，分别同比增长19%、22%；规上工业增加值、工业利税总量及增幅居全市第一，汽车产业对全市工业增量的贡献率达55%、提高15个百分点，成为全市增长最快的千亿支柱产业。

沃尔沃成都工厂

一汽大众汽车物流车场

一汽丰田

一汽大众焊装车间

网址：www.cdetdz.gov.cn

地址：成都经济技术开发区（龙泉驿）星光中路18号

ASE GROUP
日月光集團

AquaLab
水礦科技

兆联实业股份有限公司

Mega Union Technology Inc.

台湾唯一国际级水处理公司

纯水、废水、及回收水半导体电子产业实迹最丰富

研发技术创新，因应日新又新之高科技产业用水及回收

项目设计人员最多，资质最完整

台湾最大树脂再生厂及RO膜清洗系统

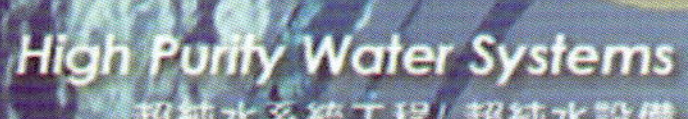

High Purity Water Systems
超純水系統工程/ 超純水設備

Sea Water Desalinization
海水淡化設備

I do.

工業用水的全方位工程與服務

兆聯提供您關於工業用水的一貫化服務，
耗材銷售、建廠規劃、海水淡化工程，
兆聯團隊完整的施工經驗、透過嚴格流程控管，
達到令客戶滿意的品質。

Waste Water Treatment & Recycle
廢水處理與回收系統工程
廢水處理與回收設備

Services
離子交換樹脂再生/ RO膜再生
耗材銷售與更換/ 藥品銷售

System Operation
系統營運與維護服務

兆聯實業股份有限公司
台灣省新北市林口區文化一路一段86號2樓
TEL: + 886 2 2609 9966 Fax：+886 2 2600 9667

昆山兆联设备安装有限公司
TEL: 0512 8260 3777 昆山市石牌镇塔基路667号

With a better CAN, you can do better

是供各種全自動及半自動製罐機械設備

設計各種尺寸及罐形之馬口鐵罐機械，如圓形、方形、橢圓形、長方形和不規則形狀等

主要生產以下類別機械：

- 5加侖（17公斤）大方罐（直桶罐或束頸罐）
- 5加侖（20公升）花籃桶（五層或七層）
- 各種尺寸的餅乾罐
- 各種尺寸的食用油罐及化工桶
- 各種尺寸的油漆罐
- 汽車排氣管及濾清器
- 各類別罐底/蓋的生產設備
- 製罐模具和配件

設計大方罐各式桶身花紋，滿足客戶需求，提供低材料成本、高強度、高品質 的最佳解決方案

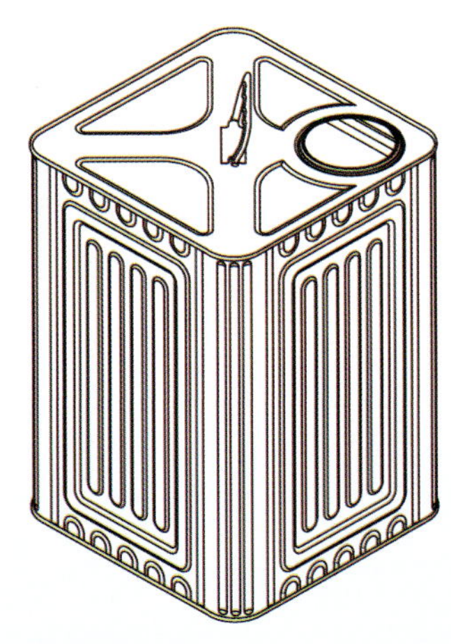

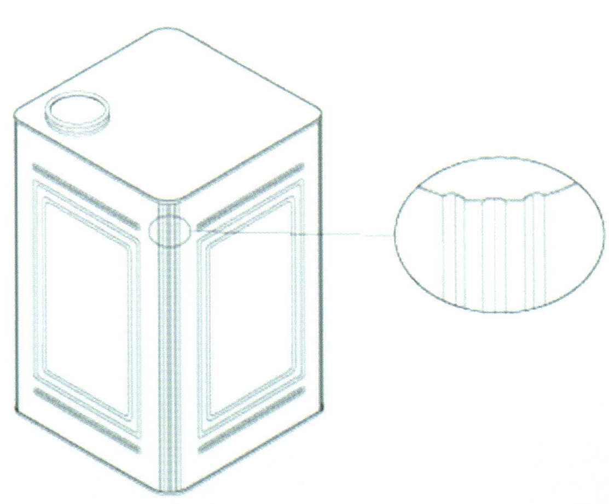

林德勝製罐機械股份有限公司

台灣彰化市延和里埔內街135號

TEL:886-4-7118143 FAX:886-4-7116487

http://www.can-making.com E-mail:s7228143@ms19.hinet.net

KenTex

国内最先进的——

凯鸿集团为国内顶尖的环保技术引进者,随着国内工业市场的快速起飞,国内环保对于高效能\高新技术的企盼,凯鸿集团提供了废水及废气处理方面完整的解决方案.本公司所承作的宁波地面火炬系统\欧亚区最高的170M三支共构高空火炬系统\高效能全自动压滤机及废液\焚烧炉等业绩皆已成为国内最优良之典范。

KENTEX节能系统着重在提供各方面节能处理的最佳解决方案,这些解决方案在工业燃烧科技上是最尖端的结晶.同时,KENTEX设计的特点在于注重设备投资与操作成本上的整体平衡.在排放物处理上面,KENTEX特别专精以VOC气化方式做废气处理,这些工艺可经由再生,热回收和催化热氧化等单元实现.本部门又特别将活性炭应用在溶剂回收并以湿式洗涤塔做水分的去除.KENTEX节能部门特别着重效率及经济效益,使的您的投资成本或效益可尽快回收。

热氧化炉处理是利用控气式的氧化过程来处理化学废物,让这些处理过的物质乔放到大气中,对环境不会造成污染。

热回收氧化炉可在烧碳气化合物时大量回收能源并不会产生排放污染.在温度为700-1200摄氏度的燃烧室氧化处理(停滞时间0.6至2秒)为最简易的去除有害污染物的方式.此种科技利用在高VOC浓度的废弃物,并能回收有用的能源。

一般氧化焚烧反应是发生在温度高于700摄氏度的状况下,但是,通过由金属氧化物或是贵金属盐组成的催化床层,氧化反应可以在较低温的情况下实现催化氧化反应能在250-450摄氏度之间有效进行.此技术主要是应用于油\蒸气\空气等热流体没有太大的使用价值,同时不需要热回收的地方.同时,热催化氧化方式只应用于污染物成分已知,废弃物不会污染触媒之表面的情况。

除湿系统是利用VOC从气相变成液相扩散的物理现象,同时利用两种液体之间的浓度差异达成目标.根据亨利法则,在相位都达到平衡条件就会自然吸收溶剂。

KENTEX拥有25年专业在造纸\纤维\PVC\手机\合成纤维\成衣工业的烟气及VOC去除处理经验.KENTEX对于废气技术以合理济的方式处理气或液体.实现了又经将所耗能源及废气容积减至最低。

火炬系统为制程紧急释放系统之最主要及最重要的部分.火炬系统设置目的为从制程排放的废气能够得到安全处理,并燃烧这些废气来避免有害之成分排放至大气中,特别是针对那些有毒或腐蚀性废气,火炬基本上可分为下列3种形式:高空火炬\地面火炬\燃烧坑

火炬设计重点--火炬须是最安全有效\快速之操作系统,所有KENTEX\ITAS之火炬均依照严苛之国际标准,依照工厂安全操作,加强燃烧效率和减少噪音水平等需求来设计.KENTEX\ITAS有满足火炬所需之各种设备,KENTEX\ITAS可以提供总承包之完整设计规划,监造及施工,这对有效应用空气及蒸气\达到节能减耗之效果.另外,KENTEX\ITAS亦提供详细之操作说明手册,可用来调整安全连锁燃烧效率,使排放值和蒸气用电\用水等消耗量达到经济性的效果。

凯鸿集团污泥干燥系统

1.本系统采用连续式干燥,以蒸气及真空系统作为高效率污泥干燥系统,脱水污泥经由脱水设备如离心机\皮带式脱水机\压滤机螺旋脱水机之储料,经输送系统进入真空污泥干燥系统。

2.在真空污泥干燥机内,利用蒸气作为热源,另一方面才高效率真空泵。

3.蒸气热媒与真空系统使进料污泥在干燥机真空负压下,将所含水分蒸发出,干燥污泥经出料端之旋转阀排除。

4.蒸发之水气及其微量尘粒经由旋风分离器分离排除。

5.分离后之蒸发水气再经间接式冷凝分离器,将水气冷凝液排至冷凝液分离罐,并经由冷凝液罐之液位控制冷凝液泵排出至废水厂.

6.另排出之废气经由真空泵抽出可直接排至大气,或经由干式净化槽作更进一步清净分离。

力大螺丝工厂股份有限公司

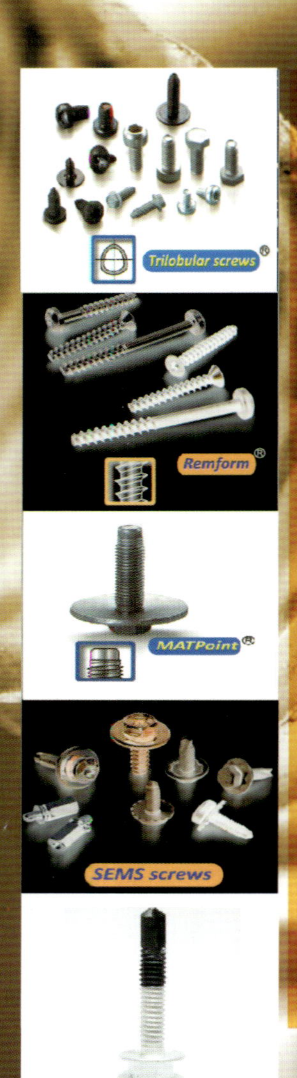

力大螺丝自开业至今已超过三十个年头，自创建以来，力大一向秉持着品质与服务要在第一次就做好”的经营理念。一路走来，在所有力大人的齐心合作下，力大成功的以高品质、高精密的产品诉求挺立于螺丝业界，不仅成功的接获来自国际级硬碟大厂与汽车大厂订单，更使“力大”成为优良产品的代名词。

由于重视品质的提，力大除原本ISO 9001品质系统基础上，更推行严谨的汽车产业ISO/TS16949品管体系，搭配厂内SPC品质管制与螺丝自动光学筛选，提供优质的产品品质给顾客。

力大依职务别及职位别的需求，对现有的员工持续施予各项教育训练。并已完成企业网路与MIS资讯系统，导入自动化生产设备，与完成热处理厂，策略联盟电镀、染黑、清洗、钝化、耐落等各项表面处理事业，藉由对产品完整製作流程的完全掌控，达成产品品质零缺点的要求。

与此同时，力大更深深体会到作为一个企业所应担负起的社会责任，除了积极参与各项社会公益慈善活动外，更依ISO-14001标准要求，引进各项污染防治作业设备，减少工业废气、废水、废油各项污染，导入各项环保製程，即时因应符合各项环保指令与法规(RoHS…等)，为下一世代生活环境的永续经营尽一份心力。

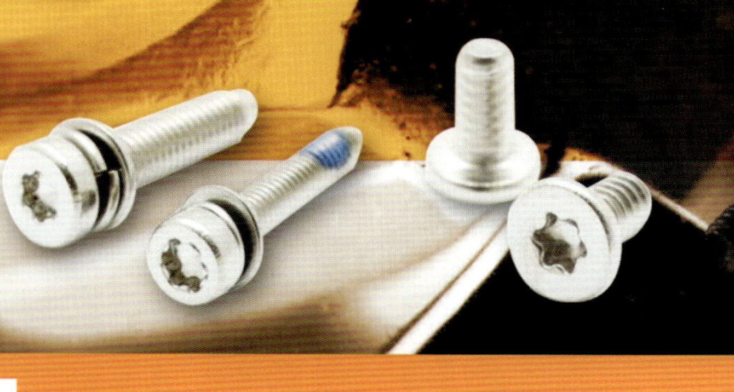

ISO 9001

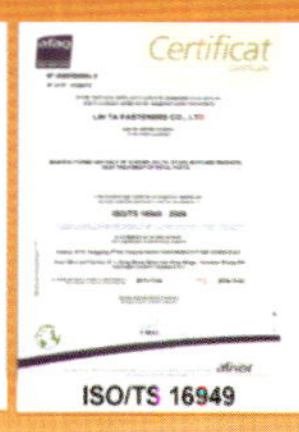
ISO/TS 16949

ISO 14001

桃園厂

地址：桃園縣龜山鄉嶺頂村宏昇街1號

電話：886-3 -320-6972

傳真：886-3-320-6973

E-mail:thomasz@lih-ta.com.tw

高雄厂

地址：高雄市永安區永安工業區永工三路11號

電話：886-7-6210991

傳真：886-7-6210992

E-mail:k.asles@lih-ta.com.tw

TAIWANGLASS 台玻集團

營業項目
Business Scope

■ 平板玻璃
Flat Glass

建築用
For Architecture
浮式明板玻璃 / 浮式色板玻璃
Clear Float Glass / Tinted Float Glass
壓花玻璃
Rolled Glass
低輻射玻璃
Low-E Glass
反射玻璃
Reflective Glass
強化玻璃
Tempered Glass
熱處理增強玻璃
Heat Strengthened Glass
膠合玻璃 / 高性能隔音膠合玻璃
Laminated Glass / Sound Control Laminated Glass
網印漆板玻璃
Ceramic Spandrel Glass / Ceramic Silkscreen Glass
彎曲玻璃 / 彎曲強化玻璃
Bent Glass / Bent Tempered Glass
銀鏡玻璃
Silver Mirror
光電用
For Solar Panel
優白玻璃
Super Clear Glass
超白光伏玻璃
Low Iron Photovoltaic Cover Glass

■ FRP用玻璃纖維增強絲
FiberGlass Reinforced for FRP Industry

■ 玻璃纖維增強絲、玻璃纖維布
FiberGlass Reinforced、 FiberGlass Fabric

玻璃纖維增強絲
FiberGlass Reinforced
玻璃纖維布
FiberGlass Fabric

■ 玻璃器皿
Container, Tableware & Kitchenware

容器
Container
食器
Tablewave
廚器
Kitchenware

■ 汽車玻璃
Automotive Glass

低輻射玻璃 Low-E Glass

產品種類：

- ■ 單銀高透低輻射玻璃（TCE）。
- ■ 熱控單銀低輻射玻璃（TSE）。
- ■ 單銀可鋼低輻射玻璃（PLE）。
- ■ 雙銀可鋼低輻射玻璃（TDE）。
- ■ 三銀低輻射玻璃（TTE）。

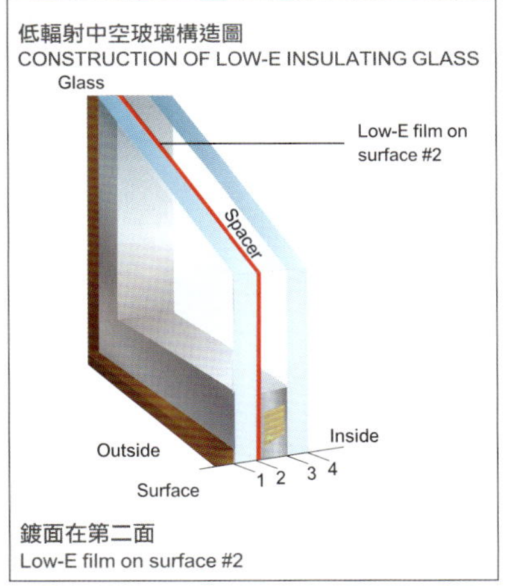

▲ 海峽交流基金會　採用TG灰色雙銀低輻射中空玻璃。

室外
OUTSIDE
Low-E Glass (Coating On Surface #2)

室內
INSIDE
Clear Or Tinted Glass

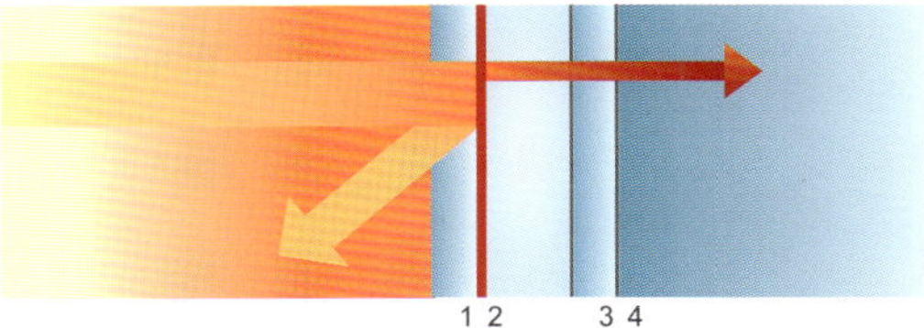

適用(亞)熱帶型氣候組合 (鍍面在#2面)
阻斷大量輻射熱能的穿透，僅少數熱能進入使室內保持涼爽。

室外
OUTSIDE
Clear Or Tinted Glass

室內
INSIDE
Low-E Glass (Coating On Surface #3)

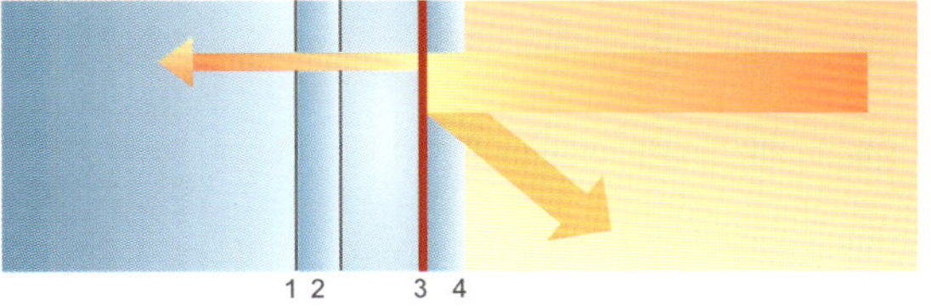

適用(寒)溫帶型氣候組合 (鍍面在#3面)
室內的熱能因Low-E雙層玻璃的阻斷而不易輻射至室外而能保暖。

台灣玻璃工業股份有限公司 Taiwan Glass Ind. Corp.　10550 台北市南京東路三段261號　TEL +886 2713-0333　www.taiwanglass.com

設計原想

觀止地處泰雅族原住民部落之原始山林，溪谷交錯、層層山形、稜線交會、山嵐雲霧飄渺、氣候多變四季動植物林相分明。是以天然環境做主題，依地形、河谷、氣候、晴雨、光影、雲霧之季節變化，並以樹、石頭、木頭為主要天然元素共構而成獨特的環保綠建築。

乍看之下觀止就像尚未完成的毛丕外觀，接近細看可謂處處驚訝，嘆為觀止。它看來像會呼吸的活建築，會隨著氣候、環境變化。它是以大自然的力量，使其逐年更加融入自然退卻人為匠氣。讓逐年比去年自然因時光美學而質樸璀璨時尚。觀止是為追求完美，永遠以大自然的力量融入環境而更美，它永遠沒有完成。它的賣點是水、陽光、空氣。永不退流行。

台灣大盟旅行社

ROYAL CHINA EXPRESS

專營項目

陸來台參訪、交流、商務、考察、

展、醫美健檢、自由行接待等。

大盟旅行社於1988年成立，是台灣第一家專門提供獎勵旅遊規劃及服務的旅行社。承辦各類大型會展、獎勵團體具有24年以上豐富完整的經驗。

自兩岸開放觀光及交流以來，大盟旅行社秉持一貫的服務精神，著重經營各類專業人士來台的參訪、交流、會展和考察接待，在細心、熱誠與專業負責的前題下，得到主辦單位與各級領導的一致好評。

希望在不久的將來也能夠得到為您服務的機會，請您來寶島體驗台灣之美。

盟旅行社多年來以致力於兩岸交流為己任，茲將近年來大盟參與兩岸交流活動較具代表性的服務案例簡述後：

005年04月 中國國民黨連戰主席和平之旅
008年05月 中國國民黨吳伯雄主席大陸參訪
006年04月 第一屆兩岸經貿論壇於北京
006年10月 第二屆兩岸經貿暨農業論壇於博鰲、廈門
007年04月 第三屆兩岸經貿論壇於北京
008年12月 第四屆兩岸經貿論壇於上海
009年07月 第五屆兩岸經貿文化論壇於長沙
010年07月 第六屆兩岸經貿文化論壇於廣州
011年07月 第七屆兩岸經貿文化論壇於成都
012年07月 第八屆兩岸經貿文化論壇於哈爾濱
013年10月 第九屆兩岸經貿文化論壇於南寧
008年06月 第一次海基海協江陳會於北京
009年04月 第三次海基海協江陳會於南京
010年06月 第五次海基海協江陳會於重慶
011年10月 第七次海基海協江陳會於天津

2008年迄今多次接待省委書記、省長、省委副書記、部級領導，均獲得一致好評。

大盟旅行社股份有限公司 綜合旅行社2129 品保北258號
台灣 台北市大安區復興南路一段368號2樓
台北總公司電話：886-2-27033530 傳真：886-2-27070871
http://www.royal-china.com.tw

中國投資年鑑中
投資發展千百種
宏觀調控無始終
小康社會苗火種

道法法律事務所
蔡清福敬賀

While there are myriad developing investments in the China Investment Almanac, the seedlings of a well-off society have been properly planted under the endless macro-control.

Compliments from Deep & Far Attorneys-at-law, April 9, 2013

拓凯集团

拓凯集团秉持「诚信、勤奋、创新、感恩」的经营理念，以「创新材料科技的运用，提升健康、休闲、幸福的生活，促进社会与环境的和谐」为使命，1980年创立以来专注于多元化复合材料应用领域发展，如球拍、自行车、头盔、航空与医疗器材等业务范围。

营运据点分布于台湾、中国厦门、美国西雅图等地。母子公司涵盖拓凯实业股份有限公司、新凯复材科技有限公司、宇诠复材科技有限公司、新鸿洲精密科技有限公司及美国Composite Solutions Corporation。服务全球知名品牌，产品营销全世界。多年来深获客户肯定信赖与长期支持。

拓凯集团坚持创造优质产品与服务，以先进设备系统信息化管理生产过程，质量追溯系统健全，已取得ISO9001质量管理体系认证与国际航天质量系统AS9100认证，通过环境管理系统标准ISO14001认证，产品符合RoHS和REACH欧盟标准。

拓凯集团致力成为客户满意、员工乐意、股东利益、永续经营、回馈社会的五赢人本亲善国际企业，以持续提升公司治理，追求集团永续成长，社会价值创造为卓越领先的长期目标。

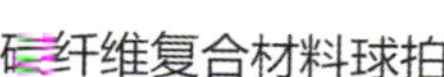

碳纤维复合材料球拍

碳纤维复合材料车架组

碳纤维复合材料安全头盔

航天座椅内装及结构件

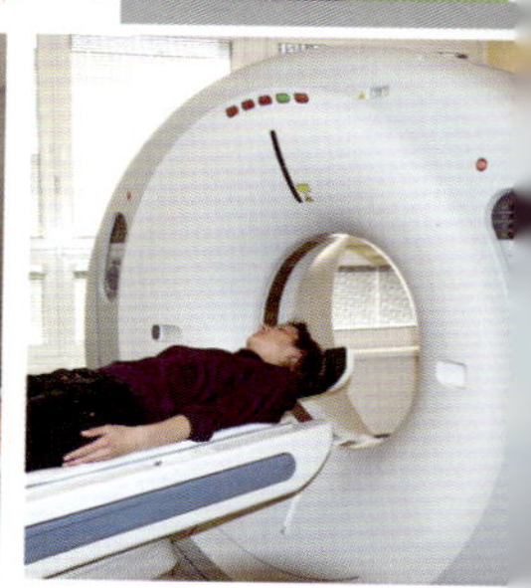

断层扫描医疗床

台湾
拓凯实业股份有限公司

中国
新凯复材科技有限公司

中国
宇诠复材科技有限公司

中国
新鸿洲精密科技有限公司

美国
Composite Solutions Corporation

碳纤维复合材料产品专业制造大厂

联络我们
www.topkey.com.tw

世界級音乐喷泉的艺术、商业及生态价值

造就迪拜国际商业及文化休闲区中最可传世的风景

迪拜音乐喷泉简介

位置：迪拜Downtown综合开发计划中心

投资方：迪拜Emaar

建筑设计：美国SOM，建筑师Adrian Smith

景观设计：美国SWA

音乐喷泉设计：美国WET

音乐喷泉建造：悦吉集团迪拜公司

建造时间：2008年10月-2009年3月

日常维护人员：24人

迪拜音乐喷泉的建造与维护

迪拜音乐喷泉是目前世界最大的音乐喷泉，由原世界第一大的美国Bellagio喷泉设计公司WET公司设计，包含人工湖的建设总投资2.18亿美元，比美国的Bellagio喷泉大25%，总长

度为275米，最高可以喷到150米，相当于50层楼的高度。该喷泉由1,500个各式喷嘴组成，可喷射2.2万加仑的水，配有6,600个灯光以及25个彩色投影机。喷出的水柱有1,000多种变化，是名符其实的千变万化。迪拜音乐喷泉的灯光可以在32公里内任何一个地方看到，让它成为中东地区最亮的亮点。它的美丽壮观也在2013年3月获选为全球最受世人讨论的16个世界知名景点之一。

迪拜音乐喷泉的建造工程浩大、流程精密，悦吉集团迪拜公司凭借专业的施工经验承制了所有管线、管道及部分喷嘴的制作，在现场负责所有来自美国、加拿大、德国、瑞士及丹麦的电机、控制、监视设备、人工湖的水质过滤循环系统、音乐喷泉的管线、管道、喷嘴、灯光的整合与安装，并且承接了整个音乐喷泉三年的日常维护合约。

世界级的美感创造不可估量的商业价值

音乐是世界唯一共通的语言，喷泉是自然的负离子产生器。迪拜音乐喷泉的价值不仅在于它的量体规模，最主要还是来自它所创造出令世人赞叹与惊艳的美感，被公认为目前世界上最令人震撼、最会随着音乐跳舞的喷泉。仅在2011年内就吸引了全球超过5,400万的现场观众，为周边目前世界面积最大的迪拜购物中心、7家酒店、哈利法塔、高级公寓及办公楼等综合开发项目创造了不可估量的价值。以超越世界水平音乐喷泉艺术与美感为主题的体验对消费者形成了强大的拉力。

工程质量决定传世及可持续的价值

迪拜音乐喷泉正式运行至今已经接近四年，悦吉集团迪拜公司的工程团队于2012年5月三年维护合约期满后，已经将日常维护交接给投资方聘请的团队。到目前为止一切运转顺利正常。在2014年迪拜欢庆新年的全球电视直播上也向世人再次展现了迪拜音乐喷泉与哈利法塔上的烟火表演。投资方Emaar完全采纳了设计公司WET及悦吉集团迪拜公司工程团队在所有设备上的建议，以节能、低维护、可持续运行为原则，加上专业精良的施工建造质量，相信必然可令迪拜音乐喷泉在历史上留下灿烂夺目的纪录。

期望为中国客户做出更多世界级的经典案例

悦吉集团目前已经发展为能够在中国为客户完整提供从设计、工程到维护方案的音乐喷泉及多媒体水舞表演的整合集成商。2012年在德国柏林户外演出的Acquanario秀是悦吉集团的设计经典案例。

文化、美感、艺术、娱乐是与世界沟通、接待全球游客最好的方式。在中国，除了地标性的建筑、自然美景与丰富的文化遗产之外，还有什么更能持续吸引世人的关注及传世的风景呢？想清楚这一点，世界会是中国的！（悦吉集团）

迪拜音乐喷泉施工安装现场

智能控制喷泉，喷嘴可360度转动

迪拜音乐喷泉施工安装现场概观

严谨有序的现场管理

迪拜音乐喷泉施工完成现场

例行的日常维护

迪拜音乐喷泉实景效果

迪拜音乐喷泉实景效果

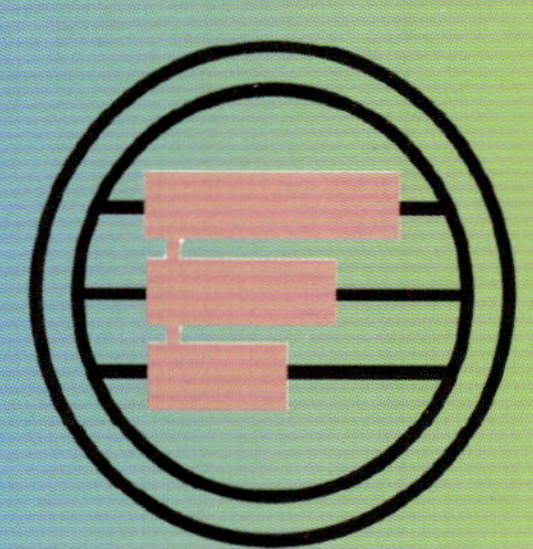

福懋興業股份有限公司

FORMOSA TAFFETA CO., LTD.

福懋公司是從織布、染整、印花及各類高科技整理加工之一貫化學纖布生產廠，主要供應高附加價值之運動服、休閒服、流行都會服、野外休閒器材用布、工業安全服、高性能防護服、工業用電磁波遮蔽布料、傘布等各式用布，領導市場流行，30餘年來，本著與上下游客戶合作共榮之信念，深獲全球客戶之肯定。

本公司以高科技制程高透濕防水膜，並以優異的貼合技術，生產全球知名的高性能透濕防水布料Abletex ® 及各種奈米複合機能等布料，在惡劣環境氣候下仍可保持身體乾爽舒適，廣受運動休閒者選用。本公司也生產銷售高品質輪胎簾子布、複合材料碳纖布、防火服用布、防彈布、PE塑料袋等，歡迎選用.

總公司

地址：台灣省雲林縣斗六市640榴中里石榴路317號

Add : 317, SHU LIU ROAD, TOULIU 640, TAIWAN, R.O.C.

網站：http://www.ftc.com.tw

TEL: 886-5-5573966

FAX: 886-5-5573969

台北辦事處

地址：台北市105敦化北路201號台塑大樓前棟11樓

Add: 11/F., No.201 TUN-HWA N.ROAD, TAIPEI 105, TAIWAN, R.O.C.

網站：http://www.ftc.com.tw

TEL: 886-2-87701688

FAX: 886-2-27131329

大地還原生物科技股份有限公司

大地還原生物科技股份有限公司提倡環保理念，致力於有機農業資材之生物科技應用的研究與開發，推廣對保護環境生態有益的各項產品， 為人類長遠未來而努力，希望藉由環保的產品，透過改良土壤、生長環境，達到改善農作物的品質及增加產量， 並且減低種植過程中所造成的生態污染，達到永續經營的綠色無公害農業。

公司本著愛護地球生態的理念，技轉自美國,引進高科技之獨家配方及生產設備， 並研發生產液肥產品， 藉由推廣有機農業，提供所有生態健康與安全的食品，修復大地土壤應有之健康生態， 故公司命名為” 大地還原”，善盡取之於大自然用之於大自然，期能為綠色地球環保盡一份心力.

近年來許多農民，為訴求農產品達到高品質產量多的目的，大量使用化學肥料及農藥， 土地在長期濫用化學肥料及農藥之下，漸漸酸化、鹽化、 硬化、鈣化,造成土壤肥力流失及地力衰退等現象。 本著永續經營良心事業，以尖端的生物科技，依據農地及植栽品種各別所需，研發製造專用有機肥，期能減少農藥及化肥的使用，善盡保護地球之責任。

液肥料系列

- ✧ 大地 1 號
- ✧ 含氨基酸水溶液肥料
- ✧ OA 511

鹽鹼地植樹造林

產品應用

- ✧ 蔬果/水稻種植
- ✧ 沙漠造林/土壤改造
- ✧ 鹽鹼地造林/土壤改造
- ✧ 贫脊地造林/土壤改造
- ✧ 嚴峻砂礫地种植
- ✧ 室內水耕種植

沙漠地植樹造林

大地還原生物科技股份有限公司 Green Organic Biotech Co., Ltd. 33353 桃園縣龜山鄉振興路 56 號 TEL: +886-3-3298999

FHD

富鴻電科技有限公司

SLAB_LED 路燈系列

- ✧ 6 米 SLAB 節能標章路燈
- ✧ 8 米 SLAB 節能標章路燈
- ✧ 10 米 SLAB 節能標章路燈
- ✧ 12 米 SLAB 節能標章路燈

SLAB 投射燈/隧道燈系列

- ✧ 55 W SLAB 投射燈
- ✧ 90 W SLAB 投射燈
- ✧ 120 W SLAB 投射燈
- ✧ 170 W SLAB 投射燈

傳統路燈改造系列

- ✧ SLAB 單模組改造路燈
- ✧ SLAB 雙模組改造路燈
- ✧ SLAB 三模組改造路燈

SLAB 光源模組系列

- ✧ 40 W SLAB 模組
- ✧ 60 W SLAB 模組

富鴻電科技致力於研發生產環境保護及節能減碳有益的各項產品，為人類長遠的未來而努力，希望藉由節能的產品，減低對地球過度開發能源所造成的環境生態污染，達到永續經營的綠色無公害的照明產品。

本公司以專利高導熱及高反射封裝結合高效率散熱結構設計，專利光學燈板設計搭配可調整各式應用外掛模組，及獨家高效電源 IC 設計，提供全新的 LED 科技光源，外觀結構彈性化設計. 搭配不同環境應用的燈具設計來滿足客戶的需求. 獨家光源封裝搭配專屬高效電源 IC 設計，保證光源壽命長達 50,000 小時，環保節能,低能源消耗，低維修成本，安全防護，無紫外線，具高效能及高節能的優點·以安全，節能，環保” 為核心，並注重產品的美觀和耐用性; 產品涵蓋: 球泡燈，投射燈，燈管，路燈，頂棚燈，隧道燈，倉儲燈....等

富鴻電科技有限公司 FUHUNG EOU TECHNOLOGY CO., LTD. 33353 桃園縣龜山鄉振興路 56 號 TEL:+886-3-3298002 www.fhder.com

企业简介 Introduction

台湾五洲肥料集团包括：五洲肥料股份有限公司、全台农药有限公司、久农贸易有限公司、伍维贸易有限公司。

30年来于台湾主营肥料与农药，逾20个合作国家、200支农药和肥料登记证。

长期以来，本公司于大陆地区持续推广高端特种肥料与生物农药。

五大叶面肥系列有海藻酸系列、腐殖酸系列、氨基酸系列、大量元素系列、中微量元素系列，此外也有NPK冲施肥系列等，目前为国内特种肥料产品最全面的厂商之一。

由于产品技术含量高，质量稳定，从而获得合作伙伴及农友们的高度认可。

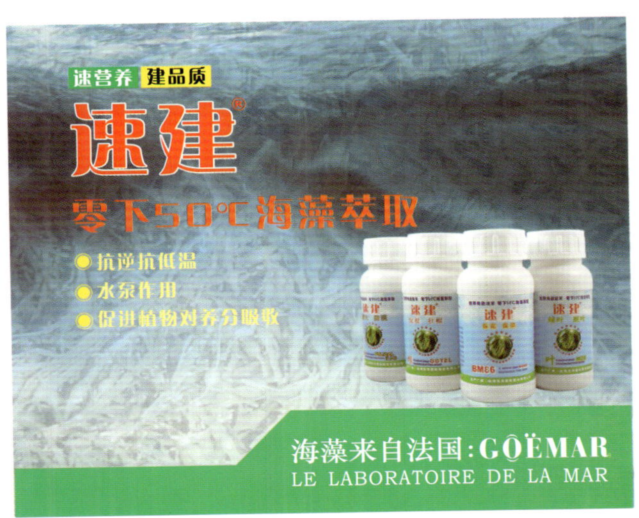

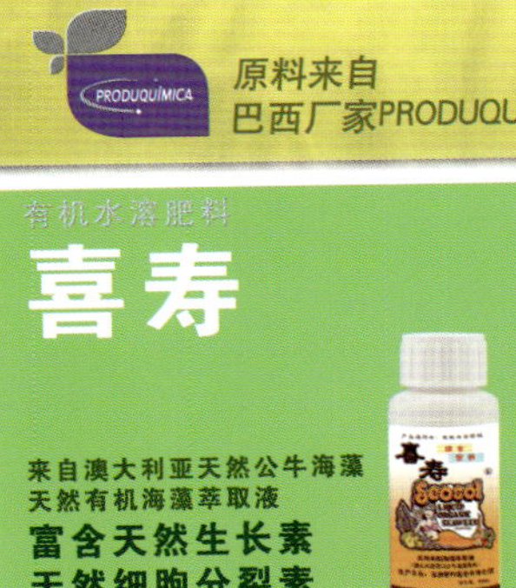

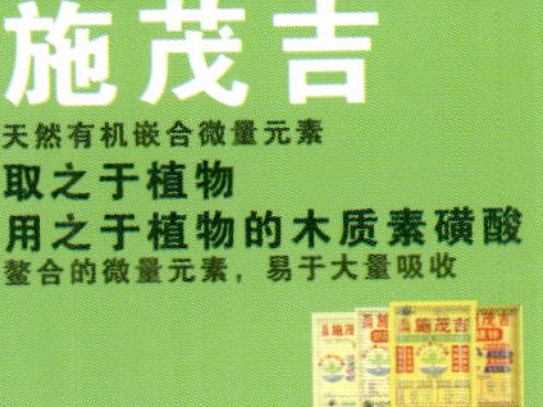

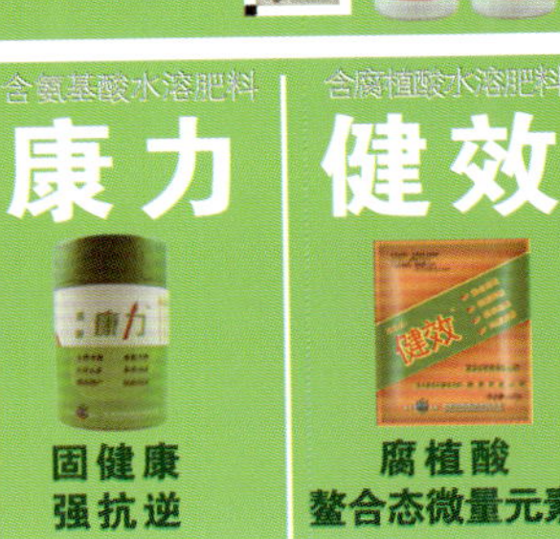

阮 綜 合 醫療社團法人 阮綜合醫院 YUAN'S GENERAL HOSPITAL

健 康 检 查

心脏冠状动脉宝石能谱CT钙化指数
心脏冠状动脉宝石能谱CT血管摄影
低剂量肺部宝石能谱CT摄影检查
帕特全身正子癌症扫描检查 PET/CT
核磁共振检查
无痛式大肠镜检查
全套式高科技医学健康检查

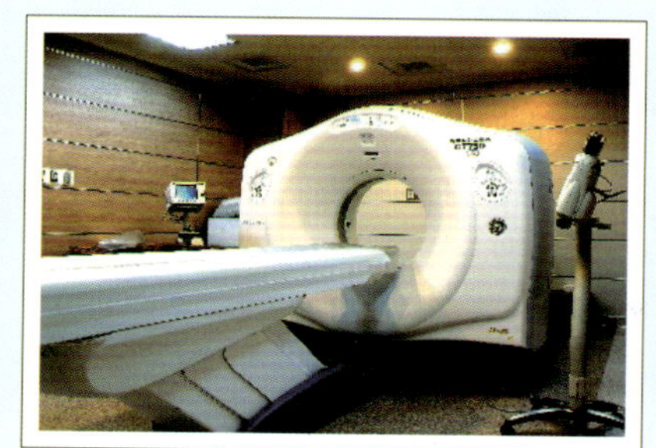

医学美容

无痛电波拉皮术、脸部与颈部除皱术
颜面骨骼整形、隆乳、缩乳手术
隆鼻与鼻型整形术、眼袋去除术
眼皮手术、脂肪抽吸填补
肉毒杆菌注射、玻尿酸注射
皮肤医学美容、净肤雷射
飞梭回春雷射、脉冲光

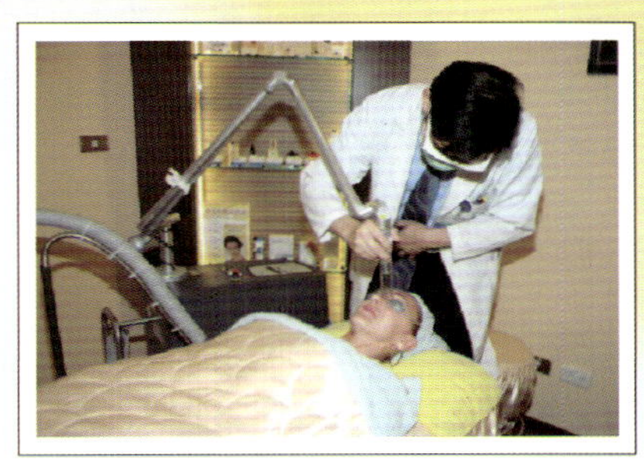

医院特色　医疗专长

TomoTherapy 癌症治疗
各类腹腔镜及内视镜手术
人工关节换置手术
人工植牙手术

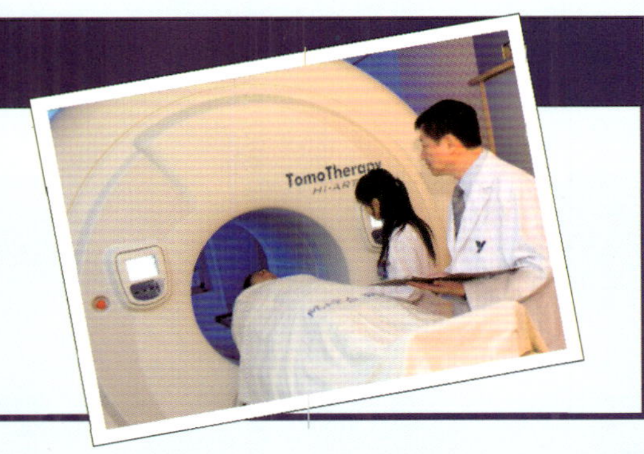

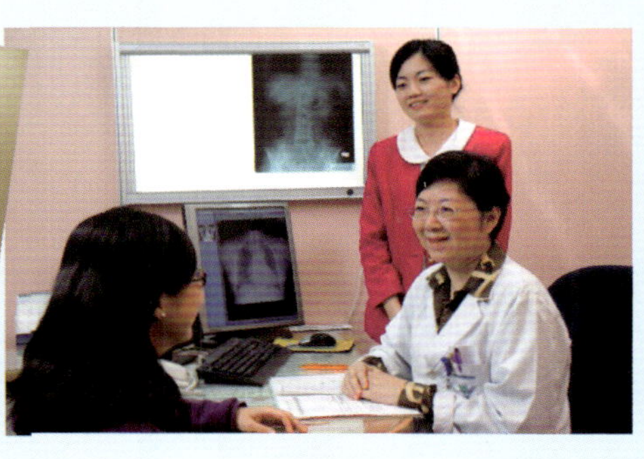

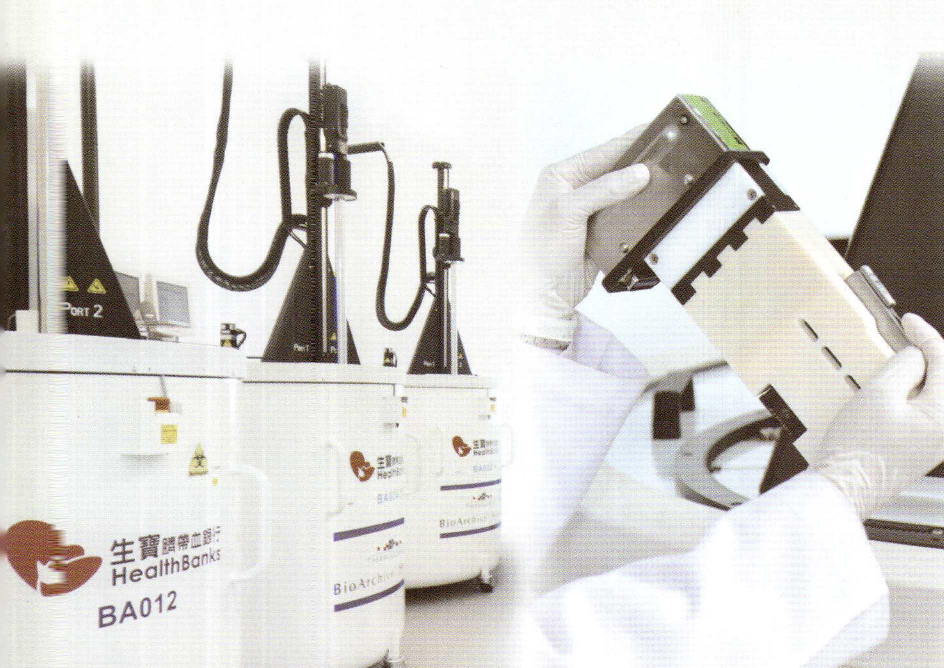

PORT 2
生寶臍帶血銀行
HealthBanks
BA012

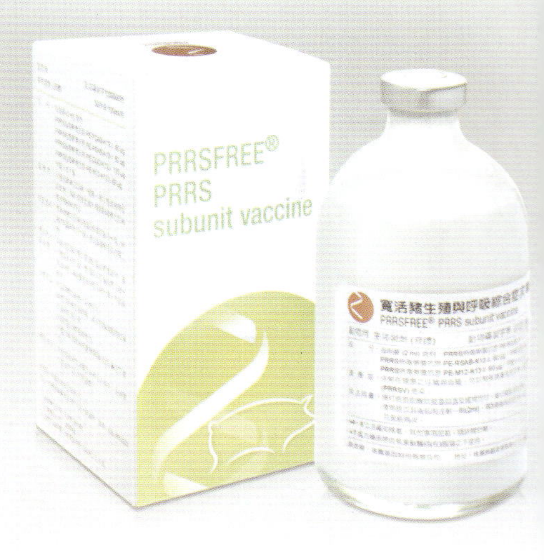

PRRSFREE®
PRRS
subunit vaccine

前言

全新材料的研发与应用，最能引导产业进入新世代的变革与快速发展，如硅材料的应用，引领全球半导体产业的巨大发展，超过半个世纪，带给人类社会无远弗届的贡献。现在另一种新材料的概念——光子晶体 (photonic crystal)，正被期待能带领产业迈入新一轮的创新。

光子晶体技术是人眼看不见的微、奈米技术，但在许多科技领域，正逐渐展现惊人的影响力；打开这扇科技任意门，将迎来全新的奇幻境界。而在自然界，经过数百万年的演化，早已存在着光子晶体现象，翻飞于花间的大美蓝蝶、珠光凤蝶等，其缤纷多彩的翅膀，颜色会随着观者的角度不同而改变，就是造物主的“光子晶体”杰作。其他的例子更不胜枚举，金龟子、鸟类羽毛、蛋白石或海蠕虫“海老鼠”等，所呈现的炫丽视觉效果，以科学的角度来分析，全都是“光子晶体”效果。

光子晶体概念最初是由 Eli. Yablonovitch 和 Sajeev John 分别在 1987 年提出，依理论应用在光电组件上可提升光效率或改变光学特性，可应用在低功率雷射、光子计算机及通讯上。光子晶体基本上是由具有高低不同介电系数的介电材料或是金属材料所组成的周期结构，其结构的周期性，可以为一维、二维或是三维，当周期与所处理光波长值相当时，所造成的强散射效应，便形成光带隙 (photonic band–gap)，为模密度 (density of mode) 为零之波长或频率的特定范围。

近 20 年，科学家们持续投入光子晶体的理论与制作技术研发，应用在各种材料基板上，做出微米以下的细小结构。人为的光子晶体是可以用蚀刻或自组成 (self–assembly) 技术，做出一维、二维或三维的微小结构，这些看来艰深的技术，最初应用在与“光”集成运算相关的产品研究上，进而发现光子在这些精细设计的几何构造环境中，展现繁复的反射、绕射现象，使得光传递与光效应呈现出前所未见的特性与效果。所以，在上世纪末 12 月份的国际著名期刊 Science 把光子晶体列为上个世纪科学领域九大发现之一，并预测将在本世纪大大影响人类社会。

以熟知 LED 蓝宝石或硅基板为例，在基板上制作上百万个微奈米等级、排列整齐的细微结构，能取得更好的出光效果与光型并同时改善磊晶质量，对于讲求光效能、高流明数的 LED 背光与照明而言，无疑是技术上的一大突破。如同 LED 磊芯片的成果，科学家在更多材料上加入创新的设计与制程技术，从中发现更大的应用空间与商业契机。如在光通讯领域，光讯号在组件中高速传导，要减少能量耗损、提高传导率，组件的微细结构设计就相当重要，具有控制光特性的光子晶体正好可以发挥所长，扮演关键的角色。

公司背景与技术

洲磊科技成立于1992年，为一家LED磊芯片与晶粒的专业制造厂，同时是台湾唯一能提供二元三元四元砷化镓(GaAs)与氮化镓(GaN)全波长系列LED芯片的公司。在2010年合并旭晶光科技后，也成为全球一家拥有全光域光子晶体全球专利及光子晶体专业设计之制造厂，其光子晶体专利应用领域横跨超高亮度LED、薄膜太阳能、多(单)晶硅太阳能、OLED Display、光通讯、高效率光放大器、光波导、光纤、光栅、多任务器和分工器、光侦测器、生医检测芯片、面射型雷射(VCSEL)等光电组件，初期以高亮度发光二极管LED为目标，全面推广最专业、最低成本光子晶体专业制造代工，进而延伸至OLED、太阳能、生医检测等领域提高其各项光电特性包含发光效率、光电转换效率与检测精度等。

2010年Yab lonovitch(右三)会同日本TDK的技术人员，专访洲磊实地了解其光子晶体制程开发上的进程与量产状况，与董事长李明顺（中）留下这张珍贵的照片

洲磊科技积极规划以光子晶体为技术平台，发展超高亮度发光二极管LED(Light Emitting Diode)固态照明、背光及投射型光源技术，专业研发生产超高亮度发光二极管LED磊芯片、高阶黄绿、蓝白光晶粒、光子晶体设计及代工、高功率准Thin Film晶粒(可含覆晶式结构)及与客户合作开发LED固态照明相关模块(Chipset)。现有LED芯片产品应用范围非常广泛，已普遍用于消费性电子产品的指示灯、扫描仪光源、液晶显示器(LCD)背光源、室内或室外信息显示广告牌、汽车用灯源、交通信号显示灯、室内外照明等。

近几年来，光子晶体在光通讯的应用已逐步展开，从早期长距离的传输应用如光纤波导，发展到极短距离的传输应用如Silicon Photonics，利用多重组件的整合来传输光逻辑运算的讯号。目前Silicon Photonics的大厂Luxtera、Onechip Photonics、Infinera甚至是半导体芯片大厂Intel皆积极开发相关组件，利用光子晶体的特性来有效整合光讯号的处理流程并同时完成运算的目的。光子晶体在其他领域的应用潜力无可限量，在太阳能板、OLED、生医学检测等，凡与"光应用"相关的产业，光子晶体都有机会找到立足点，发挥捕光、聚光的效果。如果可以进一步有效克服量产制程与成本问题的话，光子晶体在光电产业过渡到下世代时，将扮演关键性角色。

林仲相博士是台湾研究光子晶体理论的先驱，并拥有量产的实务经验，与公司的李康源博士，是目前洲磊科技新创事业部的核心人物。林仲相博士于1996年在美国研究光子晶体LED理论，师承Eli. Yablonovitch与K. M. Leung两位教授，为当时全球最早的一批专家。2006年，在现任台湾联电董事长洪嘉聪的支持下，率先与联电以先进半导体制程合作开发奈米压印模具，以奈米压印制程(Nano Imprint Lithography)成功制作出台湾第一片wafer level的光子晶体LED磊芯片。之后加入英国Mesophotonics公司，合资成立旭晶光科技。在洲磊科技董事长李明顺先生(也是旭晶光的董事长)的支持下，成功把Mesophotonics公司的光子晶体专利与准光子晶体(photonic quasi-crystal)的技术转移到旭晶光科技。透过合并旭晶光，洲磊因此成为台湾第一家拥有完整光子晶体基础专利的公司。

承袭英国Mesophotonics准光子晶体的技术，洲磊在光子晶体LED上的研发与日本夏普Sharp合作，用于高画质LCD TV的背光源，其科技成果被选为2008年国际Compound Semiconductor九月号杂志的封面故事。该成果使用的奈米结构，即为12重对称的准光子晶体。由于准晶体的高对称维度使得LED发光的光型可以更均匀；在准直光型的应用上，如投影机或是汽车头灯，准光子晶体可以提供更有效率的光型调变。在实际量产上，李康源博士也发现，准光子晶体的结构拥有较大的制程空间，对于光子传播行为的控制，具有稳定的效果，更适合在量产上。事实上，准晶体的几何结构在自然界屡见不鲜。最经典的例子，就是向日葵花种子的排列图型，是一种无穷对称维度的准晶体结构，并链接到更基本的数学(Fibonacci series)与非线性物理(KAM theorem)的理论上。准晶体在固态物理上的发现，更使得以色列科学家谢兹曼Daniel Shechtman获得2011年诺贝尔化学奖。

由于洲磊科技在光子晶体领域应用开发及量产上，

一直位于世界领先地位，使得光子晶体的先驱Eli. Yablonovitch教授在2010年会同日本TDK的研发技术人员，专访台湾洲磊，实地了解洲磊公司在光子晶体制程开发上的进程与量产状况，并给予意见，他对洲磊科技寄以厚望，期勉公司持续在光子晶体领域努力，成为全球光子晶体的专业制造公司。

洲磊科技在光子晶体LED的生产是从蓝光出发，现在又成功应用在四元黄绿光产品上，可有效提升亮度20%以上。洲磊科技母公司的李洲科技，为台湾耕耘四十年的LED封装与照明专业制造厂，应用洲磊的光子晶体制作技术所生产之芯片，成功做出令人市场惊艳的高亮度LED照明产品。近年，LED磊芯片藉由表面磊晶粗化技术进展至图形化蓝宝石基板(PSS)微米技术，目的皆在于提升产品的亮度与信赖性，根据统计目前高亮度的水平式蓝白光LED磊晶都以PSS技术来处理，未来几年内渗透率将持续提高。在LED磊芯片上，光子晶体为PSS原理与技术的“进阶版”，光子晶体/准光子晶体技术，因此在2012年被国际知名市调机构Yole Developpement列为未来影响LED照明成本的20大关键技术之一。

进一步而言，氮化镓磊晶层与蓝宝石基板的晶格常数(~13.5%)与热膨胀系数(CTE)两者之间所存在的大差异，因此，一个非常大的螺纹状差排缺陷密度(threading dislocation density)通常会产生于氮化镓磊晶层之内。而有关此螺纹状差排缺陷密度所发表过的数据大约在109—1010的范围之内。目前洲磊科技已开发出利用光子晶体图形结合PSS，先利用金属有机化学气相沉积法(MOCVD)生成一层U-GaN于图形化基板之上，接着利用奈米压印与蚀刻的方式制作规则排列式之准光子晶体结构于基板上之上，之后再利用MOVPE去生成我们要的组件磊晶结构。而利用准光子晶体结构图形化基版，更有效地降低缺陷的密度，提升组件的磊晶质量，同时可以利用不同光子晶体结构对不同波长的高反射特性当做一个良好的反射层，再控制MOCVD磊晶的条件生成不同材料的厚度，改变MQW层的相对位置，期望能提高比PSS技术更加显著的亮度，将来可以利用奈米压印技术大量制作定制化的奈米基板，藉以生产高效率低成本的光电子组件；由于目前全拥有此技术者屈指可数，洲磊科技不但名列其中，而且拥有专利的保护。

洲磊公司已透过台湾工业研究院电子及光电研究所及智财中心，将洲磊所拥有的80余个光子晶体专利进行专业的专利分析，确认洲磊的光子晶体专利大多属于“上位专利”，尤其是在准光子晶体结构上具全面性的影响，可以用在任何基板上。作为一家高科技公司，在光子晶体领域上，洲磊科技不但在技术上取得领先，同时筑起专利保护的高墙，对于竞争对手而言，这是一道不易跨越的鸿沟，而洲磊这座“光子晶体专利技术弹药库”，可以成为合作厂商在市场上竞争的最佳后盾。

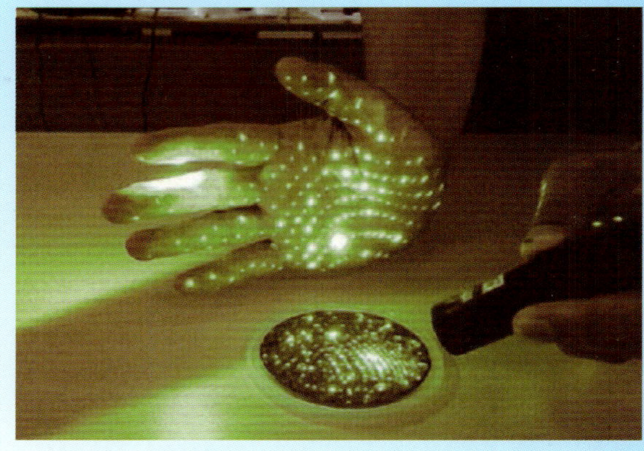

藉由雷射光，可看出在3吋砷化镓基板上奈米结构所反射出的绕射圆形。 洲磊/提供

藉由雷射光，可看出在6吋GaN-on-Si基板上奈米结构所反射出的绕射圆形

从2007年起，洲磊积极开发光子晶体的量产技术，从奈米压印技术着手，2008年底建立亚洲第一条光子晶体LED量产线。经多年努力，成功完成光子晶体在各种基板的量产开发，如GaN、GaAs、GaP、Si、蓝宝石、石英或玻璃基板，制作结构最小达100nm，基板尺寸可达6吋，共累积数十万片量产经验，如此拥有奈米光子晶体量产经验的公司，在全球仅属少数。

洲磊科技过去几年持续不断在光子晶体生产制程上努力精进，已有在LED产业上的量产实绩，并努力朝向打造奈米光电的制造平台，同时期待与各产业做跨领域的合作，提供产品加值的专业服务。做为全球光子晶体LED主要量产厂商，洲磊科技的发展的策略并不局限在LED产业。公司董事长李明顺先生规划将洲磊的光子晶体应用同步锁定在其他潜力行业。

光子晶体未来的潜力

全世界产学界都积极投入光子晶体研究及量产技术研发，台湾交通大学光电工程系讲座教授兼美国 Rensselaer Polytechnic Institute 讲座教授林尚佑博士，是光子晶体领域的先驱，也一直是该领域诺贝尔物理奖的热门人选。近来林教授在光子晶体太阳能应用上迭有创新的研究成果。而台湾交通大学前校长、中央研究院院士及 IEEE 会士的张俊彦教授所带领的研究团队，也是实力坚强的翘楚。

国外方面，国际高分子知名人士、美国阿克隆（Akron）大学高分子科学与工程学院高分子科学系系主任 Stephen Z.D.Cheng 教授专注于光子晶体应用于液晶显示技术的负双折射率光学膜（Negative birefringence films）与高倾斜角配向膜 Alignment Layers with high pre−tilt angles）。在光通讯用高分子膜、软性液晶基板（Flexi−ble Substrates forliquid crystal dis−plays）、有机和高分子光子（Or−ganicand polymer photonics）、高分子光生伏电池材料（太阳能电池材料；Polymer Photovoltaicmaterials）等先进材料改善方面，均有很大的关联性。

显然，全球皆积极将光子晶体应用在高效率 LED、OLED、蓝光雷射、薄膜及多单晶硅太阳能板、高效率光放大器、光波导、光纤、光栅、多任务器和分工器、光侦测器、光运算器、生医检测等光电组件，一旦成功，等于宣告“奈米光电”新世代来临。由于光子晶体(photonic crystal)技术日趋成熟，科技界将进入全新的“光子世代”。过去科学家花费数十年时间才了解如何驾驭“电子”，未来新材料的物理结构的微改变，并可随心所欲控制“光子”时，将如同 Science 期刊所预言的，大大改变人类的生活。

南安普敦大学物理科学与工程学院副院长 Peter G.R.Smith（右）、电子与计算机科学系 Martin D.B. 教授（中）参访洲磊科技，与新创事业部总经理林仲相进行交流

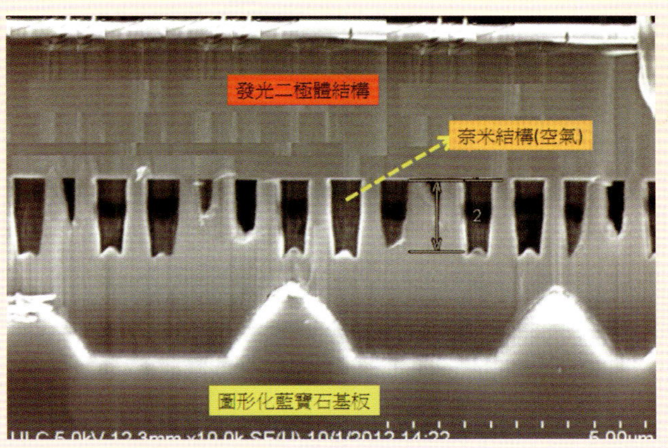

Luxtaltek Corp. 研发产品

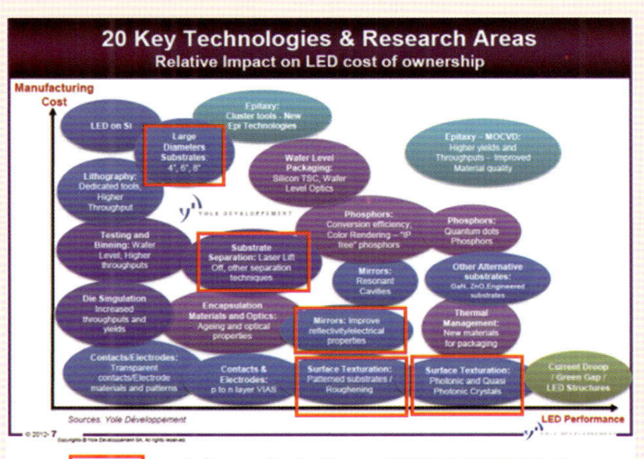

洲磊与合作方的技术进展

(1) 光子晶体于奈米 LED 上的应用

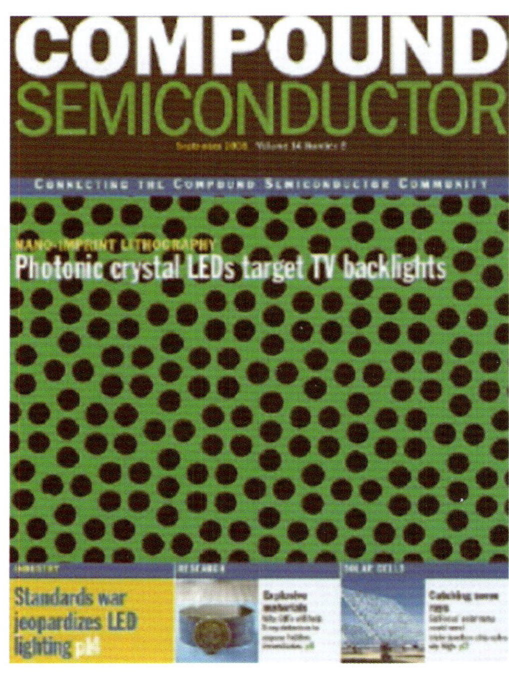

洲磊在光子晶体 LED 的研发与日本 Semiconductor 九月号杂志发表成果

“取代传统照明设备”是 LED 在背光应用之外，另一个备受期待的发展方向。LED 以节能减碳为利基，可望取代传统式照明；提升 LED 的发光效率是一大重点，许多厂商与学术单位皆积极投入。

传统照明市场规模很大，全球市场规模估计约 85 亿美元，主要集中在亚太区，约占全球市场比重 33.7%，北美居次约占 30.1%，其他包括西欧 22.3%、东欧约 5.1%、非洲及中东约 4.5%。在应用产品方面，以家庭为主约占 39%，其次为办公室及医疗占 18%，第三大市场是户外照明约占 12%。LED 的特性在这三大市场都被看好，发展空间很大。半导体在台湾为成熟产业，LED 的未来趋势是，具有高输出功率、高出光效率的高亮度 LED。目前 LED 皆采用微米级结构化之蓝宝石基底，为了满足未来对高效率、低成本的要求，宜避开昂贵的半导体显影设备，制作奈米结构化 LED，使其具有奈米表面结构，来增加出光量和均匀一致，并以大面积制作。由张俊彦教授所领导的交大 ECOE 研究团队在奈米结构上生成出高效率、非荧光粉式白光 LED，可有效提高传统蓝光激发黄色荧光粉的演色性及效率，并解决荧光粉的热衰减问题，期望未来深入研究，开发更具学术创意与应用潜力的下一世代高效率氮化镓紫蓝、蓝、绿、黄、红光 LED，实现以氮化铟镓材料成为可见光波长 (300−700nm) 的高效率光源的理想，进而发展出不需荧光粉的高效率白光固态照明光源，以达到简化 LED 制程设计，实现高亮度、低成本的目的。

张教授团队利用有机金属化学沉积机台，在蓝宝石基板上成长 3 微米厚度的氮化镓，并使用洲磊科技的奈米压印技术及专利，制作出 12 重对称准光子晶体排列的氮化镓奈米柱。再从洲磊所设计的准光子晶体结构上成长的量子井结构，可得到一个低阀值高效率蓝光雷射二极管，有效降低蓝光氮化镓雷射的成本。而利用先进奈米压印技术应于 LED，是稳定的大面积生产方法，为次世代 LED 发展趋势。

三五族半导体尤其是氮化镓材料系列，因发光波长涵盖了短波长的紫外光波段和大部分可见光，相关光电组件如 LED、雷射和光侦测器等被

自然界结构

人造结构 (Luxtaltek Corp. 量产产品)

大量研究，也被大量应用在新一代光储存、平面显示、生物检测和户外照明等光电产品。在新应用产品的刺激下，氮化镓(GaN)材料的研究越来越受到重视。交大ECOE研究团队致力开发下一世代奈米尺度新颖的三维结构氮化镓光电组件，利用洲磊科技设计制作的准光子晶体奈米图形，以三维的长晶方法及奈米结构设计，改善传统平面式LED效率不佳的问题，期望开发高效率的氮化镓紫、蓝、绿、黄、红光LED，进一步实现不需荧光粉的氮化镓白光LED的理想，此研究目前在国际上为极新颖的主题。未来在节能照明质量上，藉由产学合作，透过先进的半导体技术来推动白光 LED技术发展，创造高效率、省能源的照明市场。

(2) 光子晶体于绿能与生医产业上之发展：

洲磊所拥有的光子晶体相关专利，是源自于2001年从英国南安普敦大学(Southampton University)所拆分出来的"Mesophotonics公司"。南开普敦大学在光电领域，一直执世界之牛耳，是光纤技术重要的发源地之一。其中电子与计算器科学学系Martin Charlton教授则是这些光子晶体专利的重要发明人之一。

在英国工程和自然科学研究理事会(EPSRC)及英国技术战略委员会（TSB）支持下，南安普敦大学持续与洲磊合作。过去几年，Martin教授也一直与台湾学术机构（特别是交通大学）和洲磊在高效率LED组件的发展持续合作开发，提供新的芯片设计概念和针对知识产权上的保护。对于复杂的光子晶体设计计算，Martin教授与洲磊科技持续保持密切合作关系。

洲磊生产线成功完成光子晶体在各种基板上的量产开发

欧洲非常重视绿能与生医技术，利用调整经济结构，迈向高附加价值的制造业和发展相关技术。以投资数十亿欧元的Euro Horizon 2020 Research programme及PhotoSens 新计划而言，都将加入电子学和光子学，为未来欧洲科学与工程的两个关键技术。这两个领域被视为对未来具有关键性的影响。台湾具有光电子技术的专长，加上拥有发展固态照明的优越机会，南安普敦大学作为关键联系者及理想的合作伙伴，引进欧洲企业和学术机构与洲磊做紧密合作开发。此外利用光子晶体在SERS(Surface-Enhanced Raman Spectroscopy)上的应用也持续在开发。洲磊准光子晶体的多重对称性，可以强化SERS生医检测的精确度并同步降低成本。

(3) 光子晶体于氮化镓功率半导体上发展契机：

虽然氮化镓功率半导体(Power Device)还在商业化初期阶段，但其长期发展潜力已显露无遗，在近三年多来吸引至少上亿美元的投资，足见氮化镓功率组件未来将大有可为。目前氮化镓功率组件主要发展业者——国际整流器(IR)及宜普(EPC)，已纷纷宣称其产品效能受得市场青睐。以电动或混合动力交通工具中电力转换需求为例，一般以硅为基础的组件最佳的转换效率为95%，意味着仍有5%的转换损失，然而以氮化镓为基础的功率组件在功率转换效率为98%至99%，可降低三倍的转换损失。

所以自2011年以来，50–250伏特(V)负载点(Point-of-load)及高阶功率组件的市场需求不断高涨，而目前新的氮化镓组件规格已能符合此一耐压区间，将藉更优异的材料特性，快速在市场上崛起。然而，在1200伏特应用领域中，氮化镓将面临另一种宽能隙(Wide-bandgap)半导体材料－碳化硅(SiC)的竞争，因为SiC可在相似的高温下操作，也具有相同的电子移动的优势，导致与氮化镓的应用重迭。因此，在与SiC具备差不多效能的前提下，氮化镓成本须降低约40%的幅度才有优势。相对的在逆变器(Inverter)市场中，氮化镓在逆变器方面应用发展已渐趋成熟，很有可能威胁SiC的地位，目前处于测试或正在销售内含SiC组件的逆变器业者，均已相继投入发展氮化镓技术。因此，600伏特氮化镓组件未来将会在逆变器领域扮演相当重要的角色，延续其在电源供应及电动车

(EV) 方面锐不可挡的发展气势。

2013 年后，50−250 伏特氮化镓组件技术将更臻成熟，引爆庞大的氮化镓功率组件商机。特别是愈来愈多业者的 50−250 伏特或 600 伏特氮化镓功率组件逐渐通过验证，市场也将显著成长，营收将在 2015 年达到 3 亿美元，并可望在 2020 年前突破 10 亿美元大关。

虽业界均看好氮化镓功率组件可提升电源转换效率，但仍面临诸多生产挑战。目前最关键的变量在于如何降低量产成本，也就是如何改善现有的 6 吋氮化镓磊晶或单晶技术或直接跳到 8 吋甚至 12 吋。在此同时，硅基板氮化镓的发光二极管 (LED) 技术也正逐渐发挥影响力，将吸引更多功率组件采用相似构造。由于与功率电子相比，LED 领域对氮化镓磊晶更加熟悉，故验证期相对较短，一旦硅基板氮化镓的 LED 技术发展成熟，也将带动电源供应领域导入硅基氮化镓功率半导体的发展。利用整合光子晶体的奈米结构于氮化镓磊晶之中，来提升磊晶质量并朝向制作大面积的晶圆，是现在非常热门的研究课题。

(4) 光子晶体于光电组件上之应用：

最近几年来，光电科技在新材料的成长技术、新制程技术的发展、高功能组件之设计与制作以及成熟稳定系统的完成，都有傲人的成绩。光电科技不仅是重要的科学课题，也是关乎经济成长的关键工业。在许多处理光讯号的组件结构中，由于电磁波相位周期性的本质，使得周期性结构成为关键要素。例如多种不同形式的光栅在所有光电系统中即占重要地位。另外，周期形式介电系数的电、声、或磁式调变也应用于控制光讯号上。不论是材料的永久或动态调变，都代表电磁波基本参数的控制，包括强度‘吸收、放射、散射’、相位‘群速、群速色散’、偏振‘非等向性’、波长‘频谱分布’。这些控制可以经由微观或介观的材料成长、制程、几何尺寸与波长相近之组件结构来达到目标。

基本上，光子晶体是在二维或三维空间中，让材料折射率（或介电常数）产生周期性变化的结构，这种结构模仿原子在固态晶体中的排列。所以，类似电子于固态晶体中的能带结构，在光子晶体中就产生光子的能带结构。因此，在光子晶体中电磁波的传播特性，包括振幅、相位、偏极化方向和波长，都可以经由控制发光频谱、群速色散、偏极特性、相位匹配等光子晶体的特性而得以大幅度的调变。特别是如果在周期性的排列中故意安排一些瑕疵，将会在光子晶体的能隙范围内产生一些狭窄的光子穿透频道，进而衍生很多可以应用在组件上的新奇现象。光子晶体可应用于许多光电组件，包括：微小化低电流的半导体雷射、可调式半导体雷射、可调放射波长且高效率的发光二极管、高效率光放大器、低耗损的弯曲波导、微腔振荡器、可调式窄波通光栅、加减滤波器、多任务器和分工器、动态增益平衡器、高效率开关、调幅器、小型化耦和器、光回旋器、光路由器、高敏感性的传感器、超宽带光源产生器、短脉冲产生设施等等。

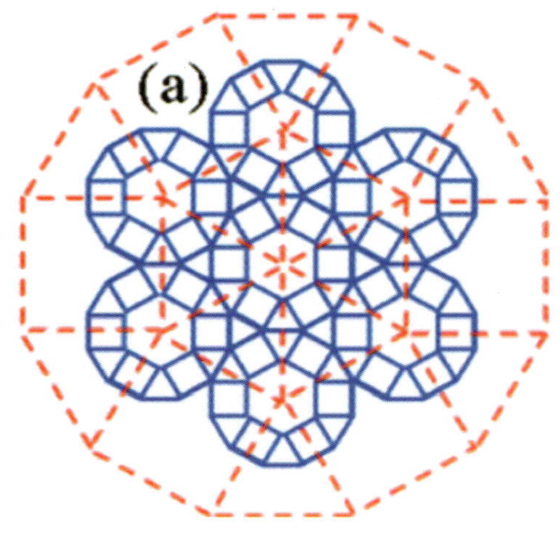

十二重对称准光子晶体图案

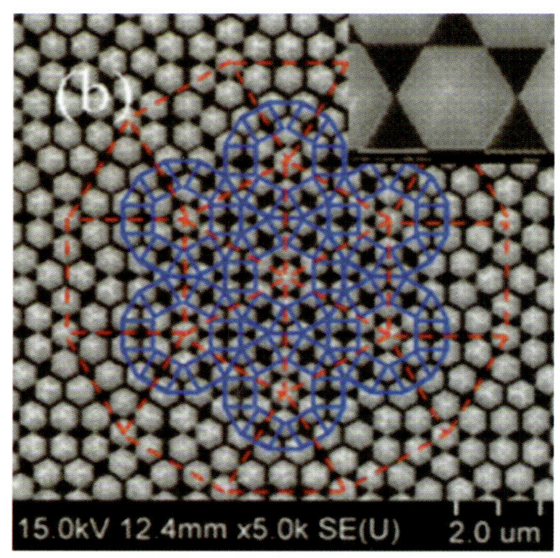

制程后的氮化镓准光子晶体的电子头微镜影像；
右上插图为晶体晶面的放大图

另外，如果能善用最大折射率的对比（空气和所用材料的对比），那么二维或三维空间光栅所需要的尺寸将会大大地减小，这让极度紧密的组件积成更容易实现。既然这种人造晶格的结构参数大小可以任意控制，各种光学组件密集的整合积体化将会更容易。如今发现许多新颖光电现象，开发新组件应用，不管是针对基础研究或实际应用，都需要寻求新的制程技术来制作新的光子晶体结构和高质量组件。光子晶体的研究是世界科技发展的焦点，为了能在二十一世纪的高科技市场中竞争，光子晶体实为全球光电界急需发展的科学与技术。

公司的展望与愿景

洲磊科技在LED光电产业的规划布局上，积极利用自有的关键技术——光子晶体，来创造新的利基。除了拥有完整的专利布局，同时在光子晶体生产技术上也不断精进。随着研发技术的进化，加之对于奈米量产技术的掌握，光子晶体技术在LED以外的应用也逐步开展，以期打造产业的新蓝海。

目前公司积极寻求合适的策略合作对象，以既有的LED磊晶芯片量产技术与光子晶体的核心技术，选择扩产地点与时机，加速打造奈米光电的制造平台，成为全球奈米光电组件的龙头。

光子晶体技术正在改写科技史；在台湾，洲磊科技是主要推动者，并将致力发展成为一个全新的产业链的开创者。

金沙中国打造世界顶级综合娱乐

“十二五”期间，澳门定位为世界旅游休闲中心。金沙中国有限公司是澳门最大规模的综合度假村发展商、业权人及营运商，为澳门注入了多元发展的动力。名为金光大道度假区的庞大综合度假城项目坐落于相连着氹仔与路环的填海地带，于路氹中心点提供一站式、包罗万有的精彩体验。该区域为旅客提供9,000间豪华及价格适中的酒店客房及套房，同时提供国际巨星现场表演节目、超过600间国际品牌的豪华免税购物商店、总面积达12万平方米的会议展览场地，以供举行亚洲区内首屈一指的会议展览。此外，海陆空交通运输配套，以及提供国际佳肴的餐厅、酒吧及酒廊等超过100个餐饮选择皆汇聚于此。“皇雀印度餐厅”更是作为亚洲区内唯一一家获得米其林一星的印度餐厅，获得众多客户的青睐。

金沙中国总裁兼行政总裁爱德华·卓思先生表示：“在金光大道度假区内，我们可以提供数量充足，价格优惠的客房；同时拥有南中国最优质的购物体验，在度假区内有多个国际品牌免税店，而且保证货真价实；此外还有多样性的娱乐和餐饮选择。值得提及的还有非常充足的MICE空间。让我向大家解释一下MICE，M代表Meeting就是会议、I代表Incentive就是奖励旅游、C代表Conference就是大型会议还有E代表Exhibition就是展览，这是澳门的魅力所在”。

金光大道度假区由澳门威尼斯人®–度假村–酒店、设有澳门四季酒店的澳门百利宫 ，以及设有全球最大的金沙城中心康莱德酒店、喜来登金沙城中心酒店及金沙城中心假日酒店的金沙城中心所组成，是一切皆尽在咫尺的亚洲终极旅游目的地。

威尼斯人购物中心总面积达一百万平方呎，设有超过300间商户汇聚国际知名品牌，包括源自纽约、巴黎及米兰的世界顶尖时装店

设有15,000个座位的金光综艺馆自投入服务以来，已多次举办世界级体育赛事和音乐会，包括张学友、郭富城、Rain、容祖儿、Lady Gaga、雷哈娜、贾斯汀·比伯（Justin Bieber）、the Police及Beyoncé等

威尼斯人购物中心每小时会有精彩的Streetmosphere街头表演，为旅客带来无限惊喜

澳门威尼斯人拥有30间高级特色餐厅，“碧涛意国渔乡”设计时尚，供应地道的经典意大利美食

亚洲最大型的度假村酒店 — 澳门威尼斯人®– 度假村 – 酒店于 2007 年开幕，标志着澳门路氹的大型发展项目正式展开。这个高瞻远瞩的崭新发展项目，创作灵感源自美国拉斯维加斯商业区，既有气派不凡并提供各种消闲娱乐体验的综合度假村，亦有周全完备的商务设施。

澳门威尼斯人自开业以来，已成为创新思维、超卓服务及完善设施的代名词。这个设有 3,000 间豪华套房的综合度假村，以意大利威尼斯水乡风貌为建筑蓝本，并参考著名的拉斯维加斯威尼斯人度假村酒店设计，是一座超级大型的度假酒店。澳门威尼斯人的规模更是拉斯维加斯威尼斯人®– 度假村 – 酒店的两倍，设施包括具威尼斯色彩的威尼斯人购物中心、国际著名食府、可容纳 15,000 名观众的金光综艺馆、豪华的威尼斯人剧场、以及亚洲区最大型的会议展览设施之一。宾客更可到泰福马泷日间医院及水疗舒缓身心，或到威尼斯人购物中心的 300 多个商户享受购物乐趣。此外，度假村特设贡多拉之旅、精彩的街头表演 Streetmosphere 娱乐、历险 Q 立方儿童游乐场、游泳池及君度小型高尔夫球场，让旅客尽享家庭乐。

澳门威尼斯人同时也是众多电影选择之拍摄地点，包括章子怡和王力宏主演的《非常完美》，周润发和谢霆锋主演的《澳门风云》。

澳门威尼斯人®– 度假村 – 酒店

设施

- 超过 300 间特色商店
- 超过 30 间高级餐厅
- 1,000 个座位的国际美食广场
- 三道各长 500 呎（15 米）的运河
- 户外人工湖（容量相等于 10 个奥林匹克标准泳池）
- 由唱着醉人情歌的船夫掌舵的 51 艘贡多拉船

澳门金沙城中心康莱德酒店

澳门金沙城中心康莱德酒店是豪华酒店的不二之选。酒店位于金沙城中心，楼高40层，设有可俯瞰路氹金光大道的636间豪华客房和206间套房。作为新颖的综合度假城的一部分，澳门康莱德座落于拥有多元化产品、体验及活动的路氹金光大道的中心点，包括国际级现场娱乐、免税豪华购物、亚洲首屈一指的会展设施、以及世界一流美食佳肴，均尽在康莱德集著名高尚气派格调、服务和联系的世界之中。澳门康莱德是时尚尖端旅客于澳门享受“真我奢华、唯我独享”的体验的最佳之地。

顶级客房设施

客房面积平均达52平方米，而最大的套房更占地370平方米。每间客房及套房内均设有符合人体工程学的工作台，并配备数据端口以及国际标准插座。另外房内亦设有多部电话、LED高清平板大电视，并提供有线频道选择、视频点播、高速有线及无线上网服务、以及iPod 及 iPad 专用的JBL机座，还配有迷你酒吧、电子安全锁、室内保险箱、熨裤机、电熨斗及熨斗架。宽敞的大理石浴室为男女宾客提供超细纤维连帽长浴袍和特制缎布拖鞋、三款高级浴室用品品牌包括 Aromatherapy Associates 供宾客选择、还有手制 Papabubble 荔枝糖果、Harney & Sons 顶级茶包和 Nespresso 咖啡机。澳门康莱德亦为每间客房及套房的宾客送上独一无二的订制金色泰迪熊玩偶及橡胶幸运鸭子一只。

床板及不会引起过敏症状的枕头和婴儿床。快捷电熨、即日及通宵洗衣服务。24 小时房间服务、每晚夜床服务兼提供免费樽装矿泉水。客人可于每天早上收到他们预先选择的报纸，而澳门康莱德亦提供夜间皮鞋打亮服务。

大堂酒廊

康莱德大堂酒廊最适合三五知已共聚，又或是享受独处悠闲的好去处。大堂酒廊全日提供各式特饮及创意小食餐单。

细致宾客服务

懂多国语言的职员、前台接待处、快捷退房服务、确保提前入住（如所预订之房间于前一天晚上没有其他客人入住即无须收费）、豪华轿车和行李服务、保险箱、婴儿照顾服务、轮椅设施、礼品店及报摊、外币兑换及租车服务。

包含秘书服务的全方位商务中心，设有计算机、打印机、互联网、电邮及影印服务、流动电话租借、翻译服务和公证人服务。

一流会展设施

活动策划人可透过澳门康莱德及金沙城中心的额外设施提供超过 19,000 平方米的灵活会展和宴会厅空间，以及 53 间会议室予活动参与者使用。企业顾客将会置身于路氹金光大道的中心点,以各式各样的娱乐、零售及餐饮选择丰富他们的会展活动体验。金沙城中心的专业国际活动团队亦会日以继夜工作，务求为顾客献上世界一级会展体验，以展示最高的专业性和以客为本的文化。

拥有最新影音视听设备以及上等的室内陈设。提供视频以及音频会议服务。每间会议室以及公共区域均被无线网络覆盖。

高格调休闲

菩提水疗让宾客真正沉浸在糅合土著传统疗法、印度传统疗法和东方传统疗法的古法水疗之旅。菩提水疗设有十间配备完善更衣及浸淋浴设施的套房，并使用 Thalgo 及 Li' Tya 品牌的个人护理产品。占地 6,600 平方呎（610 平方米）的一级健身中心齐备各项 Technogym 的高科技器材，如锻炼心肺功能及体力的器材，同时提供一间设有瑜伽和普拉提课堂的多功能活动室。室外恒温泳池及按摩浴池均配备完善更衣及淋浴设施。九间池畔休闲小屋更配有躺椅及提供餐饮服务。

澳门金沙城中心康莱德酒店是豪华酒店的不二之选

豪华大床客房

提供正宗高级中菜的“朝”让您感受古代宫庭盛宴，品尝帝皇式美酒佳肴。设有八个私人厢房：秦、汉、隋、唐、宋、元、明、清，不单以八个朝代命名，室内更仿效历朝华丽装潢，令每一间厢房都别具特色，尽显九五至尊的气派。

澳门金沙城中心假日酒店

澳门金沙城中心假日酒店坐落于路氹金光大道的心脏地带，距离澳门国际机场仅两公里。而金光飞航渡轮服务更可将来自香港、九龙及香港国际机场的旅客带来澳门假日酒店。宾客亦可从酒店以免费穿梭巴士服务直达澳门各个出入境点，包括渡轮码头和连接中国内地的口岸。

澳门金沙城中心假日酒店设有1,224间宽敞舒适的客房，其中包括65间套房，每间客房均设有咖啡机、吹风机及熨斗和熨衣板、还有免费高速无线上网服务及免费致电本地电话服务。

所有客房和套房的装潢均以时尚格调为主，并配置度身订造的家具、特设由地板伸延至天花的特大窗户和一系列便利配套设施与及服务。而豪华客房和套房更可俯瞰引人入胜的城市景致。宾客可在众多选择中拣选心仪的房间类别，包括适合一家大小或入住人数较多的两间相连双人客房。套房面积由近65平方米起，上至达160平方米的假日主席套房，设有两间睡房、专属媒体中心／家居影院和按摩房间。科技爱好者在这里也能如置身家中一样，因所有客房配备32吋LED大电视，并提供视频点播及影音光碟播放机（按需求提供）。

假日酒店宾客可尽情放松身心，在房中享受如同在家一样的舒适和方便：宽阔的工作台和符合人体工学的椅子、迷你酒吧、室内便鞋和浴袍、配有多功能花洒的浴室和浴缸、还有一个室内保险柜。澳门金沙城中心假日酒店设有24小时客房服务及只是徒步之隔的额外全天候餐饮选择。宾客亦可透过便捷通道到达室外游泳池及配备高科技器材、按摩浴池及桑拿浴室的健身中心。

澳门金沙城中心假日酒店提供琳琅满目的设施，包括餐厅及客房服务、酒廊、游泳池、健身中心、以及24小时商务服务。除此之外，酒店设有19,000平方米的会展空间。

酒店设施

- 室外泳池
- 健身中心
- 九间用途广泛的宴会厅和一间5,000 平方米的大型宴会厅，全部可透过附设的多用途分隔板灵活使用
- 大堂酒廊和池畔咖啡廊，还有金沙城中心包罗万有的餐饮选择
- 便捷到达金光名店区数百间豪华免税零售商店

全球最大的假日酒店包含金沙城中心作为综合度假村目的地所有优点

澳门金沙城中心假日酒店泳池

澳门金沙城中心假日酒店设有1,224间宽敞舒适的客房，其中包括65间套房

年度风云人物

金沙中国有限公司总裁兼行政总裁
爱德华·卓思推动澳门娱乐事业多元化发展

2013年，金沙中国有限公司总裁兼行政总裁爱德华·卓思先生当选《澳门每日时报》年度风云人物。该报刊文中表示卓思先生致力促进澳门娱乐事业多元化发展，包括举办帕奎奥（Manny Pacquiao）对战里奥斯（Brandon Rios）拳赛的瞩目体坛盛事，国际巨星演唱会如Rihanna、贾斯汀·比伯（Justin Bieber）、艾莉西亚·凯斯（Alicia Keys）及滚石乐队，以及近乎于每个周末举行的亚洲红星演唱会，还有星光熠熠的红地毯盛会，包括于2013年举行的华鼎奖颁奖典礼，云集多位中外国际巨星如尼古拉斯·基治(Nicholas Cage)、妮歌·洁曼(Nicole Kidman)、谢洛美·艾朗斯（Jeremy Irons）、昆顿·塔伦天奴（Quentin Tarantino）及成龙等。

对于此项殊荣，卓思先生表示成功源于能够带领一支出色的管理层团队，并同时得到超过25,000名优秀及出众的员工，他们的支持让公司的策略得以顺利实施，为我们的宾客及访客提供极致优越的体验。2013年对于金沙中国及澳门而言均是丰盛的一年，而在公司主席萧登·艾德森先生（Mr. Sheldon Adelson）及拉斯韦加斯金沙总裁迈克尔·利文先生（Mr. Mike Leven）的全力支持下，2014年将会是更加精彩的一年。

《澳门每日时报》文章强调卓思先生在价值44亿美元的金沙城中心度假村首3期发展项目由筹备至开业中所扮演的重要角色，以及他在澳门威尼斯人推行的多元化娱乐发展策略。

卓思先生拥有超过25年在美国综合娱乐及酒店业的财务管理及项目发展的丰富经验，卓思先生带领金沙中国有限公司取得的成就让他获取了今年CNBC的Asia Business Leaders Awards（ABLA）的提名。此奖项每年均会表彰曾贡献及塑造亚洲经济体的领袖，以及当今优秀企业背后的掌舵人

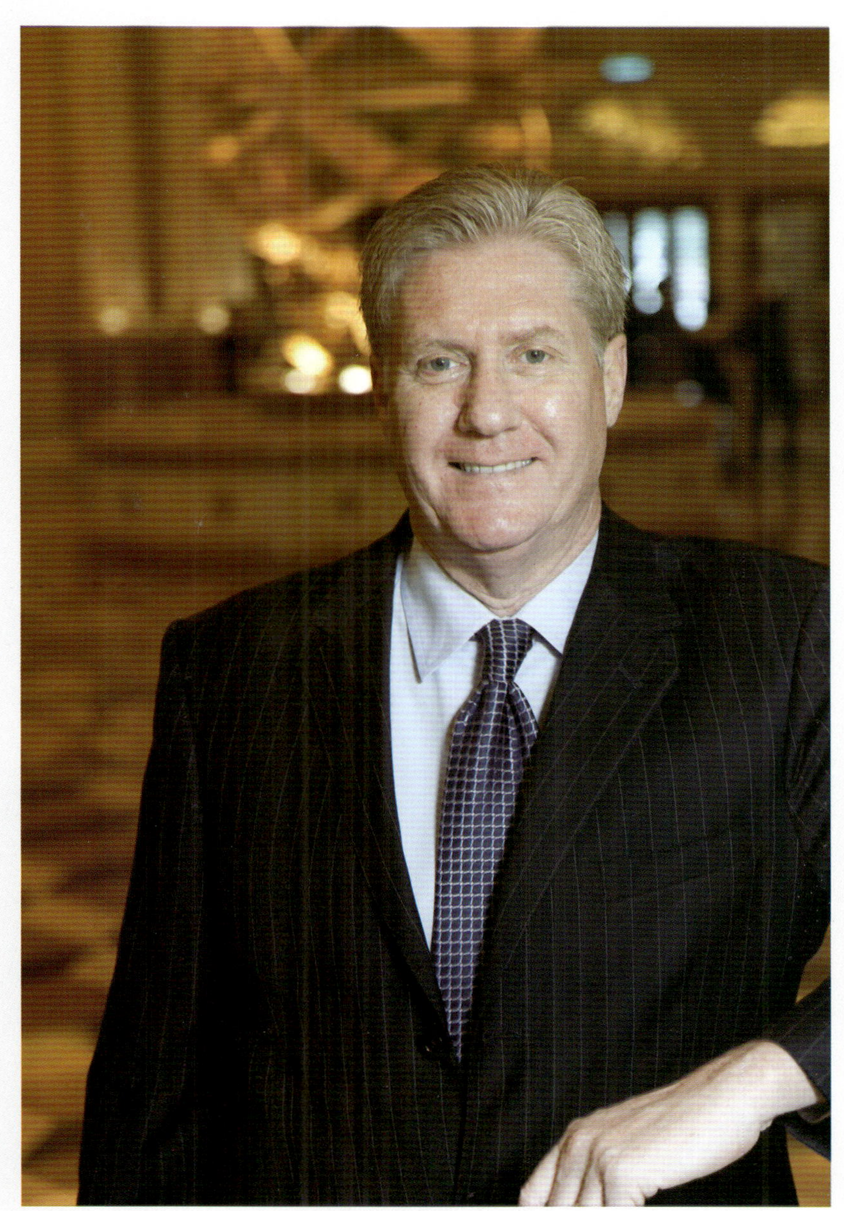

金沙中国有限公司总裁兼行政总裁爱德华·卓思当选《澳门每日时报》
2013年的年度风云人物，而综合度假村经营商金沙中国亦于同一年见证了其显著的增长及成功

台湾中部最顶级名人聚落

打造企业主的梦想之家

精湛／圣高第

精湛／精湛

精湛／台中会一期

精湛／台中会二期门厅入口

创造美好的精湛生活！

19年以来，深耕台湾中部十大豪宅建商之一的精湛建设，专营市场的5%金字塔客层。一路走来，始终坚持以豪墅的框架，创造未来的精采轮廓，给予企业主一方专属天地；也创造每一块土地最佳的生命力，另方面维持其生活的高品质、与规格享受。长年的品牌经营，坚持以现代、古典及奢华混搭建筑风格为基底，转化符合现代人的新品味，又维持经典的韵味，空间上，同时让家中每一扇窗拥有最美丽的窗景，自然成为最温柔的守护，满足心灵上的需求。

带领公司不断突破的精湛建设总经理—陈志声，以赫赫有名的豪宅经营学，让同行敬佩之外，最令人折服的是掌握未来市场的需求，并确切掌握城市的发展脉络。如早年台中市的七期重划区尚未成熟，放眼望是一片又一片芒草景象，与现在号称的豪宅区块，拥有一栋栋的华厦、宽敞的十字绿园道、崭新的市政府景观强烈对比，真的难以想象，当年陈总不畏同行的质疑，在同行于其他区块发展时，就提早于17年前进入，默默开垦经营持续14年。

从早期叫好又叫座的艺术系列，如【禧凯墅】、【精湛赏】、【国家赏】、【世纪凯悦】、【慕夏之春】、【梵谷庄园】、【精湛莫内】、【精湛圣高第】等等，不同的主题展现细致的豪墅风格，奠定精湛的品牌光芒。2008年，更推出一栋一亿的【精湛精湛】，用大砌石材的列柱式建筑风格，竖立在惠来公园的角地旁，成为独特风景，创下当年七期豪墅史上的天价，并在短短时间内完销的记录，让市场一片哗然。

最严苛的挑战，始终来自未知区块的挑战，2009年大度山的新传奇，【精湛台中会】更创下许多中部房产之最。在规划就打破豪墅尺度限制，以“一坪家二坪院”的比例，20000㎡土地保留给精华30户，搭配先天环境的270°视野优势，错落式的规划，让户户有景。独特的建筑外观，保留列柱式的气势，简化古典建筑线条，并大面开窗、引风纳气，眼观七期最美丽夜景，留给自家的花园背景。

将外界质疑的不可能任务，完美呈现，并以“创造最美好的精湛生活”来诠释新的豪宅聚落社区，打破区域价位，整合出凌驾台北阳明山的生活。2012年【台中会二期】，则再度挑战豪墅极限在广达23000㎡之基地上，12单位的量身订制式豪宅，已在2013年9月完美竣工。2013年中推出之台中会三期完全量身订做式规划别墅，创造了台湾中部最新顶端上市柜企业老板的生活聚落别墅社区，并已100%完全销售，今年年末精湛更将于台中最主要门户的台中港路五星级裕元酒店旁推出顶级豪墅个案，期待提供顶级购屋者新区块满足的需求。

精湛/台中会二期独栋

在众人惊叹号的背后，除了各个团队的坚持努力，与精湛多年的埋头苦干后的经验累积外；能确切掌握时代与城市动脉的发展，不断探寻最佳的生活场域，深入其客层的核心想法，因而往往能超越自我设限，呼应企业主最深层的渴望，创造其梦想的家园与生活，是精湛建设始终的荣幸与最大的动力。

永慶房產集團
yungching.com.tw
www.housefun.com.tw
www.yongqing.com.cn
因为永庆 更加圆满